WELTENTWICKLUNGS-BERICHT 2000/2001

BEKÄMPFUNG DER ARMUT

WELTENTWICKLUNGS-
BERICHT 2000/2001

BEKÄMPFUNG DER ARMUT

Veröffentlicht für die WELTBANK

UNO-Verlag

Die Deutsche Bibliothek – CIP-Einheitsaufnahme

Bekämpfung der Armut / veröff. für die
Weltbank. – 1. Aufl. – Bonn : UNO-Verl., 2001
   (Weltentwicklungsbericht ; 2000/01)
   Einheitssacht.: Attacking poverty <dt.>
   ISBN 3-923904-47-9

Die englische Ausgabe dieses Berichtes publizierte die Weltbank unter dem Titel
Attacking Poverty. World Development Report 2000/2001 bei Oxford University Press.

World Development Report 2000/2001: Attacking Poverty
Copyright © 2000 by
The International Bank for Reconstruction and Development/The World Bank
1818 H Street, N.W., Washington, D. C. 20433, U.S.A.

Weltentwicklungsbericht 2000/2001: Bekämpfung der Armut
Copyright © 2001 by
The International Bank for Reconstruction and Development/The World Bank
1818 H Street, N.W., Washington, D. C. 20433, U.S.A.

Umschlaggestaltung und Gestaltung der Kapitelanfänge durch Tomoko Hirata.

Satz und Druck: Götzky-Drucke GmbH, Bonn.
Printed in Germany

UNO-Verlag
Vertriebs- und Verlagsgesellschaft mbH
Am Hofgarten 10
53113 Bonn
Telefon: (0228) 9 49 02-0
Telefax: (0228) 9 49 02-22
Internet: http://www.uno-verlag.de

1. Auflage 2001
ISBN 3-923904-47-9

Diese Veröffentlichung ist eine Arbeit des Mitarbeiterstabs der Weltbank, und die hier vertretenen Ansichten stimmen nicht
unbedingt mit den Auffassungen des Exekutivdirektoriums oder der von ihm vertretenen Länder überein. Die Weltbank
übernimmt keine Garantie für die Richtigkeit der in dieser Veröffentlichung enthaltenen Daten und lehnt jegliche
Verantwortung für Konsequenzen irgendwelcher Art, die sich aus deren Verwendung ergeben, ab. Die Grenzen, Farben,
Denominierungen und anderen Informationen in den Karten dieses Berichts implizieren von seiten der Weltbank weder ein
Urteil über den rechtlichen Status von Gebieten noch eine Bekräftigung oder Anerkennung dieser Grenzen.

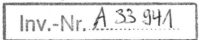

Vorwort

Armut inmitten des Überflusses ist die größte Herausforderung, vor der die Welt heute steht. Wir bei der Weltbank betrachten es als unsere Mission, die Armut mit all unserer Leidenschaft und Professionalität zu bekämpfen, und stellen diese Mission in den Mittelpunkt unserer Arbeit. Und wir haben erkannt, daß eine erfolgreiche Entwicklung eines umfassenden, vielschichtigen und ordnungsgemäß integrierten Mandats bedarf.

Dieser Bericht versucht, das Wissen um die Armut und ihre Ursachen zu erweitern, und stellt Maßnahmen dar, mit deren Hilfe eine Welt geschaffen werden soll, die frei von Armut in allen ihren Dimensionen ist. Er baut nicht nur auf unseren früheren Denkweisen und Strategien auf, sondern erläutert und vertieft darüber hinaus in erheblichem Maße das, was wir für notwendig erachten, um die Herausforderung, die Armut zu verringern, zu bestehen. Er legt dar, daß eine deutliche Verringerung der Armut der Menschen in der Tat möglich ist und die Kräfte der globalen Integration und des technologischen Fortschritts nutzbar gemacht werden können und müssen, um den Interessen der Armen gerecht zu werden. Ob dies tatsächlich eintritt, wird davon ab-

hängen, wie Märkte, Institutionen und Gesellschaften funktionieren – und von der Wahl der staatlichen Maßnahmen auf globaler, nationaler und lokaler Ebene.

Der Bericht erkennt die heute etablierte Ansicht an, daß Armut nicht nur ein geringes Einkommen und einen geringen Verbrauch, sondern auch Unzulänglichkeiten im Bildungs- und Gesundheitswesen, in der Ernährung und in anderen Bereichen der menschlichen Entwicklung bedeutet. Ausgehend von den Aussagen der Menschen zu der Frage, was Armut für sie persönlich bedeutet, erweitert der Bericht diese Definition darüber hinaus um die Aspekte Machtlosigkeit und Mangel an Mitspracherecht sowie Schadenanfälligkeit und Angst. Diese Dimensionen der menschlichen Armut wurden bei der Studie *Voices of the Poor* überaus deutlich, die als Hintergrundarbeit für den Bericht durchgeführt wurde und mehr als 60.000 in 60 Ländern in Armut lebende Männer und Frauen systematisch nach ihrer Meinung befragte.

Diese verschiedenen Dimensionen der Armut beeinflussen sich auf bedeutsame Weise gegenseitig. Gleiches gilt für die Maßnahmen und Interventionen zur Verbesserung der Lebenssituation der Armen. Mehr Bildung führt zu besserer Gesundheit. Bessere Gesundheit erhöht das Einkommenspotential. Die Bereitstellung von Sicherungsnetzen eröffnet Armen die Möglichkeit, risiko-, gleichzeitig aber auch ertragreicheren Tätigkeiten nachzugehen. Und die Beseitigung der Diskriminierung von Frauen, ethnischen Minderheiten und anderen benachteiligten Gruppen verbessert nicht nur deren Lebenssituation, sondern auch ihre Fähigkeit zur Erhöhung ihres Einkommens.

Im 20. Jahrhundert waren beträchtliche Fortschritte beim Abbau der Armut und der Verbesserung der Lebenssituation zu beobachten. In den letzten vier Jahrzehnten ist die Lebenserwartung in den Entwicklungsländern um durchschnittlich 20 Jahre gestiegen, während die Säuglings- und Kindersterblichkeitsrate um mehr als die Hälfte und die Fruchtbarkeitsrate um nahezu die Hälfte zurückgegangen ist. In den letzten beiden Jahrzehnten ist die Netto-Schulbesuchsquote für Grundschulen in den Entwicklungsländern um 13 Prozent gestiegen. Zwischen 1965 und 1998 haben sich die Durchschnittseinkommen in den Entwicklungsländern mehr als verdoppelt, und allein in den Jahren 1990 bis 1998 ist die Zahl der in extremer Armut lebenden Menschen um 78 Millionen gesunken.

Doch zu Beginn des neuen Jahrhunderts ist Armut weiterhin ein globales Problem von gewaltigem Ausmaß. Von den weltweit 6 Milliarden Menschen leben 2,8 Milliarden von weniger als 2 US-Dollar pro Tag und 1,2 Milliarden von weniger als 1 US-Dollar pro Tag. Von 100 Kindern sterben 6 vor ihrem ersten und 8 vor ihrem fünften Geburtstag. In der Gruppe der Kinder, die tatsächlich das schulfähige Alter erreichen, besuchen 9 von 100 Jungen und 14 von 100 Mädchen keine Grundschule.

Diese allgemeinen Trends verschleiern die außerordentlich große Bandbreite an Erfahrungen in den verschiedenen Teilen der Welt sowie die erheblichen Unterschiede zwischen Regionen, von denen einige bei wichtigen einkommensunabhängigen Maßen der Armut Fortschritte verzeichnen und andere Rückschläge erleiden. Die größer werdenden weltweiten Disparitäten haben bei vielen das Gefühl der Entbehrung und der Ungerechtigkeit verstärkt. Soziale Aufstiegsmöglichkeiten und Chancengleichheit sind überdies für zu viele Menschen weiterhin unbekannte Begriffe.

Der weitere demographische Wandel wird die Herausforderung, der wir uns mit der Verringerung der Armut stellen, vergrößern. In den kommenden 25 Jahren wird die Weltbevölkerung um rund 2 Milliarden Menschen anwachsen, und zwar zum größten Teil (um geschätzte 97 Prozent) in Entwicklungsländern, so daß diese Gesellschaften einem gewaltigen Druck ausgesetzt sein werden. Zweifelsohne muß sehr viel getan werden, um heute und in den vor uns liegenden Jahren die Armut in ihren zahlreichen Dimensionen zu verringern und die Freiheit der Menschen zu fördern.

Wenngleich die aktuellen und zukünftigen Probleme weiterhin beängstigend sind, treten wir mit einem besseren Verständnis der Entwicklung in das neue Jahrtausend ein. Wir haben erfahren, daß traditionelle Elemente von Strategien zur Förderung des Wachstums, wie zum Beispiel makroökonomische Stabilität und marktfreundliche Reformen, für den Abbau der Armut von entscheidender Bedeutung sind. Aber wir wissen heute auch, daß wir sehr viel mehr Gewicht darauf legen müssen, die institutionellen und sozialen Grundlagen für den Entwicklungsprozeß zu schaffen, das Problem der Schutzlosigkeit und Schadenanfälligkeit in den Griff zu bekommen und die Mitbestimmung zu fördern, damit gewährleistet ist, daß das Wachstum allen zugute kommt. Es ist zwar entscheidend, daß die Länder selbst Maßnahmen ergreifen, doch wir haben auch gelernt, daß globale Entwicklungen maßgeblichen Einfluß auf Veränderungsprozesse auf nationaler und lokaler Ebene ausüben und daß globales Handeln für die Verringerung der Armut von zentraler Bedeutung ist. Wir haben erneut einen näheren Blick auf unsere Arbeit geworfen, und zwar aus dem Blickwinkel des Umfassenden Entwicklungsrahmens, der mit den Ansichten und Erkenntnissen dieses Berichts konvergiert.

Ausgehend von der Analyse verschiedener Gedanken und Erfahrungen, empfiehlt dieser Bericht, in drei Bereichen Maßnahmen zu ergreifen:

- *Möglichkeiten fördern:* Wirtschaftliche Möglichkeiten für Arme müssen durch Förderung des Gesamtwachstums, Erhöhung ihrer Eigenmittel (zum Beispiel Landbesitz und Bildung) und Steigerung der Erträge aus diesen Eigenmitteln durch kombinierte marktbestimmte und nichtmarktbestimmte Maßnahmen verbessert werden.

- *Empowerment fördern:* Die Verantwortlichkeit von staatlichen Institutionen gegenüber den Armen und ihre Bereitschaft, auf die Bedürfnisse von Armen einzugehen, müssen erhöht, die Beteiligung von Armen am politischen Prozeß und der Entscheidungsfindung auf Ortsebene muß gefördert, und soziale

Hemmnisse, die aus der Ungleichbehandlung aufgrund von Geschlecht, ethnischer Zugehörigkeit, Rasse oder gesellschaftlichem Status herrühren, müssen abgebaut werden.

- *Sicherheit verbessern:* Die Schadenanfälligkeit von Armen bei Krankheit, wirtschaftlichen Schocks, Mißernten, politisch bedingten Erschütterungen, Naturkatastrophen und Gewalt muß gemindert und die Armen bei der Überwindung negativer Schocks unterstützt werden, sobald diese eintreten. Dies bedeutet vor allem auch, daß die Existenz von effektiven Sicherungsnetzen gewährleistet sein muß, welche die Auswirkungen von persönlichen Schicksalsschlägen sowie von Notsituationen und Katastrophen von nationaler Tragweite mildern.

Fortschritte in diesen drei Bereichen sind im wesentlichen komplementär: Jeder Bereich ist an sich bereits wichtig, und Verbesserungen in einem Bereich wirken sich auch auf die anderen aus. Basierend auf diesem Rahmen, müssen die Länder eigene Strategien zum Abbau der Armut entwickeln, die mit dem Ziel der Erhaltung der eigenen kulturellen Identität vereinbar sind. Entscheidungen zu Prioritäten müssen auf nationaler Ebene getroffen werden, um zu zeigen, daß es sich um nationale Prioritäten handelt. Doch Maßnahmen müssen auch mit örtlicher Führung und mit Eigentumsbeteiligung der örtlichen Gemeinschaften ergriffen werden, um die vor Ort herrschenden Realitäten widerzuspiegeln. Eine einfache, universelle Patentlösung gibt es nicht.

Maßnahmen auf lokaler und nationaler Ebene sind jedoch nicht ausreichend. Belege aus dem vergangenen Jahrzehnt zeigen auf deutliche Weise, wie bedeutsam globale Maßnahmen sind, um einerseits zu gewährleisten, daß Möglichkeiten durch die globale Integration und den technologischen Fortschritt den Armen zugute kommen, und andererseits die Risiken der Unsicherheit und Ausgrenzung zu bewältigen, die unter Umständen aus globalen Veränderungen resultieren können. Fünf Maßnahmen sind dabei entscheidend:

- Förderung der Stabilität des globalen Finanzwesens und Öffnung der Märkte in reichen Ländern für Agrarerzeugnisse, Industrieerzeugnisse und Dienstleistungen aus armen Ländern.
- Überbrückung der digitalen und Wissensklüfte, das heißt Menschen in aller Welt müssen Technologien und Informationen zugänglich gemacht werden.
- Bereitstellung von finanziellen und nichtfinanziellen Ressourcen für internationale öffentliche Güter, insbesondere die medizinische und landwirtschaftliche Forschung.
- Erhöhung der Entwicklungshilfe und Entschuldung, um den Ländern zu helfen, Maßnahmen zur Beseitigung der Armut zu ergreifen. Dies soll in einem umfassenden Rahmen erfolgen, der bei der Gestaltung der Entwicklungsstrategie die Länder selbst – und nicht externe Hilfsorganisationen – in den Mittelpunkt rückt und gewährleistet, daß externe Ressourcen wirkungsvoll zur Unterstützung des Armutsabbaus verwendet werden.
- Zuerkennung eines Mitspracherechts für arme Länder und Menschen in globalen Foren, unter anderem durch internationale Verflechtungen mit Armenorganisationen.

Die Triebfeder für staatliche Maßnahmen muß das Engagement zum Abbau der Armut sein. Der öffentliche und der private Sektor müssen auch unter Einbeziehung der bürgerlichen Gesellschaft zusammenarbeiten, und zwar sowohl auf nationaler als auch auf internationaler Ebene. Wir müssen zwar noch vieles lernen, und die Welt verändert sich weiterhin rasant, doch die in diesem Bericht dargestellten Erfahrungen zeigen, daß das Wissen bereits heute umfassend genug ist, um Maßnahmen zur Verringerung der Armut wirklich effektiv zu gestalten. Wir leben in einer Zeit, in der die Anstrengungen und Probleme in Zusammenhang mit der Verringerung der Armut genauen Prüfungen unterzogen werden. In der Folgezeit der Proteste und inmitten der Auseinandersetzungen liefert dieser Bericht Stoff für die öffentliche Debatte und rückt den Dialog in den Vordergrund. Denn genau dort ist der Platz, der dem Ziel, eine Welt ohne Armut zu schaffen, gebührt.

James D. Wolfensohn
Präsident
Die Weltbank
August 2000

Dieser Bericht wurde von einer Arbeitsgruppe unter der Leitung von Ravi Kanbur (bis Mai 2000 Leiter der Arbeitsgruppe) und Nora Lustig (bis Mai 2000 stellvertretende Leiterin, danach Leiterin) erstellt. Monica Das Gupta, Christiaan Grootaert, Victoria Kwakwa, Christina Malmberg Calvo und Kevin Morrison waren Vollzeitmitarbeiter der Gruppe. Weitere führende Mitglieder der Gruppe waren Alice Sindzingre, Michael Woolcock und Zainal Yusof. Die Hauptbeiträge zu den Kapiteln stammen von Homi Kharas, Aart Kraay, Peter Lanjouw und Giovanna Prennushi sowie von Benu Bidani, William Easterly, Enrique Flores, Hélène Grandvoinnet, Richard Newfarmer, Gi-Taik Oh und Mattia Romani. Michael Walton arbeitete in seiner Funktion als Direktor, Bereich *Poverty Reduction* (Abbau der Armut), während des gesamten Prozesses eng mit der Gruppe zusammen. Unterstützt wurde die Gruppe von Shanka Chakraborty und Shahin Yaqub. Mitarbeiter am Hauptsitz in Washington boten ebenfalls wertvolle Unterstützung. Der Bericht stand unter der allgemeinen Leitung von Jozef Ritzen und Joseph E. Stiglitz sowie – in den abschließenden Phasen – von Nicholas Stern. Die Development Data Group der Weltbank war verantwortlich für die Ausgewählten Kennzahlen der Weltentwicklung. Die Chefredakteure des Berichts waren Bruce Ross-Larson und Meta de Coquereaumont.

Die Gruppe wurde beraten von Anthony Atkinson, Anthony Bebbington, Nancy Birdsall, François Bourguignon, Angus Deaton, Alain de Janvry, Yujiro Hayami, Emmanuel Jimenez, Grzegorz Kolodko, Michael Lipton, Lant Pritchett, Martin Ravallion, Amartya Sen, Lyn Squire, T. N. Srinivasan und Mariano Tommasi. Die Studie *Voices of the Poor* stand unter der Leitung von Deepa Narayan. Vinod Thomas leitete die Studie *Quality of Growth*, welche die Arbeit dieses Berichts ergänzt. Ariel Fiszbein oblag die Organisation des Beratungsprozesses. Wertvolle Erkenntnisse wurden aus den Unterlagen und Gesprächen zum Summer Workshop vom 6. bis 10. Juli 1999 in Washington sowie aus den für diesen Bericht erstellten Hintergrundpapieren gewonnen. Die Verfasser, Kommentatoren und Teilnehmer sowie die Hintergrundpapiere sind in den Anmerkungen zu den verwendeten Quellen aufgeführt. Zahlreiche andere Personen innerhalb und außerhalb der Weltbank gaben hilfreiche Hinweise und leisteten andere wertvolle Beiträge. Ihre Namen sind ebenfalls in den Anmerkungen zu den verwendeten Quellen aufgeführt.

Vom ersten Entwurf bis zur Erstellung der endgültigen Fassung dieses Berichts fand eine Vielzahl von Beratungen mit Wissenschaftlern, Führern von Basisorganisationen, nichtstaatlichen Organisationen, Vertretern des privaten Sektors und politischen Entscheidungsträgern statt. Dank gebührt allen öffentlichen Institutionen und Organisationen der bürgerlichen Gesellschaft, deren Unterstützung diese Beratungen erst möglich gemacht hat, sowie den Veranstaltern und Teilnehmern, deren Beiträge eine große Bereicherung für diesen Bericht darstellten. Ein besonderer Dank geht an das Bretton Woods Project und das New Policy Institute im Vereinigten Königreich, die die elektronische Diskussion zum Internet-Entwurf moderierten, sowie an alle, die ihre Meinung zum Ausdruck brachten: Insgesamt gingen 424 Beiträge aus 44 Ländern ein (44 Prozent davon aus Entwicklungsländern). Beratungen fanden statt in Ägypten (Kairo), Äthiopien (Addis Abeba), Argentinien (Buenos Aires), Bangladesch (Dhaka), Chile (Santiago), Dänemark (Kopenhagen), Deutschland (Berlin), Frankreich (Paris), Guatemala (Antigua), Indien (Ahmedabad, Neu-Delhi), Japan (Tokio), Kanada (Ottawa), Malaysia (Kuala Lumpur), Marokko (Marrakesch), Rußland (Moskau), Schweden (Stockholm), Senegal (Dakar), Südafrika (Johannesburg), Ungarn (Budapest), dem Vereinigten Königreich (Brighton, London), den Vereinigten Staaten (Boston, New York, Washington) und in Vietnam (Hanoi). Darüber hinaus fanden Konsultationen bei und mit dem Internationalen Währungsfonds, den regionalen Entwicklungsbanken sowie verschiedenen Organisationen der Vereinten Nationen statt.

Die Erstellung von Hintergrundpapieren und die Veranstaltung mehrerer Workshops wurden unterstützt von den Regierungen Dänemarks, Deutschlands, Frankreichs, Japans, Kanadas, der Niederlande, Schwedens, der Schweiz, des Vereinigten Königreichs und der Vereinigten Staaten sowie von der MacArthur Foundation, der Cornell University und dem Entwicklungspolitischen Forum der Deutschen Stiftung für internationale Entwicklung. Die Studie *Voices of the Poor* wurde von der MacArthur Foundation, der Cornell University, dem britischen Ministerium für internationale Entwicklung und dem schwedischen Amt für internationale entwicklungspolitische Zusammenarbeit gefördert. Ein Teil der Länderstudien wurde vollständig oder teilweise von den nichtstaatlichen Organisationen finanziert, welche die Forschungsarbeit geleistet haben.

Rebecca Sugui stand der Gruppe als leitende Assistentin und Maribel Flewitt, Shannon Hendrickson, Khin-U Khine, Rudeewan Laohakittikul, Jimena Luna, Nelly Obias, Gracie Ochieng, Leila Search sowie Robert Simms wiederum als Assistenten zur Seite. Maria D. Ameal war als Verwaltungsangestellte tätig. Nacer Megherbi und Edith Thomas boten technische Unterstützung.

Mit dem Lektorat und der Produktion des Buches waren Fiona Blackshaw, Garrett Cruce, Terry Fischer, Wendy Guyette, Daphne Levitas, Molly Lohman, Megan Klose, Jessica Saval und Alison Strong von Communications Development betraut. Buchgestaltung, Bearbeitung und Produktion standen unter der Leitung von Jamila Abdelghani, Catherine Hudson, Brett Kravitz, Nancy Lammers, Brenda Mejia, Randi Park und Betty Sun aus der Verlagsabteilung der Weltbank. Artemis Zenetou, Leiterin und Kuratorin des Kunstprogramms der Weltbank, und ihre Mitarbeiter ermöglichten mit ihrer Unterstützung die Verwendung der Kunstwerke im Buch. Tomoko Hirata gestaltete den Umschlag und die Kapitelanfänge.

Ravi Kanbur ist T. H. Lee Professor for World Affairs der Abteilung für Agrar-, Ressourcen- und Betriebswirtschaftslehre der Cornell University, Ithaca, im US-Bundesstaat New York. Nora Lustig ist leitende Beraterin und Leiterin der Poverty and Inequality Advisory Unit (Beratungsgruppe Armut und Ungleichheit) der Interamerikanischen Entwicklungsbank. Kevin Morrison ist Mitglied des Overseas Development Council. Alice Sindzingre ist Wissenschaftlerin am Centre National de la Recherche Scientifique (CNRS) in Paris und außerordentliches Forschungsmitglied des Centre d'Etude d'Afrique Noire (CEAN) in Bordeaux. Zainal Yusof ist stellvertretender Generaldirektor des Institute of Strategic and International Studies (ISIS) in Kuala Lumpur, Malaysia. Die Weltbank dankt den sechs Institutionen dafür, daß sie diesen Personen die Mitarbeit an der Erstellung des Berichts ermöglicht hat.

Die zahlreichen Personen, die zu diesem Bericht beigetragen haben, unterstützen unter Umständen nicht alle hierin enthaltenen Standpunkte oder Behauptungen, und sie haften nicht für eventuell noch enthaltene Fehler.

Inhaltsverzeichnis

Teil III   Empowerment

Teil IV   Sicherheit

Teil V   Maßnahmen auf internationaler Ebene

Schaubilder

Tabellen

Definitionen und Anmerkungen zu den Daten

Die Länder, die in diesem Bericht regional gruppiert sind, sind in der Tabelle „Klassifizierung der Länder" am Ende der Ausgewählten Kennzahlen der Weltentwicklung aufgeführt. Die Gruppierung nach Einkommen im Hauptteil des Berichts basiert auf den Schätzungen zum BSP pro Kopf von 1998, jene in den Ausgewählten Kennzahlen der Weltentwicklung hingegen auf den Schätzungen zum BSP pro Kopf von 1999 (siehe Tabelle „Klassifizierung der Länder"). Die Schwellenwerte für die Einkommensklassifizierungen und die Unterschiede zwischen den Länderklassifizierungen in den Jahren 1998 und 1999 sind der Einführung zu den Ausgewählten Kennzahlen der Weltentwicklung zu entnehmen. Die in den Schaubildern und Tabellen im Hauptteil genannten Gruppendurchschnitte sind ungewichtete Durchschnitte für die Länder der jeweiligen Gruppe, sofern nichts anderes angegeben ist.

Neben den Änderungen bei der Klassifizierung nach Einkommen können auch die in jüngerer Zeit erfolgten Nachprüfungen der Daten in den Ausgewählten Kennzahlen der Weltentwicklung Abweichungen von den Daten im Hauptteil zur Folge haben (siehe Einführung zu den Ausgewählten Kennzahlen der Weltentwicklung).

Die Verwendung des Begriffs *Länder* in bezug auf Volkswirtschaften stellt kein Urteil der Weltbank über den rechtlichen oder anderweitigen Status eines Gebietes dar. Der Begriff *Entwicklungsländer* bezieht sich auf Länder mit niedrigem und mittlerem Einkommen und kann daher aus Gründen der Einfachheit auch Länder umfassen, die sich im Übergang von der zentralen Plan- zur Marktwirtschaft befinden. Die Begriffe *Industrie-* oder *reiche* Länder werden gelegentlich der Einfachheit halber für Länder mit hohem Einkommen verwendet.

Die im Bericht verwendeten Gesamtmaße für die Armut basieren häufig auf der Armutsgrenze von „1 US-Dollar pro Tag". Diese Armutsgrenze entspricht 1,08 US-Dollar pro Tag bei Kaufkraftparität für 1993 (weitere Erläuterungen sind in Sonderbeitrag 1.2 in Kapitel 1 zu finden).

Alle Dollarangaben lauten in US-Dollar zu laufenden Preisen, soweit nicht anders angegeben.

Es werden folgende Abkürzungen verwendet:

AIDS	Acquired Immune Deficiency Syndrome
BIP	Bruttoinlandsprodukt
BSP	Bruttosozialprodukt
GATT	Allgemeines Zoll- und Handelsabkommen (General Agreement on Tariffs and Trade)
HIPC	Hochverschuldete arme Länder (Heavily Indebted Poor Countries)
HIV	Human Immunodeficiency Virus
OECD	Organisation für Wirtschaftliche Zusammenarbeit und Entwicklung (Organisation for Economic Co-operation and Development)
KKP	Kaufkraftparität
SEWA	Self-Employed Women's Association
WTO	Welthandelsorganisation (World Trade Organization)

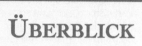

Bekämpfung der Armut: Möglichkeiten, Empowerment und Sicherheit

Arme führen ein Leben ohne Grundfreiheiten wie Handlungs- und Entscheidungsfreiheit, die Wohlhabendere für selbstverständlich halten.[1] Häufig mangelt es ihnen an angemessener Nahrung und Obdach, Bildung und Gesundheit, und diese Mängel verhindern, daß sie ein Leben führen können, wie es jeder schätzt. Auch sind sie nicht selten Krankheiten, wirtschaftlichen Erschütterungen und Naturkatastrophen praktisch schutzlos ausgeliefert. Außerdem werden sie häufig Opfer der Willkür staatlicher sowie gesellschaftlicher Institutionen und verfügen nicht über die Macht, Einfluß auf wichtige Entscheidungen zu nehmen, die sich auf ihr Leben auswirken. Alle diese Aspekte sind verschiedene Dimensionen der Armut.

Vieles zu entbehren ist eine bittere, schmerzhafte Erfahrung. Antworten von Armen auf die Frage, was es bedeutet, in Armut zu leben, sind ein deutliches Zeugnis ihres Leids (Sonderbeitrag 1). Wer in Armut lebt, dem mag es unmöglich erscheinen, ihr zu entfliehen. Aber unmöglich ist es nicht. Die Geschichte von Basrabai – der Vorsitzenden eines Ortsrates in einem indischen Dorf – verdeutlicht sowohl die vielen Facetten der Armut als auch das Handlungspotential (siehe Seite 2).

Basrabais Geschichte bildet den Hintergrund, vor dem die Natur und die Ursachen der Armut sowie die Handlungsmöglichkeiten näher erforscht werden können. Armut ist das Ergebnis wirtschaftlicher, politischer und sozialer Prozesse, die miteinander in Wechselwirkung stehen und sich häufig gegenseitig verstärken, so daß der Mangel, in dem Arme leben, verschärft wird. Knappe Eigenmittel, unzugängliche Märkte und viel zu wenig Arbeitsplätze halten Menschen in materieller Armut gefangen. Daher sind die Schaffung und die Förderung von Möglichkeiten – durch Anregung des Wirtschaftswachstums, Verbesserung der Märkte für die Armen und Mehrung ihrer Eigenmittel – entscheidend für den Abbau der Armut.

Basrabais Geschichte.

Basrabai lebt in Mohadi, einem 500 km von Ahmedabad entfernten Dorf, im indischen Bundesstaat Gujarat am Arabischen Meer.[2] Sie ist die erste Frau, die *Sarpanch* des *Panchayats* – Vorsitzende des Ortsrates – geworden ist, nachdem im Zuge einer Verfassungsänderung Frauen Anspruch auf ein Drittel der Ortsratssitze und ein Drittel der Ratsvorsitze gewährt wurde.

Als wir nach einer langen Fahrt ihr Dorf erreichten, überquerten wir auf einer bei Flut unpassierbaren Straße einen schmalen Meeresarm. Das erste Gebäude, das wir sahen, war ein neues Betongebäude, die Grundschule. Als im vergangenen Jahr ein Wirbelsturm, der schwerste seit Menschengedenken, die Strohhütten der Dorfbewohner mit sich riß, suchten sie Zuflucht in dem einzigen massiv gebauten Haus des Dorfes, der Schule. Als Rettungsmannschaften und Hilfslieferungen eintrafen, baten die Dorfbewohner um weitere Betongebäude, und heute gibt es in dem Dorf rund ein Dutzend davon.

Wir erreichten Basrabais Ein-Zimmer-Betonhaus, das direkt neben einer Strohhütte steht. Nach der Begrüßung kam das Gespräch auf die Schule. Da es ein Wochentag war, fragten wir, ob wir dem Unterricht beiwohnen dürften. Basrabai berichtete, daß der Lehrer nicht da sei und das schon seit längerer Zeit nicht mehr. Eigentlich komme er nur einmal im Monat ins Dorf, wenn überhaupt. Protegiert von dem für das Schulwesen zuständigen Bezirksbeamten, mache er im Prinzip, was ihm gefiel.

Am nächsten Tag kam der Lehrer ins Dorf. Er hatte davon erfahren, daß Gäste im Dorf waren. Er kam in Basrabais Haus, und wir begannen, über die Schule und die Kinder zu sprechen. In dem Glauben, die gebildeten Gäste und er seien verwandte Seelen, fing er an, über seine Probleme und die Schwierigkeiten beim Unterrichten der Kinder zu klagen. Er bezeichnete sie als „Junglees", Kinder aus dem Dschungel.

Das war zuviel für Meeraiben, die Mitglied der Self-Employed Women's Organisation (SEWA) war und unseren Besuch arrangiert hatte. Sie sagte, daß sein Gehalt 6.000 Rupien pro Monat (mehr als das Sechsfache des indischen Existenzminimums) betrage, seine Stelle sicher und es seine Pflicht sei, wenigstens zur Arbeit zu erscheinen. Die Eltern wollten, daß ihre Kinder Lesen und Schreiben lernten, auch wenn das bedeutete, daß die Jungen ihren Vätern nicht beim Fischen und die Mädchen ihren Müttern nicht beim Wasserholen, Holzsammeln und bei der Feldarbeit helfen konnten.

Später am Abend leitete Basrabai die Dorfsitzung. Zwei Themen standen im Vordergrund. Das erste war der Ausgleich für die Wirbelsturmschäden: Obwohl in der Hauptstadt vollmundig Hilfsprogramme angekündigt worden waren, ließ deren Umsetzung noch vieles zu wünschen übrig, und auch die örtlichen Beamten waren untätig. Die SEWA-Mitglieder notierten die Namen derjenigen Dorfbewohner, welche die ihnen zustehende Entschädigung noch nicht erhalten hatten, und es wurde beschlossen, daß sie und Basrabai sich in der Folgewoche mit örtlichen Beamten treffen würden.

Der zweite Tagesordnungspunkt war das Fischereiverbot, das die Regierung zum Schutz der Fischbestände in den Küstengewässern verhängt hatte. Verantwortlich für das Überfischen waren die großen Trawler, während offenbar die kleinen Fischer den Preis dafür zahlen sollten. Die großen Trawler durften weiterhin fischen, solange sie die richtigen Beamten bestachen.

Etwa nach der Hälfte der Sitzung kam in dem Sitzungsraum Unruhe auf. Jemand war hereingekommen und berichtete, daß Basrabais Bruder bei dem Versuch, zwei kämpfende Kühe zu trennen, von einer Kuh mit einem Horn schwer im Gesicht verletzt worden war. Er mußte sofort behandelt werden, da sich andernfalls die Wunde mit Sicherheit entzündet hätte. Es war jedoch bereits spätabends, und der nächste Arzt lebte in der nächstgelegenen größeren Siedlung, rund 10 Kilometer entfernt. Normalerweise hätte dies die sofortige Wundversorgung unmöglich gemacht. Zufällig aber waren wir mit unserem Jeep da und konnten Basrabais Bruder zum Arzt bringen.

Während unseres Besuches sahen wir auch die Handarbeiten, die die Frauen des Dorfes bereits seit Generationen anfertigten. Die Nachfrage nach traditionellen Stickerei- und Batikprodukten ist hoch, weil sich indische Artikel weltweit großer Beliebtheit erfreuen und auch die wachsende indische Mittelschicht sich wieder stärker zu ihren Wurzeln bekennt. Die Händler können die Produkte jedoch sehr günstig erstehen, weil die Frauen des Dorfes praktisch isoliert sind.

Die Bundesregierung und die Regierungen der Bundesstaaten haben zahllose Programme zur Förderung des traditionellen Kunsthandwerks ins Leben gerufen, von denen jedoch keines wirklich effektiv ist. Daher unterstützt die SEWA die Heimarbeiterinnen dabei, sich zu organisieren und Zugang zu den internationalen Märkten zu erhalten. Ein bestickter Artikel, den wir uns ansahen, würde auf dem internationalen Markt für 150 Rupien, in staatlichen Geschäften für 60 Rupien und an Händler für 20 Rupien verkauft werden können.

Am letzten Tag unseres Besuches gingen wir zu Basrabais Feld, das wir zu Fuß nach einer Stunde erreichten. Die Risiken in der Landwirtschaft waren deutlich zu erkennen. Durch die Trockenheit war der Boden hart und trocken geworden. Wenn es nicht innerhalb der nächsten Tage regnete, würde ihre Hirseernte vernichtet sein. Und verloren würde auch das Geld sein, das sie nur durch den Verkauf ihrer Handarbeiten hatte aufbringen können und einem Traktorfahrer für die Bestellung ihres Feldes gezahlt hatte. Als wir sie einige Tage später in Ahmedabad wiedersahen, hatte es noch immer nicht geregnet.

Der Kontakt zu und die Gespräche mit Basrabai und den vielen tausend Armen, die bei der Erstellung dieses Berichts befragt wurden, machen auf die gleichen, altbekannten Themen aufmerksam. Arme Menschen berichten von dem Mangel an Verdienstmöglichkeiten, der schlechten Marktanbindung und davon, daß staatliche Institutionen sich nicht ihrer Bedürfnisse annehmen. Sie sprechen über die Unsicherheit, etwa gesundheitliche Risiken, das Risiko, arbeitslos zu werden, und Risiken in der Landwirtschaft, die Erträge stets ungewiß sein lassen. Überall – von den Dörfern in Indien und den Favelas in Rio de Janeiro, bis zu den Barackenstädten außerhalb von Johannesburg und den Bauernhöfen in Usbekistan – verweisen die Berichte auf ähnliche Probleme.

Die Gespräche mit Basrabai und anderen Armen verdeutlichen aber auch, was möglich ist. Zwar sind örtliche Beamte und staatliche Strukturen gegenüber Basrabai und ihrem Dorf noch immer nicht rechenschaftspflichtig, doch machte erst eine explizite Politik zur Bekämpfung der Diskriminierung von Frauen Basrabais Wahl zur *Sarpanch* möglich und zeigte so, was durch staatliches Eingreifen erreicht werden kann. Die SEWA wiederum macht deutlich, wie Arme etwas bewirken können, wenn sie sich organisieren, um ihre Rechte zu verteidigen, Marktchancen zu nutzen und sich selbst vor Risiken zu schützen.

Sonderbeitrag 1
Die Stimme der Armen

Die Untersuchung *Voices of the Poor*, die auf Angaben von mehr als 60.000 armen Frauen und Männern in 60 Ländern beruht, wurde für den *Weltentwicklungsbericht 2000/2001* durchgeführt. Sie besteht aus zwei Teilen: einer Untersuchung von partizipativen Armutsstudien, an denen über 40.000 Arme in 50 Ländern teilnahmen, und einer neuen komparativen Studie aus dem Jahr 1999, die mit rund 20.000 Armen in 23 Ländern durchgeführt wurde. Die Untersuchung zeigt, daß Arme ihr Leben aktiv verbessern wollen, häufig aber nicht genügend Macht haben, um die gesellschaftlichen und wirtschaftlichen Faktoren zu beeinflussen, die für ihr Wohlergehen bestimmend sind.

Die folgenden Zitate veranschaulichen, was es bedeutet, in Armut zu leben.

Fragen Sie mich nicht, was Armut ist, denn Sie haben sie vor meinem Haus bereits gesehen. Sehen Sie das Haus an, und zählen Sie die Löcher. Sehen Sie sich meine Werkzeuge und die Kleidung an, die ich trage. Sehen Sie sich alles an, und schreiben Sie auf, was Sie sehen. Was Sie sehen, ist Armut.
– Armer Mann, Kenia

Unser Bauernhof ist recht klein, alles, was wir in Geschäften kaufen, ist teuer. Es ist schwierig für uns, unseren Lebensunterhalt zu bestreiten, wir arbeiten hart und verdienen wenig Geld. Wir kaufen nur wenige Dinge ein. Alles ist knapp, es gibt kein Geld, und wir fühlen uns arm. Wenn wir nur mehr Geld hätten . . .
– Aus einer Diskussionsrunde
mit armen Männern und Frauen, Ecuador

Wir stehen vor dem Ruin, wenn mein Mann krank wird. Bei uns geht nichts mehr, bis er wieder gesund ist und wieder arbeiten kann.
– Arme Frau, Zawyet Sultan, Ägypten

Armut ist eine Demütigung, das Gefühl der Abhängigkeit und die Tatsache, daß wir Unverschämtheiten, Beleidigungen und Gleichgültigkeit hinnehmen müssen, wenn wir Hilfe brauchen.
– Arme Frau, Lettland

Am Anfang hatte ich vor allem und jedem Angst: vor meinem Mann, dem Dorfvorsteher, der Polizei. Heute habe ich vor niemandem Angst. Ich habe ein eigenes Konto und leite den Sparverein in unserem Dorf . . . Ich erzähle allen meinen Schwestern von unserer Bewegung. Und in unserem Bezirk sind wir schon 40.000, die organisiert sind.
– Aus einer Diskussionsrunde
mit armen Männern und Frauen, Indien

Quelle: Narayan, Chambers, Shah und Petesch 2000; Narayan, Patel, Schafft, Rademacher und Koch-Schulte 2000.

Doch dies ist nur ein Teil der Wahrheit. In einer Welt, in der politische Macht ungerecht verteilt ist und häufig die Verteilung der wirtschaftlichen Macht widerspiegelt, ist die Arbeit staatlicher Institutionen unter Umständen für Arme besonders unvorteilhaft. Beispielsweise gelangen Arme häufig nicht in den Genuß der Vorteile von Investitionen der öffentlichen Hand in das Bildungs- und Gesundheitswesen. Und sie sind nicht selten Opfer von Korruption und der Willkür von seiten des Staates. Erheblichen Einfluß auf die Folgen der Armut haben außerdem gesellschaftliche Normen, Werte und Sitten, die in der Familie, der Gemeinschaft oder dem Markt zum Ausschluß von Frauen, Menschen mit bestimmter ethnischer oder Rassenzugehörigkeit oder sozial Benachteiligten führen. Aus diesem Grund ist das Empowerment der Armen, das heißt ihre Ermächtigung zu eigenverantwortlichem Handeln, durch staatliche und gesellschaftliche Institutionen, die stärker auf ihre Bedürfnisse eingehen, ebenfalls entscheidend für den Abbau der Armut.

Die Schutzlosigkeit gegenüber externen und weitgehend unkontrollierbaren Ereignissen, etwa Krankheit, Gewalt, wirtschaftlichen Erschütterungen, Unwettern und Naturkatastrophen, verstärkt das Gefühl der Machtlosigkeit, verschärft die materielle Armut und schwächt die Verhandlungsposition der Armen. Daher ist die Verbesserung der Sicherheit – durch Minderung der Risiken von Faktoren wie Kriegen, Krankheiten, Wirtschaftskrisen und Naturkatastrophen – entscheidend für den Abbau der Armut. Und entscheidend sind auch die Verminderung der Schutzlosigkeit der Armen gegenüber Risiken und die Umsetzung von Mechanismen, die ihnen helfen, die Folgen von Erschütterungen zu überwinden.

Armut in einer Welt der Ungleichheit

In der Welt gibt es inmitten all des großen Überflusses auch tiefe Armut. Von den 6 Milliarden Menschen auf der Erde leben 2,8 Milliarden – also fast die Hälfte – von weniger als 2 US-Dollar pro Tag und 1,2 Milliarden – also ein Fünftel – sogar von weniger als 1 US-Dollar pro Tag. Von diesen 1,2 Milliarden Menschen leben wiederum 44 Prozent in Südasien (Schaubild 1). In den reichen Ländern erleben weniger als 10 von 1000 Kindern ihren fünften Geburtstag nicht, während in

Schaubild 1
Wo die Armen der Enwicklungsländer leben

Verteilung der Bevölkerung mit einem Tageseinkommen von unter 1 US-Dollar, 1998 (1,2 Milliarden)

Europa und Zentralasien
2,0%

Lateinamerika und Karibik
6,5%

Naher Osten und Nordafrika
0,5%

Ostasien und Pazifik
23,2%

Südasien
43,5%

Afrika südlich der Sahara
24,3%

Quelle: Weltbank 2000s.

Schaubild 2
Wo Armut abgenommen hat und wo nicht

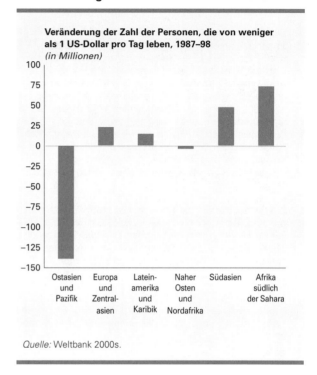

Veränderung der Zahl der Personen, die von weniger als 1 US-Dollar pro Tag leben, 1987–98
(in Millionen)

Ostasien und Pazifik — Europa und Zentralasien — Lateinamerika und Karibik — Naher Osten und Nordafrika — Südasien — Afrika südlich der Sahara

Quelle: Weltbank 2000s.

Schaubild 3
Die Säuglings- und Kindersterblichkeit variiert weltweit erheblich

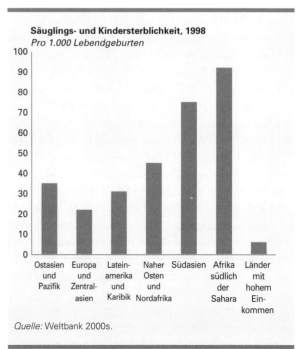

Säuglings- und Kindersterblichkeit, 1998
Pro 1.000 Lebendgeburten

Ostasien und Pazifik — Europa und Zentralasien — Lateinamerika und Karibik — Naher Osten und Nordafrika — Südasien — Afrika südlich der Sahara — Länder mit hohem Einkommen

Quelle: Weltbank 2000s.

armen Ländern sogar jedes fünfte Kind vor seinem fünften Geburtstag stirbt. Und während in reichen Ländern weniger als 5 Prozent aller Kinder unter 5 Jahren fehl- oder unterernährt sind, beläuft sich diese Rate in armen Ländern auf rund 50 Prozent.

Die Not in der Welt ist noch immer groß, auch wenn sich die Lebensbedingungen in den letzten 100 Jahren stärker verbessert haben denn je – der globale Wohlstand, die globalen Verflechtungen und die technischen Möglichkeiten übertreffen heute alles Dagewesene. Doch dieser globale Gewinn ist außerordentlich ungleich verteilt. Das Durchschnittseinkommen ist in den 20 reichsten Ländern 37mal höher als in den ärmsten 20, und dieser Abstand hat sich in den letzten 40 Jahren verdoppelt. Die Entwicklung in verschiedenen Teilen der Welt war dabei sehr unterschiedlich (Schaubild 2, siehe Tabelle 1.1 in Kapitel 1). In Ostasien ging die Zahl der Personen, die von weniger als 1 US-Dollar pro Tag leben, zwischen 1987 und 1998 trotz der schweren Rückschläge infolge der Finanzkrise von etwa 420 Millionen auf rund 280 Millionen zurück.[3] In Lateinamerika, Südasien und den afrikanischen Ländern südlich der Sahara hingegen steigt die Zahl der Armen. Und in den europäischen und zentralasiatischen Transformationsländern hat sich die Zahl der Menschen, die von weniger als 1 US-Dollar pro Tag leben müssen, mehr als verzwanzigfacht.[4]

Sonderbeitrag 2
Eine bessere Welt für alle: internationale Entwicklungsziele

1 Senkung des Anteils der in extremer Armut lebenden Menschen um die Hälfte von 1990 bis 2015

Menschen in Entwicklungsländern, die von weniger als 1 US-Dollar pro Tag leben
Entwicklung 1990–98
Projizierter Weg zum Ziel
30 / 20 / 10
1990 — 2015

2 Einschulungsquote von 100 Prozent bis 2015

Nettoeinschulungsquote (%)
Projizierter Weg zum Ziel
Entwicklung 1990–98
100 / 75 / 50
1990 — 2015

3 Fortschritte auf dem Weg zur Geschlechtergleichheit und zum Empowerment von Frauen durch Abbau von Geschlechterdisparitäten in Grund- und weiterführenden Schulen bis 2005

Zahl der Mädchen im Verhältnis zur Zahl der Jungen in Grund- und weiterführenden Schulen (%)
Projizierter Weg zum Ziel
Entwicklung 1990–98
100 / 75 / 50
1990 — 2005

4 Senkung der Säuglings- und Kindersterblichkeit um zwei Drittel von 1990 bis 2015

Sterblichkeitsrate bei Kindern unter 5 Jahren (pro 1.000 Lebendgeburten)
Entwicklung 1990–98
Projizierter Weg zum Ziel
100 / 50 / 0
1990 — 2015

5 Senkung der Müttersterblichkeitsrate um drei Viertel von 1990 bis 2015

Geburten im Beisein von ausgebildetem Gesundheitspersonal (%)
Projizierter Weg zum Ziel
Entwicklung 1988–98
100 / 50 / 0
1988 — 2015

6 Zugang zu Leistungen der Reproduktionsmedizin für alle, die diese Leistungen benötigen, bis 2015

Verbreitungsquote von Verhütungsmitteln (%)
Entwicklung 1993–98
80 / 70 / 60 / 50
1993 — 1998

7 Umsetzung nationaler Strategien zur nachhaltigen Entwicklung bis 2005 zwecks Verhinderung des Verlusts von Umweltressourcen bis 2015

Länder mit Umweltschutzstrategien (%)
Entwicklung 1984–97
50 / 25 / 0
1984 — 1997

Die Ziele in der internationalen Entwicklungspolitik betreffen den sehnlichsten aller Wünsche der Menschen: eine Welt ohne Armut und ohne das Elend, zu dem Armut führt.

Jedes der sieben Teilziele betrifft einen Aspekt der Armut. Sie müssen gemeinsam betrachtet werden, da sie sich gegenseitig verstärken. Eine höhere Schulbesuchsquote, vor allem bei Mädchen, verringert die Armut und die Sterblichkeit. Eine bessere medizinische Grundversorgung erhöht die Schulbesuchsquote und verringert die Armut.

Viele Arme verdienen ihren Lebensunterhalt mit Hilfe von Umweltressourcen. Daher müssen in jedem einzelnen dieser sieben Bereiche Fortschritte erzielt werden. Im letzten Jahrzehnt ist die Welt im großen und ganzen vom projizierten Weg zum Ziel abgekommen. Fortschritte in manchen Ländern und Regionen belegen jedoch, was getan werden kann. China verringerte die Zahl der in Armut lebenden Menschen zwischen 1990 und 1998 von 360 Millionen auf rund 210 Millionen. Mauritius kürzte den Verteidigungshaushalt und investierte statt dessen massiv in das Gesundheits- und Bildungswesen. Heute haben alle Mauritier Zugang zu sanitären Einrichtungen und 98 Prozent Zugang zu sauberem Wasser, und bei 97 Prozent der Geburten ist qualifiziertes Gesundheitspersonal vor Ort. Außerdem kamen viele lateinamerikanische Länder der Geschlechtergleichheit im Bildungswesen einen großen Schritt näher.

Die Botschaft: Wenn einige Länder beim Abbau der Armut in vielen ihrer Ausprägungen große Fortschritte machen können, können andere Länder es auch. Konflikte und Bürgerkriege machen jedoch in vielen afrikanischen Ländern südlich der Sahara die Erfolge in der sozialen Entwicklung zunichte. Die Ausbreitung von HIV/AIDS stürzt Einzelpersonen, Familien und Gemeinschaften auf allen Kontinenten in Armut. Ferner ist ein nachhaltiges Wirtschaftswachstum, der entscheidende Faktor für einen langfristigen Abbau der Armut, in der Hälfte der Länder der Welt noch immer nicht zu verzeichnen. In über 30 dieser Länder ist das reale Pro-Kopf-Einkommen in den vergangenen 35 Jahren gesunken. Und wo Wachstum zu verzeichnen ist, muß es gerechter verteilt werden. Die Ziele können erreicht werden – mit einer Kombination aus effektiven Maßnahmen auf nationaler und internationaler Ebene.

Anmerkung: Daten gelten für Länder mit geringem und mittlerem Einkommen mit Ausnahme jener zu Umweltschutzstrategien, die für alle Länder gelten.
Quelle: IMF, OECD, Vereinte Nationen und Weltbank 2000 (www.paris21.org/betterworld/).

Auch im Hinblick auf wichtige einkommensunabhängige Meßgrößen der Armut sind große Fortschritte, aber auch schwere Rückschläge zu verzeichnen. In Indien ist die Zahl der Mädchen, die eine Schule besuchen, deutlich gestiegen, und in dem am besten gestellten Bundesstaat Kerala liegt die Lebenserwartung sogar über der in anderen Gegenden mit einem um ein Vielfaches höheren Einkommensniveau, wie zum Beispiel Washington D. C. Andererseits ist in den von HIV/AIDS am schwersten betroffenen Ländern Afrikas, zum Beispiel Botswana und Zimbabwe, jeder vierte Erwachsene infiziert, so daß AIDS-Waisen sowohl traditionelle als auch offizielle Unterstützungssysteme bereits erheblich belasten und die seit Mitte des 20. Jahrhunderts erzielten Fortschritte in bezug auf die Lebenserwartung schon bald wieder zunichte gemacht sein werden. Die weltweit stark variierende Säuglingssterblichkeit, die etwa in afrikanischen Ländern südlich der Sahara fünfzehnmal so hoch ist wie in einkommensstarken Ländern, vermittelt einen sehr guten Eindruck von dieser sehr unterschiedlichen Entwicklung (Schaubild 3).

Auch die Situation auf subnationaler Ebene sowie für ethnische Minderheiten und Frauen variiert erheblich. Die verschiedenen Regionen eines Landes profitieren in sehr unterschiedlichem Umfang vom Wachstum. In Mexiko beispielsweise nahm die Armut zu Beginn der 90er Jahre – wenn auch nur leicht – insgesamt ab, legte im ärmeren Südosten jedoch zu. In vielen Ländern bestehen auch zwischen den verschiedenen ethnischen Bevölkerungsgruppen Ungleichheiten. In einigen afrikanischen Ländern ist die Säuglingssterblichkeit bei politisch einflußreichen ethnischen Gruppen geringer, und in lateinamerikanischen Ländern liegt die Schulbesuchsquote bei den Ureinwohnern häufig bei nicht einmal 75 % der durchschnittlichen Schulbesuchsquote für andere Bevölkerungsgruppen. Frauen sind weiterhin gegenüber Männern benachteiligt. In Südasien gehen Mädchen nur etwa halb so lange zur Schule wie Jungen, und die Schulbesuchsquote für Mädchen liegt für die Sekundarstufe etwa ein Drittel unter der für Jungen.

Konfrontiert mit dieser Realität der weltweiten Armut und Ungleichheit, hat die internationale Gemeinschaft einige Ziele für die ersten Jahre des neuen Jahrhunderts festgelegt, die auf den Gesprächen bei verschiedenen Konferenzen der Vereinten Nationen im Laufe der 90er Jahre beruhen (Sonderbeitrag 2). Zu diesen internationalen Entwicklungszielen, die zum Großteil bis zum Jahr 2015 erreicht sein sollen, zählt unter

anderem der Abbau der Einkommensarmut sowie vielfältiger Mangelzustände (Maßstab sind jeweils die Werte für 1990):

- Verringerung des Prozentsatzes der in extremer Einkommensarmut (also von weniger als 1 US-Dollar pro Tag) lebenden Weltbevölkerung um die Hälfte.
- Garantie einer allgemeinen Grundschulausbildung.
- Beseitigung von Geschlechterdisparitäten im Bereich der Grund- und weiterführenden Schulausbildung (bis 2005).
- Verringerung der Säuglings- und Kindersterblichkeit um zwei Drittel.
- Verringerung der Müttersterblichkeit um drei Viertel.
- Garantie eines allgemeinen Zugangs zu Angeboten der Reproduktionsmedizin.
- Umsetzung nationaler Strategien zur nachhaltigen Entwicklung in jedem Land bis 2005, um dem Verlust von Umweltressourcen bis 2015 entgegenzuwirken.

Diese Ziele müssen in einer Welt erreicht werden, deren Bevölkerung in den kommenden 25 Jahren um rund 2 Milliarden Menschen steigen wird, und zwar zu rund 97 Prozent in den heutigen Entwicklungsländern. Studien zu der Frage, was getan werden muß, um diese Ziele zu erreichen, verdeutlichen die Tragweite und das Ausmaß dieser Herausforderung. Um beispielsweise die Einkommensarmut von 1990 bis 2015 um die Hälfte zu verringern, muß sie im Laufe dieser 25 Jahre um 2,7 Prozent pro Jahr abnehmen. Nach neuesten Schätzungen der Weltbank betrug diese Verminderung zwischen 1990 und 1998 gerade einmal rund 1,7 Prozent pro Jahr. Diese in einigen Regionen zu beobachtende langsame Entwicklung ist zum Großteil durch langsames oder gar negatives Wachstum begründet. In manchen Fällen trug die zunehmende Ungleichheit zu diesem Effekt bei, wie zum Beispiel insbesondere in einigen Staaten der ehemaligen Sowjetunion. Die aktuelle Entwicklung der Schulbesuchsquoten wird wahrscheinlich nicht zu einer allen zugänglichen Grundschulbildung führen, vor allem nicht in den afrikanischen Ländern südlich der Sahara. Um zwischen 1990 und 2015 die Säuglings- und Kindersterblichkeit um zwei Drittel zu verringern, hätte sie zwischen 1990 und 1998 um 30 Prozent abnehmen müssen und damit weit mehr als jene 10 Prozent, welche in Entwicklungsländern zu verzeichnen waren. In einigen afrikanischen Ländern südlich der Sahara steigt die Säuglings- und Kindersterblichkeit sogar, zumTeil infolge der Ausbreitung von AIDS. Auch die Müttersterblichkeitsraten sinken zu langsam, um die Ziele zu erreichen.

Die Verwirklichung der internationalen Entwicklungsziele erfordert Maßnahmen, die ein gerecht verteiltes Wirtschaftswachstum fördern und die Einkommensungleichheit verringern, doch auch ein gerecht verteiltes Wachstum reicht nicht aus, um die Ziele im Gesundheits- und Bildungswesen zu erreichen. Um die Säuglings- und Kindersterblichkeit um zwei Drittel zu verringern, muß die weitere Ausbreitung von HIV/AIDS verhindert werden, indem die Fähigkeit der Gesundheitssysteme der Entwicklungsländer, mehr gesundheitliche Leistungen zu erbringen, verbessert und darüber hinaus sichergestellt wird, daß auch Entwicklungsländer von dem technologischen Fortschritt in der Medizin profitieren.[5] Eine Voraussetzung, um die angestrebte Geschlechtergleichheit im Bildungsbereich zu erreichen, werden politische Maßnahmen sein, welche die kulturellen, sozialen und wirtschaftlichen Hindernisse beseitigen, die Mädchen einen Schulbesuch verwehren.[6] Außerdem werden Maßnahmen zur Gewährleistung einer stärkeren Umweltfreundlichkeit entscheidend sein, um die den Armen zur Verfügung stehenden Eigenmittel zu vermehren und Armut langfristig abzubauen.[7] Diese Maßnahmen werden ineinandergreifen müssen, damit die Ziele erreicht werden können. Daher ist eine breiter angelegte, umfassendere Strategie zur Bekämpfung der Armut vonnöten.

Eine Strategie zum Abbau der Armut

Der Ansatz zum Abbau der Armut hat sich in den vergangenen 50 Jahren verändert und weiterentwickelt, da man ein besseres Verständnis für die komplexen Zusammenhänge der Entwicklung erlangt hat. In den 1950er und 1960er Jahren wurden vielfach massive Investitionen in physisches Kapital und Infrastruktur als die wichtigste Maßnahme zur Entwicklungsförderung angesehen.

In den 1970er Jahren erkannte man zunehmend, daß physisches Kapital allein nicht genügte und dem Bildungs- und Gesundheitsbereich eine ebenso große Bedeutung zukam. *Der Weltentwicklungsbericht 1980* faßte diese Erkenntnisse in Worte und legte dar, daß Verbesserungen im Gesundheits- und Bildungsbereich nicht nur um ihrer selbst willen wichtig waren, sondern auch, um die Steigerung des Einkommens armer Menschen zu fördern.

In den 1980er Jahren verlagerte sich der Schwerpunkt infolge der Schuldenkrise, der weltweiten Rezession und der entgegengesetzten Erfahrungen in Ostasien, Lateinamerika, Südasien und den afrikanischen Ländern südlich der Sahara erneut. Besonderes Gewicht wurde darauf gelegt, das wirtschaftliche Management zu verbessern und den Marktkräften freiere Hand zu lassen. *Der Weltentwicklungsbericht 1990: Armut* propagierte eine zweigeteilte Strategie: Förderung des arbeitsintensiven Wachstums durch eine offene Wirtschaftspolitik und Infrastrukturinvestitionen sowie die Grundversorgung der Armen im Gesundheits- und Bildungswesen.

In den 1990er Jahren rückten die Regierungsführung und Institutionen in den Mittelpunkt, wie auch Fragen und Probleme des Ausgeliefertseins der Armen auf lokaler und nationaler Ebene. Dieser Bericht baut auf den früheren Strategien auf und läßt die gesammelten Erkenntnisse und Erfahrungen des vergangenen Jahrzehnts sowie die veränderten globalen Zusammenhänge einfließen. Er schlägt eine dreigeteilte Strategie zur Bekämpfung der Armut vor: Schaffung von Möglichkeiten, Förderung des Empowerment und Verbesserung der Sicherheit.

- *Möglichkeiten fördern.* Arme betonen immer wieder, von welch zentraler Bedeutung materielle Gelegenheiten sind. Diese sind Arbeitsplätze, Kredite, Straßen, Strom, Absatzmärkte für Agrarprodukte, Schulen, Wasserversorgung, Zugang zu Sanitäreinrichtungen und Leistungen der Gesundheitsfürsorge, die den Unterbau für die zum Arbeiten erforderliche Gesundheit und die Qualifikationen bilden. Ein allgemeines Wirtschaftswachstum ist entscheidend für die Schaffung von Möglichkeiten. Gleiches gilt für das Muster oder die Qualität des Wachstums. Marktreformen können für den Ausbau der Möglichkeiten für Arme entscheidend sein, doch dürfen die Reformen die örtlichen institutionellen und strukturellen Gegebenheiten nicht außer acht lassen. Außerdem müssen Mechanismen vorhanden sein, die neue Möglichkeiten schaffen und denen, die im Zuge der Veränderungen eventuell auf der Verliererseite stehen, helfen. In einer Gesellschaft mit einem hohen Maß an Ungleichheit ist eine größere Gleichheit besonders wichtig, um rasche Fortschritte beim Abbau der Armut zu erzielen. Das setzt ein Eingreifen des Staates voraus, um Verbesserungen beim Humankapital und bei Aspekten wie Grund und Boden oder Infrastruktur, die Arme besitzen oder zu denen sie Zugang haben, zu erzielen.

■ *Empowerment fördern.* Die Auswahl und die Umsetzung staatlicher Interventionen, die auf die Bedürfnisse der Armen eingehen, sind abhängig von dem Zusammenwirken politischer, gesellschaftlicher und anderer institutioneller Prozesse. Der Zugang zu Marktchancen und Leistungen des öffentlichen Sektors wird häufig sehr stark von staatlichen und gesellschaftlichen Institutionen beeinflußt, die auf Arme eingehen und ihnen gegenüber Verantwortung zeigen müssen. Für Verantwortung und Rechenschaftspflicht zu sorgen ist Aufgabe der Politik und setzt eine aktive Zusammenarbeit zwischen Armen, der Mittelschicht und anderen gesellschaftlichen Gruppierungen voraus. Erheblich erleichtert werden kann die aktive Zusammenarbeit durch Änderungen der Verwaltungsstruktur, welche die Effizienz von öffentlicher Verwaltung, rechtlichen Institutionen und staatlichen Leistungen sowie deren Rechenschaftspflicht gegenüber allen Bürgern verbessern, wie auch durch eine stärkere Einbeziehung der Armen in politische Prozesse und die Entscheidungsfindung auf Ortsebene. Darüber hinaus ist auch der Abbau von sozialen und institutionellen Hindernissen, die aus Unterschieden bei Geschlecht, ethnischer Zugehörigkeit und gesellschaftlichem Status resultieren, von Bedeutung. Solide, auf die Bedürfnisse der Bürger eingehende Institutionen sind nicht nur für die Armen wichtig, sondern auch für den Wachstumsprozeß insgesamt entscheidend.

■ *Sicherheit verbessern.* Ein verbesserter Schutz – vor wirtschaftlichen Erschütterungen, Naturkatastrophen, Krankheit, Behinderung und Gewalt – ist ein wesentlicher Faktor für ein verbessertes Wohlergehen und fördert Investitionen in Humankapital und risikoreichere, aber ertragsstärkere Tätigkeiten. Dies erfordert ein effektives Handeln auf nationaler Ebene, um das Risiko von landesweiten Erschütterungen zu begrenzen, und effektive Mechanismen zur Minderung der Risiken für Arme, etwa gesundheitlicher und wetterbedingter Risiken. Außerdem müssen die Eigenmittel der Armen vermehrt, Tätigkeiten in den Haushalten diversifiziert und eine Reihe von Absicherungsmechanismen geschaffen werden, etwa Arbeitsangebote der öffentlichen Hand, Programme zur Verlängerung des Schulbesuchs und Krankenversicherungen, um die Folgen von Erschütterungen zu mildern.

Dabei kommt allen Maßnahmen eine gleich große Bedeutung zu. Die einzelnen Elemente ergänzen sich gegenseitig. Jeder Teil der Strategie wirkt sich auf die zugrundeliegenden Ursachen der Armut aus, welche auch die beiden anderen Teile angehen. Die Schaffung von Möglichkeiten durch Eigenmittel und einen Marktzugang macht die Armen unabhängiger und ermächtigt sie durch die Stärkung ihrer Verhandlungsposition gegenüber Staat und Gesellschaft zu eigenverantwortlichem Handeln. Ferner führt sie zu mehr Sicherheit, da ein angemessener Bestand an Eigenmitteln die Folgen schwerer Erschütterungen abfedert. Auf ähnliche Weise verbessern die Stärkung demokratischer Institutionen und das Empowerment von Frauen und benachteiligten ethnischen Gruppen und Rassen – etwa durch Abschaffung von diskriminierenden Gesetzen – die wirtschaftlichen Chancen für Arme und gesellschaftliche Randgruppen. Durch die Stärkung von Organisationen der Armen kann unter Umständen gewährleistet werden, daß Leistungen erbracht und politische Entscheidungen gefaßt werden, die den Bedürfnissen der Armen gerecht werden, und darüber hinaus Korruption und staatliche Willkür eingedämmt werden. Und wenn die Armen die Bereitstellung sozialer Leistungen vor Ort besser überwachen und kontrollieren können, ist es wahrscheinlich, daß öffentliche Ausgaben im Falle einer Krise tatsächlich ihnen zugute kommen. Wenn die Armen bei der Bewältigung von Erschütterungen und Risiken unterstützt werden, sind sie schließlich auch besser in der Lage, sich eröffnende Marktchancen zu nutzen. Daher setzt sich dieser Bericht für einen umfassenden Ansatz zur Bekämpfung der Armut ein.

Von der Strategie zum Handeln

Es gibt kein einfaches Patentrezept, wie diese Strategie umgesetzt werden sollte. Entwicklungsländer müssen ihr eigenes Maßnahmenpaket schnüren, um unter Berücksichtigung der nationalen Prioritäten und örtlichen Realitäten die Armut abzubauen. Die Entscheidungsgrundlage wird der ökonomische, gesellschaftspolitische, strukturelle und kulturelle Kontext in den einzelnen Ländern, ja sogar in den einzelnen Gemeinschaften bilden müssen.

Dieser Bericht präsentiert zwar einen umfassenderen Ansatz, doch werden die Prioritäten im Einzelfall auf der Grundlage der Ressourcen und auf der Basis dessen festgelegt werden müssen, was auf institutioneller Ebene machbar ist. Fortschritte beim Abbau einiger

Aspekte der Armut sind möglich, auch wenn bei anderen Aspekten keine Veränderungen bewirkt werden. Zum Beispiel können breit angelegte Programme zur oralen Rehydratation die Säuglingssterblichkeit deutlich verringern, auch wenn sich das Einkommen der Armen nicht ändert.[8] Im allgemeinen werden jedoch in allen drei Teilbereichen, das heißt Möglichkeiten, Empowerment sowie Sicherheit, aufgrund der Komplementaritäten zwischen ihnen Maßnahmen erforderlich sein.

Den Maßnahmen von Entwicklungsländern und multilateralen Organisationen wird eine sehr große Bedeutung zukommen. Viele Kräfte, die das Leben der Armen beeinflussen, entziehen sich ihrem Einfluß oder ihrer Kontrolle. Allein können Entwicklungsländer solche Dinge wie die Stabilität der internationalen Finanzmärkte, erhebliche Fortschritte in der Gesundheits- und landwirtschaftlichen Forschung und Möglichkeiten des internationalen Handels nicht herbeiführen. Die Intervention der internationalen Gemeinschaft und die entwicklungspolitische Zusammenarbeit werden weiterhin entscheidend sein.

Nachfolgend werden die Bereiche behandelt, in denen Maßnahmen zuerst auf nationaler, dann auf internationaler Ebene ergriffen werden sollten.

Möglichkeiten

Teil der zentralen politischen Ansätze und Institutionen zur Schaffung von mehr Möglichkeiten müssen sich gegenseitig ergänzende Maßnahmen sein, welche das Gesamtwachstum anregen, für die Armen funktionierende Märkte schaffen und ihre Eigenmittel vermehren – und außerdem tief verwurzelte Ungleichheiten in der Verteilung von Faktoren wie der Bildung angehen.

Effektive private Investitionen fördern. Investitionen und technologische Innovation sind die Haupttriebfedern für mehr Arbeitsplätze und steigende Arbeitseinkommen. Die Förderung privater Investitionen erfordert eine Risikominderung für private Investoren – durch eine solide Steuer- und Währungspolitik, eine solide Investitionsordnung, gesunde Finanzsysteme und ein klares, transparentes wirtschaftliches Umfeld. Weitere Voraussetzungen sind Rechtsstaatlichkeit und Maßnahmen zur Bekämpfung der Korruption, die gegen ein auf Schmiergeldern beruhendes Geschäftsumfeld, Subventionen für Großinvestoren, Sondervereinbarungen und begünstigte Monopole vorgehen.

Besondere Maßnahmen sind häufig erforderlich, um sicherzustellen, daß Kleinst- und Kleinbetriebe, die häufig ganz besonders unter der Willkür der Bürokratie und dem Erkaufen von Privilegien durch andere mit guten Beziehungen zu leiden haben, effektiv an den Märkten teilnehmen können. Derartige Maßnahmen bestehen zum Beispiel darin, den Zugang zu Krediten durch Förderung einer höheren Kapitalintensität und Abbau der Ursachen für Marktversagen zu gewährleisten, Transaktionskosten für den Eintritt in Exportmärkte durch einen verbesserten Zugang zur Internet-Technologie, Exportmessen und Schulungsangebote zu modernen Geschäftspraktiken zu senken und schließlich Zubringerstraßen zu bauen, um physikalische Hemmnisse zu beseitigen. Die Schaffung eines soliden Geschäftsumfelds für arme Haushalte und Kleinbetriebe kann unter Umständen Maßnahmen zur Deregulierung und ergänzende institutionelle Reformen erfordern, zum Beispiel zum Abbau vor allem jener Beschränkungen des inoffiziellen Sektors, die Frauen betreffen, und zur Beseitigung von Ungleichheiten bei der Pacht oder Eintragung von Grundstücken, die kleine Investoren abschrecken.

Private Investitionen müssen durch Investitionen der öffentlichen Hand ergänzt werden, um die Wettbewerbsfähigkeit zu verbessern und neue Marktchancen zu schaffen. Besonders wichtig sind ergänzende öffentliche Investitionen beim Ausbau der Infrastruktur und Verkehrswege sowie bei der Verbesserung der Qualifikationen der Arbeitskräfte.

In internationale Märkte expandieren. Internationale Märkte bieten gewaltige Möglichkeiten zur Schaffung von Arbeitsplätzen und zur Einkommenserhöhung – in der Landwirtschaft, der Industrie und dem Dienstleistungssektor. Alle Länder, denen ein bedeutenderer Abbau der Einkommensarmut gelungen ist, bedienten sich dazu des internationalen Handels. Doch eine offene Handelspolitik kann sowohl Gewinner als auch Verlierer hervorbringen und führt nur dann zu erheblichen Vorteilen, wenn die Länder über die Infrastruktur und Institutionen verfügen, die nötig sind, um auch eine starke Nachfrage der Märkte nach Waren und Dienstleistungen decken zu können. Daher muß diese Öffnung wohldurchdacht sein sowie landesspezifischen Aspekten und institutionellen und anderen Engpässen besondere Aufmerksamkeit widmen. Die Reihenfolge der politischen Maßnahmen sollte die Schaffung von Arbeitsplätzen begünstigen und der Arbeitsplatzvernichtung begegnen. Eine armenfreundlichere Liberalisierung erfolgt nicht unbedingt langsamer, eine schnelle Reaktion kann mehr Möglichkeiten für Arme schaffen.

Außerdem sollten explizite Maßnahmen die Belastung der Armen durch transitorische Kosten mindern, wie etwa die Zuschüsse für mexikanische Maisbauern im Gefolge des Nordamerikanischen Freihandelsabkommens (NAFTA).

Bei der Öffnung der Kapitalmärkte ist Besonnenheit – sowie die Entwicklung des inländischen Finanzsektors – unverzichtbar, um das Risiko einer hohen Volatilität der Kapitalflüsse zu mindern. Langfristige Direktinvestitionen führen zu positiven Externalitäten, etwa dem Wissenstransfer, kurzfristige Kapitalflüsse hingegen unter Umständen zu negativen Externalitäten, insbesondere einer hohen Volatilität. Diese Probleme müssen die politischen Maßnahmen getrennt angehen.

Eigenmittel der Armen aufstocken. Die Schaffung von menschlichen, materiellen, natürlichen und finanziellen Vermögenswerten, die Arme besitzen oder nutzen können, erfordert Maßnahmen an drei Fronten. Erstens muß der Fokus der öffentlichen Ausgaben insbesondere auf die Armen gelegt werden, indem das Angebot an grundlegenden sozialen und wirtschaftlichen Leistungen ausgebaut und Hindernisse auf der Nachfrageseite (etwa durch Stipendien für arme Kinder) abgebaut werden. Zweitens muß durch institutionelle Maßnahmen und eine solide Verwaltung sowie mit Hilfe von Märkten und mehreren Marktteilnehmern die Bereitstellung hochwertiger Leistungen gewährleistet werden. Das kann sowohl Reformen der staatlichen Bereitstellung von Leistungen, etwa im Bildungsbereich, als auch eine Form der Privatisierung implizieren, welche die Ausweitung des Leistungsangebotes auf die Armen gewährleistet, wie es häufig bei der Wasserver- und Abwasserentsorgung sinnvoll ist. Drittens muß armen Gemeinschaften und Haushalten bei der Auswahl und Umsetzung von Leistungen sowie bei deren Überwachung ein Mitspracherecht eingeräumt werden, um die Rechenschaftspflicht der Leistungsanbieter aufrechtzuerhalten. Das wurde bei Projekten in El Salvador, Tunesien und Uganda versucht. Zu Programmen zur Vermehrung der Eigenmittel von Armen zählen unter anderem der umfassende Ausbau des Bildungsbereichs mit Einbeziehung der Eltern und Gemeinschaften, Programme zur Verlängerung der Schulzeit wie jene in Bangladesch, Brasilien, Mexiko und Polen, Ernährungsprogramme, Gesundheitsprogramme für Mütter und Kinder, Impfungen und andere Maßnahmen der Gesundheitsfürsorge sowie Programme auf Gemeinschaftsebene zum Schutz der Wasserressourcen und anderer Teile der natürlichen Umwelt.

Es bestehen starke Komplementaritäten zwischen Maßnahmen in verschiedenen Bereichen. Aufgrund enger Verbindungen zwischen Human- und materiellem Kapital können Arme zum Beispiel in Form eines besseren Zugangs zu und höheren Nutzens aus der Bildung von einem besseren Zugang zu Energie und Verkehr profitieren. Auch die Verbesserung der Umwelt kann erhebliche Auswirkungen auf die Armut haben. Dies belegen die deutlichen gesundheitlichen Vorteile durch die Eindämmung der Luft- und Wasserverschmutzung, einem wichtigen Faktor bei einigen der häufigsten Krankheiten bei Armen, zum Beispiel Durchfallerkrankungen bei Kindern und Atemwegserkrankungen.

Ungleiche Verteilung von Vermögenswerten nach Geschlecht, ethnischer Zugehörigkeit, Rassenzugehörigkeit und sozialer Stellung angehen. In vielen Gesellschaften sind besondere Maßnahmen erforderlich, um sozial begründete Ungleichverteilungen der Mittel anzugehen. Zwar behindern politische und gesellschaftliche Probleme Veränderungen häufig, jedoch gibt es zahlreiche Beispiele für funktionierende Mechanismen, bei denen eine Kombination aus öffentlichen Ausgaben, institutionellen Veränderungen und politischer Mitbestimmung zur Anwendung gelangen. Ein Beispiel ist die vereinbarte Bodenreform, bei der der Staat zur Unterstützung der Kleinbauern interveniert, wie etwa im Nordosten Brasiliens und auf den Philippinen. Ein weiteres Beispiel sind Programme, mit denen Familien Geld oder Nahrungsmittel angeboten werden, wenn sie Mädchen zur Schule gehen lassen, wie etwa in Bangladesch, Brasilien und Mexiko, oder die Einstellung von mehr Lehrerinnen, wie etwa in Pakistan. Eine dritte Möglichkeit ist die Unterstützung von Mikrokreditprogrammen für arme Frauen.

Infrastruktur und Wissen in arme Regionen bringen – auf dem Land und in der Stadt. Besondere Maßnahmen sind auch in armen Regionen erforderlich, in denen es – auch auf Gemeinschafts- und regionaler Ebene – unter Umständen an mehreren Mitteln und Ressourcen mangelt und sich die materiellen Aussichten der Armen verschlechtern können. Auch in diesem Fall sind staatliche Unterstützung sowie eine Reihe von institutionellen und partizipativen Ansätzen erforderlich. Notwendig ist unter anderem die Schaffung einer sozialen und wirtschaftlichen Infrastruktur in armen, entlegenen Gebieten, unter anderem in den Bereichen Verkehr, Telekommunikation, Schulen, Gesundheitsdienste und Strom, wie zum Beispiel im Rahmen des Programms für arme Regionen in China. Darüber hinaus ist die umfassende Bereitstellung von grundlegenden städtischen Versorgungsleistungen in Slums im Rahmen einer weitreichenden Strategie für die Städte unverzichtbar. Ferner ist der Ausbau des Zugangs zu Informationen für arme Dörfer sehr wichtig, um ihnen zu ermöglichen, an Märkten teilzunehmen und die örtliche Verwaltung zu überwachen.

Empowerment

Das Potential für Wirtschaftswachstum und Abbau der Armut wird in hohem Maße von staatlichen und gesellschaftlichen Institutionen beeinflußt. Maßnahmen, die staatliche und gesellschaftliche Institutionen besser funktionieren lassen, wirken sich sowohl auf das Wachstum als auch auf die Gleichheit günstig aus, indem sie bürokratische und soziale Hemmnisse für wirtschaftliches Handeln und Aufstiegschancen abbauen. Voraussetzung für die Ausarbeitung und Umsetzung dieser Veränderungen ist jedoch ein starker politischer Wille, vor allem wenn diese Veränderungen soziale Werte oder tief verwurzelte Interessen in ihren Grundfesten erschüttern. Regierungen können die öffentliche Debatte erheblich beeinflussen, um das Verständnis für den gesellschaftlichen Nutzen von staatlichen Interventionen zugunsten der Armen zu verbessern, und die politische Unterstützung für derartige Maßnahmen fördern.

Die politischen und rechtlichen Grundlagen für eine umfassende Entwicklung schaffen. Staatliche Institutionen müssen offen und gegenüber allen rechenschaftspflichtig sein. Das bedeutet, daß Institutionen transparent sein und auf demokratischen und partizipativen Mechanismen zur Entscheidungsfindung und Überwachung der Umsetzung und auf Rechtssystemen aufbauen müssen, die das Wirtschaftswachstum und die Gleichheit vor dem Gesetz fördern. Da es den Armen an Ressourcen und Informationen mangelt, um das Rechtssystem zu nutzen, sind Maßnahmen wie unentgeltliche Rechtsberatungen und die Verbreitung von Informationen zu Rechtsverfahren, wie zum Beispiel in Bangladesch durch die Organisation Ain-O-Salish Kendra (ASK), überaus leistungsfähige Hilfsmittel zur Schaffung rechenschaftspflichtiger Rechtssysteme, die allen Bevölkerungsteilen offenstehen.

Öffentliche Verwaltungen zur Förderung von Wachstum und Gleichheit schaffen. Öffentliche Verwaltungen, die politische Maßnahmen effizient und ohne Korruption oder Willkür umsetzen, verbessern die Bereitstellung von Leistungen durch den öffentlichen Sektor und

begünstigen das Wachstum des privaten Sektors. Angemessene Leistungsanreize sind notwendig, um die Verantwortlichkeit der öffentlichen Verwaltungen und deren Bereitschaft, auf die Bedürfnisse der Bürger einzugehen, zu verbessern. Der Zugang zu Informationen wie Budgets, Budgetmechanismen mit Mitspracherecht sowie Leistungsbeurteilungen der öffentlichen Versorgungsdienste verbessern die Fähigkeit der Bürger, die Leistungen des öffentlichen Sektors zu beeinflussen und zu überwachen, und verringern gleichzeitig Möglichkeiten und Umfang der Korruption. Reformen der öffentlichen Verwaltungen und anderer Stellen, zum Beispiel der Polizei, welche die Rechenschaftspflicht und die Bereitschaft erhöhen, auf Bedürfnisse der Armen einzugehen, können erheblichen Einfluß auf das tägliche Leben der Armen haben.

Dezentralisierung und Gemeinschaftsentwicklung mit Einbeziehung der Bürger fördern. Dezentralisierung kann die Nähe von Leistungsanbietern zu armen Gemeinschaften und Menschen vergrößern und mithin die Kontrolle der Menschen über die Leistungen, auf die sie Anspruch haben, verbessern. Dazu sind die Stärkung der Entscheidungsfähigkeit auf lokaler Ebene sowie die Dezentralisierung von Finanzressourcen erforderlich. Ferner müssen Maßnahmen ergriffen werden, um zu verhindern, daß örtliche Eliten Macht und Ressourcen an sich reißen. Die Dezentralisierung muß mit effektiven Mechanismen zur politischen Mitbestimmung des Volkes und zur Überwachung der Regierung und Verwaltungen durch die Bürger einhergehen. Ein Beispiel ist etwa eine Form der Dezentralisierung, die den Gemeinschaften eine Entscheidungsbefugnis im Hinblick auf die Mittelverwendung und Projektumsetzung überträgt. Es gibt auch eine ganze Reihe von Möglichkeiten, wie Gemeinschaften und Haushalte an Prozessen beteiligt werden können, zum Beispiel elterliche Mitbestimmung im Schulwesen oder Nutzerverbände in den Bereichen Wasserversorgung und Bewässerung.

Geschlechtergleichheit fördern. Ungleichheit in den Beziehungen zwischen den Geschlechtern sind Teil des weiterreichenden Problems der sozialen Ungleichheiten, die auf gesellschaftlichen Normen und Werten beruhen. Geschlechtergleichheit ist jedoch von so erheblicher Bedeutung, daß sie besondere Aufmerksamkeit verdient. Die Muster der Geschlechterungleichheit variieren von Land zu Land zwar erheblich, jedoch ist in fast allen Ländern die Mehrzahl der Frauen und Mädchen im Hinblick auf ihre relative Macht und Kontrolle über materielle Ressourcen (in den meisten Ländern liegt das

Besitzrecht für Grundeigentum bei den Männern) benachteiligt, und sie sehen sich zudem mit größerer Unsicherheit konfrontiert (etwa nach dem Tod des Ehemanns). Arme Frauen sind daher in zweifacher Hinsicht benachteiligt. Außerdem hat die mangelnde Autonomie der Frauen erhebliche, negative Auswirkungen auf die Ausbildung und Gesundheit der Kinder.

Eine größere Geschlechtergleichheit ist für sich genommen und wegen des erheblichen gesellschaftlichen und wirtschaftlichen Nutzens bei dem Abbau der Armut erstrebenswert. Zwar wurden Fortschritte erzielt, zum Beispiel im Bildungs- und Gesundheitswesen, doch es gibt noch viel zu tun. Die Erfahrung zeigt, daß eine Kombination aus politischen, gesetzlichen und direkten öffentlichen Maßnahmen erforderlich ist. In zweiunddreißig Ländern, von Argentinien bis Indien, gibt es Programme, um die Vertretung von Frauen in örtlichen und landesweiten Versammlungen zu fördern, und diese Programme ermöglichen Frauen bereits, am öffentlichen Leben und dem Entscheidungsprozeß teilzuhaben. Einige Länder schaffen derzeit geschlechterdiskriminierende Gesetzesvorschriften wie im kolumbianischen Agrargesetz von 1994 ab. Die Nutzung öffentlicher Gelder zur Subventionierung der Ausbildung von Mädchen zeigt in Bangladesch und Pakistan bereits erste Erfolge. Mehrere Maßnahmen zur Förderung produktiver Tätigkeiten, vor allem Mikrokredite und landwirtschaftliche Produktionsfaktoren, haben erwiesenermaßen zu höheren Erträgen (beispielsweise in Kenia) und mehr Autonomie für Frauen sowie einem besseren Ernährungszustand der Kinder (in Bangladesch und praktisch überall, wo diese Frage untersucht wurde) geführt.

Soziale Hemmnisse beseitigen. Gesellschaftliche Strukturen und Institutionen bilden den Rahmen für die wirtschaftlichen und politischen Beziehungen und beeinflussen einen großen Teil der Mechanismen, die Armut erzeugen und aufrechterhalten – oder mildern. Gesellschaftliche Strukturen, die Bevölkerungsteile ausschließen und ungerecht sind, etwa Klassenbildung oder Geschlechtertrennung, sind enorme Hindernisse, die die Aufstiegsmöglichkeiten von Armen beeinträchtigen. Regierungen können helfend eingreifen, indem sie die Debatte über ausschließende Praktiken und Bereiche der Stigmatisierung fördern und das Engagement und die Mitwirkung von Gruppen unterstützen, die soziale Randgruppen vertreten. Gruppen, die offen benachteiligt werden, kann durch ausgewählte Maßnahmen zur Bekämpfung der Diskriminierung geholfen

werden. Die Zersplitterung der Gesellschaft kann dadurch gemildert werden, daß Gruppen zu offiziellen und inoffiziellen Gesprächen an einen Tisch gebracht und ihre Energien so kanalisiert werden, daß sie für politische Prozesse statt für einen offenen Konflikt genutzt werden. Weitere Maßnahmen könnten die Abschaffung der von der Rechtsordnung und dem Rechtssystem geförderten Diskriminierung aufgrund von ethnischer Zugehörigkeit, Rasse oder Geschlecht und die stärkere Vertretung und Mitbestimmung von Frauen und benachteiligten ethnischen und rassischen Gruppierungen in Gemeinschafts- und nationalen Organisationen sein.

Das Sozialkapital der Armen unterstützen. Gesellschaftliche Normen und Vereinigungen sind eine wichtige Form des Kapitals, mit dessen Hilfe die Menschen der Armut entkommen können. Die Zusammenarbeit mit und Unterstützung von Vereinigungen armer Menschen ist daher wichtig, um ihr Potential zu vergrößern, indem der Kontakt zu Mittlerorganisationen, größeren Märkten und öffentlichen Institutionen hergestellt wird. Dazu ist eine Verbesserung der gesetzlichen, regulativen und institutionellen Rahmenbedingungen für Gruppen erforderlich, welche die Armen vertreten. Da sich Arme in der Regel auf örtlicher Ebene organisieren, werden auch Maßnahmen vonnöten sein, die ihre Fähigkeit zur Einflußnahme auf die Politik auf bundesstaatlicher und landesweiter Ebene verbessert, etwa indem örtliche mit überregionalen Organisationen zusammengebracht werden.

Sicherheit

Um ein höheres Maß an Sicherheit zu erreichen, muß die Frage, wie Unsicherheit das Leben und die Perspektiven der Armen beeinflußt, stärker in den Vordergrund gerückt werden. Darüber hinaus muß ein Maßnahmenpaket geschnürt werden, das auf die ein ganzes Land oder eine ganze Region betreffenden Risiken eingeht und den Armen hilft, die Folgen von Erschütterungen zu überwinden.

Einen modularen Ansatz zur Unterstützung der Armen bei der Risikobewältigung entwickeln. Um auf unterschiedliche Risiken und verschiedene Segmente der Bevölkerung einzugehen, bedarf es unterschiedlicher Maßnahmen – auf Gemeinschafts-, Markt- und Staatsebene. Eine Maßnahmenkombination ist unter Umständen erforderlich, um Gemeinschaften und Haushalte bei der Bewältigung von Risiken zu unterstützen. Diese Maßnahmen richten sich nach der Art des Risikos und den institutionellen Fähigkeiten des Landes.

Mikroversicherungsprogramme können von Organisationen angebotene Mikrokreditprogramme für arme Frauen ergänzen, wie etwa bei den Programmen, welche die SEWA indischen Frauen anbietet, die im inoffiziellen Sektor tätig sind. Öffentliche Arbeitsprogramme können nach örtlichen oder landesweiten Erschütterungen ausgedehnt werden. Nahrungsmittelhilfsprogramme und Sozialfonds zur Finanzierung der von Gemeinschaften beschlossenen Projekte können sehr wirkungsvoll zur Überwindung der Folgen von Katastrophen beitragen.

Nationale Programme zur Verhinderung von, Vorbereitung und Reaktion auf schwere Erschütterungen des Finanzsektors und Naturkatastrophen. Landesweite Krisen treffen gerade arme Gemeinschaften und Haushalte häufig am stärksten, vor allem dann, wenn es sich um wiederkehrende, schwere oder andauernde Krisen handelt. Um Risiken der Erschütterung im Finanzbereich oder der Terms of Trade zu bewältigen, sind eine solide makroökonomische Politik und robuste Finanzsysteme von entscheidender Bedeutung. Sie müssen jedoch durch ein besonnenes Vorgehen bei der Öffnung der Kapitalmärkte untermauert werden, um das Risiko volatiler, kurzfristiger Kapitalflüsse zu mindern. Es bedarf darüber hinaus besonderer Maßnahmen, um sicherzustellen, daß Ausgaben für Programme, die für Arme wichtig sind, etwa gesellschaftliche Programme und zweckgebundene Transferzahlungen, bei einer Rezession nicht sinken, da sie gerade dann notwendig sind. Ebenso wichtig ist, daß fortwährend antizyklische Sicherungsnetze bestehen, die greifen können, wenn Länder von schweren Krisen erschüttert werden. Diese und andere Maßnahmen können auch helfen, die Folgen von Naturkatastrophen zu überwinden. Katastrophenhilfsfonds können zur Finanzierung von Hilfsaktionen nach Naturkatastrophen, Anschaffung von neuen Technologien und Weiterbildung zur besseren Risikobewertung dienen. Wenn frühzeitig Investitionen getätigt und Versicherungen abgeschlossen werden, können die Personalkosten im Katastrophenfall gesenkt werden.

Nationale Systeme der sozialen Risikobewältigung schaffen, die gleichzeitig das Wachstum fördern. Weltweit besteht Bedarf an nationalen Systemen zur sozialen Risikobewältigung. Das Problem besteht darin, sie so zu gestalten, daß sie die Wettbewerbsfähigkeit nicht schmälern und für Arme Vorteile bringen. Einige Beispiele: Systeme, die sowohl diejenigen, die nicht arm sind, absichern als auch Armen eine Sozialrente zahlen, wie etwa in Chile, eine Krankenversicherung, die

Schutz vor verheerenden Krankheiten bietet, welche die Eigenmittel einer Familie aufzehren könnten, wie etwa in Costa Rica, oder eine Arbeitslosenversicherung und -hilfe, die nicht jeglichen Anreiz zu arbeiten zunichte macht. Um in den Genuß aller Vorteile solcher Programme zu gelangen, müssen Volkswirtschaften jedoch aus institutioneller Sicht in der Lage sein, sie effektiv zu verwalten.

Das Problem von Unruhen lösen. Aufstände und Unruhen haben verheerende Folgen für Arme: Die Mehrzahl der Konflikte besteht in armen Ländern, und es handelt sich zumeist um Bürgerkriege – zwischen 1987 und 1997 wurden mehr als 85 Prozent aller Konflikte innerhalb eines Landes ausgetragen. Sie bedrohen nicht nur direkt das Leben der Menschen, sondern verursachen auch großes soziales und wirtschaftliches Leid und führen zu schweren psychologischen und sozialen Traumata. Häufig werden Kinder als Soldaten rekrutiert, zum Beispiel in Sierra Leone, und noch sehr viel mehr Kinder leiden unter dem Verlust ihrer Eltern, der Unterbrechung des Schulbetriebs und psychologischen Narben, die ihre Aussichten dauerhaft verdüstern.

Zwar ist es von größter Wichtigkeit, den Wiederaufbau eines Landes nach einem Konflikt, etwa in Kambodscha und Ruanda, nicht aus den Augen zu verlieren, jedoch ist es nicht minder wichtig, Maßnahmen zu ergreifen, um Konflikte zu vermeiden. Es gibt Belege dafür, daß der Stärkung pluralistischer Institutionen, welche die Rechte von Minderheiten schützen und die institutionelle Basis für eine friedliche Konfliktlösung bilden, dabei eine große Bedeutung zukommt. Ebenfalls wichtig für die Konfliktverhinderung sind Anstrengungen, verschiedene Gruppen durch mehrere Seiten einbeziehende, partizipative politische Institutionen sowie durch bürgerliche Institutionen zur Zusammenarbeit zu bewegen. Wie nachfolgend dargelegt, bedarf es außerdem internationaler Maßnahmen, um den Zugang zu Ressourcen für die Finanzierung von Konflikten und den internationalen Waffenhandel zu beschränken. Wenn Länder den Weg der umfassenden, alle Gruppen beteiligenden wirtschaftlichen Entwicklung einschlagen können, eröffnet sich ihnen eine Möglichkeit, aus dem Teufelskreis auszubrechen. Kriegerische Auseinandersetzungen zählen zu den drängendsten und hartnäckigsten Problemen, bei denen akuter Handlungsbedarf besteht und von denen viele der ärmsten Menschen der Welt betroffen sind.

HIV/AIDS bekämpfen. HIV/AIDS ist in den stark betroffenen afrikanischen Ländern bereits einer der wichtigsten Unsicherheitsfaktoren. Die unmittelbaren, verheerenden Auswirkungen äußern sich zwar auch in den Familien, jedoch reichen die Folgen noch viel weiter, von der außerordentlich starken Beanspruchung traditioneller Kinderfürsorgesysteme über eine extreme Belastung der Gesundheitssysteme bis hin zum Verlust leistungsfähiger Arbeitskräfte, die ganze Gemeinschaften und Nationen in Mitleidenschaft ziehen. Mehr als 34 Millionen Menschen sind HIV-infiziert (davon 90 Prozent in Entwicklungsländern), und jedes Jahr infizieren sich weitere 5 Millionen. Über 18 Millionen Menschen sind bereits an AIDS-bedingten Krankheiten gestorben. Anstrengungen auf internationaler Ebene zur Entwicklung eines AIDS-Impfstoffs sind überaus wichtig für die Zukunft, jedoch zeigen die bislang gemachten Erfahrungen, daß nun nur durch effektive Führung, gesellschaftliche Veränderungen zur Vermeidung einer weiteren Ausbreitung von HIV sowie Pflege der bereits Infizierten wirklich etwas verändert werden kann. Das kann beinhalten, daß sexuelle Tabuthemen angesprochen werden, Risikogruppen wie Prostituierte gezielt Informationen und Unterstützung erhalten und AIDS-Kranke fürsorglich gepflegt werden müssen. Brasilien, Senegal, Thailand und Uganda veranschaulichen, was möglich ist, wenn die Bereitschaft zu entschlossenem Handeln besteht.

Maßnahmen auf internationaler Ebene

Maßnahmen auf nationaler und lokaler Ebene werden häufig nicht ausreichen, um einen raschen Abbau der Armut zu erreichen. In vielen Bereichen wird auf internationaler Ebene, insbesondere seitens der Industrieländer, gehandelt werden müssen, um einen Nutzen für arme Länder und die Armen in den Entwicklungsländern zu gewährleisten. Ein stärkerer Fokus auf den Erlaß von Schulden und der damit verbundene Schritt, die entwicklungspolitische Zusammenarbeit durch Entwicklungshilfe effizienter zu machen, sind dabei ein Teil der Strategie. Von ebenso großer Bedeutung sind Maßnahmen in anderen Bereichen, zum Beispiel Handel, Impfstoffe, Beseitigung des digitalen und des Wissensgefälles, welche die Möglichkeiten, das Empowerment und die Sicherheit der Armen verbessern.

Möglichkeiten. In einem auf Regeln basierenden Handelssystem könnten die Industrieländer mehr Möglichkeiten schaffen, indem sie ihre Märkte noch mehr für Importe aus armen Ländern öffnen, vor allem für Agrarprodukte, arbeitsintensive Erzeugnisse und Dienstleistungen. Schätzungen zufolge führen Zölle

und Subventionen innerhalb der OECD in den Entwicklungsländern zu jährlichen Wohlfahrtsverlusten in Höhe von fast 20 Milliarden US-Dollar, das heißt rund 40 Prozent der Hilfsleistungen im Jahr 1998. Viele Entwicklungsländer sind der Ansicht, daß sie zwar ihre Handelsordnungen liberalisieren, zentrale Punkte in den Handelsordnungen der reichen Länder sie aber benachteiligen. Außerdem könnten die Geberländer die Fähigkeit der Entwicklungsländer verbessern, den Abbau der Armut zu verfolgen, indem sie die Hilfszahlungen an Länder mit einem soliden politischen Umfeld, das den Armutsabbau unterstützt, aufstocken und die Entschuldungsinitiative zugunsten der ärmsten Entwicklungsländer (HIPC) zusätzlich zu den Hilfsleistungen mit weiteren Mitteln finanzieren.

Empowerment. Globales Handeln kann Arme und die armen Länder in nationalen und weltweiten Foren zu eigenverantwortlichem Handeln ermächtigen. Hilfe sollte so geleistet werden, daß eine stärkere Verfügungsgewalt der Empfängerländer gewährleistet ist und die Mittel verstärkt landeseigenen, ergebnisorientierten Programmen zum Abbau der Armut zufließen, die durch großen Einsatz von Teilen der Gesellschaft und des privaten Sektors ins Leben gerufen wurden. Arme Menschen und arme Länder sollten ein stärkeres Mitspracherecht auf der internationalen Bühne haben, um sicherzustellen, daß internationale Prioritäten, Abkommen und Standards, zum Beispiel im Handel und bei den Rechten am geistigen Eigentum, ihre Bedürfnisse und Interessen widerspiegeln.

Die internationalen Finanzinstitutionen und andere internationale Organisationen sollten ihre Bemühungen fortsetzen, um eine vollkommene Transparenz ihrer Strategien und ihres Handelns und den offenen, regelmäßigen Dialog mit gesellschaftlichen Organisationen, vor allem jenen, die die Armen vertreten, zu gewährleisten. Internationale Organisationen sollten außerdem die weltweiten Bündnisse der Armen unterstützen, damit diese weltweite Debatten anstoßen können. Auch multinationale Konzerne können etwa durch Beachtung ethischer Investitionspraktiken und Annahme von arbeitsrechtlichen Vorschriften das Empowerment der Armen unterstützen.

Sicherheit. Auch die Notwendigkeit, Risiken durch negative internationale Kräfte zu mindern, zwingt zum Handeln. Gemeinsam mit den Regierungen und dem privaten Sektor müssen die internationalen Finanzinstitutionen das internationale Gefüge im Finanzbereich stärken und das Management dieses Gefüges verbessern, um die Volatilität in der Wirtschaft zu verringern, die für Arme eine verheerende Wirkung haben kann. Die Regierungen der Industrieländer sollten möglichst in Zusammenarbeit mit dem privaten Sektor mehr Unterstützung für internationale öffentliche Güter anbieten – etwa für die Entwicklung und Verteilung von Impfstoffen gegen HIV/AIDS, Tuberkulose und Malaria und für die Entwicklung und Verbreitung von Verbesserungen für die Landwirtschaft in tropischen und semiariden Regionen.

Internationale Maßnahmen zum Schutz der Umwelt können die schädlichen Folgen der Umweltzerstörung mindern, die in einigen armen Ländern dramatisch sein können. Darüber hinaus sollte die internationale Gemeinschaft versuchen, kriegerische Auseinandersetzungen zu verhindern, die häufig die Armen am schlimmsten treffen, und dazu Maßnahmen zur Beschränkung des internationalen Waffenhandels, zur Förderung des Friedens und zum materiellen und sozialen Wiederaufbau nach Ende des Konflikts ergreifen.

Zusammenarbeiten, um die Armut zu bekämpfen

Die in diesem Bericht dargelegte Strategie erkennt an, daß Armut mehr bedeutet als ein geringes Einkommen oder schlechte Bildungsmöglichkeiten – Armut bedeutet auch Schutzlosigkeit und einen Mangel an Mitbestimmung, Macht und Vertretung. Durch diese mehrdimensionale Betrachtung der Armut nimmt die Komplexität von Strategien zum Abbau der Armut zu, da mehr Faktoren, etwa gesellschaftliche und kulturelle Kräfte, berücksichtigt werden müssen.

Die einzigen Möglichkeiten, dieser Komplexität Herr zu werden, sind Empowerment, also die Ermächtigung zu eigenverantwortlichem Handeln, und Mitbestimmung – auf lokaler, nationaler und internationaler Ebene. Nationale Regierungen sollten gegenüber ihren Bürgern voll rechenschaftspflichtig für den Entwicklungskurs sein, den sie einschlagen. Partizipative Mechanismen können Frauen und Männern ein Mitspracherecht verleihen, insbesondere jenen aus armen und ausgeschlossenen Teilen der Gesellschaft. Die Schaffung von dezentralisierten Stellen und Leistungen muß die örtlichen Gegebenheiten, sozialen Strukturen sowie die kulturellen Normen und das kulturelle Erbe widerspiegeln. Ferner sollten internationale Institutionen ein offenes Ohr für die Interessen der Armen haben und sich für diese Interessen einsetzen. Die Armen sind die Hauptakteure im Kampf gegen die Armut. Sie müssen bei der Entwicklung, Umsetzung und Überwachung von Strategien zum Abbau der Armut im Mittelpunkt stehen.

Dabei spielen die reichen Länder und internationale Organisationen eine wichtige Rolle. Wenn ein Entwicklungsland über ein schlüssiges, wirkungsvolles und selbstentwickeltes Programm zum Abbau der Armut verfügt, sollte es massive Unterstützung erhalten – damit es seinem Volk Gesundheit und Bildung bringt sowie Mangel und Schutzlosigkeit beseitigt. Gleichzeitig müssen globale Kräfte für die Armen und die armen Länder nutzbar gemacht werden, damit sie bei Fortschritten in Wissenschaft und Medizin nicht ins Hintertreffen geraten. Die Förderung der Stabilität des globalen Finanzwesens und der Umwelt sowie die Senkung der Markteintrittshürden für Produkte und Dienstleistungen aus armen Ländern sollten Kernpunkte der Strategie sein.

Driftet die Welt auseinander? Oder wächst sie zusammen? Eine Welt, in der es Armut gibt? Oder eine Welt, die frei von Armut ist? Konzertierte Aktionen zur Verbesserung der Möglichkeiten, des Empowerment und der Sicherheit können eine neue Dynamik für einen Wandel erzeugen, die es möglich machen wird, die Armut zu beseitigen und Gesellschaften zu schaffen, die nicht nur gerecht, sondern auch wettbewerbsfähig und produktiv sind. Wenn die Entwicklungsländer und die internationale Gemeinschaft zusammenarbeiten und diese Erkenntnis mit echten Ressourcen kombinieren, und zwar sowohl finanziellen als auch jenen, über die Menschen und Institutionen verfügen, das heißt Erfahrung, Wissen und Vorstellungskraft, dann werden im 21. Jahrhundert große Fortschritte bei der Bekämpfung der Armut erzielt werden können.

TEIL I

Rahmenwerk

KAPITEL 1

Natur und Entwicklung der Armut

Armut ist ein ausgeprägter Mangel an Wohlergehen. Aber was genau bedeutet Mangel? Aussagen von Armen geben deutlichen Aufschluß darüber (Sonderbeitrag 1.1). Arm zu sein bedeutet, Hunger zu leiden, kein Obdach und nur wenig Kleidung zu haben, krank zu sein und nicht medizinisch versorgt zu werden, weder lesen noch schreiben zu können und keine Schulbildung zu besitzen. Aber für arme Menschen bedeutet ein Leben in Armut noch viel mehr. Arme sind widrigen Umständen, auf die sie keinen Einfluß haben, schutzlos ausgeliefert. Sie werden von staatlichen und gesellschaftlichen Institutionen häufig schlecht behandelt, und ein Mitspracheoder Mitbestimmungsrecht in diesen Institutionen wird ihnen zumeist verwehrt.

Die vielen Ausprägungen der Armut

Dieser Bericht geht von der heute traditionellen Definition von Armut aus (wie sie beispielsweise im *Weltentwicklungsbericht 1990* wiedergegeben wurde), nach der Armut nicht nur materiellen Mangel (gemessen anhand eines geeigneten Einkommens- und Verbrauchsbegriffs), sondern auch schlechte Lei-

stungen im Bildungs- und Gesundheitswesen umfaßt. Eine geringe Qualität des Bildungs- und Gesundheitswesens gibt für sich genommen bereits Anlaß zur Sorge, verdient aber besondere Aufmerksamkeit, wenn sie mit materiellem Mangel einhergeht. Dieser Bericht erweitert den Armutsbegriff um die Faktoren Schutzlosigkeit und Risikoanfälligkeit – sowie den Mangel an Mitsprache und die Machtlosigkeit. Alle diese Formen des Mangels schränken ganz erheblich ein, was Amartya Sen als Möglichkeiten bezeichnet, „die sich einem Menschen eröffnen, das heißt die wesentlichen Freiheiten, die er oder sie genießt, um die Art von Leben zu führen, die ihm oder ihr behagt."[1]

Dieses weiter gefaßte Verständnis von Mangel charakterisiert die Wahrnehmung von Armut besser und verbessert so unser Verständnis für die Ursachen der Armut. Dieses bessere Verständnis wiederum macht auf weitere Bereiche aufmerksam, in denen im Kampf gegen die Armut Handlungsbedarf besteht und die Politik gefordert ist (Kapitel 2).

Ein weiteres wichtiges Argument dafür, daß mehr Dimensionen der Armut – und mithin eine größere Zahl von politischen Ansätzen – berücksichtigt wer-

Sonderbeitrag 1.1

So sehen Arme selbst die Armut

Arme in 60 Ländern waren aufgerufen, ihre Vorstellungen von Wohlergehen (gute Lebenssituation) und „Schlechtergehen" (schlechte Lebenssituation) zu analysieren und weiterzugeben.

Wohlergehen wurde vielfach als Glück, Harmonie, Frieden, Sorgenfreiheit und Seelenfrieden beschrieben. In Rußland sagen die Menschen: „Wohlergehen bedeutet ein Leben ohne die tägliche Sorge, zu wenig Geld zu haben." In Bangladesch bedeutet es, „ein Leben ohne Angst und Sorgen zu führen." In Brasilien wiederum, daß man „nicht so viele Härten übersehen muß."

Eine schlechte Lebenssituation wird als Mangel an materiellen Dingen, als schlechte Erfahrungen und als ein schlechtes Selbstgefühl beschrieben. Eine Gruppe junger Jamaikaner wertet den Mangel an Selbstvertrauen als zweitwichtigsten Effekt der Armut. „Armut bedeutet, daß wir nicht an uns glauben, unsere Gemeinschaft nur selten verlassen – wir sind so frustriert, daß wir den ganzen Tag zu Hause bleiben."

Die Natur des „Schlechtergehens" und der Armut variiert zwar je nach Ort und Personen, was auch die Politik berücksichtigen muß, doch gibt es eine auffällige, länderübergreifende Gemeinsamkeit. Es überrascht nicht, daß materielles Wohlergehen als sehr wichtig angesehen wird. Der Mangel an Lebensmitteln, Obdach und Kleidung wird überall als schwerwiegendes Problem genannt. Ein Mann in Kenia sagt: „Fragen Sie mich nicht danach, was Armut ist, denn Sie haben sie vor meinem Haus bereits gesehen. Sehen Sie sich das Haus an, und zählen Sie die Löcher. Sehen Sie sich meine Werkzeuge und die Kleidung an, die ich trage. Sehen Sie sich alles an, und schreiben Sie auf, was Sie sehen. Was Sie sehen, ist Armut."

Neben dem materiellen taucht auch das körperliche Wohlergehen immer wieder in den Charakterisierungen der Armut auf. Und die beiden gehen ineinander über, wenn der Mangel an Lebensmitteln zu Krankheit führt – oder Krankheit zu Erwerbsunfähigkeit. Die Menschen sprechen davon, wie wichtig es ist, wohlgenährt auszusehen. In Äthiopien sagen die Menschen: „Wir sind nur noch Haut und Knochen" oder „Es fehlt uns an allem, und wir sehen kränklich aus." Oder sie sprechen davon, daß das Leben „uns älter aussehen läßt, als wir sind."

Ein sicheres Einkommen ist ebenfalls eng mit Gesundheit verbunden. Unsicherheit schlägt sich jedoch nicht nur auf die Gesundheit nieder. Verbrechen und Gewalt werden von Armen häufig genannt. In Äthiopien sagen Frauen: „Wir leben von einer Stunde zur nächsten" und daß sie sich sorgen müssen, ob es bald endlich wieder regnen wird. Ein Argentinier sagt: „Wenn man Arbeit hat, ist man gut dran. Wenn nicht, verhungert man. So einfach ist das."

Auch zwei gesellschaftliche Aspekte einer schlechten Lebenssituation und der Armut wurden erwähnt. Für viele Arme ist Wohlergehen auch gleichbedeutend mit Entscheidungs- und Handlungsfreiheit und der Macht, sein Leben selbst in der Hand zu haben. Eine junge Jamaikanerin sagt, Armut sei „wie ein Leben im Gefängnis, ein Leben in Ketten und darauf zu warten, endlich frei zu sein."

Eng verbunden mit diesen Gedanken sind Aussagen, die Wohlergehen als gesellschaftliches Wohlergehen definieren, und Berichte zum Stigma der Armut. So sagt eine alte Frau in Bulgarien: „Wohlergehen ist, wenn man sieht, daß die Enkelkinder glücklich und gut gekleidet sind, und weiß, daß die eigenen Kinder etwas aus ihrem Leben gemacht haben. Wenn man ihnen etwas zu essen und Geld geben kann, wenn sie einen besuchen. Und wenn man sie weder um Hilfe noch um Geld bitten muß." Ein somalisches Sprichwort beschreibt dies aus einem anderen Blickwinkel: „Anhaltende Krankheit und Armut wecken den Haß der anderen."

Quelle: Narayan, Chambers, Shah und Petesch 2000; Narayan, Patel, Schafft, Rademacher und Koch-Schulte 2000.

den sollten, ist die Tatsache, daß die verschiedenen Aspekte der Armut miteinander interagieren und sich gegenseitig verstärken (Kapitel 2). Das bedeutet, daß politische Maßnahmen in einem Bereich sich auch auf andere Bereiche auswirken. Verbesserungen bei der medizinischen Versorgung führen nicht nur zu einem besseren Wohlergehen, sondern erhöhen auch das Erwerbspotential. Der Ausbau des Bildungswesens führt nicht nur zu einem besseren Wohlergehen, sondern auch zu Fortschritten im Gesundheitswesen und höherem Einkommen. Wenn Armen die Möglichkeit gegeben wird, sich abzusichern (das heißt ihre Schadenanfälligkeit gegenüber Risiken zu verringern), fühlen diese sich nicht nur weniger schutzlos, sondern können auch risiko-, aber gleichzeitig ertragreichere Möglichkeiten nutzen. Die Stärkung des Mitsprache- und Mitbestimmungsrechts der Armen wirkt nicht nur dem Gefühl der Ausgrenzung entgegen, sondern führt auch dazu, daß Leistungen im

Gesundheits- und Bildungswesen besser auf ihre Bedürfnisse abgestimmt werden. Diese Komplementaritäten zu verstehen ist entscheidend für die Gestaltung und Umsetzung von Programmen und Projekten, die den Menschen helfen, der Armut zu entkommen.

Armut in ihren vielfältigen Ausprägungen messen

Messungen der Armut vermitteln einen Überblick über die Armut, der über individuelle Erfahrungen hinaus reicht. Sie unterstützen die Formulierung und Überprüfung von Hypothesen zu den Ursachen der Armut. Sie zeichnen ein umfassendes Bild zur Armut über einen längeren Zeitraum. Und sie ermöglichen einer Regierung, aber auch der internationalen Gemeinschaft, sich meßbare Ziele für die Beurteilung von Maßnahmen zu setzen. Im folgenden erörtert dieses Kapitel die

Sonderbeitrag 1.2
Einkommensarmut messen: 1899 und 1998

In einer erstmals im Jahr 1901 veröffentlichten Studie berechnete Seebohm Rowntree, daß im Jahr 1899 10 Prozent der Bewohner der englischen Stadt York in Armut (unterhalb der Grenze der mindestens erforderlichen Ausgaben) lebten. Ein Jahrhundert später errechnete die Weltbank, daß ein Viertel der Bevölkerung der Entwicklungsländer, also rund 1,2 Milliarden Menschen, in Armut lebt (von weniger als 1 US-Dollar pro Tag). Zwischen diesen beiden Berechnungen der Einkommensarmut liegen rund 100 Jahre, und auch die Erhebungsgesamtheiten unterscheiden sich. Dennoch weisen die zugrundeliegenden Begriffe und Methoden deutliche Ähnlichkeiten auf.

Der Rowntree'sche Ansatz

Rowntree entschied sich, eine Befragung fast aller Arbeiterfamilien in York durchzuführen, um Informationen zu Einnahmen und Ausgaben zu sammeln. Danach definierte er Armut als eine Höhe der Gesamteinnahmen, die nicht ausreichte, um die Kosten für den Mindestbedarf zur Erhaltung der „rein körperlichen Leistungsfähigkeit", etwa Lebensmittel, Miete und andere Faktoren, zu decken. Seinen Berechnungen zufolge beliefen sich die wöchentlichen Mindestausgaben einer fünfköpfigen Familie (Vater, Mutter, drei Kinder) zur Erhaltung der körperlichen Leistungsfähigkeit auf 21 Shilling und 8 Pence. Für Familien mit anderer Größe und Zusammensetzung nannte er andere Beträge. Durch den Vergleich dieser Armutsgrenzen mit dem Familieneinkommen gelangte er zu seiner Armutsschätzung.

Der Ansatz der Weltbank

Die Weltbank schätzt die Zahlen der weltweiten Einkommensarmut seit 1990. Bei der letzten Schätzung im Oktober 1999 wurden neue Daten aus repräsentativen Umfragen und neue Preisinformationen verwendet, um vergleichbare Zahlen für die Jahre 1987, 1990, 1993, 1996 und 1998 (Zahlen für 1998 sind vorläufige Schätzungen) zu erhalten. Es wurde dieselbe Methode wie bei früheren Schätzungen gewählt (Weltbank 1990, 1996d).

Verbrauch. Armutsschätzungen basieren auf Verbrauchs- oder Einkommensdaten, die im Rahmen von Haushaltsbefragungen gesammelt werden. Daten für 96 Länder aus insgesamt 265 national repräsentativen Befragungen, die 88 Prozent der Bevölkerung in Entwicklungsländern abdecken, sind nun verfügbar — gegenüber nur 22 Ländern im Jahr 1990. Besonders hervorzuheben ist der Anstieg des erfaßten Bevölkerungsanteils in Afrika von 66 auf 73 Prozent, der aus den weitreichenden Bemühungen zur besseren Erfassung von Haushaltsdaten in dieser Region herrührt.

Der Verbrauch gilt gemeinhin als der bevorzugte Wohlfahrtsindikator, zum einen aus praktischen Gründen im Hinblick auf die Zuverlässigkeit, und zum anderen weil der Verbrauch das Wohlfahrtsniveau über einen längeren Zeitraum besser wiedergebe als das aktuelle Einkommen. Wenn Umfragedaten zwar zum Einkommen, nicht aber zum Verbrauch verfügbar waren, wurde der Verbrauch durch Multiplikation aller Einkommen mit dem für den aggregierten privaten Verbrauch aufgewendeten Anteil des Volkseinkommens geschätzt, welcher auf Daten aus der volkswirtschaftlichen Gesamtrechnung beruht. Diese Vorgehensweise, die aus früheren Projekten unverändert übernommen

wurde, rechnet vom Einkommen auf den Verbrauch zurück, behält die Verteilung jedoch bei.

Preise. Um die Höhe des Verbrauchs länderübergreifend vergleichen zu können, werden Schätzungen zu den Preisniveaus benötigt; dabei wurden die Schätzungen der Weltbank zur Kaufkraftparität (KKP) für 1993 verwendet. Die Schätzungen beruhen auf neuen Preisdaten, die im Zuge des Internationalen Vergleichsprogramms (ICP) gewonnen wurden, das nun 110 Länder gegenüber 64 im Jahr 1985 abdeckt, sowie auf einem umfassenderen Warenkorb.

Armutsgrenzen. Die Berechnungen der internationalen Armutsgrenzen im Jahr 1990 mußten auf Grundlage der Preisdaten und der KKP-Schätzungen für 1993 aktualisiert werden. Im Jahr 1990 wurden die nationalen Armutsgrenzen für 33 Länder in Preise bei KKP für 1985 umgewandelt und dann die für die einkommensschwachen Länder, für welche Armutsgrenzen verfügbar waren, repräsentativste Grenze ausgewählt. Im Jahr 1999 wurden dieselben Grenzen in Preise bei KKP für 1993 umgewandelt, und die neue Armutsgrenze ergab sich aus dem Mittelwert der 10 niedrigsten Armutsgrenzen. Diese Armutsgrenze liegt bei 1,08 US-Dollar bei KKP für 1993 und wird im Text mit „1 US-Dollar pro Tag" bezeichnet. Bei dieser Armutsgrenze entspricht die Kaufkraft im Hinblick auf den Kauf inländischer Waren etwa der Grenze von 1 US-Dollar pro Tag zu Preisen bei KKP für 1985. Die obere Armutsgrenze (mit „2 US-Dollar pro Tag" bezeichnet) errechnete sich durch Verdoppelung des Betrages der unteren Armutsgrenze mit Stand von 1990 und gibt die Armutsgrenzen wieder, die in Ländern mit mittlerem Einkommen der unteren Kategorie üblicherweise verwendet werden.

Schätzungen für 1998. Um die Höhe des Verbrauchs für 1998 zu berechnen, wurden die Verbrauchsdaten für das letzte Umfragejahr vor 1998 in jenen Fällen, in denen Umfragedaten noch nicht verfügbar waren, anhand der geschätzten Wachstumsraten des privaten Pro-Kopf-Verbrauchs aus der volkswirtschaftlichen Gesamtrechnung aktualisiert. Es wurde also davon ausgegangen, daß sich die Verteilung des Verbrauchs seit der letzten Umfrage bis 1998 nicht verändert hatte. Die Wachstumsraten für den privaten Pro-Kopf-Verbrauch stammen aus Schätzungen, die auf dem auch für andere Prognosen der Weltbank verwendeten Modell beruhen (Weltbank 1999j). Umfragen für 1997 oder 1998 waren nur für China, Indien, den Jemen, Jordanien, Lettland, Nigeria, Pakistan, Panama, Rußland, Thailand und Weißrußland verfügbar. Die Zahlen für 1998 sollten daher als ungefähre Richtwerte und die Trends sollten mit Vorsicht betrachtet werden, vor allem angesichts der Auseinandersetzung im Hinblick auf die Daten für Indien (siehe Sonderbeitrag 1.8 weiter unten in diesem Kapitel).

Landesspezifische Armutsgrenzen. Die hier erläuterten Armutsschätzungen auf der Grundlage eines Einkommens von 1 oder 2 US-Dollar pro Tag sind nur als Indikatoren für die weltweit erzielten Fortschritte zweckdienlich, können aber nicht zur Beurteilung der Fortschritte in einem Land oder als Leitfaden für die Formulierung der nationalen Politik oder von Programmen herangezogen werden. Für Analysen auf Landesebene werden landesspezifische Armutsgrenzen verwendet, die wiedergeben, was es bedeutet, in diesem Land arm zu sein, und nicht dem Einfluß internationaler Preisvergleiche unterliegen.

Quelle: Chen und Ravallion 2000.

Messung der Einkommensarmut sowie Kennzahlen für Gesundheit und Bildung und wendet sich anschließend der Schutzlosigkeit und dem Mangel an Mitspracherecht zu.

Einkommensarmut

Armut anhand des Einkommens und Verbrauchs von Geld zu messen hat eine lange Tradition. Wenngleich ein Jahrhundert zwischen ihnen liegt, gehen die Studie von Seebohm Rowntree zur Armut in der englischen Stadt York im Jahre 1899 und die aktuellen Schätzungen der Weltbank zur weltweiten Einkommensarmut von dem gleichen Ansatz und der gleichen Methode aus (Sonderbeitrag 1.2). Dieser auf Umfragen zu Haushaltseinkommen und -ausgaben beruhende Ansatz ist zur üblichen Grundlage der quantitativen Armutsanalyse und der politischen Debatte geworden. Und einiges spricht für ihn. Da er auf national repräsentativen Stichproben beruht, läßt er Rückschlüsse auf die Zustände und die Armutsentwicklung auf nationaler Ebene zu. Da Befragungen von Haushalten darüber hinaus Informationen sammeln, die über das Einkommen und den Verbrauch von Geld hinausgehen, vermag dieser Ansatz ein genaueres Bild von Wohlergehen und Armut zu zeichnen, die Beziehungen zwischen verschiedenen Dimensionen der Armut zu untersuchen und Hypothesen zu den voraussichtlichen Auswirkungen von politischen Maßnahmen zu überprüfen.

Armutsmaße, die auf Einkommen oder Verbrauch basieren, sind aber nicht ganz unproblematisch. Die Gestaltung von Umfragen variiert je nach Land und Zeitraum, so daß Vergleiche häufig schwierig sind. Beispielsweise werden die Menschen in einigen Ländern nach ihren Ausgaben für Lebensmittel im letzten Monat gefragt, in anderen wiederum nach denen in der letzten Woche. Daten, die auf Angaben für einen ganzen Monat beruhen, führen häufig zu höheren Armutsschätzungen als Daten für eine Woche. Bei der Umwandlung der bei Haushaltsbefragungen gesammelten Informationen zu Einkommen und Verbrauch in Maße für das Wohlergehen müssen zahlreiche Annahmen vorausgesetzt werden, etwa bei der Entscheidung, wie Meßfehler zu handhaben sind oder wie die Größe und die Zusammensetzung von Haushalten bei der Umwandlung der Daten in Maße für Einzelpersonen zu berücksichtigen sind. Armutsschätzungen reagieren sehr empfindlich auf diese Annahmen (siehe zum Beispiel die Erörterung in Sonderbeitrag 1.8 weiter unten in diesem Kapitel).[2]

Außerdem besteht bei den auf Haushaltebene gesammelten Einkommens- und Verbrauchsdaten ein grundsätzliches Problem. Sie können keine Ungleichheiten innerhalb des Haushalts wiedergeben, so daß das gesamte Ausmaß an Ungleichheit und Armut unter Umständen beschönigt wird. Eine Studie, bei der der Haushaltsverbrauch für jedes einzelne Familienmitglied ermittelt wurde, ergab, daß bei Verwendung von Daten für den gesamten Haushalt die Schätzungen zur Ungleichheit und Armut um mehr als 25 Prozent zu niedrig sein können.[3] Insbesondere ist bei dem konventionellen Ansatz für Haushaltsbefragungen die direkte Messung der Einkommens- oder Verbrauchsarmut bei Frauen nicht möglich. Das ist ein Grund dafür, warum Daten zu Bildung und Gesundheit, die für jede Person einzeln erfaßt werden können, so wertvoll sind – sie erlauben eine nach Geschlechtern gegliederte Betrachtung der wichtigsten Dimensionen der Armut.

Ein wichtiger Baustein bei der Entwicklung von Maßen für die Armut, die auf Einkommen und Verbrauch beruhen, ist die Armutsgrenze – der entscheidende Grenzwert für Einkommen oder Verbrauch, bei dessen Unterschreitung eine Person oder ein Haushalt als arm gilt. Die international vergleichbaren Grenzen helfen bei der Ermittlung weltweiter Armutsaggregate (siehe Sonderbeitrag 1.2). Grundsätzlich sagen sie etwas darüber aus, ob jemand in der Lage ist, einen weltweit ungefähr gleich bestückten Warenkorb zu kaufen. Eine solche allgemeingültige Armutsgrenze ist jedoch für die Analyse der Armut innerhalb eines Landes generell nicht geeignet. Zu diesem Zweck muß eine landesspezifische Armutsgrenze festgelegt werden, die die wirtschaftlichen und gesellschaftlichen Gegebenheiten im Land widerspiegelt. Außerdem muß die Armutsgrenze unter Umständen für verschiedene Gegenden (etwa städtische und ländliche) in einem Land entsprechend angepaßt werden, wenn das Preisniveau oder der Zugang zu Waren und Dienstleistungen variiert.[4] Die Erstellung von auf diesen landesspezifischen Armutsgrenzen beruhenden Länderprofilen ist heute die gängige Vorgehensweise.

Sobald eine Armutsgrenze festgelegt wurde, muß entschieden werden, wie das Ausmaß der Armut vor einem bestimmten Hintergrund zu bewerten ist. Die unkomplizierteste Möglichkeit, Armut zu messen, ist die Berechnung des Prozentsatzes der Bevölkerung, deren Einkommen oder Verbrauch unterhalb der Armutsgrenze liegt. Dieses quantitative Maß ist das bei weitem am häufigsten berechnete Armutsmaß. Es hat jedoch erhebliche Nachteile. Es läßt nämlich außer acht, daß unter Armen deutliche Einkommensunterschiede bestehen können, wobei einige Menschen nur ganz knapp, andere aber sehr viel weiter unterhalb der Armutsgrenze leben. Politiker, die versuchen, dieses quantitative Maß möglichst stark zu beeinflussen, könnten der Versuchung erliegen, Maßnahmen zum Abbau der Armut gerade auf jene Menschen auszurichten, die sehr nah an der Armutsgrenze liegen (und daher am wenigsten arm sind).

Andere Maße für die Armut, die den Abstand von armen Menschen zur Armutsgrenze (Armutslücke) und den Grad der Einkommensungleichheit unter Armen (quadrierte Armutslücke) berücksichtigen, können ebenfalls mühelos berechnet werden. Beim Vergleich von Armutsschätzungen für verschiedene Länder oder Zeiträume muß geprüft werden, inwieweit die Schlußfolgerungen durch die Auswahl des entsprechenden Armutsmaßes variieren.[5]

Gesundheits- und Bildungswesen

Die Messung des Mangels in den Bereichen Gesundheit und Bildung hat eine lange Tradition, die bis zu den klassischen Ökonomen wie Malthus, Ricardo und Marx zurückreicht. Obwohl Rowntrees Ansatz zur Armutsmessung vorrangig auf dem Einkommen basierte, widmete er ein ganzes Kapitel seiner Untersuchung der Beziehung zwischen Armut und Gesundheit und behauptete, daß die Sterblichkeitsrate das beste Instrument sei, um Unterschiede des körperlichen Wohlergehens von Menschen zu messen.[6] Er teilte die Stichprobe in drei Gruppen von den ärmsten bis zu den reichsten Menschen ein und fand heraus, daß die Sterblichkeitsrate bei den sehr Armen doppelt so hoch war wie in der Gruppe der bestbezahlten Arbeiter. Seine Berechnung der Säuglingssterblichkeit ergab, daß in den ärmsten Gegenden jedes vierte Neugeborene im ersten Lebensjahr stirbt. Demnach könne die Sterblichkeit als Kennzahl für die Verbrauchsarmut wie auch für eine schlechte Lebenssituation im weiteren Sinne dienen.

Die internationalen Entwicklungsziele (siehe Sonderbeitrag 2 im Überblick) geben die lange Tradition der Messung des Mangels in den Bereichen Gesundheit und Bildung sehr gut wieder. Doch Daten zu diesen einkommensunabhängigen Kennzahlen weisen ihre ganz eigenen Probleme auf. Beispielsweise stammen Daten zur Säuglings- und Kindersterblichkeitsrate zum Großteil aus Volkszählungen, und Informationen aus Befragungen sind in den meisten Ländern nur periodisch verfügbar.[7] Ein umfassendes System zur Erfassung von Personenstandsdaten wäre die beste Quelle für Daten zur Sterblichkeit, doch ein solches System gibt es nur in wenigen Entwicklungsländern. Für Zeiträume zwischen Volkszählungen oder Befragungen erfolgen Schätzungen zu diesen Raten durch Inter- und Extrapolation auf der Grundlage beobachteter Trends und Modelle, zum Beispiel von Sterblichkeitstabellen, die Schätzungen zur Überlebensrate von einem Jahr zum jeweils nächsten enthalten. Daten zur Säuglingssterblichkeit sind für die meisten Entwicklungsländer seit 1990 nur für ein Jahr verfügbar, und dann nicht einmal für dasselbe Jahr, da Umfragen zu unterschiedlichen Zeitpunkten durchgeführt werden. Die Situation bei Daten zur Lebenserwartung ist noch schlechter, da diese häufig nicht direkt gemessen wird.

Auch Daten zum Bildungswesen sind alles andere als zufriedenstellend. Die am häufigsten verfügbare Kennzahl, die Brutto-Grundschulbesuchsquote, ist mit schwerwiegenden begrifflichen Unzulänglichkeiten behaftet. Die bedeutendste ist dabei die Verwendung des Begriffs „Schulbesuch" als Synonym für den tatsächlichen Schulbesuch. Außerdem kann die Brutto-Grundschulbesuchsquote steigen, wenn die Zahl der Schüler, die ein Schuljahr wiederholen müssen, zunimmt. Die häufig bevorzugte Netto-Grundschulbesuchsquote (die das Verhältnis der Zahl der eingeschulten Kinder im Grundschulalter zur Gesamtzahl der Kinder im Grundschulalter wiedergibt) ist nur für etwa 50 Entwicklungsländer für die Jahre 1990–1997 verfügbar – zu wenig für verläßliche Aggregationen nach Region. Durch eine Reihe von laufenden Befragungsprojekten verbessern sich jedoch die Quantität und Qualität der Daten zu Gesundheit und Bildung.

Schutzlosigkeit

Bei den Aspekten Einkommen und Gesundheit versteht sich Schutzlosigkeit als das Risiko, daß ein Haushalt oder eine Person irgendwann eine Zeit der einkommens- oder gesundheitsbezogenen Armut erfährt. Schutzlosigkeit bedeutet aber auch, wie wahrscheinlich es ist, einer Reihe von anderen Risiken (Gewalt, Verbrechen, Naturkatastrophen, vorzeitiger Schulabgang) ausgesetzt zu sein.

Die Schutzlosigkeit oder auch Schadenanfälligkeit zu messen ist aus folgenden Gründen besonders schwierig: Da sich die Bedeutung des Begriffs wandelt, kann sie nicht durch eine einmalige Beobachtung der Haushalte gemessen werden. Nur bei Daten für eine feste

Gruppe von Haushalten – wenn also über mehrere Jahre immer wieder dieselben Haushalte befragt werden – können die grundlegenden Informationen gesammelt werden, um die Volatilität und Schutzlosigkeit zu erfassen und zu quantifizieren, die nach Aussage armer Haushalte so bedeutsam ist. Außerdem geben der Aufstieg aus und der Abstieg in die Armut erst dann Aufschluß über die Schutzlosigkeit, wenn sie bereits eingetreten sind. Das Problem besteht darin, Kennzahlen für die Schutzlosigkeit zu finden, mit denen gefährdete Haushalte und Bevölkerungsteile bereits im Vorfeld ermittelt werden können.

Viele Kennzahlen für die Schutzlosigkeit wurden im Laufe der Jahre vorgeschlagen, jedoch findet die Erkenntnis, daß es weder möglich noch wünschenswert ist, Schutzlosigkeit mit nur einer Kennzahl auszudrücken, immer breitere Zustimmung. Wenn der Staat beispielsweise ein effektives Programm mit bezahlten Tätigkeiten für Sozialhilfeempfänger auflegt, kümmern sich Haushalte unter Umständen weniger um die Einkommensdiversifizierung oder Vermögensbildung, als sie es normalerweise tun würden. Auch sieht ein Haushalt, der Teil eines zuverlässigen Systems zur gegenseitigen Hilfe ist, unter Umständen weniger Bedarf für einen großen Sicherheitsvorrat an Lebensmitteln oder Vieh. Daher gibt ein Maß für die Schutzlosigkeit, das allein auf den Eigenmitteln eines Haushalts oder seinem Einkommen und dessen Quellen beruht, eventuell nicht das wahre Risikopotential des Haushalts wieder (Sonderbeitrag 1.3).

Mangel an Mitsprache und Machtlosigkeit

Machtlosigkeit und der Mangel an Mitspracherecht können mittels einer Kombination von partizipativen Methoden (Sonderbeitrag 1.4), Meinungsumfragen und landesweiten Befragungen zu qualitativen Variablen wie dem Umfang der Grundrechte und politischen Freiheiten (Sonderbeitrag 1.5) gemessen werden. Diese Dimensionen der Armut exakt, zuverlässig und einheitlich zu messen, so daß Vergleiche für verschiedene Länder und Zeiträume angestellt werden können, erfordert jedoch einen erheblichen Mehraufwand sowohl im Hinblick auf die Methodologie als auch auf die Datenerfassung.

Mehrdimensionalität und Messung des Fortschritts

Die Definition der Armut als mehrdimensionales Phänomen wirft die Frage auf, wie Armut insgesamt zu messen und Erfolge in den verschiedenen Dimensionen der Armut zu vergleichen sind. Eine Dimension entwickelt sich unter Umständen in eine andere Richtung als eine andere. Die Gesundheit könnte sich verbessern, während sich das Einkommen verschlechtert. Auch könnte es sein, daß ein einzelner gemessen am Einkommen, aber nicht gemessen an der Gesundheit arm ist. Oder ein Land könnte im Hinblick auf die Gesundheit eine stärkere Verbesserung erzielen als mit Blick auf die Schutzlosigkeit – während in einem anderen Land genau das Gegenteil der Fall ist.

Dies führt zur Frage des relativen Werts der verschiedenen Dimensionen: Wieviel Einkommen sind die Menschen bereit aufgeben für beispielsweise eine „Verbesserungseinheit" im Bereich der Gesundheit oder des Mitspracherechts? Mit anderen Worten, wie können die verschiedenen Dimensionen gewichtet werden, um Vergleiche zwischen Ländern, Haushalten oder Einzelpersonen und verschiedenen Zeiträumen zu ermöglichen? Auf diese Frage gibt es keine einfache Antwort.

Ein Ansatz, Vergleichbarkeit zu erreichen, besteht darin, eine multidimensionale Wohlfahrtsfunktion oder einen gemischten Index zu definieren. Eine Alternative ist, jeden als arm zu definieren, der in *einer* Dimension arm ist – ohne zu versuchen, Austauschbeziehungen zwischen den Dimensionen zu schätzen –, oder jeden, der in *allen* Dimensionen arm ist, und die Armutsintensität entsprechend zu definieren (Sonderbeitrag 1.6). Dieser Bericht versucht nicht, einen gemischten Index zu definieren oder Austauschbeziehungen zwischen Dimensionen zu messen. Statt dessen konzentriert er sich auf Entbehrungen in verschiedenen Dimensionen und insbesondere auf die mehrfachen Entbehrungen, die Einkommensarme erfahren. Das ist ein notwendiger erster Schritt zur Entwicklung eines umfassenden, multidimensionalen Rahmens.

Wie sollten Kennzahlen ausgewählt werden, um Fortschritte zu verfolgen? Die internationalen Entwicklungsziele sind eine gute Ausgangsbasis. In der Praxis müssen diese Ziele jedoch je nach Kontext angepaßt (etwa durch Verlängerung oder Verkürzung der Zeitspanne) und abgeändert werden (durch Erhöhung der Zahl der Dimensionen). Die spezifischen Ziele müssen aus einem partizipativen Prozeß hervorgehen, bei dem sich Staat und bürgerliche Gesellschaft auf die Prioritäten einigen. Dieser Prozeß ist in vielen Ländern bereits im Gange, und multilaterale Organisationen helfen mit Ressourcen und technischer Unterstützung (Sonderbeitrag 1.7).[8]

Sonderbeitrag 1.3

Schutzlosigkeit messen

Da Schutzlosigkeit ein dynamischer Begriff ist, steht bei der Messung die Veränderlichkeit des Einkommens oder Verbrauchs oder auch die Veränderlichkeit anderer Dimensionen des Wohlergehens, zum Beispiel Gesundheit und Wohnsituation, im Vordergrund. In der Literatur zur Risiko-Problematik wird diese Veränderlichkeit zumeist anhand der Standardabweichung oder des Abweichungskoeffizienten des Einkommens oder Verbrauchs gemessen. Aus Sicht der Armen weist dieses Meßverfahren mehrere Mängel auf:

- Fluktuationen nach oben und unten werden gleich gewichtet. Die vorrangige Sorge von Armen sind jedoch Fluktuationen nach unten.

- Der Faktor Zeit wird nicht berücksichtigt. Bei 10 Fluktuationen ist der Abweichungskoeffizient stets derselbe, unabhängig davon, ob sich gute und schlechte Jahre abwechseln oder ob auf fünf schlechte fünf gute Jahre folgen. Mehrere aufeinanderfolgende Fluktuationen nach unten bedeuten für Arme jedoch ungleich größere Probleme.

- Aus mehreren kleinen und einer großen Fluktuation kann sich derselbe Abweichungskoeffizient ergeben wie aus mehreren gleichen, mäßigeren Fluktuationen. Von einem Szenario wie dem ersten werden Arme jedoch wahrscheinlich schwerer getroffen.

Der Abweichungskoeffizient ist darüber hinaus ein Maß, das Ereignisse erst nach ihrem Eintreten wiedergibt. Benötigt werden jedoch Indikatoren, mit denen das Risiko für einen Haushalt vor Eintreten des Schadensfalls beurteilt werden kann – also Informationen zum Haushalt und zu seiner Rückgriffsmöglichkeit auf informelle Netzwerke und offizielle soziale Sicherungssysteme.

- *Physisches Kapital.* Das physische Kapital eines Haushalts, das heißt Vermögenswerte, die verkauft werden können, um vorübergehende Einkommensverluste auszugleichen, ist ein Maß für seine Fähigkeit, sich selbst abzusichern. Von Bedeutung ist nicht nur der Gesamtwert der Vermögenswerte, sondern auch deren Veräußerbarkeit. Das Wissen um die Funktionsweise der Märkte für Vermögenswerte ist daher unverzichtbar, um die Eignung der Vermögenswerte als Versicherung zu ermitteln.

- *Humankapital.* Haushalte mit begrenzter Bildung sind häufig anfälliger für Einkommensschwankungen und weniger gut in der Lage, Risiken zu bewältigen, beispielsweise durch Zugang zu Krediten oder mehreren Einkommensquellen.

- *Einkommensdiversifizierung.* Der Umfang der Diversifizierung der Einkommensquellen diente häufig zur Beurteilung der Schutzlosigkeit und Schadenanfälligkeit. Bei Untersuchungen zu ländlichen Gebieten könnte beispielsweise Einkommen aus nicht-landwirtschaftlicher Tätigkeit betrachtet werden, das häufig geringeren Schwankungen unterliegt als Einkommen aus der Landwirtschaft und daher ein gewisses Maß an Schutz gegen wetterbedingte Risiken bietet. Einkommensdiversifizierung kann jedoch auch ein irreführender Indikator für den Risikoumfang sein. Eine einzige risikoarme Tätigkeit könnte gegenüber mehreren risikoreichen, stark kovarianten Tätigkeiten vorzuziehen sein. Eine stärkere Diversifizierung ist daher nicht unbedingt risikoärmer. Diversifizierung muß vor dem Hintergrund der gesamten Risikostrategie des Haushalts beleuchtet werden.

- *Verbindungen zu Netzwerken.* Familiäre Netzwerke, Berufsvereinigungen für gegenseitige Hilfe, Spar- und Kreditvereine und andere Gruppen oder Verbände, denen ein Haushalt angehört und die alle Teil des Sozialkapitals des Haushalts sind, können einem Haushalt in einer Notsituation mit Geld oder Sachleistungen aushelfen. Eine Beurteilung der Schadenanfälligkeit sollte nicht nur auf den erbrachten Transferleistungen beruhen, sondern auch auf den Erwartungen eines Haushalts, welche Hilfen er im Notfall erhalten würde. Denn genau diese Erwartungen bestimmen, welche anderen Maßnahmen zur Risikovorsorge und -bewältigung der Haushalt ergreift. Leider enthalten Haushaltsbefragungen nur selten direkte Informationen über Netzwerke oder die Hilfen, mit denen ein Haushalt rechnet.

- *Nutzbarkeit des offiziellen Sicherungsnetzes.* Die Schutzlosigkeit eines Haushalts nimmt ab, wenn er Anspruch auf Sozialhilfe, Arbeitslosenunterstützung, Rentenzahlungen und andere staatliche Leistungen hat und in den Genuß von Programmen mit bezahlten Tätigkeiten für Sozialhilfeempfänger, Sozialfonds und ähnlichen Sicherungssystemen kommen kann. Daher sind Informationen über Programme und deren Berechtigungskriterien ebenfalls wichtig für die Beurteilung der Schadenanfälligkeit und des Risikos.

- *Zugang zu Kreditmärkten.* Die Schutzlosigkeit eines Haushalts wird auch vermindert, wenn er Zugang zu Krediten zur Verbrauchsglättung hat.

Die Schutzlosigkeit zu beurteilen umfaßt eindeutig sehr viel mehr, als sie einfach nur zu einem bestimmten Zeitpunkt zu messen. Der Zeitraum, über den die Schutzlosigkeit beurteilt werden muß, ist von großer Bedeutung und kann je nach Personenkreis und Umständen variieren. Die herkömmliche Vorgehensweise, Einkommen und Verbrauch jährlich zu messen, deckt unter Umständen einen zu langen Zeitraum ab. Außerdem sind für die Messung der Schutzlosigkeit und Schadenanfälligkeit Daten zum Vermögen der Haushalte (physisches, Human- und Sozialkapital) sowie Daten zu offiziellen Sicherungssystemen, der Funktionsweise von Märkten und der Wirtschaftspolitik erforderlich, die bestimmt, welche Möglichkeiten Haushalten offenstehen und wie vielfältig die Maßnahmen sind, die zur Risikobewältigung ergriffen werden können. Ein großer Teil der heutigen Haushaltsbefragungen liefert die benötigten Informationen nicht.

Querschnittsbefragungen müssen ihren standardmäßigen Fragenkatalog zu den Ausgaben um Fragen zum Vermögen, den Verbindungen zu Netzwerken, das Wissen um Bezugsmöglichkeiten für Hilfen im Notfall und die Nutzbarkeit offizieller Sicherungsnetze erweitern. Eine Umfrage der Weltbank hat bereits einen Schritt in diese Richtung gemacht: Die neuen Umfragen zu Institutionen auf örtlicher Ebene kombinieren Daten zum Vermögen mit detaillierten Fragen zu den Verbindungen der Haushalte zu örtlichen Verbänden und Vereinigungen. Auch in einige Umfragen zur Messung des Lebensstandards wurden bereits Fragenkataloge zum Sozialkapital aufgenommen. Schließlich müssen diese erweiterten Querschnittsbefragungen mit Panel-Umfragen, das heißt wiederholte Befragungen derselben Haushalte über einen längeren Zeitraum, kombiniert werden, um direkt ermitteln zu können, wie Haushalte Schocks bewältigen.

Die Schadenanfälligkeit in bezug auf einkommensunabhängige Risiken kann durch bevorzugte Behandlung dieser Risiken (Kriminalität, Naturkatastrophen und andere) in speziellen Fragenkatalogen von Haushaltsbefragungen gemessen werden. Das gemeinsam von der Interamerikanischen Entwicklungsbank, der Weltbank und der Wirtschaftskommission für Lateinamerika und die Karibik finanzierte Programm für die Verbesserung von Umfragen und Bewertung der Lebensbedingungen (auch unter der spanischen Abkürzung Mecovi bekannt) nimmt derzeit diese Fragenkataloge in Umfragen für bestimmte lateinamerikanische Länder auf (der Fragebogen ist in IDB 2000 enthalten).

Quelle: Dercon 1999; Grosh und Glewwe 2000; Holzmann und Jorgensen 1999; IDB 2000; Sinha und Lipton 1999; Weltbank 1998t.

Sonderbeitrag 1.4
Mitspracherecht und Macht mit partizipativen Methoden messen

Im Rahmen der Studie *Voices of the Poor* diskutierten Arme im kleinen Kreis über die Institutionen, die Einfluß auf ihr tägliches Leben haben, und ermittelten danach die Kriterien, die für die Beurteilung der Institutionen wichtig waren. Sobald sie sich auf Kriterien geeinigt hatten, bewerteten die Teilnehmer die Institutionen anhand dieser Kriterien mit Kieselsteinen, Bohnen oder ähnlichem. Zu diesen Kriterien zählten Vertrauen, Mitbestimmung, Verantwortlichkeit, die Fähigkeit, Einigkeit herzustellen, Reaktionsbereitschaft, Respekt, Fairneß und Fürsorge sowie die Fähigkeit zuzuhören und Zuneigung. Die Armen definierten diese Kriterien mit einfachen, klaren Worten, bevor sie die Institutionen beurteilten.

In Messung und Überwachung investieren

Armutsmessungen müssen daher zahlreiche Dimensionen abdecken. Bislang wurde den Dimensionen Einkommen und Verbrauch die größte Aufmerksamkeit zuteil. Dank der Anstrengungen von internationalen Stellen wie den Vereinten Nationen, der Weltbank und den regionalen Banken für Entwicklung in den letzten 20 Jahren leben 85 Prozent der Bevölkerung von Entwicklungsländern in Ländern, in denen wenigstens zwei Befragungen zum Einkommen und Verbrauch von Haushalten durchgeführt wurden. Diese Befragungen müssen erheblich verbessert und der Öffentlichkeit besser zugänglich gemacht werden. Initiativen wie die Umfragen der Weltbank zur Messung des Lebensstandards und Mecovi[9] in Lateinamerika (siehe Sonderbeitrag 1.3) müssen gefördert werden. Doch die Anstrengungen müssen noch sehr viel weiter gehen und den Fokus auf bessere Informationen über Kennzahlen zur Gesundheit und Bildung legen. Die demographischen Erhebungen und Erhebungen zum Gesundheitswesen müssen fortgesetzt und ausgedehnt werden. Von ebenso großer Bedeutung sind Initiativen zur Erweiterung und Verbesserung der sehr kleinen Datenbank mit Kennzahlen zur Schutzlosigkeit sowie zum Mangel an Mitspracherecht und zur Machtlosigkeit.

Entwicklung der Armut

Welche Größenordnung und Muster hat Armut in den Entwicklungsländern? Wie hat sich die Armut im letzten Jahrzehnt entwickelt? Die Antworten auf diese Fragen sind wichtig, wenn es darum geht, das Problem der Bekämpfung der Armut genau abzustecken.

Sonderbeitrag 1.5
Qualität der Regierungsführung messen: partizipative Methoden und länderübergreifende Umfragen

Können für ein ganzes Land Informationen zum Mitspracherecht und zur Mitbestimmung systematisch gesammelt werden, um ihre Rolle bei der Entwicklung zu beurteilen und Ländervergleiche anzustellen? Bei einer neueren Studie wurde eine Datenbank mit Daten aus 178 Ländern zur Beurteilung der Regierungsführung im weiteren Sinne erstellt, und das Mitspracherecht und die Verantwortlichkeit wurden anhand von Kennzahlen zu den Grundrechten, den politischen Rechten, der Transparenz des Rechtssystems und der Existenz von freien Medien gemessen.

Die Daten stammten aus zwei Arten von Quellen: aus Befragungen von Experten für das Land oder die Region (unter anderem von Stellen, die auf Risikobewertung, Meinungsumfragen und politische Analysen spezialisiert sind) und aus länderübergreifenden Befragungen der Einwohner durch internationale und nichtstaatliche Organisationen. Aus diesen beiden Arten von Daten gewonnene Kennzahlen korrelieren häufig sehr stark, was das Vertrauen in die Richtigkeit der Ergebnisse erhöht. Die Studie ergab, daß zwischen Mitspracherecht und Verantwortlichkeit, fünf anderen Gruppen von Kennzahlen zur Regierungsführung und drei Faktoren der Entwicklung, nämlich Pro-Kopf-Einkommen, Säuglings- und Kindersterblichkeit sowie Alphabetisierungsquote bei Erwachsenen, ein starker positiver Zusammenhang besteht (Kaufmann, Kraay und Zoido-Lobaton 1999).

Die Studie verdeutlichte zudem wichtige Schwachpunkte von bestehenden Datenbanken zum Mitspracherecht, dem Empowerment und der Regierungsführung. Die Fehlergrenzen bei den Ergebnissen sind hoch. Es bedarf erheblicher Investitionen in die Ausarbeitung und Durchführung von Befragungen mit länderübergreifend vergleichbaren Methoden, um Daten zu diesem wichtigen Aspekt der Armut und des Wohlergehens zu sammeln. Nationale Umfragen zum Mitspracherecht und Empowerment wären eine gute Ergänzung zu partizipativen Beurteilungsmethoden. Bei der Ausgestaltung der Umfragen muß sorgfältig darauf geachtet werden, daß sie Unterschiede nach Region, Geschlecht und ethnische Zugehörigkeit und so weiter erfassen können. Diese Unterschiede sind wichtig – nicht nur bei der Beurteilung der materiellen Armut, sondern auch in bezug auf die Aspekte Mitspracherecht und Empowerment.

Der Rest dieses Kapitels beschreibt die weltweiten Entwicklungen im Hinblick auf die Dimensionen der Armut, das heißt Einkommen (Verbrauch), Bildung und Gesundheit, und zeigt die starke Streuung der Ergebnisse auf – für einzelne Dimensionen, Regionen, Länder, Gemeinschaften, Haushalte und Einzelpersonen. Unterschiede in der Entwicklung spiegeln Unterschiede beim Wachstum, der Vermögensverteilung, der Qualität und Reaktionsbereitschaft staatlicher Institutionen, dem Grad der Einbeziehung in die Gesellschaft

Sonderbeitrag 1.6

Mehrdimensionalität: das Problem der Aggregation

Aggregate für die Maße für die verschiedenen Dimensionen der Armut und des Wohlergehens können auf mehrere Arten gebildet werden.

Wohlfahrtsfunktion. Dieser Ansatz umfaßt verschiedene Dimensionen des Wohlergehens und definiert Arme als alle Personen, die eine bestimmte Untergrenze für die Gesamtwohlfahrt unterschreiten (Tsui 1995 und 1997; Bourguignon und Chakravarty 1998). Er berücksichtigt Austauschbeziehungen, denn er nutzt die Entscheidungen der Personen beim Vergleich von Situationen und bei der Beurteilung, welches Maß an Verbesserung in einer Dimension erzielt werden muß, um im Falle einer Verschlechterung in einer anderen das Wohlfahrtsniveau konstant zu halten. Die Schwierigkeit besteht darin, eine für Vergleiche zwischen marktunabhängigen Elementen der persönlichen Wohlfahrt geeignete Wohlfahrtsfunktion zu finden. Auf Geld basierende Maßsysteme und Gesamtausgaben eignen sich zwar für die Beurteilung, wie viele zusätzliche Eier oder Äpfel eine Person essen muß, um mit weniger Reis auszukommen, sind aber weniger zuverlässig bei so wichtigen Dimensionen der Wohlfahrt wie etwa der sozialen Ausgrenzung oder dem Mangel an politischer Mitbestimmung. Außerdem hat sich die Auswahl geeigneter „Gewichtungen" zur Bildung eines Gesamtaggregats für diese marktunabhängigen Elemente der persönlichen Wohlfahrt aus den vorhandenen Daten als bislang unlösbares Problem erwiesen.

Zusammengesetzter Index. Statt Gewichtungen anhand der von den Menschen wahrgenommenen Wahlmöglichkeiten zu schätzen, können sie auch einfach vorgegeben werden, was einem vereinfachten Sonderfall der Anwendung des auf der Wohlfahrtsfunktion beruhenden Ansatzes entspricht. Es gibt bereits mehrere bekannte Beispiele, etwa den Physical Quality of Life Index (beinhaltet Alphabetisierungsquote, Säuglings- und Kindersterblichkeit und Lebenserwartung; Morris 1979) sowie den Human Development Index (UNDP 1999a). Diese Indizes sind zwar gut zu handhaben, doch das leidige Problem der Gewichtung lösen sie nicht, da sie jeder Komponente ein willkürliches (und häufig gleiches) Gewicht beimessen (Ravallion 1997b.)

Alternative Aggregationsregeln. Wenn das Ziel lautet, die Zahl der Armen zu messen, gibt es ferner die Möglichkeit, jeden als arm zu zählen, der in bezug auf eine der Dimensionen arm ist (siehe schattierte Bereiche im Schaubild). Diese Methode ist nützlich, da sie nicht allein auf dem Einkommen beruht. Doch sie kann auch kritisiert werden, da beispielsweise eine Person, die zwar ein hohes Einkommen hat, aber ungebildet ist, als arm betrachtet würde. Eine Alternative wäre, alle Personen zu den Armen zu zählen, die in bezug auf alle Dimensionen arm sind (siehe dunkel schattierten Bereich im Schaubild). In beiden Fällen ist es aber weiterhin problematisch, Vergleiche anzustellen, etwa wenn nicht nur der Umfang, sondern auch die Intensität der Armut von Personen, die in mehrfacher Hinsicht oder in verschiedenen Dimensionen Mangel leiden, gemessen werden soll.

Alternative Aggregationsregeln zur Messung der vielen Dimensionen der Armut

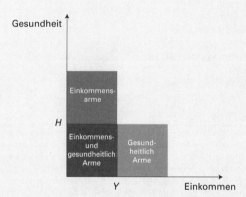

Anmerkung: H ist der Schwellenwert, der die „gesundheitlich Armen" definiert, während Y die „Einkommensarmen" definiert.

Sonderbeitrag 1.7

Ugandas Ziele beim Abbau der Armut

Das vor kurzem verfaßte Strategiepapier zum Abbau der Armut für Uganda macht klare Aussagen zu den von der Regierung festgelegten Zielen. Diese Ziele konzentrieren sich darauf, die absolute Einkommensarmut bis 2017 auf 10 Prozent zu reduzieren und bis 2004–2005 eine Grundschulbesuchsquote von 100 Prozent (sowie höhere Grundschulabschlußraten und bessere Schulleistungen) zu erreichen. Die Regierung legte ferner einige weitere Ziele für die menschliche Entwicklung fest, die bis 2004–2005 erreicht werden sollen.

■ Senkung der Kindersterblichkeitsrate auf nicht mehr als 103 pro 1.000 Lebendgeburten.

Quelle: IDA 2000.

■ Verringerung der HIV-Prävalenz um 35 Prozent.
■ Senkung der Minderwuchs-Inzidenz auf 28 Prozent.
■ Verringerung der Gesamtzahl der Geburten auf 5,4 pro Frau.

Das Strategiepapier zum Abbau der Armut stellt dar, wie die Regierung diese Ziele mit durchdachten Interventionen in vier großen Bereichen erreichen will: durch die Schaffung von guten Rahmenbedingungen für Wirtschaftswachstum und den Umbau der Wirtschaft, die Gewährleistung von Sicherheit und einer guten Regierungsführung, die direkte Verbesserung der Fähigkeit von Armen, ihr Einkommen zu erhöhen, und die direkte Verbesserung der Lebensqualität der Armen.

Tabelle 1.1
Einkommensarmut nach Region, ausgewählte Jahre 1987–1998

Region	Von wenigstens einer Untersuchung erfaßte Bevölkerung (in Prozent)	Zahl der Menschen, die von weniger als 1 US-Dollar pro Tag leben (in Millionen)				
		1987	1990	1993	1996	1998[a]
Ostasien und Pazifik	90,8	417,5	452,4	431,9	265,1	278,3
Ohne China	71,1	114,1	92,0	83,5	55,1	65,1
Europa und Zentralasien	81,7	1,1	7,1	18,3	23,8	24,0
Lateinamerika und Karibik	88,0	63,7	73,8	70,8	76,0	78,2
Naher Osten und Nordafrika	52,5	9,3	5,7	5,0	5,0	5,5
Südasien	97,9	474,4	495,1	505,1	531,7	522,0
Afrika südlich der Sahara	72,9	217,2	242,3	273,3	289,0	290,9
Gesamt	88,1	1.183,2	1.276,4	1.304,3	1.190,6	1.198,9
Ohne China	84,2	879,8	915,9	955,9	980,5	985,7

Region	Anteil der Bevölkerung, die von weniger als 1 US-Dollar pro Tag lebt (in Prozent)				
	1987	1990	1993	1996	1998[a]
Ostasien und Pazifik	26,6	27,6	25,2	14,9	15,3
Ohne China	23,9	18,5	15,9	10,0	11,3
Europa und Zentralasien	0,2	1,6	4,0	5,1	5,1
Lateinamerika und Karibik	15,3	16,8	15,3	15,6	15,6
Naher Osten und Nordafrika	4,3	2,4	1,9	1,8	1,9
Südasien	44,9	44,0	42,4	42,3	40,0
Afrika südlich der Sahara	46,6	47,7	49,7	48,5	46,3
Gesamt	28,3	29,0	28,1	24,5	24,0
Ohne China	28,5	28,1	27,7	27,0	26,2

Anmerkung: Die Armutsgrenze liegt bei 1,08 US-Dollar pro Tag bei KKP von 1993. Schätzungen zur Armut basieren auf Einkommens- und Verbrauchsdaten aus den Ländern der jeweiligen Regionen, für die von 1985–1998 wenigstens eine Untersuchung verfügbar war. Falls die untersuchten nicht mit den in der Tabelle aufgeführten Jahren übereinstimmen, wurden die Schätzungen anhand der zeitnächsten verfügbaren Untersuchung unter Anwendung der von den Ländern berechneten Wachstumsraten des Verbrauchs angepaßt. Ausgehend von der Annahme, daß die von Erhebungen abgedeckte Gruppe von Ländern für die gesamte Region repräsentativ ist, wurde die Zahl der Armen daraufhin für die einzelnen Regionen geschätzt. Diese Annahme ist natürlich in den Regionen, in denen die wenigsten Erhebungen durchgeführt wurden, am wenigsten gesichert. Nähere Einzelheiten zu den Daten und der Methodologie sind bei Chen und Ravallion (2000) nachzulesen.
a. Vorläufige Zahlen.
Quelle: Weltbank 2000s.

(niedrigere gesellschaftliche Hürden für Frauen, ethnische Minderheiten und sozial Benachteiligte im allgemeinen) sowie bei der Art des Risikomanagements von Ländern und Menschen wider.

Die Streubreite der Ergebnisse hervorzuheben ist aus wenigstens zwei Gründen wichtig. Zum einen können Erfolge und Mißerfolge beim Armutsabbau ermittelt und so das Verständnis dafür verbessert werden, was Armut verursacht und wie sie am besten abgebaut werden kann. Zum anderen wird dadurch deutlich, daß Gesamttrends erhebliche Unterschiede bei den Armutsmaßen etwa für verschiedene ethnische Bevölkerungsgruppen, Regionen oder Sektoren in einem Land verschleiern können. Das Wissen um diese Unterschiede hilft politischen Entscheidungsträgern, Prioritäten festzulegen und Maßnahmen auf die Bereiche zu konzentrieren, in denen sie am dringendsten benötigt werden.

Globale und regionale Muster: Einkommensarmut und gesellschaftliche Kennzahlen

Zwischen 1987 und 1998 ging der Anteil der Bevölkerung in Entwicklungs- und Transformationsländern, die von weniger als 1 US-Dollar pro Tag lebt, von 28 auf 24 Prozent zurück (Tabelle 1.1). Dieser Rückgang fällt schwächer aus, als erforderlich wäre, um das internationale Entwicklungsziel zu erreichen, wonach die extreme Einkommensarmut bis 2015 um die

Hälfte verringert werden soll (siehe Sonderbeitrag 2 im Überblick).

Aufgrund des Bevölkerungswachstums hat sich die Zahl der in Armut lebenden Menschen kaum verändert. Jedoch gibt es erhebliche regionale Abweichungen. In Ostasien, dem Nahen Osten und Nordafrika ist die Zahl der Armen zurückgegangen, in Ostasien sogar sehr deutlich. Dagegen ist die Zahl der Menschen, die von weniger als 1 US-Dollar pro Tag leben, in allen anderen Regionen gestiegen. In Südasien beispielsweise ist die Zahl der Armen in diesen zehn Jahren von 474 Millionen auf 522 Millionen gestiegen, obwohl der Anteil der in Armut lebenden Menschen von 45 auf 40 Prozent gesunken ist. In Lateinamerika und der Karibik ist die Zahl der Armen um etwa 20 Prozent gestiegen.

Zwei Regionen schnitten besonders schlecht ab. In Europa und Zentralasien schoß die Zahl der Armen von 1,1 Millionen auf 24 Millionen hoch. In den afrikanischen Ländern südlich der Sahara stieg ihre Zahl im selben Zeitraum von dem bereits hohen Niveau von 217 Millionen auf 291 Millionen, so daß heute fast die Hälfte der Bevölkerung dieses Kontinents als arm gilt.

Diese Unterschiede bei den regionalen Entwicklungen führen zu einer Änderung der geographischen Verteilung der Armut. Im Jahr 1998 lebten rund 70 Prozent der Menschen, die von weniger als 1 US-Dollar pro Tag leben, in Südasien und den afrikanischen Ländern

südlich der Sahara, was einem Anstieg um 10 Prozentpunkte gegenüber 1987 entspricht (Schaubild 1.1).

Diese Zahlen vermitteln zwar einen groben Eindruck von den Trends, jedoch sollten sie mit Vorsicht betrachtet werden, da, wie oben erwähnt, nur wenige Daten vorliegen und die Zahlen für 1998 aufgrund der begrenzten Anzahl der verfügbaren Untersuchungen nicht unbedingt zuverlässig sind (siehe Sonderbeitrag 1.2).

Relative Armut. Die Armutsschätzungen in Tabelle 1.1 basieren auf einer Armutsgrenze, die wiedergibt, was Armut in den ärmsten Ländern der Erde bedeutet (siehe Sonderbeitrag 1.2). Diese Definition mißt Armut an den in Südasien und den afrikanischen Ländern südlich der Sahara geltenden Standards, unabhängig von der Region, für die die Armut gemessen wird. Eine andere, unter anderem vom britischen Soziologen Peter Townsend entwickelte Definition von Armut ist der Mangel an Ressourcen, die erforderlich sind, um an Aktivitäten teilzunehmen und über einen Lebensstandard zu verfügen, der in der Gesellschaft, in der die Armut gemessen wird, üblich ist oder gemeinhin akzeptiert wird.[10]

Tabelle 1.2 gibt Armutsschätzungen wieder, die auf einer Kombination der Auffassungen von absoluter und relativer Armut beruhen. Den Armutsschätzungen liegen dieselben Daten und Verfahren zugrunde wie jenen in Tabelle 1.1, lediglich die Armutsgrenze ist eine andere. Es wurde eine landesspezifische Armutsgrenze verwendet, die einem Drittel des Durchschnittsverbrauchs

Schaubild 1.1

Armut in Entwicklungsländern verlagert sich nach Südasien und die afrikanischen Länder südlich der Sahara

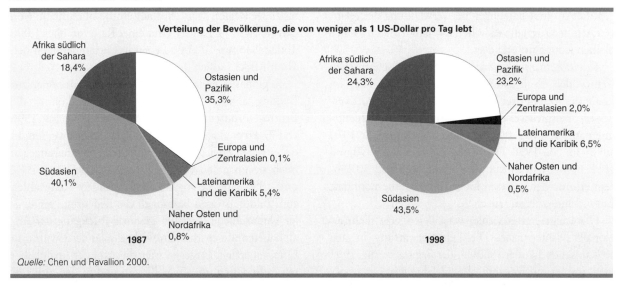

Verteilung der Bevölkerung, die von weniger als 1 US-Dollar pro Tag lebt

Afrika südlich der Sahara 18,4%
Ostasien und Pazifik 35,3%
Europa und Zentralasien 0,1%
Lateinamerika und die Karibik 5,4%
Südasien 40,1%
Naher Osten und Nordafrika 0,8%
1987

Afrika südlich der Sahara 24,3%
Ostasien und Pazifik 23,2%
Europa und Zentralasien 2,0%
Lateinamerika und die Karibik 6,5%
Naher Osten und Nordafrika 0,5%
Südasien 43,5%
1998

Quelle: Chen und Ravallion 2000.

Tabelle 1.2
Relative Einkommensarmut nach Region, ausgewählte Jahre 1987–1998

Region	Durchschnittliche regionale Armutsgrenze (in US-Dollar pro Tag bei KKP von 1993)	Anteil der Bevölkerung, die von weniger als einem Drittel des durchschnittlichen Verbrauchs lebt, für 1993 (in Prozent)				
		1987	1990	1993	1996	1998[a]
Ostasien und Pazifik	1,3	33,0	33,7	29,8	19,0	19,6
Ohne China	1,9	45,1	38,7	30,8	23,2	24,6
Europa und Zentralasien	2,7	7,5	16,2	25,3	26,1	25,6
Lateinamerika und Karibik	3,3	50,2	51,5	51,1	52,0	51,4
Naher Osten und Nordafrika	1,8	18,9	14,5	13,6	11,4	10,8
Südasien	1,1	45,2	44,2	42,5	42,5	40,2
Afrika südlich der Sahara	1,3	51,1	52,1	54,0	52,8	50,5
Gesamt	1,6	36,3	37,4	36,7	32,8	32,1
Ohne China	1,8	39,3	39,5	39,3	38,1	37,0

Anmerkung: Definition der Armutsgrenze siehe Text.
a. Vorläufige Zahlen.
Quelle: Chen und Ravallion 2000.

im Jahr 1993 bei Kaufkraftparität (KKP) für 1993 entspricht, falls diese Zahl über der Armutsgrenze von 1 US-Dollar pro Tag liegt. Andernfalls wurde 1 US-Dollar pro Tag als Grenze verwendet. Durch die Verwendung einer relativen Armutsgrenze anstelle der Armutsgrenze von 1 US-Dollar pro Tag ist die Zahl der Armen in Regionen mit höherem Durchschnittsverbrauch nun viel höher. In Regionen mit erheblichen Ungleichheiten ist sie ebenfalls größer. In Lateinamerika beispielsweise, wo rund 15 Prozent der Bevölkerung unter der Armutsgrenze von 1 US-Dollar pro Tag lagen, lebten über 50 Prozent der Bevölkerung unterhalb der relativen Armutsgrenze. Auch im Nahen Osten und Nordafrika sowie in Europa und Zentralasien liegen die Armutsschätzungen bei Verwendung der relativen Armutskriterien viel höher. Die langfristigen Trends bleiben jedoch unverändert.[11]

Gesellschaftliche Kennzahlen. Die gesellschaftlichen Kennzahlen in Entwicklungsländern haben sich im Laufe der letzten drei Jahrzehnte im Durchschnitt verbessert. Beispielsweise sank die Säuglingssterblichkeitsrate von 107 pro 1.000 Lebendgeburten im Jahr 1970 auf 59 im Jahr 1998. Der Rückgang zwischen 1990 und 1998 betrug jedoch nur 10 Prozent, während 30 Prozent erforderlich gewesen wären, um das internationale Entwicklungsziel zu erreichen.

Diese aggregierten Zahlen verschleiern erhebliche regionale Diskrepanzen. Die Lebenserwartung in den afrikanischen Ländern südlich der Sahara betrug 1997 noch immer nur 52 Jahre, also 13 Jahre weniger als der Durchschnitt der Entwicklungsländer und sogar 25 Jahre, das heißt eine ganze Generation, weniger als der OECD-Durchschnitt. Einer der Hauptgründe ist die in den afrikanischen Ländern südlich der Sahara noch immer unannehmbar hohe Säuglingssterblichkeit von 90 pro 1.000 Lebendgeburten. Auch in Südasien ist diese Rate sehr hoch (77). Diese Zahlen sind äußerst weit von dem OECD-Durchschnitt von 6 pro 1.000 Lebendgeburten entfernt. Die AIDS-Krise hat die Situation noch verschärft, da sie in einigen afrikanischen Ländern zu einer steigenden Säuglingssterblichkeit geführt hat. Zwischen 1990 und 1997 stieg die Kindersterblichkeitsrate in Kenia von 62 auf 74 und in Simbabwe von 52 auf 69. Auch die Müttersterblichkeit ist in dieser Region weiterhin außerordentlich hoch: Von den weltweit 12 Ländern mit einer Rate von über 1.000 Todesfällen pro 100.000 Lebendgeburten befinden sich 10 in Afrika südlich der Sahara.

Regionale Unterschiede sind bei den Kennzahlen zur Bildung ähnlich auffällig. In Südasien konnte die Brutto-Grundschulbesuchsquote von 1982 bis 1996 von 77 Prozent auf über 100 Prozent erhöht werden. In den afrikanischen Ländern südlich der Sahara hingegen blieb sie unverändert bei 74 Prozent (zwischen 1982 und 1993 ging sie sogar zurück). Andere Kennzahlen zum Bildungswesen bestätigen die Bedeutung regionaler Unterschiede. Fast der gesamte Rückgang der Analphabetenrate in den Entwicklungsländern wurde in Ostasien erzielt. Dagegen stieg die Zahl der Analphabeten in Südasien um 17 Millionen und in den afrikanischen Ländern südlich der Sahara um 3 Millionen.[12] In den letztgenannten Ländern ist auch die Netto-Grundschulbesuchsquote am niedrigsten.

Länderübergreifende Armutsunterschiede

Umfassende Untersuchungen, die nationale Einkommensarmutsgrenzen und gesellschaftliche Kennzahlen verwenden, zeigen ähnlich große Unterschiede bei der länderübergreifenden Armutsentwicklung in den einzelnen Regionen.

In Europa und Zentralasien reicht der Anteil der Bevölkerung, die von weniger als 2 US-Dollar pro Tag lebt (bei KKP von 1996), von unter 5 Prozent in Bulgarien, Estland, Litauen, Polen, der Ukraine, Ungarn und Weißrußland bis 19 Prozent in Rußland, 49 Prozent in Kirgisistan und 68 Prozent in Tadschikistan.[13] Von sieben afrikanischen Ländern, für die Daten für die 1990er Jahre vorliegen, verzeichneten vier (Burkina Faso, Nigeria, Sambia und Simbabwe) einen Anstieg der Armut, was dem regionalen Muster für dieses Jahrzehnt entspricht, während die Armut in drei von ihnen (Ghana, Mauretanien und Uganda) zurückging (Tabelle 1.3).[14] Verfügbare nationale Armutsschätzungen für Lateinamerika zeigen, daß zwischen 1989 und 1996 die Armutshäufigkeit in Brasilien, Chile, der Dominikanischen Republik und Honduras zurückgegangen, in Mexiko und der República Bolivariana de Venezuela hingegen gestiegen ist.[15] Bei einer anderen Gruppe von Ländern, für die nur Untersuchungen zu städtischen Gebieten verfügbar waren, stieg der Anteil der Armen in Ecuador, während er in Uruguay unverändert blieb und in Argentinien, Bolivien, Kolumbien[16] und Paraguay sank.

In Ostasien wurde die Armutsentwicklung in den 90er Jahren von den Auswirkungen der Wirtschaftskrise in jener Zeit beeinflußt. Indonesien, die Republik Korea und Thailand mußten, wenn auch in unterschiedlichem Umfang, alle eine Zunahme der Armut hinnehmen (siehe Kapitel 9).[17] In Indonesien ergab eine neuere Untersuchung Schätzungen, daß der Anteil der Armen von rund 11 Prozent im Februar 1996 auf 18–20 Prozent im Februar 1999 gestiegen ist. Seitdem scheint die Armut erheblich abzunehmen, auch wenn sie noch deutlich über dem Wert aus der Zeit vor der Krise liegt.[18] Die Trends in China in den Jahren 1996–1998 sind in hohem Maße von der Wahl des Wohlfahrtsmaßes abhängig. Maße für die Einkommensarmut, die auf der Armutsgrenze von 1 US-Dollar pro Tag oder einer landesspezifischen Armutsgrenze basie-

ren, zeigen einen stetigen Rückgang. Ein auf dem Verbrauch basierendes Armutsmaß offenbart jedoch eine Stagnation des Armutsrückgangs zwischen 1996 und 1998, was darauf hindeutet, daß die Sparquote in armen Haushalten, vor allem jenen in ländlichen Gebieten, weiter gestiegen ist.[19] Neueste Daten für Vietnam zeigen, daß die Armutshäufigkeit zwischen 1993 und 1998, ausgehend von einer landesspezifischen Armutsgrenze, von 58 auf 37 Prozent gesunken ist.[20]

Der Abbau der Armut hatte in den 1990er Jahren auch in Südasien unterschiedlich großen Erfolg. Trotz der schwersten Überschwemmungen seit Menschengedenken verzeichnete Bangladesch in den Jahren 1998 und 1999 dank einer Rekordreisernte nach den Über-

Tabelle 1.3

Einkommensarmut in sieben afrikanischen Ländern, verschiedene Jahre

Land und Zeitraum[a]	Gebiet	Anteil der Bevölkerung unterhalb der nationalen Armutsgrenze[b] (in Prozent)	
		Jahr 1	Jahr 2
Burkina Faso 1994, 1998	Ländlich	51,1	50,7
	Städtisch	10,4	15,8
	Gesamt	44,5	45,3
Ghana 1991/92, 1998/99	Ländlich	45,8	36,2
	Städtisch	15,3	14,5
	Gesamt	35,7	29,4
Mauretanien 1987, 1996	Ländlich	72,1	58,9
	Städtisch	43,5	19,0
	Gesamt	59,5	41,3
Nigeria 1992, 1996	Ländlich	45,1	67,8
	Städtisch	29,6	57,5
	Gesamt	42,8	65,6
Uganda 1992, 1997	Ländlich	59,4	48,2
	Städtisch	29,4	16,3
	Gesamt	55,6	44,0
Sambia 1991, 1996	Ländlich	79,6	74,9
	Städtisch	31,0	34,0
	Gesamt	57,0	60,0
Simbabwe 1991, 1996	Ländlich	51,5	62,8
	Städtisch	6,2	14,9
	Gesamt	37,5	47,2

a. Die Daten in dieser Spalte entsprechen Jahr 1 und Jahr 2.
b. Ernährungsabhängige Armutsgrenzen. Vergleiche zwischen Ländern sind nicht möglich.
Quelle: Demery 1999; Ghana Statistical Service 1998.

schwemmungen eine positive Entwicklung mit einem Anstieg des BIP um 4,5 Prozent. Die konzertierten Hilfsaktionen von Regierung, nichtstaatlichen Organisationen und Gebern sowie die laufenden Programme, bei denen Arbeitseinsätze mit Lebensmitteln bezahlt werden, begrenzten die Zahl der Todesopfer und den Einfluß der Überschwemmungen auf die Armut. Pakistan und Sri Lanka machten dagegen in den 1990er Jahren nur geringe oder keine Fortschritte beim Abbau der Armut.[21] Für Indien besteht noch Uneinigkeit über die Genauigkeit der Statistiken. Dies ist ein treffendes Beispiel dafür, wie schwierig es ist, die Armutsentwicklung über längere Zeit zu verfolgen – selbst innerhalb eines Landes (Sonderbeitrag 1.8).

Armutsunterschiede innerhalb von Ländern

Landesspezifische Aggregate für verschiedene Dimensionen der Armut bieten einen nützlichen Überblick über die Entwicklung. Aber sie verschleiern genausoviel, wie sie offenbaren. Es gibt unterschiedliche Muster der Armut innerhalb von Ländern, und für verschiedene Gruppen in einem Land kann sich die Situation verbessern oder verschlechtern.

Die Armut in verschiedenen Gebieten eines Landes kann sich in unterschiedliche Richtungen entwickeln – und genau das tut sie auch. In Burkina Faso und Sambia nahm die Armut auf dem Land ab und stieg in der Stadt, wobei die Zunahme in der Stadt dominierte und insgesamt zu einem Anstieg der Armut

---

Sonderbeitrag 1.8
Armutsentwicklung in Indien in den 1990er Jahren verfolgen

Neuere Daten aus landesweiten Stichprobenerhebungen in Indien deuten darauf hin, daß sich das Tempo, mit dem die Armut abgebaut wurde, in den 1990er Jahren vor allem auf dem Land verlangsamt hat. Dies ereignete sich vor dem Hintergrund eines laut Volkswirtschaftlicher Gesamtrechnung (VGR) kräftigen Wirtschaftswachstums (Anstieg des BIP von 1990 bis 1998 um jährlich 6,1 Prozent). In den Erhebungsdaten sind Anzeichen einer im Landesvergleich zunehmenden Ungleichheit zu erkennen, die zum Teil aus dem gegenüber den ländlichen Gebieten steigenden Durchschnittsverbrauch in städtischen Gebieten herrührt, auch wenn es ebenfalls Anzeichen für eine stärkere Ungleichheit in städtischen Gebieten gibt. Ein wichtiger Faktor für das geringe Tempo des Armutsabbaus war der von den Erhebungen gemessene geringe Anstieg des Durchschnittsverbrauchs.

Bei näherer Betrachtung zeigt sich, daß die Lücke zwischen dem bei den Umfragen ermittelten Verbrauch und dem in der VGR geschätzten privaten Verbrauch immer weiter auseinander klafft. Der Verbrauch laut den Erhebungen hat in den vergangenen drei Jahrzehnten relativ zum Verbrauch laut VGR abgenommen, während sie noch in den 1950er und 1960er Jahren näher beieinander lagen (Mukherjee und Chatterjee 1974). Wenn die Werte für den Durchschnittsverbrauch aus den Umfragen durch jene aus der VGR ersetzt werden und der Verbrauch jeder Person proportional angepaßt wird, würde sich die Armut während der 1990er Jahre im Abwärtstrend befinden (siehe Ergebnisse in Bhalla 2000).

Der Vergleich der Daten aus den Umfragen mit denen aus der VGR ist jedoch recht komplex, da unterschiedliche Erhebungsgesamtheiten, Erinnerungsfehler in den Stichprobenerhebungen, Berechnungen für fiktive Preise (etwa für eigenproduzierten Verbrauch und Löhne in Form von Sachleistungen in den Erhebungen und für die nichtmarktbestimmte Produktion in der VGR) sowie Stichprobenfehler und stichprobenfremde Fehler in beiden berücksichtigt werden müssen. Den bei den Umfragen ermittelten Durchschnitt an den Durchschnitt gemäß VGR nach oben anzupassen, ohne jedoch zu prüfen, warum sich der Unterschied zwischen den beiden vergrößert hat, wäre ein durchaus fragwürdiges Vorgehen. Zum einen ist nicht ersichtlich, warum die Daten zum Durchschnittsverbrauch aus den Umfragen falsch

sein sollten, die Daten zur Ungleichheit jedoch nicht, wovon bei proportionaler Anpassung des Verbrauchs jeder einzelnen Person auszugehen ist. Beispielsweise kann nicht grundsätzlich ausgeschlossen werden, daß antworten- und stichprobenfremde Fehler bei der Messung des Verbrauchs bei den verschiedenen Einkommensgruppen variieren. Visaria (2000) fand außerdem heraus, daß die Unterschiede zwischen Daten aus Umfragen und denen aus der VGR erheblich geringer sind, wenn bei den Umfragen ein Bezugszeitraum für den Verbrauch von einer Woche anstele eines Monats verwendet wird. Srinivasan (2000) gibt eine detaillierte Erörterung dieser Probleme wieder (Srinivasan und Bardhan 1974 stellen frühere Erörterungen dieser Probleme dar).

Auch gibt es Belege dafür, daß ein Teil der beobachteten Armutsentwicklung auf dem Land zu Beginn der 1990er Jahre unter Umständen aus der Verwendung ungeeigneter Preisdeflatoren für die ländlichen Gebiete herrührt. Folglich ist es „wahrscheinlich, daß die Abnahme der Armutsraten auf dem Land in den offiziellen Armutsberichten zu niedrig geschätzt wurde. In der Tat möchten wir die Hypothese aufstellen, daß – jedenfalls ausgehend von der quantitativen Meßmethode – die Raten des Armutsrückgangs in der Stadt und auf dem Land zwischen 1987/1988 und 1993/1994 nicht erheblich voneinander abwichen" (Deaton und Tarozzi 1999, S. 34 f.).

Es ist plausibel, daß die auf den Stichprobenerhebungen basierenden Armutszahlen die Rate des Armutsabbaus in Indien nicht korrekt wiedergeben, das heißt zu geringe Werte nennen. Diese Probleme sind nicht nur deshalb von Bedeutung, weil die Armutszahlen für Indien mit erheblichem Gewicht in die Ermittlung der globalen Armutsentwicklung einfließen, sondern auch weil ähnliche Probleme mit großer Wahrscheinlichkeit auch andernorts auftreten können. Indien verfügt über eine längere statistische Tradition als die meisten anderen armen Länder. Hierbei geht es außerdem nicht nur darum, genaue Armutsschätzungen zu erhalten. Diese Umfragen sind ein unentbehrliches Hilfsmittel, um die Merkmale der Armen zu ermitteln, und daher auch eine wichtige Grundlage für die Ausrichtung der Politik. Die Forschung in diesem Bereich ist eine vorrangige Aufgabe.

führte (siehe Tabelle 1.3).[22] In Mexiko nahm die Armut zwischen 1989 und 1994 insgesamt – wenn auch mäßig – ab, jedoch bestanden zwischen den Regionen des Landes erhebliche Unterschiede.[23] In China wurde der rasante Einkommensanstieg von einer wachsenden Ungleichheit zwischen städtischen und ländlichen Gebieten sowie zwischen den verschiedenen Provinzen begleitet.[24]

Armut hängt häufig auch mit der Entfernung der Städte von der Küste zusammen, wie zum Beispiel in China, Vietnam und Lateinamerika.[25] In China lebt ein großer Teil der Armen in Bezirken und Orten in Bergregionen. In Peru leben zwei Drittel der ländlichen Haushalte des ärmsten Quintils in Gebirgsregionen und weniger als ein Zehntel in der Küstenregion.[26] In Thailand war die Armutshäufigkeit im ländlichen Nordosten im Jahr 1992 fast doppelt so hoch wie im Landesdurchschnitt, und obwohl dort nur ein Drittel der Landesbevölkerung lebt, entfielen auf diese Regionen 56 Prozent aller Armen des Landes.

Unterschiede in Gesundheit und Bildung zwischen einkommensschwachen und einkommensstarken Haushalten

In vielen Ländern sind gesellschaftliche Kennzahlen für Einkommensschwache weiterhin schlechter als die für Einkommensstärkere – häufig sogar sehr viel schlechter. In Mali entspricht der Unterschied zwischen den Kindersterblichkeitsraten für die reichsten und die ärmsten Haushalte der in den vergangenen 30 Jahren durchschnittlich erzielten Senkung der Kindersterblichkeitsraten.[27] In Südafrika ist die Kindersterblichkeitsrate bei den ärmsten 20 Prozent doppelt so hoch wie bei den reichsten 20 Prozent, und im Nord- und Südosten Brasiliens sogar dreimal so hoch.

Im Hinblick auf die Fehl- und Mangelernährung stellt sich die Situation genauso dar. Eine Untersuchung zu 19 Ländern ergab, daß Minderwuchs (eine für das Alter geringe Körperlänge – Zeichen für längerfristige Mangelernährung), Magersucht (ein für die Körperlänge geringes Körpergewicht – Zeichen für kurzzeitige Mangelernährung) und Untergewicht (ein für das Alter geringes Körpergewicht) in fast allen Ländern bei Armen häufiger auftreten.[28] Doch die Unterschiede zwischen Armen und Nicht-Armen sind in Ländern mit hohen durchschnittlichen Mangelernährungsquoten häufig geringer.[29]

Viele Krankheiten, insbesondere ansteckende Krankheiten, treten bei Armen häufiger auf, während ihr Zugang zu medizinischer Versorgung in der Regel schlechter ist. In Indien tritt Tuberkulose bei den ärmsten 20 Prozent der Bevölkerung viermal so häufig auf wie bei den reichsten 20 Prozent und Malaria sogar dreimal so häufig.[30] In 10 Entwicklungsländern wurden zwischen 1992 und 1997 nur 41 Prozent der Armen, die an akuten Atemwegserkrankungen litten, in einer Gesundheitseinrichtung behandelt, von den Nicht-Armen hingegen 59 Prozent. Im selben Zeitraum war nur bei 22 Prozent der Geburten bei den ärmsten 20 Prozent der Bevölkerung medizinisches Fachpersonal vor Ort, gegenüber 76 Prozent bei den reichsten 20 Prozent.[31] Zwar waren von HIV/AIDS zunächst Arme und Reiche gleichermaßen betroffen, doch deuten jüngste Erkenntnisse darauf hin, daß Neuinfektionen überproportional häufig unter armen Menschen auftreten.

Ähnliche Disparitäten sind beim Zugang zur Schulbildung und der Dauer des Schulbesuchs festzustellen. In einigen armen Ländern genießen die meisten Kinder aus den ärmsten Haushalten keinerlei Schulbildung. Eine Untersuchung der Daten aus demographischen Erhebungen und Erhebungen zum Gesundheitswesen ergab, daß in 12 Ländern über die Hälfte der 15- bis 19jährigen in den ärmsten 40 Prozent der Haushalte nicht ein einziges Jahr eine Schule besucht haben: und zwar in Bangladesch, Indien, Marokko, Pakistan und acht afrikanischen Ländern südlich der Sahara. Im Gegensatz dazu lag der Durchschnitt der abgeschlossenen Schuljahre bei den 15- bis 19jährigen in den reichsten 20 Prozent der Haushalte in Indien bei zehn und in Marokko bei acht. In anderen Ländern war das Gefälle im Hinblick auf die Dauer des Schulbesuchs sehr viel geringer: ein Jahr in Kenia, zwei Jahre in Ghana und Tansania und drei Jahre in Indonesien und Uganda.[32] In Mexiko lag die Dauer des Schulbesuchs für die ärmsten 20 Prozent aus ländlichen Gebieten bei 3 Jahren und für die reichsten 20 Prozent aus städtischen Gebieten bei 12 Jahren.

Bei den Grundschulbesuchsquoten bestehen ähnliche Diskrepanzen. Die Schulbesuchsquote bei 6- bis 14jährigen liegt im Senegal für die ärmsten Haushalte 52 Prozentpunkte, in Sambia 36 Prozentpunkte und in Ghana 19 Prozentpunkte unter der für die reichsten Haushalte. Auch in Nordafrika (63 Prozentpunkte in Marokko) und Südasien (49 Prozentpunkte in Pakistan) sind die Diskrepanzen erheblich.[33]

Landesinterne Unterschiede bei den gesellschaftlichen Kennzahlen bestehen darüber hinaus zwischen städtischen und ländlichen Gebieten, den einzelnen Regionen und den sozioökonomischen Gesellschaftsschichten. In China hat sich das Gefälle beim Gesundheitszustand und der Inanspruchnahme von medizinischer Versorgung vergrößert. Während die Nutzung medizinischer Leistungen von Krankenhäusern durch die Landbevölkerung zwischen 1985 und 1993 um 10 Prozent abgenommen hat, ist die Nutzung durch die Stadtbevölkerung um 13 Prozent gestiegen.[34] In Rußland konzentrierte sich der Anstieg der Sterblichkeit während des Übergangs vor allem auf Jungen und junge Männer, und der für ein Industrieland relativ häufige Minderwuchs von Kindern trat am häufigsten in ländlichen Gebieten und unter Armen auf.[35]

Geschlechterdisparitäten

Einer der bedeutsamsten Unterschiede innerhalb eines Landes sind die unterschiedlichen Möglichkeiten, die Frauen und Männern offenstehen. Die Ressourcenverteilung in Haushalten variiert je nach Alter und Geschlecht des Haushaltsmitglieds. Die Zahl der armen Männer und Frauen unabhängig voneinander zu schätzen ist allerdings schwierig, wenn nicht sogar unmöglich, da Verbrauchsdaten lediglich für den gesamten Haushalt erfaßt werden.[36] Dennoch deuten die verfügbaren Daten zu Gesundheit und Bildung an, daß Frauen häufig benachteiligt sind.

Eine neuere Untersuchung zu 41 Ländern zeigt, daß die Benachteiligung von Mädchen, die als die Differenz der Grundschulbesuchsquoten von Jungen und Mädchen definiert ist, erheblich variiert. In Benin, Nepal und Pakistan liegt die Differenz der Grundschulbesuchsquoten bei über 20 und in Marokko bei 18 Prozentpunkten. Dagegen sind die Schulbesuchsquoten bei Jungen und Mädchen in Brasilien, Indonesien, Kenia, Madagaskar, den Philippinen und Sambia praktisch gleich hoch.[37] Das geschlechtsspezifische Gefälle im Bildungsbereich ist für die reichsten Haushalte zumeist am geringsten und für die ärmsten Haushalte am größten. In Indien beträgt das Gefälle zwischen den Geschlechtern bei den Schulbesuchsquoten für Kinder aus den reichsten 20 Prozent der Haushalte 4,7 Prozentpunkte, für Kinder aus den ärmsten 20 Prozent der Haushalte hingegen 20 Prozentpunkte.[38]

Disparitäten aufgrund von Kaste, ethnischer Zugehörigkeit oder Status als Ureinwohner

Es gibt auch Bevölkerungsgruppen, die mit besonderen sozialen Hemmnissen konfrontiert werden. In vielen Entwicklungs-, Industrie- und Transformationsländern benachteiligte ethnische Minderheiten und Angehörige

bestimmter Rassen sind häufig sehr viel stärker der Armut ausgesetzt.[39] In einer Reihe von lateinamerikanischen Ländern mit verfügbaren Daten sind Ureinwohner sehr viel häufiger von Einkommensarmut betroffen.[40] Die Dauer des Schulbesuchs bei diesen benachteiligten Bevölkerungsgruppen ist ebenfalls kürzer als bei anderen Gruppen. Die Ureinwohner Guatemalas gehen rund 1,8 Jahre zur Schule, andere Bevölkerungsgruppen hingegen 4,9 Jahre.[41] In Peru war die Wahrscheinlichkeit, arm zu sein, für Ureinwohner im Jahr 1994 40 Prozent und im Jahr 1997 sogar 50 Prozent höher als für andere Gruppen.[42] In den ländlichen Gebieten Guatemalas ist die Wahrscheinlichkeit eines Minderwuchses für Kinder von Ureinwohnern höher als für Kinder von Müttern, die nicht zu den Ureinwohnern gehören.[43] In den Vereinigten Staaten sind 5,3 Prozent der weißen, verheirateten Paare in den Innenstädten arm, von den Haushalten mit afro- oder hispanoamerikanischen alleinerziehenden Müttern hingegen mehr als 45 Prozent.[44]

Belege für Indien zeigen, daß das Risiko, zur Gruppe der Armen zu gehören, für Angehörige von unteren Kasten und niederrangigen Volksgruppen höher ist.[45] Sie zählen zu den strukturell Armen, denen es nicht nur an wirtschaftlichen Ressourcen mangelt, sondern deren Armut eng mit der sozialen Identität verbunden ist, die im wesentlichen durch die Kaste bestimmt wird.[46] Auch fallen die gesellschaftlichen Kennzahlen für sie schlechter aus. In ländlichen Gebieten Indiens lag die Alphabetisierungsquote im Jahr 1991 für Frauen aus einer unteren Kaste bei 19 Prozent gegenüber 50 Prozent landesweit sowie für Männer aus einer unteren Kaste bei 46 Prozent gegenüber 64 Prozent landesweit.[47] Wenn mehrere Nachteile zusammenkommen, zum Beispiel bei Frauen aus einer sozial ausgegrenzten Gruppe in der Provinz, ist die Situation noch schlechter. In Uttar Pradesh, einem der ärmsten indischen Bundesstaaten, können nur 8 Prozent der Frauen aus unteren Kasten auf dem Land lesen und schreiben, was einem Drittel der Quote für Frauen in ländlichen Gebieten in Uttar Pradesh entspricht. Neue Forschungsergebnisse deuten jedoch darauf hin, daß die Quote der einer unteren Kaste angehörenden Frauen auf dem Land, die lesen und schreiben können, in ganz Indien im Anstieg begriffen ist. Während in den Jahren 1986 und 1987 aus der Gruppe der Mädchen im Grundschulalter nur 31 Prozent der Mädchen aus einer unteren Kaste oder Volksgruppe eine Schule besuchten, lag ihr Anteil in den Jahren 1995 und 1996 bei 53 Prozent.[48]

Volatilität auf Haushaltsebene

Untersuchungen zu Veränderungen der Einkommensarmut, die im Laufe der Zeit in derselben Gruppe von Haushalten auftreten, zeigen deutliche Bewegungen in die Armut und aus der Armut. Während manche Gruppen fortwährend unterhalb der Armutsgrenze leben, besteht für andere Gruppen ein hohes Risiko, zeitweise in die Armut abzusteigen. Untersuchungen zu Äthiopien, China, Rußland und Simbabwe ergaben, daß die Gruppe der „immer armen" Menschen kleiner ist als die der „zeitweise armen" Menschen.[49] Dennoch ist bei der Betrachtung dieser Ergebnisse Vorsicht geboten, da die ermittelten Veränderungen sowohl Meßfehler als auch reale Veränderungen wiedergeben.[50]

Eine wichtige Frage lautet, ob die Wahrscheinlichkeit, unter chronischer (statt vorübergehender) Armut zu leiden, für einige Arten von Haushalten höher ist als für andere. Die Antwort variiert von Land zu Land, doch spielt das vorhandene Vermögen häufig eine wichtige Rolle. In China ist der Mangel an physischem Kapital eine Determinante für chronische und vorübergehende Armut, während die Haushaltsgröße und die Schulbildung des Haushaltsvorstandes zwar die Wahrscheinlichkeit der chronischen, nicht aber die der vorübergehenden Armut bestimmen.[51]

In den Transformationsländern Europas und Zentralasiens hat die wirtschaftliche Mobilität zugenommen, gleichzeitig aber wird chronische Armut zu einem immer wichtigeren Problem.[52] Ob ein Haushalt zu den neuen Armen oder den neuen Reichen zählt, hängt im wesentlichen von seinen Charakteristika, vor allem seinen Verbindungen zum Arbeitsmarkt ab. Der Übergang von der Plan- zur Marktwirtschaft vergrößerte die Benachteiligung der „alten Armen" (Rentner, kinderreiche Familien und Alleinerziehende mit Kindern) und führte zur Entstehung der „neuen Armen" (Langzeitarbeitslose, Landarbeiter, Jugendliche auf Arbeitssuche und Bürgerkriegsflüchtlinge).[53] In Polen machen chronisch Arme einen erheblichen Anteil an der Bevölkerung aus. Für größere Haushalte, Haushalte von Landarbeitern und Sozialhilfe empfangende Haushalte ist das Risiko, arm zu bleiben, am größten.[54] In Rußland ist während des Übergangs von der Plan- zur Marktwirtschaft ebenfalls eine „Klasse der neuen Armen" entstanden. Anfang der 1990er Jahre entstanden neue Gruppen von Armen infolge des Einbruchs der Reallöhne und Renten und durch Arbeitslosigkeit[55], auch hält Armut länger an und wird durch den wirtschaftlichen Aufschwung immer weniger abgebaut.[56]

• • •

Dieses Kapitel hat gezeigt, daß die Fortschritte beim Abbau der Einkommensarmut und bei der Entwicklung der Bevölkerung je nach Region, Land und Gebiet innerhalb eines Landes erheblich variieren. Es hat auch gezeigt, daß die Entwicklung je nach Geschlecht, ethnischer Zugehörigkeit, Rasse und gesellschaftlichem Status ebenfalls erhebliche Unterschiede aufweist.

Ein Großteil der Unterschiede bei der Entwicklung in verschiedenen Regionen und Ländern kann mit dem unterschiedlichen Wirtschaftswachstum in Zusammenhang gebracht werden (Kapitel 3). Die Wachstumseinbrüche in vielen Ländern Afrikas und der ehemaligen Sowjetunion hatten verheerende Auswirkungen auf die Armut. Die landesweiten Krisen sowie Naturkatastrophen in Ostasien, Lateinamerika, den afrikanischen Ländern südlich der Sahara, Europa und Zentralasien waren ebenfalls schwere Rückschläge im Kampf gegen die Armut (Kapitel 9). Dagegen führte das spektakuläre Wachstum in China zu einem drastischen Abbau der Einkommensarmut. Auch in den übrigen Ländern Ostasiens brachten die trotz der Finanzkrise stabilen Wachstumsraten in den 1990er Jahren eine erhebliche Verringerung der Armut mit sich.

Aber auch die anfänglichen Ungleichheiten und das Wachstumsmuster sind für die unterschiedlichen Erfolge beim Abbau der Armut in ihren vielen Ausprägungen verantwortlich, denn einige Regionen und Gesellschaftsgruppen sind zurückgefallen. In einigen Fällen umfassen die anfänglichen Unterschiede einen ungleichen Zugang zu Mitteln, Märkten und Infrastruktur sowie eine ungleichmäßige Verteilung von Fähigkeiten und Qualifikationen (Kapitel 3, 4 und 5). Beispielsweise spiegeln die im Gesundheits- und Bildungswesen bestehenden Unterschiede zwischen den Ländern auch wider, in welchem Umfang staatliche Institutionen auf die Bedürfnisse von Armen eingehen und sich ihnen gegenüber verantwortlich fühlen (Kapitel 6). In anderen Fällen tragen soziale Hemmnisse aufgrund von Geschlecht, ethnischer Zugehörigkeit, Rasse oder gesellschaftlichem Status dazu bei, Einkommensarmut und Unzulänglichkeiten in der Gesundheit und Bildung von sozial Benachteiligten zu einem Dauerzustand zu machen (Kapitel 7). Eine Politik auf nationaler (Kapitel 4) oder internationaler Ebene (Kapitel 10), die arbeitsintensive Sektoren wie die Landwirtschaft und die leichte Fertigungsindustrie benachteiligt, sowie ein qualifikationslastiger technologischer Wandel

(Kapitel 4) können bei ähnlichen Wachstumsraten zu einem geringeren Abbau der Einkommensarmut führen. Dieses Kapitel hat auch dargelegt, daß das Einkommen von Haushalten erheblichen Schwankungen unterworfen sein kann. Das verdeutlicht, wie wichtig es ist, die Gefahrenquellen, denen Haushalte ausgesetzt sind, und die zur Bewältigung dieser Gefahren am besten geeigneten Mechanismen (Kapitel 8 und 9) zu verstehen.

Schließlich wurde in diesem Kapitel erläutert, daß Armut nicht nur materiellen Mangel und Unzulänglichkeiten im Gesundheits- und Bildungswesen bedeutet. Die Unfähigkeit, Entscheidungen zu beeinflussen, die sich auf das eigene Leben auswirken, eine schlechte Behandlung durch staatliche Institutionen und die Hindernisse, die durch soziale Hemmnisse und Normen entstehen, sind ebenfalls Ausprägungen einer schlechten Lebenssituation. Eine weitere ist die Schutzlosigkeit und Schadenanfälligkeit gegenüber wirtschaftlichen Schocks, Naturkatastrophen, Krankheit und Gewalt. Mit diesem umfassenderen Begriff der Armut gehen ein besseres Verständnis ihrer Ursachen und eine größere Zahl möglicher Maßnahmen zu ihrer Bekämpfung einher. Diese werden in Kapitel 2 kurz dargestellt und in den anschließenden Kapiteln eingehender untersucht.

KAPITEL 2

Ursachen der Armut und Rahmenwerk für die Intervention

Vom Weltentwicklungsbericht 1990...
■ Arbeitsintensives Wachstum
■ Umfassende Bereitstellung von Sozialleistungen

...zum Weltentwicklungsbericht 2000/2001
■ Möglichkeiten
■ Empowerment
■ Sicherheit

Durch das zweite Element werden ihre Lebensbedingungen unmittelbar verbessert und damit ihre Fähigkeit gesteigert, die neu entstandenen Möglichkeiten zu ihrem Vorteil zu nutzen. Wenn beide Elemente zusammenwirken, können sie das Leben für die meisten Armen dieser Welt verbessern.

Weltbank 1990 (S. 61)

Der Bericht merkte auch an, daß diese Initiativen mit der Schaffung von Sicherungsnetzen für jene Menschen einhergehen mußten, die dem Risiko eines Schocks ausgesetzt sind und denen diese Strategie nicht zugute kommt. Die Schaffung von Sicherungsnetzen wurde jedoch eindeutig nur als flankierende Maßnahme für die beiden Hauptelemente der Strategie betrachtet.

Die Grundlage für den im *Weltentwicklungsbericht 1990* dargelegten Handlungsrahmen waren der darin verwendete Armutsbegriff, die Analyse der Ursachen der Armut, die Erfahrungen aus den 1970er und 1980er Jahren sowie der Zustand der Weltwirtschaft gegen Ende der 1980er Jahre. Armut wurde als geringer Verbrauch und geringe Leistungen im Gesundheits- und Bildungswesen betrachtet. Wirt-

Vor zehn Jahren präsentierte der *Weltentwicklungsbericht 1990* eine zweigeteilte Strategie zum Abbau der Armut:

Länder, die im Kampf gegen die Armut am erfolgreichsten waren, haben eine Struktur des Wachstums gefördert, die mit einer effizienten Nutzung der Arbeitskraft verbunden ist, und sie haben in das Humankapital der Armen investiert. Beide Elemente sind entscheidend. Das erste verschafft den Armen die Chance, das Aktivum einzusetzen, mit dem sie am reichlichsten ausgestattet sind – ihre Arbeitskraft.

schaftliche Entwicklung – vorrangig durch Liberalisierung des Handels und der Märkte, Investitionen in die Infrastruktur und Bereitstellung von Sozialleistungen für Arme zur Erhöhung ihres Humankapitals – galt als Schlüssel zum Abbau der Armut.

Bestimmend für den Bericht im Jahr 1990, der aus der Sicht des Jahres 1989 verfaßt worden war, waren die gegensätzlichen Erfahrungen aus den 1970er und 1980er Jahre, in denen die Armut in Ostasien stark, in Afrika, Lateinamerika und Südasien hingegen nur leicht abgenommen oder sogar zugenommen hatte. Warum hatte Indonesien in den 1970er und 1980er Jahren mehr Erfolg beim Abbau der Einkommensarmut und der einkommensunabhängigen Armut (Gesundheits- und Bildungswesen) als Brasilien? Die Gründe waren das arbeitsintensive Wachstum und die umfassende Bereitstellung von Sozialleistungen – mithin die im Bericht dargestellte zweigeteilte Strategie.

In den vorliegenden Bericht fließen neue Erkenntnisse und multidisziplinäre Denkansätze ein, die gemeinsam die Auswahl an entwicklungspolitischen Maßnahmen zum Abbau der Armut in ihren vielen Dimensionen vergrößern. Belege bestätigen, daß landesweites

Wachstum das Einkommen der Armen erhöht – und mittel- bis langfristig die einkommensunabhängige Armut verringert. Die Möglichkeiten der Armen zu erweitern bleibt ein zentrales Element jeder Strategie zum Abbau der Armut, sowohl aufgrund des inneren Werts von Möglichkeiten etwa in den Bereichen Gesundheit und Bildung als auch wegen ihres günstigen Einflusses auf andere Dimensionen des Wohlergehens, zum Beispiel das Einkommen.

Die Erfahrungen der 1990er Jahre zeigen jedoch:
- Wachstum kann nicht nach Belieben herbeigeführt oder gestoppt werden. Marktreformen können zwar in der Tat das Wachstum fördern und den Armen helfen, doch sie können auch Ursprung von Störungen sein. Die Auswirkungen von Marktreformen sind vielschichtig und eng mit Institutionen sowie den politischen und gesellschaftlichen Strukturen verknüpft. Das Beispiel des Umbaus der Wirtschaft, insbesondere in den Ländern der früheren Sowjetunion, zeigt deutlich, daß Marktreformen ohne effektive Institutionen im Inland bei dem Versuch, den Abbau der Armut und das Wachstum zu fördern, scheitern können. Darüber hinaus gibt es

BRASILIEN

Brasilien hat bei den gesellschaftlichen Kennzahlen beeindruckende Verbesserungen erzielt. Die Netto-Schulbesuchsquote im Grundschulbereich stieg von 88,2 Prozent im Jahr 1992 auf 97,1 Prozent im Jahr 1997. Die Kindersterblichkeit ging von Mitte der 1980er bis Mitte der 1990er Jahre von 62 auf 38 pro 1.000 Lebendgeburten zurück. Und ein Großteil der Infrastruktur in den Städten kommt den Armen zugute. Neue Programme garantieren gewisse Mindestausgaben pro Kopf für die medizinische Grundversorgung sowie Mindestausgaben pro Schüler für Grundschulen. Zu den neuartigen Maßnahmen, mit denen Kindern der Schulbesuch ermöglicht werden soll, zählt unter anderem die *Bolsa Escola*, bei der arme Familien Zuschüsse erhalten, wenn ihre Kinder eine Schule besuchen.

Trotz der Fortschritte bestehen weiterhin erhebliche Ungleichheiten im Gesundheits- und Bildungswesen, denn das ärmste Fünftel der Bevölkerung verfügt nur über drei, das reichste Fünftel dagegen über neun Jahre Schulbildung. Noch

immer verlassen die Einkommensarmen die Schule mit Qualifikationen, die für ein in die Weltwirtschaft eingebundenes Land mit mittlerem Einkommen unzureichend sind. Ferner hat sich der Abbau der Einkommensarmut als schwierig erwiesen. Im unsicheren makroökonomischen Umfeld der 1980er und frühen 1990er Jahre nahm die Armut in der Tat zu. Zwei Ereignisse in jüngerer Zeit bestätigen, daß die für wirtschaftliche Unsicherheit anfälligsten Gruppen gerade jene mit der höchsten Armutshäufigkeit sind. Die Dürre im Nordosten traf arme Landarbeiter sehr schwer, und die Auswirkungen der Ostasien-Krise waren zwar milder als erwartet, führten aber dennoch bei den Arbeitern mit der geringsten Bildung zu Einkommenseinbußen.

Hier nun zur Veranschaulichung einige Handlungsprioritäten: Die Schaffung von Arbeitsplätzen durch Investitionen in Produktionsmittel und besonnenes makroökonomisches Management ist absolut entscheidend für die Schaffung von mehr Erwerbsmöglichkeiten. Doch wenn strukturelle Ungleichheiten nicht effektiv an-

gegangen werden, wird der Gewinn für Arme nur bescheiden ausfallen. Um strukturelle Ungleichheiten abzubauen, wurde ein weitreichendes Bodenreformprogramm auf den Weg gebracht, und im Nordosten wurden bei ausgehandelten Bodenreformen bereits vielversprechende Experimente durchgeführt. Bei den laufenden Bemühungen im Bildungsbereich werden die nächsten Schritte wohl noch weiter reichende, tiefer greifende und stärker partizipative Reformen erforderlich machen – von denen viele derzeit Gegenstand der politischen Debatte sind. Die Regierung lockert darüber hinaus die restriktiven Vorschriften zu konstitutionellen Rechten, die den Handlungsspielraum bei öffentlichen Ausgaben beschneiden. Schließlich zeigen erfolgreiche, von den Gemeinschaften geleitete Entwicklungsprojekte, etwa bei der Stadtsanierung, bei Investitionen in kleine landwirtschaftliche Betriebe und bei der medizinischen Versorgung der Gemeinschaften, was möglich ist, wenn die Bürger mobilisiert und zu eigenverantwortlichem Handeln ermächtigt werden.

Belege dafür, daß beim technologischen Wandel im letzten Jahrzehnt Fähigkeiten und Qualifikationen immer größeres Gewicht zuteil wurde. Daher basiert das Wachstumsmuster in Entwicklungsländern wider Erwarten und entgegen den Bedürfnissen nicht unbedingt auf dem intensiven Einsatz ungelernter Arbeitskräfte.

- Die Fokussierung auf Sozialleistungen für die Erhöhung des Humankapitals spiegelte möglicherweise ein zu optimistisches Bild von dem institutionellen, sozialen und politischen Rahmen der staatlichen Maßnahmen wider. Öffentliche Investitionen in grundlegende Leistungen des Gesundheits- und Bildungswesens sind in Entwicklungsländern zwar gestiegen, in einigen Ländern jedoch in geringerem Umfang als das BIP, was auf einen möglichen Mangel an Engagement für den Ausbau der Sozialleistungen hindeutet. In vielen Ländern sind die Sozialausgaben rückläufig. Außerdem waren diese Investitionen weniger effektiv als erwartet, zum Teil auch aufgrund von großen Problemen mit der Qualität und der Bereitschaft, auf Bedürfnisse von Armen einzugehen, also des Versagens von Institutionen, das die Untersuchung *Voices of the Poor* und andere Forschungsprojekte herausgestellt haben. Aber auch unter angesichts knapper Ressourcen scheinbar schwierigen Umständen wurden Erfolge erzielt. Erfahrungen und Forschungsergebnisse zeigen, daß sich die Effektivität bei der Bereitstellung von Leistungen sehr stark nach den Fähigkeiten der örtlichen Institutionen, der Struktur des Marktes und den Mustern des politischen Einflusses richtet.

- Es gibt triftige Gründe, warum die Schutzlosigkeit und Schadenanfälligkeit und ihre Bewältigung in den Mittelpunkt des Interesses gerückt werden sollten. Partizipative Armutsprojekte verdeutlichen die Bedeutung der Schutzlosigkeit bei wirtschaftlichen, gesundheitsbezogenen und privaten Schocks. Gleiches gilt für die Finanzkrisen der 1990er Jahre – nicht zuletzt in Ostasien, dem Paradebeispiel für eine erfolgreiche Entwicklung und Verringerung der Armut – und die verheerenden Naturkatastrophen.

- Auch Ungleichheit steht wieder auf der Agenda, sowohl in den Gedanken und den Erfahrungen der Menschen als auch in der politische Debatte zahlreicher Entwicklungsländer (und Industrieländer). Neuere Untersuchungen zeigen, welche Bedeutung Ungleichheiten aufgrund von Geschlecht, ethnischer Zugehörigkeit oder Rasse als Dimensionen – und Ursachen – der Armut beikommt. Soziale, wirtschaftliche und ethnische Spaltungen sind häufig Quellen für eine schlechte oder fehlgeschlagene Entwicklung. Im Extremfall führt der Teufelskreis aus

CHINA

China hebt sich aufgrund der außerordentlich starken Abnahme der Einkommensarmut und des hohen Gesundheits- und Bildungsstandes von anderen Ländern ab. Doch andererseits hat auch die Ungleichheit, etwa zwischen Stadt und Land oder zwischen Küstenregionen und dem Binnenland, deutlich zugenommen, wobei die armen, semiariden Gebiete im Binnenland kaum am Wachstum teilhatten.

Offizielle Absicherungsstrukturen sind im Umbruch begriffen, und es herrscht tiefe Besorgnis über die weniger dynamischen Teile des städtischen China, in denen staatliche Unternehmen und öffentliche Verwaltungen bereits beginnen, in größerem Umfang Personal abzubauen. In ländlichen Gebieten waren die offiziellen Absicherungssysteme schon immer weniger ausgeprägt, doch es gibt Hinweise darauf, daß dorfeigene Mechanismen durch Landzuteilungsprozesse, deren politische Popularität bei demokratischen Wahlen in den Dörfern bestätigt wurde, weiterhin ein hohes Maß an Nahrungsmittelsicherheit bieten. Bei der Gestaltung der Maßnahmen wird es wichtig sein, das Mitspracherecht der neuen Armen in städtischen Gebieten sowie der Armen im chinesischen Binnenland zu gewährleisten.

Als Beispiele sollen drei Bereiche dienen, in denen Handlungsbedarf besteht. Erstens muß das schnelle Wachstum durch eine starke nichtstaatliche Investitionstätigkeit aufrechterhalten werden, wenn der Arbeitsplatzabbau in ineffizienten Staatsbetrieben und die Reform der sozialen Absicherungssysteme für Staatsbedienstete ohne größere Härten erfolgen sollen. Bei einer nachhaltigen Verlangsamung könnte die Unsicherheit in den von den heute ineffizienten staatlichen Produktionsbetrieben abhängigen Gebieten drastisch zunehmen. Zweitens wird die sanfte Integration Chinas in das Welthandelssystem von großer Bedeutung sein, um den Reformprozeß zu festigen sowie die wirtschaftliche Stabilität und die stetige Schaffung neuer Arbeitsplätze zu gewährleisten. Doch wenn neue Möglichkeiten die Disparitäten nicht verstärken sollen, muß diese Maßnahme mit einem stärkeren Fokus auf der Mehrung der Eigenmittel der in ärmeren Gebieten lebenden Menschen einhergehen. Drittens müssen die Weiterverfolgung von gebietsspezifischen Aktivitäten zur integrierten ländlichen Entwicklung in den armen Regionen des chinesischen Binnenlandes sowie ganz allgemein die ausgewogene Verteilung von Investitionen auf die geographischen Gebiete wichtige Bestandteile einer jeden Gesamtstrategie sein.

sozialer Spaltung und fehlgeschlagener Entwicklung zum Ausbruch von Bürgerkriegen wie in Bosnien-Herzegowina und Sierra Leone, die für die Menschen schreckliche Folgen haben.

■ Die globalen Kräfte der Integration, der Kommunikation und des technologischen Fortschritts haben sich im Gleichschritt fortentwickelt und für einige Menschen zu erheblichen Verbesserungen geführt. Andere blieben jedoch außen vor. Die privaten Kapitalflüsse übersteigen heute die weltweiten offiziellen Kapitalflüsse, aber sie verstärken positive wirtschaftliche Entwicklungen, denn Länder mit schlechten wirtschaftlichen Rahmenbedingungen werden vernachlässigt oder vollkommen übergangen.

Die neuen Erkenntnisse und die weiter gefaßten Denkansätze negieren nicht die früheren Strategien, wie etwa jene des *Weltentwicklungsberichts 1990*. Sie zeigen aber, daß das Thema aus weit mehr Blickwinkeln betrachtet werden muß. Die Bekämpfung der Armut erfordert Maßnahmen, die weit über die Wirtschaft hinaus reichen. Und staatliche Maßnahmen müssen weiter gehen, als in Sozialleistungen zu investieren und die Benachteiligung arbeitsintensiver Ansätze bei staatlichen Eingriffen in die Wirtschaft zu beseitigen.

In Anerkennung der Tatsache, daß es einer umfassenderen Agenda bedarf, schlägt dieser Bericht einen allgemeinen Rahmen für Maßnahmen in drei gleichermaßen wichtigen Bereichen vor:

■ *Möglichkeiten fördern:* wirtschaftliche Möglichkeiten für Arme durch Förderung des Gesamtwachstums, Erhöhung ihrer Eigenmittel und Steigerung der Erträge aus diesen Eigenmitteln durch kombinierte marktbestimmte und nichtmarktbestimmte Maßnahmen verbessern (Teil II).

■ *Empowerment fördern:* die Verantwortlichkeit von staatlichen Institutionen gegenüber den Armen und ihre Bereitschaft erhöhen, auf die Bedürfnisse von Armen einzugehen, die Beteiligung von Armen am politischen Prozeß und der Entscheidungsfindung auf Ortsebene fördern sowie soziale Hemmnisse abbauen, die aus Ungleichheiten aufgrund von Geschlecht, ethnischer Zugehörigkeit, Rasse oder gesellschaftlichem Status herrühren (Teil III).

■ *Sicherheit verbessern:* Schadenanfälligkeit von Armen bei Krankheit, wirtschaftlichen Schocks, politisch bedingten Erschütterungen, Naturkatastrophen und Gewalt abbauen sowie die Armen bei der Überwindung negativer Schocks unterstützen, sobald diese eintreten (Teil IV).

Möglichkeiten, Empowerment und Sicherheit haben für Arme einen inneren Wert. Und angesichts der bedeutenden Komplementaritäten zwischen ihnen wird

INDIEN

Indien leidet unter schweren Mängeln im Gesundheits- und Bildungswesen, vor allem im Norden, wo die Ungleichbehandlung aufgrund von Kasten- oder Klassenzugehörigkeit und Geschlecht besonders groß ist. Bei Untersuchungen in Bihar und Uttar Pradesh wiesen arme Frauen und Männer auf ihre extreme Schutzlosigkeit und die mangelnde Effektivität der staatlichen Institutionen von den Schulen bis hin zur Polizei hin.

In der Vergangenheit hinkte der Armutsabbau in Indien der Entwicklung in Ostasien aufgrund des langsameren Wachstums und der erheblich geringeren Fortschritte bei der Förderung der allgemeinen Schulbildung und grundlegenden medizinischen Versorgung hinterher. Doch in jüngerer Zeit beschleunigte sich das Wachstum und die Armut nahm ab, obwohl der tatsächliche Einfluß des Wachstums auf den Abbau der Armut aufgrund von Meßproblemen weiterhin umstritten ist (siehe Sonderbeitrag 1.8).

Auch innerhalb Indiens sind deutliche Unterschiede festzustellen. So ist etwa im Süden, insbesondere im Bundesstaat Kerala, der Gesundheits- und Bildungsstand der Menschen sehr viel höher. Die Lebenserwartung der Menschen in Kerala liegt trotz des sehr viel niedrigeren Einkommensniveaus über der in der US-amerikanischen Bundeshauptstadt Washington. Die Effektivität der staatlichen Maßnahmen in Kerala wird mit der langen Tradition der Mobilisierung von Politik und Gesellschaft in Verbindung gebracht.

Wie lauten die Prioritäten für Maßnahmen in Indien? Voraussetzung für einen schnelleren Abbau der Armut ist ein schnelleres Wachstum, das wiederum der Liberalisierung – vor allem in der Landwirtschaft – sowie eines besseren Angebots an Infrastruktureinrichtungen bedarf, an denen es in weiten Teilen Indiens sehr mangelt. In Gebieten mit erheblichen Rückständen im Gesundheits-

und Bildungswesen ist die Entwicklung der sozialen Infrastruktur von entscheidender Bedeutung. Die Erweiterung des Leistungsangebots im Gesundheits- und Bildungsbereich setzt voraus, daß die Regierungen der Bundesstaaten der Verschlechterung ihrer finanziellen Lage entgegenwirken, die daher rührt, daß Subventionen für den verlustträchtigen Energiesektor die Sozialausgaben bei weitem übersteigen. Die höheren Ausgaben müssen zu einer besseren Bereitstellung von Leistungen führen. Dies wird deutliche Verbesserungen der Führungs- und Kontrollstrukturen, die in den ärmsten Regionen Indiens häufig am schlechtesten sind, sowie bei der Bekämpfung von häufigem Unterrichtsausfall durch Abwesenheit der Lehrer erforderlich machen. Des weiteren bedarf es einer gerechteren Bereitstellung von Diensten und Leistungen, die das Empowerment von Frauen und Mitgliedern der unteren Kasten voraussetzt.

eine wirkungsvolle Strategie zum Abbau der Armut Maßnahmen an allen drei Fronten erfordern, die von allen Teilen der Gesellschaft ergriffen werden müssen, das heißt vom Staat, der bürgerlichen Gesellschaft, dem privaten Sektor und den Armen selbst.

Maßnahmen können nicht auf einzelne Entwicklungsländer begrenzt werden. Die globalen Kräfte zum Vorteil der armen Länder und Menschen nutzbar zu machen wird von entscheidender Bedeutung sein. Es bedarf Maßnahmen, um die Stabilität des weltweiten Finanzwesens zu fördern und um sicherzustellen, daß arme Länder vom technologischen Fortschritt sowie vom Fortschritt in der wissenschaftlichen und medizinischen Forschung nicht übergangen werden. Die Märkte der reichen Ländern müssen für Produkte aus armen Ländern geöffnet werden, und die Höhe der Hilfe und des Schuldenerlasses muß als Form der Hilfe zur Selbsthilfe für die Armen angehoben werden. Darüber hinaus muß den armen Ländern und Menschen in internationalen Foren mehr Mitspracherecht und Einfluß eingeräumt werden (Teil V).

Ursachen der Armut

Ein gangbarer Weg zur Untersuchung der Ursachen der Armut ist die nähere Betrachtung der von den Armen herausgestellten Dimensionen der Armut:

- Zu geringes Einkommen und Kapital, um die Kosten für die notwendigsten Dinge des Lebens wie Nahrung, Obdach, Kleidung und für ein annehmbares Gesundheits- und Bildungsniveau bestreiten zu können.
- Das Gefühl des Mangels an Mitspracherecht und Einfluß in staatlichen und gesellschaftlichen Institutionen.
- Schadenanfälligkeit gegenüber schweren Schocks in Verbindung mit der Unfähigkeit, diese zu bewältigen.

Um die Bestimmungsfaktoren der Armut in allen ihren Dimensionen zu verstehen, ist die Betrachtung des Kapitals der Armen, der Erträge aus (oder Produktivität von) diesem Kapital sowie der Volatilität der Erträge zweckdienlich. Dieses Kapital gliedert sich in mehrere Arten:

- *Humankapital*, zum Beispiel die Fähigkeit, einfache Arbeit zu leisten, sowie erworbene Fertigkeiten und Gesundheit.
- *Natürliches Kapital*, zum Beispiel Landbesitz.
- *Physisches Kapital*, zum Beispiel Zugang zu Infrastruktureinrichtungen.
- *Finanzielles Kapital*, zum Beispiel Ersparnisse und Zugang zu Krediten.
- *Sozialkapital*, zum Beispiel Netzwerke von Bekanntschaftsverhältnissen und gegenseitigen Verpflichtun-

JORDANIEN

Armut und Ungleichheit nahmen in Jordanien gegen Ende der 1980er Jahre infolge eines makroökonomischen Schocks zu. Doch zwischen 1992 und 1997 verringerte Jordanien die Einkommensarmut trotz der sehr geringen, zwischenzeitlich sogar negativen Wachstumsraten des BIP pro Kopf. Zu erklären ist dies mit dem Rückgang der Ungleichheit, der zum Teil aus dem stufenweisen Abbau der regressiven Lebensmittelsubventionen sowie dem Ausbau des staatlichen Sicherungsnetzes herrührte (Weltbank 1999q). Um diese Gewinne zu sichern, ist es wichtig, das Wachstum zu erhöhen, damit Sozialausgaben besser getragen und die Möglichkeiten für Arme direkt erweitert werden können.

Der Umfang der staatlichen Hilfen ist beeindruckend: gezielte Barübertragungen in erster Linie für weibliche und ältere Haushaltsvorstände und Behinderte, Mikrokredite sowie Leistungen der Krankenversicherungen. Doch durch die Fokussie-

rung auf die Menschen, die immer arm sind, anstatt auf jene, die vorübergehend arm sind, gelingt es den staatlichen Programmen nicht, diejenigen Menschen in Jordanien zu erreichen, die im Bereich der Armutsgrenze leben. Daher sind die Schutzlosigkeit und Schadenanfälligkeit der Armen und der Fast-Armen bei äußeren Schocks beträchtlich, auch wenn sie durch die intensive wohltätige Arbeit von nichtstaatlichen und religiösen Organisationen abgemildert werden, welche die leistungsfähigen familiären und gemeinschaftlichen Netze ergänzen. Diese Schadenanfälligkeit kann mit Hilfe öffentlicher Arbeitsprogramme auf Gemeinschaftsbasis, welche Arbeitsplätze für Niedriglöhne bieten, sowie mit Hilfe der Arbeitslosenversicherung und -hilfe angegangen werden. Der Nationale Hilfsfonds (verantwortlich für das staatliche Sicherungsnetz) bat die Leistungsempfänger um Vorschläge und Anregungen und konnte so weitere

Hilfsinstrumente ermitteln. Die Umfrage zur Leistungsbereitstellung aus dem Jahr 1998 spiegelt die Unzufriedenheit unter den Leistungsempfängern wider, die sich über verfahrenstechnische Schwierigkeiten und Hürden, ungeprüft gestrichene Leistungen und unzureichende Hilfen beklagten. Der Fonds geht derzeit einige dieser Punkte an, so daß er der echten Verantwortlichkeit und dem Empowerment der Armen ein Stück näher kommt.

Die Jordanier werden durch den lang ersehnten arabisch-israelischen Frieden in erheblichem Umfang in den Genuß einer Friedensdividende kommen. Doch dazu müssen sie über die Hilfsmittel verfügen, welche ihnen die Bildung zur Verfügung stellt. Den Schwerpunkt weiterhin darauf zu legen, daß der Zugang zu öffentlichen Bildungsangeboten für Arme gewährleistet ist, ist daher sowohl auf kurze als auch auf lange Sicht von entscheidender Bedeutung.

gen, auf die in Notsituationen zurückgegriffen werden kann, sowie die Möglichkeit der politischen Einflußnahme auf Ressourcen.

Die Erträge aus diesem Kapital sind abhängig vom
Zugang zu Märkten sowie von allen globalen, nationalen
und lokalen Faktoren in diesen Märkten, die Einfluß auf
diese Erträge haben. Die Höhe der Erträge richtet sich
jedoch nicht nur nach dem Verhalten der Märkte, sondern auch nach den Leistungen der Institutionen in
Staat und Gesellschaft. Der Besitz des zugrundeliegenden Kapitals und die Erträge aus diesem Kapital sind
nicht nur wirtschaftliche, sondern auch grundlegende
politische und gesellschaftliche Kräfte. Voraussetzungen
für den Zugang zu Kapital sind eine Rechtsordnung, die
die privaten Besitzrechte definiert und durchsetzt, oder
landesübliche Normen, welche die im Gemeinschaftsbesitz befindlichen Ressourcen definieren. Einfluß auf den
Zugang kann unter Umständen auch eine verdeckte
oder offene Diskriminierung aufgrund von Geschlecht,
ethnischer Zugehörigkeit, Rasse oder gesellschaftlichem
Status haben. Und sowohl der Zugang zu Kapital als
auch daraus resultierende Erträge werden von der staatlichen Politik und staatlichen Interventionen beeinflußt,
deren Gestalt wiederum vom politischen Einfluß verschiedener Gruppen bestimmt wird.

Auch der Volatilität der Erträge kommt große Bedeutung zu. Diese Volatilität resultiert aus Markt-
schwankungen, Wetterverhältnissen und in einigen
Ländern aus einem unruhigen politischen Umfeld. Sie
schlägt sich nicht nur auf die Erträge nieder, sondern
auch auf den Wert der Vermögenswerte, denn Schocks
beeinträchtigen die Gesundheit, vernichten natürliches
und physisches Kapital oder zehren Ersparnisse auf.

Mangel an Einkommen und Eigenmitteln

*Wenn man heute überhaupt eine Arbeit hat, ist man
überarbeitet und unterbezahlt.*
                    – Junge Frau aus Dimitrovgrad, Bulgarien.

*Manche besitzen Land, können aber keinen Dünger
kaufen. Andere arbeiten als Weber, werden aber schlecht
bezahlt. Wieder andere sind Tagelöhner, erhalten aber
keinen gerechten Lohn.*
                    – Cakchiqueles-Indianer, Guatemala

Arme betonen immer wieder, von welch zentraler
Bedeutung Arbeit für die Verbesserung ihrer Lebenssituation ist. Der allgemeine Wohlstand eines Landes

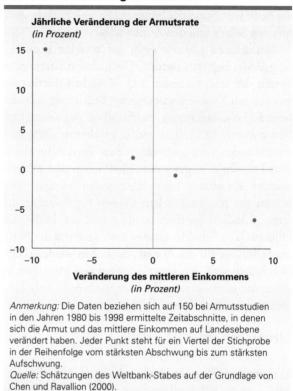

Schaubild 2.1
**Armut hängt eng mit wirtschaftlichen
Auf- und Abschwüngen zusammen**

Anmerkung: Die Daten beziehen sich auf 150 bei Armutsstudien
in den Jahren 1980 bis 1998 ermittelte Zeitabschnitte, in denen
sich die Armut und das mittlere Einkommen auf Landesebene
verändert haben. Jeder Punkt steht für ein Viertel der Stichprobe
in der Reihenfolge vom stärksten Abschwung bis zum stärksten
Aufschwung.
Quelle: Schätzungen des Weltbank-Stabes auf der Grundlage von
Chen und Ravallion (2000).

hat einen erheblichen Einfluß darauf: Wenn Länder reicher werden, geht es im Durchschnitt auch den Armen
in diesen Ländern besser, was in erster Linie an der besser bezahlten Arbeit liegt. Wirtschaftswachstum führt
zu einem Rückgang der Einkommensarmut, ein Konjunkturabschwung hingegen zu einem Anstieg (Schaubild 2.1). Einige Länder in Ostasien verzeichneten über
vier Jahrzehnte hinweg ein anhaltend hohes Wachstum
des BIP pro Kopf um 4 bis 5 Prozent, das zu massiven
Verbesserungen des Lebensstandards sowie des Gesund-
heits- und Bildungsstandes sowohl der Armen als auch
aller anderen Menschen führte. Andere Länder, vor
allem Länder in Afrika, verzeichneten im selben Zeitraum kein oder gar ein negatives Wachstum, so daß
nicht einmal beim durchschnittlichen Lebensstandard
Verbesserungen erzielt wurden.

Wirtschaftswachstum wird zwar immer wieder mit
dem Abbau der Armut in Verbindung gebracht, doch
wie schnell sich das Wachstum in einer geringeren
Armut äußert, hängt davon ab, wie groß die Ungleich-

heit der Einkommensverteilung zu Beginn ist und wie sie sich im Laufe der Zeit verändert. Eine Voraussetzung für Wachstum – und seine Effektivität beim Abbau der Armut – sind außerdem solide, verläßliche Führungs- und Kontrollstrukturen. Daher können Maßnahmen zur Beseitigung sozioökonomischer Ungleichheiten und der Aufbau solider Institutionen sowohl für die Schaffung einer sozial verträglichen Grundlage für allgemeines Wachstum als auch für die Garantie, daß Arme von diesem Wachstum in erheblichem Maße profitieren, sehr wichtig sein.

Mangel an Mitspracherecht und Macht – die institutionelle Grundlage der Armut

Diejenigen, die materiellen Mangel leiden, nehmen auch einen deutlichen Mangel an Mitspracherecht, Macht und Unabhängigkeit wahr (siehe Sonderbeitrag 1.1 in Kapitel 1). Diese Hilflosigkeit setzt sie Beleidigungen, Erniedrigungen, Schikane, unmenschlicher Behandlung und der Ausbeutung durch die Institutionen in Staat und Gesellschaft aus (Sonderbeitrag 2.1). Nicht vorhandene Rechtsstaatlichkeit, mangelnder Schutz vor Gewalt, Erpressung und Einschüchterungen sowie der Mangel an Anstand und Vorhersagbarkeit im Umgang mit Beamten – alle diese Faktoren belasten die Armen sehr. Sie haben keine Möglichkeit, neue wirt-

schaftliche Möglichkeiten zu nutzen oder sich an Aktivitäten außerhalb des Gebietes zu beteiligen, in dem sie Sicherheit genießen. Die Gefahr körperlicher Gewalt oder der Machtwillkür seitens der Bürokratie macht es ihnen schwer, sich in öffentlichen Angelegenheiten zu engagieren, ihre Interessen kundzutun und diesen Geltung zu verschaffen. Staatliche Institutionen, die sich ihnen gegenüber nicht verantwortlich fühlen und nicht auf ihre Bedürfnisse eingehen, sind ein Grund für die relativ geringen Fortschritte bei der Stärkung des Humankapitals der Armen.

In Agrargesellschaften macht der Mangel an Kapital und Verdienstmöglichkeiten die Armen von der Gunst reicher Grundbesitzer abhängig. Für Frauen verhindert ein Mangel an Ersparnissen und Kapital mehr Unabhängigkeit bei Entscheidungen im eigenen Haushalt und der Gemeinschaft.

Gesellschaftliche Normen und Hemmnisse können ebenfalls zu Machtlosigkeit und mangelndem Mitspracherecht beitragen. Die ortstypische Kultur hat zwar einen inneren Wert, doch kann sie manchmal auch dem Abbau der Armut der Menschen abträglich sein. In fast allen Gesellschaften herrscht Ungleichheit zwischen Männern und Frauen. Arme Frauen werden im Haushalt sowie auf dem Grundstücks-, Arbeits- und Kreditmarkt diskriminiert. Das verursacht Armut und

---

Sonderbeitrag 2.1
Zur Interaktion mit staatlichen Institutionen: Die Stimme der Armen

Zwar gibt es auch rühmliche Ausnahmen, doch im allgemeinen gaben die Armen in der Untersuchung *Voices of the Poor* den staatlichen Institutionen in den Bereichen Fairneß, Ehrlichkeit, Relevanz, Effektivität, Reaktionsbereitschaft und Verantwortlichkeit schlechte Noten. Dennoch sind sie der Ansicht, daß staatliche Stellen in ihrem Leben eine wichtige Rolle spielen, und sie haben klare Vorstellungen davon, welche Eigenschaften die Institutionen, mit denen sie zu tun haben, aufweisen sollten.

In Indien weisen Kreditinstitute Züge auf, welche arme Menschen davon abhalten können, Darlehen zu beantragen. Arme in vielen Regionen berichten darüber hinaus von einer weit verbreiteten Korruption im Gesundheitssystem. Doch bei ernsthaften Erkrankungen haben sie ihrer Ansicht nach keine andere Wahl, als Schmiergeldforderungen nachzugeben. In Mazedonien sagen die Leute: „Niemand will, daß man mit leeren Händen kommt."

Das Verhalten der Anbieter von Leistungen im Gesundheitssektor schreckt Menschen, die diese Leistungen benötigen, ebenfalls ab. In vielen Gegenden Tansanias gaben Männer, Frauen und Jugendliche immer wieder an, daß sie wie Tiere oder sogar schlechter als Hunde behandelt würden. Sie berichten,

daß man sie, noch bevor sie dazu kämen, ihre Beschwerden zu schildern, anschreien und als übelriechende, faule Taugenichtse beschimpfen würde.

Arme in vielen Ländern sagten, daß sie endlos warten müßten, während Reiche sich vordrängen würden.

In Europa und Zentralasien werden Rentner, die ihre dürftige Rente abholen wollen, mit nicht enden wollendem Papierkrieg, groben, desinteressierten Beamten und dem Zurückhalten von Informationen konfrontiert. Arme aus dieser Region werfen Bürgermeistern und örtlichen Behörden willkürliches Verhalten, Ineffizienz und häufig auch Bestechlichkeit vor (wenngleich es auch bemerkenswerte Ausnahmen gibt).

Arme sehnen sich nach Institutionen, die fair, freundlich, ehrlich, für ihre Probleme aufgeschlossen, vertrauenswürdig und weder korrupt sind, noch selbst korrumpieren. Eine arme Frau in Vila Junqueira, Brasilien, faßte dies wie folgt zusammen:

„Eine Institution darf Menschen nicht diskriminieren, nur weil sie nicht gut gekleidet sind oder eine dunkle Hautfarbe haben. Wenn man einen Anzug trägt, wird man zuvorkommend behandelt, trägt man aber nur Sandalen, wird man weggeschickt."

Quelle: Narayan, Chambers, Shah und Petesch 2000; Narayan, Patel, Schafft, Rademacher und Koch-Schulte 2000.

untergräbt die Entwicklung, denn die Autonomie der Frauen ist ein wichtiger Faktor für eine bessere Lebenssituation der Menschen, insbesondere der Kinder. Diskriminierung aufgrund von ethnischer Zugehörigkeit, Rasse, religiösen Überzeugungen oder gesellschaftlichem Status hat ähnliche Auswirkungen.

Schutzlosigkeit

Vor drei Jahren haben wir ein sehr schlechtes Jahr gehabt. Das Hochwasser riß unsere ganze Ernte mit sich, und es brach eine Hungersnot aus, der viele Menschen zum Opfer fielen. Es muß mindestens ein Dutzend Menschen gewesen sein, hauptsächlich Kinder und Alte. Niemand konnte ihnen helfen. Ihre Verwandten im Dorf hatten auch nichts zu essen; niemand hatte genug zu essen für die eigenen Kinder, geschweige denn für die Kinder seines Bruders oder Cousins. Nur wenige hatten irgendwo einen wohlhabenderen Verwandten, der helfen konnte.

– Armer Dorfbewohner, Benin

Schutzlosigkeit und Schadenanfälligkeit sind angesichts der Lebensumstände der Armen und „Fast-Armen" ständige Begleiter des Mangels an materiellen Dingen und Humankapital. Sie leben in Randgebieten und bewirtschaften Grenzertragsböden, und es ist nie sicher, wann es wieder regnet. Sie leben in dicht bewohnten städtischen Siedlungen, in denen schwere Regenfälle ihnen ihr Obdach nehmen können. Ihre Arbeitsplätze im offiziellen und informellen Sektor sind unsicher. Sie sind einem höheren Risiko ausgesetzt, an Krankheiten wie Malaria und Tuberkulose zu erkranken. Sie leben in ständiger Gefahr, von örtlichen Behörden willkürlich eingesperrt oder mißhandelt zu werden. Und sie – vor allem Frauen – sind gefährdet, gesellschaftlich ausgegrenzt oder Opfer von Gewalt und Kriminalität zu werden.

Die Risiken, denen Arme infolge ihrer Lebensumstände ausgesetzt sind, sind die Ursache für ihre Schutzlosigkeit und Schadenanfälligkeit. Doch die tiefer verwurzelte Ursache ist ihre mangelnde Fähigkeit, das Risiko zu mindern, Folgen zu mildern oder Schocks zu bewältigen – und diese Ursache ist sowohl die Folge als auch die Grundlage der Ursachen für andere Dimensionen der Armut. Knappes physisches, natürliches und finanzielles Kapital macht Arme besonders anfällig gegenüber negativen Schocks – wer über mehr Kapital verfügt, kann diese Schocks überstehen, solange sie nur von vorübergehender Natur sind. Unzureichendes Kapital kann zu einer Abwärtsspirale führen, bei der Maßnahmen zur kurzfristigen Überwindung von Armut den Mangel auf lange Sicht verschlimmern. Zum Beispiel wenn Kinder von der Schule genommen werden, um während einer Wirtschaftskrise zum Haushaltseinkommen beizutragen. Oder wenn natürliche Ressourcen über das umweltverträgliche Maß hinaus ausgebeutet werden. Oder wenn Land oder Vieh überstürzt und zu viel zu niedrigen Preisen verkauft wird. Oder wenn die

RUSSISCHE FÖDERATION

Wie andere ehemalige Sowjetrepubliken hat auch Rußland einen dramatischen Anstieg der Armut und Ungleichheit sowie der Sterblichkeit unter Erwachsenen zu verzeichnen. Für die russische Bevölkerung hat die Unsicherheit erheblich zugenommen, etwa durch die makroökonomische Volatilität, den Verlust traditioneller berufsbezogener Formen der Absicherung und den starken Anstieg der Gewalt. Und häufig führte die Zunahme der Armut auch zu einer großen akuten psychologischen Belastung. Zwar hat das Wahlrecht einen wichtigen Beitrag zum Empowerment der Bürger geleistet, doch wird dieser Erfolg von dem starken Gefühl der Entmachtung, das durch die neuen Quellen der Unsicherheit und die Probleme der Vereinnahmung des Staates durch die Eliten hervorgerufen wird, praktisch wieder

zunichte gemacht. Da die neuen Oligarchen auch die privatisierten Vermögenswerte und die Renten aus Ressourcen monopolisiert haben, ist die Zunahme der Ungleichheit nicht die Folge der marktorientierten Reformen selbst, sondern vielmehr das Ergebnis der Wechselwirkungen zwischen den Reformen und den während des Übergangsprozesses bestehenden politischen und institutionellen Strukturen.

Wie lauten die Prioritäten für Maßnahmen zum Abbau der Armut? Von grundlegender Bedeutung für die Verbesserung des Gesamtumfelds ist der Abbau der Vereinnahmung des Staates durch die Eliten auf nationaler Ebene, unter anderem durch weitere Marktreformen zur Entflechtung der wirtschaftlichen Macht. Die heutige strukturelle Ungleichheit, die

eng mit der politischen Struktur verknüpft ist, droht zu einem fest verwurzelten Phänomen zu werden, falls dies nicht schon längst der Fall ist. Die Beschäftigung mit den damit verbundenen Fragen der Führungs- und Kontrollstrukturen ist wahrscheinlich eine Voraussetzung für eine geringere makroökonomische Volatilität und ein wirtschaftliches Umfeld, das die Investitionstätigkeit anregt, die ihrerseits erforderlich ist, um dem drastischen Abbau von Arbeitsplätzen im offiziellen Sektor entgegenzuwirken. Sie ist überdies eine Voraussetzung für armenorientierte Haushaltszuweisungen, mit denen die Dezentralisierung und die partizipative Einbeziehung einhergehen müssen, um ein höheres Maß an Verantwortlichkeit und Reaktionsbereitschaft bei der Bereitstellung von Leistungen zu erreichen.

Nahrungsaufnahme unter das für die Erhaltung der Gesundheit erforderlich Maß verringert wird (Kapitel 8 und 9).

Eine weitere zugrundeliegende Ursache für die Schadenanfälligkeit ist die Unfähigkeit des Staates oder der Gemeinschaft, Mechanismen zu entwickeln, welche die Risiken mindern, denen Arme ausgesetzt sind. Bewässerung, Infrastruktur, staatliche Gesundheitsprogramme, eine gesetzestreue Polizei und ein gerechtes Rechtssystem, öffentliche Arbeitsprogramme in Notzeiten, Mikrokredite, die den Menschen helfen, die Nachwirkungen eines Schocks zu überstehen, gesellschaftliche Unterstützungs- und Versicherungsnetzwerke, Hungerhilfe in extremen Notsituationen – alle diese Maßnahmen verringern die Schadenanfälligkeit der Armen. Die verschiedenen länderübergreifenden Erfahrungen mit jedem dieser Mechanismen können helfen, Maßnahmen zu formulieren, mit denen je nach Umständen die Schadenanfälligkeit angegangen wird.

Arme sind außerdem Risiken ausgesetzt, die nicht nur ihre Gemeinschaft, sondern zum Beispiel auch die Wirtschaft, Umwelt oder Gesellschaft des Landes betreffen, in dem sie leben. Innere Unruhen und Kriege, Wirtschaftskrisen und Naturkatastrophen wirken sich nicht nur auf ihren Lebensstandard, sondern auch auf ihre Fähigkeit aus, der Armut zu entrinnen. Und in dem Maße, in dem globale Kräfte, zum Beispiel volatile Kapitalflüsse, die weltweite Klimaveränderung und der Waffenhandel, die Ursachen für Schocks und Erschütterungen in armen Ländern sind, erhöht die Unfähig-

keit oder mangelnde Bereitschaft der weltweiten Staatengemeinschaft, sich dieser Ursachen anzunehmen, die Schadenanfälligkeit der Armen (Kapitel 10).

Rahmenwerk für die Intervention

Was für ein Rahmenwerk für die Intervention ist erforderlich, um die Armut in allen ihren Dimensionen wirkungsvoll abzubauen? Die nationale wirtschaftliche Entwicklung ist entscheidend für einen erfolgreichen Abbau der Armut. Doch Armut ist nicht allein das Ergebnis wirtschaftlicher Prozesse. Sie ist das Ergebnis von wirtschaftlichen, gesellschaftlichen und politischen Prozessen, die sich gegenseitig beeinflussen und verstärken und so den Mangel, den Arme täglich leiden, verschärfen oder mildern können. Um die Armut zu bekämpfen, müssen Möglichkeiten und das Empowerment gefördert sowie die Sicherheit verbessert werden – und zwar durch Maßnahmen auf lokaler, nationaler und globaler Ebene. Erfolge an allen drei Fronten können zur Entstehung einer Dynamik für einen nachhaltigen Abbau der Armut führen.

Die Bereiche, in denen Handlungsbedarf besteht, verdeutlichen die Komplexität der Entwicklung. Wie können in der Praxis die Prioritäten festgelegt werden? Müssen alle Maßnahmen in allen drei Bereichen ergriffen werden? Sowohl der strategische Ansatz als auch die Bereiche, für die Maßnahmen empfohlen werden, dienen lediglich als Leitfaden. Die tatsächlichen Prioritäten und Maßnahmen müssen unter Berücksichtigung des

SIERRA LEONE

Sierra Leone ist den neuesten preisbereinigten Maßen zufolge das ärmste Land der Erde. Diese Aussage kann jedoch das wahre Ausmaß der menschlichen Armut in diesem Land nicht wiedergeben. Die Menschen in Sierra Leone sind weiterhin in einem tragischen Konflikt gefangen, der mit zahllosen Todesopfern, Vergewaltigungen, Verstümmelungen und den psychologischen Schäden bei Jungen, die entführt wurden und in der Armee und den Milizen kämpfen mußten, einen schrecklichen Tribut gefordert hat.

Arbeiten zu den Ursachen von Konflikten in Entwicklungsländern deuten darauf hin, daß materielle Armut und ungefestigte demokratische Strukturen in Verbindung mit ethnischen oder anderen so-

zialen Spaltungen zu inneren Unruhen und Bürgerkriegen führen. Die Folgen eines Konflikts, etwa Zerstörung von zerbrechlichen Institutionen der Regierungsführung, Abwanderung von Fachkräften, persönliche Verluste und soziale Wunden, deren Heilung mehrere Generationen dauert, lassen einen Teufelskreis aus anhaltender Armut und kriegerischen Auseinandersetzungen entstehen.

Sierra Leone hat einen dringenden Bedarf an Human-, physischem und Sozialkapital sowie an größeren Marktmöglichkeiten. Die persönliche Unsicherheit der Menschen ist unvorstellbar groß. Aber Fortschritt kann es nicht ohne Mechanismen geben, die soziale Konflikte lösen, gegen das Disempowerment der Bürger

durch die Bewaffneten vorgehen und die Institutionen wiederaufbauen, die den Menschen bei der Trauer um Verluste und der Überwindung der seelischen Folgen helfen.

Internationales Handeln wird von großer Bedeutung sein. Sobald die Grundlage für eine gewisse Entwicklung geschaffen ist, wird die konzertierte Hilfe von außen absolut notwendig sein. Die Erweiterte Entschuldungsinitiative zugunsten der ärmsten Entwicklungsländer sieht Übergangshilfen zum wirtschaftlichen Wiederaufbau von Ländern nach einem Konflikt vor. Eine sehr viel größere Herausforderung wird die schwierige Aufgabe des sozialen und institutionellen Wiederaufbaus sein.

ökonomischen, gesellschaftspolitischen, strukturellen und kulturellen Kontexts jedes einzelnen Landes – ja sogar jeder einzelnen Gemeinschaft – festgelegt werden. Wenngleich die Entscheidungen von den örtlichen Bedingungen abhängig sind, ist angesichts der erheblichen Komplementaritäten im allgemeinen von einem Handlungsbedarf in jedem der drei Bereiche Möglichkeiten, Empowerment und Sicherheit auszugehen. Die Länderbeispiele in diesem Kapitel legen dar, wie die Prioritäten und Handlungsfelder von landesspezifischen Strategien zum Abbau der Armut ermittelt werden können.

Möglichkeiten

Wachstum ist für die Schaffung von mehr wirtschaftlichen Möglichkeiten für Arme entscheidend, obgleich es nur ein Teilziel des staatlichen Handelns sein kann (Kapitel 3). Die Frage lautet, wie ein schnelles, nachhaltiges, armenfreundliches Wachstum erreicht werden kann. Ein wirtschaftliches Umfeld, das private Investitionen und die technologische Erneuerung begünstigt, ist ebenso notwendig wie politische und gesellschaftliche Stabilität zur Unterstützung öffentlicher und privater Investitionen. Die Ungleichverteilung von Vermögen und gesellschaftliche Ungleichheiten haben sowohl auf das Wachstumstempo als auch auf die Verteilung des Nutzens des Wachstums unmittelbaren Einfluß. Die Verteilung des Nutzens aus dem Wachstum ist von großer Bedeutung, nicht zuletzt weil Verteilungskämpfe die für das Gesamtwachstum benötigte Stabilität untergraben können.

Märkte haben großen Einfluß auf das Leben der Armen (Kapitel 4). Im Durchschnitt können Länder, die sich für den internationalen Handel geöffnet haben, eine solide Währungs- und Fiskalpolitik verfolgen und über gut entwickelte Finanzmärkte verfügen, nachweislich ein höheres Wachstum vorweisen. Dort, wo marktfreundliche Reformen erfolgreich umgesetzt wurden, endete im allgemeinen die Stagnation und setzte ein Wachstum ein. Doch bisweilen scheitern Reformen zum Aufbau von Märkten. Der Einfluß von Marktreformen auf die wirtschaftliche Entwicklung und die Gleichheit ist abhängig von den institutionellen und strukturellen Gegebenheiten, wie etwa dem komparativen Vorteil von Ländern und den Mustern des Kapitaleigentums. Darüber hinaus variiert der Einfluß von Marktreformen für unterschiedliche Gruppierungen in einem Land – es gibt Gewinner und Verlierer, und zu letzteren können auch die Armen zählen. Die Gestaltung und die Reihenfolge dieser Reformen müssen daher die Gegebenheiten vor Ort sowie die voraussichtlichen Auswirkungen auf die Armen berücksichtigen. Das bedeutet aber nicht zwangsläufig, daß nur zögerlich vorgegangen werden darf: Schnelle Reformen können sehr wichtig sein, um Vorteile für die Armen herbeizuführen und die den Reichen vorbehaltenen Privilegien abzubauen. Negative Auswirkungen der Reformen auf die Armen können durch Maßnahmen in anderen Bereichen kompensiert werden, etwa durch Sicherungsnetze, welche die Folgen des Umbaus der Wirtschaft mildern.

Relativ vernachlässigt werden auf Arme abgestimmte Marktreformen. Diese haben unter Umständen einen anderen Fokus als andere Reformen: Abschaffung oder Vereinfachung von Vorschriften für Kleinst-, Klein- und mittlere Unternehmen, Stärkung der Registrierung von Grundbesitz, damit Kleinproduzenten Land als Kreditsicherheit einsetzen können, oder Schaffung des politischen Rahmens für Mikroversicherungen.

UGANDA

Nach dem Ende des zerstörerischen Konflikts vor über zehn Jahren leidet Uganda unter tiefer Armut in zahlreichen Dimensionen. Uganda zeigt aber auch, was ein extrem armes afrikanisches Land südlich der Sahara bewerkstelligen kann.

Uganda ist das erste Land, dem aufgrund seiner Strategie zum Abbau der Armut eine erweiterte Entschuldung zuteil wurde, und zeichnet sich durch das stetige Wachstum in den 1990er Jahren aus. Uganda hebt sich aber auch durch den deutlichen Abbau der Einkommensarmut, die beeindruckenden Anstrengungen zugunsten der allgemeinen Grundschulbildung und das große Bemühen, transparente, armenorientierte Haushalte sowohl seitens der Zentralregierung als auch auf lokaler Ebene zu gewährleisten, von anderen Ländern ab. Einer der größten Schwachpunkte ist das Gesundheitswesen. Uganda war schon früh von HIV/AIDS betroffen: Jeder zehnte Erwachsene ist heute infiziert, und AIDS-Waisen belasten die traditionellen Kinderfürsorgesysteme.

Zukünftige Maßnahmen müssen sich vorrangig auf drei Bereiche konzentrieren. Festigung und Ausweitung der Verantwortlichkeit und Mitbestimmung bei der Ressourcenzuteilung sowie Stärkung der zentralen und lokalen staatlichen Institutionen, um eine Basis für solide örtliche Programme zu schaffen, die in das Sozial- und das physische Kapital investieren. Angehen der wahrgenommenen Risiken im wirtschaftlichen Umfeld, damit das Arbeitsplätze schaffende Wachstum einsetzen kann. Weiterverfolgung der derzeitigen Bemühungen, um die weitere Ausbreitung von HIV/AIDS und Krankheiten wie Tuberkulose zu stoppen.

Entscheidend für Verbesserungen der wirtschaftlichen Möglichkeiten für Arme ist die Unterstützung bei der Mehrung ihrer Eigenmittel (Kapitel 5). Möglichkeiten der Menschen, etwa im Gesundheits- und Bildungswesen, haben nicht nur einen inneren Wert, sondern wirken sich auch ganz erheblich auf das materielle Wohlergehen aus. Darüber hinaus sind auch der Besitz von oder Zugang zu Grund und Boden, Infrastruktureinrichtungen und Finanzdienstleistungen für die materiellen Aussichten der Armen von Bedeutung. Sozialkapital, darunter auch soziale Verflechtungen, spielt häufig ebenfalls eine entscheidende Rolle.

Eine Reihe von Maßnahmen können die Armen bei der Mehrung ihrer Eigenmittel unterstützen. Dem Staat kommt aufgrund seiner Fähigkeit, Steuern und Abgaben zu erhöhen und als Instrument zur Umverteilung zu nutzen, eine zentrale Rolle zu, insbesondere bei der Bereitstellung von Sozialleistungen und Infrastruktur. Wenn beim Zugang zu Grund und Boden sehr große Ungleichheiten bestehen, gibt es wichtige soziale und ökonomische Gründe für ausgehandelte Bodenreformen. Bei vielen Leistungen kann der Staat in seiner Funktion als Leistungsanbieter von Marktmechanismen, der bürgerlichen Gesellschaft und dem privaten Sektor unterstützt werden, um so den Nutzen für Arme zu erhöhen. Und bei der Bereitstellung von Leistungen auf lokaler Ebene kann die Einbeziehung der Armen und der Gemeinschaften einen deutlich spürbaren Einfluß auf die Effektivität haben.

Empowerment

Empowerment bedeutet, durch eine stärkere Beteiligung an politischen Prozessen und der Entscheidungsfindung auf lokaler Ebene die Fähigkeit der Armen zu verbessern, auf staatliche Institutionen Einfluß zu nehmen, die wiederum Einfluß auf ihr Leben haben. Es bedeutet auch, die politischen, rechtlichen und sozialen Hürden zu beseitigen, die bestimmte Bevölkerungsgruppen belasten, und die Eigenmittel der Armen zu erhöhen, damit diese effektiv an Märkten teilnehmen können.

Die Erweiterung der wirtschaftlichen Möglichkeiten für Arme trägt in der Tat zu ihrem Empowerment, ihrer Ermächtigung zu eigenverantwortlichem Handeln bei. Es müssen jedoch Anstrengungen unternommen werden, damit staatliche und gesellschaftliche Institutionen im Interesse der Armen handeln, sie also armenfreundlich werden (Kapitel 6). Formelle demokratische Prozesse sind Teil des Empowerment. Genauso wichtig sind die Mechanismen, durch die tagtägliche staatliche Intervention Armen helfen oder schaden. Hier kommen weiter reichende Prozesse zur Stärkung der Verantwortlichkeit ins Spiel, etwa die Mobilisierung der Armen in ihren eigenen Organisationen, um staatliche Institutionen für ihr Handeln zur Rechenschaft zu ziehen und die Rechtsstaatlichkeit im täglichen Leben zu gewährleisten.

Das Empowerment der Armen ist ein Aspekt des übergeordneten Themas einer guten Regierungsführung und der Verantwortlichkeit staatlicher Institutionen gegenüber den Bürgern. Das landesweite Empowerment der Bürger kann bedeutende indirekte Auswirkungen auf die Armen haben, etwa durch den Einfluß auf die Qualität und das Tempo der wirtschaftlichen und gesellschaftlichen Entwicklung. Doch was dabei am Ende für die Armen herauskommt, ist von den politischen und sozialen Strukturen innerhalb einer Gesellschaft abhängig. Regierungen haben häufig eher für die Belange der Eliten ein offenes Ohr als für die Bedürfnisse der ärmeren Bevölkerungsteile. Daher bestimmt häufig der Umfang, in dem die Belange der Nicht-Armen und der Armen deckungsgleich sind, ob die Regierungsführung armenfreundlich ist.

Eine bessere Regierungsführung setzt überdies die Verbesserung der administrativen und regulativen Fähigkeiten sowie die Bekämpfung der Korruption voraus. Mit dem Problem der Kleinkorruption haben überdurchschnittlich stark die Armen zu kämpfen, die im allgemeinen ein großes gemeinsames Interesse an einer Agenda zur Bekämpfung der Korruption haben.

Auch soziale Interaktionen zwischen Einzelpersonen und Gemeinschaften haben einen wichtigen Einfluß auf die Armutsentwicklung. Die Kultur erfüllt im Entwicklungsprozeß eine komplexe Funktion. Die Anschauungen und Praktiken, die Teil der örtlichen Kultur sind, können eine Quelle der nachhaltigen Entwicklung sein. Doch Sitten und die Diskriminierung aufgrund von Geschlecht, ethnischer Zugehörigkeit, Rasse, Religion oder gesellschaftlichem Status können in vielen Ländern auch eine Quelle der Ungleichheit sein. Die Abschaffung der Diskriminierung und die Bewältigung dieser Spaltungen können zum Abbau der Armut beitragen. Das Vorgehen gegen geschlechtsbedingte Ungleichheiten ist ein wesentlicher Teil davon, kommt den Frauen (und Männern) unmittelbar zugute und hat beachtliche Auswirkungen sowohl auf Wachstum als auch Entwicklung. Belege aus jüngerer Zeit beweisen, daß ein Zusammenhang zwischen mehr Gleichheit zwischen den Geschlechtern und einem rascheren Wachstum besteht (Kapitel 7).

Sicherheit

Mehr Sicherheit für Arme bedeutet, ihre Schutzlosigkeit gegenüber Risiken wie Krankheiten, wirtschaftlichen Schocks und Naturkatastrophen zu vermindern und ihnen zu helfen, schwere Schocks zu bewältigen, wenn diese tatsächlich eintreten (Kapitel 8 und 9).

Strategien zum Abbau der Armut können die Schutzlosigkeit armer Haushalte mit Hilfe einer Reihe von Ansätzen mindern, welche die Volatilität verringern, Armen die Mittel zur selbständigen Bewältigung von Risiken zur Verfügung stellen und Markt- oder öffentliche Institutionen für das Risikomanagement stärken können. Zu den Aufgaben zählen die Vermeidung oder Bewältigung von Schocks auf nationaler und regionaler Ebene – etwa von Konjunkturabschwüngen und Katastrophen – sowie die Minderung ihres Einflusses auf die Armen, wenn sie dennoch eintreten.

Wenn die Armen bei der Mehrung ihrer Eigenmittel, das heißt des Human-, natürlichen, physischen, finanziellen und Sozialkapitals, unterstützt werden, kann ihnen dies bei der Bewältigung der Risiken helfen, denen sie ausgesetzt sind. Und wenn Institutionen gefördert werden, die den Armen bei der Risikobewältigung zur Seite stehen, können diese risiko-, aber gleichzeitig ertragreicheren Tätigkeiten nachgehen, mit deren Hilfe sie der Armut entkommen können. Die Verbesserung der Institutionen für die Risikobewältigung sollte daher auf Dauer ein fester Bestandteil von Strategien zum Abbau der Armut sein. Es bedarf eines modularen Ansatzes mit verschiedenen Programmen für unterschiedliche Arten von Risiken und unterschiedliche Bevölkerungsgruppen. Zu den Hilfsmitteln zählen Krankenversicherung, Renten und Hilfen für Alte, Arbeitslosenversicherungen, Arbeitsbeschaffungsmaßnahmen und Programme mit bezahlten Tätigkeiten für Sozialhilfeempfänger, Sozialfonds, Programme zur Mikrofinanzierung sowie Barübertragungen. Sicherungsnetze sollten so gestaltet sein, daß der unmittelbare Verbrauchsbedarf gedeckt und die Akkumulation von Human-, physischem und Sozialkapital seitens der Armen gesichert ist.

Wenn es um das Vorgehen gegen Risiken und Schadenanfälligkeit geht, stellt sich wieder einmal die Frage, ob staatliche Interventionen und Institutionen gut – und im Interesse der Armen – funktionieren. Hungersnöte sind in vielen Teilen der Welt eine ständige Bedrohung, und doch ist es einigen Ländern gelungen, ein Massensterben zu verhindern. Im 20. Jahrhundert durchlitt kein demokratisches Land mit freier Presse

---

Sonderbeitrag 2.2
Hungersnöte verhindern: Die Bedeutung der örtlichen Presse

Hungersnöte sind häufig das Ergebnis von Krisen wie Überschwemmungen und Dürren, die die landwirtschaftliche Produktion in Mitleidenschaft ziehen. Wie rasch Regierungen auf derartige Krisen reagieren, hängt von zahlreichen Faktoren ab. Sehr wichtige Faktoren sind das Maß an Demokratie und das Maß, in dem Politiker für die Wirksamkeit von Hilfsprogrammen verantwortlich gemacht werden können. Eine neuere Studie in Indien zeigt, daß die Verbreitung von Tageszeitungen eine wichtige Rolle spielen kann.

Indien verfügt über eine relativ freie Presse, denn nur 2 Prozent der Zeitungen werden direkt von der Zentralregierung oder den Regierungen der Bundesstaaten kontrolliert. Die Studie untersuchte den Zusammenhang zwischen der Reaktionsbereitschaft des Staates bei Hochwasser oder Dürren (gemessen an der Höhe der öffentlichen Hilfszahlungen) und der Auflage von Zeitungen in den indischen Bundesstaaten. Die Hypothese: Eine aufgeklärte Bevölkerung kann mangelnde Effizienz einem bestimmten Politiker zuordnen und dadurch eine bessere Reaktion auf Krisensituationen herbeiführen.

Die Ergebnisse der Studie bestätigten die Richtigkeit der Hypothese: Bei einem Schock (Dürre oder Hochwasser) führt eine höhere Zeitungsauflage dazu, daß der Staat mehr Lebensmittel verteilt oder höhere Hilfszahlungen leistet. Ein Rückgang der Nahrungsmittelproduktion um 10 Prozent infolge einer Krise führt in Bundesstaaten mit einer durchschnittlichen Zeitungsauflage pro Kopf zu einem Anstieg der Nahrungsmittelverteilung um 1 Prozent, in Bundesstaaten des 75. Perzentils der Zeitungsauflage hingegen zu einem Anstieg um über 2 Prozent.

Die Aufschlüsselung der Zeitungen nach Sprache bringt ein interessantes Ergebnis hervor. Von den drei Arten von Zeitungen, nämlich jenen in Hindi, Englisch und örtlichen Sprachen, scheinen nur jene in örtlichen Sprachen die Bereitschaft des Staates, auf eine Krisensituation zu reagieren, zu erhöhen. Die Reaktion der Regierungen der Bundesstaaten auf örtliche Krisen ist daher in hohem Maße von der Verbreitung von Lokalzeitungen abhängig, die in der Regel von der örtlichen Wählerschaft gelesen werden.

Quelle: Besley und Burgess 2000.

---

und einer freien politischen Opposition eine Hungersnot (Sonderbeitrag 2.2). Der Zugang zu Informationen und das Recht auf Mitbestimmung können die Schutzlosigkeit und Schadenanfälligkeit verringern.

Verflechtungen auf lokaler und nationaler Ebene

Im selben Maße wie die Dimensionen und Ursachen der Armut sind auch die Bereiche, in denen Handlungsbedarf besteht, miteinander verknüpft. Maßnahmen zur Erweiterung der Möglichkeiten können für das Empowerment bereits sehr viel bewirken, und zwar

Sonderbeitrag 2.3
Armut in Vietnam bekämpfen

Vietnam hat im Kampf gegen die Armut beachtliche Erfolge erzielt und den Anteil der in Einkommensarmut lebenden Menschen zwischen 1993 und 1998 von 58 Prozent auf 37 Prozent gesenkt. Eine neuere Analyse der Poverty Working Group, der Vertreter der Regierung, von Gebern und von nichtstaatlichen Organisationen angehören, ergab:

■ *Haupttriebfeder des schnellen Armutsabbaus waren Reformen.* Besonders bedeutsam waren die Bodenreformen, die Vietnam gegen Mitte der 1980er Jahre umsetzte und die für die Menschen enorme Möglichkeiten schufen, ihr Leben zu verbessern und ihren Lebensunterhalt zu erhöhen.

■ *Trotz der Erfolge sprachen Arme von Machtlosigkeit und einem Mangel an Mitspracherecht.* Partizipative Armutseinschätzungen (in Zusammenarbeit mit Oxfam, Actionaid und Save the Children erstellt) ergaben, daß die Menschen sich nach einem in beide Richtungen verlaufenden Informationsfluß sehnten – vom Staat zu ihnen in bezug auf Art und Zeitpunkt der Umsetzung von politischen Maßnahmen und Programmen, die Einfluß auf ihr Leben haben, sowie von ihnen zum Staat, um Einfluß auf diese politischen Maßnahmen und Programme nehmen zu können.

■ *Die Armut ist weiterhin groß und weitverbreitet – und die Erfolge stehen auf tönernen Füßen.* Millionen von Menschen sind noch immer den mit der Armut verbundenen Risiken ausgesetzt. Krankheiten, der Tod eines Familienmitglieds und Naturkatastrophen (Hochwasser, Dürren) bleiben eine ständige Bedrohung. Frauen, ethnische Minderheiten und

nicht gemeldete Migranten in den Städten sind weiterhin besonders stark benachteiligt.

Die Analyse, an der eine Vielzahl von Interessengruppen beteiligt war, ermittelte drei Bereiche mit großem politischen Handlungsbedarf:

■ *Es muß eine neue Runde mit Reformen eingeläutet werden,* die das dynamische Potential des privaten Sektors freisetzen sowie Erwerbsmöglichkeiten und Möglichkeiten zur Produktivitätssteigerung schaffen, so daß die Einkommen steigen und Arme in die Lage versetzt werden, der Armut zu entkommen.

■ *Das Grassroots Democracy Decree muß umgesetzt werden.* Es zielt darauf ab, die Menschen zu eigenverantwortlichem Handeln zu ermächtigen, indem ihnen ein Mitbestimmungsrecht in örtlichen Entscheidungsprozessen gewährt und die örtlichen Führungs- und Kontrollstrukturen verbessert werden.

■ *Sicherungsnetze und gezielte Programme müssen gestärkt werden* (zum Beispiel das *Hunger Eradication and Poverty Reduction Program*), um die Schadenanfälligkeit der Armen gegenüber Risiken (Krankheit, Mißernten) zu verringern.

Der Bericht zu dieser Studie fand in Vietnam weite Verbreitung, unter anderem unter den 450 Mitgliedern der Nationalversammlung sowie in allen 61 Provinzen. Der Premierminister hat die Poverty Working Group gebeten, ausgehend von den Ergebnissen, bis Ende 2000 eine umfassende Strategie zum Abbau der Armut für Vietnam zu formulieren.

Quelle: Weltbank 1999bb.

---

nicht nur im tieferen Sinne mit Blick auf die Möglichkeiten der Menschen, sondern auch als Wegbereiter, denn mit steigenden Eigenmitteln und Einkommen sowie zunehmenden Marktchancen für Arme nimmt auch ihr potentieller politischer und gesellschaftlicher Einfluß zu. Die Verbesserung der materiellen Bedingungen trägt ebenfalls zur Verbesserung der Sicherheit bei: Schocks verursachen geringere Kosten, wenn der Betroffene oberhalb des Existenzminimums lebt und seine Eigenmittel den Kernpunkt der Strategien zur Risikobewältigung der Menschen bilden. Das Empowerment ist überaus wichtig für die Ermittlung der Maßnahmen zur Marktreform und zur Mehrung der Eigenmittel, die Einfluß auf das Muster der materiellen Möglichkeiten haben, sowie für die Gestaltung der Politik und der Institutionen, die Armen und Nicht-Armen helfen, die Risiken zu bewältigen, mit denen sie konfrontiert werden. Schließlich ist auch die Minderung der Schutzlosigkeit und Schadenanfälligkeit mit allen ihren schwächenden Folgen entscheidend für die Verbesserung des materiellen Wohlergehens (oder die Verhinderung einer Verschlechterung) sowie das Empowerment der armen Menschen und Gemeinschaften.

Maßnahmen auf internationaler Ebene

Angesichts der zentralen – und wohl weiter zunehmenden – Bedeutung der globalen Kräfte sind Maßnahmen auf lokaler und nationaler Ebene nicht genug. Die globale wirtschaftliche Fortentwicklung, der Zugang zu internationalen Märkten, die Stabilität des globalen Finanzwesens sowie der technologische Fortschritt in den Bereichen Gesundheit, Landwirtschaft und Kommunikation sind äußerst wichtige Determinanten für den Abbau der Armut (Kapitel 10). Zum Abbau des Protektionismus in den Industrieländern und zur Minderung der Volatilität im globalen Finanzsektor bedarf es daher der internationalen Zusammenarbeit. Und die zunehmende Bedeutung von internationalen öffentlichen Gütern wie der landwirtschaftlichen und medizinischen Forschung macht es erforderlich, den Fokus der entwicklungspolitischen Zusammenarbeit zu verlagern. Darüber hinaus muß in Anbetracht der Bedeutung internationaler Maßnahmen beim Abbau der Armut den armen Ländern und Menschen in internationalen Foren mehr Gehör verschafft werden.

Hilfsprogramme, die auf das jeweilige Land zugeschnitten sind, werden weiterhin sehr wichtig sein,

etwa um den Ländern zu helfen, Strategien zum
Abbau der Armut umzusetzen, die Arme zu eigenverantwortlichem Handeln ermächtigen sowie ihre
Sicherheit und ihre Möglichkeiten verbessern (Kapitel 11). Diese Hilfen sollten sich an Länder mit großer
Armut richten. Doch dieser Aspekt darf nur eines der
Kriterien für die Zuteilung von Hilfen sein. Es ist
nämlich auch überaus wichtig, daß die richtigen politischen und institutionellen Rahmenbedingungen geschaffen sind, damit der Armutsabbau erfolgreich sein
kann.

Die Entschuldung der ärmsten Länder der Erde,
nämlich der Länder, die zu der Gruppe der sogenannten
hochverschuldeten armen Länder gehören, war in den
letzten Jahren der vorrangige Aspekt der entwicklungspolitischen Zusammenarbeit. Dieser Bericht erkennt
an, daß der Schuldenabbau in einer Gesamtstrategie zur
Bekämpfung der Armut eine zentrale Rolle spielen
muß.

Die folgenden Kapitel stellen die verschiedenen
Gruppen von Maßnahmen dar, die bei der Entwicklung einer Strategie zum Abbau der Armut berücksichtigt werden sollten. Die Prioritäten können nicht
abstrakt festgelegt werden. Sie müssen sich in den
Kontext einfügen – und einen breiten nationalen Konsens widerspiegeln. Die jüngsten Erfahrungen in Vietnam zeigen, wie dieser Prozeß in Gang gesetzt werden
kann (Sonderbeitrag 2.3).

...

Dieses Kapitel hat einen allgemeinen Handlungsrahmen in den drei Bereichen Möglichkeiten, Empowerment und Sicherheit vorgestellt, der dem Abbau der
Armut in ihren verschiedenen Dimensionen dienen
soll. Maßnahmen müssen von allen Teilen der Gesellschaft, das heißt von den Armen, dem Staat, dem privaten Sektor und Organisationen der bürgerlichen
Gesellschaft, und überdies sowohl auf lokaler und
nationaler als auch auf globaler Ebene ergriffen werden.
Die Länderbeispiele in diesem Kapitel verdeutlichen
drei grundlegende Aspekte:

- Maßnahmen, die sich auf die Möglichkeiten, das
  Empowerment und die Sicherheit auswirken, sind
  eng miteinander verwoben – es gibt keine Rangord-
  nung, und Fortschritte in einem Bereich sind im allgemeinen abhängig von Erfolgen in den anderen.
- In allen Fällen spielt die soziale, politische und institutionelle Grundlage der Maßnahmen eine wichtige
  Rolle.
- Der Kontext ist von Bedeutung. Zwar ist es im allgemeinen stets wünschenswert, Maßnahmen in allen
  drei Bereichen zu ergreifen oder aufrechtzuerhalten,
  doch hängen die Gestaltung der Maßnahmen und
  die geeigneten Akteure von den im Land vorherrschenden wirtschaftlichen, sozialen und politischen
  Bedingungen ab.

TEIL II

Möglichkeiten

KAPITEL 3

Wachstum, Ungleichheit und Armut

Mit zunehmendem Reichtum der Länder nimmt die Häufigkeit der einkommensabhängigen Armut im Durchschnitt ab. Auch bei anderen Wohlstandsindikatoren wie beispielsweise dem durchschnittlichen Bildungs- und Gesundheitsniveau läßt sich häufig eine Verbesserung feststellen. Aus diesen Gründen ist das Wirtschaftswachstum eine gewaltige Kraft, die zum Abbau der Armut beiträgt. Doch diese Beobachtung ist noch keine Antwort auf alle Fragen. Sie läßt zum Beispiel offen, wodurch Wirtschaftswachstum herbeigeführt wird und warum Länder mit ähnlichen Wachstumsraten sehr unterschiedliche Raten bei der Verringerung der Armut aufweisen.

Bis Mitte des 18. Jahrhunderts waren Verbesserungen des Lebensstandards weltweit kaum spürbar. Die meisten Gesellschaften hatten sich offenbar damit abgefunden, daß Armut eine unvermeidliche Tatsache des Lebens war.[1] Noch im Jahr 1820 war das Pro-Kopf-Einkommen weltweit recht ähnlich – und sehr niedrig. Es reichte von etwa 500 US-Dollar in China und Südasien bis 1.000–1.500 US-Dollar in den reichsten Ländern Europas.[2] Ungefähr drei Viertel der Weltbevölkerung lebten von weniger als 1 US-Dollar pro Tag.[3]

Mit Beginn der modernen Wirtschaftsentwicklung wurde es möglich, nicht nur den Lebensstandard der Armen, sondern auch den aller anderen Menschen durch Wachstum deutlich zu verbessern. Im Laufe der darauffolgenden zwei Jahrhunderte stieg das Pro-Kopf-Einkommen in den reichsten Ländern Europas real auf mehr als das Zehnfache, in China auf mehr als das Vierfache und in Südasien auf mehr als das Dreifache. Dies hatte drastische Auswirkungen auf die Armut. In den reichen Ländern Europas ging der Anteil der Bevölkerung, die von weniger als 1 US-Dollar pro Tag lebte, auf Null zurück. In China, wo das Wachstum langsamer voranschritt, leben heute weniger als 20 Prozent der Bevölkerung von weniger als 1 US-Dollar pro Tag. In Südasien, das ein noch langsameres Wachstum aufwies, müssen etwa 40 Prozent der Bevölkerung mit weniger als 1 US-Dollar pro Tag auskommen. Heute lebt ungefähr ein Fünftel der Weltbevölkerung unterhalb dieser harten Einkommensgrenze.

Doch die unterschiedlichen Raten des wirtschaftlichen Wachstums und das unterschiedliche Tempo, mit dem sich dieses Wachstum in einer Verringerung der Armut äußert, resultieren nicht aus einfachen

Entscheidungen. Kein Land entscheidet sich für ein langsames Wachstum oder dafür, schmerzhafte Krisen durchzumachen. Genausowenig können sie wählen, wie gerecht das Wachstum sein wird. Vielmehr spiegeln die Wachstumsmuster, die Veränderungen bei der Verteilung des Einkommens und der Möglichkeiten sowie das Tempo der Armutsverringerung ein komplexes Zusammenspiel zwischen den politischen Maßnahmen, den Institutionen, der Geschichte und der Geographie eines Landes wider. Eine wesentliche Voraussetzung für die Entwicklung von Strategien zum Abbau der Armut ist das Verständnis der Kräfte, die den ungleichen Wachstumserfahrungen zugrunde liegen, sowie der Mechanismen, mit deren Hilfe dieses Wachstum bis zu den Armen durchgedrungen ist.

In diesem Kapitel werden diese Fragestellungen der Reihe nach aufgegriffen. Zunächst werden die engen Zusammenhänge zwischen Wirtschaftswachstum sowie einkommensabhängigen und einkommensunabhängigen Dimensionen der Armut dargestellt. Danach werden die politischen Maßnahmen und Institutionen untersucht, die das Wachstum unterstützen und die Grundlage für den Abbau der Armut bilden. Es wird anerkannt, daß beträchtliche Abweichungen von diesen allgemeinen Zusammenhängen bestehen, welche die sehr verschiedenartigen Erfahrungen der Länder widerspiegeln – und daß diese Abweichungen weitere Wechselbeziehungen zwischen Verteilungsaspekten, politischen Maßnahmen und Institutionen widerspiegeln. Daher wird in diesem Kapitel erörtert, inwiefern länderübergreifende Unterschiede im Hinblick auf den Zusammenhang zwischen Armut und Wachstum ein Resultat der anfänglichen Ungleichheiten in der Verteilung des Einkommens und der Möglichkeiten sowie eine Folge der mit dem Wachstum einhergehenden Veränderungen der Einkommensverteilung sind. Diese Ungleichheiten selbst spiegeln eine Reihe von Faktoren wider, die sich ihrerseits auf das Wirtschaftswachstum auswirken. Schließlich untersucht das Kapitel die Zusammenhänge zwischen Wachstum und zwei einkommensunabhängigen Dimensionen der Armut, nämlich der Gesundheit und der Bildung.

Wirtschaftswachstum und Abbau der Armut

Heute lebt nahezu ein Fünftel der Weltbevölkerung von weniger als 1 US-Dollar pro Tag. Wie groß der Anteil der von diesem Problem betroffenen Menschen ist, variiert

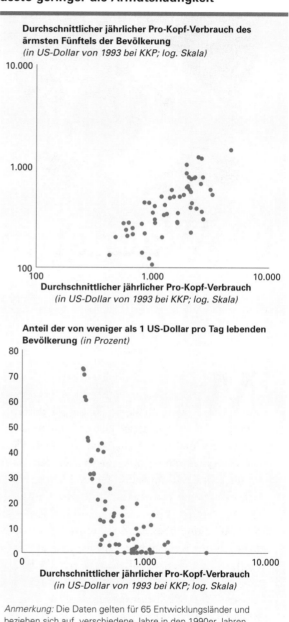

Schaubild 3.1

Im allgemeinen gilt: je reicher ein Land, desto geringer die Armutshäufigkeit

Durchschnittlicher jährlicher Pro-Kopf-Verbrauch des ärmsten Fünftels der Bevölkerung
(in US-Dollar von 1993 bei KKP; log. Skala)

Durchschnittlicher jährlicher Pro-Kopf-Verbrauch
(in US-Dollar von 1993 bei KKP; log. Skala)

Anteil der von weniger als 1 US-Dollar pro Tag lebenden Bevölkerung *(in Prozent)*

Durchschnittlicher jährlicher Pro-Kopf-Verbrauch
(in US-Dollar von 1993 bei KKP; log. Skala)

Anmerkung: Die Daten gelten für 65 Entwicklungsländer und beziehen sich auf verschiedene Jahre in den 1990er Jahren. *Quelle:* Schätzungen des Weltbank-Stabes auf der Grundlage von Daten aus Chen und Ravallion (2000).

von Land zu Land ganz erheblich. So überrascht es nicht, daß mit zunehmendem Reichtum eines Landes auch der Durchschnittsverbrauch des ärmsten Fünftels der Bevölkerung steigt und der durchschnittliche Anteil der Menschen, die von weniger als 1 US-Dollar pro Tag leben, abnimmt (Schaubild 3.1). Auch gibt es deutliche Unterschiede im Rahmen dieses Gefüges selbst. In Ländern mit identischem Durchschnittsverbrauch ist der Anteil der Bevölkerung, die von weniger als 1 US-Dollar pro Tag lebt, unterschiedlich hoch. Dies zeigt, daß im länderübergreifenden Vergleich erhebliche Unterschiede hinsichtlich des Maßes an Ungleichheit herrschen.

Die Bildungs- und Gesundheitskennzahlen sind in den reichen Ländern im Durchschnitt ebenfalls besser. In reichen Ländern stirbt statistisch weniger als ein Kind von 100 vor seinem fünften Geburtstag, während in den ärmsten Ländern 20 Prozent der Kinder ihren fünften Geburtstag nicht erleben (Schaubild 3.2). Ebenso sind in den ärmsten Ländern 50 Prozent der Kinder unter fünf Jahren unterernährt – verglichen mit weniger als fünf Prozent in den reichen Ländern. Auch hier können jedoch gravierende Abweichungen vom Durchschnitt auftreten. Die Vereinigten Staaten beispielsweise sind weitaus reicher als China und Indien, doch die Lebenserwartung der Afroamerikaner entspricht in etwa der in China und einigen indischen Bundesstaaten.[4]

[Armut bedeutet] . . . niedrige Löhne und fehlende Arbeit und außerdem einen Mangel an Medikamenten, Nahrungsmitteln und Kleidung.
– Aus einer Diskussionsgruppe, Brasilien

Dennoch weisen die krassen Unterschiede bei den Armutsdaten zwischen reichen und armen Ländern darauf hin, daß die wirtschaftliche Entwicklung beim Abbau der Armut eine zentrale Rolle spielt. Diese Unterschiede zeigen im allgemeinen, daß zwischen den Ländern auf sehr lange Sicht betrachtet Unterschiede beim Wirtschaftswachstum herrschen. Doch der Nutzen des Wachstums für den Abbau der einkommensabhängigen Armut wird auch über kürzere Zeiträume ersichtlich. Kapitel 1 erörtert die höchst unterschiedliche Entwicklung der einkommensabhängigen Armut in verschiedenen Ländern in den letzten 20 Jahren. Ein länderübergreifender Vergleich unterschiedliches Wirtschaftswachstum ist für einen großen Teil dieser Abweichungen verantwortlich, denn sehr langfristig betrachtet, war das Wachstum in den 1980er und 1990er Jahren eine gewaltige Triebfeder für die Verringerung der einkommensabhängigen Armut. Im Durchschnitt ist die Zunahme des Verbrauchs der ärmsten 20 Prozent der Bevölkerung dem Wirtschaftswachstum in diesem Zeitraum im Gleichschritt gefolgt (Schaubild 3.3). In der großen Mehrzahl der Fälle führte Wachstum zu einem

Schaubild 3.2
Gesundheitskennzahlen verbessern sich mit steigendem Einkommen

Sterblichkeitsrate bei Kindern unter fünf Jahren, 1995
Pro 1.000 Lebendgeburten

BIP pro Kopf, 1995
(in US-Dollar bei KKP; log. Skala)

Quelle: Daten der Weltbank

Anstieg des Verbrauchs des ärmsten Fünftels der Bevölkerung, während eine Rezession einen Rückgang des Verbrauchs nach sich zog.

Ein ähnliches Muster gilt für den Anteil der Bevölkerung, die von weniger als 1 US-Dollar pro Tag lebt. Steigt der Verbrauch eines durchschnittlichen Haushalts um einen Prozentpunkt an, geht der Anteil dieses Bevölkerungsteils im Durchschnitt um etwa zwei Prozent zurück. Zwar zeigen die Abweichungen von diesem allgemeinen Zusammenhang, daß Wachstum in einigen Ländern zu einem weitaus stärkeren Abbau der Armut führt als in anderen Ländern, doch es wird gleichzeitig deutlich, wie wichtig Wirtschaftswachstum ist, um das Einkommen der Armen zu verbessern und den Menschen aus der Armut herauszuhelfen. Im Umkehrschluß kann ein geringes oder negatives Wachstum durch den Zusammenbruch des Staates oder infolge von Naturkatastrophen, Kriegen oder Wirtschaftskrisen verheerende Folgen für die Armen haben.

Wie Kapitel 1 darlegt, verschleiern die nationalen Armutszahlen einen großen Teil der Schwankungen bei den Resultaten innerhalb der Länder. Doch ebenso wie länderübergreifende Unterschiede beim Wirtschaftswachstum zum Großteil als Erklärung für länderübergreifende Unterschiede in der Armutsentwicklung dienen können, kann die Entwicklung der Armut auf sub-

Schaubild 3.3
Die Armutstrends folgten in den 1980er und 1990er Jahren den Wachstumstrends

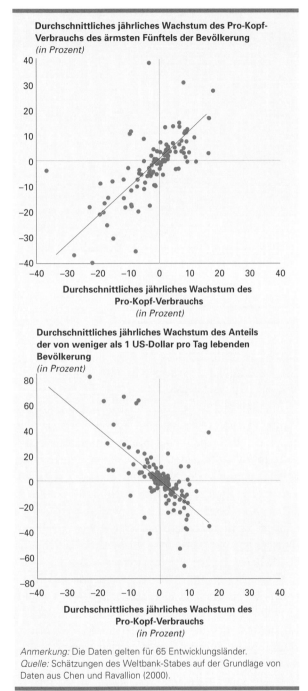

Durchschnittliches jährliches Wachstum des Pro-Kopf-Verbrauchs des ärmsten Fünftels der Bevölkerung
(in Prozent)

Durchschnittliches jährliches Wachstum des Pro-Kopf-Verbrauchs
(in Prozent)

Durchschnittliches jährliches Wachstum des Anteils der von weniger als 1 US-Dollar pro Tag lebenden Bevölkerung
(in Prozent)

Durchschnittliches jährliches Wachstum des Pro-Kopf-Verbrauchs
(in Prozent)

Anmerkung: Die Daten gelten für 65 Entwicklungsländer.
Quelle: Schätzungen des Weltbank-Stabes auf der Grundlage von Daten aus Chen und Ravallion (2000).

stellte es einen bedeutenden Faktor für den Abbau der Armut dar, und wo es ausblieb, ist die Armut häufig stagniert. Eine wesentliche Voraussetzung für die Entwicklung von Strategien zum Abbau der Armut besteht darin zu verstehen, warum das Wachstum der Länder und Regionen derart starke Unterschiede aufweist und wie das Wachstum die Armen erreicht.

Welche Faktoren fördern das Wirtschaftswachstum?

Ein erster Schritt bei der Entwicklung von Strategien zur Verbesserung der Situation der Armen besteht darin, die politischen Maßnahmen und Institutionen zu verstehen, die zu einem nachhaltigen, umweltverträglichen Wirtschaftswachstum führen. Große Wachstumsdivergenzen sind das Ergebnis von Wechselwirkungen zwischen den anfänglichen Bedingungen in den Ländern, ihren Institutionen und politischen Entscheidungen, externen Schocks und einer ordentlichen Portion Glück.

Es gibt Hinweise darauf, daß Wachstum von der Bildung und der Lebenserwartung abhängig ist, insbesondere in den unteren Einkommensgruppen.[5] Es wurde beispielsweise nachgewiesen, daß der Alphabetisierungsgrad der weiblichen Bevölkerung und die Bildung der Mädchen einen positiven Einfluß auf das Wirtschaftswachstum insgesamt haben.[6] Auch gibt es Hinweise darauf, daß sich ein rasches Bevölkerungswachstum negativ auf den Anstieg des Pro-Kopf-BIP auswirkt und die sich verändernde Altersstruktur der Bevölkerung ebenfalls das Wachstum beeinflussen kann (Sonderbeitrag 3.1).[7]

Einige wirtschaftspolitische Maßnahmen, beispielsweise die Öffnung für den internationalen Handel, eine solide Geld-, Kredit- und Fiskalpolitik (die sich in moderaten Haushaltsdefiziten und niedrigen Inflationsraten äußert), ein gut entwickeltes Finanzsystem und ein mäßig großer Verwaltungsapparat, gehören ebenfalls zu den Faktoren, die das Wirtschaftswachstum in hohem Maße fördern.[8] Entwicklungshilfe kann das Wachstum nur dann ankurbeln, wenn die genannten politischen Maßnahmen vorhanden sind. Ansonsten ist dies nicht möglich.[9] Auch Schocks im eigenen Land und von außen spielen eine Rolle. So ist es nicht verwunderlich, daß Kriege, innere Unruhen und Naturkatastrophen geringere Wachstumsraten nach sich ziehen (Sonderbeitrag 3.2). Makroökonomische Schwankungen, Erschütterungen der Austauschverhältnisse und ein langsameres Wachstum der Handelspartner haben die gleiche

nationaler Ebene auch durch regionales und subregionales Wachstum erklärt werden. Die Regionen dieser Welt, Länder und Provinzen innerhalb von Ländern weisen sehr unterschiedliche Wachstumsraten auf (Schaubild 3.4). Wo Wachstum zu verzeichnen war,

Wirkung – wenn auch in weniger drastischem Ausmaß.[10] Schlecht strukturierte und umgesetzte Reformen können zu einer plötzlichen Umkehr von Kapitalflüssen und anderen makroökonomischen Störungen führen, die das Wachstum ebenfalls verlangsamen

(Kapitel 4). Derartige Wachstumseinbrüche können sich besonders verheerend auf die Armen auswirken, die über weniger starke Unterstützungssysteme verfügen und deren Leben normalerweise von größerer Unsicherheit geprägt ist als das der Wohlhabenderen (Kapitel 9).

Schaubild 3.4

Wirtschaftswachstum war in den 1980er und 1990er Jahren eine treibende Kraft beim Abbau der Armut . . .

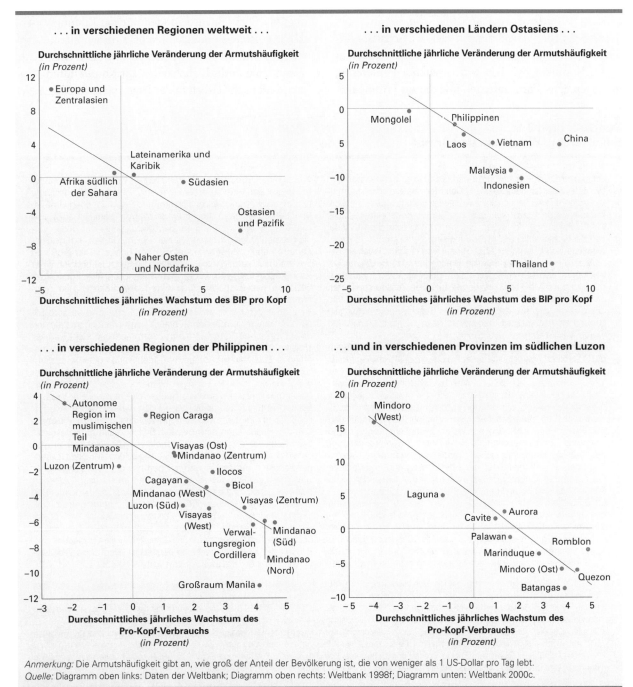

Anmerkung: Die Armutshäufigkeit gibt an, wie groß der Anteil der Bevölkerung ist, die von weniger als 1 US-Dollar pro Tag lebt.
Quelle: Diagramm oben links: Daten der Weltbank; Diagramm oben rechts: Weltbank 1998f; Diagramm unten: Weltbank 2000c.

Institutionelle Faktoren sind für das Wachstum ebenfalls von Bedeutung. So gibt es beispielsweise Belege dafür, daß eine ausgeprägte Rechtsstaatlichkeit und das Fehlen von Korruption zum Wachstum beitragen, da auf diese Weise ein faires, auf Regeln basierendes Umfeld geschaffen wird, in dem Unternehmen und Haushalte investieren und sich entfalten können.[11] Gefestigte Institutionen können ebenfalls gewaltige indirekte Vorteile mit sich bringen. Die Anpassung an Schocks beispielsweise macht häufig schmerzhafte, aber unumgängliche Veränderungen der wirtschaftspolitischen Ansätze im eigenen Land erforderlich. Länder, in denen Konflikte zwischen widerstreitenden Interessen in ausgeprägter Form auftreten und die zur Lösung dieser Konflikte erforderlichen Institutionen unzulänglich sind, erholen sich von solchen Schocks sehr häufig langsamer als Länder, in denen die betreffenden Institutionen gefestigt sind.[12]

Genauso gibt es zunehmend Hinweise darauf, daß sich eine ethnische Zersplitterung nachteilig auf das Wachstum auswirkt. Ethnisch zersplitterte Länder und Regionen innerhalb von Ländern stellen häufig weniger – und weniger hochwertige – öffentliche Güter zur Verfügung. Dies gilt insbesondere für das Bildungswesen. Diese Gebiete sind auch anfälliger für gewaltsame ethnische Konflikte. Institutionen, die Minderheitenrechte garantieren und Möglichkeiten zur Konfliktlösung bieten, sind nachweislich in der Lage, die nachteiligen Ne-

Sonderbeitrag 3.1
Bevölkerung, Wachstum und Armut

Zahlreiche Studien haben dokumentiert, daß mit zunehmendem Wohlstand der Länder sowohl die Geburten- als auch die Sterblichkeitsrate im Durchschnitt sinkt, wobei der Rückgang der Sterblichkeitsrate in der Regel vor dem der Geburtenrate einsetzt.[1] Die Wechselwirkungen zwischen diesem demographischen Wandel und der wirtschaftlichen Entwicklung sind recht komplex. Sie sind wenigstens seit dem Jahr 1798 Gegenstand hitziger Debatten. Damals stellte Thomas Malthus die Theorie auf, daß Bevölkerungswachstum unausweichlich zu einem Ungleichgewicht zwischen der Anzahl der Menschen und den verfügbaren Ressourcen führen werde, da Nahrung für die menschliche Existenz unverzichtbar und überdies die Leidenschaft zwischen den Geschlechtern notwendig sei und ihren damaligen Stellenwert weitestgehend beibehalten werde (vgl. im Original 1985, S. 70).

Malthus' düstere Prophezeiung bezüglich der Auswirkungen des Bevölkerungswachstums auf die wirtschaftliche Entwicklung hat sich jedoch nicht bewahrheitet. Denn seit Beginn des 19. Jahrhunderts hat sich die Weltbevölkerung mehr als verfünffacht, und dank des technologischen Fortschritts jeglicher Art sind die Pro-Kopf-Einkommen noch stärker gestiegen. Die Zusammenhänge zwischen dem demographischen Wandel und der Entwicklung sind jedoch subtiler. In diesem Kontext sind zwei Aspekte zu beachten: einerseits die Auswirkungen der durch diesen demographischen Wandel hervorgerufenen Veränderungen der Altersstruktur der Bevölkerung und andererseits die Zusammenhänge zwischen Investitionen in Gesundheit und Bildung, Wachstum und demographischer Entwicklung.

Zum einen folgte in vielen Ländern auf den starken Rückgang der Geburtenraten ein steiler Anstieg des Anteils der Bevölkerung im erwerbsfähigen Alter. In einigen Ländern, insbesondere in Ostasien, ging der Anstieg der Zahl der Erwerbstätigen pro Kopf mit einem schnelleren Wachstum des BIP pro Kopf einher.[2] Der Erfolg dieser Länder bei der Ausnutzung des Potentials einer wachsenden Erwerbsbevölkerung liegt in einer Reihe von Faktoren begründet, unter anderem in einem höheren Bildungsniveau und einem förderlichen politischen und institutionellen Umfeld. In anderen Regionen der Erde, vor allem in Lateinamerika, zog eine ähnliche Veränderung der Bevölkerungsstruktur keinen vergleichbaren Wachstumsvorteil nach sich. Dieser Umstand ist enttäuschend, da der demographische „Bonus" einer größeren Erwerbsbevölkerung lediglich zeitlich begrenzt ist und von einer Periode abgelöst wird, in der mehr Menschen Altersruhegelder beziehen, was wiederum zu einer größeren Belastung der Sozialversicherungsträger führt.

Zum anderen gibt es Hinweise darauf, daß eine bessere Bildung mit einem vermehrten Gebrauch von Verhütungsmitteln und einer niedrigeren Geburtenrate in Zusammenhang steht.[3] Dieser Umstand ist wiederum durch verschiedene Mechanismen begründet. Eine bessere Bildung eröffnet Frauen neue wirtschaftliche Möglichkeiten, so daß die Opportunitätskosten für die Erziehung von mehr Kindern steigen können (Becker 1960). Die Kindersterblichkeit ist in Familien, in denen die Frau über eine bessere Bildung verfügt, häufig niedriger, so daß weniger Geburten erforderlich sind, um die gewünschte Anzahl an Kindern zu erreichen. Darüber hinaus kann eine bessere Bildung auch die Effektivität beim Gebrauch von Verhütungsmitteln erhöhen. Investitionen, mit denen der Zugang der Armen zu Bildungsangeboten und Gesundheitsdiensten verbessert wird, können sich deshalb in zweifacher Hinsicht auszahlen. Diese Investitionen kurbeln das Wachstum nachweislich an und tragen direkt zur Verringerung der Armut bei. Soweit sie eine niedrigere Geburtenrate und ein geringeres Bevölkerungswachstum herbeiführen, können sie auch zu einer positiven Wechselwirkung führen, bei der sich die bessere Gesundheit der Mütter und die besseren Investitionen in die Gesundheit und Bildung der Kinder gegenseitig verstärken. Und diese Wechselwirkung vergrößert die genannten Vorteile weiter.

1 Livi-Bacci (1997) liefert einen historischen Überblick. Birdsall (in Kürze erscheinend) enthält eine zeitgemäße Besprechung der Literatur über Demographie und Wirtschaft.

2 Young (1995) zum Beispiel enthält eine sorgfältige Beurteilung der Frage, wie die wachsende Erwerbsbevölkerung und die höheren Erwerbsquoten zu dem in vier asiatischen Volkswirtschaften beobachteten schnellen Wachstum des BIP pro Kopf beigetragen haben.

3 Schultz (1994) liefert länderübergreifende Daten zu den Zusammenhängen zwischen dem Bildungsniveau der Frauen und der Geburtenrate. Feyisetan und Ainsworth (1996) liefern mikroökonomische Daten zum Thema Bildung und dem Gebrauch von Verhütungsmitteln. Ainsworth, Beegle und Nyamete (1996) sind Daten zum Thema Bildung und Geburtenrate zu entnehmen. Pritchett und Summers (1994) äußern eine eher vorsichtige Beurteilung zur Stärke des Einflusses, den die Verfügbarkeit von Verhütungsmitteln auf die Geburtenrate hat.

Sonderbeitrag 3.2
Die verheerenden Folgen von Krieg für die Armen

Kriege haben immer und überall verheerende Folgen. Da sie unverhältnismäßig häufig in armen Ländern auftreten, wirken sich die Folgen auch unverhältnismäßig stark auf die arme Weltbevölkerung aus (siehe Schaubild). In der heutigen Zeit handelt es sich bei der Mehrzahl der Kriege um Bürgerkriege. Zwischen 1987 und 1997 wurden mehr als 85 Prozent der Konflikte innerhalb von Landesgrenzen ausgetragen (14 Konflikte in Afrika, 14 in Asien und einer in Europa). Es ist ein tragischer Umstand, daß 90 Prozent der Kriegsopfer Zivilisten sind (Pottebaum 1999). In Kambodscha starben im Laufe von 20 Jahren mit Kämpfen und politisch begründeten Massenmorden 1,7 Millionen Menschen, unter ihnen auch die Mehrzahl der Ärzte, Rechtsanwälte und Lehrer des Landes. Zivilisten werden auch aufgrund ihrer ethnischen Identität zu Opfern: So wurden in Ruanda im Jahr 1994 rund 800.000 Tutsi und gemäßigte Hutu von extremistischen Hutu getötet.

Auch Kinder werden nicht verschont, da sie häufig als Soldaten rekrutiert werden. Kinder, die das Glück haben, einen Krieg zu überleben, tragen tiefe psychologische Schäden davon. Überdies zahlen sie einen hohen Preis für die entgangene Schulbildung in Form von dauerhaft verminderten wirtschaftlichen Möglichkeiten.

Kriege legen durch die Zerstörung von physischem sowie von Human- und Sozialkapital ganze Volkswirtschaften lahm, da Investitionen verringert, öffentliche Ausgaben von produktiven Tätigkeiten abgezogen und hochqualifizierte Arbeitskräfte zur Emigration getrieben werden. Während eines Bürgerkrieges nimmt die Pro-Kopf-Leistung eines Landes im Vergleich zur Leistung, die in Friedenszeiten möglich gewesen wäre, durchschnittlich um mehr als zwei Prozent pro Jahr ab. Im Falle von schweren und langwierigen Konflikten ist der wirtschaftliche und menschliche Schaden sogar noch größer (Collier 1999b).

Konflikte treten überaus geballt in armen Ländern auf

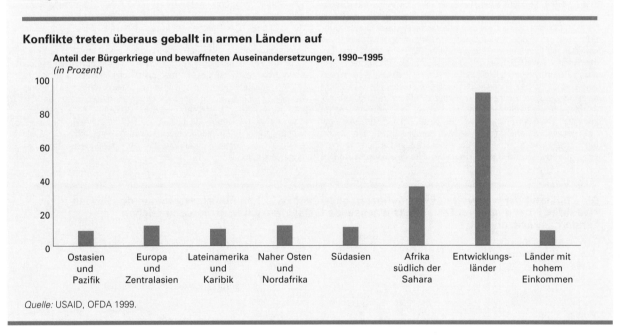

Anteil der Bürgerkriege und bewaffneten Auseinandersetzungen, 1990–1995
(in Prozent)

Quelle: USAID, OFDA 1999.

benerscheinungen polarisierter Gesellschaften auszugleichen (Kapitel 7).[13]

Andere exogene Faktoren, unter anderem die geographische Lage und das anfängliche Einkommen, spielen ebenfalls eine Rolle. Es gibt einige Hinweise darauf, daß die geographischen Merkmale einen Einfluß auf das Wachstum haben. Ein abgelegenes oder von Land umschlossenes Gebiet beispielsweise wirkt auf das Wachstum wie ein Hemmschuh.[14] Im Durchschnitt sind anfänglich arme Länder langsamer als reiche Länder gewachsen, so daß die Schere zwischen armen und reichen Ländern weiter auseinandergegangen ist (Sonderbeitrag 3.3). Dennoch gibt es deutliche Belege dafür, daß das Wachstum bei Berücksichtigung einiger der oben ge

nannten Faktoren in anfänglich armen Ländern schneller voranschreitet. Dieser Zusammenhang ist unter Umständen nicht linear, da ein stärkeres Wachstum erst dann einsetzt, wenn das Einkommensniveau eines Landes einen gewissen Schwellenwert erreicht hat. Dadurch ist es durchaus möglich, daß auf sehr niedrigen Entwicklungsstufen sogenannte ‚Armutsfallen‘ auftreten.[15] Letztlich kann sich auch eine anfängliche Ungleichheit auf das spätere Wachstum auswirken – mit Folgen für das Ausmaß, in dem sich Wachstum in einer Verringerung der Armut äußert. Diese wichtige Problematik wird im folgenden Abschnitt erörtert.

Wodurch wird die Nachhaltigkeit des Wachstums bestimmt? Abgesehen von den oben genannten politi

Sonderbeitrag 3.3
Divergenz und weltweite Einkommensungleichheit

Angesichts der Bedeutung, die das Wachstum für die Verringerung der Armut hat, ist es besonders enttäuschend, daß das Wachstum in einigen der ärmsten Länder mit der höchsten Armutshäufigkeit nicht Fuß fassen kann. Eine Folge dieses ausbleibenden Wachstums ist das größer werdende Gefälle der Durchschnittseinkommen zwischen den reichsten und den ärmsten Ländern. Im Jahr 1960 betrug das BIP pro Kopf in den 20 reichsten Ländern das Achtzehnfache des BIP pro Kopf in den 20 ärmsten Ländern. Bis zum Jahr 1995 erhöhte sich dieser Wert auf das 37fache, ein Phänomen, das häufig als *Divergenz* bezeichnet wird (siehe Schaubild links).

Diese Zahlen zeigen, daß die Einkommensungleichheit zwischen den Ländern in den letzten 40 Jahren stark zugenommen hat. In diesem Zusammenhang stellt sich die Frage, wie sich die weltweite Ungleichheit zwischen Einzelpersonen entwickelt hat. Die Entwicklung der weltweiten Ungleichheit zwischen Einzelpersonen spiegelt die Entwicklung der Ungleichheit nicht nur zwischen den Ländern, sondern auch zwischen den Bürgern innerhalb der einzelnen Länder wider. Das Ausmaß der Ungleichheit zwischen den Ländern ist abhängig von den Unterschieden beim Wachstumserfolg und der Größe der Länder: Ein rasches Wachstum in einigen wenigen großen und anfänglich armen Ländern kann den Ungleichheit schaffenden Einfluß eines langsamen Wachstums in anderen armen Ländern ausgleichen. In China beispielsweise hat das von einem sehr niedrigen Niveau ausgehende schnelle Wachstum dazu beigetragen, daß ein Fünftel der Weltbevölkerung den Abstand zum weltweiten durchschnittlichen Pro-Kopf-Einkommen insgesamt halbieren konnte, was zu einer signifikanten Verringerung der weltweiten Ungleichheit zwischen Einzelpersonen geführt hat. Im Gegensatz dazu lebten in den 20 ärmsten Ländern der Welt im Jahr 1960 lediglich fünf Prozent der Weltbevölkerung, so daß das ausbleibende Wachstum in diesen Ländern zwar enttäuschend ist, jedoch nur geringfügig zur Verstärkung der weltweiten Ungleichheit zwischen Einzelpersonen beigetragen hat.

Die Einkommensungleichheit innerhalb der Länder weist weniger ausgeprägte Tendenzen auf: In einigen Ländern hat die Ungleichheit zugenommen, in anderen hingegen ist sie zurückgegangen. Neuere Studien ergaben, daß die Wahrscheinlichkeit einer Zunahme oder eines Rückgangs der Ungleichheit im länderübergreifenden Vergleich im großen und ganzen gleich ist (Deininger und Squire 1996b). Doch auch hier spielt wiederum die Größe des Landes eine Rolle: Veränderungen der Ungleichheit in bevölkerungsreichen Ländern wie beispielsweise China, Indien und Indonesien tragen mehr zu einer Veränderung der weltweiten Ungleichheit zwischen Einzelpersonen bei als Veränderungen in kleinen Ländern.

Die Entwicklung der weltweiten Einkommensungleichheit zwischen Einzelpersonen spiegelt sich in beiden Faktoren wider, wobei der länderübergreifenden Komponente in der Regel eine größere Bedeutung zukommt als der länderinternen. Angesichts der in Kapitel 1 beschriebenen Probleme bei der Messung des Einkommens überrascht es nicht, daß bei Schätzungen der weltweiten Ungleichheit zwischen Einzelpersonen ein beträchtlicher Spielraum für Fehler herrscht. Verfügbare Schätzungen deuten jedoch an, daß die weltweite Ungleichheit zwischen Einzelpersonen in den letzten Jahrzehnten in einigen Fällen zugenommen hat (siehe Schaubild rechts). Zwar hängt das Ausmaß dieser Zunahme von den verwendeten Verfahren und dem Betrachtungszeitraum ab, doch lassen die Daten den Schluß zu, daß die Zunahme der weltweiten Ungleichheit in den letzten Jahren im Vergleich zu der weitaus größeren Zunahme während des 19. Jahrhunderts relativ gering ausgefallen ist.

Die Zunahme der weltweiten Einkommensungleichheit zwischen Einzelpersonen in den letzten 40 Jahren ist zum großen Teil auf das wachsende Gefälle zwischen armen und reichen Ländern zurückzuführen

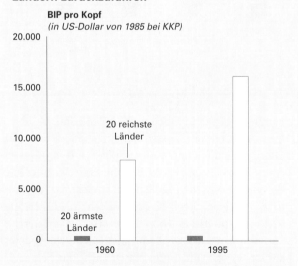

Anmerkung: Das linke Diagramm bezieht sich auf die nach der Bevölkerung gewichteten Durchschnittswerte des BIP pro Kopf in den angegebenen Gruppen auf der Grundlage einer Stichprobe von 123 Ländern mit vollständigen Daten zum BIP pro Kopf über den Zeitraum von 1960 bis 1995. Bei den Daten für 1960 wurde China nicht unter den 20 ärmsten Ländern berücksichtigt. Der Theil-Index ist ein Maß für die Einkommensungleichheit; höhere Werte bezeichnen eine größere Ungleichheit.
Quelle: Summers und Heston 1991; Daten der Weltbank; Bourguignon und Morrisson 1999; Milanovic 1999.

schen, institutionellen und geographischen Faktoren besteht eine weitere wichtige Überlegung darin, ob das Wachstum mit der Zerstörung der Umwelt einhergeht, die wiederum das Wachstum beeinträchtigen kann.[16] Umweltschäden können starke wirtschaftliche Schäden verursachen, wenn sie Gesundheitsstörungen und eine verminderte landwirtschaftliche Produktivität mit sich bringen. Wird der Schwerpunkt beispielsweise zu sehr auf den Kohlebergbau gelegt, ohne für effektive Kontrollen der Ruß-, Schwefel- und anderen Schadstoffemissionen zu sorgen, kann dies zu einer hohen Rate von Lungenerkrankungen führen. Des weiteren verursachen Schwefelemissionen sauren Regen, der wiederum die landwirtschaftliche Produktivität beeinträchtigt.[17] Vor allem auf lange Sicht kann ein Land Investitionen, Akkumulation und Wachstum dadurch ankurbeln, daß es sich der Qualität der Umwelt und der effizienten Nutzung von Ressourcen annimmt. Rasches Wachstum und Umweltschutz schließen sich nicht gegenseitig aus, da bei einer Erweiterung der industriellen Kapazitäten sauberere Technologien genutzt werden können und sich die Ausmusterung emissionsintensiver Technologien beschleunigen läßt.[18]

Wasser ist Leben, und da wir kein Wasser haben, ist das Leben ein Elend.

– Aus einer Diskussionsgruppe, Kenia

Warum gehen ähnliche Wachstumsraten mit unterschiedlichen Raten beim Abbau der Armut einher?

Der allgemeine Zusammenhang zwischen Wirtschaftswachstum und Armutsabbau ist offensichtlich. Es gibt jedoch signifikante Unterschiede zwischen einzelnen Ländern und zeitlichen Perioden dahingehend, in welchem Maße eine bestimmte Wachstumsrate zum Abbau der Armut beiträgt. Das untere Diagramm in Schaubild 3.3 zeigt, daß trotz gleicher Wachstumsrate beim Pro-Kopf-Verbrauch große Unterschiede bei der Verringerung der Armut auftreten können (wenngleich extreme Werte als Ausnahmen gewertet werden sollten). Wie lassen sich diese erheblichen Unterschiede erklären? Wie stark die Armut bei einer bestimmten Wachstumsrate verringert wird, hängt sowohl von der Veränderung der Einkommensverteilung im Zuge des Wachstums ab als auch von anfänglichen Ungleichheiten, die im Hinblick auf das Einkommen, die Vermö-

genswerte und den Zugang zu Möglichkeiten bestehen, welcher den Armen ermöglicht, am Wachstum teilzuhaben.

Veränderungen der Einkommensverteilung

Welchen Einfluß das Wachstum auf die Armut hat, ist davon abhängig, wie sich das wachstumsinduzierte zusätzliche Einkommen auf die Bevölkerungsgruppen eines Landes verteilt. Wenn Wirtschaftswachstum mit einer Erhöhung des von den Ärmsten erwirtschafteten Einkommensanteils einhergeht, steigen die Einkommen der Armen schneller als die Durchschnittseinkommen. Ebenso wird jedoch auch der Einkommenszuwachs der Armen dem Anstieg der Durchschnittseinkommen hinterherhinken, wenn das Wirtschaftswachstum von einer Abnahme dieses Anteils begleitet wird.

Gleiches gilt für die Armutsraten. Bei einer bestimmten Wirtschaftswachstumsrate geht die Armut in Ländern mit einer gleichmäßiger werdenden Einkommensverteilung schneller zurück als in Ländern, in denen die Einkommensverteilung weniger gleichmäßig wird. In Uganda beispielsweise führte das mit einer zunehmend gleichmäßigeren Verteilung einhergehende Wachstum zu einer starken Verringerung der Armut, während die zunehmende Ungleichverteilung in Bangladesch den durch das Wachstum hervorgerufenen Abbau der Armut bremste (Sonderbeitrag 3.4). Ein weiteres Beispiel ist Marokko. Dort nahm die Zahl der armen Menschen zwischen 1990 und 1998 hauptsächlich aufgrund des Rückgangs des realen privaten Pro-Kopf-Verbrauchs (-1,4 Prozent pro Jahr) um mehr als 50 Prozent zu. In städtischen Gebieten wurde die Zunahme der Armut durch eine Abnahme der Ungleichheit abgeschwächt, während die steigende Ungleichheit in ländlichen Gebieten den Anstieg der Armut verstärkte.[19]

In diesem Zusammenhang stellen sich mehrere Fragen: Führt das Wachstum selbst zu einer systematischen Zunahme oder zu einer Abnahme der Einkommensungleichheit? Wird die Ungleichheit durch die politischen Maßnahmen und Institutionen, die zur Wachstumssteigerung beitragen, erhöht oder vermindert? Hat die regionale oder sektorale Wachstumsstruktur einen Einfluß auf Veränderungen der Einkommensungleichheit? Um diese Fragen zu beantworten, werden in diesem Kapitel zunächst die verfügbaren länderübergreifenden Daten untersucht. Danach werden detailliertere landesspezifische Daten herangezogen, die verdeutlichen, daß Veränderungen der Einkommensungleichheit häufig

Sonderbeitrag 3.4
Entwicklung der Ungleichheit und Verringerung der Armut

In Uganda führte das mit zunehmender Gleichheit einhergehende Wachstum zu einer deutlichen Verringerung der Armut . . .

Nach Jahrzehnten des Krieges und des wirtschaftlichen Niedergangs konnte in den 1990er Jahren in Uganda wieder ein Wirtschaftswachstum von durchschnittlich mehr als 5 Prozent pro Jahr verzeichnet werden. In nur sechs Jahren (1992 bis 1998) ging der Anteil der in Armut lebenden Ugander von 56 Prozent auf 44 Prozent zurück. Die Vorteile des Wachstums kamen allen Einkommensgruppen zugute – den ländlichen und städtischen Haushalten sowie fast allen Wirtschaftszweigen. Der reale Pro-Kopf-Verbrauch stieg in allen Dezilen der Bevölkerung an, was auf einen Abbau der Armut unabhängig von der Armutsgrenze hindeutet.

Ein mäßiger Rückgang der Einkommensungleichheit sorgte dafür, daß sich das Wachstum insbesondere auf die Verringerung der Armut auswirkte, wobei der Gini-Koeffizient im Zeitraum von fünf Jahren von 0,36 auf 0,34 sank. Der Lebensstandard stieg in den ärmeren Haushalten stärker. Der Verbrauch (pro Erwachsenen-Gleichwert) stieg im ärmsten Dezil der Bevölkerung um 27 Prozent, verglichen mit 15 Prozent im reichsten Dezil. Bei den Erzeugern von Marktkulturen – insbesondere bei den Kaffeebauern, die anfänglich ebenso arm waren wie der Durchschnittsugander – nahm die Armut mehr als doppelt so schnell ab wie im landesweiten Durchschnitt.

. . . während die zunehmende Ungleichheit in Bangladesch die durch das Wachstum bedingte Verringerung der Armut dämpfte

In Bangladesch stieg das BIP pro Kopf in den 1990er Jahren um rund 2 Prozent pro Jahr, während die Armut recht langsam zurückging. Zwischen 1983 und 1996 sanken der Anteil der in extremer Armut lebenden Bevölkerung von 40,9 Prozent auf 35,6 Prozent und der Anteil der mäßig armen Bevölkerung von 58,5 Prozent auf 53,1 Prozent. Insbesondere auf dem Land ist die Armut weiterhin sehr groß.

Was ist der Grund für die langsame Verringerung der Armut? Das liegt zum Teil an der zunehmenden Ungleichheit, die insbesondere zwischen 1992 und 1996 sowohl in städtischen als auch in ländlichen Gebieten zu verzeichnen war und zu einem Anstieg des Gini-Koeffizienten von 0,26 auf 0,31 führte. In Abhängigkeit vom verwendeten Armutsmaß könnte die größere Ungleichheit rund ein Fünftel bis ein Drittel des durch das Wachstum hervorgerufenen Armutsabbaus gekostet haben. Hätte die Ungleichheit nicht zugenommen, wäre die Armutsrate in den Jahren 1995 und 1996 um etwa 7 bis 10 Prozentpunkte niedriger gewesen, als es tatsächlich der Fall war.

Die größere Ungleichheit in Bangladesch bedeutet hingegen nicht, daß kein Wachstum angestrebt werden sollte. Ganz im Gegenteil: Für einen schnelleren Abbau der Armut ist ein rascheres Wachstum erforderlich, da der Einfluß des Wachstums auf die Verringerung der Armut alles in allem positiv ist. Des weiteren müssen Maßnahmen ergriffen werden, um die zunehmende Ungleichheit zu begrenzen und um sicherzustellen, daß das Wachstum auch die ländlichen Gebiete erreicht, in denen ein großer Teil der armen Bevölkerung des Landes lebt.

Quelle: Appleton et al. 1999; Wodon 1997, 1999, 2000c.

Schaubild 3.5
Die Ungleichheit variierte in den 1980er und 1990er Jahren erheblich, zeigte jedoch keinen systematischen Zusammenhang mit dem Wachstum

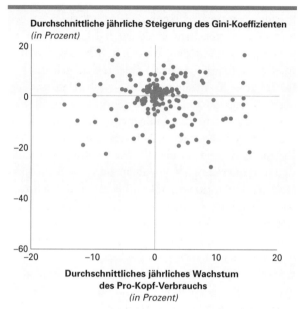

Durchschnittliche jährliche Steigerung des Gini-Koeffizienten *(in Prozent)*

Durchschnittliches jährliches Wachstum des Pro-Kopf-Verbrauchs *(in Prozent)*

Anmerkung: Die Daten gelten für 65 Entwicklungsländer.
Quelle: Schätzungen des Weltbank-Stabes auf der Grundlage von Daten aus Chen und Ravallion (2000).

von einer ganzen Reihe von widerstrebenden Kräften herbeigeführt werden.

Zahlreiche Studien belegen, daß im Durchschnitt kein systematischer, länderübergreifender Zusammenhang zwischen Wachstum und summarischen Maßgrößen für die Einkommensungleichheit wie dem Gini-Koeffizienten besteht (Schaubild 3.5).[20] Zwar ist ein solcher im Durchschnitt bestehender Zusammenhang durchaus von Interesse, doch gilt dies auch für die erheblichen Abweichungen in seinem Umfeld.

Die Ungleichheitsunterschiede bei einer bestimmten Wachstumsrate könnten bedeuten, daß in den Ländern unterschiedliche Kombinationen aus politischen Maßnahmen und Institutionen vorlagen, die zu diesem Wachstum führten, und daß diese Unterschiede bei den politischen Maßnahmen für die Einkommensverteilung von Bedeutung sind. Doch auf länderübergreifender Ebene lassen sich insgesamt nicht viele Hinweise darauf finden, daß dies tatsächlich der Fall ist. Eine neuere Untersuchung zu Wachstum und Armutsabbau in einer Stichprobe von 80 Industrie- und Entwicklungsländern ergab, daß makroökonomische politische Maßnahmen, wie eine stabile Geld- und Kreditpolitik, Offenheit für den internationalen Handel und ein mäßig großer Verwaltungsapparat, zu einem Anstieg sowohl der Einkommen der Armen als auch der Durchschnittseinkommen führen.[21] Mit anderen Worten: Diese politischen Maßnahmen hatten keinen systematischen Einfluß auf die Einkommensverteilung.

Andere politische Maßnahmen wie der Abbau hoher Inflationsraten könnten die Armen sogar überproportional bevorteilen (Kapitel 9). Überdies fördert eine stärkere finanzielle Entwicklung das Wachstum und kann die Einkommensungleichheit durch einen besseren Zugang zu Krediten verringern.[22]

Als ich in Rente ging, hatte ich 20.000 Rubel auf dem Sparbuch. . . . Aber was hat die Regierung damit gemacht – die Regierung, der wir unser Geld anvertraut haben! Sie legte für die Ersparnisse einen neuen Index fest, so daß die Inflation alles aufgefressen hat! Das Geld reicht heute nicht einmal mehr für Wasser und Brot.
– Aus einer Diskussionsgruppe, Ukraine

Eine weitere mögliche Erklärung für den fehlenden Zusammenhang zwischen Wachstum und Ungleichheit besteht darin, daß Länder mit insgesamt ähnlichen Wachstumsraten aufgrund von Unterschieden in der regionalen und sektoralen Wachstumsstruktur unter Umständen sehr unterschiedliche Veränderungen der Einkommensverteilung verzeichnen. Wenn in armen Regionen kein Wachstum stattfindet und die Armen nur unter Schwierigkeiten in der Lage sind, in Regionen mit zunehmenden Möglichkeiten abzuwandern, kann Wachstum zu einer Zunahme der Ungleichheit führen. Wenn sich das Wachstum auf Sektoren konzentriert, in denen die Armen wahrscheinlich eher ihr Einkommen erwirtschaften, wie zum Beispiel die Landwirtschaft, kann mit dem Wachstum ein Rückgang der Einkommensungleichheit verbunden sein.

In China ist die starke Zunahme der Einkommensungleichheit von Mitte der 1980er bis Mitte der 1990er Jahre zum großen Teil das Ergebnis des im Vergleich zu den ländlichen Gebieten weitaus rascheren Wachstums in den städtischen Gebieten.[23] Die indischen Bundesstaaten sind ein ähnliches Beispiel dafür, wie bedeutend das Wachstum auf dem Land für die Verringerung der Armut ist (Sonderbeitrag 3.5). Das gleiche gilt für Indonesien.[24] Eine Studie zu 38 Entwicklungsländern ergab, daß Unterschiede bei der Ungleichheit aus der Gesamtfläche des Ackerlands, dem Anteil der klein-

bäuerlichen Landwirtschaftsbetriebe und der Produktivität der Landwirtschaft herrühren.[25] Diese Ergebnisse unterstreichen, wie wichtig es ist, die Benachteiligung der Landwirtschaft in der Politik abzubauen, um ein gerechteres Wachstum zu erzielen (Kapitel 4).

Länderübergreifende Daten ermöglichen lediglich das Verständnis der den Veränderungen der Einkom-

Sonderbeitrag 3.5
Warum ist das Wachstum in Indien armenfreundlich?

Im Einklang mit länderübergreifenden Daten für Entwicklungsländer hat die verbrauchsabhängige Armut in Indien mit dem Anstieg des durchschnittlichen Haushaltsverbrauchs abgenommen. Des weiteren wirkt sich auch die regionale und sektorale Wachstumsstruktur auf die nationale Rate des Armutsabbaus aus, die auf das Wirtschaftswachstum auf dem Land stärker reagiert als auf jenes in den Städten. Und innerhalb der ländlichen Gebiete hat sich das Wachstum in der Landwirtschaft und dem Dienstleistungssektor im Gegensatz zum industriellen Wachstum als besonders effektiv beim Abbau der Armut erwiesen.

In den ländlichen Gebieten Indiens ist eine höhere landwirtschaftliche Produktivität entscheidend für ein armenfreundliches Wirtschaftswachstum. Daten für die Jahre 1958 bis 1994 zeigen, daß höhere Reallöhne und höhere landwirtschaftliche Erträge zu einem Anstieg des durchschnittlichen Lebensstandards geführt, sich auf die Einkommensverteilung jedoch nicht ausgewirkt haben. Das Ergebnis: ein Rückgang der Armut in absoluten Zahlen.

In den verschiedenen Bundesstaaten hat nichtlandwirtschaftliches Wachstum in sehr unterschiedlichem Maße zur Verringerung der Armut beigetragen, was auf systematische Unterschiede im Hinblick auf die anfänglichen Gegebenheiten schließen läßt. In Bundesstaaten mit geringer landwirtschaftlicher Produktivität, einem in den ländlichen Gebieten im Vergleich zu den Städten niedrigen Lebensstandard und einer schlechten grundlegenden Bildung war die arme Bevölkerung weniger gut in der Lage, am Wachstum des nichtlandwirtschaftlichen Sektors teilzuhaben. Die Bedeutung der anfänglichen Alphabetisierung ist bemerkenswert: Der Unterschied zwischen der Elastizität von Armut und nichtlandwirtschaftlicher Produktion für Bihar (dem indischen Bundesstaat mit der niedrigsten Elastizität) und jener für Kerala (dem indischen Bundesstaat mit der höchsten Elastizität) ist mehr als zur Hälfte auf die weitaus höhere anfängliche Alphabetisierungsquote in Kerala zurückzuführen. Die Alphabetisierungsquote der weiblichen Bevölkerung ist als Prognosevariable für den Einfluß des Wachstums auf die Verringerung der Armut von geringfügig größerer Bedeutung als die Alphabetisierungsquote der männlichen Bevölkerung.

Damit die Armen in vollem Umfang am Wirtschaftswachstum Indiens teilhaben können, muß der Landwirtschaft, der Infrastruktur und den Sozialausgaben (insbesondere in den rückständigen ländlichen Gebieten) eine höhere Priorität eingeräumt werden.

Quelle: Ravallion und Datt 1996, 1999.

mensverteilung zugrundeliegenden Faktoren, die für einen mehr oder weniger günstigen Einfluß des Wachstums auf die Armut sorgen. Sorgfältige landesspezifische Analysen ergeben ein facettenreicheres Bild, das auf ein komplexes Zusammenspiel sich gegenseitig verstärkender und aufhebender Kräfte aufmerksam macht. Hierzu gehören Veränderungen der Verteilung im Bildungswesen sowie des Nutzens aus Bildung, Veränderungen des Arbeitsmarkts sowie demographische Veränderungen (Sonderbeitrag 3.6). Sie alle sind das Ergebnis von:

- Marktkräften wie beispielsweise Veränderungen der Nachfrage nach Arbeitskräften
- politischen Maßnahmen wie beispielsweise Investitionen der öffentlichen Hand in das Bildungswesen
- gesellschaftlichen Kräften wie beispielsweise der höheren Erwerbsquote von Frauen oder Veränderungen im Hinblick auf die Diskriminierung von Frauen und ethnischen Minderheiten
- institutionellen Kräften wie beispielsweise Änderungen bei gesetzlichen Beschränkungen für den Erwerb von Grundbesitz durch Frauen und ethnische Gruppen.

Doch nicht jede Zunahme der Einkommensungleichheit sollte als negatives Ergebnis gewertet werden. Im Laufe der volkswirtschaftlichen Entwicklung kann die Einkommensungleichheit infolge der Umorientierung der Arbeitskräfte von der Landwirtschaft auf produktivere Tätigkeiten zunehmen. Sind beispielsweise die Löhne in der Landwirtschaft niedriger als in der Industrie und dem Dienstleistungssektor und drängen die Arbeitskräfte daher verstärkt in diese beiden Sektoren, weisen zahlreiche summarische Maßzahlen (insbesondere jene, die empfindlich auf Änderungen am unteren Ende der Einkommensverteilung reagieren) trotz des allgemeinen Rückgangs der Armut eine zunehmende Ungleichheit auf. Diese Tendenzen sollten dann nicht als negativ angesehen werden, wenn:

- die Einkommen am unteren Ende steigen oder zumindest nicht fallen
- der Entwicklungsprozeß die Möglichkeiten für alle Bevölkerungsteile erweitert
- die beobachteten Trends nicht durch fehlgeleitete Kräfte wie beispielsweise Diskriminierung bedingt sind
- die Anzahl der armen Menschen zurückgeht.

Anfängliche Ungleichheit und Abbau der Armut
Auch wenn die Einkommensverteilung selbst sich im Zuge des Wachstums nicht ändert, können Länder mit ähnlichen Wachstumsraten je nach Ausmaß der anfäng-

lichen Ungleichheit unter Umständen sehr unterschiedliche Resultate im Hinblick auf die Armut aufweisen. Sind die übrigen Bedingungen gleich, zieht das Wachstum in Gesellschaften, in denen Ungleichheit besteht, einen geringeren Abbau der Armut nach sich als in egalitären Gesellschaften. Wenn die Armen lediglich einen kleinen Teil des bestehenden Einkommens erhalten und die Ungleichheit unverändert bleibt, erhalten sie auch nur einen kleinen Teil des durch das Wachstum neu geschaffenen Einkommens, so daß der Einfluß des Wachstums auf die Armut abgeschwächt wird. Dieser Umstand wird durch entsprechende Daten untermauert: Bei geringer anfänglicher Ungleichheit führt das Wachstum zu einer doppelt so starken Verringerung der Armut wie bei hoher Ungleichheit (Schaubild 3.6).

Doch die anfängliche Einkommensungleichheit ist nicht allein entscheidend, da auch die Ungleichheit in anderen Bereichen eine Rolle spielt. Der Einfluß des Wachstums auf die Armut ist zum großen Teil abhängig vom Ausmaß der anfänglichen Ungleichheit, die beim Zugang der Armen zu Möglichkeiten, an diesem

Schaubild 3.6
Anfängliche Ungleichheiten beeinflussen das Tempo der Armutsverringerung

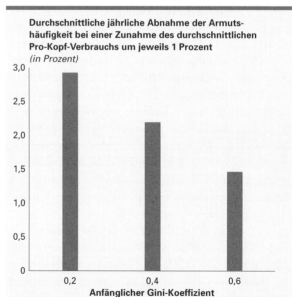

Durchschnittliche jährliche Abnahme der Armutshäufigkeit bei einer Zunahme des durchschnittlichen Pro-Kopf-Verbrauchs um jeweils 1 Prozent *(in Prozent)*

Anfänglicher Gini-Koeffizient

Anmerkung: Die Daten gelten für 65 Entwicklungsländer und beziehen sich auf die 1980er und 1990er Jahre. Die Armutshäufigkeit gibt an, wie groß der Anteil der Bevölkerung ist, die von weniger als 1 US-Dollar pro Tag lebt.
Quelle: Schätzungen des Weltbank-Stabes auf der Grundlage der Methodik nach Ravallion (1997a) und von Daten aus Chen und Ravallion (2000).

Sonderbeitrag 3.6
Komplexe Muster des Wandels der Einkommensverteilung in drei Volkswirtschaften

Die beobachteten Veränderungen der Einkommensverteilung spiegeln eine Vielzahl komplexer Faktoren wider, unter anderem Veränderungen in der Verteilung von Vermögenswerten sowie bei den Erträgen aus diesen Vermögenswerten, Veränderungen des Arbeitsmarktes und demographische Veränderungen. Am Beispiel von Brasilien, Mexiko und Taiwan (China) wird gezeigt, wie sich diese Faktoren gegenseitig verstärken und abschwächen und so zu einer geringeren, größeren oder auch unveränderten Ungleichheit führen können.

Brasilien – Verringerung der Ungleichheit
Zwischen 1976 und 1996 ging die Einkommensungleichheit in Brasilien zurück, und der Gini-Koeffizient sank von 0,62 auf 0,59. Während desselben Zeitraums war im Hinblick auf den Nutzen der Bildung eine Zunahme der Ungleichheit zu verzeichnen: Sowohl Lohnempfänger als auch Selbständige mit besserer Bildung erzielten einen größeren Einkommenszuwachs als diejenigen mit geringerer Bildung, selbst bei Berücksichtigung von Alter und Geschlecht. Mit Blick auf den durch Berufserfahrung erzielten Vorteil gab es keine Veränderungen, und der Lohn- und Gehaltsunterschied zwischen Männern und Frauen nahm nur geringfügig ab, so daß die Einkommensungleichheit insgesamt zunahm. Diese Ungleichheit schaffende Wirkung wurde jedoch durch die drei folgenden Faktoren mehr als ausgeglichen:
■ Die Ungleichverteilung der Bildung ging zurück.
■ Die Dauer des Schulbesuchs stieg im Durchschnitt von 3,8 auf 5,9 Schuljahre, und der längere Schulbesuch (insbesondere der Frauen) führte zu einer merklichen Verkleinerung der Familien: Die Anzahl der Mitglieder eines durchschnittlichen Haushalts ging von 4,3 auf 3,5 zurück. Da dieser Rückgang in ärmeren Haushalten stärker ausfiel, nahm die Ungleichheit ab.
■ Die Ungleichverteilung des Ertrags aus anderen Faktoren als der Bildung scheint abgenommen zu haben, was auf einen Rückgang der Arbeitsmarktsegmentierung zwischen 1976 und 1996 und eine mögliche Verringerung der regionalen Ungleichheiten hinweist.

Mexiko – Zunahme der Ungleichheit
Der Gini-Koeffizient für Mexiko stieg zwischen 1984 und 1994 von 0,49 auf 0,55 drastisch an. Wie in den vorhergehenden beiden Beispielen führten die Veränderungen des aus der Bildung erzielten Nutzens zu einer größeren Ungleichheit, die durch die Veränderungen bei der Bildungsverteilung jedoch nicht ausgeglichen werden konnte. Zwar stieg das Bildungsniveau der weniger gebildeten Bevölkerung rascher an, doch war der Nutzen einer höheren Bildung so groß, daß der durch bessere Bildung erzielbare Einkommenszuwachs der gebildeteren Bevölkerung ungleich stärker zugute kam. Hinzu kamen bedeutende regionale Effekte, wobei das zunehmende Reallohngefälle zwischen ländlichen und städtischen Gebieten in erheblichem Maße zur Ungleichheit beitrug, wenngleich sich der Nutzen aus Bildung und Berufserfahrung in diesen Gebieten annäherte.

Taiwan (China) – Keine Veränderung der Ungleichheit
In Taiwan (China), das für sein geringes, aber stabiles Maß an Ungleichheit bekannt ist, lag der Gini-Koeffizient in den vergangenen 30 Jahren stets bei etwa 0,30. Wie in Brasilien spiegelt dies eine Vielzahl von gegensätzlichen Kräften wider. Trotz des rasch gestiegenen Angebots an besser ausgebildeten Arbeitskräften stiegen deren Einkommen stärker an als die der weniger qualifizierten Arbeitskräfte. Diese Erscheinung wurde durch die größere Gleichheit in der Verteilung von Bildung und die größere Erwerbsquote bei Frauen mehr als ausgeglichen. Das System aus Steuern und Transferleistungen hatte ebenfalls eine ausgleichende Wirkung, was sich in einer gerechteren Verteilung des Individualeinkommens zeigte. Interessanterweise ließ sich jedoch feststellen, daß die Einkommensungleichheit auf Haushaltsebene zunahm, da viele der neu auf den Arbeitsmarkt drängenden Frauen aus zuvor bereits besser gestellten Haushalten stammten.

• • •

Diese Beispiele zeigen, daß einfache Trends im Hinblick auf summarische Maßgrößen für die Einkommensungleichheit wichtige strukturelle Kräfte verschleiern können. Einige von ihnen, wie zum Beispiel Veränderungen in der Verteilung von Bildung, können durch politische Maßnahmen beeinflußt werden, wenngleich dies eine gewisse Zeit in Anspruch nimmt. Andere wiederum, beispielsweise Veränderungen des Nutzens aus der Bildung, sind das Ergebnis primärer Marktkräfte und unterliegen weniger dem Einfluß direkter Eingriffe seitens der Politik. Und wie das Beispiel Taiwans (Chinas) zeigt, können steuer- und transferpolitische Maßnahmen einer Zunahme der primären Einkommensungleichheit entgegenwirken.

Quelle: Zu Brasilien siehe Ferreira und Paes de Barros (1999b); zu Mexiko siehe Legovini, Bouillon und Lustig (1999); zu Taiwan (China) siehe Bourguignon, Fournier und Gurgand (1998).

Wachstum teilzuhaben, besteht. Wenn Disparitäten im Bildungsniveau ein Spiegel der Einkommensdisparitäten sind, so sind die Armen möglicherweise nicht qualifiziert genug, um eine Beschäftigung in dynamischen und expandierenden Bereichen der Wirtschaft zu finden. Dieser Effekt wird durch die Ungleichbehandlung der Geschlechter beim Zugang zu Bildungs- und Ausbildungsmöglichkeiten noch verstärkt (Kapitel 7). Wenn feststehende Kosten und offenkundige politische Hürden darüber hinaus die Abwanderung aus entlege-

nen, ländlichen und wirtschaftlich schwachen Regionen in boomende Ballungszentren behindern, werden die Armen wahrscheinlich weniger in der Lage sein, Migrationsmöglichkeiten zu nutzen (Sonderbeitrag 3.7).

Wir Maya sind schon immer ausgegrenzt und diskriminiert worden. Man hat den Baum gefällt, doch vergessen, die Wurzeln herauszureißen. Jetzt treibt dieser Baum wieder aus.

– Aus einer Diskussionsgruppe, Guatemala

Sonderbeitrag 3.7
Diversifizierung und Migration im
ländlichen China

Für die landwirtschaftlichen Haushalte in China waren Beschäftigungsmöglichkeiten außerhalb der Landwirtschaft
eine bedeutende Quelle für Einkommenszuwächse. Diese
Möglichkeiten können sowohl eine ausgleichende Wirkung
haben als auch die Ungleichheit vergrößern. Sofern die
Diversifizierung durch die Annahme einer Beschäftigung
außerhalb der Landwirtschaft einen Anreizfaktor darstellt
(durch höhere Erträge als in der Landwirtschaft), kann sie
die Ungleichheit vergrößern, wenn reichere und besser
ausgebildete Arbeitskräfte diese Möglichkeiten nutzen.
Sofern es sich bei der Diversifizierung hingegen um eine
Überlebensstrategie der Ärmsten handelt, kann sie für
mehr Gleichheit sorgen.

Daten aus vier chinesischen Provinzen lassen den
Schluß zu, daß dem Anreizfaktor eine größere Bedeutung
zukam als der Überlebensstrategie und der Zugang zu Beschäftigungsmöglichkeiten außerhalb der Landwirtschaft
zwischen 1985 und 1990 für eine höhere Einkommensungleichheit in ländlichen Gebieten verantwortlich war. Die
Daten deuten überdies darauf hin, daß selbst das nach
internationalen Standards eher mäßige Gefälle zwischen
dem Bildungsniveau der weiblichen und jenem der männlichen Bevölkerung zu einer negativen Verstärkung dieser
Tendenzen führt, da die weniger gebildeten Frauen wahrscheinlich größere Schwierigkeiten haben, eine Beschäftigung außerhalb der Landwirtschaft zu finden. Im Gegensatz dazu hatte Migration eine ausgleichende Wirkung auf
das Einkommen. Erhebungsdaten aus den vier Provinzen
zeigen, daß private Transferleistungen, die zum größten
Teil aus Überweisungen der Migranten bestanden, zu mehr
Gleichheit führten.

Quelle: Weltbank 1997b.

Wenn soziale Ungerechtigkeit wie beispielsweise Ka-
stensysteme oder die Diskriminierung eingeborener
Völker dazu führen, daß Angehörige benachteiligter
Gruppen ausschließlich in stagnierenden Sektoren einen
Arbeitsplatz finden, profitieren Arme weniger vom
Wachstum (Kapitel 7). Oder wenn die Diskriminierung
ethnischer Gruppen auf dem Markt dazu führt, daß
Menschen mit gleichem Bildungsniveau nicht im gleichen Maße davon profitieren, wirkt sich Wachstum für
die diskriminierte Gruppe weniger effektiv auf die Verringerung der Armut aus. Eine Studie in Lateinamerika
ergab, daß sich die Einkommensunterschiede zwischen
der indigenen und der nichtindigenen Bevölkerung in
einigen Ländern nicht durch Qualifikations- und Erfah-
rungsunterschiede erklären lassen, was wiederum darauf
hindeutet, daß die Ursache von Einkommensunter-
schieden in der Diskriminierung auf dem Arbeitsmarkt
zu suchen sein könnte.[26] Diese Ergebnisse stellen her-

aus, wie wichtig es ist, soziale Hemmnisse für Frauen,
ethnische Minderheiten und sozial benachteiligte Bevölkerungsgruppen abzubauen, wenn das Wachstum auf
eine breite Grundlage gestellt werden soll.

Anfängliche Ungleichheit und Wachstum
Eine hohe anfängliche Ungleichheit mindert den jeweiligen Einfluß, den eine bestimmte Wirtschaftswachstumsrate auf die Armut hat. Des weiteren kann sie
die Verringerung der Armut durch eine Minderung
des Wirtschaftswachstums insgesamt unterminieren.
Frühere Auffassungen zu den Auswirkungen der Ungleichheit auf das Wachstum deuteten an, daß eine
größere Ungleichheit unter Umständen einen positiven
Einfluß auf das Wachstum haben könnte, beispielsweise
durch eine Umverteilung des Einkommens von den
Armen, die nicht sparen, auf die Reichen, die sparen.
Bei dieser Ansicht wurde von einer Austauschbeziehung
ausgegangen – ein größeres Wachstum könne zum Preis
einer höheren Ungleichheit erkauft werden, wenn auch
mit zweischneidigen Auswirkungen auf die Armen.

Aufgrund neuerer Auffassungen sowie empirischer
Daten spricht jedoch vieles gegen eine solche Austauschbeziehung: Eine geringere Ungleichheit kann in vielerlei
Hinsicht zu einer Steigerung der Effizienz und des Wirtschaftswachstums führen. Von Ungleichheit geprägte
Gesellschaften sind anfälliger für Probleme bei kollektiven Maßnahmen, die sich möglicherweise in nicht funktionierenden Institutionen, politischer Instabilität, dem
Hang zu einer populistischen Umverteilungspolitik oder
einer größeren politischen Volatilität widerspiegeln und
in ihrer Gesamtheit wiederum das Wachstum mindern
können. Und wenn diese Ungleichverteilung des Einkommens und der Vermögenswerte noch dazu mit unzulänglichen Kreditmärkten einhergeht, sind die Armen
möglicherweise nicht in der Lage, in ihr Human- und
physisches Kapital zu investieren – mit negativen Folgen
für das langfristige Wachstum.

Die Auswirkungen der Ungleichheit auf das Wachstum sind Thema umfangreicher empirischer Untersuchungen. Daten zum Einfluß der Ungleichverteilung
von Vermögenswerten sowie einer nicht bestehenden
Gleichheit der Geschlechter sprechen im allgemeinen
eine deutliche Sprache. Eine neuere Studie zu Zucker-
genossenschaften in Indien ergab, daß diejenigen Genossenschaften mit den größten Ungleichheiten (bezüglich des Landbesitzes der einzelnen Genossenschafts-
mitglieder) die geringste Produktivität aufweisen.[27] Verschiedene Studien haben ebenfalls gezeigt, daß eine un-

gleiche Verteilung des Landbesitzes einen negativen Einfluß auf das Wachstum hat.[28] Eine Studie in China ergab, daß die Wachstumsraten für landwirtschaftliche Haushalte, die in Gebieten mit großer Ungleichheit ansässig waren, bei Berücksichtigung des Human- und des physischen Kapitals der Haushalte niedriger waren.[29] Andere Studien fanden Hinweise auf einen Zusammenhang zwischen bildungsrelevanter und geschlechtsspezifischer Ungleichheit und Wachstum.[30] Im Gegensatz dazu lassen Hinweise zu den Auswirkungen einer anfänglichen Ungleichverteilung des Einkommens auf das nachfolgende Wachstum weniger eindeutige Schlüsse zu. Einige Studien ermittelten negative Auswirkungen.[31] Andere hingegen stellten positive Auswirkungen fest.[32] Wieder andere zeigten unterschiedliche Auswirkungen in verschiedenen Bereichen.[33]

Diese Ergebnisse stellen in Aussicht, daß politische Maßnahmen zur Verbesserung der Verteilung des Einkommens und von Vermögenswerten einen doppelten Nutzen haben können, indem sie sowohl das Wachstum als auch den Anteil am Wachstum erhöhen, der den Armen zugute kommt. Das bedeutet allerdings nicht, daß jede politische Maßnahme zur Förderung der Gleichheit und Gerechtigkeit auch tatsächlich diese gewünschte Wirkung hat. Wenn der Abbau der Ungleichheit zu Lasten der anderen wachstumsfördernden Faktoren geht, die zu Beginn dieses Kapitels erörtert wurden, kann der durch die Umverteilung erzielte Nutzen dahinschwinden. Die Enteignung von Vermögenswerten in großem Stil kann politische Umwälzungen und gewaltsame Konflikte nach sich ziehen, die das Wachstum untergraben. Bisweilen mindern Versuche zur Einkommensumverteilung auch die Anreize zum Sparen, Investieren und Arbeiten. Es gibt jedoch auch eine Reihe von Möglichkeiten, die für alle Seiten von Vorteil sind (Sonderbeitrag 3.8). Politische Maßnahmen sollten sich auf den Aufbau des Humankapitals sowie des physischen Kapitals der Armen konzentrieren, indem sie die Staatsausgaben als Umverteilungsinstrument umsichtig einsetzen und beispielsweise marktbasierte und andere Arten von Landreformen umsetzen (Kapitel 5, Sonderbeitrag 5.12).

Wirtschaftswachstum und einkommensunabhängige Armut

Ebenso wie die einkommensabhängige Armut nimmt auch die einkommensunabhängige Armut, zum Beispiel im Hinblick auf die Gesundheit und Bildung, mit steigenden Durchschnittseinkommen ab. Und ebenso wie bei der einkommensabhängigen Armut gibt es auch bei diesen allgemeinen Zusammenhängen bedeutsame Ausnahmen: Länder und Regionen mit ähnlichem Pro-Kopf-Einkommen können auch im Hinblick auf die einkommensunabhängige Armut recht unterschiedliche Ergebnisse aufweisen. Und wiederum analog zur einkommensabhängigen Armut spiegeln diese Unterschiede ein breites Spektrum an Kräften wider, zu denen unter anderem die anfängliche Ungleichheit, die Effektivität staatlicher Maßnahmen und die Entwicklungsstufe zählen. Umgekehrt gibt es deutliche Hinweise darauf, daß Verbesserungen im Gesundheits- und Bildungswesen zu einem schnelleren Wirtschaftswachstum beitragen.

In Ländern und bei den einzelnen Menschen innerhalb eines Landes bestehen enge Zusammenhänge zwischen der Gesundheit und Bildung einerseits und dem Einkommen andererseits. Reichere Länder und reichere Personen innerhalb eines Landes weisen niedrigere Sterblichkeitsraten auf und sind weniger von Mangel- und Fehlernährung betroffen.[34] Innerhalb der Länder und im länderübergreifenden Vergleich nehmen der Umfang und die Qualität der Bildung mit steigendem Einkommen zu, wenngleich die Qualität schwierig zu messen ist.[35] Disparitäten beim Bildungsniveau nehmen mit steigendem Einkommen ebenfalls ab.

Diese starken Korrelationen spiegeln die sich verstärkenden kausalen Einflüsse eines höheren Einkommens auf eine bessere Gesundheit und Bildung sowie einer besseren Gesundheit und Bildung auf ein höheres Einkommen wider. In bezug auf den einzelnen ist dies nicht überraschend. Schlechte Gesundheit sowie Mangel- und Fehlernährung mindern die Produktivität und verkürzen die für die Arbeit aufwendbare Zeit – Auswirkungen, die je nach Bildungsniveau unterschiedlich ausgeprägt sind. Eine Studie unter brasilianischen Männern beispielsweise zeigte, daß zwischen der Körperlänge und den Löhnen von Erwachsenen ein enger Zusammenhang besteht und daß wiederum die Löhne bei Personen mit einer gewissen (im Gegensatz zu keiner) Bildung in Abhängigkeit von der Körperlänge schneller steigen.[36] Umgekehrt können es sich Personen mit einem höheren Einkommen eher leisten, in ihre Gesundheit und Bildung zu investieren.[37] Zahlreiche Untersuchungen dokumentieren den positiven Einfluß, den die Bildung der Eltern auf die Gesundheit und Bildung der Kinder hat.

Ähnliche Zusammenhänge gelten auch für Länder, wobei sich ein höheres Pro-Kopf-Einkommen günstig

Sonderbeitrag 3.8
Umverteilung kann die Effizienz steigern

Umverteilung geht nicht immer zu Lasten von Effizienz und Wachstum. In einigen Fällen kann eine Umverteilungspolitik die Kapitalbildung seitens der Armen erhöhen und gleichzeitig Effizienz und Wachstum fördern. Einige neuere Studien zeigen, welche Möglichkeiten bestehen, Lösungen zu finden, die für alle Seiten von Vorteil sind, und liefern so weitere Argumente zugunsten der Umverteilung.

Bodenreformen sind ein klassisches Beispiel für eine Umverteilungspolitik. Die *Operation Barga*, eine Reform des Pachtrechts im indischen Bundesstaat Westbengalen Ende der 1970er und Anfang der 1980er Jahre ist eines der wenigen Beispiele einer umfangreichen Übertragung von Besitzrechten, die nicht von größeren sozialen Umwälzungen begleitet wurde. Die Operation ging mit einem Anstieg der landwirtschaftlichen Produktion in diesem Bundesstaat um 18 Prozent einher (Banerjee, Gertler und Ghatak 1998).

Umverteilung kann darüber hinaus für eine Effizienzsteigerung sorgen, wenn Übertragungen an die Armen deren Humankapital verbessert. Ein wichtiges Beispiel ist die staatliche Bereitstellung von Infrastruktur, die gezielt auf die Bedürfnisse der Armen abgestellt ist. Der massive Bau von Grundschulen im Rahmen des INPRES-Programms in Indonesien (auf Weisung des Präsidenten wurden innerhalb von fünf Jahren 61.000 neue Schulen gebaut und mit Lehrkräften ausgestattet) war der Hauptmechanismus, mit dem Gewinne aus dem Ölboom in Indonesien umverteilt wurden und der zu einem beträchtlichen Anstieg des Bildungs- und Einkommensniveaus führte. Die Zahl der Schüler mit abgeschlossener Grundschulausbildung stieg um 12 Prozent und das Lohnniveau der männlichen Bevölkerung um 5 Prozent (Duflo 2000b).

Universelle politische Maßnahmen, zum Beispiel die Preisgestaltung bei staatlichen Leistungen, können ebenfalls die Wirkung einer Umverteilungsmaßnahme haben und die Effizienz erhöhen. Die Abschaffung der Gebühren für weiterführende Schulen in Taiwan (China) im Jahr 1968 und die Einführung der Schulpflicht kamen Kindern aus armen Familien mehr zugute als Kindern aus reichen Haushalten (Spohr 2000). Des weiteren führten diese Maßnahmen zu einem deutlichen Anstieg der Dauer des Schulbesuchs (um 0,4 Jahre in der männlichen Bevölkerung) und der Erwerbsquote, was sich in höheren Einkommen äußerte (Clark und Hsieh 1999).

Die direkte Einkommensumverteilung in Form von Barübertragungen findet in Entwicklungsländern nur selten Anwendung. Es herrschen unter anderem Bedenken dahingehend, daß Bargeld nicht bestmöglich zur Steigerung der Effizienz verwendet wird. In Südafrika wurde nach dem Ende der Apartheid ein Programm für Empfänger von niedrigen Renten in großem Umfang auf die schwarze Bevölkerung ausgedehnt. Im Jahr 1993 betrug die Rente das Doppelte des mittleren Einkommens der schwarzen Bevölkerung in ländlichen Gebieten (Case und Deaton 1998). Wenn die Rente den Großmüttern mütterlicherseits von Mädchen zufloß, hatte sie einen erheblichen Einfluß auf die Ernährung und führte zu einer Verringerung des Körperlängenunterschieds zwischen diesen Mädchen und ihren Altersgenossinnen in den Vereinigten Staaten um 50 Prozent (Duflo 2000a). Andere Studien haben jedoch gezeigt, daß in den Fällen, in denen diese Rente an alte Frauen gezahlt wurde, andererseits auch das Angebot an männlichen Arbeitskräften im besten Alter abnahm (Bertrand, Miller und Mullainathan 1999). Diese Ergebnisse lassen den Schluß zu, daß Barübertragungen zu einer Verbesserung der Effizienz führen können, aber nicht zwangsläufig müssen.

---

auf die Kindersterblichkeit auswirkt.[38] Andere Studien wiesen den positiven Einfluß einer niedrigeren Sterblichkeitsrate auf die Beschleunigung des Wachstums nach, wobei sich die Wachstumsvorteile insbesondere in den unteren Einkommensschichten bemerkbar machten.[39] Darüber hinaus wurde bereits nachgewiesen, daß eine bessere Bildung zu schnellerem Wachstum führt.

Des weiteren gibt es einige Hinweise darauf, daß diese Beziehungen nicht linear sind, da Wachstum in armen Ländern und Regionen zu deutlicheren Verbesserungen der Gesundheit führt. Daher können bereits ein geringfügiger Unterschied der wirtschaftlichen Wachstumsrate einen großen Einfluß auf die menschliche Entwicklung in diesen Ländern haben. Eine Studie schätzte, daß in den 1980er Jahren 656.000 Todesfälle von Kindern unter fünf Jahren hätten verhindert werden können, wenn die Wachstumsraten in den Entwicklungsländern (ohne China und Indien) in diesem Zeitraum ebenso hoch gewesen wären wie in den 1960er und 1970er Jahren.[40]

Diese verstärkende Wirkung der menschlichen Entwicklung auf die wirtschaftliche Entwicklung und umgekehrt läßt den Schluß zu, daß es sowohl zu einer Aufwärts- als auch zu einer Abwärtsspirale kommen kann. Arme Länder und Menschen können in einem Teufelskreis gefangen sein, wenn eine unzureichende menschliche Entwicklung die wirtschaftlichen Möglichkeiten schwinden läßt und damit Investitionen in die eigene Gesundheit und Bildung erschwert. Im Gegensatz dazu können gezielte staatliche Eingriffe in das Gesundheits- und Bildungswesen zur einer positiven Entwicklung beitragen, bei der bessere wirtschaftliche Möglichkeiten die Mittel für weitere Investitionen schaffen (Kapitel 5).

Die beträchtlichen Unterschiede in den Erfahrungen der Länder mit diesen allgemeinen Zusammenhängen sind abermals auf das Zusammenspiel mehrerer Faktoren zurückzuführen. Einer dieser Faktoren ist die Ungleichverteilung des Einkommens.[41] Es hat sich gezeigt, daß sich das Einkommen auf den unteren Einkommensstufen am spürbarsten auf die Gesundheit auswirkt. Das impliziert, daß sich ein und dieselbe Wirt-

Schaubild 3.7
In allen Ländern nimmt der Quotient aus Alphabetisierung der weiblichen und jener der männlichen Bevölkerung mit steigendem Pro-Kopf-Einkommen zu

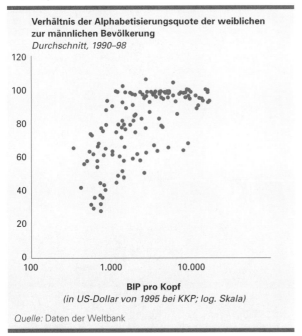

Verhältnis der Alphabetisierungsquote der weiblichen
zur männlichen Bevölkerung
Durchschnitt, 1990–98

BIP pro Kopf
(in US-Dollar von 1995 bei KKP; log. Skala)

Quelle: Daten der Weltbank

schaftswachstumsrate je nach anfänglicher Einkommensverteilung und je nachdem, wie sich diese Verteilung im Zuge des Wachstums verändert, in sehr unterschiedlichem Maße auf die Gesundheit und Bildung auswirken kann. Insbesondere wenn das Wachstum mit einem Abbau der Ungleichheit einhergeht, bestehen bessere Aussichten auf eine Verbesserung der Gesundheit.

Bei Forschungen wurden Belege dafür gefunden, daß die Korrelation zwischen den durchschnittlichen Gesundheitskennzahlen und dem Durchschnittseinkommen bei Berücksichtigung der Unterschiede bei der Häufigkeit der einkommensabhängigen Armut und den Staatsausgaben in vielen Ländern nicht mehr festzustellen ist.[42] Dieselben Forschungen zeigten, daß länderübergreifende Unterschiede bei der Höhe der staatlichen Gesundheitsausgaben einen größeren Einfluß auf die Gesundheit der Einkommensarmen haben als auf andere Teile der Bevölkerung: Nicht-Arme sind besser in der Lage, bei niedrigeren Staatsausgaben selbst für ihre Gesundheit zu sorgen. Diese Ergebnisse lassen den Schluß zu, daß Wachstum das durchschnittliche Gesundheitsniveau deshalb erhöht, weil es in der Lage ist, die einkommensabhängige Armut zu verringern und mehr Sozialausgaben zugunsten der Armen zu ermöglichen.

Einkommensunabhängige Ungleichheiten spielen ebenfalls eine Rolle. Die Diskriminierung aufgrund von Geschlecht und ethnischer Zugehörigkeit, zum Beispiel bei der Allokation der öffentlichen Ausgaben für Gesundheit und Bildung oder beim Betrieb von Bildungs- und Gesundheitseinrichtungen, kann zu unterschiedlich großen Erfolgen im Gesundheits- und Bildungswesen führen. Geschlechterdisparitäten beim Bildungsniveau sind in den armen Ländern besonders ausgeprägt (Schaubild 3.7). Im indischen Bundesstaat Kerala, in dem die Geschlechterbeziehungen seit langem von Gleichberechtigung geprägt sind, weichen der Bildungsstand und die Sterblichkeit von Frauen nur geringfügig von denen von Männern ab. Dagegen ist in Bundesstaaten wie Uttar Pradesh, in denen geschlechtsbedingte Diskriminierung an der Tagesordnung ist, die Alphabetisierungsquote bei Frauen weniger als halb so hoch wie bei Männern, und das Verhältnis der weiblichen zur männlichen Bevölkerung liegt bei beunruhigenden 87,9:100.[43] Länderübergreifende Studien haben ebenfalls herausgefunden, daß geographische Faktoren, ethnische Zersplitterung und insbesondere das Bildungsniveau der Frauen wichtige Gesichtspunkte sind, welche die Unterschiede des Gesundheitsniveaus bei einem bestimmten Einkommen erklären.[44] Schließlich sind auch die Qualität und die Höhe der öffentlichen Ausgaben von Bedeutung, wenngleich die Stärke des Einflusses auf die Armen größtenteils von unterstützenden politischen Maßnahmen und Institutionen abhängt (Kapitel 5).

• • •

Dieses Kapitel hat gezeigt, welche Bedeutung dem Wachstum bei der Verringerung der Armut – insbesondere im Hinblick auf das Einkommen und die menschliche Entwicklung – zukommt. Es hat außerdem veranschaulicht, wie eine geringe und abnehmende Ungleichheit den Einfluß des Wachstums auf die Armut verstärkt. Wenn die Ungleichheiten beim Zugang zu Vermögenswerten und Möglichkeiten verringert wird, kann das Wachstum gerechter gestaltet werden. Das setzt voraus, daß Marktchancen auch für Arme zugänglich gemacht und die Armen bei der Mehrung ihrer Eigenmittel unterstützt werden. Des weiteren muß dafür gesorgt werden, daß staatliche Institutionen für Arme besser funktionieren, soziale Hemmnisse abgebaut und Armenorganisationen gefördert werden. Diese Problematik wird in den folgenden Kapiteln erneut aufgegriffen.

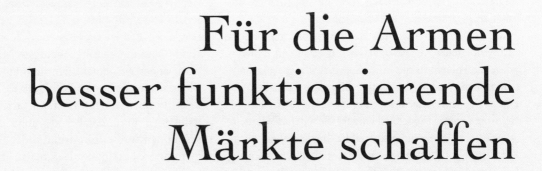

Für die Armen besser funktionierende Märkte schaffen

Märkte spielen für die Armen eine große Rolle, da sie auf offizielle und informelle Märkte angewiesen sind, um ihre Arbeitskraft und Produkte zu verkaufen, Investitionen zu finanzieren und sich gegen Risiken abzusichern. Gut funktionierende Märkte sind von großer Bedeutung, wenn es darum geht, Wachstum zu schaffen und die Möglichkeiten für die Armen auszuweiten. Aus diesem Grund haben internationale Geber und Regierungen von Entwicklungsländern (insbesondere die demokratisch gewählten) marktfreundliche Reformen unterstützt und gefördert.[1]

Doch Märkte und die sie unterstützenden Institutionen aufzubauen ist eine schwierige Aufgabe, die Zeit braucht. Bisweilen schlagen Reformen zum Aufbau von Märkten auch vollkommen fehl. Sind sie erfolgreich, bringen sie häufig Kosten für bestimmte gesellschaftliche Gruppen mit sich. Wenn zu den Verlierern der Reformen auch die Armen zählen, die für Krisen besonders anfällig sind, haben die betreffenden Länder eine besondere Verpflichtung, die Last der Reformen zu verringern. Und selbst wenn die

Märkte funktionieren, muß die Gesellschaft den Armen dabei helfen, die Hürden zu überwinden, die sie davon abhalten, frei und in gerechtem Maße an den Märkten teilzuhaben.

In den 1950er und 1960er Jahren glaubten viele politische Entscheidungsträger, daß eine aktive Beteiligung des Staates und der Schutz der inländischen Industrie Voraussetzungen für die wirtschaftliche Entwicklung und den Armutsabbau seien. Diesen nach innen gerichteten, staatlich gelenkten Entwicklungsansatz wählten sehr viele Länder in aller Welt – mit unterschiedlichem Erfolg. Zahlreiche Länder setzten auf Protektionismus, staatliche Investitionskontrolle und staatliche Monopole in Schlüsselsektoren. In Ländern wie beispielsweise Indien führte diese Strategie zu einem anhaltend langsamen Wachstum. In anderen Ländern, insbesondere in Lateinamerika, sorgte diese Strategie während der gesamten 1960er Jahre zunächst für ein starkes Wachstum. Dieses Wachstum geriet im Zuge der Ölkrisen in den 1970er sowie infolge der Schuldenkrisen in den

1980er Jahren jedoch schließlich ins Stocken. Und in China gelangte man Ende der 1970er Jahre allmählich zu der Erkenntnis, daß die Wirtschaft, insbesondere die Landwirtschaft, unter der strengen staatlichen Kontrolle nicht ihr ganzes Potential entfalten konnte.

Die zunehmende Ernüchterung im Hinblick auf die nach innen gerichtete, staatlich gelenkte Entwicklung führte dazu, daß nationale Regierungen Reformen durchführten, die staatliche Eingriffe in die Märkte durch private Anreize und Staatseigentum durch Privateigentum ersetzten. Darüber hinaus setzten sie der Protektion der heimischen Industrie ein Ende und öffneten den Wettbewerb für ausländische Hersteller und Investoren.[2] Dort, wo marktfreundliche Reformen erfolgreich umgesetzt wurden, endete im allgemeinen die Stagnation und setzte ein Wachstum ein.

In einigen Fällen wurden Reformenvorhaben jedoch nicht erfolgreich umgesetzt, was häufig besonders schwerwiegende Folgen für die Armen nach sich zog. Aufgrund der großen Vielfalt der fehlgeschlagenen Reformen ist eine einfache Verallgemeinerung nicht möglich.[3] Einige Reformen wurden zu schnell vorangetrieben und konnten aufgrund fehlender unterstützender Institutionen nicht zum Erfolg geführt werden. Andere wiederum wurden zu langsam umgesetzt und wurden für Sonderinteressen vereinnahmt und von diesen untergraben. Wieder andere wurden von Regierungseliten und ausländischen Gebern von oben herab verordnet und scheiterten mangels einer starken Führung und eines auf breiter Ebene bestehenden Reformwillens im betreffenden Land.[4]

Es geht in diesem Zusammenhang also nicht um die Möglichkeit, sich für oder gegen Reformen entscheiden zu können. Fehlen in einem Land Reformen zur Entwicklung boomender, wettbewerbsfähiger Märkte und zur Schaffung starker Institutionen, so ist dieses Land zu anhaltender Stagnation und einem lang währenden wirtschaftlichen Abschwung verdammt. Ebensowenig geht es um eine einfache Unterscheidung zwischen Gradualismus und Schocktherapie: Reformen können sowohl durch eine zu langsame als auch durch eine zu schnelle Umsetzung scheitern. Es geht vielmehr darum, wie Reformen zum Aufbau von Märkten entworfen und umgesetzt werden können, damit sie den wirtschaftlichen, sozialen und politischen Gegebenheiten eines Landes auch genau entsprechen.[5]

Marktorientierte Reformen wirken sich auf die verschiedenen gesellschaftlichen Schichten zwangsläufig unterschiedlich aus. Bei jedem Reformprogramm gibt es sowohl Gewinner als auch Verlierer, und die Armen

können zu beiden Gruppen gehören. Die besondere Schadenanfälligkeit der Armen verlangt nach einer sorgfältigen Bewertung der möglichen Auswirkungen auf die Armut und der Umsetzung angemessener Ausgleichsmaßnahmen.[6] Aus demselben Grund sind im Hinblick auf die möglichen Folgen für die Armen sorgfältige Überlegungen zur Geschwindigkeit der Reformen erforderlich. Die Erfahrung zeigt, daß ein direkter Dialog mit den Armen bei der Gestaltung dieses Prozesses von besonderem Nutzen sein kann.

Selbst funktionierende Märkte dienen der Sache der Armen nicht immer so gut, wie sie könnten. Der physische Zugang zu Märkten kann sich für arme Menschen, die in entlegenen Gebieten leben, schwierig gestalten. Regulative Hemmnisse ersticken häufig jegliche wirtschaftliche Aktivität in Sektoren und Regionen, in denen die Armen am ehesten nach Arbeit suchen, im Keim. Und der Zugang zu einigen Märkten, insbesondere jenem für Finanzdienstleistungen, ist für arme Menschen nicht immer einfach, da sie oft geringwertige Transaktionen durchführen, die traditionelle Marktteilnehmer für unrentabel oder unbedeutend halten. Investitionen in die Infrastruktur, der Abbau regulativer Hemmnisse und innovative Ansätze für einen verbesserten Zugang zu Finanzmärkten können daher einen großen Beitrag leisten, um zu gewährleisten, daß auch Arme die Vorteile der Märkte nutzen können.

Dieses Kapitel befaßt sich nacheinander mit diesen Problemen. Zunächst werden die sehr unterschiedlichen Erfahrungen der Länder erörtert, die in den vergangenen 20 Jahren marktorientierte Reformen umgesetzt haben, wobei sowohl Erfolgsbeispiele als auch die schwerwiegenden Folgen fehlgeschlagener Reformen beleuchtet werden. Anschließend werden die komplexen Auswirkungen von Marktreformen auf die Armen dargestellt, mit Beispielen aus den drei Bereichen Landwirtschaft, Fiskalpolitik und Handel. Schließlich wird erörtert, wie der Abbau der regulativen Hemmnisse, die Förderung von grundlegenden Arbeitsnormen und die Ausdehnung des Mikrofinanzsektors zur Verbesserung der Bedingungen beitragen können, unter denen Arme an Märkten teilnehmen.

Haben Marktreformen zu Wachstum geführt?

In den 1980er und 1990er Jahren sind viele Entwicklungsländer dazu übergegangen, marktfreundliche Reformen umzusetzen. Im Hinblick auf die Motivation für Reformen sowie deren Ausmaß und Geschwindigkeit gab es große Unterschiede. In China beispielsweise trat das „System der Haushaltsverantwortung" an die Stelle der gemeinschaftlichen Landwirtschaft und schuf für ländliche Haushalte neue Anreize zu produzieren, zu investieren und zu erneuern. Diese Reformen waren weder durch makroökonomische Krisen noch durch ideologische Erscheinungen bedingt, sondern vielmehr durch die wachsende Erkenntnis, daß das landwirtschaftliche Potential Chinas nicht vollständig ausgeschöpft wurde. Nach diesen ersten Agrarreformen wurden Marktmechanismen in allen Teilen der Wirtschaft eingeführt. In anderen Ländern waren makroökonomische Krisen der Motor für Reformen. In Mexiko beispielsweise zog die Schuldenkrise der 1980er Jahre weitreichende wirtschaftliche Reformen nach sich. Und in den Ländern Osteuropas und der ehemaligen Sowjetunion beschleunigte der politische Wandel die rasante Entwicklung hin zur Marktwirtschaft, die in einigen Ländern zu spektakulären Erfolgen, in anderen Ländern aber auch zu ebenso spektakulären Fehlschlägen führte.[7]

Im Zuge dieser Reformbewegung hat sich die wirtschaftliche Landschaft in vielen – wenn auch nicht allen – Entwicklungsländern deutlich gewandelt. Die staatliche Beteiligung an wirtschaftlichen Aktivitäten wurde zurückgeschraubt. Die Binnenmärkte sind heute offener für den internationalen Handel und internationale Kapitalflüsse. Das Steuerrecht wurde überarbeitet. Und im allgemeinen werden Preise, Produktionsmenge und Ressourcenverteilung von den Märkten und nicht mehr vom Staat bestimmt. Viele, wenn auch nicht alle dieser Reformen beruhen auf den Grundlagen des sogenannten Washingtoner Konsens, der zehn politische Prioritäten aufstellte, die von vielen Ländern in unterschiedlichen Kombinationen übernommen wurden (Sonderbeitrag 4.1).

Angesichts der großen Vielfalt an Reformen, die von den verschiedenen Ländern zu unterschiedlichen Zeiten und Bedingungen umgesetzt wurden, ist es keine leichte Aufgabe, den allgemeinen Fortschritt zusammenfassend darzustellen. Dennoch sind einige Kennzahlen eindeutig ermutigend (Schaubild 4.1). Die durchschnittliche Inflationsrate in Entwicklungsländern beispielsweise fiel von etwa 15 Prozent zu Beginn der 1980er Jahre auf 7 Prozent im Jahr 1997, was auf einen allgemeinen Trend zu einer disziplinierteren Geld- und Kreditpolitik schließen läßt. Noch wichtiger ist, daß zahlreiche Länder der Geißel einer chronisch steigenden Inflation und

---

Sonderbeitrag 4.1
Der Washingtoner Konsens

Der Washingtoner Konsens über marktfreundliche Reformen umfaßt die folgenden zehn politischen Ziele:
- Haushaltsdisziplin
- Neuausrichtung der öffentlichen Ausgaben auf Investitionen in Bildung, Gesundheit und Infrastruktur
- Steuerreformen – Erweiterung der Steuerbemessungsgrundlage und Senkung der Grenzsteuersätze
- Marktgesteuerte und effektiv positive (aber mäßige) Zinssätze
- Wettbewerbsfähige Wechselkurse
- Handelsliberalisierung – Ablösung quantitativer Beschränkungen durch niedrige und einheitliche Zolltarife
- Öffnung für ausländische Direktinvestitionen
- Privatisierung staatlicher Unternehmen
- Deregulierung – Abschaffung von Vorschriften, die den Marktzutritt und den Wettbewerb behindern, mit Ausnahme solcher Vorschriften, die aus Gründen der Sicherheit, des Umweltschutzes und des Verbraucherschutzes gerechtfertigt sind, sowie sorgfältige Überwachung der Finanzinstitutionen
- Gesetzliche Absicherung von Eigentumsrechten

Quelle: Williamson 1993.

Hyperinflation entronnen sind. Der Schwarzmarktaufschlag beim Umtausch von Devisen – ein unfehlbarer Indikator für unrealistische und nicht marktgerechte Wechselkurse – sank von den für ein typisches Entwicklungsland Mitte der 1980er Jahre üblichen 25 Prozent auf nur 5 Prozent gegen Ende der 1990er Jahre.

Der Abbau von Schranken im internationalen Handel und Kapitalverkehr ist der Kern vieler Reformprogramme. In Lateinamerika wurden die durchschnittlichen Zolltarife von 50 Prozent im Jahr 1985 auf 10 Prozent im Jahr 1996 gesenkt, und der Höchstsatz der Zolltarife fiel von 84 Prozent auf lediglich 41 Prozent.[8] Im Jahr 1996 waren von nichttarifären Handelshemmnissen nur noch 6 Prozent der Importe betroffen, verglichen mit 38 Prozent vor der Reform.[9] Reformen sind auch in anderen Bereichen weit verbreitet. Dies gilt beispielsweise für die Liberalisierung von Investitionsbestimmungen, den Abbau oder die Abschaffung einer Vielzahl von Subventionen zwecks Reduzierung des Haushaltsdefizits sowie die Privatisierung vieler staatlicher Unternehmen. Lediglich auf den Arbeitsmärkten sind Reformen im allgemeinen nur langsam vorangeschritten.[10]

Es stellt sich nun die Frage, ob diese Reformen auch die erwarteten Wachstumsvorteile mit sich gebracht haben. Zahlreiche empirische Erhebungen haben doku-

Schaubild 4.1

Anzeichen für erfolgreiche politische Reformen in den Entwicklungsländern

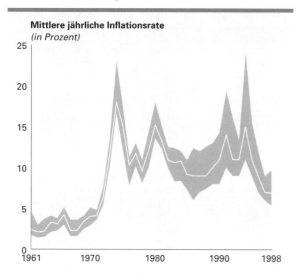

Mittlere jährliche Inflationsrate
(in Prozent)

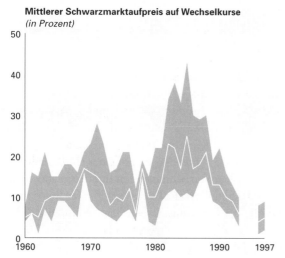

Mittlerer Schwarzmarktaufpreis auf Wechselkurse
(in Prozent)

Anmerkung: Die Daten gelten für alle Entwicklungsländer. Die Bandbreite um die mittlere Beziehungskurve ist der 95prozentige Konfidenzbereich. Für die Jahre 1994 und 1995 sind keine Daten zu den Schwarzmarktaufpreisen verfügbar.
Quelle: Easterly 2000b.

Schaubild 4.2

Reformen führten in Lateinamerika zu Wachstum - wenn auch mit unterschiedlichem Erfolg

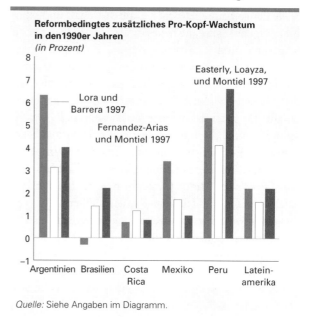

Reformbedingtes zusätzliches Pro-Kopf-Wachstum in den1990er Jahren
(in Prozent)

Quelle: Siehe Angaben im Diagramm.

mentiert, daß Länder, die marktfreundliche Maßnahmen ergreifen und sich beispielsweise für den internationalen Handel öffnen, eine disziplinierte Geld-, Kredit- und Fiskalpolitik verfolgen und über gut entwickelte Finanzmärkte verfügen, im Durchschnitt ein auf lange Sicht besseres Wachstum verzeichnen als Länder, in denen eine solche Politik fehlt (Kapitel 3).

Des weiteren gibt es Hinweise darauf, daß Reformen, mit denen sich Länder einer solchen markt-

freundlichen Politik annähern, mittelfristig ebenfalls zu einem besseren Wachstum beitragen. In länderübergreifenden Untersuchungen zu den Auswirkungen von Reformen wird in der Regel entweder die Leistung der betreffenden Länder vor und nach den Reformen verglichen, oder es wird untersucht, ob Veränderungen bei Reformparametern als Erklärung für Veränderungen der Wachstumsraten dienen können. Reformen werden indirekt als Veränderungen von Variablen wie Handelsvolumen, Zolltarifen, Inflationsraten und Haushaltsdefiziten gemessen. Derartige Studien ergeben häufig, daß Reformen einen beträchtlichen positiven Einfluß auf das Wachstum haben. Schaubild 4.2 faßt die Ergebnisse von drei entsprechenden Studien in Lateinamerika zusammen, die signifikante Auswirkungen von Reformen auf das Wachstum ergaben. Ähnliche Studien zu den Transformationsländern in Osteuropa und der ehemaligen Sowjetunion, in denen Marktreformen mit sehr unterschiedlichem Erfolg umgesetzt wurden, ergaben, daß Länder, die ihre Reformen mit Nachdruck und frühzeitig (bei günstigen Ausgangsbedingungen) umsetzten, ein stärkeres Wachstum erzielten als Reformnachzügler.[11] Eine Studie zu Indien aus dem Jahr 1999 belegt, daß jene Bundesstaaten, die Reformen durchführten, ein schnelleres Wachstum und deutlichere Verbesserungen im Bildungswesen und bei der medizinischen

Sonderbeitrag 4.2
Warum schlagen Reformen bisweilen fehl?

Reformen können scheitern, wenn entsprechende unterstützende Institutionen fehlen oder mächtige Einzelpersonen oder Gruppen die Reformergebnisse manipulieren.

Unvollständige Reformen des Finanzsektors trugen zur Ostasienkrise bei

In den 90er Jahren liberalisierten mehrere aufstrebende Volkswirtschaften in Ostasien ihre inländischen Finanzmärkte und hoben Kapitalverkehrsbeschränkungen auf. Insbesondere in der Republik Korea und Thailand übte eine Flut von Kapitalzuflüssen – häufig durch neu gegründete intermediäre Finanzinstitute – einen enormen finanziellen Druck auf die Banken aus. Die sorgfältige Überwachung von Banken und intermediären Finanzinstituten konnte mit diesen Entwicklungen nicht Schritt halten, und die häufig ungesicherten kurzfristigen Fremdwährungsverbindlichkeiten nahmen rasant zu. Plötzliche Wechselkursschwankungen im Sommer 1997 brachten die Bombe dieser Fremdwährungsrisiken zum Platzen und trugen so zum Ausmaß der nachfolgenden Krise bei (Weltbank 1998f).

Diese Erfahrung deckt sich mit einem allgemeineren Muster, das aus länderübergreifenden Analysen ersichtlich wird: Finanzreformen, die nicht von entsprechenden Aufsichtsinstitutionen begleitet werden, sind weltweit ein bedeutender Bestimmungsfaktor für Bankenkrisen (Demirgüç-Kunt und Detragiache 1998). Unzulänglichkeiten im Privatisierungsprozeß der Banken und bei der Liberalisierung der Finanzmärkte waren im Jahr 1995 die Wurzeln der Peso-Krise in Mexiko (Lustig 1998). Diese Erfahrungen schmälern jedoch nicht die Bedeutung von Reformen auf sich entwickelnden Finanzmärkten. Tatsächlich hat die effektive Vermittlung von Ersparnissen für produktionswirksame Investitionen einen Beitrag zum bemerkenswerten Entwicklungserfolg in Ostasien geleistet – einem Erfolg, der die Rückschläge der jüngsten Krise in den Schatten stellt. Doch unvorsichtige und übereilte Reformen können in einer Krise gipfeln.

Korruption im großen Stil untergrub die Reformen in Ländern der ehemaligen Sowjetunion

Der Staat bestiehlt uns andauernd; ihn zu betrügen ist also keine Sünde.
— *Aus einer Diskussionsgruppe, Ukraine*

Was für eine Regierung haben wir denn? Die eine Hand gibt, was die andere nimmt!
— *Aus einer Diskussionsgruppe, Ukraine*

In den Ländern der ehemaligen Sowjetunion sind Marktreformen untrennbar mit der Erkenntnis verflochten, daß Korruption weit verbreitet ist (siehe zum Beispiel Narayan, Patel, Schafft, Rademacher und Koch-Schulte 2000). Dies ist verständlich: Die meisten dieser Länder schneiden in länderübergreifenden Vergleichen zur Verbreitung der Korruption sehr schlecht ab, und viele Firmen und Einzelpersonen werden erschreckend oft mit Korruption konfrontiert. Während die Länder mit dem Übergang zur Marktwirtschaft zu kämpfen haben, führt die Korruption zu einer schlechteren gesamtwirtschaftlichen Leistung und einem stärkeren Rückgang der Produktionsmenge.

Eine besonders niederträchtige Form der Korruption ist die „Vereinnahmung des Staates". Dieser Begriff bezieht sich auf die Fähigkeit von Unternehmen und mächtigen Einzelpersonen, die Aufstellung neuer Gesetze und Vorschriften zum eigenen Vorteil zu beeinflussen. Das beinhaltet unter Umständen die Einflußnahme auf die Judikative, Exekutive und Legislative, um besondere Privilegien und Monopolrechte zu erlangen und die Vergabe und Preisgestaltung von öffentlichen Aufträgen zu manipulieren. Eine solche Vereinnahmung des Staates läuft den Prinzipien einer freien und fairen wettbewerbsfähigen Marktwirtschaft entgegen und leistet einer zunehmenden Ungleichheit Vorschub. Auch sind derartige Machenschaften weit verbreitet. In mehreren Ländern der ehemaligen Sowjetunion gaben mehr als 30 Prozent der im Rahmen einer Erhebung zum Geschäftsumfeld befragten Unternehmen an, daß sie unter den Folgen einer erfolgreichen Vereinnahmung des Staates durch ihre Konkurrenten zu leiden hatten (Hellman et al. 2000).

Eine Marktwirtschaft kann nicht gut funktionieren, wenn das institutionelle Umfeld und das Anreizsystem einen Nährboden für Korruption bilden. Schlimmer noch: Ein Land kann in einen Teufelskreis geraten, in dem unvollständige Reformen neue Anreize für Korruption bilden. Die Bekämpfung der zerstörerischen Auswirkungen einer Vereinnahmung des Staates erfordert eine viel tiefgreifendere institutionelle Entwicklung im Hinblick auf die Struktur des politischen Systems, die Kontroll- und Ausgleichsmechanismen zwischen den grundlegenden staatlichen Institutionen und das Verhältnis zwischen Staat und Unternehmen sowie zwischen Staat und bürgerlicher Gesellschaft.

Unzureichende öffentliche Investitionen und eine ausufernde Bürokratie haben Marktreformen in afrikanischen Ländern südlich der Sahara unterminiert

In mehreren afrikanischen Ländern ist seit Mitte der 1980er Jahre, als sie mit Unterstützung internationaler Finanzinstitutionen mit der Umsetzung von Marktreformen – insbesondere in der Landwirtschaft – begannen, das Wachstum ausgeblieben. Die Ergebnisse waren bisher alles andere als spektakulär, was zum Teil auf unzureichende öffentliche Investitionen und eine sich hartnäckig haltende Bürokratie zurückzuführen ist (Weltbank 2000b).

Afrikanische Bauern sprechen wie jene in anderen Ländern auch stark auf preisliche und nichtpreisliche Anreize an. Doch wenn die öffentliche Infrastruktur wie beispielsweise Straßen in entlegene landwirtschaftliche Gebiete nicht oder nur mangelhaft entwickelt ist, wird der Einfluß von Preis- und Marktreformen auf die Produktion gedämpft. Eine unzureichende Infrastruktur beeinträchtigt auch andere Sektoren. Umfragen unter Unternehmen, die in einer Reihe von afrikanischen Ländern in den Jahren 1996 und 1997 durchgeführt wurden, deuten übereinstimmend darauf hin, daß die schlechte Qualität der Infrastruktur ein wesentliches Hemmnis für sie darstellt, ihre Tätigkeit nach einer Handelsreform auf arbeitsintensive Exportbereiche auszudehnen. In Uganda erhöhten Transport- und andere Kosten die Kosten für Investitionsgüter um fast die Hälfte. Und in Simbabwe führen schlechte Transportdienste dazu, daß die Lieferung von Ausgangsmaterialien unzuverlässig ist, was die Unternehmen dazu zwingt, trotz hoher Zinssätze eine umfangreiche Lagerhaltung zu betreiben.

Diese Schwierigkeiten wurden durch fehlende Verbesserungen im Bereich der Transparenz und Verantwortlichkeit noch verstärkt. Zwar sind rechtliche und regulative Veränderungen häufig integrale Bestandteile von Reformpaketen, jedoch wird ihre Umsetzung häufig mangelhaft oder halbherzig betrieben. Daraus folgt, daß regulative Wettbewerbshürden noch immer ernstzunehmende Hindernisse darstellen, während Korruption, Bürokratie und der Mangel an Transparenz durch die von ihnen verursachten Kostensteigerungen den Handel und Investitionen auch weiterhin behindern. Bei Umfragen unter Unternehmen in mehreren afrikanischen Ländern werden Korruption und eine unbewegliche Bürokratie häufig auch als Hemmnisse für die Geschäftsausweitung und -diversifizierung genannt. So kann zum Beispiel die Zollabfertigung von Zwischenprodukten an der Grenze zu Uganda länger als eine Woche dauern, und Verzögerungen von mehr als einem Tag sind an Zollstationen im südlichen Afrika gang und gäbe. Diese Hindernisse sind symptomatisch für schwerere institutionelle Fehlschläge, welche die politischen Entscheidungsträger angehen müssen, wenn Reformen zum Erfolg führen sollen.

Grundversorgung vorweisen konnten als die reformunwilligen Bundesstaaten.[12]

Dies bedeutet jedoch nicht, daß alle Entwicklungsländer infolge der Reformen in den 1980er und 1990er Jahren ein rasches Wachstum verzeichneten. Tatsächlich ist das Wachstum in den Entwicklungsländern enttäuschend, da im Durchschnitt nur ein zu vernachlässigendes Wachstum erzielt wurde.

Eine neuere Studie stellt die Theorie auf, daß dieses enttäuschende Wachstum nicht dem Versagen von Reformen zugeschrieben werden sollte.[13] Trotz des langsamen Gesamtwachstums, so ergab die Studie, prognostizierten Unterschiede bei den Kennzahlen für marktfreundliche politische Maßnahmen auch weiterhin länderübergreifende Unterschiede bei der Wirtschaftsleistung. Zahlreiche Entwicklungsländer wurden jedoch von starken externen Krisen erschüttert. Die weltweiten Zinssätze stiegen drastisch an, was die Belastung durch den Schuldendienst erhöhte. Das Wachstum in den Industrieländern verlangsamte sich, wodurch auch das Wachstum in den zu ihren Handelspartnern zählenden Entwicklungsländern zurückging. In einigen Fällen machten diese Krisen die Erfolge von gleichzeitig durchgeführten Reformen wieder zunichte.

Bisweilen konnten Reformprogramme den an sie gestellten Erwartungen jedoch nicht vollkommen gerecht werden – und manchmal sind sie sogar gänzlich gescheitert. Als Beispiel dienen die Fehlschläge in Ostasien, den Ländern der ehemaligen Sowjetunion und Afrika (Sonderbeitrag 4.2). Die bitteren Lehren aus diesen Fehlschlägen und die schwere Last, die sie den Armen auferlegt haben, unterstreichen die Bedeutung eines maßvollen und realistischen Ansatzes bei Reformvorhaben, um zu gewährleisten, daß die gesetzten Ziele auch erreicht werden.[14]

Mit Blick auf die Zukunft der Reformen sei ein Wort der Mahnung angebracht. In vielen Fällen handelt es sich bei den oben erörterten Reformen um einfache Reformen der „ersten Generation" wie beispielsweise die Senkung hoher Inflationsraten, den Abbau chronischer Haushaltsdefizite und die Beseitigung der eklatantesten Handelshemmnisse. Die Sicherung des aus diesen Reformen gewonnenen Nutzens erfordert häufig den Aufbau von Institutionen in viel schwierigeren Bereichen, zum Beispiel den Aufbau einer unabhängigen Justiz, die Schaffung von unabhängigen und effektiven Regulierungsbehörden und die Förderung der professionellen Arbeitsweise und Einstellung im öffentlichen Sektor. Derartige Reformen der „zweiten Generation" sind

nicht nur weitaus komplexer und zeitaufwendiger – häufig stehen ihnen auch einflußreiche und eingefahrene Interessen entgegen.[15] Dies bedeutet nicht, daß Reformen der zweiten Generation aufgeschoben werden sollen. Gerade weil es einige Zeit dauert, bis sie Früchte tragen, müssen sie so schnell wie möglich eingeleitet werden.

Zusammenfassend läßt sich sagen, daß marktorientierte Reformen in den Entwicklungsländern weit, wenn auch nicht gleichmäßig verbreitet sind. Im allgemeinen haben sie zu niedrigeren Inflations- und höheren Wachstumsraten geführt, die wiederum einen gewaltigen Einfluß auf den Abbau der Einkommensarmut haben. Reformen können jedoch auch fehlschlagen und schmerzliche Folgen für die Armen nach sich ziehen. Das Scheitern von Reformen liegt zumeist darin begründet, daß es an unterstützenden Institutionen mangelt, Reformen in der falschen Reihenfolge durchgeführt werden und einflußreiche Einzelpersonen oder Gruppen den Reformprozeß behindern.

Haben Marktreformen den Armen Vorteile gebracht?

Selbst wenn marktfreundliche Reformen zu Wachstum geführt haben, variieren die Auswirkungen auf die Einkommen der Armen. Dies ist sowohl durch anfängliche Ungleichheiten im Hinblick auf das Einkommen und die Möglichkeiten als auch durch die Auswirkungen der Reformen auf das Wachstum und die Ungleichheit begründet. Was ist hier passiert? Und was lehrt diese Erfahrung mit marktfreundlichen Reformen?

Länderübergreifende Daten lassen den Schluß zu, daß sich makroökonomische Reformen im Durchschnitt nur wenig auf die Einkommensverteilung ausgewirkt haben. Neuere Studien beispielsweise haben den Einfluß marktfreundlicher politischer Maßnahmen, zum Beispiel der Öffnung für den internationalen Handel, niedriger Inflationsraten, eines mäßig großen Verwaltungsapparates und einer soliden Rechtsstaatlichkeit, auf die Einkommen der Armen im Rahmen einer umfassenden, länderübergreifenden Erhebung untersucht. Die Ergebnisse zeigen, daß diese politischen Maßnahmen für die Armen ebenso große Vorteile mit sich bringen wie für alle anderen Bevölkerungsschichten.[16] Einige Maßnahmen wie die Senkung hoher Inflationsraten können für die Armen jedoch durchaus auch von größerem Nutzen sein als für andere. Diese Ergebnisse decken sich mit den Ergebnissen von Erhebungen, die zeigen, daß die Armen mit größerer Wahrscheinlichkeit eine hohe Inflation als dringliches Problem herausstellen.

Sofern Reformen einen nachteiligen Einfluß auf die Verteilung ausüben, ist dieser im Vergleich zu den Wachstumsvorteilen, die Reformen – insbesondere über mehrere Jahre und länger – mit sich bringen, normalerweise recht gering.[17] Somit deuten die makroökonomischen Daten also weder darauf hin, daß der Nutzen von Reformen den Armen nicht zugute kommt, noch daß dieser Nutzen nur allmählich zu ihnen „durchsickert". Statt dessen lassen sie ein Muster erkennen, bei dem alle Einkommensgruppen im Durchschnitt in gleichem Maße von Reformen profitieren. Selbst in den Ländern des ehemaligen Ostblocks, in denen Reformen bisher häufig gescheitert sind, nahm die Ungleichheit in jenen Ländern am wenigsten zu, die ihre Reformen erfolgreich umgesetzt haben. Dagegen mußten Länder, die Reformen nur teilweise oder gar nicht einleiteten, die stärksten Zunahmen der Ungleichheit verzeichnen.[18]

Derartige länderübergreifende Belege zeichnen jedoch nur ein unvollständiges Bild der Auswirkungen von Reformen auf die Armen. Dieselben Reformen können in verschiedenen Ländern ganz unterschiedliche Wirkungen entfalten, so daß derartige Durchschnittsergebnisse nur grobe Anhaltspunkte für die möglichen zukünftigen Auswirkungen von Reformen in einem bestimmten Land bieten. Des weiteren gilt, daß Reformen stets Gewinner und Verlierer hervorbringen werden, selbst wenn sie im Durchschnitt keinen Einfluß auf die Einkommensungleichheit insgesamt haben. Und wenn sich Reformen in erster Linie auf die Verfügbarkeit von öffentlichen Gütern wie medizinische Versorgung, Bildung oder Infrastruktur auswirken, kann es einige Zeit dauern, bis sich der Einfluß auf die Einkommensverteilung und die menschliche Entwicklung bemerkbar macht. Ausführliche Fallstudien zu den Reformen in bestimmten Ländern erhellen einige der komplexen Sachverhalte, die Reformen eigen sind. Allgemeingültige Schlüsse aus den Erfahrungen eines einzelnen Landes zu ziehen und allgemeine Erkenntnisse aus einem durchschnittlichen länderübergreifenden Zusammenhang zu gewinnen ist gleichermaßen schwierig. Doch gewähren diese beiden Arten von Hinweisen nützliche Einblicke in die Auswirkungen von Reformen.

Es überrascht nicht, daß Fallstudien zu Reformen zeigen, daß die Kosten und der Nutzen von markt-freundlichen Reformen – insbesondere aus kurzfristiger Sicht – ungleich verteilt sind, wobei sich die Kosten auf bestimmte Gruppen konzentrieren, während sich der Nutzen breit gefächert auf die gesamte Wirtschaft verteilt. Auch über einen längeren Zeitraum betrachtet, können Kosten und Nutzen ungleichmäßig verteilt sein. Die Liberalisierung des Handels beispielsweise kann rasch zu einem Abbau der Beschäftigung in vormals geschützten Sektoren führen, während die betroffenen Arbeitnehmer Zeit brauchen, um die erforderlichen Qualifikationen zu erwerben, damit sie die sich in anderen Sektoren eröffnenden Möglichkeiten nutzen können. In Ungarn betrug die Dauer der Arbeitslosigkeit der zwischen 1990 und 1992 aus Staatsbetrieben entlassenen Arbeitnehmer mehr als vier Jahre.[19]

Unsere Politiker kündigten einen Übergang zu neuen Marktbeziehungen an und überließen uns dann unserem Schicksal . . .
– Aus einer Diskussionsgruppe, Georgien

Insgesamt machen diese Kosten jedoch nicht den Nutzen der oben erörterten Reformen zunichte. Sie deuten allerdings darauf hin, welche Bedeutung der Sozialpolitik dabei zukommt, die durch die Reform entstehende Belastung zu mindern (siehe Kapitel 8). Dies gilt insbesondere für die Armen, deren Eigenmittel, vor allem das Humankapital ihrer Kinder, selbst durch kurzfristige Kosten unwiderruflich beeinträchtigt werden können. Die Kosten erinnern auch daran, daß Erfolg und Mißerfolg von Reformen nicht nur an der Veränderung des Durchschnittseinkommens gemessen werden. Ergebnisse von Erhebungen aus Lateinamerika weisen darauf hin, daß Reformen unter Umständen keinen Zuspruch finden, wenn sie das Gefühl eines höheren Risikos und einer größeren Unsicherheit vermitteln, das sich häufig auch bewahrheitet.[20]

Wer sind also die Gewinner? Und wer die Verlierer? Zu den Gewinnern zählen oftmals die Bewohner ländlicher Gebiete, die Bürger von Ländern, in denen ein stark ausgeprägtes günstiges Umfeld für den privaten Sektor herrscht und dieser über angemessene Kapazitäten zur Nutzung neuer Möglichkeiten verfügt. Dazu zählen auch Menschen, die über Fähigkeiten verfügen, die ihre Eingliederung in neue Aktivitäten ermöglichen, und diejenigen, die bereit sind, umzuziehen und sich nach Beschäftigungsmöglichkeiten in neuen Berufen und Sektoren umzusehen. Die Verlierer waren bislang häufig die Bewohner von städtischen

Gebieten (in denen die Dienstleistungen betroffen waren) sowie die im öffentlichen Dienst Tätigen und Personen in Positionen, in denen geschützte Insider vormals mehr verdienten, als die marktüblichen Löhne und Gehälter rechtfertigten. Zu den Verlierern zählen möglicherweise auch ungelernte Arbeiter, Ortsgebundene und diejenigen, denen die neuen Marktchancen verschlossen bleiben, weil es ihnen an Humankapital fehlt, sie keinen Zugang zu Grund und Boden oder Krediten haben oder nicht an die Infrastruktur angebunden sind, die entlegene Gebiete miteinander verbindet. Aber auch ansonsten überlebensfähige Unternehmen, die ohne eigenes Verschulden von wirtschaftlichen Krisen erschüttert werden, können zu Verlierern werden.

Mit dem schrumpfenden öffentlichen Sektor lösen sich die Beschäftigungsmöglichkeiten in Luft auf.
– Aus einer Diskussionsgruppe, Ukraine

Da die Armen in den beiden hier beschriebenen Gruppen, jener der Gewinner und jener der Verlierer, vertreten sind, kann es keine allgemeingültige Aussage dahingehend geben, daß Reformen stets für alle Armen gut (oder schlecht) sind. Beispiele von Reformen in den drei Bereichen Landwirtschaft, Fiskalpolitik und Handel ermöglichen jedoch wichtige Einblicke in die Faktoren, die über Erfolg und Mißerfolg entscheiden, in die Auswirkungen der Reformen auf die Armen und in die Möglichkeiten zur Milderung der negativen Auswirkungen auf die Verlierer.

Landwirtschaft

Bei einfuhrorientierten Entwicklungsmodellen ging die Struktur der Zolltarife und nichttarifären Hemmnisse und häufig auch der Wechselkurse zu Lasten der Landwirtschaft. Marktorientierte Reformen, die diese Benachteiligung der Landwirtschaft verringerten und verschiedene Formen staatlicher Interventionen wie Preisstützungen, Subventionen für Produktionsfaktoren und Kredite sowie Unterstützung bei der Vermarktung von Produkten beseitigten, führten im allgemeinen zu einer Zunahme des Wachstums der Landwirtschaft. Politische Reformmaßnahmen wie Privatisierungen, der Abbau der staatlichen Wirtschaftslenkung sowie Handels- und Preisliberalisierungen wirkten sich in vielen Ländern positiv aus.[21] In der Zeit nach diesen Reformen haben die landwirtschaftliche Produktion und das Produktivitätswachstum im allgemeinen zugenommen – bisweilen sogar in beträchtlichem Maße (Tabelle 4.1). Da viele Arme der Gruppe der kleinen Agrarerzeuger angehören, haben sie von diesen Reformen direkt profitiert. Fallstudien zu Chile, China, Ghana[22], Uganda und Vietnam zeigen, daß Reformen zu einem Anstieg der Erzeugerpreise von Kleinbauern beigetragen haben, indem Absatzorganisationen abgeschafft, die realen Wechselkurse durch weiter reichende Wirtschaftsreformen geändert, Zolltarife gesenkt und Quoten abgebaut wurden (Sonderbeitrag 4.3).

Wie aus Kapitel 5 ersichtlich wird, spielt der Zugang zu Grund und Boden beim Abbau der Armut eine bedeutende Rolle. Ein besserer Zugang zu Grund und Boden kann zusammen mit einem Zugang zu bestimm-

Tabelle 4.1

Auswirkungen von Reformen auf Agrarpreise, -produktion und -produktivität in sieben Ländern

Prozentuale Veränderung beim Vergleich der Zeiträume jeweils fünf Jahre vor und nach den Reformen

Land	Reale Agrarpreise	Realer Wechselkurs[a]	Wachstumsrate reales BIP (Veränderung in Prozentpunkten)	Agrarproduktion	Anstieg der Agrarproduktivität (Veränderung in Prozentpunkten)
Chile	120	105	2,8	40	8,2
Ghana	5	230	3,9	50	12,2
Indonesien	20	75	–0,6	42	2,3
Madagaskar	11	94	2,0	15	2,9
Mexiko	–24	22	–3,7	14	1,3
Neuseeland	–31	–2	0,4	5	0,8
Ungarn	–10	–23	..	–15	25,4

.. Nicht verfügbar.
a. Ein Anstieg weist auf eine Abwertung hin.
Quelle: Meerman 1997.

Sonderbeitrag 4.3
Landwirtschaftliche Reformen in Chile und China nutzen den Kleinbauern

Das Beispiel Chiles zeigt sehr deutlich, wie unvollständige Reformen der Landwirtschaft schaden und vollständig umgesetzte Reformen wiederum großen Nutzen mit sich bringen können. Die Militärregierung, die im Jahr 1973 die Macht übernahm, setzte ein nachhaltiges politisches Reformprogramm um. Die landwirtschaftliche Produktion nahm im Jahr 1974 um 25 Prozent zu, stagnierte dann im Laufe des Jahres 1983 jedoch. Gründe dafür waren die Unsicherheit im Hinblick auf zukünftige politische Maßnahmen und die Unvollständigkeit der Reformen. In den Jahren 1978 bis 1982 trafen die Abschaffung von Subventionen für Kredite und Produktionsfaktoren sowie die Aufwertung des realen Wechselkurses die Landwirtschaft sehr schwer, während Verzögerungen bei der Durchführung von Reformen auf dem Boden- und Arbeitsmarkt sowie dem Markt für Wasserrechte effektive Gegenmaßnahmen verhinderten (Valdes 1994).

Im Jahr 1984 führten eine drastische Abwertung der Währung und die Vollendung der Reformen zu einer kräftigen Erholung, auf die der Sektor stark ansprach. Der Anteil der Landwirtschaft am Arbeitsmarkt stieg rasch an: von einem niedrigen Niveau von 14 Prozent der gesamten Erwerbsbevölkerung auf mehr als 19 Prozent – ein Anteil, der im vorherigen Jahrzehnt noch nie so hoch gewesen war. Das landwirtschaftliche Wachstum stieg von 0,2 Prozent pro Jahr zwischen 1960 und 1974 auf 4,9 Prozent zwischen 1974 und 1990 an. Ein wesentlicher Faktor hierbei war eine höhere Produktivität des Bodens.

Die Liberalisierung der Landwirtschaft in China führte schon bald zu ersten Ergebnissen. Vor den im Jahr 1979 durchgeführten Reformen wies China eine gute Straßen- und Bewässerungsinfrastruktur und ausgezeichnete technische Geräte für den Anbau von Getreide und anderen Kulturen auf, und Düngemittel und andere Produktionsfaktoren wurden effektiv eingesetzt. Zwischen der Revolution in den 1940er Jahren und den 1970er Jahren hatte sich die Bewässerungskapazität mehr als verdoppelt, und die Düngemittelproduktion war deutlich angestiegen. Doch im Laufe dieser 30 Jahre nahm das Ackerland pro Kopf von etwa 0,2 auf 0,1 Hektar ab. Staatliche Vorschriften zur Bodennutzung zwangen die meisten Bauern zum Anbau von Reis und anderen Getreidearten. Landwirtschaftliche Kollektive mußten Quoten für das in die Städte zu liefernde Getreide erfüllen, und der nationale Getreidemarkt war in 30 autarke Regionen unterteilt.

Ab dem Jahr 1979 nahm die Zahl der familiären Landwirtschaftsbetriebe im Zuge des „Systems der Haushaltsverantwortung" im ganzen Land drastisch zu. Diese traten an die Stelle von landwirtschaftlichen Gemeinschaftsbetrieben. Obwohl die Bauern anfangs noch verpflichtet waren, Getreide zu niedrigen Preisen zu liefern, konnten sie andererseits doch produzieren, was sie wollten, und dies zumeist zu Marktpreisen. Der zuvor vom Staat unterbundene Handel in landwirtschaftlichen Gebieten sowie zwischen den Bauern und den Städten durfte sich nun frei entfalten und florierte. Anstelle autarker Provinzen förderte der Staat nun regionale und nationale Märkte. Die effektive Nachfrage nach hochwertigen Produkten wie Gemüse, Obst, Fleisch, Fisch und Eiern, die von den früheren staatlich gelenkten Maßnahmen unterdrückt worden war, nahm rasch zu. Die hochqualifizierten, hart arbeitenden und hochmotivierten chinesischen Bauern sprachen überaus stark auf die neuen Möglichkeiten an und läuteten eine fünfjährige Phase mit dem schnellsten nachhaltigen Landwirtschaftswachstum ein, das jemals irgendwo zuvor verzeichnet worden war. Zwischen 1978 und 1984 stiegen die landwirtschaftliche Nettoproduktionsmenge jährlich um 7,7 Prozent und die Getreideproduktion um 4,8 Prozent an (Lin 1995). Da die große Mehrheit der Armen in China in ländlichen Gebieten lebte, ging die Armutshäufigkeit dramatisch zurück.

Quelle: Meerman 1997.

---

ten Aktiva wie Krediten und Infrastruktur zu einer Steigerung der Produktivität des Bodens und der Arbeitskraft der Armen führen. Eine Liberalisierung der Bodenmärkte hat somit potentiell einen gewaltigen Nutzen. Daten aus Mexiko beispielsweise deuten darauf hin, daß Reformen des Bodenmarkts den Zugang von Kleinbauern zu Grund und Boden mit Hilfe des Pachtmarkts erweitert haben (Sonderbeitrag 4.4).

Abgesehen von diesen direkten Vorteilen, scheint sich das Einkommenswachstum in der Landwirtschaft insbesondere auf den Abbau der Armut in ländlichen Gebieten auszuwirken, und zwar aufgrund externer Nachfrageeffekte auf lokale Märkte, an denen die nicht in der Landwirtschaft tätigen Armen aus ländlichen Gebieten einen großen Anteil haben. Das ländliche Bauwesen, private Dienstleistungen, einfache Fertigungstätigkeiten und Reparaturen sind die wichtigsten Bereiche, in denen Arme am landwirtschaftlichen Aufschwung teilhaben können, selbst wenn sie keine direkten Nutznießer der höheren Preise für Agrarerzeugnisse sind. In Ghana machen die größten Nutznießer der Reformen, die Kakaoerzeuger, weniger als 8 Prozent der armen Bevölkerung aus. Dennoch ging die Armut in den ländlichen Gebieten drastisch zurück.

Alle unsere Probleme entstehen durch einen Mangel an Grund und Boden. Wenn wir genug Land haben, sind wir auch in der Lage, genug zu produzieren, um unsere Familien zu ernähren, Häuser zu bauen und für die Bildung unserer Kinder zu sorgen.

– Armer Mann, Nigeria

Ein weiteres Beispiel für die indirekten Vorteile von Marktreformen sind die kleinen Baumwollbauern in Simbabwe.[23] Vor den Reformen nutzte das Cotton Marketing Board, eine Absatzorganisation für Baum-

Sonderbeitrag 4.4
Bodenmärkte und arme Bauern in Mexiko

Die Liberalisierung der Bodenpacht und die Umstrukturierung des Systems der Eigentumsrechte an den *Ejidos* (Gemeinschaftsländereien) im Jahr 1992 bildeten das Rückgrat der Strukturreformen für den Umbau der mexikanischen Wirtschaft. Von der Liberalisierung der Bodenmärkte und der besseren Definition und Durchsetzung von Eigentumsrechten erwartete man sich eine drastische Reduzierung der Transaktionskosten sowohl auf dem Boden- als auch dem Kreditmarkt sowie einen verbesserten Zugang der armen (und womöglich effizienteren) Kleinerzeuger zu Grund und Boden und Krediten.

Politische Maßnahmen zur Aktivierung der Bodenpachtmärkte sollten Vorteile für die Landbesitzlosen und die kleinen Grundbesitzer mit sich bringen, da ihr Zugang zu Grund und Boden durch Pacht und Anteilswirtschaft erweitert werden sollte. Doch mit der Liberalisierung der Boden- und Kreditmärkte wurden die Vorteile der gelockerten Beschränkungen auf dem Bodenpachtmarkt durch den geringeren Zugang kleiner Grundbesitzer zu Krediten wieder zunichte gemacht, da die kleinen Grundbesitzer kaum in der Lage waren, Land als Sicherheiten anzubieten. Dadurch könnten sich die Vorteile von den Kleinbauern auf die Großbauern verlagert haben.

Das größere Angebot an Grund und Boden von Großbauern auf dem Pachtmarkt ermöglichte den Armen auf dem Land einen geringfügig größeren Zugang zu Grund und Boden, der aus statistischer Sicht jedoch signifikant ist. Bei Berücksichtigung des besseren Zugangs zu Krediten ist die Nachfrage der Großbauern nach Bodenpacht anscheinend gestiegen. Doch die Nachfrage der Kleinbauern nach Land scheint sogar noch stärker gestiegen zu sein, was darauf schließen läßt, daß die Bauern mit wenig Grundbesitz von der Bodenmarktliberalisierung noch mehr hätten profitieren können, wenn sich ihr Zugang zu Krediten nicht verschlechtert hätte.

Quelle: Olinto, Davis und Deininger 1999.

---

wolle, seine Macht als Alleinabnehmer, um den Bauern niedrige Erzeugerpreise aufzuzwingen und damit die Textilindustrie zu subventionieren. Große landwirtschaftliche Betriebe wichen auf nicht regulierte Erzeugnisse wie Gartenbaukulturen und Tabak aus. Nach den Reformen stiegen die Baumwollpreise an. In absoluten Zahlen betrachtet, wären die Vorteile für die großen Landwirtschaftsbetriebe schon allein deshalb größer, weil sie mehr Baumwolle produzieren. Doch gab es besondere Vorteile für Kleinbauern, da die neuerdings privatisierten Baumwollabnehmer zum Teil dadurch miteinander konkurrieren, daß sie den Kleinbauern neue Beratungs- und Beschaffungsdienstleistungen anbieten.

Wir glauben, daß der Boden uns viel schenkt, doch welchen Sinn hat es, mehr zu produzieren, als die Familie benötigt, wenn es keine Möglichkeiten gibt, die Ware auf den Markt zu bringen?
– Aus einer Diskussionsgruppe, Guatemala

Marktfreundliche Reformen haben den Armen in ländlichen Gebieten bisweilen auch Schaden zugefügt. In einigen Ländern führten Finanzreformen zur Verknappung von Krediten und zur Schließung von ländlichen Bankfilialen, wodurch die Verfügbarkeit von Krediten verringert wurde.[24] Und in einigen Fällen wurden Forschung, Datenerfassung, Berichterstattung und Qualitätsüberwachung nach Abschaffung der Staatsbetriebe und Absatzorganisationen eingestellt. In Kamerun hielt die Absatzorganisation die Landstraßen instand, doch wurde dieser Verantwortungsbereich nach den Refor-

men nicht neu zugeordnet. In Sambia wurden in entlegenen Gebieten lebende Bauern durch eine einheitliche Preispolitik, bei der Transportkosten nicht berücksichtigt wurden, indirekt subventioniert. Kleinbauern ohne Lagerkapazitäten wurden wiederum dadurch indirekt subventioniert, daß Preise unabhängig von der Saison stabil gehalten wurden. Nach den Reformen wurden diese indirekten Subventionen durch Marktkräfte abgeschafft, und die Verkehrsinfrastruktur verschlechterte sich deutlich, so daß viele Bauern schlechtere Bedingungen vorfanden als zuvor.

Den Vorteilen, die relative Preisverschiebungen für Kleinerzeuger mit sich bringen, stehen die Kosten gegenüber, die den armen Stadtbewohnern entstehen. Nehmen wir Ghana als Beispiel. Der ländliche Sektor profitierte von höheren Exportpreisen und einer steigenden Nachfrage auf dem Land, als die Kakaobauern ihre unerwarteten Gewinne wieder ausgaben, während die Armut unter den Stadtbewohnern zunahm. Der Lebensstandard in Accra verschlechterte sich zwischen 1988 und 1992, selbst als sich die Bedingungen in anderen Landesteilen verbesserten. Die Stadtbewohner mit niedrigem und mittlerem Einkommen litten unter den höheren Lebensmittelpreisen. Außerdem führte die Abschaffung des alten Exportmarketingsystems zum Verlust einer wichtigen öffentlichen Einnahmequelle, die nicht so schnell ersetzt werden konnte. Dies zog eine höhere Inflation und eine Umstrukturierung des öffentlichen Sektors nach sich, deren nachteilige Auswirkungen die Stadtbewohner am meisten zu spüren bekamen.

Sonderbeitrag 4.5
Dialog mit den Bauern in Sambia

Seit 1991 hat Sambia das politische und institutionelle Umfeld für die Landwirtschaft radikal verändert. Im Zuge der Liberalisierung und Privatisierung sind Private an die Stelle des Staates als Anbieter von Diensten für die Landwirtschaft beispielsweise im Hinblick auf Kredite, Produktionsfaktoren und die Vermarktung von Erzeugnissen getreten.

Mit Hilfe von partizipativen Beurteilungen auf dem Land und Bewertungen durch die Empfänger wurde im Rahmen des von der Weltbank geförderten Agrarinvestitionsprogramms ein systematischer und regelmäßiger Informations- und Ergebnisaustausch zwischen politischen Entscheidungsträgern, Dienstleistern und den von den Programmen Betroffenen eingeführt. Durch den Dialog mit den Bauern konnten die Politiker ein Verständnis dafür entwickeln, mit welcher Ressourcenknappheit und welchen Problemen bei der Bereitstellung von Leistungen die Bauern zu kämpfen haben und welche Strategien sie nutzen, um mit den Unwägbarkeiten des Umbaus fertig zu werden.

Im Rahmen ihrer partizipativen Bewertungen untersuchen die Beteiligten auch, welche Auffassungen vor Ort im Hinblick auf die Effektivität der landwirtschaftlichen Infrastruktur und der Dienstleistungen herrschen. Diese Beratungen zeigten, daß die Vergabe von Agrarkrediten und die Vermarktung von landwirtschaftlichen Erzeugnissen, die sich nun in privater Hand befanden, ungleichmäßig und unkalkulierbar abliefen. Die Gründe hierfür waren die schlechte Infrastruktur, der Mangel an Kapazitäten und unzulängliche Durchsetzungsmechanismen. Öffentlich bereitgestellte landwirtschaftliche Beratungs- und tierärztliche Dienste, die unter einem Mangel an Personal, Betriebsmitteln, Transportmöglichkeiten und Ausrüstung litten, wurden den Bedürfnissen der Bauern ebenfalls nicht in ausreichendem Maße gerecht.

Die Bauern fordern eine bessere Infrastruktur (insbesondere Straßen und Brücken) und eine effektivere Regulierung des privaten Sektors. Sie fordern außerdem mehr Informationen über die Märkte für landwirtschaftliche Erzeugnisse und einen einfacheren Zugang zu flexibleren und ihren Bedürfnissen besser entsprechenden Kreditfazilitäten. Und sie wollen Beratung – vorzugsweise in Gruppen – zu Bedarfskulturen und Lagermethoden.

Der Dialog mit den Bauern zeigte außerdem Möglichkeiten auf, wie denjenigen die Teilnahme an den Agrarmärkten ermöglicht werden kann, die aus wirtschaftlicher Sicht am schadenanfälligsten sind. Diese Hilfe kann durch die Ausweitung von Mikrokreditangeboten, die Förderung von Saatproduktionssystemen vor Ort sowie das Angebot von Forschungs- und Beratungsdiensten zu Bedarfskulturen und einer sich auf wenige Produktionsfaktoren stützenden Landwirtschaft erfolgen. Um vor Ort die organisatorische Grundlage für eine partizipative landwirtschaftliche Beratung und wirtschaftlich überlebensfähige gemeinsame Aktivitäten wie beispielsweise Vermarktung, örtliche Finanzdienstleistungen und Viehimpfungen zu schaffen, muß die Unterstützung Erzeugerverbänden, nichtstaatlichen Organisationen, die Dienstleistungen anbieten, und anderen, in den Gemeinschaften tätigen Organisationen zuteil werden.

Quelle: Weltbank 1998a.

Aus diesen Beispielen können wenigstens zwei Lehren gezogen werden. Die erste ist recht einfach: Reformen können den Armen sowohl nutzen als auch schaden. Die Einbeziehung von Interessengruppen mittels politischer Mitbestimmung kann erheblich dazu beitragen, ungewollte Folgen für die Armen zu ermitteln und zu vermeiden (Sonderbeitrag 4.5). Die zweite Lehre lautet: Wenn Reformen ein institutionelles Vakuum hinterlassen, leidet die wirtschaftliche Leistung. Wie bei anderen Reformen auch wird eine Marktliberalisierung in der Landwirtschaft ohne einen entsprechenden institutionellen Rahmen nicht die erwarteten Ergebnisse liefern und könnte für die Armen ernsthafte Konsequenzen nach sich ziehen.

Fiskalpolitik

In zahlreichen Ländern stellten Finanzreformen zur Erhöhung der Steuereinnahmenkapazität und zur Eindämmung einer untragbaren Ausgabenpolitik einen Kernpunkt breit angelegter Reformprogramme dar. Da die Erhöhung der Steuereinnahmen Zeit braucht, äußern sich Finanzreformen häufig zuerst in Ausgabenkürzungen. Wenn sich diese Kürzungen in sozialen Bereichen und bei den Subventionen bemerkbar machen, können sie den Armen schaden. Wie in Kapitel 5 erörtert wird, gibt es Hinweise darauf, daß die Einführung von Nutzungsgebühren im Gesundheitswesen die Armen mehr belastet als die Reichen. In Madagaskar gingen die Realeinkommen der armen Haushalte in der Landeshauptstadt nach Freigabe der Lebensmittelpreise dramatisch zurück.[25] Doch die Abschaffung von Subventionen geht nicht immer zu Lasten der Armen. Eine Studie in Guinea und Mosambik ergab, daß die Abschaffung von Lebensmittelsubventionen den Armen nicht schadete, da diese Subventionen sie zuvor überhaupt nicht erreicht hatten.[26] Die Lehre hieraus liegt auf der Hand: Insgesamt niedrigere Subventionen stehen dem Ziel, den Armen zu helfen, nicht unbedingt entgegen, wenn die Subventionen gezielter eingesetzt werden oder durch andere Formen von Hilfen ersetzt werden.

In den 1990er Jahren leiteten die Regierungen in Osteuropa und der ehemaligen Sowjetunion ein rasches Auslaufen der Subventionen für Versorgungsleistungen in der gesamten Organisation ein. Die Dringlichkeit wurde von der Notwendigkeit bestimmt, untragbare Haushaltsdefizite zu senken. Das hatte gewaltige Auswirkungen auf die Wohlfahrt aller Haushalte, insbesondere auf die armen Familien. In der Ukraine stiegen die Energiepreise für die Haushalte zwischen 1992 und 1995 (real) auf das Vier- bis Zwölffache an, während das durchschnittliche Haushaltseinkommen auf weniger als die Hälfte des Niveaus vor den Reformen fiel. Um diese Auswirkungen abzufedern, wurde für die von den Haushalten zu zahlende Summe aus den Abgaben und Gebühren an Versorgungsbetriebe sowie den Mietkosten eine Obergrenze von 20 Prozent des Haushaltseinkommens festgelegt. Rechnungen, die diese Obergrenze überschreiten, sollen aus dem Staatshaushalt beglichen werden (obwohl Zahlungsrückstände weiterhin ein Problem darstellen). In Moldawien würden in den Wintermonaten die durchschnittlichen Heizkosten einer durchschnittlichen vierköpfigen, in einer kleinen Wohnung lebenden Familie im unteren Fünftel der Einkommensskala mehr als 60 Prozent des Einkommens (Geld- und Sacheinkommen) verschlingen. Diesen unhaltbaren Umstand erkennend, haben die Regierungen schließlich Beihilfesysteme für Familien eingeführt, die von einer Duldung von Zahlungsausfällen bis hin zur Festlegung abweichender Tarife für arme Familien reichen.[27]

Die Erfahrungen in den Ländern der ehemaligen Sowjetunion zeigen, daß die Anpassung der Fiskalpolitik auf andere, für die Armen viel günstigere Arten und Weisen hätte erfolgen können. Vor dem politischen Umbruch beispielsweise lag das Verhältnis der Mitarbeiter und Einrichtungen im Gesundheits- und Bildungswesen zur Gesamtbevölkerung über dem OECD-Standard. Im Laufe der 1990er Jahre gingen die öffentlichen Einnahmen und Ausgaben als Anteil am BIP zurück. Und da das BIP ebenfalls einbrach, sanken die Staatsausgaben in realen Zahlen drastisch. Anstatt nun Personal abzubauen, Einrichtungen zu rationalisieren und Maßnahmen zur Kostendeckung einzuführen, ließen die Regierungen einen Verfall der Realgehälter im öffentlichen Sektor zu, und die Ausgaben für Instandhaltungen und Sachleistungen brachen ein. Die Gehaltszahlungen im öffentlichen Sektor waren häufig im Rückstand, und die Angestellten im öffentlichen Dienst reagierten auf ihre persönliche finanzielle Misere damit, daß sie für staatliche Leistungen Zahlungen unter der Hand verlangten, die die Armen kaum aufbringen konnten.[28]

Maßnahmen zur Erhöhung der Steuereinnahmen, wie beispielsweise eine schrittweise Einführung der Mehrwertsteuer, können den Armen ebenfalls schaden, wenn sie nicht vorsichtig durchgeführt werden. Schlagkräftige Argumente hinsichtlich der Effizienz der Mehrwertbesteuerung finden in allen Entwicklungsländern Beachtung. Doch die Einführung solcher Steuern kann den Fortschritt sowohl fördern als auch hemmen. Wenn die Mehrwertsteuer als Ersatz für progressive Einkommenssteuern dient oder wenn die Armen bislang andere Steuern umgingen oder keine anderen Steuern zu zahlen brauchten, führen solche Reformen zu einem Rückschritt. Die Einführung einer Mehrwertsteuer in Pakistan verlagerte die Steuerlast auf die Armen: Die Steuerbelastung der reichsten Einkommensgruppen ging um 4,3 Prozentpunkte zurück, während die der Armen um 10,3 Prozentpunkte anstieg.[29] Wenn Steuerreformen hingegen zu einem Abbau der inflationären Staatsfinanzen führen, können sie den Fortschritt begünstigen, da eine hohe Inflation die Armen stark belastet. Des weiteren liegt die Wirkung der Staatsfinanzen als Umverteilungsinstrument vielmehr auf der Ausgaben- als auf der Einnahmenseite. Daher kann selbst eine geringfügig regressive Steuerreform zu progressiven Ergebnissen führen, wenn die zusätzlichen Einnahmen für Ausgaben verwendet werden, die den Armen zugute kommen.

Handel

Handelsreformen, das heißt der Abbau von Zolltarifen und nichttarifären Handelshemmnissen, haben in vielen Entwicklungsländern eine durchgreifende Wirkung erzielt. Wie in Kapitel 3 erörtert wird, gibt es nun fundierte Hinweise darauf, daß offene Handelssysteme Wachstum und Entwicklung fördern und der Übergang zu einer offenen Handelspolitik und die mit ihr verbundenen Vorteile Gründe für Handelsreformen sind. Doch die Folgen für die Armen hängen im wesentlichen davon ab, welche Auswirkungen die Liberalisierung des Handels auf die Nachfrage nach dem wichtigsten Vermögenswert dieser Menschen hat, nämlich nach ihrer (häufig ungelernten) Arbeitskraft. Darüber hinaus gingen die Handelsreformen in den Entwicklungsländern nicht immer mit entsprechenden Reformen in den reichen Ländern einher, in denen die weiterhin vorhandene Protektion eine große Belastung für die Entwicklungsländer darstellt (Kapitel 10).

Der erste Schub in Richtung einer Handelsliberalisierung als Instrument zum Abbau der Armut wurde von einer engen Auslegung der Voraussagen aus der Handelstheorie beeinflußt: Danach würde der Abbau von Handelshemmnissen in den Entwicklungsländern die Nachfrage nach der dortigen hohen Zahl an ungelernten Arbeitskräften steigern und die Beschäftigungsquote sowie das Einkommen dieser Menschen erhöhen. Eine Liberalisierung des Handels würde nicht nur das Durchschnittseinkommen anheben, sondern durch ihre Auswirkungen auf die unqualifizierten Arbeitskräfte erwartungsgemäß auch insbesondere den Armen zugute kommen. Die Daten zeigen, daß die tatsächlichen Resultate in den letzten 15 Jahren eher gemischt ausfielen. Handelsreformen haben zu einem Wachstum und damit zur Verringerung der Armut geführt. Die Auswirkungen auf die Verteilung hingegen waren komplexerer Natur. Sorgfältige Analysen deuten an, daß hierbei drei Hauptfaktoren zum Tragen kommen.

Zum einen hatten in einigen Ländern Handelsrestriktionen den Armen durch einen künstlichen Anstieg der Preise für die von ihnen erzeugten Güter genutzt. In solchen Fällen überrascht es nicht, daß eine Liberalisierung des Handels den Armen schadet. Eine Studie zu Mexiko beispielsweise ergab, daß die Löhne von ungelernten Arbeitskräften im Vergleich zu denen von Facharbeitern zwischen 1986 und 1990 zurückgingen und daß etwa ein Viertel dieses Rückgangs durch die Senkung der Zolltarife und die Abschaffung von Einfuhrlizenzen bedingt war (Schaubild 4.3).[30] Die Autoren erklären diese offensichtliche Besonderheit damit, daß Mexiko trotz seines komparativen Vorteils in Industriezweigen mit zahlreichen ungelernten Arbeitskräften die arbeitsintensiven Sektoren (wie die Textil- und Bekleidungsindustrie) protegiert hatte, bevor das Land Handelsreformen einleitete. Die Stützung der Einkommen von ungelernten Arbeitskräften mit Hilfe von Handelshemmnissen ist keine sehr effektive Methode. Diese Stützung kann häufig auf andere Weise zu geringeren sozialen Kosten erreicht werden, wenngleich die Entwicklung und Umsetzung von derartigen gezielteren Programmen ihre Zeit brauchen. Unter diesen Umständen ist es jedoch nicht verwunderlich, daß die Liberalisierung des Handels – wenn sie nicht von Ausgleichsprogrammen begleitet wird – den Armen schaden würde. In einigen anderen Ländern zeigte sich jedoch ein anderes Bild: Durch Handelshemmnisse geschützte Arbeitskräfte in der städtischen verarbeitenden Industrie waren besser qualifiziert, und die Wahrscheinlichkeit, daß sie arm waren, war geringer.

Schaubild 4.3

In Mexiko nahm das Gefälle zwischen Löhnen von Facharbeitern und denen von ungelernten Arbeitern zu

Quelle: Lustig 1998.

Zum anderen verfügten einige Länder, die ihren Handel liberalisierten, nicht gerade über ein starkes Angebot an ungelernten Arbeitskräften. In Afrika und Lateinamerika gibt es verhältnismäßig viel Land, und Osteuropa ist reich an qualifizierten Arbeitskräften. Obwohl dies den Effizienz- und Wachstumsargumenten für eine Handelsreform keinen Abbruch tut, wird hier jedoch die frühere Annahme in Frage gestellt, daß Handelsreformen auch eine ausgleichende Wirkung haben könnten, indem sie die Nachfrage nach ungelernten Arbeitskräften erhöhen. In Ländern wie Bangladesch, China und Vietnam hingegen, in denen ungelernte Arbeitskräfte im Überfluß vorhanden sind, können sich für diese Menschen bedeutende Vorteile aus einer Einbindung in die Weltwirtschaft ergeben.

Zum dritten gingen Handelsreformen häufig mit anderen Entwicklungen einher, die eher zu mehr Ungleichheit als zu mehr Gleichheit führten. In vielen Entwicklungsländern, die ihren Handel nach außen öffneten, wie auch in vielen Industrieländern stiegen die Löhne der qualifizierten Arbeitskräfte schneller als die der ungelernten Arbeitskräfte. In den Vereinigten Staaten sind die Löhne der ungelernten Arbeiter seit den 1970er Jahren real um 20 Prozent gefallen – trotz des raschen gesamtwirtschaftlichen Wachstums.[31] Studien zu so unterschiedlichen Ländern wie Chile, Kolumbien, Mexiko, die Türkei und Venezuela zeigen ein ähnliches

Phänomen: Die an Facharbeiter gezahlten Aufschläge sind in allen genannten Ländern größer geworden.[32]

Trifft nun den Handel die Schuld für diese zunehmende Ungleichheit? Unter dem Strich zeigen die Daten, daß dies nicht der Fall ist. Eine bedeutendere Rolle spielt der technologische Wandel, der Arbeiter mit besserer Bildung und Qualifikation begünstigt – bisweilen in Form von importierten ausländischen Technologien. Dies läßt sich anhand verschiedener Daten belegen. Wenngleich die relativen Löhne von Facharbeitern in vielen Ländern gestiegen sind, fand ebenfalls eine Verschiebung in Richtung einer zunehmenden Beschäftigung von Facharbeitern statt – was dem widerspricht, was einfache Handelstheorien voraussagen würden. Diese Verschiebung ist in allen Industriezweigen festzustellen – was ebenfalls im Widerspruch zu den einfachen Handelsmodellen steht, die einen Anstieg in einigen Sektoren und eine Abnahme in anderen vorhergesagt hätten. Und es gibt Anzeichen dafür, daß sich die in den 1970er und 1980er Jahren in den Industrieländern vollzogene Verschiebung hin zu einer auf bessere Qualifikation ausgerichteten Beschäftigung nun in ähnlicher Weise – wenn auch später – in den Entwicklungsländern wiederholt.[33]

Das bedeutet natürlich nicht, daß der technologische Wandel vermieden werden sollte, weil er den Armen schadet. Ganz im Gegenteil: Der technologische Wandel ist ein grundlegender Bestimmungsfaktor für Wachstum und einen steigenden Lebensstandard, die wiederum starke Kräfte für den Abbau der Armut darstellen. Statt dessen weist die Bedeutung einer steigenden relativen Nachfrage nach qualifizierten Arbeitskräften auf die Notwendigkeit hin, in die Fähigkeiten der Armen zu investieren, um sie in die Lage zu versetzen, von den neuen Möglichkeiten zu profitieren, die der technologische Wandel mit sich bringt.

Die Reaktion des privaten Sektors

Diese Beispiele für Reformen in Landwirtschaft, Fiskalpolitik und Handel zeigen, daß Reformen insgesamt komplexe verteilungspolitische Auswirkungen haben können. Es ist jedoch zu bedenken, daß das Ziel von marktfreundlichen Reformen – ein boomender und dynamischer privater Sektor – eines der wirksamsten Gegenmittel gegen die Kosten von Reformen sein kann. Die Schaffung neuer Arbeitsplätze, der technologische Wandel, der die Arbeitsproduktivität und die Löhne erhöht, und Institutionen, die beim Zugang zu neuen Arbeitsplätzen Chancengleichheit gewährleisten, sorgen

zum großen Teil mit dafür, daß der Nutzen von Reformen einer breiten Bevölkerungsschicht zugute kommt.

Glücklicherweise scheint der private Sektor in den Entwicklungsländern im allgemeinen stark auf Reformen anzusprechen, insbesondere dann, wenn die Arbeitsmarktbestimmungen keine Belastung darstellen und die Anpassung nicht behindern.[34] Eine retrospektive Studie zu Handelsliberalisierungen ergab, daß in 12 von 13 Fällen, für die Daten verfügbar waren, die offizielle Beschäftigung in der verarbeitenden Industrie innerhalb eines Jahres nach Abschluß der Liberalisierung anstieg.[35] Eine Ausnahme bildete Chile, wo die zunehmende Beschäftigung in der Landwirtschaft den Rückgang der Beschäftigung in der Fertigungsindustrie ausglich. In Estland sorgte ein flexibler Arbeitsmarkt für die Schaffung zahlreicher Arbeitsplätze, die trotz des umfassenden Arbeitsplatzabbaus und der Arbeitskräftefluktuation, die durch Reformen bedingt waren, die Arbeitslosigkeit in Grenzen hielt.[36] In Panama gingen die Arbeitslosenzahlen nach der Liberalisierung drastisch zurück. In Südasien beschleunigte sich das Wachstum in der offiziellen verarbeitenden Industrie nach der Liberalisierung von 3,8 Prozent pro Jahr auf 9,4 Prozent, da sich viele Arbeiter aus Beschäftigungsverhältnissen im informellen Sektor zurückzogen.[37] Und der Sektor der Kleinst- und Kleinunternehmen in Afrika ist in fünf Volkswirtschaften, die im Rahmen einer neueren Studie untersucht wurden, der dynamischste Sektor. Nach den Reformen verzeichneten diese Unternehmen ein starkes jährliches Beschäftigungswachstum, und es wurden in hohem Tempo neue Unternehmen gegründet.[38]

Märkte schaffen, die mehr für Arme leisten

Selbst dort, wo marktfreundliche Reformen Fuß fassen konnten, können die Länder noch vieles tun, um den Nutzen dieser Märkte für die Armen zu erhöhen. Damit sie auch bis zu den Armen durchdringen, müssen viele Reformen mit institutioneller Unterstützung, Investitionen in die Infrastruktur und ergänzenden Reformen auf der Mikroebene einhergehen. Die politischen Entscheidungsträger haben nur einen geringen Anreiz, solche Reformen in Angriff zu nehmen, da die Märkte, auf denen die Armen agieren, im allgemeinen recht klein sind. Daher wird den Reformen nur wenig Aufmerksamkeit geschenkt, obwohl sie eine starke Kraft für den Abbau der Armut darstellen können. Doch ein erweiterter Zugang zu produktiven Wirtschaftsgütern sowie

Sonderbeitrag 4.6
Armut durch Informationen bekämpfen

Der Virtuelle Basar erweitert den Marktzugang für Handwerker im Nahen Osten und in Nordafrika

Fadma Aoubaida, eine marokkanische Weberin aus Taliouine und Mutter von sieben Kindern, konnte mit dem Geld, das sie durch den Verkauf ihrer Produkte auf dem Virtuellen Basar verdiente, das Dach ihres Hauses reparieren und mit dem Bau einer Innentoilette (einer der wenigen in ihrem Dorf) beginnen. Ijja Aittalblhsen, eine andere Handwerkerin aus Marokko, verwendete ihre Gewinne für den Kauf von Zement und Fenstern für ihr Haus. Mit den zukünftigen Gewinnen will sie sich entweder einen Lastwagen für den Transport ihrer Teppiche vom Dorf zum Markt oder Fahrräder für die Frauen kaufen.

           – BBC Online News, 14. Oktober 1999

Handwerker im Nahen Osten und in Nordafrika haben seit jeher qualitativ hochwertige Produkte nach traditionellen Methoden und überliefertem Wissen hergestellt. Doch schrumpfende lokale Märkte und Probleme, Zugang zu lukrativeren nationalen und internationalen Märkten zu erlangen, führen allmählich zum Verschwinden dieses kulturträchtigen Handwerks – und damit auch einer wichtigen Einkommensquelle für die Armen.

Der Virtuelle Basar widersetzt sich diesem Trend. Seit dem Jahr 1997 bietet dieser Marktplatz im Internet Hunderten von Handwerkern (darunter vielen Frauen) aus Ägypten, dem Libanon, Marokko und Tunesien einen direkten Zugang zu internationalen Märkten. Das Netz dehnt sich derzeit auf andere Länder in dieser Region aus, und es besteht bereits Nachfrage nach einer Anpassung des Konzepts für Ostasien und Lateinamerika.

Zwischen dem ersten und dem letzten Quartal 1999 stieg der Online-Umsatz auf das Zehnfache an. Der Verkauf der Produkte erfolgte auf Märkten in aller Welt, auch in Ländern in Europa und Nordamerika und sogar im weit entfernten Australien, Japan und Südafrika. Die beteiligten Handwerker erhalten zwischen 65 und 80 Prozent der Erlöse – einen weitaus größeren Anteil als über herkömmliche Vertriebswege. Und die Gewinne sind weit mehr als nur finanzieller Natur. Über den Virtuellen Basar eröffnen sich den Handwerkern Möglichkeiten zum Empowerment, zur Schaffung von Kapazitäten und zur Einkommenserzielung. Außerdem werden sie in die Lage versetzt, ihre Fähigkeiten mit Würde zu nutzen.

Mobilfunktechnologie bietet Frauen in Bangladesch Vorteile im Handel

Ich verkaufe meine Eier immer an Zwischenhändler. Früher habe ich jeden mir angebotenen Preis akzeptiert, weil ich keine Ahnung von den aktuellen Eierpreisen hatte. . . . Letzte Woche kam der Zwischenhändler . . . und wollte mir 12 Taka pro Hali [vier Einheiten] geben. . . . Ich vertröstete ihn ein wenig und überprüfte in der Zwischenzeit schnell die Preise über unser Dorftelefon. Der Preis auf den nahe gelegenen Märkten lag bei 14 Taka pro Hali. Ich ging zurück und weigerte mich, zu dem niedrigeren Preis zu verkaufen. . . . Nach kurzem Feilschen einigten wir uns auf einen Preis von 13 Taka pro Hali.

          – Halima Khatuun, eine arme Analphabetin aus Bangladesch, die Eier verkauft

Grameen Telecom, ein Tochterunternehmen der Grameen Bank, bietet ein Dorftelefonprogramm an, bei dem Mobilfunktelefone an ausgewählte Bankmitglieder, hauptsächlich Frauen in ländlichen Gebieten, vermietet werden, die mit diesem Telefon Telekommunikationsdienste anbieten und Geld verdienen können. Heute sind bereits etwa 2.000 öffentliche Dorftelefone in Betrieb. Bis zum Jahr 2002 sollen 40.000 Telefone installiert und auch Telefax- und E-Mail-Dienste eingerichtet werden.

Diese Telefone haben dazu beigetragen, die Kosten der Informationsbeschaffung zu senken. Dies schlägt sich in niedrigeren Preisen für Geflügelfutter, stabileren Dieselpreisen und – durch genauere Lieferzeiten – in geringeren Ausschußmengen bei leicht verderblichen Waren nieder. Die Frauen, die diese Telefondienste zur Verfügung stellen, haben neue Zuversicht gewonnen und einen neuen Status als „Telefondamen" erlangt. Die Telefone werden sowohl von den Reichen als auch von den Armen genutzt, doch telefonieren die Armen häufiger aus geschäftlichen Gründen.

Quelle: Zum *Virtuellen Basar* siehe www.peoplink.org/vsouk/; zum Mobilfunkprogramm von Grameen Telecom siehe Burr (2000).

---

der Abbau und die Verbesserung der Regulierung können einen erheblichen Beitrag dazu leisten, die Armen direkter an den Märkten zu beteiligen.[39] Neue Technologien können ebenfalls hilfreich sein. Das gilt insbesondere für die Informationstechnologie, mit deren Hilfe viele Arme einige der Hindernisse überwinden können, die die physische Entfernung beispielsweise von Märkten mit sich bringt (Sonderbeitrag 4.6).

Das Potential von Reformen, den Zugang zu Märkten für die Armen zu verbessern, wird aus Beispielen aus drei Bereichen ersichtlich: Lockerung der eisernen Hand der Regulierung, insbesondere für kleine Unternehmen, die häufig Beschäftigungsmöglichkeiten für die Armen bieten, Förderung der grundlegenden Arbeitsnormen und Verbesserung des Zugangs der Armen zu Finanzmärkten, insbesondere durch Mikrofinanzangebote.

Die Last der Regulierung verringern

Die Einhaltung von Vorschriften und Bestimmungen verursacht fixe Kosten, die für kleine Unternehmen eine besonders große Belastung darstellen. Eine sorgfältige Überarbeitung der Vorschriften und die Erörterung von Möglichkeiten für flexiblere Bestimmungen können diese Last verringern. In Chile hat die Regierung vor kurzem das Zollrückerstattungssystem vereinfacht, um die Verwaltungskosten für kleine Unternehmen zu senken. In Bolivien wurden Teile des Steuersystems für kleine Unternehmen drastisch vereinfacht.[40] Auf den

Philippinen bestehen für kleine Sparkassen und landwirtschaftliche Banken weitaus geringere Mindestkapitalanforderungen als für Geschäftsbanken.

Im Gegensatz dazu erhöhen in Indonesien die offiziellen und inoffiziellen Abgaben die Kosten für kleine und mittelständische Unternehmen schätzungsweise um bis zu 30 Prozent.[41] In einigen Sektoren müssen kleine Unternehmen bis zu acht Konzessionen einholen, von denen einige identische Funktionen erfüllen, aber von verschiedenen Stellen ausgestellt werden. Diese Konzessionen zu erlangen nimmt so viel Zeit in Anspruch und die Verfahren sind derart kompliziert, daß einige Firmeneigner sich entschließen, ihr Geschäft lieber illegal zu betreiben.[42] Im indischen Bundesstaat Gujarat stellen die Konzessionsvorschriften für Kautschuksammler ein Hindernis für weibliche Sammlergruppen dar.[43] Reformen zur Senkung der Abgaben sowie zur Vereinfachung und Verkürzung der Konzessionierungs- und Zugangsverfahren für kleine und mittelständische Unternehmen könnten diese Last verringern.

Sofern ihnen die Möglichkeit dazu gegeben wird, könnten kleine und mittelständische Unternehmen solche Marktsegmente bedienen, die normalerweise als natürliche Monopole angesehen werden. In vielen städtischen Gebieten Afrikas und Lateinamerikas stellen kleine unabhängige Wasserversorger armen Randgemeinden grundlegende Dienstleistungen rund ums Wasser zu niedrigen Preisen zur Verfügung. Kleine Unternehmen haben sich auch in der Abfallentsorgung als effektiv erwiesen.[44] Häufig werden sie jedoch mit Hindernissen konfrontiert, beispielsweise mit der Bestimmung, daß sie Erfahrung vorweisen können müssen, oder mit komplizierten oder teuren Registrierungs- und Ausschreibungsverfahren und Wettbewerbsbeschränkungen auf den Märkten. Der Abbau dieser Beschränkungen könnte kleine und mittelständische Unternehmen in die Lage versetzen, ihre Aktivitäten in diesem Bereich auszuweiten, und damit die Beschäftigungsmöglichkeiten für Gruppen mit niedrigem Einkommen verbessern. Gleichzeitig würde der Zugang der Armen zu Dienstleistungen erweitert.

Bessere Regulierung ist nicht immer gleichbedeutend mit weniger Regulierung. Als Beispiel soll hier die Privatisierung der Gas-, Wasser-, Strom- und Telekommunikationsversorger in Argentinien gegen Anfang der 1990er Jahre dienen. Die Privatisierung sorgte für bessere Leistungen, und die Armen profitierten davon als Direktabnehmer ebenso wie der Rest der Wirtschaft –

in den Bereichen Gas und Strom sogar überdurchschnittlich, da diese wichtige Komponenten ihres Konsumgüterkorbes darstellen. Doch da die privatisierten Versorger häufig eine Monopolstellung innehaben, waren angemessene Regulierungsinstitutionen unverzichtbar, um faire Preise zu gewährleisten. Die neuen Regulierungsvorschriften, die sicherstellen sollen, daß die Abgaben und Gebühren lediglich normale Erträge abwarfen, brachten für die Armen einen umfassenden indirekten Nutzen mit sich, da Investitionen und die Schaffung neuer Arbeitsplätze in der gesamten Wirtschaft gefördert wurden. Eine Studie ergab, daß dieser indirekte Nutzen für die Armen, der den Einfluß einer angemessenen Regulierung widerspiegelt, fünfmal so groß war wie der direkte Nutzen aus niedrigeren Gebühren und Abgaben und einer besseren Versorgung.[45]

Angemessene und insgesamt weniger belastende rechtliche Rahmenbedingungen auf den Arbeitsmärkten könnten den Armen ebenfalls sehr zugute kommen. Im allgemeinen können übermäßig belastende Arbeitsmarktvorschriften die Schaffung neuer Arbeitsplätze und damit auch die Möglichkeiten der Armen einschränken, einen ihrer wichtigsten Vermögenswerte – ihre Arbeitskraft – produktiv einzusetzen. Diese Einschränkungen kommen insbesondere dann zum Tragen, wenn Reformen in anderen Bereichen vorübergehend Arbeitsmarktkrisen verursachen. Doch die Vorteile einer Deregulierung der Arbeitsmärkte sollten nicht übertrieben dargestellt werden. Häufig werden Arbeitsmarktvorschriften – insbesondere im informellen Sektor – nicht ausreichend durchgesetzt, so daß eine Lockerung dieser Vorschriften nur geringe Auswirkungen auf die Beschäftigungsmöglichkeiten der Armen haben würde.

Grundlegende Arbeitsnormen fördern

Die Internationale Arbeitsorganisation (ILO) hat in der von ihren Mitgliedsländern im Jahr 1998 verabschiedeten Declaration on the Fundamental Principles and Rights at Work grundlegende Arbeitsnormen aufgestellt. Diese umfassen die Vereinigungsfreiheit, das Recht auf Tarifautonomie, das Verbot von Zwangsarbeit, die effektive Abschaffung von Kinderarbeit und den Schutz vor Diskriminierung bei der Beschäftigung und im Beruf.[46]

Die Ziele, die diesen Arbeitsnormen zugrunde liegen, sind von großer Bedeutung, und es herrscht weitestgehend Einigkeit darüber, daß diese Normen an sich bereits achtbare Ziele im Rahmen der wirtschaftlichen

Entwicklung sind. Dieser Konsens trifft besonders auf die ausbeuterischen Formen der Kinder- und Zwangsarbeit zu. Dennoch herrscht Uneinigkeit darüber, wie die von diesen grundlegenden Normen vorgesehenen Arbeitsbedingungen am besten erreicht werden. Die beste Methode zur Umsetzung der in diesen Normen festgelegten Ziele läßt sich nur schwer bestimmen und hängt zum großen Teil von den jeweiligen Gegebenheiten in den einzelnen Ländern ab. Einige Industrieländer vertreten den Standpunkt, daß die Normen durch Handelsabkommen oder im Rahmen der entwicklungspolitischen Zusammenarbeit durchgesetzt werden sollten. Zahlreiche Entwicklungsländer hingegen argumentieren – und das mit Recht –, daß die Anwendung derartiger Handelssanktionen protektionistischen Zwecken der Industrieländer dienen könne und die Entwicklung auf unfaire Weise behindert werde, wenn die entwicklungspolitische Zusammenarbeit an Bedingungen geknüpft wird.

Es ist klar, daß die Verabschiedung grundlegender Arbeitsnormen allein kein Garant für deren Umsetzung ist. In den Entwicklungsländern können Probleme bei der Erfüllung dieser Standards unter Umständen eine Folge der Armut sein.

Beispiel Kinderarbeit. Allzu häufig geht die Zeit, die Kinder mit Arbeit verbringen, zu Lasten ihrer offiziellen Schulausbildung – mit sehr wahrscheinlich schweren Langzeitfolgen. Doch der Verdienst eines Kindes entscheidet möglicherweise darüber, ob die betreffende Familie überlebt oder hungert, oder trägt dazu bei, einem Bruder oder einer Schwester den weiteren Schulbesuch zu ermöglichen.[47] Unter diesen Umständen kann ein einfaches Verbot der Kinderarbeit nachteilige Auswirkungen auf das Einkommen von armen Familien haben und sogar ungewollt dazu führen, daß die Kinder aus ihrem Arbeitsverhältnis im offiziellen Sektor in ein ausbeuterisches Arbeitsverhältnis bei Unternehmen außerhalb der Reichweite offizieller Regulierungsvorschriften abgedrängt werden. Als effektive Strategie zur Ergänzung der Normen gegen die ausbeuterischsten Formen der Kinderarbeit können Programme dienen, die finanzielle Anreize bieten, durch die ein regelmäßiger Schulbesuch der Kinder erschwinglich wird.[48]

Die Umsetzung der Normen zur Vereinigungsfreiheit und zum Recht auf Tarifautonomie werfen im Hinblick auf die wirtschaftliche Entwicklung ebenfalls komplexe Fragestellungen auf. Eine gesetzliche Verankerung dieser Rechte kann dazu beitragen, mißbräuchliche Arbeitsplatzpraktiken abzuschaffen und gerechte Arbeitsentgelte zu gewährleisten, und zwar insbesondere für die Armen, die aufgrund ihrer starken Abhängigkeit von einer Beschäftigung am ehesten Gefahr laufen, an unfaire und ausbeuterische Arbeitgeber zu geraten. Auch Gewerkschaften stellen einen wichtigen Teil der bürgerlichen Gesellschaft dar, und Konsultationen mit den Gewerkschaften können einen wertvollen Beitrag zur Formulierung politischer Maßnahmen leisten. Allerdings sind die empirischen Daten zum wirtschaftlichen Nutzen von gewerkschaftlichen Organisationen und Tarifverhandlungen gemischter Natur und deuten darauf hin, daß die Kosten und der Nutzen ein komplexes Gefüge darstellen und vom jeweiligen Kontext abhängig sind.[49] Besondere Bedeutung kommt den Regeln zu, denen die Tarifverhandlungen und die Beilegung von arbeitsrechtlichen Auseinandersetzungen unterliegen. Durch einige Regeln für die Durchführung von Tarifverhandlungen können effiziente und gerechte Ergebnisse besser erzielt werden als durch andere.[50] Auf jeden Fall dient die Ausübung dieser Rechte den Entwicklungszielen dann am besten, wenn Gewerkschaften und Arbeitgeber über die entsprechenden Kenntnisse verfügen, unabhängig sind und ihre Verhandlungen in gutem Glauben führen.

Also legen die grundlegenden Arbeitsnormen zwar ein wichtiges Ziel fest, doch wird die einfache Strategie, diese Normen mittels Sanktionen durchzusetzen, für die Arbeiter wahrscheinlich nicht die gewünschten Ergebnisse erbringen.[51] Statt dessen wird vermutlich der größte Nutzen erzielt, wenn sie im Rahmen einer weit gefaßten Entwicklungsstrategie durch Aufklärung, technische Unterstützung, die Schaffung von Fähigkeiten und ergänzende Initiativen gefördert werden. Ein wichtiger Teil dieser Strategie muß darin bestehen, die Ursachen suboptimaler Arbeitspraktiken durch Anreize wie beispielsweise Programme zur Förderung des Schulbesuchs zu bekämpfen. Interessante neue Vorschläge dazu, wie staatliche Normen durch private (marktinduzierte) Normen ergänzt werden können, die Arbeitgeber dazu bringen, wünschenswerte Arbeitspraktiken umzusetzen, gehen in die gleiche Richtung und verdienen große Aufmerksamkeit.[52]

Den Zugang der Armen zu Finanzmärkten verbessern

Der Zugang zu Finanzmärkten ist für die Armen von großer Bedeutung. Wie alle Wirtschaftsakteure können auch Haushalte mit niedrigem Einkommen und Kleinstunternehmen von Kredit-, Spar- und Versicherungsangeboten profitieren. Diese Angebote unterstützen das Risikomanagement sowie die Verbrauchsglättung im Falle von starken Ertrags- und Preisschwankungen in der Landwirtschaft, wirtschaftlichen Krisen und sogar Naturkatastrophen. Spar- und Kreditfazilitäten können dazu beitragen, daß größere Investitionen erschwinglicher werden, und es den Menschen so ermöglichen, gewinnbringende Geschäftsmöglichkeiten zu nutzen und ihr Einkommenspotential zu steigern. Im Hinblick auf ganze Volkswirtschaften haben zahlreiche Quellen dokumentiert, welche Bedeutung gut funktionierende Finanzmärkte für das Wachstum haben.[53]

Doch aufgrund ihrer besonderen Merkmale erweisen die Finanzmärkte den Armen häufig nur einen schlechten Dienst. Informationsasymmetrien zwischen Kreditgebern und Kreditnehmern verursachen Probleme wie Antiselektion und moralische Risiken. Die traditionelle Lösung dieser Probleme besteht darin, daß die Kreditgeber von den Kreditnehmern Sicherheiten verlangen. Da die Armen jedoch nicht über ausreichend Sicherheiten im herkömmlichen Sinne (wie beispielsweise materielle Wirtschaftsgüter) verfügen, sind sie häufig von den traditionellen Finanzmärkten ausgeschlossen. Des weiteren sind die Transaktionskosten im Verhältnis zu den kleinen Darlehen, die von den Armen normalerweise benötigt werden, häufig sehr hoch. Und in Gebieten mit geringer Bevölkerungsdichte kann sich der physische Zugang zu Bankdienstleistungen sehr schwierig gestalten. In den Bergen Nepals brauchen die Menschen für den Hin- und Rückweg zur nächsten Bankfiliale jeweils sechs Stunden zu Fuß, so daß die Opportunitätskosten einen Tageslohn betragen.[54] Angesichts dieser Hürden sind die Armen häufig entmutigt und versuchen einfach gar nicht erst, einen Kredit aufzunehmen, da sie glauben, daß man ihnen diesen verweigert oder sie nicht in der Lage sind, die Anforderungen der Banken zu erfüllen. Gleichzeitig sind konventionelle Banken häufig der Ansicht, daß sich Angebote für Arme im Rahmen herkömmlicher Kreditvergabeverfahren nicht lohnen.

Diese Marktstörungen dienten als Rechtfertigung für ein hohes Maß an staatlichen Interventionen in Form von gezielten Krediten. Hierbei vergeben staatseigene Finanzinstitute beträchtliche Mittel zu subventionierten Zinssätzen. Häufig wurde bei diesem Ansatz davon ausgegangen, daß die Armen lediglich günstige Kredite benötigten. Ihr Bedarf an Sparinstrumenten wurde mithin ignoriert.[55] Die Ergebnisse waren enttäuschend. Die Kreditinstitute waren finanziell nicht über-

lebensfähig, und in Ländern von Indonesien bis Peru brachen staatliche geförderte Agrarkreditprogramme unter der Last der von ihnen erwirtschafteten Verluste zusammen. Subventionierte Zinssätze verzerrten die Finanzmärkte. Die Zielgruppen wurden nicht erreicht.[56]

Es sind so viele Kreditinstitute entstanden, doch ihre Geschäfte sind kaum zu durchschauen. Die Menschen wissen nicht, wie sie Zugang zu ihnen erhalten sollen. Diejenigen, die es versucht haben, wurden durch hohe Forderungen nach Sicherheiten enttäuscht.
– Aus einer Diskussionsgruppe, Malawi

Im Laufe der letzten 20 Jahre sind neue Ansätze aufgekommen, die in ihrer Gesamtheit als Mikrofinanzierung bekannt sind. Diese Ansätze zeichnen sich bei der Bereitstellung von Finanzdienstleistungen für Kunden mit niedrigem Einkommen durch die Anwendung solider Wirtschaftsprinzipien aus und sehen sowohl Gruppen- als auch Einzelkredite vor. Die Vorreiter wie beispielsweise die Grameen Bank in Bangladesch und die Dorffilialen (*Unit Desas*) der Bank Rakyat Indonesia zogen weltweite Aufmerksamkeit auf sich, als sie erstmals Finanzprodukte anboten, die auf die Bedürfnisse von Kunden mit niedrigem Einkommen zugeschnitten waren, mittels innovativer kollektiver Überwachungsmethoden, die durch Gruppenkredite möglich wurden, die Erfüllungsquote bei der Rückzahlung verbesserten und Zinssätze verlangten, welche die Betriebskosten vollständig deckten.[57] Durch diese Neuerungen waren die Rückzahlungsquoten vielfach weitaus höher als bei den früheren Systemen – und wurden insbesondere auch Frauen besser erreicht.[58]

Wenngleich sich diese Programme auch einiger Beliebtheit erfreuen und einen großen Fortschritt im Vergleich zu früheren staatlichen Interventionen darstellen, sind sie dennoch kein Allheilmittel gegen die Armut. Es ist nicht überraschend, daß die bloße Bereitstellung eines Zugangs zu Krediten noch keine Investitionsmöglichkeiten schafft: Eine Studie über ländliche Haushalte in Nicaragua und Rumänien ergab, daß der Abbau von Kreditbeschränkungen nur einen mäßigen Einfluß auf die Anzahl der Haushalte, die Investitionen tätigen, sowie auf die Höhe der Investitionen haben würde.[59] Darüber hinaus sind kleine, lokale Mikrokreditinstitute womöglich besonders schadenanfällig bei Störungen wie Naturkatastrophen oder Schwankungen der landwirtschaftlichen Erträge, die auf einen Streich einen großen Teil ihrer Klientel betreffen. Dieser Umstand kann das auf den Kreditbeständen dieser Organisationen lastende Risiko erhöhen und die Bereitstellung ausgefeilterer Finanzprodukte erschweren. Die Verteilung dieser Risiken auf mehrere Mikrofinanzorganisationen und die mögliche Stärkung der Bedeutung von größeren, geographisch besser diversifizierten und etablierten Finanzinstituten sind in diesem Zusammenhang sicherlich von Nutzen.

Eine sorgfältige Messung der wirtschaftlichen Auswirkungen von Mikrofinanzprogrammen oder -institutionen ist mit zahlreichen methodischen Schwierigkeiten behaftet, und die Ergebnisse von Studien sind oft widersprüchlich.[60] Dennoch werden entsprechende Daten allmählich greifbar. Eine neuere Studie zu 13 Mikrofinanzinstitutionen beispielsweise ergab, daß an oder oberhalb der Armutsgrenze lebende Schuldnerhaushalte größere Auswirkungen spüren als Haushalte, die unterhalb der Armutsgrenze leben. Dies läßt darauf schließen, daß die Arbeit dieser Institutionen zwar effektiv, aber nicht unbedingt gezielt auf die Bedürfnisse der ärmsten Haushalte ausgerichtet ist.[61] Eine weitere Studie ergab, daß die meisten der überprüften Mikrofinanzprogramme zum Überleben immer noch auf finanzielle Unterstützung angewiesen sind.[62] Die Leistungsfähigkeit dieser Institutionen wird zunehmend an zwei Hauptkriterien gemessen: ihrer Fähigkeit, ihre Zielklientel zu erreichen, und ihrer Abhängigkeit von Subventionen.[63] Obwohl diese Kriterien keine vollständige Bewertung der wirtschaftlichen Auswirkungen von Mikrofinanzinstitutionen zulassen, machen sie doch die Sozialkosten deutlich, mit denen diese Institutionen ihre Ziele erreicht haben.

Diese Ergebnisse zur Reichweite und Abhängigkeit von Subventionen deuten an, welchen Herausforderungen sich die Mikrofinanzprogramme stellen müssen: Sie müssen weiterhin auf ihre finanzielle Existenzfähigkeit hinarbeiten und gleichzeitig ihre Fähigkeit verbessern, die Zielklientel zu erreichen. Zwischen Merkmalen einer Best Practice, wie sie beispielsweise die Dorffilialen der Bank Rakyat Indonesia aufweisen – das heißt vollständig kostendeckende Zinssätze, Verfügbarkeit von gut verzinsten freiwilligen Sparangeboten, leistungsorientierte Bezahlung der Mitarbeiter, intensive Mitarbeiterschulungen, innovative, kostengünstige Vertriebsnetze, häufige Darlehenstilgungen, Produkte, die dem Bedarf der unteren Einkommensgruppen entsprechen, und effektive Management-Informationssysteme –, und einer guten Finanzleistung besteht ausnahmslos ein enger Zusammenhang. Die verstärkte

Schaffung von Fähigkeiten und die bessere Verbreitung dieser Best Practices können Mikrofinanzinstitutionen dabei helfen, von Subventionen unabhängig zu werden, ohne ihre Fähigkeit zu beeinträchtigen, den Armen Dienstleistungen anzubieten.

Der Staat kann die Vermittlung von Krediten an die Armen dadurch verbessern, daß er zusätzliche öffentliche Güter und ein besseres gesetzliches Rahmenwerk zur Verfügung stellt, die den besonderen Bedürfnissen von Mikrofinanzprogrammen Rechnung tragen. Zusätzliche Investitionen in die ländliche Infrastruktur und die Förderung der Alphabetisierung beispielsweise können zu einer Ausdehnung der Reichweite von Mikrofinanzinstitutionen beitragen. Kreditauskunfteien wiederum können die Informationskosten senken und es den Kreditnehmern ermöglichen, Sicherheiten in Form einer guten Bonität aufzubauen.

Auf Gesetzes- und Aufsichtsebene sollten überkommene Gesetze gegen den Wucher abgeschafft werden, welche die Mikrofinanzinstitutionen daran hindern, ausreichende Spannen zwischen Spar- und Kreditzinsen festzulegen, mit denen die hohen Transaktionskosten für Kleinkredite gedeckt werden können. Verbesserungen der rechtlichen Rahmenbedingungen für die Kreditsicherung, wie sie derzeit in Argentinien, Mexiko und Rumänien vorgenommen werden, können die Kreditmöglichkeiten für Menschen mit niedrigem Einkommen erweitern.

• • •

Gut funktionierende Märkte eröffnen den Armen neue Möglichkeiten, ihrer Armut zu entfliehen. Doch solche Märkte dort zu schaffen, wo sie derzeit noch fehlen, ihre Funktionsweise zu verbessern und einen freien und fairen Zugang der Armen zu ihnen zu gewährleisten ist eine schwierige Aufgabe, die Zeit braucht. Bisweilen scheitern Marktreformen ganz und gar – oder haben ungewollte Folgen für die Armen. Die Lehren dieser Mißerfolge deuten an, wie wichtig es ist, Reformen so zu gestalten und umzusetzen, daß sie den jeweiligen wirtschaftlichen, sozialen und politischen Gegebenheiten eines Landes Rechnung tragen. Marktfreundliche Reformen bringen sowohl Gewinner als auch Verlierer hervor. Und wenn zu den Verlierern auch Arme zählen, obliegt es der Gesellschaft, ihnen in der Übergangsphase zur Seite zu stehen.

Völlig unbegründet ist jedoch die Annahme, daß eine armenfreundliche Reform unbedingt langsam durchgeführt werden muß. In einigen Fällen profitieren die Armen mehr von schnellen marktorientierten Reformen, insbesondere in Bereichen, die sich unmittelbar auf ihre wirtschaftlichen Möglichkeiten auswirken oder dazu beitragen, eingefahrene Monopolprivilegien abzuschaffen. Angesichts der dringenden Notwendigkeit, die Länder auf einen dynamischen Entwicklungspfad zu geleiten, der zur Schaffung neuer Arbeitsplätze führt, ist es überaus wichtig, daß die Probleme in Zusammenhang mit Reformen und das Unvermögen, jeden einzelnen Verlierer zu entschädigen, nicht zu einer politischen Lähmung führen.

Um Märkte zu schaffen, die für die Armen besser funktionieren, müssen darüber hinaus Reformen auf Makroebene durch solche auf Mikroebene sowie durch Verbesserungen beim Zugang der Armen zu Märkten und Informationen (durch Investitionen in die Infrastruktur und moderne Technologien) sowie zu Kreditfazilitäten ergänzt werden. Der Abbau von Arbeitsmarktbeschränkungen, welche die Schaffung neuer Arbeitsplätze behindern und den Wettbewerb ersticken, sowie die gleichzeitige Förderung grundlegender Arbeitsnormen werden auch in Zukunft große Herausforderungen sein.

KAPITEL 5

Eigenmittel der Armen vermehren und Ungleichheiten beseitigen

Fehlende Vermögenswerte sind sowohl eine Ursache als auch eine Folge der Armut. Schlechte Gesundheit, unzureichende Qualifikationen, geringer Zugang zu Grunddiensten und die Demütigung durch soziale Ausgrenzung spiegeln den Mangel an privaten, öffentlichen und sozialen Vermögenswerten wider. Das Humankapital sowie das physische und natürliche Kapital sind ebenfalls Schlüsselfaktoren, die bestimmen, ob eine Einzelperson, ein Haushalt oder eine Gruppe in Armut lebt oder dieser entrinnt. Diese Vermögenswerte wirken mit den von Markt und Gesellschaft gebotenen Möglichkeiten zusammen, um Einkommen, eine bessere Lebensqualität und ein Gefühl des seelischen Wohlergehens zu schaffen. Eigenmittel spielen auch bei der Bewältigung von Krisen und der Minderung der Schutzlosigkeit und Schadenanfälligkeit – einem konstanten Faktor der Armut – eine zentrale Rolle.

Eigenmittel und deren Synergien

Wenn wir eine Straße bekämen, würden wir auch alles andere erhalten: ein Gemeindezentrum, Arbeitsplätze, ein Postamt, Wasser und Telefon.
– Junge Frau in einer Diskussionsgruppe, Little Bay, Jamaika

Die Armen verfügen zum Teil deshalb über geringe Eigenmittel, weil sie in armen Ländern oder in armen Regionen innerhalb eines Landes leben. Darüber hinaus liegt der Mangel an Eigenmitteln in krassen Ungleichheiten bei der Verteilung des Wohlstandes und des Nutzens aus staatlichen Maßnahmen begründet. In Bolivien ist die Sterblichkeitsrate von Kindern unter fünf Jahren bei den ärmsten 20 Prozent der Bevölkerung mehr als viermal so hoch wie bei den reichsten 20 Prozent.[1] In West- und Zentral-

Sonderbeitrag 5.1
Zusammenhänge zwischen Human- und physischem Kapital

Eine Studie zur Bewässerungsinfrastruktur in Vietnam deckte bedeutende Komplementaritäten zwischen dem Bildungsniveau und dem Nutzen aus der Bewässerung auf. Die Studie versuchte, die Unterschiede bei den Gewinnen in der Landwirtschaft in Abhängigkeit von der Zuteilung bewässerten und nichtbewässerten Ackerlandes zu erklären, wobei die ermittelten Faktoren, welche die administrativen Landzuteilungen an Haushalte im Rahmen der Dekollektivierung bestimmten, ausgeschaltet wurden. Vorausgesetzt, daß der Einsatz von Bewässerungssystemen nicht auf der Grundlage erwarteter Vorteile erfolgt, lassen die Ergebnisse den Schluß zu, daß Haushalte mit mehr Grundschulbildung am meisten von einer Bewässerung profitieren. Die Zahlen zeigen, wie sich die Grenzerträge aus der Bewässerung bei unterschiedlichen Pro-Kopf-Verbrauchsausgaben jeweils ändern würden, wenn keine Unterschiede des Bildungsniveaus der Erwachsenen in den Haushalten bestünden. Die Basislinie zeigt den jeweiligen Nutzen auf den tatsächlichen Bildungsniveaus und vergleicht diesen mit den simulierten Beträgen, die sich ergeben würden, wenn jeder Haushaltsvorstand die maximale Grundschulbildung von fünf Jahren genossen hätte – oder wenn alle Erwachsenen die vollen fünf Jahre absolviert hätten. Eine längere Schulbildung erhöht den Nutzen aus der Bewässerung, und dieser Effekt macht sich besonders bei den Armen bemerkbar, die häufig die geringste Bildung aufweisen.

Eine fehlende Bewässerungsinfrastruktur ist zwar lediglich einer der Faktoren, die einer Verringerung der Armut in den ländlichen Gebieten Vietnams entgegenstehen. Doch der Nutzen aus Investitionen in die Bewässerung kann nur dann in vollem Umfang realisiert werden, wenn gleichzeitig auch Investitionen in die Bildung getätigt werden.

In Vietnam bringt Bewässerung gebildeteren Haushalten einen größeren Nutzen

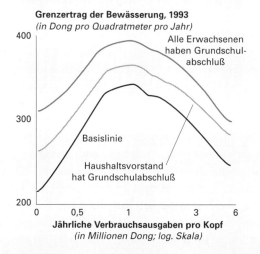

Grenzertrag der Bewässerung, 1993
(in Dong pro Quadratmeter pro Jahr)

Alle Erwachsenen haben Grundschulabschluß

Basislinie

Haushaltsvorstand hat Grundschulabschluß

Jährliche Verbrauchsausgaben pro Kopf
(in Millionen Dong; log. Skala)

Quelle: van de Walle 2000a.

Sonderbeitrag 5.2
Zusammenhänge zwischen Umwelt und Gesundheit

Zwischen Umwelt und Armut bestehen zahlreiche bedeutende Zusammenhänge. Von diesen ist der Zusammenhang zwischen der Umwelt und der Gesundheit der Armen am besten dokumentiert. Umweltverschmutzung, das heißt verschmutztes Wasser und verschmutzte Luft, ist die Hauptursache für Durchfallerkrankungen und Atemwegsinfektionen, die beiden häufigsten Todesursachen bei armen Kindern.

Forschungen haben durchgehend ergeben, daß eine Verbesserung der Trinkwasserqualität sich weniger deutlich auf die Gesundheit auswirkt als die Verbesserung der Abwasserentsorgung. Doch der Nutzen aus sauberem Wasser nimmt zu, wenn die Kanalisation verbessert wird und Wasser in optimaler Menge vorhanden ist. Wird gleichzeitig die Hygiene verbessert, trägt eine Erhöhung der Wasserquantität mehr zur Verbesserung der Gesundheit bei als die Verbesserung der Wasserqualität. Bevor Gemeinschaften jedoch in den Genuß der möglichen Vorteile einer verbesserten Hygiene kommen, bedarf es häufig zunächst einer entsprechenden Aufklärung.

Eine Studie zu 144 Wasser- und Kanalisationsprojekten ergab, daß bessere Leistungen bei der Wasserver- und Abwasserentsorgung mit einer mittleren Abnahme der Diarrhöe-Inzidenz um 22 Prozent und der durch Diarrhöe verursachten Todesfälle um 65 Prozent einhergeht. Demgegenüber können durch eine bessere Entsorgung der Fäkalien und durch Händewaschen die Sterblichkeitsrate von Kindern unter fünf Jahren um 60 Prozent, die Zahl der Fälle von Bilharziose um 77 Prozent, von Darmwürmern um 29 und von Trachomen um 27 bis 50 Prozent verringert werden. Andere Arbeiten ermittelten einen bedeutenden Zusammenhang zwischen der Luftqualität und der Gesundheit.

Diese bedeutenden Wechselwirkungen zwischen Umwelt und Gesundheit unterstreichen, wie wichtig es ist, sektorübergreifend auf eine Verringerung der Armut hinzuarbeiten.

Quelle: Weltbank, in Kürze erscheinend b; Klees, Godinho und Lawson-Doe 1999.

afrika liegt das Gefälle der Schulbesuchsquote zwischen Armen und Reichen zwischen 19 Prozent in Ghana und fast 52 Prozent im Senegal.[2] Und in Ecuador verfügen 75 Prozent der Haushalte des ärmsten Fünftels der Bevölkerung nicht über fließendes Wasser – gegenüber 12 Prozent beim reichsten Fünftel.[3] Armen Frauen und Angehörigen von benachteiligten ethnischen Gruppen oder Rassen fehlt es möglicherweise aufgrund von gesetzlichen oder allgemein üblichen Diskriminierungen an Eigenmitteln. Geringe Eigenmittel und niedrige Einkommen verstärken sich gegenseitig: Eine geringe Bildung schlägt sich in einem niedrigen Einkommen nieder, das sich wiederum in einer schlechten Gesundheit und geringeren Bildungsmöglichkeiten für die nächste Generation auswirkt.

Zwischen den verschiedenen Eigenmitteln bestehen erhebliche Komplementaritäten: Der mit einem Vermögenswert erzielbare Nutzen kann entscheidend vom Zugang zu einem anderen abhängen. Die Synergien zwischen Formen des Humankapitals, wie zum Beispiel dem Bildungsniveau der Mutter und dem Ernährungszustand ihrer Kinder, sind ausreichend dokumentiert. In Vietnam haben Forschungen ergeben, daß Haushalte mit einem höheren Bildungsniveau einen größeren Nutzen aus der Bewässerung ziehen konnten, wobei der größte Nutzen den Armen zugute kam (Sonderbeitrag 5.1).[4] In den ländlichen Gebieten der Philippinen erhöhte die Elektrifizierung den Nutzen der Bildung schätzungsweise um 15 Prozent.[5] In Marokko ist die Schulbesuchsquote bei Mädchen in Orten mit besseren Landstraßen ebenfalls viel höher, und Gesundheitseinrichtungen werden dort doppelt so häufig genutzt.[6]

Ein weiteres wichtiges Beispiel für die Wechselbeziehungen zwischen verschiedenen Vermögenswerten ist der Einfluß der Umwelt auf die Gesundheit (Sonderbeitrag 5.2). Derartige Wechselbeziehungen lassen den Schluß zu, daß beispielsweise schlechte Gesundheitskennzahlen in einem städtischen Elendsviertel durch die Einrichtung eines örtlichen Gesundheitszentrums nicht signifikant verbessert werden können, wenn nicht gleichzeitig eine gut funktionierende Kanalisation gebaut wird. Um das Wohlergehen der Menschen zu verbessern, bedarf es daher wahrscheinlich Maßnahmen, die gleichzeitig zur Vermehrung komplementärer Vermögenswerte führen.

Mit staatlichen Interventionen die Vermehrung der Eigenmittel unterstützen

Die Armen sind an der Vermehrung ihrer Eigenmittel wesentlich beteiligt. Eltern erziehen und versorgen ihre Kinder, führen sie in die Gesellschaft ein, bringen ihnen nützliches Wissen bei und helfen dabei, ihre Ausbildung zu finanzieren. Kleinbauern investieren in ihr Land und ihr Vieh, während die Selbständigen in Materialien, Geräte und die für ihre Geschäfte bedeutenden Marktkontakte investieren. Arbeiter wandern in Städte und andere Länder ab, und das Geld, das sie ihren Familien in der Heimat schicken, wird häufig in Vermögenswerte des Haushalts investiert. Arme Frauen und Männer verwenden ihr Erspartes für den Hausbau oder legen es in

Spar- und Darlehensvereinen sowie, falls verfügbar, bei örtlichen Banken und Kreditvereinen an. Dennoch wird der Spielraum der armen Haushalte für die Vermehrung ihrer Eigenmittel durch Ungleichheiten auf den Märkten und aufgrund von Schwachpunkten bei den öffentlichen und privaten Institutionen, welche die Leistungen anbieten, immer noch stark eingeschränkt. Des weiteren wird dieser Spielraum durch einen Mangel an Einkommen eingeschränkt, wobei die Armen bei der Finanzierung ihrer Gesundheit, Bildung und anderer mit ihren Eigenmitteln zusammenhängender Investitionen unter erheblichen Nachteilen leiden.

Warum kommt dem Staat bei der Vermehrung der Eigenmittel der Armen eine Rolle zu? Dafür gibt es im wesentlichen zwei Gründe. Zum einen funktionieren die Märkte für die Armen nicht besonders gut. Dies liegt beispielsweise daran, daß die Armen physisch von den Märkten isoliert sind und daß ein Marktversagen auf dem Finanz-, Gesundheits- und Versicherungssektor vorliegt. Zum anderen können durch staatliche Maßnahmen anfängliche Ungleichheiten abgebaut und die Möglichkeiten der Armen, vom Wachstum zu profitieren, erhöht werden.

Gerechtigkeits- und Effizienzaspekte können weitgehend unabhängig voneinander sein, obwohl sie sich im allgemeinen überschneiden. Arme, die vom Versagen eines privaten Marktes betroffen sind, können darauf angewiesen sein, daß der Staat Leistungen bereitstellt. Zwar werden sowohl die Armen als auch die Nicht-Armen nach Alternativlösungen suchen, doch verfügen die Nicht-Armen über umfangreichere Ressourcen, so daß ihnen zweifellos mehr Möglichkeiten offenstehen. Zu den effektivsten Maßnahmen gegen die Armut gehören diejenigen, die durch Umverteilung für mehr Gerechtigkeit sorgen und gleichzeitig die Effizienz der von den Armen genutzten Märkte erhöhen (Sonderbeitrag 5.3; siehe auch Sonderbeitrag 3.8 in Kapitel 3).

Zwar spricht bei der Vermehrung der Eigenmittel der Armen einiges für staatliche Interventionen, doch gibt es keine Garantie dafür, daß der Staat diese Aufgabe auch effektiv erfüllt. Ineffektives staatliches Handeln und unbefriedigende Ergebnisse für die Menschen spiegeln zum Teil wider, daß der Staat nur auf wenige der zahlreichen Faktoren Einfluß nehmen kann, die zu mehr Wohlstand führen können. Doch zeigen sich hier auch die Schwierigkeiten, die ein Staat in vielen Fällen bei der Bereitstellung von Gütern und Leistungen hat. Der Spielraum für staatliches Handeln wird durch die verfügbaren Finanzressourcen und die administrativen

Sonderbeitrag 5.3
In zweifacher Hinsicht erfolgreiche Maßnahmen im Gesundheitssektor

Die beiden Ziele einer größeren Gerechtigkeit und höherer Effizienz sind bei einigen Programmen einfacher zu erreichen als bei anderen, wie die beiden folgenden Beispiele aus dem Gesundheitssektor zeigen.

Einige Gesundheitsleistungen wie die Bekämpfung von Moskitos und anderem Ungeziefer sowie die gesundheitliche Aufklärung über die Grundlagen der Hygiene und Ernährung sind öffentliche Güter in Reinform. Andere, zum Beispiel die Bekämpfung von Infektionskrankheiten, weisen deutliche positive Externalitäten auf. Wieder andere, wie zum Beispiel Heilbehandlungen bei nichtinfektiösen Erkrankungen, sind Individualgüter. Aus Gründen der Effizienz obliegt die Verantwortung für die Bekämpfung von Infektionskrankheiten dem Staat. Doch solche Maßnahmen haben auch bedeutende Vorteile im Hinblick auf mehr Gerechtigkeit. Zwar leiden die Armen an fast allen Krankheiten häufiger als die Nicht-Armen, doch tritt dieser Unterschied bei den Infektionskrankheiten am stärksten zu Tage. In Indien ist die Wahrscheinlichkeit, an Tuberkulose zu erkranken, für das ärmste Zehntel der Bevölkerung siebenmal so hoch wie für das reichste Zehntel.

Dadurch, daß Märkte für Krankenversicherungen in den meisten Entwicklungsländern im allgemeinen unzulänglich sind oder sogar völlig fehlen, sind sowohl die Armen als auch die Nicht-Armen beträchtlichen finanziellen Risiken und Unsicherheiten ausgesetzt (Kapitel 8). (Die systembedingten Ursachen für dieses Versagen wurden erstmals 1963 von Arrow im Detail erörtert.) Zwar stellt die staatliche Bereitstellung von Versicherungen eine politische Option dar, doch ist die Verwaltung solcher Programme nicht einfach. Häufig wird versucht, das Versicherungsproblem dadurch zu lösen, daß kostspielige Behandlungen – normalerweise über staatliche Krankenhäuser – subventioniert werden. Doch aus Gründen der Gerechtigkeit ist der Nutzen einer Subventionierung von Krankenhäusern nicht so klar ersichtlich wie der einer Bekämpfung von Infektionskrankheiten. Krankenhäuser befinden sich gewöhnlich in städtischen Gebieten, so daß letztendlich vor allem die Nicht-Armen von diesen Subventionen stärker profitieren. Die Bereitstellung grundlegender subventionierter Krankenhausleistungen kann sowohl zu mehr Gerechtigkeit als auch zu einer höheren Effizienz führen. Doch diese Politik wird nur dann in zweierlei Hinsicht erfolgreich sein (das heißt sowohl für mehr Gerechtigkeit als auch für eine höhere Effizienz der Märkte sorgen, die von den Armen genutzt werden), wenn die Armen über einen effektiven Zugang zu Krankenhausleistungen verfügen. Und genau darin liegt eine beträchtliche Herausforderung.

Quelle: Hammer 1997; Devarajan und Hammer 1998; Weltbank 1998t.

Kapazitäten zur effektiven Bereitstellung von Leistungen begrenzt. Und selbst wenn ausreichende Ressourcen und Kapazitäten vorhanden sind, besteht die Möglichkeit, daß staatliche Institutionen nicht auf die Bedürfnisse der Armen eingehen.

Wie können nun staatliche Maßnahmen die Armen in die Lage versetzen, ihre Eigenmittel zu vermehren, und das Problem der Ungleichverteilung von Vermögenswerten angehen? Hierfür stehen drei Methoden zur Verfügung, die sich gegenseitig ergänzen: Der Staat kann seine Macht für die Umverteilung der Ressourcen nutzen, insbesondere im Hinblick auf Leistungen wie Bildung, Gesundheit und Infrastruktur, die zum Aufbau von Eigenmitteln dienen. Es können politische und institutionelle Reformen eingeleitet werden, um eine effektive Bereitstellung von Leistungen zu gewährleisten. Des weiteren können arme Haushalte und Gemeinschaften am Entscheidungsprozeß für die Auswahl, Umsetzung, Überwachung und Bewertung von Programmen und Leistungen, die zum Aufbau ihrer Eigenmittel dienen, beteiligt werden.

Der verbleibende Teil dieses Kapitels konzentriert sich auf diese drei Grundsätze, und es werden Beispiele aus verschiedenen Kategorien von Vermögenswerten angeführt. Im Anschluß daran werden die bedeutenden Komplementaritäten erörtert, die bei der Festlegung von Prioritäten in verschiedenen Handlungsfeldern eine Rolle spielen. Hierbei dienen Bodenreformen und die Bereitstellung von Diensten zur Wasserver- und Abwasserentsorgung in den Städten zur Veranschaulichung. (Die Erweiterung des Zugangs zu Finanzmitteln wird in Kapitel 4 behandelt. Kapitel 6 konzentriert sich auf Maßnahmen zur Verbesserung der Verantwortlichkeit und der Bereitschaft von staatlichen Institutionen, auf die Bedürfnisse der Armen einzugehen. Kapitel 7 beschäftigt sich mit dem Aufbau von Sozialkapital. Der Einsatz von Vermögenswerten und der Schutz der Eigenmittel der Armen bei Schocks werden in den Kapiteln 8 und 9 erörtert. Mit der Rolle der internationalen Gemeinschaft beim Aufbau von Vermögenswerten befassen sich schließlich die Kapitel 10 und 11.)

Ausgaben der öffentlichen Hand umverteilen

Die Macht des Staates, Zwangsmaßnahmen zu ergreifen, kann eine starke Kraft darstellen, die den Aufbau von Eigenmitteln durch die Armen unterstützt. Doch sind dem staatlichen Handeln klare Grenzen gesetzt. In der heutigen Welt der globalen Verflechtungen kann eine Einmischung seitens des Staates die Funktionsfähigkeit von Märkten und die Anreize für private Investitionen untergraben und damit Beschäftigungsmöglichkeiten eher zerstören als schaffen.

In einigen Fällen bestehen zwischen Effizienz und Gerechtigkeit bedeutende Austauschbeziehungen. Der Staat spiegelt im allgemeinen die ungleiche politische Struktur wider, auf der er aufbaut, und dieser Umstand zeigt sich häufig auch in den staatlichen Interventionen. Wenngleich erzwungene Bodenreformen bei einer starken Ungleichverteilung des Landeigentums für die Armen und die Effizienz potentiell von Vorteil sind, finden diese Reformen nur selten ausreichende politische Unterstützung, um effizient umgesetzt werden zu können. Die Verstaatlichung von gewerblichen Wirtschaftsgütern ist für die Armen (denen die Vorteile nicht zugute kommen) nur selten von Nutzen und können der Effizienz schaden. Doch es gibt andere Fälle, in denen das Vorgehen gegen die Ungleichverteilung von Vermögenswerten die Effizienz steigern und das Wachstum fördern kann (siehe Sonderbeitrag 3.8 in Kapitel 3). Die Auswirkungen der Umverteilungspolitik auf die Gerechtigkeit sowie die Effizienz und das Wachstum müssen daher sorgfältig analysiert werden.

Beim Aufbau der Eigenmittel der Armen stellt der Staatshaushalt das wichtigste Handlungsfeld für staatliche Interventionen dar. Entsprechende Daten lassen beispielsweise darauf schließen, daß Ausgaben der öffentlichen Hand für Bildung und Gesundheit nicht progressiv, sonder häufig regressiv sind (Tabellen 5.1 und 5.2). In diesem Bereich ist eine Umverteilung technisch auch möglich, und die Austauschbeziehungen zwischen Umverteilung und gesamtwirtschaftlichem Wachstum sind möglicherweise gering oder gar negativ (das heißt, das Wachstum kann in der Tat auch angekurbelt werden). Doch Austauschbeziehungen entstehen auch bei der Auswahl konkurrierender Umverteilungsmaßnahmen, für die Haushaltmittel aufgewendet werden können. Die Auswahl muß auf einer Bewertung der relativen Effektivität verschiedener Instrumente bei der Verwirklichung der mit Blick auf die Umverteilung und die Verringerung der Armut angestrebten Ziele beruhen.

Bei haushaltspolitischen Maßnahmen zur Förderung der Umverteilung von Vermögenswerten müssen zwei Voraussetzungen erfüllt sein. Erstens muß die Bereitschaft und Fähigkeit bestehen, ausreichende Einnahmen zu erzielen und einen deutlichen Teil dieser Einnahmen in die Entwicklung zu investieren (und nicht für Militär-

Tabelle 5.1

Öffentliche Bildungsausgaben nach Einkommensquintilen in ausgewählten Entwicklungsländern, verschiedene Jahre

(in Prozent)

		Quintil				
Land	Jahr	1 (ärmstes)	2	3	4	5 (reichstes)
Armenien	1996	7	17	22	25	29
Ecuador	1998	11	16	21	27	26
Elfenbeinküste	1995	14	17	17	17	35
Ghana	1992	16	21	21	21	21
Guinea[a]	1994	9	13	21	30	27
Jamaika	1992	18	19	20	21	22
Kasachstan	1996	8	16	23	27	26
Kenia	1992/93	17	20	21	22	21
Kirgisistan	1993	14	17	18	24	27
Madagaskar	1993/94	8	15	14	21	41
Malawi	1994/95	16	19	20	20	25
Marokko	1998/99	12	17	23	24	24
Nepal	1996	11	12	14	18	46
Nicaragua	1993	9	12	16	24	40
Pakistan	1991	14	17	19	21	29
Panama	1997	20	19	20	24	18
Peru	1994	15	19	22	23	22
Rumänien	1994	24	22	21	19	15
Südafrika	1993	21	19	17	20	23
Tansania	1993	13	16	16	16	38
Vietnam	1993	12	16	17	19	35

a. Umfaßt nur Grundschulausbildung und höhere Schulbildung.
Quelle: Li, Steel und Glewwe 1999; Weltbank 1997i (zu Rumänien), 2000f (zu Ecuador).

Tabelle 5.2
Öffentliche Gesundheitsausgaben nach Einkommensquintilen in ausgewählten Entwicklungsländern, verschiedene Jahre
(in Prozent)

Land	Jahr	Quintil 1 (ärmstes)	2	3	4	5 (reichstes)
Argentinien	1991	33		60 [a]		6
Brasilien	1990	8	18	30	25	20
Bulgarien	1995	13	16	21	26	25
Chile	1982	22		66 [a]		11
Ghana	1994	12	15	19	21	33
Indonesien	1987	12	14	19	27	29
Kenia	1992	14	17	22	22	24
Malaysia	1989	29		60 [a]		11
Mongolei	1995	18	20	19	19	24
Südafrika	1993	16		66 [a]		17
Uruguay[b]	1989	37	21	17	14	11
Vietnam	1993	12	16	21	22	29

a. Die Verteilung auf diese Quintile wird in der ursprünglichen Quelle nicht vorgenommen.
b. Quintile sind nach Haushalten und nicht nach Einzelpersonen definiert.
Quelle: Filmer und Pritchett 1999b.

ausgaben, Beihilfen für Nicht-Arme und verlustreiche Staatsunternehmen aufzuwenden oder widerrechtlich auf ausländische Bankkonten zu überweisen). Zweitens muß die Zuteilung und Verwaltung von Entwicklungsausgaben die Vermögensbildung der Armen unterstützen – insbesondere den Aufbau des Humankapitals und der Infrastruktur. Durch eine größere Transparenz der Haushalte sowohl auf nationaler als auch lokaler Ebene ist es möglich, besser nachzuvollziehen, in welchem Umfang öffentliche Mittel für die Förderung der Armen verwendet werden, und die Verantwortlichkeit der zuständigen Stellen vor Ort zu verbessern (Kapitel 6).

Die öffentliche Finanzierung von Leistungen spielt bei den Maßnahmen zur Verringerung der Armut und deren Umsetzung eine zentrale Rolle. Die Erfahrung lehrt uns zwei Lektionen: Zum einen führen höhere Staatsausgaben für Sozialleistungen und Infrastruktur nicht unbedingt zu mehr oder besseren Leistungen für die Armen, da die Programme für die Armen viel zu häufig von minderer Qualität sind und nicht auf deren Bedürfnisse eingehen und da die Höhe der öffentlichen Ausgaben häufig rückläufig ist. Beihilfen für die Nicht-Armen können jedoch nicht vollständig vermieden werden, da die politische Unterstützung für hochwertige Programme bisweilen nur dann gewonnen werden kann, wenn Leistungen nicht allein den Armen, sondern einer breiteren Bevölkerungsschicht zur Verfügung gestellt werden. Zum anderen ist es von wesentlicher Bedeutung, daß öffentliche Mittel zur Lockerung von Beschränkungen auf der Nachfrageseite verwendet werden. Selbst wenn Leistungen in den Bereichen Gesundheit, Bildung und Infrastruktur von der öffentlichen Hand finanziert werden, werden die Armen mit Problemen konfrontiert, die ihre Möglichkeiten einschränken, von diesen Leistungen zu profitieren. Ein Beispiel hierfür sind zusätzlich entstehende Kosten für den Transport zu medizinischen Versorgungseinrichtungen.

Ressourcen beschaffen und Staatsausgaben armenfreundlich gestalten

Wie bereits erwähnt, setzt eine effektive staatliche Umverteilung die Bereitschaft und Fähigkeit zur Beschaffung von Einnahmen voraus, insbesondere von den Nicht-Armen. In Entwicklungsländern mit mittlerem Einkommen und einem hohen Maß von Gleichheit sind die Nicht-Armen häufig nicht bereit, einen angemessenen Beitrag zu leisten. Um diesen Widerstand zu brechen, sind Maßnahmen erforderlich, die zur Schaffung armenfreundlicher Bündnisse dienen (Kapitel 6). Länder mit niedrigem Einkommen haben zusätzlich mit dem Problem geringer öffentlicher Einnahmen zu kämpfen: Im Jahr 1997 betrugen die Staatseinnahmen in diesen Ländern durchschnittlich etwa 17,5 des BIP (ohne China und Indien).[7] Im Vergleich dazu lag der Anteil in den Ländern mit hohem Einkommen bei rund 29,6 Prozent.

Ein Grund für diese Disparität sind die hohen Kosten, welche die Beschaffung von Einnahmen in armen Ländern verursacht – Kosten, die bisweilen schwerer wiegen als der Nutzen aus öffentlichen Ausgaben.[8] Dies wiederum läßt sich durch das Zusammenspiel verschiedener Faktoren erklären: ein geringes Steueraufkommen, hohe (und verzerrende) Steuersätze, eine schwache Steuerverwaltung und schlechte Führungs- und Kontrollstrukturen im öffentlichen Sektor. Daher können Steuerreformen, deren Ziel ein höheres Steueraufkommen, niedrigere Steuersätze und eine effizientere Steuerbeitreibung (häufig durch Übertragung dieser Aufgabe an den privaten Sektor) ist, beträchtliche Vorteile bieten und zusätzliche Ressourcen für eine effektive Verteilung erschließen. In von Ungleichheit geprägten Gesellschaften ist es darüber hinaus wünschenswert, die Steuerbeitreibung so progressiv wie möglich zu gestalten, ohne die Effizienz dabei ernsthaft zu beeinträchtigen. Erbschafts- und Grundsteuern beispielsweise könnten sehr progressiv sein.

In vielen Fällen liegt das wahre Problem jedoch darin, daß die begrenzten öffentlichen Mittel nicht für Bereiche wie Bildung, Gesundheit, Sanierung der Elendsviertel und ländliche Entwicklung verwendet werden, die den Armen dabei helfen, ihre Eigenmittel zu vermehren. Die Ursache hierfür ist zum Teil darin zu suchen, daß viele Länder mit niedrigem Einkommen einfach zu viel Geld für andere Bereiche ausgeben, zum Beispiel für den Schuldendienst, Subventionen für Nicht-Arme, verlustreiche oder ineffiziente Staatsbetriebe und das Militär. In den hochverschuldeten armen Ländern wird mehr als ein Fünftel der Haushaltsmittel für die Schuldentilgung aufgewendet.[9] Sechs hochverschuldete arme afrikanische Länder geben mehr als ein Drittel ihres jeweiligen Staatshaushalts für den Schuldendienst und weniger als ein Zehntel für grundlegende Sozialleistungen aus.[10] Der Niger verwendet mehr als doppelt soviel Haushaltsmittel für den Schuldendienst wie für die grundlegende medizinische Versorgung. In mehreren anderen Ländern mit niedrigem Einkommen stellt der Schuldendienst keine Einschränkung dar, weil sie ihrer Rückzahlungsverpflichtung erst gar nicht nachkommen. Dennoch sind die Verpflichtungen, die sich aus dem Schuldenstand und dem Schuldendienst ergeben, für einige Länder nicht tragbar und unvereinbar mit dem Ziel, die Armen bei der Vermehrung ihrer Eigenmittel zu unterstützen.

Die Militärausgaben der Entwicklungsländer sanken von 4,9 Prozent des BIP im Jahr 1990 auf 2,4 Prozent im Jahr 1995.[11] In einigen Ländern konnten durch diese Senkung der Militärausgaben die Ausgaben für Gesundheit und höhere Schulbildung erhöht werden.[12] In anderen Ländern hingegen – insbesondere in solchen, in denen bewaffnete Konflikte ausgetragen werden oder ungelöste Streitigkeiten mit Nachbarländern bestehen – verhindern die hohen Militärausgaben weiterhin, daß die Ausgaben für Bereiche, die den Armen zugute kommen erhöht werden. Viele dieser Länder weisen einige der weltweit schlechtesten Gesundheits- und Bildungskennzahlen auf, geben für das Militär aber dennoch doppelt so viel aus wie für Bildung und Gesundheit zusammen. Hohe Militärausgaben verursachen darüber hinaus hohe Kosten in Form von entgangenen Möglichkeiten zum Aufbau von Vermögenswerten. Neben diesem Verdrängungseffekt stellen die Zerstörung der physischen und sozialen Infrastruktur und die Verlangsamung des Wachstums, die häufig mit militärischen Konflikten einhergehen, eine zusätzliche Behinderung der Akkumulation von Vermögenswerten und der Verringerung der Armut dar (siehe Sonderbeitrag 3.2 in Kapitel 3).

Dennoch spielen die Ausgaben für das Militär und die Sicherheit im weitesten Sinne bei der Entwicklung eine Rolle. Die Herausforderung besteht darin, die Allokation von Haushaltsmitteln auf eine fundiertere Basis zu stellen und dazu eine umsichtige Beurteilung der Bedrohungen vorzunehmen, denen ein Land ausgesetzt ist. Bessere Führungs- und Kontrollstrukturen und eine höhere Transparenz bei der Verwaltung der Militärausgaben können dazu beitragen, diesen Haushaltsposten in Grenzen zu halten.[13] Dies ist auch durch die friedliche Lösung andauernder oder potentieller Konflikte möglich.

Von Mitte der 1980er bis Mitte der 1990er Jahre stiegen die Staatsausgaben für Bildung und Gesundheit in zahlreichen Ländern mit niedrigem Einkommen an – wenn auch langsam. In 118 Entwicklungs- und Transformationsländern stiegen die realen Pro-Kopf-Ausgaben für das Bildungswesen um durchschnittlich 0,7 Prozent pro Jahr und für das Gesundheitswesen um 1,3 Prozent pro Jahr. Ebenso stieg der Anteil dieser Ausgaben an den Gesamtausgaben und am Volkseinkommen an.[14] Doch diesen Sektoren zusätzliche Haushaltsmittel zuzuteilen reicht allein nicht aus. Um die Armen bei der Vermehrung ihrer Eigenmittel zu unterstützen, muß die Verteilung innerhalb von Sektoren jene Grunddienste begünstigen, die vor allem von den Armen in Anspruch genommen werden und bei denen die größten Marktmängel herrschen. Dies ist jedoch normalerweise nicht der Fall. Bildungs- und Gesundheitsausgaben fließen beispielsweise in unverhältnismäßiger Höhe in die Bereiche Hochschulbildung, Krankenhäuser und Heilbehandlungen – Leistungen, die eher von bessergestellten Bevölkerungsgruppen genutzt werden.[15]

Mehrere Studien bestätigen, daß öffentliche Gelder die Bessergestellten begünstigen. In Nepal kommt dem reichsten Quintil ein viermal so hoher Betrag der Bildungsausgaben zugute wie dem ärmsten Quintil (siehe Tabelle 5.1). In Ghana ist der Betrag der Gesundheitsausgaben für das reichste Quintil beinahe dreimal so hoch wie für das ärmste Quintil (siehe Tabelle 5.2).[16] Auch die Infrastrukturausgaben kommen den wohlhabenderen Bevölkerungsgruppen häufig unverhältnismäßig mehr zugute.[17] Die Subventionierung der Stromversorgung in Kroatien und der Wasserversorgung in Rußland nutzt den Reichen mehr als den Armen.[18] In Bangladesch sind die Infrastrukturbeihilfen für die Reichen sechsmal so hoch wie die für die Armen.[19]

Die Regierungen werden bei der Umverteilung der öffentlichen Ausgaben zur Förderung der Akkumulation von Vermögenswerten durch die Armen mit bedeutenden politischen Problemen konfrontiert. Durch eine gezieltere Verwendung können öffentliche Mittel grundsätzlich mehr arme Menschen erreichen. Doch eine solche Fokussierung erhält möglicherweise keine ausreichende politische Unterstützung durch einflußreiche Gruppen, die dabei unter Umständen auf der Verliererseite stehen. Daher ist es auch so wichtig, armenfreundliche Bündnisse zu schaffen (Kapitel 6). Deshalb ist es unter Umständen erforderlich, einen Teil der Ressourcen für Initiativen und Programme zu verwenden, die auch den Nicht-Armen zugute kommen.

Wenn die öffentlichen Ausgaben stärker den Armen zugute kommen sollen, müssen Militärausgaben gesenkt und Subventionen für die Nicht-Armen gekürzt werden. Durch die Privatisierung verlustreicher oder ineffizienter Staatsbetriebe werden Mittel freigesetzt, die potentiell dafür verwendet werden können, die Bedürfnisse der Armen zu erfüllen. Die Vereinfachung bürokratischer Verfahren führt nicht nur zum Abbau der Mittelverschwendung, sondern begrenzt auch die Möglichkeiten für Korruption und die Zweckentfremdung von Ressourcen für illegale Machenschaften. Ein umsichtiges makroökonomisches Management kann die Schuldenzahlungen verringern und Spielraum für eine armenfreundliche Ausgabenpolitik schaffen. Regelmäßige Analysen der öffentlichen Ausgaben können

Aufschluß darüber geben, wie effizient öffentliche Mittel verwendet werden und inwieweit sie den Armen zugute kommen (siehe Sonderbeitrag 9.2 in Kapitel 9).

Doch Interventionen auf nationaler Ebene werden in den ärmsten Ländern nicht ausreichen. Diese Maßnahmen müssen durch Anstrengungen der internationalen Gemeinschaft ergänzt werden, um im Zuge der entwicklungspolitischen Zusammenarbeit die Entschuldung und eine Erhöhung der den Staaten zur Verfügung stehenden Mittel herbeizuführen (Kapitel 11).

Leistungen bereitstellen und Subventionen gezielt einsetzen

Durch die Ausgaben der öffentlichen Hand können Leistungen direkt für die Armen erbracht werden, und zwar durch den Bau von Straßen, Schulen und Krankenhäusern sowie durch Wasserversorgungsprojekte. Doch eine Umverteilung kann auch durch eine Lockerung von Beschränkungen auf der Nachfrageseite erreicht werden, indem die Armen Zuschüsse für den Verbrauch privater Dienstleistungen erhalten und zusätzliche Kosten sowie Opportunitätskosten aufgefangen werden. Die Studie *Voices of the Poor* zeigt, wie die Kosten für bestimmte Leistungen die Armen daran hindern, diese in Anspruch zu nehmen (Sonderbeitrag 5.4).

Fallstudien bestätigen die durch Kosten verursachten Beschränkungen, mit denen die Armen bei der Vermehrung eines breiten Spektrums an Vermögenswerten konfrontiert sind. In den ländlichen Gebieten Kirgisistans mußten 45 Prozent der Patienten Vermögenswerte (Lebensmittel oder Vieh) veräußern, um für anfallende Krankenhauskosten aufkommen zu können.[20] Auch die indirekten Kosten der Haushalte in Form von entgangenem Einkommen aus Kinderarbeit oder in Form von Hausarbeiten, die von Kindern, die eine Schule besuchen, nicht mehr erledigt werden, können eine große Rolle spielen.[21] In den ländlichen Gebieten Madagaskars, in denen kaum Zugang zu Wasser besteht, führen die hohen Opportunitätskosten in Form verlorengegangener Zeit zum Wasserholen, die durch den Schulbesuch von Mädchen entstehen, zu einem deutlichen Rückgang der Bildung der Mädchen.[22] In Uganda konnte sich die Grundschulbesuchsquote im Schuljahr 1997/98 fast verdoppeln, nachdem die Eltern nicht mehr verpflichtet wurden, die Hälfte des Schulgelds zu bezahlen, und die Beiträge für Eltern-Lehrer-Verbände abgeschafft wurden.[23]

Häufig zahlen die Armen gewaltige Beträge für Infrastrukturleistungen. In Nouakchott, Mauretanien,

Sonderbeitrag 5.4
Ausgrenzung durch Gebühren im Gesundheits- und Bildungswesen

Bei der Frage, ob sie ihre Kinder zum Beispiel ärztlich behandeln oder auch eine Schule besuchen lassen sollen, stehen die Armen vor einer schweren Entscheidung. Unter den Teilnehmern an der Studie *Voices of the Poor* wurde Krankheit am häufigsten als Auslöser für ein noch tieferes Abgleiten in die Armut genannt. Nha, ein 26jähriger Vater aus Vietnam, berichtete, daß er vier Büffel, ein Pferd und zwei Schweine verkaufen mußte, um die Operation seiner Tochter bezahlen zu können. Die Operation brachte nicht die erhoffte Heilung, und weil es notwendig war, die Behandlung fortzusetzen, wurde seine Familie, die vormals zu den wohlhabendsten in der Gemeinschaft zählte, zu einer der ärmsten.

In Pakistan gaben viele Haushalte an, daß sie in wenigstens einem Fall hohe Geldbeträge geliehen, Vermögenswerte verkauft oder ein Kind von der Schule genommen haben, um die Kosten für eine medizinische Behandlung aufbringen zu können. Eine alte Frau aus Ghana erzählte: „Wenn du heute kein Geld hast, bringt dich deine Krankheit ins Grab."

Obwohl die größte Sorge der Armen zumeist hohe Krankenhauskosten sind, können auch illegale Forderungen für die medizinische Grundversorgung eine außerordentliche finanzielle Belastung darstellen. Korruption im Gesundheitswesen tritt allenthalben zu Tage. Arme Frauen aus Madaripur, Bangladesch, berichteten, daß die Ärzte im staatlichen Gesundheitszentrum sich nicht um sie kümmerten, sondern bevorzugt gut gekleidete Patienten behandelten sowie solche, die sich zusätzliche Honorare, die als „Visitegebühren" ausgewiesen wurden, leisten konnten. Ein Studienteilnehmer aus Vares, Bosnien-Herzegowina, erklärte: „Früher hatte jeder Zugang zu medizinischer Versorgung. Doch heute betet jeder zu Gott, bloß nicht krank zu werden, weil jeder nur noch Geld von einem verlangt."

Auch Schwierigkeiten bei der Bezahlung von Schulgebühren und anderen Kosten, die durch einen Schulbesuch der Kinder entstehen, sind weit verbreitet. Eine Mutter aus Millbank, Jamaika, berichtete, sie könne ihre sechsjährige Tochter nicht zur Schule schicken, weil sie kein Geld habe, um die Schuluniform und andere Kosten zu bezahlen. Eine andere Tochter müsse von der Schule genommen werden, weil sich die Familie die Schulgebühren in Höhe von 500 US-Dollar nicht leisten könne. Die Frau sagte: „Mein Sohn soll im September eingeschult werden, doch ich weiß nicht, wie ich es schaffen soll, den Schulbesuch für alle drei zu bezahlen."

In einigen Länder werden Kinder von der Schule genommen, weil die Schulgebühren zu einem Zeitpunkt fällig werden, zu dem sich die Familien diese am wenigsten leisten können. In Äthiopien werden die Gebühren zu Beginn des Schuljahrs im September erhoben, also in einer Zeit, in der zwei wichtige Feiertage und die Ernte anstehen. Der 14jähriger Amadi aus Nigeria sagte, daß er die Schule zwischenzeitlich immer wieder verlassen müsse, weil seine Eltern die Schulgebühren nicht regelmäßig und pünktlich bezahlen könnten. Er habe die Prüfungen zur Versetzung in eine weiterführende Schule mehrmals versäumt und sei deshalb immer noch auf der Grundschule, während andere in seinem Alter bereits weitergekommen seien.

In den ehemaligen Planwirtschaften, in denen die Ausbildung der Kinder früher kostenlos war, stellen die Kosten für den Schulbesuch heute ein ernstes Problem für die armen Familien dar. Die Menschen berichten auch von Problemen mit Lehrern, die Bestechungsgelder und besondere „Nachhilfegebühren" für bestandene Zwischen- und Abschlußprüfungen verlangen.

Quelle: Narayan, Chambers, Shah und Petesch 2000; Narayan, Patel, Schafft, Rademacher und Koch-Schulte 2000.

gibt die Mehrzahl der Haushalte mit niedrigem Einkommen 14 bis 20 Prozent der ihnen zur Verfügung stehenden Mittel für Wasser aus. Diese Kosten spiegeln die kaum vorhandene Wasserinfrastruktur sowie die höheren Kosten für die geringen Mengen, die die Armen abnehmen, wider.[24] Ein Kubikmeter Wasser kostet bei privaten Wasserverkäufern in Port-au-Prince, Haiti, sechs- bis zehnmal so viel wie ein Kubikmeter, der über die öffentliche Wasserversorgung bezogen wird.[25] Ferner hindern hohe Gebühren die armen Haushalte daran, sich einen Stromanschluß legen zu lassen.[26] In den ländlichen Gebieten kann der Anschluß an ein Stromnetz zwischen 20 und 1.000 US-Dollar kosten.[27] Allzu häufig haben die Armen einfach nicht die Möglichkeit, preiswerteres Wasser und preiswerteren Strom über ein kommerzielles Netz zu beziehen.[28]

Umverteilung durch die Bereitstellung unentgeltlicher Leistungen oder durch die Subventionierung der Nachfrage kann den Armen dabei helfen, ihre Eigenmittel zu vermehren. Eine kostenlose Grundschulaus-

bildung für die Armen ist entscheidend, um deren Humankapital zu vermehren. Das gilt insbesondere für die Mädchen. Die Bereitstellung von Beihilfen zur Vorbeugung gegen Infektionskrankheiten und die Unterstützung der armen Haushalte bei der Finanzierung der Kosten schwerer Erkrankungen müssen ebenfalls eine Schlüsselrolle spielen, wenn es darum geht, das Gesundheitskapital der Armen aufzubauen und ihren Schutz vor gesundheitsbedingten Schocks zu stärken (siehe Sonderbeitrag 5.3 und Kapitel 8).

Sowohl im Bildungs- als auch im Gesundheitswesen kann (selbst wenn die entsprechenden Leistungen kostenfrei angeboten werden) die Subventionierung der Nachfrage armen Familien dabei helfen, weiter in das Humankapital ihrer Kinder zu investieren (beispielsweise zur Deckung von Fahrtkosten). Um für Mädchen, Kinder von Minderheiten, indigenen Bevölkerungsgruppen und armen Haushalten den Zugang zur Bildung zu verbessern, werden öffentliche Mittel (in Form von Gutscheinen, Stipendien, Zuschüssen und dergleichen) direkt an Einzelpersonen, Institutionen und Gemeinschaften gezahlt. In Bangladesch zahlt der Staat Stipendien, die 30 bis 54 Prozent der direkten Schulkosten für Mädchen vom 6. bis zum 10. Schuljahr abdecken. In Kolumbien erhielten arme Kinder früher Gutscheine vom Staat, mit denen sie eine weiterführende Schule ihrer Wahl besuchen konnten. In Balochistan, Pakistan, erhalten Mädchen kommunale Zuschüsse, damit sie eine Gemeindeschule besuchen können. Diese Programme erhöhen die Nachfrage der armen Haushalte nach Bildung. Das Programm Progresa in Mexiko[29] beispielsweise hat die Schulbesuchsquote unter den Leistungsempfängern im Vergleich zu entsprechenden Familien, die nicht an dem Programm teilnahmen, in die Höhe schnellen lassen (Sonderbeitrag 5.5).

Eine Alternative zu Transferleistungen ist Subventionierung der Preise für Leistungen. Jedoch haben nur wenige Entwicklungsländer eine Staffelung der Preise im Gesundheitswesen mittels gleitender Gebührensätze

Sonderbeitrag 5.5
Das Programm Progresa in Mexiko: Eltern erhalten Geld für den Schulbesuch ihrer Kinder

Progresa ist ein integriertes Programm zum Abbau der Armut, das im Jahr 1997 in Mexiko ins Leben gerufen wurde. Im Rahmen dieses Programms erhalten arme ländliche Haushalte Beihilfen für Bildung, medizinische Versorgung und Ernährung. Ziel ist es, die gegenwärtige Armut abzubauen und die Investitionen in das Humankapital zu erhöhen, um so den Teufelskreis der von Generation zu Generation „vererbten" Armut zu durchbrechen. Das Programm Progresa erstreckt sich auf 2,6 Millionen Familien. Dies entspricht etwa 80 Prozent der in extremer Armut lebenden Landbevölkerung.

Progresa zahlt armen Familien Zuschüsse für jedes eingeschulte Kind unter 18 Jahren zwischen dem dritten Jahr auf der Grundschule und dem dritten Jahr auf einer weiterführenden Schule. Die Zuschüsse steigen von Schuljahr zu Schuljahr und sind für Mädchen geringfügig höher als für Jungen. Für ein Kind im dritten Schuljahr einer weiterführenden Schule betragen die Zuschüsse 46 Prozent des durchschnittlichen Lohns eines Landarbeiters. Familien von Kindern, die in einem Monat mehr als 15 Prozent der Schultage versäumen, erhalten für den betreffenden Monat keinen Zuschuß.

Durch das Programm Progresa konnten die Schulbesuchsquoten auf allen Stufen gesteigert werden. Der größte Erfolg (17 Prozent) wurde beim Übergang vom sechsten Grundschuljahr zum ersten Schuljahr auf einer weiterführenden Schule erzielt, da zu diesem Zeitpunkt normalerweise viele Kinder die Schule verlassen.

Quelle: IDB 2000.

mit Erfolg eingeführt.[30] In den meisten afrikanischen Ländern sind solche Gebührenbefreiungen gewöhnlich eher zum Vorteil wohlhabenderer Gruppen (wie beispielsweise der öffentlichen Bediensteten).[31] Im Volta-Gebiet in Ghana wurde im Jahr 1995 weniger als ein Prozent der Patienten von den Gebühren für die Nutzung von Gesundheitseinrichtungen befreit, und 71 Prozent der Befreiungen kamen den Mitarbeitern des Gesundheitsdienstes zugute.[32] In Indonesien und Vietnam können sich die Armen von Nutzungsgebühren befreien lassen, wenn sie ihre Bedürftigkeit glaubhaft nachweisen können. Doch wird diese Möglichkeit anscheinend nur von wenigen genutzt, was zum Teil daran liegt, daß die Erklärung der eigenen Bedürftigkeit mit einem gesellschaftlichen Makel behaftet ist.[33] Mitunter sind private und nichtstaatliche Anbieter besser in der Lage, gleitende Gebühren umzusetzen, da sie häufig den Hintergrund ihrer Patienten kennen und ein eigenes Interesse daran haben, nur solche Gebühren zu verlangen, die der Markt auch trägt.[34]

Bei Wasser und Strom stützen sich zahlreiche Entwicklungsländer auf steigende Blocktarife, wobei für den ersten Verbrauchsblock ein niedriger (häufig nicht einmal kostendeckender) Tarif veranschlagt wird, der mit weiteren Blöcken ansteigt. In Asien nutzen 20 von 32 städtischen Wasserversorgern diese Tarifstruktur.[35] Solche Tarife scheinen gerechter zu sein, da Firmen und wohlhabendere Verbraucher dadurch gezwungen werden, den Verbrauch der armen Haushalte zu subventionieren. Des weiteren stellen sie einen Anreiz dar, einer Verschwendung vorzubeugen. Doch es gibt auch Probleme. In zahlreichen Entwicklungsländern werden nur wenige arme Haushalte von Netzversorgern beliefert, und die Regierungen wählen große anfängliche Verbrauchsblöcke, so daß der größte Teil des finanziellen Nutzens den Verbrauchern mit mittleren und hohen Einkommen zugute kommt. Seltsamerweise benachteiligt das System der steigenden Blocktarife arme Haushalte, die sich einen Wasseranschluß mit mehreren anderen Haushalten teilen, da selbst bei einem niedrigen Verbrauch der einzelnen Haushalte der Gesamtverbrauch hoch ausfällt. Darüber hinaus sind die gewerblichen Tarife häufig so hoch, daß Unternehmen auf Selbstversorgung umgestiegen sind und damit die finanzielle Überlebensfähigkeit der Versorgungsunternehmen in Frage stellen.[36]

Dennoch können in Ländern mit gutem Netzzugang durch ein gut strukturiertes System mit steigenden

Blocktarifen bessere Ergebnisse erzielt werden als durch Barübertragungen seitens sozialer Einrichtungen, die mit unzureichenden Mitteln ausgestattet sind, wie es in einigen Ländern Osteuropas und der ehemaligen Sowjetunion der Fall ist.[37] Doch in Ländern, in denen die armen Haushalte nur über einen beschränkten Netzzugang verfügen, sollte vornehmlich der Anschluß und nicht der Verbrauch bezuschußt werden. Eine Möglichkeit zur Abfederung hoher Anschlußgebühren ist die Vergabe von Krediten an arme Verbraucher.[38] Eine weitere Möglichkeit besteht darin, die Anschlußgebühren ganz oder teilweise durch Zuschüsse zu subventionieren. Infrastrukturbeihilfen können auch dann armenfreundlicher gestaltet werden, wenn sie über den allgemeinen Haushalt oder über gewerbliche Abgaben finanziert werden, die nicht zu einer Benachteiligung führen.[39] Dieser Ansatz, der mit einem freien Marktzugang vereinbar ist, bietet dann einen starken Anreiz zur Belieferung der Ärmsten, wenn die Subventionen den Versorgern erst nach erbrachter Leistung gezahlt werden.

Wie die Umverteilung durch Transferleistungen und Preissubventionen am besten erreicht wird, hängt von der Fähigkeit des Staates ab, die Bedürftigen zu ermitteln und die Beihilfen entsprechend zu vergeben. Wenn es möglich ist, die Bedürftigen einzeln zu ermitteln, können beliebig viele Maßnahmen bei der Umverteilung helfen. Direkte Barzahlungen oder Subventionen von Gütern überhaupt sind gut geeignet, wenn gewährleistet werden kann, daß die Vorteile ausschließlich den Armen zugute kommen. In der Regel ist es jedoch nicht möglich, genau zu ermitteln, wer leistungsberechtigt ist, so daß eher indirekte Maßnahmen erforderlich sind (Sonderbeitrag 5.6).

Risikoverteilung durch Versicherungen ist eine weitere Möglichkeit, das Problem der Kostenzwänge bei der Nachfrage nach Gesundheitsleistungen in Angriff zu nehmen. Mehrere Länder mit mittlerem Einkommen streben eine universelle Krankenversicherung an (Kapitel 8). Chile gründete einen nationalen Gesundheitsfonds (Fonasa), der sowohl Sozialversicherungsbeiträge durch Lohn- und Gehaltsabzüge als auch eine allgemeine Steuersubvention für die Gesundheitsfürsorge vereinnahmt. Mit diesem Fonds ist es Chile gelungen, diejenigen 15 Prozent der Bevölkerung zu erreichen, die keine Sozialversicherung haben. Dennoch können öffentliche Mittel möglicherweise besser verwendet werden, und die Armen können unter Umständen mehr profitieren, wenn sich der Staat auf die Absicherung gegen schwere Krankheiten konzentriert,

---

Sonderbeitrag 5.6

Einige Grundprinzipien für die Strukturierung von Subventionen

Selbst wenn die Armen auf administrativem Wege nicht individuell ermittelt werden können, lassen sich Subventionen so strukturieren, daß sie die Armen auch tatsächlich erreichen.

■ *Eigenständige Fokussierung.* Programme können so gestaltet werden, daß eine „Selbstselektion" gewährleistet ist, beispielsweise indem die gezahlten Löhne unter den marktüblichen Sätzen liegen. Das Beschäftigungsgarantie-Programm in Maharashtra, Indien, stützt sich auf die Schaffung von Arbeitsplätzen, die nur für Arme attraktiv sind (Ravallion 1999a, siehe Sonderbeitrag 8.9 in Kapitel 8).

■ *Geographische Fokussierung.* Subventionen können bestimmten Standorten zufließen, so daß sie insbesondere ländlichen und entlegenen Gebieten zugute kommen. Das funktioniert am besten, wenn ein enger Zusammenhang zwischen der Armut und dem Standort besteht, und weniger gut, wenn Arme und Nicht-Arme nah beieinander leben. Ebenfalls vorteilhaft ist die Kopplung der Subventionen an Güter, die schwer zu transportieren sind, zum Beispiel direkte Leistungen im Bildungs- und Gesundheitswesen.

■ *Güterfokussierung.* Subventionen sollten für Güter aufgewendet werden, die verhältnismäßig mehr von Armen verbraucht werden als von anderen, um zu gewährleisten, daß die Subventionen insbesondere den Armen zugute kommen. Nahrungsmittel und Grundschulausbildung rangieren bei diesem Kriterium in der Regel sehr weit oben.

---

die von den meisten armen Haushalten noch weniger finanziert werden können.[40] Sozialversicherungsprogramme – selbst die universell ausgerichteten – kommen den Bessergestellten häufig zuerst zugute, während die Armen erst später Versicherungsschutz erhalten. Bis der universelle Versicherungsschutz erreicht ist, müssen die Armen unter Umständen sogar Nachteile hinnehmen, da die Nachfrage nach und die Preise von privaten medizinischen Versorgungsleistungen infolge des Versicherungsprogramms steigen können – wie beispielsweise auf den Philippinen.[41]

Institutionelle Reformen für effektive Leistungen: Regierungsführung, Märkte und Wettbewerb

Es geht das Gerücht um, es gäbe Beihilfen für die Armen, doch niemand scheint zu wissen, wie man sie erhält.

– Aus einer Diskussionsgruppe, Tanjugrejo, Indonesien

Sobald die Länder das politische Problem des Umfangs der Umverteilung gelöst haben und die eher technische Frage beantworten konnten, was umverteilt werden soll, muß in einem nächsten Schritt gewährleistet werden, daß die Leistungen die Armen auch tatsächlich erreichen. Wie können nun die Armen die zur Kapitalbildung erforderlichen Leistungen auch effektiv erhalten? Das alte Modell der universellen Bereitstellung durch den Staat ist häufig zum Scheitern verurteilt, da es an finanziellen und administrativen Ressourcen mangelt oder weil die Bedürfnisse der Armen nicht entsprechend berücksichtigt werden.

Ein Teil des Problems ist möglicherweise technischer oder logistischer Natur. Die Armen leben häufig in entlegenen ländlichen Gebieten mit geringer Bevölkerungsdichte, in denen die Versorgung mit Leistungen schwierig ist und hohe Kosten verursacht. Es kann sein, daß sich die Ressourcen zur Verringerung der Armut einfach nicht weit genug in diese Gegenden erstrecken.

Doch recht häufig liegt das Problem auch in der Verwaltung und der Motivation, da keine angemessenen Anreize für eine gewissenhafte Leistungserbringung vorliegen (Kapitel 6). Bei Leistungen, die die Anwesenheit von Fachpersonal erfordern (beispielsweise im Bildungs-, Gesundheits- und Rechtswesen), ist es häufig schwierig, qualifizierte öffentliche Bedienstete dazu zu bringen, in abgelegenen oder ländlichen Gebieten zu leben.[42] Wenn sie selbst Kinder haben, weigern sie sich häufig, in einem Gebiet zu leben, in dem Bildungsmöglichkeiten und das kulturelle Angebot eingeschränkt sind. Abgesehen von der geographischen Lage, gibt es noch eine andere Art der „Entfernung" zwischen den Anbietern von Leistungen und den Armen. Da Ärzte, Lehrer und Richter eine hohe Bildung genossen haben, stammen sie häufig aus vollkommen anderen sozialen Schichten als die Gemeinschaften, denen sie dienen sollen, was ein Zusammenleben schwierig gestaltet und belastet. Wenn die Vergütung durch Vorschriften für den öffentlichen Dienst bestimmt wird und die Zuschläge für schwierige Positionen keinen gleichwertigen Ausgleich für die schlechteren Lebensbedingungen darstellen, hat es der öffentliche Sektor nicht leicht, Leistungen für die Armen zu erbringen.[43]

Die staatliche Versorgung macht im allgemeinen jedoch nur einen Teil der Leistungen aus, die den Armen zur Verfügung gestellt werden, und andere Leistungsträger können die Beschränkungen, denen die staatliche Versorgung unterliegt, häufig überwinden. Religiöse Gruppen leisten oft einen großen Beitrag zum Bildungswesen. Nichtstaatliche Organisationen stellen in vielen Ländern ebenfalls eine tragende Kraft dar: In Bangladesch erfüllen diese Organisationen wie zum Beispiel das Bangladesh Rural Advancement Committee eine wichtige Funktion bei der Bereitstellung von Leistungen und erzielen dabei bessere Ergebnisse als der Staat. Und der private Sektor hat schon immer Dienstleistungen erbracht. Mehr als die Hälfte der Gesundheitsdienste in den Entwicklungsländern sind in privater Hand. In Bolivien wenden sich fast drei Viertel der Patienten, die sich wegen Durchfall oder akuter Atemwegsinfektionen behandeln lassen, an private Einrichtungen.[44] In den 1990er Jahren gewann der private Sektor auch als Anbieter von Infrastrukturleistungen an Bedeutung.

Eine solide Regierungsführung, ein gesunder Wettbewerb und funktionierende Märkte – sowie ein freier Marktzugang für Akteure aller Art (staatlicher, nichtstaatlicher und privater) – sind für eine effektive Leistungserbringung von wesentlicher Bedeutung, insbesondere für die Armen. (Tatsächlich nutzen wahrscheinlich eher nicht-arme Gemeinschaften und Menschen die staatlichen Systeme effektiv.) Hierbei geht es nicht um ein Problem zwischen Staat und Markt, sondern – je nach Art der Maßnahmen – um den Einsatz unterschiedlicher Akteure und Mechanismen. Im Bildungswesen liegt die Verantwortung für Lehrpläne und Prüfungen beim Staat, doch können verschiedene Leistungsträger Unterricht erteilen. Und die Gemeinschaften können die Lehrer zur Verantwortung ziehen.

Wie die Kombination aus Staat und Markt – und die Kombination aus verschiedenen Leistungsträgern – aussehen sollte, hängt von der Art der Leistung und dem institutionellen Hintergrund ab.[45] In Bereichen, in denen der Staat Schwächen zeigt, spricht unter Umständen mehr für einen offenen Marktzugang und die Delegation von Aufgaben auf private und nichtstaatliche Organisationen. Doch auch dies erfordert unter Umständen mehr Kapazitäten zur Überwachung und Regulierung, als der Staat aufbringen kann. Die Bedeutung von institutionellen Reformen, einer guten Regierungsführung und der Märkte bei der Bereitstellung qualitativ hochwertiger Leistungen für die Armen wird hier anhand von Beispielen aus dem Gesundheitswesen und der Telekommunikation veranschaulicht.

Die Bereitstellung von Gesundheitsleistungen verbessern

Manchmal warte ich stundenlang, bevor ich einen der Ärzte sprechen kann, und dann kommt die Schwester und sagt mir, daß der Arzt nicht kommt oder er zwar da ist, aber keine Zeit für mich hat.
– Arme Frau, El Mataria, Ägypten

Trotz beeindruckender Fortschritte im Gesundheitswesen in den letzten Jahrzehnten und trotz der potentiellen Wirksamkeit der politischen Maßnahmen und Programme erreichen Gesundheitsdienste die Armen häufig nicht. In dieser Hinsicht besteht ein grundlegendes Problem: Es ist schwierig, das Personal dazu zu bewegen, in den ländlichen Gebieten zu bleiben, und sicherzustellen, daß diejenigen, die sich dazu bereit erklären, ihren Dienst auch gewissenhaft verrichten. In so unterschiedlichen Ländern wie Brasilien, Indien, Indonesien und Sambia gibt es in armen und ländlichen Gebieten sehr viel mehr unbesetzte Stellen im Gesundheitswesen (die auch länger unbesetzt bleiben) als in reicheren und städtischen Gebieten.

Sollen die Gesundheitsdienste in den armen Gemeinschaften verbessert werden, ist es unter Umständen erforderlich, das Anreizsystem für öffentliche Anbieter zu ändern sowie von der staatlichen Bereitstellung auf die staatliche Finanzierung privater oder nichtstaatlicher Anbieter umzustellen. Auch kann die Art der Leistungen geändert werden, die der Staat erbringen will, wobei jenen Leistungen der Vorzug gegeben wird, die einfacher erbracht werden können.

Eine Änderung der Anreize im öffentlichen Sektor ist häufig schwierig, da die Vorschriften für den öffentlichen Dienst strenge Bestimmungen zur Einstellung, Entlassung, Beförderung und Bezahlung der öffentlichen Bediensteten enthalten (Kapitel 6). Es wurden bereits verschiedene Methoden ausprobiert, die alle ihre eigenen Risiken bergen. So wurden beispielsweise private Nebentätigkeiten zur Aufbesserung des Einkommens zugelassen, Bildungsbeihilfen von einer Tätigkeit im öffentlichen Dienst abhängig gemacht und Zulagen für benachteiligte Stellungen gezahlt. Keine dieser Methoden ist ohne Probleme.

In den letzten Jahren wurden vermehrt Versuche unternommen, die Gesundheitsdienste zu dezentralisieren und auf subnationale Verwaltungsebenen zu verlagern. Dadurch ändern sich auch die Anreize für die Anbieter, da sie eine andere Gruppe von Arbeitgebern zufrieden-stellen müssen. Örtliche Verwaltungen reagieren möglicherweise besser auf die Rückmeldung jener, die Leistungen in Anspruch nehmen. Doch die Vorteile einer Dezentralisierung im Gesundheitswesen sind noch nicht klar ersichtlich. In einigen Fällen wurden bei der Dezentralisierung die Pflichten einfach von der Zentralregierung auf andere Verwaltungsebenen abgewälzt. Dies ist kein Beispiel für eine guten Dezentralisierung. Eine erfolgreiche Dezentralisierung beruht auf einer zunehmenden Mitbestimmung der Bürger als Organe zur Überwachung der Qualität von Leistungen (siehe den nächsten Abschnitt zur Mitbestimmung).

Anstatt die Leistungen selbst direkt zu erbringen, kann der Staat besser die Dienste des privaten Sektors und von nichtstaatlichen Organisationen nutzen. In vielen Ländern geben selbst sehr arme Menschen ihr Geld lieber für Leistungen des privaten Sektors (oder der nichtstaatlichen Organisationen) aus, wenn sie der Ansicht sind, daß die Qualität dieser Dienstleistungen die der staatlichen Leistungen übertrifft.[46] Diese Präferenz kann genutzt werden, indem die Rolle des Staates vom Leistungsträger zum Finanzierer gewandelt wird.

Effektive Partnerschaften nutzen die jeweiligen Stärken jedes Sektors – das heißt des öffentlichen, des privaten und des gemeinnützigen –, um die Bereitstellung von Gesundheitsdiensten für Arme zu verbessern. Das Immunisierungsprogramm der Weltgesundheitsorganisation (WHO) war ein bemerkenswerter Erfolg (Sonderbeitrag 5.7). In Brasilien läßt die Regierung die nichtstaatlichen Organisationen um Finanzmittel konkurrieren und hat sich damit das Engagement und die Erfahrung des privaten Sektors beim Kampf gegen AIDS und andere sexuell übertragbare Krankheiten zunutze gemacht. Nichtstaatliche Organisationen erreichen häufig Gesellschaftsschichten, die vor einem Kontakt mit den Behörden zurückschrecken, gleichzeitig aber das höchste Risiko einer HIV-Infektion tragen. Bis Ende 1994 hatten die im Rahmen dieses Systems finanzierten nichtstaatlichen Organisationen bereits schätzungsweise 2,6 Millionen Kondome verteilt und 11.000 Anrufe bei Hotlines entgegengenommen. Eine strenge staatliche Überwachung hat dafür gesorgt, daß – mit Ausnahme von 4 Fällen – alle 191 von nichtstaatlichen Organisationen geleiteten Projekte ohne Schwierigkeiten Fortschritte erzielen konnten.[47]

Die Regierungen könnten nochmals überdenken, welche Leistungen sie anbieten wollen, und zwar einfach auf der Grundlage dessen, was sie glaubhaft zusa-

Sonderbeitrag 5.7
Effektive öffentlich-private Partnerschaften bei der Immunisierung

Im Jahr 1974 rief die Weltgesundheitsorganisation (WHO) das Expanded Immunization Program (Erweitertes Immunisierungsprogramm) ins Leben, dessen Ziel darin bestand, bis zum Jahr 1990 80 Prozent der Kinder unter fünf Jahren zu erreichen. Obwohl das Programm als Initiative der WHO begann, schlossen sich schon bald zahlreiche multinationale Organisationen an, und die eigentliche Arbeit in den Ländern wurde von Freiwilligen, privaten Unternehmern und im Auftrag der Regierung tätigen Beratern geleistet. Die Mitglieder des Rotary Clubs beispielsweise brachten mehr als 240 Millionen US-Dollar auf, mit denen etwa 500 Millionen Kinder in 103 Ländern gegen Kinderlähmung geimpft werden konnten. Private Pharmaunternehmen beteiligten sich ebenfalls. Sie stellten dem Weltkinderhilfswerk der Vereinten Nationen (UNICEF) große Mengen an Impfstoffen zu niedrigen Preisen zur Verfügung und brauchten dennoch nicht auf eigene Gewinne zu verzichten.

Die Ergebnisse waren beeindruckend. Bis zum Jahr 1990 hatte das Programm sein Ziel erreicht und 80 Prozent der Kinder gegen die häufigsten Kinderkrankheiten immunisiert. Die Initiative führte zum Erfolg, da sie staatliche, private und multinationale Anstrengungen bündelte und alle beteiligten Organisationen ihre relativen Stärken unter Berücksichtigung der im jeweiligen Land herrschenden Bedingungen eingesetzt haben.

Quelle: van der Gaag 1995.

gen können. In einigen Fällen ist es für manche Regierungen möglicherweise mit zu großen Schwierigkeiten verbunden, ständiges Personal in ländlichen Einrichtungen für die medizinische Grundversorgung zu beschäftigen. Dieses Problem verlangt unter Umständen nach anderen Methoden für die Bereitstellung von Leistungen sowie nach anderen Arten von Leistungen. Indien hat vor kurzem eine Kampagne zur Bekämpfung der Kinderlähmung ins Leben gerufen. Grundlage dieser Kampagne waren weniger feste Klinikeinrichtungen, sondern kurze Reisen des medizinischen Personals in ländliche Gebiete – mit guten Ergebnissen.[48] Ebenso wie ein Abbau des ständigen medizinischen Personals, das schwierig zu kontrollieren und zu motivieren ist, könnten auch Infrastrukturprojekte für die Versorgung mit sauberem Wasser und sanitären Einrichtungen für den Staat leichter zu bewerkstelligen sein und eher zu besseren Gesundheitsbedingungen führen.[49] Und anstatt mit den Ärzten über deren Vorliebe für eine Anstellung im Krankenhaus zu streiten, sollte sich der Staat vielleicht besser darauf konzentrieren, den Zugang der Armen zu Krankenhausleistungen zu verbessern.[50]

Telekommunikationsdienste für die Armen bereitstellen

Wenn die richtigen politischen Maßnahmen ergriffen werden und die richtigen regulativen Vorschriften bestehen, ist der private Sektor gut in der Lage, Telekommunikationsdienste für die Armen bereitzustellen. Eine bessere Kommunikation, die neue Einflüsse mit sich bringt und eine umfassendere Sichtweise der Welt vermittelt, kann das Einkommen der Armen erhöhen.[51] In Sri Lanka sorgten Telefondienste in ländlichen Gebieten dafür, daß der Preisanteil, den die Bauern für ihre in der Hauptstadt verkauften landwirtschaftlichen Erzeugnisse erhalten, von 50 bis 60 Prozent auf 80 bis 90 Prozent anstieg.[52]

Seit Mitte der 1980er Jahre haben die Entwicklungsländer den Telekommunikationsmarkt für private Anbieter und den Wettbewerb geöffnet.[53] Die Konzepte reichen von privaten Investitionen in staatliche Betriebe (China) bis zur vollständigen Privatisierung und einem umfassenden Wettbewerb, wobei sich der Staat auf die Rolle des Regulierers konzentriert (Chile). Die Beteiligung des privaten Sektors hat im allgemeinen zu einer raschen Verbesserung des Zugangs, Preissenkungen und besseren Leistungen geführt. In Peru war die Anzahl der Festnetzanschlüsse fünf Jahre nach der Reform um mehr als 165 Prozent und die der Mobilfunkanschlüsse von 20.000 auf beinahe 500.000 angestiegen. Die Anzahl der Orte mit Zugang zu Telefonen hatte sich mehr als verdoppelt. Zwischen 1995 und 1996 stieg der Anteil der Haushalte im ärmsten Quintil, die über einen Telefonanschluß verfügten, von 1 Prozent auf 7 Prozent.[54]

Große und kleine Anbieter können ihre Dienstleistungen nebeneinander anbieten, was durch ein breites Spektrum an innovativen Technologien ermöglicht wird. Als es im Senegal örtlichen Unternehmen gestattet wurde, Telekommunikationsdienste anzubieten, fielen die Kosten und der Zugang stieg um mehr als das Doppelte (Sonderbeitrag 5.8).[55] Die Bereitstellung von öffentlichen Fernsprechern kann den Zugang der Armen zu Telekommunikationsdiensten erheblich erweitern, insbesondere in Ländern, in denen die Gesprächsgebühren niedrig, die Anschlußgebühren jedoch hoch sind.[56] Fortschritte in der Mobilfunktechnik haben in Ländern, in denen Gesetze und Verordnungen eine geographisch breite Abdeckung fördern, ebenfalls zu einem drastischen Anstieg des Zugangs zu Telekommunikationsdiensten geführt. Grameen Telecom, eine gemeinnützige Organisation in Bangladesch, kombi-

Sonderbeitrag 5.8
Örtliche Unternehmer erweitern den Zugang zu Telekommunikationsdiensten

Örtlichen Unternehmen zu genehmigen, Telekommunikationsdienste anzubieten, ist ein bedeutender erster Schritt, um die Zugangskosten für die Bevölkerung zu senken. Insbesondere öffentliche Fernsprecher kommen jenen zugute, die sich einen eigenen Anschluß zu Hause nicht leisten können. Im Jahr 1995 gab es im Senegal mehr als 2.000 private Telekommunikationszentren, die jeweils mit einem Telefon und häufig auch mit einem Faxgerät ausgestattet waren. Noch zwei Jahre zuvor waren es lediglich 500, und bis 1998 stieg ihre Zahl auf 6.000 an. Sonatel (die staatliche Telefongesellschaft im Senegal) vergibt Konzessionen für Telefondienste an die Inhaber der Telekommunikationszentren. Diese dürfen Tarife berechnen, die bis zu 140 Prozent über dem von Sonatel für eine Einheit verlangten Preis liegen. Im Durchschnitt zahlen die Telekommunikationszentren pro Jahr 3.960 US-Dollar an Sonatel und erzielen dabei selbst einen Gewinn von 1.584 US-Dollar. Das Ergebnis: Der Zugang der Bevölkerung zu Telefondiensten hat sich mehr als verdoppelt.

Quelle: Ernberg 1998; CSIR 1998.

niert Mobilfunktechnik mit den unternehmerischen Fähigkeiten von Frauen auf dem Land, um ihre Dienstleistungen in Dörfern anzubieten (siehe Sonderbeitrag 4.6 in Kapitel 4). Indien, Peru, Südafrika und Thailand verzeichneten eine drastische Zunahme der im Privatbesitz befindlichen und privat betriebenen Telekommunikationszentren, die den Landbewohnern neue Informationsquellen und neue Möglichkeiten eröffnen.[57]

Da sich private Anbieter auf die rentabelsten Marktsegmente konzentrieren, erhalten einige Teile der Bevölkerung – insbesondere die ärmeren Gruppen – unter Umständen keinen Zugang, da die Kosten zu hoch und das Gewinnpotential für die Bereitstellung von Diensten für diese Gruppen zu gering ist. Um die Ausgrenzung der Armen zu verhindern, sind unter Umständen innovative öffentlich-private Partnerschaften und gezielte staatliche Subventionen erforderlich.[58] In Chile wurden staatliche Mittel verwendet, um den Zugang für Haushalte mit niedrigem Einkommen, Behinderte sowie öffentliche Schulen, Gesundheitszentren und Bibliotheken zu verbessern. Ferner konnten private Anbieter, die sich bereit erklärten, den Aufbau von Telekommunikationseinrichtungen auf dem Land zu finanzieren, über Ausschreibungsverfahren Subventionen erhalten. An ungefähr der Hälfte der ausgewählten Standorte waren bei Ausschreibungen über die Bereit-

stellung von Diensten wider Erwarten keine Subventionen erforderlich, denn die von der Privatisierungsgruppe durchgeführte Nachfrageanalyse überzeugte die privaten Investoren von der Rentabilität der Dienstleistungen in diesen Gebieten. Innerhalb von zwei Jahren wurden 90 Prozent der Ziele des Vorhabens erreicht, wobei nur die Hälfte der ursprünglich veranschlagten Mittel benötigt wurde.[59]

Trotz der Erfolge bei der Erweiterung des Angebots von Telekommunikationsdiensten auf die Armen ist es eher unwahrscheinlich, daß die Privatisierung ohne größeren Wettbewerb und ohne eine effektive Regulierung, die einen Mißbrauch der Marktmacht verhindert, zu einem signifikanten Ausbau des Zugangs zu diesen Dienstleistungen führt. Um die Beteiligung des privaten Sektors im Telekommunikationsbereich – und im Infrastrukturbereich im weiteren Sinne – armenfreundlicher zu gestalten, muß die Politik in den Vorschriften und Geschäftsprozessen möglicherweise neue Schwerpunkte setzen. Eine Studie zur Bereitstellung von Telekommunikationsdiensten in 30 afrikanischen und lateinamerikanischen Ländern ergab, daß ein starker Wettbewerb in einem direkten Zusammenhang mit der Zunahme der Hauptanschlüsse, öffentlichen Fernsprecher und Verbindungskapazitäten pro Kopf sowie dem Rückgang der Gebühren für Ortsgespräche steht. Die Studie ergab weiterhin, daß eine gut strukturierte Regulierung eine wichtige Rolle dabei spielte, die Verbindungskapazitäten zu verbessern.[60] Die Ergebnisse einer Studie zur Infrastrukturreform in Argentinien lassen den Schluß zu, daß durch öffentlich-private Partnerschaften in Kombination mit den richtigen politischen Maßnahmen und regulativen Vorschriften der Zugang der Armen zu Infrastruktureinrichtungen ebenfalls verbessert werden kann.[61]

Mitbestimmung: Auswahl, Überwachung und Rechenschaftspflicht

Der dritte Grundsatz, dem staatliche Maßnahmen folgen sollten, um die Akkumulation von Vermögenswerten zu fördern, lautet, daß die armen Gemeinschaften und Menschen in Entscheidungsprozesse einbezogen werden müssen. Diese Mitbestimmung verfolgt drei Hauptziele:

- Sie soll gewährleisten, daß den Präferenzen und Werten der Gemeinschaften bei der Auswahl und Gestaltung von Maßnahmen Rechnung getragen wird.

■ Sie soll die Möglichkeit zur Überwachung durch die Gemeinschaften und Beteiligten nutzen, um die Umsetzung, Transparenz und Rechenschaftspflicht zu verbessern.

■ Sie soll den Armen ermöglichen, mehr Einfluß auf ihr eigenes Leben zu nehmen.

Obwohl das Prinzip der Mitbestimmung ein großes Potential birgt, ist es doch kein Allheilmittel. In Abhängigkeit von den vor Ort bestehenden Organisationen und Machtstrukturen kann die Übertragung von Befugnissen auf örtliche Gemeinschaften dazu führen, daß örtliche Eliten die Vorteile monopolisieren (Kapitel 6). Inwieweit in Bangladesch Transfers von Lebensmitteln für Bildung den armen oder den nicht-armen Haushalten zugute kommt, hängt vom jeweiligen Einfluß der Organisationen ab, die für die Armen und Nicht-Armen eintreten.[62] Ebenso können einige vor Ort geltende Werte einigen Gruppen von armen Menschen zum Nachteil gereichen. Das gilt beispielsweise für die Diskriminierung von Frauen, die in vielen Teilen der Welt gang und gäbe ist, von unteren Kasten in Indien und von anderen benachteiligten ethnischen oder gesellschaftlichen Gruppen. Scham, Ablehnung und Stigmatisierung in Zusammenhang mit HIV/AIDS sind in einigen Ländern die Ursache für die Untätigkeit auf Ortsebene.

Die Vielschichtigkeit der Mitbestimmung deutet an, daß sie durch Maßnahmen gefördert werden muß, die der Stimme der armen Bevölkerungsgruppen mehr Kraft verleihen, wenn diese sich dem Problem der sozialen Schichtung oder der gesellschaftlichen Stigmatisierung stellen. Das setzt voraus, daß der Mitbestimmung in einem weiter gefaßten institutionellen Kontext eine Gestalt verliehen werden muß. Örtliche Verwaltungen und grundlegende Interaktionen zwischen den Kommunen und Gemeinschaften spielen eine zentrale Rolle, wie es bei der Gestaltung der Gesetze zur Dezentralisierung und Mitbestimmung des Volkes in Bolivien im vergangenen Jahrzehnt der Fall war. Doch örtliche Verwaltungen müssen unterstützt und rechenschaftspflichtig gemacht werden: Da sie in der Vergangenheit allzu häufig ihres Einflusses beraubt wurden, stehen sie vor dem Problem, daß sie über unzulängliche Fähigkeiten verfügen und von örtlichen Eliten vereinnahmt zu werden drohen. Organisationen der bürgerlichen Gesellschaft können den Einfluß der armen Gemeinschaften und Menschen ebenfalls vergrößern. Diese allgemeineren Probleme werden in den Kapiteln 6 und 7 erneut aufgegriffen. An dieser Stelle soll anhand von

Beispielen aus den Bereichen Bildungswesen, örtliche Infrastruktur und Forstwirtschaft veranschaulicht werden, wie wichtig Mitbestimmung ist, um die Armen in die Lage zu versetzen, ihre Eigenmittel zu vermehren.

Örtliche Mitbestimmung und Rechenschaftspflicht im Bildungswesen verbessern

Eltern und örtliche Gemeinschaften fordern ein größeres Mitspracherecht bei der Schulbildung der Kinder. Im Zuge des Ausbaus der Bildungssysteme in vielen Entwicklungsländern wurden vermehrt Bedenken hinsichtlich der Qualität des Unterrichts laut. Zentrale Strukturen können die täglich anfallenden Verwaltungsaufgaben nicht ausreichend bewältigen und sind zu weit entfernt, um effektiv gegen Lehrer vorgehen zu können, die keine entsprechenden Leistungen erbringen.

Die Mitbestimmung der Gemeinschaften im Bereich der Grundschulbildung legt den Schwerpunkt häufig darauf, die Leistung der Lehrer zu kontrollieren und zu gewährleisten, daß die Schulen mit ausreichend Material versorgt werden. Bei der Ausübung derjenigen Funktionen, die sich am besten dafür eignen, vor Ort verwaltet zu werden, das heißt innerbetriebliche Schulungen und pädagogische Aufsicht, können Lehrergewerkschaften die Arbeit der örtlichen Eltern-Lehrer-Verbände unterstützen. Doch Lehrergewerkschaften leisten häufig heftigen Widerstand gegen die Übertragung von Befugnissen zur Einstellung und Entlassung von Lehrern auf lokale Ebenen, da dies nicht selten verspätete Gehaltszahlungen und bisweilen sogar einen Mißbrauch durch die örtlichen Beamten zur Folge hatte, was beispielsweise in Nigeria und Simbabwe zu Lehrerstreiks geführt hat.[63] In Nicaragua versuchen derzeit laufende Reformvorhaben, diese Probleme zu lösen (Sonderbeitrag 5.9).

Der allgemeine Trend im Bildungswesen geht in Richtung Dezentralisierung. Im Jahr 1993 richtete Sri Lanka Schulentwicklungsgremien ein, um die Mitbestimmung von Gemeinschaften in der Schulverwaltung zu fördern. In Bangladesch wurden Schulverwaltungsausschüsse im Rahmen der Kampagne zur gesellschaftlichen Mobilisierung wieder ins Leben gerufen, um die Gemeinschaften in das Bildungswesen einzubeziehen. El Salvador begann im Jahr 1995, ländliche Gemeinschaften an der Verwaltung der Schulen zu beteiligen.[64] In Entwicklungsländern haben Elternverbände in einigen Gemeinschaften die Aufgabe, im Auftrag des jeweiligen Ministeriums für Bildung Lehrer einzustellen und zu entlassen und für die Beschaffung und Instandhaltung der Schulausrüstung zu sorgen. Bislang konnten jedoch erst wenige Erfahrungen mit der vollständigen Dezentralisierung und Übertragung der Lehrerverwaltung auf die Schulen gesammelt werden.

Eine der wenigen verfügbaren quantitativen Wirkungsanalysen – diejenige für das Grundschulausbildungsprojekt in Mexiko – zeigt, daß das Bildungsniveau im Laufe der Dezentralisierung signifikant anstieg und daß der Spielraum für Verbesserungen um so größer war, je niedriger das anfängliche Bildungsniveau war.[65] Des weiteren gibt es Hinweise darauf, daß für Schulen auf dem Land und Schulen für die indigene Bevölkerung Anreize zur Überwachung den kostengünstigsten Faktor darstellen. Das Experiment in Nicaragua mit

Sonderbeitrag 5.9
Mitbestimmung der Gemeinschaften im dezentralisierten Bildungssystem in Nicaragua

Seit 1993 überläßt das Bildungsministerium Nicaraguas im Rahmen der Dezentralisierung die Verantwortung für die Ausbildung an Grund- und weiterführenden Schulen örtlichen Verwaltungsgremien. Dabei wird das folgende Modell zugrunde gelegt:

■ Die rechtliche Verantwortung für die öffentliche Bildung liegt weiterhin beim Ministerium, doch ein Teil der Lehrerverwaltung wird auf andere Ebenen des Systems delegiert.
■ Die Zentralregierung ist verantwortlich für die Ausbildung der Lehrer, legt die Anzahl der benötigten Lehrer fest, finanziert die Lehrergehälter und stellt Richtlinien für die Qualifikationen und die pädagogische Leistung der Lehrer auf. Des weiteren entwirft sie Vorschriften und Finanzkontrollen.
■ Die Verantwortung für die Aufsicht, die Bereitstellung pädagogischer Unterstützung für die Lehrer und die Überwachung der Einhaltung der Vorgaben liegt auf Ministerialebene.
■ Kommunale Bildungsräte, die mit örtlichen Vertretern besetzt sind, üben die Verwaltungsfunktionen aus, die auf die lokale Ebene delegiert wurden. Diese Räte zahlen die Gehälter der Lehrer (aus Geldern der Zentralregierung) und genehmigen die Anstellung, Versetzung, Urlaubsanträge und Entlassung von Lehrern gemäß den zentralen Gesetzen und Vorschriften. Des weiteren überwachen sie die Anreize für die Lehrer und leisten Anreizzahlungen an Lehrer, die für solche in Frage kommen.
■ Die Lehrer sind für ihre Klassen verantwortlich. Die Eltern überwachen das Erscheinen der Lehrer zum Dienst und erstatten den kommunalen Bildungsräten Bericht, die wiederum die Lehrer wöchentlich über ihren jeweiligen Status im Hinblick auf die Anreizzahlungen informieren.

Quelle: Gaynor 1998.

Reformen zur Schulautonomie zeigt, daß eine stärkere Beteiligung der Schulen an Entscheidungsprozessen mit besseren Prüfungsergebnissen der Schüler einhergeht, insbesondere in Schulen, die bei der Einstellung, Überwachung und Beurteilung ihrer Lehrer mehr Eigenständigkeit besitzen.[66] In Nigeria erscheinen die Lehrer pünktlich zum Dienst, seit Kontrollfunktionen auf Ortsebene ausgeübt werden.[67] Beurteilungen des Programms Minas Gerais in Brasilien sowie des Programms für mehr Mitbestimmung der Gemeinschaften im Bildungswesen (*Educación con participación de la comunidad*, Educo) in El Salvador durch die Bürger zeigen überdies, daß die Lehrer infolge dieser Programme häufiger mit den Eltern zusammenkommen und bei diesen ein höheres Ansehen genießen. Auch haben die Fehlzeiten der Lehrer abgenommen, was sich wiederum in einem regelmäßigeren Schulbesuch der Schüler niederschlägt.[68]

Andere Daten lassen den Schluß zu, daß die Verwaltung des Bildungswesens durch die Gemeinschaften zu einer Effizienzsteigerung führen kann. Vorläufige Ergebnisse für die Philippinen zeigen, daß Schulen, die sich stärker auf die Unterstützung durch örtliche Gemeinschaften stützen, einen geringeren Kostenaufwand aufweisen und darüber hinaus Qualität und Schulbesuchsquoten konstant halten.[69] In Mauritius waren Eltern-Lehrer-Verbände so erfolgreich, daß derzeit staatliche Mittel eingesetzt werden, um diese Partnerschaften weiter zu fördern.[70]

Eine effektive Verwaltung der Bildungseinrichtungen durch die Gemeinschaften ist jedoch unter Umständen nicht einfach zu erreichen. Es kann sich als schwierig erweisen, qualifizierte Mitarbeiter für die Verwaltung von Schulen zu finden. Diesbezügliche Daten zeichnen ein ungleichmäßiges Bild. Botswana hatte Schwierigkeiten, geeignete Personen für die Arbeit in den Schulausschüssen zu gewinnen.[71] In der mosambikanischen Provinz Sambesi haben elterliche Verwaltungsausschüsse in einigen Dörfern fruchtbare Partnerschaften zwischen Gemeinschaften und Schulen hervorgebracht, während sie in anderen Dörfern kaum funktionieren. Zahlreiche Dorfbewohner fürchten sich davor, öffentlich Kritik am Schulpersonal zu äußern, und die Ausschußmitglieder werden bisweilen zum Teil auch von korrupten Beamten gewählt.[72] Des weiteren gibt es Hinweise darauf, daß die Beteiligung der Gemeinschaften möglicherweise nur einen geringen Einfluß hat, wenn die Erwachsenen kaum lesen und schreiben können.[73] Wenngleich das Programm Educo in El

Salvador mit Erfolg den Zugang zu Bildungseinrichtungen erweitert hat, konnte selbst damit in den Schulen in armen ländlichen Gemeinschaften, auf die das Programm vorrangig abzielte, kein höheres Bildungsniveau erzielt werden als in herkömmlichen Schulen.[74]

Insgesamt zeigt die Erfahrung, daß ein gefestigter regulativer Rahmen und Schulungen für die Eltern unverzichtbar sind, wenn die auf Ortsebene erfolgende Überwachung der Schulen effektiv sein soll. Zahlreiche andere Probleme hinsichtlich der stärkeren Mitbestimmung der Haushalte im Bildungswesen können über eine öffentliche Finanzierung gelöst werden.[75] Die fortlaufende Überwachung und Beurteilung der örtlichen Mitbestimmung im Bildungswesen gibt Aufschluß darüber, was funktioniert und was nicht.

Eigentumsbeteiligung durch Mitbestimmung und Wahlmöglichkeiten bei der lokalen Infrastruktur fördern

Die Politik der Partei sieht vor, daß das Volk informiert ist, daß das Volk diskutiert, daß das Volk tätig wird. Doch hier führen die Menschen nur den letzten Teil aus, das heißt sie werden tätig.
– Aus einer Diskussionsgruppe, Ha Tinh, Vietnam

Die Beteiligung der Gemeinschaften an der Planung und Verwaltung lokaler Infrastrukturangebote kann die Eigentumsbeteiligung der Gemeinschaften sowie die Nachhaltigkeit erheblich verbessern, sofern die Gemeinschaften fundierte Entscheidungen treffen. In den meisten Entwicklungsländern ist die lokale Infrastruktur nicht nur spärlich vorhanden, sondern die Infrastruktur, die tatsächlich existiert, ist häufig auch noch schlecht geplant und wird unzureichend instandgehalten. Warum?

Bei früheren Anstrengungen, eine lokale Infrastruktur zur Verfügung zu stellen, wurden die Gemeinschaften bei wichtigen Entscheidungen häufig nicht hinzugezogen. Die zentralen Ministerien befanden darüber, was die örtlichen Gemeinschaften benötigten, die wiederum von einem Projekt erst dann erfuhren, als die Bulldozer bereits anrückten. Ein weiteres Problem liegt darin, daß häufig keine Auswahlmöglichkeiten zur Verfügung stehen. Kaum eine Gemeinschaft, die vor die Wahl gestellt wird, ein Projekt entweder zu akzeptieren oder eben nicht, wird kostenlose oder stark subventionierte Investitionen ablehnen.[76] Das kann die Eigentumsbeteiligung der örtlichen Gemeinschaft an einem Projekt verhindern, so daß jemand anderem die Verantwortung für die Instandhaltung der Investition übertragen wird. Die Anreizstrukturen für die Mitarbeiter von Behörden können ebenfalls zu Lasten des Mitbestimmungsrechts der Gemeinschaften gehen, wenn das Hauptaugenmerk darauf liegt, die Projekte so schnell wie möglich umzusetzen. Doch Prozesse, an denen die Gemeinschaften ein echtes Mitbestimmungsrecht haben, brauchen ihre Zeit. So hat es Jahre gedauert, bis sich die Gemeinde Orangi in Pakistan auf die zu bauende Kanalisation geeinigt hatte.[77] Allerdings sind gerade solche Prozesse für die Eigentumsbeteiligung der Gemeinschaft an Projekten und Programmen und die Nachhaltigkeit förderlich.

Die Einbeziehung der begünstigten Gemeinschaften in die Entscheidungsfindung ist die Grundlage dafür, daß örtliche Gemeinschaften sich nicht nur als Begünstigte, sondern auch als Eigentümer des Infrastrukturkapitals betrachten – und diese Eigentumsbeteiligung ist in drei Schlüsselbereichen von Bedeutung. Zum einen hilft sie, Prioritäten zu bestimmen, insbesondere in Bereichen, die sich durch wirtschaftliche Analysen nur schwer greifen lassen, wie der relative Wert sozialer und produktiver Investitionen, die Komplementaritäten zwischen Investitionen und die Fokussierung innerhalb von Gemeinschaften.[78] Zum zweiten ist sie wichtig für einen guten Betrieb und eine angemessene Instandhaltung der Infrastruktur, da man sich nur selten darauf verlassen kann, daß der Staat für eine rechtzeitige Instandhaltung der lokalen Infrastruktur sorgt. Zum dritten ist die Eigentumsbeteiligung der örtlichen Gemeinschaften angesichts der angespannten Haushaltslage in den meisten Entwicklungsländern und des gewaltigen Bedarfs an Infrastruktureinrichtungen (und der hohen Gesamtkosten) notwendig, damit die Gemeinschaften einen Teil der Investitions- und Betriebskosten tragen.

Damit der partizipative Prozeß auch tatsächlich zur Eigentumsbeteiligung führt, müssen alle Gruppen der Gemeinschaft – Männer und Frauen, Mehrheiten und Minderheiten – die Möglichkeit haben, ihre Bedürfnisse zu äußern. Örtliche Gemeinschaften spiegeln bestehende soziale, ethnische, geschlechtsspezifische und wirtschaftliche Unterschiede wider. Und solange die Frage, wer die Gemeinschaft eigentlich ist, nicht verstanden und im Vorfeld geklärt wird, besteht die Gefahr, daß Männer und örtliche Eliten den Entscheidungsprozeß dominieren und den Nutzen von Projekten monopolisieren. In ländlichen Gebieten der afrikanischen Länder südlich der Sahara messen die Männer dem Straßenbau häufig eine große Bedeutung bei, während die Frauen – sofern sie überhaupt gefragt werden – eine Verbesserung des örtlichen Verkehrssystems, auf das sie angewiesen sind, also der Fußgängerbrücken und Wege, für notwendiger halten.[79] Bei einem Projekt zur Wasserversorgung der Dörfer im ländlichen Indien wurden die Brunnen in der Nähe von einflußreichen Haushalten gebaut.[80] Und in Honduras ergaben Befragungen der Begünstigten, daß in Orten, in denen mit Hilfe des Sozialfonds Abwasserrohre finanziert wurden (die erste Wahl der bessergestellten Haushalte mit Wasseranschlüssen), die meisten Mitglieder der Gemeinschaft sich eher Straßen und Brücken gewünscht hatten.[81] Anbieterorganisationen – örtliche Verwaltungen, nichtstaatliche Organisationen, Projektvermittler – können das Risiko der Monopolisierung durch die Eliten mindern, doch versuchen sie bisweilen selbst, die sich bietenden Vorteile zu monopolisieren.

Projektbegünstigte dazu aufzufordern, sich an den Investitionskosten zu beteiligen, kann ebenfalls die Eigentumsbeteiligung verbessern.[82] Kostenbeiträge werden normalerweise bereitwilliger geleistet, wenn die für Betrieb und Instandhaltung der Infrastruktur verantwortlichen Gemeinschaften und örtlichen Verwaltungen bei der Planung und Umsetzung ein Mitspracherecht erhalten. Die Höhe des Beitrags der örtlichen Gemeinschaft variiert. In Ghana beteiligen sich die Gemeinschaften mit 5 Prozent an den Kosten für bessere Wassersysteme und mit 50 Prozent an denen für eine Kanalisation. Die Kostenbeteiligung an Projekten, bei denen Auswahlmöglichkeiten bestehen oder die über einen Sozialfonds finanziert werden, beläuft sich in der Regel auf 5 bis 20 Prozent der Projektkosten.[83] Eine Studie zu Wasserprojekten in ländlichen Gebieten kam zu dem Ergebnis, daß ein signifikanter finanzieller Beitrag, das heißt ein Beitrag in Höhe von 20 bis 55 Prozent der Projektkosten, für die Nachhaltigkeit des Projekts sehr wichtig sei.[84] Auch gibt es zwingende Belege dafür, daß es von der institutionellen Beziehung zwischen den Gemeinschaften und den Anbietern der Leistung abhängt, ob eine Eigentumsbeteiligung erreicht wird (Kapitel 6).[85]

Es besteht eine Tendenz dahingehend, lokale Infrastruktur mit Hilfe multisektoraler Ansätze bereitzustellen, die sich auf die Gemeinschaft stützen.[86] Diese Ansätze bieten größere Auswahlmöglichkeiten, können dadurch den Prioritäten der einzelnen Gemeinschaften potentiell besser Rechnung tragen und unterstützen auf

diese Weise die Eigentumsbeteiligung und die Nachhaltigkeit.[87] Allerdings ist es unter Umständen nicht wünschenswert, bei allen Projekten freie Wahlmöglichkeiten vorzusehen. Besteht beispielsweise ein dringender Bedarf an institutionellen oder politischen Reformen im Bereich Wasserversorgung oder Verkehr, kann dieser wahrscheinlich nicht durch multisektorale Maßnahmen befriedigt werden (Sonderbeitrag 5.10). Ebenso werden bestimmte Infrastrukturprojekte, die mehr als eine Gemeinschaft betreffen (wie beispielsweise der Bau von Straßen, die mehrere Gemeinschaften miteinander verbinden) selten von einzelnen Gemeinschaften gefordert, selbst wenn sie benötigt werden. Derartige Infrastruktur wird daher am besten von örtlichen Verwaltungen im Rahmen eines einheitlichen Investitionsplanungsprozesses bereitgestellt und verwaltet – wenn auch in Abstimmung mit den Gemeinschaften.[88] An diesen Prozeß können sich dann Projekte anschließen, die sich auf mehrere Sektoren oder auch nur einen Sektor erstrecken.

Von den Versuchen, partizipative Prozesse einzuführen, die eigene Entscheidungen ermöglichen, wurden Sozialfonds am genauesten untersucht. Ziel der Sozialfonds ist das Empowerment der Gemeinschaften. Dazu fördern sie deren Beteiligung bei der Auswahl, der Durchführung, dem Betrieb und der Verwaltung ihrer Entwicklungsprojekte, die in der Regel auf die lokale Infrastruktur abzielen.[89] Doch um zu gewährleisten, daß die Beteiligten ihr Mitspracherecht auch ausüben, genügt es nicht, einfach nur die Finanzmittel für Investitionen in verschiedene Sektoren bereitzustellen.[90] Bei vielen Projekten von Sozialfonds kennen die Mitglieder der Gemeinschaft gar nicht das ganze Spektrum der Optionen, die für eine Finanzierung in Frage kommen. In Peru konnten lediglich 16 Prozent der Begünstigten mehr als 5 der 19 anspruchsberechtigten Projektarten nennen.[91] Allein die Tatsache, daß eine Gemeinschaft mitbestimmen kann, bedeutet jedoch nicht unbedingt, daß auch fundierte Entscheidungen getroffen werden.

Effektive und nachhaltige Investitionen in die lokale Infrastruktur setzen im allgemeinen voraus, daß beim nachfrageorientierten Ansatz auch bestimmte Faktoren der Angebotsseite (Schaffung von Kapazitäten, Aufklärung und Reichweite) berücksichtigt werden. Die Aussichten auf gerechte und nachhaltige Infrastrukturleistungen für die Armen können verbessert werden, wenn es gelingt, die Ermittlung von Investitionsprojekten von unten nach oben mit sorgfältig ausgewählten Vorleistungen auf der Angebotsseite abzustimmen.[92]

Sonderbeitrag 5.10
Mono- und multisektorale Regelungen zur Verbesserung der Landstraßen in Sambia

In Sambia war es im Jahr 1997 dringend erforderlich, die institutionellen Regelungen zur Verwaltung und Finanzierung von Landstraßen zu klären. Motiviert durch Nahrungsmittelhilfen nichtstaatlicher Organisationen und durch eigenständige Projekte hatten viele Gemeinschaften Straßen gebaut, ohne den Ortsrat an der Planung zu beteiligen. Doch diese Gemeinschaften, deren Arbeit vollständig vergütet worden war, waren nicht bereit, die erforderlichen Instandhaltungsarbeiten auf ehrenamtlicher Basis durchzuführen. Die Ortsräte hingegen verfügten über keinerlei Mittel und waren daher nicht in der Lage, die Verantwortung für die Straßen zu übernehmen. Infolgedessen verschlechterte sich der Zustand der knappen Infrastrukturressourcen zusehends, und die betreffenden Gemeinschaften waren wieder isoliert.

Um die Anbindung der ländlichen Gebiete zu verbessern, nahm die sambische Regierung im Jahr 1998 auch Bezirks- und Gemeindestraßen in das Investitionsprogramm für den Straßenbausektor (Roadsip) auf. Angesichts der Bedeutung der Eigentumsbeteiligung der örtlichen Gemeinschaften an Infrastrukturressourcen befaßt sich Roadsip mit dem Problem der institutionellen Regelungen für den gesamten Straßenbausektor (von den Hauptstraßen bis hin zu den Gemeindestraßen). Die Regierung prüft ferner verschiedene Möglichkeiten, die Eigentumsbeteiligung der Gemeinschaften an den Straßen im Gesetz zu verankern.

Die Erfahrung zeigt, daß Anstrengungen für eine nachhaltige Verbesserung der Anbindung ländlicher Gebiete auf Gemeinschaftsebene auch auf sektorale Maßnahmen und institutionelle Reformen ausgedehnt werden und die zukünftigen Eigentümer der jeweiligen Straßen mit einbeziehen müssen. Die Verbesserung der Straßen, die Eigentum verschiedener Verwaltungsebenen waren, erforderte einen vertikalen, monosektoralen Ansatz, an dem die örtlichen Verwaltungen sowie die Ministerien für Verkehr und Kommunikation, für Öffentliche Arbeiten sowie für Örtliche Verwaltung und Wohnungsbau beteiligt waren. Für Gemeindestraßen wurde ein horizontaler, multisektoraler Ansatz gewählt, an dem der sambische Sozialfonds beteiligt war.

Nur über den Sozialfonds, der über ein gut etabliertes System zur Beteiligung der Gemeinschaften verfügt, konnte Roadsip gewährleisten, daß die Gemeinschaften auch die für sie vorrangigsten Investitionen wählten. Wenn Gemeinschaften eine Ausbesserung von Straßen, Fußgängerbrücken oder Wegen beantragen, zahlen sie 25 Prozent der Projektkosten, während 75 Prozent vom Sozialfonds und Roadsip getragen werden. Nach Abschluß eines Straßenbauprojekts gründet die Gemeinschaft eine Straßeneigentümergemeinschaft und beantragt bei der nationalen Straßenbaubehörde Zuschüsse für die Instandhaltung (75 Prozent übernehmen die Gemeinschaften, 25 Prozent der Straßenfonds). Zuschüsse an die Gemeinschaft zur Verteilung der Kosten für die Instandhaltung der Straßen müssen keine hohen Kosten verursachen. Bei einem Kostenansatz von 300 US-Dollar pro Kilometer würden sich die Zuschüsse für die Instandhaltung eines kommunalen Straßennetzes mit einer Länge von 5.000 Kilometern auf weniger als 2 Prozent der jährlichen Einnahmen des Straßenfonds belaufen.

Quelle: Weltbank 1998u, 1999ee.

Lokale Forstwirtschaft fördern

Im Gemeinschaftsbesitz befindliche Ressourcen weisen sowohl Merkmale eines öffentlichen wie auch die eines privaten Guts auf und sind mit dem Problem des Trittbrettfahrerverhaltens behaftet, das auf einem freien Markt zum Raubbau an den Ressourcen führen kann. Arme haben am meisten unter diesen Problemen zu leiden, wenn sie in hohem Maße von diesen natürlichen Ressourcen abhängig sind.[93] Die übliche Reaktion hierauf ist eine Verwaltung durch den Staat – mit Regulierungsvorschriften, die die Verbraucher dazu anhalten sollen, die Ressourcen zu schützen. Doch die dürftigen Erfolge für die Umwelt, die unter staatlich gelenkten Programmen erzielt wurden, die schwindenden öffentlichen Ressourcen und der allgemeine Übergang von Partnerschaften, die von oben nach unten aufgebaut werden, hin zu Partnerschaften von unten nach oben haben in letzter Zeit dazu geführt, daß der Schwerpunkt verstärkt darauf gelegt wurde, natürliche Ressourcen durch die Gemeinschaften verwalten zu lassen. Dieser Ansatz berücksichtigt und stärkt die Rolle der Gemeinschaften, die in und in der Nähe von Gebieten mit schützenswerten Ressourcen angesiedelt sind. Dabei werden ihre Vorstellungen, Werte und Fähigkeiten für die Erhaltung ihrer natürlichen Ressourcen genutzt.[94]

Gemeinschaften verwalten natürliche Ressourcen häufig in Zusammenarbeit mit und mit Unterstützung von anderen Gemeinschaften und übergeordneten (oder externen) Stellen wie beispielsweise örtlichen Verwaltungen und Bezirksverwaltungen, staatlichen Behörden und nichtstaatlichen Organisationen.[95] In vielen Fällen geht es bei dieser Zusammenarbeit um die Wälder. Den Kern der gemeinsamen Forstverwaltung bildet eine Vereinbarung zwischen der Regierung und den betreffenden Gemeinschaften über die Verteilung der Nutzungsrechte und die Aufteilung der Gewinne[96], wobei die Gemeinden in der Regel einen höheren Anteil am Kapital des Waldes erhalten, wenn sie die vereinbarten Ziele im Hinblick auf den Schutz und die Nachhaltigkeit erreichen.[97] Der Staat ist, vertreten durch das Forstamt, häufig der Eigentümer des Waldes und auch für die Regulierung des Systems verantwortlich.[98] Dieser Ansatz fand in Südasien weitverbreitete Anwendung, zum Beispiel im indischen Bundesstaat Andhra Pradesh (Sonderbeitrag 5.11). In Afrika hat die Beteiligung der Gemeinschaften beispielsweise in Gambia zur Wiederherstellung der Waldressourcen beigetragen und in Simbabwe zu einer breiteren Beteiligung an der ländlichen Entwicklung geführt.

Doch die unterschiedlichen Ergebnisse in anderen Fällen machen die Probleme deutlich, die es zu bewältigen gilt, wenn sich die gemeinsame Verwaltung zu einem effektiven Instrument entwickeln soll, um den Zugang der Armen zu wichtigen natürlichen Ressourcen zu fördern. Übermäßig zentralisierte Verwaltungsstrukturen waren bisher ein Grund für Mißerfolge. Die Erfahrungen vieler Länder bestätigen, daß ein starker Widerstand auf nationaler Ebene gegen die Übertragung von Rechten auf die Nutzer der Waldressourcen eine effektive Beteiligung der Gemeinschaften schwächen kann. Und die Waldnutzer oder Gemeinschaften, die häufig nicht organisiert sind und unterschiedliche Interessen verfolgen, verfügen möglicherweise nicht über die entsprechenden Fähigkeiten, Rechte oder Anreize zur Verwaltung großer Waldgebiete.[99] Die Anwendbarkeit und der Erfolg einer gemeinsamen Verwaltung werden in jedem Fall vom institutionellen Umfeld, das heißt unter anderem von privaten Interessen, örtlichen Normen und Traditionen, sowie von der Qualität der staatlichen und örtlichen Organisationen und Institutionen bestimmt. Ein Teil der Herausforderung bei der gemeinsamen Verwaltung besteht darin, die soziogeographischen Einheiten zu ermitteln, die bei der Verwaltung und dem Schutz der natürlichen Ressourcen zusammenarbeiten können.[100]

Zur Überwindung dieser Hindernisse wurden bislang mehrere Ansätze gewählt. Von wesentlicher Bedeutung ist die Bereitstellung von Anreizen für die Beteiligung von Interessengruppen: die Gewährung gesicherter Besitzansprüche und Rechte an die Waldnutzer,[101] die umfangreichere Übertragung von Befugnissen zur Verwaltung der Wälder (und nicht nur von Nutzungsrechten) an die Gemeinschaften, die Verteilung der Gewinne und die Nutzung gesellschaftlich akzeptabler Technologien, die ein angemessenes Einkommen gewährleisten.[102] Effektive Systeme zur Konfliktlösung spielen ebenfalls eine wesentliche Rolle, insbesondere dann, wenn die Sicherung des Lebensunterhalts der Ressourcennutzer mit anderen Zielen wie beispielsweise dem Schutz der Artenvielfalt oder einer umweltfreundlichen Forstwirtschaft konkurriert.[103] Verträge zwischen

---

Sonderbeitrag 5.11
Konzertierte Aktion zur Wiederaufforstung der Wälder in Indien

Die Regierung des indischen Bundesstaats Andhra Pradesh hat ein sehr weitreichendes System zur gemeinsamen Forstverwaltung geschaffen. Die Bewohner von Waldrandgebieten gründen Dorforganisationen zum Schutz der Wälder, sogenannte *Vana Samrakashna Samithi* (VSS). Diese Organisationen arbeiten mit der staatlichen Forstbehörde zusammen und teilen mit dieser die Aufgaben und den Nutzen der Wiederaufforstung, des Schutzes und der Verwaltung der Wälder.

Die Forstbehörde trägt die Verantwortung für die Organisation und Bereitstellung von technischer und administrativer Unterstützung für die VSS. Die Dörfer und die VSS werden sorgfältig ausgewählt, doch haben die Angehörigen unterer Kasten und Volksstämme automatisch einen Anspruch auf Mitgliedschaft. Die VSS schützen die Wälder vor Übergriffen, Überweidung, Diebstahl und Bränden und bewirtschaften sie im Einklang mit einem gemeinsamen Waldverwaltungsplan. Als Gegenleistung haben die VSS einen Anspruch auf alle Forstprodukte (Nichtholzprodukte und alle Erträge aus dem Einschlag von Holz und Bambus), sofern sie die Hälfte der Einnahmen für die zukünftige Entwicklung der Wälder bereitstellen.

Das Programm lief im Jahr 1992 nur schleppend an, da die Dorfbewohner anfangs nur zögerlich die Verantwortung für die Forstverwaltung übernahmen. Außerdem hatten die Mitarbeiter der Forstbehörde Vorbehalte gegen eine gemeinsame Forstverwaltung. Doch im Jahr 1999 verwalteten bereits mehr als 5.000 VSS über 1,2 Millionen Hektar geschädigten Waldes in Andhra Pradesh.

Die Ergebnisse sind beeindruckend, und das Programm wird derzeit rasch erweitert. Die geschädigten Wälder sind wieder gesund, der Schmuggel mit Hölzern ist fast ganz zum Erliegen gekommen, und die Viehbeweidung ist unter Kontrolle. Auf die von den VSS verwalteten Wälder fanden überdies keine weiteren Übergriffe seitens der Landwirtschaft statt. Zahlreiche Dorfbewohner sind heute in der Forstwirtschaft tätig, und die Abwanderungsquote ist zurückgegangen. Die bodenerhaltenden Maßnahmen haben in vielen Gebieten zu einem Anstieg des Grundwasserspiegels und zu einer höheren Agrarproduktion geführt und dazu beigetragen, daß die dortige Pflanzen- und Tierwelt wieder auflebt.

Quelle: Venkataraman und Falconer 1999.

---

der Regierung, Dörfern und Feuerholzsammlern in Burkina Faso und Madagaskar legen fest, welche Untergruppen von Nutzern jeweils für die Verwaltung von Optionen im Hinblick auf Wasserscheiden und Schutzgebiete zuständig ist. Eine effektive Durchsetzung dieser Verträge ist hierbei unerläßlich. In der Tschechischen Republik, Ecuador, der Slowakischen Republik und der Ukraine werden Gebiete außerhalb von Schutzgebieten nach verschiedenen Bodennutzungsarten in neue Zonen eingeteilt.[104] Wenn die örtlichen Kapazitäten zur Kontrolle und Verwaltung der Ressourcennutzung ausgehöhlt wurden oder zusammengebrochen sind, kann mittels Unterstützung von außen die gemeinsame Ressourcennutzung und -verwaltung gestärkt und überwacht werden.[105]

Wie in anderen Beispielen der örtlichen Mitbestimmung gezeigt wurde, können soziale Ungleichheiten den Einfluß politisch einflußreicher und bessergestellter Gruppen verstärken.[106] Insbesondere Frauen und Arme, deren Lebensunterhalt vom gemeinschaftlichen Kapital abhängt, können – wenn sie ausgegrenzt werden – in größere Armut getrieben werden.[107] Zwar haben die Forstverwaltungsgruppen in Andhra Pradesh die Frauen erfolgreich mit einbezogen, doch einige Programme in anderen indischen Bundesstaaten räumen weiterhin nur einem Haushaltsmitglied ein Mitbestimmungsrecht ein und grenzen die Frauen somit effektiv aus. In mehreren indischen Dörfern wurde den Frauen untersagt, Forstprodukte jeglicher Art in Schutzgebieten zu sammeln.[108]

Doch selbst wenn Frauen nicht ausgegrenzt werden, sind sie in den Verwaltungsausschüssen nur unterdurchschnittlich vertreten und üben dort kaum Einfluß aus.[109] Ein politischer und rechtlicher Rahmen, der die Beteiligung der armen Nutzer an der Verwaltung der natürlichen Ressourcen fördert, kann hier Abhilfe schaffen.[110] Eine stärkere Einbeziehung der Frauen erfordert darüber hinaus eine bessere Aufklärung, um gesellschaftliche Normen zu durchbrechen, die Frauen daran hindern, eine den Männern ebenbürtige Rolle zu spielen.

Komplementaritäten staatlicher Interventionen

Erinnern wir uns noch einmal an die drei Grundsätze zur Vermehrung der Eigenmittel der Armen: Umverteilung durch den Staat, Effektivität bei der Regierungsführung und der Nutzung von Märkten sowie Mitbestimmung. Effektive Maßnahmen setzen im allgemeinen voraus, daß alle drei Prinzipien in einem bestimmten Bereich oder Sektor angewendet werden. Inwieweit jeder dieser Grundsätze angewandt wird, hängt vom strukturellen Umfeld, der Art der Maßnahme, dem Zustand der Führungs- und Kontrollstrukturen sowie dem Ausmaß der Mitbestimmung und der sozialen Ungleichheit ab. Beispiel Bildungswesen: Vieles spricht für eine staatliche Umverteilung mit dem Ziel, eine unentgeltliche oder subventionierte Grundbildung

für alle zu gewährleisten. Eine effektive Bereitstellung dieser Leistung erfordert häufig, daß mehrere Stellen eine Schulausbildung zur Verfügung stellen: öffentliche, private und gesellschaftliche. Und in armen Gebieten ist die Mitbestimmung der Eltern wichtig, um die Verbreitung, Qualität und Rechenschaftspflicht zu verbessern.

In diesem Abschnitt werden die verschiedenen zur Verfügung stehenden Maßnahmen am Beispiel des natürlichen Kapitals (Grund und Boden) und des physischen Kapitals (städtische Wasserver- und Abwasserentsorgung) veranschaulicht. Die Komplementaritäten deuten an, daß an mehreren Fronten Maßnahmen ergriffen werden müssen. Die Prioritäten sollten sich jedoch danach richten, was die Armen im Verhältnis zu ihren potentiellen Möglichkeiten am dringendsten benötigen. In armen ländlichen Gebieten sind dies möglicherweise eine grundlegende wirtschaftliche Infrastruktur, Investitionen in die Bodenverbesserung, Wasserversorgung und Kanalisation sowie grundlegende Bildung und medizinische Grundversorgung. In städtischen Elendsvierteln mag vielmehr eine Infrastruktur vonnöten sein. Und gesicherte Grundeigentumsrechte sind in beiden Gebieten von Bedeutung.

Eine gute Regierungsführung, aktive Märkte und eine breite Mitbestimmung bei Bodenreformen ermöglichen

Bodenreformen wurden in den letzten zehn Jahren wieder auf die politische Tagesordnung gesetzt, da viele Entwicklungsländer nicht mehr nur makroökonomische Reformen einleiten, sondern dazu übergehen, das Problem der auf der Mikroebene häufig schwachen Angebotsreaktion in der Landwirtschaft in Angriff zu nehmen.[111] Es läßt sich leicht nachvollziehen, warum Ackerland für die Armen in ländlichen Gebieten ein so wichtiges Kapital darstellt. Doch ein gesicherter Zugang zu Grund und Boden und die Frage, für wen und unter welchen Bedingungen, bleiben weiterhin ein heikles Problem.[112] Arme, vor allem arme Frauen, haben häufig kein Landbesitzrecht. Das Grundeigentum befindet sich weiterhin in der Hand einiger weniger, und Bemühungen zum Abbau der Ungleichheit in diesem Bereich haben häufig Konflikte ausgelöst.[113] Neue Ansätze im Hinblick auf die Bodenreformen zeigen deutlich, wie wichtig es ist, die unterschiedlichen Interessengruppen an einen Tisch zu bringen: die Landbesitzlosen und ihre Verbände, den privaten Sektor (die Grundbesitzer) und die staatlichen Institutionen auf lokaler und nationaler Ebene.

Es gibt viele Möglichkeiten, einen gesicherten Zugang zu Grund und Boden zu erlangen: offizielle und inoffizielle, Möglichkeiten, die umgehend geschaffen werden können, und solche, die umfangreiche staatliche Maßnahmen erfordern.[114] In allgemeinen läßt sich ein gesicherter Zugang zu Grund und Boden durch Eigentumsrechte, Landbesitzrechte und Gewohnheitsrechte herstellen.[115] Eigentumsrechte sind zwar am sichersten, doch ist es gleichzeitig äußerst unwahrscheinlich, daß Arme und andere gesellschaftlich ausgegrenzte Gruppen in den Genuß dieser Rechte kommen. Am häufigsten erhalten Arme Zugang zu Grund und Boden über den Pachtmarkt oder Gewohnheitsrechte.[116] In Indien verfügen von den geschätzten 19 Prozent der ländlichen Haushalte, die Land pachten, mehr als 90 Prozent über gar kein oder nur sehr wenig Land.[117] Wenn Land relativ reichlich vorhanden ist oder die Armen gut organisiert sind und über genügend Einfluß verfügen, können sie ihren Zugang zu Grund und Boden ohne offizielle Eigentumsrechte und deren Eintragung sichern.[118] Dies ist in vielen afrikanischen Ländern südlich der Sahara immer noch der Fall, wenngleich das Bevölkerungswachstum und die Marktintegration in den letzten Jahrzehnten den Übergang zu individuellen Landbesitzrechten beschleunigt haben.[119]

Staatliche Maßnahmen sind wichtig, um einen gesicherten Zugang zu Grund und Boden für die Armen zu gewährleisten. Bodenreformen, die die Gerechtigkeit und Produktivität durch staatlich geförderte Programme fördern, stehen in der Regel an erster Stelle (siehe Sonderbeitrag 3.8 in Kapitel 3). Doch viele andere Maßnahmen können den Zugang zu Grund und Boden ebenfalls verbessern. Politische Maßnahmen und Gesetze, die die Landbesitzrechte klar definieren und die Armen davor schützen, daß ihnen ihr Land entrissen wird, können wesentlich dazu beitragen, die Armen in die Lage zu versetzen, Land als Sicherheit zu verwenden und in Grund und Boden zu investieren, der ihnen bereits „gehört". Gut funktionierende Pachtmärkte können die Effizienz der Bodennutzung erhöhen und den Landbesitzlosen dabei helfen, die „Sprossen der landwirtschaftlichen Leiter" bis hin zum Eigentum zu erklimmen.[120] Gesetzliche Unterstützung ermöglicht den Armen, ihren gesetzlichen Anspruch auf ein Grundstück durchzusetzen. Ebenso kann die staatliche Unterstützung für Institutionen zum Schutz der Rechte der Frauen von entscheidender Bedeutung sein, wenn tief verwurzelte gesellschaftliche Normen und Traditionen die Frauen daran hindern, Grund und Boden

effektiv zu kontrollieren, selbst wenn ihnen dieses Recht gesetzlich zuerkannt wird (Kapitel 7).[121]

Versuche zur Durchführung von Bodenreformen scheitern häufig, da sie sich ausschließlich auf den Staat stützen. Neue Ansätze konzentrieren sich insbesondere auf stetige Anpassungsprozesse beim Zugang zu Grund und Boden, eine stärkere Einbindung traditioneller Formen des Zugangs und eine stärkere Nutzung der Bodenmärkte.[122] Brasilien, Kolumbien, die Philippinen und Südafrika experimentieren mit dezentralisierten, gemeinschaftsbasierten, bedarfsorientierten Gesprächen zwischen den Interessengruppen, um Möglichkeiten zur Verbesserung des Zugangs zu Grund und Boden zu finden, die miteinander mehr im Einklang stehen.

Derartige ausgehandelte Bodenreformen stützen sich zum großen Teil auf die Erfahrung mit früheren Reformversuchen sowie auf die erfolgreichen Aspekte nachfrageorientierter Sozialfonds. Sie beziehen sowohl die Angebots- als auch die Nachfrageseite mit ein. Grundeigentümer werden in bar bezahlt und nicht – wie in der Vergangenheit – mit stark diskontierten Staatsanleihen. Die Begünstigten erhalten Zuschüsse für produktivitätssteigernde Investitionen, da die Erfahrung gezeigt hat, daß Reformen untergraben werden, wenn jene, die Land erhalten, dieses nicht produktiv nutzen können.[123]

Der auf Verhandlungen basierende Ansatz weist mehrere innovative Elemente wie die massive Beteiligung der örtlichen Verwaltungen und Gemeinschaften an der Organisation der Landübertragungen und der Unterstützung der Begünstigten sowie ein hohes Maß an Transparenz auf (Sonderbeitrag 5.12). In Kolumbien müssen die örtlichen Gebietskörperschaften einen umfassenden Plan zur Ermittlung potentieller Verkäufer und Begünstigter aufstellen, und der Plan wird weitläufig veröffentlicht, um der Korruption vorzubeugen. Den potentiellen Begünstigten werden Schulungen zur Verwaltung eines landwirtschaftlichen Betriebs und Unterstützung bei der Entwicklung von Bodennutzungsplänen angeboten. Diese Pläne müssen dann in öffentlichen Stadtratssitzungen genehmigt werden.[124] Die Begünstigten werden von nationalen, regionalen oder staatlichen Ratsgremien unterstützt, die technische Hilfe zur Verfügung stellen und administrative Hindernisse aus dem Weg räumen.

Die vor Ort erreichten Ergebnisse dieses gemeinschaftsbasierten Ansatzes sind ermutigend. Dennoch ist es noch zu früh für eine umfassende Bewertung dieser

Sonderbeitrag 5.12
Ein neuer Ansatz zur Bodenreform in Brasilien

Seit Mitte der 1960er Jahre findet in Brasilien die Enteignung und Umverteilung von Land statt, die einer beeindruckenden Anzahl von Menschen zugute kam – wenn auch zu einem hohen Preis und mit unterschiedlicher Qualität.

Um die Qualität zu verbessern, die Kosten zu senken und die Reformen zu beschleunigen, haben fünf Bundesstaaten im Nordosten des Landes im Jahr 1997 ein Pilotprogramm für ausgehandelte, dezentralisierte Bodenreformen unter Beteiligung der örtlichen Gemeinschaften ins Leben gerufen. Im Rahmen des Programms werden den Landbesitzlosen (Teilpächtern, Pächtern und Arbeitern ohne Landbesitz) und Kleinbauern, die sich in entsprechenden Verbänden organisieren, Darlehen für den Erwerb von Grund und Boden gewährt. Die Verbände müssen Landbesitzer ausfindig machen, die bereit sind, Land an sie zu verkaufen. Dieser Ansatz fördert direkte Verhandlungen zwischen den Eigentümern und Verbänden und reduziert den Umfang staatlicher Interventionen.

Das Pilotprogramm stellt ebenfalls Zuschüsse für produktivitätssteigernde Gemeinschaftsprojekte zur Verfügung, die von den Verbänden ermittelt werden. Hierbei stützt sich das Programm auf bewährte Projekte zur Verringerung der Armut in den fünf Bundesstaaten. Diesen Projekten liegt der Gedanke zugrunde, daß Begünstigtenverbände am besten in der Lage sind, ihren Investitionsbedarf zu ermitteln, Prioritäten zu setzen und die Investitionen vorzunehmen und dabei gegebenenfalls auf technische Unterstützung zurückzugreifen. Derselbe Grundsatz der Mitbestimmung wurde auch bei den Pilotprojekten für die Bodenreformen übernommen.

Das Programm umfaßt drei Zuschußkomponenten, die etwa 50 Prozent der Grundstückskosten abdecken: eine in den Zinssatz integrierte Subvention, einen Zuschuß für zusätzliche Infrastrukturinvestitionen und einen Einrichtungszuschuß. Für den Grundstückserwerb wird ein Kredit mit einer maximalen Laufzeit von 20 Jahren zur Verfügung gestellt. Das Land dient als Sicherheit für das Darlehen und muß bestimmte Voraussetzungen erfüllen. Beispielsweise muß der Preis den Gegebenheiten am lokalen Markt entsprechen. Da die Zuschüsse pro begünstigter Familie begrenzt sind und der Zuschuß für Infrastrukturinvestitionen ein Restbetrag ist, besteht ein Anreiz für den Verband, das Land so günstig wie möglich zu erwerben.

Wenngleich die Anzahl der begünstigten Familien noch recht bescheiden ist (etwa 10.000 in 330 Projekten), gewinnt das Pilotprogramm langsam an Dynamik, und sein bisheriger Erfolg hat die Zentralregierung dazu veranlaßt, das Programm auf das ganze Land auszudehnen. Das neue Programm dient zur Ergänzung des größeren, auf Enteignung basierenden Programms und konzentriert sich auf den Erwerb von Land, das nicht rechtmäßig enteignet werden kann.

Quelle: Deininger, in Kürze erscheinend.

Reformen der neuen Generation. Da die ausgehandelten Bodenreformen nicht frei von Kritik waren – unter anderem wurden Vorwürfe laut, die Begünstigten würden mit Krediten belastet, die sie nicht zurückzahlen könnten, und die Reformen dienten als Versuch, Bo-

denreformen mit Enteignungscharakter zu ersetzen –, wurde der Ansatz bereits mehrmals überarbeitet, um diese und andere Bedenken auszuräumen. Ein weiteres Problem sind die Kosten. Zwar hat dieser Ansatz in Brasilien und anderen Ländern im Vergleich zu den Enteignungsreformen Kosteneinsparungen von bis zu 40 Prozent ermöglicht, aber es sind weiterhin beträchtliche staatliche Aufwendungen erforderlich.[125] Die Effektivität dieses Ansatzes muß im Verhältnis zu anderen Instrumenten zur Verringerung der Armut beurteilt werden.[126]

Wasserver- und Abwasserentsorgung für die arme Stadtbevölkerung bereitstellen

Das Abwasser fließt genau vor der Haustür entlang, und wenn es regnet, strömt das Wasser ins Haus, und man muß alles hochstellen . . . Der Abfall zieht Ungeziefer an. Wir haben hier Ratten, Kakerlaken, Spinnen und sogar Schlangen und Skorpione.

– Aus einer Diskussionsgruppe, Nova California, Brasilien

Um die Wasserver- und Abwasserentsorgung für die Stadtbewohner zu verbessern, untersuchen Regierungen und örtliche Gebietskörperschaften in aller Welt derzeit alternative Ansätze, die den privaten Sektor sowie Nachbarschaften und Bürgervereine mit einbeziehen. Durch die Zusammenarbeit dieser Akteure sollen armen Verbrauchern qualitativ hochwertige Leistungen zur Verfügung gestellt und gleichzeitig die finanzielle Tragfähigkeit gewährleistet werden.

Die Wasserver- und Abwasserentsorgung liegt traditionell in öffentlicher Hand. Von einigen Ausnahmen abgesehen, ist es nur wenigen Entwicklungsländern gelungen, in der öffentlichen Wasserver- und Abwasserentsorgung anhaltend hohe Leistungen zu erbringen. Geringe Leistungsanreize und Probleme, Managemententscheidungen gegen die Einmischung der Politik abzuschirmen, haben dazu geführt, daß viele Versorger in einen Teufelskreis aus mangelhaften Leistungen, schlechter Zahlungsmoral der Verbraucher und unzureichender Instandhaltung der Einrichtungen geraten sind. Da das Angebot nicht mit der steigenden Nachfrage der wachsenden Stadtbevölkerung Schritt halten konnte, sind die armen Haushalte gezwungen gewesen, eigene Lösungen zu finden. In vielen Ländern gibt es in den armen städtischen Gebieten, die von den staatlichen Versorgern nicht bedient werden, einen informellen Sektor mit kleinen Wasserlieferanten und Kanalisationsbetreibern. In den westafrikanischen Städten werden die meisten armen Haushalte von unabhängigen Unternehmen versorgt (Sonderbeitrag 5.13). Auch in Guatemala-Stadt und Lima, Peru, die beide über große Versorgungsunternehmen verfügen, sind die meisten Familien von informellen privaten Anbietern abhängig.[127] Zwar verlangen lokale Anbieter unter Umständen höhere Preise als die öffentlichen Versorger, aber die Haushalte wären ohne sie in einer schlechteren Lage.

Seit Anfang der 1990er Jahre ist in den Entwicklungsländern eine deutliche Zunahme einer weitreichenden Beteiligung des privaten Sektors an der Wasserver- und Abwasserentsorgung zu verzeichnen. Dieser Entwicklung liegt die Absicht zugrunde, bessere Leistungen zu niedrigeren Preisen anzubieten – auch in

Sonderbeitrag 5.13
Westafrikanische Unternehmen bieten erstmals Dienste zur Wasserver- und Abwasserentsorgung für arme Stadtbewohner an

Das Auftreten unabhängiger Anbieter von Diensten zur Wasserver- und Abwasserentsorgung in Afrika deutet darauf hin, daß dieser Markt Lösungen gefunden hat, die allen zugute kommen: den Anbietern, den Versorgungsunternehmen und vor allem den Kunden mit niedrigem Einkommen. Neuere Studien in sieben westafrikanischen Städten zeigen, daß die Hälfte der Einwohner die Dienste von unabhängigen privaten Wasserversorgern und mindestens drei Viertel die Dienste von unabhängigen Kanalisationsbetreibern in Anspruch nehmen. Je nach Stadt decken die unabhängigen Anbieter bis zu 85 Prozent der Randgebiete und Stadtviertel mit niedrigem Einkommen ab und versorgen darüber hinaus auch viele bessergestellte Familien.

Zu den unabhängigen Kanalisationsanbietern, die ohne offizielle Genehmigung und nicht in Absprache mit der örtlichen Verwaltung tätig sind, gehören sowohl kleine Betreiber des informellen Sektors als auch einige wenige Anbieter, die gewachsen und „legal" geworden sind. Die Anbieter sind auf gute Kundenbeziehungen angewiesen, da ihr Geschäft ausschließlich nachfrageorientiert ist. Die Zahlungsfähigkeit der Kunden und der Wettbewerb der Anbieter untereinander bestimmen die Preise.

Unabhängige Kanalisationsanbieter verlangen höhere Preise als subventionierte öffentliche Unternehmen, doch sind letztere kaum in der Lage, ihre Betriebskosten zu decken, ganz zu schweigen von den Kosten für die Installation von Kanalisationsnetzen. Darüber hinaus sind die unabhängigen Anbieter im allgemeinen zuverlässig und kundenorientiert. Sie gewähren (zumindest für einige Tage) Zahlungsaufschub und verteilen die Gebührenzahlungen auf mehrere Tage und Wochen, so daß die Armen die Kosten viel leichter überblicken können als bei den Dreimonatsrechnungen der öffentlichen Betreiber.

Quelle: Solo 1999.

den armen Stadtvierteln.[128] Die Beteiligung des privaten Sektors kann die Abdeckung des Marktes mit Versorgungsleistungen erheblich verbessern und die Versorgungsbetriebe zu mehr Effizienz anspornen. Die ersten Ergebnisse stimmen zuversichtlich. Die Abdeckung ist rasant angestiegen, und in einigen Fällen sind die Tarife sogar zurückgegangen (beispielsweise in der philippinischen Hauptstadt Manila). Das Wasserversorgungssystem an der Elfenbeinküste, dem ersten afrikanischen Land südlich der Sahara, das Konzessionen für private Anbieter einführte, erbringt bessere Leistungen als andere städtische Wasserversorgungssysteme in Westafrika.[129]

Doch die weitreichende Beteiligung des privaten Sektors an der Wasserver- und Abwasserentsorgung führt nicht zwangsläufig auch zu besseren Leistungen für die Armen. Sofern die Verträge nicht sorgfältig ausgearbeitet werden, kann es passieren, daß Gebiete mit niedrigem Einkommen von der Versorgung ausgeschlossen werden und sich örtliche Monopole bilden. Versorgungsverträge schreiben häufig Tarifstrukturen vor und legen Anschlußgebühren fest, die nicht je nach tatsächlichen Anschlußkosten gestaffelt sind. Diese Aspekte halten Konzessionäre davon ab, Versorgungsleistungen für Gebiete mit niedrigem Einkommen zur Verfügung zu stellen.[130] In Guayaquil, Ecuador, deckten die Wassertarife der privaten Haushalte nicht einmal die Kosten für den Gebühreneinzug. Jeder neue Wasseranschluß – selbst wenn vollständig bezuschußt – belastete direkt den Gewinn des Versorgungsunternehmens.[131] Um eine bessere Versorgung der Haushalte mit niedrigem Einkommen zu gewährleisten, wurden die Konzessionen in Buenos Aires, Argentinien, und La Paz-El Alto, Bolivien, auf der Grundlage von Gesprächen zwischen der Regierung und privaten Anbietern neu strukturiert, wobei auch örtliche Interessengruppen zu Wort kamen.

Eine gute Preispolitik ist der Schlüssel zu einer armenfreundlichen Politik.[132] Die erfolgreichsten Leistungsanbieter im Bereich Wasserver- und Abwasserentsorgung erheben kostendeckende Tarife – unabhängig davon, ob sich der Betrieb in privater oder öffentlicher Hand befindet. Derartige Tarife können den Zugang von Haushalten mit niedrigem Einkommen zu diesen Leistungen verbessern, da sie private Investitionen für die Ausweitung des Angebots und die Verbesserung der Qualität anziehen. Auch können sie zu einer Abschaffung der allgemeinen staatlichen Subventionierung führen, die meist den Nicht-Armen zugute kommt, und so öffentliche Mittel für eine gezieltere Unterstützung der Armen freisetzen. Trotz des allgemeinen Trends bei der Wasserver- und Abwasserentsorgung zu einer besseren Kostendeckung kann der Staat einen besseren Zugang der Armen zu diesen Leistungen gewährleisten, indem er Anschlüsse bezuschußt oder in Gebieten, in denen bereits zahlreiche Anschlüsse vorhanden sind, sinnvoll strukturierte Blocktarife einführt.[133]

Zusätzliche Maßnahmen zugunsten armer Haushalte und zur Förderung privater Investitionen in die Wasserver- und Abwasserentsorgung umfassen die Vereinfachung der Verträge, die Auslagerung einiger regulativer Funktionen und die Gewährleistung einer besseren Vorhersehbarkeit regulativer Maßnahmen.[134] Auch die Struktur der Regulierung – insbesondere zur Verhinderung von Monopolstellungen – ist überaus wichtig für ein armenfreundliches Ergebnis.[135] Regulierung kann den Wettbewerb stärken, wenn sie den Marktzugang – auch für nichtkonventionelle Anbieter – erweitert und Leistungsstandards an die tatsächlichen Bedürfnisse vor Ort anpaßt, beispielsweise indem der Schwerpunkt auf die Trinkwasserqualität statt auf technische Bauvorschriften gelegt wird, die eher dem Niveau in den Industrieländern entsprechen.[136]

Ebenso wichtig ist es, die Nutzer und örtlichen Institutionen mitbestimmen zu lassen, welche Möglichkeiten dem privaten Sektor vor dem Hintergrund der Präferenzen der Verbraucher in welcher Form geboten werden sollen, und die Marktpräsenz von alternativen Leistungsanbietern optimal auszunutzen. Dieser Ansatz wurde für das Water and Sanitation Program gewählt, einem Gemeinschaftsprogramm von Gebern, Regierungen und nichtstaatlichen Organisationen, das sich auf die armen ländlichen und stadtnahen Gebiete konzentriert. In jedem Fall muß dieser bedarfsorientierte Ansatz an die örtlichen Bedingungen angepaßt werden. Das brasilianische Programm Prosanear (Wasserver- und Abwasserentsorgungsprogramm für Stadtbewohner mit niedrigem Einkommen) befolgt bei der Bereitstellung nachhaltiger Leistungen der Wasserver- und Abwasserentsorgung für arme Haushalte sechs Grundsätze (Sonderbeitrag 5.14).

Ein ähnlicher Ansatz zielt darauf ab, im Rahmen eines Projekts zur Wasserver- und Abwasserentsorgung auf den Philippinen 35 Städte zu versorgen. Nach umfangreichen Gesprächen mit den Verbrauchern, den Bürgermeistern und Stadträten entscheiden die Gemeinschaften, ob sie sich (durch die Aufnahme von Darlehen bei der philippinischen Entwicklungsbank) an dem Projekt beteiligen wollen oder nicht. Die Gebühren für die Versorgungsleistungen werden für die Tilgung der Darlehen und zur Deckung der Betriebs- und Wartungskosten verwendet. Die Einbeziehung der Nutzer sowie die Entscheidungsfindung in der örtlichen Verwaltung bezüglich der Beteiligung scheinen zu gewährleisten, daß die Begünstigten gleichzeitig auch Eigentümer dieser Projekte sind. Das wiederum ist erforderlich, um die Aussichten auf ein hohes Maß an Nachhaltigkeit und eine langfristige Tragfähigkeit zu verbessern.[137]

• • •

Die Vermögenswerte, die die Armen besitzen oder zu denen sie Zugang haben, tragen unmittelbar zur Steigerung ihres Wohlstands bei und haben einen erheblichen Einfluß auf ihre Chance, der Armut zu entfliehen. Das Human-, das physische, das natürliche, das Finanz- und das Sozialkapital können die Armen in die Lage versetzen, die sich ihnen bietenden Möglichkeiten zur wirtschaftlichen und sozialen Entwicklung zu nutzen (so wie ein Mangel an diesen Arten des Kapitals diese Entwicklung verhindern kann). Die Vermehrung der Eigenmittel der Armen kann nicht nur ihre wirtschaft-

Sonderbeitrag 5.14
Nachhaltige Wasserver- und Abwasserentsorgung für die armen Stadtbewohner Brasiliens

In der ersten Phase des Programms Prosanear (1992–1997) wurden Erfahrungen gesammelt, die zur Aufstellung von sechs Leitsätzen für die Bereitstellung einer nachhaltigen Wasserver- und Abwasserentsorgung für die armen Stadtbewohner Brasiliens führten:

- Einführung der Mitbestimmung der Gemeinschaften unmittelbar zu Beginn der Projektplanung
- Gewährleistung klarer und transparenter Regeln im Hinblick auf Kostendeckung und Subventionen
- Offizielle und langfristige Absprachen bezüglich des Betriebs und der Instandhaltung der Systeme als integraler Bestandteil der Planung
- Erörterung aller realisierbaren technischen Möglichkeiten und der entsprechenden Kosten mit den Gemeinschaften
- Abstimmung der Projekte mit den Stadtentwicklungsplänen der örtlichen Verwaltungen ab Beginn der Vorbereitungsphase
- Sicherstellung eines starken Engagements der örtlichen Verwaltung im Hinblick auf das Projekt und die Verringerung der Armut.

Quelle: Katakura und Bakalian 1998.

liche, politische und soziale Stellung stärken, sondern auch ihre Fähigkeit verbessern, ihr Leben selbst in die Hand zu nehmen. Über Eigenmittel zu verfügen bedeutet für Arme Empowerment, das heißt ihre Ermächtigung zu eigenverantwortlichem Handeln. Außerdem helfen diese Mittel den Menschen, Risiken zu bewältigen (Kapitel 8 und 9). Doch da zwischen den politischen und sozialen Strukturen und den Eigenmitteln der Armen in beide Richtungen ein kausaler Zusammenhang besteht, ist es unter Umständen erforderlich, ausgrenzende oder schwache soziale Strukturen zunächst zu reformieren, um Vermögen bilden zu können (Kapitel 7).

Staatliche Interventionen sind nötig, um die Eigenmittel der Armen zu vermehren und um die Ungleichverteilung von Vermögenswerten abzubauen – insbesondere die Ungleichverteilung des Humankapitals. Zu diesem Zweck muß der Staat seine Macht zur Umverteilung effektiv einsetzen, und es müssen mehrere Akteure (bürgerliche Gesellschaft, Märkte und Staat) und Interessengruppen an der Bereitstellung von Leistungen beteiligt werden. Damit Wachstumsvorteile schneller zu den Armen durchdringen, müssen deren Eigenmittel zunächst vermehrt werden. Und diese Vermehrung der Eigenmittel der Armen kann auch förderlich für das Wachstum sein (Kapitel 3).

TEIL III

Empowerment

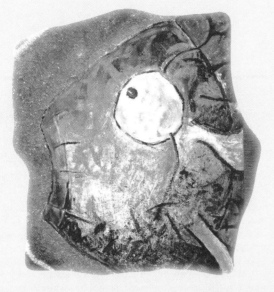

Staatliche Institutionen schaffen, die stärker auf die Bedürfnisse der Armen eingehen

Armut ist nicht allein das Ergebnis von wirtschaftlichen Prozessen, sondern das Ergebnis des Zusammenwirkens von wirtschaftlichen, gesellschaftlichen und politischen Kräften. Vor allem ist sie ein Ergebnis der Verantwortlichkeit und Reaktionsbereitschaft von staatlichen Institutionen.[1]

Wie dieses Kapitel erläutert, erbringt der Staat für alle Bürger, insbesondere aber für die Armen, Leistungen effektiver, wenn:

- öffentliche Verwaltungen politische Ansätze effektiv umsetzen, sich gegenüber Armen verantwortlich fühlen und bereit sind, auf deren Bedürfnisse einzugehen, der Korruption und Drangsalierung ein Ende gemacht wird und die Macht des Staates dafür genutzt wird, Ressourcen zugunsten von Maßnahmen umzuverteilen, die den Armen zugute kommen (Kapitel 5);
- das Rechtssystem die Gleichheit vor dem Gesetz fördert und auch für Arme zugänglich ist;

- die Zentralregierung und örtliche Verwaltungen dezentralisierte Mechanismen für eine weitreichende Mitbestimmung bei der Erbringung öffentlicher Leistungen schaffen und den örtlichen Eliten die Möglichkeit nehmen, diese Leistungen zu monopolisieren;
- die Regierung um politische Unterstützung für staatliche Maßnahmen zur Bekämpfung der Armut wirbt und dazu ein für armenorientierte Maßnahmen und Koalitionen günstiges Klima schafft, die Entstehung und Ausbreitung von Armenverbänden fördert und die politischen Fähigkeiten der Armen erweitert;
- das politische System die Rechtsstaatlichkeit achtet, ein politisches Mitspracherecht zuläßt und die Beteiligung der Armen an politischen Prozessen fördert.

Sonderbeitrag 6.1
Arme werden von Beamten häufig schlecht behandelt

Im Rahmen der Untersuchung *Voices of the Poor* betonten arme Frauen und Männer, daß Beamte häufig nicht auf sie eingehen. Sie alle berichteten von zahllosen Beispielen von Kriminalität, Mißhandlungen und Korruption in ihren Beziehungen zu öffentlichen Institutionen und sagten, daß sie kaum Möglichkeiten haben, Gerichte anzurufen. Bei der Schilderung ihrer Kontakte mit Institutionen machten Arme außerdem auf das Gefühl von Scham und Erniedrigung aufmerksam, das sie angesichts der Arroganz, Grobheit und Verachtung seitens der Beamten spürten.

Wenn sie einem helfen, behandeln sie einen wie einen Bettler . . . Aber wir sind keine Bettler . . . wir zahlen Steuern . . . Staatliche Maßnahmen müssen transparent sein, Steuergelder müssen sinnvoll verwendet werden . . . Sie denken sich diese nutzlosen Vorschriften aus und ziehen uns das Geld aus der Tasche . . .

— *Armer Mann, Vila Junqueira, Brasilien*

Manche empfangen uns, andere nicht. Es ist schrecklich . . . Sie beleidigen uns . . . Sie behandeln uns wie Tiere . . . Die Stadtverwaltung ist nur für die Reichen da . . .

— *Aus einer Diskussionsrunde in Esmeraldas, Ecuador*

Die Beamten beim Sozialamt sind unfreundlich und sogar grob zu einfachen Leuten vom Land. Ich gehe dorthin, um das Kindergeld abzuholen. Ich muß zwei Stunden warten; sie behandeln mich sehr schlecht. Wenn ich weine und sie anschreie, daß mein Kind krank ist, geben sie mir etwas. Aber das passiert nur selten.

— *Frau, Novy Gorodok, Russische Föderation*

Wir vom Land stehen um 6 Uhr morgens auf, um das Sammeltaxi zu erreichen. Dann kommen wir an. Wir gehen zum Arzt ins Krankenhaus. Wir kommen um 8 Uhr morgens oder manchmal auch erst um 1 Uhr mittags an. Dann sitzen wir dort bis zum Nachmittag, ohne etwas zu essen oder zu trinken. . . Wir verbringen dort Stunde um Stunde und haben Hunger. Dann müssen wir wieder gehen, bevor der Arzt uns untersucht hat. Dann verpassen wir den Bus. Und dann müssen wir zusehen, wie wir nach Hause kommen . . .

— *25jährige Mutter, Los Juries, Argentinien*

Wir behandeln uns lieber selbst, als ins Krankenhaus zu gehen, wo uns die schlechtgelaunte Krankenschwester vielleicht die falsche Spritze gibt.

— *Armes Kind aus Kitui, Tansania*

Quelle: Narayan, Chambers, Shah und Petesch 2000; Narayan, Patel, Schafft, Rademacher und Koch-Schulte 2000.

Öffentliche Verwaltung und Abbau der Armut

Es ist schwierig, bei der Stadtverwaltung an die richtige Person zu geraten. Wenn man es dann doch schafft, hört man nur: „Tut mir leid, aber ich kann Ihnen nicht helfen."

— *Aus einer Diskussionsrunde in Zenica, Bosnien-Herzegowina*

In den meisten Entwicklungsländern ist es für die Armen sehr schwierig, von der öffentlichen Verwaltung umgehend und effizient bedient zu werden (Sonderbeitrag 6.1). Um das zu ändern, ist der erste Schritt der Ausbau der Kapazitäten der öffentlichen Verwaltung. Beamte benötigen zudem ein nachvollziehbares regulatives Rahmenwerk mit angemessenen Leistungsanreizen und Mechanismen, welche die Rechenschaftspflicht und Verantwortlichkeit gegenüber den Bürgern – auch den Armen – gewährleisten.[2] Eine mangelhafte organisatorische Gestaltung begünstigt Ineffizienz und Korruption, die in der Regel gerade die Armen am schwersten treffen.

Staatliche Maßnahmen auf soziale Prioritäten fokussieren

In fast jedem Land verfolgt der öffentliche Sektor Aktivitäten, die sozial nicht gerechtfertigt sind und in manchen Fällen die Eliten begünstigen. Gesellschaften und Regierungen haben dieses Problem erkannt und in den letzten zwei Jahrzehnten Reformen des öffentlichen Sektors eingeleitet, um staatliche Maßnahmen und Programme besser auf die sozialen Prioritäten auszurichten und die Fähigkeit des Staates zur Verringerung der Armut zu verbessern.

Die Reformierung und die Modernisierung des öffentlichen Sektors eröffnen ein gewaltiges Potential zur Verringerung der Armut, wenn sie im Zentrum einer Entwicklungsstrategie stehen, die klare Prioritäten für staatliche Maßnahmen festlegt. Die funktionale und organisatorische Struktur des öffentlichen Sektors muß rationeller gestaltet werden, um die Ressourcenverteilung für Programme zu verbessern, die sich sozialen Prioritäten widmen und besser in der Lage sind, die Armut zu verringern. Am wichtigsten ist es, die Körperschaften der öffentlichen Verwaltung zu verschlanken und auf die richtige Größe „zurechtzustutzen" sowie Staatsbe-

Schaubild 6.1
**Durch qualifikationsabhängige Einstellung
von Beamten zu weniger Korruption und
schnellerer Bürokratie**

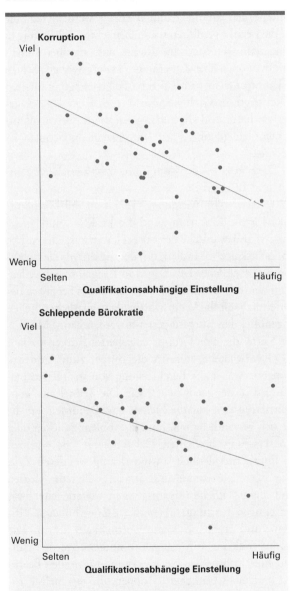

Anmerkung: Das Schaubild beruht auf den Antworten aus einer Befragung von Fachleuten in Entwicklungsländern. Es lagen 126 vollständig beantwortete Fragebögen aus 35 Ländern vor. *Qualifikationsabhängige Einstellung* bezieht sich auf den Anteil hochrangiger Mitarbeiter in zentralen Wirtschaftspositionen, die für den Eintritt in den Staatsdienst ein offizielles Prüfungsverfahren durchlaufen oder einen Universitätsabschluß oder akademischen Grad vorweisen können. Ein hoher Wert für *Korruption* deutet darauf hin, daß die Wahrscheinlichkeit, daß hohe Regierungs- und Verwaltungsbeamte finanzielle Zuwendungen fordern, recht hoch ist und auch auf den unteren Verwaltungsebenen illegale Zahlungen in hohem Maße erwartet werden. Ein geringer Wert für *schleppende Bürokratie* zeigt an, daß Beamte schneller und effizienter arbeiten.
Quelle: Rauch und Evans 1999.

triebe und andere laufende staatliche Programme zu privatisieren.

Neben der rationelleren Gestaltung der Struktur des öffentlichen Sektors bedarf es auch einer Verbesserung der öffentlichen Führungssysteme, um die Effizienz und Verantwortlichkeit der staatlichen Programme gegenüber den Menschen zu erhöhen. Die Beteiligung der bürgerlichen Gesellschaft an der Planung, Überwachung und Beurteilung von staatlichen Programmen und politischen Maßnahmen ist ebenfalls ein wichtiger Aspekt, um einen stetigen Fortschritt hin zu einem wirklich reaktionsfreudigen und verantwortungsbewußten Staat zu gewährleisten.

Öffentliche Verwaltungen befähigen und motivieren

Die richtigen Leistungsanreize sorgen für eine bessere Bereitstellung staatlicher Leistungen. Zu den wichtigsten Anreizen zählen dabei die qualifikationsabhängige Einstellung, klare Aufgabenbeschreibungen, Belohnungen für gute Leistungen und der Schutz vor übermäßigem politischen Druck.[3] In Verbindung mit qualifizierten Technokraten und einer engen Zusammenarbeit mit der Wirtschaft führen diese zur Entstehung des sogenannten „Entwicklungsstaates".[4]

Das System der qualifikationsabhängigen Einstellung trägt in erheblichem Maße zur Verbesserung der Leistungen der Verwaltungen bei. Wenn Vettern- oder Günstlingswirtschaft existiert, ist es schwierig, Mitarbeiter zu guten Leistungen zu motivieren.[5] Länderübergreifende Untersuchungen zeigen, daß die qualifikationsabhängige Einstellung die Korruption eindämmen und den Schlendrian in den Amtsstuben verringern kann (Schaubild 6.1). Qualifikationsabhängige Beförderungen sind ebenfalls ein wichtiges Mittel, um Mitarbeiter zu motivieren. Wenn es nur wenige Aufstiegsmöglichkeiten gibt oder Beförderungen nicht nach Leistung gewährt werden, gibt es sehr viel weniger Anreize für Mitarbeiter, gute Leistungen zu erbringen. Sehr wichtig ist es, eine Kultur der Beurteilung von Mitarbeitern und Behörden zu fördern. Für gute Leistungen sind darüber hinaus klar definierte und nachvollziehbare Aufgaben und wettbewerbsfähige Gehälter von Bedeutung. Wenn die Besoldung von Beamten erheblich von den Gehältern im privaten Sektor abweicht, werden Leistungsanreize geschmälert und der Korruption Vorschub geleistet.[6]

Die Kontrolle der Exekutive durch die Legislative anhand transparenter Verfahrensweisen ist ein wichtiger

Teil der Leistungskontrolle und -überwachung. Öffentliche Verwaltungen müssen von den politischen Führern ferner unterstützt und aktiv überwacht werden. Untersuchungen in mehreren Entwicklungsländern zeigen, daß sich die Leistung von Beamten verbessert, wenn diese wissen, daß gewählte Vertreter ein Auge auf ihre Tätigkeit haben. Doch bisweilen nutzen gewählte Vertreter diesen Prozeß für die Verfolgung persönlicher Ziele oder nach eigenem Gutdünken aus, was in einer zu starken Einmischung der Politik resultiert. Die Qualität der staatlichen Leistungen nimmt ab, wenn Staatsdiener vorrangig vor ihren Vorgesetzten und nicht vor den Menschen, denen sie dienen, Rechenschaft ablegen müssen.[7]

Bereitschaft des öffentlichen Sektors, auf die Bedürfnisse der Bürger einzugehen, erhöhen

Viele Arten von Maßnahmen tragen dazu bei, die Bereitstellung von Leistungen des öffentlichen Sektors zu verbessern. Eine wichtige Maßnahme ist die Vereinfachung von Verfahrensvorschriften, um diese für die Bürger verständlicher zu machen. Auf den Philippinen haben mehrere staatliche Stellen die Vorschriften vereinfacht, um der Korruption Einhalt zu gebieten. Zu Beginn eines Verwaltungsvorgangs werden den Bürgern eine Liste mit den benötigten Unterlagen, ein Terminplan, aus dem die Bearbeitungsdauer hervorgeht, und eine Gebührenordnung ausgehändigt.[8] Im allgemeinen können die Vereinfachung und Verbesserung des regulativen sowie des Steuer- und Abgabensystems und die Privatisierung von Staatsbetrieben die Möglichkeiten und die Verbreitung der Korruption eindämmen.

Eine weitere wichtige Maßnahme ist die Verbreitung von Informationen, die es den Menschen ermöglicht, die Bereitstellung von staatlichen Leistungen zu überwachen. Wenn Informationen über Haushaltszuweisungen und Ausgaben mit Hilfe von Zeitungen und anderen Informationsquellen verbreitet werden, können die Menschen Beamte zur Rechenschaft ziehen, was zu einem Abbau der Ineffizienz und Korruption führt. Als in Uganda die Schulbesuchsquoten für Grundschulen trotz einer deutlichen Erhöhung der Haushaltszuweisungen nicht stiegen, wurden im Rahmen einer Schulbefragung die öffentlichen Ausgaben für den Grundschulbereich untersucht. Diese Umfrage ergab, daß Haushaltszuweisungen unter Umständen nichts bewirken, wenn die Institutionen oder die Kontrollmöglichkeiten des Volkes unzulänglich sind: In den Jahren 1991–1995 erreichten im Durchschnitt weniger als 30 Prozent der geplanten, nicht-gehaltsbestimmten

öffentlichen Ausgaben für das Grundschulwesen die Schulen. Die Regierung hat seitdem durch die Verstärkung des Informationsflusses innerhalb des Systems eine Verbesserung dieser Werte erreicht. Ein bedeutender Durchbruch konnte dadurch erzielt werden, daß die an die Bezirke gezahlten staatlichen Mittel regelmäßig in Lokalzeitungen und im Radio und darüber hinaus Informationen über Zuweisungen in der jeweiligen Schule bekanntgemacht wurden. Eine Folgebefragung im Jahr 1999 zeigte, daß sich die Situation seit 1995 deutlich gebessert hatte und die nicht-gehaltsbestimmten öffentlichen Gelder nun zu fast 100 Prozent die Schulen erreichten.[9]

Die Förderung der Kommunikation zwischen Beamten und Bürgern ist ebenfalls wichtig. In den Verwaltungen vieler Entwicklungsländer sind die Mechanismen für die Ermittlung und die Reaktion auf Forderungen und Wünsche der Bürger kaum ausgeprägt. Die „Berichtskarte" in Indien, mit der die Bürger die Bereitstellung staatlicher Leistungen in Bangalore beurteilen, zeigt, wie mit einem Mechanismus für das Feedback der Öffentlichkeit die Verantwortlichkeit staatlicher Stellen gegenüber den Bürgern gestärkt werden kann. Mit dieser Karte, die eine Gruppe engagierter Bürger im Jahr 1993 entwickelte, können die Bürger zum Ausdruck bringen, wie sie die Bereitstellung von staatlichen Leistungen in der Stadt beurteilen. Die Teilnehmer konzentrierten sich auf die Stellen und Behörden, an die sie sich gewandt hatten, um ein Problem zu lösen oder eine Leistung zu erhalten. Dabei machten sie Angaben zu ihrer Zufriedenheit sowie zur aufgewendeten Zeit. Die Ergebnisse wurden an staatliche Stellen, die Medien und nichtstaatliche Organisationen weitergeleitet, was bei einigen Leistungsanbietern zu einer höheren Effizienz und stärkeren Verantwortlichkeit führte. Die Stadtverwaltung von Bangalore unterstützte den Aufbau eines informellen Netzwerks aus städtischen Beamten und nichtstaatlichen Gruppen, die regelmäßig zusammenkommen und Antworten auf vorrangige Probleme ausarbeiten.[10]

Korruption eindämmen

Korruption schlägt sich negativ auf die Wirtschaftsleistung nieder, untergräbt Beschäftigungsmöglichkeiten und verdüstert die Aussichten auf einen erfolgreichen Abbau der Armut. Selbst Kleinkorruption erhöht die Kosten für die Aufnahme produktiver Tätigkeiten ganz erheblich. In Westafrika belasten Bestechungsgelder die Transportunternehmen ganz erheblich. Die veranschlagten Kosten für Warentransporte von der Elfenbeinküste nach Niger beinhalten Schmiergelder für Zoll-, Polizei- und Verkehrsbeamte, die drei Viertel der Zahlungen an die Verwaltung ausmachen.[11] In Benin wiederum mußten bei einer 753 Kilometer langen Fahrt 25 Straßensperren passiert werden, an denen Staatsbedienstete Schmiergelder forderten, die wiederum 87 Prozent der Kosten für die Fahrt ausmachten.[12]

Von dieser Kleinkorruption sind die Armen überdurchschnittlich stark betroffen (Schaubild 6.2). Für jemanden, der weder Geld noch Beziehungen hat, kann die Korruption im staatlichen Gesundheitssektor oder in den Reihen der Polizei schwerwiegende Folgen haben. Korruption wirkt sich darüber hinaus über viele andere Kanäle auf das Leben der Armen aus.[13] Staatsausgaben werden statt für gesellschaftlich wertvolle Güter, zum Beispiel das Bildungswesen, anderweitig verwendet. Öffentliche Ressourcen stehen für Investitionen in Infrastruktureinrichtungen, die den Armen zugute kommen könnten, etwa Kliniken, nicht mehr zur Verfügung, und häufig steigen die öffentlichen Ausgaben für kapitalintensive Investitionen, die mehr Möglichkeiten für Schmiergelder bieten, wie zum Beispiel Rüstungsaufträge.[14] Die Infrastruktur büßt an Qualität ein, da Schmiergelder beim Kauf von Ausrüstungsgegenständen lukrativer sind. Korruption verschlechtert überdies die Bereitstellung von staatlichen Leistungen.

Die Rationalisierung bürokratischer Verfahren, die Vereinfachung der Steuersysteme, die Abschaffung überflüssiger Vorschriften und die Motivation der Beamten können dazu beitragen, die Korruptionsmöglichkeiten einzudämmen. Darüber hinaus kann Korruption auch durch Einbeziehung der Gemeinschaft und die Kontrolle durch die Gemeinschaft in Schach gehalten werden.

Arme und Rechtsstaatlichkeit

Es gibt vier Drachen: Richter, Staatsanwälte, Khokimiat und Polizeipräsidenten. Erreichen kann man erst dann etwas, wenn sie alle besänftigt sind.
– Aus einer Diskussionsrunde in Oitamgali, Usbekistan

Rechtsstaatlichkeit bedeutet, daß die formalen Regeln eines Landes öffentlich bekanntgemacht und mittels transparenter Mechanismen auf vorhersagbare Weise durchgesetzt werden. Zwei Voraussetzungen sind entscheidend: Die Regeln müssen für alle Bürger in gleichem Maße gelten, und auch der Staat hat sich diesen

Schaubild 6.2
Korruption – eine regressive Steuer

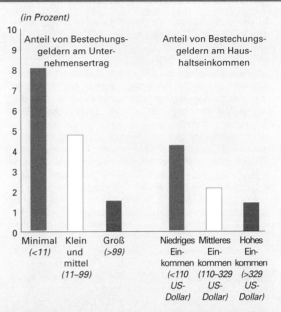

Anmerkung: Die Werte gelten für Ecuador. Für Unternehmen geben die Werte in Klammern die Zahl der Beschäftigten, für Haushalte hingegen die Höhe des monatlichen Haushaltseinkommens an. Das Schaubild beruht auf vorläufigen Daten aus einer Befragung von 1.164 Unternehmen und einer weiteren Befragung von 1.800 Haushalten aus dem Jahr 1999.
Quelle: Kaufmann, Zoido-Lobaton und Lee 2000.

Regeln unterzuordnen. Inwieweit staatliche Institutionen die Rechtsstaatlichkeit beachten, hat einen beträchtlichen Einfluß auf das tägliche Leben der Armen, die gegenüber den Mißachtungen ihrer Rechte extrem schutzlos sind.

Die Rechtsstaatlichkeit wird über mehrere Kanäle gewahrt, auf formeller Seite insbesondere durch das Rechts- und Justizsystem. Das Rechts- und Justizsystem beschränkt und kanalisiert die Handlungen des Staates und erhält eindeutige Regeln und Vorschriften für die Wahrung der Grundrechte des einzelnen aufrecht. Dieses System ist wichtig für den Schutz vor Machtmißbrauch durch den Staat oder von anderer Seite, und es erfordert, daß die Justiz sowohl von der Exekutive als auch von der Legislative unabhängig ist. Rechtsstaatlichkeit schützt das Leben und die persönliche Sicherheit und bietet Sicherheit vor Menschenrechtsverstößen. Nach dieser Definition ist Rechtsstaatlichkeit für alle Bürger außerordentlich wichtig, insbesondere jedoch für die Armen, die selbst nur über wenige Mittel verfügen, um ihre Rechte zu schützen (Sonderbeitrag 6.2).

Sonderbeitrag 6.2
Gesetzlosigkeit trägt zur Armut bei

In einem Krankenhaus im Bezirk Babati in Tansania verschwindet nach wenigen Stunden eine neue Lieferung wichtiger Medikamente, die mit Devisen eingekauft wurden, aus der Krankenhausapotheke und wird noch am Abend im Haus des Arztes zum Kauf angeboten. Die Armen erhalten die von der Regierung versprochene kostenlose medizinische Versorgung nicht; statt dessen können diejenigen, die die richtigen Beziehungen und genügend Geld haben, sichere Medikamente in Hülle und Fülle kaufen.

Im südafrikanischen Johannesburg ist die Zahl der Diebstähle und Gewaltverbrechen eine der höchsten weltweit. Wohlhabende Einwohner können sich ausgefeilte Alarmanlagen, Wachen und andere Formen eines privaten Wachschutzdienstes leisten, um ihr Eigentum und ihr Leben zu schützen. Arme leben in schlecht gebauten Häusern, in denen es manchmal nicht einmal ein einfaches Schloß gibt, und können leicht Opfer von Diebstählen, Überfällen, Morden und anderen Gewaltverbrechen werden.

In Pakistan bleibt einem Mann, der zu alt zum Arbeiten ist, nach dem Mord an seinem Sohn weder Besitz noch Einkommen. Um Zugriff auf den Nachlaß seines Sohnes zu erhalten, benötigt er einen Erbschein vom Amtsgericht in Lahore – doch Lahore ist mehr als 160 Kilometer weit entfernt. Die Zugfahrkarte und das Schmiergeld, das der Leiter der Gerichtskanzlei von ihm fordert, treiben den Mann tiefer in die Schulden, und doch hat er nach fünf Fahrten zum Gericht und ebenso vielen Monaten das amtliche Dokument, auf das er einen gesetzlichen Anspruch hat, noch immer nicht erhalten. Der Leiter der Gerichtskanzlei weigert sich, die Urkunde auszustellen, während dem Mann die Behörden in seinem Heimatdorf erst dann den Zugriff auf das Vermögen seines Sohnes gewähren wollen, wenn er die Urkunde vorlegen kann.

Quelle: Michael Anderson 1999.

Rechtsstaatlichkeit wird mit einer besseren wirtschaftlichen Gesamtleistung (Schaubild 6.3) in Zusammenhang gebracht und trägt angesichts dessen auch zum Abbau der Armut bei. Sie erreicht dies, indem sie ein vorhersagbares, sicheres Umfeld schafft, in dem die Wirtschaft sich in den Bereichen Produktion, Handel und Investitionen engagieren kann und das auf diese Weise die Beschäftigungsmöglichkeiten und Einkommen der Armen verbessert.[15] Marktmechanismen sind auf glaubwürdige Strafandrohungen bei Nichterfüllung von vertraglichen Pflichten angewiesen, die von Vorgehensweisen zur raschen Beilegung von Streitigkeiten und Durchsetzung von Verträgen unterstützt werden. Ohne diese Androhung von Sanktionen können die Transaktionskosten für eine Geschäftstätigkeit sehr hoch sein.

Zwar kommt Rechtsstaatlichkeit den Armen in vielerlei Hinsicht zugute, doch sind Gesetze und Rechtsvorschriften nicht unbedingt auf den Schutz ihrer Interessen ausgerichtet. Rechtssysteme sind das Produkt der Machtbeziehungen zwischen verschiedenen Gruppierungen in der Gesellschaft und zielen in erster Linie auf die Wahrung der Interessen der politisch mächtigen und stark vertretenen Gruppen ab. Um die Gesetze und deren Auslegung stärker an den Belangen der Armen auszurichten, bedarf es der Schaffung von Koalitionen, die dieses Ziel verfolgen. Das ist beispielsweise das Ziel von Anstrengungen, die eine gerechtere Behandlung von Frauen und Minderheiten vor dem Gesetz herbeiführen sollen (Kapitel 7).

Rechtliche Hürden führen dazu, daß Arme der Ausbeutung durch Arbeitgeber und Polizei schutzlos ausgeliefert sind und willkürliche Schikanen, Gesetzlosigkeit und Gewalt zu einem festen Bestandteil ihres Lebens werden. Für Arme ist die Fähigkeit, ein Leben ohne Furcht vor Gesetzlosigkeit und Schikanen zu führen, ein sehr bedeutsamer Aspekt der Rechtsstaatlichkeit. Zur Wahrung von Recht und Ordnung bedarf es einer effektiven, modernen Polizei, die dem Recht Geltung verschafft, gegen potentielle Ordnungswidrigkeiten und Rechtsverstöße vorgeht und Bürgern in Not- und Gefahrensituationen beisteht.

Schaubild 6.3
Mehr Rechtsstaatlichkeit führt zu höherem Pro-Kopf-Einkommen

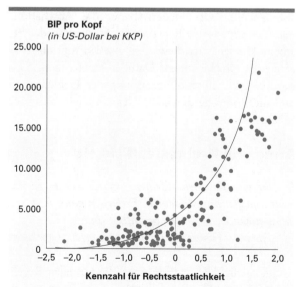

Anmerkung: Das Schaubild gibt die Beziehung zwischen einer Kennzahl für Rechtsstaatlichkeit und dem BIP pro Kopf für 166 Länder für die Jahre 1997 und 1998 wieder.
Quelle: Kaufmann, Kraay und Zoido-Lobaton 1999.

Das Rechtssystem so gestalten, daß es besser auf die Bedürfnisse der Armen eingeht

Selbst wenn das Rechtssystem gut gestaltet ist, sind die Möglichkeiten der Armen, darauf zurückzugreifen, begrenzt.[16] Arme kennen ihre Rechte in der Regel nicht genügend und werden unter Umständen vorsätzlich falsch aufgeklärt. Moderne Rechtssysteme sind schriftlich verfaßt und werden auf der Grundlage geschriebener Dokumente umgesetzt, was den Zugang für Arme, die zumeist über eine geringe Schulbildung verfügen, erheblich erschwert. Hürden aufgrund von Sprache, ethnischer oder Kastenzugehörigkeit oder Geschlecht sowie andere Ausgrenzungspraktiken verschärfen diese Probleme.

Die den Rechtssystemen innewohnende Komplexität wird in vielen Entwicklungsländern durch die Ergänzung des Kolonial- und des Gewohnheitsrechts durch neue Gesetze und Grundrechte weiter verstärkt.[17] Die daraus resultierende Unsicherheit erschwert es dem einzelnen, seine Rechte zu kennen, öffnet Willkür bei der Durchsetzung des Rechts Tür und Tor und ermöglicht den Mächtigen zu wählen, welches Rechtssystem anzuwenden ist.[18] Das Vertrauen der Armen in das Rechtssystem wird dadurch geschmälert. Außerdem läßt dies den Behörden einen gewaltigen Ermessensspielraum, so daß Beziehungen und Bestechungsgeldern bei der Gestaltung des Rechtssystems häufig große Bedeutung zukommt. Die Vereinfachung von Regeln und Vorschriften ist in jenen Bereichen besonders wichtig, die für Arme von größter Bedeutung sind, zum Beispiel bei arbeitsrechtlichen Streitigkeiten, Grundbesitzrechten, Menschenrechtsverletzungen und Übergriffen durch die Polizei.

Zwar müssen Arme das Rechtssystem zur Registrierung und zum Zwecke anderer Verwaltungsakte nutzen, doch nehmen sie die Justiz weit seltener in Anspruch als die Nicht-Armen. In vielen Entwicklungsländern ist das Gerichtswesen unterfinanziert und schlecht ausgestattet, und Mechanismen zur Vollstreckung von Urteilen sind häufig mangelhaft. Darüber hinaus stellen sich den Armen weitere Probleme in Zusammenhang mit der Anrufung von Gerichten, etwa die Kosten. Der Verzicht auf Zahlung von Gerichtskosten zugunsten von Einkommensschwachen könnte ein gewisses Maß an Entlastung bringen. In Ecuador und Peru besteht in bestimmten Fällen die Möglichkeit, Gerichtskosten zu erlassen. In vielen Ländern können Arme unentgeltliche Rechtshilfe in Anspruch nehmen, zumeist jedoch eher in der Theorie als in der Praxis. Um wirklich effektiv zu

sein, muß diese Art der Hilfe umgehend bereitgestellt werden: In Trinidad und Tobago dauert die Bearbeitung von Anträgen auf Rechtshilfe rund drei Monate, so daß jenen, die nicht so lange warten können, der Zugang zu den Gerichten praktisch verwehrt wird.[19]

Unentgeltliche Rechtshilfe kann jedoch nicht nur vom Staat, sondern auch von anderer Seite geleistet werden. In vielen Ländern müssen Absolventen der juristischen Fakultäten unentgeltliche Rechtshilfe leisten, bevor sie Rechtsanwälte werden können – andere Länder verlangen ein Praktikum von den Studenten. In Chile und Peru müssen Anwälte ein Praktikum von bestimmter Länge nach dem Hochschulabschluß nachweisen, das sie häufig in Anlaufstellen für unentgeltliche Rechtshilfe absolvieren, und damit den Armen wichtige Ressourcen bieten.[20]

Die Rationalisierung der Arbeit der Justiz zum Zwecke der Kostensenkung und Verringerung von Verzögerungen wird einige der Probleme angehen, mit denen Arme in Gerichten konfrontiert werden.[21] Die Reformierung der Gerichtsverfahren hilft – indem sie Vorschriften (unter Beachtung des Rechtsstaatsprinzips) vereinfacht, Verfahren verkürzt und den Parteien gestattet, sich selbst zu vertreten. Weiter reichende Reformen, etwa der strukturelle Umbau der Gerichte, tragen ebenfalls dazu bei, den Zugang der Armen zur Justiz zu verbessern. Gerichte für Bagatellsachen und andere informelle Verfahren können das Arbeitsaufkommen für die Gerichte verringern und den Zugang erweitern.[22] Überdies können Lehre und Praxis in der Justiz geändert werden, um die Sensibilität der Juristen für die Bedürfnisse der Armen und für den Rückgriff auf das Gesetz zur Wahrung öffentlicher Interessen zu erhöhen.

Alternative Schlichtungsmechanismen bieten ein beachtliches Potential zur Eindämmung von Verzögerungen und Korruption, von denen die Streitbeilegung vielfach gekennzeichnet ist. In El Salvador steht Klageparteien mit der Schlichtung ein Mittel zur Verfügung, um Streitigkeiten ohne Rechtsbeistand und innerhalb von zwei Monaten beizulegen.[23] In Sri Lanka unterstützt die Asia Foundation das Justizministerium seit 1990 bei der Schaffung eines landesweiten Netzes von Schlichtungsstellen in den Gemeinschaften. Im Jahr 1998 wurden den Schlichtungsstellen 100.000 Fälle vorgetragen, von denen zwei Drittel zur Zufriedenheit beider Seiten beigelegt wurden. Eine Beurteilung von unabhängiger Seite ergab, daß diese Stellen einen hervorragenden Ruf genossen und Armen in ländlichen

Gebieten eine preisgünstige, gut zugängliche Möglichkeit boten, zu ihrem Recht zu kommen.[24] In Bangladesch haben einige nichtstaatliche Organisationen das einheimische System des *Shalish* (bei dem Außenstehende mit der Beilegung von Streitigkeiten betraut werden) übernommen, um Frauen und anderen benachteiligten Gruppen wie zum Beispiel Bauern mit geringem Einkommen bei landbezogenen Streitigkeiten zu helfen. Eine Studie in Dhaka aus dem Jahr 1999 zeigt, daß vier von fünf Frauen, die das von den nichtstaatlichen Organisationen ins Leben gerufene Schlichtungsverfahren in Anspruch genommen haben, mit dem Ergebnis zufrieden waren.[25] Die Möglichkeit der nichtstaatlichen Organisationen, nach dem Schlichtungsverfahren einen Prozeß anzustrengen, hat Anteil an diesem Erfolg.

Diese Alternativmechanismen führen unter Umständen zu besser vorhersagbaren Ergebnissen als das offizielle System, da die aus den Reihen der Gemeinschaft stammenden Schlichter in der Regel besser mit den Einzelheiten des Falls vertraut sind als Richter.[26] Das Risiko bei diesen Mechanismen besteht in der Möglichkeit, daß sie konservativen Kräften in einer Gemeinschaft (die sich zum Beispiel gegen die Gleichheit der Geschlechter richten) zuviel Macht zuteil werden lassen und für die Interessen der örtlichen Eliten vereinnahmt werden können. Um diese Risiken weitestgehend auszuschalten, müssen alternative Mechanismen zur Streitbeilegung von eher formellen rechtlichen Strukturen sorgfältig reguliert und überwacht werden. Sie können auch stufenweise eingeführt werden, beispielsweise im Rahmen von Pilotprogrammen, die von den ordentlichen Gerichten unterstützt und überwacht werden.

Organisationen für rechtliche Dienstleistungen fördern

Organisationen der bürgerlichen Gesellschaft wie etwa Organisationen für rechtliche Dienstleistungen versuchen, Armen dabei zu helfen, innerhalb und außerhalb des Gerichtswesens Zugang zu den Möglichkeiten und dem Schutz des Rechtssystems zu erlangen (Sonderbeitrag 6.3). Diese Organisationen, die den einzelnen vor gesetzwidriger Diskriminierung am Arbeitsplatz und Vertreibung aus den eigenen vier Wänden schützen, helfen den Armen, berechtigte Ansprüche durchzusetzen, Grunddienste zu erhalten und gerichtliche Anordnungen zu erwirken, die Frauen vor Gewalt in der Familie schützen. Sie können ferner Gemeinschaften vor dem Entzug von Besitz schützen.

Organisationen, die rechtliche Dienstleistungen erbringen, können den Armen helfen, indem sie im Namen einer Gruppe von Klägern einen Prozeß anstrengen. Häufig sind sehr viele Arme von ähnlichen Rechtsverstößen betroffen, so daß die Anrufung eines Gerichts als Gruppe die Armen in den Genuß des andernfalls für sie unzugänglichen Schutzes durch ein Gericht kommen läßt. Rechtsvertretungsorganisationen in Bangladesch trugen mit ihrer Arbeit dazu bei, die Räumung von städtischen Slums abzuwenden. Die betroffenen Slum-Bewohner reichten eine Klage ein, bei welcher der wichtigste Klagegrund grundlegende verfassungsmäßige Garantien waren: Der Abriß der Häuser hätte die Armen ihrer Existenzgrundlage beraubt, was einen Verstoß gegen die Verfassung dargestellt hätte.[27] Die Führung von Prozessen, die für das öffentliche Interesse von Belang sind, kann Armen ebenfalls zugute kommen. In Indien konnten auf diese Weise die Bereitstellung einiger staatlicher Leistungen verbessert und die Umweltverschmutzung verringert werden.[28]

Die effektivsten Organisationen für rechtliche Dienstleistungen sind außerhalb des Gerichtswesens tätig und schützen Rechte, ohne Prozesse zu führen, was insofern wichtig ist, als Prozeßkosten manchmal den Nutzen aus dem erstrittenen Sieg übersteigen können. Dieser Ansatz reicht weit über den herkömmlichen Gedanken hinaus, Armen eine kostenlose rechtliche Vertretung anzubieten und Einzelpersonen wie Gemeinschaften zu helfen, ihren Rechten auf gerichtlichem Wege Geltung zu verschaffen.

Ganz allgemein trägt die Arbeit dieser Organisationen zur Schaffung einer Rechtskultur bei, welche die Art und Weise verändert, wie Menschen über sich selbst im Verhältnis zu jenen denken, die Macht über ihr Leben haben – Ehemänner, Grundbesitzer, Arbeitgeber und staatliche Stellen. Arme werden dadurch ermuntert, den Schutz, den das offizielle Rechtssystem bietet, in Anspruch zu nehmen. Diese Organisationen erzeugen überdies Druck, die Art und Weise, wie Richter, Bürokraten und die Polizei Vorschriften anwenden, zu ändern. Rechtliche Aufklärung und unentgeltliche Rechtshilfe erzielen dann optimale Resultate, wenn sie zu einem Prozeß des eigenständigen Empowerment und des gesellschaftlichen Empowerment beitragen, der die Bürger in die Lage versetzt, ihre Rechte durchzusetzen sowie ungerechte Gesetze und Praktiken umzudefinieren und neu zu gestalten.

Organisationen für rechtliche Dienstleistungen helfen die Regeln zu ändern, die Arme betreffen, sei es in

Sonderbeitrag 6.3
Organisationen für rechtliche Dienstleistungen helfen Armen, den Schutz des Rechtssystems in Anspruch zu nehmen

Fast jede Form der Rechtshilfe ist wertvoll. Doch umfassende Leistungen von unabhängigen Organisationen für rechtliche Dienstleistungen sind besonders wertvoll für Arme, und die Nachfrage nach diesen Leistungen ist hoch. Es sollten Standards ausgearbeitet werden, um ihre Effektivität noch weiter zu erhöhen. Organisationen für rechtliche Dienstleistungen benötigen außerdem die finanzielle Unterstützung von Geldgebern und der bürgerlichen Gesellschaft. Ihnen muß jedoch gestattet werden, autonom zu arbeiten und Weisungen nur von den Armen selbst zu erhalten.

Bangladesch
Die im Jahr 1986 gegründete Organisation Ain-O-Salish Kendra (ASK) vertritt arme Frauen und Kinder, organisierte Gruppen von Arbeitern, Arme auf dem Land und Slum-Bewohner und kämpft so für eine Gesetzesreform. Unentgeltliche Rechtshilfe leistet sie in erster Linie bei familiären Angelegenheiten, unter anderem bei Gewalt gegen Frauen. Prozesse im Namen der Opfer werden in Strafsachen und bei Verstößen gegen Grundrechte angestrengt. Die ASK untersucht und überwacht Verstöße gegen das Gesetz und die Menschenrechte, unter anderem Polizeifolter, Morde, Vergewaltigungen und Todesfälle in Textilfabriken. Sie überwacht auch Polizeireviere, um Informationen über Fälle von Gewalt gegen Frauen und Kinder zu sammeln und die bei den Revieren angezeigten Fälle zu verfolgen. Die Arbeit der ASK ist bedeutsam – zum einen weil die für die Entrechteten wichtigen Themen den Kern dieser Arbeit darstellen, und zum anderen aufgrund der Mittel, die sie einsetzt, nämlich Schlichtung, Diskussionsrunden, Fortbildung zur Förderung der Rechtskenntnis, Gerichtsprozesse im Namen einzelner, durch administrativen und rechtlichen Lobbyismus, Vertretung von Gruppen und Prozeßführung im öffentlichen Interesse.

Kambodscha
Rechtshilfeorganisationen in Kambodscha bemühen sich nach Kräften, um ein Justizwesen – praktisch aus dem Nichts – aufzubauen. Das im Jahr 1994 gegründete Cambodia Defenders Project konzentriert sich auf die Verteidigung von Straftätern und die juristische Fortbildung der Gemeinschaften. Die Organisation arbeitet mit nichtstaatlichen Organisationen zusammen, um ihre Leistungen anzubieten und Frauen vor Gericht zu vertreten, vor allem in Fällen von Gewalt in der Familie. Die Rechtsanwälte der Organisation bieten Fortbildungsprogramme an, kommentieren Gesetzentwürfe und forschen gemeinsam mit Gruppen der bürgerlichen Gesellschaft nach Rechtsmitteln, um Einfluß auf die Regierung zu nehmen. Die Legal Aid Society in Kambodscha engagiert sich dafür, das Verständnis und den Respekt der Öffentlichkeit für das Gesetz zu fördern, und bietet darüber hinaus kostenlose rechtliche Dienstleistungen in Straf- und Zivilprozessen an. Besonders aktiv setzt sie sich für den Schutz von Bauern ein, die von mächtigen Interessengruppen aus der Wirtschaft von ihrem Land vertrieben werden sollen.

Südafrika
Das Legal Resources Center, eine im Jahr 1979 gegründete nationale, im Dienste der Armen tätige Organisation, setzte die Rechtsvertretung als Mittel ein, um Ungereimtheiten im Rechtssystem des Apartheid-Regimes auszunutzen. Seit dem Ende der Apartheid vertritt das Center Mandanten in Angelegenheiten, die Landbesitz- oder Wohnungsfragen betreffen. Es hat beispielsweise die Gemeinde Makuleke erfolgreich bei ihrer Klage auf Rückgabe von Land im Krüger Nationalpark vertreten. Weitere Beispiele für die Tätigkeit des Centers sind eine Klage auf Wiederherstellung der Wasserversorgung, die eingestellt worden war, weil die Anwohner zu arm waren, um ihre Rechnungen zu bezahlen, sowie eine Klage auf Schutz der Landbesitzrechte einer Gemeinschaft von Ureinwohnern bei der Privatisierung einer Diamantmine.

Quelle: Manning 1999.

Verfassungen, Gesetzbüchern, Vorschriften, städtischen Verfügungen oder zahllosen anderen Regelwerken. In Thailand arbeitete das Women and the Constitution Network sehr engagiert an der Verfassungsreform mit, die zu Verfassungsänderungen führte, nach denen die Gleichberechtigung der Frauen anerkannt wurde. Das Netzwerk startete nach diesem Erfolg eine Massenkampagne, um die Bürger – Männer und Frauen – über die neue Verfassung und ihre Auswirkungen aufzuklären.[29]

Wie kann Dezentralisierung armenfreundlich gestaltet werden?

Staatlichen Institutionen wird oftmals vorgeworfen, sie seien nicht genügend mit den täglichen Realitäten im Leben der Armen vertraut, und Dezentralisierung wird häufig als Lösung empfohlen. Dezentralisierung kann ein leistungsfähiges Hilfsmittel sein, um Entwicklungsziele auf eine Weise zu erreichen, die den Bedürfnissen der örtlichen Gemeinschaften gerecht wird, etwa indem Personen, die über Informationen und Anreize verfügen, um Entscheidungen optimal auf diese Bedürfnisse zuzuschneiden, und die Verantwortung für die politischen und wirtschaftlichen Konsequenzen ihrer Entscheidungen tragen, Kontrollrechte zugestanden werden.[30] Die Dezentralisierung selbst ist kein Entwicklungsziel, sondern nur ein Mittel zur Erhöhung der Effizienz des öffentlichen Sektors. Und es gibt auch wichtige Vorbehalte. Der wichtigste davon ist, daß die Dezentralisierung die Macht von Eliten in einem Umfeld mit extrem unausgewogenen Machtstrukturen vergrößern kann.[31] Um den Armen zugute zu kommen, bedarf die Dezentralisierung einer angemessenen Unterstützung und geeigneter Sicherungsmaßnahmen seitens der Zentralregierung sowie effektiver Mitbestimmungsmechanismen.

Dezentralisierung kann verschiedenes bedeuten. Hier bezieht sich der Begriff auf die Übertragung von Macht auf örtliche Entscheidungsträger. Weniger weitreichende Formen der Dezentralisierung sind beispielsweise die Dekonzentration (die Zentralregierung setzt Beamte auf Ortsebene ein) und die Delegierung (Befugnisse werden auf Ortsebene delegiert).[32] Die Größe der dezentralisierten Verwaltungseinheiten kann sehr stark variieren: Bei der Dezentralisierung auf bundesstaatlicher oder Provinzebene in Brasilien, China und Indien wird die Verwaltung lediglich in Einheiten aufgeteilt, welche jedoch noch immer so groß sind wie viele Länder. Die Dezentralisierung mit Schaffung kleinerer Einheiten vergrößert den Spielraum für die Interaktion mit den betreffenden Bürgern.

Dezentralisierung kann die Reaktionsbereitschaft der staatlichen Institutionen gegenüber den Armen erhöhen, allerdings nur dann, wenn sie den Armen ermöglicht, Beamte zur Rechenschaft zu ziehen, und ihre Einbeziehung in den Entwicklungsprozeß gewährleistet. Das Tempo und die Gestaltung der Dezentralisierung haben Einfluß darauf, wie sie sich auf die Effizienz, Verantwortlichkeit, Mitbestimmung und letztlich den Abbau der Armut auswirkt. Jedoch kann ein Land aus erfolgreichen Modellen nur allgemeine Grundsätze übernehmen.[33]

Die Nähe von Programmen zu Begünstigten vergrößern

Die Aufklärung auf lokaler Ebene hat viele Vorteile. Sie kann dazu beitragen, kosteneffizientere Möglichkeiten zu ermitteln, wie die Infrastruktur aufgebaut, Versorgungsdienste bereitgestellt und deren Betrieb und Instandhaltung organisiert werden können. Eine Untersuchung in Südafrika ergab, daß durch die Einbeziehung der Gemeinschaften die Kosten für die Schaffung von Arbeitsplätzen sanken und die Kosteneffektivität der Übertragung von Ressourcen auf die Armen verbessert wurde (Schaubild 6.4). Darüber hinaus kann das Wissen, welche örtlichen Bedürfnisse am drängendsten sind, den Benachteiligten helfen. In Indonesien führte die stärkere örtliche Kontrolle über Mittel zu höheren Ausgaben für das Gesundheits- und Bildungswesen in den für die Armen vorrangigen Gebieten – und zu höheren Ausgaben für kleine Infrastruktureinrichtungen, die ihrerseits zu einem starken Anstieg der Arbeitsplätze außerhalb der Landwirtschaft und der Einkommen führte.[34]

Die örtliche Überwachung und Kontrolle von Projekten und Programmen verschiedenster Art ist aufgrund der Nähe zum Leistungsort und der besseren Interaktion auf Ortsebene effektiver und kostengünstiger (Sonderbeitrag 6.4). In Nicaragua erzielten Schüler von Schulen, die gemessen am Anteil der von der Schule selbst getroffenen Entscheidungen zur Einstellung von Lehrern als „autonom" gelten, bessere Testergebnisse als Schüler von Schulen mit begrenzter oder ganz ohne lokale Autonomie.[35]

Was ist erforderlich, um die Armen zu erreichen?

Die Dezentralisierung kann die Fähigkeit des Staates, die Entwicklung auf Ortsebene voranzutreiben und die Armut zu verringern, erheblich verbessern, allerdings nur dann, wenn sie effektiv gestaltet ist. Örtliche Behörden und Verwaltungen müssen auch in Finanzfragen über eine weitreichende Autonomie verfügen und bedürfen der erheblichen Unterstützung sowie geeigneter Sicherungsmaßnahmen seitens der Zentralregierung. Außerdem braucht eine dezentralisierte Verwaltung Mechanismen, die für alle betroffenen Bevölkerungsteile eine weitreichende Einbeziehung in die Gestaltung

Schaubild 6.4
Dezentralisierung senkt die Kosten für die Erhöhung des Einkommens der Armen in Südafrika

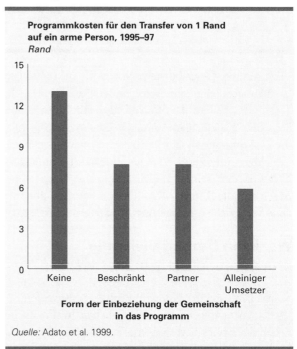

Quelle: Adato et al. 1999.

Sonderbeitrag 6.4
Weniger Umweltverschmutzung durch Kontrolle seitens der Gemeinschaft

Arme Gemeinschaften profitieren direkt von Vorschriften zur Minderung der Umweltverschmutzung, doch wenn diese nicht durchgesetzt werden, wie es in vielen Entwicklungsländern der Fall ist, ist das Risiko für Unternehmen, ertappt und bestraft zu werden, recht gering. Umweltsünder haben daher kaum Anreize, ihre Aktivitäten umweltfreundlicher zu machen, und auch Unternehmen, die die gesetzlichen Grenzwerte einhalten, haben weniger Anreize, die Umweltverschmutzung weiter zu verringern.

Ein neuartiger Ansatz verbindet die öffentliche Bekanntgabe von Informationen mit marktbasierten Anreizen, um Leiter von Fabriken zu ermuntern, ihre Ökobilanz zu verbessern. In einigen Ländern verhandeln Anwohnervertreter mit staatlichen Regulierern und Werksleitern über akzeptable Grenzwerte und legen entsprechende Emissionsmengen fest. Andernorts können Verbraucher, Bankiers und Aktionäre mit Hilfe öffentlich zugänglicher Informationen die Öko-Leistung eines Unternehmens beurteilen, bevor sie sich entschließen, ein Produkt zu kaufen, Kredite zu gewähren oder mit den Aktien des Unternehmens zu handeln.

Da sich Arme weniger gut vor industrieller Umweltverschmutzung schützen können, sind öffentlich zugängliche Informationen darüber, welche Unternehmen die Umwelt verschmutzen und wie sich ihre Emissionen auf die Gesundheit auswirken, für arme Gemeinschaften besonders wertvoll. Dort, wo die Regierung örtlichen Gemeinschaften verläßliche Daten zur Umweltverschmutzung zur Verfügung stellt, haben die in der Nähe von industriellen Umweltverschmutzern lebenden Armen bessere Vereinbarungen zur Entschädigung und Schadenbeseitigung getroffen.

Die Ergebnisse sind bislang vielversprechend. In Indonesien hat die Regierung die industrielle Wasserverschmutzung drastisch reduziert, indem sie die Einleitungen von Abwässern der Fabriken überwachte und die Fabriken durch die Veröffentlichung der Emissionsdaten dem Druck der Öffentlichkeit aussetzte.

Quelle: Weltbank 1999k.

und Überwachung von Programmen und politischen Maßnahmen gewährleisten.

Autonomie und Dezentralisierung der Finanzen. Örtliche Behörden müssen genügend Kontrolle über ihre Finanzen haben, um ihre Tätigkeiten planen zu können. Allerdings machen die auf Ortsebene erhobenen Abgaben häufig nur einen kleinen Teil des Haushalts von dezentralisierten Einheiten aus, was die Eigentumsbeteiligung an lokal entwickelten Maßnahmen schwächt und ihre Nachhaltigkeit bedroht. Zwar benötigen dezentralisierte Einheiten eine angemessene Haushaltsgrundlage, doch ist auch die Durchsetzung rigoroser Budget-Restriktionen sehr wichtig, um ihre Verantwortlichkeit zu erhöhen. Wenn Haushaltsdefizite

durch eigens für diesen Zweck vorgesehene Mittel von anderen Einheiten gedeckt werden können, verlieren örtliche Verwaltungen unter Umständen jeglichen Anreiz, effizient zu arbeiten. Außerdem beeinträchtigen Mittel dieser Art die Befugnisse der örtlichen Verwaltung sowie ihre Fähigkeit, Veränderungen zu bewirken, da sich die Aufmerksamkeit auf die Ausnutzung dieser Leistungen richtet.[36]

Zwar setzt eine wirkungsvolle Dezentralisierung voraus, daß Befugnisse in Finanzfragen in einem gewissen Umfang übertragen werden, jedoch besteht dabei die Gefahr, daß zwischen Regionen bestehende Ungleichheiten verschärft werden.[37] In China, wo sich Provinzen und örtliche Körperschaften selbst finanzieren sollen, stehen für Sozialleistungen in ärmeren Regionen deutlich zu wenig Mittel zur Verfügung.[38] Mechanismen zur Umverteilung von Mitteln aus dem Haushalt der Zentralregierung können diese Ungleichheiten mildern, aber diese Praxis ist politisch umstritten. Das Problem muß durch Konsensbildung und einen vertikalen Ausgleich der Steuereinnahmen gelöst werden, so daß die Zentralregierung über genügend Ressourcen verfügt, um im Bedarfsfall Transferzahlungen leisten zu können.

Unterstützung und Sicherungsmaßnahmen seitens der Zentralregierung. Die Unterstützung durch die Zentralregierung ist erforderlich, um sicherzustellen, daß die nationale Politik eingehalten wird, und um die interregionalen Interessen verschiedener Verwaltungseinheiten zu koordinieren, etwa bei Autobahngebühren und dem Zugang zu gemeinsamen Wasserressourcen. Gemeinsame makroökonomische Ziele und Ziele der Umverteilung müssen ebenfalls unterstützt werden. Die Gefahren bei einer Dezentralisierung ohne Sicherungsmaßnahmen verdeutlicht die Situation in Brasilien im Januar 1999, als eine staatliche Maßnahme die makroökonomische Stabilität des ganzen Landes bedrohte.[39]

Unterstützung bei der Aus- und Fortbildung ist ebenfalls unverzichtbar. Studien zu erfolgreichen Dezentralisierungsprozessen zeigen, wie wichtig die Schaffung administrativer Fähigkeiten ist.[40] Vielen örtlichen Verwaltungen mangelt es an den administrativen Fähigkeiten für eine umfassende Dezentralisierung. Sie haben großen Fortbildungsbedarf in Bereichen wie Buchführung, öffentliche Verwaltung, Finanzmanagement, Kommunikation und Pflege der Beziehungen zu Gemeinschaften. Wenn subnationale Verwaltungen über gute administrative Fähigkeiten und leistungsfähige, Verantwortlichkeit schaffende Mechanismen verfügen, kann die Dezentralisierung die Korruption eindämmen. Wenn nicht, kann die Korruption zunehmen und sich der Zugang zu Sozialleistungen[41] verschlechtern, wie beispielsweise in Zentralasien, dem südlichen Kaukasus und dem Baltikum.[42]

Ferner bedarf es Sicherungsmaßnahmen, um die finanzielle Rechtschaffenheit sicherzustellen und der Vereinnahmung der örtlichen Behörden durch mächtige Eliten entgegenzuwirken. Einer der wichtigsten Fallstricke der Dezentralisierung ist die Existenz eines erheblichen Machtungleichgewichts auf lokaler Ebene. In einem solchen Fall sind höhere Verwaltungsebenen, die für lokalen politischen Druck weniger anfällig sind, unter Umständen eher motiviert, sich für Benachteiligte einzusetzen, als örtliche Führungskräfte. Beispielsweise leistet die US-amerikanische Bundesregierung schon seit vielen Jahren mehr für den Schutz der Grundrechte von Minderheiten als die Regierungen der Bundesstaaten, in denen jene Gruppen, die an einer Aushöhlung dieser Rechte interessiert sind, stärker vertreten sind.[43] Untersuchungen aus Argentinien belegen, daß subnationale Verwaltungen gezielte Hilfe für arme Gegenden von Zeit zu Zeit weniger effektiv leisten als die Zentralregierung.[44] Ähnliche Probleme sind auch andernorts in Lateinamerika und Südasien zu beobachten.[45]

Mitbestimmung. Die weitreichende Einbeziehung und Mitbestimmung des Volkes ist entscheidend für den Erfolg der Dezentralisierung, denn ohne sie kann der potentielle Nutzen der Aufklärung auf Ortsebene nicht realisiert werden. Außerdem führt Mitbestimmung zur Entstehung einer positiven Entwicklung. Mitbestimmung in der örtlichen Verwaltung trägt zur Stärkung der bürgerlichen Gesellschaft bei und hilft zu gewährleisten, daß Bedürfnisse der Mehrheit Gehör finden und Ziele erreicht werden. Sie führt überdies zu einem größeren Mitspracherecht der Armen bei örtlichen Angelegenheiten.

Eine direkte Möglichkeit, Mitbestimmung sicherzustellen, besteht darin, regelmäßige Wahlen für die örtlichen Verwaltungen abzuhalten. Die Wahlordnung kann ebenfalls eine breite Beteiligung begünstigen, indem sie eine bestimmte Zahl von Sitzen für Randgruppen vorbehält. In Indien muß ein Drittel der Vorsitzenden, stellvertretenden Vorsitzenden und gewählten Mitglieder der *Panchayats* (Ortsräte) weiblichen Geschlechts sein. Zusätzlich müssen bestimmten anderen benachteiligten Gruppen proportional zu ihrem Anteil an der Bevölkerung in dem Gebiet Sitze und Führungspositionen zugeteilt werden. Derartige Maßnahmen können die Machtverhältnisse mit der Zeit verändern.[46]

Auch eine häufigere Beteiligung und Mitbestimmung als lediglich zu den Wahlterminen muß gefördert werden. In Bolivien, Brasilien und auf den Philippinen sind örtliche Verwaltungen nach den Dezentralisierungsgesetzen verpflichtet, Basisverbände in ihre Beratungen einzubeziehen oder offiziell an diesen zu beteiligen und ihnen eine Rolle bei der Verwaltung von Leistungen und Projekten zuzuerkennen.[47] Die Erfolge der partizipativen Haushaltsplanung im brasilianischen Porto Alegre zeigen, daß es für die örtliche Entwicklung von großem Nutzen sein kann, örtliche Gemeinschaften an Entscheidungen zur Verwendung städtischer Mittel zu beteiligen.[48] Auch ein intakter Informationsfluß zwischen Regierungen, Verwaltungen und Gemeinschaften ist erforderlich, um gute Resultate zu erzielen. In Chile, wo Aufrufe zur Abgabe von Vorschlägen der Gemeinschaft zur Verwendung von Mitteln öffentlich bekanntgemacht werden und Unterlagen zur Präsentation von Projekten durch Stadtverwaltungen verteilt werden, ergab eine Befragung unter den Begünstigten, daß Mittel vorrangig für Stadtviertel und gesellschaftliche Organisationen mit guten Beziehungen zur Stadt- und Regionalverwaltung verwendet wurden. Jene mit weniger guten Beziehungen erhielten weniger Gelder.[49]

Die Dezentralisierung der Befugnisse und Ressourcen bis auf die unteren städtischen Ebenen, zum Beispiel Stadtviertel oder Dörfer, erfordert besondere Anstrengungen, jedoch kann der Nutzen erheblich sein.[50] In Südafrika erhöhen Partnerschaften zwischen Gemeinschaften und den örtlichen Verwaltungen die langfristigen Gewinne für die Gemeinschaft deutlich.[51] In Guinea zeigte ein Pilotprojekt, daß Gemeinschaften sehr gut in der Lage sind, Projekte wie den Bau und die Instandhaltung neuer Infrastruktur zu entwickeln und zu leiten. Die Gemeinschaften mobilisierten vor Ort vorhandene Ressourcen, gewährten Mittel gerecht und effizient und setzten diese gezielt ein, um benachteiligten Frauen und Kindern zu helfen.[52]

Die politischen Grundsätze für den Abbau der Armut: armenfreundliche Bündnisse

Wenn wir nicht organisiert sind und uns nicht verbünden, dann können wir auch nichts fordern.
    — Arme Frau, Florencio Varela, Argentinien

Armenfreundliche Bündnisse, welche die Interessen der Armen mit denen der Nicht-Armen in Einklang bringen, sind wichtig für den Abbau der Armut. Die Verbesserung der Möglichkeiten von Armen, sich produktiv am Wirtschaftsleben zu beteiligen, trägt ebenfalls dazu bei, den Grundstein für schnelleres Wachstum zu legen. Der Staat kann die Entstehung von armenfreundlichen Bündnissen wie folgt unterstützen:

- durch die Förderung eines für armenorientierte Maßnahmen und Bündnisse günstigen politischen Klimas;
- durch den Abbau von rechtlichen Hürden für armenorientierte Vereinigungen und die Bereitstellung von technischer und sonstiger Unterstützung zur Ausweitung ihrer Tätigkeit;
- durch die Förderung von Synergien zwischen Staat und Gemeinschaften und die Verbesserung der Fähigkeit von Armen, sich an der Entwicklung und der örtlichen Regierungsführung zu beteiligen.

Derartige Veränderungen sind im wesentlichen politischer Natur und müssen durch politische Prozesse erfolgen, die auch Veränderungen der politischen Landschaft und der Machtgleichgewichte mit sich bringen.[53]

Politische Unterstützung für armenorientierte Maßnahmen und Bündnisse

Die Interessen der Armen und Nicht-Armen sind in vielerlei Hinsicht miteinander verwoben, so daß es auch für Nicht-Arme von Vorteil ist, sich für Umverteilungs- und armenorientierte Maßnahmen zu engagieren. Dieses Engagement kann durch die Erkenntnis motiviert werden, daß Anstrengungen zum Abbau der Armut die soziale und wirtschaftliche Entwicklung des gesamten Landes fördern und daher auch der Lebensstandard der Nicht-Armen steigt. Die Schwellenländer Ostasiens, in denen die Entstehung einer qualifizierten, gesunden Arbeitnehmerschaft für den Erfolg entscheidend war, zeigen, daß Investitionen in die Ausbildung der Massen und die Bildung von Humankapital dem nationalen Wirtschaftswachstum einen beträchtlichen Schub verleihen.

Die Eindämmung ansteckender Krankheiten ist ein weiterer Punkt, bei dem alle Bürger von Programmen profitieren, die in erster Linie auf die Armen abzielen, da sich fast alle Gruppen nur dann diesen Krankheiten entziehen können, wenn die Quellen der Ansteckung beseitigt werden. Für die Armen, die unterernährt sind und in einem Umfeld leben, in dem das Erkrankungsrisiko höher ist, ist die Infektionsgefahr besonders groß. Außerdem ist die Wahrscheinlichkeit geringer, daß sie

angemessene Leistungen zur medizinischen Vorsorge und Behandlung von Krankheiten erhalten. Arme bilden daher häufig Ansteckungsherde, von denen aus Krankheiten auf andere Gruppen übergreifen können. Dieser Aspekt war eine der Haupttriebfedern für die Gesundheitsbewegungen in der westlichen Welt zu Beginn des 20. Jahrhunderts (Sonderbeitrag 6.5). Die Ausbreitung von Krankheiten wird heute durch den stark gestiegenen Reiseverkehr begünstigt: Denn wenn Gesundheitsdienste in einem Land von minderer Qualität oder für Arme unerschwinglich sind, können sich resistente Stämme von Malaria- und Tuberkulose-Erregern weltweit ausbreiten. Daher sind sowohl nationale als auch globale Anstrengungen erforderlich, um einige der Gesundheitsprobleme der Armen anzugehen (Kapitel 10).

Ein weiterer guter Grund für die Nicht-Armen, armenorientierte Maßnahmen zu unterstützen, ist das Gespenst der Massenmigration in die Städte einschließlich der daraus resultierenden Probleme wie der weiteren Ausdehnung der Slums und dem steigenden Bedarf an bereits überlasteten städtischen Versorgungsleistungen. China und Indien haben die Anreize für eine Abwanderung in die Städte verringert, indem sie der Landbevölkerung Infrastruktur und andere Leistungen bereitstellten. Dazu haben sie ihnen nicht einfach nur Schulen, Gesundheitsdienste, Strom und andere grundlegende Einrichtungen gegeben, sondern auch sichergestellt, daß Arbeitsplätze über ein großes Gebiet verteilt geschaffen wurden und die Verkehrsnetze den Menschen ermöglichen, von den Dörfern zu den Arbeitsplätzen zu pendeln.

Um die politische Unterstützung für staatliche Maßnahmen gegen die Armut zu fördern, müssen Regierungen dafür sorgen, daß Arme und Nicht-Arme besser erkennen, daß die Verringerung der Armut in beiderseitigem Interesse ist.[54] Von zentraler Bedeutung ist dabei, daß die Erkenntnis, daß der Abbau der Armut ein öffentliches Gut ist und auch das Wohlergehen der Nicht-Armen verbessern kann, systematisch in die öffentliche Debatte eingebracht wird. Auf welche Weise das geschieht, kann erheblichen Einfluß auf das Ergebnis haben. Das Wesen und die Ursachen der Armut sowie die Lösungen dieses Problems sind formbare Aspekte, die auf viele Arten neu interpretiert und dargestellt werden können, von denen einige den staatlichen Maßnahmen gegen die Armut förderlich sind. Anfang des 20. Jahrhunderts wurden Regierungen der US-Bundesstaaten – in erster Linie von nationalen Verbänden von

Sonderbeitrag 6.5
Nationale Bündnisse gegen ansteckende Krankheiten im Westen

Die Vernachlässigung der Hygiene wird als Sparsamkeit mißverstanden: die körperliche Stärke einer Nation zählt zu den wichtigsten Faktoren für den nationalen Wohlstand.
– John Simon (1858), im Original zitiert in Rosen (1993)

Die Volksgesundheitsbewegung in Europa und den Vereinigten Staaten führte gegen Ende des 19. und Anfang des 20. Jahrhunderts, also noch lange vor der Entdeckung der Antibiotika, rasch Verbesserungen des Gesundheitszustandes von Armen wie Reichen herbei. Die Motivation für die Politik, nach der der Staat die Verantwortung für die Eindämmung ansteckender Krankheiten trägt, war eine Kombination aus wirtschaftlichen, politischen und humanitären Interessen. Industrielle waren interessiert an einem Abbau der Produktivitätsverluste bei den Arbeitern. Regierungen war daran gelegen, daß genügend gesunde junge Männer in der Armee dienen konnten, um den Einflußbereich des Landes zu erweitern. Die Eliten waren der Ansicht, daß der schlechte Gesundheitszustand der Armen verheerende Auswirkungen auf ihr Umfeld hatte und die Gefahren für die Gesamtbevölkerung verringert werden mußten. Intellektuelle machten den Zusammenhang zwischen Krankheit und Armut deutlich und forderten radikale Veränderungen, um das Problem endemischer und epidemischer Krankheiten zu lösen.

Um die Gefährdung des einzelnen durch ansteckende Krankheiten zu verringern, mußten erhebliche Anstrengungen unternommen werden, um die Gesundheit der Armen zu verbessern. Die Maßnahmen umfaßten die Kontrolle von Nahrungs- und Arzneimitteln sowie Pockenimpfungen und Quarantäne. Zentrale Aspekte des Unterfangens waren die Sicherung der Versorgung mit sauberem Wasser, eine effektive Abfallbeseitigung, saubere Straßen und weniger Umweltverschmutzung. Es wurden Wohnungsbauvorschriften durchgesetzt, um eine angemessene Belüftung der Häuser sowie deren Ausstattung mit sanitären Einrichtungen und den Anschluß an die Kanalisation sicherzustellen. Persönliche Verhaltensmaßregeln sahen vor, daß das Spucken und Urinieren an öffentlichen Plätzen sowie das Halten von Vieh in Wohngebieten untersagt war. Mit massiven Fortbildungskampagnen zu Gesundheitsfragen sollten möglichst viele Menschen erreicht und so das persönliche Hygieneverhalten der Menschen geändert werden, um ihnen zu vermitteln, wie Erkrankungen vermieden werden können und Kranke zu pflegen sind. Diese staatlichen Interventionen führten zwischen 1880 und 1920 in Verbindung mit dem gestiegenen Lebensstandard zu drastischen Verbesserungen des Gesundheitszustandes und der Lebenserwartung.

Paradoxerweise haben Verbesserungen bei den Heilverfahren in den letzten Jahrzehnten in einigen Entwicklungsländern möglicherweise zur einer geringeren Wachsamkeit in bezug auf ansteckende Krankheiten geführt. Diese wirkungsvollen Heilverfahren müssen mit einer massiven staatlichen Gesundheitspolitik kombiniert werden, die auf eine Verbesserung der Umwelthygiene und der Förderung einer gesunden Lebensweise abzielt. Dies wird zu einem stärkeren Wirtschaftswachstum und Armutsabbau beitragen und negative Folgen für die nationale und globale Gesundheit durch immer mehr arzneimittelresistente Erreger abwenden.

Quelle: Rosen 1993; Preston und Haines 1991; Schofield, Reher und Bideau 1991; Caldwell et al. 1990.

Frauen aus der Mittelschicht – dazu gebracht, arme Familien mit öffentlichen Geldern zu unterstützen, da dies nach Ansicht der Frauenverbände die einzige Möglichkeit war, die moralische und körperliche Integrität der Nation zu wahren.[55]

Das Wissen um den potentiellen Nutzen von Hilfen für Arme kann daher ein wirkungsvoller Anreiz für das staatliche Eingreifen sein. Ohne dieses Wissen werden die Lebensumstände der Benachteiligten häufig dazu mißbraucht, ihre weitere Ausgrenzung zu rechtfertigen. Lateinamerikanische Eliten betrachteten Arme bisweilen als Gefahr für das öffentliche Wohl. Diese Denkweise macht es schwieriger, Armut zu beseitigen und ihre negativen Auswirkungen auf Wirtschaft und Gesellschaft zu mildern.

Entstehung und Ausbreitung von Armenverbänden fördern

Die wichtigste Aufgabe des Staates bei der Förderung von Armenorganisationen besteht darin, rechtliche und sonstige Hürden für die Gründung von Verbänden zu beseitigen und in Verwaltung und Justiz die Rahmenbedingungen zu schaffen, welche diese Verbände fördern.[56] Andernfalls ist es für Armenverbände sehr schwierig, sich gut zu entwickeln und die öffentliche Politik zu beeinflussen. Arme werden bei der Gründung von Verbänden, mit denen sie sich mehr Mitspracherecht verschaffen und ihre Lebensumstände verbessern wollen, mit erheblichen Problemen konfrontiert. Sie beteiligen sich in der Regel nur sehr wenig an politischen Prozessen, da ihnen eine solche Beteiligung als irrelevant für ihre Hauptanliegen oder zwecklos erscheint – oder beides. Von ihrer Regierung erwarten sie häufig nur wenig und fürchten unter Umständen sogar Repressalien seitens des Staates oder örtlicher Behörden für den Fall, daß sie sich organisieren. Selbst in Fragen, in denen der Staat als relevant betrachtet wird, haben Anstrengungen eines einzelnen oder einer Gruppe, Einfluß zu nehmen, nach Ansicht der Armen kaum Wirkung. Wenn sich Arme aber beteiligen, hat nicht allein ihre Identifikation mit der Gruppe einen Einfluß auf diese Entscheidung. Wie bei anderen Teilen der Bevölkerung auch sind die Kräfte, die sie aktiv werden lassen, häufig ganz konkret, nur von kurzer Dauer und örtlich begrenzt.

Der Abbau von Asymmetrien im Informationsfluß kann erheblich dazu beitragen, die zögerliche Haltung der Armen zur Mitbestimmung zu ändern – und sie zu eigenverantwortlichem Handeln zu ermächtigen. Formale Schulbildung eröffnet Menschen einen Zugang zu besseren wirtschaftlichen Möglichkeiten (Kapitel 5) und gibt ihnen ein Mittel an die Hand, ihre Bedürfnisse und Forderungen in öffentlichen Foren und politischen Prozessen zu artikulieren. Alles das wird durch die weite Verbreitung von Informationen verbessert. Die moderne Informationstechnologie, die geringen Kosten für die Beschaffung von Informationen sowie die lauter werdende Forderung nach einem erweiterten Zugang zu öffentlichen Dokumenten können für die Armen von überaus großem Nutzen sein.

Wichtige Gründe, die Arme davon abhalten, sich zu organisieren, sind der Mangel an Zeit, Ressourcen und Informationen sowie der beschränkte Zugang zu externen Anbietern von Hilfen. Dazu gesellen sich physische Probleme, welche die Zusammenarbeit erschweren, zum Beispiel die geographische Streuung und eine unzureichende Verkehrs- und Kommunikationsinfrastruktur. Ethnische und andere gesellschaftliche Spaltungen sind weitere Hindernisse (Kapitel 7).[57] Trotz dieser Schwierigkeiten war in den letzten Jahrzehnten in vielen Ländern eine explosionsartige Zunahme an partizipativen Basisverbänden in den Gemeinschaften zu beobachten. In ganz Lateinamerika verschaffen heute Volksverbände und Organisationen der Ureinwohner, die zum Teil auf traditionellen Formen von Vereinigungen beruhen, den Unterprivilegierten Gehör und befassen sich mit den drängendsten Bedürfnissen im Gesundheits- und Schulwesen sowie im Bereich der öffentlichen Infrastruktur.

Diese Basisverbände bedürfen in vielerlei Hinsicht der Unterstützung des Staates und der bürgerlichen Gesellschaft. Häufig sind sie auf technische Unterstützung und die Förderung von Kapazitäten angewiesen, um von Dauer und effektiv sein zu können. Sie benötigen überdies Hilfe bei der Erhöhung ihrer Mitgliederzahl, der Erweiterung ihrer Funktionen und der Stärkung ihrer politischen Einbeziehung.[58] Ein großer Teil der Basisverbände ist nur von geringer Größe und Bedeutung und schafft es nie, auf die nationale politische Bühne zu gelangen. Untersuchungen in Lateinamerika ergaben, daß einige Organisationen sich zwar sehr wirkungsvoll einiger der unmittelbaren Anliegen von Armen annehmen, ihre Nachhaltigkeit jedoch dadurch beeinträchtigt wird, daß es ihnen kaum gelingt, Verbin-

dungen zu externen Stellen herzustellen.[59] Um diesen Problemen zu begegnen, haben einige Bauernverbände in Bolivien und Ecuador mit nichtstaatlichen Organisationen zusammengearbeitet, um Verbindungen zu nationalen Landwirtschaftsorganisationen herzustellen, so daß sie ihre Reichweite und Effektivität erheblich vergrößern konnten.[60]

In den meisten Entwicklungsländern sind nichtstaatliche Organisationen zentrale Akteure bei politischen Maßnahmen und Programmen zur Bekämpfung der Armut.[61] Dank ihres sozialen Hintergrundes und ihrer Bildung können die Mitarbeiter von nichtstaatlichen Organisationen mühelos Kontakt zu Mitarbeitern von nationalen Institutionen aufnehmen, so daß sie dazu beitragen können, eine Brücke zwischen diesen Institutionen, externen Stellen und den Basisverbänden zu schlagen. Nichtstaatliche Organisationen können ferner sehr effektiv sein, wenn es darum geht, Armen technische Unterstützung zu bieten[62], wie das Beispiel der Organisation Mopawi in Honduras zeigt (Sonderbeitrag 6.6).

In Bolivien half eine niederländische nichtstaatliche Organisation einem Bauernverband, Beziehungen zu Forschungsinstituten herzustellen, die am nationalen Kartoffelprogramm beteiligt waren, indem sie zu Beginn des Projekts mit einem internationalen Experten vereinbarte, daß dieser mit dem Verband zusammenarbeiten sollte. Für den Berater war es kein Problem, Kontakte zu hochrangigen Mitarbeitern der Forschungsinstitute zu knüpfen, und aufgrund dieser Treffen gelang es dem Bauernverband, enge Beziehungen zum nationalen Kartoffelprogramm herzustellen. Das Resultat waren höhere Ernteerträge für die Mitglieder des Verbandes.[63]

Nichtstaatliche Organisationen sind bisweilen auch deutlich von dem politischen System, in dem sie heranreifen, oder von örtlichen Interessengruppen beeinflußt, so daß sie den Interessen der Armen unter Umständen nicht so gut dienen, wie sie es eigentlich könnten.[64] Nichtstaatliche Organisationen sind kein Allheilmittel. Es ist wichtig, daß sie die Verantwortung für ihr Handeln tragen, insbesondere gegenüber den Armen, die sie vertreten wollen.

Synergien zwischen Staat und Gemeinschaften mit Blick auf Wachstum und Verringerung der Armut fördern

Der Staat kann die Wechselbeziehungen zwischen örtlichen Verwaltungen und Gemeinschaften vereinfachen, um die Entwicklung einerseits und den Abbau der

Sonderbeitrag 6.6
Nichtstaatliche Organisationen können zur Mobilisierung und dem Empowerment von Gemeinschaften beitragen

Seit dem Jahr 1985 ist die nichtstaatliche Organisation Mopawi (Moskitia Pawisia, zu deutsch „Entwicklung von La Mosquitia") neben Gemeinschaften von Ureinwohnern in La Mosquitia tätig, einer entlegenen Region im westlichen Honduras und einer der letzten Regionen Mittelamerikas mit tropischen Regenwäldern. Im Laufe der Jahre hat die Mopawi ein weitreichendes, komplexes Entwicklungsprogramm ausgearbeitet. Sie hat sich für eine Änderung der staatlichen Politik für die Region eingesetzt und dazu laufende Lobby-Arbeit geleistet und die Anwohner rechtlich vertreten. Dadurch hat sie zur Entstehung von Beziehungen zwischen Regierung, internationalen nichtstaatlichen Organisationen sowie Forschungs- und Einheimischenorganisationen beigetragen, um das Bewußtsein zu fördern und Maßnahmen anzuregen. Gemeinsam mit den örtlichen Gemeinschaften hat sie nach Möglichkeiten gesucht, den Lebensstandard zu verbessern, ohne der Umwelt zu schaden. Die Mopawi hat sich auch mit dem Problem der Entwaldung in La Mosquitia befaßt und dazu Rechtsvertretung mit praktischer Prävention verbunden. Der Großteil der Mitarbeiter stammt aus La Mosquitia, was sich als wichtiger Pluspunkt erwiesen hat.

Die Organisation trug durch die Ermittlung von alternativen Modellen zur Ressourcennutzung sowie durch die Beteiligung der Gemeinschaften am Entscheidungsprozeß und der Ressourcenverwaltung zur Verbesserung des Lebensstandards der Menschen bei. So wurden beispielsweise Kleinbetriebe gegründet sowie land- und forstwirtschaftliche Versuche durchgeführt. Ein Forst- und Weidenprojekt, das derzeit gemeinsam mit Siedlern und Gemeinschaften von Ureinwohnern durchgeführt wird, beinhaltet Experimente zum nachhaltigen Forstmanagement und zur Wiederherstellung von Degradationsgebieten. Auf Frauen ausgerichtete Bemühungen zielen zur Verbesserung der Gesundheit und Ernährung auf die Bewirtschaftung von Gemüseanbauflächen ab.

Um die örtlichen Organisationen zu stärken, hat die Mopawi mit der Masta (Mosquitia Alsa Tanka), der Vereinigung der Vertretungsorganisationen der Ureinwohner von La Mosquitia, zusammengearbeitet. Mit der von der Mopawi bereitgestellten Hilfe setzten sich örtliche Organisationen für die Formalisierung von Grundbesitz- und Bodennutzungsrechten ein und erweiterten ihre Kapazitäten zur Rechtsvertretung.

Quelle: Brehm 2000.

Armut andererseits zu fördern.[65] In dieser Rolle hat er zwei Funktionen zu erfüllen: die Beseitigung von Hindernissen für ein kollektives Handeln in Gemeinschaften und die Begünstigung einer stärkeren Zusammenarbeit zwischen Gemeinschaften und örtlichen Verwaltungen. Um Verbindungen zwischen den Gemeinschaften herzustellen und ein kollektives Handeln vor Ort zu fördern, kann der Staat Programme einleiten, die die Eigenmittel der Armen erhöhen und staatliche Leistungen besser zugänglich machen. Derartige Programme wirken dem Empfinden der Armen entgegen, daß sie Risiken meiden und ihre Gönner zufriedenstellen müssen, um überleben zu können, so daß sie ihre Energie für Maßnahmen, die ihnen Aufstiegsmöglichkeiten eröffnen, nutzen und mit anderen aus der Position eines Gleichgestellten zusammenarbeiten können.

Die Kombination aus einer eher egalitären Gesellschaftsstruktur auf Gemeinschaftsebene und einer besseren örtlichen Verwaltung ebnet den Weg zur Bildung leistungsfähiger Bündnisse für eine rasche Entwicklung. Enge Beziehungen zwischen örtlichen Verwaltungen und Gemeinschaften verbessern die Bereitstellung von Leistungen und mindern das Risiko, daß Entwicklungsprogramme von örtlichen Eliten monopolisiert werden. Diese Lösung wurde in sehr unterschiedlichen politischen und administrativen Umfeldern erfolgreich umgesetzt: in Brasilien in den 1980er Jahren, in der Republik Korea in den 1960er und 1970er Jahren sowie in Taiwan (China) in den 1950er Jahren.[66]

Das Beispiel Brasiliens zeigt, daß institutionelle Veränderungen in einem von starker Ungleichheit geprägten Umfeld erheblich schwieriger zu bewerkstelligen sind. Da er nicht auf der in ostasiatischen Ländern zuvor umgesetzten weitreichenden Bodenreform aufbauen konnte, mußte der Staat bei seinen Anstrengungen zur Reform der örtlichen Verwaltungen Probleme angehen, die mit den Interessen der Grundbesitzer und mit deren politischen Beziehungen zur örtlichen Verwaltung zusammenhingen. Daraus entstanden neue Probleme, da Großgrundbesitzer, Privatunternehmer und Hilfsorganisationen gewöhnt waren, Ressourcen vollständig in Beschlag zu nehmen. Während der Dürre im Jahr 1987 verhinderte der Staat durch die Entsendung von landwirtschaftlichen Beratern, daß die Grundbesitzer die verteilten Hilfsleistungen monopolisierten. Die Nachhaltigkeit derartiger Erfolge setzt jedoch erhebliche, ständige Anstrengungen voraus.

Die Erfahrung in Brasilien zeigt auch, daß viele dieser Hindernisse ausgeräumt werden können, wenn örtliche Verwaltungen dem Druck der Wählerbasis ausgesetzt werden. Die Einmischung der Politik wird mit Hilfe einer Verfügung der Staatsregierung beschränkt, nach der Stadträte zu wenigstens 80 Prozent aus Vertretern der letztlich begünstigten Gemeinschaften bestehen müssen, um Entwicklungsmittel zu erhalten. Darüber hinaus können Gemeinschaften, die sich von den

Stadträten ungerecht behandelt fühlen, direkt bei der Staatsregierung Mittel beantragen.[67]

Der Staat kann einige wichtige Maßnahmen ergreifen, um entwicklungspolitische Synergien zwischen Gemeinschaften und örtlichen Verwaltungen zu fördern (Schaubild 6.5):

- Unterstützung von Forderungen der Gemeinschaft nach einer besseren öffentlichen Verwaltung und besseren Bereitstellung von Leistungen durch die massive Weitergabe von Informationen.
- Schaffung engmaschiger Verflechtungen zwischen Staat und Gemeinschaften und Bereitstellung der für die Umsetzung von Programmen benötigten Informationen sowie der technischen, Marketing-, Kredit- und sonstigen Unterstützung für die Gemeinschaft.
- Veränderung der Arbeitsweise von örtlichen Stellen durch die Ausübung von Druck von oben und unten. In Brasilien motivierte der Staat die Mitarbeiter durch offizielle Belohnungen für gute berufliche Leistungen.
- Motivation von Helfern an der Basis und Führungskräften durch positive und negative Sanktionen, unter anderem den Respekt von Gleichrangigen.

Sind die Helfer gleichzeitig Angehörige der Gemeinschaft, wie etwa in der Republik Korea, sind die potentiellen Sanktionen besonders wirkungsvoll.

- Anpassung der Funktionen von höheren Verwaltungsebenen, Fortbildung und Motivation der Mitarbeiter, sich auf das Management einer Gesamtstrategie zu konzentrieren, sowie Bereitstellung von technischer Unterstützung, Regelwerken und Fördermaßnahmen.

Diese Initiativen zahlen sich aus politischer Sicht für die Verwaltungen in Form einer größeren Legitimität und einer größeren Unterstützung durch die Öffentlichkeit aus. Bei einer Kommunalwahl in Brasilien gaben Kandidaten an, daß sie die neuen Vorgaben zur stärkeren Verantwortlichkeit der örtlichen Verwaltungen gegenüber der Öffentlichkeit und zur besseren Bereitstellung von öffentlichen Leistungen unterstützen mußten, wenn sie gewählt werden wollten.[68] Dies trug dazu bei, potentiell schwache Verwaltungen zu stärken und dazu zu motivieren, sich dieser schwierigen Aufgaben anzunehmen. Gleichzeitig wurden die Rahmenbedingungen für einen pluralistischen Staat gestärkt.

Die Zusammenarbeit zwischen Gemeinschaften und örtlichen Verwaltungen kann ferner viele verschiedene

Schaubild 6.5

Bündnisse zwischen Staat und Gemeinschaft können die rasche Entwicklung und die bessere Bereitstellung von Leistungen fördern

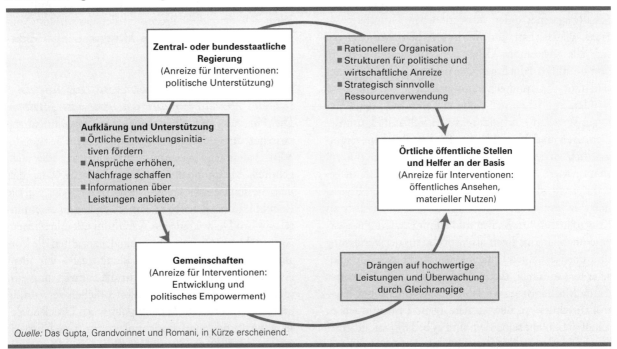

Quelle: Das Gupta, Grandvoinnet und Romani, in Kürze erscheinend.

Formen der Entwicklung fördern. Neben örtlichen Verbesserungen der Infrastruktur und der Lebensbedingungen haben derartige konzertierte Aktionen in Brasilien auch zu Erfolgen im Gesundheitswesen und Hilfen für Dürreopfer geführt und in Taiwan (China) die industrielle Produktion für Exportmärkte unterstützt.

Änderungen erfolgen schrittweise und können häufig viel Zeit in Anspruch nehmen, doch je mehr Erfolge in einem bestimmten Umfeld erzielt werden, um so mehr erfüllen sie für andere eine Vorbildfunktion. Die Beispiele deuten darauf hin, daß es in einem Zeitrahmen von mehreren Jahrzehnten möglich ist, staatliche Institutionen umzubauen, um das Tempo der Entwicklung, des Wachstums und des Armutsabbaus zu erhöhen. Sie zeigen auch, daß diese Veränderungen bei einem kreativen politischen Denken sogar in einem relativ schwachen institutionellen Umfeld möglich sind.

Politische Systeme und Armut

Mangelndes Mitspracherecht und Machtlosigkeit sind zentrale Dimensionen der Armut, und ein wichtiger Aspekt des Mitspracherechts hängt mit den politischen Rechten und den Grundrechten zusammen.[69] Demokratie ist als Manifestierung der Freiheit des Menschen für das Wohl der Menschen von hohem inneren Wert. Politische Rechte haben einen gewaltigen Einfluß auf das Leben und die Möglichkeiten der Bürger.[70]

Partizipative politische Prozesse können ebenfalls zur Schaffung einer guten institutionellen Grundlage für Staat, Gesellschaft und Wirtschaft beitragen, bei der sich alle Meinungen Gehör verschaffen und gemeinsam Einfluß auf die Ergebnisse nehmen können (Schaubild 6.6).[71] Grundrecht und politische Rechte sowie Wahlen, bei denen sich mehrere Kandidaten der Wählergunst stellen, sind wirkungsvolle Hilfsmittel, um Regierungen und Verwaltungen für ihr Handeln verantwortlich zu machen. Um dieses Potential zu nutzen, müssen viele Institutionen vorhanden sein, um zu gewährleisten, daß demokratische Prozesse wie vorgesehen funktionieren – unter anderem freie Medien als Kontrollorgan für Wahlen und administrative Prozesse, eine unabhängige Justiz als Verfechterin der Verfassung und der Rechtsstaatlichkeit sowie starke parlamentarische Institutionen, die in der Lage sind, die Exekutive durch Mechanismen wie zum Beispiel öffentliche Kontrollausschüsse zu überwachen. Diese Institutionen zu schaffen braucht seine Zeit, und es bedarf laufend eines hohen Maßes an Wachsamkeit, um zu gewährleisten,

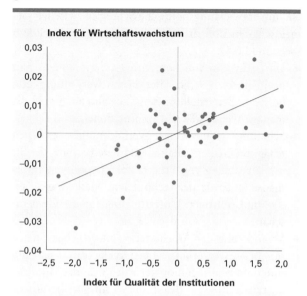

Schaubild 6.6
Gute politische und administrative Institutionen gehen mit Wirtschaftswachstum Hand in Hand

Anmerkung: Der Index für die Qualität der Institutionen wird anhand von Maßen für Grundrechte und politische Rechte, die Qualität staatlicher Institutionen, die Rechtsstaatlichkeit und die öffentlichen Sozialversicherungsausgaben geschätzt.
Quelle: Rodrik 1999a.

daß demokratische Prozesse tatsächlich so funktionieren, wie sie funktionieren sollten. Doch der Aufwand lohnt sich, denn diese Prozesse stellen das wirkungsvollste Mittel zur Sicherung des Mitsprache- und Mitbestimmungsrechts dar.

Demokratische Politik unterstützen, um ein stabiles Umfeld für das Wachstum zu fördern
Die Hinweise auf einen möglichen Zusammenhang zwischen dem politischen System und dem Tempo des Wirtschaftswachstums sind nicht eindeutig.[72] Sie spiegeln teils Meßprobleme[73], teils die Tatsache wider, daß manche stark entwicklungsorientierten Länder wie die Republik Korea bereits vor dem Übergang zu einer pluralistischen Demokratie ein Wachstum mit erheblichem Armutsabbau erzielten. Diese Länder schafften die Voraussetzungen für einen Entwicklungsstaat – vor allem eine politische Elite, die sich für die Entwicklung einsetzte und von einer effizienten öffentlichen Verwaltung unterstützt wurde, die keinem politischen Druck ausgesetzt war und enge Beziehungen zur Geschäftswelt pflegte.[74]

Ein weiterer wichtiger Faktor für den Erfolg dieser Länder war die Tatsache, daß sie sich sehr früh massiv für Gerechtigkeit stark machten – insbesondere durch eine umfassende Bodenreform und die allgemeine Schulbildung, welche den Grundstein für ein schnelles, gerechtes Wachstum legten.[75] Erleichtert wurden diese Bemühungen in einigen Fällen durch Kriegsschäden und die damit verbundene Entmachtung der verwurzelten Eliten. Diese Umstände verringerten den Widerstand politisch einflußreicher Interessengruppen gegen eine drastische Bodenreform.

In einem nicht-demokratischen Umfeld hat ein Mangel an institutionalisierter Verantwortlichkeit jedoch in der Mehrzahl der Fälle zu einer schlechten Entwicklung im Hinblick auf das Wachstum sowie die Verringerung der Armut geführt. Selbst erfolgreiche Entwicklungsstaaten lassen einen wichtigen Schluß zu: Undemokratische Systeme sind einem starken Mißbrauch der Staatsmacht ausgesetzt und anfällig für abrupte politische Kehrtwenden, die entwicklungspolitische Erfolge zunichte machen können. Diese Staaten bemühen sich, einige dieser Probleme dadurch zu lösen, daß sie ihre politischen Institutionen umgestalten, um für eine größere Verantwortlichkeit auf offizieller Seite zu sorgen.

Die Kontroll- und Ausgleichsmechanismen in partizipativen, demokratischen Staatsformen und die Verfahren zur Konsensbildung verringern den Spielraum für das Rent-seeking sowie die Gefahr abrupter politischer Kehrtwenden und ermöglichen so eine sehr viel zuverlässigere und nachhaltigere Entwicklung.[76] Es wird ein Zusammenhang zwischen partizipativen politischen Systemen und einem stabileren Wachstum gesehen[77] – was angesichts der höchst nachteiligen Auswirkungen von Schocks auf die Armen sehr wichtig für den Abbau der Armut ist (Kapitel 8 und 9). Für diese Ansicht gibt es mehrere Gründe.

Erstens ermuntern partizipative politische Prozesse dazu, Konflikte mit Worten statt mit Gewalt auszutragen. In Verbindung mit garantierten politischen Rechten verringern diese Prozesse das Potential für ethnische oder andere Konflikte zwischen Bevölkerungsgruppen und wirken so den wichtigsten Ursachen für die soziale und wirtschaftliche Schadenanfälligkeit der Armen entgegen.[78] Beispielsweise tragen die gefestigten demokratischen, politischen Institutionen in Indien dazu bei, zwischen den potentiell gegensätzlichen Forderungen der höchst heterogenen Bevölkerung zu vermitteln.

Zweitens ermöglichen politische Rechte, Grundrechte und eine freie Presse den Menschen, auf ihre Bedürfnisse aufmerksam zu machen und vom Staat geeignete Maßnahmen einzufordern.[79] Das ist besonders wichtig, um größere Katastrophen abzuwenden oder rasch auf diese zu reagieren. Und drittens verleihen demokratische Wahlen einer Regierung oder Verwaltung Legitimität und fördern so die gesellschaftspolitische und ökonomische Stabilität.

Wie kann Demokratie Armen effektiver helfen?

Demokratie – sowohl eine repräsentative als auch eine partizipative – ist an sich bereits ein Gut. Doch genügen demokratische politische Prozesse allein nicht, um sicherzustellen, daß der Abbau der Armut als wichtige Priorität in die Agenda der Gesellschaft aufgenommen wird. Politische und soziale Ideologien bestimmen, in welchem Umfang demokratische Systeme die Armut tatsächlich verringern. Die den wohlfahrtspolitischen Ansätzen in den OECD-Ländern zugrunde liegenden unterschiedlichen Philosophien führen zu sehr unterschiedlichen Erfolgen bei der Verringerung der Armut – obgleich alle diese Länder bereits sehr lange über demokratische politische Institutionen und ein hohes Pro-Kopf-Einkommen verfügen (Sonderbeitrag 6.7).

In einem repräsentativen System können alle Bürger ihre Interessen zum Ausdruck bringen, doch hängt das Ergebnis davon ab, wie die Interessen verschiedener Gruppen vertreten werden.[80] Gruppen, die über politische Beziehungen oder eine bessere Bildung verfügen, können auf die staatliche Politik weit besser Einfluß nehmen als andere. Dies äußert sich in den Vereinigten Staaten in der großen Diskrepanz zwischen wohlhabenden und armen Gemeinschaften bei der Finanzierung von Mitteln für die Bereiche Gesetzesvollzug und öffentliche Schulen. In Entwicklungsländern, in denen die Ungleichverteilung bei der Schulbildung und der politischen Sachkenntnis noch stärker ist als in den Vereinigten Staaten, sind weite Teile der Bevölkerung weiterhin unterversorgt.[81] An der Elfenbeinküste fließen 35 Prozent der staatlichen Bildungsausgaben den reichsten 20 Prozent der Bevölkerung zu (siehe Tabelle 5.1 in Kapitel 5), und 55 Prozent der Studenten an Hochschulen stammen aus dieser Gruppe.[82] Auch in einem demokratischen System besteht das Risiko der Manipulation durch die politischen Führer. Diese ziehen es unter Umständen vor, Ressourcen für den sofortigen Verbrauch statt für Investitionen oder für populistische

Sonderbeitrag 6.7
Politik und Armut in OECD-Ländern

Armut ist nicht auf Entwicklungsländer beschränkt. Auch in einigen OECD-Ländern gibt es zum Teil größere Armutsherde. Zwar sind diese Länder alle wohlhabende Marktwirtschaften mit einem demokratischen System, doch führen ideologische Unterschiede und daraus resultierende Unterschiede bei der Unterstützung von Programmen zum Abbau der Armut seitens der Öffentlichkeit zu sehr unterschiedlichen Ausmaßen der Armut für die Bürger.

Eine komparative Studie zur Armutsentwicklung in Deutschland, den Niederlanden und den Vereinigten Staaten untersuchte die Armutshäufigkeit und die Auswirkungen von staatlichen Programmen über einen Zeitraum von 10 Jahren. Die Studie offenbarte erhebliche Unterschiede bei der Armutshäufigkeit zwischen den drei Ländern, die durch staatliche Programme weiter vergrößert wurden. Das Maß an Armut „vor staatlichen Einflüssen" (basierend auf Einkommen aus selbständiger und nichtselbständiger Arbeit plus Einkommen aus Vermögen ohne Steuern und Übertragungen vom Staat) variiert, und zwar im wesentlichen infolge deutlicher Unterschiede im Arbeitsrecht und bei anderen Marktfaktoren. Pensions- und Rentenzahlungen verringern die Armut in allen drei Ländern, doch die Ausgestaltung und der Einfluß von anderen staatlichen Übertragungen und Steuern, die auf den Abbau der Armut abzielen, unterscheiden sich.

Besonders auffällig ist die geringe Armut in den Niederlanden, die das Ergebnis von universellen Leistungen ist. Zwar weisen die Übertragungen einen erheblichen Adressierungsfehler auf, da sie sowohl Nicht-Armen als auch Armen zufließen, jedoch haben sie allem Anschein nach nicht zu einem langsameren Wirtschaftswachstum als in den anderen Ländern geführt.

Staatliche Programme vergrößern die Armutsunterschiede zwischen OECD-Ländern

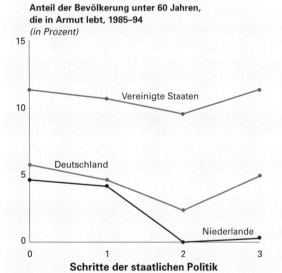

Anteil der Bevölkerung unter 60 Jahren, die in Armut lebt, 1985–94
(in Prozent)

Anmerkung: Schritte der Politik : 0 = Armutsrate „vor staatlichen Einflüssen", 1 = Sozialversicherungsrenten, 2 = 1 + andere öffentliche Transferleistungen, 3 = 2 + Steuern. Armut ist so definiert, daß weniger als die Hälfte des landestypischen mittleren verfügbaren Haushaltseinkommens zur Verfügung steht. Die Einkommen (inflationsbereinigt) wurden für den 10jährigen Zeitraum kumuliert.
Quelle: Goodin et al. 1999.

statt für produktive Maßnahmen aufzuwenden.[83] Außerdem können Politiker Interessengruppen bestechen oder durch kleine Gefallen auf ihre Seite ziehen.[84]

Es gibt im wesentlichen drei Möglichkeiten, das institutionelle Umfeld von demokratischen Systemen zu stärken, damit diese die Armut effektiver verringern. Erstens müssen alle wichtigen Stufen der Entscheidungsfindung von demokratischen Prozessen durchzogen sein. Einige Systeme sind auf dem Papier demokratischer als in der Realität. Andere, wie beispielsweise Indien, sind auf den meisten Ebenen echte Demokratien, empfanden es aber schon immer als schwierig sicherzustellen, daß die politische Verantwortlichkeit alle Stufen der Entscheidungsfindung erreicht, insbesondere jene, welche die Armen betreffen. Indiens Verfolgung des Ansatzes *Panchayati Raj* zur Dezentralisierung und zum Empowerment der Gemeinschaften soll dieses Problem durch die Erweiterung der Befugnisse gewählter Ortsräte beheben.

Zweitens müssen die Bürger einen systematischen Zugang zu Informationen erhalten, damit sie ihre Beamten und Politiker zur Rechenschaft ziehen können. Wenn Informationen zum Haushalt und zur Mittelverwendung – von der Bundes- bis hinab zur Ortsebene – über Zeitungen und andere Informationsquellen zugänglich gemacht werden, können die Menschen ihre Führer für die Resultate verantwortlich machen. Diese Verantwortlichkeit gegenüber der Öffentlichkeit kann zu einem Abbau der Ineffizienz und Korruption beitragen. Die Verbreitung von Informationen muß gesetzlich vorgeschrieben werden, um zu gewährleisten, daß bei einem Regierungswechsel nicht davon abgerückt wird. Fortschritte in der Informationstechnik und der zunehmende Kontakt zu weltweiten Strömungen tragen zur Schaffung eines neuen Umfelds der öffentlichen Bewußtheit bei, das demokratische politische Systeme stärkt.

Drittens können starke Organisationen der bürgerlichen Gesellschaft das politische Empowerment der Armen fördern, indem sie Druck auf den Staat ausüben, damit dieser den Interessen der Armen besser gerecht wird und die Effektivität von Programmen zum Abbau der Armut verbessert.[85] Fallstudien im indischen Bundesstaat Kerala und andernorts zeigen, daß eine stark engagierte bürgerliche Gesellschaft einen Beitrag zu besseren Ergebnissen im Gesundheits- und Bildungswesen leistet.[86] Benötigt wird ein befähigendes institutionelles Umfeld, in dem sich die bürgerliche Gesellschaft entwickeln und engere Verflechtungen ausbilden kann (Sonderbeitrag 6.8).[87]

Sonderbeitrag 6.8
Die Entwicklung der bürgerlichen Gesellschaft und Staatsreform in Mexiko

Mexiko verfügt traditionell über gut institutionalisierte Systeme, um politische Aktivitäten zu kanalisieren und zu kontrollieren – und staatliche Ressourcen dafür zu verwenden, die politische Unterstützung für die Regierung zu festigen. Diese Systeme waren eher darauf bedacht, die Forderungen der Gesellschaft zu beschränken, als auf diese einzugehen. Der Staat hatte einen höchst effektiven und komplexen Apparat für die Begünstigung von Forderungen und Überwindung von Meinungsverschiedenheiten entwickelt. Zwar war die bürgerliche Gesellschaft nur in begrenztem Umfang in der Lage, eine höhere Reaktionsbereitschaft einzufordern, jedoch zeigte der Staat eine gewisse Sensibilität für die ständigen Bedürfnisse, um so die Loyalität zu sichern, um Unterstützung zu werben und Konflikte zu lösen.

In den 1980er Jahren gerieten diese relativ starken politischen Strukturen unter Druck: Reaktionsbereitschaft, Vertretung und Mitbestimmung wurden zu sehr kontrovers diskutierten Themen. Die tagtägliche Bewältigung politischer und wirtschaftlicher Konflikte wurde für Beamte zu einer zunehmend schwierigeren Aufgabe. Der Bestand an Finanzmitteln erreichte einen historischen Tiefststand, und die Unterstützung für die Regierung nahm stark ab. Während die bürgerliche Gesellschaft forderte, daß der grundlegende Gesellschaftsvertrag zwischen Staat und Gesellschaft neu ausgehandelt werden müsse, versuchten politische Führer und Parteien so zu reagieren, daß sie einen möglichst großen Spielraum erhielten, den Umfang und die Natur dieses Vertrages selbst zu bestimmen. Dieser Konflikt blieb bis in die frühen 1990er Jahre ungelöst und bot das Potential zur Schaffung eines offeneren politischen Systems – je nachdem, wie gut die bürgerliche Gesellschaft in der Lage war, Änderungen zu erzwingen.

Seit wenigen Jahren besteht wieder Aussicht auf einen echten Wandel in Mexiko. Ein offenerer und demokratischerer politischer Prozeß hat eingesetzt, und ein unabhängiger Wahlausschuß sowie Organisationen der bürgerlichen Gesellschaft haben die Bürger dazu aufgerufen, bei den Wahlen im Juli 2000 allein ihrem Gewissen folgend, ohne jeglichen Zwang und ohne Einflußnahme von außen zu wählen. Zwar bleibt noch viel zu tun, um der Mitbestimmung der bürgerlichen Gesellschaft und der Artikulation von Forderungen der Bürger noch weiter die Tür zu öffnen, aber dies ist ein vorsichtiger und zaghafter, doch letztlich unumkehrbarer erster Schritt.

Quelle: Grindle 1996.

• • •

Respekt gegenüber der Rechtsstaatlichkeit, effiziente öffentliche Verwaltungen und hochwertige politische Systeme begünstigen die Entstehung von staatlichen Institutionen, welche die Armen nicht ausgrenzen. Doch der Einfluß dieser Faktoren auf die Armut ist davon abhängig, wie effektiv sie in ein Empowerment auf Gemeinschaftsebene umgesetzt werden. Selbst in Staaten mit weitreichenden politischen Rechten und Grundrechten sowie mit Regierungen, die weder von den Eliten monopolisiert wurden noch korrupt sind, finden Arme häufig kein Gehör – und ihre Interessen in der staatlichen Politik kaum Berücksichtigung. Arme brauchen ein direktes Mitspracherecht bei Interventionen, die ihr tägliches Leben beeinflussen, und müssen die Möglichkeit erhalten, sich zu organisieren und zu wählen. Es müssen Maßnahmen ergriffen werden, um rechtliche, politische, administrative und soziale Hemmnisse zu beseitigen, die bestimmte Bevölkerungsgruppen belasten, und die Eigenmittel der Armen zu erhöhen, um deren Ausgrenzung von den Märkten vorzubeugen. Einige wichtige soziale Hemmnisse beim Abbau der Armut werden im folgenden Kapitel erörtert.

KAPITEL 7

Soziale Hemmnisse abbauen und gesellschaftliche Institutionen schaffen

Gesellschaftliche Institutionen, beispielsweise Verwandtschaftsverhältnisse, Gemeinschaftsorganisationen und inoffizielle Netzwerke, haben einen großen Einfluß auf das Ausmaß der Armut. Sie wirken sich auf die Produktivität von wirtschaftlichen Vermögenswerten, die Strategien zur Bewältigung von Risiken, die Fähigkeit zur Verfolgung neuer Möglichkeiten und darauf aus, inwieweit bestimmte Meinungen Gehör finden, wenn wichtige Entscheidungen getroffen werden. Gesellschaftliche Institutionen können Armen helfen, zurecht- und voranzukommen.[1] Sie können aber auch dazu führen, daß zwischen Armen oder sozial Benachteiligten einerseits und den Möglichkeiten und Ressourcen, die sie für die Verfolgung ihrer Interessen benötigen, andererseits Hindernisse entstehen. Diskriminierung aufgrund von Geschlecht, ethnischer Zugehörigkeit, Rasse, Religion oder gesellschaftlichem Status kann zur gesellschaftlichen Ausgrenzung führen und die Menschen langfristig in Armutsfallen gefangenhalten.

Werte, Normen und gesellschaftliche Institutionen können bestehende Ungleichheiten zwischen Gesellschaftsgruppen verstärken, wie es zum Beispiel bei der geschlechtsbedingten Benachteiligung in vielen Teilen der Welt, dem Kastensystem in Indien und den Beziehungen zwischen den Rassen in Südafrika und den Vereinigten Staaten der Fall ist.[2] Im Extremfall können diese sozialen Spaltungen die Basis für große Armut und schwere Konflikte werden. Rechtliche und andere Maßnahmen zur Überwindung dieser Ungleichheiten müssen von Anstrengungen zur Verbesserung des Wissens um kulturell bedingte Einstellungen, etwa gegenüber Frauen und Menschen anderer Rasse, Religion oder ethnischer Zugehörigkeit, begleitet werden. Andernfalls werden diese Maßnahmen keine echten Veränderungen bewirken können. Soziale Hemmnisse gibt es in vielerlei Formen. Hier liegt der Fokus auf den wichtigsten Hemmnissen, die aus Geschlechterungleichheit, sozialer Schichtung und sozialer Zersplitterung herrühren.[3]

Geschlechterdiskriminierung und Armut

Bevor wir uns zu einer SEWA-Genossenschaft zusammenschlossen, konnten uns die Zwischenhändler übers Ohr hauen. Aber jetzt kann ich als Vertreterin unserer Genossenschaft und als gewähltes Mitglied unseres Ortsrates mit ihnen verhandeln. Eines Tages hörte ich an der Bushaltestelle einen Mann sagen: „Da ist die Frau, die uns so viel Ärger macht. Sollen wir sie verprügeln?" Darauf sagte ich: „Nur zu, versucht es ruhig. 40.000 Frauen stehen hinter mir."

– Aus dem Vortrag einer Arbeiterin bei der Folgekonferenz zum Weltgipfel für Soziale Entwicklung in Genf, Juni 2000

Das Ausmaß geschlechtsbedingter Ungleichheit und die Art und Weise, wie sie sich äußert, variieren von Gesellschaft zu Gesellschaft. In welcher Art und Weise sich diese Ungleichheit äußert, wird in erheblichem Maße durch Verwandtschaftsregeln bestimmt.[4] Erbfolgeregelungen bestimmen, in wessen Besitz produktive Ressourcen gelangen. Eheregelungen bestimmen die häusliche Autonomie von Frauen: Wenn diese Regeln vorschreiben, daß Frauen zur Familie des Ehemanns ziehen, verfügen Frauen über weit weniger Autonomie, als wenn sie einen eigenen Haushalt gründen oder bei ihrer eigenen Familie leben könnten (was eher unüblich ist). Die häufigste Form der geschlechtsbedingten Ungleichheit tritt zutage, wenn sowohl Erbfolge- als auch Eheregeln den Mann deutlich bevorteilen. Wenn jedoch diese Regeln eher von einer Gleichberechtigung der Geschlechter geprägt sind, haben Frauen ein größeres Mitspracherecht in Haushalt und Öffentlichkeit und sind in ihren Möglichkeiten, in Wirtschaft und Gesellschaft unabhängige Akteure zu werden, weniger beschränkt.[5]

Normen für Geschlechterrollen und Rechte sind Bestandteil der moralischen Ordnung einer Gemeinschaft und in anderen Institutionen, auch den staatlichen, allgegenwärtig. Geschlechtsbedingte Ungerechtigkeit wird dadurch verstärkt, sofern nicht bewußt darauf hingearbeitet wird, diese zu verhindern. Rechtssysteme spielen eine wichtige Rolle, da sie entweder gewohnheitsmäßige Rechte und Rollen der Geschlechter verstärken – oder bewußt versuchen, diese zu verändern. Ebenfalls wichtig ist die Bereitstellung öffentlicher Güter und Leistungen, bei der Frauen häufig übergangen werden, sofern nicht eigens Anstrengungen unternommen werden, gerade die Frauen zu erreichen.

Ungleichheiten im Mitspracherecht und beim Zugang zu Ressourcen

Gewohnheitsmäßige geschlechtsbezogene Normen und Werte können zu politischen, rechtlichen, wirtschaftlichen und bildungsrelevanten Ungleichheiten führen, die den mangelnden Zugang der Frauen zu Ressourcen, ihre fehlende Kontrolle über den Entscheidungsprozeß und ihre mangelnde Beteiligung am öffentlichen Leben fortbestehen lassen. Eine stärkere politische Vertretung könnte dazu beitragen, diesen Zustand zu ändern – in keinem Land der Erde verfügen Frauen über mehr als nur einen Bruchteil der Parlamentssitze.[6]

Rechtssysteme können es den Frauen erschweren, unabhängige Akteure in der Wirtschaft zu werden. In vielen Ländern benachteiligt das Familienrecht Frauen erheblich und schränkt ihr Recht auf Scheidung sowie das Recht ein, Land und andere produktive Ressourcen zu erben. In den meisten Entwicklungsländern lag das Besitzrecht an Grund und Boden in der Regel allein bei den Männern.[7] Da die große Mehrheit der Armen der Welt in einem landwirtschaftlich geprägten Umfeld lebt, ist dieser Aspekt ein wesentlicher Grund für die Schadenanfälligkeit von armen Frauen.

Einige Länder formalisieren mit Hilfe des Rechtssystems Gewohnheitsrechte, welche die Rechte von Frauen ausdrücklich begrenzen. In der Republik Korea etwa wurden Gewohnheitsrechte, welche die Rechte von Frauen beschränken, im Zivilgesetzbuch von 1962 formalisiert. Die gesetzlich verbrieften Rechte von Frauen wurden seitdem nur schleppend erweitert. Nach einem jahrzehntelangen Kampf von Frauenorganisationen wurde Frauen im Zuge wichtiger Gesetzesänderungen im Jahre 1990 das Recht zuerkannt, das Eigentum ihrer Eltern und ihres Ehemannes zu erben.[8] Das Scheidungsrecht wurde dahingehend geändert, daß Frauen einen gleich hohen Anspruch auf das während der Ehe erworbene Eigentum haben und das Sorgerecht für Kinder nicht mehr automatisch dem Vater zugesprochen wird. Das Gesetz besteht jedoch weiterhin darauf, daß der Mann der Haushaltsvorstand ist, was Frauenorganisationen als Hauptgrund für die geschlechtsbedingte Ungleichheit in der Familie und anderen gesellschaftlichen Institutionen ansehen. Daher sind koreanische Frauen heute zwar gebildet und beteiligen sich aktiv am Berufsleben, doch maximiert die Ungleichstellung von Frauen einerseits deren ökonomischen Beitrag und minimiert andererseits die Fortschritte auf dem Weg zur Gleichberechtigung der Geschlechter.[9]

In vielen Ländern werden den Frauen noch immer selbst grundlegende Rechte verwehrt. In Botswana, Lesotho, Namibia und Swasiland stehen verheiratete Frauen sowohl nach dem Gewohnheitsrecht als auch nach dem Gesetz unter der ständigen Vormundschaft ihres Mannes und haben keinerlei eigenes Recht auf Eigentum (sofern dies nicht vor der Ehe vertraglich vereinbart wurde).[10] In Guatemala kann ein Mann bestimmen, welcher Art von Beschäftigung seine Frau außerhalb des Haushalts nachgehen darf. In einigen Ländern benötigen Frauen die Erlaubnis ihres Mannes, um einen Paß zu beantragen und sich frei zu bewegen.[11]

Arme Frauen sind beim Zugang zu Ressourcen und beim Mitspracherecht in zweifacher Hinsicht benachteiligt: erstens sind sie arm, und zweitens sind sie Frauen. Arme haben einen weit schlechteren Zugang zu Schulbildung und medizinischer Versorgung als Nicht-Arme, und bei armen Menschen ist das geschlechtsbedingte Gefälle bei diesen Leistungen größer.[12] Gleiches gilt für Kredite und landwirtschaftliche Beratungsdienste: Wenn keine massiven Gegenmaßnahmen ergriffen werden, erhalten Arme weniger als Nicht-Arme und Frauen am wenigsten. Studien aus zahlreichen Ländern zeigen, daß landwirtschaftliche Berater sich vorrangig auf die Männer konzentrieren, wenngleich die Bewirtschaftung der Felder häufig in erster Linie den Frauen überlassen ist, weil die Männer anderswo arbeiten.[13] Frauen sind daher nicht nur beim Landbesitz benachteiligt, sondern auch beim Zugang zu Ressourcen und Informationen, welche die Erträge erhöhen würden.

Der Preis der Geschlechterungleichheit für die Gesellschaft

Bei einer großen Diskrepanz zwischen den Rechten von Männern und denen von Frauen ist es überaus schwierig, eine demokratische und partizipative gesellschaftspolitische Ordnung und ein Umfeld mit gleichen Möglichkeiten für alle zu schaffen. Darüber hinaus stellen die extremeren Formen, in denen sich das Machtungleichgewicht zwischen Männern und Frauen äußert, grobe Menschenrechtsverletzungen dar. Gewalt in der Familie ist nachweislich erschreckend weit verbreitet in der Welt – und zwar in Haushalten aller Einkommensniveaus (siehe Sonderbeitrag 8.1 in Kapitel 8).

In einigen Gesellschaften äußert sich die geringere Wertschätzung für Frauen und Mädchen in einer übermäßig hohen Sterblichkeit. Schätzungen auf Basis von Daten aus offiziellen Volkszählungen gehen davon aus, daß es infolge der erhöhten Sterblichkeit von Frauen in China und Korea rund 7 Prozent sowie in Indien und anderen Teilen Südasiens über 4 Prozent „zu wenige" Mädchen unter fünf Jahren gibt.[14] Ohne eine solche Diskriminierung würden schätzungsweise 60 bis 100 Millionen Frauen mehr auf der Welt leben.[15]

Die Geschlechterungleichheit hat überdies erhebliche Auswirkungen auf das Humankapital der nächsten Generation, da die Last des Gebärens und Aufziehens von Kindern im wesentlichen auf den Schultern der Frauen ruht. Für Frauen ohne Schulbildung und Entscheidungsbefugnis im häuslichen Umfeld ist es überaus schwierig, gesunde, leistungsfähige Kinder aufzuziehen. Häufig haben sie mehr Kinder, als sie wollen, was den Druck auf sie und ihre Familie weiter erhöht. Besser ausgebildete Frauen können mit ihrem Ehepartner besser über Familienplanung sprechen, setzen Verhütungsmittel effektiver ein und stecken sich höhere Ziele für ihre Kinder.[16]

Eine geringe Autonomie von Frauen fordert unabhängig davon auch in anderer Hinsicht einen hohen Preis. Untersuchungen in China und Indien zeigen, daß selbst bei Berücksichtigung von Schulbildung, Haushaltseinkommen und anderen sozioökonomischen Faktoren ein Zusammenhang zwischen geringer Autonomie im häuslichen Umfeld und höheren Säuglings- und Kindersterblichkeitsraten besteht.[17] Studien belegen immer wieder, daß eine bessere Schulbildung von Frauen die Überlebenschancen von Kindern verbessert.[18] Und Langzeitstudien in Großbritannien und den Vereinigten Staaten zeigen, daß bei Einbeziehung anderer Faktoren auf Haushaltsebene eine bessere Ausbildung der Mutter zu einer besseren kognitiven Entwicklung der Kinder führt.[19]

Kinder von Frauen, die über eine größere finanzielle Autonomie verfügen, weil sie entweder selbst Erwerbseinkünfte erzielen oder ihre Meinung bei Entscheidungen im häuslichen Umfeld mehr Gewicht hat, genießen eine bessere Ernährung und Bildung. Studien in Brasilien zeigen, daß die Ernährung und körperliche Entwicklung von Kindern um so besser ist, je höher das Einkommen ist, über das Mütter verfügen können.[20] Mikrokreditprogramme in Bangladesch belegen, daß die Vergabe von einkommenserzeugenden Krediten an Frauen zu einem besseren Ernährungszustand der Kinder führt, was für Kredite an Männer nicht im gleichen Maße gilt.[21]

Bildung und Autonomie verstärken sich gegenseitig. Frauen mit besserer Schulbildung und mehr Autonomie im häuslichen Umfeld sind besser in der Lage, ihre Kinder aufzuziehen und zu schützen.[22] Eine geringere Bildung und weniger Autonomie erschweren es den Frauen, medizinische Versorgung zu erhalten, ärztliche Anordnungen zu befolgen und bei Medizinern nachzufragen, wenn Therapieversuche wirkungslos zu bleiben scheinen. Außerdem ist es für Frauen dann schwieriger, Informationen zur Gesundheitsvorsorge zu erhalten, Krankheiten vorzubeugen und Kranke zu pflegen.

Eine gerechtere Verteilung von Möglichkeiten und Ressourcen zwischen Männern und Frauen führt ferner auf direkterem Wege zu mehr Wirtschaftswachstum und Produktivität.[23] Länderübergreifende Studien deuten darauf hin, daß das Wirtschaftswachstum in Ländern, die in die Schulbildung von Mädchen investieren, höher ist (Schaubild 7.1).[24] Länderstudien verdeutlichen die Vorteile eines besseren Zugangs zu landwirtschaftlichen Beratungsdiensten, Kreditangeboten und anderen Produktionsfaktoren für Bäuerinnen.[25] Wenn ihre Bildung verbessert wird, erhöht sich ihre Effizienz als Produzenten, da sie neue Technologien rascher übernehmen und Ressourcen effizienter einsetzen. Untersuchungen aus Kenia deuten darauf hin, daß der Ansatz, Bäuerinnen die gleichen Bildungsangebote und Produktionsfaktoren zur Verfügung zu stellen wie Männern, zu einem Anstieg der Ernteerträge um bis zu 22 Prozent führt.[26] Für Burkina Faso zeigt eine Analyse der Daten, die über längere Zeit anhand einer festen Gruppe von Haushalten gesammelt wurden, daß die landwirtschaftliche Produktionsmenge bei einer gerechteren Verteilung von produktiven Ressourcen auf Männer und Frauen um 6 bis 20 Prozent gesteigert werden könnte.[27] Es bedarf weiterer Untersuchungen, um die Auswirkungen einer derartigen Umverteilung auf das Gesamteinkommen des Haushalts und das ernährungsabhängige Wohlergehen zu ermitteln.

Raum für Veränderungen

Zwar haben die politische und rechtliche Gleichheit und Gleichberechtigung von Männern und Frauen in den meisten Regionen zugenommen, jedoch bedarf es weiterer Anstrengungen und großer Ausdauer, um die geschlechtsbezogenen Wertvorstellungen und Überzeugungen der Menschen zu ändern.[28] Es kann jedoch viel getan werden, und es wurde bereits viel getan, um das Mitspracherecht von Frauen und ihren Zugang zu Ressourcen durch Verbesserungen bei ihrer politischen Vertretung, ihrer gesetzlich verbrieften Rechte und ihrer Kontrolle über materielles, finanzielles und Humankapital zu fördern (Schaubild 7.2). In wenigstens 32 Län-

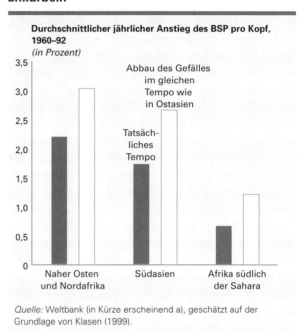

Schaubild 7.1

Ein schnellerer Abbau des Geschlechtergefälles im Schulwesen würde das Wirtschaftswachstum ankurbeln

Durchschnittlicher jährlicher Anstieg des BSP pro Kopf, 1960–92 *(in Prozent)*

Quelle: Weltbank (in Kürze erscheinend a), geschätzt auf der Grundlage von Klasen (1999).

dern werden Anstrengungen unternommen, um die Vertretung der Frauen in der Politik durch Quotenregelungen in Orts- und Nationalversammlungen zu verbessern.[29] In Indien ist nach zwei Verfassungsänderungen nun ein Drittel der Ortsratssitze Frauen vorbehalten, was zur Entstehung einer neuen Klasse von Frauen (insgesamt rund 600.000) mit politischem Einfluß geführt hat. Über ähnliche Vorschläge für höhere Ebenen der Politik wird derzeit beraten.[30] In Argentinien muß bei landesweiten Wahlen wenigstens ein Drittel der Kandidaten auf den Listen weiblichen Geschlechts sein.[31]

Die gesetzlich geschützten Rechte der Frauen wurden in vielen Ländern erheblich erweitert. In immer mehr Ländern verfügen Töchter und Söhne nun über das gleiche gesetzlich geschützte Recht, von ihren Eltern zu erben. Die Existenz dieser gesetzlich geschützten Rechte bedeutet jedoch nicht, daß sich tief verwurzelte kulturelle Normen von heute auf morgen ändern. Außerdem läßt das Rechtssystem den Menschen häufig einen gewissen Spielraum für die Umsetzung ihrer eigenen Normen. Beispielsweise können die Menschen aufgrund der Möglichkeit, ein Testament zu verfassen, ihre kulturellen Normen mit Blick auf eine die Söhne

Schaubild 7.2

Trends bei Bildung und Lebenserwartung von Frauen spiegeln zunehmende Gleichheit von Mann und Frau wider

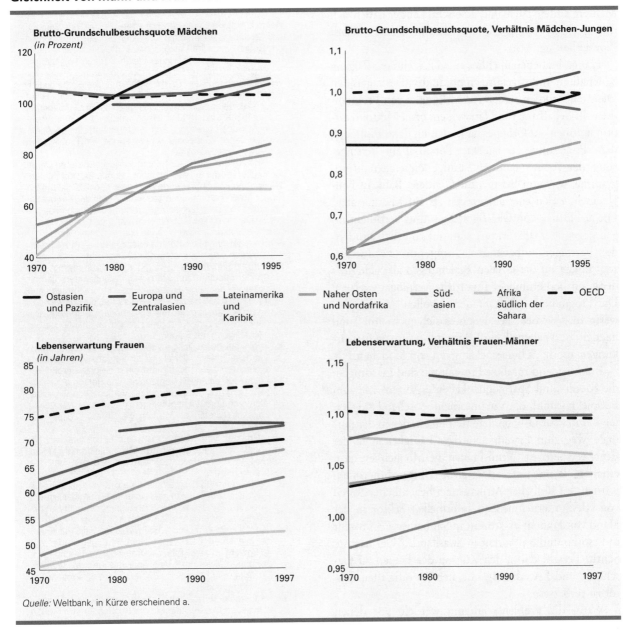

Quelle: Weltbank, in Kürze erscheinend a.

begünstigende Erbschaftsregelung aufrechterhalten.[32] Wenn die Gesetzgebung dem Gewohnheitsrecht zu stark widerspricht, können Probleme zutage treten.[33] Aber selbst wenn Gesetze nicht selbstdurchsetzend sind, sind sie doch ein notwendiger erster Schritt zur Gerechtigkeit und Gleichberechtigung der Geschlechter.

Direktere Initiativen zur Sicherung des Zugangs der Frauen zu produktiven Ressourcen sind unter anderem Programme aus jüngerer Zeit, bei denen Frauen Grundbesitzrechte gewährt wurden. Das kolumbianische Agrargesetz aus dem Jahr 1994 betrachtete die Umverteilung von Land an Haushalte, denen Frauen vorstanden, sowie an Frauen, die über keine Absicherung verfügten oder vor dem Krieg geflüchtet waren (einschließlich allein lebender und kinderloser Frauen), als oberste Priorität.[34] Das Programm, dessen Leitspruch

„Eine eigene Parzelle" lautete, war die einzige Garantie, daß der Lebensunterhalt von Frauen und ihren Kindern nach einer Trennung oder Scheidung gesichert war. Mehrere andere lateinamerikanische Länder haben sich mit wechselndem Erfolg mit diesem Thema befaßt (Sonderbeitrag 7.1).

Frauen brauchen überdies einen gerechteren Zugang zu Krediten und zugehörigen produktivitätssteigernden Diensten. Studien zu den Auswirkungen von Programmen zur Schaffung von Netzwerken, etwa Mikrokreditprogrammen auf Gruppenbasis, deuten darauf hin, daß diese Programme ein enormes Potential zur Verringerung der Armut eröffnen. Einige dieser Kreditprogramme, wie zum Beispiel die Grameen Bank in Bangladesch, zielen eher auf Frauen als auf Männer ab.[35] Die auf Druck von Gleichgestellten und Verpflichtungen gegenüber der Gruppe statt auf rechtlich bindenden Verträgen aufbauenden Gruppenprogramme setzen stärker auf die sozialen Beziehungen als Sicherheit denn auf herkömmliche finanzielle Vermögenswerte.[36] Die Programme haben Frauen geholfen, Vermögenswerte zu erwerben, bei denen es sich nicht um Land handelt, und gelten als ein Faktor mit positiven Auswirkungen auf die Schulbesuchsquoten von Mädchen.[37]

Entscheidend für diese Programme sind Leistungen, die Kredit- und Sparmöglichkeiten ergänzen, wie zum Beispiel Fortbildungen zu unternehmerischen Fähigkeiten – und zwar insbesondere für Frauen, denen der normale Weg zum Erwerb derartiger Fähigkeiten in der Regel versperrt ist. Wenn Frauen die Möglichkeit dazu erhalten, können sie erfolgreiche Unternehmerinnen werden. Im südlichen Afrika ist ein beachtlicher Anteil von Kleinunternehmen im informellen Sektor in der Hand von Frauen: 67 Prozent in Simbabwe, 73 Prozent in Lesotho und 84 Prozent in Swasiland.[38] Der nächste Schritt besteht darin, den Zugang der Frauen zu Geschäfts- und Erwerbsmöglichkeiten im offiziellen Sektor zu verbessern.

Wenn die Probleme erkannt werden, vor denen Frauen stehen, wenn sie Zugang zu staatlichen Leistungen und anderen Möglichkeiten erlangen wollen, werden Maßnahmen zur Verringerung der Armut effektiver. Im Bildungsbereich kann in einigen Regionen die Schulbesuchsquote bei Mädchen durch die Einstellung von Lehrerinnen und getrennte sanitäre Einrichtungen oder auch reine Mädchenschulen deutlich erhöht werden.[39] Maßnahmen auf der Nachfrageseite können ebenfalls effektiv sein (Sonderbeitrag 7.2). Bei der landwirtschaftlichen Beratung tragen Anstrengungen zur

Sonderbeitrag 7.1
Bei Grundbesitzrechten in Lateinamerika für mehr Geschlechtergleichheit sorgen

Der mit Ungerechtigkeiten behaftete Prozeß der Vergabe von Grundbesitzrechten hat für Frauen den Zugang zu Grund und Boden häufig stark eingeschränkt. Das kodifizierte Recht mehrerer lateinamerikanischer Länder schrieb vor, daß die Begünstigten früherer Bodenreformprogramme Haushaltsvorstand sein mußten. Da die Sitten und Gebräuche diktierten, daß der Mann der Haushaltsvorstand ist, war es für Frauen schwierig, von derartigen Programmen zu profitieren. In den 1980er und 1990er Jahren wurden die Reformmaßnahmen jedoch geändert, und die fortschrittlicheren Agrargesetze der 1990er Jahre schenkten diesem Problem besondere Aufmerksamkeit.

Eine auf den nach Geschlecht aufgeschlüsselten Daten für sechs Länder (Chile, Ecuador, Honduras, Kolumbien, Mexiko und Peru) beruhende Studie zeigt, daß bei aktuellen Programmen Frauen einen größeren Anteil der Begünstigten stellen als bei früheren Agrarreformen. Dennoch bestehen weiterhin einige Probleme, die eine Verbesserung des formellen Anspruchs von Frauen auf Land behindern.

■ Frauen kennen ihre Rechte oder das Programm zur Vergabe von Grundbesitzrechten häufig nicht.

■ Derartige Projekte sind häufig von Willkür geprägt. Das Problem beginnt zumeist mit der mangelnden Klarheit bezüglich der verschiedenen Eigentumsrechte an Land innerhalb eines Haushalts: die der Frau, die des Mannes und jener an gemeinsam erworbenem Eigentum. Bei der Durchsetzung führt diese Verwirrung häufig zur Benachteiligung der Frauen.

■ In einigen gesetzlichen Vorschriften sind Frauen deutlich benachteiligt. Verfahren zur Vergabe von Grundbesitzrechten zielen häufig auf die Individualisierung der Rechte ab, das heißt Vergabe an eine Person pro Haushalt. Damit die Programme zur Vergabe von Grundbesitzrechten Frauen begünstigen, müssen sie weiblichen Haushaltsvorständen Vorrang gewähren, wie etwa in Chile.

Zwei Gruppen von Maßnahmen sind besonders wichtig, um einer geschlechtsbedingten Diskriminierung bei der Vergabe von Grundbesitzrechten vorzubeugen und die Rechte von Frauen zu fördern:

■ Bei Paaren muß das gemeinsame Grundbesitzrecht obligatorisch werden. Ein gemeinsames Grundbesitzrecht garantiert verheirateten Frauen Eigentumsrechte an gemeinsam erworbenem Land. In Kolumbien wurde im Jahr 1996 Paaren Land in 60 Prozent der Fälle mit einem gemeinsamen Besitzrecht zuerkannt, gegenüber nur 18 Prozent im Jahr 1995. Der Anteil der Zusprechungen, bei denen allein der Mann über das Grundbesitzrecht verfügte, ging im selben Zeitraum von 63 Prozent auf 24 Prozent zurück.

■ Partnerschaften zwischen Regierungsstellen und nichtstaatlichen Organisationen, die die Rechte von Frauen verteidigen, müssen gefördert werden – um das Wissen der Frauen um ihre Rechte zu verbessern und sie bei der Durchsetzung ihrer Ansprüche auf Grund und Boden gegen eine eventuell feindselige Bürokratie oder Familie zu unterstützen. In Bolivien und Ecuador, wo die Grundbesitzrechte von Frauen bei den Verhandlungen zu neuen Agrargesetzen kaum eine Rolle spielten und es keine Bestrebungen in Richtung eines gemeinsamen Besitzrechtes oder Sonderrechten für Frauen gab, führten die Reformen nicht zu besseren Grundbesitzrechten für Frauen.

Quelle: Weltbank, in Kürze erscheinend a (basiert auf Deere und Leon 1997, 1999); Deere und Leon, in Kürze erscheinend.

Sonderbeitrag 7.2
Geschlechtsbedingte Gefälle im Bildungswesen mittels Subventionen abbauen

Auswertungen von neueren Initiativen zur Bezuschussung von Aufwendungen für die schulische Ausbildung deuten darauf hin, daß Interventionen auf der Nachfrageseite die Schulbesuchsquote bei Mädchen erhöhen und geschlechtsbedingte Gefälle im Bildungswesen abbauen können. Ein Schulstipendienprogramm, das im Jahr 1982 in Bangladesch ins Leben gerufen wurde, gewährt Zuschüsse für verschiedene Schulausgaben für Mädchen, die eine weiterführende Schule besuchen. Laut einer ersten Auswertung des Programms stieg die Schulbesuchsquote bei Mädchen in den während der Pilotphase abgedeckten Gebieten im Laufe von fünf Jahren von 27 Prozent, was etwa dem landesweiten Durchschnitt entsprach, auf 44 Prozent und damit auf mehr als das Zweifache des landesweiten Durchschnitts (Bellew und King 1993). Nachdem Privatunterricht für Mädchen im Jahr 1992 landesweit abgeschafft und das Stipendienprogramm auf alle ländlichen Gebiete ausgedehnt worden war, stieg die Schulbesuchsquote bei Mädchen auf nationaler Ebene auf 48 Prozent. Es konnte auch ein Anstieg der Zahl der zu Prüfungen erscheinenden Mädchen sowie der Immatrikulationen von Frauen an Hochschulen verzeichnet werden (Liang 1996). Zwar stieg in diesem Zeitraum auch die Schulbesuchsquote der Jungen, jedoch nicht so schnell wie die der Mädchen.

Zwei neuere Programme in Balochistan, Pakistan, verdeutlichen den potentiellen Nutzen in Form von geringeren Kosten und einem besseren physischen Zugang. Vor dem Start der Projekte war unklar, ob die niedrigeren Schulbesuchsquoten bei Mädchen durch kulturelle Hemmnisse, die Eltern davon abhielten, ihre Töchter eine Schule besuchen zu lassen, oder durch ein nicht ausreichendes Angebot an geeigneten Schulen begründet waren. Auswertungen zeigten, daß die Schulbesuchsquoten bei Mädchen bei einem besseren physischen Zugang, bezuschußten Kosten und einer kulturell angemessenen Gestaltung drastisch gesteigert werden können.

Das erste Programm, jenes in Quetta, der Hauptstadt von Balochistan, unterstützt mit Hilfe von Zuschüssen, die an den Schulbesuch der Mädchen gebunden sind, den Bau von Schulen durch örtliche nichtstaatliche Organisationen in armen städtischen Gebieten. Die Schulen lassen Jungen nur solange zu, wie ihr Anteil weniger als die Hälfte der Gesamtzahl der Schüler ausmacht. Im ländlichen Balochistan hat das zweite Programm das Angebot an örtlichen, reinen Mädchenschulen im Grundschulbereich durch die Förderung der Einbeziehung von Eltern in die Einrichtung von Schulen und durch Subventionen für die Einstellung von Lehrerinnen aus der örtlichen Gemeinschaft vergrößert. Das Ergebnis: Die Schulbesuchsquote bei Mädchen stieg in Quetta um 33 Prozent und in den ländlichen Gebieten um 22 Prozent. Interessanterweise scheinen beide Programme auch zu einem Anstieg der Schulbesuchsquote bei Jungen geführt zu haben, was darauf hindeutet, daß die Verbesserung von Ausbildungsmöglichkeiten für Mädchen auch positive Auswirkungen für Jungen hat.

Quelle: Weltbank, in Kürze erscheinend a; Kim, Alderman und Orazem 1998.

Einstellung und Ausbildung von Beraterinnen und zur Fokussierung der Beratungsdienste auf Bäuerinnen dazu bei, neue landwirtschaftliche Methoden und Technologien für diese besser zugänglich zu machen und die Produktivität zu erhöhen.

Ein Mehr an Geschlechtergleichheit ist überaus förderlich für die Schaffung einer Menschenrechtskultur und bietet durch ihren Einfluß auf die Produktivität sowie das Humankapital der nächsten Generation unmittelbare materielle Vorteile. Zur Herstellung der Geschlechtergleichheit sind Männern und Frauen die gleichen gesetzlichen Rechte zu gewähren und der gleiche Zugang zu Bildung und medizinischer Versorgung sowie zu Leistungen zu bieten, die mit dem Erzielen von Einkommen zusammenhängen. Eine geschlechtsspezifische Finanzplanung und die Veröffentlichung von nach Geschlecht aufgeschlüsselten Entwicklungskennzahlen können dazu beitragen, die Unterstützung der Öffentlichkeit für derartige Anstrengungen zu gewinnen (Sonderbeitrag 7.3). Alle diese Maßnahmen müssen durch Initiativen zur Stärkung der politischen Mitbestimmung von Frauen unterstützt werden, so daß sie einen größeren Beitrag für die Gesellschaft leisten können.

Rechtliche, institutionelle und politische Reformen zur Beseitigung der Diskriminierung und Förderung der Geschlechtergleichheit sind der Entwicklung und der Verringerung der Armut förderlich und für die Förderung der Menschenrechte und des Wohlergehens von innerem Wert. Ein gerechterer Zugang zu materiellen Ressourcen sowie benötigten Leistungen und Diensten erhöht die Produktivität und das Wachstum der Wirtschaft. Ganz allgemein gesagt, ist die Förderung der Geschlechtergleichheit ein wichtiger Bestandteil der Anstrengungen, die auf eine stärkere Beteiligung der Bürger am öffentlichen Leben und der Überwachung staatlicher Institutionen abzielen.

Soziale Schichtung und Armut

Weil wir nicht zur Schule gegangen sind, können wir fast überhaupt nicht lesen und schreiben. Manche von uns können nicht einmal Spanisch sprechen. Rechnen können wir auch nicht. Ladenbesitzer betrügen uns, weil wir nicht einmal zählen können. Sie kaufen zu den Preisen, die ihnen gefallen, und bezahlen weniger. Sie betrügen uns, weil wir nicht gebildet sind.

– Ureinwohnerin aus Asociación de 10 Agosto,
Ecuador

Sonderbeitrag 7.3
Für ein stärkeres Mitspracherecht von Frauen in der Politik: Haushaltspolitische Initiativen von Frauen im südlichen Afrika

Die südafrikanische Women's Budget Initiative war zu Beginn ein innovatives „Joint-venture" zwischen mehreren nichtstaatlichen Organisationen und neu gewählten Parlamentariern der ersten Regierung nach Abschaffung der Apartheid. Die Parlamentarier waren Mitglieder der Gruppe für Geschlechterfragen und Wirtschaftspolitik des Gemeinsamen Ständigen Ausschusses für Finanzen, während ein großer Teil der Vertreter der nichtstaatlichen Organisationen in der haushaltsbezogenen und allgemeineren politischen Forschung tätig war. Zweck der Initiative war, geschlechtsspezifische Dimensionen des Staatshaushalts – unter anderem bei Besteuerung, Ausgaben und dem Prozeß der Haushaltsplanung selbst – zu verdeutlichen und darüber hinaus zu gewährleisten, daß der Prozeß der Haushaltsplanung und Mittelvergabe stärker zur Förderung der Geschlechtergleichheit beiträgt.

Die Initiative hat in vier Untersuchungsreihen die Haushaltspolitik in mehreren Sektoren analysiert. Während sich die ersten Untersuchungsreihen im wesentlichen auf den Staatshaushalt konzentrierten, wandte sich die vierte Reihe den örtlichen Verwaltungen zu und begann, die Ergebnisse und Schlußfolgerungen einem größeren Kreis von Südafrikanern zugänglich zu machen – um normale Bürger in die Lage zu versetzen, sich an politischen Diskussionen zu beteiligen.

Die südafrikanische Initiative diente als Vorbild für mehrere andere. In Uganda startete im Jahr 1997 unter der Führung der Parlamentarischen Arbeitsgruppe Frauen und der nichtstaatlichen Organisation Forum for Women in Democracy ein dreijähriges Projekt zur geschlechtsspezifischen Haushaltsplanung. Wie das Programm in Südafrika beinhaltet auch das Projekt in Uganda gemeinsame Anstrengungen von Parlamentariern und Wissenschaftlern aus nichtstaatlichen Organisationen. Die in Uganda bereits zu einer wichtigen Kraft herangereifte Arbeitsgruppe Frauen hat mehrere Gesetzesänderungen durchgesetzt, unter anderem die Bestimmung im Gesetz über örtliche Verwaltungen, nach der Frauen auf Gemeinde- und Dorfebene wenigstens ein Drittel der Mitglieder der Führungsgremien stellen müssen. Die Initiative zur geschlechtsspezifischen Haushaltsplanung hat sich auf Fragen der makroökonomischen Politik sowie auf Geschlechterfragen konzentriert, unter anderem auf die Auswirkungen von strukturellen Änderungen für arme Frauen.

In Tansania wird ein anderes dreijähriges Projekt, das ebenfalls im Jahr 1997 gestartet wurde, von einer Koalition von nichtstaatlichen Organisationen unter der Führung des Tanzania Gender Networking Program angeführt. Es konzentriert sich darauf, die Haushaltsplanungsprozesse des Nationalen Planungsausschusses und des Finanzministeriums zu begreifen und zu erfassen, wie diese Prozesse die Staatsausgaben für Grunddienste und wie Beschlüsse zu den Staatsausgaben den Zugang von Frauen und Männern zu Leistungen im Gesundheits- und Bildungswesen beeinflussen. Das Projekt hat damit begonnen, die wichtigsten Erkenntnisse in einfachen Worten formuliert zu verbreiten, um sie für die breite Öffentlichkeit zugänglich zu machen.

Quelle: Weltbank, in Kürze erscheinend a; Budlender 1999; TGNP 1999.

Wirtschaftliche Ungleichheiten, die durch soziale Hemmnisse verstärkt werden, machen es für Arme besonders schwierig, der Armut zu entkommen. Wenn soziale Unterscheidungen zwischen Gruppen dazu mißbraucht werden, Ungleichheiten beim Zugang zu materiellen Ressourcen zu festigen, entstehen starre gesellschaftspolitische Hierarchien, die massive soziale Hemmnisse darstellen, die wiederum auf die Wahrung des Status der Bessergestellten abzielen. Den einzelnen beschränken sie ganz erheblich. Arme, die nah am Existenzminimum leben und Risiken daher naturgemäß scheuen, lassen sich häufig von dem Gedanken einschüchtern, daß sie den Zorn der mächtigen Eliten auf sich ziehen könnten, wenn sie gegen diese Hemmnisse angehen. Darüber hinaus hemmt eine starre Schichtung kollektives Handeln: Wenn die Machtverteilung in einer Gemeinschaft zu unausgewogen ist, stehen die Chancen für Vertrauen und Zusammenarbeit schlecht.

Soziale Ungleichheit in Dörfern untergräbt Bemühungen, Gemeinschaftsgüter wie zum Beispiel Wasser zu verwalten.[40] Wenn die Kontrolle über diese Ressourcen in der Hand von dörflichen Eliten ist, kann sie dazu mißbraucht werden, Arme weiter zu diskriminieren. Äußerst deutlich manifestiert sich Ungleichheit im Zugang zu Land. In den meisten Entwicklungsländern machen es erhebliche Ungleichheiten beim Grundbesitz den Armen praktisch unmöglich, von der untersten Stufe der Agrarhierarchie aufzusteigen. Jedoch können Bodenreformen und breit angelegte Initiativen zur Diversifizierung von Erwerbsmöglichkeiten einige dieser Hemmnisse beseitigen und die Armut auf dem Land verringern (Kapitel 5 und Sonderbeitrag 7.4).

Diskriminierung und soziale Ungleichheit rühren vielfach von der Tatsache her, daß ganze Gesellschaftsteile über wenig politisches Mitspracherecht verfügen. Diese Gruppen werden diskriminiert oder bei der Verteilung von öffentlichen Gütern übergangen, was zu einem schlechteren Zugang zum Bildungs- und Gesundheitswesen wie auch zu einem geringeren Einkommen führt. Den größten Schaden richten die Armutsfallen an, die durch aktive Diskriminierung entstehen und bei den Diskriminierten psychologische Narben hinterlassen können.

Einige Armutsfallen entstehen zum Teil durch geographische Isolation. Unterschiede und Gefälle, die auf geographischer Isolation beruhen, sind ebenfalls eine Form der Schichtung, auch wenn sie nicht bewußt her-

Sonderbeitrag 7.4

Mit Entwicklungsprogrammen die Macht von Agrareliten brechen: Eine Fallstudie aus dem östlichen Uttar Pradesh, Indien

Die sozioökonomische Hierarchie im Dorf ist offensichtlich: Ein großes, weiß getünchtes, gemauertes Haus ragt aus einem Meer von Lehmhütten heraus. In diesem Haus wohnt der *Talukdar*, der Großgrundbesitzer, dessen Pflicht es war, für die Kolonialherren Abgaben und Steuern einzutreiben. Die Familie des *Talukdar* verlor einen Teil ihrer Besitztümer, als in den 1950er Jahren Höchstgrenzen für Landbesitz eingeführt wurden, wenngleich sie aufgrund einer fiktiven Aufteilung weiterhin einen Großteil des Landes besitzt.

In den nächsten Jahrzehnten festigte die Familie des *Talukdar* ihre Beziehungen zu den neuen Machtstrukturen im Land. Nach einem typischen Muster der Diversifizierung der familiären Verflechtungen verschaffte der Vater einem Sohn eine Stelle bei der Polizei, während ein anderer das Land verwaltete. Sie waren weiterhin der wichtigste Kredit- und Arbeitgeber für die Dorfbewohner, die die höhere soziale Stellung der Angehörigen des *Talukdar* dadurch deutlich machten, daß sie sie stets mit einem „Ich berühre Ihre Füße, Herr" begrüßten.

Für diese Familie, die über eine gute Bildung und gute Beziehungen verfügte, war es einfach, mit Entwicklungsgeldern die eigenen Taschen zu füllen. Die anderen Dorfbewohner waren über das, worauf sie Anspruch hatten und was man ihnen vorenthielt, im allgemeinen nicht informiert. Selbst wenn sie es wußten, war es ihnen kaum möglich zu protestieren, da die Familie des *Talukdar* Waffen besaß und bekannt dafür war, daß sie Dorfbewohner nach Gutdünken vergewaltigte und verletzte.

Etwa im Jahr 1970 informierten landwirtschaftliche Berater das Dorf über Rohrbrunnen. Einige Bauern mit Betrieben mittlerer Größe legten ihre Mittel zusammen, um einen Rohrbrunnen zur Bewässerung ihrer aneinander grenzenden Parzellen anzulegen. In der Absicht, ihre Gewinne zu maximieren, begannen sie Marktkulturen anzubauen und erhöhten die Löhne für die Landarbeiter. Der Sohn des *Talukdar* ging daraufhin mit geschultertem Gewehr über den Wochenmarkt und drohte, jeden zu erschießen, der Landarbeitern mehr als den üblichen Lohn anbot. Die Bauern ließen sich dadurch vorübergehend abschrecken.

Doch die neuen Möglichkeiten, welche die Rohrbrunnen boten, und die Eröffnung einer staatlichen Milchsammelzentrale im Dorf machten es für die Familie des *Talukdar* schwieriger, ihre Position zu sichern. Mit der Zeit erhöhten die mittelgroßen Bauern ihre Einkommen und stellten neue Beschäftigungs- und Kreditangebote für Arme zur Verfügung. Das Dorf vollzog eine Entwicklung von einem bipolaren Gefüge hin zu einem System mit einer breiteren Verteilung von Macht.

Eine Studie zu einem anderen Dorf in Uttar Pradesh stellte ähnliche Spannungen fest. Dort versuchte die Familie des *Talukdar*, ihre Macht mit Methoden wie Brandstiftung und Wahlmanipulation zu sichern, doch die Entschlossenheit, mit der die mittelgroßen Bauern die neuen Möglichkeiten in der Landwirtschaft nutzten, ließ ihre Macht schwinden. In den 1990er Jahren waren die mittelgroßen Bauern zu Wohlstand und Bildung gelangt und bildeten eine ernst zu nehmende politische Gegenkraft zur Familie des *Talukdar*, die diese bei örtlichen Wahlen auch besiegte. Die Hegemonie der alten kolonialen Grundbesitzerelite wurde durch fortwährende Entwicklungsprogramme und partizipative politische Institutionen wirkungsvoll geschwächt.

Quelle: Das Gupta, Grandvoinnet und Romani, in Kürze erscheinend; Drèze, Lanjouw und Sharma 1998.

---

gestellt werden. So spiegelt zum Beispiel die überdurchschnittlich hohe Armut unter den Ureinwohnern Lateinamerikas zum Teil wider, daß sie weiter von Märkten, Schulen, Krankenhäusern und Postämtern entfernt leben als andere. Ähnliche Probleme wurden auch für ethnische Minderheiten in Vietnam dokumentiert (Schaubild 7.3). Ureinwohner in Lateinamerika erhalten außerdem im Durchschnitt weniger Bildung als andere Bevölkerungsgruppen. Ethnische Diskriminierung verstärkt die Auswirkungen: Die Erträge, die sich aus einer besseren Schulbildung ergeben, fallen unter den Ureinwohnern geringer aus. Die Wahrscheinlichkeit zu erkranken ist für Ureinwohner höher, jene, daß sie sich ärztlich behandeln lassen, jedoch geringer, was ebenfalls eine Erklärung für den Einkommensunterschied sein könnte.[41] Es ist ein Teufelskreis, denn ein niedriges Einkommen verringert die Chancen auf eine bessere Gesundheit.

Isolation und mangelnde Bildung können Armutsfallen entstehen lassen, die über Generationen fortbestehen, da an verschiedenen Orten lebende Kinder unterschiedliche Arten der Akkumulation von Humankapital erfahren. Selbst die Gegend, in der man lebt, kann beträchtlichen Einfluß auf das Einkommen und das Humankapital haben.[42] In einer wohlhabenderen Gegend zu leben eröffnet dem einzelnen den Zugang zu gesellschaftlichen und kulturellen Faktoren, welche ihre Produktivität erhöhen.[43] Durch die Wohngegend bedingte Einflüsse können außerdem die wirtschaftliche Mobilität verringern und Einkommensdisparitäten zwischen Gemeinschaften vergrößern, wie beispielsweise in Äthiopien.[44] Ähnliches wird aus Industrieländern berichtet, in denen die Reichen häufig abgeschieden vom Rest der Bevölkerung leben.

Andere Armutsfallen resultieren unmittelbar aus der anhaltenden Diskriminierung von Minderheiten wie in den Vereinigten Staaten oder gar von Mehrheiten wie während des Apartheid-Regimes in Südafrika.[45] In diesen Ländern wie auch in Lateinamerika verfügen Farbige über weniger Bildung und ein niedrigeres Ein-

Schaubild 7.3
Minderheiten in Vietnam haben einen schlechteren Zugang zu Diensten als Nichtminderheiten

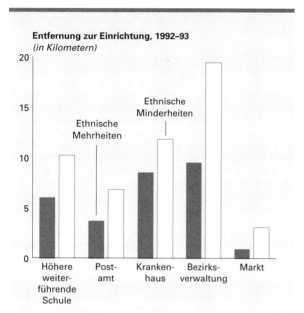

Quelle: Übernommen aus van de Walle und Gunewardena 2000.

kommen als Weiße. Doch ihre Benachteiligung reicht noch weiter: Auch ihre Lebenserwartung zum Zeitpunkt der Geburt ist geringer, und dieses Gefälle kann allein durch sozioökonomische Disparitäten nicht erklärt werden.[46]

Die zusätzlichen Auswirkungen der Diskriminierung im Bildungswesen, bei Beschäftigungsmöglichkeiten und der Informationsbeschaffung verschlechtern die Chancen von Angehörigen dieser Gruppen, gute Arbeitsplätze zu finden.[47] Diese Dynamik wird durch die psychologischen Schäden infolge der Diskriminierung drastisch verstärkt – und die psychologischen Hürden, die Aufstiegsmöglichkeiten mindern, ergänzen die materiellen und finanziellen Hemmnisse bei der Erlangung von Qualifikationen. Die Menschen verlieren den Glauben an ihre Fähigkeiten und geben jeden Versuch auf, Teil des Wirtschafts- und Gesellschaftslebens zu werden. Diese soziale Dynamik wird am Beispiel der Rassenbeziehungen in den Vereinigten Staaten überaus deutlich (Sonderbeitrag 7.5).

Die Auswirkungen der sozialen Schichtung zu mildern erfordert vielschichtige Ansätze. Wenn gewährleistet wird, daß Behörden und andere staatliche Institutionen allen Teilen der Bevölkerung in gleichem Maße

Sonderbeitrag 7.5
Diskriminierung hat schwere seelische Folgen

Bei einer Untersuchung zur sozialen Ausgrenzung und der Notwendigkeit von Fördermaßnahmen in den Vereinigten Staaten macht Glenn Loury auf die psychologischen Schäden aufmerksam, die langwährende Diskriminierung bei Bewohnern von Schwarzen-Ghettos hervorrufen können.

Hier das Beispiel eines Jugendlichen, zu dem jemand sagt: „Warum heiratest du das Mädchen, das du geschwängert hast, nicht? Statt an der Straßenecke herumzulungern, solltest du lieber zur Schule gehen und lernen, wie man diese Maschinen im Krankenhaus bedient. Das könntest du lernen, wenn du ein paar Jahre zur Schule gehst, anstatt ein Taugenichts zu sein." Und die Antwort lautet nicht: „Ich habe es mir genau überlegt, und der Kurs, den du meinst, zahlt sich einfach nicht aus." Statt dessen lautet die Antwort: „Wer? Ich?" Er kann sich so etwas für sich nicht vorstellen.

Bewohner von Schwarzen-Ghettos in den Vereinigten Staaten sind ein Volk für sich, werden leicht mit Stereotypen belegt und wegen ihrer kulturellen Eigenheiten verhöhnt, sind sozial isoliert, spüren ein internalisiertes Gefühl der Hilf- und Hoffnungslosigkeit und haben nur begrenzt Zugang zu kommunalen Netzwerken für Hilfe auf Gegenseitigkeit. Angesichts der Hoffnungslosigkeit, der Gewalt und des selbstzerstörerischen Verhaltens ist es aus moralischer Sicht dumm und aus wissenschaftlicher Sicht naiv zu argumentieren, daß es dieses gewaltige Problem nicht gäbe, wenn „diese Leute" sich einfach nur zusammenreißen würden. Gesellschaftliche Prozesse begünstigen die Entwicklung eines selbstzerstörerischen Verhaltens. Das soll nicht heißen, daß der einzelne für seine Fehlentscheidungen keine Verantwortung trägt. Es soll vielmehr die Existenz eines schwierigen Dilemmas anerkennen, das uns keine Möglichkeit läßt, richtige Entscheidungen zu treffen.

Da die Schaffung einer qualifizierten Arbeitnehmerschaft ein sozialer Prozeß ist, sollte das Idealbild der Leistungsgesellschaft – in der der einzelne in einer freien Gesellschaft die Möglichkeit haben sollte, soweit aufzusteigen, wie es seine Fähigkeiten zulassen – von der Erkenntnis beeinflußt werden, daß niemand diesen Weg allein geht. „Verdienst" ist das Ergebnis sozialer Prozesse. Aus diesem Grund sollte es kollektive öffentliche Anstrengungen zur Milderung der wirtschaftlichen Ausgrenzung jener Schwarzen geben, die ihr Leben in den Ghettos Amerikas fristen. Staatliche Ziele sollten nicht in rassenneutralen Begriffen formuliert werden, auch wenn die zur Verfolgung dieser Ziele eingesetzten Instrumente an sich farbenblind sind.

Quelle: Auszüge aus verschiedenen Abschnitten in Loury (2000).

dienen, kann dies bereits einiges bewirken. Diese Praxis kann dadurch gefördert werden, daß ausgegrenzte Gruppen mobilisiert werden, ihren Bedürfnissen und Rechten mehr Geltung zu verschaffen. Wenn eine aktive Diskriminierung vorliegt, kann eine besonnene Anti-Diskriminierungspolitik mit Fördermaßnahmen für mehr Gleichheit beim Zugang zu Möglichkeiten sorgen.

Institutionen reformieren

In Gesellschaften mit weniger stark gegliederter Schichtung können Reformen der staatlichen Institutionen zu mehr sozialer Gerechtigkeit führen. Eine recht einfache Reform besteht darin sicherzustellen, daß benachteiligte Gruppen bei der Bereitstellung von staatlichen Leistungen nicht übergangen werden. Weiter reichende Reformen beinhalten, daß das Rechtssystem gerechter gestaltet und sichergestellt wird, daß administrative und politische Institutionen für alle zugänglich sind und auf die Bedürfnisse aller eingehen. Statt Hindernisse zu errichten, sollten diese Systeme vielmehr die vollständige Einbeziehung der gesamten Bevölkerung fördern. Das Staatsbürgerschaftsrecht bedarf unter Umständen auch einer Reform, um soziale Spannungen abzubauen und benachteiligten Gruppen die Beteiligung am politischen Leben zu ermöglichen, die für ihre Fähigkeit, sich selbst zu organisieren, sehr wichtig ist.[48] In einigen Ländern würde die Existenz verantwortlicher Institutionen in der Justiz dazu beitragen, benachteiligte Gruppen vor Diskriminierung zu schützen.

Arme, an den Rand gedrängte Gemeinschaften können mobilisiert werden, einen Beitrag zur Verringerung ihrer Armut zu leisten, indem ihre gesellschaftlichen Institutionen genutzt und gestärkt werden. Gruppen mit einem starken Zusammengehörigkeitsgefühl und der Bereitschaft, bei der Entwicklung neuer Lösungen mit Außenstehenden zusammenzuarbeiten, können sich dafür einsetzen, ihren Zugang zum Gesundheits- und Bildungswesen und anderen staatlichen Leistungen auszubauen, um ihre Lebensbedingungen zu verbessern und ihr Einkommen zu erhöhen. Erste Ergebnisse von innovativen „Ethno-Entwicklungsprogrammen" in Ecuador zeigen, wie wichtig es ist, eine echte Nachfrage zu kultivieren, das Selbstmanagement zu fördern und vor Ort Kapazitäten aufzubauen. Für Entwicklungshelfer und politische Entscheidungsträger ist dieses Beispiel sehr lehrreich.[49]

Fördermaßnahmen ergreifen

In Gesellschaften mit ausgeprägter Schichtung müssen diese Bemühungen durch Programme von Fördermaßnahmen für Diskriminierte flankiert werden, um den Folgen langwährender Diskriminierung zu begegnen. Um sich dem Wettbewerb in Wirtschaft und Politik stellen zu können, müssen die Diskriminierten bei der Erlangung von Bildung, Informationen und Selbstvertrauen in besonderer Weise unterstützt werden. Maßnahmen gegen die Diskriminierung beginnen mit einem gesetzlichen Verbot der Diskriminierung beim Zugang zu öffentlichen und privaten Gütern und Leistungen wie Unterkünften, Krediten, Verkehr, öffentlichen Flächen und öffentlichen Ämtern.

Besonders wichtig sind dabei Bemühungen zum Abbau der zusätzlichen Nachteile durch einen begrenzten Zugang zu Bildungs- und Beschäftigungsmöglichkeiten. Dies umfaßt in der Regel, Angehörigen von diskriminierten Gruppen durch finanzielle Unterstützung für das Bildungswesen, die bevorzugte Zulassung zu höheren Bildungseinrichtungen und Beschäftigungsquoten zu helfen, Qualifikationen und Zugang zu Möglichkeiten zu erlangen.[50] Die folgenden beiden Kategorien von politischen Maßnahmen haben erheblichen Einfluß auf das Ergebnis:[51]

- *Entwicklungspolitische Maßnahmen* zielen darauf ab, die Leistungen von Mitgliedern benachteiligter Gruppen zu verbessern. Beispiele hierfür sind finanzielle und andere Vorleistungen zur Verbesserung der Bildungsabschlüsse und Unterstützung bei der Geschäftsführung für jene, die eigene Firmen gründen.

- *Begünstigungspolitik* zielt darauf ab, zusätzliche Nachteile rascher abzubauen, indem Angehörige von benachteiligten Gruppen auch dann Möglichkeiten eröffnet werden, wenn ihre Qualifikation möglicherweise schlechter ist als die von anderen. Zwar stellen diese Maßnahmen gesellschaftliche und wirtschaftliche Mobilität am schnellsten her, doch sie können auch fehlschlagen, da sie unter Umständen negative stereotype Ansichten über die angeblich geringeren Fähigkeiten von Benachteiligten verstärken.[52] Selbst qualifizierte Angehörige von benachteiligten Gruppen können sich diesem Problem nicht entziehen.

Eine wichtige Aufgabe der Anti-Diskriminierungspolitik besteht darin, Rollenvorbilder zu schaffen, welche die in gespaltenen Gesellschaften tief verwurzelten Ansichten über unterschiedliche Wertigkeiten und Fähigkeiten verändern (Sonderbeitrag 7.6). Diese Ansichten, die für die Benachteiligten verheerende psychologische Folgen haben, teilen auch jene, die Arbeitsplätze anbieten und über Beförderungen entscheiden, so daß die Wahrscheinlichkeit abnimmt, daß sie den einer Minderheit angehörenden Kandidaten gleiche Chancen bieten, selbst wenn diese alle erforderlichen Qualifikationen vorweisen können. Fördermaßnahmen zielen darauf ab, diese Ansichten einer unterschiedlichen Wertigkeit zu verändern, indem sie einige Angehörige diskriminierter Gruppen in die Wirtschaft und Gesellschaft der Mehrheit eingliedern. Diese erfüllen

Sonderbeitrag 7.6
Mit Fördermaßnahmen die kastenspezifische Diskriminierung in Indien bekämpfen

Das indische Kastensystem teilte Menschen bei der Geburt in ökonomische und soziale Schichten ein und verstärkte diese Spaltung durch rituelle Eigenheiten. Diese starre Hierarchie hatte im großen und ganzen viele Jahrhunderte Bestand – trotz wiederholter Bestrebungen gesellschaftlicher und religiöser Reformbewegungen. Doch im Jahr 1950 machte sich die wieder unabhängige indische Regierung daran, das System zu ändern. Die Verfassung schaffte die Unantastbarkeit im privaten und öffentlichen Umfeld ab und ermächtigte die Regierung, durch den Abbau der Benachteiligung von Angehörigen der unteren Kasten in Gesellschaft und Bildungswesen sowie durch die Einführung von Maßnahmen zur Beseitigung von Diskriminierung im Arbeitsleben dieser Situation Abhilfe zu schaffen. Im nationalen Parlament und den Versammlungen in den Bundesstaaten wurden Sitze für Angehörige der unteren Kasten und Volksstämme reserviert, und es wurde ein Gesetz verabschiedet, daß die Praxis der Unantastbarkeit unter Strafe stellte.

Der Änderungsprozeß ist mit Schwierigkeiten behaftet. Gegen diese Politik wurden aus Gründen, die auch im Rahmen der öffentlichen Debatte genannt wurden, rechtliche Einwände vorgebracht. So hätten die Angehörigen der unteren Kasten kein Monopol auf Armut, und die Vorteile der Fördermaßnahmen würden von einem kleinen Teil der unteren Kasten monopolisiert. Politischer Widerstand kam auf, als der Umfang der Begünstigungspolitik in den letzten Jahrzehnten darauf ausgedehnt wurde, einen größeren Teil der Arbeitsplätze im staatlichen Sektor den Angehörigen der unteren Kasten vorzubehalten. Demgegenüber waren die entwicklungspolitischen Maßnahmen, die darauf abzielten, den Angehörigen der unteren Kasten zu helfen, Zugang zu Bildung zu erhalten und dadurch Aufstiegsmöglichkeiten nutzen zu können, effektiv und weniger umstritten.

Trotz dieser Schwierigkeiten haben die Fördermaßnahmenprogramme erheblich dazu beigetragen, die Hürden, die sich den unteren Kasten entgegenstellen, abzubauen. Angehörige der unteren Kasten bekleiden heute höchste Positionen und dienen so als Rollenvorbilder für andere. Dennoch bleibt noch sehr viel zu tun, denn in der Wirtschaft und dem Bildungswesen bestehen weiterhin Ungleichheiten. Eine Umfrage aus den Jahren 1992 und 1993 ergab, daß in den unteren Kasten 57 Prozent der Haushaltsvorstände Analphabeten waren – gegenüber 35 Prozent in den anderen Kasten. In den wenigen noch verbliebenen Regionen, in denen die Polizei weiterhin von den Interessen der oberen Kasten dominiert wird, bedarf es besonderer Anstrengungen. Trotzdem verdeutlicht das Beispiel der Fördermaßnahmen in Indien, wie die Auswirkungen seit langem bestehender Diskriminierungsmuster überwunden werden können, wenn der politische Wille dazu besteht.

Quelle: Deshpande 2000; Dushkin 1972; Galanter 1972; Srinivas 1987; Tummala 1999.

dann eine wichtige Vorbildfunktion: Beispielsweise zeigen Ärzte, die einer anderen Rasse oder einer unteren Kaste angehören, jedem (auch ihrer eigenen Gruppe), daß Angehörige dieser Gruppe gute Ärzte sein können.

Führen Programme mit Fördermaßnahmen für diskriminierte Gruppen zu einer geringeren Effizienz, oder begünstigen sie gar politische Konflikte? Es gibt Belege dafür, daß diese negativen Auswirkungen im wesentlichen mit der Begünstigungspolitik in Zusammenhang stehen und durch die vorrangige Wahl von entwicklungspolitischen Maßnahmen vermieden werden können. In den Vereinigten Staaten führten Maßnahmen dieser Art zu einer Umverteilung von Einkommen zugunsten von Frauen und Minderheiten bei gleichzeitig nur minimalen Effizienzeinbußen.[53] Begünstigungspolitik zieht unter Umständen auf lange Sicht hohe Kosten nach sich. Beschäftigungsquoten für Minderheiten verzerren möglicherweise die Zuteilung von Arbeitskräften, hemmen die Effizienz und lassen Spannungen zwischen den Begünstigten und den anderen Gruppen entstehen.[54] Begünstigungspolitik kann außerdem negative politische Auswirkungen haben. Politische Eliten, die danach streben, von politischem Klientelismus zu profitieren, können Maßnahmen zum Abbau der gesellschaftlichen Spaltung oder zur bevorzugten Vergabe von Arbeitsplätzen an bestimmte Gruppen manipulieren. Entwicklungspolitische Maßnahmen, die bei anderen Gruppen wahrscheinlich auf weniger Widerstand stoßen, sind aus politischer Sicht weniger problematisch als die Begünstigungspolitik und eröffnen ein gewaltiges Potential zum Abbau der kumulativen Nachteile langwährender Diskriminierung.

Zersplitterung der Gesellschaft und Konflikte

Die Unterscheidung von Bevölkerungsteilen nach Merkmalen wie ethnischer Zugehörigkeit, Rasse, Religion und Sprache kann bisweilen zu einer Zersplitterung der Gesellschaft führen, bei der die Gruppen sich als unterschiedliche Interessen verfolgend betrachten, auch wenn ihr sozioökonomischer Status möglicherweise ähnlich ist. Ethnizität – ein mehrdimensionales Phänomen und gleichzeitig ein umstrittener Begriff – beruht auf wahrgenommenen kulturellen Unterschieden zwischen Teilen einer Gesellschaft, auf Unterschieden also, die eine wichtige Quelle der Identität und eine Grundlage für die politische Mobilisierung darstellen.[55] Einige Gelehrte behandelten Ethnizität als eine Form von Kapital – als Ressource oder Vermögenswert, die beziehungsweise den Angehörige einer bestimmten ethnischen Gemeinschaft im geschäftlichen oder politischen Alltag nutzen.[56] Die gemeinsame Zugehörigkeit zu einer bestimmten ethnischen Gruppe kann die Grundlage für das sogenannte *„bonding"* Sozialkapital sein (siehe nächster Abschnitt) und den Mitgliedern der Gemeinschaft eine Reihe von Vorteilen (Kredite, Arbeitsplätze, Ehepartner) bieten, ihnen aber gleichzeitig erhebliche Pflichten auferlegen (finanzielle Unterstützung, Konformität). Die Zugehörigkeit zu einer ethnischen Gemeinschaft kann auch negative Externalitäten verursachen, wie es bei Konflikten zwischen ethnischen Gruppen der Fall ist (Sonderbeitrag 7.7).[57] Derartige Spaltungen können kollektives Handeln behindern: In den Vereinigten Staaten gilt die stärkere ethnische Zersplitterung als eine Ursache der geringeren Beteiligung an Bürgeraktivitäten.[58]

Sonderbeitrag 7.7
Ethnische Spaltung und innere Unruhen

Ethnische Zersplitterung kann in ihrer extremsten Form und in einem Umfeld mit wirtschaftlichem Mangel und einer nicht-demokratischen Regierung in innere Unruhen münden. Ethnische Konflikte wurden in der zweiten Hälfte des 20. Jahrhunderts schärfer, während sich das Konfliktmuster von zwischenstaatlichen Kriegen in innerstaatliche Konflikte wandelte. Innere Unruhen sind sowohl eine Ursache als auch eine Folge einer geringen Wirtschaftsleistung. Forschungen haben gezeigt, daß während eines Bürgerkriegs die Produktionsmenge pro Kopf um durchschnittlich mehr als 2 Prozent pro Jahr abnimmt.

Der höchste Preis für innere Unruhen ist der Verlust des Lebens – eine humanitäre Tragödie und eine Belastung für den Wiederaufbau. Weitere Kosten sind unter anderem die Vernichtung von physischem sowie Human- und Sozialkapital, geringere Investitionen in physisches und Humankapital, die Erschütterung von Märkten und anderen Formen der Wirtschafts- und Sozialordnung, der Entzug von menschlichen Ressourcen und öffentlichen Ausgaben für produktive oder produktivitätssteigernde Tätigkeiten, die Abwanderung hochqualifizierter Arbeitskräfte und die Verlagerung von finanziellem Vermögen ins Ausland. Diese Kosten können ein Land in der Armut gefangenhalten – und in dem Konflikt.

Innere Unruhen können außerdem den Zusammenbruch des Staates, der die Armen unverhältnismäßig stark trifft, beschleunigen. Und die Probleme durch innere Unruhen reichen über Landesgrenzen hinaus, da auch die Belastung der Nachbarstaaten zunimmt. Im Jahr 1998 gab es schätzungsweise 12,4 Millionen Auslandsflüchtlinge und 18 Millionen ins Ausland vertriebene Menschen, fast die Hälfte davon in Afrika.

Quelle: Collier und Hoeffler 1998; Austin 1999; Stewart, Humphreys und Lea 1997; Collier 1999c; Luckham 1999.

Ethnizität kann zur Grundlage für den Wettstreit um politische Macht und den Zugang zu materiellen Ressourcen werden.[59] Wenn Institutionen des Staates und der bürgerlichen Gesellschaft kein Forum für die Schlichtung von Rivalitäten zwischen den Gruppen und die Herstellung von Querverbindungen zwischen verschiedenen ethnischen Gruppen schaffen, können diese ethnischen Spaltungen zu Konflikten führen, welche die Gesellschaft und die Wirtschaft erschüttern und das Risiko aller, Opfer der Armut zu werden, erhöhen.

In welchem Umfang soziale Zersplitterung zu Konflikten führt, hängt im wesentlichen von den administrativen und politischen Institutionen ab. Um eine funktionierende Gesellschaft zu erschaffen, müssen zahlreiche gesellschaftliche und politische Institutionen zusammenarbeiten. Demgegenüber schaffen Störungen in Führungs- und Kontrollstrukturen sowie bei der Bereitstellung öffentlicher Güter und zugehöriger Sozialleistungen die Voraussetzungen für soziale Unruhen und Konflikte. Gleiches gilt für Störungen der Institutionen zur Konfliktschlichtung, zum Beispiel der repräsentativen Politik und der Rechtsstaatlichkeit.

Ethnische Spaltungen können sich in vielerlei Hinsicht auf den Erfolg der Entwicklungspolitik auswirken. Sie können die interne Organisation der Verwaltung und die Verteilung öffentlicher Ausgaben beeinflussen und zu einer Ungleichverteilung von öffentlichen Gütern und staatlichen Leistungen führen. Sie schaffen Anreize für das Rent-seeking und mindern die Effizienz öffentlicher Ausgaben.[60] Weitere wirtschaftliche Verzerrungen treten auf, wenn mächtige ethnische Gruppen ihren politischen Einfluß dazu nutzen, ihr Einkommen relativ zu dem anderer Gruppen zu erhöhen. Neuere Studien in Ghana zeigen, daß lokal dominante Gruppen im öffentlichen Sektor 25 Prozent höhere Löhne erhalten als andere Gruppen – und diese Diskrepanz führt zu Unruhen und schlechten Leistungen in dem Sektor.[61] Derartige Verzerrungen bei der Ressourcenverteilung und der Effizienz, mit der die Ressourcen verwendet werden, schlagen sich auf den Erfolg der Entwicklungspolitik nieder. In mehreren afrikanischen Ländern beispielsweise ist die Kindersterblichkeitsrate in den einflußreichsten ethnischen Gruppen niedriger.[62]

Politische Bündnisse gründen
Länder mit hoher ethnischer Vielfalt müssen die politischen Rahmenbedingungen für die Integration der verschiedenen Gruppen schaffen, damit das Zusammen-

leben funktionieren kann.[63] Bei gut funktionierenden administrativen und politischen Institutionen lassen sich multikulturelle Gesellschaften wirkungsvoll als „imaginäre nationale und staatliche Gemeinschaft" gestalten.[64] Über eine Vielzahl von bürgerlichen und staatlichen Kanälen unterschiedliche Gemeinschaften miteinander zusammenzubringen, um Konflikte abzuwenden, war eines der Hauptziele der Väter der europäischen Einigung.[65] Die kommunistische Staatsform der Sowjetunion und Jugoslawiens baute trotz ihrer wirtschaftlichen und politischen Fehlschläge nicht nur wirtschaftliche Ungleichheiten ab, sondern bekam auch ethnische Konflikte in den Griff. Mit ihrem Zusammenbruch brachen schwere ethnische Konflikte aus, da kein alternativer ideologischer und institutioneller Rahmen entstanden war, der eine Schlichtung ermöglicht hätte.

Afrikanische Länder südlich der Sahara entstanden als Nationalstaaten aus der willkürlichen Gebietseinteilung seitens der Kolonialmächte – Grenzen wurden häufig anhand geographischer Merkmale wie Längen- und Breitengraden ohne Rücksicht auf die soziale Zusammengehörigkeit der örtlichen Bevölkerung festgelegt. Angesichts der verschiedenartigen Gruppen und nur weniger supraethnischer Institutionen, die zwischen ihnen vermitteln konnten, war die Schaffung einer Nation und eines Staates mit zahlreichen Problemen behaftet. Kolonialherren und örtliche Politiker haben häufig zum persönlichen Vorteil ethnische Spannungen angeheizt, die gelegentlich zu schrecklichen Bürgerkriegen führten.[66] Ethnische Spannungen und innere Unruhen zu schüren ist eine häufig gewählte Strategie, um in einem derartigen Umfeld Macht zu erlangen und diese zu erhalten, da sie die Aufstockung brutaler Militärtruppen rechtfertigen und gleichzeitig die Möglichkeiten von Oppositionsgruppen, Reformen zu fordern, untergraben. Mit der Zeit können aus ethnischen Minderheiten, insbesondere jenen, die Diskriminierung, Ungleichheit oder Konflikten ausgesetzt sind, ethnische Klassen[67] werden, deren auf ihrer Ethnizität beruhenden Empfindungen und Forderungen zu eigenständigen Konfliktursachen werden.[68]

Leistungsfähige Institutionen aufbauen

Hochwertige öffentliche Institutionen zu schaffen ist überaus wichtig, um zu gewährleisten, daß verschiedenartige Identitäten zu einem entwicklungspolitisch bedeutsamen Kapital und nicht zu einer Ursache für poli-

Schaubild 7.4
Ethnische Vielfalt kann zu Gewalt führen, wenn die Institutionen von geringer Qualität sind

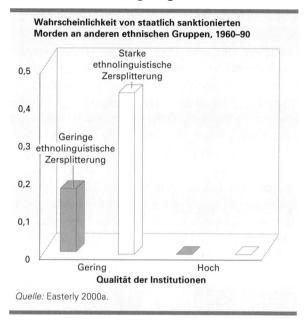

Quelle: Easterly 2000a.

tische Spaltung und Gewalt werden (Schaubild 7.4).[69] Das ist besonders wichtig in Ländern mit großen Rohstoffvorkommen wie Öl, Diamanten und Mineralien.[70] In einem Umfeld mit wenig Verantwortlichkeit und Transparenz in den Institutionen werden die außerordentlich hohen Renten aus diesen Rohstoffen zu einer Hauptquelle des Wettstreits zwischen herrschenden Gruppen.

Organisationen der bürgerlichen Gesellschaft und der Staat können viel leisten, um die institutionelle Grundlage dafür zu schaffen, daß Gruppen zum Wohle der Allgemeinheit zusammenarbeiten. Institutionen müssen partizipativ, glaubwürdig und verantwortlich sein, damit die Menschen den Nutzen der Zusammenarbeit erkennen können. Diese Institutionen müssen von konstitutionellen und rechtlichen Systemen sowie von repräsentativen politischen Systemen unterstützt werden, die den Gruppen ermöglichen, ihre Interessen zu vertreten, ohne den Weg der Gewalt beschreiten zu müssen. Ein gewisses Maß an sozialer Integration kann dadurch erreicht werden, daß die Menschen dazu ermuntert werden, die Sprachen der anderen Bevölkerungsgruppen zu erlernen. Eine weitere wichtige Voraussetzung für die effektive Unterstützung ausgegrenzter Gruppen ist die Zusammenstellung exakter Daten über sie.[71]

Gesellschaftliche Institutionen schaffen und Sozialkapital vergrößern

Bei einer Beerdigung helfen wir alle mit . . . Frauen holen Wasser und sammeln Feuerholz und Maismehl von Trauergästen ein . . . während die Männer das Grab ausheben und den Toten begraben. . . . Wir arbeiten auch bei Gemeinschaftsprojekten zusammen, zum Beispiel um Ziegelsteine für eine Schule herzustellen. . . . Und die Frauen arbeiten zusammen, wenn sie die Brunnenlöcher sauberhalten.

– Aus einer Diskussionsrunde in Mbwadzulu, Malawi

Neben dem Abbau von sozialen Hemmnissen erfordern wirkungsvolle Maßnahmen zur Verringerung der Armut ergänzende Initiativen zum Auf- und Ausbau der gesellschaftlichen Institutionen der Armen. Gesellschaftliche Institutionen sind unter anderem Verwandtschaftsverhältnisse, örtliche Organisationen und Netzwerke von Armen und können zweckmäßigerweise als unterschiedliche Formen oder Dimensionen von Sozialkapital betrachtet werden.

„Bonding", „bridging" und „linking" Sozialkapital

Um die Probleme, vor denen Arme stehen, besser zu verstehen, ist es zweckmäßig, zwischen verschiedenen Arten des Sozialkapitals zu unterscheiden, die innerhalb von und zwischen Gemeinschaften bestehen (Sonderbeitrag 7.8).

- Die engen Beziehungen zwischen Familienmitgliedern, Nachbarn, guten Freunden und Geschäftspartnern werden als *„bonding" Sozialkapital* bezeichnet. Diese Beziehungen verbinden Menschen mit ähnlichen demographischen Merkmalen miteinander.

- Die weniger engen Beziehungen zwischen Personen mit unterschiedlichem ethnischen und beruflichen Hintergrund werden als *„bridging" Sozialkapital* bezeichnet.[72] Dieses impliziert horizontale Verbindungen zu Menschen mit weitgehend vergleichbarer wirtschaftlicher Stellung und politischer Macht. Eine Theorie des Sozialkapitals, die sich allein auf die Beziehungen innerhalb von und zwischen Gemeinschaften stützt, setzt sich jedoch selbst der Kritik aus, daß sie den Faktor Macht ignoriert.[73]

- Eine dritte Dimension, das sogenannte *„linking" Sozialkapital*, besteht aus den vertikalen Verbindungen zwischen Armen und Menschen in einflußreichen Positionen bei offiziellen Organisationen, etwa Banken und landwirtschaftlichen Beratungsstellen oder der Polizei.[74] Diese Dimension erfaßt ein überaus wichtiges, weiteres Merkmal des Lebens in armen Gemeinschaften: die Tatsache, daß ihre Mitglieder in der Regel – durch offene Diskriminierung oder einen Mangel an Ressourcen – nicht dorthin vordringen können, wo die für ihr Wohlergehen wichtigen Entscheidungen getroffen werden.

Untersuchungen zur jeweiligen Rolle der verschiedenen Arten von sozialen Verflechtungen in armen Gemeinschaften bestätigen ihre Bedeutung. Eine Studie zu armen Dörfern im ländlichen Norden Indiens beispielsweise zeigt, daß gesellschaftliche Gruppen eine wichtige Rolle bei der Sicherung der grundlegenden Bedürfnisse von Armen und der Absicherung gegen Risiken spielen (Kapitel 8). Demgegenüber dienen die ausgedehnteren, einflußreicheren Netzwerke der Nicht-Armen zur Erzielung eines strategischen Vorteils, etwa zur Erlangung besserer Arbeitsplätze oder höherer Löhne sowie zur Nutzung neuer wirtschaftlicher Möglichkeiten (mitunter durch eine direkte Mobilisierung zur Sicherung eines unverhältnismäßig großen Anteils an öffentlichen Ressourcen und Leistungen).[75]

Arbeiten zur Beziehung zwischen der Unternehmensleistung und der Struktur von wirtschaftlichen Netzwerken in Afrika offenbaren auffallend ähnliche Ergebnisse. Arme Unternehmer, die kleine örtliche Betriebe in traditionellen Wirtschaftszweigen betreiben, bilden „Solidaritätsnetzwerke", in denen Informationen über das Gebaren und die Absichten der anderen Mitglieder weitergegeben werden, um Risiken und Unsicherheit zu mindern. Im Gegensatz dazu bilden größere, regional tätige Unternehmen „Innovationsnetzwerke", in denen Wissen über Technologien und globale Märkte weitergegeben wird, um Produktivität, Gewinne sowie den Marktanteil zu erhöhen.[76] Studien zu Händlern von Agrarerzeugnissen in Madagaskar zeigen, daß Gesellschaftsbeziehungen für die Händler wichtiger sind als der Preis der Produktionsfaktoren. Enge Beziehungen zu anderen Händlern dienen zur Senkung der Transaktionskosten von Tauschgeschäften, während Beziehungen zu Gläubigern und anderen, die ihnen bei finanziellen Engpässen aushelfen können, wichtige Quellen der Sicherheit und Absicherung sind.[77] In Bolivien, Burkina Faso und Indonesien ergaben Erhebungen, die versuchten, das Sozialkapital von Haushalten zu messen, daß ein positiver Zusammenhang zum Verbrauch, der Vermögensbildung und dem Zugang des Haushalts zu Krediten bestand.[78]

Sonderbeitrag 7.8
Wie wirkt sich Sozialkapital auf die Entwicklung aus?

Es gibt wenigstens vier Theorien zum Zusammenhang zwischen Sozialkapital und Entwicklung (Serageldin und Grootaert 2000, Woolcock und Narayan 2000). Die am engsten gefaßte Theorie versteht Sozialkapital als die sozialen Fähigkeiten des einzelnen, das heißt seine Neigung zu kooperativem Verhalten, Konfliktlösung, Toleranz und so weiter (Glaeser, Laibson und Sacerdote 2000).

Eine etwas erweiterte Theorie bringt Sozialkapital mit Familien und örtlichen Gemeinschaftsverbänden sowie den zugrundeliegenden Normen (Vertrauen, Gegenseitigkeit) in Zusammenhang, welche die Koordination und Kooperation zum gemeinsamen Vorteil erleichtern. Diese Theorie hebt die positiven Aspekte des Sozialkapitals für die Mitglieder dieser Verbände hervor, schweigt sich jedoch zu der Möglichkeit, daß das Sozialkapital unter Umständen für die Gesellschaft insgesamt keinen Nutzen bringt und die Gruppenzugehörigkeit an sich möglicherweise mit erheblichen Kosten verbunden ist, weitgehend aus.

Eine differenziertere Theorie des Sozialkapitals erkennt an, daß die Zugehörigkeit zu einer Gruppe sowohl positive als auch negative Auswirkungen haben kann (Coleman 1990, Burt 1992, Portes 1995, Massey und Espinoza 1997). Dieser Ansatz erweitert den Begriff des Sozialkapitals um Vereinigungen, in denen die Beziehungen zwischen den Mitgliedern hierarchisch strukturiert und die Machtverteilung ungleich sein können. Diese Arten von Vereinigungen und Netzwerken verfolgen eine größere Vielfalt von Zielen: Einige dienen ausschließlich dem Eigeninteresse der Mitglieder, während andere sich verpflichtet fühlen, den Zielen der breiteren Öffentlichkeit zu dienen. Diese Theorie betont, daß Gruppen einerseits den Mitgliedern Vorteile bringen, andererseits aber erhebliche nichtwirtschaftliche Ansprüche an sie stellen.

Die am weitesten gefaßte Theorie zum Sozialkapital konzentriert sich auf das soziale und politische Umfeld, das die sozialen Strukturen formt und Normen ermöglicht, sich weiterzuentwickeln. Dieses Umfeld beinhaltet formalisierte institutionelle Beziehungen und Strukturen, zum Beispiel den Staat, das politische System, die Rechtsstaatlichkeit, das Gerichtswesen sowie die Grundrechte und die politischen Rechte. Institutionen haben einen wichtigen Einfluß auf das Tempo und das Muster der wirtschaftlichen Entwicklung (North 1990, Fukuyama 1995, Olson 1982).

Eine integrierende Theorie des Sozialkapitals erkennt an, daß Mikro-, Meso- und Makroinstitutionen nebeneinander existieren und das Potential haben, sich gegenseitig zu ergänzen. Makroinstitutionen können ein befähigendes Umfeld schaffen, in dem Mikroinstitutionen sich entwickeln und aufblühen. Im Gegenzug tragen örtliche Vereinigungen dazu bei, regionale und nationale Institutionen aufrechtzuerhalten, indem sie ihnen ein Maß an Stabilität und Legitimität verleihen – und sie für ihr Handeln verantwortlich machen (Evans 1996, Woolcock 1998, Narayan 1999, Serageldin und Grootaert 2000, Putnam 1993).

Während das Verständnis der Mechanismen, nach denen sich Sozialkapital auswirkt, im allgemeinen recht gut ist, herrscht weniger Einigkeit darüber, ob diese Mechanismen Sozialkapital tatsächlich als „Kapital" qualifizieren. In vielen Fällen haben Normen und Institutionen die Dauerhaftigkeit und lang anhaltenden Auswirkungen, die mit Kapital in Verbindung gebracht werden (Collier 1998, Narayan und Pritchett 1999). Einige halten jedoch dagegen, daß das für traditionelle Formen des Kapitals typische Phänomen, daß ein gegenwärtiger für einen zukünftigen Vorteil geopfert wird, in sozialen Netzwerken nicht existiere – da diese Netzwerke aus anderen Gründen als ihrem wirtschaftlichen Wert für die Beteiligten geschaffen würden (Arrow 2000). Dennoch sind gesellschaftliche Netzwerke und Organisationen zweifelsfrei ein wichtiger Teil der Ressourcen, auf die Arme für die Bewältigung von Risiken und Nutzung von Möglichkeiten zurückgreifen. Sie sind überdies ein wichtiges Kapital für die Reichen, die ihre Interessen mit Hilfe von Organisationen wie Gesellschaftsklubs und Berufsverbänden verfolgen, auch wenn ihre relative Bedeutung für Arme größer ist.

Sozialkapital hat jedoch auch eine Kehrseite. Wenn Gruppen oder Netzwerke isoliert oder geographisch beschränkt sind oder ihre Arbeit im Widerspruch zu den kollektiven Interessen der Gesellschaft steht (Bandentum, Drogenkartelle), dient das in ihnen gebundene Sozialkapital eher abwegigen als produktiven Zwecken, so daß die Entwicklung untergraben wird (Rubio 1997, Levy 1996, Portes und Landolt 1996). Mafiöse Syndikate wie jene in Lateinamerika und Rußland erzeugen erhebliche negative Externalitäten für den Rest der Gesellschaft: Todesopfer, verschwendete Ressourcen, vorherrschende Unsicherheit (Rose 1999). Und in Indien beispielsweise führen Verpflichtungen gegenüber Familienangehörigen und der Druck, die Erwartungen der Gemeinschaft erfüllen zu müssen, dazu, daß viele Mädchen von der Schule abgehen (Drèze und Sen 1995, PROBE Team 1999).

Forscher und Praktiker haben längst erkannt, daß „bonding" und „bridging" Sozialkapital in örtlichen Organisationen zwar notwendig sind, für eine langfristige Entwicklung allein jedoch nicht ausreichen. In Kenia ergab ein partizipatives Projekt zur Schätzung der Armut, daß es in ländlichen Gebieten mehr als 200.000 Gemeinschaften gab, die in der Mehrzahl jedoch keine Verbindungen zu externen Ressourcen hatten und den Armen nicht helfen konnten, der Armut zu entkommen.[79] Die Schaffung von „linking" Sozialkapital ist entscheidend, und Unterstützung von außen hat dabei häufig eine wichtige Rolle gespielt.[80] Unterstützung von außen – zum Beispiel von nichtstaatlichen oder religiösen Organisationen – kann zur Schaffung von Sozialkapital beitragen, welches das Mitspracherecht und die wirtschaftlichen Möglichkeiten von Armen verbessern kann (Sonderbeitrag 7.9). Diese Unterstützung ist am wirkungsvollsten, wenn sie über längere Zeit gewährt wird, die Schaffung von Fähigkeiten betont und auf einem guten Verständnis der örtlichen Gegebenheiten sowie einem von Vertrauen geprägten, partnerschaftlichen Verhältnis basiert.

Dieser Ansatz kennzeichnet die Arbeit von Myrada, einer nichtstaatlichen Organisation in Indien, die

Sonderbeitrag 7.9
Die Vereinigung der *Comedores* in Peru:
Schaffung von „*linking*" Sozialkapital

Die Bewegung der *Comedores* (Gemeindeküchen), eine der dynamischsten Frauengruppen in Peru, entstand Mitte der 1980er Jahre. Die Mitwirkenden suchten nach einer Möglichkeit, ihre traditionellen Überlebensstrategien weiterzuentwickeln und Forderungen an das politische System zu stellen. Vereinigungen wurden auf der Ebene von Wohngebieten, dann auf der Ebene von Bezirken und schließlich auf Stadt- und nationaler Ebene gegründet. Die Zentralisierung der Bewegung senkte die Kosten für Vorleistungen, zum Beispiel Lebensmittel und Küchengeräte, und erhöhte die Verfügbarkeit von Fortbildungsseminaren.

Die höchste Organisationsebene, die CNC (Nationaler Ausschuß der *Comedores*) wurde die offiziell anerkannte Vertretung der *Comedores*. Eine zentrale Forderung lautete, daß alle armen Frauen und nicht nur jene, die Beziehungen zur herrschenden Partei hatten, in Wohlfahrtsprogramme einbezogen werden sollten. Die *Comedores* beeinflußten nicht nur den politischen Entscheidungsprozeß, sondern wirkten sich auch erheblich auf die örtlichen Machtbeziehungen in den Barackensiedlungen und darüber hinaus auf die Struktur des politischen Systems aus.

Zwar wurde der Handlungsspielraum der Bewegung durch die Struktur des peruanischen Staates (mit wenigen offiziellen Kanälen für politisches Handeln) eingeschränkt, doch stellt das Netzwerk der *Comedores* eine Form von Sozialkapital dar, das die Bedeutung der armen Frauen als Wählerkreis vergrößert hat. Die *Comedores* haben überdies die Verhandlungsposition der Frauen in der Familie gestärkt.

Quelle: Houtzager und Pattenden 1999.

Mikrofinanzdienstleistungen anbietet. Myrada agiert als mittelfristiger Vermittler zwischen Armen und Geschäftsbanken.[81] Ihre Aufgabe besteht darin, zunächst das „*bonding*" Sozialkapital in dörflichen Gemeinschaften zu mobilisieren, um Kreditmanagement-Gruppen zu bilden, und danach im Laufe der Zeit regionale Vereinigungen zu gründen, die aus Vertretern aller Kreditgruppen bestehen (um so das „*bridging*" Sozialkapital jeder Gruppe zu verbessern). Von Beginn an führen die Kreditmanagement-Gruppen Konten bei Geschäftsbanken, so daß sie schrittweise deren Vertrauen gewinnen und die Fähigkeiten erlangen, die sie brauchen, um sich eigenständig an formellen Institutionen zu beteiligen („*linking*" Sozialkapital). Nach fünfjähriger Schulung und mit dem hart erarbeiteten Wissen sind die Gruppenmitglieder in der Lage, diese Konten zu verwalten und sogar Vorbereitungen für die jährlichen externen Prüfungen zu treffen, ohne die Hilfe der Mitarbeiter von Myrada in Anspruch nehmen zu müssen, die diesen Prozeß an anderer Stelle von neuem in Gang bringen.

Sozialkapital zur Verbesserung der Effektivität von Programmen nutzen

Der Staat spielt eine sehr wichtige Rolle bei der Gestaltung des Kontextes und des Klimas, in dem Organisationen der bürgerlichen Gesellschaft tätig sind (Kapitel 6).[82] Mitunter kann der Staat auch Sozialkapital schaffen. Im Jahr 1987 rief das Gesundheitsministerium des brasilianischen Bundesstaates Ceara ein – mittlerweile auf den Großteil des Landes ausgedehntes – ländliches Gesundheitsprogramm ins Leben, durch das die Impfquoten deutlich stiegen und die Säuglings- und Kindersterblichkeit sank. Der Erfolg des Programms wurde im wesentlichen der Schaffung von Vertrauen zwischen den staatlichen Helfern und den Armen zugeschrieben. Das Programm machte Vertrauensbildung ausdrücklich zu einem Teil der Aufgabe der Gesundheitsberater, indem für die Bereitstellung der Leistungen ein zielgruppenorientierter, Probleme lösender Ansatz gewählt wurde. Die Berater wurden durch staatliche Medienkampagnen unterstützt, die regelmäßig über das Programm informierten und dem Programm das Wesen eines Aufrufs verliehen. Das Ergebnis war eine vollständige Änderung der Einstellung: Mütter, die ihre Kinder zuvor vor den staatlichen Helfern versteckten, sahen diese nun als echte Freunde der Gemeinschaft an.[83]

Zahlreiche Fallstudien zeigen, daß Sozialkapital die Ausgestaltung und Nachhaltigkeit von Projekten verbessern kann (Sonderbeitrag 7.10). Neuere Einschätzungen zu ländlichen Entwicklungsprojekten der Weltbank zeigen, daß das Ergebnis in hohem Maße von der Natur der Machtverhältnisse zwischen den wichtigsten Interessengruppen sowie von der Abstimmung externer Interventionen mit örtlichen Fähigkeiten abhängt. Wie sich die Beziehungen zwischen Interessengruppen mit der Zeit entwickeln, hat einen wichtigen Einfluß auf die Schaffung von Vertrauen. Projektleiter und Gemeinschaftsführer, die Vertrauen schaffen und für Verständigungsbereitschaft sorgen, sind äußerst wichtig, was darauf hindeutet, daß starke Fluktuationen bei den Helfern die Effektivität von Projekten beeinträchtigen können. Das Bewässerungsprojekt Gal Oya in Sri Lanka hat in einer verarmten Region, in der die Beziehungen zwischen den Volksgruppen in hohem Maße von Gewalt geprägt waren, dank der Geduld und des langfristigen Engagements der Helfer (die treffend als „institutionelle Organisatoren" bezeichnet wurden) Erfolge erzielt. Die größten Errungenschaften des Projekts waren die Zusammenführung von örtlichem Wissen und externer

Sonderbeitrag 7.10
Sozialkapital in Entwicklungsprojekten mobilisieren und bilden

Entwicklungsprogramme setzen bereits seit über zwei Jahrzehnten auf örtliche Gruppen von Projektbegünstigten oder örtliche Verbände, um den Erfolg von Entwicklungsprojekten zu vergrößern.[1] Neu dagegen ist der Sammelbegriff *Sozialkapital* zur Bezeichnung der zugrundeliegenden sozialen Kraft oder Energie.

In Bangladesch stützt sich die Grameen Bank auf Gruppen von armen Frauen, um Programme umzusetzen, das Bangladesh Rural Advancement Committee wiederum auf Gruppen von dörflichen Arbeitern, die wenig oder kein Land besitzen. In Pakistan bietet das Aga Khan Rural Support Program Unterstützung für Organisationen in den Dörfern, die ihre Bemühungen zur Hilfe zur Selbsthilfe ergänzen. Die Kenya Tea Development Authority arbeitete mit Erzeugerverbänden an der Steigerung der Produktion und konnte so innerhalb von 15 Jahren einen Anteil von 33 Prozent an den Tee-Exporten des Landes erringen. Die Bewegung 6-S in neun westafrikanischen Ländern trug zur Gründung von Bauernvereinigungen in über 2.000 Gemeinschaften bei, die den Bauern helfen, die Härten der Trockenperiode zu überstehen. Das Zentrum für Soziale und Wirtschaftliche Entwicklung in Bolivien hat mehr als 250 Bauernorganisationen unterstützt, die Projekte in den Bereichen Landwirtschaft, Viehzucht, Forstwirtschaft, Kunsthandwerk und zugunsten der Infrastruktur in den Gemeinschaften fördern (Uphoff 1993, Krishna, Uphoff und Esman 1997).

Auf örtliche Gruppen setzte man auch häufig bei Bewässerungsprojekten sowie Programmen zur Wasserver- und Abwasserentsorgung. Das Pilotprojekt Orangi in Pakistan stellte armen Siedlungen kostengünstige Einrichtungen zur Abwasserentsorgung zum Selbstbau und andere Leistungen zur Verfügung und unterstützte autonome örtliche Institutionen bei der Projektumsetzung. An der Elfenbeinküste verbesserte sich die Wasserversorgung auf dem Land erheblich, nachdem die Verantwortung für die Instandhaltung vom staatlichen Wasserversorgungsbetrieb auf Gruppen in den Gemeinschaften übertragen worden war. Die Ausfallquoten konnten von 50 Prozent auf 11 Prozent verringert werden, während die Kosten um fast 70 Prozent sanken. Diese Erfolge waren jedoch nur in jenen Dörfern von Dauer, in denen es gut funktionierende Gemeinschaftsorganisationen gab und die Nachfrage nach Wasser hoch war (Hino 1993).

In vielen Fällen erhöht ein Vorgehen gegen bestehende Normen und Praktiken das Sozialkapital von zuvor ausgegrenzten Gruppen, während die Macht der örtlichen Eliten geschmälert wird, was zu einem Abbau der Hindernisse für eine Verringerung der Armut beiträgt. Entwicklungsprogramme wie das Mikrofinanzprogramm für Frauen in Bangladesch verändern die sozialen Beziehungen in einem Dorf – ihr Erfolg hängt sogar davon ab. Die erdrückende Macht von Geldverleihern zu brechen, den Widerstand bestimmter religiöser Führer zu überwinden und Frauen mehr Entscheidungsbefugnisse in ihrem Haushalt zu verschaffen setzt eine grundlegende Umwälzung der traditionellen sozialen Beziehungen voraus. Zahlreiche Entwicklungsprogramme haben eine stark politische Natur (Fox und Gershman 1999), und es ist zu erwarten, daß mächtige Interessengruppen gegen Reformen mobil machen, die ihre Position zum Vorteil der Armen schwächen sollen. Entwicklungsforscher, politische Entscheidungsträger und Praktiker müssen diese Spannungen ins Kalkül ziehen und angemessen darauf reagieren.

1 Zu den ersten systematischen Auswertungen zur Frage der Beteiligung von Gemeinschaften zählt Esman und Uphoff (1984).

Sachkenntnis sowie die Begründung der Zusammenarbeit zwischen nichtstaatlichen Organisationen und Regierungsbeamten.[84] In Afrika wurde durch jüngste Neuerungen bei den von Gemeinschaften geleiteten Entwicklungsprogrammen die Verantwortung für die Instandhaltung von Handpumpen und Latrinen direkt auf die Gemeinschaften übertragen.[85] Während diese Einrichtungen zuvor schnell defekt waren und erst nach Monaten repariert wurden, sind sie heute in einem guten Zustand.

Eine wichtige Lehre, die Praktiker und politische Entscheidungsträger daraus ziehen können, ist die Tatsache, daß die Nutzung der in armen Gemeinschaften vorhandenen Formen von *„bridging"* Sozialkapital als Basis für die Intensivierung der Anstrengungen von örtlichen, in den Gemeinschaften ansässigen Organisationen überaus wichtig ist.[86] Die Schaffung besser zugänglicher offizieller Institutionen hilft armen Menschen, ihre Interessen gegenüber den Machthabern klarer, selbstbewußter und überzeugender zu artikulieren.

• • •

Zahlreiche Aspekte von gesellschaftlichen Normen und Praktiken tragen zur Entstehung und dem Fortbestand der Armut bei. Diskriminierung aufgrund von Geschlecht, ethnischer Zugehörigkeit, Rasse, Religion oder gesellschaftlichem Status führt zur gesellschaftlichen, politischen und wirtschaftlichen Ausgrenzung von Menschen. Dadurch entstehen Hemmnisse, die den sozialen Aufstieg behindern und die Fähigkeit der Menschen beeinträchtigen, wirtschaftliche Möglichkeiten zu nutzen, vom Wirtschaftswachstum zu profitieren und zu diesem beizutragen. Auch wird ihre effektive Einbeziehung in politische Prozesse und gesellschaftliche Initiativen behindert, die gewährleisten sollen, daß staatliche Institutionen ihren Bürgern gegenüber rechenschaftspflichtig sind und auf ihre Bedürfnisse eingehen.

Die Art der politischen Maßnahmen und Programme zum Abbau der sozialen Ausgrenzung ist abhängig von der Art der Ausgrenzung. In manchen Fällen kann Ausgrenzung einfach dadurch angegangen werden, daß die Reichweite staatlicher Leistungen auf vernachlässigte Gebiete ausgedehnt wird. Wenn eine eher aktive Diskriminierung existiert, muß sichergestellt werden, daß die Gesetze gerecht sind und staatliche Institutionen für alle Bevölkerungsteile funktionieren. Zudem sind unter Umständen Fördermaßnahmen erforderlich, um die zusätzlichen Nachteile diskriminierender Praktiken zu verringern und deutliche Rollenvorbilder zu schaffen, denen andere folgen können. Bei einer erheblichen ethnischen Heterogenität und Zersplitterung der Gesellschaft können Konflikte durch Anstrengungen verhütet werden, welche die gesellschaftliche Interaktion verschiedener Gruppen fördern und diese dazu bringen, potentielle Konflikte durch politische Prozesse zu lösen. Geschlechtsbedingte Diskriminierung hat eine andere Qualität als diese anderen Formen der Diskriminierung, da bei ihr haushaltsinterne Unterscheidungen einfließen, die bei der Wert-

schätzung von Personen und der entsprechenden Verteilung von Ressourcen zum Tragen kommen. Der Abbau von geschlechtsbedingten sozialen Hemmnissen setzt voraus, daß tief verwurzelte Ansichten über angemessene Geschlechterrollen verändert und Maßnahmen ergriffen werden, die in der Arbeit von offiziellen öffentlichen Institutionen eine größere Gleichheit der Geschlechter gewährleisten.

Die stärkere Einbeziehung der Armen in die Entwicklung und der Abbau von sozialen Hemmnissen sind wichtige Bausteine für die Schaffung eines Umfelds, das Armen mehr Möglichkeiten und mehr Sicherheit bietet. Dieses Empowerment kann dadurch unterstützt werden, daß gesellschaftliche Institutionen gestärkt und die Armen und sozial Benachteiligten darin gefördert werden, gegen das Machtgefüge in der Gesellschaft vorzugehen und ihre Interessen und Wünsche zu artikulieren.

TEIL IV

Sicherheit

KAPITEL 8

Arme bei der Risikobewältigung unterstützen

Wohlergehen bedeutet zu wissen, was morgen mit mir geschieht.

— Mann mittleren Alters, Razgrad, Bulgarien

Armut bedeutet mehr als geringer Verbrauch, wenig Bildung und schlechte Gesundheit. Wie die Armen mit ihren Äußerungen mehr als deutlich machen, bedeutet Armut auch Zukunftsangst – zu wissen, daß eine Krise jederzeit eintreten kann, und nicht zu wissen, ob man sie übersteht. Diesem Risiko ausgesetzt zu sein ist für Arme ein Teil ihres Lebens, und die heutigen Veränderungen im Handel sowie der Wandel der Technologie und des Klimas könnten diesen Risikoreichtum des täglichen Lebens durchaus vergrößern. Arme zählen häufig zu den schadenanfälligsten Teilen der Gesellschaft, da sie einer großen Vielfalt von Risiken am stärksten ausgesetzt sind. Ihr geringes Einkommen bedeutet, daß sie weniger sparen und weniger Vermögen bilden können. Dies wiederum beeinträchtigt ihre Fähigkeit, eine Krise zu überwinden, wenn sie eintritt.

Wirtschaftswachstum ist eine Möglichkeit, die Schadenanfälligkeit der Armen zu mindern. Mit steigenden Einkommen sind sie mehr und mehr in der Lage, Risiken zu bewältigen. Doch wenn Mechanismen zur Minderung, Milderung und Bewältigung von Risiken zur Verfügung stehen, werden jene, die arm sind, stets spüren, daß ihre Schutzlosigkeit und Schadenanfälligkeit abnimmt.

Arme haben komplexe Mechanismen für den Umgang mit Risiken entwickelt. Diese Mechanismen sind aber längst nicht in der Lage, die Schadenanfälligkeit vollkommen zu beseitigen. Ein großer Teil der Mechanismen bietet zu einem auf lange Sicht hohen Preis kurzfristigen Schutz und vereitelt so jeden Versuch, der Armut zu entkommen.

Die Reaktion der Politik auf die Schadenanfälligkeit muß darauf abzielen, armen Menschen bei der Bewältigung von Risiken zu helfen, und dazu Risiken

Tabelle 8.1
Hauptrisikoquellen

Art des Risikos	Idiosynkratisch	Kovariant	
	Risiken für Einzelpersonen oder Haushalte (Mikro)	Risiken für Gruppen von Haushalten oder Gemeinschaften (Meso)	Risiken für Regionen oder Länder (Makro)
Natürlich		Regen Erdrutsch Vulkanausbruch	Erdbeben Hochwasser Dürre Sturm
Gesundheitlich	Krankheit Verletzung Behinderung Alter Tod	Epidemie	
Gesellschaftlich	Kriminalität Gewalt in der Familie	Terrorismus Banden	Innere Unruhen Krieg Soziale Umwälzungen
Wirtschaftlich		Arbeitslosigkeit Umsiedlung Mißernte	Änderung der Lebensmittelpreise Wachstumseinbruch Galoppierende Inflation Zahlungsbilanz-, Finanz- oder Währungskrise Technologischer Schock Schock der Austausch- verhältnisse Kosten des Übergangs von Wirtschaftsreformen
Politisch		Aufstände	Versagen der Politik bei Sozialprogrammen Staatsstreich
Ökologisch		Umweltverschmutzung Entwaldung Atomunfall	

Quelle: Übernommen aus Sinha und Lipton (1999) sowie Weltbank (2000q).

mindern und mildern sowie die Auswirkungen von Schocks eindämmen. Derartige politische Maßnahmen gehen die unmittelbaren Probleme von Schocks und die Unfähigkeit, diese zu überwinden, an. Doch sie legen auch den Grundstein für Investitionen seitens der Armen, die diese aus der Armut hieven können. Dieser Bericht verficht einen modularen Ansatz zum Risikomanagement, der Sicherungsnetze an das spezifische Risikomuster im jeweiligen Land anpaßt und bestehende Vorkehrungen zur Risikobewältigung ergänzt. Dieses Kapitel gibt in Kürze die Erfahrungen mit sieben Hilfsmitteln wieder, die für Arme besonders relevant sind: Krankenversicherung, Renten und Hilfen für Alte, Arbeitslosenversicherung und -hilfe, Arbeitsbeschaf-

fungsprogramme, Sozialfonds, Mikrofinanzprogramme sowie Barübertragungen.

Die verschiedenen Arten von Risiken

Eine Möglichkeit, Risiken besser zu verstehen und geeignete politische Maßnahmen zu entwerfen, ist die Ermittlung der verschiedenen Arten von Risiken und Schocks, für die Menschen anfällig sind (Tabelle 8.1). Risiken können nach der Ebene, auf der sie auftreten (Mikro, Meso und Makro) und nach der Art des Ereignisses (Naturkatastrophe, wirtschaftliche oder politische Erschütterungen und so weiter) klassifiziert werden. Mikroschocks, die häufig auch als idiosynkratische

Sonderbeitrag 8.1
Das Risikopotential der Armen

Arme sind einer Vielzahl von Risiken ausgesetzt.

Krankheiten und Verletzungen

Arme leben und arbeiten vielfach in einem Umfeld, in dem sie einem höheren Erkrankungs- oder Verletzungsrisiko ausgesetzt sind, und sie haben einen beschränkteren Zugang zu medizinischer Versorgung (Prasad, Belli und Das Gupta 1999). Gesundheitsrisiken sind bei ihnen eng mit der Verfügbarkeit von Nahrungsmitteln verbunden, auf die wiederum fast alle Risiken, denen Arme ausgesetzt sind, Einfluß haben (Naturkatastrophen, Kriege, Mißernten und Schwankungen der Nahrungsmittelpreise; de Waal 1991). Ansteckende Krankheiten treten geballt unter Armen auf, wobei Atemwegserkrankungen die häufigste Todesursache sind (Gwatkin, Guillot und Heuveline 2000). Eine neuere Studie zur Armut in Indien ergab, daß die Wahrscheinlichkeit, sich mit Tuberkulose zu infizieren, für Arme 4,5mal und das Risiko, ein Kind vor Vollendung des zweiten Lebensjahres zu verlieren, doppelt so hoch ist wie für Reiche (Weltbank 1998t).

Erkrankungen und Verletzungen von Haushaltsangehörigen verursachen sowohl direkte Kosten (für Vorsorge, Pflege und Heilung) als auch Opportunitätskosten (Einkommenseinbußen oder Schulversäumnisse für die Dauer der Krankheit; Sinha und Lipton 1999). Der Zeitpunkt, die Dauer und die Häufigkeit von Erkrankungen haben ebenfalls Einfluß auf ihre Auswirkungen. Eine Studie aus Südindien zeigte, daß Haushalte die Folgen einer außerhalb der Erntezeit auftretenden Erkrankung ausgleichen können, Krankheiten während der Erntezeit jedoch vor allem auf kleinen Bauernhöfen zu massiven Einkommenseinbußen führen und in der Regel teure informelle Kreditaufnahmen erforderlich machen (Kochar 1995).

Alter

Mit dem Altwerden sind zahlreiche Risiken verbunden: Krankheit, soziale Isolation, Unfähigkeit, weiter einer Arbeit nachzugehen, und die Ungewißheit, ob Übertragungen ein angemessenes Auskommen sichern. Die Armutshäufigkeit unter den Alten variiert erheblich. In den meisten lateinamerikanischen Ländern ist der Anteil der in Armut lebenden Menschen unter den Alten geringer als in der Gesamtbevölkerung (IDB 2000). Demgegenüber liegt in vielen Ländern der ehemaligen Sowjetunion die Armutshäufigkeit bei den Alten über dem Durchschnitt – vor allem bei Personen im Alter von 75 Jahren und darüber (Grootaert und Braithwaite 1998, Weltbank 2000l). Frauen stellen aufgrund ihrer höheren Lebenserwartung den Großteil der Alten, und sie sind stärker als Männer gefährdet, im Alter arm zu sein (Weltbank, in Kürze erscheinend a). Die Zahl der Alten in den Entwicklungsländern wird in den kommenden Jahrzehnten im Zuge des raschen demographischen Wandels erheblich steigen.

Aus Gesprächen mit Armen geht hervor, daß Einkommenssicherheit eine wichtige Sorge der Alten ist, dicht gefolgt vom Zugang zu Gesundheitsdiensten, angemessener Unterkunft und der Qualität des Familien- und Gemeinschaftslebens. Isolation, Einsamkeit und Angst kennzeichnen das Leben von Alten allzu häufig (Narayan et al. 1999). Eine ältere Frau aus der Ukraine drückt das folgendermaßen aus: „Wenn ich mich hinlegen und sterben würde, wäre das egal, weil mich niemand braucht. Das Gefühl, unnütz und nicht abgesichert zu sein, ist für mich das Schlimmste überhaupt."

Verbrechen und Gewalt in der Familie

Verbrechen und Gewalt in der Familie verringern das Einkommen und machen es schwieriger, der Armut zu entkommen. Während die Reichen private Sicherheitsdienste engagieren und ihre Häuser sichern können, verfügen die Armen nur über wenige Mittel, um sich selbst vor Verbrechen zu schützen. In São Paulo, Brasilien, war im Jahr 1992 die Zahl der Morde an männlichen Jugendlichen in armen Stadtvierteln 11mal so hoch wie in reicheren (Sinha und Lipton 1999). Arme bringen häufig ihre Angst vor Gewalt und der daraus resultierenden Machtlosigkeit zum Ausdruck: „Ich weiß nicht, wem ich vertrauen soll, der Polizei oder den Kriminellen."

Verbrechen treffen Arme auch indirekt. Kinder, die Gewalt ausgesetzt sind, erbringen in der Schule unter Umständen schlechtere Leistungen (Morrison und Orlando 1999). Eine Untersuchung zu städtischen Gemeinschaften in Ecuador, auf den Philippinen, in Ungarn und Sambia zeigte, daß eine schlechte Wirtschaftslage zur Vernichtung von Sozialkapital führt, da die Mitwirkung in Gemeinschaftsorganisationen abnimmt, informelle Beziehungen zwischen den Anwohnern geschwächt werden und Gewalt durch Banden, Vandalismus und Kriminalität zunehmen (Moser 1998). Gewalt und Kriminalität können daher die Armen zweier ihrer wirkungsvollsten Mittel zur Verringerung ihrer Schadenanfälligkeit berauben: ihres Human- und ihres Sozialkapitals.

Reiche und arme Frauen werden gleichermaßen Opfer von Gewalt in der Familie, doch die Häufigkeit ist in armen Haushalten meist größer. In Santiago de Chile leiden 46 Prozent der armen Frauen und 29 Prozent der wohlhabenden Frauen unter Gewalt innerhalb der Familie, in Managua, Nicaragua, liegen die Quoten bei 54 Prozent beziehungsweise 45 Prozent (Morrison und Orlando 1999).

Arbeitslosigkeit und andere Arbeitsmarktrisiken

Zu Arbeitsmarktrisiken zählen Arbeitslosigkeit, sinkende Löhne und der Umstand, infolge von makroökonomischen Krisen oder politischen Reformen unsichere und schlechte Arbeitsplätze im informellen Sektor annehmen zu müssen. Beim Abbau von Arbeitsplätzen im öffentlichen Sektor werden in der Regel die Arbeitskräfte mit den geringsten Qualifikationen zuerst entlassen, die daraufhin der Gruppe der Armen in der Stadt angehören, wie es während der Strukturreformen in Afrika und Lateinamerika in den 1980er und frühen 1990er Jahren zu beobachten war (ECLAC 1991, Sinha und Lipton 1999). Die Ostasien-Krise hatte überdies starke Auswirkungen auf die Arbeitsmärkte, wobei die Reallöhne und die Beschäftigung außerhalb der Landwirtschaft in allen betroffenen Ländern sanken (Weltbank 1999j). Mit der Privatisierung von Staatsbetrieben in Osteuropa und den Ländern der ehemaligen Sowjetunion nahm die Armut unter jenen entlassenen Arbeitern zu, die eine geringe Schulbildung aufwiesen sowie über Fertigkeiten verfügten, die nicht mehr auf dem aktuellen Stand waren, und nicht die in den aufstrebenden Wirtschaftszweigen benötigten Qualifikationen vorweisen konnten. Rückstände bei den Lohnzahlungen in Rußland verstärkten das Problem (Grootaert und Braithwaite 1998).

Schwankungen der Nachfrage nach Arbeitskräften treffen häufig Frauen und junge Arbeiter überdurchschnittlich stark. Die meisten Sparprogramme im öffentlichen Sektor wirken sich auf

(Fortsetzung siehe nächste Seite)

Sonderbeitrag 8.1
Das Risikopotential der Armen (Fortsetzung)

die Beschäftigung von Frauen stärker aus als auf die von Männern (Weltbank, in Kürze erscheinend a), und Frauen arbeiten häufiger als Männer für Kleinbetriebe, die zumeist sensibler auf Nachfragefluktuationen reagieren (Horton und Mazumdar 1999). Bei sinkenden Einkommen versuchen arme Haushalte, ihre Erwerbstätigkeitsquote zu erhöhen, was insbesondere für Frauen und Kinder gilt. Diese Form der Reaktion wurde in zahlreichen Ländern dokumentiert (Horton und Mazumdar 1999, Grootaert und Patrinos 1999).

Mißernten und Schwankungen der Nahrungsmittelpreise
Klimatische Unsicherheiten (in erster Linie im Hinblick auf die Regenhäufigkeit), Pflanzenkrankheiten und Schädlinge erzeugen für alle Bauern ein Ernterisiko, jedoch sind Technologien zur Minderung dieser Risiken (Bewässerung, Pestizide, gegen Krankheiten resistente Sorten) in armen Gebieten weniger verfügbar. In den Jahren 1994 bis 1996 wurden weniger als 20 Prozent der Kulturflächen in Ländern mit niedrigem und mittlerem Einkommen bewässert (in den afrikanischen Ländern südlich der Sahara sogar nur 4 Prozent).

Schwankungen der Nahrungsmittelpreise sind ein damit verbundenes Risiko. Da arme Haushalte einen großen Teil ihres Einkommens für Nahrungsmittel aufwenden, können selbst geringe Preisanstiege einen drastischen Einfluß auf den Nahrungsmittelverbrauch haben. Haushalte, die ihren Bedarf an Nahrungsmitteln durch ihre landwirtschaftliche Tätigkeit selbst decken, sind weniger schadenanfällig als Haushalte, die sämtliche Nahrungsmittel kaufen müssen.

Die Liberalisierung der Märkte läßt die Nahrungsmittelpreise häufig steigen – zum Vorteil der Kleinbauern, wenn diese Netto-Nahrungsmittelverkäufer sind, also mehr Nahrungsmittel verkaufen als kaufen. Darunter zu leiden haben – als Netto-Lebensmittelkäufer – Arme in der Stadt und landbesitzlose Arme auf dem Land sowie Bauern, die saisonale Umschichtungen vornehmen, das heißt Nahrungsmittel nach der Ernte verkaufen, wenn sie in großer Menge und zu niedrigen Preisen erhältlich sind, und wieder kaufen, wenn sie knapp und teuer sind (Sinha und Lipton 1999). Bei einer guten Verkehrsinfrastruktur können sich Händler einschalten und die Preise im Jahresverlauf durch Arbitrage-Geschäfte ausgleichen, doch eine solche Infrastruktur ist in vielen Gegenden nicht vorhanden. In Madagaskar stieg der Durchschnittspreis für Reis, das Hauptnahrungsmittel, nach der Freigabe der Preise in den 1980er Jahren um 42 Prozent, und die Schwankungsbreite nahm um 52 Prozent zu. Zwei Drittel der Reisbauern hatten darunter zu leiden, weil sie mehr Reis verbrauchten, als sie produzierten, und folglich nahm die Armut zu (Barrett 1996, 1998a).

Für die Armen auf dem Land sind die Diversifizierung der Feldfrüchte und die Einkommensdiversifizierung durch nichtlandwirtschaftliche Tätigkeiten die vielversprechendsten Ansätze zur Minderung des Nahrungsmittelpreis- und Ernterisikos. Eine Einschränkung des Verbrauchs bei steigenden Nahrungsmittelpreisen kann schwerwiegende, langfristige Folgen für die Gesundheit haben, vor allem bei Kindern. Mehrere aufeinanderfolgende Mißernten aufgrund nicht ausreichender Regenfälle in Sri Lanka in den Jahren 1995 und 1996 führten in acht Dörfern in 80 Prozent der Haushalte zu einer höheren Verschuldung, und 30 Prozent der Haushalte berichteten von einer höheren Erkrankungshäufigkeit (Sinha und Lipton 1999).

Schocks bezeichnet werden, treffen bestimmte Einzelpersonen oder Haushalte. Mesoschocks treffen Gruppen von Haushalten oder ganze Gemeinschaften oder Dörfer. Diese Schocks betreffen alle Haushalte in der Gruppe gemeinsam, das heißt sie sind kovariant. Schocks können auch auf nationaler und internationaler Ebene auftreten.

Diese Unterscheidung nach Risikoebene ist wichtig. Ein Risiko, von dem etwa ein ganzes Dorf betroffen ist, kann nicht allein innerhalb des Dorfes abgesichert werden. Dazu bedarf es vielmehr gemeinsamer Anstrengungen zur Risikoverteilung mit Gebieten, die diesem Risiko nicht ausgesetzt sind. In der Praxis weisen viele Schocks idiosynkratische und kovariante Züge auf, wenngleich die meisten empirischen Studien belegen, das der idiosynkratische Teil des Einkommensrisikos überwiegt.[1] Dieses Kapitel konzentriert sich auf Risiken mit in der Regel erheblichen idiosynkratischen Komponenten: Krankheiten und Verletzungen, Alter, Gewalt, Mißernten, Arbeitslosigkeit und Nahrungsmittelpreise (Sonderbeitrag 8.1). Kovariante Risiken werden in Kapitel 3 (Sonderbeitrag 3.2), Kapitel 7 (Kriege und innere Unruhen) und Kapitel 9 (Makroökonomische Schocks und Naturkatastrophen) erörtert.

Inwieweit ein Risiko kovariant oder idiosynkratisch ist, hängt in erheblichem Maße von den jeweiligen Ursachen ab. Der Verlust des Arbeitsplatzes beispielsweise kann ein Risiko sein, das den einzelnen betrifft. Oder es betrifft die meisten Arbeiter in einem Land gemeinsam, etwa wenn es das Ergebnis einer makroökonomischen Krise ist. Ein Erkrankungsrisiko kann idiosynkratisch sein oder eine bedeutende gemeinsame Komponente haben, etwa bei Ausbruch einer Epidemie. Die HIV/AIDS-Pandemie ist ein Gesundheitsrisiko auf globaler Ebene, das verheerende Folgen für Arme und arme Länder hat (Sonderbeitrag 8.2).

Die Quelle von Schocks zu kennen ist wichtig, um sie zu verhindern, doch die Bestimmung dieser Quelle ist nicht immer ganz einfach. Zahlreiche exogene Ereignisse können sich in ähnlicher Weise auf das Haushaltseinkommen auswirken. Ein makroökonomischer Schock, ein Wirbelsturm oder ein Bürgerkrieg kann zu

Sonderbeitrag 8.2
AIDS und Armut

Weltweit sind mehr als 34 Millionen Menschen HIV-infiziert, und mehr als 18 Millionen Menschen sind bereits an AIDS gestorben. Mehr als 90 Prozent der HIV-Infizierten bzw. AIDS-Kranken leben in Entwicklungsländern. Länderübergreifende Untersuchungen belegen, daß sowohl ein niedriges Einkommen als auch eine ungleiche Einkommensverteilung eng mit den HIV-Ansteckungsraten zusammenhängen. Länder mit höherer Geschlechterungleichheit weisen auch höhere Ansteckungsraten auf. In den afrikanischen Ländern südlich der Sahara gibt es mehr alte und neue Infektionen als in der übrigen Welt zusammen, wenngleich die Zuwachsraten in Asien und den Ländern der ehemaligen Sowjetunion am höchsten sind.

Alle 20 Länder mit der höchsten HIV-Prävalenz befinden sich unter den afrikanischen Ländern südlich der Sahara. In Botswana und Simbabwe ist jeder vierte Erwachsene infiziert. In 10 weiteren afrikanischen Ländern sind mehr als 10 Prozent der Erwachsenen infiziert. Die Auswirkungen auf die Lebenserwartung werden verheerend sein. Wären diese Länder nicht von AIDS betroffen, würde die Lebenserwartung in den Jahren 2010 bis 2015 bei 64 Jahren liegen. Statt dessen wird sie bis auf 47 Jahre zurückgehen und die in den vergangenen 30 Jahren erzielten Erfolge zunichte machen. Der Einfluß auf die Säuglings- und Kindersterblichkeit ist ebenfalls gewaltig. In Sambia und Simbabwe sterben 25 Prozent mehr Kinder, als es ohne HIV der Fall wäre.

Trotz der auf Landesebene starken Korrelation zwischen Armut und AIDS deuten die Studien nicht darauf hin, daß das Ansteckungsrisiko gerade für Arme am höchsten ist. In der Tat traf diese Krankheit zunächst in erster Linie wohlhabendere Gruppen. Daten für die 1980er und die erste Hälfte der 1990er Jahre deuten auf eine deutliche Korrelation zwischen HIV-Infektion und Bildung, Einkommen und sozioökonomischem Status hin, vermutlich weil wohlhabendere, besser gebildete Menschen wahrscheinlich eher mehrere Sexualpartner hatten. Nichtsexuelle Übertragungswege, zum Beispiel intravenöser Drogenkonsum und Übertragung von der Mutter auf das Kind, stehen enger mit Armut in Zusammenhang. In den letzten Jahren hat sich das Profil der Gruppe der HIV-Infizierten rapide verändert, und AIDS wird nun zu einer Krankheit der Armen. Während die Gebildeteren auf die AIDS-Aufklärung ansprechen und mehr Wert auf geschützten Geschlechtsverkehr (Kondome) legen, steigt der Anteil der Neu-infektionen in der Gruppe der Personen mit niedrigem Einkommen und weniger Bildung.

Angesichts der Tatsache, daß sich jährlich 5 Millionen Menschen infizieren, bedarf es dringend geeigneter Maßnahmen, um die Ausbreitung von HIV/AIDS zu stoppen. Erfolgreiche Interventionsprogramme setzen ein großes Engagement des Staates und Partnerschaften mit dem privaten Sektor, nichtstaatlichen Organisationen und den Führern der Gemeinschaften voraus. Nachweislich wirksame Maßnahmen sind unter anderem öffentliche Aufklärungskampagnen, die das Verhalten des einzelnen und die gesellschaftlichen Normen für Sexualkontakte verändern sollen, besser verfügbare und preisgünstigere Kondome, freiwillige Beratung, Untersuchung und Behandlung von Geschlechtskrankheiten, die Gewährleistung sicheren Spenderblutes und die Vermeidung der Übertragung von der Mutter auf das Kind. Darüber hinaus muß der Pflegebereich ausgebaut werden, um die große Zahl der infizierten und betroffenen Personen zu unterstützen.

AIDS hat verheerende Auswirkungen auf Arme. Der Ausbruch der Krankheit führt zum Verlust der Arbeitskraft und zwingt arme Haushalte, produktive Vermögenswerte zu verkaufen, um die Behandlung bezahlen zu können. Die Folgen des Todes eines Erwachsenen infolge von AIDS sind in armen Haushalten schwerwiegender. Die empfohlene Vorgehensweise der Politik besteht darin, sich auf arme Haushalte zu konzentrieren, die eine Hinterbliebenenunterstützung am dringendsten benötigen und dabei das Gewicht besonders auf die Zeit unmittelbar nach dem Todesfall zu legen, wenn der Nahrungsmittelverbrauch zwar bereits gesunken ist, aber noch keine bleibenden Schäden verursacht hat.

Die Ansicht, daß HIV/AIDS ein zentrales Thema der Entwicklungspolitik ist, wird von der International Partnership against HIV/AIDS in Africa verkörpert, die im Jahr 1999 von den Fördermitgliedern des Joint United Nations Programme on HIV/AIDS (UNAIDS), unter anderem der Weltbank, ins Leben gerufen wurde. In Zusammenarbeit mit afrikanischen Regierungen zielt das Programm darauf ab, die Ressourcen zu erhöhen und die technische Unterstützung zu intensivieren, gezielte Vorsorge- und Behandlungsprogramme einzurichten und die Wissensbasis zu erweitern, um die Länder zu unterstützen.

Quelle: Ainsworth und Semali 1998; Basu 1995; Over 1998; Rugalema 1999; UNAIDS 2000; Weltbank 1997d, 1999m.

---

starken Einkommenseinbußen führen und das Vermögen eines Haushalts aufzehren. Wie jedoch ein Schock auf die Haushalte übertragen wird, wird sehr stark von den Institutionen eines Landes beeinflußt. Nicht jede Dürre führt zu Hungersnot, Krankheit und Tod. Die Auswirkungen einer Katastrophe hängen davon ab, wie gut der Staat funktioniert, ob Frieden oder innere Unruhe herrscht, wie gut das Sicherungsnetz und andere Institutionen die Armen einbeziehen und so weiter.

Die Typologie von Risiken kann durch die Differenzierung der Schwere und Häufigkeit von Schocks verfeinert werden. Bei wiederholten Schocks fällt die Verbrauchsglättung schwerer, da Haushalte ihre Eigenmittel unter Umständen bereits zum Zwecke der Bewältigung des ersten Schocks aufgebraucht haben, so daß sie nicht in der Lage sind, weitere Schocks zu überwinden.[2] Und ein Schock kann einen anderen nach sich ziehen. Eine Naturkatastrophe könnte die Nahrungsmittelversorgung der Armen unterbrechen und sie dadurch schwächen und anfälliger für Krankheiten machen. Der Schweregrad kann von katastrophal (Naturkatastrophe, Tod des Hauptverdieners) bis gering (leichte Krankheit, wenige Tage ohne Arbeit im Falle von Tagelöhnern) reichen.

Natur und Ausmaß der Schutzlosigkeit

Schutzlosigkeit betrifft jeden (Sonderbeitrag 8.3). Selbst gutbezahlte Beamte können ihren Arbeitsplatz verlieren und in die Armut abrutschen. Für die Armen und für Menschen, die knapp über der Armutsgrenze leben, ist Schutzlosigkeit und Schadenanfälligkeit ein schwerer wiegendes Problem, da jede Einkommenseinbuße zu ihrer Verarmung führen kann. Daher sind Arme in hohem Maße risikoscheu und kaum gewillt, risikoreicheren, aber ertragsstärkeren Tätigkeiten nachzugehen, mit deren Hilfe sie der Armut entkommen könnten. Ein Fehlschlag könnte sie noch tiefer in die Armut reißen.

Starke Einkommensschwankungen sind für Arme nicht ungewöhnlich.[3] Für südindische Dörfer reichen Schätzungen des Abweichungskoeffizienten des Jahreseinkommens aus den wichtigsten Agrarerzeugnissen von 0,37 bis 1,01[4] und betragen für den Gesamtgewinn aus landwirtschaftlicher Tätigkeit bis zu 1,27.[5] In ländlichen Gebieten Äthiopiens waren innerhalb eines Zeitraums von 20 Jahren drei von fünf Haushalten von einer Mißernte betroffen, die zu erheblichen Schwankungen des Einkommen aus landwirtschaftlicher Tätigkeit führten.[6]

Da Arme über weniger Eigenmittel und weniger diversifizierte Einkommensquellen verfügen, treffen diese Schwankungen die Armen überdies stärker als andere Gruppen. In südindischen Dörfern schlug sich eine Risikozunahme (durch zu frühes oder zu spätes Einsetzen des Monsuns) für das ärmste Viertel der Haushalte in einer Minderung der Gewinne aus der Landwirt-

schaft um 35 Prozent nieder, wohingegen die wohlhabendsten Bauern davon praktisch nicht betroffen waren.[7] In Vietnam sagten die Teilnehmer der Studie *Voices of the Poor* zu Ernteeinbußen durch Überschwemmungen:

Die Wohlhabenden können Verluste in einem Jahr wettmachen, aber die Armen, die kein Geld haben, erholen sich davon niemals.

In China werden Einkommensrückgänge beim ärmsten Zehntel der Haushalte zu 40 Prozent durch einen geringeren Verbrauch kompensiert, beim reichsten Drittel der Haushalte jedoch nur zu 10 Prozent, da sie einen besseren Zugang zu einer Form von Versicherung haben.[8]

Ein Maß für die Schadenanfälligkeit der Armen und Fast-Armen ist die Häufigkeit, mit der ein Haushalt unter die Armutsgrenze fällt. Eine Studie zu sieben Ländern, für die Erhebungen mit permanenten Stichproben verfügbar sind, ergab, daß in sechs von ihnen die Gruppe der „manchmal Armen" erheblich größer war als die der „immer Armen".[9] Eine neunjährige Panelerhebung mit Haushalten in südindischen Dörfern ergab, daß 20 Prozent der Haushalte in jedem der neun Jahre und nur 12 Prozent nie arm waren, wobei für die überwiegende Mehrheit der Haushalte ein wiederholtes Absinken in und Aufsteigen aus der Armut die Regel war.[10] Diese Ergebnisse verdeutlichen sowohl die hohe Schadenanfälligkeit als auch das große Erholungspotential armer Haushalte, das heißt ihre Fähigkeit, nach einem Einkommensschock der Armut wieder zu entkommen. Die relative Einkommensmobilität kann recht groß

Sonderbeitrag 8.3
Einige wichtige Begriffe: Risiko, Risikopotential und Schadenanfälligkeit

Nach der traditionellen Definition und Meßweise ist Armut ein statischer Begriff, eine Momentaufnahme. Doch Unsicherheit und Schadenanfälligkeit sind dynamisch, sie beschreiben die Reaktion auf Veränderungen im Laufe der Zeit. Unsicherheit bedeutet Risikopotential, Schadenanfälligkeit wiederum die daraus resultierende Möglichkeit einer Abnahme des Wohlstands. Das Ereignis, das diese Abnahme auslöst, wird häufig als Schock bezeichnet und kann Einzelpersonen (Krankheit, Tod), eine Gemeinschaft, eine Region oder sogar ein ganzes Land (Naturkatastrophe, makroökonomische Krise) betreffen.

Risiko, Risikopotential und Schadenanfälligkeit sind verwandte, aber nicht gleichbedeutende Begriffe. Risiko bezieht sich auf ungewisse Ereignisse, die zu Wohlstandseinbußen

führen können, zum Beispiel das Risiko, daß man erkrankt oder eine Dürre einsetzt. Die Ungewißheit kann sich auf den Zeitpunkt des Eintretens oder das Ausmaß eines Ereignisses beziehen. Beispielsweise sind saisonale Schwankungen des Einkommens aus der Landwirtschaft bereits im voraus bekannt, doch die Stärke der Schwankungen ist nicht immer vorhersagbar. Das Risikopotential mißt die Wahrscheinlichkeit, daß ein bestimmtes Risiko eintritt. Schadenanfälligkeit bezeichnet die Fähigkeit, sich von einem Schock zu erholen – oder die Wahrscheinlichkeit, mit der ein Schock zu einer Abnahme des Wohlergehens führt. Wie dieses Kapitel darlegt, ist die Schadenanfälligkeit in erster Linie von der Kapitalausstattung und den Versicherungsmechanismen eines Haushalts abhängig – und auch von den Merkmalen (Schwere, Häufigkeit) des Schocks.

sein. In Südafrika stiegen zwischen 1993 und 1998 rund 29 Prozent der Haushalte des ärmsten Quintils um zwei oder mehr Quintile auf, während dies in Peru zwischen 1985 und 1990 sogar 37 Prozent der Haushalte gelang.[11]

Ein anderer Ansatz besteht darin, Langzeitarmut als einen langfristig unter der Armutsgrenze liegenden Durchschnittsverbrauch zu definieren und dann zu fragen, welcher Teil der gemessenen Armut vorübergehender Natur ist. Dieser Ansatz berücksichtigt implizit die Dauer und Intensität der Bewegungen in die und aus der Armut. Nach dieser Methode ist rund die Hälfte der geschätzten Armut in südindischen Dörfern[12] und etwa die Hälfte der tiefen Armut in China vorübergehender Natur.[13]

Beide Methoden deuten darauf hin, daß vorübergehende Armut in vielen Regionen und Ländern einen großen Teil der Armut insgesamt ausmacht. Im allgemeinen ist das Risiko einer chronischen Armut für die Haushalte mit den wenigsten Eigenmitteln am höchsten. Bildung bedingt fast immer einen Rückgang der chronischen Armut, jedoch variiert ihr Einfluß auf die vorübergehende Armut. Man hat herausgefunden, daß gebildetere Haushalte an der Elfenbeinküste und in Ungarn sich besser von Einkommensminderungen erholten, in China besteht jedoch offenbar keine Korrelation zwischen Bildung und vorübergehender Armut.[14] Die Dauer der vorübergehenden Armut hängt außerdem von der Häufigkeit der auftretenden Schocks ab: Haushalte können sich wohl besser von einem einzelnen Schock als von wiederholten Einkommensschocks erholen.[15]

Schutzlosigkeit ist mehrdimensional, und arme Haushalte sind vielfältigen Risiken ausgesetzt, so daß Einkommens- und Verbrauchsschwankungen aus mehreren Gründen auftreten können. Ländliche Haushalte in Äthiopien beispielsweise sind dem Risiko von natürlichen Schocks wie Mißernten, gesundheitsbezogenen Schocks wie Krankheit und Behinderung und Schocks auf Makroebene wie den Auswirkungen von Steuern, Landenteignungen und Kriegen ausgesetzt (Tabelle 8.2). Niederschlagsbedingte Einkommensschocks haben zu 23 Prozent idiosynkratische Komponenten, Ernteausfälle infolge anderer Ursachen (Schädlinge, Wildschäden, Unkraut) hingegen zu 65 bis 87 Prozent. Einkommensschocks infolge von Krankheit haben eine noch größere idiosynkratische Komponente.[16] Die Kumulation verschiedener Schocks verursacht erhebliche Belastungen für Haushalte:

Tabelle 8.2
Mögliche Schocks für ländliche Haushalte in Äthiopien

Ereignis	Prozentsatz der Haushalte, die von Notzeiten in den letzten 20 Jahren berichten
Mißernte (Dürre, Überschwemmung)	78
Politischer Schock (Steuern, Zwangsarbeit)	42
Probleme mit der Arbeitskraft (Krankheit, Tod)	40
Probleme mit Ochsen (Krankheit, Tod)	39
Probleme mit sonstigem Vieh (Krankheit, Tod)	35
Probleme mit Land, (Enteignung, Bodenreform)	17
Verlust von Vermögenswerten	16
Krieg	7
Kriminalität (Diebstahl, Gewalt)	3

Quelle: Dercon 1999.

Als ob Landmangel nicht bereits schlimm genug wäre, belasten auch noch Sorgen um den Regen unser Leben: Regnet es oder regnet es nicht? Wir leben von einer Stunde nächsten.

– Frau, Kajima, Äthiopien

Reaktionen von Haushalten und Gemeinschaften auf Risiken

Für Arme ist die erfolgreiche Bewältigung der verschiedenen Risiken, denen sie ausgesetzt sind, häufig ein Problem, bei dem es um Leben und Tod geht. Zur Risikobewältigung stützen sich Haushalte und Gemeinschaften auf offizielle und informelle Strategien (Tabelle 8.3). Zu den informellen Strategien zählen Maßnahmen, an denen sich Einzelpersonen, Haushalte oder auch Gruppen wie Gemeinschaften oder Dörfer beteiligen. Offizielle Maßnahmen umfassen marktbasierte Tätigkeiten und staatlich bereitgestellte Mechanismen. Informelle und offizielle Strategien sind nicht voneinander unabhängig: Staatliche Maßnahmen und die Verfügbarkeit von offiziellen Mechanismen haben einen großen Einfluß darauf, in welchem Umfang welche Arten von informellen Maßnahmen ergriffen werden.

Bei den Risikomanagementstrategien kann darüber hinaus zwischen Maßnahmen zur Risikominderung und -milderung (die in Erwartung eines Schocks ergriffen werden) und Maßnahmen zur Bewältigung (die als Reaktion auf einen Schock ergriffen werden) unterschieden werden.[17] Risikominderung zielt darauf ab, die Wahrscheinlichkeit eines Schocks oder negativer Fluktuationen zu verringern. Einzelpersonen oder Haushalte können derartige Maßnahmen bisweilen selbst ergreifen (Brunnen anlegen, impfen lassen). Um jedoch den Großteil der Risiken effektiv zu mindern, bedarf es auch Maßnahmen auf Meso- oder Makroebene. Das Hochwasserrisiko kann verringert werden, wenn die Gemeinschaft einen Deich oder der Staat einen Damm baut. Eine solide Wirtschafts- und Umweltpolitik, Bildung und Fortbildung und andere Maßnahmen tragen ebenfalls zu einer Minderung einer Vielzahl von Risiken bei (und werden an anderer Stelle in diesem Bericht erörtert).

Risikomilderung zielt darauf ab, die Auswirkungen von Schocks zu mildern. Haushalte können Risiken durch Diversifizierung (Erwerb von Vermögenswerten, deren jeweiliger Nutzen nicht vollständig miteinander korreliert) und Versicherungen mildern. Beispiele für häufige Diversifizierungsstrategien sind der Anbau verschiedener Feldfrüchte und die Bewirtschaftung verschiedener Parzellen, in ländlichen Gebieten die Kombination von Einkommen aus landwirtschaftlicher und nichtlandwirtschaftlicher Tätigkeit oder in städtischen Gebieten die Kombination von Arbeitslöhnen und Einkommen aus Heimarbeit. Haushalte können die meisten dieser Maßnahmen selbst ergreifen, wenngleich Maßnahmen seitens der Gruppe oder des Staates (landwirtschaftliche Beratung, Ausbau der Infrastruktur) die Diversifizierung bisweilen vereinfachen können. Haushalte können Risiken auch durch Versicherungen, unter anderem Selbst-, informelle und offizielle Versicherung, mildern, wobei jedoch marktbasierte offizielle Versicherungen für Arme eine untergeordnete Rolle spielen.

Bewältigungsstrategien zielen darauf ab, die Auswirkungen eines Schocks nach dessen Eintreten abzufedern. Maßnahmen, die von Einzelpersonen ergriffen werden, sind unter anderem der Rückgriff auf Ersparnisse oder der Verkauf von Vermögenswerten, die Aufnahme von Krediten und die Inanspruchnahme von Unterstützungsnetzwerken. Staatliche Maßnahmen sind unter anderem die Aktivierung der Leistungen oder der Mechanismen zur Arbeitsbeschaffung, die gemeinsam das soziale Sicherungsnetz darstellen. Wenn sich diese Maßnahmen als unzureichend erweisen, müssen die Haushalte unter Umständen den Verbrauch einschränken oder verstärkt ihre Arbeitskraft auf dem Ar-

beitsmarkt anbieten. Viele dieser Bewältigungsstrategien verlangen den Haushalten für einen kurzfristigen Nutzen einen auf lange Sicht hohen Preis ab.

Dieses Kapitel befaßt sich vorrangig mit der Frage, wie die Möglichkeiten der Armen zur Risikomilderung und Risikobewältigung verbessert werden können. Es untersucht, wie die Haushalte und Gemeinschaften selbst reagieren und sich dabei auf informelle Mechanismen stützen. Das Kapitel untersucht danach die Voraussetzungen für staatliche Interventionen, welche die eigenen Anstrengungen der Armen zum Risikomanagement ergänzen können – und überdies die mögliche Gestalt dieser Interventionen. Insbesondere erörtert es die Arten von Sicherungsnetzen, die zur Risikomilderung und -bewältigung dienen können (siehe Tabelle 8.3).

Risiken durch Diversifizierung mildern

Viele Studien dokumentieren, wie Haushalte in Entwicklungsländern ihre Einkommensquellen diversifizieren, um für einen ausgeglicheneren Mittelzufluß zu sorgen.[18] Eine Auswertung von 25 Studien in Afrika zeigt, daß ländliche Haushalte im Durchschnitt 45 Prozent ihres Einkommens aus nichtlandwirtschaftlichen Tätigkeiten erzielen, wobei dieser Anteil je nach Land zwischen 15 und 93 Prozent schwankt.[19] Bauern diversifizieren, indem sie verschiedene Feldfrüchte anbauen, mehrere Parzellen bewirtschaften und für andere Bauern arbeiten.

Es gibt jedoch Hinweise, daß der Nettoeffekt dieser Anstrengungen begrenzt ist und die Schwankungsbreite des Einkommens der Bauern weiterhin groß ist. Die Erwerbsmöglichkeiten, die Bauern in der Regel offenstehen, beeinflussen sich während einer Krise häufig gegenseitig. Eine Dürre etwa verringert das Einkommen aus nichtlandwirtschaftlicher Tätigkeit wie auch das Einkommen aus Ernteerträgen, da Mißernten zu einem allgemeinen Einkommensrückgang führen, der auch die Nachfrage nach nichtlandwirtschaftlichen Leistungen verringert.[20]

Die Auswahl an Erwerbsmöglichkeiten, die sich bäuerlichen Haushalten bieten, ist häufig recht eingeschränkt. Belege aus Äthiopien, Burkina Faso, Indien, Kenia und Tansania offenbaren Eintrittshürden – unter anderem den Mangel an Betriebskapital, Qualifikationen und Vorleistungen – für zahlreiche Tätigkeiten, die den Bauern die Diversifizierung ihres Einkommens ermöglichen würden. Die Anlaufkosten für die Eröffnung eines Geschäfts oder einer Werkstatt oder für die Bereitstellung von Dienstleistungen betragen nicht selten das

Tabelle 8.3
Mechanismen zum Risikomanagement

Ziel	Informelle Mechanismen		Offizielle Mechanismen	
	Einzelpersonen und Haushalte	**Gruppen-basiert**	**Markt-basiert**	**Staatlich bereitgestellt**
Risiken mindern	■ Gesundheits-vorsorge ■ Migration ■ Sichere Einkommens-quellen	■ Kollektive Maßnahmen für Infrastruktur, Deiche, Geländeterrassen ■ Management von Ressourcen im Gemeinschaftsbesitz		■ Solide makroökono-mische Politik ■ Umweltpolitik ■ Bildungs- und Weiterbildungspolitik ■ Gesundheitspolitik ■ Infrastruktur (Dämme, Straßen) ■ Aktive Arbeitsmarkt-politik
Risiken mildern *Diversifizierung*	■ Diversifizierung von Feldfrüchten und Parzellen ■ Diversifizierung von Einkommens-quellen ■ Investitionen in physisches und Humankapital	■ Berufsverbände ■ Spar- und Darlehens-vereine	■ Sparkonten bei Finanzinstituten ■ Mikrofinanzen	■ Landwirtschaftliche Beratung ■ Liberalisierter Handel ■ Schutz von Eigentumsrechten
Versicherung	■ Heirat und Großfamilie ■ Anteilwirtschaft ■ Pufferbestände	■ Investitionen in Sozialkapital (Netzwerke, Vereine, Gebräuche, gegen-seitige Geschenke)	■ Altersrenten ■ Unfall-, Erwerbs-unfähigkeits-, und andere Versicherungen	■ Rentensysteme ■ Pflichtversicherungen gegen Arbeitslosigkeit, Krankheit, Erwerbs-unfähigkeit und andere Risiken
Schocks bewältigen[a]	■ Verkauf von Vermögenswerten ■ Kredite von Geldverleihern ■ Kinderarbeit ■ Einschränkung der Nahrungsaufnahme ■ Saisonale oder vorübergehende Migration	■ Übertragungen von Unterstützungs-netzwerken auf Gegenseitigkeit	■ Verkauf finanzieller Vermögenswerte ■ Kredite von Finanzinstituten	■ Sozialhilfe ■ Arbeitsbeschaffung ■ Subventionen ■ Sozialfonds ■ Barübertragungen

Anmerkung: Der Bereich mit weißem Hintergrund zeigt, wie Haushalte und Gemeinschaften mit Hilfe von informellen Mechanismen reagieren, um die Risikomilderung und die Bewältigung der Folgen von Schocks zu verbessern. Der dunkel hinterlegte Bereich zeigt die staatlich bereitgestellten Mechanismen zur Absicherung gegen Risiken und Bewältigung von Schocks, das heißt das soziale Sicherungsnetz.
a. Staatlich bereitgestellte Bewältigungsmechanismen können auch zur Risikomilderung dienen, wenn sie fortwährend verfügbar sind.
Quelle: Übernommen aus Holzmann und Jorgensen (2000).

Zehn- bis Zwanzigfache der Kosten für andere Tätig-keiten, denen Arme in der Regel nachgehen, zum Beispiel die Herstellung von Holzkohle, das Sammeln von Dung oder die einfache Lebensmittelverarbeitung. Dabei erlauben letztgenannte Tätigkeiten nur eine ge-ringe Einkommensdiversifizierung.[21] Das hat zur Folge, daß arme Bauern in Afrika ihr Einkommen weniger ef-fektiv diversifizieren als reiche Bauern (Tabelle 8.4).[22] Armen Bauern in anderen Teilen der Welt ist die Diver-sifizierung ihrer Einkommensquellen besser gelungen. In Pakistan erzielten Bauern in den Jahren 1986 bis 1989 ihr Einkommen zu 55 Prozent aus nichtlandwirt-schaftlichen Tätigkeiten, wobei dieser Anteil bei armen Bauern sogar dreimal so hoch war wie bei reichen Bau-

Tabelle 8.4
Einkommensdiversifizierung bei afrikanischen Bauern

Land	Zeitraum	Durchschnittlicher Anteil nichtlandw. Einkommen am Gesamteinkommen (in Prozent)	Verhältnis nichtlandw. Anteil bei reichen zu dem bei armen Bauern
Äthiopien	1989–90	36	1,2
Botswana	1985–86	77	2,5
Burkina Faso	1981–84	37	2,5
Gambia	1985–86	23	1,3
Malawi	1990–91	34	1,0
Mosambik	1991	15	2,5
Niger	1989–90	52	2,0
Ruanda	1990	30	5,0
Senegal			
Nord-	1988–89	60	2,0
Süd-	1988–90	41	2,6
Zentral-	1988–90	24	1,0
Simbabwe	1988–89	42	1,0
Sudan	1988	38	1,0

Quelle: Reardon 1997.

ern.[23] Auch in Ägypten zeigte sich, daß arme Bauern ihr Einkommen stärker diversifiziert hatten als reiche Bauern.[24]

Wenn die Möglichkeiten zu einer effektiven Diversifizierung begrenzt sind, spezialisieren sich arme Bauern auf risiko- und ertragsarme Tätigkeiten, die es für sie allerdings schwierig machen, der Armut zu entkommen. Arme indische Bauern nutzen für den Anbau herkömmlicher Reis- und Rizinussorten einen größeren Teil ihres Landes als für den Anbau ertragreicherer Varietäten.[25] Tansanische Bauern ohne Vieh bauen mehr Süßkartoffeln – eine risikoarme, ertragsarme Feldfrucht – an als Bauern, die Vieh besitzen. Das führt dazu, daß die landwirtschaftlichen Erträge pro erwachsenem Haushaltsmitglied in der wohlhabendsten Gruppe um 25 Prozent über denen in der ärmsten Gruppe liegen.[26] Ein weiterer Nachteil für arme Bauern ist die Tatsache, daß Mißernten in der Regel über ein recht großes Gebiet kovariant sind. Dieser Umstand schränkt die Brauchbarkeit von gruppenbasierten Strategien und Netzwerken zur gegenseitigen Unterstützung ein, weil wahrscheinlich alle oder die meisten Gruppenmitglieder gleichzeitig betroffen sind.[27]

Risiken durch Versicherungen mildern

Im Prinzip ist jeder Schock, dessen Eintrittswahrscheinlichkeit anhand historischer Aufzeichnungen berechnet werden kann, versicherbar. In der Praxis gibt es in Entwicklungsländern aufgrund der Probleme in bezug auf die Vertragsdurchsetzung und die asymmetrischen Informationen fast keine Versicherungsmärkte. Die Menschen, vor allem die Armen, müssen statt dessen massiv auf Formen der Selbstversicherung und der informellen Versicherung bauen. Diese Probleme wurden in entwickelten Ländern durch leistungsstarke rechtliche und andere Institutionen überwunden.

Selbstversicherung. Haushalte versichern sich selbst, indem sie in guten Zeiten Vermögen bilden und in schlechten Zeiten darauf zurückgreifen. Diese Strategie ist effektiv, wenn Vermögenswerte sicher sind und eine positive Rendite abwerfen, vor allem wenn diese gegenüber der Gegenwartspräferenz (der Bevorzugung des gegenwärtigen Verbrauchs gegenüber dem zukünftigen Verbrauch) überwiegt. In der Praxis kann die Rendite aus Vermögen negativ sein, und bei vielen armen Haushalten überwiegt die Gegenwartspräferenz deutlich (sie sind häufig ohne Not „ungeduldig"), was den Vermögensaufbau behindert.[28]

Ein weiteres Problem ist, daß der Wert des Vermögens und das Einkommen nach einem Makroschock häufig kovariant sind, so daß der Wert der Vermögensgegenstände gerade dann am niedrigsten ist, wenn sie am dringendsten benötigt werden. Eine Dürre, die die Ernte vernichtet, kann auch das Vieh schwächen oder töten, das die Bauern in vielen armen Ländern als Pufferbestand nutzen. Das Austauschverhältnis der Vermögenswerte relativ zu Verbrauchsgütern kann sich infolge eines Schocks ebenfalls verschlechtern, da alle gleichzeitig versuchen, Vermögenswerte zu verkaufen und dafür Nahrungsmittel zu erwerben. Sowohl Angebots- als auch Nachfragefaktoren drücken den Preis von Vermögenswerten: Der Einkommensschock bringt jeden dazu, Vermögenswerte zu verkaufen, während die Abnahme der Kaufkraft die Nachfrage drückt (sofern keine Käufer von außerhalb des vom Schock betroffenen Gebiets ins Spiel kommen). In guten Zeiten funktioniert der Prozeß in umgekehrter Richtung: Jeder will Vermögenswerte kaufen, um die Pufferbestände aufzufüllen, so daß die Preise steigen und diese Strategie sehr teuer wird.[29]

Simulationen mit Risikomodellen für Haushalte deuten darauf hin, daß die Selbstversicherung sehr rasch an Effektivität einbüßt, wenn die Korrelation zwischen dem Einkommen und dem Austauschverhältnis von Vermögenswerten den Wert von 0,5 übersteigt. Haushalte müssen dann den Verkauf von Vermögenswerten während einer Krise einschränken, da sie im Gegenzug den Verbrauch nur sehr wenig erhöhen können. Während der Hungersnot in Äthiopien in den Jahren 1984 und 1985 fiel das Austauschverhältnis für Vermögenswerte drastisch, und die Haushalte schränkten den Verbrauch in der Folge massiv ein, anstatt Vermögenswerte zu verkaufen.[30] Während der Dürre in Burkina Faso in den Jahren 1981 bis 1985 konnte der Einbruch bei den Einkommen aus Ernteerträgen nur zu 15 bis 30 Prozent durch den Verkauf von Vieh ausgeglichen werden.[31]

Der An- und Verkauf von Vieh ist zwar eine nicht unübliche Strategie zur Überwindung von Einkommensschwankungen, für viele arme Haushalte ist er jedoch kein gangbarer Weg. Eine Kuh zu kaufen erfordert hohe, einmalige Ausgaben (und zuvor eine erhebliche Spartätigkeit). Im westlichen Tansania kostet eine Kuh etwa ein Fünftel des durchschnittlichen Jahreseinkommens aus Ernteerträgen, was erklärt, warum nur die Hälfte der Haushalte Vieh besitzt.[32] Soweit möglich, nutzen arme Haushalte kleinere Tiere (Ziegen, Schafe) oder besser teilbare Sachen als Pufferbestand. In drei südindischen Dörfern bestand die wichtigste Strategie der Bauern zum Risikomanagement darin, Pufferbestände aus Getreide und Geld zu halten.[33] Im Gegensatz dazu erhöhten Haushalte im ländlichen China als Reaktion auf das Einkommensrisiko ihre Bestände an unproduktiven flüssigen Mitteln nur leicht.[34]

Da die Unteilbarkeit und Unsicherheit vieler Vermögenswerte (Preisrisiko, Überlebensrisiko bei Vieh) auf Vermögenswerten basierende Risikomanagementstrategien an ihre Grenzen stoßen lassen, sind Arme auf eine größere Vielfalt von Vermögenswerten und eine größere Wertstabilität der Vermögensgegenstände angewiesen. Dadurch könnten sie Möglichkeiten zur Einkommenssteigerung besser nutzen (siehe Teil II dieses Berichts). Sparkonten sind als teilbarer Vermögenswert mit festem Wert und positiver Rendite sehr vielversprechend. Wenn davon ausgegangen werden kann, daß das Finanzinstitut, welches die Konten führt, solide und seriös ist, bliebe als Hauptrisiko die Inflation. Mehrere Beispiele aus jüngerer Zeit haben die starke Nachfrage von armen Haushalten nach sicheren Sparkonten deutlich gemacht. Die Bank Rakyat Indonesia verwaltet die Einlagen von mehr als 16 Millionen Kunden mit geringem Einkommen. SafeSave, eine nichtstaatliche Organisation in Dhaka, Bangladesch, wählte das Prinzip eines traditionellen Spar- und Darlehensvereins. Dabei sammeln die Mitarbeiter geringe Geldsummen, die auf die Konten der Mitglieder eingezahlt werden.[35]

Informelle Versicherung. Haushalte nutzen außerdem gruppenbasierte Mechanismen zur informellen Risikoverteilung, die auf dem Sozialkapital von Gruppen von Haushalten aufbauen. In der Regel ist an der informellen Versicherung ein Netzwerk zur gegenseitigen Unterstützung beteiligt, dem Mitglieder einer Gemeinschaft oder eines erweiterten Haushalts (häufig innerhalb von ethnischen Gruppen), Angehörige desselben Berufsstandes oder auch Migranten und ihre Haushalte in der Heimat angehören.

Wie die Verbrauchsglättung, die darauf abzielt, den Grenznutzen im Laufe der Zeit auszugleichen, zielt die gruppenbasierte Versicherung darauf ab, den Grenznutzen für die Mitglieder der Gruppe auszugleichen.[36] Wenn der Verbrauch eines Mitglieds sinkt, übertragen die anderen Ressourcen, um die Grenznutzen wieder auszugleichen. Diese Netzwerke sind nur bei Schocks wirksam, von denen lediglich ein Teil der Mitglieder betroffen ist. Je größer die Gruppe ist, um so weniger wahrscheinlich ist daher, daß alle Mitglieder betroffen sind, und um so effektiver ist die Risikoverteilung.[37]

Ein Netzwerk stützt sich auf gegenseitige Übertragungen, Geschenke oder Kredite der Mitglieder, in der Regel mit der Erwartung einer Gegenleistung im Bedarfsfall. Übertragungen dienen als Reaktion auf eine Notsituation eines Mitglieds des Netzwerks und erfüllen daher den Zweck des Risikomanagements, jedoch erfüllen sie auch eine soziale Funktion, indem sie den Zusammenhalt der Gemeinschaft stärken.[38] Die Bedeutung von Geschenken und Übertragungen variiert erheblich. In Bulgarien erhalten weniger als ein Fünftel der Haushalte Übertragungen, in Jamaika hingegen mehr als die Hälfte (Tabelle 8.5). In den meisten Ländern fließt der Großteil der Übertragungen den ärmsten Haushalten zu und macht dort häufig einen großen Anteil am Einkommen aus. Private Übertragungen erhöhen den Anteil des ärmsten Quintils am Gesamteinkommen in Jamaika und Nepal um rund 50 Prozent und in Rußland um fast 70 Prozent (Schaubild 8.1).

Die Tatsache, daß Übertragungen vorgenommen werden, ist nicht immer ein Anzeichen für eine angemessene Absicherung gegen Krisen. Das wichtigste Merkmal der informellen Versicherung ist die Gegenseitigkeit, die von der Gruppe selbst durchgesetzt wird. In Zeiten mit einer hohen wirtschaftlichen Belastung reichen Normen und gesellschaftlicher Druck unter Umständen nicht aus, um zu gewährleisten, daß die Mitglieder der Gruppe anderen Mitgliedern tatsächlich Ressourcen überlassen. Die informelle Versicherung funktioniert dann am besten, wenn die Menschen den zukünftigen Schutz sehr hochschätzen (geringe Gegenwartspräferenz) und die Furcht vor einem zukünftigen Ausschluß aus dem Versicherungsprogramm dafür sorgt, daß Pflichten erfüllt werden. Doch das entspricht nicht der Haltung der Armen, die dem gegenwärtigen

Verbrauch häufig den Vorzug gegenüber dem zukünftigen geben (in der Regel ohne Not). Aus diesem Grund ist die Wahrscheinlichkeit, daß sie aus informellen Programmen ausscheiden, für Arme höher als für andere, wenngleich sie die Versicherung am dringendsten benötigen. Informelle Versicherungen funktionieren auch besser, wenn die Häufigkeit von Übertragungen hoch ist (weil die häufige Interaktion das Vertrauen stärkt, daß Pflichten auch in Zukunft erfüllt werden) und wenn Schocks idiosynkratisch sind (weil kovariante Schocks die Ressourcen des gesamten Netzwerks vernichten können).[39]

Um den Bedarf nach einem offiziellen Sicherungsnetz zu bestimmen, haben Forscher versucht zu messen, wie gut die informelle Versicherung funktioniert. Die Messung hat sich jedoch als schwierig erwiesen. Es ist nicht einfach, die Auswirkungen der informellen Versicherung von denen der Selbstversicherung zu unterscheiden. Und da für die Messung Informationen zum Verbrauch und zu Trends für alle Mitglieder (oder eine statistisch gültige Stichprobe von ihnen) erforderlich sind, gestaltet sie sich besonders schwierig, wenn sich

Tabelle 8.5
**Private Bar- und Sachübertragungen
für arme Haushalte**
(in Prozent)

Land (Jahr)	Anteil der Geberhaushalte	Anteil Empfängerhaushalte	
		Alle Haushalte	Arme Haushalte[a]
Jamaika (1997)	13,1	53,0	65,0
Nepal (1996)	17,4	44,7	55,3
Peru (1994)	14,3	37,3	46,7
Panama (1997)	15,5	37,8	40,9
Kasachstan (1996)	20,2	27,5	33,8
Kirgisistan (1996)	15,7	35,5	31,7
Russische Föderation (1997)	23,7	25,2	31,5
Bulgarien (1995)	15,0	17,0	21,4

a. Haushalte im untersten Quintil der Verteilung des Pro-Kopf-Einkommens.
Quelle: Cox, Galasso und Jimenez 2000.

Schaubild 8.1
**Private Übertragungen machen einen großen
Teil des Einkommens der Armen aus**

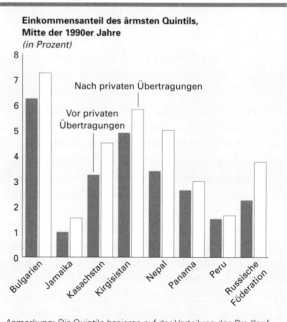

Einkommensanteil des ärmsten Quintils,
Mitte der 1990er Jahre
(in Prozent)

Nach privaten Übertragungen
Vor privaten Übertragungen

Anmerkung: Die Quintile basieren auf der Verteilung des Pro-Kopf-Einkommens. Bei den Übertragungen handelt es sich um jene, welche den Armen zufließen. Die Daten gelten für das letzte verfügbare Jahr.
Quelle: Cox, Galasso und Jimenez 2000.

ein Netzwerk über die Grenzen eines Dorfes oder einer anderen geographischen Einheit hinaus erstreckt. Belege von der Elfenbeinküste, aus Thailand und Uganda zeigen, daß informelle Versicherungssysteme existieren, aber längst nicht ausgereift sind.[40] Erkenntnisse aus China und Indien deuten an, daß Arme und Menschen ohne Landbesitz sehr viel weniger gut gegen Einkommensschwankungen abgesichert sind als Reiche und Großgrundbesitzer.[41]

Schocks überwinden

Wenn ein Schock eintritt, nehmen die Menschen ihre Versicherung in Anspruch: Sie verkaufen Vieh oder andere Vermögenswerte und greifen auf das Unterstützungsnetzwerk zurück, um Hilfe in Form von Übertragungen oder Krediten zu erhalten. Wenn diese Mechanismen versagen oder ausfallen, können diese Haushalte stärker auf den Arbeitsmarkt drängen, mehr arbeiten, mehr Haushaltsmitglieder (Frauen oder Kinder) in die Erzielung von Einkommen einbeziehen oder in nicht betroffene Gebiete abwandern. Wenn alles andere versagt, verringern Haushalte ihren Verbrauch und hungern.[42]

Die Armen haben weniger Möglichkeiten als die Reichen, Schocks zu überwinden. Da sie weniger physisches Kapital besitzen, drängen Arme in der Regel eher stärker auf den Arbeitsmarkt. Bei einem kovarianten Schock, der mit dem Zusammenbruch des örtlichen Arbeitsmarkts einhergeht, ist Abwanderung der einzige Ausweg. Und wenn die Männer eines Haushalts abwandern, müssen die Frauen und Kinder die Flaute unter Umständen vor Ort überstehen.[43]

Schocks zu überwinden erfordert häufig mehr als diese von wirtschaftlichen Gesichtspunkten geprägten Maßnahmen. Während einer länger anhaltenden Krise schieben die Menschen unter Umständen Hochzeit und Kinderwunsch auf, ziehen Familien zusammen (vor allem in städtischen Gebieten) und rutschen einige möglicherweise in die Kriminalität (Diebstahl, Raub, Prostitution) ab. Schließlich können auch die sozialen Mechanismen, welche die Haushalte bei der Überwindung von Schocks unterstützen sollten, angesichts des ständigen Drucks durch länger anhaltende Schocks zusammenbrechen.

Auswirkungen innerhalb von Haushalten

Bislang wurde in der Erörterung des Risikomanagements der Haushalt als Wirkungs- und Entscheidungseinheit angesehen. Doch die Risikoverteilung im Haushalt ist unter Umständen nicht gleichmäßig, und die schwächsten Mitglieder, vor allem Frauen und Kinder, haben möglicherweise unverhältnismäßig stark die Last der Reaktion des Haushalts zu tragen. Zwei Situationen sind denkbar. Ein Schock, der den gesamten Haushalt betrifft, kann für die verschiedenen Haushaltsangehörigen unterschiedliche Auswirkungen haben. Andererseits kann sich ein Schock, der einen einzelnen betrifft (Krankheit, Arbeitsplatzverlust), in unterschiedlicher Weise auf den Verbrauch auswirken, je nachdem, ob die betroffene Person ein Mann oder eine Frau ist. Für den ersten Fall gibt es mehr Belege als für den zweiten.[44]

Da arme Haushalte häufig viele Kinder haben, sind Kinder in bezug auf Armut und Schadenanfälligkeit einem größeren Risiko ausgesetzt als andere Gruppen. Kinder in armen Haushalten sind besonders schadenanfällig bei Schwankungen des Haushaltseinkommens und des Verbrauchs. Die Wahrscheinlichkeit, daß sie untergewichtig sind, ist für sie höher als für andere Kinder, so daß eine weitere Einschränkung des Nahrungsmittelverbrauchs zu irreversiblen Schäden führen kann. In Bangladesch wuchsen Kinder im Zuge schwerer Überschwemmungen in geringerem Maße.[45] Im ländlichen Indien stiegen die Kindersterblichkeitsraten in Dürrezeiten vor allem in Haushalten ohne Landbesitz.[46]

Belege für geschlechtsspezifische Unterschiede bei den Reaktionen auf derartige Schocks sind nicht eindeutig. In Bangladesch wurden nach Überschwemmungen keine solchen Unterschiede festgestellt.[47] Studien in Indien hingegen ergaben, daß die Ernährung von Mädchen in Zeiten eines geringen Verbrauchs bei schlechten Ernteerträgen stärker litt als die von Jungen.[48] Es zeigte sich auch, daß Preisveränderungen einen stärkeren Einfluß auf den Verbrauch bei Mädchen als auf den bei Jungen hatten.[49] In der Gruppe der Kinder unter zwei Jahren äußerte sich Regenmangel bei Mädchen in mehr Todesfällen als bei Jungen.[50]

Einige Untersuchungen fanden heraus, daß Frauen von einem Schock stärker in Mitleidenschaft gezogen werden als Männer. Steigende Lebensmittelpreise führten in Äthiopien und Indien bei Frauen zu einer stärkeren Verringerung der Nährstoffaufnahme als bei Männern.[51] Kulturelle und traditionelle Faktoren können das Risikopotential von Frauen erhöhen. Geschiedene und verwitwete Frauen in Südasien sind häufig einem größeren Erkrankungsrisiko ausgesetzt und eher arm als verheiratete Frauen, weil sie den Zugang zum Eigentum ihres Ehemanns verlieren.[52] In einigen afrikanischen

Ländern verlieren Frauen unter Umständen auch den Anspruch auf Nutzung des zum Haushalt gehörenden Landes, wenn der Mann stirbt.[53] Es gibt auch Belege für eine Bevorteilung der Männer bei den Haushaltsausgaben für Gesundheit und Ernährung, wenngleich nicht klar ist, ob dieser Unterschied arme Haushalte stärker betrifft als andere. Eine neuere Studie in Pakistan förderte in beschränktem Maße Belege dafür zutage, daß das geschlechtsspezifische Gefälle bei den Gesundheitsausgaben mit steigendem Einkommen abnimmt.[54]

Alles in allem deuten die Hinweise darauf hin, daß Schocks für die einzelnen Mitglieder eines Haushalts sehr unterschiedliche Auswirkungen haben. Doch diese Hinweise stammen vorwiegend aus Südasien. Ob ähnliche Effekte auch andernorts existieren, ist noch immer nicht bekannt.

Die Armutsfalle und langfristige Folgen eines unzureichenden Risikomanagements

Wenn sich Haushalte der extremen Armut und Verarmung nähern, nimmt ihre Risikobereitschaft drastisch ab: Jeder Einkommensrückgang könnte sie unter die für das Überleben notwendige Grenze drücken. Die ärmsten Haushalte versuchen, das zu verhindern, auch wenn das bedeutet, daß sie in der Zukunft auf einen deutlichen Einkommensanstieg verzichten müssen. Sie sind zwar den größten Risiken ausgesetzt, doch verfügen sie über die wenigsten Ressourcen, um diese Risiken zu bewältigen. Und da sie auf Grenzertragsböden (Überschwemmungsflächen, Berghänge) und in Gebiete mit unzulänglicher Infrastruktur abgedrängt werden, ist für sie das Risiko einer Naturkatastrophe am größten, während sie in der Regel am weitesten von Gesundheitseinrichtungen entfernt leben.

Extreme Armut beraubt die Menschen fast aller Mittel, die sie benötigen, um Risiken selbst zu bewältigen. Mit nur wenigen oder gar keinen Eigenmitteln ist eine Selbstversicherung unmöglich. Bei einem schlechten Gesundheitszustand und schlechter Ernährung ist es schwierig, mehr zu arbeiten oder mehr Haushaltsangehörige zur Arbeit zu schicken. Und angesichts des hohen Ausfallrisikos ist ihnen der Zugang zu gruppenbasierten Versicherungssystemen häufig versperrt.

Die ärmsten Haushalte werden daher mit extrem ungünstigen Austauschbeziehungen konfrontiert. Wenn ein Schock eintritt, müssen sie ihr Einkommen umgehend erhöhen oder den Verbrauch einschränken, doch dafür haben sie auf lange Sicht einen hohen Preis zu zahlen, da sie ihre Chancen auf wirtschaftliche und

menschliche Entwicklung gefährden. Genau solche Situationen sind die Ursache von Kinderarbeit und Mangel- und Fehlernährung, die bei Kindern zu Langzeitschäden führt, und ein Grund dafür, daß Familien auseinanderbrechen.

An der Elfenbeinküste führte eine schwere wirtschaftliche Rezession dazu, daß Haushalte, vor allem die ärmsten, sehr viel mehr Kinder Arbeit verrichten ließen.[55] Im ländlichen Indien spielt Kinderarbeit nachweislich eine wichtige Rolle als eine der Maßnahmen, die Haushalte ergreifen, um auf saisonale Veränderungen des Haushaltseinkommens zu reagieren.[56] In jedem Teil der Welt nannten die Teilnehmer an der Studie *Voices of the Poor* Kinderarbeit als nicht wünschenswerten Bewältigungsmechanismus. In Ägypten mußten Kinder in einem Lagerhaus Gemüse verpacken. Während der Dürre in Äthiopien wurden Kinder von der Schule genommen und in die Städte geschickt, wo sie als Diener arbeiteten und ihren Lohn ihren Familien schickten. In Bangladesch arbeiten Kinder in mageren Zeiten auf Bauernhöfen, hüten das Vieh oder erledigen Hausarbeiten und erhalten dafür im Gegenzug Nahrungsmittel. Eltern bedrückt häufig, daß ihre Kinder schwere körperliche Arbeit verrichten müssen, und sorgen sich insbesondere um die Anfälligkeit von Mädchen für Mißhandlungen und sexuelle Übergriffe.[57]

Unangemessenes Risikomanagement kann auch die Ernährung in armen Haushalten beeinträchtigen. Nach der schweren Flutkatastrophe in Bangladesch im Jahr 1988 nahmen viele Haushalte Kredite auf, um ihren Verbrauchsbedarf zu decken, doch Haushalte ohne Landbesitz waren dazu weniger gut in der Lage, so daß ihre Kinder stärker unter schwerer Fehl- und Mangelernährung litten.[58] Eine Studie zu den ländlichen Gebieten in Simbabwe ergab, daß die Dürre in den Jahren 1994 und 1995 bei Kindern im Alter von einem bis zwei Jahren zu einer Verringerung des jährlichen Körperwachstums um 1,5 bis 2 Zentimeter führte. Während diese Studie zeigte, daß es sich hier um eine dauerhafte Verringerung des Körperwachstums handelte, fanden andere Untersuchungen Hinweise darauf, daß das geringere Wachstum während der anschließenden guten Jahre wieder aufgeholt werden konnte.[59]

Was haben Haushalte, die unter diesen negativen langfristigen Auswirkungen auf die Bildung und Ernährung ihrer Kinder leiden, gemeinsam? Eine geringe Kapitalausstattung (an physischem, Human- und Sozialkapital) und kaum oder gar keinen Zugang zu

Kredit- und Versicherungsmärkten – eine chronische Falle für Arme, die nicht in der Lage sind, genügend Vermögen aufzubauen, um der Armut zu entkommen. Wenn Haushalte nicht über ein gewisses Mindestmaß an Vermögen verfügen, sind sie zu defensiven Strategien gezwungen, um das vorhandene Vermögen zu sichern. Eine Studie ergab die Schätzung, daß arme Haushalte, die diese Strategie wählen, ihr Einkommen mit einer eher von unternehmerischem Denken geprägten Managementstrategie (die jedoch Zugang zu Krediten erfordert) um 18 Prozent hätten steigern können.[60]

Außerdem können nicht richtig funktionierende Faktormärkte Armutsfallen entstehen lassen oder verschlimmern. Beispiel Kinderarbeit. Wenn eine Krise eintritt und Haushalte keine Kredite aufnehmen können, die Arbeitslosigkeit unter Erwachsenen hoch oder die Löhne niedrig sind, werden Kinder von der Schule genommen und arbeiten geschickt. Die entgangene Schulbildung bedingt für diese Kinder einen lebenslangen Verlust an Verdienstmöglichkeiten. Ein Versagen des Kredit- oder Arbeitsmarkts überträgt daher Armut und Schadenanfälligkeit auf mehrere Generationen.[61]

Reaktion der Politik zur Verbesserung der Risikobewältigung

Da Arme ihre Risiken nicht vollständig selbst bewältigen können, muß eine Strategie zum Abbau der Armut das Risikomanagement für die Armen verbessern – indem Risiken gemindert und gemildert und Schocks überwunden werden. Die Strategie könnte offizielle und informelle Mechanismen beinhalten, die sowohl vom öffentlichen als auch vom privaten Sektor bereitgestellt werden.

Im Prinzip und unter Ausschluß von Kostenüberlegungen besteht der beste Ansatz darin, das Risiko von schadenträchtigen Schocks zu mindern.[62] Der nächste Schritt wäre die Risikomilderung, welche die möglichen Auswirkungen eines Schocks verringert. Die Bewältigung der Folgen wäre das letzte Mittel, um auf ein Versagen der ersten beiden zu reagieren.[63] In der Praxis können unterschiedliche direkte und Opportunitätskosten durchaus zu einer abweichenden Rangfolge der möglichen Maßnahmen führen. Einige Strategien zur Risikominderung und -milderung verbieten sich aufgrund zu hoher Kosten von selbst, vor allem jene zur Überwindung seltener, aber verheerender Schocks.

Im allgemeinen stehen keine Kostenvergleichsdaten und Kosten-Nutzen-Analysen zur Verfügung, die politi-

schen Entscheidungsträgern die Wahl aus verschiedenen Arten von Maßnahmen zum Risikomanagement erleichtern könnten. Darüber hinaus müssen die Verteilungseffekte verschiedener Strategien berücksichtigt werden. Eine Vergleichsstudie in Indien ergab, daß von staatlichen Arbeitsprogrammen unter dem Strich das ärmste Quintil, von Kreditprogrammen hingegen das zweit- und drittärmste Quintil am meisten profitierte.[64]

Die meisten Entwicklungsländer messen der Risikominderung und -milderung zuwenig Bedeutung bei und legen den Schwerpunkt zu sehr darauf, Maßnahmen erst nach Eintritt einer Katastrophe zu ergreifen. Die Anstrengungen zur Bewältigung der Peso-Krise in Mexiko im Jahr 1995 sowie der Finanzkrise in Ostasien im Jahr 1997 haben gezeigt, wie schwierig es ist, effektive Sicherungsnetze zu schaffen, wenn der Schadenfall bereits eingetreten ist (Kapitel 9).

Der Schwerpunkt muß statt auf Maßnahmen zur Bewältigung stärker auf solche zur Minderung und Milderung von Risiken gelegt werden. Dazu ist zu gewährleisten, daß soziale Sicherungsmaßnahmen wie zum Beispiel Arbeitsbeschaffungsprogramme, gezielte Programme zur menschlichen Entwicklung und Sozialfonds fortwährend bestehen und auch erweitert werden können, wenn sich ein Schock ereignet (siehe Tabelle 8.3). Die Hilfsmaßnahmen im Anschluß an die Überschwemmungen in Bangladesch im Jahre 1998 waren effektiv, weil ein Netzwerk aus nichtstaatlichen Organisationen bereits bestand und rasch auf andere Mechanismen zurückgegriffen werden konnte, um den Armen zu helfen.[65] Darüber hinaus muß der Zugang zu Krediten und Finanzkapital verbessert, die Einkommensdiversifizierung erleichtert, Risiken des Arbeitsmarkts (vor allem Kinderarbeit) besser bewältigt und eine Krankenversicherung angeboten werden. Maßnahmen dieser Art würden Armen die Möglichkeit eröffnen, risiko-, aber gleichzeitig ertragreicheren Tätigkeiten nachzugehen, mit deren Hilfe sie der Armut entkommen können.[66] Soziale Sicherungsnetze können auch als automatische Ausgleichsmechanismen für ungewollte Verteilungseffekte von politischen Reformen dienen (Kapitel 4). Dadurch tragen sie dazu bei, die soziale und politische Durchführbarkeit von Reformen zu verbessern. Zwar muß ein neuer Ausgleich gefunden werden, aber Bewältigungsmechanismen werden für die Überwindung von unvorhergesehenen und selten eintretenden Schocks dann weiterhin entscheidend sein, wenn es viel zu kostspielig wäre, Mechanismen bereits im Vorfeld zu schaffen.

Nicht jedes Land muß ein umfassendes soziales Sicherungsnetz einrichten. Doch jedes Land muß ein auf seinen eigenen Risikomustern beruhendes, modulares System von Programmen schaffen und einen geeigneten Mix aus (staatlichen und privaten) Anbietern und administrativen Vorkehrungen kultivieren (Sonderbeitrag 8.4). Der erste Schritt bei der Auswahl und Gestaltung von Programmen besteht darin, die allgemeinen Grundsätze zu verstehen, wie Sicherungsnetze bestehende Vorkehrungen zum Risikomanagement ergänzen. In einem nächsten Schritt müssen die spezifischen Risikoarten (Krankheit, Alter, Arbeitslosigkeit) und die Mechanismen zu deren Bewältigung ermittelt werden.

Allgemeine Grundsätze von Sicherungsnetzen und Risikomanagement

Eine Risikominderung ist für einige Kategorien von Risiken möglich, jedoch nicht für alle. Beispielsweise kann durch den Bau eines Damms die Hochwassergefahr gemindert werden. Impfprogramme und andere staatliche Gesundheitsinitiativen können das Erkrankungsrisiko senken. Auch politische Maßnahmen, die in erster Linie zur Verfolgung anderer Ziele ergriffen wurden, können zur Risikominderung beitragen. Eine gute Bildungspolitik, die unter anderem Stipendien für Kinder aus armen Familien vorsieht, kann zu einer Reduzierung der Kinderarbeit führen. Umweltpolitische Maßnahmen können die Entwaldung begrenzen und so Schäden infolge von Wirbelstürmen und die Zahl der Todesopfer durch Erdrutsche verringern. Eine solide makroökonomische Politik kann die Risiken einer hohen Inflation und Arbeitslosigkeit mindern.

Der Fokus liegt in diesem Kapitel jedoch vorrangig auf der Risikomilderung (durch Diversifizierung und Versicherungen) sowie der Bewältigung von Krisen. Wenn Bauern eine größere Zahl verschiedener Sorten von Feldfrüchten und mehr landwirtschaftliche Beratungsdienste zur Verfügung gestellt werden, kann dies der Landbevölkerung die Diversifizierung erleichtern. Die Schaffung von Handelsmöglichkeiten durch Investitionen in die Infrastruktur und andere Maßnahmen kann die Diversifizierung ebenfalls fördern. Allerdings kann die Liberalisierung von Märkten (etwa durch die Privatisierung von staatlichen Warenbörsen) sowohl positive als auch negative Auswirkungen haben und kommt nicht immer den Armen zugute. Bisweilen schalten sich zwischen Bauern und Exporteuren Zwischenhändler ein, die einen Großteil des Nutzens des freien Handels für sich vereinnahmen.

Sonderbeitrag 8.4
Risiken bewältigen: Modularer Ansatz für soziale Sicherungsnetze

Die Gestaltung eines sozialen Sicherungsnetzes ist alles andere als eine exakte Wissenschaft, und der Prozeß variiert von Land zu Land je nach Kontext, Verfügbarkeit von Daten und politischer Dringlichkeit. Jedoch sollte der Prozeß gewisse analytische Züge aufweisen, unter anderem die Ermittlung landesspezifischer Gegebenheiten, Zwänge und Probleme, die Ermittlung von Risikoquellen, schadenanfälligen Gruppen und möglichen Interventionen und die Ermittlung der optimalen Kombination von Programmen. Das Beispiel Malawis zeigt eine mögliche daraus resultierende Kombination von je nach vorherrschenden Bedingungen bevorzugten Programmen.

Malawi ist ein Land mit niedrigem Einkommen, in dem mehr als die Hälfte der Bevölkerung in tiefer Armut lebt. Die große Mehrheit der Einwohner ist von der Landwirtschaft zur Deckung des Eigenbedarfs abhängig. Es steht nur ein geringer Steuerüberschuß zur Umverteilung zur Verfügung, und die administrativen Kapazitäten zur Leitung komplexer Programme sind begrenzt. Ein offizielles soziales Sicherungsnetz gibt es nicht.

Risikoquellen und schadenanfällige Gruppen ermitteln
Die schadenanfälligen Gruppen in Malawi wurden anhand einer in den frühen 1990er Jahren durchgeführten Armutsstudie ermittelt. Vier Gruppen wurden als am stärksten gefährdet eingestuft: Haushalte auf dem Land mit geringem Landbesitz, Haushalte, denen Frauen vorstanden, AIDS-Waisen und ihre Verwandten und jene Personen, die nicht selbst für sich sorgen konnten. Darüber hinaus wurden vier Hauptrisiken ermittelt: saisonale Preisanstiege und Nahrungsmittelknappheiten, periodisch wiederkehrende Dürren, schwere, periodische makroökonomische Schocks und die Bedrohung durch HIV/AIDS. Es wurden potentielle Maßnahmen ausgearbeitet, mit denen gegen diese Risiken vorgegangen werden konnte.

Die optimale Kombination von Maßnahmen zum Risikomanagement ermitteln
Bevor potentielle neue Interventionen nach ihrer Priorität klassifiziert wurden, wurde eine Kosten-Wirksamkeits-Analyse für bestehende Programme durchgeführt. Die Ergebnisse führten unter Berücksichtigung der schadenanfälligen Gruppen, der Risiken und der Notwendigkeit, sich auf produktivitätssteigernde Interventionen zu konzentrieren, zum folgenden modularen System von Programmen:

- Staatliche Arbeitsprogramme (Risikomilderung und Bewältigung der Folgen von Schocks)
- Übertragungen für Waisen in armen Gemeinschaften (Risikomilderung und Bewältigung der Folgen von Schocks)
- Landesweite Ernährungsprogramme (Risikominderung und Bewältigung der Folgen von Schocks)
- Gezielte Barübertragungen an Bedürftige (Bewältigung der Folgen von Schocks).

Quelle: Weltbank, in Kürze erscheinend b.

Maßnahmen sollten es den Armen auch einfacher machen, ihre Eigenmittel zu erhöhen, und gleichzeitig die Kovarianz des Wertes von Vermögensgegenständen und des Einkommens begrenzen. Diese Kovarianz ist ein großes Problem in ländlichen Gebieten, in denen sich der Wert von Vermögensgegenständen (Vieh) häufig im Gleichschritt mit dem Einkommen aus der Landwirtschaft bewegt. Dieses Problem könnte durch eine bessere Integration der Märkte für Vermögenswerte in die allgemeine Wirtschaft angegangen werden, etwa durch Investitionen in die Verkehrsinfrastruktur, die Verbreitung von Preisinformationen und den Abbau von strukturellen und institutionellen Marktschranken. Makroökonomische Stabilität begünstigt stabilere Preise für Vermögenswerte, indem sie die inflationsbedingte Verschlechterung des Austauschverhältnisses von Vermögenswerten zu Verbrauchsgütern vermindert. Und ein einfacherer Zugang zu Krediten würde den Erwerb von teuren, unteilbaren Vermögenswerten, zum Beispiel Vieh, erleichtern.[67]

Eine weitere wichtige Maßnahme ist die Bereitstellung von Versicherungen, insbesondere für kovariante Risiken. Selbstversicherung hat ihre Grenzen, in erster Linie weil Arme vor allem nach mehreren aufeinanderfolgenden Schocks nicht genügend Vermögen aufbauen können. Und informelle Versicherungen, bei denen Risiken auf eine Gemeinschaft oder ein Netzwerk verteilt werden, sind bei kovarianten Schocks nicht effektiv.

Die erste Frage in diesem Zusammenhang lautet, ob die Bereitstellung durch den Markt oder den Staat kosteneffektiver ist als informelle Mechanismen. Kann der Staat eine kostengünstigere Absicherung gegen Risiken bieten, gegen die sich Arme bislang im Rahmen einer Selbstversicherung oder durch gruppenbasierte Risikoverteilung absichern? Da der öffentliche Sektor Risiken über ein größeres Gebiet verteilen kann, kann er Versicherungen zu einem günstigeren Preis anbieten als informelle Stellen (sofern Informationsprobleme gelöst werden können; siehe unten). Staatlich bereitgestellte Versicherungen könnten daher einen Nettogewinn für die Gesellschaft mit sich bringen – sofern der Staat als glaubwürdig angesehen wird und das Versicherungsprogramm finanziell tragbar ist.

Wenn jedoch das Vertrauen in den Staat gering ist, werden sich nur wenige auf das staatliche System verlassen und ihre Strategie der Selbst- oder Gruppenversicherung aufgeben. Und selbst wenn die Glaubwürdigkeit außer Frage steht, können finanzielle Engpässe unter Umständen verhindern, daß der Staat während einer Krise Zahlungen leistet. Jene, die bereits von informellen Versicherungsmechanismen abgerückt sind, wären dann schlechter gestellt als zuvor, als der Staat noch keine Versicherung anbot. Die relative Kosteneffektivität, das Vertrauen und die Nachhaltigkeit sind daher bei der Entscheidung, ob der Staat eingreifen soll, zu berücksichtigen.

Die Staatsausgaben für die sozialen Sicherungsnetze variieren erheblich. Schaubild 8.2 zeigt dies anhand einer Komponente: den Ausgaben der Zentralregierung für die Sozialversicherungen. Doch die Kosten sind nur eine Seite der Medaille. Diese Ausgaben sind überdies Investitionen in die Bildung von Humankapital. Indem sie Armen Zugang zu Grunddiensten und die Möglichkeit bieten, risiko-, aber auch ertragreicheren Tätigkeiten nachzugehen, können sich die Investitionen positiv auf die Armut und die wirtschaftliche Entwicklung auswirken. Die Kosten sind wahrscheinlich noch immer ein strittiger Punkt, doch sie können häufig durch die ausdrücklichere Einbeziehung von privaten Anbietern gesenkt werden.[68]

Die Sorge, daß offizielle Sicherungsnetze die Selbstversicherung oder die gruppenbasierten Mechanismen verdrängen könnten, ist ebenfalls zu berücksichtigen. Empirische Schätzungen hierzu liefern kein eindeutiges Bild, so daß der landesspezifische Kontext ein wichtiges Kriterium darstellt. Eine Studie zu den städtischen Gebieten auf den Philippinen ergab die Schätzung, daß eine staatlich bereitgestellte Arbeitslosenversicherung 91 Prozent der privaten Übertragungen an Arbeitslose ersetzen würde.[69] Eine andere Studie kam zu dem Ergebnis, daß eine Grundrente für schwarze Südafrikaner nur 20 bis 40 Prozent der privaten Übertragungen an ältere Bürger ersetzen würde.[70] Studien zu anderen Ländern ermittelten in diesem Zusammenhang ebenfalls Raten in der Größenordnung von 20 bis 40 Prozent.[71]

Die Verdrängung privater Übertragungen muß nicht unbedingt einen gesellschaftlichen Verlust bedeuten. Wenn die Ziele im Hinblick auf die Verringerung der Armut gemeinsam mit den Zielen in bezug auf die Versicherung berücksichtigt werden, kann sich durchaus ein Gewinn für die Gesellschaft ergeben – trotz dieses Verdrängungseffekts.[72] In Südafrika wurden viele dieser verdrängten Übertragungen ursprünglich von jungen an alte Haushalte erbracht, die beide gleichermaßen arm waren. Aufgrund des neuen Rentenprogramms blieb den jungen Haushalten mehr Geld zum Leben, und außerdem erhielten nun viele Ältere, die zuvor keine privaten Übertragungen erhalten hatten, eine

Schaubild 8.2

Die Ausgaben der Zentralregierungen für das soziale Sicherungsnetz variierten 1995 erheblich

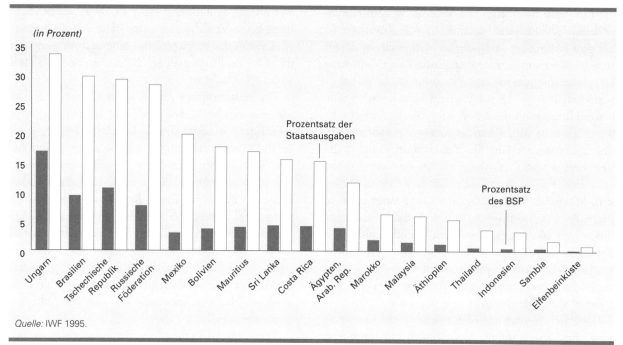

Quelle: IWF 1995.

Rente. Insgesamt stärkte das Rentenprogramm daher das soziale Sicherungsnetz in Südafrika erheblich.[73]

Wann – und wie – sollte der Staat einschreiten und ein soziales Sicherungsnetz für Arme bereitstellen? Die allgemeine Antwort lautet, daß dies von der Art der vermutlich eintretenden Schocks und von der Art der bereits bestehenden privaten Versicherungssysteme abhängt.

■ Wenn informelle Systeme eine angemessene Absicherung gegen idiosynkratische Risiken bieten, sollte der Staat eingreifen und kovariante Risiken absichern. In den meisten Fällen wird die Bereitstellung dieses Versicherungsschutzes das Risikomanagement im allgemeinen als auch die Wohlfahrt verbessern, ohne die informelle Versicherung zu verdrängen.[74] Da sich jedoch das Gesamtrisikopotential der Haushalte verringert, kann die Selbstversicherung (vorsorgliches Sparen oder sonstiger Vermögensaufbau) unter Umständen abnehmen.[75]

■ Wenn die informelle Versicherung – aufgrund von Durchsetzungsproblemen oder weil Schocks zu häufig oder zu schwerwiegend sind – nicht effektiv ist, könnte die Wohlfahrt der Haushalte verbessert werden, wenn das soziale Sicherungsnetz sie sowohl gegen idiosynkratische als auch gegen kovariante Risiken absichert. Ob der Versicherungsschutz vom

Staat oder von privaten Versicherern angeboten werden sollte, hängt im wesentlichen von der Art des Risikos ab. Der Staat kann häufig kovariante Risiken am besten absichern, während die meisten idiosynkratischen Risiken unter Umständen besser von privaten Anbietern (Gemeinschaften, Versicherungsgesellschaften) abgedeckt werden. Der Staat sollte dann die Aufgabe haben, die private Bereitstellung zu erleichtern und gegebenenfalls zu regulieren.[76]

■ Wenn gruppenbasierte informelle Versicherungssysteme gut funktionieren, sollte der Staat von Sicherungsnetzen absehen, die auf Einzelpersonen oder Haushalte abzielen. Die meisten Sicherungsnetze zielen auf bestimmte Gruppen von Personen oder Haushalten ab: Kranke, Alte, alleinerziehende, kinderreiche Mütter und so weiter. Es besteht die Gefahr, daß die Verbesserung der eigenen Risikosituation für eine Person, die einem gruppenbasierten Versicherungsprogramm angehört, einen Anreiz darstellt, aus der Gruppe auszuscheiden. Wenn dies zum Zusammenbruch des Gruppenprogramms führt, könnten jene Mitglieder, die nicht durch das Sicherungsnetz abgesichert sind, letztendlich schlechter gestellt sein. Die Lösung besteht darin, große Gruppen als Zielgruppe zu wählen (etwa durch Kreditprogramme für ganze Gemeinschaften oder bestimmte Gruppen innerhalb der Gemeinschaft), wenngleich dies schwierig sein kann, weil Versicherungsgruppen nicht immer mit Gemeinschaften oder anderen einfach bestimmbaren Zielgruppen deckungsgleich sind. Wenn natürlich das Sicherungsnetz fast jeden absichert, mag der Verlust informeller Versicherungssysteme nicht ins Gewicht fallen, zumindest dann nicht, wenn das offizielle Sicherungsnetz kosteneffektiver und nachhaltiger ist.[77]

Letztendlich müssen bei Entscheidungen über Sicherungsnetze die negativen Auswirkungen der Verdrängung informeller Systeme einerseits und die positiven Effekte einer langfristigen Verbesserung der Wohlfahrt von armen Haushalten gegeneinander abgewogen werden. Sicherungsnetze sind nicht die einzige Möglichkeit, die Fähigkeit armer Haushalte, Risiken zu bewältigen und risiko-, aber ertragreicheren Tätigkeiten nachzugehen, zu verbessern. Eine stabile makroökonomische Politik kann unter Umständen mehr für die Minderung des Risikos der Arbeitslosigkeit leisten als staatliche Arbeitsprogramme. Allerdings kann eine solide Wirtschaftspolitik das Risiko für einige Gruppen von Haushalten möglicherweise auch erhöhen. Die Liberalisierung des Handels kann die Kosten für importierte Kleidung und Werkzeuge, gleichzeitig aber auch die Nachfrage nach Webwaren und Handarbeiten verringern – zwei Tätigkeiten mit geringen Eintrittskosten, die Arme häufig zur Diversifizierung ihres Einkommens nutzen.[78] Daher muß die Entscheidung bezüglich der Bereitstellung von Sicherungsnetzen vor dem Hintergrund der wirtschafts- und sozialpolitischen Maßnahmen sowie der Einflüsse auf die Risiken der Haushalte betrachtet werden.

Wenn die Sorge in erheblichem Maß den Armen und vor allem den sehr Armen gilt, verlagert sich das Gewicht von gleichermaßen offiziellen wie informellen, staatlichen wie privaten Angeboten im allgemeinen stärker auf die staatliche Bereitstellung von Versicherungen.[79] Die Sorge um Nachhaltigkeit und andere Anreize in gruppenbasierten Versicherungs- und Kreditprogrammen bewirken im allgemeinen eine Ausgrenzung der Ärmsten, die ein höheres wahrgenommenes Ausfallrisiko aufweisen.[80] Ähnliche Vorbehalte führen häufig dazu, daß Arme von marktbasierten Versicherungen ausgeschlossen werden. Es ist daher unwahrscheinlich, daß staatlich bereitgestellte Versicherungen für die ärmsten Haushalte bestehende informelle Programme untergraben.

Ein weiteres gutes Argument für ein staatliches Eingreifen ist die Ineffektivität der Versicherungsmechanismen, mit denen sich Arme gegen wiederholte Schocks absichern – Mechanismen, die häufig auch kostspielig sind.[81] Eine Studie zu sechs südindischen Dörfern ergab, daß Bauern bis zu 25 Prozent ihres Durchschnittseinkommens für die Minderung des Schadensrisikos bei Mißernten aufwenden müssen.[82]

Bei der Einrichtung von staatlichen Versicherungsprogrammen sind mehrere praktische Probleme zu beachten. Dazu zählen die Beschaffung von Informationen über die zu versichernden Personen und der Umgang mit volkswirtschaftlichen Problemen in Zusammenhang mit der Bereitstellung von Versicherungen.

Die Beschaffung von Informationen über die zu versichernden Personen ist kostspielig. Daher sind so viele traditionelle Kredit- und Versicherungseinrichtungen nur auf lokaler Ebene tätig. Geldverleiher oder Mitglieder von Spar- und Darlehensvereinen wissen vermutlich besser, wer ein großes Risiko darstellt, als ein externes Versicherungsprogramm.[83] Informationsasymmetrie läßt die Probleme des moralischen Risikos und der Antiselektion entstehen, die (gemessen am gesellschaftlichen Optimum) zu einer Unterversorgung mit Versicherungen durch private Anbieter führt.[84] Da Informationsprobleme für Arme besonders kritisch sind, kann die staatliche Bereitstellung von Versicherungen aus gesellschaftlicher Sicht von großem Nutzen sein.

Da der Staat bei der Beschaffung von lokalen Informationen zu den zu versichernden Personen über keinerlei komparativen Vorteil verfügt, ist häufig eine Zusammenarbeit ratsam: Der Staat stellt die finanziellen und technischen Mittel bereit, und örtliche Institutionen oder Gruppen von gleichrangigen Personen kümmern sich um die Umsetzung und Überwachung. Oder der Staat stellt Mittel für die Gemeinschaften zur Verfügung, die dann selbst für die Ermittlung der armen Leistungsempfänger verantwortlich sind (Sonderbeitrag 8.5).

Volkswirtschaftliche Überlegungen können die Argumente für eine staatlich bereitgestellte Risikomilderung untermauern oder entkräften. Der Staat kann durchaus der am besten geeignete Anbieter von Versicherungen sein, jedoch kann es ihm an der erforderlichen institutionellen Stärke, Finanzkraft oder Führungsfähigkeit fehlen. Für den Staat kann es dann erforderlich sein, die erforderlichen Kapazitäten zu schaffen. Unter Umständen mangelt es auch an politischer Unterstützung für die Verteilung von Ressourcen,

Sonderbeitrag 8.5
Zielgruppenfokussierung durch die Gemeinschaft – eine gute Idee?

Bei den meisten Programmen im Rahmen von sozialen Sicherungsnetzen stellt der Staat die Mittel zur Verfügung, legt die Berechtigungskriterien fest und garantiert damit scheinbar eine Gleichbehandlung im ganzen Land. Doch lokale Bedürfnisse können innerhalb des Landes variieren, und Leistungen fließen unter Umständen in unterschiedlichem Umfang nicht anspruchsberechtigten Haushalten zu. Zur Verbesserung der Zielgruppenfokussierung setzen immer mehr Programme darauf, daß die Gemeinschaften selbst die Berechtigungskriterien festlegen und die Leistungsempfänger ermitteln. Der Erfolg dieses Ansatzes hängt zum Teil von der Stärke des sozialen Zusammenhalts in der Gemeinschaft sowie davon ab, ob die Gemeinschaft in einem Beratungsprozeß zum Zwecke der Verteilung der Leistungen effektiv mobilisiert werden kann.

Wie effizient die Fokussierung ist, hängt überdies davon ab, welche Stelle mit der Verteilung von Leistungen beauftragt wird. In Usbekistan teilen quasi-religiöse Gemeinschaftsgruppen, sogenannte *Mahallas*, Kindergeld und andere Arten von Sozialleistungen Familien mit niedrigem Einkommen zu. Sie verfügen im Hinblick auf die Höhe der Beträge und die Berechtigungskriterien über einen erheblichen Ermessensspielraum. Eine Prüfung von unabhängiger Seite kam zu dem Schluß, daß die Fokussierung

der Leistungen recht gut sei. In Armenien werden Zuschüsse für Schullehrbücher vor Ort von Eltern-Lehrer-Verbänden oder dem Schulleiter gewährt. Das Programm wurde noch keiner offiziellen Prüfung unterzogen, doch deuten inoffizielle Beurteilungen darauf hin, daß das System von den Eltern gut angenommen wurde und auf andere Arten von Hilfen ausgedehnt werden könnte.

Das Kecamatan Development Project in Indonesien stellt pauschale Finanzzuweisungen für 10.000 Dörfer bereit. Jede Gemeinschaft entscheidet im Zuge eines umfassenden Prozesses aus Informationsweitergabe, Gemeinschaftsförderung sowie Ausarbeitung und Auswahl von Vorschlägen selbst über die Verwendung der Mittel. Felduntersuchungen zeigen, daß der Prozeß am besten funktioniert, wenn sowohl traditionelle als auch offizielle Gemeinschaftsführer von Beginn an in diesen Prozeß eingebunden sind (KDP Sekretariat 1999).

In Albanien unterstützt ein Programm für wirtschaftliche Hilfe arme Haushalte auf dem Land und jene Personen, die im Zuge des wirtschaftlichen Umbruchs ihren Arbeitsplatz verlieren. Örtliche Verwaltungen erhalten pauschale Finanzzuweisungen, die sie innerhalb der Kommunen verteilen können. Die örtliche Zielgruppenfokussierung schneidet im Vergleich zu der von Programmen des Sicherungsnetzes in anderen Ländern besser ab.

Vor- und Nachteile der Leistungsbewilligung durch die Gemeinschaften

Vorteile	Nachteile
Über bedürftige Haushalte sind brauchbarere Informationen verfügbar	Programm kann für Interessen der Elite mißbraucht werden
Zuteilungskriterien sind an die Bedürfnisse vor Ort angepaßt	Beteiligung von Gemeinschaftsführern kann Opportunitätskosten verursachen
Dezentralisierte Verwaltungen sind effizienter	Zuteilungskriterien können eine stärkere Spaltung der Gemeinschaft herbeiführen
Mobilisierung der Gemeinschaft kann Sozialkapital bilden	Gemeinschaftsübergreifende Externalitäten werden eventuell nicht berücksichtigt

Quelle: Conning und Kevane 1999.

weil die Reichen dazu gebracht werden müssen, ein Programm zu unterstützen, das für sie nicht von Vorteil ist. Wenn das Versicherungsprogramm nicht kostendeckend ist, muß es eventuell mit allgemeinen Steuermitteln finanziert werden, was zu Lasten anderer Programme gehen kann, von denen die Reichen profitieren. (Kapitel 6 erörtert die volkswirtschaftlichen Aspekte des Armutsabbaus ausführlicher.)

Staatliche Risikomilderung kann ferner die Gewinnmöglichkeiten für die Reichen (aus dem Geldverleih) schmälern oder die Geber-Nehmer-Beziehungen zwischen Reichen und Armen untergraben, indem sie den Armen mehr Unabhängigkeit verleiht.[85] Den Reichen (oder wenigstens der Mittelschicht) zu gestatten, sich an einigen Versicherungsprogrammen zu beteiligen, und ihnen zu zeigen, daß Versicherungen weniger kosten-

trächtig sind als andere Anstrengungen zur Verringerung der Armut kann die politische Unterstützung für staatlich finanzierte Versicherungen drastisch erhöhen. Vor allem werden staatliche Anstrengungen zur Risikomilderung, wie Kapitel 5 und 6 darlegen, nur dann Erfolg haben, wenn Arme mit dem Staat in einen Dialog über Probleme wie Risiken und Schadenanfälligkeit treten können.

Besondere Überlegungen ergeben sich aus der Betrachtung des großen (und größer werdenden) informellen Sektors in vielen Entwicklungsländern (Sonderbeitrag 8.6). In 12 lateinamerikanischen Ländern stieg der Anteil der im informellen Sektor beschäftigten Erwerbsbevölkerung zwischen 1990 und 1997 von 50 Prozent auf 54 Prozent.[86] Während des Übergangs von der Plan- zur Marktwirtschaft in Ost-

Sonderbeitrag 8.6
Versicherungsmöglichkeiten für den informellen Sektor

Die einfache Ausdehnung des gesetzlichen Versicherungsschutzes von offiziellen Sozialversicherungssystemen (Renten-, Arbeitslosen-, Berufsunfähigkeitsversicherungen) auf kleine Unternehmen wird den Bedürfnissen des informellen Sektors im Hinblick auf das Risikomanagement nicht gerecht. Programme müssen die geringere Beitragskraft und die größere Volatilität der Einkommen von Selbständigen und Arbeitskräften im informellen Sektor berücksichtigen.

Die Grenzen zwischen rein beitragsorientierten, selbstfinanzierenden Versicherungsprogrammen und Hilfen, die mit allgemeinen Steuermitteln finanziert werden, müssen unter Umständen verwischt werden. Darüber hinaus bedarf es flexibler Partnerschaften zwischen verschiedenen Anbietern: dem Staat, privaten Versicherungsgesellschaften, Gemeinschaften, nichtstaatlichen Organisationen und Organisationen, welche die Arbeitskräfte des informellen Sektors vertreten.

In den letzten Jahren sind zahlreiche beitragsorientierte und häufig eigenständig verwaltete Programme für Arbeitskräfte des informellen Sektors entstanden. Sie werden entweder in angepaßter Form aus offiziellen Systemen übernommen oder basieren auf Genossenschaften und Versicherungsvereinen auf Gegenseitigkeit. Bisweilen ergänzen sie traditionelle Risikomanagement-Ansätze wie zum Beispiel Vereine, die Beerdigungskosten tragen, und Spar- und Darlehensvereine.

Im indischen Bundesstaat Andhra Pradesh sind nach dem Employees' Provident Fund Act heute rund 425.000 in der *Beedi*-Industrie (Zigarillofertigung) tätige Heimarbeiter rentenversichert. Ein einfacher Verfahrensschritt, nämlich die Ausgabe von Ausweisen, war entscheidend für den Erfolg. Darüber hinaus richtete die Zentralregierung für diese Arbeitskräfte einen Wohlfahrtsfonds ein, der über eine zweckgebundene Steuer finanziert wurde, die von Arbeitgebern und Produzenten in der *Beedi*-Industrie aufgebracht wird. Die Erhebung von Beiträgen und die Erbringung von Wohlfahrtsdiensten wird so von den Beziehungen zwischen Arbeitgebern und Arbeitnehmern abgekoppelt, so daß ein wichtiges Problem bei der Eingliederung der Arbeitskräfte des informellen Sektors in die Beitragssysteme beseitigt wurde.

Mehrere indische Bundesstaaten haben vor kurzem ein experimentelleres Gruppenversicherungsprogramm erprobt. In Gujarat erhielten rund 20.000 Landarbeiter ohne Landbesitz Lebens- und Unfallversicherungsschutz. Die meisten Gruppenversicherungsprogramme sind nicht vollständig selbstfinanziert und daher auf Zuschüsse des Staates angewiesen.

In Erhebungen nennen Arbeitskräfte des informellen Sektors immer wieder die Krankenversicherung als die am dringendsten benötigte Art von Versicherung. In China deckt die Krankenversicherung für die Landbevölkerung Krankenhauskosten sowie Kosten für die medizinische Grundversorgung mit privaten und staatlichen Mitteln. Die von den Leistungsberechtigten gezahlten Prämien werden durch einen öffentlichen Wohlfahrtsfonds im Dorf sowie staatliche Subventionen ergänzt.

In Tansania bietet ein Pilotprojekt in Dar es Salaam eine Krankenversicherung über fünf Versicherungsvereine auf Gegenseitigkeit an, die von Arbeitskräften des informellen Sektors gegründet wurden. In Igunga, einer Kleinstadt im Nordwesten des Landes, ist es einem gemeinschaftlichen Gesundheitsfonds, der für Kosten der medizinischen Grundversorgung aufkommt, gelungen, eine Beteiligung von 50 Prozent zu erreichen. Da das Programm auf Ausgleichsmittel angewiesen ist, ist die Nachhaltigkeit fraglich.

Entscheidend für den Erfolg von beitragsorientierten Versicherungsprogrammen für den informellen Sektor sind die Organisation der Programme, die auf einer von Vertrauen und gegenseitiger Unterstützung geprägten Gemeinschaft (Berufsgruppe, Dorf) aufbauen muß, und die administrative Fähigkeit, Beiträge beizutreiben und Leistungen bereitzustellen. Die administrativen Kapazitäten können durch eine Dachorganisation gestärkt werden, die örtlichen Gruppen zur Seite steht und ihnen technische Unterstützung bietet.

Quelle: van Ginneken 1999.

---

europa und der ehemaligen Sowjetunion entstand eine nicht unbedeutende Schattenwirtschaft. Eine Arbeitslosenversicherung erreicht im informellen Sektor tätige Arbeitskräfte nicht, Sozialhilfeprogrammen gelingt dies aber sehr wohl. Die gemeinschaftsbasierte und die integrierte Bereitstellung von Versicherungen sind zwei innovative, vielversprechende Ansätze. Programme dieser Art erkennen die engen Zusammenhänge zwischen Arbeitsmarktrisiken und anderen Risiken in der informellen Wirtschaft an.[87] Leistungspakete, die verschiedene Arten von Versicherungen und Hilfen für Selbständige miteinander kombinieren, können unter Umständen besonders attraktiv sein. In Chile beteiligen sich viele Selbständige am Rentensystem, um eine Krankenversicherung abschließen zu können.[88]

Spezifische Instrumente und die Lehren der Vergangenheit

Zwar sind die hier erörterten allgemeinen Grundsätze zweckdienlich, um die Auswahlmöglichkeiten für politische Entscheidungsträger einzugrenzen, doch wirklich bedeutsam sind erst ihre Anwendung auf spezifische Beispiele und die Lehren der Vergangenheit. Es stehen zahlreiche Hilfsmittel zur Verfügung, mit denen staatliche Maßnahmen die Fähigkeit von Haushalten zur Bewältigung von Risiken verbessern können. Der Rest dieses Kapitels stellt sieben Instrumente dar, die für Arme besonders relevant sind: Krankenversicherung, Renten und Hilfen für Alte, Arbeitslosenversicherung und -hilfe, Arbeitsbeschaffungsprogramme, Sozialfonds, Mikrofinanzprogramme sowie Barübertragungen. Einige dieser Instrumente widmen sich vorrangig einer Risikoart – andere eignen sich für eine ganze Reihe von Risiken.

Krankenversicherung. Mehrere Studien belegen, daß viele Haushalte in Entwicklungsländern sich nicht selbst gegen schwere Krankheiten oder Behinderungen absichern können. Mit diesen Gesundheitsbeeinträchtigungen gehen erhebliche wirtschaftliche Kosten einher, sowohl in Form von Einkommenseinbußen als auch in Form von Kosten für die medizinische Versorgung. Die Politik sollte darauf in der Form reagieren, daß sie eine Krankenversicherung bereitstellt und staatliche Gesundheitsausgaben jenen Einrichtungen zukommen läßt, die vorrangig auf Arme (oder arme Gebiete) abzielen.[89]

Einige Länder mit mittlerem Einkommen haben eine allgemeine Krankenversicherung eingerichtet, wie zum Beispiel Costa Rica und die Republik Korea in den 1980er Jahren. Doch die meisten Länder mit niedrigem Einkommen können nur eine begrenzte Krankenversicherung anbieten und gewähren statt einer Vollversicherung für seltenere, aber sehr kostenträchtige Krankheiten in der Regel gewisse Mindestleistungen für sämtliche Krankheiten (Vollkostenübernahme mit Kappung).[90] Diese Lösung mag den Anschein erwecken, daß sie besonders den Armen zugute kommt (da Leistungen unabhängig vom Einkommen gezahlt werden und es keinen Selbstbehalt gibt), doch es gibt Hinweise darauf, daß nicht die häufiger auftretenden, leichteren Erkrankungen, sondern gerade schwere Krankheiten und zur Arbeitsunfähigkeit führende Verletzungen für Arme das größte Problem darstellen. Indonesische Haushalte konnten mehr als 70 Prozent der Verbrauchsfluktuationen infolge von mittelschweren gesundheitsbezogenen Schocks auffangen, jedoch nur 40 Prozent von denen infolge von schweren gesundheitsbezogenen Schocks.[91] Ein durchschnittlicher Krankenhausaufenthalt in Indonesien kostet 131 Prozent des Jahreseinkommens des ärmsten Quintils der Haushalte, aber nur 24 Prozent des Einkommens des reichsten Quintils.[92] In China wiederum konnten Haushalte nur 6 Prozent der durch die Gesamtkosten der medizinischen Versorgung verursachten Verbrauchsfluktuationen ausgleichen, aber 100 Prozent der Fluktuationen bei Gesundheitsausgaben von weniger als 50 Yuan.[93]

Die staatliche Bereitstellung von Versicherungen gegen verheerende Gesundheitsrisiken könnte daher die Wohlfahrt der Armen erheblich verbessern, wenn die Haushalte nicht in der Lage sind, sich gegen diese Risiken abzusichern. Die Erkenntnisse deuten überdies

darauf hin, daß die Prämien recht niedrig sein (da schwere Krankheiten selten sind) und deutlich unter dem Höchstbetrag liegen können, den Haushalte zu zahlen bereit sind.[94] So unterschiedliche Länder wie Costa Rica und Singapur haben Krankenversicherungsprogramme mit fast universellem Versicherungsschutz ins Leben gerufen (Sonderbeitrag 8.7). Wenn die Absicherung gegen schwere Krankheiten für Arme aufgrund von begrenzten administrativen Fähigkeiten oder sonstigen Beschränkungen nicht möglich ist, kann sich das System statt dessen auf Zuschüsse für die klinische Versorgung stützen. Damit diese Lösung für die Armen von Vorteil ist, muß in dem System zur Überweisung in Krankenhäuser und beim Zugang zu Kliniken jedoch Gerechtigkeit herrschen.[95] Beide Ansätze verfolgen das Ziel, die Verschuldung der Armen, Notverkäufe von Vermögenswerten und Verbrauchsminderungen zu verhindern, das heißt Maßnahmen, zu denen Arme gezwungen sein könnten, um die Kosten für medizinische Notfälle zu bestreiten.

Von Verletzungen und chronischen Krankheiten, die zu langfristigen Behinderungen führen, sind schätzungsweise 5 bis 10 Prozent der Menschen in Entwicklungsländern betroffen.[96] Behinderungen hängen mit geringer Bildung, schlechter Ernährung, hoher Arbeitslosigkeit und Unterbeschäftigung und geringen beruflichen Aufstiegschancen zusammen – alles Faktoren, welche die Wahrscheinlichkeit, arm zu sein, erhöhen. Und arm zu sein erhöht auch das Risiko, von einer Behinderung betroffen zu sein. Behinderungen werden in Entwicklungsländern zu einem großen Teil durch Verletzungen, ansteckende oder pränatale Krankheiten oder Erkrankungen der Mutter verursacht, von denen einige vermeidbar sind. Die medizinische Krankheitsvorsorge wird mit steigendem Einkommen natürlich einfacher.

Auf lange Sicht müssen sich politische Maßnahmen auf die Prävention konzentrieren, insbesondere auf die medizinische Versorgung von Müttern und Kindern. Programme zur Ausrottung der Masern, zur Bekämpfung der Onchozerkose (Flußblindheit) und zur Verringerung von Mangelzuständen in Folge unzureichender Versorgung mit Mikronährstoffen haben die Zahl der Behinderungen bereits verringert.[97] Vorsorgeprogramme, die verhindern, daß aus einfachen Krankheiten chronische Behinderungen werden, sind für Kinder besonders wichtig.[98] Kriege und Bürgerkriege haben ebenfalls zu vielen Fällen von Behinderungen geführt. Die Zahl der Opfer von Landminen ist in den vergangenen 15 Jahren sprunghaft gestiegen: Eine Studie zu

Sonderbeitrag 8.7
Zwei Systeme zur allgemeinen Krankenversicherung: Costa Rica und Singapur

Costa Rica und Singapur verfügen über sehr unterschiedliche Einkommensniveaus und administrative Fähigkeiten, aber beide haben mit Erfolg einen allgemeinen Krankenversicherungsschutz eingerichtet. Sie weisen auch einige gemeinsame Merkmale auf, die bei der gezielten Bewilligung von Gebührenbefreiungen für Arme zweckdienlich sind, zum Beispiel eine Alphabetisierungsquote von nahezu 100 Prozent und ein System zur offiziellen Erfassung von personenstandsbezogenen Ereignissen (Geburten, Eheschließungen) und Transaktionen (Anstellungsverträge, Rechnungen von öffentlichen Versorgungsbetrieben).

Costa Rica
In Costa Rica gestaltet und setzt der öffentliche Sektor Maßnahmen zur Gesundheitsfürsorge um. Die Bedeutung des privaten Sektors bei der Gesundheitsfürsorge ist eher gering: nur rund 2 Prozent der Krankenhausbetten des Landes stehen in Privatkliniken. Der Sozialversicherungsfonds Costa Ricas wurde im Jahr 1943 eingerichtet, und im Jahr 1971 wurde der Versicherungsschutz für Gesundheitsdienste auf die ganze Bevölkerung ausgedehnt. Tatsächlich sind rund 85 Prozent der Einwohner versichert. Die Finanzierung erfolgt über direkte Abzüge vom Lohn oder Gehalt sowie freiwillige, einkommensabhängige Beiträge von Selbständigen. Die öffentlichen Ausgaben für die Gesundheitsfürsorge sind weiterhin hoch und bewegten sich von 1975 bis 1993 zwischen 4,7 und 6,8 Prozent des BIP. Die allgemeine Krankenversicherung ging mit Strategien zur Gesundheitsfürsorge einher, die auf die Krankheitsvorsorge, die Eindämmung bestimmter Risikofaktoren und die Erhöhung der Reichweite von Leistungen auf ländliche und städtische Gebiete abzielten. Das schlug sich in den Gesundheitskennzahlen nieder. Zwischen 1975 und 1990 sank die Säuglingssterblichkeitsrate von 37,9 auf 15,3 pro 1.000 Lebendgeburten, und der Anteil der Entbindungen im Beisein von medizinischem Fachpersonal stieg von 82,5 Prozent auf 95,2 Prozent.

Die 15 Prozent der Bevölkerung, die nicht durch das nationale Krankenversicherungsprogramm abgesichert sind, konzentrieren sich am unteren Ende der Einkommensskala. Über ein kostenloses Krankenversicherungsprogramm sind mehr als drei Viertel dieser Gruppe abgesichert. Der Leistungsanspruch wird von Sozialarbeitern anhand der von den Antragstellern gemachten Angaben zur Zusammensetzung, dem Einkommen und der Wohnsituation des Haushalts systematisch geprüft. Die administrativen Überprüfungen der Antragsteller sind methodisch und effektiv. 55 Prozent der Leistungen im Rahmen des Programms gehen an das ärmste Quintil.

Probleme im Bereich der Gerechtigkeit werden ferner im Zuge der im Jahr 1995 eingeleiteten Reform der medizinischen Grundversorgung angegangen. Das Land ist in 800 Gesundheitszonen eingeteilt, die jeweils von einem größeren Gesundheitsteam betreut werden, das den allgemeinen Zugang zur medizinischen Grundversorgung sowie bei Bedarf die Überweisung an übergeordnete Einrichtungen gewährleistet. Jedes Gesundheitsteam wird von einem von der Gemeinschaft eingerichteten Gesundheitsausschuß unterstützt.

Dennoch ist die Gesundheitsfürsorge in Costa Rica nicht rundum perfekt. Die Wartezeiten sind lang, und vereinzelt gab es Beschwerden über eine nicht fachgerechte Behandlung von Patienten. Daher wenden sich viele Menschen, die Anspruch auf staatliche Leistungen haben, bei weniger kostenträchtigen Behandlungen eher an private Anbieter. Und weil der Leistungsanspruch nicht an eine bestimmte Mindestanzahl von Prämien gekoppelt ist, zahlen einige die Prämien nur, wenn sie eine teure Behandlung benötigen. Das verstößt gegen das Solidaritätsprinzip eines Versicherungssystems. Costa Rica hat Reformen eingeleitet, um diesen Problemen zu begegnen.

Singapur
Zwischen 1984 und 1993 schuf Singapur ein dreischichtiges System der Krankenversicherung. Dieses System besteht aus den drei Säulen Medisave, Medishield und Medifund. Das Programm bietet Versicherungsschutz gegen mittlere Gesundheitsrisiken über Medisave-Konten, die von Einzelpersonen und Haushalten angelegt werden müssen. Diese obligatorischen Sparkonten, die Teil des Pflichtversicherungssystems Singapurs sind, werden über einen direkten Abzug vom Lohn oder Gehalt in Höhe von 40 Prozent (zu gleichen Teilen von Arbeitgeber und Arbeitnehmer getragen) finanziert. Von diesem Beitrag fließen 6 bis 8 Prozent den Medisave-Konten zu, mit deren Hilfe Krankenhauskosten von bis zu 170 US-Dollar pro Tag gedeckt werden können. Krankheitskosten geringerer Höhe sollen die Versicherten aus der eigenen Tasche bezahlen oder mittels privater Versicherungen decken.

Versicherungsschutz gegen schwerwiegende Gesundheitsrisiken bietet Medishield, eine wahlfreie Zusatzversicherung für Kosten, welche die im Rahmen von Medisave gebotene maximale Deckungssumme übersteigen. 88 Prozent der Inhaber eines Medisave-Kontos haben sich für den zusätzlichen Schutz durch Medishield entschieden. Die Mitversicherungsrate liegt bei 20 Prozent, und der abzugsfähige Betrag variiert je nach Komfortklasse der medizinischen Einrichtung.

Für mehr Gerechtigkeit sorgen Zuschüsse im Rahmen von Medifund, so daß Probleme infolge der nicht-progressiven Natur der Medisave-Konten und von Medishield behoben werden. Ein schwerwiegender gesundheitsbezogener Schock würde für das ärmste Quintil der Haushalte Kosten in Höhe von 55 Prozent der jährlichen Pro-Kopf-Ausgaben verursachen, für das reichste Quintil hingegen nur in der Größenordnung von 21 Prozent. Medifund-Zuschüsse sind nach Klasse der medizinischen Einrichtung gestaffelt und sind daher naturgemäß auf die Zielgruppe der ärmeren Leistungsberechtigten fokussiert. Als letzten Ausweg können Patienten, die nicht imstande sind, für alle Krankheitskosten aufzukommen, mit einer Bedürftigkeitsprüfung verbundene Zuschüsse beim Medifund-Ausschuß ihres Krankenhauses beantragen, die aus dem Überschuß des Staatshaushalts finanziert werden.

Quelle: Grosh 1994; Prescott und Pradhan 1999; Sauma 1997.

vier von Kriegen erschütterten Ländern ergab, daß in 6 Prozent der Haushalte eine Person lebte, die von einer Landmine getötet oder so schwer verletzt wurde, daß bleibende Schäden die Folge waren.[99]

Menschen mit Behinderungen entstehen zusätzliche medizinische Kosten, und häufig sind sie von Diensten und Gemeinschaftsaktivitäten ausgeschlossen.[100] Die meisten behinderten Menschen sind auf die Unterstützung ihrer Familie angewiesen und können auf Einkommenskrisen nicht mit einer stärkeren Präsenz auf dem Arbeitsmarkt reagieren. Eine Studie ergab, daß sich 61 bis 87 Prozent der Landminenopfer verschulden mußten, um für ihre Arztrechnungen aufkommen zu können, und 12 bis 60 Prozent von ihnen Vermögenswerte veräußern mußten.[101] Prävention und eine bessere medizinische Versorgung sind der Schlüssel zu weniger Fällen von Behinderungen in der Zukunft. Wer bereits behindert ist, benötigt Rehabilitationsprogramme auf Gemeinschaftsbasis und Übertragungen des Staates an die Familie, die ihn pflegt.[102]

Renten und Hilfen für Alte. Die mit dem Alter verbundenen Risiken weisen eine soziale und eine wirtschaftliche Dimension auf, und die Politik muß sich sowohl der einen als auch der anderen annehmen. Um die soziale Isolation eines Großteils der Alten zu verringern, muß die Sozialpolitik den Zugang zu Gemeinschaftsgruppen oder Verbänden erleichtern, die sich um Alte kümmern. Die Nähe zu Gesundheitseinrichtungen ist ebenfalls ein wichtiges Anliegen, da es für Alte schwierig ist, zu weit entfernten Kliniken zu gelangen.

Aus wirtschaftlicher Sicht sind viele Alte arm, weil sie ihr ganzes Leben lang arm waren.[103] Maßnahmen zum Abbau der Armut, die das Einkommen der Menschen während ihres Arbeitslebens erhöhen, führen dazu, daß sie auch im Rentenalter besser gestellt sind. Gut funktionierende Finanzmärkte, die das Sparen und die Geldanlage vereinfachen, helfen den Berufstätigen, im Laufe ihres Lebens Vermögen aufzubauen. Besonders wichtig ist dies für Arbeitskräfte des informellen Sektors und Selbständige, die an Rentenplänen nur selten beteiligt sind. Höhere Einkommen und ein besseres Risikomanagement werden den heutigen Arbeitskräften im besten Alter auch helfen, ihre Eltern finanziell zu unterstützen.

In den meisten Entwicklungsländern ist die Reichweite von offiziellen Rentensystemen beschränkt, denn sie bieten nur für 16 Prozent der dort lebenden Arbeitskräfte Versicherungsschutz.[104] In den ärmsten Ländern in Südasien und in den afrikanischen Ländern südlich der Sahara sind nur 10 Prozent der Arbeitskräfte rentenversichert.[105] Die Zahl der Versicherten kann durch geeignete Reformen erhöht werden, doch diese Reformen brauchen ihre Zeit: Versicherungsraten von über 50 Prozent der Arbeitskräfte sind in der Regel nur in Ländern mit einem jährlichen Pro-Kopf-Einkommen von mehr als 5.000 US-Dollar zu finden.[106]

Die allgemeine Empfehlung für eine Rentenreform lautet, daß ein auf mehreren Säulen aufbauendes System geschaffen werden sollte: ein staatlich verwaltetes Programm mit festgelegten Leistungen in Kombination mit einem privat verwalteten Programm mit festgelegten Beiträgen, ergänzt durch freiwilliges Vorsorgesparen. Das staatlich verwaltete Programm, das mit allgemeinen Steuergeldern finanziert wird, kann Armuts- und Gerechtigkeitsfragen angehen. Das privat verwaltete Programm, das vollständig über die Beiträge der Teilnehmer finanziert wird, dient als Lohnersatz nach der Verrentung.[107] In mehreren Ländern, vor allem in Lateinamerika und Osteuropa, ruht das Rentensystem auf mehreren Säulen. Doch die erfolgreiche Leitung derartiger Systeme setzt erhebliche administrative Fähigkeiten voraus.

Selbst ein gut strukturiertes Rentensystem wird die Armen nicht von Anfang an erreichen. Der Versicherungsschutz im Rahmen von offiziellen Rentensystemen ist für Arbeitskräfte mit hohem Einkommen häufig sehr viel höher: In Chile sind mehr als 40 Prozent der Arbeitskräfte im ärmsten Einkommensdezil, im reichsten Dezil hingegen weniger als 20 Prozent der Arbeitskräfte nicht in das Rentensystem eingegliedert.[108] Im allgemeinen ist der Versicherungsschutz unter Armen, Ungebildeten, Selbständigen und jenen Frauen, die den Großteil ihres Lebens im Haushalt gearbeitet haben und dem Arbeitsmarkt nicht zur Verfügung standen, am geringsten.

Zu diesem geringeren Versicherungsschutz tragen auch Marktversagen und das Versagen von Institutionen sowie Anreize bei, die den einzelnen unter Umständen dazu veranlassen, sich nicht zu versichern. Angesichts des Risikoprofils von armen Haushalten bereiten ihnen Krankheiten oder Mißernten unter Umständen größere Sorgen als die Einkommenssicherheit im Alter. In einem Umfeld mit beschränkten Kreditmöglichkeiten können arme Haushalte oder Haushalte von Selbständigen Pflichtbeiträge zum Rentensystem möglicherweise nur unter großen Schwierigkeiten aufbringen. Wenn es darüber hinaus dem staatlichen Rentensystem an Glaubwürdigkeit mangelt, verlassen sich viele Haushalte weiterhin eher auf traditionelle, informelle Systeme zur Alterssicherung, die sich häufig auf den Haushalt, den erweiterten Familienkreis oder den Volksstamm stützen.[109]

Um den Bedürfnissen der Alten gerecht zu werden, bedarf es daher mehr als der Zahlung von Renten. Vorsorgemaßnahmen beinhalten etwa die Förderung der Spartätigkeit und Geldanlage sowie die Bereitstellung von Programmen zur Verringerung der Armut während des Arbeitslebens der Menschen. Für die Alten von heute werden unterschiedliche Formen der direkten und indirekten Unterstützung benötigt. Programme können jenen Familien Unterstützung bieten, die in ihrem Haushalt lebende Alte pflegen.[110] Umschulungs- und Arbeitsbeschaffungsmaßnahmen, die auf ältere Arbeitskräfte zugeschnitten sind, können es diesen erleichtern, berufstätig zu bleiben.[111] Und die Sozialhilfe oder Sozialrente sollte die Ärmsten und die sehr Alten (Kategorien, die sich häufig überschneiden) sowie jene Menschen absichern, die nicht von ihrer Familie unterstützt werden (Sonderbeitrag 8.8). Witwen stellen häufig einen großen Teil dieser Gruppe.[112]

Arbeitslosenversicherung und Arbeitslosenhilfe. Das Arbeitsmarktrisiko kann erheblich gemindert werden, wenn dafür gesorgt wird, daß die Arbeitsmärkte besser funktionieren, und darüber hinaus eine solide makroökonomische Politik verfolgt wird. Viele Arbeitsmärkte in Entwicklungsländern sind segmentiert (und versperren so einigen Gruppen effektiv den Zugang) und übermäßig reguliert. Reformen des Arbeitsrechts und der arbeitsrechtlichen Vorschriften müssen einen Kompromiß zwischen einer größeren Effizienz auf dem Arbeitsmarkt und der Förderung und Durchsetzung von arbeitsrechtlichen Normen zum Schutz schadenanfälliger Arbeitskräfte finden (Kapitel 4). Die Beseitigung der ausbeuterischsten Formen der Kinderarbeit sollte dabei ein vorrangiges Ziel sein.[113] Im informellen Sektor, in dem Gesetze und Vorschriften nur selten Anwendung finden, können staatliche Maßnahmen die traditionellen, informellen Maßnahmen zur Verbesserung des Arbeitsumfelds von Arbeitskräften ergänzen.

Reformen und Rechtsvollzug müssen mit Programmen zur Qualifikationsförderung, der Unterstützung bei der Arbeitsplatzsuche und der Entwicklung von Kleinstunternehmen einhergehen. Da die Erfahrungen mit staatlich geleiteten Fortbildungsprogrammen gemischt sind, muß die Möglichkeit von Partnerschaften mit dem privaten Sektor geprüft werden.[114] Die Effektivität des Arbeitsmarktes kann ebenfalls erhöht werden, indem die Beziehungen zwischen Partnern auf dem Arbeitsmarkt (den Arbeitgeberverbänden, den Gewerkschaften und dem Staat) verbessert und Tarifverhandlungen und -verträge gestärkt werden.[115]

Allerdings kann selbst ein gut funktionierender Arbeitsmarkt das Risiko der Arbeitslosigkeit oder Unterbeschäftigung nicht vollständig beseitigen. Freigesetzte Arbeitskräfte sind auf Arbeitslosenunterstützung als

---

Sonderbeitrag 8.8
Sozialrenten in Chile und Namibia

Zwei so unterschiedliche Länder wie Chile und Namibia haben Sozialrentenprogramme zur Absicherung der schadensanfälligsten Alten aufgelegt. Chile verfügt über ein auf mehreren Säulen aufbauendes Rentensystem, bei dem die Rentenhöhe von der Zahl der Beschäftigungsjahre und den Beiträgen abhängig ist. Geschlechtsspezifische Unterschiede bei der Einkommenshöhe und den Arbeitsjahren bedingen erhebliche Unterschiede in der Höhe der Rentenzahlungen. Zur Veranschaulichung soll hier das Beispiel einer Frau mit nicht abgeschlossener Grundschulbildung und einer durchschnittlichen Anzahl an Arbeitsjahren dienen, die im gesetzlichen Rentenalter von 60 Jahren in Rente geht: Sie würde nur 29 Prozent der Rente eines vergleichbar qualifizierten Mannes erhalten, der sich im gesetzlichen Rentenalter von 65 Jahren zur Ruhe setzt.

Zusätzlich zu diesem offiziellen Rentensystem finanziert der Staat Sozialrenten, die für arme Frauen und Männer über 65 Jahren bestimmt sind, die nicht über das offizielle System abgesichert sind. Da sich dieses Programm nach der Bedürftigkeit und nicht nach der Berufstätigkeit richtet, sind die Beträge der Leistungen nicht nach Geschlecht gestaffelt. Da ältere Frauen im allgemeinen ärmer sind als ältere Männer, profitieren Frauen davon verhältnismäßig stärker als Männer, insbesondere in ländlichen Gebieten.

Namibia hat ein Sozialrentenprogramm für Personen über 60 Jahren aufgelegt. Im Gegensatz zum chilenischen Programm steht das namibische der gesamten Bevölkerung offen und sieht keine Bedürftigkeitsprüfung vor. In der Praxis erhalten 88 Prozent der anspruchsberechtigten Rentner diese Rente. Die Sozialrente trägt in erheblichem Maße zum Abbau der Armut bei. Sie ist für 14 Prozent der Haushalte auf dem Land und für 7 Prozent der Haushalte in der Stadt die Haupteinkommensquelle.

Das Sozialrentenprogramm hilft indirekt auch Kindern, da viele alte Menschen in Namibia für die Enkelkinder sorgen und die Schulgebühren zahlen, wenn die Eltern bei der Arbeit sind oder Arbeit suchen oder weil die Kinder AIDS-Waisen oder behindert sind.

Quelle: Cox Edwards 2000; Subbarao 1998; Weltbank, in Kürze erscheinend a.

Schutz vor erheblichen Einkommenseinbußen und Armut angewiesen. In einigen Ländern besteht ein sehr enger Zusammenhang zwischen Arbeitslosigkeit und Armut. Eine Armutsstudie in fünf Ländern Osteuropas und der ehemaligen Sowjetunion ergab eine 40 bis 80 Prozent höhere Armutshäufigkeit in Haushalten mit einem arbeitslosen Mitglied als in Haushalten, in denen kein Haushaltsangehöriger arbeitslos war. Die Armutsrate in Haushalten mit mehreren arbeitslosen Mitgliedern war in einigen Ländern doppelt so hoch wie der Landesdurchschnitt oder sogar noch höher.[116] Typische Arbeitslosenprogramme in der Region beinhalten Umschulungen, Lohnzuschüsse, Berufsberatung und Arbeitsplatzvermittlung, öffentliche Arbeitsprogramme und Gemeindedienst sowie Förderprogramme für Gründer von Kleinunternehmen.[117]

Eine Arbeitslosenversicherung – das traditionelle Hilfsmittel zur Milderung des Risikos eines Arbeitsplatzverlusts – eignet sich für die meisten Entwicklungsländer zumeist nicht, da sie über geringe administrative Fähigkeiten und einen großen informellen Sektor verfügen. Aufgrund des für den informellen Sektor typischen unregelmäßigen und nicht vorhersagbaren Einkommens ist es für Arbeitskräfte schwierig, sich an einem beitragsfinanzierten Versicherungsprogramm zu beteiligen.[118] Ein großer Teil der Probleme durch das Versagen von Märkten oder Institutionen, die bei der Erörterung von Rentensystemen genannt wurden, treffen auch für die Arbeitslosenversicherung zu. Bessere Alternativen zur Unterstützung von Arbeitslosen sind eine Sozialhilfe mit Bedürftigkeitsprüfung und staatliche Arbeitsprogramme (mit bezahlten Tätigkeiten für Leistungsempfänger).[119] Die Prüfung der Bedürftigkeit hat sich vielfach als schwierig erwiesen, doch befinden sich einige vielversprechende Ansätze, die für die Fokussierung einfach zu ermittelnde Kennzahlen verwenden, derzeit in der Pilotphase.[120]

Arbeitsbeschaffungsprogramme. Staatliche Arbeitsprogramme sind ein nützliches, antizyklisches Instrument, mit dem arme, beschäftigungslose Arbeitskräfte erreicht werden können. Die Fokussierung auf die gewünschte Zielgruppe können sie auf einfache Weise selbst gewährleisten, indem sie Löhne zahlen, die unter den marktüblichen Sätzen liegen. Ein gut gestaltetes und mit ausreichenden Mitteln ausgestattetes Arbeitsbeschaffungsprogramm stellt eine Kombination aus Risikomilderung und Bewältigung der Folgen von Schocks dar. Um Risiken mildern zu können, muß das Programm das Vertrauen schaffen, daß es auch nach Eintreten einer Krise verfügbar sein wird. Nur wenn der Staat als glaubwürdig empfunden wird, bringen derartige Programme Haushalte dazu, die kostenträchtige Selbst- oder Gruppenversicherung aufzugeben und dadurch Ressourcen für andere produktive Zwecke freizusetzen.[121] Die Funktion eines Bewältigungsmechanismus erfüllt das Programm dadurch, daß es Arbeitsplätze bereitstellt, wenn eine Krise eintritt. Wenn Haushalte nach einer Krise Einkommen erzielen können, brauchen sie nicht auf teure, folgenschwere Strategien (Verkauf von Vermögenswerten, Einschränkung der Nahrungsaufnahme) zurückzugreifen. Einige

Arbeitsbeschaffungsprogramme, zum Beispiel Trabajar in Argentinien, das mexikanische Programm zur Übergangsbeschäftigung[122] und das Maharashtra Beschäftigungsgarantie-Programm in Indien, haben mit Erfolg Beschäftigungsmöglichkeiten für Arme geschaffen (Sonderbeitrag 8.9). Andere Programme, die ursprünglich nicht als Arbeitsbeschaffungsprogramme ausgelegt waren, können in der Tat sehr ähnliche Funktionen erfüllen. Das gilt beispielsweise für das selbst fokussierende Programm Probecat in Mexiko, das Arbeitslosen in städtischen Gebieten Weiterbildungsmaßnahmen anbietet.[123]

Arbeitsbeschaffungsprogramme sind nicht unbedingt eine preiswerte Möglichkeit, Armen Leistungen zukommen zu lassen. Ihre Kosteneffektivität muß mit der von alternativen Übertragungsprogrammen verglichen werden. Die Kosten pro Personentag der geschaffenen Tätigkeit variieren von Land zu Land erheblich und reichen von nur 1 bis 2 US-Dollar bei einigen Programmen in Südasien bis 8 US-Dollar in Bolivien. Die Kosten sind abhängig vom Lohnsatz, der Art der umgesetzten Projekte, den Kosten für örtliche private Auftragnehmer und der Effektivität der Verwaltung. Löhne machen in der Regel 30 bis 60 Prozent der Gesamtkosten aus.[124]

Sozialfonds. Sozialfonds tragen zur Finanzierung von kleinen Projekten bei, die von armen Gemeinschaften, die in der Regel für eine Kofinanzierung sorgen, ausgewählt und umgesetzt werden. Fast 50 Länder, zumeist in Lateinamerika und in den afrikanischen Ländern südlich der Sahara, unterhalten Sozialfonds oder ähnliche Einrichtungen. Der weltweit größte Sozialfonds besteht in Ägypten. Vor kurzem haben auch osteuropäische und zentralasiatische Länder mit der Schaffung von Sozialfonds begonnen, und 10 solcher Fonds haben die Arbeit bereits aufgenommen oder sind in Vorbereitung.

Der erste Sozialfonds wurde im Jahr 1987 von der bolivianischen Regierung als Notfallmaßnahme und Reaktion auf den allgemeinen Konjunkturabschwung eingerichtet. Im allgemeinen sind Sozialfonds jedoch keine Bewältigungsinstrumente. Statt dessen verfolgen sie eine ganze Reihe von Zielen, unter anderem den Ausbau der Infrastruktur, die Entwicklung von Gemeinschaften, die Bereitstellung von Sozialleistungen und die Unterstützung des Dezentralisierungsprozesses.[125] Einige dienten jedoch dazu, auf Notsituationen wie den Hurrikan Mitch in Mittelamerika (Kapitel 9), den Bürgerkrieg in Kambodscha, ein Erdbeben in Armenien oder die Dürre in Sambia zu reagieren.

Sonderbeitrag 8.9
Grundzüge erfolgreicher Arbeitsbeschaffungsmaßnahmen

Bei zahlreichen Programmen für die Armen kommt ein großer Teil der Leistungen den Nicht-Armen zugute. Dieses Problem hat das Interesse an Programmen geweckt, die sich selbständig auf die vorgesehene Zielgruppe fokussieren. Ein Beispiel sind staatliche Arbeitsprogramme (Arbeitsbeschaffungsmaßnahmen), die besonders effektiv sind. Zwei erfolgreiche Arbeitsbeschaffungsprogramme sind das Maharashtra Beschäftigungsgarantie-Programm in Indien und das Programm Trabajar in Argentinien.

Das Programm Maharashtra, das während der extremen Dürre in den Jahren 1970 bis 1973 ins Leben gerufen wurde, wurde rasch erweitert und erreicht nun monatlich rund 500.000 Arbeitskräfte. In einem durchschnittlichen Jahr stellt das Programm Beschäftigungsmöglichkeiten im Volumen von 100 Millionen Personentagen bereit. Argentinien richtete Trabajar II (als erweiterte, reformierte Version eines älteren Programms) in der Mitte der 1990er Jahre ein, um die stark steigende Arbeitslosigkeit in den Griff zu bekommen, die in den Jahren 1996 und 1997 bei 18 Prozent lag und von der Arme besonders stark betroffen waren.

Projektauswahl
Beide Programme konzentrieren sich auf Infrastrukturprojekte (Straßenbau, Bewässerungsprojekte, Bau von Dämmen und Deichen). Örtliche Behörden schlagen in Zusammenarbeit mit Gemeinschaften und nichtstaatlichen Organisationen Projekte vor, welche arbeitsintensive Technologien einsetzen, der örtlichen Gemeinschaft zugute kommen und auf arme Gebiete abzielen müssen.

Lohnsätze und eigenständige Fokussierung
Um zu gewährleisten, daß es sich bei den meisten Teilnehmern tatsächlich um Arme handelt, und um Arbeitern weiterhin Anreize zu bieten, eine geregelte Arbeit anzunehmen, sobald sie verfügbar wird, sollten Programme nicht mehr als den Durchschnittslohn für ungelernte Arbeitskräfte zahlen. Trabajar legte den Lohnsatz auf etwa 75 Prozent des durchschnittlichen Monatseinkommens fest, das die ärmsten 10 Prozent der Haushalte im Großraum Buenos Aires mit der Hauptbeschäftigung erzielten. Das Programm Maharashtra legt den durchschnittlichen Lohnsatz von ungelernten Arbeitskräften auf dem Land zugrunde. Beide Programme waren höchst erfolgreich in ihrem Bestreben, die Ärmsten der Armen zu erreichen. Etwa 9 von 10 Teilnehmern des Programms Maharashtra lebten unterhalb der örtlichen Armutsgrenze, während 4 von 5 Teilnehmer von Trabajar gemessen an argentinischen Standards arm waren. Für die ärmsten 5 Prozent der Teilnehmer machten die Einkünfte durch das

Programm ein Plus von rund 74 Prozent ihres vor Beginn des Programms erzielten Einkommens aus.

Vorzüge für die Armen
Da es sich Arme kaum leisten können, gänzlich untätig zu sein, verzichten sie häufig auf eine Form von Einkommen, um an einer Arbeitsbeschaffungsmaßnahme teilzunehmen. Schätzungen gehen davon aus, daß das Einkommen, auf das sie verzichten, bis zu 50 Prozent des im Rahmen der Arbeitsbeschaffungsmaßnahme gezahlten Lohns ausmachen könnte. Aufgrund der Beschäftigungsgarantie bieten diese Maßnahmen den Armen jedoch ein höheres Maß an Absicherung. Die Schwankungsbreite der Einkommen in Dörfern, in denen das Programm Maharashtra Arbeitsplätze bereitstellt, ist nur halb so groß wie in Dörfern, in denen es das Programm nicht gibt. Arme profitieren auch indirekt von einem Arbeitsbeschaffungsprogramm, wenn ihnen die im Zuge des Programms geschaffene Infrastruktur zugute kommt. Es gibt sowohl positive als auch negative Beispiele. In einigen Fällen haben besser gestellte Haushalte das geschaffene Kapital monopolisiert (was jedoch nicht undifferenziert betrachtet werden darf, da die politische Akzeptanz des Programms durch die Reichen dadurch unter Umständen zunimmt, wie es bei dem Programm in Maharashtra offensichtlich der Fall ist).

Grundsätze, die Erfolge sichern
Arbeitsbeschaffungsprogramme können ihre Effektivität bei Beachtung einiger Grundsätze verbessern.

- Der Lohnsatz sollte ausgehend vom örtlichen, marktüblichen Lohn für ungelernte Arbeitskräfte und nicht auf der Grundlage des Programmbudgets festgelegt werden. Wenn die Mittel nicht ausreichen, um die Nachfrage zu decken, sollte das Programm vorrangig auf Gebiete mit hoher Armutsdichte abzielen. Die Anwendung zusätzlicher Berechtigungskriterien sollte vermieden werden.
- Die Lohnskalen sollten geschlechtsneutral sein. Die Einbeziehung von Frauen kann durch eine geeignete Projektauswahl, dezentralisierte Arbeitsorte und Angebote zur Kinderbetreuung gefördert werden.
- Die Arbeitsintensität sollte über der örtlichen Norm für ähnliche Projekte liegen.
- Die Gemeinschaften sollten an der Projektauswahl beteiligt werden, um sicherzustellen, daß der Nutzen aus der geschaffenen Infrastruktur in möglichst großem Umfang den Armen zugute kommt.
- Um eine bestmögliche Risikomilderung zu erreichen, sollte das Programm jederzeit zur Verfügung stehen und bei steigender Nachfrage während einer Krise automatisch erweitert werden.

Quelle: Jalan und Ravallion 1999c; Lipton 1998; Ravallion 1991, 1999a.

Sozialfonds haben überdies schrittweise mehr Bedeutung für die Risikomilderung erlangt und Projekte zur Schaffung von Erwerbsmöglichkeiten, den Schulbesuch von Kindern und die Nutzung von Gesundheitseinrichtungen gefördert sowie das Sozialkapital von Gemeinschaften gestärkt. Sie haben sich als flexibel, reaktionsschnell und kosteneffektiv erwiesen. Im Hinblick auf ihre Nachhaltigkeit und die Verringerung der Armut wird dieses Bild jedoch leicht getrübt.[126]

Sozialfonds nutzen drei Fokussierungsmechanismen, um Arme zu erreichen: selektive Investitionen (hauptsächlich in Grunddienste), Projektüberprüfung (um sicherzustellen, daß vor allem Arme begünstigt werden) und geographische Fokussierung (auf arme Gebiete). Die auf die Armen fokussierte Strategie und der nachfrageorientierte Ansatz von Sozialfonds stehen bisweilen miteinander in Konflikt. Um ihre Effektivität zu erhöhen, finanzierten viele Fonds zunächst Projekte in besser gestellten Gemeinschaften mit guten organisatorischen Fähigkeiten. Die ärmsten Gemeinschaften, für die es häufig schwierig ist, Vorschläge zu Investitionsprojekten zusammenzustellen, erhielten weniger Leistungen.

Um dieses Problem anzugehen, haben einige Sozialfonds (in Argentinien, Chile, Mali und Rumänien) die Schaffung der benötigten Fähigkeiten in armen Gemeinschaften unterstützt. Andere haben vorübergehend die Verantwortung für die Umsetzung übernommen, während die Gemeinschaften ihre Fähigkeiten erweiterten (Sonderbeitrag 8.10). Mehrere Fonds verbessern derzeit ihre Fokussierung auf die Armen. In Malawi und Sambia nutzen Sozialfonds neuerdings „Armutskarten", um Armutsherde zu ermitteln.[127] In den Beurteilungen der Begünstigten wurde die Gemeinschaftsorientierung (Bereitschaft, auf die Prioritäten der Gemeinschaft einzugehen, Zweckdienlichkeit bei der Förderung des gesellschaftlichen Zusammenhalts) als eine der Stärken von Sozialfonds genannt.[128]

Sonderbeitrag 8.10
Der Eritrean Community Development Fund

Nach dem Unabhängigkeitskrieg versprach die eritreische Regierung, jede Provinz mit einer grundlegenden wirtschaftlichen und sozialen Infrastruktur auszustatten. Doch vielen armen Gemeinschaften mangelte es an den Kapazitäten, die Projekte selbst umzusetzen. Die von Eritrea gewählte, innovative Lösung bestand in der Kombination von Sozialfonds und staatlichen Arbeitsprogrammen im Rahmen des Eritrean Community Development Fund. Bei diesem Fonds werden Projekte von unten nach oben und die Handlungsfelder von oben nach unten ausgewählt. Vertragliche Aspekte werden flexibel gehalten, um auch Gemeinschaften zu erreichen, die nicht über die für die Umsetzung erforderlichen Kapazitäten verfügen. Wenn eine Gemeinschaft keinen Projektausschuß zur Beaufsichtigung des Projekts bilden kann, übernimmt der Fonds die Mittelbeschaffung, die Verantwortung für vertragliche Aspekte und die technische Aufsicht. Bei Bedarf verwaltet der Fonds sogar den Beitrag der Gemeinschaft. Dieser flexible Ansatz wird mit einem ambitionierten Programm zur Schaffung der erforderlichen Fähigkeiten kombiniert, das Mitglieder der Gemeinschaft und Mitarbeiter der örtlichen Verwaltung in der Gestaltung, Pflege und Durchführung von Projekten schult.

Quelle: Frigenti, Harth und Huque 1998.

Mikrofinanzen (Kredite, Ersparnisse, Versicherungen). Mikrofinanzprogramme können arme Haushalte bei der Verbrauchsglättung während eines Schocks unterstützen. Der Zugang zu Krediten kann ihnen helfen, Notverkäufe von Vermögenswerten zu verhindern und Ersatz für die bei einer Naturkatastrophe vernichteten produktiven Vermögenswerte zu beschaffen. Doch Mikrofinanzprogramme leisten mehr, als lediglich den Haushalten bei der Bewältigung von Schocks zu helfen – sie können auch Kapital für die Schaffung oder Erweiterung von Kleinstunternehmen zur Verfügung stellen. Mikrofinanzprogramme helfen daher Haushalten, ihre Einkommensquellen zu diversifizieren, und verringern ihre Schadenanfälligkeit bei Einkommensschocks. Sie sind besonders wichtig für Frauen und Haushalte, denen Frauen vorstehen, da es gerade für diese Gruppe häufig schwierig ist, Kredite zu erhalten. Dennoch bleiben Mikrofinanzinstitutionen je nach Größe und Diversifizierung bei schweren, kovarianten Schocks wahrscheinlich ohne Wirkung (Kapitel 4).

Mikrofinanzprogramme haben mäßig arme und schadenanfällige (aber nicht unbedingt arme) Haushalte bislang besser erreicht als extrem arme Haushalte. Die Mehrzahl der Programme erreicht Personen, die knapp ober- oder unterhalb der Armutsgrenze leben. Anstrengungen, mit Mikrokreditprogrammen ausdrücklich arme Haushalte zu erreichen, schlagen häufig fehl, wenngleich es Hinweise darauf gibt, daß einige Programme mit Hilfe der geographischen Fokussierung mit Erfolg gerade die Armen erreichen.[129] Ansätze wie zum Beispiel die Auswahl der Begünstigten durch geeignete örtliche Gruppen und die gezielte Auswahl der Begünstigten anhand der Größe des Landbesitzes (wie bei der Obergrenze von einem halben Acre (circa 2000 Quadratmeter), welche die Grameen Bank zugrundelegt) haben sich als erfolgreicher erwiesen.[130] Empirische Studien belegen, daß die Kreditnehmer die Kredite eher zur Minderung von Risiken statt zur Bewältigung von Schocks nutzen, so daß die Mittel in der Regel nicht für den Verbrauch „abgezweigt" werden. Arme und nicht-arme Kreditnehmer gleichermaßen nutzen Kredite zur Verbrauchsglättung, indem sie die Einkommenszuflüsse glätten, und zwar vorrangig durch eine stärkere Diversifizierung. Kredite helfen Haushalten, Kapital verschiedener Art zu akkumulieren: physisches und produktives Kapital (Fahrzeuge, Geräte, Unterkunft, Vieh), finanzielles Kapital (Sparkonten), Humankapital (Bildung, medizinische Versorgung) und Sozialkapital (Beiträge zu Beerdigungen und Hochzeiten oder für Unterstützungsnetze auf Gegenseitigkeit).[131]

Die größte Stärke von Mikrofinanzprogrammen als Instrument für das Risikomanagement ist das Wissen um die Verfügbarkeit von Krediten im Bedarfsfall, so daß Haushalte von weniger effektiven und weniger wünschenswerten Strategien (Kinderarbeit, Geld unter der Matratze) Abstand nehmen können. Hier besteht eine Parallele zu Beschäftigungsgarantie-Programmen: Das Vertrauen in die zukünftige Verfügbarkeit ist der Schlüssel zum Erfolg von Mikrofinanzprogrammen als Instrument für das Risikomanagement.

Die Verfügbarkeit von Mikrofinanzleistungen ermöglicht armen Haushalten, von reaktionsorientierten zu proaktiven Ansätzen überzugehen: Sie können planen, wie sie Risiken mildern. Die meisten Kreditnehmer sind sich dieses Vorteils in hohem Maße bewußt und unternehmen große Anstrengungen, um Kredite zurückzuzahlen und so den Zugang zu Krediten in der Zukunft nicht zu verlieren. In Bangladesch zahlten die Kreditnehmer ihre Kredite sogar während und nach den Überschwemmungen zurück.[132] Belege deuten darauf hin, daß Mikrokredite insbesondere das Leben von armen Frauen verbessert haben, indem sie deren Verhandlungsposition gegenüber dem Ehemann und ihr Selbstvertrauen gestärkt sowie ihre Beteiligung am öffentlichen Leben gefördert haben.[133]

Der Erfolg von Mikrofinanzprogrammen bei der Verringerung der Schadenanfälligkeit durch Einkommensdiversifizierung und Vermögensbildung deutet darauf hin, daß sie eine bevorzugte Form der staatlichen Unterstützung sowie der Unterstützung durch Geber sein sollte.[134] Doch ist die Erweiterung der Klientel auf ärmere Haushalte weiterhin eine große Herausforderung. Bis zu einem gewissen Grad könnten Mikrofinanzprodukte umgestaltet werden, damit auch ärmere Haushalte erreicht werden können. Die Höhe der Kredite und die Rückzahlungsbeträge könnten flexibler gewählt werden, um den Einkommensverhältnissen und der Rückzahlungsfähigkeit von Kreditnehmern besser gerecht zu werden.[135] Für diese Lösung gibt es wahrscheinlich eine praktische Einschränkung, denn ab einem gewissen Punkt untergraben die steigenden Kosten für die Gewährung dieser Kredite die Nachhaltigkeit von Mikrofinanzinstitutionen. Den Ärmsten der Armen kann möglicherweise mit gezielten Barübertragungen wirkungsvoller geholfen werden.

Die Effektivität von Programmen würde zunehmen, wenn Mikrokredite mit Spar- und Versicherungspro-

dukten kombiniert würden, so daß die Adressaten keine Kredite aufzunehmen brauchen, um Kosten infolge von Krankheiten oder Todesfällen decken zu können (Sonderbeitrag 8.11). Die Bank Rakyat Indonesia und Safe-Save in Bangladesch zeigen deutlich das Potential, das die Kombination von Mikrokrediten und Sparprodukten eröffnet. Andere Mikrofinanzprogramme haben erfolgreich Lebensversicherungsprodukte mit niedrigen Prämien und begrenzten Leistungen (Beerdigungskosten und Rückzahlung von Schulden) eingeführt.[136]

Barübertragungen. Barübertragungen (ohne Leistungen von Beitragssystemen wie der normalen Renten- oder Arbeitslosenversicherung) umfassen Sozialhilfe für Alte, Kinderzuschüsse, gezielte Programme zur menschlichen Entwicklung und Gebührenbefreiungen für Grunddienste. In Ländern mit einem großen informellen Sektor, in denen eine offizielle Arbeitslosenversicherung nicht umsetzbar ist, ist die Sozialhilfe mit Bedürftigkeitsprüfung eine wichtige Möglichkeit, Arbeitslosen und Unterbeschäftigten zu helfen.

Welche Rolle Barübertragungen in der sozialen Risikomanagementstrategie spielen, hängt vom Einkommensniveau des Landes ab. In Ländern mit hohem Ein-

Sonderbeitrag 8.11
Die Self-Employed Women's Association in Indien

Die im Jahr 1972 gegründete Self-Employed Women's Association (SEWA) ist eine eingetragene Gewerkschaft für Frauen, die in Indien im informellen Sektor tätig sind. Die 220.000 Mitglieder der SEWA arbeiten als Hausiererinnen, Verkäuferinnen sowie Heim- und Hilfsarbeiterinnen. Neben den traditionellen Funktionen einer Gewerkschaft (Sicherung von Mindestlöhnen und Sicherheit am Arbeitsplatz) bietet die SEWA Rechtshilfe und betreibt darüber hinaus ein Bank- und ein Sozialversicherungsprogramm. Die Bank bietet den Mitgliedern Sparkonten und Kredite an. Das Sozialversicherungsprogramm, über das rund 14 Prozent der SEWA-Mitglieder versichert sind, bietet Kranken-, Lebens- und Sachversicherungen an. Etwas mehr als die Hälfte der Kosten des Versicherungsprogramms werden durch Prämien gedeckt. Der Rest wird von der SEWA und mit staatlichen Subventionen finanziert. Die SEWA betrachtet diese Maßnahmen als ersten Schritt zu höheren Beiträgen von Mitgliedern und zur Kostendeckung. Die Kombination von Bank-, Versicherungs- und Gewerkschaftsdiensten hat zu einem Anstieg der Mitgliederzahl der SEWA und zu einer Erhöhung des Einkommens der Mitglieder beigetragen. Die SEWA plant nun, die Leistungen der Krankenversicherung zu erweitern und auch eine Komponente zur Altersvorsorge anzubieten.

Quelle: Lund und Srinivas 1999b; Mirai Chatterjee, Generalsekretärin, SEWA, E-Mail-Nachricht, 3. Mai 2000.

kommen sind Barübertragungen Teil der Sozialversicherung und garantieren im großen und ganzen ein Mindesteinkommen. In Transformationsländern machten Hilfszahlungen an Familien in den Jahren 1992 und 1993 rund 0,4 bis 5,1 Prozent des BIP aus. Sozialhilfeprogramme mit Barübertragungen bestehen in Asien nur in wenigen Ländern, wo sie weniger als 1 Prozent des BIP ausmachen, und sind in Afrika und Lateinamerika so gut wie nicht existent.

Länderübergreifende Erfahrungen deuten an, daß Zuschüsse für Familien und eine gezielte Sozialhilfe ein effektives Instrument sind, um vor allem in Ländern mit relativ wenig Armut die Armut kurzfristig abzubauen. Die Schwierigkeit besteht darin, einen geeigneten Fokussierungsmechanismus zu finden, der mit den administrativen Fähigkeiten des Landes vereinbar ist. Dezentralisierte Lösungen sind unter Umständen vorzuziehen, wenn Gemeinschaften über bessere Informationen über potentielle Bedürftige verfügen (siehe Sonderbeitrag 8.5).[137]

Gezielte Programme zur menschlichen Entwicklung für arme Haushalte mit Kindern teilen Einkommen in Form von Geld- oder Sachleistungen auf der Grundlage von so eindeutigen Kriterien zu wie dem Alter der Kinder, dem Schulbesuch oder der Beteiligung an einem Gesundheitsfürsorgeprogramm. Sie verfolgen daher zwei Zielsetzungen: die Verringerung der Armut und überdies die menschliche Entwicklung. Wenn sie effektiv sind, beugen sie Langzeitschäden bei Kindern vor, die auftreten, wenn Haushalte zu einem angemessenen Risikomanagement nicht in der Lage sind und auf Schocks damit reagieren, daß sie ihren Kindern zuwenig zu essen geben oder sie von der Schule nehmen und arbeiten schicken.

Im Rahmen des Programms „Nahrung für Bildung" in Bangladesch führte die den Haushalten gewährte Sachleistung in Form von 100 Kilogramm Reis zu einem Anstieg der Schulbesuchswahrscheinlichkeit um 17 Prozent bei Jungen und um 160 Prozent bei Mädchen.[138] Das brasilianische Programm Bolsa Escola vergibt Stipendien gezielt in Regionen und Gemeinschaften, in denen Kinderarbeit am weitesten verbreitet ist, und versucht sicherzustellen, daß die Kinder weiterhin eine Schule besuchen. Dazu erhalten die Eltern einen Ausgleich für das Einkommen, das die Kinder erzielt hätten. Das mexikanische Programm Progresa bietet im Jahr 2000 rund 2,6 Millionen Haushalten die Möglichkeit, Leistungen im Gesundheits- und Bildungswesen in Anspruch zu nehmen. Auswertungser-

gebnisse deuten darauf hin, daß das Programm in der Lage ist, die Leistungen gezielt den ärmsten Haushalten zukommen zu lassen, und die Schulbesuchsquote in der Gruppe der Kinder aus den begünstigten Haushalten erhöht hat (siehe Sonderbeitrag 5.5 in Kapitel 5).[139]

Gebührenbefreiungen können eine effektive Gegenmaßnahme bei sinkenden Schulbesuchsquoten im Anschluß an eine Krise oder einen Schock sein. Nach der Krise in Indonesien sank die Schulbesuchsquote im Grundschulbereich bei Jungen in den ärmeren Vierteln Jakartas um 8,3 Prozent, während die im Bereich der weiterführenden Schulen landesweit zurückging, wobei der stärkste Einbruch in ärmeren Gebieten zu verzeichnen war. Im Jahr 1998 schaffte die indonesische Regierung die Zulassungsgebühren für staatliche Schulen ab und senkte die Monats- und Prüfungsgebühren für Grundschulen, so daß Eltern, die infolge der Krise mit den Gebührenzahlungen in Rückstand geraten waren, entlastet wurden. Ein individuelles Stipendienprogramm und pauschale Finanzzuweisungen für Schulen, die beide gezielt ärmeren Gebieten zugute kamen, flankierten die Gebührenbefreiung, um die Schulbesuchsquoten wieder auf ein höheres Niveau zu drücken.[140]

• • •

Arme sind einer ganzen Reihe von Risiken ausgesetzt, die sie gegenüber Einkommensschocks und Wohlstandsverlusten anfällig machen. Dieses Kapitel legt dar, daß die Unterstützung der Armen beim Risikomanagement daher ein wichtiger Bestandteil von Programmen zur Verringerung der Armut ist – und Maßnahmen zur Erhöhung des Durchschnittseinkommens und zur Verbesserung der Einkommensverteilung ergänzen sollte, die an anderer Stelle in diesem Bericht erörtert werden. Der Schwerpunkt lag auf Risiken, die vorrangig auf der Ebene des einzelnen, des Haushalts oder der Gemeinschaft (Mikro und Meso) bestehen, wie zum Beispiel Krankheiten und Verletzungen, Kriminalität und Gewalt in der Familie, Alter, Mißernten sowie Schwankungen der Lebensmittelpreise und der Nachfrage nach Arbeitskräften. (Kapitel 9 erörtert Risiken auf Makroebene, beispielsweise makroökonomische Krisen und Naturkatastrophen.)

Arme reagieren auf ihr Risikopotential mit der Diversifizierung von Vermögenswerten und Einkommensquellen sowie mit verschiedenen Arten der Selbstversicherung (Pufferbestände, Ersparnisse) und der informellen Versicherung (Netzwerke zur gegenseitigen

Unterstützung) – alles Maßnahmen zur Minderung des Risikos oder zur Milderung der Auswirkungen. Wenn sich diese Vorsorgemechanismen als nicht ausreichend erweisen, bewältigen Haushalte einen Schock, indem sie das Angebot ihrer Arbeitskraft erhöhen oder diversifizieren (Kinderarbeit, Migration), Vermögenswerte veräußern oder den Verbrauch einschränken.

Diese Mechanismen funktionieren zwar, aber sie funktionieren nicht gut genug. Die Volatilität des Haushaltseinkommens bleibt in vielen Gebieten hoch, und zahlreiche Haushalte leiden unter zeitweiligen Wohlstandsverlusten. Einige erholen sich davon, doch längst nicht alle. Schocks, die ein großes Gebiet treffen und die Ressourcen eines ganzen Netzwerks vernichten können, werden die Möglichkeiten der den armen Haushalten zur Verfügung stehenden Instrumente für das Risikomanagement sehr wahrscheinlich übersteigen. Und weil Schocks nicht alle Mitglieder armer Haushalte gleich stark treffen, sondern Frauen und Kinder häufig am stärksten belasten, kann ein unzulängliches Risikomanagement durch Mangel- und Fehlernährung, Kinderarbeit und Abbruch der Schulausbildung zu langfristigen negativen Folgen für Kinder führen.

Heute legt das Risikomanagement in den meisten Entwicklungsländern den Schwerpunkt vor allem auf Maßnahmen, die nach dem Eintreten einer Katastrophe ergriffen werden. Das Gewicht muß stärker auf Maßnahmen zur Risikominderung und -milderung gelegt werden, die greifen, bevor Schocks eintreten. Sowohl die Gesundheits-, als auch die Umwelt-, Arbeitsmarkt- und makroökonomische Politik können Risiken mindern. Und Sicherungsnetze, die vor dem Eintreten von Schocks eingerichtet werden, können sowohl der Risikomilderung als auch der Bewältigung der Folgen dienen.

Um den Anreiz- und Informationsproblemen zu begegnen, die Arme von vielen marktbasierten Versicherungsmechanismen ausschließen, kommt dem Staat eine besondere Rolle bei der Bereitstellung oder Regulierung von Versicherungen und der Schaffung von Sicherungsnetzen zu. Dieser Bericht verficht einen modularen Ansatz, der Sicherungsnetze an das spezifische Risikomuster im jeweiligen Land anpaßt und bestehende Maßnahmen zum Risikomanagement ergänzt. Zahlreiche Lösungen werden sich auf Partnerschaften zwischen armen Gemeinschaften, dem privaten Sektor und dem Staat stützen müssen.

Wirtschaftskrisen und Naturkatastrophen bewältigen

Es gibt keine Arbeit weit und breit. Wir werden krank und haben kein Geld, um uns behandeln zu lassen. Wir haben keine Medikamente, weil sie zu teuer sind. Die Regierung ist schuld, daß alles so teuer ist. . . . Wir haben kein Geld, um Dünger oder Samen zu kaufen, wir müssen alles in Dollar bezahlen. Wir haben nichts zu essen. Alles ist so teuer.

— Aus einer Diskussionsrunde mit erwachsenen Frauen aus der Zeit der Bankenkrise, Juncal, Ecuador

[Sicherheit bedeutet], . . . daß die Menschen in der Lage sind, Katastrophen zu überstehen.

— Aus einer Diskussionsrunde, Little Bay, Jamaika

Wirtschaftskrisen und Naturkatastrophen können zu einem schweren, plötzlichen Einbruch der volkswirtschaftlichen Produktionsleistung und einem drastischen Anstieg der Einkommensarmut führen. Zusammen mit gewalttätigen Auseinandersetzungen (siehe Sonderbeitrag 3.2 in Kapitel 3) sind sie bedeutende Ursachen für die Zunahme der Schadenanfälligkeit und Unsicherheit in einem Land. Schlimmer

noch: Aufgrund der Nebenschäden, die sie verursachen, etwa dem irreversiblen Verlust von Humankapital, beeinträchtigen sie nicht nur den aktuellen Lebensstandard der Armen, sondern auch ihre Fähigkeit, der Armut zu entkommen.

Die Fälle von Mangel- und Fehlernährung sowie die Zahl der armen Kinder, die ihre Schulausbildung abbrechen, können im Zuge von Wirtschaftskrisen und Naturkatastrophen zunehmen. Arme Haushalte sind häufig gezwungen, ihr dürftiges Vermögen zu niedrigen Preisen zu verkaufen. Diese Formen der Reaktion lassen chronische Armut fortbestehen und verringern aufgrund des irreversiblen Verlusts von Human- und physischem Kapital möglicherweise sogar das zukünftige Wirtschaftswachstum. Daher ist es so wichtig, gegen Wirtschaftskrisen und Naturkatastrophen vorzubeugen. Und darum sollte, so sie denn eintreten, eine der Hauptprioritäten darin bestehen, die Armen zu schützen. Dazu bedarf es nicht nur Ressourcen, sondern auch geeigneter Instrumente (Programme im Rahmen von Sicherungsnetzen), um diese Ressourcen den armen Haushalten zuzuführen. Wenngleich ganz allgemein alle Entwicklungs- und Transformationsländer anfällig für Krisen und Naturkatastrophen sind, sind gerade die kleinen Länder aufgrund ihrer Abgelegenheit und Isolation, dem hohen Maß an Offenheit, der Anfälligkeit für Naturkatastrophen und der begrenzten Diversifizierung besonders schadenanfällig bei negativen externen Ereignissen.[1]

Wirtschaftskrisen verhindern und bewältigen

Unser Zugang zu Bildungs- und Gesundheitseinrichtungen, der bereits jetzt sehr begrenzt ist, beginnt nun, vollends zu verschwinden. Wir haben Angst um die Zukunft unserer Kinder. ... Mit welchem Recht schicken wir unsere Kinder tagtäglich zur Mülldeponie, damit sie der Familie ein Auskommen sichern?
– Kommentar einer Mutter und eines Vaters zur Notwendigkeit, ihre Kinder nach einer Wirtschaftskrise von der Schule zu nehmen, Thailand

Landesweite Krisen führen zu einem starken Einbruch der Produktionsleistung, sinkenden Einkommen und zunehmender Arbeitslosigkeit. Derartige Krisen zogen sich wie ein roter Faden durch die 1990er Jahre und äußerten sich in Form von Finanzkrisen, exorbitanten Zahlungsbilanzdefiziten, Erschütterungen der Austauschverhältnisse, Währungskrisen, Bankenkrisen und galoppierender Inflation. Über die Wirtschaftskrisen in Mexiko im Jahr 1995, in Ostasien im Jahr 1997 sowie in Brasilien und Rußland im Jahr 1998 berichteten die Medien umfassend. Aber sie waren nicht die einzigen Fälle von wirtschaftlichen Notsituationen.[2] Die meisten Krisen wurden durch unterschiedliche Kombinationen von politischem Mißmanagement und externen Faktoren wie Erschütterungen der Austauschverhältnisse, volatile Kapitalflüsse und Ansteckungseffekte auf den internationalen Kapitalmärkten hervorgerufen.

Wirtschaftskrisen trafen sowohl die Armen als auch die Nicht-Armen, doch für jene, die bereits in Armut leben oder fast arm sind, haben sie weit verheerendere Folgen, wenngleich diese Gruppen nicht überdurchschnittlich stark betroffen sind. Die Wohlfahrtsverluste sind für arme Haushalte und jene, die in die Armut abrutschen, größer als für den Rest der Bevölkerung. Arme verfügen zumeist nicht über genügend Ersparnisse oder eine ausreichende Selbstversicherung, um schwere Zeiten zu überstehen, und sie haben nur beschränkten oder gar keinen Zugang zu Versicherungsprogrammen, seien sie gesellschaftlicher Art oder marktbasiert (Kapitel 8).

Eine Wirtschaftskrise schlägt sich über verschiedene Kanäle auf den Lebensstandard der Armen und jener Menschen nieder, die am Rande zur Armut leben:

■ In der Regel sinken die Reallöhne, während die Arbeitslosigkeit zunimmt, so daß die Arbeitseinkommen fallen.

■ Arbeitsunabhängige Einkommen fallen im Zuge der Konjunkturverlangsamung, und die Preise für Waren und Dienstleistungen der Armen sinken unter Umständen im Vergleich zu anderen Preisen.

■ Private Übertragungen, insbesondere jene von Familienmitgliedern, verringern sich wahrscheinlich, wenn der Lebensstandard im ganzen Land sinkt.

■ Den dürftigen Eigenmitteln der Armen droht aufgrund von Inflation oder Preisstürzen eine Wertminderung.

■ Makroökonomische Krisen verlangsamen die Bildung von Human-, Finanz- und physischem Kapital und beeinträchtigen die Fähigkeit der Armen, der Armut zu entkommen.

Hier stellt sich die Frage, ob der beobachtete Einkommensrückgang während einer Krise durch die politischen Maßnahmen, mit denen auf die Krise reagiert wird, möglicherweise verstärkt wird. Diese Frage ist seit vielen Jahren Gegenstand hitziger Debatten. Daß der Anstieg der Armut mit der Reaktion der Politik zusammenfällt, bedeutet nicht, daß diese Maßnahmen den Anstieg verursachen. Krisen können aus einer in der Vergangenheit nicht nachhaltigen makroökonomischen Politik oder der Unfähigkeit herrühren, sich auf externe Schocks (Erschütterungen der Austauschverhältnisse, höhere internationale Zinssätze, plötzliche Veränderungen von Kapitalflüssen aufgrund von Ansteckungseffekten) einzustellen. Unter derartigen Umständen ist eine restriktive Finanz- und Währungspolitik unabdingbar und verursacht weniger Kosten, als diese Maßnahmen hinauszuzögern, da letzteres zu einem noch schwereren Einbruch führen könnte.

Sobald Anpassungsmaßnahmen als unabdingbar akzeptiert wurden, kann die Art und Weise, wie Regierungen Haushaltsbeschränkungen einführen, die negativen Auswirkungen auf den Lebensstandard der Armen und Fast-Armen verstärken. Beispielsweise würde die Abschaffung von Subventionen für Nahrungsmittel oder Brennstoffe die Situation für Arme verschlimmern, sofern keine ausgleichenden Maßnahmen ergriffen werden (Kapitel 4). Gleiches gilt für eine Erhöhung der Sätze sowie bisweilen des Umfangs von indirekten Steuern auf Nahrungsmittel und andere Produkte, die einen

Tabelle 9.1
Auswirkungen von Wirtschaftskrisen auf die Armutshäufigkeit in ausgewählten Ländern
(in Prozent)

Land und Art der Krise	Vor der Krise	Jahr der Krise	Nach der Krise
Argentinien, Hyperinflation und Währung	25,2	47,3	33,7
	(1987)	(1989)	(1990)
Argentinien, Ansteckung	16,8	24,8	26,0
	(1993)	(1995)	(1997)
Indonesien, Ansteckung und Finanzen	11,3	18,9	11,7
	(1996)	(1998)	(1999)
Jordanien, Währung und Terms of Trade	3,0	..	14,9
	(1986–87)	(1989)	(1992)
Mexico, Währung und Finanzen	36,0	..	43,0
	(1994)	(1995)	(1996)
Russische Föderation, Finanzen	21,9	32,7	..
	(1996)	(1998)	
Thailand, Währung und Finanzen	11,4	12,9 [a]	
	(1996)	(1998)	

.. Nicht verfügbar.

Anmerkung: Basierend auf nationalen Armutsgrenzen und Pro-Kopf-Haushaltseinkommen außer für Indonesien (Pro-Kopf-Ausgaben), Mexiko (Haushaltseinkommen) und Rußland (Haushaltsausgaben pro äquivalentem Erwachsenen). Daten für Argentinien beziehen sich auf den Großraum Buenos Aires. Für Indonesien basieren die Armutsschätzungen für die Zeit vor und während der Krise auf der vollständigen SUSENAS (nationale sozioökonomische Erhebung), die im Februar 1996 und 1999 durchgeführt wurde, Schätzungen für die Zeit nach der Krise basieren auf einer kleineren Stichprobe. Die Zahlen können aufgrund der unterschiedlichen Armutsgrenzen nicht für länderübergreifende Vergleiche herangezogen werden.

a. Basiert auf der zwischen Februar 1998 und Januar 1999 durchgeführten sozioökonomischen Erhebung, die die Auswirkungen der Krise nicht in vollem Umfang widerspiegelt. Schätzungen aus einer weniger umfangreichen Erhebung, die von Juni bis September 1999 durchgeführt wurde, gehen von einer Armutshäufigkeit von 15,9 Prozent aus.

Quelle: Ministerio de Economía de Argentina 1998; Weltbank 1994c, 1999dd; ECLAC 1999b; Lokshin und Ravallion 2000b.

großen Anteil des für den Verbrauch der Armen typischen Warenkorbs ausmachen. Nettoübertragungen des Staates können sinken, wenn der Staat die Sozialhilfe im Rahmen von Haushaltsbeschränkungen kürzt. Eine Minderung der Quantität und Qualität von staatlichen Leistungen, welche die Armen und Fast-Armen in Anspruch nehmen, würde deren Situation ebenfalls verschlechtern.

Doch staatliche Maßnahmen können die Auswirkungen von Krisen auf die Armen auch mildern. Die Aufgabe der politischen Entscheidungsträger besteht darin, denjenigen Mix aus makroökonomischen Maßnahmen umzusetzen, der zu den geringsten Kosten in Form von Einbußen der Produktionsleistung führt und den Lebensstandard der Armen bestmöglich aufrechterhält. Ein zentrales Element armutsorientierter Gegenmaßnahmen ist die richtige Kombination aus Haushaltseinschnitten und Maßnahmen zur Erhöhung der Einnahmen. Armutsorientierte Gegenmaßnahmen sollten ferner in Zeiten der makroökonomischen Anpassung den Ausbau der auf die Armen fokussierten Sicherungsnetze (die „Sozialversicherungskomponente" der Sozialausgaben) ermöglichen.

Soziale Auswirkungen von Krisen

Es besteht ein enger Zusammenhang zwischen makroökonomischen Abschwüngen und zunehmender Einkommensarmut (Tabelle 9.1, siehe auch Schaubild 2.1).[3] In Krisenzeiten sind viele Menschen vorübergehend arm, und die gesellschaftlichen Kennzahlen verschlechtern sich oder aber verbessern sich langsamer. Vorliegende Daten deuten an, daß das Humankapital der Armen, vor allem der armen Kinder, schwinden kann. Der Schaden kann irreversibel sein und die Fähigkeit dieser Kinder beeinträchtigen, im Erwachsenenalter der Armut zu entkommen.

In den meisten Ländern Ostasiens nahm die Armut infolge der Finanzkrisen gegen Ende der 1990er Jahre zu: Schätzungen zufolge nahm sie in Indonesien um nahezu 50 Prozent zu, während sich in der Republik Korea die Zahl der Armen in städtischen Gebieten verdoppelte.[4] In beiden Ländern ging die Armut jedoch zurück, als sich die Wirtschaft erholte. In Rußland stieg die Armutshäufigkeit zwischen 1996 und 1998 von 21,9 Prozent auf 32,7 Prozent. Während jeder Krise in Lateinamerika und der Karibik nahm die Armutshäufigkeit zu und war noch einige Jahre später höher als vor der Krise.

Die Ungleichheit kann während einer Krise zunehmen, abnehmen oder unverändert bleiben. In Lateinamerika nahm die Ungleichheit (gemessen durch den Gini-Index) bei 15 von 20 Krisen, für die Daten vorliegen, zu. In Ostasien blieb die Ungleichheit während der jüngsten Krise jedoch praktisch unverändert, und in Mexiko nahm sie in der Folge der Peso-Krise im Jahr 1995 ab. Wenn Krisen von zunehmender Ungleichheit begleitet werden, können Rezessionen mehr Schaden anrichten, als nur die früheren Fortschritte beim Abbau der Armut zunichte zu machen. In Lateinamerika wurde der Armutsabbau durch einen Anstieg des Pro-Kopf-Einkommens für städtische Gebiete um 3,7 Prozent und für ländliche Gebiete um 2 Prozent in den 1970er Jahren durch einen Rückgang des Pro-Kopf-Einkommens in den 1980er Jahren um nur 1 Prozent umgekehrt.[5] Selbst wenn die Ungleichheit zunimmt, ist das ärmste Fünftel der Bevölkerung davon nicht immer unverhältnismäßig stark betroffen. In Lateinamerika nahm der Einkommensanteil der mittleren Fünftel der Bevölkerung während der Schuldenkrise in den 1980er Jahren häufig am stärksten ab, doch der Anteil des oberen Zehntels nahm stets zu, manchmal sogar deutlich.[6]

Die Auswirkungen von Wirtschaftskrisen auf den Lebensstandard werden von Maßen für Ungleichheit und Einkommensarmut nicht vollständig erfaßt. Wirtschaftskrisen sind von einer sehr starken Mobilität geprägt: Menschen, die zuvor nicht arm waren, können verarmen, während Menschen, die zuvor arm waren, der Armut unter Umständen entkommen. Anzeichen für einen teils drastischen Abstieg, teils drastischen Aufstieg waren beispielsweise nach der Rußland-Krise im Jahr 1998 zu beobachten.[7] Die durchschnittlichen Ausgaben der im Jahr 1996 als arm eingestuften Menschen stiegen in der Tat, und 42 Prozent von ihnen entkamen der Armut nach der Krise. Im Gegensatz dazu waren 61 Prozent der Personen, die nach der Krise arm waren, im Jahr 1996 nicht arm gewesen. Anders ausgedrückt, stürzten 20 Prozent der Bevölkerung aufgrund der Rezession in die Armut. Wenngleich die Ungleichheit insgesamt abnahm und ein großer Teil der Armen nach der Krise der Armut entkam, gab es ein erhebliches Abstiegspotential für viele, die zuvor nicht arm waren, und

einige, die auch vorher bereits arm waren. Menschen, die während einer Wirtschaftskrise verarmen, weisen häufig andere Charakteristika auf als die chronisch Armen. Beispielsweise sind sie unter Umständen gebildeter. Eine Studie auf den Philippinen ergab, daß Haushalte mit mehr Schulbildung anfälliger für solche Schocks sind, die Löhne und Arbeitsplätze betreffen.[8]

Die meisten gesellschaftlichen Kennzahlen verschlechtern sich oder verbessern sich langsamer während einer makroökonomischen Krise (Tabelle 9.2). Gesellschaftliche Kennzahlen wie zum Beispiel die Säuglingssterblichkeitsraten verbesserten sich in Lateinamerika in den 1980er Jahren auch weiterhin, allerdings langsamer als im vorhergehenden Jahrzehnt. Doch die Gesundheitskennzahlen, die sensibler auf Verbrauchs- oder Einkommensrückgänge reagieren, verschlechterten sich. In Chile nahm der Anteil der Säuglinge mit geringem Geburtsgewicht und der unterernährten Kinder zu, als sich die Konjunktur abschwächte. In Mexiko stieg die durch Mangelernährung bedingte Sterblichkeit von Säuglingen und Kindern im Vorschulalter in den 1980er Jahren an, so daß der Trend des vorherigen Jahrzehnts umgekehrt wurde. Im Zuge der Wirtschaftskrise im Jahr 1995 stieg sie erneut. In Argentinien und Venezuela nahm die tägliche Pro-Kopf-Verzehrmenge von Eiweiß ab, als das BIP pro Kopf sank. In Indonesien stieg der Anteil der Frauen, deren Body-Mass-Index unter dem Niveau liegt, ab dem das Risiko, ernsthaft zu erkranken oder sogar zu sterben, zunimmt, im Jahr 1998 um ein Viertel, und das Durchschnittsgewicht von Kindern unter drei Jahren nahm ab.

Auch die Schulbesuchs- und Alphabetisierungsquoten werden im Verlauf einer Krise in Mitleidenschaft gezogen. Auf den Philippinen stieg die Schulbesuchsquote für weiterführende Schulen vom Schuljahr 1997/1998 zum Schuljahr 1998/1999 nur um 0,9 Prozent, nachdem sie in den vorherigen fünf Jahren jährlich um 2,6 Prozent zugelegt hatte. In Mexiko sank während der Schuldenkrise in den 1980er Jahren der Anteil der Schüler einer Abschlußklasse, die eine Bildungseinrichtung der nächsthöheren Stufe besuchten – vor allem bei Schülern der Sekundarstufe und bei Studierenden an Hochschulen. Der Prozentsatz der altersgerechten Einschulungen in Grundschulen nahm ebenfalls ab. In ländlichen Gebieten stieg die Zahl der Schulabbrecher um 40 Prozent. In Argentinien und Mexiko verlangsamte sich im Jahr 1995 der Anstieg der Brutto-Schulbesuchsquote für Grundschulen. Eine

Tabelle 9.2
Soziale Auswirkungen von Wirtschaftskrisen in ausgewählten Ländern

	Hauptkennzahlen der Krise	Gesundheitskennzahlen	Bildungskennzahlen
Argentinien 1995	■ BIP pro Kopf minus 4,1 %. ■ Privater Verbrauch pro Kopf minus 5,6%.	■ Täglicher Eiweißverzehr pro Kopf fiel 1995 um 3,8 %, aber stieg 1996 um 1,9 %.	■ Anstieg der Brutto-Grundschulbesuchsquote ging von 2,2 % (1993) auf 0,8 % (1996) zurück.
Mexiko 1995	■ BIP pro Kopf minus 7,8 %. ■ Privater Verbrauch pro Kopf minus 11,1 %.	■ Bei Kindern unter 1 Jahr stieg die Zahl der Todesfälle infolge von Anämie von 6,3 pro 100.000 Lebendgeburten im Jahr 1993 auf 7,9 im Jahr 1995. Bei Kindern von 1 bis 4 stieg die Zahl der Todesfälle von 1,7 auf 2,2 pro 100.000.	■ Brutto-Grundschulbesuchsquote stieg 1994 um 0,44 %, aber sank 1995 um 0,09 %.
Indonesien 1998	■ BIP pro Kopf minus 14,6 %. ■ Privater Verbrauch pro Kopf minus 5,1 %.	■ Der Anteil der Frauen, deren Body-Mass-Index unter dem Niveau liegt, ab dem das Erkrankungs- und Todesfallrisiko zunimmt, stieg um 25 %. ■ Die meisten Kennzahlen für den Ernährungszustand von Kindern blieben stabil. Eine Ausnahme ist eventuell das Gewicht (in Abhängigkeit von der Körperlänge) von Kindern unter 3 Jahren. Das deutet an, daß Familien in einige Mitglieder zu Lasten anderer investieren.	■ Die Quote der Schulabbrecher bei Kindern aus dem ärmsten Viertel der Bevölkerung stieg von 1,3 % (1997) auf 7,5 % (1998) in der Altersgruppe von 7 bis 12 Jahren und von 14,2 % auf 25,5 % in der von 13 bis 19 Jahren. In beiden Kohorten zeigte das ärmste Fünftel den stärksten Anstieg. ■ Der Anteil der Kinder aus dem ärmsten Viertel der Bevölkerung, die keine Schule besuchen, stieg von 4,9 % (1997) auf 10,7 % (1998) in der Altersgruppe von 7 bis 12 Jahren und von 42,5 % auf 58,4 % in der von 13 bis 19 Jahren. In beiden Kohorten zeigte das ärmste Viertel den stärksten Anstieg.

Anmerkung: Es wurden Brutto-Schulbesuchsquoten verwendet, da Nettoquoten nicht verfügbar waren. Diese Daten sollten mit Vorsicht betrachtet werden.
Quelle: Weltbank 1999cc; IDB Statistical and Social Database; PAHO 1998; Thomas 1999; Frankenberg, Thomas und Beegle 1999.

Studie für Südindien ergab, daß Kinder als Reaktion auf schwere Schocks häufig von der Schule genommen werden.[9]

Es steht außer Frage, daß Wirtschaftskrisen zu mehr vorübergehender Armut führen.[10] Aufgrund von schwer umkehrbaren Auswirkungen auf das Humankapital der Armen können sie auch die Zahl der längerfristig oder chronisch Armen erhöhen. Zwar handelt es sich bei den in Zusammenhang mit der Mangel- und Fehlernährung, der Säuglings- und Kindersterblichkeit und den Schulbesuchsquoten dargestellten Trends um Landesdurchschnitte, jedoch spiegeln sie sehr wahrscheinlich Verschlechterungen dieser Kennzahlen unter der armen Bevölkerung wider. Für Indonesien zeigen Daten zu den einzelnen Einkommensgruppen, daß die Quote der Schulabbrecher im untersten Viertel der Einkommensverteilung unter Kindern von 7 bis 12 Jahren von 1,3 Prozent im Jahr 1997 auf 7,5 Prozent im Jahr 1998 und unter Jugendlichen von 13 bis 19 Jahren von 14,2 Prozent auf 25,5 Prozent stieg. Der Anteil der armen Kinder, die keine Schule besuchen, stieg von 4,9 Prozent auf 10,7 Prozent.

Neuere Forschungen weisen nach, daß zwischen makroökonomischen Abschwüngen und den Kennzahlen für das Bildungswesen ein Zusammenhang besteht. Die durchschnittliche jährliche Zunahme der Schulbesuchsjahre in 18 lateinamerikanischen Ländern sank von 1,9 Jahren in den 1950er und 1960er Jahren auf 1,2 in den 1970er und 1980er Jahren. Sich verschlechternde makroökonomische Bedingungen (kurzzeitige BIP-Schocks, Volatilität und nachteilige Handelsschocks) erklären einer Studie zufolge 80 Prozent dieses Rückgangs.[11] Wie Belege aus Mexiko zeigen, übertrifft der negative „Einkommenseffekt" in Form von fallenden Einkommen häufig den positiven „Preiseffekt" in Form von geringeren Opportunitätskosten des Schulbesuchs.[12] Simulationsergebnisse deuten darauf hin, daß die Brutto-Schulbesuchsquote für weiterführende Schulen in Mexiko im Jahr 1991 rund 11 Prozentpunkte höher gewesen wäre, wenn die Wirtschaft in den 1980er Jahren halb so stark gewachsen wäre wie in den 1970er Jahren.

Krisen vermeiden

Die Vermeidung von Krisen sollte eindeutig eine Hauptpriorität jeder Strategie zur Verringerung der Armut sein. Es herrscht weitgehend Einigkeit darüber, welche Art von makroökonomischen und finanzpolitischen Maßnahmen Regierungen ergreifen müssen, um die Schadenanfälligkeit bei politisch herbeigeführten Krisen oder externen Schocks zu verringern.[13] Eine verschwenderische Finanz- und Währungspolitik, zu hohe Wechselkurse und untragbare Leistungsbilanzdefizite – alles typische Probleme der 1970er und 1980er Jahre – sollten vermieden werden.

In vielen Teilen der Erde wurden große Fortschritte bei der Abkehr von einer verantwortungslosen Finanzpolitik erzielt. Die besten Beispiele sind die großen Volkswirtschaften Lateinamerikas und einige der Transformationsländer, in denen der starke Rückgang der Inflationsraten zur Stärkung des Anlegervertrauens geführt und die potentiellen langfristigen Auswirkungen der Inflation auf die Effizienz und das Wachstum gemindert, wenn nicht sogar beseitigt hat.[14] Die geringere Inflation hat auch zum Abbau der Armut beigetragen, da eine hohe Inflation die Armen häufig schwerer trifft als die Nicht-Armen. In Argentinien beispielsweise führte die Eindämmung der galoppierenden Inflation zu einem beträchtlichen einmaligen Rückgang der Armutshäufigkeit: Im Großraum Buenos Aires nahm die Armutshäufigkeit von 34,6 Prozent im Jahr 1989 auf 22,6 Prozent im Jahr 1991 ab.[15]

In den 1990er Jahren waren verschiedene Arten von Krisen zu beobachten, die durch ein marodes Bankwesen und die unzureichende Regulierung des Finanzsektors in einer Welt mit großen, volatilen Kapitalflüssen hervorgerufen wurden. Von der Liberalisierung des Finanzsektors hatte man sich ursprünglich erhofft, daß sie die Volkswirtschaften auf eine stabilere Grundlage stellen würde. Doch der Übergang von stark regulierten zu offeneren Finanzsystemen in den Entwicklungsländern war schwierig zu bewerkstelligen. Zahlreiche Bankenkrisen waren in den vergangenen beiden Jahrzehnten zu verzeichnen, als es in Mode kam, den Finanzsektor mit einem Federstrich zu liberalisieren.[16]

Einige der im Finanzwesen eingeleiteten Reformen schlugen fehl, weil die institutionellen Vorschriften ein zu hohes Maß an Risikofreude gestatteten, während für die daraus resultierenden Kosten die Gesellschaft insgesamt aufkommen mußte. Ein sehr gutes Beispiel ist die Finanzkrise in Mexiko im Jahr 1995.[17] Ursache der Krise war ein schwaches Bankwesen, dessen Instabilität aus dem für die Banken angewandten Privatisierungsprozeß, einigen Aspekten des Programms zur Liberalisierung des Finanzwesens und unzulänglichen regulativen Institutionen herrührte. Für die Rettung des Bankwesens werden zu Lasten der mexikanischen Steuerzahler rund 20 Prozent des BIP (zum Gegenwartswert) aufgewendet werden müssen.

Um Finanzkrisen vorzubeugen, müssen Regierungen die kluge Regulierung und Aufsicht von Finanzmitteln verbessern, neue Standards zur Veröffentlichung von Informationen einführen und Reformen der Konkursgesetze für Unternehmen umsetzen.[18] Diese Maßnahmen befinden sich in vielen Entwicklungsländern bereits in der Umsetzungsphase, doch es gibt noch viel zu tun. Gleichzeitig sollte ein besonnener Ansatz zur Liberalisierung des Kapitalverkehrs gewählt werden. Die Kontrolle von Kapitalzuflüssen, wie etwa bis vor kurzem in Chile üblich, kann ein geeignetes Instrument sein, um die Volatilität von Kapitalflüssen zu dämpfen. Es gibt Belege dafür, daß Kapitalverkehrskontrollen die Zusammensetzung von Kapitalflüssen zugunsten von Investitionen mit längerer Laufzeit beeinflussen können.[19]

Auch andere Initiativen und Maßnahmen sind wichtig für die Vermeidung von Krisen, zum Beispiel Mechanismen zur Diversifizierung und Absicherung gegen Risiken. Einige Regierungen, etwa die chilenische, setzen auf Selbstversicherung mit Hilfe eines Haushaltsstabilisierungsfonds. Andere Länder, wie zum Beispiel Argentinien, handeln bedingte Kreditlinien zwischen der Zentralbank und privaten, internationalen Finanzinstitutionen aus, um sich im Falle eines plötzlichen Rückgangs der Kapitalzuflüsse einen Zugang zu Devisen zu sichern.[20]

Jedoch reichen Maßnahmen auf nationaler Ebene unter Umständen nicht aus, um landesweiten Krisen vorzubeugen. Maßnahmen im Inland müssen von Maßnahmen auf internationaler Ebene begleitet werden, um die Stabilität des globalen Finanzsektors zu fördern (Kapitel 10) und insbesondere den ärmsten und kleinsten Ländern zu helfen, Warenpreisschocks zu bewältigen.

Eine Reaktion auf Krisen formulieren, welche die Armen schützt

Unabhängig davon, wie geschickt die Steuerung der Wirtschaft erfolgt, werden die Entwicklungs- und Transformationsländer noch für einige Zeit von Krisen erschüttert werden. Daher sind bei der Formulierung einer Reaktion auf Krisen die Auswirkungen auf die Armen zu berücksichtigen. Eine armutsorientierte Reaktion auf Krisen sollte darauf abzielen:

- armen Haushalten zu helfen, ihren Verbrauch konstant zu halten;
- sicherzustellen, daß Arme den Zugang zu grundlegenden sozialen Leistungen nicht verlieren;
- eine dauerhafte Trendumkehr bei der Bildung von Human- und physischem Kapital zu verhindern;
- kontraproduktive Reaktionen, zum Beispiel kriminelle Aktivität, Prostitution und ausbeuterische Formen der Kinderarbeit, zu verhindern.

Eine armutsorientierte Reaktion sollte ferner Schutzmechanismen für jene bereitstellen, die infolge der Krise in die Armut abzusinken drohen.

Was ist nötig, um jene, die bereits arm sind, und jene, die arm zu werden drohen, vor einem drastischen Rückgang des kurzfristigen Einkommens zu schützen? Geeignete makroökonomische Gegenmaßnahmen und gut funktionierende Sicherungsnetze können mehr Gerechtigkeit und ein stärkeres Wachstum herbeiführen. Einige der hierin enthaltenen Empfehlungen werden derzeit bereits in den standardmäßigen Ansatz für den Umgang mit Krisen eingearbeitet. Die Republik Korea etwa schuf oder erweiterte die Sicherungsnetze relativ rasch nach der Finanzkrise im Jahr 1997 (Sonderbeitrag 9.1). Doch im allgemeinen wird erst spät reagiert – und zwar mit Maßnahmen, die gedankenlos zusammengewürfelt werden, wenn die Krise bereits zugeschlagen hat.

Die richtige Mischung aus makroökonomischen Maßnahmen finden. Nach einem Schock mit der richtigen Kombination aus makroökonomischen Maßnahmen zu reagieren ist eine der größten Herausforderungen für die Politik. Angetrieben von politischen Überlegungen könnten Politiker erforderliche Anpassungs- und Stabilisierungsmaßnahmen unter Umständen aufschieben, weil sie schmerzvoll sind – was die Situation bei weitem verschlimmern würde. Peru war in den 1980er Jahren ein Extremfall. Die Regierung weigerte sich, ein Anpassungsprogramm einzuleiten, und kündigte im Juli 1985 an, die Zins- und Tilgungszahlungen für die Auslandsschulden auf 10 Prozent der Exporterlöse zu beschränken (so daß es sich de facto um ein unilaterales Schuldenmoratorium handelte). Peru entwickelte sich eine Zeitlang gut, doch die Ungleichgewichte vergrößerten sich weiter, und im Jahr 1988 folgte der Zusammenbruch der Wirtschaft, bei dem das BSP pro Kopf um 13,4 Prozent und die Reallöhne um 40,6 Prozent sanken. Alles in allem fielen die Reallöhne zwischen 1988 und 1990 um 67 Prozent.[21]

Die Krise in Thailand im Jahr 1997 zeigt, was geschieht, wenn keine Maßnahmen ergriffen werden, um der Zunahme der Schadenanfälligkeit entgegenzuwirken.[22] Zwar entfachte die Panik der in- und ausländischen Anleger, die plötzlich um die Zukunft ihrer Portfolios besorgt waren, die Lunte, die schließlich das Pulverfaß explodieren ließ. Doch das Dynamit war die Zunahme der strukturellen Schadenanfälligkeit – drastisch steigende kurzfristige Verbindlichkeiten, welche die Währungsreserven weit überstiegen, ein Finanzsektor, der seine Vermittlerfunktion für Kapitalzuflüsse schlecht erfüllte und durch extreme Fristeninkongruenzen bei Kapital und Verbindlichkeiten belastet wurde, und Unternehmen, die in viel zu hohem Maße fremdfinanziert und dem Risiko von Zins- und Wechselkursschwankungen ausgesetzt waren.

Nicht alle Probleme entstehen aus einem Versäumnis, sich an einen Schock anzupassen, oder aus einer nicht soliden makroökonomischen Politik. In manchen Fällen reagiert die Politik mit übertriebenen Anpassungsmaßnahmen und einer Finanz- und Währungspolitik, die restriktiver als nötig ist, um den Währungsmarkt, die Leistungsbilanz oder den Kapitalverkehr wieder ins Gleichgewicht zu bringen. Eine Überreaktion kann mehr Leid und Schmerz als nötig verursachen und unter bestimmten Umständen das genaue Gegenteil bewirken. Eine anfängliche Überreaktion in der Fiskalpolitik kann später zu einem höheren Haushalts-

Sonderbeitrag 9.1
Republik Korea: Soziale Absicherung in der Folge einer Krise

In den 1990er Jahren erzielte die Republik Korea große Fortschritte im Kampf gegen die Armut: Die Armutsrate in den Städten fiel von 1990 bis 1997 jährlich um durchschnittlich 20 Prozent, eine Zunahme der Ungleichheit war nicht zu verzeichnen. Doch dann schlug die Wirtschaftskrise zu und führte zu einem drastischen Anstieg von Arbeitslosigkeit und Armut. Die Armutshäufigkeit in städtischen Gebieten hat sich mit 19,2 Prozent im Jahr 1998 gegenüber 9 Prozent im Jahr 1997 mehr als verdoppelt.[1] Die Arbeitslosenquote stieg von 2,6 Prozent im zweiten Quartal 1997 in der Spitze bis auf 8,7 Prozent Anfang 1999. Die Reallöhne sanken um 20,7 Prozent. Bei den neuen Arbeitslosen handelt es sich zum Großteil um Niedriglohnarbeiter: Im Dezember 1998 stellten Aushilfen, Tagelöhner, Selbständige und unbezahlte Familienangehörige drei Viertel und Vorstände von Haushalten, in denen sonst niemand einer bezahlten Tätigkeit nachging, rund 20 Prozent der Arbeitslosen.

Die expansive Finanzpolitik in den Jahren 1998 und 1999 war entscheidend für die Bewältigung der Rezession. Der Anteil der Ausgaben für die soziale Absicherung wurde verdreifacht, von 0,6 Prozent im Jahr 1997 auf 2,0 Prozent im Jahr 1999. Die Regierung nutzte im wesentlichen drei Instrumente zur sozialen Absicherung, um Arbeitslosen, Armen und Alten zu helfen.

■ *Arbeitslosenversicherung.* Korea dehnte das gerade im Aufbau befindliche Programm zur Arbeitslosenversicherung, das einzige Programm dieser Art in den von der Ostasien-Krise betroffenen Ländern, von Betrieben mit mehr als 30 Mitarbeitern auf alle Betriebe aus. Einbezogen wurden auch Aushilfen und Tagelöhner, während die für die Anspruchsberechtigung erforderliche Beitragsdauer verkürzt und die Leistungsdauer verlängert wurden. Die Zahl der leistungsberechtigten Arbeitskräfte stieg dadurch von 5,7 Millionen Anfang 1998 bis auf 8,7 Millionen am Jahresende. Die Zahl der Leistungsempfänger hat sich von rund 18.000 im Januar 1998 auf 174.000 im März 1999 nahezu verzehnfacht, wobei

dies jedoch immer noch nur 10 Prozent der Arbeitslosen waren.

■ *Staatliche Arbeitsprogramme.* Da die Mehrzahl der Arbeitslosen in Korea nicht von der Ausweitung der Arbeitslosenversicherung profitierte, legte die Regierung im Mai 1998 ein befristetes staatliches Arbeitsprogramm für zunächst 76.000 Arbeitskräfte auf. Bis Januar 1999 stellte das Programm 437.000 Arbeitsplätze bereit, wenngleich die Zahl der Bewerber mit 650.000 noch höher war. Bis zum Ende des ersten Quartals 1999 nahmen rund zweieinhalbmal so viele Menschen die Angebote des staatlichen Arbeitsprogramms in Anspruch wie die Leistungen der Arbeitslosenversicherung.

■ *Existenzsicherung.* Im Mai 1998 führte die Regierung ein befristetes Existenzsicherungsprogramm ein, das mit Mitteln für 750.000 Leistungsempfänger ausgestattet wurde. Ferner führte sie eine beitragslose Sozialrente mit Bedürftigkeitsprüfung für 600.000 ältere Menschen ein.

Wenngleich die staatlichen Maßnahmen zur sozialen Absicherung recht vorbildlich waren, stiegen die Ausgaben für Gesundheit und Bildung nicht im gleichen Maße wie der Gesamthaushalt, und real blieben die Ausgaben konstant oder fielen sogar. Doch auch innerhalb des relativ geringeren Finanzrahmens für das Gesundheitswesen waren die Ausgaben für die Grundversorgung gesichert.

Die Regierung konzentriert sich nun auf die Konsolidierung der sozialen Sicherungsnetze, den Abbau von Einkommensdisparitäten und die Schaffung der für eine wettbewerbsfähige, wissensbasierte Wirtschaft notwendigen Grundlagen. Eine der Maßnahmen, mit denen diese Ziele erreicht werden sollen, ist ein Gesetz, das einen Mindestlebensstandard garantiert und im Oktober 2000 in Kraft treten soll. Das Gesetz gewährt allen unter der Armutsgrenze lebenden Koreanern Anspruch auf Zuschüsse zur Deckung der Kosten für Lebenshaltung, Bildung und Wohnraum. Voraussichtlich werden fast 2 Millionen Menschen, also rund viermal so viele wie derzeit, Leistungen erhalten.

1 Die Armutsraten wurden anhand der saisonbereinigten Ausgabendaten und einer etwa 8 US-Dollar pro Tag entsprechenden Armutsgrenze (in US-Dollar bei KKP von 1993) berechnet.
Quelle: Weltbank 1999w, 2000d.

---

defizit führen, weil die unerwartet starke Rezession die Staatseinnahmen schmälert und so dem Zweck der anfänglichen Kürzungsmaßnahmen entgegenwirkt. Der Grund für Überreaktionen ist häufig der, daß vorsichtige Politiker eher dazu neigen, zu drastische Anpassungsmaßnahmen zu ergreifen, da Zögern und übervorsichtiges Handeln weit verheerendere Auswirkungen haben können.

Es mag zwar schwierig zu beurteilen sein, ob ein politisches Maßnahmenpaket zu restriktiv ist, doch gibt es einige Anzeichen dafür, daß jene, die während der jüngsten Krise in Ostasien geschnürt wurden, genau das waren. In Thailand verschlimmerte die Steuererhöhung im September 1997 die anschließende Rezession. In Korea schuf die restriktive Finanzpolitik

zunächst Spielraum für die erwarteten Kosten der Restrukturierung des Bankwesens. Doch das finanzpolitische Ziel wurde in der Folge aufgeweicht, da sowohl die Behörden als auch die internationalen Finanzinstitutionen erkannten, daß es angesichts der unerwartet starken Verlangsamung des Wachstums unrealistisch gewesen war. Wenn in Anbetracht der sich verschlechternden wirtschaftlichen Rahmenbedingungen das ursprüngliche Ziel weiterverfolgt worden wäre, hätte dies das genaue Gegenteil bewirkt. Und was Malaysia und die Philippinen angeht, deutet die Entwicklung der konjunkturbereinigten Defizite (Einnahmen und Ausgaben) an, daß sie ihre Finanzpolitik nicht lockerten, wenngleich das tatsächliche Defizit diesen Anschein erweckte.

Selbst wenn eine zu restriktive Politik später korrigiert wird, können die kurzfristigen Kosten beträchtlich sein, insbesondere für die Armen. Wenn ein Teufelskreis aus Armut, geringer Schulbildung und schlechtem Gesundheitszustand besteht, kann eine Rezession dauerhafte Schäden für die Armen verursachen.

Unterscheidet sich die makroökonomische Politik zur Reaktion auf Krisen, die für die Gesamtproduktionsleistung der Volkswirtschaft am besten ist, von jener, die für die Einkommen der Armen die beste wäre? Vielleicht. Unterschiedliche Maßnahmenpakete verursachen aufgrund der Art und Weise, wie die Verringerung der Pro-Kopf-Leistung verteilt ist, für die Armen Kosten in anderer Höhe als für die Nicht-Armen.[23] Aber selbst bei einer gleichmäßigen Verteilung könnten Arme und Nicht-Arme durchaus verschiedene Maßnahmenpakete bevorzugen.[24]

Arme bevorzugen stets Anpassungsmaßnahmen, die zum geringsten Rückgang des BIP führen, auch wenn dies eine langsamere Erholung bedeuten würde. Nicht-Arme bevorzugen eher Programme, die das Einkommen kurzfristig stärker mindern, mittelfristig aber ein stärkeres Wachstum begünstigen. Dieser Unterschied rührt einfach aus der Tatsache her, daß die Wohlfahrtsverluste infolge eines Konjunkturabschwungs für Arme größer sind. Da Arme darüber hinaus nahe am Existenzminimum leben, spiegelt ihre Präferenz unter Umständen die Anwendung des Sicherheitsprinzips wider (zur Minimierung der Wahrscheinlichkeit, daß ihr Einkommen unter ein bestimmtes Niveau absinkt). Möglicherweise messen Arme und Nicht-Arme auch dem zukünftigen Verbrauch unterschiedliche Bedeutung bei, da Arme mehr Gewicht auf den gegenwärtigen Verbrauch legen als Nicht-Arme.

Die verteilungsbezogenen und zeitlichen Auswirkungen alternativer Anpassungsmaßnahmen sind wichtig, jedoch genießen Politiker zumeist nicht den Luxus, zwischen verschiedenen Wegen wählen zu können. Im allgemeinen hängt es von den Ausgangsbedingungen ab, welche Kombination von Maßnahmen die beste ist – um den erforderlichen Zahlungsbilanzausgleich bei einem geringstmöglichen Rückgang der Produktionsleistung zu erreichen.[25] Wenn eine Währung Ziel der Angriffe von Spekulanten ist, ist in den meisten Fällen eine kurzzeitige drastische Erhöhung der Zinsen erforderlich, um diese Angriffe abzuwehren. Wenn ein Land jedoch bereits frühzeitig Anpassungsmaßnahmen ergreift, verfügt die Regierung möglicherweise über mehr Freiheit, aus verschiedenen Maßnahmenpaketen auszu-

wählen, und ist daher eher in der Lage, eine weiche Landung zu bewerkstelligen. Leider bietet die makroökonomische Theorie auf ihrem aktuellen Stand nur wenig Hilfen für die Beurteilung der verteilungsrelevanten und zeitlichen Auswirkungen von alternativen Maßnahmenpaketen. Dabei handelt es sich eindeutig um ein Gebiet, in dem es noch weit mehr analytischer und angewandter Forschung bedarf.

Ausgaben schützen, die Armen zugute kommen. Wie Regierungen ihre Einnahmen erhöhen und die öffentlichen Ausgaben (nicht jene für den Schuldendienst) kürzen, hat bedeutende politische Implikationen im Hinblick darauf, wer die Last der Anpassung tragen muß und ob die Armen abgesichert sind.[26] Damit die Haushaltsanpassung zur Vermeidung von oder Reaktion auf Krisen armutsorientiert ist, muß die Politik die verteilungspolitischen Effekte von Ausgabenprogrammen beurteilen. Ein nützliches Hilfsmittel dafür ist die Analyse der öffentlichen Ausgaben (Sonderbeitrag 9.2).

Als Daumenregel gilt, daß für Arme wichtige Bereiche – grundlegende Bildung, Gesundheitsvorsorge, Wasserversorgung und Abwasserentsorgung, Infrastruktur auf dem Land – von Haushaltskürzungen verschont bleiben sollten, um zu gewährleisten, daß angemessene Leistungen bereitgestellt werden. Es muß also sichergestellt werden, daß für Schulen und Gesundheitseinrichtungen in armen Gebieten ein absolutes Mindestmaß an Mitteln zur Verfügung steht. Allgemeine Subventionen für Nahrungsmittel müssen – selbst wenn auch Nicht-Arme davon profitieren – kurzfristig eventuell aufrechterhalten werden, sofern sie nicht wirkungsvoll durch gezielte Programme ersetzt werden können. Auf Arme abzielende Sicherungsnetze und Sozialhilfeprogramme sollten weiterbestehen oder sogar ausgeweitet werden.

Es mag offensichtlich erscheinen, daß Regierungen Ausgaben, die Armen zugute kommen, aufrechterhalten und die auf sie abzielenden und zum Sicherungsnetz gehörenden Programme ausweiten sollten. In der Praxis geschieht dies aber nicht unbedingt. Neuere Forschungen in mehreren Ländern Lateinamerikas ergaben, daß ein Rückgang des BIP pro Kopf um 1 Prozent zu einem Rückgang der gezielten öffentlichen Ausgaben pro armer Person um 2 bis 3 Prozent führt.[27] Ferner ergab eine Untersuchung des argentinischen Beschäftigungsprogramms Trabajar, daß dieses Programm bei Kürzungen seines Budgets die Armen weit weniger gut erreichte.[28]

Es mag mehrere Gründe für solche „armenfeindlichen" Muster bei Haushaltsanpassungen geben. Ohne

Sonderbeitrag 9.2
Mittels Analysen der öffentlichen Ausgaben die Auswirkungen von Haushaltskürzungen auf Arme beurteilen

Analysen der öffentlichen Ausgaben – also Beurteilungen von Fragen des öffentlichen Sektors, die sich auf die Effizienz und logische Grundlage des Staatshaushalts konzentrieren – könnten nützliche Hilfsmittel sein, um die Auswirkungen von Programmen zur Haushaltsanpassung und Reformen des öffentlichen Sektors auf Sozialprogramme und Sicherungsnetze zu bewerten. Bei landesweiten, zu Ausgabenkürzungen führenden Krisen könnten diese Analysen dazu beitragen, einen transparenten Haushaltsmechanismus für die Rationalisierung, Verteilung, Durchführung und Verwaltung der öffentlichen Ausgaben zu schaffen, um die Armen abzusichern und die Effizienz des privaten Sektors zu gewährleisten.

Analysen der öffentlichen Ausgaben untersuchen und rechnen die öffentlichen Einnahmen hoch, bestimmen die Höhe und Zusammensetzung der öffentlichen Ausgaben und beurteilen dabei die Mittelverteilung auf die verschiedenen Sektoren und innerhalb der Sektoren. Bei der Planung von Haushaltseinschnitten sollte eine kurze Analyse durchgeführt werden, die sich auf jene Sektoren konzentriert, die den Großteil des Staatshaushalts ausmachen (Landwirtschaft, Bildung, Gesundheit, Infrastruktur). Die Analyse sollte eine Rangliste der Ausgaben für Sozialprogramme erstellen und dabei die Austauschbeziehungen zwischen diesen Programmen und anderen nicht lebensnotwendigen Ausgaben (zum Beispiel Militärausgaben) berücksichtigen, die während einer Krise weitestgehend zurückgefahren werden könnten. Diese Form der Anpassung ist eindeutig wirkungsvoller im Hinblick auf die Absicherung von schadenanfälligen Gruppen und die Erhaltung der Effizienz des privaten Sektors als die typischen undifferenzierten Ausgabenkürzungen.

Quelle: Weltbank 1999v.

haushaltspolitische Richtlinien für eine direkte, strenge Haushaltsdisziplin entscheiden sich Regierungen unter Umständen für proportionale Kürzungen, um interne bürokratische Streitereien weitestgehend zu vermeiden und die Akzeptanz der Legislative zu gewinnen. Ein weiterer Grund könnte sein, daß es den Regierungen an geeigneten Instrumenten fehlt, um Ressourcen gezielt an die Armen zu verteilen – Instrumente, deren Schaffung schwierig ist, wenn die Krise bereits eingetreten ist. Selbst wenn diese Instrumente existieren, kann das politische Kräfteverhältnis derart sein, daß Mittel für die Armen unverhältnismäßig stark gekürzt werden. In einigen Ländern kann das Informationsproblem das größte Hemmnis darstellen: So kann es der Regierung an zuverlässigen Daten zu ihrem Haushalt oder den Programmen mangeln.

Was kann getan werden, um diesen Faktoren zu begegnen? Um Ausgaben zu schützen, die armen Haus-

halten zugute kommen, haben Regierung und Legislative unter anderem die Möglichkeit, im Rahmen des Prozesses zur Billigung des Haushalts eine Rangliste der aktuellen Programme anhand ihrer Wichtigkeit zu erstellen. Wenn Ausgabenkürzungen notwendig sind, würden diese anhand der jedem Programm zugewiesenen Priorität festgelegt. Regierungsbehörden könnten veranlaßt werden, Sozialprogramme zu beurteilen, um den Politikern zu helfen, diejenigen Programme zu ermitteln, die beim Abbau der Armut am kosteneffizientesten sind und daher während einer Krise aufrechterhalten werden sollten.

Peru hat im Rahmen des Gesetzes zur Reform der öffentlichen Finanzen Richtlinien für den Schutz von Programmen erlassen, die Armen zugute kommen (Sonderbeitrag 9.3). Die Richtlinien kombinieren finanzpolitische Vorschriften mit Maßnahmen zur Erhöhung der Transparenz und Verantwortlichkeit der Finanzpolitik. Das Programm richtet einen Stabilisierungsfonds mit der Bedingung ein, daß Programme, die Armen zugute kommen, zu schützen sind. Zwar können derartige Haushaltsvorgaben möglicherweise nicht als Programme zur Bekämpfung der Armut eingestuft werden, aber sie können einen wichtigen Einfluß auf die Armut haben, da sie armenfreundliche Ausgaben von Haushaltskürzungen verschonen.

Wenn Leistungen für Arme aus wirtschaftspolitischen Gründen gekürzt werden, könnten Dritte, zum Beispiel die multilateralen Geldgeberorganisationen, für die Armen eintreten und Regierungen, die Kürzungsmaßnahmen umsetzen, bei der Gestaltung eines gangbaren Wegs unterstützen, um solche Programme und Ausgaben zu schützen, von denen Arme profitieren. Genau das ist in den 1990er Jahren in mehreren Ländern bis zu einem gewissen Grad geschehen.

Änderungen des in gezielte Programme eingebetteten Anreizsystems könnten in Zeiten einer Haushaltsbeschränkung ebenfalls Kürzungen erleichtern, von denen nicht-arme Begünstigte betroffen sind. Die Argumentation lautet wie folgt: Häufig wird behauptet, daß ein Teil des Nutzens aus gezielten Programmen aus wirtschaftspolitischen Gründen den Nicht-Armen – durch „Sickereffekte" – zugute kommen muß, um die weitere Unterstützung für diese Programme zu sichern. Dieselben Kräfte werden vermutlich wirksam, um die Wohlfahrtsverluste für die Nicht-Armen infolge von Kürzungen zu begrenzen. Eine Möglichkeit, diese wirtschaftspolitische Beschränkung zu umgehen, sind Programme mit geringen Grenzerträgen oder hohen Grenzkosten für die Nicht-Armen.[29]

Verschiedene Arten von Ausgaben zu bewerten kann bei unzureichenden Datenbeständen, wie es in den meisten Entwicklungsländern der Fall ist, schwierig sein. Effizienzkennzahlen sind praktisch nicht existent, und Daten zu den tatsächlichen Ausgaben im Gegensatz zu den budgetierten Beträgen sind erst mit großer zeitlicher Verzögerung verfügbar. In der Regel sollte eine Beurteilung von den verfügbaren vorläufigen Informationen ausgehen und diese ergänzen, um zu bestimmen, ob die öffentlichen Mittel die gewünschten Empfänger effektiv erreichen. Eine gesellschaftliche Überwachungsstelle und „schnelle Eingreifgruppe" wie jene, die während der letzten Krise in Indonesien eingerichtet wurde, kann die rasche Erfassung verläßlicher Daten zur Beurteilung der Ausgaben bei bestimmten Sozialprogrammen gewährleisten.[30] Falls Feldstudien (aufgrund von Mittel- oder Zeitknappheit) nicht durchführbar sind, kann anhand der neuesten Haushaltserhebungen versucht werden, eine effiziente und rationelle Verteilung von staatlichen Mitteln auf Sozialprogramme und Sicherungsnetze zu ermitteln.

Sicherungsnetze vor Eintritt einer Krise schaffen. Wenn das Problem ein Mangel an Instrumenten für den Schutz der Armen ist, besteht die Lösung darin, in normalen Zeiten Sicherungsprogramme aufzulegen, die in wirtschaftlichen Notzeiten als Absicherung dienen können. Sicherungsnetze sind aus mehreren Gründen wichtig. Bei der Milderung der Auswirkungen von Krisen auf die Armen und dem Schutz der Fast-Armen vor einem Absinken in die Armut können sie eine wichtige Rolle spielen. Eine Studie ergab die Schätzung, daß der Index der Armutslücke in ländlichen Gebieten und der Index der quadrierten Armutslücke (der größeres Gewicht auf die Armut der Ärmsten legt)[31] im Folgejahr der Krise um 17 Prozent beziehungsweise 23 Prozent abgenommen hätten, wenn das gezielte Hilfsprogramm Progresa (siehe Sonderbeitrag 5.5 in Kapitel 5) bereits bestanden hätte, als Mexiko im Jahr 1995 in die Krise stürzte.[32] Sicherungsnetze können auch dazu

---

Sonderbeitrag 9.3
Arme bei Haushaltsanpassungen schützen:
Das peruanische Gesetz über Besonnenheit und Transparenz in der Finanzpolitik

Das vom peruanischen Volkskongreß im Jahr 1999 mit überwältigender Mehrheit verabschiedete Gesetz über Besonnenheit und Transparenz in der Finanzpolitik gewährleistet, daß die soziale Absicherung bei Haushaltsanpassungen erhalten bleibt.

Erstens legte das Gesetz haushaltsrechtliche Vorschriften bezüglich des maximal zulässigen jährlichen Defizits des konsolidierten Sektors fest, der für das Jahr 2000 bei höchstens 2 Prozent, für das Jahr 2001 bei 1,5 Prozent und danach bei 1 Prozent des BIP liegt. (Der konsolidierte öffentliche Sektor umfaßt die Zentralregierung, Regionalverwaltungen, dezentralisierte Behörden und Staatsbetriebe, während örtliche Verwaltungen sowie deren Einrichtungen und Betriebe davon ausgeschlossen sind.) Bei Eintritt einer nationalen Notlage, internationalen Krise oder einem Rückgang des BIP darf das Haushaltsdefizit bis auf 2 Prozent des BIP steigen. Das Gesetz begrenzt auch den Anstieg der öffentlichen Ausgaben sowie der Verschuldung der öffentlichen Hand. Die maximale jährliche Erhöhung der öffentlichen Ausgaben in Form von Sachleistungen entspricht der Inflationsrate plus 2 Prozentpunkte, wobei von einer späteren Verringerung der relativen Größe des öffentlichen Sektors ausgegangen wird.

Zweitens schrieb das Gesetz die Schaffung eines Haushaltsstabilisierungsfonds vor, der aus drei Quellen finanziert wird: den über dem Durchschnitt liegenden Einnahmen aus den vorangegangenen drei Jahren, drei Vierteln der Erträge aus zukünftigen Privatisierungsvorhaben und der Hälfte aller Einnahmen aus der zukünftigen Verleihung von Sonderrechten an öffentlichen Sachen. (Wenn die im Fonds angesammelten Mittel 3 Prozent des BIP übersteigen, wird der Überschuß in den staatlichen Rentenfonds übertragen oder zum Abbau der Staatsschulden verwendet.) In einem Jahr können jeweils bis zu 40 Prozent der Fondsmittel verwendet werden, wenn die aktuellen Einnahmen unter den Durchschnitt der Einnahmen der vorangegangenen drei Jahre absinken. Die Fondsmittel können auch in Notsituationen wie Wirtschaftskrisen oder Naturkatastrophen verwendet werden.

Drittens schreibt das Gesetz vor, daß die Ausgaben des Fonds für gezielte Programme zum Abbau der Armut Vorrang gegenüber Ausgaben für andere Programme genießen.

Um die Transparenz der Finanzpolitik zu erhöhen, schreibt das Gesetz einen dreijährigen Haushaltsrahmen vor, der von der Regierung auszuarbeiten, zu billigen und zu veröffentlichen ist. Um ferner die finanzpolitische Verantwortlichkeit zu stärken, schreibt es vor, daß der Finanzminister dem Kongreß Jahresberichte vorlegen und veröffentlichen muß, in denen die Umsetzung der finanzpolitischen Ziele vor dem Hintergrund des mehrjährigen Haushaltsrahmens beurteilt wird.

Quelle: Ruprah 1999.

beitragen, die irreversible Zerstörung des Humankapitals von Armen zu verhindern. Ferner können sie zur politischen Akzeptanz von Stabilisierungsmaßnahmen und Reformen beitragen, indem sie Auseinandersetzungen über die Ressourcenverteilung vorbeugen, die in eine Sackgasse führen, Wirtschaftskrisen verschärfen und sogar den Sturz von Regierungen verursachen können. Neuere Arbeiten belegen, daß institutionelle Schwächen, unter anderem der Mangel an Sicherungsnetzen, in den vergangenen 25 Jahren für zahlreiche Krisen verantwortlich waren.[33]

Die meisten Entwicklungsländer verfügen nicht über effektive Sicherungsnetze, die Arme vor den mit systemischen Schocks zusammenhängenden Gefahren für Produktionsleistung, Beschäftigung und Preise schützen. Wenn diese Mechanismen nicht bereits bestehen, bevor eine Krise einsetzt, ist die Politik häufig gezwungen, zu improvisieren oder sich auf Programme zu stützen, die für andere Zwecke und Zielgruppen ausgelegt sind. Notmaßnahmen zur Reaktion auf Notsituationen werden häufig ohne eine genaue Analyse zur Bestimmung der bei Schocks schadenanfälligsten Gruppen und ohne einen Vergleich der Kosteneffektivität verschiedener Strategien zur sozialen Absicherung entwickelt. Programme, die – selbst in kleinem Umfang – umgesetzt werden und verfügbar sind, bevor eine Krisensituation eintritt, schützen Arme besser als überhastet eingerichtete Notprogramme.

Um wirksam zu sein, sollten Sicherungsnetze über eine Vielzahl von Programmen verfügen, zum Beispiel öffentliche Arbeitsprogramme, Stipendien für Kinder aus armen Haushalten, Bar- und nahrungsmittelbezogene Übertragungen, Nahrungsmittelsubventionen, Sozialfonds und Gebührenbefreiungen für Grunddienste (Kapitel 8). Sozialprogramme, die den Schwerpunkt auf langfristige Entwicklung legen (etwa gezielte Programme zur menschlichen Entwicklung wie das mexikanische Progresa), können während einer Rezession ebenfalls die Funktion eines Sicherungsnetzes erfüllen. Die geeignete Kombination von Programmen im Rahmen des Sicherungsnetzes hängt von den Merkmalen der Armen und Schadenanfälligen, der Art der Krise sowie den institutionellen und administrativen Kapazitäten des Staates ab.

Die internationale Gemeinschaft kann dabei eine wichtige Rolle spielen, indem sie in politischen Fragen berät, finanzielle Unterstützung bietet und die Politik bei der Gestaltung und Finanzierung von Sicherungsnetzen unterstützt. Internationale Finanzinstitutionen können die Länder bei der Ausarbeitung von armenfreundlichen Programmen zur Haushaltsanpassung sowie von Sicherungsnetzen unterstützen und Ländern, die zu arm sind, um während einer Krise ein Sicherungsnetz zu finanzieren, Mittel bereitstellen.[34]

Schutzlosigkeit bei Naturkatastrophen verringern

Die größte Katastrophe, die wir jemals erlebt haben, war der Hurrikan Gilbert; . . . ein Holzstuhl war alles, was uns Gilbert gelassen hat.

– Frau, Millbank, Jamaika

Die wirtschaftliche Entwicklung wird immer wieder durch Naturkatastrophen wie Erdbeben, Dürren, Hochwasser, Erdrutsche, Vulkanausbrüche, Stürme oder Waldbrände unterbrochen. Wie Wirtschaftskrisen können auch Naturkatastrophen zu einem drastischen Anstieg der Armut führen und das Tempo der menschlichen Entwicklung verringern. Und wie Wirtschaftskrisen treffen sie auf kurze Sicht die Armen und verdüstern ihre Aussichten, auf lange Sicht der Armut zu entkommen.

Die Schäden in der Landwirtschaft und an der Infrastruktur variieren wie auch das Ausmaß ihrer indirekten und sekundären Auswirkungen je nach Art und Schwere der Naturkatastrophe. Dürren beispielsweise können zu schweren Ernte- und Viehverlusten führen, während die Infrastruktur und Produktionskapazitäten weitestgehend unversehrt bleiben.

Zwischen 1988 und 1997 forderten Naturkatastrophen schätzungsweise jährlich rund 50.000 Menschenleben und verursachten Schäden in Höhe von über 60 Milliarden US-Dollar pro Jahr.[35] So dramatisch diese Zahlen auch klingen, der Gesamtschaden für die Menschen und die Wirtschaft ist noch größer. Humanschäden beinhalten Verletzungen und vorübergehende oder dauernde Behinderungen, die vorübergehende oder dauernde Vertreibung von Menschen, die Auflösung von Familien und Netzwerken, die Zunahme von Armut und Krankheiten und psychologische Schäden. Die wirtschaftlichen Schäden, die im wesentlichen auf direkten physischen Auswirkungen oder dem Verlust von Anlagekapital und Warenbeständen beruhen, werden ebenfalls unterschätzt. Zahlreiche indirekte und sekundäre Effekte auf die wirtschaftliche Tätigkeit – wie zum Beispiel Änderungen der Finanzpolitik, Langzeitfolgen der Neuverteilung von Investitionsmitteln oder

der Verlust von Humankapital – werden erst gar nicht berücksichtigt.

In den vergangenen 10 Jahren hat die Häufigkeit von Naturkatastrophen zugenommen.[36] Das könnte zum Teil durch gesellschaftliche Faktoren begründet sein, da die Zahl der Ansiedlungen in gefährdeten Gebieten sprunghaft gestiegen ist. Die Armen in den Millionenstädten, beispielsweise in Rio de Janeiro und den dortigen *Favelas*, sind häufig gezwungen, an Hängen in Randgebieten zu bauen, die anfällig für Erdrutsche sind, bei denen jedes Jahr Tausende von Menschen ums Leben kommen oder ihr Obdach verlieren. Es gibt aber auch natürliche Faktoren. Das Klimaphänomen El Niño, das mit ungewöhnlich schweren Überschwemmungen, Dürren und Stürmen in Verbindung gebracht wird, nimmt an Intensität zu und tritt häufiger auf.[37] Und die Erwärmung der Oberfläche des Atlantik läßt immer häufiger immer schwerere Stürme entstehen.[38] Eine häufige Frage lautet, ob es nicht sinnvoller sei, viele dieser Katastrophen eher als „vom Menschen verursachte Katastrophen" statt als „Naturkatastrophen" zu bezeichnen. Wahrscheinlich trifft beides zu.

Auswirkungen von Naturkatastrophen auf arme Länder und Menschen

Ich hatte das Pech, daß das Land, das ich bewirtschafte, in einem sumpfigen Gebiet liegt. Als es anfing zu regnen, war meine Farm komplett überschwemmt und zerstört.
— Älterer Mann, Atonsu Bokro, Ghana

Entwicklungsländer, insbesondere ihre am dichtesten besiedelten Gebiete, tragen die Hauptlast von Naturkatastrophen. Zwischen 1990 und 1998 waren 94 Prozent der 568 schwereren Naturkatastrophen und mehr als 97 Prozent aller Todesfälle infolge einer Naturkatastrophe in Entwicklungsländern zu verzeichnen (Schaubild 9.1). Allein in Bangladesch wurden bei drei Orkanen, vier Überschwemmungen, einer Flutwelle und zwei Zyklonen mehr als 400.000 Menschen getötet und weitere 42 Millionen in anderer Form betroffen. Im südlichen Afrika litten in den Jahren 1991 und 1992 die vier Länder Malawi, Sambia, Simbabwe und Südafrika unter schweren Dürren.[39] In Lateinamerika und der Karibik forderten zwischen 1995 und 1998 größere Naturkatastrophen im Gefolge von El Niño sowie die Wirbelstürme Mitch und Georges und das Erdbeben im kolumbianischen Quinido Tausende von Menschenleben und verursachten Schäden in Höhe von mehreren

Milliarden US-Dollar.[40] Im Jahr 1998 verursachte das schwere Hochwasser des Jangtse Verwüstungen in China, und im selben Jahr wurde Armenien von einem schweren Erdbeben erschüttert. Eine weitere lange Reihe von Katastrophen ereignete sich im Jahr 1999, unter anderem ein schweres Erdbeben in der Türkei, ein Zyklon im indischen Bundesstaat Orissa, Überschwemmungen in Zentralvietnam, sintflutartige Regenfälle und schwere Schlammlawinen in Teilen Venezuelas sowie Hochwasser in Mosambik. Diese Liste ließe sich fortsetzen.

Armut und eine verzögerte Entwicklung verstärken die negativen Auswirkungen von Naturkatastrophen. Entwicklungsländer sind besonders schutzlos und schadenanfällig, da sie nur begrenzt fähig sind, diese Auswirkungen zu verhindern oder zu mildern. Menschen in Ländern mit niedrigem Einkommen sind viermal stärker gefährdet, bei einer Naturkatastrophe ums Leben zu kommen, als Menschen in Ländern mit hohem Einkommen.[41] Wenngleich die Naturkatastrophen, die sich in Peru und Japan ereignen, ähnlich sind, liegt die durchschnittliche Zahl der Todesopfer in Peru bei 2.900 pro Jahr, in Japan hingegen nur bei 63.[42] Der prozentuale Anteil der durchschnittlichen Schadenskosten am BIP ist in Entwicklungsländern 20 Prozent höher als in Industrieländern.[43]

Arme Menschen und Gemeinschaften sind häufig die Hauptopfer von Naturkatastrophen, was zum Teil daran liegt, daß sie sich Grundstücke in katastrophensichereren Gebieten nicht leisten können und beengt in provisorischen Unterkünften leben.[44] Die Häufigkeit von Katastrophen ist in armen Gemeinschaften häufig höher, da sie eher in Gebieten liegen, die von Unwettern oder seismischer Aktivität betroffen sind. Auch erhöht die mindere Qualität der Infrastruktur in armen Gemeinschaften nachweislich die Schadenanfälligkeit.

Zwar schädigen Naturkatastrophen jeden, der von ihnen betroffen ist, doch arme Familien werden von ihnen besonders schwer in Mitleidenschaft gezogen, da sich Verletzungen, Arbeitsunfähigkeit und der Verlust des Lebens unmittelbar auf ihr wichtigstes Gut auswirken: ihre Arbeitskraft. Katastrophen vernichten überdies das natürliche, physische und Sozialkapital von armen Haushalten und stören Sozialhilfeprogramme ganz erheblich.[45] Über einen längeren Zeitraum bestehende Arbeitsunfähigkeit und die Vernichtung von Vermögenswerten können Familien in chronischer Armut gefangenhalten. Mangel- und Fehlernährung beeinträchtigen die Lernfähigkeit der Kinder.

Schaubild 9.1
Entwicklungsländer trugen in den Jahren 1990 bis1998 die Hauptlast von Naturkatastrophen

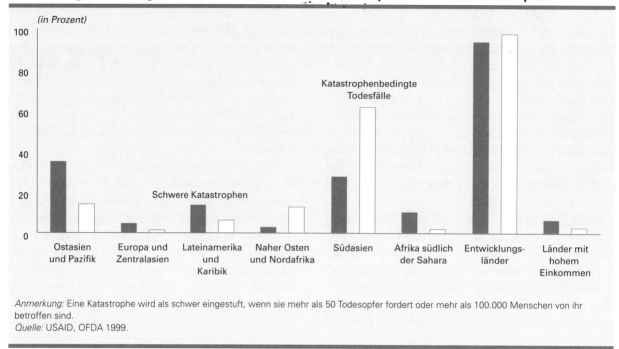

Anmerkung: Eine Katastrophe wird als schwer eingestuft, wenn sie mehr als 50 Todesopfer fordert oder mehr als 100.000 Menschen von ihr betroffen sind.
Quelle: USAID, OFDA 1999.

Die wenigen Studien, die den Einfluß von Naturkatastrophen auf die Armut analysiert haben, zeigen, daß die Beeinträchtigung des aktuellen und zukünftigen Lebensstandards erheblich sein kann. In Ecuador hat El Niño in den betroffenen Gebieten möglicherweise zu einem Anstieg der Armutshäufigkeit um 10 Prozentpunkte geführt.[46] In Honduras ließ Hurrikan Mitch die landwirtschaftliche Produktionsmenge im Jahr 1998 um schätzungsweise 7 Prozent sinken.[47] Die Ernteeinbußen waren dramatisch und betrafen ein Viertel bis etwa die Hälfte der Haushalte. Haushalte auf dem Land, die am stärksten von der Landwirtschaft abhängig sind, erlitten die größten Verluste.[48]

Während der Dürre in Burkina Faso im Jahr 1984 fiel das Einkommen des ärmsten Drittels der Landbevölkerung in der Sahelzone, dem Gebiet mit dem für die Landwirtschaft ungünstigsten Klima, um 50 Prozent und in der Sudanzone um 7 Prozent.[49] Es gab auch Belege dafür, daß Arme aus Verzweiflung ihr Vieh verkauften. Da sie überhaupt nur über sehr kleine Viehbestände verfügten, haben diese Notverkäufe ihre Pufferbestände unter Umständen gefährlich verringert, so daß sie bei zukünftigen Dürren und anderen Schocks extrem schadenanfällig sind und dadurch möglicherweise dauerhaft in extremer Armut gefangen sein werden.[50]

Bei Untersuchungen zum Einfluß der Dürre in Simbabwe in den Jahren 1994 und 1995 fand man heraus, daß Frauen und kleine Kinder am stärksten betroffen waren. Für die Frauen waren die Folgen der Dürre für die Gesundheit (gemessen anhand des Body-Mass-Index) nur vorübergehender Art. Dank ergiebiger Regenfälle im folgenden Jahr gewannen sie einen großen Teil des verlorenen Körpergewichts zurück. Doch für Kinder im Alter von 12 bis 24 Monaten wird die Dürre wahrscheinlich dauerhafte Folgen haben. Diese Kleinkinder büßten in der Folgezeit der Dürre durchschnittlich 1,5 bis 2,0 Zentimeter an linearem Körperwachstum ein. Die Auswirkungen waren bei Kindern aus Haushalten mit wenig Vieh, dem für die Verbrauchsglättung wichtigsten Vermögenswert dieser Haushalte, am schwerwiegendsten.[51] Auf die Gesundheit der Männer hatte die Dürre keinen Einfluß.

Insgesamt erging es Haushalten, denen Frauen vorstanden, nach einer Naturkatastrophe auch aufgrund ihres im Durchschnitt kleineren Ressourcenbestands schlechter als Haushalten, denen Männer vorstanden.[52] Gewohnheitsrechtliche Normen und kodifiziertes Recht können diese Situation weiter verschlechtern. Bei den Tonga in Sambia beispielsweise hat eine Witwe keinerlei Anspruch auf die Besitztümer eines Haushalts.[53]

Die Auswirkungen einer Naturkatastrophe auf die Armut können auch außerhalb der direkt betroffenen Haushalte spürbar sein. Forschungsarbeiten zu den afrikanischen Ländern südlich der Sahara deuten darauf hin, daß sowohl das BIP in der Landwirtschaft als auch das Gesamt-BIP sensibel auf eine geringere Niederschlagsmenge reagieren. Die Dürre im südlichen Afrika in den Jahren 1991 und 1992 verlangsamte das Wachstum der landwirtschaftlichen und gesamtwirtschaftlichen Produktionsmenge in Malawi, Sambia, Simbabwe und Südafrika.[54] Der Einfluß von Dürren auf das BIP und die für die Erholung benötigte Zeit sind zum Teil durch die wirtschaftliche Bedeutung der Landwirtschaft sowie deren Integration in und Verflechtungen mit der Industrie begründet. In stärker integrierten Volkswirtschaften sind die Auswirkungen in der zweiten und jeder weiteren Reihe deutlicher. Im Senegal und in Simbabwe griffen die Auswirkungen der Dürren von der Landwirtschaft auf die verarbeitende Industrie über.[55] In Simbabwe nahmen der Wert der Produktionsleistung der verarbeitenden Industrie im Jahr 1992 weitestgehend aufgrund der Dürre in den Jahren 1991 und 1992 um 9,5 Prozent und die Exporterträge aus den Erzeugnissen um 6 Prozent ab.[56]

Die Zerstörung von Infrastruktur durch schwere Naturkatastrophen hat sowohl zeitlich unmittelbare als auch längerfristige, indirekte Auswirkungen auf die Armut. In Asien etwa, wo sich 70 Prozent aller Überschwemmungen ereignen, wurden die durchschnittlichen jährlichen Schäden während des vergangenen Jahrzehnts auf 15 Milliarden US-Dollar geschätzt, wovon Infrastrukturverluste 65 Prozent ausmachten.[57]

Der erforderliche Wiederaufbau von zerstörter Infrastruktur in den von Naturkatastrophen betroffenen Ländern verschlingt staatliche Mittel, die ursprünglich für längerfristige Entwicklungsziele bestimmt waren, und zehrt einen erheblichen Anteil der multinationalen Kreditmittel auf. In Mexiko wurden im Laufe der letzten 10 Jahre etwa 30 Prozent der von der Weltbank für den Ausbau der ländlichen Wasserversorgung bewilligten Gelder für den Wiederaufbau nach Naturkatastrophen aufgewendet.[58]

Risikominderung und -milderung: Schutzlosigkeit bei Naturkatastrophen verringern

Die gesammelten Erfahrungen mit Naturkatastrophen verdeutlichen, daß eine Abkehr vom Fatalismus hin zur Prävention, vom Reagieren hin zum frühzeitigen Agieren, von der Mobilisierung von Ressourcen nach Eintreten einer Krise hin zur Risikominderung und -übertragung vor Eintreten einer Krise dringend erforderlich ist. Zahlreiche Entwicklungs- und Industrieländer unterscheiden sich deutlich darin, welchen Ansatz zur Bewäl-

Sonderbeitrag 9.4
Risikomilderung: Der Eckpfeiler der Bewältigung von Notsituationen in den Vereinigten Staaten

Risikomilderung, also das laufende Engagement zur Abfederung der Auswirkungen von Katastrophen auf Menschen und Besitztümer, ist in den Vereinigten Staaten der Eckpfeiler der Strategie zur Bewältigung von Notsituationen. Sie beinhaltet die Vermeidung der Bebauung von hochwassergefährdeten Gebieten, den Bau von erdbebensicheren Brücken, die Festlegung und Durchsetzung von wirksamen Bauvorschriften zum Schutz des Eigentums vor einer Beschädigung durch Wirbelstürme und einiges mehr.

In den vergangenen 10 Jahren hat die US-amerikanische Federal Emergency Management Agency (FEMA) den Menschen für die Reparatur und den Wiederaufbau von Siedlungen nach einer Naturkatastrophe Mittel in Höhe von 25 Milliarden US-Dollar zur Verfügung gestellt. Auch andere staatliche Stellen und Versicherungsgesellschaften stellten mehrere Milliarden US-Dollar bereit. Abgesehen davon sind auch Todesopfer, vernichtete Arbeitsplätze und entgangene Geschäftsmöglichkeiten Kosten von Notsituationen. Eine schwere Katastrophe kann das örtliche BIP um bis zu 10 Prozent schmälern.

Im Jahr 1995 veranlaßten die hohen, ausufernden Katastrophenschäden die FEMA dazu, eine nationale Risikomilderungsstrategie zu entwerfen, die zwei Ziele verfolgt: den Schutz von Menschen und Gebäuden vor Katastrophen und die Minimierung der Kosten für Notmaßnahmen und den Wiederaufbau nach einer Katastrophe. Die FEMA schätzt, daß für jeden für die Risikomilderung aufgewendeten Dollar im Rahmen der Umsetzung von Hilfsmaßnahmen und des Wiederaufbaus zwei Dollar eingespart werden.

Die Strategie unterstützt einen gemeinschaftsbasierten Ansatz zum Abbau der Schadenanfälligkeit bei Naturkatastrophen:

- Gefahren verändern (Besäen von Wolken während einer Dürre)
- Gefahren abwenden (Dämme zum Schutz vor Hochwasser bauen)
- Gefahren vorbeugen (Gemeinschaften aus Hochwassergebieten umsiedeln)
- an Gefahren anpassen (erdbebensichere Gebäude bauen).

Im Februar 2000 kündigte die FEMA das Projekt Impact: Building Disaster-Resistant Communities an, ein Katastrophenschutzprogramm für Gemeinschaften, das rund 200 Gemeinschaften bei ihrem Bestreben, sich vor Katastrophen zu schützen, mit ihrem Fachwissen und technischer Unterstützung zur Seite steht. Dieses Projekt beruht auf drei Grundsätzen: Über Vorkehrungsmaßnahmen muß auf Ortsebene entschieden werden. Die Beteiligung des privaten Sektors ist unverzichtbar. Langfristige Initiativen und Investitionen in die Prävention sind überaus wichtig.

Quelle: Olsson 2000.

Sonderbeitrag 9.5
Risiken von Naturkatastrophen mildern:
Die Lehren aus den Erdbeben in der Türkei im Jahr 1999

Im Sommer 1999 wurde der Nordwesten der Türkei von einem schweren Erdbeben erschüttert, das mehr als 17.000 Menschenleben und Zehntausende Verletzte forderte und mehrere Ballungszentren schwer verwüstete. Drei Monate später folgte ein zweites Beben, das die Zahl der Opfer und die Schäden für Gesellschaft und Wirtschaft noch weiter steigen ließ. Die Industrie und die anderen Wirtschaftszweige in den von den Erdbeben betroffenen Gebieten hatten zuvor 35 Prozent des BIP des Landes erwirtschaftet. Ihre Zerstörung wird das Wachstum in der Türkei voraussichtlich auf Jahre hinaus beeinträchtigen.

Die internationale Gemeinschaft unterstützte die Türkei mit Hilfslieferungen und umgehenden Wiederaufbaumaßnahmen. Gemeinsam mit der türkischen Regierung, der Europäischen Investitionsbank, dem Sozialentwicklungsfonds des Europarates und anderen Geldgebern koordinierte die Weltbank die Ausarbeitung eines Rahmens für ein Wiederaufbauprogramm, für das 1,7 Milliarden US-Dollar zur Verfügung gestellt wurden. Ein zentraler Bestandteil dieses Rahmens ist ein Katastrophenbewältigungs- und Reaktionssystem zur Vermeidung derartiger Schäden in der Zukunft.

Die Katastrophenschutz- und Landerschließungsgesetze werden überarbeitet und abgeändert, und die Fähigkeit der Kommunen zur Regulierung, Planung und Umsetzung von Entwicklungsprojekten für erdbebensichere Einrichtungen wird gestärkt. Pilotprojekte in ausgewählten Kommunen werden die Planungs- und Bauämter bei der Entwicklung von risikobasierten städtischen Musterbebauungsplänen, Maßnahmen zur effektiven Umsetzung von Bauvorschriften, kommunalen Vorschriften, die gewährleisten, daß Bauherren entsprechende Genehmigungsverfahren beachten, sowie Programme zur Beurteilung vorhandener Gebäude unterstützen.

Das staatliche Erdbeben-Versicherungsprogramm wird die Möglichkeiten zum Management von Katastrophenrisiken sowie zur Risikoübertragung erweitern. Das Programm wird ein Versicherungssystem schaffen, um Hauseigentümern (jenen, die Immobiliensteuern zahlen), die eine durch ein Erdbeben zerstörte oder beschädigte Unterkunft reparieren oder neu bauen müssen, rasch Mittel bereitstellen zu können. Es wird außerdem die Zahlungsfähigkeit des Versicherungs-Pools bei allen Katastrophen mit Ausnahme der schwersten sicherstellen und die finanzielle Abhängigkeit des Staates von Geldgebern nach einem schwereren Erdbeben verringern.

Quelle: Kreimer 1999.

---

werden. Industrieländer konzentrieren sich zunehmend darauf, die Auswirkungen von Katastrophen zu mindern oder zu mildern (Sonderbeitrag 9.4).

Letzterer Ansatz kann die durch Naturkatastrophen verursachten Störungen begrenzen, Leben retten und Eigentum schützen. Aus rein wirtschaftlicher Sicht zahlen sich Investitionen in die Risikominderung aus. Beispielsweise ermittelte eine Kosten-Nutzen-Analyse für acht Städte, die am argentinischen Projekt für den Wiederaufbau nach Überschwemmungen beteiligt sind, eine binnenwirtschaftliche Rendite von 35 Prozent. Die geschätzten Einsparungen in Höhe von 187 Millionen US-Dollar (US-Dollar von 1993) durch vermiedene Schäden beim Hochwasser im Jahr 1997 glichen die Investitionen in Höhe von 153 Millionen US-Dollar mehr als aus. Durch den Bau von Hochwasserschutzdämmen und die Verbesserung der Entwässerungssysteme verringerte das Rio Flood Reconstruction and Prevention Project die Gesamtfläche der Überschwemmungsgebiete um 40 Prozent und erzielte dadurch für sieben Nebenbecken des Iguaçu und des Sarapui ein geschätztes Kosten-Nutzen-Verhältnis von 6,5.[59] Ein umfassendes Katastrophenrisiko-Management kann in Entscheidungen über entwicklungsfördernde Investitionen integriert werden. In der Türkei arbeiteten internationale Kredit- und Geldgeber nach den Erdbeben im Jahr 1999 mit der Regierung ein neues Rahmenwerk für den Katastrophenschutz aus (Sonderbeitrag 9.5).

Umsiedlungen, die auf die Bedürfnisse der Armen zugeschnitten sind, sind in hochwassergefährdeten Gebieten oder Vulkangebieten häufig eine geeignete Strategie zur Risikominderung. Wenn Umsiedlungen nicht durchführbar oder wünschenswert sind, stellen Umbauprogramme für einzelne Wohngegenden eine gute Alternative dar. Bei diesen Programmen bauen die Bewohner von einkommensschwachen städtischen Gebieten ihre Häuser entweder selbst oder mit Hilfe der Gemeinschaft um. Die Programme verringern die Zahl der Verstöße gegen Bauvorschriften, indem Arbeitskräfte des informellen Baugewerbes zu risikomindernden Methoden geschult und Mittel für preisgünstige Umbauten bereitgestellt werden, mit denen Häuser an die geltenden Bauvorschriften angepaßt werden können. Internationale Hilfe, die über örtliche nichtstaatliche Organisationen kanalisiert wird, hat häufig dazu beigetragen, aus Umbauprojekten kostengünstige Möglichkeiten zur Milderung von Risiken durch zukünftige Naturkatastrophen zu machen (Sonderbeitrag 9.6).

---

tigung von Notsituationen sie wählen. Entwicklungsländer legen großen Wert auf das Vorbereitetsein und die Reaktion – sie stellen also sicher, daß die für die Reaktion auf Notsituationen benötigten Ressourcen verfügbar sind und rasch verteilt werden können und dann nach Eintreten einer Notsituation rasch verteilt und effizient genutzt

Sonderbeitrag 9.6

So wird mit Hilfe einer örtlichen nichtstaatlichen Organisation Wiederaufbau zur Risikomilderung

In einem armen Gebiet in Peru, das von einem Erdbeben im Jahr 1990 teilweise verwüstet worden war, leitete Caritas, eine örtliche nichtstaatliche Organisation, ein Wiederaufbauprogramm ein, das außerdem der Milderung von erdbebenbedingten Risiken dienen sollte. Nach Beratungen mit der Gemeinde entschloß sich Caritas, Häuser aus *Quincha* zu bauen, einem vor Ort vorkommenden Baustoff, der Erdbeben standhält. Um den bedürftigsten Familien, etwa Haushalten von alleinstehenden Frauen, direkte Hilfe zu leisten, stellte Caritas das Baumaterial als Gegenleistung für die Beteiligung an Gemeindearbeiten zur Verfügung. Ein Erdbeben im Jahr 1991 verdeutlichte die Vorzüge des Baustoffs *Quincha*: Die meisten Häuser überstanden das Erdbeben mit der Stärke 6,2 auf der Richter-Skala unbeschadet.

Quelle: Schilderman 1993.

Weitere wichtige Modernisierungsmaßnahmen für Wohngebiete sind unter anderem der Bau von Entwässerungsanlagen und die Minderung der Gefahr von Überschwemmungen und Schlammlawinen.

Kostengünstige örtliche Initiativen können die von Naturkatastrophen für das Einkommen von Gemeinschaften ausgehenden Gefahren ebenfalls mindern. In ländlichen Gebieten könnten sich derartige Initiativen auf Umweltschutzprojekte und die Wiederaufforstung konzentrieren. Wenn ein Ort anfällig für Dürren und Überschwemmungen ist, können gemeinschaftliche Lebensmittelbanken helfen. In Burkina Faso wurden örtliche Getreidebanken geschaffen, um die Lagerung von Getreide zu verbessern, die Nahrungsmittelpreise zu senken und sie im Jahresverlauf, auch während der Trockenzeit, zu stabilisieren.[60] Landwirtschaftliche Genossenschaften in den Gemeinschaften können den Kleinbauern helfen, Kredite oder Ernteausfallversicherungen zu erlangen. Ferner können verschiedene Strategien zur Diversifizierung der wirtschaftlichen Tätigkeiten innerhalb einer Gemeinschaft beitragen.

Die Minderung der wirtschaftlichen Schadenanfälligkeit beinhaltet auch, daß private Versicherungen für jene, die es sich leisten können, gefördert oder auch vorgeschrieben und Mechanismen zur Risikoübertragung, etwa Rückversicherungen für Katastrophenschäden und sogenannte Katastrophenanleihen, ermittelt werden (Sonderbeitrag 9.7). Zwar können Mechanismen zur Risikoübertragung einen Großteil der Kosten für Reparatur und Wiederaufbau der Infrastruktur decken

und dadurch knappe staatliche Mittel für andere Projekte freisetzen, jedoch sind sie in armen Ländern unter Umständen nicht einfach anzuwenden. Zum einen erfordern sie Systeme zur Überprüfung von Schäden, die von jenen, die Versicherungsleistungen erhalten würden (zum Beispiel Regierungen), nicht ohne weiteres manipuliert werden können. Um diesem Problem beispielsweise nach einem Hochwasser zu begegnen, könnte ein Land ein hochwertiges Meß- und Meldesystem einrichten. Das wäre für Versicherungsverträge zweckdienlich, bei denen die Staffelung der Prämien an einen Niederschlagsindex gekoppelt ist.[61]

Sonderbeitrag 9.7

Risiken mit Katastrophenanleihen mildern

Katastrophenanleihen stellen in Ländern ohne aktive private Versicherungsmärkte eine Alternative dar. Als Risikoübertragungsmechanismus, der vor dem Eintreten der Katastrophe greift, erlauben diese Anleihen eine finanzielle Absicherung gegen Katastrophenschäden.

Man denke beispielsweise an eine Regierung, die sich im nächsten Jahr gegen das Risiko von Hochwasserschäden an ihren Kläranlagen absichern will. Fachleute schätzen das Hochwasserrisiko auf 1 zu 100 und somit gering genug, um einen institutionellen Anleger dazu zu bewegen, eine Anleihe zu kaufen, deren Rückzahlung von eventuellen Hochwasserschäden an der Kläranlage abhängt. Der Investor kauft die Anleihe zu Beginn des Risikozeitraums zum Nennwert. Am Ende des Risikozeitraums verliert er das angelegte Kapital, falls der Schadenfall eintritt. Wird die Kläranlage jedoch nicht beschädigt, erhält der Investor das Kapital zuzüglich Zinsen zurück, wobei der Zinssatz in der Regel über dem marktüblichen Satz liegt, um den Investor für das Risiko eines Totalverlustes zu entschädigen.

Die Regierung legt die Mittel, auf die nur im Schadenfall zurückgegriffen wird, in risikolosen Wertpapieren an. Die Kosten für die Regierung betragen den Unterschied zwischen dem Zinssatz, den sie für die risikolosen Wertpapiere erhält, und jenem, den sie dem Inhaber der Anleihe zahlt, und sind mit einer Versicherungsprämie vergleichbar. Der Wert der Anleihe und die Zinszahlungen der Regierung wären geringer, wenn die Regierung für die Kläranlage Hochwasserschutzmaßnahmen ergreifen würde. Katastrophenanleihen erfüllen daher nicht nur eine Versicherungsfunktion, sondern bieten der Regierung ferner einen Anreiz, in Projekte zur Risikomilderung zu investieren.

Ein potentielles Problem bei Katastrophenanleihen ist die Schwierigkeit, den Schaden zu beziffern. Die staatliche Stelle, die die Kläranlage betreibt, könnte die Schadenshöhe zu hoch ansetzen, um sicherzustellen, daß der Inhaber der Anleihe für den Schaden aufkommen muß. Eine Möglichkeit, diesem moralischen Problem zu begegnen, besteht darin, die Auszahlungen an eine objektive Kennzahl (etwa den Hochwasserstand) statt an den tatsächlichen Schaden zu koppeln.

Quelle: Kunreuther 1999.

Naturkatastrophen bewältigen

In der ersten Phase nach einer Katastrophe sollten sich die Anstrengungen auf die Versorgung mit Nahrungsmitteln, Wasser, Unterkünften und Medikamenten konzentrieren. Daher ist eine schnelle, provisorische Reparatur von Infrastruktureinrichtungen wie Straßen und der Wasserversorgung entscheidend. Die Prioritäten müssen ausgehend vom Schadensausmaß und der Höhe der Schadenanfälligkeit festgelegt werden. Den schadenanfälligsten Gruppen, das heißt den Frauen, Kindern und Alten, ist besondere Aufmerksamkeit zu schenken. Die Beteiligung von Frauen an der Leitung von Notunterkünften, die Einrichtung von Arbeitsbeschaffungsprogrammen, welche auf die Bedürfnisse von Frauen zugeschnitten sind, und die Gewährleistung der Gleichbehandlung von Männern und Frauen beim Hauserwerb können Frauen und von Frauen geführten Haushalten die Erholung von einem Schock erleich-

tern. Die Ausweitung von Programmen zur Förderung der frühkindlichen Entwicklung, vor allem von Ernährungsprogrammen für Mütter und Kinder, ist ebenfalls wichtig. Der Wiederaufbau von Schulen sollte eine der wichtigsten Prioritäten sein, um dem Verlust von Humankapital vorzubeugen und eventuell auch Katastrophenopfern eine Notunterkunft zu bieten. Barübertragungen an arme Familien mindern das Risiko, daß sie ihre Kinder von der Schule nehmen müssen. Wenn Kinder sich am Wiederaufbau beteiligen müssen, können Schulen flexible Stundenpläne ausarbeiten.

Im Anschluß an eine weite Teile des Landes betreffende Naturkatastrophe müssen die Staatsregierung und die örtlichen Verwaltungen ein Paket von makroökonomischen Maßnahmen schnüren, um Auswirkungen auf den Haushalt und die Leistungsbilanz zu begegnen, zum Beispiel geringeren Steuereinnahmen und höheren öf-

---

Sonderbeitrag 9.8

Kosten von Katastrophen verteilen: Der mexikanische Fonds für Naturkatastrophen

Aufgrund seiner geographischen und klimatischen Vielfalt ist Mexiko anfällig für eine ganze Reihe von Naturkatastrophen, die von Hochwasser, Dürren und Erdbeben bis hin zu Wald- und Buschbränden, tropischen Wirbelstürmen und Vulkanausbrüchen reichen können. Die direkten, durch Naturkatastrophen verursachten Schäden für die Zeit ab 1980 belaufen sich auf insgesamt etwa 6,5 Milliarden US-Dollar. Rund 7.000 Menschen verloren ihr Leben.

Um die Schadenanfälligkeit des Landes bei Naturkatastrophen zu verringern, richtete die Regierung im Jahr 1996 den Fonds für Naturkatastrophen Fonden (*Fondo para desastres naturales*) ein. Dieser Bundesfonds war als letzter Ausweg zur Finanzierung von Ausrüstung für Notstandsmaßnahmen, Katastrophenhilfe und den Wiederaufbau von öffentlicher Infrastruktur und Schutzgebieten gedacht.

Nach einer Zeit, in der Naturkatastrophen besonders große Schäden verursachten, beschloß die Regierung im Jahr 1998, Fonden für strategisch wichtigere Zwecke zu verwenden, um Anreize für die Nutzung von Versicherungsangeboten und Maßnahmen zur Risikomilderung zu bieten. Nach eingehenden Beratungen mit den verschiedenen Interessengruppen änderte die Regierung die Richtlinien des Fonds ab, um:

- die Klarheit und Transparenz der Entscheidungsregeln für die Gewährung des Zugangs zu Mitteln des Fonds sowie bei den Prozessen zur Schadenbewertung zu erhöhen;
- das moralische Risiko zu mindern, indem die stärkere Nutzung privater Versicherungen durch die Begünstigten von Fonden gefördert und eindeutige Kostenverteilungsschlüssel für die Finanzierung von Katastrophenschäden festgelegt wurden, die in den Verantwortungsbereich der Bundesstaaten und Kommunen fallen;

- im Rahmen der von Fonden finanzierten Wiederaufbauprogramme sowie der normalen Investitionsprogramme der Begünstigten Maßnahmen zur Risikominderung zu fördern;
- Katastrophenhilfsmaßnahmen, die zunächst über Liquiditätsfazilitäten für Notsituationen finanziert wurden, zu refinanzieren, um den Wiederaufbau nach einer Katastrophe zu beschleunigen.

Diese Änderungen werden derzeit mit Hilfe von freiwilligen Vereinbarungen zwischen der Bundesregierung und den Regierungen der Bundesstaaten formalisiert. In diesen Vereinbarungen sind die Rechte und Pflichten der Parteien, die für Fonden geltenden Vorschriften sowie die vereinbarten Kostenverteilungsschlüssel für Katastrophenhilfe und Wiederaufbauarbeiten festgehalten. Die Vereinbarungen werden außerdem zur Schaffung von Treuhandverhältnissen zwischen der Bundesregierung und den einzelnen Bundesstaaten führen. Gemäß den Bedingungen jedes Treuhandverhältnisses sollen Ausgabenbeschlüsse und die Auftragsvergabe für förderungsfähige Notfallmaßnahmen einem Fachausschuß obliegen, dem Vertreter der Bundesstaaten und Kommunen angehören und der auf Empfehlung von Bundeseinrichtungen hin tätig wird.

Wenn diese Maßnahmen Erfolg haben, werden sie die Transparenz, Verantwortlichkeit und Effizienz bei der Verwendung der Fonden-Mittel erhöhen und die infolge von Naturkatastrophen entstehenden Kosten zwischen dem Staat und dem privaten Sektor umverteilen. Mit der Zeit werden sie ferner den von der Bundesregierung zu tragenden Anteil der Kosten für die Milderung der Auswirkungen und die Bewältigung von Katastrophen verringern.

Quelle: Barham 2000.

Sonderbeitrag 9.9
Gemeinschaften am Wiederaufbau nach einer Katastrophe beteiligen: Die Lehren aus dem Maharashtra Emergency Earthquake Rehabilitation Program

Am 30. September 1993 wurde der indische Bundesstaat Maharashtra von einem Erdbeben erschüttert, bei dem in Latur, Osmanabad und 11 weiteren Bezirken 8.000 Menschen getötet und 230.000 Häuser zerstört wurden. Mit Unterstützung der Weltbank rief die Regierung in Maharashtra das Maharashtra Wiederaufbau-Notprogramm ins Leben. Das Programm institutionalisierte die Beteiligung der Gemeinschaften sowie offizielle Beratungen mit den Begünstigten in jeder Phase.

Gemeinschaften wurden in zwei Kategorien eingeteilt: jene, die umgesiedelt werden mußten, nämlich die 52 am stärksten beschädigten Dörfer, sowie jene, in denen Wiederaufbaumaßnahmen, Reparaturen oder Fördermaßnahmen erforderlich waren. Das Tata Institute of Social Sciences war in den 52 umzusiedelnden Dörfern tätig, in denen rund 28.000 Familien lebten. Die Society for Promotion of Area Resource Centers organisierte die Beteiligung der Gemeinschaft in den 1.500 Dörfern (mit rund 190.000 Familien), in denen Wiederaufbau- oder Reparaturarbeiten durchgeführt werden sollten.

Mit der Zeit wurde das Programm zu einem Projekt der Bürger. Als sich erste Erfolge einstellten, stieß die Beteiligung der Gemeinschaften auf größere Akzeptanz. Die zunächst skeptischen Beamten in der Projektleitungsgruppe erkannten mit der Zeit, was für ein wirkungsvolles Hilfsmittel die Beteiligung der Gemeinschaften bei der Bewältigung der während der Umsetzung auftretenden Probleme war.

Die Beteiligung hatte auch eine positive psychologische Wirkung auf die Gemeinschaften. Die Einbeziehung der Anwohner in den Wiederaufbau half diesen, das durch das Erdbeben hervorgerufene Trauma zu überwinden. In Anerkennung dessen begann die Regierung noch vor dem offiziellen Start des Wiederaufbauprogramms in kleinen Dörfern mit Wiederaufbaumaßnahmen und rief dazu Geldgeber, Unternehmen, nichtstaatliche Organisationen und religiöse Vereinigungen auf, die Dörfer als „Paten" bei dem Vorhaben zu unterstützen. Einige Organisationen befaßten sich auch mit sozialen Aspekten, etwa der Schulbildung für Kinder.

Informationen zu dem Programm, den Prozessen und den Hilfsmechanismen waren allgemein zugänglich – und wohlbekannt. Die partizipativen Prozesse öffneten zahlreiche informelle Kommunikationskanäle zwischen dem Volk und der Regierung und trugen so dazu bei, die Kluft zwischen diesen beiden Seiten zu verkleinern. Die Leistungsempfänger erfuhren, worauf sie Anspruch hatten, und setzten sich nach Kräften dafür ein, diese Ansprüche zu sichern. Wer der Ansicht war, daß seine Beschwerden im Dorf oder der *Taluka* (einer Verwaltungseinheit, die mehrere Dörfer umfaßt) nicht angemessen aufgenommen wurden, konnte sie den Bezirksbehörden und der Regierung in Mumbai vortragen.

Quelle: Vatsa 1999.

fentlichen Ausgaben, weniger Exporten und mehr Importen. Ein Katastrophenfonds wie jener in Mexiko kann der Regierung und den örtlichen Verwaltungen helfen, die Kosten für die Bewältigung der Folgen von Naturkatastrophen besser zu decken (Sonderbeitrag 9.8). Katastrophenfonds sollten sich darauf konzentrieren, Katastrophenrisiken abzusichern, die Dritte nicht absichern können, etwa Katastrophenschäden zum Nachteil von Bauern und Stadtbewohnern, die sich private Versicherungen nicht leisten können, und darüber hinaus armen Katastrophenopfern Sozialhilfeleistungen bieten.

In der Folgezeit einer Naturkatastrophe kann gezielte internationale Hilfe zur Erhaltung der makroökonomischen Stabilität, einer schnelleren Erholung und dem Schutz der Armen beitragen. Um jedoch den Ländern die Annahme von finanziellen Hilfen zu ermöglichen, müssen internationale Finanzinstitutionen während einer Krise unter Umständen einige Vorgaben für Anpassungsziele lockern. In Sambia schränkte in den Jahren 1992 und 1993 die im Rahmen eines Anpassungsprogramms verfolgte Sparpolitik die Fähigkeit der Regierung ein, die Außenfinanzierung zu erhöhen, da nicht genügend Gegenwertmittel in Landeswährung vorhanden waren. Das hatte zur Folge, daß die für die Dürreopfer bereitgestellten internationalen Mittel nicht vollständig genutzt wurden.[62]

Die Phase des Wiederaufbaus bietet eine Möglichkeit, die Schadenanfälligkeit bei Naturkatastrophen zu verringern (siehe Sonderbeitrag 9.6). Gezielte Hilfen vor Ort für die am schwersten betroffenen Teile der Bevölkerung (wobei die Armen die oberste Priorität haben) und Konsultationen mit betroffenen Gemeinschaften und Haushalten sollten eine zentrale Strategie sein. Die Beteiligung der örtlichen Bevölkerung am Wiederaufbau kann die Führungsfähigkeit und die Solidarität fördern und so das durch Naturkatastrophen verursachte psychologische Trauma verringern (Sonderbeitrag 9.9).[63]

Länder mit Sozialinvestitionsfonds oder Fonds für Investitionen in die ländliche Infrastruktur können mit ihrer Hilfe die Ressourcen effizient verteilen.[64] Angesichts ihrer Erfahrung mit dem Aufbau von Infrastruktur und der Bereitstellung von Sozialdiensten für Gemeinschaften können diese Fonds die örtlichen Ausgabenprioritäten rasch ermitteln und der Korruption weitgehend vorbeugen. Der Sozialinvestitionsfonds in Honduras erfüllte diese Aufgabe in der Zeit nach dem Hurrikan Mitch. Der Fonds finanzierte den Bau von mehreren wichtigen Nebenstraßen, begann mit dem

Wiederaufbau von Wasserversorgungssystemen in kleineren Städten und leitete Aufräumarbeiten ein. Er schuf rasch dezentralisierte Arbeitsstrukturen und reagierte auf die dringenden Bedürfnisse örtlicher Stadtverwaltungen und Gemeinschaften. Maßnahmen, die der Fonds unmittelbar nach dem Hurrikan ergriff, vereinfachten die Projektvorbereitung und -genehmigung und beschleunigten die Auftragsvergabe sowie die Auszahlung von Mitteln. Die genaue Kontrolle der Ausrüstung der privaten Unternehmen durch die Anwohner und die Beschäftigung von Ortsansässigen bei den Aufräumarbeiten trugen dazu bei, daß die Mittel verantwortungsvoll verwendet wurden.[65]

Die Erfahrungen führten zu wichtigen Erkenntnissen, wie die Fähigkeit dieser Fonds, Katastrophen zu bewältigen, verbessert werden kann: ausreichende Finanzmittel zur Erfüllung der Bedürfnisse nach einer Katastrophe bereitstellen, gewährleisten, daß Investitionsprojekte über den Wiederaufbau und reine Aufräumarbeiten hinausgehen und auch den Ausbau von vorhandenen oder den Bau von neuen Einrichtungen einschließen, und den Auftrag des Fonds dahingehend erweitern, daß schadenanfälligen Personen eine direkte Sozialhilfe geboten werden kann.[66]

Arbeitsbeschaffungsmaßnahmen können in Katastrophengebieten in Verbindung mit Wiederaufbauarbeiten eingeleitet oder ausgeweitet werden und so das Auskommen jener Menschen sichern, die sich nicht mehr selbst versorgen können (Kapitel 8). Sie können überdies Menschen helfen, die von den weniger offensichtlichen Auswirkungen einer Katastrophe betroffen sind, etwa den armen Fischern in Ecuador und Peru, die tiefer in die Armut abrutschten, als die Fische sich aus den von El Niño erwärmten Gewässern zurückzogen. Im Nordosten Brasiliens schuf das Programm Frente de Trabalho (Arbeitsfront) in Dürrezeiten ähnliche Beschäftigungsmöglichkeiten. Während der Dürren in den Jahren 1979 bis 1984 beschäftigte es bis zu 3 Millionen Arbeitskräfte im Bau und anderen mit der Dürre zusammenhängenden Bereichen.[67] Öffentliche Arbeitsprogramme, die dem Ausbau der für die gesamte Gesellschaft oder Gemeinschaft verfügbaren Infrastruktur dienen, können ebenfalls eine gute Wahl sein.

• • •

Schwere Schocks, das heißt Wirtschaftskrisen und Naturkatastrophen, fügen den Armen nicht nur auf kurze Sicht Leid zu. Sie beeinträchtigen auch deren Fähigkeit, auf lange Sicht der Armut zu entkommen, indem sie ihr Human- und ihr physisches Kapital aufzehren. Besonders schwerwiegend sind die Folgen für arme Kinder, die irreversible Schäden davontragen können, wenn eine Krise oder Naturkatastrophe die Mangel- und Fehlernährung verschärft oder sie zwingt, die Schulausbildung abzubrechen. Wesentliche Bestandteile einer jeden Strategie zum Abbau der Armut sollten daher Maßnahmen zur Vermeidung und Bewältigung von Wirtschaftskrisen und Naturkatastrophen sein – sowie zur Schaffung von Sicherungsnetzen mit gesicherter Finanzierung, die den Armen helfen, Schocks zu überwinden, wenn diese eintreten.

TEIL V

Maßnahmen auf internationaler Ebene

KAPITEL 10

Globale Kräfte für Arme nutzbar machen

Der vorliegende Bericht hat gezeigt, daß politische Maßnahmen und Institutionen auf Landes- und Ortsebene der Schlüssel zur Förderung der Möglichkeiten, des Empowerment und der Sicherheit der Armen sind. Doch Einfluß auf das Leben der Armen haben auch Kräfte, die ihren Ursprung jenseits der Landesgrenzen haben, etwa der Welthandel, Kapitalflüsse, öffentliche Entwicklungshilfe, der technologische Fortschritt, Krankheiten und Konflikte, um nur einige zu nennen. Maßnahmen auf globaler Ebene sind daher eine unverzichtbare Ergänzung für Maßnahmen auf Landesebene. Sie können die Verringerung der Armut beschleunigen und zum Abbau von Gefällen zwischen reichen und armen Ländern, zum Beispiel beim Einkommen, der Gesundheit und anderen Dimensionen, beitragen.

Dieses Kapitel erörtert vier wichtige Handlungsfelder für internationale Maßnahmen zum Abbau der Armut:

- Erweiterung des Zugangs zu Märkten in reichen Ländern für Waren und Dienstleistungen aus Entwicklungsländern;
- Minderung des Risikos von Wirtschaftskrisen;
- Förderung der Schaffung von internationalen öffentlichen Gütern, die Armen zugute kommen;
- Gewährleistung des Mitspracherechts der armen Länder und Menschen in globalen Foren.

Darüber hinaus ist auch die in Kapitel 11 erörterte entwicklungspolitische Zusammenarbeit – samt Hilfen seitens des Auslands und Entschuldung – wichtig. Weitere globale Kräfte mit Auswirkungen auf die Armen sind unter anderem die internationale Migration von Arbeitskräften, die Volatilität von Warenpreisen, die globale Erwärmung und Umweltschädigung, die Förderung der politischen Rechte und der Menschenrechte sowie der internationale Waffenhandel und der Handel mit illegalen Gütern, die Konflikte in Ländern auslösen oder verlängern. Einige dieser Kräfte wurden bereits im letztjährigen *Weltentwicklungsbericht* erörtert.

Zugang zu Märkten in Ländern mit hohem Einkommen erweitern

Auf den ersten Blick scheinen reiche Länder stärker von den Möglichkeiten der globalen Wirtschaft zu profitieren. Schließlich haben sie in den vergangenen

Schaubild 10.1
**Länder mit hohem Einkommen schützen
Industrie und Landwirtschaft**

Quelle: Hertel und Martin 1999a.

zent zugenommen hat, während das Handelsvolumen von Industrieerzeugnissen um 5,8 Prozent pro Jahr gestiegen ist.

Ein Grund für dieses geringe Wachstum ist die weiterhin bestehende Protektion von Agrarprodukten seitens der Industrieländer, und zwar nicht nur durch Zölle und Importquoten, sondern auch durch Exportsubventionen.[4] Die Zölle, die Länder mit hohem Einkommen auf Agrarprodukte aus Entwicklungsländern, insbesondere Grundnahrungsmittel wie Fleisch, Zucker und Molkereiprodukte, erheben, sind fast fünfmal so hoch wie jene für Industrieerzeugnisse (Schaubild 10.1). Die Zölle der Europäischen Union auf Fleischprodukte betragen in der Spitze 826 Prozent.[5] Diese Zollschranken stellen eine gewaltige Hürde für Entwicklungsländer dar, die versuchen, in Exportmärkte vorzudringen. Agrarzölle und andere handelsverzerrende Maßnahmen der Länder mit hohem Einkommen, wie zum Beispiel Subventionen, verursachen Schätzungen zufolge für die Entwicklungsländer jährliche Wohlfahrtsverluste in Höhe von 19,8 Milliarden US-Dollar, was rund 40 Prozent der Entwicklungsländern im Jahr 1998 gewährten öffentlichen Entwicklungshilfe entspricht.[6] Das ist ein schwerer Rückschlag für Entwicklungsanstrengungen in armen Ländern.

Im allgemeinen ist es Handelsreformen in armen Ländern nicht gelungen, ihren vollen Nutzen zu entfalten, da sie nicht von entsprechenden Reformen in reichen Ländern begleitet wurden. Bei Industrieerzeugnissen (einschließlich Nahrungsmittelprodukten), die heute fast drei Viertel der Exporte der Entwicklungsländer ausmachen, sind die Zölle auf Importe aus Entwicklungsländern in Länder mit hohem Einkommen im Durchschnitt viermal so hoch wie für Importe aus Industrieländern in denselben Markt.

Die Zölle der Länder mit hohem Einkommen auf Industrieerzeugnisse aus Entwicklungsländern sind nicht nur höher, sondern steigen außerdem schrittweise mit der Verarbeitungsstufe. Beispielsweise sind fertigverarbeitete Nahrungsmittelprodukte in Japan und der Europäischen Union mit zweimal so hohen Zöllen belegt wie Produkte der ersten Verarbeitungsstufe. In Kanada ist das Verhältnis noch größer, denn Zölle auf fertigverarbeitete Nahrungsmittelprodukte sind zwölfmal so hoch wie jene auf Produkte der ersten Stufe. Diese gestaffelte Steigerung kann Industrialisierungsanstrengungen in Entwicklungsländern vereiteln.

Handelsschranken in Industrieländern können die Wachstumsbemühungen von armen Ländern schwer

40 Jahren ein im Durchschnitt stärkeres Wachstum verzeichnet als arme Länder. Wahr ist jedoch auch, daß arme Länder, die stärker in die internationalen Märkte eingebunden sind, ein genauso schnelles oder sogar schnelleres Wachstum zu verzeichnen hatten als reiche Länder.[1] Wie in Kapitel 3 ausführlich erläutert wurde, kann der Handel ein wirkungsvoller Wachstumsmotor und eine Triebkraft für den Abbau der Armut sein. Es wurde auch angeführt, daß der Handel mit reicheren Ländern den Aufholprozeß beschleunigen kann.[2]

Den Zugang zu Märkten in reichen Ländern zu erweitern kann daher überaus stark dazu beitragen, armen Ländern zu einem schnelleren Wachstum zu verhelfen und die Armut in den Entwicklungsländern zu verringern. Das gilt insbesondere für Agrarprodukte, da mehr als zwei Drittel der Armen in den Entwicklungsländern in ländlichen Gebieten leben. Auslandsmärkte stellen nicht nur wichtige Quellen der Nachfrage nach Agrargütern der Entwicklungsländer dar (weil die Nachfrage nach einfachen Nahrungsmittelprodukten unelastisch ist) – der Export kann darüber hinaus auch die Zahl der außerhalb der Landwirtschaft Beschäftigten erhöhen und die gesamte ländliche Wirtschaft ankurbeln. Agrarexporte sind nachweislich ein wichtiger Bestimmungsfaktor für das Gesamtwachstum der Landwirtschaft.[3] Es ist daher beunruhigend, daß der Handel mit Agrarprodukten von 1985 bis 1994 jährlich nur um 1,8 Pro-

belasten. Wenn Möglichkeiten gefunden werden könnten, die politischen Hemmnisse für die Beseitigung dieser Handelsschranken abzubauen, würde dies den Abbau der Armut in den Entwicklungsländern massiv unterstützen. Schätzungen zufolge erleiden die Länder mit hohem Einkommen erhebliche Wohlfahrtsverluste durch ihre eigene verzerrende Handelspolitik – allein im Bereich der Landwirtschaft etwa 63 Milliarden US-Dollar pro Jahr.[7] Es sollte machbar sein, im Rahmen einer Vereinbarung zum Abbau von Handelsschranken Kompensationsmechanismen für die relativ kleinen, aber politisch einflußreichen Gruppen von Produzenten zu schaffen. Doch mehr als alles andere setzt der Abbau von Handelsschranken einen echten politischen Willen der Führer der Industrieländer voraus. Besonderen Vorrang sollte die Verringerung des Umfangs und des Ausmaßes der Protektion für Agrarprodukte, arbeitsintensive Industrieerzeugnisse und Dienstleistungen genießen.

Das Risiko von Wirtschaftskrisen mindern

Wie in Kapitel 9 ausführlich dargestellt wurde, können Wirtschaftskrisen in Entwicklungsländern für Arme verheerende Folgen haben. Die Schaffung der Voraussetzungen für makroökonomische Stabilität ist daher entscheidend, um die Sicherheit der Armen zu verbessern und bei der Verringerung der Armut eine Trendumkehr ins Negative zu verhindern.

Länder können selbst Maßnahmen ergreifen, um das Risiko von makroökonomischen Krisen zu mindern (Kapitel 9). Zu den wichtigsten zählen eine solide makroökonomische Politik und eine angemessene, besonnene Regulierung und Überwachung von Finanzinstituten. Doch selbst wenn ein Land eine solche Politik verfolgt, ist es nicht vor Ansteckungseffekten gefeit und kann von einer Panikwelle oder dem „Herdentrieb" auf den weltweiten Kapitalmärkten erfaßt werden. Besondere Aufmerksamkeit ist daher der Stabilitätssicherung in der internationalen Wirtschaft, insbesondere im Finanzsektor, zu schenken.

Internationale Initiativen zur Stabilitätssicherung, die während der Asienkrise massiv verfolgt wurden, wurden mit der Abschwächung der Krise aufgegeben. Ein Kernpunkt war unter anderem die Schaffung und Durchsetzung von internationalen Standards für die Verbreitung von Finanzdaten sowie für die Geschäftspraktiken im Finanzwesen. Dadurch soll sichergestellt

werden, daß die Finanzmärkte und die Öffentlichkeit frühzeitig über verläßliche Daten verfügen, die als Entscheidungsgrundlage dienen können – und daß Finanzinstitute effektiv geführt werden. Dazu hat der Internationale Währungsfonds (IWF) Normen zur Veröffentlichung von Finanzdaten, Solidität des Finanzsektors sowie zur fiskalpolitischen, währungspolitischen und finanziellen Transparenz ausgearbeitet. Andere derartige Normen festlegende Stellen befassen sich mit den Themenbereichen Konkurse, Unternehmensführung, Regulierung der Wertpapiermärkte sowie mit der Buchführung und dem Revisionswesen.

Doch in anderen Bereichen sind Initiativen vollends zum Stillstand gekommen. So wurden kaum Fortschritte bei der Einrichtung von Frühwarnsystemen erzielt, welche die internationale Gemeinschaft auf Gefahren aufmerksam machen könnten.[8] Ähnlich wirkungslos blieben ferner Bemühungen zur Gestaltung von klaren Richtlinien für die Beteiligung des privaten Sektors an der Prävention und Überwindung von Krisen, die das moralische Risiko begrenzen, die Marktdisziplin durch die Förderung einer besseren Risikobeurteilung stärken und die Aussichten für Schuldner und Gläubiger bei der Schuldentilgung verbessern. Es besteht die Gefahr, daß der offensichtliche Mangel an Dringlichkeit in der Folgezeit der Erholung in Asien zu Tatenlosigkeit führen könnte – doch die Geschichte lehrt, daß weitere Krisen keinesfalls auszuschließen sind.

Angesichts dessen sollten Entwicklungsländer unter Umständen kurzfristige Schutzmaßnahmen ergreifen, um ihr Risikopotential zu verringern.[9] Von diesen Schutzmaßnahmen gibt es zwei Arten: Kapitalverkehrskontrollen und Maßnahmen zur Erhöhung der Liquidität. Kapitalverkehrskontrollen, wie die chilenischen Steuern auf Kapitalzuflüsse, Begrenzungen der Höhe von kurzfristigen Auslandsverbindlichkeiten der Banken und Beschränkungen der Kapitalabflüsse, sind mit gewissen Problemen behaftet, die von der Umgehung über Umsetzungsschwierigkeiten bis hin zur Auferlegung aus opportunistischen Beweggründen reichen. Darüber hinaus können sie den Zugang eines Landes zu dringend benötigtem Kapital einschränken. Doch jede Art von Kontrolle kann in gewissen Situationen zweckdienlich für die Minderung der Volatilität von Kapitalflüssen sein und so zur Krisenprävention beitragen.

Eine Möglichkeit, die Liquidität eines Landes zu verbessern, besteht darin, höhere Reserven zu halten. Da sie jedoch nicht nur teuer für den Staat sind, sondern möglicherweise auch den Haushalt schwer belasten, sind selbst hohe Reserven wahrscheinlich in gewissen Situationen keine geeignete Lösung. Eine Alternative ist es, höhere Liquiditätsanforderungen an die Banken zu stellen und auf diese Weise die Last, Reserven halten zu müssen, letztendlich auf den privaten Sektor abzuwälzen (und eventuell das Bankwesen sicherer zu machen, was langfristig positive Auswirkungen hätte). Wahlweise könnte mit einer Institution eine bedingte Kreditlinie vereinbart werden. Sowohl private Banken als auch der IWF bieten derartige Vereinbarungen an, die in veränderlichem Umfang automatischen Zugang zu Krediten zu zuvor festgelegten Zinssätzen bieten.

Selbst wenn diese kurzfristigen Schutzmaßnahmen ergriffen werden, werden die Länder häufig nicht in der Lage sein, sich einer starken internationalen Volatilität zu entziehen. Daher muß ein vorrangiges Ziel das verstärkte Drängen auf internationale, systemische Reformen des Finanzwesens sein, welche die Stabilität fördern und die Verfügbarkeit von liquiden Mitteln für Länder gewährleisten, die mit schweren Schocks konfrontiert oder von landesweiten Krisen erschüttert werden.

Internationale öffentliche Güter zum Vorteil der Armen schaffen

Für viele Probleme, mit denen arme Länder konfrontiert werden, gibt es Lösungen, welche die Schaffung von internationalen öffentlichen Gütern mit sich bringen. Eine wichtige Eigenschaft von öffentlichen Gütern ist jene, daß Menschen kaum davon abgehalten werden können, diese ohne Gegenleistung zu verbrauchen (das sogenannte „Free-Rider-Verhalten"), wenn sie erst einmal geschaffen worden sind. Wenn die Schaffung öffentlicher Güter dem Markt überlassen würde, hätte diese besondere Eigenschaft daher eine Unterversorgung zur Folge, sofern der Staat nicht einschritte und diese Güter produzierte oder Anreize (zum Beispiel Subventionen) zu ihrer Produktion böte. Regierungen intervenieren seit langem auf diese Weise und stellen nationale öffentliche Güter wie Landesverteidigung, Infrastruktur, Recht und Ordnung sowie Vorschriften und Normen bereit.

Bei internationalen öffentlichen Gütern wie der Eindämmung von ansteckenden Krankheiten oder der Forschung zur Ertragssteigerung in der Landwirtschaft ist die Problematik komplexer. Wie bei nationalen öffentlichen Gütern gibt es für Länder oder den privaten Sek-

tor nur wenige oder gar keine Anreize, internationale öffentliche Güter zu schaffen. Es gibt jedoch keine Weltregierung, die die Produktion dieser Güter anregen könnte, so daß die Länder zusammenarbeiten müssen, um sie zu produzieren. Da die internationalen Probleme drängender werden, richtet sich die Aufmerksamkeit zunehmend auf die Frage, wie diese Zusammenarbeit erreicht werden kann.[10]

In der Tat hat die internationale Zusammenarbeit mit großem Erfolg zur Schaffung und Verbreitung von öffentlichen Gütern beigetragen. Die Grüne Revolution, einer der bedeutendsten entwicklungspolitischen Erfolge des 20. Jahrhunderts, war das Ergebnis internationaler Forschungen zu ertragreichen Pflanzenvarietäten in Instituten, die in aller Welt ausdrücklich mit dem Ziel gegründet worden waren, Technologien zur Lösung des weltweiten Hungerproblems zu entwickeln. In jüngerer Zeit konnten 11 arme Länder ganz erheblich von der internationalen Zusammenarbeit zur Bekämpfung der Flußblindheit in Afrika profitieren (Sonderbeitrag 10.1). Ein weiteres Erfolgsbeispiel ist das Montrealer Protokoll zum Schutz der Ozonschicht: Die 165 Unterzeichnerstaaten des Protokolls einigten sich auf einen schrittweisen Ausstieg aus der Produktion und Verwendung von 94 ozonabbauenden Stoffen.

Dennoch wurde internationalen öffentlichen Gütern bei der internationalen Zusammenarbeit relativ wenig Aufmerksamkeit zuteil.[11] Und es gab auch Fehlschläge. So hat beispielsweise das Kyoto Protokoll zu Treibhausgasen, die zur globalen Erwärmung beitragen, nicht den erwünschten Erfolg gehabt.[12] Angesichts des Potentials, das einige öffentliche Güter mit Blick auf den Abbau der Armut eröffnen, sollte dem Aspekt, daß ihre Schaffung und Bereitstellung gewährleistet ist, mehr Beachtung geschenkt werden. Den Nutzen dieser Güter und das Problem, die richtigen Anreize zu ihrer Schaffung zu bieten, verdeutlichen die Versuche, ansteckende Krankheiten in den Griff zu bekommen und die landwirtschaftlichen Erträge zu erhöhen – zwei öffentliche Güter, die den Armen in hohem Maße zugute kommen würden. Darüber hinaus gibt es noch viele weitere.

Ansteckende Krankheiten eindämmen
Der potentielle Nutzen einer internationalen Zusammenarbeit zur Eindämmung ansteckender Krankheiten zeigt sich am Beispiel der AIDS-Pandemie. Weltweit sind mehr als 34 Millionen Menschen HIV-infiziert und mehr als 18 Millionen bereits an AIDS gestorben.[13]

Sonderbeitrag 10.1
Ein Erfolgsbeispiel: Der Kampf gegen die Flußblindheit in Afrika

Die internationale Initiative im Kampf gegen die Flußblindheit (Onchozerkose) ist eines der erfolgreichsten Programme in der Geschichte der entwicklungspolitischen Zusammenarbeit. Flußblindheit, eine durch parasitäre Würmer hervorgerufene schmerzhafte und schwächende Krankheit, wurde in den 11 westafrikanischen Ländern, die an dem Onchocerciasis Control Program teilgenommen haben, praktisch ausgerottet. Vor Beginn des Programms im Jahr 1974 waren mehr als eine Million Menschen von der Krankheit betroffen und litten unter Juckreiz, Entstellungen, Augenläsionen. 100.000 Menschen waren durch die Krankheit erblindet. Wenn das Programm im Jahr 2002 ausläuft, werden nach einem 28jährigen Kampf gegen die schwarzen Fliegen, die Wirte der Parasiten sind, 34 Millionen Menschen geschützt, 600.000 Fälle von Blindheit verhindert worden und 5 Millionen Personenjahre produktiver Arbeit erhalten worden sein.

An dem Programm beteiligt waren unter anderem afrikanische Regierungen, örtliche Gemeinschaften, internationale Organisationen, bilaterale Geberorganisationen, Unternehmen, Stiftungen und nichtstaatliche Organisationen. Einen überaus wichtigen Beitrag leistete die Merck Corporation, die das Medikament Ivermectin kostenfrei zur Verfügung stellte.

Zwar war das Programm überaus erfolgreich, doch die Onchozerkose ist in den nicht am Programm beteiligten Ländern weiterhin ein Problem. Daher wurde im Jahr 1996 das African Program for Onchocerciasis Control ins Leben gerufen, das die Bemühungen zur Eindämmung der Flußblindheit auf die übrigen 19 afrikanischen Länder ausdehnt, in denen die Krankheit endemisch ist. Siebzig Entwicklungspartner beteiligen sich an diesem Projekt.

Quelle: Weltbank (www.worldbank.org/gper).

Die Epidemie greift mit unvermindertem Tempo weiter um sich. Im Jahr 1999 infizierten sich 5,4 Millionen Menschen mit HIV, und täglich kommen rund 15.000 hinzu. AIDS ist unheilbar, und noch gibt es keine Schutzimpfung. Mehr als 90 Prozent der Infektionen ereignen sich in den Entwicklungsländern und fast 70 Prozent davon in den afrikanischen Ländern südlich der Sahara (Schaubild 10.2). Trotz der Konzentration auf die Entwicklungsländer stellt AIDS eine Gefahr für alle Länder dar, und zwar nicht nur aufgrund der gesundheitlichen Folgen, sondern auch aufgrund seiner destabilisierenden Auswirkungen auf die Wirtschaft und die Gesellschaft.[14] Die Vereinigten Staaten stuften AIDS in diesem Jahr als Risiko für die nationale Sicherheit ein.

Zwar ist Prävention der Schlüssel zur Eindämmung der Epidemie, jedoch könnte ein wirksamer Impfstoff überaus hilfreich sein.[15] Die Entwicklung eines Impfstoffs schreitet allerdings äußerst langsam voran. Mehr

als 25 potentielle Impfstoffe wurden erprobt, doch nur einer wird in groß angelegten Versuchen zur Prüfung der Wirksamkeit beim Menschen getestet. Es gibt zwei Hauptgründe für diesen langsamen Fortschritt. Der erste ist wissenschaftlicher Natur: die Wechselbeziehungen der Immunität gegen HIV sind noch unbekannt, und es werden vermutlich mehrere Ansätze parallel erprobt werden müssen, deren Wirksamkeit jedoch weitgehend ungewiß ist. Dadurch entstehen Investitionskosten und Risiken für jene, die in die Entwicklung eines AIDS-Impfstoffes investieren. Der zweite Grund ist wirtschaftlicher Natur: Investoren wären bei einer ausreichenden Nachfrage wahrscheinlich bereit, die mit der Forschung verbundenen Risiken zu tragen, doch es gibt zu wenige Marktanreize für Investitionen in einen AIDS-Impfstoff, der wirksam ist und gleichzeitig in Entwicklungsländern preisgünstig angeboten werden kann. Auf Afrika beispielsweise entfällt nur rund 1 Prozent des weltweiten Umsatzes mit Arzneimitteln.

Das hat zur Folge, daß die internationalen Investitionen in die Forschung und Entwicklung eines AIDS-Impfstoffes mit nur 300 bis 350 Millionen US-Dollar pro Jahr recht spärlich ausfallen.[16] Davon stammen schätzungsweise 50 bis 120 Millionen US-Dollar aus dem privaten Sektor, der bei der Umsetzung von Forschungsergebnissen in die Entwicklung und den Ver-

Schaubild 10.2
Die Last von HIV/AIDS haben vor allem die afrikanischen Länder südlich der Sahara zu tragen

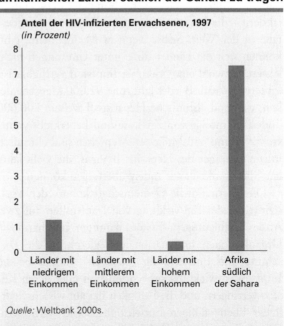

Quelle: Weltbank 2000s.

trieb von Produkten eine wichtige Rolle spielt. Überdies konzentriert sich ein Großteil der Forschungsarbeit auf einen Impfstoff, der in Nordamerika und Westeuropa vermarktet werden könnte. Nur rund 10 bis 25 Millionen US-Dollar fließen jährlich in die Entwicklung eines Impfstoffes für die in den Entwicklungsländern vorkommenden Unterarten des Virus und die dortigen Gesundheitssysteme.[17] Im Gegensatz dazu werden in die Forschung und Entwicklung für AIDS-Therapien jährlich mehr als 2 Milliarden US-Dollar investiert, von denen ein Großteil vom privaten Sektor aufgebracht wird. Der Hauptanreiz für diese Investitionen ist der Markt mit 3 Millionen HIV-/AIDS-Patienten in Industrieländern.

Was für AIDS gilt, gilt für andere Krankheiten gleichermaßen. Die Weltgesundheitsorganisation schätzt, daß nur 10 Prozent der 50 bis 60 Milliarden US-Dollar, die weltweit jedes Jahr in die medizinische Forschung fließen, für Krankheiten aufgewendet werden, von denen 90 Prozent der Weltbevölkerung betroffen sind.[18] Entwicklungsländer machen nur rund 8 Prozent der weltweiten Forschungs- und Entwicklungsausgaben aus, und zwar in erster Linie, weil ihnen die Mittel dazu fehlen.[19] Von den 1.233 neuen Medikamenten, die zwischen 1975 und 1997 patentiert wurden, waren nur 13 (also 1 Prozent) für die Bekämpfung tropischer Krankheiten bestimmt. Die Auswirkungen des Forschungs- und Ausgabengefälles sind verheerend: Malaria, Tuberkulose und AIDS sind mit jährlich 5 Millionen Todesopfern – hauptsächlich in den Entwicklungsländern – die Ursache von rund 9 Prozent aller Todesfälle in der Welt. Selbst wenn es Medikamente gibt, können sich die Länder diese unter Umständen nicht leisten. Obwohl ein wirksamer Impfstoff verfügbar ist, fordert Hepatitis B jedes Jahr rund 92.000 Menschenleben, während chronische Hepatitis B weitere 700.000 Todesfälle infolge von Zirrhose und Leberkrebs verursacht.[20] Rund 350 Millionen Menschen sind chronisch infizierte Träger des Hepatitis-B-Virus, die viele Jahre lang die Krankheit auf andere übertragen können.

Die internationale Gemeinschaft könnte den Fortschritt bei der Entwicklung von Impfstoffen auf zwei Arten beschleunigen. Erstens könnten internationale Organisationen und nationale Regierungen die Forschung und Entwicklung „puschen", indem sie die Impfstoffentwicklung subventionieren oder deren Kosten verringern und die Fähigkeit der auf wissenschaftlicher Ebene fähigen Entwicklungsländer verbessern, sich als Partner an der Impfstofforschung zu beteiligen.

Beispielsweise rief die Rockefeller-Stiftung im Jahr 1996 mit der International AIDS Vaccine Initiative eine internationale gemeinnützige Organisation ins Leben, die Investitionen in und die Nachfrage nach AIDS-Impfstoffen zur weltweiten Verwendung fördert. Die Initiative arbeitet mit dem öffentlichen und dem privaten Sektor zusammen und unterstützt gezielt die Erforschung und Entwicklung von neuartigen Ansätzen in der Impfstofforschung sowie von Maßnahmen zum Abbau von Hemmnissen für private Investitionen. Regierungen von Geberländern könnten ihrerseits mit Steuererleichterungen oder Subventionen die Entwicklung neuer, für die armen Länder relevanter Produkte fördern.

Zweitens könnte die internationale Gemeinschaft zeigen oder sicherstellen, daß in Entwicklungsländern in Zukunft ein beträchtlicher Markt für Impfstoffe bestehen wird. Sie könnte dafür plädieren, Programme für bereits auf dem Markt befindliche Impfstoffe gegen Kinderkrankheiten vollständig umzusetzen (in den vergangenen 10 Jahren sind die Immunisierungsraten in vielen Ländern zurückgegangen). Um einen großen Markt für Impfstoffe in armen Ländern sicherzustellen, könnte sie einen Fonds einrichten oder ein anderes glaubwürdiges Instrument schaffen, mit dessen Hilfe für die ärmsten Länder große Mengen an Impfstoffen eingekauft werden, die nachweislich sowohl wirksam als auch erschwinglich sind.[21] Die Preise sollten nicht nur die Produktions-, sondern auch einen Teil der Forschungskosten decken. Multilaterale Entwicklungsbanken könnten überdies Entwicklungsländern bedingte Darlehen für den Kauf von Impfstoffen gewähren, die unmittelbar nach der Entwicklung eines Impfstoffs zugeteilt werden. Für andere medizinische Weiterentwicklungen könnten ähnliche Maßnahmen ergriffen werden.

Landwirtschaftliche Erträge steigern

Wie Fortschritte in der medizinischen Forschung können auch Fortschritte in der Agrartechnologie tiefgreifende Auswirkungen auf das Leben von Armen haben (Sonderbeitrag 10.2). Die Grüne Revolution ist eines der bekanntesten Beispiele für ein internationales öffentliches Gut, das zur Entwicklung dient. Die Revolution setzte ein, als Stiftungen, Regierungen und nichtstaatliche Organisationen aktiv wurden und Bauern in Entwicklungsländern vermittelten, was Wissenschaftler bereits über Pflanzengenetik und neue, ertragreiche Getreidevarietäten wußten. Private Unternehmen hat-

Sonderbeitrag 10.2
Forschung, Mais und Schweine im ländlichen Guizhou

Jeder, der am Einfluß der landwirtschaftlichen Forschung auf das Einkommen aus landwirtschaftlicher Tätigkeit und die Nahrungsmittelsicherheit von Haushalten (und mithin die Armut) zweifelt, sollte einmal die ländlichen Gebiete in Guizhou, der ärmsten Provinz Chinas, besuchen. Auf den kleinen Bauernhöfen in den entlegenen Dörfern inmitten der gebirgigen Landschaft hat sich das Leben der Armen dank der Einführung von hochwertigem, eiweißreichem Mais auf fast wundersame Weise gewandelt.

Bis vor kurzem lag das Jahreseinkommen bei unter 50 US-Dollar pro Kopf, und jedes Jahr hatten die Familien etwa drei Monate lang praktisch nichts zu essen. Dann wurden im Jahr 1994 Hybridkulturen in Guizhou eingeführt. Der hochwertige, eiweißreiche Mais ist ertragreicher als herkömmliche Varietäten, hat aber vor allem einen höheren Gehalt an zwei essentiellen Aminosäuren, die für das Wachstum der Kinder überaus wichtig sind. Heute ist die örtliche Bevölkerung besser genährt, und Überschüsse der Maisernte wurden für die Schweinefleischproduktion genutzt, so daß die Nahrungsmittelsicherheit und die verfügbaren Einkommen gestiegen sind. Das zusätzliche Einkommen wurde für ertragssteigernde Investitionen, zum Beispiel Bewässerungssysteme, verwendet.

Da sich das Leben von 25.000 Familien in Guizhou derart gewandelt hat, gehen nun auch benachbarte Provinzen dazu über, diese Mais-Hybridsorte anzubauen.

Quelle: Bale 1999.

ten wenig Interesse daran gezeigt, da es für sie schwierig war, eine angemessene Rendite aus Investitionen in neue Varietäten zu erzielen – schließlich hätten die Bauern einfach Samen von den ursprünglichen Pflanzen sammeln können. Zusätzliche staatliche Bemühungen auf nationaler Ebene waren dringend erforderlich. Viele Entwicklungsländer (zum Beispiel Brasilien und Indien) gründeten nationale Organisationen für Agrarforschung, die moderne Varietäten der zweiten Generation entwickeln sollten, welche besser an die örtlichen Gegebenheiten angepaßt waren. Sie richteten ferner landwirtschaftliche Beratungsdienste ein, um das Wissen an Bauern weiterzugeben und Rückmeldungen zu den neuen Varietäten und Anbaumethoden zu erhalten.

Diese Bemühungen hatten einen massiven Einfluß auf das Leben der Armen auf dem Land. In Afrika stiegen die Erträge durch den Einsatz verbesserter Maissaaten um schätzungsweise 12 bis 14 Prozent, in Gebieten mit günstigen Bedingungen sogar um bis zu 40 Prozent.[22] Eine Erhebung im südlichen Indien kam zu dem Schluß, daß das durchschnittliche Realeinkommen von

Kleinbauern von 1973 bis 1994 um 90 Prozent und jenes der Landbesitzlosen, die zu den ärmsten Mitgliedern von landwirtschaftlich geprägten Gemeinschaften zählten, um 125 Prozent gestiegen war.[23] Die gestiegene Produktivität ließ außerdem die Preise sinken. Schätzungen zufolge wären ohne die internationalen Bemühungen in der Agrarforschung die Weizenpreise zwischen 1970 und 1995 um 34 Prozent mehr und die Reispreise um 41 Prozent mehr gestiegen. Aufgrund der niedrigeren Preise sind überdies 1,5 bis 2 Prozent weniger Kinder in Entwicklungsländern fehl- oder mangelernährt.[24]

Trotz dieser Fortschritte ist die Wachstumsrate der Getreideerträge in den Entwicklungsländern stetig gesunken – von 2,9 Prozent jährlich in den Jahren 1967 bis 1982 auf 1,8 Prozent in den Jahren 1982 bis 1994. Bei einer prognostizierten Zunahme der Getreidenachfrage in den Entwicklungsländern um 59 Prozent in den kommenden 25 Jahren steht die Landwirtschaft weiterhin vor einer gewaltigen Herausforderung, insbesondere wenn die Erträge auf umweltverträgliche Weise gesteigert werden sollen.[25]

Ein Zweig der Technologie, der erhebliches bewirken könnte, ist die Biotechnologie, die mit Hilfe lebender Organismen Produkte zur Aufwertung von Pflanzen und Tieren herstellt oder verändert. Sehr viel schneller und genauer als herkömmliche Technologien können mit Hilfe der Biotechnologie erwünschte Merkmale ermittelt und auf andere Pflanzen und Tiere übertragen werden (ein Beispiel für ein solches Merkmal ist ein erhöhter Nährstoffgehalt, etwa bei Vitamin-A-reichem Reis). Zu den potentiellen Vorteilen und Risiken bestimmter Arten des Einsatzes der Biotechnologie in Entwicklungsländern bedarf es weiterer Forschung. Sehr wahrscheinlich kann die Biotechnologie, wenn sie mit den richtigen politischen Maßnahmen, unter anderem solchen zur Gewährleistung der Biosicherheit, gelenkt wird, ein zentraler Bestandteil von Lösungen für Probleme wie die Nahrungsmittelsicherheit und die Armut sein.[26]

Bislang war der Einfluß der Biotechnologie in den meisten Entwicklungsländern jedoch eher gering. Anders als der Fortschritt bei der Grünen Revolution konzentrierte sich der Fortschritt in der Biotechnologie zum Großteil auf den privaten Sektor. Die staatliche Finanzierung der Agrarforschung, die bei der Grünen Revolution so entscheidend war, stagniert oder nimmt sogar ab, da sie ein Opfer der allgemeinen Sparpolitik sowie einer skeptischeren Haltung bezüglich des gesellschaft-

Sonderbeitrag 10.3
Die meisten Biotechnologie-Patente sind in Privatbesitz

Der öffentliche Sektor erfüllt häufig eine wichtige Vorreiterrolle in der biotechnologischen Forschung, die er später privaten Unternehmen überläßt. Dieses Muster wird bei den gewerblich verwertbaren Patenten und den Pflanzenpatenten offensichtlich, die unmittelbar mit der Toxizität des Mikroorganismus *Bacillus thuringiensis* (Bt) für Insekten zu tun haben. Bis 1987 hielt der öffentliche Sektor den Großteil der Patente. Seitdem hat sich der Anteil der im Besitz des privaten Sektors befindlichen gültigen Patente (deren Gesamtzahl gestiegen ist) drastisch erhöht (siehe Schaubild). Die Mehrzahl der Patente teilen heute die „Großen 6" unter sich auf – jene sechs Konzerne, die ihre weltweite Stellung in der landwirtschaftlichen biotechnologischen Forschung, beim geistigen Eigentum und auf den Märkten aktiv festigen (Dow, Novartis, Aventis, Monsanto, AstraZeneca und DuPont).

Der Anteil des privaten Sektors an Biotechnologie-Patenten hat sich drastisch erhöht

Anteil an Patenten zum *Bacillus thuringiensis* nach Inhabertyp
(in Prozent)

Quelle: de Janvry et al. 2000.

träger, die sich um die Nahrungsmittelsicherheit und Armut sorgen. Die Lösung liegt möglicherweise zum Teil auch in der Frage, wie der Schutz der Rechte am geistigen Eigentum umgesetzt wird.

Beim Schutz des geistigen Eigentums die Interessen der Armen wahren

Rechte am geistigen Eigentum sind entscheidend, um Innovationen zu fördern, insbesondere in Bereichen wie der Medizin oder der Landwirtschaft. Wenn den Urhebern von Wissen nicht für einen gewissen Zeitraum das ausschließliche Besitzrecht zugesprochen wird, gibt es weit weniger Anreize, neues Wissen zu schaffen. Dieser Aspekt war einer der Gründe für die Festschreibung von Normen in der Vereinbarung zu Handelsbezogenen Rechten am geistigen Eigentum (TRIPs), die im Zuge der Handelsverhandlungen der Uruguay-Runde von 1986 bis 1994 ausgehandelt wurden. Doch Rechte am geistigen Eigentum können bisweilen auch die Verbreitung von potentiellen internationalen öffentlichen Gütern, die für arme Länder von Nutzen sind, verhindern, da diese Länder die von den Patentinhabern verlangten Gebühren nur selten aufbringen können.[28]

Drei Trends bei den Rechten am geistigen Eigentum sind für Entwicklungsländer besonders besorgniserregend. Erstens werden die Grundlagenforschung und die Schaffung von Wissen in zunehmendem Maße allein von Privatunternehmen betrieben. Zweitens entfallen auf die Industrieländer weiterhin die mit Abstand meisten weltweit angemeldeten Patente, nämlich 97 Prozent.[29] Nur 31 der 26.088 im Jahr 1997 in Afrika unter der Schirmherrschaft der African Intellectual Property Organization eingereichten Patentanträge stammten von Inländern. Und nur 7 der 25.731 dort im selben Jahr von der African Regional Industrial Property Organization registrierten Anträge stammten von Inländern.[30]

Drittens gewinnt die Gentechnik, mit deren Hilfe Unternehmen Innovationen wie die Genmanipulation, monoklonale Antikörper und neue Zell- und Gewebetechnologien patentieren lassen können, zunehmend eine Vorrangstellung. Dies gibt Anlaß zu der Sorge, daß ein System von Eigentumsrechten, das dem Schutz industrieller Maschinen dienen soll, möglicherweise nicht in der Lage ist, gut und effektiv mit den komplexen Zusammenhängen bei gentechnisch veränderten Organismen umzugehen.[31] In einigen Fällen können Züchter von patentgeschützten Pflanzenvarietäten verhindern, daß Bauern geerntetes Saatgut erneut verwenden. Und

lichen Nutzens von Investitionen in die Wissenschaft (trotz hoher Renditen aus der Agrarforschung) geworden ist.[27] Private Institutionen halten heute die Mehrzahl der Patente in der biotechnologischen Forschung, so daß es möglich ist, die Nutzung von Forschungsergebnissen durch andere auszuschließen (Sonderbeitrag 10.3). Da das Wissen nicht öffentlich zugänglich ist, sind die Kosten für den Erwerb dieses Wissens weitaus höher. Einen Weg zu finden, wie Entwicklungsländern ermöglicht werden kann, von den Fortschritten in der biotechnologischen Forschung zu profitieren, ist weiterhin ein wichtiges Problem für politische Entscheidungs-

wenn sie weit gefaßt sind, können Patente für biotechnologische Verfahren und Geräte wie Forschungsinstrumente Erfindungen in anderen Bereichen verhindern, in denen dieselben Verfahren und Geräte zum Einsatz kommen.

Die Entwicklungsländer haben auf diese Entwicklungen reagiert, indem sie Sicherungsmaßnahmen für das System der Rechte zum Schutz des geistigen Eigentums vorgeschlagen haben. Dazu gehören:

- Anerkennung der Rechte von Bauern, die herkömmliche Varietäten anbauen;
- Verbot der Patentierung von Lebensformen oder biologischen Prozessen;
- Abstimmung der Vorschriften der Welthandelsorganisation (WTO) zum Schutz des geistigen Eigentums mit denen der Internationalen Biodiversitäts-Konvention sowie jenen des Internationalen Übereinkommens zu pflanzengenetischen Ressourcen;
- Sicherstellung des Zugangs zu lebensnotwendigen Medikamenten zu vertretbaren Preisen.

Die Aushandlung eines neuen Systems zum Schutz des geistigen Eigentums, das die private Innovationstätigkeit fördert und gleichzeitig eine gerechte Beteiligung der armen Länder und Menschen am Nutzen dieser Innovationen sicherstellt, wird Zeit brauchen und langwierige Auseinandersetzungen mit sich bringen. Wie bei der Produktion aller internationalen öffentlichen Güter bedarf es auch hierbei der Schaffung von Anreizen zur Einbeziehung aller am Ergebnis interessierten Seiten, einschließlich des privaten Sektors.

Mitspracherecht der Armen in globalen Foren gewährleisten

Maßnahmen von globaler Reichweite werden im allgemeinen in globalen und internationalen Foren wie Völkergemeinschaften, internationalen Organisationen sowie bei Konferenzen der Vereinten Nationen und anderen Zusammenkünften erörtert. Wenn gewährleistet ist, daß arme Länder und insbesondere die Armen in diesen Ländern ein weitreichendes Mitspracherecht in diesen Foren besitzen, ist auch sichergestellt, daß diese Institutionen auf die Bedürfnisse der Armen eingehen. Produktive Partnerschaften, sei es zur Aushandlung von Normen, Schaffung von öffentlichen Gütern oder Verfolgung anderer gemeinsamer Ziele, setzen voraus, daß alle Beteiligten das gleiche Mitspracherecht haben.

Die Fähigkeit armer Länder stärken, ihre Interessen zu vertreten

Nicht alle Partnerschaften sollten von globaler Reichweite sein, da nicht alle internationalen Probleme von globaler Natur sind. Lösungen für ein internationales Problem, etwa die Flußblindheit oder die Verschmutzung eines Sees, an den zwei Länder angrenzen, sollten in erster Linie von den betroffenen Ländern erarbeitet werden.[32] Wenn diese Länder Unterstützung finanzieller oder anderer Art benötigen, sollte diese der kleinsten relevanten Gruppe zukommen, zum Beispiel der Wirtschaftsgemeinschaft der westafrikanischen Staaten, wenn es um grenzüberschreitende Probleme geht, die nur deren Mitgliedsstaaten betreffen. Dieses Prinzip der *Subsidiarität* kann auf alle internationalen öffentlichen Güter beliebiger geographischer Reichweite angewandt werden, muß aber mit Größen- und Umfangsvorteilen in Einklang gebracht werden.[33]

Subsidiarität impliziert, daß regionale Institutionen erheblich gestärkt werden sollten, um grenzüberschreitende Probleme angehen zu können. Angesichts der Bedeutung der Eigentumsbeteiligung der Betroffenen an Lösungsstrategien wären derartige Institutionen vielfach die bessere Wahl zur Lösung von örtlichen Problemen als solche globalen Institutionen wie die Weltbank und die Vereinten Nationen. Und da es den meisten regionalen Institutionen an weitreichendem Fachwissen mangelt, sollten sektorspezifische Organisationen ebenfalls gestärkt werden, damit diese bei Bedarf unterstützend eingreifen können.

Doch viele Probleme sind globaler Natur, und die Beteiligung der Entwicklungsländer an der Suche nach Lösungen ist hierbei genauso wichtig wie bei regionalen Problemen. Da internationale Institutionen die Erörterung globaler Probleme im allgemeinen erleichtern, müssen sich diese Institutionen aktiv dafür einsetzen, daß Informationen verfügbar gemacht, alle Seiten an den Verhandlungstisch geholt und die Fähigkeiten der Länder, die Probleme zu analysieren und ihre Interessen effektiv kundzutun, gestärkt werden.

Da Wissen für den Entscheidungsprozeß überaus wichtig ist, müssen internationale Organisationen der Transparenz in ihrer Informationspolitik und ihrer Tätigkeit großes Gewicht beimessen. Sie müssen nicht nur möglichst viele Informationen weitergeben, sondern auch sicherstellen, daß eine unabhängige Beurteilung ihrer Tätigkeit möglich ist – um selbst für mehr Verantwortlichkeit und Effizienz zu sorgen. Und in genau diese Richtung haben sich internationale Organisationen in den vergangenen Jahren bewegt.

Selbst wenn ihnen die richtigen Informationen vorliegen, können Entwicklungsländer ihre Interessen nicht wahren, wenn sie nicht mit an den Verhandlungstisch geholt werden. Viele Entscheidungen von globaler Bedeutung werden weiterhin in erster Linie von der Gruppe der sieben größten, demokratischen Industrieländer (G-7) getroffen. Es bedarf Mechanismen, die sicherstellen, daß Entwicklungsländer sich effektiv an diesen Entscheidungen beteiligen können.[34] Größere Fortschritte wurden in Beratungen zur Architektur des internationalen Finanzwesens erzielt. Im Jahr 1999 wurde die Gruppe der 20 gegründet, in der laufend Beratungen zur Vermeidung und Bewältigung von systemischen Finanzkrisen stattfinden. Dieser Gruppe gehören unter anderem sieben Entwicklungsländer an: Argentinien, Brasilien, China, Indien, die Republik Korea, Mexiko und Südafrika. Dennoch enthält dieses Übereinkommen keine offiziellen Bestimmungen zur Einbeziehung der ärmsten oder kleinsten Länder, die – wenngleich sie noch nicht ausreichend in die Weltwirtschaft integriert sind, um ein Risiko als potentielle Auslöser von systemischen Krisen darzustellen – durchaus von diesen betroffen sein können. Ein besseres Modell für die Integration der Entwicklungsländer in Prozesse zur Lösung globaler Probleme ist die Globale Umweltfazilität, welche die internationale Zusammenarbeit zum Schutz der Umwelt unterstützt. Die Hälfte der Ratsmitglieder stammt aus Entwicklungsländern (Sonderbeitrag 10.4).

Entwicklungsländer müssen in der Lage sein, sich nicht nur an Beratungen und der Problemlösung zu beteiligen, sondern auch ihre Interessen wirkungsvoll zu vertreten – und das erfordert die Schaffung der entsprechenden Kapazitäten. Beispielsweise sind arme Länder bei WTO-Verhandlungen zu Fragen wie Arbeit, Umwelt und Schutz des geistigen Eigentums erheblich im Nachteil. Warum? Verhandlungen im Rahmen der WTO sind ein kontinuierlicher Prozeß, der schätzungsweise bis zu 45 Sitzungen pro Woche mit sich bringt. Allerdings unterhalten nur zwei Drittel der Entwicklungsländer Vertretungen in Genf, unter anderem nur 12 der 29 besonders unterentwickelten WTO-Mitglieder, und diese Vertretungen müssen das Land darüber hinaus auch bei anderen internationalen Organisationen vertreten. Ferner mangelt es den Vertretern der Entwicklungsländer häufig an Fachwissen, um sich an den zunehmend fachlichen Handelsgesprächen zu beteili-

gen. Man schätzt, daß fast 60 Prozent der Entwicklungsländer, die Mitglied der WTO sind, nur beschränkt mitwirken können.[35]

Ein Versuch, diese Probleme anzugehen, ist das Integrated Framework for Trade-Related Assistance to Least Developed Countries, das versucht, die handelsbezogenen Hilfen durch die sechs beteiligten internationalen Agenturen und andere Entwicklungspartner zu verbessern.[36] Obwohl „Bedarfsanalysen" von 40 armen Ländern vorgelegt wurden, waren die Fortschritte gering, da bislang nur in einem Land (Uganda) neue Projekte lanciert wurden. Entwicklungsländer haben ihre Enttäuschung über die begrenzten finanziellen Zusagen zum Ausdruck gebracht.[37] Auf Wunsch der Geberländer wird derzeit von unabhängiger Seite eine Prüfung durchgeführt in der Hoffnung, die Schwächen des Programms beheben zu können. Falls die Probleme gelöst werden können, könnte das Programm als Vorbild für die Schaffung von Fähigkeiten in anderen Bereichen dienen, um Entwicklungsländer dabei zu unterstützen, ihre Interessen zu vertreten.

Globale Netzwerke aus Armenorganisationen aufbauen

Endlich finden wir bei denen da oben Gehör. Bisher hat uns nie jemand gefragt, was wir denken.
– Armer Mann, Guatemala

Ähnlich wie das Mitspracherecht der armen Länder ist auch das Mitspracherecht der Organisationen der Armen wichtig, um zu gewährleisten, daß globale Maßnahmen auf den Abbau der Armut abzielen. Diese Organisationen können einen erheblichen Einfluß auf internationale Unterredungen haben, vor allem wenn sie zu globalen Bündnissen zusammengeschlossen sind, die Kräfte und Fähigkeiten bündeln. Beispielsweise arbeitete ein Bündnis aus der Bewegung Jubilee 2000 und anderen Gruppen, die sich mit dem Schuldenabbau befassen, eng mit internationalen Finanzinstitutionen und Regierungen von Industrieländern zusammen, um bezüglich der Frage einer weiter reichenden, schnelleren und umfangreicheren Entschuldung für hochverschuldete arme Länder zu einem Konsens zu gelangen (Kapitel 11).

Es bedarf innovativer Lösungen, um die Beziehungen der Armen untereinander sowie zwischen ihnen und Entscheidungsträgern in aller Welt zu fördern. Die wichtigste Veränderung, die erforderlich ist, ist jene in

Sonderbeitrag 10.4
Die Globale Umweltfazilität: Vorbild für die Beteiligung von Entwicklungsländern

Die Globale Umweltfazilität (GEF) ist ein Finanzmechanismus zur Förderung der internationalen Zusammenarbeit und von Maßnahmen zum Schutz der globalen Umwelt. Mittels Zuschüssen und Finanzierungsangeboten zu Vorzugsbedingungen finanziert sie anfallende Zusatzkosten, wenn sich ein nationales, regionales oder globales Entwicklungsprojekt auch Umweltschutzaspekten in Zusammenhang mit der Artenvielfalt, der Klimaveränderung, den internationalen Gewässern oder dem Abbau der Ozonschicht widmet. Initiativen zum Kampf gegen die Bodendegradation sind ebenfalls berechtigt, Mittel zu erhalten.

Die GEF wurde im Jahr 1991 ins Leben gerufen und nach einer Probephase von 34 Ländern (unter anderem 13 Entwicklungsländern) für vier Jahre mit einer Kapitaldecke von 2 Milliarden US-Dollar ausgestattet. Im Jahr 1998 zahlten 36 Länder insgesamt 2,75 Milliarden US-Dollar, um den Fortbestand der Fazilität bis zum Jahr 2002 zu sichern. Die Führungsstruktur gewährleistet, daß alle Interessengruppen vertreten sind. Die GEF-Versammlung mit Vertretern aller 165 Teilnehmerstaaten tagt alle drei Jahre, um allgemeine Maßnahmen zu erörtern. Der Rat der GEF mit Vertretern aus 32 Ländern (16 Entwicklungs-, 14 Industrie- und 2 Transformationsländern) berät alle sechs Monate über laufende Maßnahmen und Programme. Das Sekretariat der GEF setzt die Beschlüsse der Versammlung und des Rates in die Tat um.

Die drei Umsetzungsorgane der GEF, das heißt das Entwicklungsprogramm und das Umweltprogramm der Vereinten Nationen sowie die Weltbank, arbeiten die von der GEF zu finanzierenden Projekte aus und setzen diese mit Hilfe der Aus-

führungsorgane um. Bei der Durchführung von Projekten arbeiten sie mit einer Vielzahl von Organisationen zusammen, unter anderem staatlichen Stellen, anderen internationalen Organisationen, privaten Institutionen sowie internationalen, nationalen und örtlichen nichtstaatlichen Organisationen und Gesellschaftsverbänden.

Jeder Teilnehmerstaat verfügt über eine politische Gruppe, die Kontakte zum Sekretariat der GEF und anderen Teilnehmerstaaten unterhält, und eine Arbeitsgruppe, die Projektvorschläge erarbeitet, welche den Prioritäten des Landes gerecht werden, und sicherstellt, daß die Vorschläge der GEF mit ihren Bedürfnissen in Einklang stehen. Diese Organisationen helfen, die Eigentumsbeteiligung der Länder an den Projekten zu gewährleisten. Gleiches gilt für die 16 regionalen nichtstaatlichen Organisationen, die Informationen verbreiten und sich um die Koordination zwischen nationalen und örtlichen nichtstaatlichen Organisationen und der GEF kümmern.

Eine neuere unabhängige Beurteilung der GEF ergab, daß sie innerhalb kurzer Zeit und mit nur wenigen Mitteln sehr erfolgreich zur Schaffung neuer institutioneller Übereinkommen und Ansätze sowie zur Beschaffung von Kofinanzierungen für GEF-Projekte beigetragen hat. Sie hatte überdies einen positiven Einfluß auf die Maßnahmen und Programme in den Empfängerländern. Zwar gibt es noch Spielraum für Verbesserungen, vor allem bei den Bemühungen, das Umweltbewußtsein stärker in den Vordergrund zu rücken, jedoch zogen die Prüfer das Fazit, daß die GEF das Potential zu weit größeren Erfolgen habe und von Geberländern weiterhin unterstützt werden sollte.

Quelle: Porter et al. 1998

der Denkweise von globalen Akteuren – sie müssen direkt über die Erfahrungen der armen Frauen und Männer informiert werden, die von weltweiten Maßnahmen betroffen sind oder profitieren sollen. Ebenfalls entscheidend ist die Informationstechnologie, die zum Aufbau von Netzwerken beitragen kann, über die den Entscheidungsträgern in aller Welt vermittelt werden kann, was die Armen zu sagen haben. Mit den richtigen Hilfsmitteln und einer geeigneten Organisation können diese Netzwerke die Integration der Prioritäten und Analysen der Armen in globale Gespräche sehr wirkungsvoll herbeiführen.

Eines dieser globalen Netzwerke für Arme ist Home-Net. Es wurde Mitte der 1990er Jahre von Gewerkschaften, Basisorganisationen und nichtstaatlichen Organisationen gegründet, die mit Heimarbeitern und Straßenhändlern in Entwicklungs- und Industrieländern zusammenarbeiten und sich mit den negativen Auswirkungen der Globalisierung auf die Existenzsicherung von armen Frauen in der informellen Wirtschaft befassen. Das Ziel von HomeNet war die internationale

Anerkennung der Rechte von Heimarbeitern, die in eine Konvention der Internationalen Arbeitsorganisation (ILO) aufgenommen wurden. Diese Konvention wurde von der ILO im Jahr 1996 zum Teil dank einer Allianz zwischen Forschern der Harvard University und dem Entwicklungsfonds für Frauen der Vereinten Nationen (UNIFEM) ratifiziert, die für HomeNet Statistiken erstellten, welche die informelle Wirtschaft sichtbar machten. Im Jahr 1997 rief die Allianz aus Basisorganisationen, Forschern und internationalen Organisationen das globale Netzwerk WIEGO (Women in Informal Employment: Globalizing and Organizing) ins Leben, das sich für bessere statistische Erhebungen und Forschungen sowie eine bessere Politik zur Unterstützung von armen Frauen in der informellen Wirtschaft einsetzt. HomeNet, mit seinen aktiven Mitgliedsorganisationen in über 25 Ländern, veröffentlicht ein Mitteilungsblatt, das Organisationen in über 130 Ländern erreicht.

Die Stärkung von Netzwerken dieser Art wird bei der internationalen Zusammenarbeit einer dringend benötigten Stimme mehr Gewicht verleihen: der Stimme der Armen selbst. Wie für die nationale Politik gilt auch hier, daß ihr Mitspracherecht entscheidend ist, um zu gewährleisten, daß globale politische Maßnahmen ihren Bedürfnissen gerecht werden.

• • •

Die vier in diesem Kapitel herausgestellten Handlungsfelder verdeutlichen die Bedeutung der internationalen Zusammenarbeit im Kampf gegen die Armut. Viele der drängendsten Probleme in Entwicklungsländern – von Handelsschranken über Finanzkrisen bis hin zu Infektionskrankheiten – können nur in Zusammenarbeit mit Ländern mit hohem Einkommen gelöst werden. Dennoch bestand in der Vergangenheit die internationale Zusammenarbeit vorrangig aus Finanzübertragungen von reichen an arme Länder, insbesondere Hilfszahlun-

gen. Doch Hilfszahlungen sind nicht genug – die Erfolgsaussichten der Verringerung der Armut sind abhängig von einer Änderung der Politik in den Ländern mit hohem Einkommen und kooperativen Maßnahmen auf globaler Ebene. Dazu zählen der Abbau von Handelsschranken, die Förderung der Stabilität des Finanzwesens, die Schaffung von internationalen öffentlichen Gütern, die vor allem Armen zugute kommen, und die Gewährleistung des Mitspracherechts von armen Ländern und Menschen in globalen Foren.

Die Notwendigkeit dieser internationalen Maßnahmen sollte die Rolle der internationalen Zusammenarbeit beim Abbau der Armut neu definieren. Selbst bei effektiveren Hilfszahlungen, die Gegenstand des nächsten Kapitels sind, werden im Kampf gegen die Armut Fortschritte langsamer erzielt, wenn die hier empfohlenen internationalen Maßnahmen nicht ergriffen werden.

KAPITEL 11

Zusammenarbeit in der Entwicklungspolitik reformieren, um Armut zu bekämpfen

Die entwicklungspolitische Zusammenarbeit ist im Umbruch. Von den Beziehungen zwischen Geber- und Empfängerländern über die Art und Weise, wie Hilfe geleistet wird, bis zu den Rahmenbedingungen für die Entschuldung der ärmsten Länder – viele der alten Formen der entwicklungspolitischen Hilfe werden nunmehr schrittweise durch neue Formen ersetzt.

Dies ist zum Großteil durch die erneut bekräftigte Verpflichtung der internationalen Gemeinschaft zur Bekämpfung der Armut begründet. Beim Weltgipfel für Soziale Entwicklung 1995 in Kopenhagen wurde die Zielsetzung festgelegt, die Armut in der Welt durch entschlossenes nationales Handeln und internationale Zusammenarbeit zu beseitigen. Die Geberländer haben die Halbierung der Armut von 1990 bis 2015 und andere Ziele in den Katalog ihrer internationalen Entwicklungsziele aufgenommen (siehe Sonderbeitrag 2 im Überblick).[1] Bei der zwölften

Auffüllung der Mittel der Internationalen Entwicklungsorganisation (IDA) im Jahr 1998 bekräftigten die Geberländer erneut ihr Engagement, Programme zum Abbau der Armut zu unterstützen und die Lebensqualität in den ärmsten Mitgliedsländern der IDA zu verbessern.[2] Die Bewegung Jubilee 2000 trug dazu bei, die umfassendere Entschuldung in den Mittelpunkt der Strategien zum Abbau der Armut im Rahmen der entwicklungspolitischen Zusammenarbeit zu rücken. Ferner arbeiten die Geberländer daran, Differenzen bezüglich der Ansätze zum Armutsabbau mit Hilfe des Entwicklungshilfeausschusses der OECD (DAC) zu beseitigen. Dieser Ausschuß erwartet, daß bis Mitte 2001 eine Einigung zu den Richtlinien für den Abbau der Armut erzielt wird, um so den Geberorganisationen zu helfen, ihre Programme effektiver zu gestalten.[3]

Obgleich die internationale Gemeinschaft ihr Engagement für den Kampf gegen die Armut in den

Schaubild 11.1

Während die Wirtschaft in Geberländern nach 1992 wuchs, schrumpfte die Entwicklungshilfe

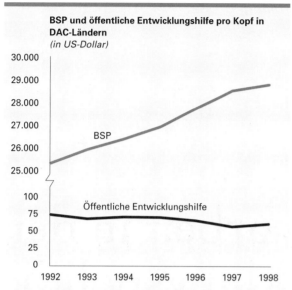

Anmerkung: BSP ist in US-Dollar von 1995, öffentliche Entwicklungshilfe in US-Dollar von 1998 angegeben.
Quelle: Schätzungen des Weltbank-Stabes auf der Grundlage von Daten der OECD und der Weltbank.

Schaubild 11.2

Mit Ausnahme von Europa und Zentralasien blieb die regionale Verteilung der öffentlichen Enwicklungshilfe nahezu konstant ...

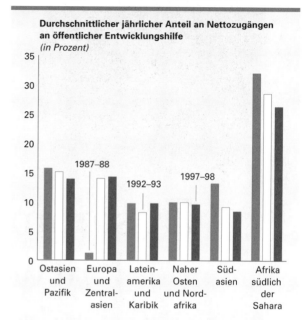

Anmerkung: Die Summe der jeweiligen Anteile beträgt nicht 100 Prozent, da ein Teil der Hilfen nicht nach Land oder Region zugeteilt wird.
Quelle: OECD, DAC-Daten.

1990er Jahren bekräftigte, wurde die öffentliche Entwicklungshilfe gekürzt. Und dies trotz des zu Beginn der 1990er Jahre herrschenden Optimismus, daß die entwicklungspolitische Zusammenarbeit nach dem Ende des Kalten Krieges durch Kürzungen der Militärausgaben in den Genuß einer „Friedensdividende" kommen würde.[4] In der Tat hat die öffentliche Entwicklungshilfe nach einem (realen) Rekordwert im Jahr 1992 im Laufe dieser zehn Jahre trotz des kräftigen Wirtschaftswachstums in den DAC-Ländern kontinuierlich abgenommen und stieg nur im Jahr 1998 während der weltweiten Finanzkrise leicht an (Schaubild 11.1). Sechzehn der 21 DAC-Länder wendeten in den Jahren 1997 und 1998 einen geringeren Anteil ihres BSP für Entwicklungshilfe auf als in den Jahren 1988 bis 1992.[5] Die regionale Verteilung der Entwicklungshilfe blieb zwischen 1987 und 1998 nahezu unverändert, abgesehen von einem Anstieg des Anteils, der nach Europa und Zentralasien floß (Schaubild 11.2). Der Gesamtbetrag der Entwicklungshilfe ging nach 1992/1993 jedoch in allen Regionen außer in Lateinamerika und der Karibik zurück (Schaubild 11.3). Vorläufige Schätzungen zeigen, daß die öffentliche Ent-

wicklungshilfe im Jahr 1999 wieder um rund 5 Prozent gestiegen ist, obgleich es noch zu früh ist zu beurteilen, ob dies eventuell nur die Reaktion auf die Asienkrise war oder auf die dringend nötige reale und nachhaltige Umkehr des Abwärtstrends in den 1990er Jahren hindeutet.

Der Rückgang war für viele Länder folgenschwer. Zwar fiel er mit massiven Zuflüssen privaten Kapitals in die Entwicklungsländer zusammen, doch entfallen diese nur zu einem geringen Teil auf die ärmsten Länder. Die privaten Netto-Kapitalflüsse in Länder mit niedrigem und mittlerem Einkommen beliefen sich im Jahr 1998 auf 268 Milliarden US-Dollar und stellen die Zuflüsse von Hilfen in einigen Ländern in den Schatten. Insgesamt stiegen die privaten Kapitalflüsse in Entwicklungsländer in den 1990er Jahren von 43 Prozent der Gesamtmittelflüsse im Jahr 1990 auf 88 Prozent im Jahr 1997, kurz vor der Finanzkrise in Ostasien. Allerdings konzentrierten sich die Zuflüsse privaten Kapitals auf relativ wenige Länder, während eine große Zahl von Ländern nur wenige oder gar

Schaubild 11.3

. . . während die Zuflüsse nach 1992/1993 in allen Regionen außer Lateinamerika und der Karibik sanken

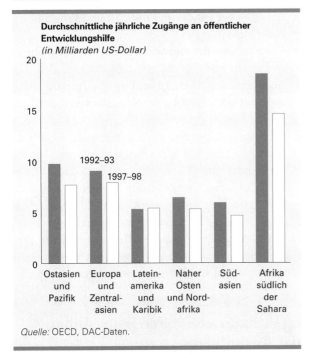

Durchschnittliche jährliche Zugänge an öffentlicher Entwicklungshilfe
(in Milliarden US-Dollar)

Quelle: OECD, DAC-Daten.

keine Zuflüsse verzeichnete. Im Jahr 1997, also vor der Finanzkrise, erhielten die 15 Hauptempfänger unter den Entwicklungsländern 83 Prozent der privaten Kapitalzuflüsse in Entwicklungsländer, rund 140 Entwicklungsländer und Territorien (mit rund 1,7 Milliarden Einwohnern) mußten sich mit dem Rest begnügen. Fast vollständig übergangen wurden die 61 Länder mit niedrigem Einkommen mit Ausnahme von China und Indien.[6] So erhielten alle afrikanischen Länder südlich der Sahara zusammengenommen im Jahr 1998 nur 1,2 Prozent der Kapitalflüsse in Entwicklungsländer. Doch diese Länder sind am stärksten auf die Hilfe angewiesen, und von dem Rückgang sind sie am stärksten betroffen.

Eine einfache Erklärung für diesen Rückgang gibt es nicht. Die Geberländer nannten zunächst ihr Haushaltsdefizit als wichtigen Grund für dieses Problem. Doch auch als sich dieses Defizit verringerte (von 4,3 Prozent des BIP im Jahr 1993 auf 1,3 Prozent im Jahr 1997), nahm die öffentliche Entwicklungshilfe weiter ab und ist im Jahr 1997 gegenüber 1996 um 14 Prozent gesunken.[7] Die wahrscheinlichere Erklärung ist die, daß die Geber die entwicklungspolitische Zu-

sammenarbeit weiterhin eher unter strategischen Gesichtspunkten als unter dem Aspekt des Armutsabbaus betrachten und andere Verwendungszwecke für ihr Geld als strategisch wichtiger ansehen. In der Vergangenheit war die Höhe der Entwicklungshilfe eher von politischen und strategischen Interessen bestimmt als von der Zielsetzung, die Armut zu verringern.[8]

Bemerkenswerter ist möglicherweise der Rückgang der Unterstützung seitens der traditionellen Befürworter der öffentlichen Entwicklungshilfe. Die Vorrangstellung geopolitischer Interessen ist nicht neu.[9] Neu ist aber der Rückgang der ausgleichenden Unterstützung seitens der Stellen, die sich aus humanitären Beweggründen für Entwicklungshilfe stark machen. Viele von ihnen sind Opfer der „Hilfsmüdigkeit" geworden und verfochten ihre Ansichten in den 1990er Jahren weit weniger lautstark als zuvor.

Nicht jedes Land war von dieser Hilfsmüdigkeit betroffen, da sich die Hilfszahlungen aus einigen Ländern in der Tat erhöhten – doch die Symptome waren deutlich zu erkennen. Beispielsweise ergab eine große Meinungsumfrage in den Vereinigten Staaten, daß die überwältigende Mehrheit der Amerikaner die Auslandshilfe grundsätzlich befürwortete und nur 35 Prozent der Ansicht waren, sie sollte gekürzt werden.[10] Dennoch gaben mehr als 80 Prozent der Befragten an, daß Auslandshilfe ihrer Ansicht nach die wirklich Bedürftigen aufgrund von Verschwendung und Korruption nicht erreiche. Diese Art der Desillusionierung der Öffentlichkeit hat es für die Regierungen von Geberländern unter Umständen schwieriger gemacht, die Höhe der Auslandshilfe konstant zu halten, geschweige denn sie zu erhöhen. Wenn Hilfe nicht greift, schwindet die Zustimmung, und die Meinung greift um sich, daß das Geld besser an anderer Stelle ausgegeben werden könnte.

Im Gegensatz zur Zunahme der Hilfsmüdigkeit war in einigen Ländern eine starke Zunahme der Unterstützung und des Aktivismus für den Schuldenabbau festzustellen, vor allem unter der Schirmherrschaft der Bewegung Jubilee 2000, an der religiöse Organisationen und andere Verbände der bürgerlichen Gesellschaft beteiligt sind. Sie bündelten ihre Kräfte und setzten sich für den Schuldenerlaß für arme Länder ein, um den Abbau der Armut und die menschliche Entwicklung zu unterstützen. Daher wird das Prinzip, zur Verbesserung des Lebensstandards der Armen in den Entwicklungsländern Mittel zur Verfügung zu stellen, zwar weiterhin eindeutig unterstützt, doch die traditionellen Mechanismen zur Bereitstellung dieser Mittel werden immer stärker in Frage gestellt.

Bewirkt die Hilfe etwas? Kann sie mehr bewirken? Welche Rolle spielt der Schuldenabbau bei der Unterstützung zu Vorzugsbedingungen? Die Entwicklungsländer werden durch ihre eigene Politik im wesentlichen selbst bestimmen, ob sie die internationalen Entwicklungsziele erreichen. Doch Entwicklungshilfe und Entschuldung können eine wichtige Unterstützung bieten. Herauszufinden, wie deren Effektivität erhöht werden kann, und dann die erforderlichen Maßnahmen zu ergreifen wird daher weiterhin ein entscheidender Aspekt sein.

Bei der Beantwortung dieser Fragen stellt dieses Kapitel die Vision eines besseren Systems der entwicklungspolitischen Zusammenarbeit dar, das auf einer neuen Denkweise und neuen Praktiken beruht. Diese Vision beinhaltet einen reformierten Rahmen für die länderfokussierte Hilfe und die Entschuldung der ärmsten Länder und wird untermauert durch die erneute Betonung des politischen und institutionellen Umfelds sowie des absoluten Vorrangs des Armutsabbaus. Geber arbeiten dabei partnerschaftlich mit Ländern zusammen, stimmen Hilfen und Entschuldungsmaßnahmen mit einem weit gefaßten Rahmen zum Abbau der Armut ab (wie er von vielen Gebern gefördert und in diesem Bericht dargestellt wird) und unterstützen Länder, die diese Mittel zum Vorteil der Armen verwenden können.

Eine gute Politik und gute Institutionen zu unterstützen ist wichtig, aber längst nicht genug. Die 1990er Jahre haben uns gelehrt, daß bei der Auslandshilfe und der Bewältigung untragbarer Schuldenlasten die Vorgehensweise ebenso wichtig ist wie die Maßnahmen. Die Art und Weise, wie Geber und Empfänger interagieren, hat einen erheblichen Einfluß auf die Effektivität der entwicklungspolitischen Zusammenarbeit. In den Beziehungen genossen häufig die Interessen der Geberländer Vorrang, so daß die Empfängerländer kaum mehr das Gefühl hatten, Miteigentümer der mit den Hilfen finanzierten Aktivitäten zu sein. Dieser Bericht unterstützt nicht nur einen auf eine breite Basis gestellten Rahmen zur Verringerung der Armut, sondern macht auch deutlich, wie bedeutend die tatsächlichen Gegebenheiten vor Ort für die Entwicklung sind. Die Tatsache, daß die Beziehungen zwischen Geber- und Empfängerländern zu häufig diese örtlichen Gegebenheiten außer acht gelassen und die Eigentumsbeteiligung der Empfänger untergraben haben, ist ein bedeutender Makel.

Wenn die entwicklungspolitische Zusammenarbeit die Armut wirkungsvoll und effizient bekämpfen soll, müssen die Geberländer:

- den örtlichen Gegebenheiten und der Eigentumsbeteiligung der Länder an Projekten und Programmen mehr Beachtung schenken;
- Hilfe auf eine Art und Weise leisten, die sich weniger in Funktionen des Staates einmischt, und sich darüber hinaus stärker auf sektorweite Ansätze stützt und von alten Formen der Konditionalität der Entwicklungshilfe abwendet;
- langfristige Unterstützung für jene politischen und institutionellen Umfelder bieten, die für die Verringerung der Armut förderlich sind, und jenen, die es nicht sind, ihre Unterstützung versagen.

Das Kapitel beginnt mit der Untersuchung, wie diese neuen Ansätze die Effektivität der Entwicklungshilfe erhöhen können. Im Anschluß daran werden die Probleme beleuchtet, die mit der Lösung des Schuldenproblems der armen Länder zusammenhängen.

Effektivität von Hilfen beim Abbau der Armut verbessern

Neuere Studien bestätigen, was vereinzelte Hinweise bereits vermuten ließen: es gibt sowohl positive als auch negative Erfahrungen mit der Entwicklungshilfe.[11] Frühe Prognosen, die Entwicklungshilfe würde die Finanzierungslücke schließen, welche die Entwicklungsländer von der Weiterentwicklung abhält, trafen nicht zu. Wenn die gesamte Entwicklungshilfe, die Sambia zwischen 1961 und 1994 erhielt, für Investitionen in produktive Mittel geflossen wäre und diese Investitionen so wichtig für das Wachstum gewesen wären, wie ursprünglich prognostiziert, hätte das Pro-Kopf-Einkommen des Landes im Jahr 1994 bei über 20.000 US-Dollar und nicht bei nur 600 US-Dollar gelegen.[12]

Dennoch wurden zahlreiche Erfolge erzielt. Das Onchocerciasis Control Program zur Bekämpfung der Flußblindheit ist nur ein Beispiel von vielen (siehe Sonderbeitrag 10.1). Entwicklungshilfe spielte in verschiedenen Zeiträumen eine wichtige Rolle bei dem in den letzten Jahrzehnten außerordentlich erfolgreichen Armutsabbau in Ostasien. Der rasche Fortschritt in Vietnam in den 1990er Jahren ist ein weiteres Beispiel. Entwicklungshilfe kann also etwas bewirken. Die Herausforderung für die internationale Gemeinschaft besteht darin, ein Verständnis dafür zu entwickeln, wie sie kontinuierlich etwas bewirken kann, und dann die erforderlichen Schritte zu unternehmen.

Die Hauptprobleme in bezug auf Entwicklungshilfe

Die Schwierigkeiten, auf die Entwicklungshilfe beim Abbau der Armut stößt, sind nicht allein durch die Vorrangstellung von geopolitischen gegenüber entwicklungspolitischen Interessen begründet, die häufig dazu führte, daß Hilfen jenen Ländern zuflossen, deren Politik sich nicht auf den Abbau der Armut konzentrierte. Entwicklungshilfe wurde durch die häufig miteinander unvereinbaren Ansichten der Geber über die entwicklungspolitischen Maßnahmen behindert, auch wenn in den vergangenen 50 Jahren zeitweise ein relativ breiter Konsens darüber herrschte, wie die Entwicklung am besten vorangetrieben werden könne.[13] Die Uneinigkeit der Geber war ein zentraler Aspekt, der verhinderte, daß Entwicklungshilfe ihre volle Wirkung entfalten konnte. Die Geber haben es häufig versäumt, ihre Anstrengungen zu koordinieren, die Länder waren nicht Miteigentümer der Projekte, und häufig wurde Entwicklungshilfe sowohl auf Projekt- als auch auf Landesebene nur unter Auflagen gewährt.

In den ersten beiden Jahrzehnten nach dem Zweiten Weltkrieg galt die staatlich gelenkte Industrialisierung gemeinhin als beste Möglichkeit, die Entwicklung voranzutreiben. Diese einhellige Meinung wurde jedoch in den 1970er Jahren durch Ereignisse von weltweiter Bedeutung widerlegt, etwa das Ende des Systems der festen Wechselkurse oder die beiden Ölkrisen, die für Entwicklungsländer verheerende Auswirkungen hatten. Weit verbreitet war die Überzeugung, staatliche Eingriffe in die Wirtschaft hätten verhindert, daß sich Entwicklungsländer an diese Schocks anpassen konnten. In der Folge begann sich ein neuer Konsens zu bilden, der später als „Washingtoner Konsens" bekannt wurde (siehe Sonderbeitrag 4.1 in Kapitel 4).[14] Nach Ansicht vieler, auch von Mitarbeitern der Weltbank und anderen multilateralen Finanzinstitutionen, hatten finanzpolitische Besonnenheit, freie Märkte und die Exportorientierung eindeutig ihre Überlegenheit als effizienteste Maßnahmen, mit denen Länder das Wachstum und die Entwicklung fördern können, unter Beweis gestellt.[15]

Es ist jedoch deutlich geworden, daß es kaum möglich ist, einfache Strategien zur Entwicklung und zum Abbau der Armut zu entwickeln. Zwar sind Märkte eine Kraft, die erheblich zur Verringerung der Armut beiträgt, doch auch Institutionen, die gewährleisten, daß Märkte gut funktionieren und deren Nutzen den Armen zugute kommt, sind wichtig. Mit Beginn des 21. Jahrhunderts verfolgen die Geber gemeinsam eine Entwicklungsstrategie, die Investitionen in die Menschen durch Leistungen im Gesundheits- und Bildungswesen, die Förderung eines alle einschließenden und gerechten Wachstums, die Förderung guter Führungs- und Kontrollstrukturen und den Schutz der Umwelt einschließt.[16] Diese Strategie erkennt auch die zentrale Bedeutung der örtlichen Gegebenheiten an: den Umstand, daß es von der jeweiligen Situation abhängt, welche entwicklungspolitischen Maßnahmen am wirkungsvollsten sind.

Trotz dieser zunehmenden Einigkeit über den allgemeinen Entwicklungsrahmen haben sich Geber und Empfänger häufig nicht auf die im besonderen Fall richtigen politischen Maßnahmen einigen können. Geber betrachten Entwicklungsprobleme vor dem Hintergrund ihrer eigenen Ziele, Geschichte, Ideologie und politischen Realitäten und bewerten Situationen häufig anders als andere Geber oder die Empfängerländer. Selbst im Gesundheits- und Bildungswesen, das nach Ansicht aller Geber von großer Bedeutung ist, ist umstritten, welcher Gestalt die richtigen Reformen sein sollten. Nach Aussage eines Analysten gibt es eine verblüffende Vielzahl von nationalen Systemen und Erfahrungen, die alle jeweils unterschiedliche (und heftig umstrittene) Vor- und Nachteile aufweisen.[17] Daher sind zwar die Zeiten vorüber, in denen entweder nur staatlich gesteuerte oder nur vom Markt gesteuerte Lösungsansätze strikt befolgt wurden, doch zwischen diesen beiden Extremen gibt es eine Unzahl von Möglichkeiten, und die Auseinandersetzung über diese Möglichkeiten ist noch lange nicht vorüber.

Die mangelnde Einigkeit über die groben Züge und die Details von nationalen und örtlichen Maßnahmen und Projekten hat die Effektivität der Entwicklungshilfe geschmälert.[18] Dieser Effekt wird besonders deutlich bei den Problemen der Eigentumsbeteiligung, der gegenseitigen Abstimmung der Geber, der Fungibilität und der Konditionalität – den vier Hauptproblemen, von denen die Entwicklungshilfe in den 1990er Jahren geprägt war.

Eigentumsbeteiligung. Da Geber und Empfänger häufig nicht einer Meinung sind, versuchen Geber sicherzustellen, daß ihr Geld so verwendet wird, wie sie es geplant haben. Sie haben ihre eigenen Projekte ins

Leben gerufen, von den Ländern detaillierte Berichte über die Projekte gefordert und – häufig politisch orientierte – Bedingungen an die Mittelverwendung geknüpft. Eine größere Studie zu den Beziehungen zwischen Geber- und afrikanischen Empfängerländern ergab, daß „trotz einiger Verbesserungen die Geber weiterhin den Projektablauf bestimmen und den Präferenzen der Regierung oder der Projektbegünstigten nicht genügend Aufmerksamkeit schenken."[19] Diese Bemühungen, welche die effektive Verwendung der Hilfen gewährleisten sollen, bewirkten, wie neuere Belege zeigen, jedoch häufig genau das Gegenteil, da sie die Eigentumsbeteiligung des Empfängerlandes an Projekten beschnitten.

Analysen zeigen, daß die Eigentumsbeteiligung ein wichtiger Faktor für eine hohe Effektivität der Hilfen ist.[20] Wie fest ein Land davon überzeugt ist, daß ein Projekt oder eine Reform Nutzen bringt, hat Einfluß darauf, wieviel Kraft in das Projekt investiert wird, wie viele inländische Ressourcen eingebracht werden und wie engagiert das Projekt weiterverfolgt wird, wenn der Geber ausscheidet – das alles sind wichtige Determinanten für den Erfolg. Um erfolgreich zu sein, müssen Reformen und Projekte die Eigentumsbeteiligung der Menschen fördern, für die Maßnahmen angeblich ergriffen oder Projekte durchgeführt werden.

Abstimmung der Geber. Wenn alle Geber jeweils unterschiedliche Prioritäten setzen und projektbezogene Bedingungen festlegen (unter anderem geberspezifische Vorgaben zur Berichterstattung und Beschaffung), kann dies ein Umfeld schaffen, in dem die Regierung des Empfängerlandes unter Umständen nicht arbeiten kann. Bereits die bloße Anzahl der Geber und der von ihnen finanzierten Projekte kann ein Problem darstellen. Einmal liefen allein im mosambikanischen Gesundheitsministerium 405 von Geberländern finanzierte Projekte. Anfang der 1990er Jahre gab es in Tansania 40 Geber und über 2.000 Projekte. In Ghana erhielten im selben Zeitraum 64 verschiedene staatliche oder quasi-staatliche Institutionen Fördermittel.[21] Diese Anstrengungen zu koordinieren, um eine kohärente Entwicklungsstrategie zu unterstützen, ist – selbst auf sektoraler Ebene – fast unmöglich.

Fungibilität. Untersuchungen zeigen, daß Hilfsgelder, die einem bestimmten Sektor zugeteilt werden, häufig Gelder für andere Zwecke freisetzen, die der Staat sonst für diesen Sektor aufgewendet hätte.[22] Das bedeutet, daß Geberländer mit der Finanzierung bestimmter Projekte oder Sektoren in der Tat dazu beitra-

gen, daß die Ausgaben für Sektoren, die sie nicht finanzieren wollen, beispielsweise das Militär, steigen. Das hat weitreichende Auswirkungen auf die entwicklungspolitische Zusammenarbeit. Beurteilungen auf Projektebene können die wahren Auswirkungen der Hilfen nicht wiedergeben, da die Hilfen wahrscheinlich Mittel für andere Bereiche freisetzen.[23]

Selbst wenn die Mittel fungibel sind, kann die Unterstützung seitens der Geber dennoch von der Gestaltung bestimmter politischer Maßnahmen bis hin zur institutionellen Entwicklung einen gewissen Einfluß haben. Darüber hinaus können die Geber als Gruppe in Ländern, die in hohem Maße von den Hilfen abhängig sind, Veränderungen bei der Zuteilung von staatlichen Mitteln bewirken, und zwar bereits allein aufgrund der Höhe der Mittelzuflüsse. Ein potentiell wichtiger Teil davon ist die Einflußnahme seitens der Geber, bevorzugt Entwicklungsbudgets zu unterstützen, was zu einer Nettoumschichtung von Mitteln aus dem Haushalt für laufende Ausgaben führen kann – und das ist nicht immer gut für die Entwicklung, da laufende Ausgaben wichtig für die Erhaltung von grundlegenden sozialen und wirtschaftlichen Leistungen sind.[24]

Konditionalität. Geberländer wissen, daß in einem schlechten politischen Umfeld selbst gewissenhaft umgesetzte Projekte nur eine begrenzte Wirkung haben.[25] Eine solide gebaute Schule ist nur dann von Nutzen, wenn jedes Jahr im Haushalt Mittel für Lehrergehälter, Bücher und Verbrauchsmaterial vorgesehen werden – und wenn das wirtschaftliche Umfeld den Kindern den Schulbesuch ermöglicht. Die Bedeutung einer guten Politik und guter Institutionen für die Gewährleistung nachhaltiger Ergebnisse deutet darauf hin, daß Gelder eher in Länder fließen sollten, die über ein gutes allgemeines politisches Umfeld verfügen und geeignete Maßnahmen zur Verringerung der Armut ergreifen. Doch zwischen einer guten Politik und dem Zufluß von Hilfen gab es bislang keinen engen Zusammenhang.[26]

Dieses Ergebnis wäre nachvollziehbar, wenn Hilfen politische Reformen begünstigen würden, indem sie Einfluß auf die Länder nehmen, damit diese ihre Politik ändern, oder sie dabei unterstützen. Das war die Intention vieler Geber, und es ist auch ein Grund (Fungibilität ist ein weiterer) dafür, daß viele von ihnen den Anteil ihres Budgets, der für Projekte bestimmt ist, zurückgefahren und den Anteil für programm- oder politikabhängige Hilfen erhöht haben.[27] Der Großteil der programm- und politikabhängigen Hilfen wurde an die Umsetzung bestimmter politischer Reformen gekoppelt. Jedoch offenbaren Studien in den 1990er Jahren kaum eine systematische Beziehung zwischen Konditionalität und politischen Veränderungen, obgleich Fallstudien durchaus positive Effekte unter bestimmten Bedingungen belegen, vor allem wenn Konditionalität den Einfluß von reformfreundlichen Gruppen stärkt.[28]

Die Dynamik zwischen Geber- und Empfängerländern erklärt, warum Konditionalität keinen Erfolg hat. Die Empfängerländer betrachten die Auflagen nicht als bindend, und die meisten Geberländer zögern, die Hilfsleistungen einzustellen, wenn Auflagen nicht erfüllt werden.[29] Folglich werden Auflagen häufig kaum beachtet, während der Anteil der dennoch freigegebenen Kredittranchen weiterhin hoch ist.[30] Daher fließen Hilfen häufig weiter, obwohl die schlechte Politik weiterverfolgt wird.

Politikbezogene Auflagen, die häufig mit projektbezogenen Auflagen kombiniert werden, haben nicht nur mit geringem Erfolg politische Reformen herbeigeführt, sondern stellen auch eine große Belastung für die Verwaltungen in den Entwicklungsländern dar – ein Problem, das mit der zunehmenden Konditionalität deutlicher zu Tage getreten ist. Die Auflagen für Anpassungskredite der Weltbank, deren Zahl in den 1980er Jahren drastisch gestiegen ist, haben auch in den 1990er Jahren mit der stetigen Erweiterung der entwicklungspolitischen Agenda weiter zugenommen.[31] Eine neuere Beurteilung drückt dies wie folgt aus: „Wenngleich seit 1981 zahlreiche Punkte in die Auflagenliste aufgenommen wurden, wurden dafür keine anderen gestrichen."[32] Die Zeit, die Regierungsbeamte dafür aufwenden, diese Auflagen auszuhandeln und zu überwachen, könnten sie besser dafür nutzen, Entwicklungsprobleme zu analysieren und Entwicklungsstrategien zu entwickeln. Die Eigentumsbeteiligung hat sich als zentraler Aspekt für die Nachhaltigkeit von Projekten und politischen Reformen erwiesen, und die Tatsache, daß sie durch den Rückgang der Hilfen geschwächt wird, ist ein grundlegender Makel der aktuellen Mechanismen der entwicklungspolitischen Zusammenarbeit.

Lösungen, die unterschiedliche Ansichten miteinander in Einklang bringen

Zwar haben die vorherrschenden Formen der Beziehungen zwischen Geber- und Empfängerländern den Gebern ermöglicht, ihre eigenen Prioritäten durchzusetzen, doch dies hat im allgemeinen ein fragmentiertes System zur Folge, das den Erfolg ihrer Anstrengungen beein-

trächtigt. Die Herausforderung bei der Reformierung der internationalen entwicklungspolitischen Zusammenarbeit besteht darin, unterschiedliche Ansichten bezüglich der Entwicklung miteinander in Einklang zu bringen, ohne die Empfänger zu stark zu belasten oder ihre Eigentumsbeteiligung an Projekten zu untergraben.

Eine weltweite Gleichförmigkeit der Entwicklungsstrategien zu erzielen, könnte eine Lösung sein, doch die Vergangenheit hat gezeigt, daß Gleichförmigkeit nicht wünschenswert ist. Die Entwicklung wird in hohem Maße von den vor Ort herrschenden Bedingungen bestimmt, unter anderem den gesellschaftlichen Institutionen, den sozialen Fähigkeiten, der ethnischen Zersplitterung, dem Maß an Ungleichheit und der Geographie.[33] In Untersuchungen erklären diese Variablen in erheblichem Maße die Unterschiede bei den Wachstumsraten in den vergangenen 30 Jahren.[34] Untersuchungen zeigen auch, daß externe Schocks – und die Fähigkeit, auf diese zu reagieren – einen ebenso großen Einfluß auf das Wachstum haben können wie Maßnahmen.[35] Bei der Gestaltung von Entwicklungsstrategien sollte daher ein Ansatz gewählt werden, der flexibel genug ist, um eine Anpassung an sowohl interne als auch externe Bedingungen zu ermöglichen.

Diese Sichtweise begann sich gegen Ende der 1990er Jahre in der Entwicklungsgemeinschaft durchzusetzen. In Verbindung mit einer neuen Denkweise in bezug auf die Effektivität der Entwicklungshilfe hat sie neue Vorschläge hervorgebracht, wie den Problemen in Zusammenhang mit der Entwicklungshilfe begegnet werden sollte. Drei vorrangige Aspekte sind Eigentumsbeteiligung und Partnerschaft, Mechanismen zur Bereitstellung von Hilfen, die weniger auf Einmischung beruhen und sich auf den allgemeinen Rahmen der Politik und der Ausgaben konzentrieren, sowie Selektivität. Gemeinsam bilden sie für die internationale Gemeinschaft die Agenda zur Verbesserung der entwicklungspolitischen Zusammenarbeit im kommenden Jahrzehnt.

Eigentumsbeteiligung und Partnerschaft. In Anerkenntnis der Bedeutung der Eigentumsbeteiligung und des Problems der Abstimmung der Anstrengungen von Gebern haben die meisten Geber den partnerschaftlichen Umgang zum Leitprinzip der Interaktion zwischen Gebern, Regierungen und Bürgern von Entwicklungsländern erhoben.[36] Die Mehrzahl dieser Partnerschaften umfaßt zwei Teile. Der erste Teil ist eine Partnerschaft zwischen der Regierung des Empfängerlandes und den Bürgern, die gemeinsam die Verantwortung für die Ausarbeitung ihrer nationalen Entwicklungsstrategie tragen. Diese Strategie kann im Zuge eines Beratungsprozesses Gestalt annehmen, an dem die Regierung, die bürgerliche Gesellschaft und der private Sektor beteiligt sind. Der zweite Teil ist eine Partnerschaft zwischen der Regierung und den Gebern, wobei die Geber ihre Hilfsstrategien so gestalten, daß sie die Strategie der Regierung unterstützen. Das neue Denken legt den Schwerpunkt auf die Frage, wie diese externe Partnerschaft oder dieser „Vertrag" so gestaltet werden kann, daß Anreize für eine vom Land vorangetriebene, langfristige Strategie zum Abbau der Armut bestehen und gleichzeitig die für die gesellschaftliche Stabilität und wirtschaftliche Entwicklung erforderlichen internen Partnerschaften gestärkt werden.

Beratungen zwischen Regierungen und bürgerlicher Gesellschaft sowie zwischen Regierungen und Gebern

erfolgten bereits in einer Reihe von Ländern und stützten sich erstmals auf den Umfassenden Entwicklungsrahmen der Weltbank, den partnerschaftlichen Ansatz der Europäischen Union oder andere Ansätze dieser Art. Die Beratungen auf der Grundlage des Umfassenden Entwicklungsrahmens haben sich in mehreren Ländern, unter anderem Bolivien, der Dominikanischen Republik und Ghana, als fruchtbar erwiesen, haben aber auch verdeutlicht, daß staatliches Engagement und Kapazitäten wesentliche Faktoren für den Erfolg der Beratungen sind (Sonderbeitrag 11.1).

Dieser aufkommende Ansatz in der entwicklungspolitischen Zusammenarbeit wurde in die neue Initiative der Weltbank und des Internationalen Währungsfonds (IWF) aufgenommen, bei der deren Hilfen für Länder mit niedrigem Einkommen an national ent-

---

Sonderbeitrag 11.1
Durch den Umfassenden Entwicklungsrahmen den Beratungsprozeß kennenlernen

Im Jahr 1999 stellte die Weltbank mit dem Umfassenden Entwicklungsrahmen (CDF) ein Hilfsmittel vor, das dazu dient, die Eigentumsbeteiligung der Länder an Strategien und Projekten zu verbessern und die Anstrengungen von Gebern besser aufeinander abzustimmen. Der Entwicklungsrahmen beruht auf vier Grundsätzen: der Eigentumsbeteiligung der Länder an der politischen Agenda, der partnerschaftlichen Zusammenarbeit aller Beteiligten, der Beachtung sozialer und struktureller Belange sowie makroökonomischer und finanzieller Fragen und einem langfristigen, ganzheitlichen Ansatz, der auf nationalen Beratungen aufbaut.

Das Land entwickelt seine nationale Strategie in Abstimmung mit der bürgerlichen Gesellschaft und dem privaten Sektor – und entwirft dann gemeinsam mit den Gebern eine Matrix, welche die Entwicklungsziele und die Akteure miteinander verknüpft. Die Aufgaben der an den einzelnen Zielen arbeitenden Akteure sind in der Matrix aufgeführt, so daß Lücken oder Überschneidungen deutlich werden.

Der Entwicklungsrahmen wird derzeit in 13 Ländern umgesetzt, fördert den Dialog zwischen der Regierung und den Bürgern und erweitert die Partnerschaften mit den Gebern bei der Gestaltung umfassender, nationaler Entwicklungsstrategien. Doch die Fortschritte variieren, was die unterschiedlichen Anfangszeiten und Gegebenheiten in den Ländern widerspiegelt.

Bolivien hat bereits sehr früh begonnen. Ende 1997 führte die neue Regierung eine Analyse der Entwicklungsprobleme des Landes durch und arbeitete einen nationalen Aktionsplan aus, um diese Probleme anzugehen. Ein wichtiger Bestandteil waren landesweite Beratungen mit einer ganzen Reihe von Vertretern der bürgerlichen Gesellschaft – nichtstaatlichen Organisationen, Gewerkschaften, religiösen Vereinigungen, Oppositionsparteien und Akademikern – sowie des privaten Sektors, bei denen Entwicklungsprobleme erörtert und Lösungen vorgeschlagen wurden. Die Ergebnisse dieses nationalen Dialogs wurden der Re-

gierung als Ausgangsbasis für den nationalen Aktionsplan vorgelegt.

Alle Gespräche mit Gebern erfolgen nun vor dem Hintergrund dieses nationalen Aktionsplans. Bei einem Treffen der Beratungsgruppe im April 1998 sagten Geber 45 Prozent mehr Mittel zu als noch im Jahr 1997. Die Geber wurden ferner ermuntert, ihre Strategien zur Unterstützung des nationalen Aktionsplans zu formulieren. Die Weltbank hat vor kurzem ihre Hilfsstrategie für das Land überarbeitet, um sie mit dem Plan in Einklang zu bringen, und entschied sich, drei der vier Säulen des Plans zu unterstützen. Die Regierung leitet weiterhin die Koordinierung der Anstrengungen der Geber und präsentierte bei dem Treffen der Beratungsgruppe in Paris im Jahr 1999, das unter ihrem Vorsitz stattfand, ihre Version des Umfassenden Entwicklungsrahmens. Darüber hinaus einigte sie sich mit den Gebern auf vorläufige Kennzahlen für die Überwachung der Ergebnisse.

Andere Länder sind noch nicht so weit fortgeschritten. Die Schwierigkeiten einiger von ihnen machen potentielle Problembereiche deutlich. Es ist zum Beispiel klar, daß die Eigentumsbeteiligung eines Landes an Strategien und Projekten im wesentlichen von seinen Kapazitäten abhängig ist. Das Land muß in der Lage sein, in umfassende Beratungen mit allen Teilen der Gesellschaft zu treten und die komplexe Analyse durchzuführen, die für die Entwicklung nationaler Strategien notwendig ist, welche zwischen makroökonomischen und finanziellen Fragen einerseits und sozialen, strukturellen und institutionellen Belangen andererseits einen Ausgleich schaffen. Und natürlich muß das Land in der Lage sein, die Strategie umzusetzen.

Ohne diese Eigentumsbeteiligung – und der daraus resultierenden Führerschaft des Landes – wird die Koordinierung von Anstrengungen der Geber schwierig bleiben. Zwar gibt es Belege dafür, daß einige Geberländer ihre Strategien schrittweise auf die der Empfängerländer abstimmen, doch es bedarf einer stärkeren Führerschaft der Regierung des Empfängerlandes, um Fortschritte rascher zu erzielen.

Quelle: Wolfensohn 1999; Weltbank 1999d, 1999u.

Sonderbeitrag 11.2
Die neue Initiative für Strategien zum Abbau der Armut

Die Initiative der Weltbank und des Internationalen Währungsfonds (IWF) für Strategien zum Abbau der Armut versucht, ausländische Unterstützung an ergebnisorientierte, im Inland entwickelte Armutsstrategien zu knüpfen. Sie soll ferner die Effektivität der Beziehungen der Weltbank und des IWF (sowie anderer Geber) zu den Empfängerländern verbessern. Genauso wichtig wie die Strategie des Empfängerlandes ist der Prozeß, der zu dieser Strategie führt. Ein umfassender, partizipativer Dialog mit Vertretern der bürgerlichen Gesellschaft und des privaten Sektors soll:

■ nationalen Behörden helfen, ein besseres Verständnis für die Faktoren zu entwickeln, welche die Verringerung der Armut und das Wachstum behindern, und brauchbare Kennzahlen für Fortschritte bei der Verringerung der Armut auszuarbeiten;

■ eine gemeinsame Vision der angestrebten Ziele im Hinblick auf die Verringerung der Armut in allen Teilen der Gesellschaft fördern;

■ zur Formulierung von Prioritäten für staatliche Maßnahmen führen, mit denen die angestrebten Ziele im Hinblick auf die Verringerung der Armut erreicht werden sollen;

■ die Entwicklung partizipativer Prozesse für die Festlegung der Ziele im Hinblick auf die Verringerung der Armut sowie für die Überwachung von Umsetzung und Fortschritten fördern.

Über die Ergebnisse wird regelmäßig in Armutsstrategiepapieren Bericht erstattet, von denen man erwartet, daß sie eine breite Eigentumsbeteiligung an der Entwicklungsstrategie widerspiegeln. Die Strategien werden sich im allgemeinen auf Dreijahreszyklen mit jährlichen Fortschrittsberichten in den dazwischen liegenden Jahren konzentrieren, die alle in einen lang-fristigen Rahmen für den Abbau der Armut eingebettet sind. Zwar wird die tatsächliche Gestalt der Strategie von dem Land selbst festgelegt, da es keine Patentlösung gibt, doch die meisten von ihnen werden voraussichtlich folgendes beinhalten:

■ langfristige Ziele für die wichtigsten Sollwerte in Zusammenhang mit der Verringerung der Armut sowie den makroökonomischen, strukturellen und institutionellen Rahmen für deren Realisierung (siehe zum Beispiel die Ziele Ugandas in Sonderbeitrag 1.7);

■ Mechanismen, mit denen der Fortschritt auf dem Weg zum Erreichen dieser Sollwerte überwacht und beurteilt werden kann und die mit staatlichen Maßnahmen verbunden sind;

■ einen konsistenten politischen und institutionellen Rahmen, der die Grundlagen für rasche, nachhaltige Erfolge beim Wachstum und dem Abbau der Armut (samt makroökonomischen Maßnahmen, institutionellen Reformen, sektoralen Strategien und dem damit verbundenen Bedarf an Finanzierungsmitteln aus dem In- und Ausland) beinhaltet.

Geber können dies unterstützen, indem sie in einigen Bereichen technische Hilfe leisten. Erste Erfahrungen in Afrika und Lateinamerika deuten darauf hin, daß die Länder sehr gut ein Armutsprofil erstellen und eine allgemeine Strategie zum Abbau der Armut entwickeln können, jedoch weniger gut darin sind, quantifizierte Sollwerte zu erarbeiten, die Kosten für die Strategie zu kalkulieren und die Austauschbeziehungen bei begrenzten Ressourcen zu bewerten. Wie bei anderen Aspekten der entwicklungspolitischen Zusammenarbeit gilt auch hier, daß das Land seinen Bedarf an Hilfen selbst bestimmen sollte – um zu gewährleisten, daß es nicht nur Begünstigter, sondern auch Eigentümer dieses wichtigen Prozesses ist.

Quelle: IWF und IDA 1999; Weltbank und IWF 2000a.

---

wickelte Strategien zum Abbau der Armut geknüpft sind, welche sich nach den Grundsätzen des Umfassenden Entwicklungsrahmens richten (Sonderbeitrag 11.2). Finanzierungsmittel zu Vorzugsbedingungen sowie Entschuldungsmaßnahmen der Weltbank und des IWF werden an die Ziele von Strategien zum Abbau der Armut gekoppelt sein, die von den Regierungen im Einvernehmen mit Organisationen der bürgerlichen Gesellschaft, dem privaten Sektor und den Gebern ausgearbeitet werden. Ausgehend von einer genauen Kenntnis der Armutssituation in dem Land werden die Strategien diejenigen Maßnahmen ermitteln, welche die größte Wirkung versprechen, sowie Überwachungs- und Bewertungsprozesse schaffen. Das Ziel dieser Strategien ist, wie es auch Armutsstrategiepapiere beschreiben, die Grundlage für Hilfen nicht nur von der Weltbank und dem IWF, sondern auch von anderen Hilfsorganisationen zu schaffen.[37] Ähnliche Initiativen werden derzeit bei den regionalen Entwicklungsbanken eingeleitet.

Mechanismen der Bereitstellung von Hilfen, die weniger auf Einmischung beruhen und sich auf den allgemeinen Rahmen der Politik und der Ausgaben konzentrieren. Geber haben auf zahlreiche Arten Einfluß auf die Politik in Empfängerländern genommen. Alte Formen der politischen Konditionalität führten, je nach Gegebenheiten im Land und der Art und Weise, wie Konditionalität eingesetzt wurde, häufig zu enttäuschenden Resultaten. Auch Prozesse zur Überprüfung der Politik hatten nur begrenzten Erfolg. Analysen der öffentlichen Ausgaben zum Beispiel haben die Höhe und Struktur der Ausgaben eines Landes bewertet und Möglichkeiten ermittelt, die Ausgabenpolitik zu verbessern und die von Gebern bereitgestellten Mittel effizienter zu verwenden (siehe Sonderbeitrag 9.2 in Kapitel 9). Doch mehrere Untersuchungen ergaben, daß diese Art der Intervention vielfach ineffektiv ist, da die Empfängerländer nicht allzu stark an den Analysen beteiligt wurden – und daher wenig Drang verspürten, die gewonnenen Erkenntnisse aufzugreifen.[38]

Schaubild 11.4
Entwicklungshilfe fließt nicht nur armen Ländern zu

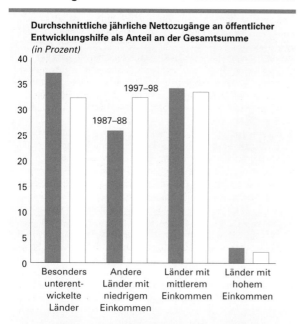

Durchschnittliche jährliche Nettozugänge an öffentlicher Entwicklungshilfe als Anteil an der Gesamtsumme
(in Prozent)

Anmerkung: Besonders unterentwickelte Länder sind die 48 Länder, die von den Vereinten Nationen auf der Grundlage bestimmter Schwellenwerte für Einkommen, wirtschaftliche Diversifizierung und gesellschaftliche Entwicklung als solche eingestuft wurden. *Quelle:* OECD, DAC 2000.

Noch überraschender aber mag die Tatsache sein, daß auch die Geber den Erkenntnissen nicht allzuviel Beachtung schenkten. Eine neuere Untersuchung belegt, daß Analysen der öffentlichen Ausgaben kaum Einfluß auf die Politik des Empfängerlandes oder auf die Kreditpraxis der Geber hatten.[39] Daher suchen Geber nach neuen Mechanismen zur Stärkung des politischen Umfelds, welche die Eigentumsbeteiligung eines Landes an Projekten fördern, statt sie zu untergraben. Sie haben beispielsweise begonnen, die Länder zu ermuntern, sich intensiv an Analysen der öffentlichen Ausgaben zu beteiligen, und experimentieren derzeit mit neuen Instrumenten.

Eines dieser neuen Instrumente, das viel Beachtung gefunden hat, ist der sektorweite Ansatz: Die Regierung entwirft dabei eine Strategie für den gesamten Sektor, und die Geber verpflichten sich, Mittel nicht für einzelne Projekte, sondern den gesamten Sektor bereitzustellen. Das Problem der Abstimmung der Geber wird auf diese Weise dadurch gelöst, daß sie ganz einfach nicht mehr erforderlich ist: Sämtliche Aktivitäten in dem Sektor werden vom Empfängerland durchgeführt, das neben den Mitteln der Geber auch eigene Mittel

verwendet. Dieses Instrument geht auf ein breiteres politisches Umfeld ein und gewährleistet gleichzeitig die Eigentumsbeteiligung. Zwar ist dieser Ansatz noch zu neu, als daß man bereits ein Fazit ziehen könnte, doch die ersten Erfahrungen sind vielversprechend (Sonderbeitrag 11.3).

Manche Befürworter haben vorgeschlagen, die Grundsätze des sektorweiten Ansatzes auf die gesamte entwicklungspolitische Zusammenarbeit anzuwenden (Sonderbeitrag 11.4). Andere halten die projektabhängige Kreditvergabe für wünschenswert und mit dem neuen Denken über die entwicklungspolitische Zusammenarbeit zum Abbau der Armut in Einklang stehend. Die Unterstützung für Projekte kann bei der ergebnisbasierten Sektorentwicklung effektiv sein – wenn sie in einem sektoralen Rahmen erfolgt, der einen systematischen Zusammenhang zwischen Investitionen sowie politischer und institutioneller Entwicklung auf der einen Seite und Erfolgen beim Armutsabbau auf der anderen (sowie Teilindikatoren zur Überwachung und Interpretation der Fortschritte) herstellt. Die Wahl des Instruments wird sich nach den im jeweiligen Land (oder Sektor in einem Land) herrschenden politischen und institutionellen Bedingungen sowie den Präferenzen der einzelnen Geber richten müssen. Besonderer Wert sollte jedoch darauf gelegt werden, dem Land die Leitung zu übertragen und sicherzustellen, daß die Mechanismen zur Bereitstellung von Hilfen die Eigentumsbeteiligung des Landes an Projekten nicht beeinträchtigen.

Selektivität. Damit Hilfen die Armut möglichst effektiv verringern, müssen sie gezielt geleistet werden. Wenn sämtliche Hilfen auf der Grundlage einer hohen Armutsrate und einigermaßen effektiver Maßnahmen und Institutionen zugeteilt würden, könnten die heutigen Mittelflüsse nach Schätzungen einer neueren Studie 19 Millionen Menschen den Weg aus der Armut ebnen – also fast doppelt so vielen wie den 10 Millionen, denen heute tatsächlich geholfen wird.[40]

Derzeit entfällt rund ein Drittel der Hilfen auf Länder mit mittlerem Einkommen, deren BIP pro Kopf etwa dem Sechsfachen des BIP pro Kopf von Ländern mit niedrigem Einkommen entspricht (Schaubild 11.4). Zwar zielen nur wenige größere Geber mit ihrer Entwicklungshilfe auf Länder mit mittlerem Einkommen ab (die meisten helfen den ärmeren Ländern), doch es ist dennoch so, daß die weltweite Hilfe nicht vorrangig auf Gebiete entfällt, in denen die Armutshäufigkeit am höchsten ist. Hilfen, vor allem Entwick-

Sonderbeitrag 11.3
Sektorweite entwicklungspolitische Zusammenarbeit

Um die Probleme der Eigentumsbeteiligung, der Abstimmung von Anstrengungen der Geber und der Fungibilität anzugehen, erproben Geber derzeit den Ansatz, ihre Ressourcen mit anderen zusammenzulegen, um sektorweite Strategien zu unterstützen, die von der Regierung des Empfängerlandes ausgearbeitet wurden und umgesetzt werden. Das Land entwickelt in Abstimmung mit den wichtigsten Interessengruppen eine sektorale Strategie und einen Haushaltsrahmen für die nächsten Jahre, während die Geber ihr Geld in einen zentralen „Ausgabentopf" für diesen Sektor einzahlen. Der Ansatz fördert die Eigentumsbeteiligung des Landes an sektoralen Strategien und Programmen. Außerdem stellt er einen Zusammenhang zwischen den Sektorausgaben und dem allgemeinen makroökonomischen Rahmen her. Darüber hinaus gewährleistet er die Abstimmung der Aktivitäten der Geber mit denen des Empfängerlandes.

Einige Vorteile eines sektorweiten Programms zeigen sich deutlich im Gesundheitswesen in Sambia. Im Jahr 1994 präsentierte die Regierung den Gebern die nationale Gesundheitspolitik und -strategie und rief sie dazu auf, nicht bestimmte Provinzen oder Projekte mit Mitteln zu fördern, sondern direkt das Gesundheitsministerium zu unterstützen. Auf diese Weise sollte die gerechte Verteilung der Leistungen und die kohärente Umsetzung der Strategie gewährleistet werden. Die Geber zögerten zunächst, kamen dann aber der Bitte nach. Eine unabhängige Untersuchung aus dem Jahr 1997 ergab, daß das „Gesundheitspersonal motivierter ist, Kliniken funktionieren, Mittel in die Bezirke fließen, ein Hauch von Dezentralisierung festzustellen ist [und] ein wichtiger Teil des privaten Sektors sich offiziell engagiert."

Der Ansatz gewährleistet, daß das Land Eigentümer dieser Strategie ist, und beseitigt Probleme in bezug auf die Abstimmung der Anstrengungen der Geber. Wenn das Land Eigentümer der Strategie ist und mehr Kontrolle über die Abläufe hat, kann die Verwendung von Mitteln sehr viel effizienter sein. Das bringt aber auch drastische Veränderungen des Verhältnisses zwischen Gebern und Empfängern und möglicherweise auch größere Schwierigkeiten bei der Umsetzung mit sich. Mehrere sektorweite Programme sind aufgrund der nicht ausreichenden institutionellen Kapazitäten des Empfängerlandes fehlgeschlagen. Die mangelnde Übereinstimmung und Abstimmung mit dem makroökonomischen Programm ist ein weiteres Problem gewesen. Überdies machen Geber häufig zu viele Auflagen und haben daher zu große Schwierigkeiten (oder zu wenig Interesse), diese zu harmonisieren (Harrold und Mitarbeiter 1995). Außerdem schränken derartige Vereinbarungen ganz erheblich die Möglichkeiten der Geber ein, im einzelnen zu kontrollieren und zu überwachen, wie die Mittel genau verwendet werden.

Die erforderlichen Veränderungen implizieren, daß es schwierig sein wird, Unterstützung für diesen Ansatz zu gewinnen. Die Regierung des Empfängerlandes muß sehr selbstbewußt auftreten, denn die strikte Befolgung eines sektorweiten Ansatzes bedeutet, daß Geber, die sich nicht an gemeinsamen Umsetzungsmaßnahmen beteiligen, in dem Sektor nicht tätig werden (das heißt keine eigenen Projekte unterhalten) dürfen. Das kann zur Folge haben, daß Geber für einen Sektor weniger Mittel zur Verfügung stellen. Regierungen könnten sich daher für weniger strikte sektorweite Programme entscheiden und Gebern gestatten, eigene Projekte umzusetzen, sofern diese sich nahtlos in die gesamte sektorale Strategie einfügen.

---

lungshilfegelder zu Marktbedingungen, spielen dennoch in Ländern mit mittlerem Einkommen eine Rolle bei der Verringerung der Armut, wenn das politische Umfeld intakt ist und die Mittel gezielt verwendet werden.

Geber sollten Hilfen nicht nur für den gezielten Kampf gegen die Armut, sondern auch auf der Grundlage des politischen Umfelds zuteilen. Hilfen haben nachweislich in armen Ländern mit einer soliden Wirtschaftspolitik und soliden Institutionen effektiv zum Wachstum und zur Verringerung der Armut beigetragen – wo diese fehlten, zeigten sie keine Wirkung.[41] Hilfen, die auf politischen und strategischen Interessen statt auf dem entwicklungspolitischen Umfeld des Empfängerlandes beruhten, sind aus der Perspektive der Verringerung der Armut betrachtet reine Verschwendung. Zur Beurteilung des politischen und institutionellen Umfelds in den Empfängerländern wurden mehrere Instrumente entwickelt, die im allgemeinen die makroökonomische Politik, strukturpolitische Maßnahmen, Maßnahmen

zur sozialen Einbeziehung (Armut, Geschlecht) und die Führung des öffentlichen Sektors abdecken (Sonderbeitrag 11.5).

Die Berücksichtigung sowohl des Ausmaßes der Armut als auch der Qualität der politischen Maßnahmen dürfte dazu führen, daß Hilfen sehr viel effizienter zur Verringerung der Armut beitragen, und es gibt Hinweise darauf, daß die Geber in den 1990er Jahren genau damit begonnen haben.[42] Bei der Auffüllung der IDA-Mittel im Jahr 1998 beispielsweise forderten die Geber, bei der Mittelzuteilung den Erfolg der Maßnahmen im betreffenden Land als Entscheidungsgrundlage heranzuziehen.[43]

Die Art und Weise, wie Selektivität angewendet wird, wird wahrscheinlich eine neue Gestalt annehmen, wenn die internationale Gemeinschaft mehr darüber erfährt, in welchen Arten von Umfeldern Hilfe am effektivsten ist.[44] Einige Analysten betonen, daß das Ausmaß der Armut in einem Land bedeutender für die Effektivität von Hilfen ist als das politische Umfeld, obgleich auch dieses wichtig ist.[45] Andere zeigen,

Sonderbeitrag 11.4
Der gemeinsame Fonds für die entwicklungspolitische Zusammenarbeit

Angesichts des Potentials des sektorweiten Ansatzes wird auch vorgeschlagen, diesen Ansatz auch auf Landesebene anzuwenden (Kanbur, Sandler und Morrison 1999). Die Geber würden dabei die Kontrolle vollständig an die Regierung des Empfängerlandes abtreten – und ihren eigenen Entwurf einer Entwicklungsstrategie im Dialog mit dem Land und den anderen Gebern umsetzen, statt durch bestimmte Programme und Projekte. Statt ihre eigenen Projekte zu finanzieren, würden die Geber den Haushalt von Ländern unterstützen, die über gute Entwicklungsstrategien (und die Kapazitäten zu deren Umsetzung) verfügen.

Zunächst würde das Land in Abstimmung mit der Bevölkerung und den Gebern die eigene Strategie sowie Programme und Projekte entwickeln. Dann würde es seine Pläne den Gebern vorlegen, die ihrerseits ohne Einschränkungen Mittel in einen gemeinsamen Entwicklungshilfefonds einzahlen, dessen Mittel zusammen mit den eigenen Mitteln der Regierung zur Finanzierung der Entwicklungsstrategie dienen. Die Zweckbindung würde abgeschafft. Die Überwachung und Kontrolle bestimmter Projekte und Programme durch die Geber würde unzulässig sein. Und die Hilfen der Geber würden an keinerlei Bedingungen geknüpft.

Die Höhe der Hilfen würden die Geber ausgehend von ihrer Einschätzung des politischen Umfelds des Landes festlegen, bei der auch berücksichtigt wird, wie das Land eine Einigung über die Strategie erzielt hat und inwieweit es fähig ist, die Strategie umzusetzen und den Fortschritt zu überwachen. So gestaltet, wäre der Ansatz mit einem gemeinsamen Fonds eine rigorosere Form der Konditionalität, da die Geber das gesamte politische Umfeld, den Kurs und die Befähigungen des Landes beurteilen müßten. Die Ergebnisse würden im Zuge des Dialogs, der zur Finanzierungsentscheidung führt, dem Land und den anderen Gebern mitgeteilt.

Dieser Ansatz hätte mit zahlreichen ähnlichen Problemen zu kämpfen wie der sektorweite Ansatz. Die Empfängerländer müßten zum Beispiel sowohl über die Fähigkeit zur Umsetzung der Strategie verfügen als auch fest entschlossen sein, dieser Strategie treu zu bleiben, auch wenn die Geber sie nicht unterstützen. Darüber hinaus könnten Geber einen gemeinsamen Fonds auf Landesebene ablehnen, weil dies voraussichtlich eine Verkleinerung des Mitarbeiterstabes der Geber bedeuten würde, da die Geberorganisationen keine Projekte mehr entwickeln und überwachen, noch Auflagen aushandeln oder deren Einhaltung kontrollieren.

Wie der sektorweite Ansatz würde jedoch auch dieser Ansatz gewährleisten, daß das Land alleiniger Eigentümer dieser Strategie ist, und Probleme in bezug auf die Abstimmung der Anstrengungen der Geber beseitigen. Außerdem würden zwei bedeutende Vorteile des aktuellen Ansatzes zur entwicklungspolitischen Zusammenarbeit bestehen bleiben:

■ Der Wissenstransfer, der bei den von den Gebern umgesetzten Projekten erfolgt und ein wichtiger Nebeneffekt der Entwicklungshilfe ist. Bei einem Straßenbauprojekt beispielsweise könnten bautechnisches Wissen und sogar Kenntnisse der projektbezogenen Buchhaltung an die örtlichen Arbeitskräfte weitergegeben werden. Dieser Wissenstransfer würde auch bei dem Ansatz mit einem gemeinsamen Fonds weiterhin stattfinden. Die Empfängerländer könnten den Wissenstransfer durch die Wahl der Unternehmen und die Vertragsbedingungen weiterhin gewährleisten.

■ Die Unterstützung, die Reformbewegungen in der Regierung durch Konditionalität zuteil wird. Die Unterstützung der Reformkräfte in einem Land ist möglicherweise der einzige effektive Aspekt des aktuellen Systems der Konditionalität. Von den Gebern verhängte Auflagen können die Position von Reformern in der nationalen Debatte stärken oder als „selbst auferlegte" Beschränkung für Regierungsbeamte dienen. Der Ansatz der Konditionalität wäre bei einem System mit einem gemeinsamen Fonds deutlich anders geartet, würde aber weiterhin diesen Vorteil bieten. Die Geber könnten den Einfluß der Reformer stärken, indem sie die bei der Beurteilung der Strategie des Landes verwendeten Kriterien veröffentlichen und die Höhe der Hilfen entsprechend anpassen. Das würde die Grundlage für eine offenere, ehrlichere Beziehung zwischen Gebern und Empfängern bilden und die Vorteile des aktuellen Musters der Konditionalität bewahren, während die damit verbundenen Probleme beseitigt würden.

---

daß externe Schocks, wie zum Beispiel verschlechterte Austauschverhältnisse, volatile Ausfuhrpreise und sogar die Klimaveränderung, die Anstrengungen eines Landes zur Förderung des Wachstums und Verringerung der Armut behindern können (Kapitel 9).[46] Es wurde behauptet, daß Hilfen in diesen Ländern mehr bewirken könnten (und daher effektiver seien) als in Ländern, die nicht von Schocks betroffen sind.[47] Die Kriterien für die Selektivität sollten weiter verfeinert werden. Die Beachtung des Grundprinzips, daß Hilfen dorthin fließen sollten, wo sie die Armut am effektivsten verringern, wird von zentraler Bedeutung sein, wenn es der internationalen Gemeinschaft gelingen soll, die internationalen Entwicklungsziele zu erreichen.

Umsetzungsschwierigkeiten und praktische Maßnahmen

Diese drei Komponenten – Eigentumsbeteiligung und Partnerschaft, Mechanismen zur Bereitstellung von Hilfen, die weniger auf Einmischung beruhen, und Selektivität – bilden den Rahmen für eine erheblich bessere entwicklungspolitische Zusammenarbeit auf internationaler Ebene. Doch es wird nicht einfach sein, der Verwirklichung dieser Vision näherzukommen. Jede Komponente der verbesserten entwicklungspolitischen Zusammenarbeit bringt große Probleme bei der Umsetzung mit sich.

So wird zum Beispiel zwar fast jeder zustimmen, daß Partnerschaft ein guter Ansatz ist, doch es gibt keinen Konsens darüber, wie sie erreicht und umgesetzt werden

Sonderbeitrag 11.5
Politik und Institutionen der Länder beurteilen

Die Weltbank hat mit dem Country Policy and Institutional Assessment ein Maß für die politische und institutionelle Solidität entwickelt, in das 20 Komponenten, die sich bei der Verfeinerung dieses Meßverfahrens herauskristallisiert haben, mit gleicher Gewichtung einfließen. Jede Komponente wird von Länderexperten anhand von standardisierten Kriterien auf einer Werteskala von 1 bis 6 bewertet. Zwar wird streng darauf geachtet, daß die Wertungen innerhalb von Regionen und regionenübergreifend vergleichbar sind, doch enthalten die Ergebnisse ein unvermeidliches Maß an Subjektivität. Doch wenn das Maß mit anderen gebräuchlichen Instrumentvariablen in Regressionsanalysen des Wachstums eingeflossen ist, hat es sich im Gegensatz zu anderen Maßen als statistisch bedeutend erwiesen. Es scheint daher eine gute Sammelkennzahl für das allgemeine politische Umfeld für die wirtschaftliche Entwicklung zu sein. Die 20 Komponenten sind:

Wirtschaftspolitik
Politik im Hinblick auf Inflation und Leistungsbilanz
Fiskalpolitik
Politik bezüglich Auslandsverschuldung
Leitung und Nachhaltigkeit des Entwicklungsprogramms

Strukturpolitik
Handels- und Devisenpolitik
Finanzielle Stabilität und Solidität
Effizienz des Bankensektors und Mittelmobilisierung

Wettbewerbsumfeld für den privaten Sektor
Faktor- und Produktmärkte
Politische Maßnahmen und Institutionen für Umweltverträglichkeit

Maßnahmen für soziale Einbeziehung und Gerechtigkeit
Gleichheit der wirtschaftlichen Möglichkeiten
Gerechtigkeit bei der Verwendung öffentlicher Mittel
Aufbau von menschlichen Ressourcen
Sicherungsnetze
Überwachung und Analyse der Armut

Führung des öffentlichen Sektors und Institutionen
Eigentumsrechte und auf Regeln basierende Führungs- und Kontrollstrukturen
Qualität der Haushaltsführung und des Finanzmanagements
Effizienz der Mobilisierung von Einnahmen
Effizienz der öffentlichen Ausgaben
Transparenz, Verantwortlichkeit und Korruption bei staatlichen Leistungen

Eine einheitliche Grundlage für die Beurteilung der Wirtschafts- und Strukturpolitik zu schaffen war relativ unkompliziert, während sich dies in den Bereichen soziale Einbeziehung und Führung des öffentlichen Sektors als problematischer erwiesen hat. Es wird weiterhin an einer Verfeinerung der Indikatoren und der Bezugspunkte gearbeitet.

Quelle: Collier und Dollar 2000; Weltbank 1999h.

soll.[48] Einige Analysten weisen darauf hin, daß Eigentumsbeteiligung etwas Relatives und das Erreichen eines Konsenses bezüglich der Strategien im wesentlichen ein politischer Prozeß ist, der von eben jenen Machtverhältnissen geprägt ist, die zur Ausgrenzung der Armen bei den Gesprächen oder ihrer Diskriminierung führen (wie Kapitel 6 gezeigt hat).[49] Andere äußern Zweifel, daß die Geber sich tatsächlich mit den Auswirkungen der Eigentumsbeteiligung und partnerschaftlichen Kooperation auf ihr Handeln abfinden werden. Sie implizieren nämlich, daß Geber sich weniger in die Politik des Empfängerlandes einmischen sollten.[50] Zahlreiche Praktiken von Gebern, zum Beispiel die Sicherung der Kontrolle über die Ressourcenüberwachung und die Koppelung der Hilfen an bestimmte Auflagen für die Beschaffung, sind mit dem Grundgedanken einer Partnerschaft unvereinbar.[51] Die Befähigung des Empfängerlandes, Entwicklungsstrategien auszuarbeiten und umzusetzen, sowie seine Fähigkeit (und Bereitschaft), mit allen Teilen der Gesellschaft in umfassende Beratungen zu treten, stellen ebenfalls erhebliche Probleme dar.

Die Kombination einer stärkeren Selektivität mit einem weiter gefaßten, weniger auf Einmischung beruhenden Ansatz bei der Bereitstellung von Entwicklungshilfe führt zu ganz eigenen Problemen. Die Frage, wieviel Unterstützung ein Sektor oder ein nationaler Haushalt erhalten soll, ist schwierig zu beantworten – und wird sich wahrscheinlich als sehr streitbeladen erweisen. Einige Länderausgaben scheinen unter Umständen nicht in eine „optimale" Strategie zum Abbau der Armut zu passen, jedoch werden die Geber den Einfluß des gesamten Programms auf die Verringerung der Armut beurteilen müssen und nicht nur die Auswirkungen einzelner Ausgabenposten.

Ein grundlegenderes Problem entsteht, wenn ein Land insgesamt nicht über ein politisches Umfeld verfügt, das es wert wäre, unterstützt zu werden, so daß Hilfen im großen und ganzen unwirksam bleiben. Wie sollten sich Geber in einem solchen Fall verhalten?

Vor allem müssen sie unbedingt begreifen, daß der Antrieb für Maßnahmen in erster Linie inländische nationalökonomische Faktoren sind – und daß die Geber einfach nicht sehr effektiv auf diese Maßnahmen Ein-

Sonderbeitrag 11.6
So kann Entwicklungshilfe in Ländern mit schwachem politischem Umfeld helfen

Wenn ein Land eine schlechte Politik verfolgt und es keine zusammenhängende politische Bewegung gibt, die daran etwas ändern könnte, kann Entwicklungshilfe einen begrenzten, aber wirkungsvollen Einfluß haben, wie die Beispiele Ghana, Uganda und Vietnam deutlich zeigen. In der Zeit vor den Reformen (bis 1983 für Ghana, 1986 für Uganda und 1991 für Vietnam) erhielten diese Länder sehr wenig Hilfen, was vermutlich aus der politischen Entfremdung der Regierungen vom Westen herrührte. Doch die Entwicklungshilfe war der entscheidende Faktor, der den Grundstein für politische Reformen legte.

Als zum Beispiel Ghana gegen Anfang der 1980er Jahre von einer makroökonomischen Krise erschüttert wurde, erkannten die hochqualifizierten Ökonomen des Landes, daß der politische Dialog mit internationalen Finanzinstitutionen nützlich für die Entwicklung von Aktionsplänen sein würde. Als die Führer Ugandas wenige Jahre später versuchten, eine neue Politik zu entwerfen, finanzierten Geber nützliche Studienreisen nach Ghana. Im Jahr 1991 organisierten das Entwicklungsprogramm der Vereinten Nationen und die Weltbank für die Führer Vietnams ein Treffen mit den Wirtschaftsministern Indonesiens, der Republik Korea und Malaysias, die einige zentrale Maßnahmen erläuterten, die in ihrem Land Wirkung gezeigt hatten. Sie gingen ferner auf einige weitreichende Fragen in bezug auf die Stabilisierung, die Liberalisierung des Handels, ausländische Investitionen und andere wirtschaftspolitische Aspekte ein.

Im günstigsten Fall lernen die politischen Führer von anderen Ländern und aus ihren eigenen Fehlern. Zurückhaltende Hilfe kann diesen politischen Lernprozeß unterstützen, dessen Geschwindigkeit im allgemeinen das Land selbst bestimmen muß. Selbst in Ländern, die auf absehbare Zeit keine Reformen anstrengen werden, kann technische Hilfe den Grundstein für den politischen Lernprozeß legen. In Kenia beispielsweise fördern Geber das Institute of Policy Analysis and Research, um auf diese Weise die Schaffung von örtlichen Kapazitäten zur Forschung und politischen Analyse zu unterstützen. Diese Art der Schaffung von Kapazitäten wird solange keinen besonderen Nutzen haben, wie mächtige Interessengruppen ernsthafte Reformversuche vereiteln. Jedoch ist sie eine wichtige Grundlage, wenn eine politische Bewegung für den Wandel entsteht.

Quelle: Devarajan, Dollar und Holmgren 2000; Weltbank 1998b.

fluß nehmen können.[52] Doch die Geber können einen gewissen Einfluß ausüben, indem sie ihr Engagement am Reformwillen eines Landes ausrichten. Bis sich ein Land ernsthaft für Reformen einsetzt, ist das Beste, was Geber tun können, technische Unterstützung und einen politischen Dialog anzubieten, ohne besondere Hilfen zum Ausgleich des Haushalts oder der Zahlungsbilanz bereitzustellen (Sonderbeitrag 11.6). Wenn Geber Hilfen in großem Umfang in ein schlechtes politisches Umfeld pumpen, wird die schlechte Politik

wahrscheinlich länger weiterverfolgt. Wenn sich das Land schließlich zu Reformen entschließt, sollten die Mittel, wie Belege zeigen, erhöht werden, sobald sich die Politik verbessert.[53]

Neben diesem differenzierten Ansatz zur Förderung politischer Reformen können Geberländer die Probleme des neuen Rahmens der entwicklungspolitischen Zusammenarbeit mit mehreren anderen Maßnahmen angehen:

- *Den Dialog zwischen Geber und Empfänger in das Land verlagern und auch die Führungsrolle abtreten.* Konsultationen zwischen Gebern und Empfängern – das heißt Beratungsgruppen oder runde Tische – fanden bislang traditionell in den Geberländern unter dem Vorsitz der Weltbank, des Entwicklungsprogramms der Vereinten Nationen oder einer anderen Geberinstitution statt. Dagegen finden sie heute zunehmend in den Empfängerländern unter dem Vorsitz ihrer eigenen Regierung statt, um die Eigentumsbeteiligung zu fördern.

- *Mit sektorweiten Ansätzen weiter experimentieren.* Nationale Fähigkeiten – und Partnerschaften zwischen Gebern und Empfängern – können Sektor für Sektor gefördert werden. Zwar werden viele Länder noch für einige Zeit nicht in vollem Umfang die technische Fähigkeit, Verantwortlichkeit und Transparenz aufweisen, um die Mittelverwendung zur Zufriedenheit der Geber zu überwachen, doch sind sie in einigen Bereichen unter Umständen bereits weiter als in anderen. Die weiter fortgeschrittenen Sektoren könnten so früh wie möglich im Rahmen des sektorweiten Ansatzes mit Mitteln ausgestattet werden, wobei die Lehren aus den Erfahrungen mit diesem Ansatz nicht außer acht gelassen werden sollten.[54] Die Geber sollten ihrerseits auch weiterhin an ihren eigenen Praktiken arbeiten, zum Beispiel indem sie die Verfahren und die Bestimmungen zur Berichterstattung untereinander harmonisieren, so daß sie einen effektiven Beitrag zu diesen neuen Entwicklungshilfebeziehungen leisten können.

- *Überwachungs- und Bewertungsverfahren stärken.* Die Systeme der Geber zur Überwachung und Beurteilung der Auswirkungen ihrer eigenen Projekte haben es versäumt, den Schwerpunkt auf den Nutzen für die Armen zu legen.[55] Doch das wird bei der Betrachtung von sektorweiten oder landesweiten Programmen noch wichtiger (und problematischer) werden. Die Geber sollten die Überwachung vor Ort durch die Beteiligten fördern, um sicherzustellen, daß diese die Eigentümer der Ergebnisse sind. Überdies zeigen die Geber häufig Schwächen, wenn es darum geht, Informationen zu verbreiten und das durch die Bewertungen gewonnene Wissen aufzugreifen und zu nutzen.[56] Feedback und Lernen sind unverzichtbar für den Erfolg von Hilfen, und die Geber müssen gewährleisten, daß sie effektiv erfolgen. Dabei sollten Geber und Empfänger ihre Bemühungen im Kampf gegen die Korruption weiter verstärken, da sie ein großes Problem für die wirtschaftliche Leistung darstellt, von dem mitunter auch Geberorganisationen betroffen sind.

- *Gebundene Entwicklungshilfe abschaffen.* Im Jahr 1998 war fast ein Viertel der öffentlichen Entwicklungshilfe gebunden, so daß Beschaffungsverträge nur mit Anbietern aus dem Geberland oder einer bestimmten Gruppe von Ländern geschlossen werden durften. Angetrieben von inländischen politischen Interessen widerspricht diese Praxis jedoch eben jenen Grundsätzen der freien Marktwirtschaft, welche die meisten Geber in den Entwicklungsländern fördern wollen, und führt zur ineffizienten Verwendung der Mittel. Schätzungen zufolge wird der Wert der Entwicklungshilfe durch die Bindung um 15 bis 30 Prozent vermindert.[57] Diese Praxis sollte schnellstmöglich abgeschafft werden, und den Zuschlag sollte stets das beste Gebot erhalten.[58]

- *Technische Unterstützung an der Nachfrage ausrichten.* Um die Verantwortung für die Ausarbeitung von nationalen Entwicklungsstrategien und die Leitung von Beratungsgesprächen stärker auf die Empfängerländer übertragen zu können, müssen die dafür erforderlichen Fähigkeiten rasch geschaffen werden. Empfängerländer müssen über ausgeprägte Fähigkeiten in den Bereichen Revision und Rechnungslegung verfügen, wenn die Geber die Überwachung und Kontrolle von Projekten aus der Hand geben sollen. Doch der Erfolg von technischer Unterstützung, der naheliegendsten Maßnahme zur Befähigungsförderung, ist bestenfalls eher gering, insbesondere in Ländern, in denen die Fähigkeiten bereits wenig ausgeprägt sind. Der Hauptgrund dafür ist, daß sie häufig nicht nachfrageorientiert war, sondern vielfach in Form von gebundener Entwicklungshilfe bereitgestellt wurde und darauf ausgelegt war, allein die Fähigkeiten für die vom Geber unterstützten Aktivitäten zu fördern.[59] Technische Unterstützung sollte statt dessen in eine nationale Strategie und

einen nationalen Ausgabenhaushalt eingebunden sein, wobei die Regierung des Empfängerlandes entscheidet, welche Unterstützung sie benötigt und wer sie leisten sollte. Dabei bedürfen die Länder wahrscheinlich zunächst einer gewissen Unterstützung, damit sie sehen, wie sie den Markt für technische Unterstützung nutzen können.

- *Mehr über wirkungsvolle Zusammenarbeit mit nichtstaatlichen Organisationen erfahren.* Die Beziehungen zwischen Gebern und nichtstaatlichen Organisationen sind komplex und bieten reichlich Spielraum für Verbesserungen.[60] Brauchbare Daten zum Umfang und der Effektivität von Beziehungen zwischen Gebern und nichtstaatlichen Organisationen sind zwar Mangelware, doch Schätzungen zufolge fließen heute Entwicklungshilfen in Hohe von 5 Milliarden US-Dollar durch nichtstaatliche Organisationen, sei es durch Subventionierung ihrer Tätigkeit oder im Rahmen von Verträgen über die Umsetzung von Aktivitäten der Geber (Schaubild 11.5). Nichtstaatliche Organisationen scheinen ein effektiver Kanal für

Schaubild 11.5
Nichtstaatliche Organisationen leiteten 1998 rund 10 Milliarden US-Dollar in Entwicklungsländer, etwa die Hälfte stammte aus dem offiziellen Sektor

(in Milliarden US-Dollar)

Anmerkung: Diese Daten umfassen Gelder, die für Entwicklungs- oder Hilfsmaßnahmen verwendet wurden. Bei der Summe der von nichtstaatlichen Organisationen verwalteten öffentlichen Entwicklungshilfe handelt es sich um eine grobe Schätzung, da viele Geber diese Informationen nicht öffentlich bekanntmachen.
Quelle: OECD, DAC-Daten.

Entwicklungshilfe zu sein, wenn sie in einer frühen Phase eines Projekts (der Planungsphase) einbezogen, aufgrund ihrer nachgewiesenen Befähigung und Erfahrung ausgewählt und als Partner statt als Auftragnehmer behandelt werden.[61] Die langfristigen Auswirkungen der Projekte von nichtstaatlichen Organisationen sind weiterhin unbekannt, möglicherweise weil sehr wenig Gelder in die Finanzierung ihrer Bewertungs- und Überwachungsbemühungen geflossen sind.[62] Doch selbst bei einer besseren Überwachung stehen Projekte von nichtstaatlichen Organisationen vor denselben Fungibilitätsproblemen wie Projekte von Gebern, und das politische Umfeld hat einen massiven Einfluß auf ihre Effektivität. Geber und nichtstaatliche Organisationen sollten ihre Arbeitsbeziehungen weiter verbessern und gemeinsam die besten Praktiken anwenden, um die Effektivität der Entwicklungshilfe langfristig zu erhöhen.

■ *Entschuldung vorantreiben.* Die Entschuldung der ärmsten Länder ist entscheidend für eine effektive Hilfe. Eine große Schuldenlast schmälert Anreize für politische Reformen, während Verhandlungen mit den Gläubigern und der stete Kreislauf, alte Schulden mit neuen Entwicklungshilfegeldern zu bedienen, Regierungsbeamte von den Bedürfnissen der Bürger ablenkt. Diesem Problem widmet sich der nächste Abschnitt.

Schuldenlast armer Länder verringern

Das Problem, das im Kontext der entwicklungspolitischen Zusammenarbeit am Ende des 20. und Beginn des 21. Jahrhunderts am stärksten im Vordergrund steht, ist die Entschuldung der ärmsten Länder. Seit zwei Jahrzehnten nimmt die Verschuldung einer Reihe von armen Ländern, die heute als hochverschuldete arme Länder bezeichnet werden, stetig zu (Schaubild 11.6). Die Aufmerksamkeit der Öffentlichkeit wurde zum großen Teil durch die unermüdliche Arbeit von nichtstaatlichen Organisationen in Industrie- und Entwicklungsländern auf dieses Problem gelenkt, die mit ihren Forderungen nach einer Streichung der Schulden bis zum Jahr 2000 das Interesse der Weltöffentlichkeit geweckt haben.[63] Bei den Jahressitzungen der Weltbank und des IWF im Jahr 1999 einigten sich die Mitgliedsstaaten auf einen verbesserten Entschuldungsplan, womit sie die verheerenden Auswirkungen der Schulden auf das politische Umfeld und den allgemeinen

Schaubild 11.6

Als das Pro-Kopf-Einkommen in den hochverschuldeten armen Ländern sank, stieg die Verschuldung – und umgekehrt

Anmerkung: Der festgestellte Zusammenhang zwischen sinkendem Einkommen und steigender Verschuldung sollte nicht so verstanden werden, daß ein Schuldenabbau automatisch zu höheren Einkommen führt. Die staatliche Politik ist der Schlüssel zu Wachstum und Armutsabbau, und eine schlechte Politik kann sowohl zu einer höheren Verschuldung als auch zu niedrigerem Einkommen führen. *Quelle:* Easterly 1999c.

Ausgabenrahmen in den Ländern anerkennen (Sonderbeitrag 11.7).

Die Auswirkungen einer hohen Schuldenlast

Zahlreiche hochverschuldete arme Länder wendeten in den 1990er Jahren bis zu einem Fünftel ihres Jahreshaushalts für den Schuldendienst auf, einige sogar noch sehr viel mehr.[64] Da dieser Betrag häufig die für Sozialprogramme aufgewendeten Summen übersteigt, sind viele der Ansicht, daß der Schuldendienst die Verbesserung des Lebensstandards der Armen der Welt erheblich behindert.

Andererseits wurde jedoch auch die Ansicht vertreten, daß der Schuldendienst eigentlich kein Problem darstelle, da die hochverschuldeten armen Länder mehr Gelder von Geberländern erhielten, als sie zurückzahlten. Die tatsächlichen Zins- und Tilgungszahlungen sind fast immer weit niedriger als vorgesehen, da die Länder die Zahlungen nicht in voller Höhe leisten können. Die Schulden werden dadurch bedient, daß einige Kredite umgeschuldet und die übrigen durch eine

Sonderbeitrag 11.7
Die Erweiterte Entschuldungsinitiative zugunsten der ärmsten Entwicklungsländer

Die Entschuldungsinitiative zugunsten der ärmsten Entwicklungsländer, kurz HIPC-Initiative, wurde Ende 1996 ins Leben gerufen. Als die Führer der G7-Staaten erkannten, daß die Initiative nicht weit genug reichte, einigten sie sich bei dem Gipfel in Köln im Juli 1999 auf die Erweiterte HIPC-Initiative. Diese erweiterte Initiative wurde im September 1999 von allen Mitgliedern der Weltbank und des Internationalen Währungsfonds als integraler Bestandteil der neuen Initiative für Strategien zum Abbau der Armut angenommen (siehe Sonderbeitrag 11.2). Die Erweiterte HIPC-Initiative änderte die Berechtigungskriterien für eine Entschuldung sowie die zeitliche Koordinierung der Entschuldung.

Anspruchsberechtigung
Um anspruchsberechtigt zu sein, muß ein Land sehr arm sein, unter einer untragbaren Schuldenlast leiden und eine gute Politik verfolgen.

- *Arm* ist definiert als anspruchsberechtigt für Unterstützung im Rahmen der Poverty Reduction and Growth Facility des IWF (der reformierten und umbenannten Erweiterten Strukturanpassungsfazilität, kurz ESAF) und als anspruchsberechtigt allein für Finanzierungsmittel zu Vorzugsbedingungen von der Weltbank, und zwar über die Internationale Entwicklungsorganisation.

- Eine *untragbare Schuldenlast* ist definiert als ein Schuldenbestand, der nach vollständiger Inanspruchnahme herkömmlicher Entschuldungsmechanismen 150 Prozent der Ausfuhren zum Gegenwartswert übersteigt, oder (für Länder mit bestimmten strukturellen Merkmalen) als ein Verhältnis von Schulden zu öffentlichen Einnahmen von mehr als 250 Prozent.

- Als *gute Politik* gilt eine makroökonomische, Struktur- und Sozialpolitik, die mit dem Abbau der Armut und nachhaltigem Wachstum im Einklang steht.

Durch diese neuen Berechtigungskriterien steigt die Zahl der Länder, die sich wahrscheinlich für die Entschuldung qualifizieren, von 26 auf 33.

Zeitliche Koordinierung der Entschuldung
Die Erweiterte HIPC-Initiative sieht die Möglichkeit vor, Ländern nach Erreichen des sogenannten *„Decision Point"*, also dann, wenn eine Entlastung zugesagt wird und die Weltbank sowie der IWF die Anspruchsberechtigung festgestellt haben, eine vorläufige Entlastung zu gewähren. Eine Verringerung der Zins- und Tilgungszahlungen ist daher möglich, noch bevor ein Land den sogenannten *„Completion Point"*, das heißt den Zeitpunkt der faktischen Verringerung des Schuldenstandes, erreicht hat. Bei der früheren HIPC-Initiative wurde der Schuldenstand erst nach Abschluß von zwei kompletten ESAF-Programmen, also nach frühestens sechs Jahren, reduziert. Nun kann diese letzte Phase früher beginnen, wenn die Leistungen des Landes besonders gut sind. Die Entlastung soll soweit wie möglich vorgezogen werden.

Es wird erwartet, daß die HIPC-Initiative in Verbindung mit traditionellen Entschuldungsvereinbarungen den Kapitalwert der Staatsverschuldung der 33 Länder, die aller Voraussicht nach die Kriterien erfüllen werden, um die Hälfte verringern wird. Rund 20 Länder könnten bis Ende 2000 die Phase, in der eine Entlastung zugesagt wird, durchlaufen, wobei dies davon abhängt, wie rasch sie mit der Entwicklung ihrer Strategien zum Abbau der Armut voranschreiten und wie viele Mittel von den Gebern zur Finanzierung bereitgestellt werden.

Quelle: Weltbank (www.worldbank.org/hipc).

Kombination aus neuen Krediten und Finanzzuweisungen finanziert werden.[65] Insgesamt zeigen die Nettoübertragungen von Mitteln zu Marktbedingungen zwar häufig eher einen negativen Trend, weil von diesen massiv abgeraten wird, doch Übertragungen von Mitteln zu Vorzugsbedingungen gleichen dies häufig mehr als aus (Schaubild 11.7).

Eine hohe Schuldenlast bringt jedoch zusätzliche Probleme mit sich, die sich auf den Entwicklungserfolg und die Fähigkeit eines Landes auswirken können, staatliche Maßnahmen auf gesellschaftliche Prioritäten zu konzentrieren. Der Schuldendienst wird im wesentlichen mit knappen inländischen Haushaltsmitteln finanziert und konkurriert daher mit den laufenden Ausgaben im Inland, während Hilfen zu Vorzugsbedingungen in neue Investitionsprojekte fließen. Das kann bedeuten, daß Mittel für neue Gesundheitszentren und Straßen zur Verfügung stehen, für Krankenschwestern oder die Instandhaltung dieser Straßen jedoch nicht. Darüber hinaus fließt ein großer Teil der

Finanzzuweisungen in die von den Gebern geleiteten Aktivitäten, die nicht im Haushalt auftauchen. Diese sind von allen oben beschriebenen Problemen der Eigentumsbeteiligung und der Abstimmung von Anstrengungen der Geber betroffen und können zu einer weiteren institutionellen Schwächung eines bereits geschwächten, zahlungsunfähigen Staates beitragen.[66] Außerdem nehmen Verhandlungen zur Kreditaufnahme sowie die Überwachung einen großen Teil der bereits knappen Zeit und Kapazitäten von Regierungsbeamten in Anspruch.

Diese Mittelzuflüsse können auch instabil sein, was es Regierungen erschwert, ihre Ausgaben zu steuern und eine solide Fiskalpolitik aufrechtzuerhalten.[67] Wenn darüber hinaus die Mittelflüsse positiv sind, weil die Länder auf eine fortwährende Umschuldung sowie auf Finanzzuweisungen und Vorzugskredite angewiesen sind, wird ihr Zugang zu privaten Kapitalflüssen sehr beschränkt bleiben. Und wenn Schulden nicht in vollem Umfang bedient werden, wächst der Schulden-

Schaubild 11.7

Transfers zu Vorzugsbedingungen gleichen negative Nettotransfers von Mitteln zu Marktbedingungen im wesentlichen aus

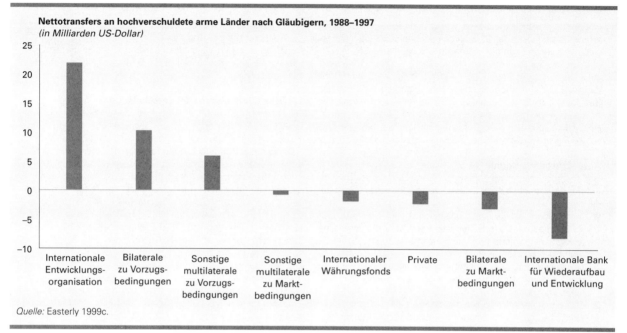

Quelle: Easterly 1999c.

stand der Länder an, was die Investitionsbereitschaft potentiell hemmen kann, da Investoren unter Umständen fürchten, daß zukünftige Gewinne von schuldenbedingten makroökonomischen Problemen oder Steuererhöhungen für den Schuldendienst beeinträchtigt werden.[68]

Bei der Verschuldung handelt es sich daher in zweifacher Hinsicht um ein Problem: einerseits im Hinblick darauf, wie sich Bruttoflüsse und Schuldenpolitik auf die Eigentumsbeteiligung, die Politik und die Kapazitäten auswirken, und andererseits im Hinblick auf die Nettoflüsse. Dabei ist sie mit vielen der Probleme behaftet, welche die Effektivität von Hilfen geschmälert haben. Entschuldung kann hierbei eine wichtige Rolle spielen, indem sie den Druck auf das Budget für laufende Ausgaben mindert und Regierungsbeamten ermöglicht, sich auf solide Ausgabestrategien anstatt auf fortwährende Neuverhandlungen zur Kreditaufnahme zu konzentrieren. Und sie kann für Länder, welche die Folgen von inneren Unruhen und Kriegen zu tragen haben, besonders wichtig sein.

Es gibt auch Hinweise darauf, daß hohe Schuldendienstverpflichtungen (samt jener gegenüber internationalen Finanzinstitutionen) den Zusammenhang zwischen den zu Vorzugsbedingungen gewährten Mitteln und der Qualität des politischen und institutionellen

Rahmens schwächen und auf diese Weise die Effektivität beim Abbau der Armut mindern. Das könnte daran liegen, daß Geber jeglichen Verzug bei der Rückzahlung von Krediten zu verhindern versuchen und den Ländern bei steigender Verschuldung neue Kredite gewähren, damit diese die alten Kredite zurückzahlen können. (Zwischen 1989 und 1997 belief sich die Entschuldung für die 41 hochverschuldeten armen Länder auf insgesamt 33 Milliarden US-Dollar, die Summe der neu aufgenommenen Kredite jedoch auf 41 Milliarden US-Dollar.)[69] Das beeinträchtigt nicht nur die Fähigkeit der Geber, Hilfen gezielt dort einzusetzen, wo sie die größte Wirkung erzielen würden, sondern kann unter Umständen auch Reformen in Ländern mit einer unzulänglichen Politik verhindern, da diese weniger Reformanreize haben, wenn sie trotz allem fest mit Hilfen und Mitteln rechnen können.[70]

Entschuldung kann alle diese Probleme mildern, indem sie die Bruttoflüsse verringert und – wenn sie richtig strukturiert ist – eine Struktur von neuen Zuflüssen fördert, die effektiver zum Abbau der Armut beiträgt.

Eine verbesserte Entschuldungsinitiative

Um effektiv zu sein, muß die Entschuldung auf eine Weise erfolgen, welche die Eigentumsbeteiligung des

Landes fördert, und sich auf Instrumente stützen, die Anreize zur gezielten Verwendung der Mittel für die Verringerung der Armut bieten. Das ist die gleiche Problematik wie bei traditionellen Hilfsflüssen, diesmal jedoch im Kontext einer einmaligen Entscheidung für die Verringerung der Schuldenlast. Welch großen Einfluß die Entschuldung auf die Nettoübertragungen an ein Land hat, ist natürlich davon abhängig, was mit den Bruttohilfsflüssen geschieht, das heißt ob die Mittel zur Entschuldung zusätzlich zu anderen Hilfen fließen oder nicht. Doch selbst wenn die Mittel nicht in vollem Umfang zusätzlich gewährt werden, können mit Hilfe der Entschuldung politische und budgetäre Beschränkungen für das Empfängerland verringert werden, da Mittel aus dem Haushalt für laufende Ausgaben freigesetzt werden. Was garantiert, daß diese Mittel für den Abbau der Armut verwendet werden? In diesem Zusammenhang gibt es zwei Probleme:

- Zum einen muß gezeigt werden, welcher Zusammenhang zwischen den Mitteln, die durch die Entschuldung freigesetzt werden, und den Erfolgen bei der Verringerung der Armut besteht.

- Zum anderen muß die Rechenschaftspflicht für die Verwendung öffentlicher Mittel gestärkt werden, um zu verhindern, daß Mittel für andere Zwecke (insbesondere infolge von Korruption) abgezweigt werden.

Die Lehren der Vergangenheit, unter anderem jene aus den oben geschilderten Erfahrungen mit der Entwicklungshilfe, zeigen, daß beide Probleme am besten angegangen werden können, wenn aufgezeigt wird, welche Verbindung zwischen ihnen und dem allgemeinen politischen und institutionellen Umfeld besteht. Das gilt insbesondere für die Verwendung von öffentlichen Mitteln. Die Erfahrung hat außerdem gezeigt, daß Entschuldung allein nicht zu einer besseren Politik führt. In den zwanzig Jahren, in denen die Entschuldung schrittweise erhöht wurde, hat sich die Politik in den hochverschuldeten armen Ländern nicht gebessert.[71] Daher lautet der Grundsatz, Entschuldung auf der Grundlage der Reputation zu gewähren – also einer langen Tradition der effektiven Verwendung von Mitteln zur Verringerung der Armut.

Bei der Gestaltung der Erweiterten Entschuldungsinitiative zugunsten der ärmsten Entwicklungsländer (HIPC-Initiative) wurden diese Lehren berücksichtigt. Das Angebot zur Entschuldung wird berechtigten Ländern gemacht, die über eine umsetzbare, umfassende Strategie zum Abbau der Armut verfügen und einen Rahmen aufweisen, der einen Zusammenhang zwischen staatlichen Maßnahmen und meßbaren Erfolgen beim Abbau der Armut herstellt. Die Strategie muß im Zuge eines partizipativen Prozesses definiert werden, an dem die Regierung, der private Sektor und die bürgerliche Gesellschaft beteiligt sind. Dieser partizipative Prozeß ist wichtig für die Ausgestaltung der Strategie – und um sicherzustellen, daß externe (und interne) Mittel sinnvoll verwendet werden. Die Entschuldung wird gemeinsam mit anderen externen Finanzierungsquellen in den allgemeinen Haushaltsrahmen des Landes für den Abbau der Armut integriert, anstatt sie mit einer Zweckbindung für bestimmte Ausgaben zu versehen. Die Erweiterte HIPC-Initiative hat das Ziel, direkt zur Verringerung der Armut beizutragen und zu gewährleisten, daß die Länder, denen Entschuldungsmaßnahmen zugute kommen, keine Politik verfolgen, die sie tiefer in die Verschuldung treibt.

Im Mai 2000 war Uganda das erste Land, dem eine Entschuldung gemäß der Erweiterten HIPC-Initiative gewährt wurde (Sonderbeitrag 11.8). Grundlage für die Entschuldungsmaßnahme waren die seit mehreren Jahren erzielten Fortschritte des Landes bei der partizipativen Formulierung der Strategie zum Abbau der Armut, die Erfolge in wichtigen Bereichen (Sicherung des Schulbesuchs der Kinder, Verringerung der Einkommensarmut durch land- und gesamtwirtschaftliches Wachstum) und Mechanismen, welche die Verantwortlichkeit für öffentliche Gelder förderten und Sickerverluste verringerten.

Die Kosten der Erweiterten HIPC-Initiative werden auf 28 Milliarden US-Dollar geschätzt. Wenn Entschuldung zusätzlich zu Entwicklungshilfeleistungen gewährt werden soll, muß die Finanzierung von anderer Stelle erfolgen als über die normalen Budgets für Entwicklungshilfe und Vorzugskredite der Geberinstitutionen. Derzeit ist geplant, die Kosten etwa zu gleichen Teilen über bilaterale und multilaterale Geldgeber zu finanzieren. Zwar unterstützen zahlreiche Geber die Erweiterte HIPC-Initiative und haben politische Verpflichtungserklärungen zur Bereitstellung von Mitteln abgegeben, doch die Mobilisierung von Geldern geht schleppend voran. Und noch immer haben sich einige Geber nicht verpflichtet, die Initiative zu unterstützen. Da ein zentraler Grundsatz der Initiative lautet, daß Entschuldungsmaßnahmen bei umfassender und gerechter Einbeziehung aller Seiten unter allen Gläubigern koordiniert werden sollten, stellen diese Verzögerungen bei der Mittelbereitstellung und dem Engagement eine ernsthafte Gefahr für die Initiative dar. Die

Sonderbeitrag 11.8
So fügt sich Entschuldung in eine Strategie zum Abbau der Armut ein:
Das Beispiel des Poverty Action Fund in Uganda

Ein wichtiger Aspekt beim Kampf gegen die Armut ist die Verbesserung der allgemeinen Allokation von Mitteln (einschließlich der aus der Entschuldung stammenden Mittel) durch stärker armenorientierte und transparentere Haushalte. Es gibt viele Möglichkeiten, dieses Ziel zu erreichen, und in Uganda hat sich ein Sonderfonds als nützlich erwiesen, der die durch die Entschuldung eingesparten Mittel verwendet.

Die Regierung entschloß sich, den Poverty Action Fund einzurichten und diesem die Einsparungen zuzuführen (rund 37 Millionen US-Dollar jährlich, die Erweiterte HIPC-Initiative wird diesen Betrag voraussichtlich verdoppeln), die durch die Entschuldung im Zuge der HIPC-Initiative freigesetzt werden. Um die Armut und soziale Probleme anzugehen, sind die Fondsmittel mit einer Zweckbindung für die Prioritäten versehen, die in dem im Jahr 1997 angenommenen Aktionsplan zur Beseitigung der Armut festgelegt wurden. Das Vorhaben zielt darauf ab, die makroökonomische Stabilität zu sichern und gleichzeitig das Einkommen und die Lebensqualität der Armen zu verbessern. Dies soll durch den Ausbau der ländlichen Infrastruktur, die Förderung von Klein- und Kleinstunternehmen, die Schaffung von Arbeitsplätzen sowie die Verbesserung der Gesundheitsdienste und des Bildungswesens erreicht werden. Der Poverty Action Fund konzentriert sich auf den Bau und Ausbau von Schulen und Zubringerstraßen auf dem Land sowie auf landwirtschaftliche Beratungsdienste und die Wasserver- und Abwasserentsorgung auf Bezirksebene. Es wurden bestimmte Zielwerte festgelegt, wie zum Beispiel der Bau von 1.000 zusätzlichen Klassenräumen zur Unterstützung des Grundschulprogramms.

Zwei zentrale Merkmale des Poverty Action Fund sind die Integration in den Gesamthaushalt sowie das Vorhaben der ugandischen Regierung, eine von Transparenz und Verantwortlichkeit geprägte Führungsstruktur aufzubauen. Berichte über die Mittelvergabe werden bei vierteljährlichen Treffen veröffentlicht, an denen Geber und nichtstaatliche Organisationen teilnehmen. Das Büro des Generalinspektors überwacht die Mittelverwendung auf Bezirks- und Landesebene. Diese selbst auferlegte Konditionalität verdeutlicht, wie engagiert sich die Regierung für die Bekämpfung der Korruption einsetzt. Sie ist aber auch ein Versuch, Zweifel der Gläubiger zu zerstreuen, inwieweit ein Schuldnerland fähig ist, durch Entschuldung Fortschritte bei der Verringerung der Armut zu erzielen. Es wurden mehrere Maßnahmen für eine bessere Überwachung vorgeschlagen. So wurde beispielsweise vorgeschlagen, Bezirksbeamte an den vierteljährlichen Sitzungen teilnehmen zu lassen oder auch örtliche nichtstaatliche Organisationen damit zu beauftragen, in den Gemeinschaften die Ausgaben des Armutsfonds zu überwachen.

Quelle: UNICEF und Oxfam International 1999.

Geber müssen der Sicherung einer ausreichenden Mittelausstattung der Erweiterten HIPC-Initiative hohe Priorität einräumen.

• • •

Bezüglich der Umsetzung der Entschuldung und des in diesem Kapitel erläuterten neuen Rahmens für die entwicklungspolitische Zusammenarbeit bleiben zahlreiche Fragen offen. Trotz der Finanzierungsschwierigkeiten der Erweiterten HIPC-Initiative fordern einige Beobachter eine umfassendere und schnellere Entschuldung, da die gemäß der Erweiterten HIPC-Initiative als „verträglich" geltende Verschuldung noch immer eine zu große Belastung darstelle.[72] Wie die Entschuldung zügig vonstatten gehen und gleichzeitig genügend Zeit eingeräumt werden kann, um die Eigentumsbeteiligung der Länder an Strategien zum Abbau der Armut zu erreichen, ist ein weiteres Problem. Einige Länder sind sich über ihre Fähigkeit, eigene Armutseinschätzungen und Strategien zum Abbau der Armut zu entwickeln, nicht im klaren. Andere sind skeptisch, ob Geber die Formulierung und Umsetzung von Strategien zum Abbau der Armut unterstützen können, ohne die Zielsetzung zu untergraben, daß das Empfängerland Eigentümer dieser Strategien sein soll. Auch im Hinblick auf den partizipativen Prozeß sind nicht alle Fragen geklärt. Wie können Beratungen mit Armen im Idealfall aussehen? Wie können Beratungsprozesse in den Kontext der nationalen politischen Prozesse eingegliedert werden? Und wie können effektive Rückmeldungs- und Überwachungssysteme entwickelt werden? Ferner fragen sich die Länder, wie gut die Geber in der Lage sein werden, ihre Verfahrensweisen und Interventionen an den in ihren Strategien zum Abbau der Armut festgelegten Vorgaben neu auszurichten.[73] Alle diese Probleme spiegeln den Zustand der internationalen entwicklungspolitischen Zusammenarbeit am Beginn des 21. Jahrhunderts wider. Die Art und Weise, wie Entwicklungs- und Industrieländer zur Bekämpfung der Armut zusammenarbeiten, ändert sich grundlegend und laufend.

Zwar sind noch viele Probleme ungeklärt, doch die richtige Richtung für die internationale Gemeinschaft ist klar. Eine auf die Länder fokussierte Entwicklungshilfe sollte das partnerschaftliche Verhältnis zwischen Gebern und Entwicklungsländern stärker betonen. Sie sollte sich auf Mechanismen zur Bereitstellung von Hilfen stützen, die weniger auf Einmischung beruhen und sich auf den allgemeinen politischen und ausgabenpolitischen Rahmen konzentrieren. Und sie sollte ein höheres Maß an Selektivität walten lassen, damit Hilfen jenen Ländern und Bereichen zugeteilt werden, in denen sie die größte Wirkung erzielen. Für Länder mit effektiven Programmen zur Verringerung der Armut müssen Hilfen und Entschuldungsmaßnahmen in größerem Umfang zur Verfügung stehen. Die Grund-

lage von Beurteilungen dieser Programme seitens der Geber müssen die genaue Kenntnis der in dem Land herrschenden Bedingungen sowie der in diesem Bericht dargestellte neue Ansatz zur Verringerung der Armut bilden. Und um die Schuldenlast der hochverschuldeten armen Länder zu verringern, sollten die Geber die Erweiterte HIPC-Initiative mit Geldern finanzieren, die sie *zusätzlich* zu ihrem Entwicklungshilfebudget bereitstellen.

Anmerkungen zu den verwendeten Quellen

Dieser Bericht stützt sich auf eine Vielzahl von Weltbankberichten und auf zahlreiche externe Quellen. Hintergrundpapiere und Anmerkungen wurden erstellt von Daron Acemoglu, Michelle Adato, Mary B. Anderson, Michael R. Anderson, Simon Appleton, Gareth Austin, Michael Banton, Pranab Bardhan, Paolo Belli, Timothy Besley, Pilwha Chang, Monique Cohen, Michelle Connolly, Richard C. Crook, Robert A. Dahl, Partha Dasgupta, Shelton Davis, Alain de Janvry, Stefan Dercon, Ann Elwan, Gary S. Fields, Gary Gereffi, Gregory Graff, George Gray-Molina, Lawrence Haddad, John Harriss, Ronald J. Herring, John Hoddinott, Naomi Hossain, Peter P. Houtzager, Rajshri Jayaraman, Noushin Kalati, Marcus Kurtz, Edward E. Leamer, Jennifer Leavy, David Lindauer, Michael Lipton, Frances Lund, Daniel S. Manning, James Manor, Martha Argelia Martinez, Jacob Meerman, Mick Moore, Samuel A. Morley, Kimberly J. Niles, Anthony Oliver-Smith, Jonathan Pattenden, Anan Pawasuthipaisit, Louis Pouliquen, Kameshwar Prasad, James Putzel, Danny Quah, Elisa Reis, James A. Robinson, Francisco Rodriguez, Elisabeth Sadoulet, Sombat Sakuntasathien, Peter K. Schott, Jennefer Sebstad, Saurabh Sinha, Lina Song, Smita Srinivas, Alan Sturla Sverrisson, Robert M. Townsend, Ben Turok, Ashutosh Varshney, Howard White, Laurence Whitehead, L. Alan Winters, Quentin Wodon, Shahin Yaqub und David Zilberman.

Hintergrundpapiere zum Bericht sind entweder im Internet (www.worldbank.org/poverty/wdrpoverty) oder über das World Development Report Office erhältlich. Die in diesen Papieren enthaltenen Aussagen stimmen nicht unbedingt mit denen der Weltbank oder den in diesem Bericht geäußerten Ansichten überein.

Zahlreiche Personen innerhalb und außerhalb der Weltbank standen dem Team mit Rat und Tat zur Seite. Wertvolle Anmerkungen und Beiträge stammen von Taoufik Ben Abdallah, Richard Adams, Nisha Agrawal, Sadiq Ahmed, Martha Ainsworth, George Akerlof, Harold Alderman, Titus Alexander, Jock Anderson, Hutton Archer, Anthony Atkinson, Gareth Austin, Robert Ayres, Malcolm Bale, Namrata Bali, Andrew Balls, Abhijit Banerjee, Pranab Bardhan, Christopher Barham, Douglas Barnes, Tamsyn Barton, Ananya Basu, Kaushik Basu, Amie Batson, Anthony Bebbington, Alan Berg, Timothy Besley, Gordon Betcherman, Andre Beteille, Surjit Bhalla, Vinay Bhargava, Ela Bhatt, Mihir R. Bhatt, Hans Binswanger, Nancy Birdsall, Yonas Biryu, Mark Blackden, Rebecca Blank, David Bloom, Želco Bogetić, Jan Bojo, Rene Bonnel, Ed Bos, César Bouillón, François Bourguignon, Samuel Bowles, Carlos A. Primo Braga, John Briscoe, Penelope Brooks, Stephen Brushett, Robin Burgess, Sara Calvo, Sarah Cambridge, Roy Canagarajah, Gerard Caprio, Teresa Carbo, Guy Carrin, Soniya

Carvalho, Robert Chambers, Jacques Charmes, Celine Charveriat, Mirai Chatterjee, Mrinal Datta Chaudhuri, Rodrigo Chaves, Sandeep Chawla, Shaohua Chen, Susan Chen, Kenneth Chomitz, Alberto Chong, Ralph Christy, Mariam Claeson, John Clark, Monique Cohen, Paul Collier, Tim Conway, Giovanni Andrea Cornia, Uri Dadush, Dana Dalrymple, Amit Dar, Koen M. Davidse, Adrian Davis, Gloria Davis, Alain de Janvry, Samantha De Silva, Naa dei Nikoi, Angus Deaton, Klaus Deininger, Lionel Demery, Stephen Denning, Stefan Dercon, Mahendra Dev, Shantayanan Devarajan, Ishac Diwan, David Dollar, Philippe Dongier, Donna Dowsett-Coirolo, Jean Drèze, Jean-Luc Dubois, Steven Durlauf, Chris Dye, Tim Dyson, William Easterly, Judith Edstrom, Dag Ehrenpreis, Lars Ekengren, Ibrahim Elbadawi, David P. Ellerman, Diane Elson, Gunnar Eskeland, Wolfgang Fengler, Marco Ferroni, Deon Filmer, Ben Fine, Ariel Fiszbein, Ann Florini, Emmanuel Forestier, Justin Forsyth, Paul Freeman, Jose Furtado, Andreas Galanakis, Emanuela Galasso, Joaquin Garcia, Michel Garenne, Roberta Gatti, Guido Geissler, Alan Gelb, Paul J. Gertler, Coralie Gevers, Ashraf Ghani, Maitreesh Ghatak, Alan Gilbert, Michael Goldberg, Jeff Goldstein, Fr. Xabier Gorostiaga (und seinen Kollegen der Asociación de Universidades Confiadas a la Compañía de Jesus en America Latina), Vincent Gouarne, Heather Grady, Peter Grant, Stefanie Grant, Cheryl Gray, Duncan Green, Margaret Grosh, Sumit Guha, Patrick Guillaumont, Sanjeew Gupta, Davidson R. Gwatkin, Lawrence Haddad, Peter Hakim, Gillette Hall, Kristin Hallberg, Jeffrey Hammer, Lucia Hanmer, Nancy Happe, Caroline Harper, Ricardo Hausmann, Yujiro Hayami, John Healey, Gerry Helleiner, Jesko Hentschel, Alicia Herbert, Norman L. Hicks, John Hoddinott, Robert Holzmann, Peter P. Houtzager, Albert D. Howlett, Chia-Hsin Hu, Gregory Ingram, Keiko Itoh, Vijay Jagannathan, Selim Jahan, K. Jankovsky, Mahieu Jarret, Renana Jhabvala, Emmanuel Jimenez, Ian Johnson, Gerd Johnsson, Ben Jones, Christine Jones, Steen Jorgensen, Sonia Kapoor, Dani Kaufmann, Masahiro Kawai, Allen Kelley, Charles Kenny, Michel Kerf, Christine Kessides, Roger V. Key, Anupam Khanna, Stuti Khemani, Tony Killick, Ronald Kim, Elizabeth King, Stephan Klasen, Jeni G. Klugman, Steve Knack, Grzegorz Kolodko, Valerie Kozel, Annette Krauss, Alcira Kreimer, Jean-Louis Lamboray, Jack Langenbrunner, Patricia Laverley, Richard Leete, Arianna Legovini, Danny Leipziger, Brian Levy, Maureen Lewis, Michael Lipton, Jennie Litvack, Laszlo Lovei, James Christopher Lovelace, Landis Mackellar, François Régis Mahieu, Nick Manning, Tamar Manuelyan Atinc, Timothy Marchant, Rachel Marcus, Tiffany Marlowe, Ricardo Martin, Will Martin, Antonio Martin del Campo, Keith Maskus, Andrew Mason, Simon Maxwell, Bill Mayville,

Elizabeth McAllister, Milla McLachlan, John Mellor, Jean-Roger Mercier, Tom Merrick, Rick Messick, Dilip Mookherjee, William Moomaw, Michael Moore, Mick Moore, Jonathan Morduch, Daniel Morrow, Robert Moulie, Peter Mousley, Ranjana Mukherjee, Joseph Mullen, Rinku Murgai, Edmundo Murrugara, Philip Musgrove, David Nabarro, Mustapha Nabli, Reena Nanavaty, Deepa Narayan, Richard Newfarmer, Juan Pablo Nicolini, Michel Noel, Barbara Nunberg, Veronic Nyhan, Abena D. Oduro, Marcelo Olarreaga, Jonathan Olsson, Azedine Ouerghi, Mead Over, Margaret Owen, Howard Pack, Truman Packard, Sheila Page, Robert Palacios, Ok Pannenborg, Sulekha Patel, Harry Anthony Patrinos, Guillermo Perry, Jean Pesme, Patti Petesch, Guy Pfeffermann, Claire Pierangelo, Jean-Philippe Platteau, Boris Pleskovic, Louis Pouliquen, Alexander Preker, Giovanna Prennushi, William C. Prince, Lant Pritchett, Felicity Proctor, James Putzel, Dagmar Raczynski, Atiqur Rahman, Mamphela Ramphele, James Rauch, Martin Ravallion, Susan Razzaz, Thomas Reardon, Ritva Reinikka, Ana L. Revenga, Carolyn Reynolds, Helena Ribe, Michelle Riboud, Peter Roberts, Richard D. Robinson, Alberto Rodriguez, John Roemer, Halsey Rogers, Andrew Rogerson, Jaime Ros, Jaime Saavedra, Elisabeth Sadoulet, David E. Sahn, Joanne Salop, Susana Sanchez, Todd Sandler, Sven Sandstrom, Filomeno Santa Ana, Justine Sass, David Satterthwaite, Dieter Schelling, Anita Schwarz, Christopher Scott, Jennefer Sebstad, Marcelo Selowsky, Amartya Sen, Elena Serrano, Nemat Shafik, Shekhar Shah, Jim Shea, Geoffrey Shepherd, Lynne D. Sherburne-Benz, John D. Shilling, Paul Bennett Siegel, Hilary Silver, William Silverman, Marcia Simoes, John Sinclair, Saurabh Sinha, Richard Skolnick, Tova Maria Solo, Paul Spray, Lyn Squire, T. N. Srinivasan, Nicholas Stern, David Stiedl, David Stifel, Joseph E. Stiglitz, Kalanidhi Subbarao, Parita Videt Suebsaeng, Eric Valdeman Swanson, Vinaya Swaroop, Simon Szreter, Cecilia Tacoli, Kazuo Takahashi, Vito Tanzi (und dem Team des Fiscal Affairs Department des Internationalen Währungsfonds), David Tarr, Judith Tendler, Sumeet Thakur, Duncan Thomas, Kirsten Thompson, Robert Thompson, Erik Thorbecke, Mariano Tommasi, Lee Travers, Kerstin Trone, Carrie Tudor, Wendy Tyndale, Zafiris Tzannatos, Christopher Udry, Alberto Valdes, Dominique van de Walle, Julie van Domelen, M. Willem van Eeghen, Wouter van Ginneken, Warren Van Wicklin, Jan Vandemoortele, Krishna Vatsa, Anthony Venables, Mathew A. Verghis, Louis-Charles Viossat, Tara Vishwanath, Milan Vodopivec, Joachim von Amsberg, Jayshree Vyas, Robert Wade, Mike Waghorne, Adam Wagstaff, Michael Walton, Kevin Watkins (und ein Oxfam-Team), Catherine Watt, Richard Webb, L. Alan Winters, Quentin Wodon, Adrian Wood, John Worley,

Gustavo Yamada, Jacob Yaron, Shahid Yusuf, Roberto Zagha und Elaine Zuckerman.

Das Team wurde unterstützt von Studenten des Internship Program des Washington Center: Anju Aggarwal, Waldo Aleriano, Juan Carlos Arandia, Hector Cabrera, Mario de la Cruz, Celeste de la Huerta, Joaquin de la Torre, Alison Drury, Nilima Gulrajani, Tomoko Hagimoto, Daniel Hernandez Ruiz, Virginia Iglesias, Mika Iwasaki, Alejandra Lua, Felix Marklein, Nadia Montiel, Mark Schlueter und Neil Thompson.

Trotz der Bemühungen um eine möglichst vollständige Zusammenstellung der obigen Liste ist es durchaus möglich, daß einige Beteiligte versehentlich nicht aufgeführt wurden. Das Team entschuldigt sich bei all jenen und drückt hiermit allen Beteiligten seinen Dank aus.

Endnoten

Überblick

Soweit nicht anders angegeben, wurden sämtliche Zitate in diesem Überblick der Studie *Voices of the Poor* (Narayan, Chambers, Shah und Petesch 2000; Narayan, Patel, Schafft, Rademacher und Koch-Schulte 2000) entnommen.

1. Sen 1999.

2. Dieser Reisebericht stammt von Ravi Kanbur, der bis Mai 2000 die Leitung für diesen Bericht innehatte.

3. Das Jahr 1998 ist das letzte Jahr, für das Daten verfügbar sind. Zahlen für das Jahr 1998 sind jedoch nur vorläufig.

4. Diese Zahlen vermitteln zwar einen groben Eindruck von den Trends, jedoch sollten sie mit Vorsicht betrachtet werden, da, wie in Kapitel 1 erwähnt, nur wenige Daten vorliegen und die Zahlen für 1998 aufgrund der begrenzten Anzahl der verfügbaren Untersuchungen nicht unbedingt zuverlässig sind (siehe Sonderbeitrag 1.2).

5. Hanmer und Naschold 1999.

6. Hanmer und Naschold 1999; McGee 1999.

7. Eine Erörterung der Beziehungen zwischen Umwelt und Wachstum ist Kapitel 4 von Weltbank (2000 p) zu entnehmen.

8. Für weitere Informationen siehe statistische Datenbank der UNICEF unter www.unicef.org/statis.

Kapitel 1

Soweit nicht anders angegeben, wurden sämtliche Zitate in diesem Kapitel der Studie *Voices of the Poor* (Narayan, Chambers, Shah und Petesch 2000; Narayan, Patel, Schafft, Rademacher und Koch-Schulte 2000) entnommen.

1. Sen 1999, S. 87.

2. Székély et al., in Kürze erscheinend.

3. Haddad und Kanbur 1990.

4. Ravallion und van de Walle 1991.

5. Der Index der Armutslücke ist die Summe der Einkommensfehlbeträge aller Armen, das heißt jenes Betrages, um den ihr Einkommen unter der Armutsgrenze liegt, dividiert durch die Gesamtbevölkerung. Der Index der quadrierten Armutslücke ist die Summe der quadrierten Fehlbeträge. Der Index der Armutslücke entspricht

$$\frac{1}{N} \sum_{i=1}^{Q} \left(\bar{y} - y_i \right)^{\alpha},$$

wobei N = Gesamtbevölkerung, $\bar{y}$ = Armutsgrenze, y_i = Einkommen von Person i, Q = Gesamtbevölkerung unter der Armutsgrenze und α = 1. Für den Index der quadrierten Armutslücke gilt α = 2. Wenn α = 0, gibt das Maß die relative Häufigkeit wieder. Siehe Foster, Greer und Thorbecke (1984) sowie Foster und Shorrocks (1988).

6. Rowntree 1901.

7. Weltbank 1999j.

8. Nähere Einzelheiten können den Informationen über Strategiepapiere zur Verringerung der Armut unter www.worldbank.org/poverty/strategies/index.htm entnommen werden.

9. Mecovi ist die Abkürzung für Programa para el Mejoramiento de las Encuestas y la Medición de las Condiciones de Vida en America Latina y el Caribe (Programm für die Verbesserung von Umfragen und die Bewertung der Lebensbedingungen in Lateinamerika und der Karibik). Siehe www.iadb.org/sds/pov.

10. Townsend 1985.

11. Atkinson und Bourguignon, in Kürze erscheinend; Chen und Ravallion 2000.

12. Weltbank 1999t.

13. Weltbank 2000l.

14. Demery 1999.

15. Wodon, Ayres, Barenstein, Lee, Peeters, Siaens und Yitzhaki 2000.

16. Die Armutshäufigkeit in den Städten hat in Kolumbien seit 1996 jedoch stetig zugenommen.

17. Weltbank 2000e.

18. Suryahadi et al. 1999. Die Armut scheint von Februar 1996 bis etwa zum dritten Quartal 1997 abgenommen zu haben. Es existieren mehrere andere Schätzungen zur Armut in Indonesien, die in Suryahadi et al. (1999) näher erörtert werden, doch die Aussage ist praktisch stets die gleiche. Der Anstieg der Armutsrate vom Tiefstand (August bis Oktober 1997) bis zum Höchststand (September bis Dezember 1998) beträgt rund 164 Prozent. Dieser Anstieg kann als der maximale Einfluß der Krise auf die Armut angesehen werden. Die Armutsrate erreichte ihren höchsten Stand etwa in der Mitte des zweiten Halbjahres 1998, das heißt nach dem starken Anstieg der Reispreise und vor dem Beginn der Stabilisierungsmaßnahmen zur Eindämmung der Inflation.

19. Da Daten zur Verteilung des Verbrauchs für die Jahre 1996 und 1998 nicht verfügbar waren, wurde der Verbrauch durch Multiplikation aller Einkommen mit dem für den kumulierten privaten Verbrauch aufgewendeten Anteil des Volkseinkommens geschätzt, welcher auf Daten aus der Volkswirtschaftlichen Gesamtrechnung beruht. Die Daten zum tatsächlichen Verbrauch, die für das Jahr 1998 verfügbar waren, lassen den Schluß zu, daß die Schätzverfahren recht genaue Werte für die relativen Häufigkeiten ergeben.

20. Weltbank 1999bb.

21. Weltbank 1999t.

22. Demery 1999.

23. Lustig 1998.

24. Yao 1999.

25. Minot 1998; Jalan und Ravallion 1999b.

26. Lopez und della Maggiora, in Kürze erscheinend.

27. Bonilla-Chacin und Hammer 1999.

28. Wagstaff, in Kürze erscheinend b.

29. Wagstaff, in Kürze erscheinend b.

30. Weltbank 1998t.

31. Weltbank 1999t.

32. Filmer und Pritchett 1998.

33. Filmer 1999b; Ghana Statistical Service 1999.

34. Liu, Hsiao und Eggleston 1999.

35. Vella 1997.

36. Weltbank, in Kürze erscheinend a.

37. Filmer 1999b.

38. Weltbank 1998t.

39. In China machen ethnische Minderheiten weniger als 9 Prozent der Bevölkerung aus, stellen Schätzungen zufolge jedoch rund 40 Prozent der übrigen Menschen in absoluter Armut (Weltbank 2000e).

40. Psacharopoulos und Patrinos 1994.

41. Psacharopoulos und Patrinos 1994.

42. Weltbank 1999s.

43. Gragnolati 1999.

44. U.S. Census Bureau 1999.

45. Weltbank 1997g. Eine Erhebung des National Council of Applied Economic Research aus dem Jahr 1994 ergab, daß in den ländlichen Gebieten Indiens etwa die Hälfte der Angehörigen von unteren Kasten und Volksstämmen unterhalb der Armutsgrenze lebten und daß diese Gruppen zwar nur ein Drittel der Bevölkerung, gleichzeitig aber 43 Prozent der Armen ausmachten.

46. Kozel und Parker 2000; PROBE Team 1999; Weltbank 1998t; Tabelle 2; Weltbank 1999z, subnationale Datenbank zu Indien.

47. Drèze und Sen 1995.

48. Deaton 2000.

49. Baulch und Hoddinott, in Kürze erscheinend.

50. Darüber hinaus lautet ein Einwand in Zusammenhang mit der Interpretation dieser Ergebnisse, daß die Menschen, die häufig in die Armut absinken und aus ihr aufsteigen, unter Umständen in erster Linie jene Personen sind, deren Einkommen permanent im Bereich der Armutsgrenze liegt. Wenn dies zutrifft, könnten viele von denen, die als vorübergehend arm gelten, tatsächlich chronisch arm sein.

51. Jalan und Ravallion 1998b, 1999b.

52. Fields 1999.

53. Falkingham 1999.

54. Okrasa 1999.

55. Braithwaite 1997.

56. Klugman und Braithwaite 1998.

Kapitel 2

Soweit nicht anders angegeben, wurden sämtliche Zitate in diesem Kapitel der Studie *Voices of the Poor* (Narayan, Chambers, Shah und Petesch 2000; Narayan, Patel, Schafft, Rademacher und Koch-Schulte 2000) entnommen.

Referenzmaterialien für dieses Kapitel werden in den betreffenden Kapiteln des Berichts genannt. Auf eine Wiederholung an dieser Stelle wird daher verzichtet.

Kapitel 3

Soweit nicht anders angegeben, wurden sämtliche Zitate in diesem Kapitel der Studie *Voices of the Poor* (Narayan, Chambers, Shah und Petesch 2000; Narayan, Patel, Schafft, Rademacher und Koch-Schulte 2000) entnommen.

1. Lipton und Ravallion 1995.

2. Die Zahlen lauten in konstanten US-Dollar von 1990 und sind um Unterschiede der Kaufkraftparität, wie in Morrison (1995) berichtet, bereinigt.

3. Bourguignon und Morrisson 1999.

4. Sen 1999.

5. Barro (1997) sowie Bhargava et al. (2000) erörtern die Auswirkungen des Humankapitals auf das Wachstum.

6. Summers 1993. Dieser Sachverhalt ist umstritten. Siehe Benhabib und Spiegel (1994), die keine Auswirkungen des Wachstums des Humankapitals auf den Anstieg der Produktionsmenge feststellen, sowie Krueger und Lindahl (1999), die wiederum behaupten, der fehlende Zusammenhang sei auf Meßfehler zurückzuführen.

7. Siehe zum Beispiel Mankiw, Romer und Weil (1992), die einen durchgehend negativen und bisweilen signifikanten Effekt des Bevölkerungswachstums auf den Anstieg der Produktionsmenge feststellen, der mit den Prognosen des Solow-Modells übereinstimmt. Levine und Renelt (1992) ermitteln gemischtere Daten zur Verläßlichkeit dieses Ergebnisses, während Kelley und Schmidt (1994) stärker für negative Auswirkungen plädieren. Young (1995) sowie Bloom und Williamson (1997) liefern Hinweise zur Bedeutung des demographischen Wandels für das Wachstum in Ostasien.

8. Zu Öffnung und Wachstum siehe Sachs und Warner (1995) sowie Frankel und Romer (1999). Rodriguez und Rodrik (1999) liefern eine kritische Rezension der Daten. Eine Widerlegung dieser Rezension findet sich in Bhagwati und Srinivasan (1999). Zu Fiskalpolitik und Wachstum siehe Easterly und Rebelo (1993). Zu Inflation und Wachstum siehe Bruno und Easterly (1998) sowie Barro (1997). Zu Finanzentwicklung und Wachstum siehe Levine (1997).

9. Siehe Burnside und Dollar (in Kürze erscheinend).

10. Zu inneren Unruhen und Erschütterungen der Austauschverhältnisse und Wachstum siehe Easterly et al. (1993). Zu Volatilität und Wachstum siehe Ramey und Ramey (1995). Zum langsamen Wachstum der Handelspartner siehe Easterly (2000b).

11. Zu Korruption und Wachstum siehe Mauro (1995). Zu Rechtsstaatlichkeit und Wachstum siehe Kaufmann, Kraay und Zoido-Lobaton (1999).

12. Rodrik 1998.

13. Zu ethnischer Zersplitterung und Wachstum siehe Easterly und Levine (1997). Zur Rolle von Institutionen siehe Easterly (2000a).

14. Siehe Gallup, Sachs und Mellinger (1999).

15. Ros 2000.

16. Weltbank 2000p.

17. Weltbank 1997c.

18. Weltbank 1997a.

19. Royaume du Maroc, Ministère de la Prévision Economique et du Plan, Direction de la Statistique 1999; Weltbank 2000j.

20. Bruno, Ravallion und Squire 1998; Deininger und Squire 1996b; Ravallion und Chen 1997; Dollar und Kraay 2000.

21. Dollar und Kraay 2000.

22. Li, Squire und Zou 1998.

23. Weltbank 1997b.

24. Thorbecke und Jung 1996.

25. Bourguignon und Morrisson 1998.

26. Psacharopoulos und Patrinos 1994.

27. Banerjee et al. 2000.

28. Birdsall und Londoño 1997; Deininger 1999a.

29. Ravallion 1998.

30. Thomas und Wang 1998; Klasen 1999; Dollar und Gatti 1999.

31. Alesina und Rodrik 1994; Persson und Tabellini 1994; Perotti 1996a; Clarke 1995; Deininger und Squire 1998 (einschließlich Ungleichheiten beim Landbesitz). Rodriguez (1999) bietet einen Überblick über die länderübergreifenden Daten.

32. Li und Zou 1998; Forbes (in Kürze erscheinend).

33. Banerjee und Duflo 2000.

34. Weltbank 1993a; Pritchett und Summers 1996; Filmer und Pritchett 1999a; WHO 1999b; van Doorslaer und Wagstaff 1997; Gwatkin et al. 2000; Schalick et al. 2000; Wagstaff 2000; Wagstaff und Watanabe 2000; Kakwani 1993; Jamison et al. 1996; Kim und Moody 1992; Anand und Ravallion 1993.

35. Behrman und Knowles 1997; Oxfam International 1999; Filmer und Pritchett 1999a; Behrman 1987; Hanushek und Kimko (in Kürze erscheinend); PROBE Team 1999.

36. Strauss und Thomas 1998.

37. Lavy et al. 1996; Thomas, Lavy und Strauss 1996.

38. Pritchett und Summers 1996.

39. Barro 1997; Bhargava et al. 2000; Hamoudi und Sachs 1999.

40. Pritchett und Summers 1996.

41. Zu Einkommensungleichheit und durchschnittlicher Gesundheit siehe Rodgers (1979), Flegg (1982), Waldmann (1992) sowie Filmer und Pritchett (1999a).

42. Anand und Ravallion 1993; Bidani und Ravallion 1996.

43. Drèze und Sen 1995.

44. Filmer und Prichett 1999a.

Kapitel 4

Soweit nicht anders angegeben, wurden sämtliche Zitate in diesem Kapitel der Studie *Voices of the Poor* (Narayan, Chambers, Shah und Petesch 2000; Narayan, Patel, Schafft, Rademacher und Koch-Schulte 2000) entnommen.

1. Rodrik (2000) liefert Hinweise darauf, daß demokratisch gewählte Regierungen eher zur Umsetzung von Reformen bereit sind.

2. Eine Erörterung dieser im Wandel befindlichen Perspektiven ist Collier, Dollar und Stern (2000) zu entnehmen.

3. Eichengreen (1999), IDB (1997) sowie Tommasi und Velasco (1996) liefern eine sorgfältige Erörterung der Erfahrungen mit Reformen.

4. Tommasi und Velasco 1996.

5. Kornai (2000, S. 24–25) unterstreicht diesen Punkt und mahnt zur Vorsicht bei Bewertungen, die auf kurzfristigen Ergebnissen beruhen. „Der gesellschaftliche Wandel ist kein Pferderennen. Der Hauptindikator für Erfolg ist nicht, wer die Ziellinie als erster überschreitet. Wenn der Schwerpunkt zu sehr auf Geschwindigkeit gelegt wird, sind Ungeduld, Aggressivität und Arroganz die Folge. . . . Der Übergang vom Sozialismus zum Kapitalismus . . . ist ein Prozeß, der auf der Grundlage von Versuch und Irrtum erfolgt. . . . Jedes Element dieses Prozesses kann sehr schnell, relativ schnell oder langsam sein. Jedes verfügt über eine eigene angemessene Geschwindigkeit."

6. Dieser Punkt wird in Weltbank und IWF (2000b) betont.

7. Zu Mexiko siehe Lustig (1998), zu den Transformationsländern siehe EDRB (1999).

8. Birdsall, Graham und Sabot 1998.

9. IDB 1997.

10. Lindauer 1999.

11. Weltbank 1996f.

12. Bajpai und Sachs 1999.

13. Easterly 2000b.

14. Berg und Taylor 2000.

15. Tommasi und Velasco (1996) empfehlen diese Klassifizierung von Reformen und bieten einen umfassenden Überblick über die politische Ökonomie von Reformen.

16. Dollar und Kraay 2000; Gallup, Radelet und Warner 1998. Es herrscht jedoch Uneinigkeit bezüglich der länderübergreifenden Belege für den Einfluß der Liberalisierung des Handels auf die Verteilung. Siehe zum Beispiel Lundberg und Squire (2000).

17. Siehe zum Beispiel Morley (1999) sowie Dollar und Kraay (2000).

18. Weltbank 2000l.

19. Haltiwanger und Singh 1999.

20. de Ferranti et al. 2000.

21. Diese Erörterung stützt sich stark auf Meerman (1997).

22. Sarris 1994, Alderman 1994.

23. Winters 1999.

24. Diese Erörterung stützt sich stark auf Akiyama et al. (in Kürze erscheinend).

25. Sahn, Dorosh und Younger 1997.

26. Sahn, Dorosh und Younger 1997.

27. Weltbank 2000l.

28. Weltbank 2000l.

29. Kemal 1994.

30. Hanson und Harrison 1999.

31. Freeman 1995.

32. Die Länderstudien zu Kolumbien stammen aus Vélez, Kugler und Bouillón (1999), jene zu Mexiko aus Contreras et al. (2000) sowie Legovini, Bouillón und Lustig (1999), jene zu Venezuela aus Ruprah und Marcano (1999). Siehe auch Revenga (1997).

33. Berman und Machin 2000.

34. Pessino (1997) liefert Belege dazu, wie Arbeitsmarktvorschriften die Anpassung des Arbeitsmarktes in Argentinien in den 1990er Jahren behinderten.

35. Papageorgiou, Choksi und Michaely 1995.

36. Haltiwanger und Vodopivec 1999.

37. CUTS 1999.

38. Parker, Riopelle und Steel 1995.

39. Birdsall und de la Torre (2000) bieten eine wertvolle Erörterung der Belastung durch die Regulierung in Lateinamerika.

40. Hallberg 1999.

41. Hallberg 1999.

42. Asia Foundation und AKATIGA 1999.

43. SEWA 1997.

44. Haan, Coad und Lardinois 1998.

45. Chisari, Estache und Romero 1999.

46. ILO 2000.

47. Basu 1999a.

48. Beispiele für derartige Programme sind *Progresa* (*Programa de Educación, Salud y Alimentación* – Programm für Bildung, Gesundheit und Ernährung) in Mexiko und *Bolsa Escola* in Brasilien. Tzannatos (1998) zeigt, daß möglicherweise unterschiedliche Anreize erforderlich sind, um den weiteren Schulbesuch von Kindern verschiedener Altersstufen zu gewährleisten.

49. Martin und Maskus (2000) erörtern die wirtschaftlichen Argumente für grundlegende Arbeitsnormen mit Schwerpunkt auf den Auswirkungen für den Handel. Aidt, Schlemmer-Schulte und Tzannatos (2000) bieten eine ausführliche Erörterung der empirischen Belege für den Nutzen des Rechts auf Gewerkschaftsgründung und Tarifverhandlungen.

50. Pencavel (1997) erörtert Theorien, nach denen die Vorteile für gewerkschaftlich organisierte Arbeiter nicht aus Gewinnen herrühren, sondern zu Lasten der nicht organisierten Arbeiter gehen.

51. Es wird zunehmend deutlich, daß Handelssanktionen als internationales Instrument zur Durchsetzung grundlegender Arbeitsnormen kontraproduktiv sind, da die Kosten solcher Sanktionen in den meisten Fällen von den Armen zu tragen sind. Marcus (2000) ist eine Übersicht über die Argumente zu entnehmen.

52. Sable, O'Rourke und Fung 2000.

53. Levine 1997.

54. Bennett, Goldberg und Hunte 1996.

55. Adams 1984; Paxton und Cuevas 1996.

56. Siehe von Pischke, Adams und Donald 1984; Yaron, Benjamin und Piprek (1997); Braverman und Guasch (1993).

57. Siehe zum Beispiel Chaves und Gonzalez-Vega (1996) sowie Yaron (1992).

58. Morduch 1999c.

59. Chaves und Sánchez 2000; Sánchez 2000.

60. Siehe zum Beispiel Khandker (1998) und Morduch (1999b).

61. Hulme und Mosley 1996.

62. Morduch 1999c.

63. Der in Yaron (1992) aufgestellte Index der Abhängigkeit von Beihilfen/Subventionen beispielsweise mißt, wie stark die Kreditzinsen angehoben werden müßten, damit alle Betriebskosten gedeckt werden könnten, wenn keine Beihilfen/Subventionen gewährt würden.

Kapitel 5

Soweit nicht anders angegeben, wurden sämtliche Zitate in diesem Kapitel der Studie *Voices of the Poor* (Narayan, Chambers, Shah und Petesch 2000; Narayan, Patel, Schafft, Rademacher und Koch-Schulte 2000) entnommen.

1. Wagstaff 2000.

2. Ghana Statistical Service 1999; Filmer 1999b.

3. Instituto Nacional de Estadística y Censos 1998.

4. van de Walle 2000a.

5. Barnes, van der Plas und Floor 1997.

6. Levy 1996. Häufig bestehen enge Zusammenhänge zwischen Straßen und gesellschaftlichen Kennzahlen, auch wenn die Richtung der Kausalität nicht klar ist (van de Walle 2000b).

7. In China betrugen die Einnahmen der Zentralregierung etwa 5,8 Prozent des BIP und in Indien 12,2 Prozent (Weltbank 2000s).

8. Laut Berechnungen von Ahmad und Stern (1987) belaufen sich die zusätzlichen Kosten für die Erhöhung der Staatseinnahmen um eine Rupie durch allgemeine Umsatzsteuern in Indien auf 60 Paise. Laut Berechnungen von Devarajan, Suthiwart-Narueput und Thierfelder (2000) betragen die Kosten für die Erhöhung der Exportsteuer in Kamerun das 1,7fache der damit erzielten Einnahmen.

9. Der Schuldenstand der 41 hochverschuldeten armen Länder übersteigt im Durchschnitt bei weitem deren jeweiliges BIP – und beträgt etwa das Doppelte des noch als tragbar geltenden Niveaus (van Trotsenburg und MacArthur 1999).

10. UNICEF und Oxfam International 1999.

11. Gupta, Schiff und Clements 1996.

12. In 18 hochverschuldeten armen Ländern war der Rückgang des Anteils der Militärausgaben am BIP im Durchschnitt genauso groß (0,6 Prozent) wie der Anstieg des Anteils der Bildungs- und Gesundheitsausgaben (IWF 1999).

13. Am Beispiel Costa Ricas zeigt sich, daß niedrige Militärausgaben nicht zu Lasten der inneren und äußeren Sicherheit gehen müssen.

14. In verschiedenen Regionen wurden jedoch unterschiedliche Erfahrungen gemacht. In Asien, Lateinamerika und der Karibik nahmen die realen Pro-Kopf-Ausgaben für Gesundheit und Bildung stark zu. In den afrikanischen Ländern südlich der Sahara gingen die Pro-Kopf-Ausgaben für Bildung zurück, und jene für Gesundheit stiegen nur mäßig an. In den Transformationsländern gingen sowohl die Bildungs- als auch die Gesundheitsausgaben stark zurück (Gupta, Clements und Tiongson 1998).

15. Patrinos und Ariasingam 1997.

16. Die Nutzenanalyse ist ein etabliertes Instrument, um zu ermitteln, wer von öffentlichen Ausgaben profitiert. Doch hat dieses Instrument seine Grenzen. Der durchschnittliche Nutzen ist selbst bei richtiger Messung möglicherweise kein verläßliches Richtmaß für die Veränderung der Gesamtausgaben für ein bestimmtes Programm oder den Einfluß, den eine Umschichtung zwischen den Programmen auf die Verteilung hat. Die Teilnahme

an Programmen ist unter Umständen nicht immer homogen, was dazu führt, daß die Grenzwirkungen einer Ausweitung oder Einschränkung von Programmen stark von den durchschnittlichen Auswirkungen abweichen können (Lanjouw und Ravallion 1999).

17. van de Walle 1996.

18. In Kroatien flossen im Jahr 1998 mehr als 90 Prozent der Zuschüsse für Energiekosten nicht-armen Haushalten zu. In Rußland kamen im Jahr 1997 etwa 74 Prozent der Zuschüsse für Wasserkosten Verbrauchern mit mittlerem oder hohem Einkommen zugute. In beiden Fällen führten die Zuschüsse eher zu einer Zunahme als zu einer Verringerung der Ungleichheit (Lovei et al. 2000).

19. Weltbank 1994e.

20. Lewis 2000.

21. In einigen Fällen ist Kinderarbeit möglicherweise nicht die Ursache dafür, daß Kinder nicht zur Schule gehen, sondern eine Folge davon (Oxfam International 1999).

22. Bredie und Beehary 1998.

23. Oxfam International 1999.

24. Azandossessi 2000; Pouliquen 1999b.

25. Constance 1999.

26. Barnes und Halpern 2000.

27. Barnes, van der Plas und Floor 1997.

28. Im Energiebereich beispielsweise hängen die Aussichten auf bessere Leistungen für viele Arme in der absehbaren Zukunft möglicherweise von der Erschließung billigerer, netzunabhängiger Quellen ab (Villagran 2000).

29. Programa de Educación, Salud y Alimentación (Programm für Bildung, Gesundheit und Ernährung).

30. Nolan und Turbut 1995.

31. Gilson 1998.

32. Nyonator und Kutzin 1999.

33. Gertler und Hammer 1997.

34. Weltbank 1996a.

35. Boland und Whittington 2000.

36. Dies gilt für die Wasserversorgung in Jakarta, Indonesien (Boland und Whittington 2000).

37. Lovei et al. 2000.

38. Barnes, van der Plas und Floor 1997.

39. Irwin 1997.

40. Weltbank 1998t.

41. Gertler und Solon 1998.

42. Filmer, Hammer und Pritchett 1998.

43. Chomitz et al. (1998) zeigen, daß die Gehaltszuschläge, die erforderlich wären, um medizinisches Personal dazu zu bewegen, in entlegeneren Gebieten Indonesiens zu arbeiten, das realistische Maß um ein Vielfaches übersteigen.

44. Siehe www.worldbank.org/html/extdr/hnp/health/ppi/contents.htm.

45. Girishankar 1999a.

46. Weltbank 1998t; Filmer, Hammer und Pritchett 1998.

47. van der Gaag 1995.

48. Weltbank 1998t.

49. Weltbank 1998t; Bonilla-Chacin und Hammer 1999.

50. Filmer, Hammer und Pritchett 1998.

51. Eine bessere Kommunikation hat auch positive Auswirkungen auf das Sozialkapital (Pouliquen 1999a).

52. Weltbank 1998aa.

53. Izaguirre 1999. Mehr als 90 Entwicklungsländer öffneten zwischen 1990 und 1998 ihren Telekommunikationssektor für private Anbieter.

54. Osiptel 1996.

55. Weitere Informationen zu den Telekommunikationszentren im Senegal sind im Internet zu finden: www.idrc.ca/acacia/ engine/eng_6.htm und www.sonatel.sn/c-telece.htm.

56. Weltbank 1994e.

57. Ernberg 1998.

58. In den Bereichen Telekommunikation sowie Wasser und Energie sind unter Umständen Subventionen erforderlich (Wellenius 1997; Barnes und Halpern 2000).

59. Wellenius 1997.

60. Wallsten 1999.

61. Chisari, Estache und Romero 1999.

62. Ravallion und Wodon, in Kürze erscheinend.

63. Gaynor 1996.

64. Weltbank 1995b.

65. Gaynor 1998.

66. King und Özler 1998.

67. Gaynor 1996.

68. Gaynor 1998.

69. Jimenez und Paqueo 1996.

70. Weltbank 1995b.

71. Weltbank 1995b.

72. Oxfam International 1999.

73. Jimenez und Sawada 1998.

74. Die Tatsache, daß das Programm *Educo* nicht zu einer Verbesserung der Ergebnisse bei standardisierten Tests in Mathematik und Sprachen geführt hat, ist möglicherweise darauf zurückzuführen, daß es diesbezüglich keine direkten Anreize für Lehrer, Eltern und Eltern-Lehrer-Verbände gibt (Jimenez und Sawada 1998).

75. Diese Probleme haben zum Teil auch damit zu tun, daß es zunehmend schwierig ist, Bildungsmaßnahmen im gesamten System umzusetzen, weiter gefaßte nationale Ziele durchzusetzen, der sozialen Trennung entgegenzuwirken und die Gerechtigkeit zu fördern, wenn Schüler aufgrund ihrer Fähigkeit, die Gebühren zu bezahlen, zugelassen werden (Weltbank 1995b).

76. Pouliquen 1999b.

77. Das Projekt *Orangi* wurde im Jahr 1980 vom Organisator der Gemeinschaft, Akhter Hameed Khan, ins Leben gerufen (Weltbank 1992b). Da er wußte, daß zwischen der Eigentumsbeteiligung und dem Tempo der Umsetzung eine Austauschbeziehung bestand, räumte er für die partizipativen Entscheidungsprozesse die erforderliche Zeit ein.

78. Pouliquen 1999a.

79. Barwell 1996.

80. White 1997.

81. Walker et al. 1999.

82. Pouliquen 1999a.

83. Rawlings, Sherburne-Benz und van Domelen, in Kürze erscheinend.

84. Sara und Katz 1997.

85. Tendler und Freedheim 1994.

86. Seit 1987 hat die Weltbank für rund 100 multisektorale Sozialfondsprojekte in mehr als 60 Ländern Mittel in Höhe von insgesamt 3,4 Milliarden US-Dollar genehmigt (Parker und Serrano, in Kürze erscheinend). Zahlreiche andere Geber unterstützen die Sozialfonds ebenfalls.

87. Wenngleich die Möglichkeit, unter mehreren Investitionsvorhaben auswählen zu können, dazu beiträgt, die Nachhaltigkeit zu gewährleisten, ist eine unbeschränkte Auswahl bei multisektoralen Projekten eher selten. Dennoch erfordert ein wirklich nachfrageorientierter Ansatz eine größere Auswahl an Investitionsmöglichkeiten.

88. Die Eigentumsbeteiligung der Gemeinschaft ist bei einer Infrastruktur, die mehreren Gemeinschaften zur Verfügung steht, schwierig zu realisieren. Eine solche Infrastruktur wird am besten von örtlichen Verwaltungen oder übergeordneten Verwaltungsebenen verwaltet (Malmberg Calvo 1998).

89. Sozialfonds sind sektorübergreifende Finanzierungsinstrumente, die sich auf arme Gemeinschaften konzentrieren, aber auch örtlichen Verwaltungen und nichtstaatlichen Organisationen Zuschüsse zuführen. Diese ursprünglich für Notfälle gedachten Finanzierungsinstrumente haben sich in langfristige Instrumente zur Finanzierung der Entwicklung gewandelt (Kapitel 8). Ein häufiger Fehler besteht darin zu glauben, daß Sozialfondsprojekte eine unbeschränkte Auswahl bieten. Einige Studien zu Sozialfonds zeigen, daß die Auswahlmöglichkeiten bei anspruchsberechtigten Projekten möglicherweise nicht umfassend genug sind und die Projekte unter Umständen in einem zu engen Rahmen definiert sind (Owen und van Domelen 1998; Walker et al. 1999).

90. Pouliquen 1999a.

91. Owen und van Domelen 1998.

92. Carvalho 1999a.

93. In Simbabwe ergab eine Studie, daß rund 35 Prozent des Einkommens von ländlichen Haushalten aus kostenlos zur Verfügung gestellten Umweltgütern stammen und dieser Anteil mit sinkendem Einkommen zunimmt (Cavendish 1999).

94. Uphoff 1998.

95. Die indische Regierung gab im Jahr 1990 ein Rundschreiben an die Regierungen der Bundesstaaten heraus, in dem die Einführung einer gemeinsamen Forstverwaltung in staatlichen Waldgebieten empfohlen wurde. Bis zum Jahr 1995 hatten 15 Bundesstaaten solche Programme lanciert und dabei die örtlichen Gemeinschaften an der Verwaltung und dem Schutz der Wälder beteiligt – im Gegenzug für Rechte zur Nutzung bestimmter Forstprodukte (Arnold, in Kürze erscheinend).

96. Beispielsweise indem dörflichen Gemeinschaften das Eigentumsrecht an umliegenden Wäldern und Wiesen gewährt wird, während der Staat Eigentümer der entlegenen Waldgebiete bleibt (Murty 1994).

97. Arnold, in Kürze erscheinend.

98. Arnold, in Kürze erscheinend.

99. Außerdem kann eine sehr hohe Rate des Bevölkerungswachstums den Nutzen für die Mitglieder so stark mindern, daß ihr Anreiz, sich zu beteiligen, wirkungslos wird.

100. Uphoff 1998.

101. Ein Forstwirtschaftsprojekt in Nepal ermöglichte den Nutzergemeinschaften, nach Genehmigung der Forstverwal-

tungspläne die Forstverwaltung zu übernehmen, und stellte Urkunden aus, die ihre langfristigen Rechte an den Gewinnen aus der Forstwirtschaft sicherten (Weltbank 1989).

102. Die Erfahrung zeigt ebenfalls, daß die Beteiligung der Gemeinschaft höher ist, wenn entsprechende Technologien dafür sorgen, daß die Aktivitäten angemessene Erträge abwerfen. Feuerholzplantagen beispielsweise, bei denen die Bäume so eng gepflanzt werden, daß nur wenige überleben, führen nur zu einer geringen Beteiligung der Gemeinschaften. Im Gegensatz dazu ist die Beteiligung der Gemeinschaften hoch, wenn die Bäume weiter auseinander gepflanzt werden und die Plantagen dadurch einen jährlichen Ertrag aus Nichtholzprodukten (landwirtschaftliche Zwischenpflanzungen, Futterpflanzen und Stroh, kommerziell verwertbare Saat- und Blattpflanzen; Banarjee et al. 1997) abwerfen.

103. Der Aufbau eines effektiven, unabhängigen und ehrlichen Gerichtssystems ist ebenso wichtig wie die Schaffung geeigneter Systeme zur Sicherung von Eigentumsrechten (Ostrom, in Kürze erscheinend).

104. Banarjee et al. 1997.

105. Carney 1998.

106. Banarjee et al. 1997.

107. Häufig ist es in erster Linie die Aufgabe der Frauen und Kinder, Brennmaterial und Futtermittel für den eigenen Verbrauch und für den Verkauf auf den Märkten in der Stadt zu sammeln. Daher sind sie *de facto* für die Bewirtschaftung des Waldes verantwortlich. Forstprodukte sind insbesondere dann von Bedeutung, wenn Frauen und Kinder nicht in der Lage sind, ein ausreichendes Einkommen aus der Landwirtschaft oder Lohnarbeit zu erzielen, und wenige andere Möglichkeiten zur Verfügung stehen (Arnold, in Kürze erscheinend). In diesen Fällen sind forstwirtschaftliche Aktivitäten wahrscheinlich arbeitsintensiv und auf die Haushalte konzentriert (Arnold 1998).

108. Agarwal 1997.

109. Agarwal 1997.

110. Carney 1998.

111. de Janvry, Gordillo, Platteau und Sadoulet, in Kürze erscheinend.

112. de Janvry, Gordillo, Platteau und Sadoulet, in Kürze erscheinend. Ein gesichertes Grundeigentum erleichtert den Zugang zu Krediten und fördert umweltfreundlichere landwirtschaftliche Verfahren, insbesondere in Waldgebieten. Des weiteren bietet es einen Anreiz, in produktivitätssteigernde Technik zu investieren und die örtliche Infrastruktur zu verbessern (Hoff, Braverman und Stiglitz 1993; Schneider 1995).

113. Deininger und Binswanger 1999. Gesicherte Eigentumsrechte sind auch für die armen Stadtbewohner ein großes Problem.

114. de Janvry, Platteau, Gordillo und Sadoulet, in Kürze erscheinend.

115. Mearns (1999) unterscheidet die Rechte und Ansprüche von Einzelpersonen auf Land danach, ob sie nach geltender Gesetzgebung aufrechterhalten werden können (strenge Gesetzmäßigkeit), ob sie unabhängig von einer strengen Gesetzmäßigkeit gesellschaftlich als rechtmäßig aufgefaßt werden (gesellschaftliche Rechtmäßigkeit) oder ob sie in der Praxis ausgeübt

werden und daher zu einer effektiven Kontrolle über den Grund und Boden führen (effektive Kontrolle).

116. Mearns 1999. Sharma und Drèze (1996) fanden jedoch heraus, daß das Pachtwesen in Palanpur, Indien, einen Großteil seines ausgleichenden Einflusses verloren hat. Die gestiegene Kapitalintensität der Landwirtschaft ging mit einer Zunahme der Gleichheit zwischen Grundbesitzern und Pächtern einher, die zum Teil den Ausschluß der Landlosen von Pachtverträgen und die zunehmende Landpacht durch Großgrundbesitzer widerspiegelt.

117. Parthasarthy, wie zitiert in Mearns (1999).

118. de Janvry, Gordillo, Platteau und Sadoulet, in Kürze erscheinend.

119. Platteau und Baland, in Kürze erscheinend.

120. Sadoulet, Murgai und de Janvry, in Kürze erscheinend. Siehe Sonderbeitrag 4.4 in Kapitel 4.

121. Mearns 1999.

122. de Janvry, Gordillo, Platteau und Sadoulet, in Kürze erscheinend.

123. Deininger 1999b.

124. de Janvry, Gordillo, Platteau und Sadoulet, in Kürze erscheinend.

125. Deininger, in Kürze erscheinend.

126. de Janvry, Gordillo, Platteau und Sadoulet, in Kürze erscheinend.

127. Viele örtliche Anbieter verfügen über Netzwerkdienste, deren Preise sogar unter denen von subventionierten Staatsbetrieben liegen (Solo 1998a).

128. Die Anzahl der weitreichenden Verwaltungsverträge, Konzessionen, Pachtverträge und Veräußerungen im Bereich der Wasserver- und Abwasserentsorgung in den Entwicklungsländern stieg von 4 im Jahr 1993 auf 29 im Jahr 2000. Die privaten Investitionen in diesem Sektor erreichten mit 8,4 Milliarden US-Dollar im Jahr 1997 ein Rekordniveau (Roger 1999).

129. Der Hauptgrund für diese Entwicklung ist das gute Zusammenspiel zwischen den Institutionen mit ihrer langfristigen Akzeptanz der privaten Beteiligung und den Garantien, die den Investoren gegeben werden (Menard und Clarke 2000).

130. Brook Cowen und Tynan 1999.

131. Das System versuchte, die Kosten durch industrielle Quersubventionierung zu decken, doch die daraus resultierenden Tarife waren so hoch, daß die meisten Branchen ausgestiegen sind. Zwar wurden die Leistungen für alle Nutzer eingeschränkt, doch hatten die armen Haushalte darunter am meisten zu leiden, unabhängig davon, ob sie versorgt wurden oder nicht (Yepes 1999).

132. Um die Effizienz der öffentlichen Versorger zu erhöhen, sollten Preisreformen vor dem Wechsel zu privaten Anbietern beziehungsweise vor der Einleitung von Programmen umgesetzt werden (Weltbank, in Kürze erscheinend b).

133. Falls Subventionen in Ländern mit einer niedrigen Anschlußdichte erforderlich sind, sollten sie für neue Anschlüsse und nicht für den Verbrauch bereitgestellt werden. Bei einer hohen Anschlußdichte wie beispielsweise in zahlreichen Ländern Osteuropas und der ehemaligen Sowjetunion können gut strukturierte Blocktarife den Armen mehr nutzen (Lovei et al. 2000).

134. Brook Cowen 1997. Regulative Strukturen müssen sowohl streng genug sein, um Investoren und Managern die zur langfristigen Rentabilitätsbeurteilung erforderliche Sicherheit zu verschaffen, als auch flexibel genug, damit sie an die sich ändernden Bedingungen angepaßt werden können (Savedoff und Spiller 1999).

135. Zwar wurde viel Arbeit in die Regulierung gesteckt, um Versorger daran zu hindern, ihre Monopolmacht zu mißbrauchen, doch wurde relativ wenig dafür getan, die Monopolmacht selbst zu beschneiden (Webb und Ehrhardt 1998).

136. Brook Cowen und Tynan 1999.

137. Weltbank 1998o.

Kapitel 6

Soweit nicht anders angegeben, wurden sämtliche Zitate in diesem Kapitel der Studie *Voices of the Poor* (Narayan, Chambers, Shah und Petesch 2000; Narayan, Patel, Schafft, Rademacher und Koch-Schulte 2000) entnommen.

1. Skocpol 1992; Bates 1989; North 1990.

2. Weltbank 1997l.

3. Evans und Rauch 1999.

4. Woo-Cumings 1999; Evans 1999; Cheng, Haggard und Kang 1999.

5. Collier, in Kürze erscheinend.

6. van Rijckeghem und Weder 1997; Adams 1998.

7. Wade 1985.

8. Grandvoinnet und Tamesis 2000.

9. Ablo und Reinikka 1998.

10. Paul 1998.

11. *Marchés Tropicaux et Méditerranéens* 1995.

12. IRIS-USAID 1996.

13. Wei 1999a, 1999b.

14. Tanzi und Davoodi 1997; Gupta, Davoodi und Alonso-Terme 1998; Gray und Kaufmann 1998.

15. Norton 1998.

16. Grandvoinnet 2000.

17. Berkovitz, Pistor und Rischard 1999; Posner 1997.

18. Bouderbala und Pascon 1970.

19. Dakolias 1996.

20. Dakolias 1996.

21. Garro 1999.

22. Weltbank 1999a.

23. Dakolias 1996.

24. Asia Foundation [www.asiafoundation.org].

25. Mc Clymont und Golub 2000.

26. Dakolias 1996.

27. Manning 1999.

28. Michael Anderson 1999; Manning 1999.

29. Yost 1999.

30. Bardhan 1997b.

31. Bardhan 1997b; R. Adams 1986.

32. Ranis und Stewart 1994.

33. Tommasi und Weischelbaum 1999.

34. Ranis und Stewart 1994.

35. King und Ozler 1998.

36. Bardhan 1997b.

37. Brown und Oates 1987.

38. Hsiao 1995.

39. EIU 1999a.

40. Crook und Sverisson 1999.

41. Fisman und Gatti 1999; Treisman 1998.

42. Weltbank 2000l.

43. Foner 1989.

44. Ravallion 1999b, in Kürze erscheinend; Litvack und Rondinelli 1999.

45. Bardhan 1997b; Bardhan und Mookherjee 1999; Harriss 1999; Drèze und Sen 1995; Burki, Perry und Dillinger 1999.

46. Blair 2000.

47. Manor 1999.

48. Weltbank 1996b.

49. Owen und van Domelen 1998.

50. Fox 1995.

51. Adato et al. 1999.

52. Weltbank 1999b.

53. Bhatt 2000.

54. Moore und Putzel 1999.

55. Skocpol 1992.

56. Moore und Putzel 1999.

57. Huntington und Nelson 1976.

58. Uvin 1995.

59. Paerregaard 1998.

60. Bebbington 1996.

61. Riddell and Robinson 1995.

62. Brown und Ashman 1996.

63. Bebbington 1996.

64. van de Walle, in Kürze erscheinend; Narayan, Chambers, Shah und Petesch 1999; Narayan, Patel, Schafft, Rademacher und Koch-Schulte 2000.

65. Das Gupta, Grandvoinnet und Romani, in Kürze erscheinend.

66. Informationen zu Brasilien siehe Tendler (1997), zu Korea siehe Whang (1981) und zu Taiwan, China, siehe Fei, Ranis und Kuo (1979).

67. Coirolo 2000.

68. Coirolo 2000.

69. Sen 1997b.

70. Sen 1999.

71. Der empirische Wert in Schaubild 6.6 ist jedoch mit Vorsicht zu betrachten. Es könnte auch sein, daß ein stärkeres Wachstum zu Institutionen von besserer Qualität führt. Dennoch zeigt die historische Analyse, daß die Schaffung einiger Grundinstitutionen (Eigentumsrechte beispielsweise) im Entwicklungsprozeß von zentraler Bedeutung war.

72. Zum Beispiel Sah (1991), Bardhan (1997b), Harriss (1999), Varshney (1999a), Niles (1999) sowie Moore und Putzel (1999).

73. Alesina und Rodrik 1994; Barro 1996b; Brunetti 1997; Campos 1994; Bardhan 1999a.

74. Johnson 1982; Wade 1991; H. Stein 1999; Woo-Cumings 1999.

75. Acemoglu und Robinson 1999.

76. Dethier 1999.

77. Rodrik 1999a.

78. Collier 1999c; Collier und Gunning 1999.

79. Sen 1997b; Besley und Burgess 2000.

80. Diamond, Linz und Lipset 1988; Joseph 1999.

81. Bardhan und Mookherjee 1999.

82. Li, Steele und Glewwe 1999. Siehe auch Castro-Leal et al. (1999).

83. Przeworski und Limongi 1993; Bratton und van de Walle 1997; Sah 1991; Varshney 1999a.

84. Burki und Perry 1998.

85. de Waal 1999.

86. Drèze und Sen 1995.

87. Joshi und Moore, in Kürze erscheinend.

Kapitel 7

Soweit nicht anders angegeben, wurden sämtliche Zitate in diesem Kapitel der Studie *Voices of the Poor* (Narayan, Chambers, Shah und Petesch 2000; Narayan, Patel, Schafft, Rademacher und Koch-Schulte 2000) entnommen.

1. Briggs 1998; Hirschman 1984.

2. Banton 1999.

3. World Faiths Development Dialogue 2000.

4. Dieser Abschnitt enthält zahlreiche Beispiele und Materialien aus Weltbank (in Kürze erscheinend a).

5. Das Gupta 1995, 1999; Goody 1976, 1990.

6. Weltbank, in Kürze erscheinend a.

7. Gray und Kevane 1996; Deere und Leon 1997; Agarwal 1994; Saito, Mekonen und Spurling 1994.

8. KIHASA und UNDP 1998; Kim 1991.

9. Das Gupta et al. 2000.

10. Weltbank, in Kürze erscheinend a.

11. UNDP 1995.

12. Filmer 1999b.

13. Quisumbing 1994; Chi et al. 1998; Saito und Spurling 1992.

14. Sen und Drèze 1989; Coale 1991; Klasen 1994.

15. Das Gupta et al. 1997; Zeng et al. 1993.

16. Jejeebhoy 1995.

17. Ren 1996; Das Gupta 1995.

18. Hobcraft 1993; Hill und King 1995; Klasen 1999.

19. Joshi et al. 1999.

20. Thomas 1990, 1997.

21. Khandker 1998.

22. Jejeebhoy 1995.

23. Dollar und Gatti 1999.

24. Klasen 1999.

25. Saito, Mekonen und Spurling 1994; Quisumbing 1994; Due und Gladwin 1991.

26. Quisumbing 1996.

27. Udry et al. 1995; Udry 1996.

28. Gopal 1999.

29. Weltbank, in Kürze erscheinend a.

30. Sen 1999; Singh 1999.

31. Jones 1998.

32. Das Gupta et al. 2000; Agarwal 1994.

33. Agarwal 1994; Andors 1983; Das Gupta et al. 2000; Davin 1976, 1995; Uberoi 1999; Wolf 1985.

34. Deere und Leon 1999.

35. Pitt und Khandker 1998.

36. Besley und Coate 1995.

37. Khandker, Khalily und Khan 1996.

38. Rhyne und Holt 1994.

39. Siehe Weltbank (in Kürze erscheinend a).

40. Wade 1987.

41. Psacharopoulos und Patrinos 1994.

42. Räumliche Armutsfallen können jedoch allein aus dem Zusammenwirken von Unzulänglichkeiten von Faktormärkten und Externalitäten entstehen und tun dies tatsächlich auch. Siehe Jalan und Ravallion (1999a).

43. Borjas 1992.

44. Jones 1998.

45. Borjas 1997; Borjas und Sueyoshi 1997; Turok 1999.

46. Davey Smith et al. 1998; Lowell und Wood 1998; Meerman 1999.

47. Den besten empirischen Beweis hierfür liefern arme städtische Gemeinschaften in den Vereinigten Staaten. Siehe unter anderem Wilson (1996) sowie Sampson, Morenhoff und Earls (1999).

48. Herbst 1999.

49. van Nieuwkoop und Uquillas 2000.

50. Bardhan 1997a; Coate und Loury 1993.

51. Die Unterscheidung zwischen den beiden Arten von Fördermaßnahmen wird von Loury (2000) sehr deutlich vorgenommen.

52. Coate und Loury 1993; Steele 1999.

53. Holzer und Neumark 1999.

54. Bardhan 1997a.

55. Horowitz 1999.

56. Borjas 1997; Casella und Rauch 1997.

57. Bates 1999.

58. Alesina und La Ferrara 1999.

59. Turton 1997.

60. Siehe Alesina, Baqir und Easterly (1998) zu Städten in den Vereinigten Staaten.

61. Collier und Garg 1999.

62. Brockerhoff und Hewett 1998.

63. Varshney 1999b.

64. Anderson 1983.

65. Monnet 1988.

66. Austin 1999; Reno 1998.

67. Gurr et al. 1993.

68. Zum „Ethno-Nationalismus" in Kasachstan, auf den Philippinen sowie in Südafrika, Thailand und Vietnam siehe Chua (1998).

69. Easterly 2000a.

70. Collier und Hoeffler 2000; Woolcock, Pritchett und Isham 1999.

71. IDB 2000, S. 27. Von 26 Ländern in der Region verfügen nur vier über angemessene Daten zur afro-lateinamerikanischen Bevölkerungsgruppen: Bolivien, Brasilien, Guatemala und Peru.

72. Gittell und Vidal 1998; Narayan 1999.

73. Fine 1999.

74. Woolcock 2000.

75. Kozel und Parker 2000.

76. Barr 1998, 1999. Sieh auch van Dijk und Rabellotti (1997).

77. Fafchamps und Minten 1999.

78. Grootaert 1999b; Grootaert und Narayan 2000; Grootaert, Oh und Swamy 1999. Eine Übersicht über diese Studien ist in Grootaert (1999a) zu finden.

79. Narayan und Nyamwaya 1996.

80. Bebbington und Carroll 2000.

81. Fernandez 1994.

82. Singerman 1995.

83. Tendler 1997.

84. Uphoff 1992.

85. Weltbank, in Kürze erscheinend c.

86. Fox 1992; Bebbington 1999.

Kapitel 8

Soweit nicht anders angegeben, wurden sämtliche Zitate in diesem Kapitel der Studie *Voices of the Poor* (Narayan, Chambers, Shah und Petesch 2000; Narayan, Patel, Schafft, Rademacher und Koch-Schulte 2000) entnommen.

1. Deaton 1997; Townsend 1995; Udry 1991.

2. Die Eigenschaft von Schocks, wiederholt aufzutreten, wird auch als Grad der Autokorrelation bezeichnet. Deaton (1991) entwickelt ein theoretisches Modell, das die Auswirkungen wiederholter Schocks auf das Verhalten von Pufferbeständen darstellt.

3. Einige Einkommensschwankungen nach unten sind vorhersagbar, zum Beispiel die Lebensmittelknappheit in ländlichen Gebieten vor der Erntezeit. Zwar ist diese Lebensmittelknappheit streng genommen kein Risiko (wenngleich das Ausmaß unter Umständen ungewiß ist), doch werden die Haushalte dennoch versuchen, den Verbrauch zu glätten. Und dies ist mit Kosten verbunden. Sie müssen unter Umständen Kredite aufnehmen, einen Getreidespeicher bauen und füllen oder ein gesellschaftliches Netzwerk in Anspruch nehmen, um Unterstützung zu erhalten – alles Tätigkeiten, die für Arme möglicherweise schwieriger sind (Sinha und Lipton 1999). Arme Bauern könnten gezwungen sein, ihre Ernte vorab an reichere Bauern oder Mittelsmänner zu Preisen zu verkaufen, die unter dem Marktdurchschnitt liegen (Search 1999). Auch sind Einkommensrückgänge durch den Eintritt ins Rentenalter vorhersagbar, was für ihr Ausmaß aufgrund von Unwägbarkeiten bezüglich der Gesundheit und Lebenserwartung unter Umständen jedoch nicht gilt. Die Erörterung des Risikomanagements in diesem Kapitel beinhaltet die Bewältigung von vorhersagbaren Schwankungen, da viele der für den Umgang mit Risiken zur Verfügung stehenden Hilfsmittel den Haushalten auch helfen, vorhersagbare Schwankungen auszugleichen.

4. Townsend 1994.

5. Rosenzweig und Binswanger 1993.

6. Dercon 1999; Kinsey, Burger und Gunning 1998.

7. Rosenzweig und Binswanger 1993.

8. Jalan und Ravallion 1997a.

9. Baulch und Hoddinott, in Kürze erscheinend.

10. Gaiha und Deolalikar 1993.

11. Maluccio, Haddad und May 1999; Glewwe und Hall 1998.

12. Ravallion 1988.

13. Große Armut wurde anhand des Index der quadrierten Armutslücke gemessen (Jalan und Ravallion 1997a).

14. Grootaert, Kanbur und Oh 1997; Jalan und Ravallion 1999c; Lokshin und Ravallion 2000a.

15. Lokshin und Ravallion 2000a.

16. Dercon und Krishnan 2000a.

17. Der dreischichtige Rahmen aus Risikominderung, Risikomilderung und Risikobewältigung wurde in Holzmann und Jorgensen (2000) und Weltbank (2000q) ausgearbeitet. Ein Teil der Literatur zum Thema Risiko verwendet eine abweichende Klassifizierung, bei der nur Strategien vor Eintritt des Schadensfalls als „Risikomanagement" und Strategien nach Eintritt des Schadensfalls als „Bewältigung" bezeichnet werden. Risikomanagement versteht sich als alle Anstrengungen umfassend, welche zur Verringerung der Variabilität des Einkommens (Diversifizierung, Migration) dienen. Bewältigung besteht aus Verbrauchsglättung, sei es zeitübergreifend (Kreditaufnahme, Selbstversicherung, Spartätigkeit) oder haushaltsübergreifend (Risikoverteilung, durch offizielle oder informelle Versicherungen). Siehe Alderman und Paxson (1992).

18. Haushalte diversifizieren ihre Einkommensquellen nicht nur, um sich gegen Risiken abzusichern, sondern auch, um ihr Einkommen zu erhöhen. Durch Maßnahmen wie Zwischenbepflanzung und die saisonale Anpassung des Umfangs, in dem sie ihre Arbeitskraft anbieten, erhöhen Haushalte ihr Durchschnittseinkommen und verringern mitunter gleichzeitig ihr Risiko (Dercon 1999).

19. Reardon 1997.

20. Fafchamps, Udry und Czukas 1998.

21. Dercon 1999.

22. Reardon 1997; Dercon und Krishnan 1996.

23. Adams 1995.

24. Adams 1999.

25. Morduch 1990.

26. Dercon 1996.

27. Sinha und Lipton 1999.

28. Das theoretische Modell des vorsorglichen Sparens und Vermögensaufbaus wird in Deaton (1991) und Dercon (1999) erörtert.

29. Die Kovarianz zwischen dem Wert von Vermögenswerten und dem Einkommen stellt nicht nur für die Armen ein Problem dar. Wie die jüngsten Ereignisse in Ostasien gezeigt haben, fällt eine Wirtschaftskrise in der Regel zeitlich mit einem Zusammenbruch der Wertpapiermärkte zusammen, was der Nutzung von finanziellen Vermögenswerten zu Vorsorgezwecken die Grundlage entzieht.

30. Dercon 1999.

31. Fafchamps, Udry und Czukas 1998.

32. Dercon 1998.

33. Lim und Townsend 1998.

34. Jalan und Ravallion 1998a.

35. Morduch 1999a.

36. Dercon 1999. Inwieweit Grenznutzen ausgeglichen werden, ist von der internen Homogenität des Netzwerks abhängig.

37. Für größere Netzwerke ist es jedoch unter Umständen schwierig, die Erfüllung der gegenseitigen Verpflichtungen unter den Mitgliedern durchzusetzen.

38. Morduch 1999a.

39. Dercon 1999; Coate und Ravallion 1993.

40. Ravallion und Chaudhuri 1997; Deaton 1997; Townsend 1995; McDonald, Schiller und Ueda 1999.

41. Jalan und Ravallion 1997a; Townsend 1994.

42. Siehe zum Beispiel Kochar (1999) sowie Jacoby und Skoufias (1997) zu Indien, Moser (1998) zu Ecuador und Sambia sowie Dercon (1999) zu Äthiopien.

43. Migration ist eine Bewältigungsstrategie, dient jedoch auch zu Versicherungszwecken sowie zur Diversifizierung des Einkommens. Natürlich wird Migration zum großen Teil durch andere Gründe als dem Risikomanagement verursacht. Eine detaillierte Erörterung zur Rolle der Migration (im Inland und ins Ausland) würde den Rahmen dieses Kapitels sprengen.

44. Udry 1999.

45. Foster 1995.

46. E. Rose 1999.

47. Foster 1995.

48. Behrman 1988.

49. Behrman und Deolalikar 1990.

50. E. Rose 1999.

51. Dercon und Krishnan 2000b; Behrman und Deolalikar 1990.

52. Sinha und Lipton 1999; Lanjouw und Stern 1991.

53. FAO 1995. Die Auswirkungen von AIDS können die gewohnheitsmäßige Behandlung von Witwen verändern. In einem Dorf in Tansania wird AIDS-Witwen nicht mehr ihr Besitz entzogen, so daß sie die zahlreichen AIDS-Waisen versorgen und die Verringerung des Angebots an männlichen Arbeitskräften ausgleichen können (Rugalema 1999).

54. Alderman und Gertler 1997.

55. Grootaert 1998.

56. Jacoby und Skoufias 1997.

57. Narayan, Chambers, Shah und Petesch 2000.

58. Foster 1995.

59. Hoddinott und Kinsey 1998.

60. Zimmerman und Carter 1999.

61. Barrett und Carter 1999; Grootaert und Kanbur 1995a.

62. Diese Rangliste der Prioritäten spiegelt das Anliegen wider, der Not und Armut vorzubeugen, die insbesondere für die Armen häufig aus Schocks resultieren. Sie impliziert nicht, daß sämtliche Risiken beseitigt werden sollten, da dies die starke, nicht angestrebte Wirkung eines Anreizes hätte. Im Extremfall würde das Fehlen sämtlicher einkommensbezogener Risiken einen Anreiz darstellen, nichts zu unternehmen – und genau das ist der Kern des Problems des moralischen Risikos (Devarajan und Hammer 1997).

63. Dieser dreigeteilte Ansatz zum Umgang mit Risiken wird in Holzmann und Jorgensen (2000) eingehender erörtert.

64. Weltbank 1998t.

65. Zaman 1999.

66. Weltbank 2000q.

67. Dercon 1999.

68. Holzmann und Jorgensen 2000.

69. Cox und Jimenez 1998.

70. Jensen 1998.

71. Cox und Jimenez 1998.

72. Morduch 1999a.

73. Morduch 1999a, Jensen 1998.

74. Dercon 1999.

75. Deaton 1991.

76. Morduch 1999a; Baulch und Hoddinott, in Kürze erscheinend.

77. Dercon 1999.

78. Dercon 1999.

79. Sinha und Lipton 1999.

80. Besley 1995a; Sebstad und Cohen 1999.

81. Sinha und Lipton 1999.

82. Walker und Ryan 1990.

83. Sinha und Lipton 1999.

84. Moralisches Risiko bedeutet in diesem Kontext, daß die Menschen sich risikofreudiger verhalten, sobald sie wissen, daß sie gegen das Risiko abgesichert sind. Antiselektion bezeichnet den Umstand, daß sich Personen, die einem gewissen Risiko am stärksten ausgesetzt sind, häufig eher um eine Versicherung bemühen.

85. Sinha und Lipton 1999.

86. Holzmann, Packard und Cuesta 1999.

87. Lund und Srinivas 1999b.

88. Holzmann, Packard und Cuesta 1999.

89. Birdsall und Hecht 1995.

90. Gertler 2000.

91. Gertler und Gruber 1997.

92. Prescott und Pradhan 1999.

93. Gertler 2000.

94. Gertler 2000.

95. Weltbank 1998t.

96. Die Schwierigkeiten bei der Messung der Häufigkeit von Behinderungen rührt zum Teil aus Verwirrungen und Unklarheiten der Definition her. Die Weltgesundheitsorganisation (WHO 1980) definiert eine Behinderung als Einschränkung oder Nichtvorhandensein (infolge einer Gesundheitsbeeinträchtigung) der Fähigkeit, eine Tätigkeit auszuüben, die für einen Menschen als normal gilt. Was eine „normale" Tätigkeit darstellt, ist natürlich umstritten. Darüber hinaus erfassen zahlreiche Erhebungen eher die Fälle von Gesundheitsbeeinträchtigungen statt die Fälle von Behinderungen. Und schließlich besteht bereits seit langem Uneinigkeit darüber, ob eine behobene Gesundheitsbeeinträchtigung eine Behinderung darstellt. Siehe auch die Erörterung in Elwan (1999).

97. Elwan 1999.

98. Khan und Durkin 1995.

99. Andersson, Palha da Sousa und Paredes 1995.

100. Abu-Habib 1997; Harris-White 1996.

101. Andersson, Palha da Sousa und Paredes 1995.

102. Elwan 1999.

103. Flanagan 1999.

104. Im Vergleich dazu sind in den OECD-Ländern 85 Prozent der Arbeitskräfte rentenversichert (Palacios und Pallares-Miralles 1999).

105. Palacios und Pallares-Miralles 1999.

106. Holzmann, Packard und Cuesta 1999.

107. Weltbank 1994b. Unter gewissen Umständen könnte die aus dem System mit festgelegten Beiträgen bestehende Säule auch unter staatlicher Leitung stehen.

108. Holzmann, Packard und Cuesta 1999.

109. Holzmann, Packard und Cuesta 1999; James 2000.

110. James 2000.

111. Flanagan 1999.

112. Flanagan 1999; Grootaert und Braithwaite 1998; Weltbank, in Kürze erscheinend a.

113. Umfassende Erörterungen zum Problem der Kinderarbeit und zu Maßnahmen gegen die Kinderarbeit sind Grootaert und Kanbur (1995a), Grootaert und Patrinos (1999) sowie Fallon und Tzannatos (1998) zu entnehmen. Siehe auch Kapitel 4.

114. Weltbank 1995c, 2000q; Dar und Tzannatos 1999.

115. Weltbank 1995c.

116. Grootaert und Braithwaite 1998.

117. Weltbank 2000q.

118. van Ginneken 1999.

119. Weltbank 2000q.

120. Grootaert und Braithwaite 1998.

121. Ravallion 1991; Baulch und Hoddinott, in Kürze erscheinend.

122. Wodon 2000b.

123. Wodon und Minowa 2000.

124. Subbarao 1997.

125. Diese Ungleichheit der Ziele bedeutet, daß Sozialfonds ein Bereitstellungsinstrument für eine Vielzahl von Programmen sein können. In diesem Sinne unterscheiden sie sich von spezifischen Maßnahmen, zum Beispiel Rentenzahlungen und Krankenversicherungen, die an anderer Stelle in diesem Kapitel erörtert werden.

126. Jorgensen und van Domelen 1999; Frigenti, Harth und Huque 1998; Bigio 1998.

127. Jorgensen und van Domelen 1999; Frigenti, Harth und Huque 1998.

128. van Domelen und Owen 1998.

129. Ravallion und Wodon, in Kürze erscheinend.

130. Sebstad und Cohen 1999; Lipton 1998.

131. Sebstad und Cohen (1999) nennen zahlreiche Quellen, die diese unterschiedlichen Arten der Verwendung von Krediten dokumentieren.

132. Zaman 1999.

133. Sebstad und Cohen 1999.

134. Die Frage, welche spezifischen Rollen Staat, Geber und nichtstaatliche Organisationen bei der Bereitstellung von Mikrofinanzleistungen jeweils spielen sollten, ist noch nicht geklärt. Die Erfahrungen in den verschiedenen Ländern variieren erheblich. Bei Programmen, die direkt vom Staat durchgeführt werden, ist die Ausfallquote jedoch häufig höher (Morduch 1999a).

135. Sebstad und Cohen 1999.

136. Morduch 1999a, 1999c; Zeller 1999.

137. Subbarao et al. 1997.

138. Weltbank 1999n.

139. IDB 2000. Progresa steht für „Programa de Educación, Salud y Alimentación", zu deutsch: Programm für Bildung, Gesundheit und Ernährung.

140. Filmer et al. 1998.

Kapitel 9

Soweit nicht anders angegeben, wurden sämtliche Zitate in diesem Kapitel der Studie *Voices of the Poor* (Narayan, Chambers, Shah und Petesch 2000; Narayan, Patel, Schafft, Rademacher und Koch-Schulte 2000) entnommen.

1. Joint Commonwealth Secretariat – World Bank Task Force on the Small States 2000.

2. Weltbank 2000l.

3. Siehe zum Beispiel Lustig (in Kürze erscheinend), Weltbank (1999j), Poppele, Sumarto und Pritchett (1999), Reyes und Mandap (1999) sowie Lokshin und Ravallion (2000b).

4. Die Schätzungen für Indonesien sollten mit Vorsicht betrachtet werden, da die massiven Abwertungen der Rupiah die Schätzung der Preisniveaus erschwert haben. Das gilt insbesondere für ländliche Gebiete.

5. de Janvry und Sadoulet 2000a.

6. Siehe Lustig (1995).

7. Lokshin und Ravallion 2000b.

8. Datt und Hoogeveen 2000.

9. Jacoby und Skoufias 1997.

10. Siehe beispielsweise Jalan und Ravallion (1997a) zu China sowie Gaiha und Deolalikar (1993) zu Indien.

11. Behrman, Duryea und Székely 1999.

12. Binder 1999.

13. Siehe Eichengreen (1999) und IDB (1995).

14. Tommasi 1999.

15. Morley 1994. Diese Zahlen weichen von denen in Tabelle 9.1 ab, weil sie aus einer anderen Quelle stammen.

16. Caprio und Klingebiel 1996.

17. Lustig 1998.

18. Dies trifft nicht nur auf die Emerging Markets zu. Auch in Industrieländern haben sich Banken und andere Akteure des Finanzsektors unverantwortlich verhalten. Im Jahr 1998 war die US-amerikanische Notenbank gezwungen, dem im US-Bundesstaat Connecticut ansässigen Sicherungsfonds Long-Term Capital Management aus der finanziellen Notlage zu helfen.

19. De Gregorio, Edwards und Valdés, in Kürze erscheinend.

20. Kiguel 1999.

21. Dornbusch und Edwards 1991.

22. Weltbank 1998f, 2000e.

23. Siehe zum Beispiel Bourguignon und Morrisson (1992), Weltbank (1991b), Thorbecke (1991), de Janvry, Fargeix und Sadoulet (1991) sowie Bruno, Ravallion und Squire (1998).

24. Siehe das Beispiel in Lustig (2000).

25. Siehe zum Beispiel die Erörterung in Perry und Lederman (1999).

26. Gupta et al. 1998.

27. Wodon, Hicks, Ryan und Gonzalez 2000; Hicks und Wodon 2000.

28. Ravallion 1999c.

29. Ravallion 1999b, S. 13 f.

30. Social Monitoring and Early Response Unit (www.smeru. or.id/about.htm).

31. Siehe Endnote 5 zu Kapitel 1.

32. Davis, Handa und Soto 1999.

33. Rodrik 1998.

34. Siehe zum Beispiel Weltbank (in Kürze erscheinend b).

35. International Federation of Red Cross and Red Crescent Societies 1999, Tabellen 5 und 12.

36. Freeman 1999.

37. Die Muster variieren jedoch häufig selbst innerhalb der Regionen. In der Sahel-Zone beispielsweise war zwischen 1960 und 1990 ein deutlicher Rückgang der Niederschlagsmenge im Vergleich zu den vorherigen drei Jahrzehnten zu verzeichnen. Im Gegensatz dazu gilt für Südostafrika ein Zyklus von 18 bis 20 Jahren mit relativ trockeneren und feuchteren Perioden, während für Ostafrika keine Veränderung und kein zyklisches Muster festgestellt wurde (Benson und Clay 1998).

38. Gray et al. 1999.

39. Benson und Clay 1998.

40. USAID, OFDA 1999. Die Datenbank des Office of U.S. Foreign Desaster Assistance von USAID enthält alle von der Regierung der Vereinigten Staaten zu Naturkatastrophen erklärten Naturereignisse sowie größere, offiziell nicht als solche eingestufte Katastrophen, die eine beträchtliche Zahl von Todesopfern oder Verletzten gefordert sowie einen erheblichen Schaden an der Infrastruktur, der landwirtschaftlichen Produktion und Unterkünften verursacht haben.

41. International Federation of Red Cross and Red Crescent Societies 1993, Seite 34.

42. Anderson und Woodrow 1989.

43. Funaro-Curtis 1982.

44. Bhatt 1999b.

45. Benson 1997a, 1997b, 1997c.

46. Vos, Velasco und de Labastida 1999.

47. IDB 2000.

48. Morris et al. 2000.

49. Reardon und Taylor 1996.

50. Der Verkauf von Vermögenswerten war auch die Bewältigungsstrategie zahlreicher Haushalte in Simbabwe in der Folgezeit der Dürre in den Jahren 1991 und 1992. Haushalte waren gezwungen, ihre Ziegen zu verkaufen, um den Verbrauch auf kurze Sicht aufrechtzuerhalten. Die Ziegen waren eine Form von Ersparnis, welche die Kosten für weiterführende Bildung decken sollte (Hicks 1993).

51. Hoddinott und Kinsey 1998, 2000; Owens 2000.

52. Bonitatibus und Cook 1996.

53. Ainsworth und Over 1994.

54. Benson und Clay 1998.

55. Benson und Clay 1998.

56. Robinson 1993.

57. Freeman und MacKellar 1999b. Schwere Schäden an der Infrastruktur können einen asymmetrischen Effekt auf die Produktionsleistung haben: Die Einbuße an Produktionsleistung infolge der Zerstörung der Infrastruktur kann die Zunahme der Produktionsleistung durch den Ausbau der Infrastruktur letztendlich übersteigen (Weltbank 1994e).

58. Kreimer 1999.

59. Weltbank 1999c, 1999e.

60. Anderson und Woodrow 1989.

61. Die Regierung Nicaraguas zum Beispiel denkt über die Schaffung eines solchen Systems nach (Weltbank 2000m).

62. Benson und Clay 1998.

63. Levav 1999.

64. Eine Erörterung von Sozialfonds ist Kapitel 8 zu entnehmen.

65. Davis und Oliver-Smith 1999.

66. Davis und Oliver-Smith 1999.

67. Magalhaes und Glantz 1992.

Kapitel 10

Soweit nicht anders angegeben, wurden sämtliche Zitate in diesem Kapitel der Studie *Voices of the Poor* (Narayan, Chambers, Shah und Petesch 2000; Narayan, Patel, Schafft, Rademacher und Koch-Schulte 2000) entnommen.

1. Ades und Glaeser 1999.

2. Quah 1999.

3. Scandizzo 1998.

4. Ein weiterer Grund ist, daß Entwicklungsländer auf Handelsmöglichkeiten unter Umständen nicht ansprechen. Das unterstreicht die Bedeutung von politischen und institutionellen Reformen in Entwicklungsländern für die Schaffung eines günstigeren Rahmens mit Anreizen.

5. Weltbank und IWF 2000b.

6. Anderson, Hoekman und Strutt 1999.

7. Anderson, Hoekman und Strutt 1999.

8. Goldstein, Kaminsky und Reinhart 2000.

9. Weltbank 2000g.

10. Kaul, Grunberg und Stern 1999a; Kanbur, Sandler und Morrison 1999.

11. Cook und Sachs (1999) schätzen, daß weniger als 10 Prozent der Hilfen für internationale öffentliche Güter aufgewendet wurden. Wenngleich es schwierig ist, Hilfsflüsse auf diese Weise aufzuschlüsseln, errechnet sich der Wert von 10 Prozent ausgehend von der Frage, wieviel der Hilfen eher regionalen als nationalen Projekten zufließt.

12. Weltbank (1999dd) enthält einen Vergleich und eine Analyse des Kyoto Protokolls und des Montrealer Protokolls.

13. UNAIDS 2000.

14. National Intelligence Council 2000.

15. Präventions-Pilotprojekte und nationale Programme in Brasilien, Indien, dem Senegal und Thailand zeigen, daß die stärkere Verwendung von Kondomen, die Verwendung sauberer Injektionsnadeln und geschützter Sexualverkehr einen erheblichen Einfluß haben.

16. Weltbank 2000a.

17. Schätzung der International AIDS Vaccine Initiative.

18. WHO 1999b.

19. Diese Ausgaben enthalten unter anderem Ausgaben für die Gesundheitsforschung.

20. WHO 1999a.

21. Eine Erörterung der Frage, wie ein derartiger Fonds arbeiten könnte, ist in Sachs, Kremer und Hamoudi (1999) zu finden.

22. Byerlee und Heisey 1996; Smale und Heisey 1994.

23. Rosenzweig 1998.

24. Evenson 2000.

25. Pinstrup-Andersen, Pandya-Lorch und Rosengrant 1997, de Janvry et al. 2000.

26. Persley und Doyle 1999.

27. Alston, Pardey und Smith 1998.

28. Der Schutz der Rechte am geistigen Eigentum kann die Verbreitung von Wissen allerdings auch unterstützen, da Patentansprüche veröffentlicht werden und mitunter wertvolle Informationen für andere potentielle Investoren enthalten (David 1993). Darüber hinaus spielen Patente eine Rolle bei der Schaffung von Märkten für Informationen und Wissen, indem sie Käufern und Verkäufern von Technologien mehr Informationen zur Verfügung stellen (Primo Braga, Fink und Sepulveda 2000).

29. UNDP 1999a.

30. Weltbank 2000s.

31. UNDP 1999a.

32. Breton 1965; Olson 1969.

33. Kanbur, Sandler und Morrison 1999.

34. Siehe Woods (1999) und Helleiner (2000a).

35. Blackhurst 1997a; Ohiorhenuan 1998; Michalopoulos 1999.

36. Diese Initiative wurde vom High-Level meeting on Integrated Initiatives for LDCs' Trade Development im Oktober 1997 ins Leben gerufen. Daran beteiligt sind der Internationale Währungsfonds, das Internationale Handelszentrum, die Welthandels- und Entwicklungskonferenz der Vereinten Nationen, das Entwicklungsprogramm der Vereinten Nationen, die Weltbank und die Welthandelsorganisation.

37. Weltbank und IWF 2000b.

Kapitel 11

1. OECD, DAC 1996.

2. IDA 1998.

3. Ehrenpreis 1999.

4. Weltbank 1990, S. 4

5. OECD, DAC 2000.

6. Die Weltbank stufte im Jahr 1997 die Länder mit einem BSP pro Kopf von 785 US-Dollar oder weniger als Länder mit niedrigem Einkommen ein.

7. German und Randel 1998.

8. Alesina und Dollar 1998; Alesina und Weder 1999.

9. Siehe zum Beispiel Schraeder, Hook und Taylor (1998) sowie Maizels und Nissanke (1984).

10. Kull, Destler und Ramsay 1997.

11. Siehe Boone (1994) und Weltbank (1998b).

12. Easterly 1999a.

13. Eine Erörterung des sich im Laufe der Zeit verändernden Konsenses über die Entwicklungsstrategien ist Thorbecke (2000) zu entnehmen.

14. Williamson 1990.

15. Während ein großer Teil der Kreditaufnahmen zur Strukturanpassung insbesondere in den 1980er Jahren diese Grundsätze betonte, flossen die meisten Hilfen, unter anderem der Großteil der Kredite der Weltbank, weiterhin in traditionelle Projekte in den Bereichen Infrastruktur, ländliche Entwicklung sowie zunehmend auch in den Bereichen Sozialwesen und Umwelt.

16. Siehe zum Beispiel IDA (1998).

17. Nelson 1999, S. 22. Siehe auch Colclough (1996).

18. Kanbur, Sandler und Morrison 1999.

19. van de Walle und Johnston 1996, S. 55.

20. van de Walle und Johnston 1996. Siehe auch Collier (1997).

21. Wuyts 1996; van de Walle und Johnston 1996; Aryeetey 1996.

22. Feyzioglu, Swaroop und Zhu 1998.

23. Devarajan, Squire und Suthiwart-Narueput 1997.

24. Devarajan und Swaroop 1998.

25. Weltbank 1992a; Isham und Kaufmann 1999.

26. Burnside und Dollar, in Kürze erscheinend; Devarajan, Dollar und Holmgren 2000.

27. Mosley und Eeckhout 2000.

28. Alesina und Dollar 1998. Wenngleich zwischen Konditionalität und Reformen kein systematischer Zusammenhang festzustellen ist, ergab eine neuere, 10 Länder umfassende Fallstudie, daß Konditionalität zu Beginn eines Reformprozesses nützlich sein kann, wenn die Regierung voll hinter den Reformen steht (Devarajan, Dollar und Holmgren 2000). In diesem Fall, setzt die Regierung die Auflagen als eine Art Mechanismus zur „Selbstbeschränkung". Das Problem ist jedoch, daß Geber das Prinzip der Konditionalität nicht an unterschiedliche Szenarien angepaßt haben. Das ist wahrscheinlich der Grund dafür, daß zwischen Konditionalität und Reformen kein systematischer Zusammenhang zu bestehen scheint.

29. Siehe Mosley, Harrigan und Toye (1995) sowie Collier (1997).

30. Siehe Weltbank (1992a) sowie Mosley, Harrigan und Toye (1995).

31. Killick, Gunatilaka und Marr 1998.

32. Mosley und Eeckhout 2000.

33. Zu gesellschaftlichen Institutionen siehe Collier und Gunning (1999). Zu sozialen Fähigkeiten siehe Temple und Johnson (1998). Zur ethnischen Zersplitterung siehe Easterly und Levine (1997). Zur Ungleichheit siehe Bénabou (1996) und Perotti (1996a). Zur Geographie siehe Bloom und Sachs (1998).

34. Temple 1999. Diese Faktoren haben wahrscheinlich auch Einfluß auf die Effektivität der Hilfen gehabt (siehe Hansen und Tarp 2000).

35. Easterly et al. 1993; Rodrik 1998.

36. Siehe zum Beispiel OECD, DAC (1996), United Kingdom, Secretary of State for International Development (1997), World Bank Partnerships Group (1998b) und UNDP (1999b).

37. IWF und IDA 1999.

38. Berg 2000. Siehe auch Weltbank (1994a) und Datta-Mitra (1997).

39. Weltbank 1998k.

40. Collier und Dollar 2000.

41. Weltbank 1998b.

42. Dollar 2000.

43. IDA 1998. Die Zuteilung von Mitteln der IDA erfolgt auf der Grundlage einer Einschätzung der Länderleistung, welche die Country Policy and Institutional Assessment (CPIA, Gewichtung von 80 Prozent beim Rating) mit einem Maß der Projektportfolio-Leistung der IDA (Gewichtung von 20 Prozent) kombiniert. Im Falle von überaus schwachen Führungs- und Kontrollstrukturen wird die Einschätzung unter Umständen nach unten angepaßt, um der Tatsache gerecht zu werden, daß das Kriterium der Führungs- und Kontrollstrukturen lediglich ein Viertel der CPIA ausmacht (Weltbank 1999h).

44. Beispielsweise haben Llavador und Roemer (2000) einen neuen analytischen Rahmen für die Zuteilung von Hilfen vorgeschlagen, der auf der Erkenntnis beruht, daß ein Ausgleich der Möglichkeiten unter den Empfängerländern erfolgen sollte, um Wachstum zu erzielen.

45. Benyon 1999.

46. Siehe zum Beispiel Guillaumont, Guillaumont Jeanneney und Brun (1999), Rodrik (1998) sowie Collier und Gunning (1997).

47. Guillaumont und Chauvet 1999.

48. OECD 1999.

49. Siehe zum Beispiel Seymour et al. (2000) sowie Buse (1999).

50. Helleiner 2000b; World Bank Partnerships Group 1998a.

51. Schweden, Ministerium für äußere Angelegenheiten 1999.

52. Killick 1997.

53. Devarajan, Dollar und Holmgren 2000.

54. Zahlreiche Lehren dieser Art sind in Walt et al. (1999) sowie Foster (1999) dargestellt.

55. OECD 1999.

56. OECD 1999.

57. Jepma 1991.

58. Chinnock und Collinson 1999.

59. Berg 1993; Weltbank 1996e.

60. van Rooy 1998.

61. Gibbs, Fumo und Kuby 1999. Siehe auch Kruse et al. (1997).

62. Siehe Dänemark, Ministerium für äußere Angelegenheiten (2000).

63. Jubilee 2000 Coalition (www.jubilee2000uk.org).

64. Oxfam International 1999; Sachs et al. 1999.

65. Killick, Gunatilaka und Marr 1998.

66. Sachs et al. 1999.

67. Siehe zum Beispiel Claessens, Oks und Wijnbergen (1993).

68. Claessens et al. 1997.

69. Easterly 1999c. Neu aufgenommene Kredite beinhalten keine Umschuldungskredite.

70. Bruno und Easterly 1996.

71. Easterly 1999c.

72. Sachs 2000.

73. Die in diesem Absatz genannten Fragen wurden alle im Rahmen weitreichender Beratungsgespräche aufgeworfen, die von der Weltbank und dem Internationalen Währungsfonds veranstaltet wurden, um Partner über die Initiative für Strategien zum Abbau der Armut zu unterrichten und mit ihnen über diese Initiative zu beraten. Siehe Weltbank und IWF (2000a).

Hintergrundpapiere

Acemoglu, Daron, and James A. Robinson. "On the Political Economy of Institutions and Development."

Adato, Michelle, Timothy Besley, Lawrence Haddad, and John Hoddinott. "Participation and Poverty Reduction: Issues, Theory and New Evidence from South Africa."

Anderson, Mary B. "The Impacts of Natural Disasters on the Poor: A Background Note."

Anderson, Michael R. "Access to Justice and Legal Process: Making Legal Institutions Responsive to Poor People in LDCs."

Appleton, Simon, and Lina Song. "Income and Human Development at the Household Level: Evidence from Six Countries."

Austin, Gareth. "Background Note on Civil Strife and Poverty in Sub-Saharan Africa."

Banton, Michael. "Discrimination and Poverty."

Bardhan, Pranab. "Political Economy, Governance, and Poverty Reduction."

Centre L.-J. Lebret. "Attacking Poverty."

Chang, Pilwha. "Gender and Violence."

Connolly, Michelle. "The Impact of Removing Licenses and Restrictions to Import Technology on Technological Change."

Crook, Richard C., and Alan Sturla Sverrisson. "To What Extent Can Decentralized Forms of Government Enhance the Development of Pro-poor Policies and Improve Poverty-Alleviation Outcomes?"

Dahl, Robert A. "A Note on Politics, Institutions, Democracy and Equality."

Dasgupta, Partha. "Valuation and Evaluation: Measuring the Quality of Life and Evaluating Policy."

Davis, Shelton, and Anthony Oliver-Smith. "Post–Hurricane Mitch Rehabilitation and Reconstruction Mission."

de Janvry, Alain, Gregory Graff, Elisabeth Sadoulet, and David Zilberman. "Technological Change in Agriculture and Poverty Reduction."

Dercon, Stefan. "Income Risk, Coping Strategies, and Safety Nets."

Elwan, Ann. "Poverty and Disability."

Fields, Gary S. "Distribution and Development: A Summary of the Evidence for the Developing World."

Gereffi, Gary, and Martha Argelia Martinez. "Blue Jeans and Local Linkages: The Blue Jeans Boom in Torreon, Mexico."

Harriss, John. "How Much Difference Does Politics Make? Regime Differences across Indian States and Rural Poverty Reduction."

Herring, Ronald J. "Political Conditions for Agrarian Reform and Poverty Alleviation."

Hossain, Naomi, and Mick Moore, with Noushin Kalati, James Manor, and Elisa Reis. "Elites, Poverty and Development."

Houtzager, Peter P., and Jonathan Pattenden. "Finding the Shape of the Mountain: When 'the Poor' Set the Agenda."

INADES Formation Tchad. "Synthèse de la consultation de la Banque mondiale sur la pauvreté au Tchad."

Jayaraman, Rajshri. "Kerala and Uttar Pradesh: A Case Study."

Kurtz, Marcus. "The Political Economy of Pro-poor Policies in Chile and Mexico."

Leamer, Edward E., and Peter K. Schott. "Natural Resources as a Source of Latin American Income Inequality."

Lindauer, David. "Labor Market Reform and the Poor."

Lund, Frances, and Smita Srinivas. "Learning from Experience: A Framework for Social Protection for Workers in the Informal Economy."

Lustig, Nora. "Crises and the Poor: Socially Responsible Macroeconomics."

Manning, Daniel S. "The Role of Legal Services Organizations in Attacking Poverty."

Meerman, Jacob. "Slow Roads to Equality: A Study of Four Hard-Core Minorities—Issues from the Literature Review."

Moore, Mick, and James Putzel. "Politics and Poverty."

Moore, Mick, Jennifer Leavy, Peter P. Houtzager, and Howard White. "Polity Qualities: How Governance Affects Poverty."

Morley, Samuel A. "The Impact of Reforms on Equity in Latin America."

Niles, Kimberly J. "Economic Adjustment and Targeted Social Spending: The Role of Political Institutions (Indonesia, Mexico, and Ghana)."

Pawasuthipaisit, Anan, Sombat Sakuntasathien, and Robert M. Townsend. "Report to the Ford Foundation: Impact of the Thai Crisis."

Pouliquen, Louis. "Infrastructure and Poverty."

Prasad, Kameshwar, Paolo Belli, and Monica Das Gupta. "Links between Poverty, Exclusion, and Health."

Quah, Danny. "6 x 10^9: Some Dynamics of Global Inequality and Growth."

Rodriguez, Francisco. "Inequality, Economic Growth and Economic Performance."

Sebstad, Jennefer, and Monique Cohen. "Microfinance, Risk Management and Poverty."

Sinha, Saurabh, and Michael Lipton. "Damaging Fluctuations, Risk and Poverty: A Review."

Turok, Ben. "South Africa: From Exclusion to Integration."

Varshney, Ashutosh. "Democracy and Poverty."

Whitehead, Laurence, and George Gray-Molina. "The Long-Term Politics of Pro-poor Policies."

Winters, L. Alan. "Trade, Trade Policy and Poverty: What Are the Links?"

Wodon, Quentin. "Extreme Poverty and Human Rights: Essays on Joseph Wresinski."

Yaqub, Shahin. "How Equitable Is Public Spending on Health and Education?"

Bibliographie

Ablo, Emmanuel, and Ritva Reinikka. 1998. "Do Budgets Really Matter?" Policy Research Working Paper 1926. World Bank, Washington, D.C.

Abu-Habib, Lina. 1997. *Gender and Disability: Women's Experiences in the Middle East.* Oxford: Oxfam International.

Acemoglu, Daron, and James A. Robinson. 1999. "On the Political Economy of Institutions and Development." Background paper for *World Development Report 2000/2001.* Massachusetts Institute of Technology, Cambridge, Mass.; University of California at Berkeley; and World Bank, Washington, D.C.

Adams, Dale. 1984. "Mobilizing Household Savings through Rural Financial Markets." In J.D. von Pischke, Dale W. Adams, and Gordon Donald, eds., *Rural Financial Markets in Developing Countries: Their Use and Abuse.* Baltimore, Md.: Johns Hopkins University Press.

Adams, Dale W., Douglas Graham, and J.D. von Pischke. 1992. "Microenterprise Credit Programmes: Déjà Vu." *World Development* 20(10): 1463–70.

———, eds. 1983. *Limitations of Cheap Credit in Promoting Rural Development.* Economic Development Institute. Washington, D.C.: World Bank.

Adams, Richard. 1986. "Bureaucrats, Peasants, and the Dominant Coalition: An Egyptian Case Study." *Journal of Development Studies* 22: 336–54.

———. 1995. "Sources of Income Inequality and Poverty in Rural Pakistan." Research Report 102. International Food Policy Research Institute, Washington, D.C.

———. 1998. "The Political Economy of the Food Subsidy System in Bangladesh." *Journal of Development Studies* 35(10): 66–88.

———. 1999. "Nonfarm Income, Inequality, and Land in Rural Egypt." Policy Research Working Paper 2178. World Bank, Washington, D.C.

Adato, Michelle, Timothy Besley, Lawrence Haddad, and John Hoddinott. 1999. "Participation and Poverty Reduction: Issues, Theory and New Evidence from South Africa." Background paper for *World Development Report 2000/2001.* International Food Policy Research Institute and World Bank, Washington, D.C.

Ades, Alberto, and Edward Glaeser. 1999. "Evidence on Growth, Increasing Returns and the Size of the Market." *Quarterly Journal of Economics* 114(3): 1025–46.

Agarwal, Bina. 1994. "Gender and Legal Rights in Agricultural Land in India." *Economic and Political Weekly* 30: A39–56.

———. 1997. "Environmental Action, Gender Equity and Women's Participation." *Development and Change* 28(1): 1–44.

Aghion, Philippe, Eve Caroli, and Cecilia Garcia-Peñalosa. 1999. "Inequality and Income Growth: The Perspective of New Growth Theories." *Journal of Economic Literature* 27: 1615–60.

Ahmad, Ehtisham, and Nicholas Stern. 1987. "Alternative Sources of Government Revenue: Illustrations from India, 1979–80."

In David Newbery and Nicholas Stern, eds., *The Theory of Taxation for Developing Countries.* New York: Oxford University Press.

Aho, Gilbert Sylvain Lariviere, and Frederic Martin, eds. 1997. *Manuel d'analyse de la pauvreté: Applications au Bénin.* Quebec City: Université Laval, Université Nationale du Bénin, and United Nations Development Programme.

Aidt, Toke, Sabine Schlemmer-Schulte, and Zafiris Tzannatos. 2000. "Core Labor Standards and the Freedom of Association." World Bank, Washington, D.C.

Ainsworth, Martha, and Mead Over. 1994. "AIDS and African Development." *World Bank Research Observer* 9(2): 203–40.

Ainsworth, Martha, and Innocent Semali. 1998. "Who Is Most Likely to Die of AIDS? Socioeconomic Correlates of Adult Deaths in Kigera Region, Tanzania." In Martha Ainsworth, Lieve Fransen, and Mead Over, eds., *Confronting AIDS: Evidence from the Developing World.* Luxembourg: European Commission.

Ainsworth, Martha, Kathleen Beegle, and Andrew Nyamete. 1996. "The Impact of Women's Schooling on Fertility and Contraceptive Use: A Study of Fourteen Sub-Saharan African Countries." *World Bank Economic Review* 10: 85–122.

Akin, John, David K. Guilkey, and Hazel E. Denton. 1995. "Quality of Services and Demand for Health Care in Nigeria: A Multinomial Probit Estimation." *Social Science and Medicine* 40(11): 1527–37.

Akiyama, Takamasa, John Baffes, Jonathan Coulter, Donald F. Larson, and Panos Varangis. Forthcoming. "Commodity Market Reform in Africa: Why, How and What." World Bank and Natural Resource Institute, Washington, D.C.

Alderman, Harold. 1994. "Ghana: Adjustment's Star Pupil?" In David Sahn, ed., *Adjusting to Policy Failure in African Economies.* Ithaca, N.Y.: Cornell University Press.

Alderman, Harold, and Paul Gertler. 1997. "Family Resources and Gender Differences in Human Capital Investments: The Demand for Children's Medical Care in Pakistan." In Lawrence Haddad, John Hoddinott, and Harold Alderman, eds., *Intrahousehold Resource Allocation in Developing Countries: Methods, Models, and Policy.* Baltimore, Md.: Johns Hopkins University Press.

Alderman, Harold, and Victor Lavy. 1996. "Household Responses to Public Health Services: Cost and Quality Tradeoffs." *World Bank Research Observer* 11(2): 3–22.

Alderman, Harold, and Christina Paxson. 1992. "Do the Poor Insure? A Synthesis of the Literature on Risk and Consumption in Developing Countries." Policy Research Working Paper 1008. World Bank, Washington, D.C.

Alderman, Harold, Peter Orazem, and Elizabeth M. Paterno. 1996. "School Quality, School Cost, and the Public/Private School Choices of Low-Income Households in Pakistan." Impact Evaluation of Education Reforms Paper 2. World Bank, Washington, D.C.

Alderman, Harold, Simon Appleton, Lawrence Haddad, Lina Song, and Yisehac Yohannes. 2000. *Reducing Child Malnutrition: How Far Does Income Growth Take Us?* Washington, D.C.: World Bank.

Alesina, Alberto, and David Dollar. 1998. "Who Gives Foreign

Aid to Whom and Why?" NBER Working Paper 6612. National Bureau of Economic Research, Cambridge, Mass.

Alesina, Alberto, and Eliana La Ferrara. 1999. "Participation in Heterogeneous Communities." NBER Working Paper 7155. National Bureau of Economic Research, Cambridge, Mass.

Alesina, Alberto, and Dani Rodrik. 1994. "Distributive Politics and Economic Growth." *Quarterly Journal of Economics* 109: 465–90.

Alesina, Alberto, and Beatrice Weder. 1999. "Do Corrupt Governments Receive Less Foreign Aid?" NBER Working Paper 7108. National Bureau of Economic Research, Cambridge, Mass.

Alesina, Alberto, Reza Baqir, and William Easterly. 1998. "Public Goods and Ethnic Divisions." Policy Research Working Paper 2108. World Bank, Washington, D.C.

Alston, Julian M., Philip G. Pardey, and Vincent H. Smith. 1998. "Financing Agricultural R&D in Rich Countries: What's Happening and Why." *Australian Journal of Agricultural and Resource Economics* 42(1): 51–82.

Alston, Lee J., Gary D. Libecap, and Robert Schneider. 1996. "The Determinants and Impact of Property Rights: Land Titles on the Brazilian Frontier." NBER Working Paper 5405. National Bureau of Economic Research, Cambridge, Mass.

Altieri, Miguel A., and Peter Rosett. 1999. "Ten Reasons Why Biotechnology Will Not Ensure Food Security, Protect the Environment and Reduce Poverty in the Developing World." Paper presented at International Conference on Ensuring Food Security, Protecting the Environment, and Reducing Poverty in Developing Countries: Can Biotechnology Help? Consultative Group on International Agricultural Research and U.S. Academy of Sciences, October, Washington, D.C.

Altimir, Oscar, and Luis Becaria. 1998. "Política macroeconómica y pobreza en América Latina y el Caribe." In Enrique Ganuza, Lance Taylor, and Samuel A. Morley, eds., *Efectos de los cambios macroeconomicos y de las reformas sobre la pobreza urbana en la Argentina.* Mexico City: Mundi-Prensa.

Amis, Philip. 1994. "Indian Urban Poverty: Labor Markets, Gender, and Shocks." *Journal of International Development* 6(5): 635–43.

Anand, Sudhir, and Ravi Kanbur. 1993. "Inequality and Development: A Critique." *Journal of Development Economics* 41: 19–43.

Anand, Sudhir, and Martin Ravallion. 1993. "Human Development in Poor Countries: On the Role of Private Incomes and Public Services." *Journal of Economic Perspectives* 7: 133–50.

Anderson, Benedict. 1983. *Imagined Communities: Reflections on the Origin and Spread of Nationalism.* London: Verso.

Anderson, Jock R. 1998. "Selected Policy Issues in International Agricultural Research: On Striving for International Public Goods in an Era of Donor Fatigue." *World Development* 26(6): 1149–62.

Anderson, Jock R., and Dana G. Dalrymple. 1999. "World Bank, the Grant Program, and the CGIAR: A Retrospective Review." OED Working Paper Series, no. 1. World Bank, Washington, D.C.

Anderson, Kym. 1999. "Agriculture, Developing Countries, and the WTO Millennium Round." Centre for International Economic Studies Discussion Paper 99/28. University of Adelaide, Australia.

Anderson, Kym, Bernard Hoekman, and Anna Strutt. 1999. "Agriculture and the WTO: Next Steps." Paper presented at Second Annual Conference on Global Economic Analysis, Avernaes Conference Centre, 20–22 June, Helnaes, Denmark.

Anderson, Mary B. 1999. "The Impacts of Natural Disaster on the Poor: A Background Note." Background paper for *World Development Report 2000/2001.* Cornell University, Ithaca, N.Y.; and World Bank, Washington, D.C.

Anderson, Mary B., and Peter Woodrow. 1989. *Rising from the Ashes: Development Strategies in Times of Disaster.* Boulder, Colo.: Westview.

Anderson, Michael R. 1999. "Access to Justice and Legal Process: Making Legal Institutions Responsive to Poor People in LDCs." Background paper for *World Development Report 2000/2001.* World Bank, Washington, D.C.

Andersson, Neil, Cesar Palha da Sousa, and Sergio Paredes. 1995. "Social Cost of Land Mines in Four Countries: Afghanistan, Bosnia, Cambodia, and Mozambique." *British Medical Journal* 311: 718–21.

Andors, Phyllis. 1983. *The Unfinished Liberation of Chinese Women, 1949–1980.* Bloomington: Indiana University Press.

Aoyama, Atsuko. 1999. *Toward a Virtuous Circle: A Nutrition Review of the Middle East and North Africa.* Washington, D.C.: World Bank.

Appleton, Simon, and Lina Song. 1999. "Income and Human Development at the Household Level: Evidence from Six Countries." Background paper for *World Development Report 2000/2001.* University of Bath, Department of Economics and International Development; and World Bank, Washington, D.C.

Appleton, Simon, with Tom Emwanu, Johnson Kagugube, and James Muwonge. 1999. "Changes in Poverty in Uganda, 1992–1997." Working Paper 99.22. Oxford University, Centre for the Study of African Economies.

Aristy, Jaime, and Andres Dauhajre. 1998. "Efectos de las politicas macroeconomicas y sociales sobre la pobreza en la República Dominicana." Inter-American Development Bank, Sustainable Development Department, Washington, D.C.

Arnold, Michael J.E. 1998. "Forestry and Sustainable Rural Livelihoods." In Diana Carney, ed., *Sustainable Rural Livelihoods: What Contribution Can We Make? Implementing the Sustainable Rural Livelihoods Approach.* London. U.K. Department for International Development.

———. Forthcoming. "Devolution of Control of Common-Pool Resources to Local Communities: Experiences in Forestry." In Alain de Janvry, Gustavo Gordillo, Jean-Philippe Platteau, and Elisabeth Sadoulet, eds., *Access to Land, Rural Poverty and Public Action.* New York: Oxford University Press.

Arrow, Kenneth. 1963. "Uncertainty and the Welfare Economics of Medical Care." *American Economic Review* 53: 941–73.

———. 2000. "Observations on Social Capital." In Partha Dasgupta and Ismail Serageldin, eds., *Social Capital: A Multifaceted Perspective.* Washington, D.C.: World Bank.

Arulpragasam, Jehan, and Carlo del Ninno. 1996. "Do Cheap Imports Harm the Poor? Rural-Urban Tradeoffs in Guinea." In

David E. Sahn, ed., *Economic Reform and the Poor in Africa.* Oxford: Clarendon.

Aryeetey, Ernest. 1996. "Aid Effectiveness in Ghana." Overseas Development Institute, London.

Asia Foundation and AKATIGA. 1999. *The Impact of Economic Crisis on Indonesian Small and Medium Enterprises.* Jakarta: Asia Foundation.

Asiimwe, Delius. 1997. "Informal Health Markets and Formal Health Financing Policy in Uganda." London School of Hygiene, London; and Makerere Institute of Social Research, Kampala.

Atkinson, Anthony Barnes. 1981. "On Intergenerational Income Mobility in Britain." *Journal of Post-Keynesian Economics* 3: 194–218.

———. 1998. "Equity Issues in a Globalizing World: The Experience of OECD Countries." Paper presented at conference on economic policy and equity, International Monetary Fund, June, Washington, D.C.

Atkinson, Anthony Barnes, and François Bourguignon. Forthcoming. "Poverty and Inclusion from a World Perspective." In Pierre-Alain Muet and Joseph E. Stiglitz, eds., *Global Governance, Markets and Equity.* New York: Oxford University Press.

Austin, Gareth. 1999. "Background Note on Civil Strife and Poverty in Sub-Saharan Africa." Background paper for *World Development Report 2000/2001.* London School of Economics and Political Science; and World Bank, Washington, D.C.

Azandossessi, Arsène. 2000. "The Struggle for Water in Urban Areas of Nouakchott, Mauritania." *WATERfront* 13. United Nations Children's Fund, New York.

Bajpai, Nirupam, and Jeffrey Sachs. 1999. "The Progress of Policy Reform and Variations in Performance at the Sub-National Level in India." Development Discussion Paper 730. Harvard Institute for International Development, Cambridge, Mass.

Bale, Malcolm. 1999. "The Rural Poor: A Thematic Approach." World Bank, East Asia and Pacific Region, Washington, D.C.

Bale, Malcolm, and Tony Dale. 1998. "Public Sector Reform in New Zealand and Its Relevance to Developing Countries." *World Bank Research Observer* 13(1): 103–21.

Banarjee, Ajit, Gabriel Campbell, Maria Concepcion J. Cruz, Shelton H. Davis, and Augusta Molnar. 1997. "Participation in Forest Management and Conservation." Environment Department Paper 49. World Bank, Washington, D.C.

Banerjee, Abhijit V., and Esther Duflo. 2000. "Inequality and Growth: What Can the Data Say?" Massachusetts Institute of Technology, Department of Economics, Cambridge, Mass.

Banerjee, Abhijit V., Paul Gertler, and Maireesh Ghatak. 1998. "Empowerment and Efficiency: The Economics of Agrarian Reform." Massachusetts Institute of Technology Working Paper 98-22. Department of Economics, Cambridge, Mass.

Banerjee, Abhijit V., Dilip Mookherjee, Kaivan Munshi, and Debraj Ray. 2000. "Inequality, Control Rights and Rent Seeking: Sugar Cooperatives in Maharashtra." Boston University; Massachusetts Institute of Technology, Cambridge, Mass.; and Instituto de Análisis Económico, Barcelona.

Banerji, Arup, and Hafez Ghanem. 1997. "Does the Type of Po-

litical Regime Matter for Trade and Labor Market Policies?" *Economic Review* 11(1): 171–94.

Banton, Michael. 1999. "Discrimination and Poverty." Background paper for *World Development Report 2000/2001.* Cambridge University; and World Bank, Washington, D.C.

Bardhan, Pranab. 1997a. "Method in the Madness? A Political-Economy Analysis of the Ethnic Conflicts in Less Developed Countries." *World Development* 25(9): 1381–98.

———. 1997b. *The Role of Governance in Economic Development: A Political Economy Approach.* OECD Development Centre Study. Washington, D.C.: Washington Center Press.

———. 1999a. "Democracy and Development: A Complex Relationship." In Ian Shapiro and Casiano Hacker-Cordón, eds., *Democracy's Values.* New York: Cambridge University Press.

———. 1999b. "Political Economy, Governance and Poverty Reduction." Background paper for *World Development Report 2000/2001.* University of California at Berkeley, Institute of International Studies; and World Bank, Washington, D.C.

Bardhan, Pranab, and Dilip Mookherjee. 1999. "Capture and Governance at Local and National Levels." University of California at Berkeley, Institute of International Studies; and Boston University, Department of Economics.

Bardhan, Pranab, and Christopher Udry. 1999. *Development Microeconomics.* New York: Oxford University Press.

Barham, Christopher. 2000. "The Mexican Fund for Natural Disasters (Fonden)." Box for *World Development Report 2000/2001.* World Bank, Washington, D.C.

Barnes, Douglas F., and Jonathan Halpern. 2000. "The Role of Energy Subsidies." In Energy Sector Management Assistance Programme, *Energy and Development Report 2000: Energy Services for the World's Poor.* Washington, D.C.: World Bank.

Barnes, Douglas F., Robert van der Plas, and Willem Floor. 1997. "Tackling the Rural Energy Problem in Developing Countries." *Finance and Development* 34: 11–15.

Barr, Abigail. 1998. "Enterprise Performance and the Functional Diversity of Social Capital." Working Paper Series, no. 98-1. Oxford University, Institute of Economics and Statistics.

———. 1999. "Collective Action and Bilateral Interaction in Ghanaian Entrepreneurial Networks." Oxford University, Centre for the Study of African Economies.

Barraclough, Solon, and Daniel Moss. 1999. *Toward Greater Food Security in Central America following Hurricane Mitch.* Boston: Oxfam America.

Barrett, Christopher. 1996. "On Price Risk and the Inverse Farm-Size Productivity Relationship." *Journal of Development Economics* 51(2): 193–215.

———. 1998a. "Food Aid: Is It Development Assistance, Trade Promotion, Both or Neither?" *American Journal of Agricultural Economics* 80(3): 566–71.

———. 1998b. "Immiserized Growth in Liberalized Agriculture." *World Development* 26: 743–53.

———. 1999. "On Vulnerability, Asset Poverty and Subsidiarity." Comments to Ford–Rockefeller Foundation Seminar Series Session, Managing Vulnerability and Shocks within the Agro-Food System, 20 May, New York.

Barrett, Christopher, and Michael Carter. 1999. "Can't Get Ahead for Falling Behind: New Directions for Development

Policy to Escape Poverty and Relief Traps." U.S. Agency for International Development, Washington, D.C.

Barrett, Christopher, and Paul Dorosh. 1996. "Farmers' Welfare and Changing Food Prices: Nonparametric Evidence from Rice in Madagascar." *American Journal of Agricultural Economics* 78: 656–69.

Barrett, Scott. 1999. "Montreal versus Kyoto: International Cooperation and the Global Environment." In Inge Kaul, Isabelle Grunberg, and Marc Stern, eds., *Global Public Goods: International Cooperation in the 21st Century.* New York: Oxford University Press.

———. Forthcoming. "A Theory of Full International Cooperation." *Journal of Theoretical Politics.*

Barro, Robert J. 1996a. *Health and Economic Growth.* Washington, D.C.: Pan American Health Organization.

———. 1996b. "Institutions and Growth: An Introductory Essay." *Journal of Economic Growth* 1(1): 145–48.

———. 1997. *Determinants of Economic Growth: A Cross-Country Empirical Study.* Cambridge, Mass.: MIT Press.

———. 1999. "Inequality, Growth, and Investment." Harvard University, Department of Economics, Cambridge, Mass.

Barro, Robert J., and Xavier Sala-i-Martin. 1995. *Economic Growth.* New York: McGraw-Hill.

Barros, Ricardo, Rosane Mendonca, and Sonia Rocha. 1995. "Brazil: Welfare, Inequality, Poverty, Social Indicators, and Social Programs in the 1980's." In Nora Lustig, ed., *Coping with Austerity.* Washington, D.C.: Brookings Institution.

Barwell, Ian. 1996. "Transport and the Village: Findings from African Village-Level Travel and Transport Surveys and Related Studies." Africa Region Series Discussion Paper 344. World Bank, Washington, D.C.

Basta, Samir S., Alan Berg, and Susan Brems. 1986. *Guidelines for Work in Nutrition.* Population, Health, and Nutrition Department. Washington, D.C.: World Bank.

Basu, Alaka Malwade. 1995. "Poverty and AIDS: The Vicious Circle." Division of Nutritional Sciences Working Paper 95.02. Cornell University, Ithaca, N.Y.

Basu, Kaushik. 1998. "Child Labor: Cause, Consequence, and Cure, with Remarks on International Labor Standards." Policy Research Working Paper 2027. World Bank, Washington, D.C.

———. 1999a. "Child Labor: Cause, Consequence, and Cure, with Remarks on International Labor Standards." *Journal of Economic Literature* 38: 1083–119.

———. 1999b. "International Labor Standards and Child Labor." *Challenge* 42(5): 80–93.

Basu, Kaushik, and Pham Hoang Van. 1998. "The Economics of Child Labor." *American Economic Review* 88: 412–27.

Bates, Robert H. 1989. *Beyond the Miracle of the Market: The Political Economy of Agrarian Development in Kenya.* New York: Cambridge University Press.

———. 1997. "Political Institutions and Economic Growth in Africa." Development Discussion Paper 583. Harvard Institute for International Development, Cambridge, Mass.

———. 1999. "Ethnicity, Capital Formation and Conflict." Center for International Development Working Paper 27. Harvard University, Cambridge, Mass.

Batson, Amie, and Piers Whitehead. 1999. "HIV/AIDS Vaccines: What Motivates Private Investment in R&D?" AIDS Vaccine Task Force Commissioned Paper. Mercer Management and World Bank, Washington, D.C.

Baudot Sundberg, Barbara, and William Moomaw, eds. 1999. *People and Their Planet.* New York: St. Martin's.

Baulch, Bob, and John Hoddinott. Forthcoming. "Economic Mobility and Poverty Dynamics in Developing Countries." *Journal of Development Studies.*

Baum, Warren. 1986. *Partners against Hunger.* Washington, D.C.: World Bank.

Bebbington, Anthony. 1996. "Organizations and Intensification: Campesino Federations, Rural Livelihoods and Agricultural Technology in the Andes and Amazonia." *World Development* 24(7): 1161–78.

———. 1997. "Social Capital and Rural Intensification: Local Organizations and Islands of Sustainability in the Rural Andes." *Geographical Journal* 163(2): 189–97.

———. 1999. "Capitals and Capabilities: A Framework for Analyzing Peasant Viability, Rural Livelihoods and Poverty." *World Development* 27(12): 2021–44.

Bebbington, Anthony, and Thomas Carroll. 2000. "Induced Social Capital and Federations of the Rural Poor." Social Capital Initiative Working Paper 19. World Bank, Social Development Department, Washington, D.C.

Bebbington, Anthony, and Thomas Perreault. 1999. "Social Capital, Development and Access to Resources in Highland Ecuador." *Economic Geography* 75(4): 395–418.

Becker, Gary. 1960. "An Economic Analysis of Fertility." In Universities-National Bureau Committee for Economic Research, *Demographic and Economic Change in Developed Countries.* National Bureau of Economic Research Conference Series, no. 11. Princeton, N.J.: Princeton University Press.

Behrman, Jere R. 1987. "Schooling in Developing Countries: Which Countries Are the Over- and Underachievers and What Is the Schooling Impact?" *Economics of Education Review* 6(2): 111–27.

———. 1988. "Intra-Household Allocation of Nutrients in Rural India: Are Boys Favored? Do Parents Exhibit Inequality Aversion?" *Oxford Economic Papers* 40(1): 32–54.

———. 1996. "The Impact of Health and Nutrition on Education." *World Bank Research Observer* 11(1): 23–37.

Behrman, Jere R., and Anil Deolalikar. 1990. "The Intra-Household Demand for Nutrients in Rural South India: Individual Estimates, Fixed Effects and Permanent Income." *Journal of Human Resources* 24(4): 655–96.

Behrman, Jere R., and James C. Knowles. 1997. "How Strongly Is Child Schooling Associated with Household Income?" University of Pennsylvania, Philadelphia; and Abt Associates, Cambridge, Mass.

Behrman, Jere R., Suzanne Duryea, and Miguel Székely. 1999. "Aging and Economic Options: Latin America in a World Perspective." Inter-American Development Bank, Office of the Chief Economist, Washington, D.C.

Bellew, Rosemary T., and Elizabeth M. King. 1993. "Educating Women: Lessons from Experience." In Elizabeth M. King and Anne M. Hill, eds., *Barriers, Benefits, and Policies.* Baltimore, Md.: Johns Hopkins University Press.

Bénabou, Roland. 1996. "Inequality and Growth." In Ben Bernanke and Julio Rotemberg, eds., *National Bureau of Economic Research Macroeconomics Annual.* Cambridge, Mass.: MIT Press.

Benhabib, Jess, and Mark M. Spiegel. 1994. "The Role of Human Capital in Economic Development: Evidence from Aggregate Cross-Country Data." *Journal of Monetary Economics* 34(2): 143–73.

Bennett, Lynn, Mike Goldberg, and Pamela Hunte. 1996. "Ownership and Sustainability: Lessons on Group-Based Financial Services from South Asia." *Journal of International Development* 8(2): 271–88.

Benson, Charlotte. 1997a. "The Economic Impact of Natural Disasters in Fiji." Working Paper 97. Overseas Development Institute, London.

———. 1997b. "The Economic Impact of Natural Disasters in the Philippines." Working Paper 99. Overseas Development Institute, London.

———. 1997c. "The Economic Impact of Natural Disasters in Vietnam." Working Paper 98. Overseas Development Institute, London.

Benson, Charlotte, and Edward Clay. 1998. *The Impact of Drought on Sub-Saharan African Economies: A Preliminary Examination.* World Bank Technical Paper 401. Washington, D.C.

Benyon, Jonathan. 1999. "*Assessing Aid* and the Collier/Dollar Poverty Efficient Aid Allocations: A Critique." U.K. Department for International Development, London.

Berg, Elliott J. 1993. *Rethinking Technical Cooperation: Reforms for Capacity Building in Africa.* New York: United Nations Development Programme.

———. 2000. "Aid and Failed Reforms: The Case of Public Sector Management." In Finn Tarp, ed., *Foreign Aid and Development: Lessons Learnt and Directions for the Future.* London: Routledge.

Berg, Janine, and Lance Taylor. 2000. "External Liberalization, Economic Performance, and Social Policy." Center for Economic Policy Analysis Working Paper Series I, Working Paper 12. New School University, New York.

Berkovitz, Daniel, Katherina Pistor, and Jean-François Rischard. 1999. "Economic Development, Legality and the Transplant Effect." University of Pittsburgh; and Max Planck Institute, Rostock, Germany.

Berman, Eli, and Stephen Machin. 2000. "Skilled-Biased Technology Transfer: Evidence of Factor-Biased Technological Change in Developing Countries." Boston University, Department of Economics.

Berry, Sara. 1989. "Social Institutions and Access to Resources." *Africa* 59(1): 41–55.

Bertrand, Marianne, Douglas Miller, and Sendhil Mullainathan. 1999. "Public Policy and Extended Families: Evidence from South Africa." Princeton University, Princeton, N.J.

Besley, Timothy. 1995a. "Property Rights and Investment Incentives: Theory and Evidence from Ghana." *Journal of Political Economy* 103(5): 903–37.

———. 1995b. "Savings, Credit and Insurance." In Jere R.

Behrman and T.N. Srinivasan, eds., *Handbook of Development Economics.* Amsterdam: Elsevier Science.

Besley, Timothy, and Robin Burgess. 1998. "Land Reform, Poverty Reduction and Growth: Evidence from India." New Series, DERP-13. London School of Economics and Political Science.

———. 2000. "Does Media Make Government More Responsive? Theory and Evidence from Indian Famine Relief Policy." Suntory and Toyota International Centres for Economics and Related Disciplines (STICERD), London School of Economics and Political Science.

Besley, Timothy, and Stephen Coate. 1995. "Group Lending, Repayment Incentives and Social Collateral." *Journal of Development Economics* 46: 1–18.

Bhagwati, Jagdish, and T.N. Srinivasan. 1999. "Outward Orientation and Development: Are the Revisionists Right?" Paper contributed to festschrift in honor of Anne Krueger. [www.columbia.edu/cu/economics/].

Bhalla, Surjit. 2000. "Growth and Poverty in India: Myth and Reality." Oxus Research and Investments, New Delhi.

Bhargava, Alok. 1997. "A Longitudinal Analysis of Infant and Child Mortality Rates in Developing Countries." *Indian Economic Review* 32: 141–53.

Bhargava, Alok, Dean Jamison, Lawrence Lau, and Christopher Murray. 2000. "Modelling the Effects of Health on Economic Growth." World Health Organization, Geneva.

Bhatt, Ela. 1989. "Toward Empowerment." *World Development* 17(7): 1059–65.

———. 2000. "Notes on the Politics of Poverty Reduction." In Gudrun Kochendörfer-Lucius and Boris Pleskovic, eds., *Inclusion, Justice, and Poverty Reduction.* Berlin: German Foundation for International Development.

Bhatt, Mihir. 1999a. "Natural Disaster as National Shocks to Poor and Development." Paper presented at *World Development Report 2000/2001* Summer Workshop, World Bank, July, Washington, D.C.

———. 1999b. "Vulnerability Matters." Paper presented at International Decade for Natural Disaster Reduction Programme Forum, United Nations Development Programme, July, Geneva.

Bidani, Benu, and Hyeok Jong. 1999. "Explaining the Dynamics of Inequality in Thailand: 1981–1996." World Bank, East Asia and Pacific Region, Washington, D.C.

Bidani, Benu, and Martin Ravallion. 1996. "Decomposing Social Indicators Using Distributional Data." *Journal of Econometrics* 77(1): 125–40.

Bigio, Anthony, ed. 1998. *Social Funds and Reaching the Poor: Experiences and Future Directions.* Washington, D.C.: World Bank, Economic Development Institute.

Binder, Melissa. 1999. "Schooling Indicators during Mexico's Lost Decade." *Economics of Education Review* 18(2): 183–99.

Binswanger, Hans, and Shahidur Khandker. 1995. "The Impact of Formal Finance on the Rural Economy of India." *Journal of Development Studies* 32(2): 234–62.

Biodiversity Support Program. 1993. *African Biodiversity: Foundation for the Future.* Washington, D.C.

Birdsall, Nancy. Forthcoming. "New Findings in Economics and

Demography: Policy Implications." In Nancy Birdsall, Allen C. Kelley, and Steven Sinding, eds., *Population Does Matter: Demography, Growth, and Poverty in the Developing World.* New York: Oxford University Press.

Birdsall, Nancy, and Augusto de la Torre. 2000. "Economic Reform in Unequal Latin American Societies." Carnegie Endowment for International Peace and Inter-American Dialogue, Washington, D.C.

Birdsall, Nancy, and Robert Hecht. 1995. "Swimming against the Tide: Strategies for Improving Equity in Health." Human Resources Development and Operations Policy Working Paper 55. World Bank, Washington, D.C.

Birdsall, Nancy, and Robert Z. Lawrence. 1999. "Deep Integration and Trade Agreements: Good for Developing Countries?" In Inge Kaul, Isabelle Grunberg, and Marc Stern, eds., *Global Public Goods: International Cooperation in the 21st Century.* New York: Oxford University Press.

Birdsall, Nancy, and Juan Luis Londoño. 1997. "Asset Inequality Matters: An Assessment of the World Bank's Approach to Poverty Reduction." *American Economic Review* 87(2): 32–37.

Birdsall, Nancy, Carol Graham, and Richard H. Sabot. 1998. *Beyond Tradeoffs: Market Reform and Equitable Growth in Latin America.* Washington, D.C.: Inter-American Development Bank and Brookings Institution.

Birdsall, Nancy, Allen C. Kelley, and Steven Sinding, eds. Forthcoming. *Population Does Matter: Demography, Growth, and Poverty in the Developing World.* New York: Oxford University Press.

Bisat, Amer, R. Barry Johnston, and Vasudevan Sundararajan. 1999. "Sequencing Financial Reform and Liberalization in Five Developing Countries." In Barry R. Johnston and Vasudevan Sundararajan, eds., *Sequencing Financial Sector Reforms: Country Experiences and Issues.* Washington, D.C.: International Monetary Fund.

Blackden, Mark, and Chitra Bhanu. 1999. *Gender, Growth and Poverty Reduction: Special Program of Assistance for Africa.* World Bank Technical Paper 428. Washington, D.C.

Blackhurst, Richard. 1997a. "The Capacity of the WTO to Fill Its Mandate." In Anne Krueger, ed., *The WTO as an International Organization.* Chicago: University of Chicago Press.

———. 1997b. "The WTO and the Global Economy." *World Economy* 20: 527–44.

Blair, Harry. 2000. "Participation and Accountability at the Periphery: Democratic Local Governance in Six Countries." *World Development* 28(1): 21–39.

Blair, Harry, and Gary Hansen. 1994. "Weighing in on the Scales of Justice: Strategic Approaches for Donor-Supported Rule of Law Programs." Assessment Report 7. U.S. Agency for International Development, Program and Operations, Washington, D.C.

Blanchard, Olivier, and Andrei Shleifer. 2000. "Federalism with and without Political Centralization: China versus Russia." NBER Working Paper 7616. National Bureau of Economic Research, Cambridge, Mass.

Bloom, David E., and Jeffrey D. Sachs. 1998. "Geography, Demography, and Economic Growth in Africa." *Brookings Papers on Economic Activity* 2: 207–95.

Bloom, David E., and Jeffrey G. Williamson. 1997. "Demographic Transitions and Economic Miracles in Emerging Asia." NBER Working Paper 6268. National Bureau of Economic Research, Cambridge, Mass.

Bodart, Claude, and Jennie L. Litvack. 1993. "User Fees Plus Quality Equals Improved Access to Health Care: Results of a Field Experiment in Cameroon." *Social Science and Medicine* 37(3): 369–83.

Boland, John, and Dale Whittington. 2000. "Water Tariff Design in Developing Countries: Disadvantages of Increasing Block Tariffs (IBTs) and Advantages of Uniform Price with Rebate (UPR) Designs." World Bank, Development Research Group, Washington, D.C.

Bonilla-Chacin, Maria, and Jeffrey S. Hammer. 1999. "Life and Death among the Poorest." World Bank, Development Research Group, Washington, D.C.

Bonitatibus, Ester, and Jonathan Cook. 1996. "Incorporating Gender in Food Security Policies: A Handbook for Policymakers in Commonwealth Africa." Commonwealth Secretariat, London.

Boone, Peter. 1994. "The Impact of Foreign Aid on Savings and Growth." London School of Economics and Political Science.

Booth, David, John Milimo, Ginny Bond, and Silverio Chimuka. 1995. "Coping with Cost Recovery: A Study of the Social Impact and Responses to Cost Recovery in Basic Services (Health and Education) in Poor Communities in Zambia." Task Force on Poverty Reduction Working Paper 3. Swedish International Development Cooperation Agency, Stockholm.

Borjas, George J. 1992. "Ethnic Capital and Intergenerational Mobility." *Quarterly Journal of Economics* 107(1): 123–50.

———. 1997. "To Ghetto or Not to Ghetto: Ethnicity and Residential Segregation." NBER Working Paper 6176. National Bureau of Economic Research, Cambridge, Mass.

Borjas, George J., and Glenn T. Sueyoshi. 1997. "Ethnicity and the Intergenerational Transmission of Welfare Dependency." NBER Working Paper 6175. National Bureau of Economic Research, Cambridge, Mass.

Bouderbala, Negib, and Paul Pascon. 1970. "Le droit et le fait dans la société composite." Essai d'introduction au système juridique marocain BESM 117. Rabat.

Bourguignon, François. 1999. "Inclusion, Structural Inequality and Poverty: Interplay of Economic and Social Forces." World Bank, Research Advisory Staff, Washington, D.C.; and Delta, Paris.

Bourguignon, François, and Satya Chakravarty. 1998. "Multidimensional Measures of Poverty." Delta Working Paper 98-12. Paris.

Bourguignon, François, and Pierre-André Chiappori. 1992. "Collective Models of Household Behavior." *European Economic Review* 36(2–3): 355–64.

Bourguignon, François, and Christian Morrisson, eds. 1992. *Adjustment and Equity in Developing Countries: A New Approach.* Paris: Organisation for Economic Co-operation and Development.

———. 1998. "Inequality and Development: The Role of Dualism." *Journal of Development Economics* 57: 233–57.

———. 1999. "The Size Distribution of Income among World

Citizens." Delta and University of Paris, Département et laboratoire d'économie théorique et appliquée, Paris.

Bourguignon, François, Albert Berry, and Christian Morrisson. 1981. *The World Distribution of Incomes between 1950 and 1977.* Paris: Ecole Normale Supérieure.

Bourguignon, François, Francisco Ferreira, and Nora Lustig. 1997. "The Microeconomics of Income Distribution Dynamics in East Asia and Latin America." Research proposal. Inter-American Development Bank and World Bank, Washington, D.C.

Bourguignon, François, Myra Fournier, and Marc Gurgand. 1998. "Distribution, Development and Education: Taiwan, 1979–1994." World Bank, Research Advisory Staff, Washington, D.C..

Bourguignon, François, Sylvie Lambert, and Akiko Suwa-Eisenmann. 1996. "Distribution of Export Price Risk in a Developing Country." CEPR Discussion Paper 1482. Centre for Economic Policy Research, London.

Boyce, James K. 1987. *Agrarian Impasse in Bengal: Agricultural Growth in Bangladesh and West Bengal 1949–1980.* Oxford: Oxford University Press.

Braithwaite, Jeanine D. 1997. "The Old and New Poor in Russia." In Jeni Klugman, ed., *Poverty in Russia: Public Policy and Private Responses.* Economic Development Institute. Washington, D.C.: World Bank.

Brandsma, Judith, and Rafika Chaouali. 1998. "Making Microfinance Work in the Middle East and North Africa." World Bank, Private Sector Development and Finance Group, Washington, D.C.

Bratton, Michael, and Nicolas van de Walle. 1997. *Democratic Experiments in Africa: Regime Transitions in Comparative Perspective.* New York: Cambridge University Press.

Brautigam, Deborah. 1997. "Substituting for the State: Institutions and Industrial Development in Eastern Nigeria." *World Development* 25(7): 1063–80.

Braverman, Avishay, and José-Luis Guasch. 1993. "Administrative Failures in Government Credit Programs." In Karla Hoff, Avishay Braverman, and Joseph E. Stiglitz, eds., *The Economics of Rural Organization: Theory, Practice, and Policy.* New York: Oxford University Press.

Bredie, Joseph W.B., and Girindre K. Beehary. 1998. *School Enrollment Decline in Sub-Saharan Africa.* World Bank Discussion Paper 395. Washington, D.C.

Brehm, Vicky Mancuso. 2000. "Environment, Advocacy, and Community Participation: MOPAWI in Honduras." *Development in Practice* 10(1): 94–98.

Breton, Albert. 1965. "A Theory of Government Grants." *Canadian Journal of Economics and Political Science* 31: 147–57.

Briggs, Xavier. 1998. "Brown Kids in White Suburbs: Housing Mobility and the Multiple Faces of Social Capital." *Housing Policy Debate* 9(1): 177–221.

Brockerhoff, Martin, and Ellen Brennan. 1998. "The Poverty of Cities in Developing Regions." *Population and Development* 24(1): 75–114.

Brockerhoff, Martin, and Paul Hewett. 1998. "Ethnicity and Child Mortality in Sub-Saharan Africa." Population Council Working Paper 107. New York.

Brook Cowen, Penelope. 1997. "Getting the Private Sector Involved in Water: What to Do in the Poorest of Countries." Viewpoint 103. World Bank, Finance, Private Sector, and Infrastructure Network, Washington, D.C.

Brook Cowen, Penelope, and Nicola Tynan. 1999. "Reaching the Urban Poor with Private Infrastructure." Viewpoint 188. World Bank, Finance, Private Sector, and Infrastructure Network, Washington, D.C.

Brown, Charles, and Wallace Oates. 1987. "Assistance to the Poor in a Federal System." *Journal of Public Economics* 32: 307–30.

Brown, David, and Darcy Ashman. 1996. "Participation, Social Capital, and Intersectoral Problem Solving: African and Asian Cases." *World Development* 24(9): 1467–79.

Brunetti, Aymo. 1997. "Political Variables in Cross-Country Analysis." *Journal of Economic Surveys* 11(2): 163–90.

Bruno, Michael, and William Easterly. 1996. "Inflation's Children: Tales of Crises That Beget Reforms." NBER Working Paper 5452. National Bureau of Economic Research, Cambridge, Mass.

———. 1998. "Inflation Crises and Long-Run Growth." *Journal of Monetary Economics* 41: 3–26.

Bruno, Michael, Martin Ravallion, and Lyn Squire. 1998. "Equity and Growth in Developing Countries: Old and New Perspectives on the Policy Issues." In Vito Tanzi and Ke-young Chu, eds., *Income Distribution and High-Quality Growth.* Cambridge, Mass.: MIT Press.

Budlender, Debbie. 1999. "The South African Women's Budget Initiative." Paper presented at workshop on pro-poor, gender-, and environment-sensitive budgets, United Nations Development Programme in partnership with United Nations Development Fund for Women, Community Agency for Social Enquiry, 28–30 June, New York.

Bunce, Valerie. 1999. "The Political Economy of Post-Socialism." *Slavic Review* 58(4): 756–93.

Burki, Shahid Javed, and Guillermo Perry. 1998. *Beyond the Washington Consensus: Institutions Matter.* Washington, D.C.: World Bank.

Burki, Shahid Javed, Guillermo Perry, and William Dillinger. 1999. *Beyond the Center: Decentralizing the State.* Washington, D.C.: World Bank.

Burnside, Craig, and David Dollar. Forthcoming. "Aid, Policies, and Growth." *American Economic Review.*

Burr, Chandler. 2000. "Grameen Village Phone: Its Current Status and Future Prospects." International Labour Organization, Geneva. [www.ilo.org/public/english/employment/ent/papers/grameen.htm].

Burt, Ronald. 1992. *Structural Holes: The Social Structure of Competition.* Cambridge, Mass.: Harvard University Press.

Buse, Kent. 1999. "Keeping a Tight Grip on the Reins: Donor Control over Aid Coordination and Management in Bangladesh." *Health Policy and Planning* 14(3): 219–28.

Byerlee, Derek, and Paul Heisey. 1996. "Past and Potential Impacts of Maize Research in Sub-Saharan Africa: A Critical Assessment." *Food Policy* 21(3): 255–77.

Caldwell, John. 1986. "Routes to Law Morality in Poor Countries." *Population and Development Review* 12: 171–220.

Caldwell, John, Sally Findley, Pat Caldwell, Gigi Santow, Wendy Cosford, Jennifer Braid, and Daphne Broers-Freeman, eds. 1990. "What We Know about Health Transition: The Cultural, Social and Behavioural Determinants of Health." *Health Transition Series* 2(1). Australian National University, National Centre for Epidemiology and Population Health, Canberra.

Campos, Jose Edgardo. 1996. *The Key to the Asian Miracle: Making Shared Growth Credible.* Washington, D.C.: Brookings Institution.

Campos, Nauro. 1994. "Why Does Democracy Foster Economic Development? An Assessment of the Empirical Literature." University of Southern California, Los Angeles.

Cao, Yuanzheng, Yingyi Qian, and Barry Weingast. 1998. "From Federalism, Chinese Style, to Privatization, Chinese Style." CEPR Discussion Paper 1838. Centre for Economic Policy Research, London.

Caprio, Gerard, and Daniela Klingebiel. 1996. "Bank Insolvencies: Cross-Country Experience." Policy Research Working Paper 1620. World Bank, Washington, D.C.

Carbonnier, Gilles. 1998. *Conflict, Postwar Rebuilding and the Economy: A Critical Review of the Literature.* War-Torn Societies Project Occasional Paper 2. Geneva: United Nations Research Institute for Social Development.

Cardoso, Eliana. 1992. "Inflation and Poverty." NBER Working Paper 4006. National Bureau of Economic Research, Cambridge, Mass.

Carney, Diana, ed. 1998. *Sustainable Rural Livelihoods: What Contribution Can We Make? Implementing the Sustainable Rural Livelihoods Approach.* London: U.K. Department for International Development.

Carter, Michael R., and Rene Salgado. Forthcoming. "Land Market Liberalization and the Agrarian Question in Latin America." In Alain de Janvry, Gustavo Gordillo, Jean-Philippe Platteau, and Elisabeth Sadoulet, eds., *Access to Land, Rural Poverty and Public Action.* New York: Oxford University Press.

Carvalho, Soniya. 1999a. "Social Funds." Paper presented at Center for Urban Development Studies, Harvard University, 12 October, Cambridge, Mass.

———. 1999b. "What Are Social Funds Really Telling Us?" Paper presented at International Conference on Poverty Reduction and Evaluation, World Bank, 5–7 June, Washington, D.C.

Case, Anne, and Angus Deaton. 1998. "Large Cash Transfers to the Elderly in South Africa." *Economic Journal* 108(450): 1330–61.

Casella, Alessandra, and James E. Rauch. 1997. "Anonymous Market and Group Ties in International Trade." NBER Working Paper 6186. National Bureau of Economic Research, Cambridge, Mass.

Castro-Leal, Florencia, Julia Dayton, Lionel Demery, and Kalpana Mehra. 1999. "Public Social Spending in Africa: Do the Poor Benefit?" *World Bank Research Observer* 14(1): 49–72.

Cavendish, William. 1999. "Empirical Regularities in the Poverty-Environment Relationship of African Rural Households." Working Paper Series, no. WPS/99.21. Oxford University, Centre for the Study of African Economies.

Centre L-J. Lebret. 1999. "Attacking Poverty." Background paper for *World Development Report 2000/2001.* World Bank, Washington, D.C.

CGIAR (Consultative Group on International Agricultural Research), System Review Secretariat. 1998. "The International Research Partnership for Food Security and Sustainable Agriculture." Third System Review of the Consultative Group on International Agricultural Research. Washington, D.C.

Chambers, Robert. 1983. *Rural Development: Putting the Last First.* Essex: Longman Scientific and Technical.

———. 1995. "Poverty and Livelihoods: Whose Reality Counts?" Institute for Development Studies Discussion Paper 347. Sussex University, Brighton.

Chang, Pilwha. 1999a. "Gender and Violence." Background paper for *World Development Report 2000/2001.* Asian Center for Women's Studies, Seoul; and World Bank, Washington, D.C.

———. 1999b. "Impact of Economic and Financial Crisis on Women in South Korea." Asian Center for Women's Studies, Seoul.

Chaves, Rodrigo, and Claudio Gonzalez-Vega. 1996. "The Design of Successful Rural Financial Intermediaries: Evidence from Indonesia." *World Development* 24(1): 65–78.

Chaves, Rodrigo, and Susana Sánchez. 2000. "Romania: Financial Markets, Credit Constraints, and Investment in Rural Areas." Report 19412-RO. World Bank, Romania Country Unit, Washington, D.C.

Chen, Shaohua, and Martin Ravallion. 2000. "How Did the World's Poorest Fare in the 1990s?" Policy Research Working Paper. World Bank, Washington, D.C.

Cheng, Tun-Jeng, Stephan Haggard, and David Kang. 1999. "Institutions and Growth in Korea and Taiwan: The Bureaucracy." In Yilmaz Akyuz, ed., *East Asian Development: New Perspectives.* London: Frank Cass.

Chi, Truong, Thi Ngoc, Lisa Leimar Price, and Mahabub M. Hossain. 1998. "Impact of IPM Training on the Male and Female Farmers' Knowledge and Pest Control Behavior: A Case Study of Vietnam." Working Paper. International Rice Research Institute, Manila.

Chin, Christine B.N. 1997. "Walls of Silence and Late Twentieth-Century Representations of the Foreign Female Domestic Worker: The Case of Filipina and Indonesian Female Servants in Malaysia." *International Migration Review* 31: 353–85.

Ching, Panfila. 1996. "User Fees, Demand for Children's Health Care and Access across Income Groups: The Philippine Case." *Social Science and Medicine* 41(1): 37–46.

Chinnock, Jeffrey, and Sarah Collinson. 1999. *Purchasing Power: Aid Untying, Targeted Procurement and Poverty Reduction.* London: ActionAid. [www.actionaid.org].

Chisari, Omar, Antonio Estache, and Carlos Romero. 1999. "Winners and Losers from the Privatization and Regulation of Utilities: Lessons from a General Equilibrium Model of Argentina." *World Bank Economic Review* 13: 357–78.

Chomitz, Kenneth. 1999. "Environment-Poverty Connections in Tropical Deforestation." Paper presented at *World Development Report 2000/2001* Summer Workshop, World Bank, July, Washington, D.C.

Chomitz, Kenneth, and David Gray. 1996. "Roads, Land Use, and Deforestation: A Spatial Model Applied to Belize." *World Bank Economic Review* 10(3): 487–512.

Chomitz, Kenneth, with Gunawan Setiadi, Azrul Azwar, Nusye Ismail, and Wadiyarti. 1998. "What Do Doctors Want? Developing Incentives for Doctors to Serve in Indonesia's Rural and Remote Areas." Policy Research Working Paper 1888. World Bank, Washington, D.C.

Chong, Alberto, and Jesko Hentschel. 1999. "The Benefits of Bundling." World Bank, Poverty Division, Washington, D.C.

Chua, Amy L. 1998. "Markets, Democracy and Ethnicity: Toward a New Paradigm for Law and Development." *Yale Law Journal* 108(1): 1–107.

Claessens, Stijn, Daniel Oks, and Sweder van Wijnbergen. 1993. "Interest Rates, Growth, and External Debt: The Macroeconomic Impact of Mexico's Brady Deal." Policy Research Working Paper 1147. World Bank, Washington, D.C.

Claessens, Stijn, Enrica Detragiache, Ravi Kanbur, and Peter Wickham. 1997. "Highly Indebted Poor Countries' Debt: A Review of the Issues." *Journal of African Economies* 6(2): 231–54.

Clark, Diana, and Chang-Tai Hsieh. 1999. "Schooling and Labor Market Impact of the 1968 Nine-Year Education Program in Taiwan." University of California at Berkeley.

Clarke, George R.G. 1995. "More Evidence on Income Distribution and Growth." *Journal of Development Economics* 47: 403–27.

Coale, Ansley. 1991. "Excess Female Mortality and the Balance of the Sexes: An Estimate of the Number of 'Missing Females'." *Population and Development Review* 17: 517–23.

Coate, Stephen, and Glenn Loury. 1993. "Will Affirmative Action Policies Eliminate Negative Stereotypes?" *American Economic Review* 83: 1220–40.

Coate, Stephen, and Martin Ravallion. 1993. "Reciprocity without Commitment: Characterization and Performance of Informal Insurance Arrangements." *Journal of Development Economics* 40: 1–24.

Cohen, John M. 1995. "Ethnicity, Foreign Aid and Economic Growth in Sub-Saharan Africa: The Case of Kenya." Discussion Paper 520. Harvard Institute for International Development, Cambridge, Mass.

Coirolo, Luis. 2000. Personal communication. World Bank, Latin America and the Caribbean Region, Washington, D.C.

Colclough, Christopher. 1996. "Education and the Market: Which Parts of the Neoliberal Solution Are Correct?" *World Development* 24(4): 589–610.

Coleman, Brett E. 1999. "The Impact of Group Lending in Northeast Thailand." *Journal of Development Economics* 60: 105–41.

Coleman, James. 1988. "Social Capital in the Creation of Human Capital." *American Journal of Sociology* 94: S95–120.

———. 1990. *Foundations of Social Theory.* Cambridge, Mass.: Harvard University Press.

Colletta, Nat, Markus Kostner, and Ingo Wiederhofer. 1996a. *Case Studies in War-to-Peace Transition: The Demobilization and Reintegration of Ex-Combatants in Ethiopia, Namibia, and Uganda.* World Bank Discussion Paper 331. Africa Technical Department Series. Washington, D.C.

———. 1996b. *The Transition from War to Peace in Sub-Saharan Africa.* Washington, D.C.: World Bank.

Collier, Paul. 1997. "The Failure of Conditionality." In Catherine Gwin and Joan Nelson, eds., *Perspectives on Aid and Development.* Policy Essay 22. Washington, D.C.: Overseas Development Council.

———. 1998. "Social Capital and Poverty." Social Capital Initiative Working Paper 4. World Bank, Social Development Department, Washington, D.C.

———. 1999a. "Ethnicity, Politics, and Economic Performance." World Bank, Development Research Group, Washington, D.C.

———. 1999b. "On the Economic Consequences of Civil War." *Oxford Economic Papers* 51(1): 168–83.

———. 1999c. "The Political Economy of Ethnicity." In Boris Pleskovic and Joseph E. Stiglitz, eds., *Annual World Bank Conference on Development Economics 1998.* Washington, D.C.: World Bank.

———. 2000. "Implications of Ethnic Diversity." World Bank, Development Research Group, Washington, D.C.

———. Forthcoming. "Consensus-Building, Knowledge, and Conditionality." In Boris Pleskovic and Joseph E. Stiglitz, eds., *Annual World Bank Conference on Development Economics 2000.* Washington, D.C.: World Bank.

Collier, Paul, and David Dollar. 1999. "Can the World Cut Poverty in Half? How Policy Reform and Effective Aid Can Meet the DAC Targets." World Bank, Development Research Group, Washington, D.C.

———. 2000. "Aid Allocation and Poverty Reduction." World Bank, Development Research Group, Washington, D.C.

Collier, Paul, and Ashish Garg. 1999. "On Kin Groups and Wages in the Ghanaian Labour Market." *Oxford Bulletin of Economics and Statistics* 61: 133–52.

Collier, Paul, and Jan Willem Gunning. 1997. *Trade Shocks in Developing Countries: Theory and Evidence.* Oxford: Clarendon.

———. 1999. "Explaining African Economic Performance." *Journal of Economic Literature* 37: 64–111.

Collier, Paul, and Anke Hoeffler. 1998. "On the Economic Causes of Civil War." *Oxford Economic Papers* 50: 563–73.

———. 2000. "Greed and Grievance in Civil War." Policy Research Working Paper 2355. World Bank, Washington, D.C.

Collier, Paul, David Dollar, and Nicholas Stern. 2000. "Fifty Years of Development." Paper presented at Annual World Bank Conference on Development Economics in Europe, World Bank, 26–28 June, Paris.

Colson, Elizabeth. 1999. "Gendering Those Uprooted by Development." In Doreen Marie Indra, ed., *Engendering Forced Migration: Theory and Practice.* Oxford: Berghahn Books.

Conning, Jonathan, and Michael Kevane. 1999. "Community-Based Targeting Mechanisms for Social Safety Nets." Williams College, Department of Economics, Williamstown, Mass.

Connolly, Michelle. 1999. "The Impact of Removing Licenses and Restrictions to Import Technology on Technological Change." Background paper for *World Development Report 2000/2001.* World Bank, Washington, D.C.

Constance, Paul. 1999. "What Price Water?" *IDB America* (July–August): 3–5.

Contreras, Dante, David Bravo, Tomás Rau, and Sergio Urzúa. 2000. "Income Distribution in Chile, 1990–1998: Learning from Microeconomic Simulations." Universidad de Chile, Department of Economics, Santiago.

Cook, Lisa D., and Jeffrey Sachs. 1999. "Regional Public Goods in International Assistance." In Inge Kaul, Isabelle Grunberg, and Marc Stern, eds., *Global Public Goods: International Co-operation in the 21st Century.* New York: Oxford University Press.

Coppin, Addington, and Reed Neil Olsen. 1998. "Earnings and Ethnicity in Trinidad and Tobago." *Journal of Development Studies* 34(3): 116–34.

Cornia, Giovanni Andrea. 1999. "Liberalization, Globalization and Income Distribution." WIDER Working Paper 157. United Nations University, Helsinki.

Cornia, Giovanni Andrea, Richard Jolly, and Frances Stewart. 1987. *Adjustment with a Human Face.* New York: Oxford University Press.

Cowell, Frank. 1995. *Measuring Inequality.* New York: Prentice Hall/Harvester Wheatsheaf.

Cox, Donald, and Emmanuel Jimenez. 1998. "Risk Sharing and Private Transfers: What about Urban Households?" *Economic Development and Cultural Change* 46(3): 621–37.

Cox, Donald, Emanuela Galasso, and Emmanuel Jimenez. 2000. "Inter-Country Comparisons of Private Transfers." World Bank, Development Research Group, Washington, D.C.

Cox Edwards, Alejandra. 2000. "Pension Projections for Chilean Men and Women: Estimates from Social Security Contributions." Background paper for forthcoming World Bank Policy Research Report *EnGendering Development.* World Bank, Washington, D.C.

Crook, Richard C., and Alan Sturla Sverrisson. 1999. "To What Extent Can Decentralized Forms of Government Enhance the Development of Pro-poor Policies and Improve Poverty-Alleviation Outcomes?" Background paper for *World Development Report 2000/2001.* U.K. Department for International Development, London; and World Bank, Washington, D.C.

CSIR (Council of Scientific and Industrial Research). 1998. "Knowledge in Development: Multi-Media, Multi-Purpose Community Information Centers as Catalysts for Building Innovative Knowledge-Based Societies." Background paper for *World Development Report 1998.* World Bank, Washington, D.C.

Currie, Janet, and Ann Harrison. 1997. "Sharing the Costs: The Impact of Trade Reform on Capital and Labor in Morocco." *Journal of Labor Economics* 15: 44–71.

CUTS (Consumer Unity and Trust Society). 1999. "Conditions Necessary for the Liberalization of Trade and Investment to Reduce Poverty." Final report to U.K. Department for International Development, London.

Dahl, Robert A. 1999. "A Note on Politics, Institutions, Democracy and Equality." Background paper for *World Development Report 2000/2001.* World Bank, Washington, D.C.

Dakolias, Maria. 1996. *The Judicial Sector in Latin America and the Caribbean: Elements of Reform.* World Bank Technical Paper 319. Washington, D.C.

Daly, Mary, Greg Duncan, George Kaplan, and John Lynch. 1998. "Macro-to-Micro Links in the Relation between Income Inequality and Mortality." *Milbank Quarterly* 76(3): 315–39.

Dar, Amit, and Zafiris Tzannatos. 1999. "Active Labor Market Policies." Social Protection Discussion Paper 9901. World Bank, Human Development Network, Washington, D.C.

Das Gupta, Monica. 1995. "Lifecourse Perspectives on Women's Autonomy and Health Outcomes." *American Anthropologist* 97(3): 481–91.

———. 1999. "Lifeboat versus Corporate Ethic: Social and Demographic Implications of Stem and Joint Families." *Social Science and Medicine* 49(2): 173–84.

———. 2000. "Social Exclusion and Poverty: Preliminary Thoughts for *World Development Report 2001.*" In Gudrun Kochendörfer-Lucius and Boris Pleskovic, eds., *Inclusion, Justice, and Poverty Reduction.* Berlin: German Foundation for International Development.

Das Gupta, Monica, and Li Shuzhuo. 1999. "Gender Bias and the Marriage Squeeze in China, South Korea and India, 1920–1990: The Effects of War, Famine and Fertility Decline." *Development and Change* 30(3): 619–52.

Das Gupta, Monica, Helene Grandvoinnet, and Mattia Romani. Forthcoming. "State-Community Synergies in Development: Laying the Basis for Collective Action." Policy Research Working Paper. World Bank, Washington, D.C.

Das Gupta, Monica, Jiang Zhenghua, Xie Zhenming, and Li Bohua. 1997. "The Status of Girls in China." Proceedings of the Symposium of Chinese Scholars on the Demography of China. International Union for the Scientific Study of Population, October, Beijing.

Das Gupta, Monica, Sunhwa Lee, Patricia Uberoi, Danning Wang, Lihong Wang, and Xiaodan Zhang. 2000. "State Policy and Women's Autonomy in China, South Korea and India, 1950–2000: Lessons from Contrasting Experience." Background paper for forthcoming World Bank Policy Research Report *EnGendering Development.* Also presented at Population Association of America annual meeting, March, Los Angeles.

Dasgupta, Partha. 1999. "Valuation and Evaluation: Measuring the Quality of Life and Evaluating Policy." Background paper for *World Development Report 2000/2001.* Cambridge University; and World Bank, Washington, D.C.

Datt, Gaurav. 1998. "Poverty in India and Indian States: An Update." Discussion Paper 47. International Food Policy Research Institute, Food Consumption and Nutrition Division, Washington, D.C.

———. 1999. "Has Poverty in India Declined since the Economic Reforms?" *Economic and Political Weekly* 34(50).

Datt, Gaurav, and Hans Hoogeveen. 2000. "El Niño or El Peso? Crisis, Poverty and Income Distribution in the Philippines." World Bank, East Asia and Pacific Region, Washington, D.C.

Datt, Gaurav, and Martin Ravallion. 1998. "Farm Productivity and Rural Poverty in India." *Journal of Development Studies* 34: 62–85.

Datta-Mitra, Jayati. 1997. *Fiscal Management in Adjustment Lending.* Washington, D.C.: World Bank.

Davey Smith, George, James D. Neaton, Deborah Wentworth,

Rose Stamler, and Jeremiah Stamler. 1998. "Mortality Differences between Black and White Men in the USA: Contribution of Income and Other Risk Factors among Men Screened for the MRFIT." *Lancet* 351(9107): 934–36.

David, Paul. 1993. "Intellectual Property Institutions and the Panda's Thumb: Patents, Copyrights, and Trade Secrets in Economic Theory and History." In Mitchel B. Wallerstein, Roberta A. Schoen, and Mary E. Mogee, eds., *Global Dimensions of Intellectual Property Rights in Science and Technology*. Washington, D.C.: National Academy Press.

Davin, Delia. 1976. *Womenwork: Women and the Party in Revolutionary China*. Oxford: Clarendon.

———. 1995. "Women, Work and Property in the Chinese Peasant Household of the 1980s." In Diane Elson, ed., *Male Bias in the Development Process*. New York: Manchester University Press.

Davis, Benjamin, Sudhanshu Handa, and Humberto Soto. 1999. "Crisis, Poverty, and Long-Term Development: Examining the Mexican Case." International Food Policy Research Institute, Washington, D.C.

Davis, Shelton, and Anthony Oliver-Smith. 1999. "Post–Hurricane Mitch Rehabilitation and Reconstruction Mission." Background note for *World Development Report 2000/2001*. World Bank, Washington, D.C.

de Ferranti, David, Guillermo Perry, Indermit Gill, and Luis Servén. 2000. *Securing Our Future in a Global Economy*. Latin American and Caribbean Studies Series. Washington, D.C.: World Bank.

De Gregorio, José, Sebastian Edwards, and Rodrigo Valdés. Forthcoming. "Controls on Capital Inflows: Do They Work?" *Journal of Development Economics*.

de Haan, Arjan. 1997. "Poverty and Social Exclusion: A Comparison of Debates on Deprivation." Poverty Research Unit Working Paper 2. Sussex University, Brighton.

de Janvry, Alain, and Elisabeth Sadoulet. 1999a. "Asset Positions and Income Strategies among Rural Households in Mexico: The Role of Off-farm Activities in Poverty Reduction." University of California at Berkeley, Department of Agricultural and Resource Economics; and World Bank, Development Research Group, Washington, D.C.

———. 1999b. "Growth, Poverty and Inequality in Latin America: A Causal Analysis, 1970–94." Paper presented at conference on social protection and poverty, Inter-American Development Bank, February, Washington, D.C.

———. 1999c. "Rural Poverty and the Design of Effective Rural Development Strategies." University of California at Berkeley, Department of Agricultural and Resource Economics; and World Bank, Development Research Group, Washington, D.C.

———. 2000a. "Growth, Poverty and Inequality in Latin America: A Causal Analysis, 1970–1994." In Nora Lustig, ed., *Shielding the Poor: Social Protection in the Developing World*. Washington, D.C.: Brookings Institution.

———. 2000b. "Making Investment in the Rural Poor into Good Business: New Perspectives for Rural Development in Latin America." Paper presented at Social Equity Forum, annual meeting of boards of governors of Inter-American Development Bank and Inter-American Investment Corporation, 24–25 March, New Orleans.

de Janvry, Alain, Andre Fargeix, and Elisabeth Sadoulet. 1991. "Political Economy of Stabilization Programs: Feasibility, Growth and Welfare." *Journal of Policy Modeling* 13: 317–45.

de Janvry, Alain, Gustavo Gordillo, Jean-Philippe Platteau, and Elisabeth Sadoulet, eds. Forthcoming. *Access to Land, Rural Poverty and Public Action*. New York: Oxford University Press.

de Janvry, Alain, Gregory Graff, Elisabeth Sadoulet, and David Zilberman. 2000. "Technological Change in Agriculture and Poverty Reduction." Background paper for *World Development Report 2000/2001*. University of California at Berkeley, Department of Agricultural and Resource Economics; and World Bank, Development Research Group, Washington, D.C.

de Janvry, Alain, Jean-Philippe Platteau, Gustavo Gordillo, and Elisabeth Sadoulet. Forthcoming. "Access to Land and Land Policy Reforms." In Alain de Janvry, Gustavo Gordillo, Jean-Philippe Platteau, and Elisabeth Sadoulet, eds., *Access to Land, Rural Poverty and Public Action*. New York: Oxford University Press.

de Janvry, Alain, Elisabeth Sadoulet, Benjamin Davis, and Gustavo Gordillo de Anda. 1996. "*Ejido* Sector Reforms: From Land Reform to Rural Development." In Laura Randall, ed., *Reforming Mexico's Agrarian Reform*. Armonk, N.Y.: M.E. Sharpe.

de la Rocha, Mercedes. 1995. "The Urban Family and Poverty in Latin America." *Latin American Perspectives* 22(2): 12–31.

De Silva, Samantha. 1999. "Community Contracting in Bank-Funded Projects: A Review of Stakeholder Experience." World Bank, Human Development Network, Washington, D.C.

De Soto, Hernando. 1989. *The Other Path: The Invisible Revolution in the Third World*. New York: Harper and Row.

———. Forthcoming. *The Mystery of Capital*.

de Waal, Alex. 1991. "Emergency Food Security in Western Sudan: What Is It For?" In S. Maxwell, ed., *To Cure All Hunger: Food Policy and Food Security in Sudan*. London: Intermediate Technology Development Group.

———. 1999. "Democratic Political Processes and the Fight against Famine." University of London, School of Oriental and African Studies, International Africa Institute.

Deaton, Angus. 1991. "Savings and Liquidity Constraints." *Econometrica* 59(5): 1221–48.

———. 1997. *The Analysis of Household Surveys: A Microeconomic Approach*. Baltimore, Md.: Johns Hopkins University Press.

———. 2000. "Enrollment of Children in School in the 42nd (1986–87) and 52nd (1995–96) Rounds of the NSS." World Bank, Washington, D.C.

Deaton, Angus, and Alessandro Tarozzi. 1999. "Prices and Poverty in India." Princeton University, Princeton, N.J.

Deere, Carmen Diana, and Magdalena Leon. 1997. "Women and Land Rights in the Latin American Neoliberal Counter Reforms." Women in International Development Working Paper 264. Michigan State University, East Lansing.

———. 1999. "Institutional Reform of Agriculture under Neoliberalism: The Impact of the Women's and Indigenous Movements." Keynote address at the conference Land in Latin America: New Context, New Claims, New Concepts, Centre for Latin American Research and Documentation, Centre for Resource Studies, and Wageningen Agricultural University, 26–27 May, Amsterdam.

———. Forthcoming. *Gender, Property and Empowerment: Land, State and Market in Latin America.* Pittsburgh: University of Pittsburgh Press.

Deininger, Klaus. 1999a. "Asset Distribution, Inequality, and Growth." World Bank, Development Research Group, Washington, D.C.

———. 1999b. "Making Negotiated Land Reform Work: Initial Experiences from Brazil, Colombia, and South Africa." Policy Research Working Paper 2040. World Bank, Washington, D.C.

———. 1999c. "Negotiated Land Reform: Brazil, Colombia, South Africa." Draft. World Bank, Development Research Group, Washington, D.C.

———. Forthcoming. "Negotiated Land Reform as One Way of Land Access: Initial Experiences from Colombia, Brazil and South Africa." In Alain de Janvry, Gustavo Gordillo, Jean-Philippe Platteau, and Elisabeth Sadoulet, eds., *Access to Land, Rural Poverty and Public Action.* New York: Oxford University Press.

Deininger, Klaus, and Hans Binswanger. 1999. "The Evolution of the World Bank's Land Policy." *World Bank Research Observer* 14(2): 247–76.

Deininger, Klaus, and Gershon Feder. 1998. "Land Institutions and Land Markets." Policy Research Working Paper 2014. World Bank, Washington, D.C.

Deininger, Klaus, and Bart Minten. 1996. "Poverty, Policies and Deforestation: The Case of Mexico." *Economic Development and Cultural Change* 47: 313–44.

Deininger, Klaus, and Pedro Olinto. 2000. "Asset Distribution, Inequality, and Growth." Policy Research Working Paper 2375. World Bank, Washington, D.C.

Deininger, Klaus, and Lyn Squire. 1996a. "Measuring Income Inequality: A New Database." Development Discussion Paper 537. Harvard Institute for International Development, Cambridge, Mass.

———. 1996b. "A New Data Set Measuring Income Inequality." *World Bank Economic Review* 10(3): 565–91.

———. 1998. "New Ways of Looking at Old Issues: Inequality and Growth." *Journal of Development Economics* 57: 259–87.

Delion, Jean. 1999. "Producer Organizations: Donor Partnerships in Project Implementation." World Bank, Africa Region, Washington, D.C.

Demery, Lionel. 1999. "Poverty Dynamics in Africa: An Update." World Bank, Africa Region, Poverty Reduction and Social Development Unit, Washington, D.C.

Demery, Lionel, and Lyn Squire. 1996. "Macroeconomic Adjustment and Poverty in Africa: An Emerging Picture." *World Bank Research Observer* 11: 39–59.

Demirgüç-Kunt, Asli, and Enrica Detragiache. 1998. "Financial Liberalization and Financial Fragility." Policy Research Working Paper 1917. World Bank, Washington, D.C.

Denmark, Ministry of Foreign Affairs. 2000. *Impact Study of Danish NGOs.* Copenhagen.

Dercon, Stefan. 1996. "Risk, Crop Choice and Savings: Evidence from Tanzania." *Economic Development and Cultural Change* 44(3): 485–514.

———. 1998. "Wealth, Risk, and Activity Choice: Cattle in Western Tanzania." *Journal of Development Economics* 55: 1–42.

———. 1999. "Income Risk, Coping Strategies and Safety Nets." Background paper for *World Development Report 2000/2001.* Katholieke Universiteit Leuven; Oxford University, Centre for the Study of African Economies; and World Bank, Washington, D.C.

Dercon, Stefan, and Pramila Krishnan. 1996. "Income Portfolios in Rural Ethiopia and Tanzania: Choices and Constraints." *Journal of Development Studies* 32(6): 850–75.

———. 1998. "The Urban Labour Market during Structural Adjustment: Ethiopia 1990–1997." Centre for the Study of African Economies Working Paper Series, no. 98-9. Oxford University.

———. 1999. "Vulnerability, Seasonality and Poverty in Ethiopia." Oxford University, Centre for the Study of African Economies.

———. 2000a. "In Sickness and in Health: Risk Sharing within Households in Rural Ethiopia." *Journal of Political Economy* 108(4).

———. 2000b. "Vulnerability, Seasonality and Poverty in Ethiopia." *Journal of Development Studies.*

Dervis, Kemal, Jaime de Melo, and Sherman Robinson. 1982. *General Equilibrium Models for Development Policy.* New York: Cambridge University Press.

Desai, Meghnad. 1991. "Human Development: Concepts and Measurement." *European Economic Review* 35: 350–57.

Deshpande, Ashwini. 2000. "Does Caste Still Define Disparity? A Look at Inequality in Kerala, India." *American Economic Review* 90: 322–25.

Dethier, Jean-Jacques. 1999. "Governance and Economic Performance: A Survey." Discussion Paper on Development Policy 5. Universität Bonn, Zentrum für Entwicklungsforschung.

Devarajan, Shantayanan, and Jeffrey Hammer. 1997. "Public Expenditures and Risk Reduction." World Bank, Development Research Group, Washington, D.C.

———. 1998. "Risk Reduction and Public Spending." Policy Research Working Paper 1869. World Bank, Development Research Group, Washington, D.C.

Devarajan, Shantayanan, and Vinaya Swaroop. 1998. "The Implications of Foreign Aid Fungibility for Development Assistance." Policy Research Working Paper 2022. World Bank, Washington, D.C.

Devarajan, Shantayanan, David Dollar, and Torgny E. Holmgren, eds. 2000. *Aid and Reform in Africa.* Washington, D.C.: World Bank.

Devarajan, Shantayanan, Lyn Squire, and Sethaput Suthiwart-Narueput. 1997. "Beyond Rate of Return: Reorienting Project Analysis." *World Bank Research Observer* 12(1): 35–46.

Devarajan, Shantayanan, Sethaput Suthiwart-Narueput, and Karen Thierfelder. 2000. "The Marginal Cost of Taxation in Developing Countries." World Bank, Development Research Group, Washington, D.C.

Devarajan, Shantayanan, Danyang Xie, and Heng-fu Zou. 1998.

"Should Public Capital Be Subsidized or Provided?" *Journal of Monetary Economics* 41(2): 319–31.

DFID (U.K. Department for International Development). 1999. *Sustainable Livelihoods Guidance Sheets.* London.

Diamond, Larry. 1996. "Is the Third Wave Over?" *Journal of Democracy* 7(3).

Diamond, Larry, Juan J. Linz, and Seymour Martin Lipset, eds. 1988. *Democracy in Developing Countries.* London: Adamantine.

Diop, François, Abdo Yazbeck, and Ricardo Bitran. 1995. "The Impact of Alternative Cost Recovery Schemes on Access and Equity in Niger." *Health Policy and Planning* 10(3): 223–40.

Dollar, David. 2000. "Has Aid Efficiency Improved in the 1990s?" World Bank, Development Research Group, Washington, D.C.

Dollar, David, and Roberta Gatti. 1999. "Gender Inequality, Income and Growth: Are Good Times Good for Women?" Policy Research Report on Gender and Development Working Paper Series, no. 1. World Bank, Washington, D.C.

Dollar, David, and Aart Kraay. 2000. "Growth Is Good for the Poor." World Bank, Development Research Group, Washington, D.C.

Dollar, David, Raymond Fisman, and Roberta Gatti. 1999. "Are Women Really the 'Fairer' Sex? Corruption and Women in Government." Policy Research Report on Gender and Development Working Paper Series, no. 4. World Bank, Washington, D.C.

Dornbusch, Rudiger, and Sebastian Edwards. 1991. *Macroeconomics of Populism.* Chicago: University of Chicago Press.

Dow, William, Paul Gertler, Robert Shoeni, John Strauss, and Duncan Thomas. 1997. "Health Care Prices, Health and Labor Outcomes: Experimental Evidence." Rand, Santa Monica, Calif.

Downing, Thomas. 1996. "Mitigating Social Impoverishment When People Are Involuntarily Displaced." In Christopher McDowell, ed., *Understanding Impoverishment: The Consequences of Development-Induced Displacement.* Oxford: Berghahn Books.

Drèze, Jean. 1999. "Militarism, Development and Democracy." Lecture given at Maharaja Sayajirao University of Baroda, October, Baroda, India.

Drèze, Jean, and Bhatia Bela. 1998. "For Democracy and Development." Delhi School of Economics, Center of Development Economics; and Cambridge University, Centre of South Asian Studies.

Drèze, Jean, and Haris Gazdar. 1997. "Uttar Pradesh: The Burden of Inertia." In Jean Drèze and Amartya Sen, eds., *Indian Development: Selected Regional Perspectives.* Oxford: Oxford University Press.

Drèze, Jean, and Amartya Sen. 1995. *India: Economic Development and Social Opportunity.* New Delhi: Oxford University Press.

———. 1999. "Public Action and Social Security: Foundations and Strategy." In Ehtisham Ahmad, Jean Drèze, John Hills, and Amartya Sen, eds., *Social Security in Developing Countries.* New York: Oxford University Press.

Drèze, Jean, Peter Lanjouw, and Naresh Sharma. 1998. "Economic Development in Palanpur, 1957–93." In Peter Lanjouw and Nicholas Stern, eds., *Economic Development in Palanpur over Five Decades.* Oxford: Clarendon.

Dube, Shyama Charan. 1997. "Ethnicity: Myth, History and Politics." In Arvind M. Shah, Baburao S. Baviskar, and E.A. Ramaswamy, eds., *Social Structure and Change.* Vol. 4. New Delhi: Sage.

Due, Jean, and Christina Gladwin. 1991. "Impacts of Structural Adjustment Programs on African Women Farmers and Female-Headed Households." *American Journal of Agricultural Economics* 73(5): 1431–39.

Duflo, Esther. 2000a. "Child Health and Household Resources in South Africa: Evidence from the Old Age Pension Program." *American Economic Review* 90(2).

———. 2000b. "Schooling and Labor Market Consequences of School Construction in Indonesia: Evidence from an Unusual Policy Experiment." Massachusetts Institute of Technology, Department of Economics, Cambridge, Mass.

Durlauf, Steven. 1996. "A Theory of Persistent Income Inequality." *Journal of Economic Growth* 1(1): 75–93.

Duryea, Suzanne. 1998. "Children's Advancement through School in Brazil: The Role of Transitory Shocks to Household Income." Inter-American Development Bank, Research Department, Washington, D.C.

Dushkin, Lelah. 1972. "Scheduled Caste Politics." In Michael Mahar, ed., *The Untouchables in Contemporary India.* Tucson: University of Arizona Press.

Dyson, Tim. 1996. *Population and Food: Global Trends and Future Prospects.* New York: Routledge.

Easterly, William. 1999a. "The Ghost of the Financing Gap: Testing the Growth Model used in the International Financial Institutions." *Journal of Development Economics* 60(2): 423–38.

———. 1999b. "Happy Societies: The Middle-Class Consensus and Economic Development." Policy Research Working Paper 2346. World Bank, Washington, D.C.

———. 1999c. "How Did Highly Indebted Poor Countries Become Highly Indebted? Reviewing Two Decades of Debt Relief." Policy Research Working Paper 2225. World Bank, Washington, D.C.

———. 2000a. "Can Institutions Resolve Ethnic Conflict?" World Bank, Development Research Group, Washington, D.C.

———. 2000b. "The Lost Decades . . . and the Coming Boom? Policies, Shocks, and Developing Countries' Stagnation, 1980–98." World Bank, Development Research Group, Washington, D.C.

Easterly, William, and Stanley Fischer. 1999. "Inflation and the Poor." Paper presented at Annual World Bank Conference on Development Economics, 28–30 April, Washington, D.C.

———. 2000. "Inflation and the Poor." Policy Research Working Paper 2335. World Bank, Washington, D.C.

Easterly, William, and Aart Kraay. 1999. "Small States, Small Problems?" Policy Research Working Paper 2139. World Bank, Washington, D.C.

Easterly, William, and Ross Levine. 1997. "Africa's Growth Tragedy: Policies and Ethnic Divisions." *Quarterly Journal of Economics* 62(11): 1203–50.

————. 2000. "It's Not Factor Accumulation: Stylized Facts and Growth Models." World Bank, Development Research Group, Washington, D.C.

Easterly, William, and Sergio Rebelo. 1993. "Fiscal Policy and Economic Growth: An Empirical Investigation." *Journal of Monetary Economics* 32: 417–58.

Easterly, William, Roumeen Islam, and Joseph E. Stiglitz. 1999. "Shaken and Stirred: Explaining Growth Volatility." World Bank, Development Research Group, Washington, D.C.

Easterly, William, Norman Loayza, and Peter Montiel. 1997. "Has Latin America's Post-Reform Growth Been Disappointing?" *Journal of International Economics* 43: 287–311.

Easterly, William, Carlos A. Rodríguez, and Klaus Schmidt-Hebbel. 1994. *Public Sector Deficits and Macroeconomic Performance.* New York: Oxford University Press.

Easterly, William, Michael Kremer, Lant Pritchett, and Lawrence Summers. 1993. "Good Policy or Good Luck? Country Growth Performance and Temporary Shocks." *Journal of Monetary Economics* 32: 459–83.

Eastwood, Robert, and Michael Lipton. 1998. "Demographic Transition and Poverty: Effects via Economic Growth, Distribution, Conversion." Sussex University, Department of Economics, Brighton.

————. 1999. "The Impacts of Changes in Human Fertility on Poverty." *Journal of Development Studies* 36(1): 1–30.

EBRD (European Bank for Reconstruction and Development). 1998. *Transition Report 1998: The Financial Sector in Transition.* London.

————. 1999. *Transition Report 1999: Ten Years of Transition.* London.

Eccles, Stephen, and Catherine Gwin. 1999. *Supporting Effective Aid: A Framework for Future Concessional Funding of Multilateral Development Banks.* Policy Essay 23. Washington, D.C.: Overseas Development Council.

Echeverri-Gent, John. 1988. "Guaranteed Employment in an Indian State: The Maharashtra Experience." *Asian Survey* (28): 1294–310.

ECLAC (Economic Commission for Latin America and the Caribbean). 1989. "Antecedentes estadisticos de la distribucion del ingreso en el Peru, 1961–1982." Serie distribucion del ingreso 8. Santiago.

————. 1991. "El perfil de la probeza en América Latina a comienzos de los años 90." Santiago, Chile.

————. 1993. "Antecedentes estadisticos de la distribucion de ingreso en los años 80." Serie distribucion del ingreso 13. Santiago.

————. 1995. *Human Settlements: The Shelter of Development.* Santiago.

————. 1997a. *Social Panorama of Latin America 1996.* Santiago.

————. 1997b. *Statistical Yearbook for Latin America and the Caribbean.* Santiago.

————. 1999a. *Economic Indicators.* Santiago.

————. 1999b. *Social Panorama of Latin America 1998.* Santiago.

Economic and Political Weekly Research Foundation. 1998. "Marathwada Earthquake: Efforts at Participatory Rehabilitation and the Role of Community Participation Consultants." Mumbai.

Edwards, Sebastian. 1994. "Trade and Industrial Policy Reform in Latin America." NBER Working Paper 4772. National Bureau of Economic Research, Cambridge, Mass.

————. 1999. "How Effective Are Capital Controls?" NBER Working Paper 7413. National Bureau of Economic Research, Cambridge, Mass.

Ehrenpreis, Dag. 1999. "Development Cooperation in Support of Poverty Reduction." Paper presented at research workshop on poverty, World Bank, 6–8 July, Washington, D.C.

Eichengreen, Barry. 1999. *Toward a New International Financial Architecture: A Practical Post-Asia Agenda.* Washington, D.C.: Institute for International Economics.

EIU (Economist Intelligence Unit). 1999a. *Business Latin America.* London.

————. 1999b. *Country Report on Indonesia.* London.

Ekbom, Anders, and Jan Bojo. 1999. "Poverty and Environment: Evidence of Links and Integration into the Country Assistance Strategy Process." Environment Group Discussion Paper 4. World Bank, Africa Region, Washington, D.C.

Ellis, Frank. 1999. "Rural Livelihood Diversity in Developing Countries: Analysis, Policy, Methods." U.K. Department for International Development, London.

Elwan, Ann. 1999. "Poverty and Disability." Background paper for *World Development Report 2000/2001.* World Bank, Washington, D.C.

English, Philip. 1998. "Mauritius: Reigniting the Engines of Growth—A Teaching Case Study." World Bank, Economic Development Institute, Washington, D.C.

Ernberg, Johan. 1998. "Universal Access for Rural Development: From Action to Strategies." Paper presented at International Telecommunication Union Seminar on Multipurpose Community Telecentres, 7–9 December, Budapest.

Escobal, Javier, Jaime Saavedra, and Maximo Torero. 1998. "Los activos de los pobres en el Peru." Documento de trabajo 26. Grupo de Analisis para el Desarrollo, Lima.

Esman, Milton, and Norman Uphoff. 1984. *Local Organizations: Intermediaries in Rural Development.* Ithaca, N.Y.: Cornell University Press.

Esteban, Joan-Maria, and Debraj Ray. 1994. "On the Measurement of Polarization." *Econometrica* 62(4): 819–51.

Estes, Richard. 1988. *Trends in World Social Development: The Social Progress of Nations, 1970–1987.* New York: Praeger.

————. 1996. "Social Development Trends in Asia, 1970–1994: The Challenge of a New Century." *Social Indicators Research* 37(2).

————. 1998. "Trends in World Social Development, 1970–1995: Development Challenges for a New Century." *Journal of Developing Societies* 14(1).

Evans, Peter. 1996. "Government Action, Social Capital and Development: Reviewing the Evidence on Synergy." *World Development* 24(6): 1119–32.

————. 1999. "Transferable Lessons? Reexamining the Institutional Prerequisites of East Asian Economic Policies." In Yilmaz Akyuz, ed., *East Asian Development: New Perspectives.* London: Frank Cass.

Evans, Peter, and James Rauch. 1999. "Bureaucracy and Growth: A Cross-National Analysis of the Effects of 'Weberian' State

Structures on Economic Growth." *American Sociological Review* 64(5): 748–65.

Evenson, Robert. 2000. "Crop Genetic Improvement and Agricultural Development." Consultative Group on International Agricultural Research, Washington, D.C.

Fafchamps, Marcel, and Bart Minten. 1999. "Social Capital and the Firm: Evidence from Agricultural Trade." Social Capital Initiative Working Paper 17. World Bank, Social Development Department, Washington, D.C.

Fafchamps, Marcel, Christopher Udry, and Katherine Czukas. 1998. "Drought and Saving in West Africa: Are Livestock a Buffer Stock?" *Journal of Development Economics* 55: 273–305.

Fajnzylber, Pablo, and Daniel Lederman. 1999. "Economic Reforms and Total Factor Productivity Growth in Latin America and the Caribbean (1950–1995): An Empirical Note." Policy Research Working Paper 2114. World Bank, Washington, D.C.

Fajnzylber, Pablo, Daniel Lederman, and Norman Loayza. 1998. *Determinants of Crime Rates in Latin America and the World: An Empirical Assessment.* Washington, D.C.: World Bank.

———. 1999. *Income Inequality and Violent Crime.* Washington, D.C.: World Bank.

Falkingham, Jane. 1999. "Welfare in Transition: Trends in Poverty and Well-Being in Central Asia." Centre for the Analysis of Social Exclusion Paper 20. London School of Economics and Political Science.

Fallon, Peter, and Zafiris Tzannatos. 1998. *Child Labor: Issues and Directions for the World Bank.* Washington, D.C.: World Bank.

FAO (Food and Agriculture Organization of the United Nations). 1995. *The Effects of HIV/AIDS on Farming Systems in Eastern Africa.* Rome.

Feder, Gershon, Tongroj Onchan, Yangyuth Chalamwong, and Chica Hongladarom. 1988. *Land Policies and Farm Productivity in Thailand.* Baltimore, Md.: Johns Hopkins University Press.

Fei, John C.H., Gustav Ranis, and Shirley W.Y. Kuo. 1979. *Growth with Equity: The Taiwan Case.* New York: Oxford University Press.

Fernandez, Aloysius. 1994. *The Myrada Experience: Alternative Management Systems for Savings and Credit for the Rural Poor.* Bangalore: Myrada.

Fernández-Arias, Eduardo, and Peter Montiel. 1997. *Reform and Growth in Latin America: All Pain, No Gain?* Washington, D.C.: Inter-American Development Bank.

Ferreira, Francisco, and Julia A. Litchfield. 1998. "Education or Inflation? The Roles of Structural Factors and Macroeconomic Instability in Explaining Brazilian Inequality in the 1980s." STICERD Discussion Paper 41. London School of Economics and Political Science, Suntory and Toyota International Centres for Economics and Related Disciplines.

Ferreira, Francisco, and Ricardo Paes de Barros. 1999a. "Climbing a Moving Mountain: Explaining the Declining Income Inequality in Brazil from 1976 to 1996." Inter-American Development Bank, Washington, D.C.

———. 1999b. "The Slippery Slope: Explaining the Increase in Extreme Poverty in Urban Brazil, 1976–96." Policy Research Working Paper 2210. World Bank, Washington, D.C.

Ferreira, Francisco, Peter Lanjouw, and Marcelo Neri. 2000. "A New Poverty Profile for Brazil Using PPV, PNAD and Census Data." Texto para discussão 418. Pontifícia Universidade Católica do Rio de Janeiro, Departamento de Economia.

Feyisetan, Bamikale, and Martha Ainsworth. 1996. "Contraceptive Use and the Quality, Price, and Availability of Family Planning in Nigeria." *World Bank Economic Review* 10: 159–87.

Feyzioglu, Tarhan, Vinaya Swaroop, and Min Zhu. 1998. "A Panel Data Analysis of the Fungibility of Foreign Aid." *World Bank Economic Review* 12(1): 29–58.

Fields, Gary S. 1987. "Measuring Inequality Change in an Economy with Income Growth." *Journal of Development Economics* 26: 357–74.

———. 1991. "Growth and Income Distribution." In George Psacharopoulos, ed., *Essays on Poverty, Equity, and Growth.* New York: Pergamon.

———. 1999. "Distribution and Development: A Summary of the Evidence for the Developing World." Background paper for *World Development Report 2000/2001.* Cornell University, Ithaca, N.Y.; and World Bank, Washington, D.C.

Filmer, Deon. 1999a. *Educational Attainment and Enrollment Profiles: A Resource Book Based on an Analysis of Demographic and Health Surveys Data.* Washington, D.C.: World Bank.

———. 1999b. "The Structure of Social Disadvantage in Education: Gender and Wealth." Policy Research Report on Gender and Development Working Paper Series, no. 5. World Bank, Washington, D.C.

Filmer, Deon, and Lant Pritchett. 1998. *Educational Enrollment and Attainment in India: Household Wealth, Gender, Village and State Effects.* Washington, D.C.: World Bank.

———. 1999a. "The Effect of Household Wealth on Educational Attainment: Evidence from 35 Countries." *Population and Development Review* 25(1): 85–120.

———. 1999b. "The Impact of Public Spending on Health: Does Money Matter?" *Social Science and Medicine* 49: 1309–23.

Filmer, Deon, Jeffery Hammer, and Lant Pritchett. 1998. "Health Policy in Poor Countries: Weak Links in the Chain." Policy Research Working Paper 1874. World Bank, Washington, D.C.

Filmer, Deon, Elizabeth King, and Lant Pritchett. 1999. *Gender Disparity in South Asia: Comparisons between and within Countries.* Washington, D.C.: World Bank.

Filmer, Deon, Haneen Sayed, Boediono, Jiyono, Nanik Suwaryani, and Bambang Indriyanto. 1998. "The Impact of Indonesia's Economic Crisis on Basic Education: Findings from a Survey of Schools." World Bank, Development Research Group, Washington, D.C.

Fine, Ben. 1999. "The Developmental State Is Dead: Long Live Social Capital?" *Development and Change* 30: 1–19.

Fiscella, Kevin, and Peter Franks. 1997. "Poverty or Income Inequality as Predictor of Mortality: Longitudinal Cohort Study." *British Medical Journal* 314(7096): 1724–27.

Fisman, Raymond, and Roberta Gatti. 1999. "Decentralization and Corruption: Cross-Country and Cross-State Evidence." World Bank, Development Research Group, Washington, D.C.; and Columbia Business School, New York.

Fiszbein, Ariel, George Psacharopoulos, Samuel Morley, Haeduck Lee, and Bill Wood. 1993. "La pobreza y la distribucion de los ingresos en America Latina: Historia del decenio de 1980." Latin America and the Caribbean Technical Department Report 27. World Bank, Washington, D.C.

Flanagan, Kerry. 1999. "Aging and Poverty: A Policy for the Elderly Poor." World Bank, Social Protection Department, Washington, D.C.

Flegg, A. 1982. "Inequality of Income, Illiteracy, and Medical Care as Determinants of Infant Mortality in Developing Countries." *Population Studies* 36(3): 441–58.

Foley, Gerald. 1997. "Rural Electrification in Costa Rica: A Case Study." Joint United Nations Development Programme and World Bank Energy Sector Management Assistance Programme, Washington, D.C.

Foley, Michael, and Bob Edwards. 1999. "Is It Time to Disinvest in Social Capital?" *Journal of Public Policy* 19: 141–73.

Foner, Eric. 1989. *Reconstruction: America's Unfinished Revolution, 1863–1877.* New York: Harper and Row.

Forbes, Kristin. Forthcoming. "A Reassessment of the Relationship between Inequality and Growth." *American Economic Review.*

Foster, Andrew. 1995. "Prices, Credit Markets and Child Growth in Low-Income Rural Areas." *Economic Journal* 105: 551–70.

Foster, Andrew, and Mark Rosenzweig. 1995. "Learning by Doing and Learning from Others: Human Capital and Technical Change in Agriculture." *Journal of Political Economy* 103(6): 1176–209.

Foster, James E., and Anthony Shorrocks. 1988. "Poverty Orderings." *Econometrica* 56(1): 173–77.

Foster, James E., Joel Greer, and Erik Thorbecke. 1984. "A Class of Decomposable Poverty Measures." *Econometrica* 52(3): 761–66.

Foster, Mick. 1999. *Lessons of Experience from Sector-Wide Approaches in Health.* Geneva: World Health Organization.

Fox, Jonathan. 1992. "Democratic Rural Development: Leadership Accountability in Regional Peasant Organizations." *Development and Change* 23(2): 1–36.

———. 1995. "Governance and Rural Development in Mexico: State Intervention and Public Accountability." *Journal of Development Studies* 32: 1–30.

———. 1996. "How Does Civil Society Thicken? The Political Construction of Social Capital in Rural Mexico." *World Development* 24(6): 1089–103.

Fox, Jonathan, and John Gershman. 1999. "Investing in Social Capital? Comparative Lessons from Ten World Bank Rural Development Projects in Mexico and the Philippines." University of California at Santa Cruz, Department of Latin American and Latino Studies.

Frankel, Jeffrey, and David Romer. 1999. "Does Trade Cause Growth?" *American Economic Review* 89: 379–99.

Frankenberg, Elizabeth, Duncan Thomas, and Kathleen Beegle. 1999. "The Real Costs of Indonesia's Economic Crisis: Preliminary Findings from the Indonesia Family Life Surveys." Labor and Population Working Paper Series, no. 99-04. Rand, Santa Monica, Calif.

Freeman, Paul. 1999. "The Indivisible Face of Disaster." In World Bank, *Investing in Prevention: A Special Report on Disaster Risk Management.* Washington, D.C.

Freeman, Paul, and Landis MacKellar. 1999a. "Economic Impacts of Natural Disasters." Box for *World Development Report 2000/2001.* World Bank, Washington, D.C.

———. 1999b. "Impact of Natural Disasters on Infrastructure." Box for *World Development Report 2000/2001.* World Bank, Washington, D.C.

Freeman, Richard. 1995. "Are Your Wages Set in Beijing?" *Journal of Economic Perspectives* 9(3): 15–32.

Frigenti, Laura, and Alberto Harth, with Rumana Huque. 1998. "Local Solutions to Regional Problems: The Growth of Social Funds and Public Works and Employment Projects in Sub-Saharan Africa." World Bank, Africa Region, Water and Urban 2 Division and Institutional and Social Policy Division, Washington, D.C.

Fukuyama, Francis. 1993. *The End of History and the Last Man.* New York: Avon Books.

———. 1995. *Trust: The Social Virtues and the Creation of Prosperity.* New York: Free Press.

Funaro-Curtis, Rita. 1982. *Natural Disasters and the Development Process: A Discussion of Issues.* Arlington, Va.: Evaluation Technologies.

Gaiha, Raghav, and Anil Deolalikar. 1993. "Persistent, Expected and Innate Poverty: Estimates for Semi-arid Rural South India, 1975–1984." *Cambridge Journal of Economics* 17(4): 409–21.

Galanter, Marc. 1972. "The Abolition of Disabilities: Untouchability and the Law." In Michael Mahar, ed., *The Untouchables in Contemporary India.* Tucson: University of Arizona Press.

Galasso, Emanuela, and Martin Ravallion. 2000. "Distributional Outcomes of a Decentralized Welfare Program." Policy Research Working Paper 2316. World Bank, Washington, D.C.

Galeotti, Marzio, and Alessandro Lanza. 1999. "Desperately Seeking (Environmental) Kuznets." Working paper. Fondazione Eni Enrico Mattei, Milan.

Gallup, John Luke. 1997. "Ethnicity and Earnings in Malaysia." Discussion Paper 593. Harvard Institute for International Development, Cambridge, Mass.

Gallup, John Luke, Steven Radelet, and Andrew Warner. 1998. "Economic Growth and the Income of the Poor." Harvard Institute for International Development, Cambridge, Mass.

Gallup, John Luke, Jeffrey Sachs, and Andrew Mellinger. 1999. "Geography and Economic Development." *International Regional Science Review* 22(2): 179–232.

Gardner, L. Bruce. 1995. "Policy Reform in Agriculture: An Assessment of the Results of Eight Countries." University of Maryland, Department of Agricultural and Resource Economics, College Park.

Garro, Alejandro. 1999. "Access to Justice for the Poor in Latin America." In Juan E. Mendez, Guillermo O'Donnell, and Paulo Sergio Pinheiro, eds., *The (Un)Rule of Law and the Underprivileged in Latin America.* Notre Dame, Ind.: University of Notre Dame.

Gatti, Roberta. 1999. "Corruption and Trade Tariffs, or a Case for Uniform Tariffs." Policy Research Working Paper 2216. World Bank, Washington, D.C.

Gaynor, Cathy. 1996. "Decentralization of Primary Education: Implications at School and Community Level—The Case of Nigeria and Tanzania." World Bank, Economic Development Institute, Washington, D.C.

———. 1998. *Decentralization of Education: Teacher Management.* Directions in Development Series. Washington, D.C.: World Bank.

Gereffi, Gary, and Martha Argelia Martinez. 1999. "Blue Jeans and Local Linkages: The Blue Jeans Boom in Torreón, Mexico." Background paper for *World Development Report 2000/2001.* World Bank, Washington, D.C.

German, Tony, and Judith Randel. 1998. "Targeting the End of Absolute Poverty: Trends in Development Cooperation." In Judith Randel and Tony German, eds., *The Reality of Aid, 1998/1999: An Independent Review of Poverty Reduction and Development Assistance.* London: Earthscan.

Gertler, Paul. 2000. "Insuring the Economic Costs of Illness." In Nora Lustig, ed., *Shielding the Poor: Social Protection in the Developing World.* Washington, D.C.: Brookings Institution and Inter-American Development Bank.

Gertler, Paul, and Paul Glewwe. 1989. *The Willingness to Pay for Education in Developing Countries: Evidence from Rural Peru.* Living Standards Measurement Study Working Paper 54. Washington, D.C.: World Bank.

Gertler, Paul, and Jonathan Gruber. 1997. "Insuring Consumption against Illness." NBER Working Paper 6035. National Bureau of Economic Research, Cambridge, Mass.

Gertler, Paul, and Jeffrey Hammer. 1997. "Policies for Pricing Publicly Provided Health Services." Policy Research Working Paper 1762. World Bank, Washington, D.C.

Gertler, Paul, and Orville Solon. 1998. "Who Benefits from Social Health Insurance in Low-Income Countries?" University of California at Berkeley, Haas School of Business.

Gertler, Paul, and Jacques van der Gaag. 1990. *The Willingness to Pay for Medical Care: Evidence from Two Developing Countries.* Baltimore, Md.: Johns Hopkins University Press.

Ghana Statistical Service. 1999. "Poverty Trends in Ghana in the 1990s." Report prepared by government of Ghana for the tenth consultative group meeting, 23–24 November, Accra.

Ghatak, Maitreesh. 1999. "Group Lending, Local Information and Peer Selection." *Journal of Development Economics* 60(1): 27–50.

Gibbs, Christopher, Claudia Fumo, and Thomas Kuby. 1999. *Nongovernmental Organizations in World Bank–Supported Projects: A Review.* Washington, D.C.: World Bank.

Gilbert, Alan. 1998a. "A Home Is for Ever? Residential Mobility and Home Ownership in Self-Help Settlements." *Environment and Planning* 31(6): 1073–91.

———. 1998b. "Market Efficiency and the Secondary Housing Market in Third World Cities." Report for U.K. Department for International Development. London.

Gilbert, Alan, Oscar O. Camacho, Rene Coulomb, and Andres Necochea. 1993. *In Search of a Home: Rental and Shared Housing in Latin America.* Tucson: University of Arizona Press.

Gilson, Lucy. 1998. "The Lessons of User Fee Experience in Africa." In Alison Beattie, Jan Doherty, Lucy Gilson, Eyitayo Lambo, and Paul Shaw, eds., *Sustainable Health Care Financing in Southern Africa: Papers from an EDI Health Policy Seminar held in Johannesburg, South Africa, June 1996.* Washington, D.C.: World Bank.

Girishankar, Navin. 1999a. "Reforming Institutions for Service Delivery." Policy Research Working Paper 2039. World Bank, Washington, D.C.

———. 1999b. "Securing the Public Interest under Pluralistic Institutional Design." World Bank, Operations Evaluation Department, Washington, D.C.

Girishankar, Navin, and Nicholas P. Manning. 1999. "Toolkit for Assessing Constraints on Frontline Delivery in Decentralized Settings." World Bank, Poverty Reduction and Economic Management Network, Washington, D.C.

Gittell, Ross, and Avis Vidal. 1998. *Community Organizing: Building Social Capital as a Development Strategy.* Newbury Park, Calif.: Sage.

Glaeser, Edward, David Laibson, and Bruce Sacerdote. 2000. "The Economic Approach to Social Capital." NBER Working Paper 7728. National Bureau of Economic Research, Cambridge, Mass.

Glewwe, Paul. 1991. "Investigating the Determinants of Household Welfare in Côte d'Ivoire." *Journal of Development Economics* 35: 307–37.

Glewwe, Paul, and Dennis de Tray. 1989. *The Poor in Latin America during Adjustment: A Case Study of Peru.* Living Standards Measurement Study Working Paper 56. Washington, D.C.: World Bank.

Glewwe, Paul, and Gilette Hall. 1998. "Are Some Groups More Vulnerable to Macroeconomic Shocks than Others? Hypothesis Tests Based on Panel Data from Peru." *Journal of Development Economics* 56: 181–206.

Glewwe, Paul, Michele Gragnolati, and Hassan Zaman. 2000. "Who Gained from Vietnam's Boom in the 1990s? An Analysis of Poverty and Inequality Trends." Policy Research Working Paper 2275. World Bank, Washington, D.C.

Gokcekus, Omer, Ranjana Mukherjee, and Nick Manning. 2000. "Institutional Arrangements Affect Performance." World Bank, Poverty Reduction and Economic Management Network, Washington, D.C.

Goldstein, Anne. 1999. "Thinking Outside Pandora's Box." Background paper for forthcoming World Bank Policy Research Report *EnGendering Development.* World Bank, Washington, D.C.

Goldstein, Morris, Graciela Kaminsky, and Carmen Reinhart. 2000. *Assessing Financial Vulnerability: An Early Warning System for Emerging Markets.* Washington, D.C.: Institute for International Economics.

Gonzales de Olarte, Efraín, and Pilar Gavilano Llosa. 1999. "Does Poverty Cause Domestic Violence? Some Answers from Lima." In Andrew Morrison and Maria Loreto Biehl, eds., *Too Close to Home: Domestic Violence in the Americas.* Washington, D.C.: Inter-American Development Bank.

Goodin, Robert E., Bruce Headey, Ruud Muffels, and Henk-Jan Dirven. 1999. *The Real Worlds of Welfare Capitalism.* Cambridge: Cambridge University Press.

Goody, Jack. 1976. *Production and Reproduction: A Comparative Study of the Domestic Domain*. Cambridge: Cambridge University Press.

———. 1990. *The Oriental, the Ancient and the Primitive: Systems of Marriage and the Family in the Pre-industrial Societies of Eurasia*. Cambridge: Cambridge University Press.

Gopal, Gita. 1999. *Gender-Related Legal Reform and Access to Economic Resources in Eastern Africa*. World Bank Discussion Paper 405. Washington, D.C.

Gragnolati, Michele. 1999. "Children's Growth and Poverty in Rural Guatemala." Policy Research Working Paper 2193. World Bank, Washington, D.C.

Graham, Carol. 1992. "Politics of Protecting the Poor during Adjustment: Bolivia's Emergency Social Fund." *World Development* 20: 1233–51.

———. 1994. *Safety Nets, Politics, and the Poor: Transitions to Market Economies*. Washington, D.C.: Brookings Institution.

———. 1996. *Gender Issues in Poverty Alleviation: Recent Experiences with Demand-Based Programs in Latin America, Africa and Eastern Europe*. Development and Technical Cooperation Department. Geneva: International Labour Office.

Grandin, Barbara, and P. Lembuya. 1992. "Amboseli National Park, the Surrounding Group Ranches and Community Conservation." African Wildlife Foundation, Nairobi.

Grandvoinnet, Helene. 2000. "Rule of Law and Poverty Reduction: Some Issues." In Asbjørn Kjønstad and Peter Robson, eds., *Poverty and Law*. London: Hart.

Grandvoinnet, Helene, and Pauline Tamesis. 2000. "Fighting Corruption: The Case of the Philippines." In Helene Grandvoinnet, Irene Hors, and Pauline Tamesis, eds., *Fighting Corruption: Comparative Country Case Studies in Five Developing Countries*. Paris: Organisation for Economic Co-operation and Development, Development Center; and United Nations Development Programme.

Granovetter, Mark. 1994. "Business Groups." In Neil Smelser and Richard Swedberg, eds., *The Handbook of Economic Sociology*. Princeton, N.J.: Princeton University Press.

Gray, Cheryl, and Daniel Kaufmann. 1998. "Corruption and Development." *Finance and Development* 35(3): 7–10.

Gray, Leslie, and Michael Kevane. 1996. *Land Tenure Status of African Women*. Washington, D.C.: World Bank.

Gray, William, Christopher Landsea, Paul Mielke, and Kenneth Berry. 1999. "Summary of 1999 Atlantic Tropical Cyclone Activity and Verification of Author's Seasonal Activity Prediction." Colorado State University, Atmospheric Science Faculty, Fort Collins.

Greenland, David J. 1997. "International Agricultural Research and the CGIAR System: Past, Present, and Future." *Journal of International Development* 9: 449–58.

Greenwald, Bruce C., and Joseph E. Stiglitz. 1990. "Asymmetric Information and the New Theory of the Firm: Financial Constraints and Risk Behavior." NBER Working Paper 3359. National Bureau of Economic Research, Cambridge, Mass.

Greif, Avner. 1994. "Cultural Beliefs and the Organization of Society: A Historical and Theoretical Reflection on Collectivist and Individualist Societies." *Journal of Political Economy* 102: 912–50.

Grimard, Franque. 1997. "Household Consumption Smoothing through Ethnic Ties: Evidence from Côte d'Ivoire." *Journal of Development Economics* 53: 391–422.

Grindle, Merilee. 1996. *Challenging the State: Crisis and Innovation in Latin America and Africa*. New York: Cambridge University Press.

———. 1997. *Getting Good Government: Capacity Building in the Public Sectors of Developing Countries*. Cambridge, Mass.: Harvard University Press.

Grootaert, Christiaan. 1997. "Social Capital: The Missing Link?" In World Bank, *Expanding the Measure of Wealth: Indicators of Environmentally Sustainable Development*. Washington, D.C.

———. 1998. "Child Labor in Côte d'Ivoire: Incidence and Determinants." Policy Research Working Paper 1905. World Bank, Washington, D.C.

———. 1999a. "Does Social Capital Help the Poor? A Synthesis of Findings from the Local Level Institutions Studies in Bolivia, Burkina Faso and Indonesia." World Bank, Social Development Department, Washington, D.C.

———. 1999b. "Social Capital, Household Welfare and Poverty in Indonesia." Local Level Institutions Working Paper 6. World Bank, Social Development Department, Washington, D.C.

Grootaert, Christiaan, and Jeanine Braithwaite. 1998. "Poverty Correlates and Indicator-Based Targeting in Eastern Europe and the Former Soviet Union." Policy Research Working Paper 1942. World Bank, Washington, D.C.

Grootaert, Christiaan, and Ravi Kanbur. 1995a. "Child Labor: A Review." Policy Research Working Paper 1454. World Bank, Washington, D.C.

———. 1995b. "The Lucky Few amidst Economic Decline: Distributional Change in Côte d'Ivoire as Seen through Panel Data Sets." *Journal of Development Studies* 31(4): 603–19.

Grootaert, Christiaan, and Deepa Narayan. 2000. "Local Institutions, Poverty and Household Welfare in Bolivia." Local Level Institutions Working Paper 9. World Bank, Social Development Department, Washington, D.C.

Grootaert, Christiaan, and Harry Anthony Patrinos, eds. 1999. *The Policy Analysis of Child Labor: A Comparative Study*. New York: St. Martin's.

Grootaert, Christiaan, Ravi Kanbur, and Gi-Taik Oh. 1997. "The Dynamics of Welfare Gains and Losses: An African Case Study." *Journal of Development Studies* 33(5): 635–57.

Grootaert, Christiaan, Gi-Taik Oh, and Anand Swamy. 1999. "Social Capital and Development Outcomes in Burkina Faso." Local Level Institutions Working Paper 7. World Bank, Social Development Department, Washington, D.C.

Grosh, Margaret. 1994. *Administering Targeted Social Programs in Latin America: From Platitudes to Practice*. Regional and Sectoral Studies Series. Washington, D.C.: World Bank.

Grosh, Margaret, and Paul Glewwe, eds. 2000. *Designing Household Survey Questionnaires for Developing Countries: Lessons from 15 Years of the Living Standards Measurement Study*. Washington, D.C.: World Bank.

Guillaumont, Patrick, and Lisa Chauvet. 1999. *Aid and Perfor-*

mance: A Reassessment. Clermant-Ferrand: Centre d'Etudes Recherches le Development International.

Guillaumont, Patrick, Sylviane Guillaumont Jeanneney, and Jean-François Brun. 1999. "How Instability Lowers African Growth." *Journal of African Economies* 8(1): 87–107.

Gupta, Dipankar, ed. 1991. *Social Stratification.* New Delhi: Oxford University Press.

Gupta, Sanjeev, Hamid Davoodi, and Rosa Alonso-Terme. 1998. "Does Corruption Affect Income Inequality and Poverty?" IMF Working Paper 98/76. International Monetary Fund, Washington, D.C.

Gupta, Sanjeev, Jerald Schiff, and Benedict Clements. 1996. "Worldwide Military Spending, 1990–95." IMF Working Paper 96/64. International Monetary Fund, Washington, D.C.

———. 1998. "Public Spending on Human Development." *Finance and Development* 35(3): 10–13.

Gupta, Sanjeev, Calvin McDonald, Christian Schiller, Marijin Verhoeven, Želco Bogetić, and G. Schwartz. 1998. "Mitigating the Social Cost of the Economic Crisis and the Reform Programs in Asia." Paper on Policy Analysis and Assessment 98/7. International Monetary Fund, Washington, D.C.

Gurr, Ted Robert, Barbara Harff, Monty G. Marshall, and James R. Scarritt. 1993. *Minorities at Risk: A Global View of Ethnopolitical Conflicts.* Washington, D.C.: Institute of Peace Press.

Gwatkin, Davidson R., Michel Guillot, and Patrick Heuveline. 2000. *The Burden of Disease among the Global Poor: Current Situation, Future Trends, and Implications for Strategy.* Washington, D.C.: World Bank.

Gwatkin, Davidson R., Shea Rutstein, Kiersten Johnson, Rohini Pande, and Adam Wagstaff. 2000. *Socioeconomic Differences in Health, Nutrition and Population.* Washington, D.C.: World Bank. [www.worldbank.org/poverty/health/data/index.htm].

Haan, Hans Christian, Adrian Coad, and Inge Lardinois. 1998. *Municipal Solid Waste Management: Involving Micro and Small Enterprises.* Turin: International Labour Office.

Haddad, Lawrence, and Ravi Kanbur. 1990. "Are Better-off Households More Unequal or Less Unequal?" Policy Research and External Affairs Working Paper 373. World Bank, Washington, D.C.

Haddad, Lawrence, and Thomas Reardon. 1993. "Gender Bias in the Allocation of Resources within Households in Burkina Faso: A Disaggregated Outlay Equivalent Analysis." *Journal of Development Studies* 29(2): 260–76.

Haddad, Lawrence, Marie J. Ruel, and James L. Garrett. 1999. "Are Urban Poverty and Undernutrition Growing? Some Newly Assembled Evidence." Food Consumption and Nutrition Division Discussion Paper 63. International Food Policy Research Institute, Washington, D.C.

Haggard, Stephan. 1998. "Institutions and Growth in Korea and Taiwan: The Bureaucracy." *Journal of Development Studies* 34: 87–111.

Haggard, Stephan, and Steven B. Webb. 1993. "What Do We Know about the Political Economy of Economic Policy Reform?" *World Bank Research Observer* 8(2): 143–68.

Haggard, Stephan, Eliza Willis, and Christopher da C.B. Garman.

1999. "Politics of Decentralization in Latin America." *Latin American Research Review* 34(1): 7–56.

Hallberg, Kristin. 1999. *Small and Medium-Scale Enterprises: A Framework for Intervention.* Washington, D.C.: World Bank.

Haltiwanger, John, and Manisha Singh. 1999. "Cross-Country Evidence on Public Sector Retrenchment." *World Bank Economic Review* 13(1): 23–66.

Haltiwanger, John, and Milan Vodopivec. 1999. "Gross Worker and Job Flows in a Transition Economy: An Analysis of Estonia." Policy Research Working Paper 2082. World Bank, Washington, D.C.

Hammer, Jeffrey. 1997. "Economic Analysis for Health Projects." *World Bank Research Observer* 12(1): 47–72.

Hamoudi, Amar, and Jeffrey Sachs. 1999. "Economic Consequences of Health Status: A Review of Evidence." Harvard University, Center for International Development, Cambridge, Mass.

Hanmer, Lucia. 1994. "What Happens to Welfare When User Fees Finance Health Care? The Impact of Gender on Policy Outcomes: Theory and Evidence from Zimbabwe." Institute of Social Studies Working Paper Series, no. 180. The Hague, Netherlands.

Hanmer, Lucia, and Felix Naschold. 1999. "Are the International Development Targets Attainable?" Overseas Development Institute, Portland House, London.

Hansen, Henrik, and Finn Tarp. 2000. "Aid Effectiveness Disputed." In Finn Tarp, ed., *Foreign Aid and Development: Lessons Learnt and Directions for the Future.* London: Routledge.

Hanson, Gordon, and Ann Harrison. 1999. "Trade and Wage Inequality in Mexico." *Industrial and Labor Relations Review* 52(2): 271–88.

Hanushek, Eric, and Dennis D. Kimko. Forthcoming. "Schooling, Labor Force Quality and the Growth of Nations." *American Economic Review.*

Haque, Nadeem Ul, and Jahangir Aziz. 1997. "The Quality of Governance: 'Second Generation' Civil Service Reform in Africa." *Journal of African Economics* 8(1): 68–106.

Haque, Nadeem Ul, and Ali Khan. 1997. "Institutional Development: Skill Transference through a Reversal of 'Human Capital Flight' or Technical Assistance." IMF Working Paper 97/89. International Monetary Fund, Washington, D.C.

Harberger, Arnold. 1998. "A Vision of the Growth Process." *American Economic Review* 88: 1–32.

Harrison, Ann, and Gordon Hanson. 1999. "Who Gains from Trade Reform? Some Remaining Puzzles." NBER Working Paper 6915. National Bureau of Economic Research, Cambridge, Mass.

Harriss, John. 1999. "How Much Difference Does Politics Make? Regime Differences across Indian States and Rural Poverty Reduction." London School of Economics and Political Science.

Harriss, John, Janet Hunter, and Colin M. Lewis. 1995. *The New Institutional Economics and Third World Development.* London: Routledge.

Harris-White, Barbara. 1996. "The Political Economy of Disability and Development, with Special Reference to India." United Nations Research Institute for Social Development Discussion Paper 73. Geneva.

Harrold, Peter, and associates. 1995. *The Broad Sector Approach to Investment Lending: Sector Investment Programs.* World Bank Discussion Paper 302. Washington, D.C.

Harvey, Pharis J., Terry Collingsworth, and Bama Athreya. 1998. "Developing Effective Mechanisms for Implementing Labor Rights in the Global Economy." International Labor Rights Fund, Washington, D.C.

Hashemi, Syed M., and Sidney R. Schuler. 1997. "Sustainable Banking with the Poor: A Case Study of the Grameen Bank." John Snow Inc. Research and Training Institute Working Paper 10. Arlington, Va.

Hausmann, Ricardo, and Michael Gavin. 1995. "Overcoming Volatility in Latin America." Seminar Series, 95-34. International Monetary Fund, Washington, D.C.

Heath, Julia A. 1998. "The Financing and Provisioning of Education and Health Services in Developing Countries: A Review Article." *Economics of Education Review* 17(3): 359–62.

Heggie, Ian G., and Piers Vickers. 1998. *Commercial Management and Financing of Roads.* World Bank Technical Paper 409. Washington, D.C.

Helleiner, Gerry K. 2000a. "Developing Countries in Global Economic Governance and Negotiation Processes." Paper prepared for World Institute for Development and Economic Research project New Roles and Functions for the United Nations and the Bretton Woods Institutions. University of Toronto, Department of Economics.

———. 2000b. "External Conditionality, Local Ownership, and Development." In Jim Freedman, ed., *Transforming Development.* Toronto: University of Toronto Press.

Heller, Patrick. 1996. "Social Capital as a Product of Class Mobilization and State Intervention: Industrial Workers in Kerala, India." *World Development* 24(6): 1055–71.

Hellman, Joel, Geraint Jones, Daniel Kaufmann, and Mark Schankerman. 2000. "Measuring Governance, Corruption, and State Capture: How Firms and Bureaucrats Shape the Business Environment in Transition Economies." Policy Research Working Paper 2312. World Bank Institute, Governance, Regulation, and Finance; and European Bank for Reconstruction and Development, the Chief Economist's Office, Washington, D.C.

Hentschel, Jesko, and Jesse Bump. 2000. "Urban Income Poverty: Some Cross-Country Comparisons." World Bank, Poverty Group, Washington, D.C.

Herbst, Jeffrey. 1999. "The Role of Citizenship Laws in Multiethnic Societies: Evidence from Africa." In Richard Joseph, ed., *State, Conflict and Democracy in Africa.* Boulder, Colo.: Lynne Rienner.

Herrera, Javier. 1999. *Dynamique de la pauvrete et de l'inegalite au Perou, 1997–1998.* Paris: Institute for Resource Development/DIAL.

Herring, Ronald J. 1999. "Political Conditions for Agrarian Reform and Poverty Alleviation." Background paper for *World Development Report 2000/2001.* World Bank, Washington, D.C.

Herring, Ronald J., and Rex Edwards. 1983. "Guaranteeing Employment to the Rural Poor: Social Functions and Class Interests in Employment Guarantee Schemes in Western India." *World Development* 11: 575–92.

Hertel, Thomas, and Will Martin. 1999a. "Developing Country Interests in Liberalizing Manufactures Trade." Purdue University, Agricultural Economics Department, West Lafayette, Ind.; and World Bank, Washington, D.C.

———. 1999b. "Would Developing Countries Gain from Inclusion of Manufactures in the WTO Negotiations?" Paper presented at conference on the WTO and the Millennium Round, 20–21 September, Geneva.

Herzog, Henry W. 1997. "Ethnicity and Job Tenure in a Segmented Labour Market: The Case for New Zealand." *Australian Economic Review* 30(2): 167–84.

Hicks, David. 1993. *An Evaluation of the Zimbabwe Drought Relief Program, 1992–1993: The Roles of Household-Level Response and Decentralized Decision Making.* Harare: World Food Programme.

Hicks, Norman, and Quentin Wodon. 2000. "Economic Shocks, Safety Nets, and Fiscal Constraints: Social Protection for the Poor in Latin America." XII Seminario Regional de Politica Fiscal: Compendio de Documentos 2000, Economic Commission for Latin America and the Caribbean, United Nations, Santiago.

Hill, Anne, and Elizabeth King. 1995. "Women's Education and Economic Well-Being." *Feminist Economics* 1(2): 1–26.

Hino, Toshiko. 1993. "Community Participation in 'Programme de restructuration de l'hydraulique villageoise' in Côte d'Ivoire." World Bank, Washington, D.C.

Hirsch, Aaron. 1999. "Report on the Internet Center in Wa, Northern Ghana." World Bank, Washington, D.C.

Hirschman, Albert. 1968. *Journeys toward Progress: Studies of Economic Policy-Making in Latin America.* New York: Greenwood.

———. 1984. *Getting Ahead Collectively: Grass-Roots Organizations in Latin America.* New York: Pergamon.

Hobcraft, John. 1993. "Women's Education, Child Welfare and Child Survival: A Review of the Evidence." *Health Transition Review* 3: 159–75.

Hoddinott, John, and Lawrence Haddad. 1995. "Does Female Income Share Influence Household Expenditures? Evidence from Côte d'Ivoire." *Oxford Bulletin of Economics and Statistics* 57(1): 77–96.

Hoddinott, John, and Bill Kinsey. 1998. "Child Growth in the Time of Drought." International Food Policy Research Institute, Washington, D.C.

———. 2000. "Adult Health in Time of Drought." Food Consumption and Nutrition Division Discussion Paper 79. International Food Policy Research Institute, Washington, D.C.

Hoff, Karla, Avishay Braverman, and Joseph E. Stiglitz, eds. 1993. *The Economics of Rural Organization: Theory, Practice, and Policy.* New York: Oxford University Press.

Holzer, Harry, and David Neumark. 1999. "Assessing Affirmative Action." NBER Working Paper 7323. National Bureau of Economic Research, Cambridge, Mass.

Holzmann, Robert, and Steen Lau Jorgensen. 1999. "Social Protection as Social Risk Management: Conceptual Understandings for the Social Protection Sector Strategy Paper." Social Protection Discussion Paper 9904. World Bank, Washington, D.C.

———. 2000. "Social Risk Management: A New Conceptual Framework for Social Protection and Beyond." Social Protection Discussion Paper 0006. World Bank, Human Development Network, Washington, D.C.

Holzmann, Robert, Truman Packard, and Jose Cuesta. 1999. "Extending Coverage in Multipillar Pension Systems: Constraints and Hypotheses, Preliminary Evidence and Future Research Agenda." Paper presented at World Bank conference on new ideas about old age security, 14–15 September, Washington, D.C.

Hopenhayn, Hugo, and Juan Pablo Nicolini. 1999. "Heterogeneity and Optimal Unemployment Insurance." Paper presented at conference on social protection and poverty, Inter-American Development Bank, February, Washington, D.C.

Horowitz, Donald. 1999. "Structure and Strategy in Ethnic Conflict: A Few Steps toward Synthesis." In Boris Pleskovic and Joseph E. Stiglitz, eds., Annual World Bank Conference on Development Economics 1998. Washington, D.C.: World Bank.

Horton, Sue, and Dipak Mazumdar. 1999. "Vulnerable Groups and Labor: The Aftermath of the Asian Financial Crisis." Paper presented at World Bank–International Labour Organization seminar on economic crisis, employment, and labor markets in East and Southeast Asia.

Hossain, Mahabub. 1988. "Credit for Alleviation of Rural Poverty: The Grameen Bank of Bangladesh." Research Report 65. International Food Policy Research Institute, Washington, D.C.

Hossain, Naomi, and Mick Moore, with Noushin Kalati, James Manor, and Elisa Reis. 1999. "Elites, Poverty and Development." Background paper for World Development Report 2000/2001. World Bank, Washington, D.C.

Hotchkiss, David. 1993. "The Role of Quality in the Demand for Health Care in Cebu, Philippines." University of North Carolina, Department of Economics, Chapel Hill.

Houtzager, Peter P., and Jonathan Pattenden. 1999. "Finding the Shape of the Mountain: When 'the Poor' Set the Agenda." Background paper for World Development Report 2000/2001. U.K. Department for International Development, London; and World Bank, Washington, D.C.

Hoy, M., and Emmanuel Jimenez. 1997. "The Impact on the Urban Environment of Incomplete Property Rights." World Bank, Development Research Group, Washington, D.C.

Hsiao, William. 1995. "The Chinese Health Care System: Lessons for Other Nations." Social Science and Medicine 41(8): 1047–55.

Hulme, David, and Paul Mosley. 1996. Finance against Poverty. New York: Routledge.

Humana, Charles. 1992. World Human Rights Guide. New York: Oxford University Press.

Humplick, Frannie, and Azadeh Moini-Araghi. 1996a. "Decentralized Structures for Providing Roads." Policy Research Working Paper 1658. World Bank, Washington, D.C.

———. 1996b. "Is There an Optimal Structure for Decentralized Provision of Roads?" Policy Research Working Paper 1657. World Bank, Washington, D.C.

Huntington, Samuel, and Joan Nelson. 1976. No Easy Choice: Political Participation in Developing Countries. Cambridge, Mass.: Harvard University Press.

Hutchinson, Paul. Forthcoming. "Combating Illness." In Ritva Reinikka and Paul Collier, eds., Uganda's Recovery: The Role of Farms, Firms and Government. Washington, D.C.: World Bank.

IDA (International Development Association). 1998. Additions to IDA Resources: Twelfth Replenishment—A Partnership for Poverty Reduction. Washington, D.C.: World Bank.

———. 2000. "Uganda: Poverty Reduction Strategy Paper and Joint World Bank–IMF Staff Assessment of the PRSP." World Bank, Washington, D.C.

IDB (Inter-American Development Bank). 1995. Overcoming Volatility: Economic and Social Progress in Latin America, 1995 Report. Washington, D.C.

———. 1997. Latin America after a Decade of Reforms. Washington, D.C.

———. 2000. Social Protection for Equity and Growth. Sustainable Development Department, Poverty and Inequality Advisory Unit, Washington, D.C.

———. Various years. Statistical and Social Database. Washington, D.C. [www.iadb.org/int/sta/ENGLISH/staweb/statshp.htm].

IDRC (International Development Research Centre). 1998. Acacia Page. [www.idrc.ca/acacia/engine/eng_6.htm].

IFC (International Finance Corporation) and FIAS (Foreign Investment Advisory Service). 1997. Foreign Direct Investment. Lessons of Experience 5. Washington, D.C.

ILO (International Labour Organization). 2000. "International Labour Standards and Human Rights." [www.ilo.org/public/english/standards/norm/index.htm].

Imber, Mark. 1996. "The Environment and the United Nations." In John Vogler and Mark Imber, eds., The Environment and International Relations. London: Routledge.

IMF (International Monetary Fund). 1995. International Financial Statistics. Washington, D.C.

———. 1999. "Military Spending Continues to Stabilize: Some Countries Increase Social Spending." International Monetary Fund Survey. Washington, D.C.

———. 2000. Progress in Strengthening the Architecture of the International Financial System. Washington, D.C.

IMF (International Monetary Fund) and IDA (International Development Association). 1999. Poverty Reduction Strategy Papers: Operational Issues. Washington, D.C.: International Development Association.

IMF (International Monetary Fund), OECD (Organisation for Economic Co-operation and Development), UN (United Nations), and World Bank. 2000. 2000: A Better World for All—Progress towards the International Development Goals. Washington, D.C. [www.paris21.org/betterworld/].

INADES Formation Tchad. 1999. "Synthèse de la consultation de la Banque Mondiale sur la pauvreté au Tchad." Background paper for World Development Report 2000/2001. World Bank, Washington, D.C.

Independent Review Team of Zambia's Health Sector. 1997. Comprehensive Review of the Zambian Health Reforms. Vol. 1, Main Report. Geneva: World Health Organization.

Independent Task Force. 1999. Safeguarding Prosperity in a Global

Financial System: The Future International Financial Architecture. Sponsored by the Council on Foreign Relations. Washington, D.C.: Institute for International Economics.

INEGI (Instituto Nacional de Estadistíca Geografía e Informática). 1992. *Encuesta nacional de ingresos y gastos de los hogares 1992.* Mexico City.

———. 1994. *Encuesta nacional de ingresos y gastos de los hogares 1994.* Mexico City.

———. 1996. *Encuesta nacional de ingresos y gastos de los hogares 1996.* Mexico City.

Instituto Nacional de Estadística y Censos. 1998. *Encuesta de condiciones de vida.* Quito, Ecuador.

Instituto Nacional de Estadística y Censos Argentina. 1991. "Census." [www.indec.mecon.ar/default.htm].

International Federation of Red Cross and Red Crescent Societies. 1993. *World Disaster Report 1993.* Geneva.

———. 1999. *World Disaster Report 1999.* Geneva.

International Institute for Environment and Development. 1992. "Special Issue on Applications of Wealth Ranking." Rapid Rural Appraisal Note 15. London.

International Task Force on Commodity Risk Management in Developing Countries. 1999. "Dealing with Commodity Price Volatility in Developing Countries: A Proposal for a Market-Based Approach." World Bank, Washington, D.C.

IRIS (Center for Institutional Reform and the Informal Sector) and USAID (U.S. Agency for International Development). 1996. *Governance and the Economy in Africa: Tools for Analysis and Reform of Corruption.* Washington, D.C.: USAID.

Irwin, Timothy. 1997. "Price Structures, Cross-Subsidies and Competition in Infrastructure." Viewpoint 108. World Bank, Finance, Private Sector, and Infrastructure Network, Washington, D.C.

Isham, Jonathan. 1999. "The Effect of Social Capital on Technology Adoption: Evidence from Rural Tanzania." Paper presented at Annual Meeting of American Economic Association, January, New York.

Isham, Jonathan, and Daniel Kaufmann. 1999. "The Forgotten Rationale for Policy Reform: The Productivity of Investment Projects." *Quarterly Journal of Economics* 114(1): 149–84.

Isham, Jonathan, Deepa Narayan, and Lant Pritchett. 1995. "Does Participation Improve Performance? Establishing Causality with Subjective Data." *World Bank Economic Review* 9(2): 175–200.

Izaguirre, Ada Karina. 1999. "Private Participation in Telecommunications: Recent Trends." Viewpoint 204. World Bank, Finance, Private Sector, and Infrastructure Network, Washington, D.C.

Jacoby, Hanan G., and Emmanuel Skoufias. 1997. "Risk, Financial Markets and Human Capital in a Developing Country." *Review of Economic Studies* 64(3): 311–35.

Jalan, Jyotsna, and Martin Ravallion. 1997a. "Are the Poor Less Well Insured? Evidence on Vulnerability to Income Risk in Rural China." *Journal of Development Economics* 58: 61–81.

———. 1997b. "Spatial Poverty Traps?" Policy Research Working Paper 1862. World Bank, Washington, D.C.

———. 1998a. "Behavioral Responses to Risk in Rural China."

Policy Research Working Paper 1978. World Bank, Washington, D.C.

———. 1998b. "Determinants of Transient and Chronic Poverty: Evidence from Rural China." Policy Research Working Paper 1936. World Bank, Washington, D.C.

———. 1999a. "China's Lagging Poor Areas." *American Economic Review* 89: 301–05.

———. 1999b. *Do Transient and Chronic Poverty in Rural China Share Common Causes?* Washington, D.C.: World Bank.

———. 1999c. "Income Gains to the Poor from Workfare: Estimates for Argentina's Trabajar Program." Policy Research Working Paper 2149. World Bank, Washington, D.C.

James, Estelle. 2000. "Old-Age Protection for the Uninsured: What Are the Issues?" In Nora Lustig, ed., *Shielding the Poor: Social Protection in the Developing World.* Washington, D.C.: Brookings Institution and Inter-American Development Bank.

Jamison, Dean T., Julio Frenk, and Felicia Knaul. 1998. "International Collective Action in Health: Objectives, Functions, and Rationale." *Lancet* 351: 514–17.

Jamison, Dean T., Jia Wang, Kenneth Hill, and Juan-Luis Londoño. 1996. "Income, Mortality and Fertility Control in Latin America: Country-Level Performance, 1960–90." World Bank, Latin America and the Caribbean Region, Washington, D.C.

Jayaraman, Rajshri. 1999. "Kerala and Uttar Pradesh: A Case Study." Background paper for *World Development Report 2000/2001.* World Bank, Washington, D.C.

Jejeebhoy, Shireen. 1995. *Women's Education, Autonomy, and Reproductive Behavior: Experience from Developing Countries.* New York: Oxford University Press.

Jensen, Robert. 1998. "Public Transfers, Private Transfers, and the 'Crowding Out' Hypothesis: Theory and Evidence from South Africa." John F. Kennedy School of Government Faculty Working Paper R98-08. Harvard University, Cambridge, Mass.

Jepma, Catrinus J. 1991. *The Tying of Aid.* Paris: Organisation for Economic Co-operation and Development.

Jha, Prabhat, and David Nalor. 1999. *A Fine Balance: Private and Public Health Care in Urban India.* Washington, D.C.: World Bank.

Jimenez, Emmanuel. 1986. "The Public Subsidization of Education and Health in Developing Countries: A Review of Equity and Efficiency." *World Bank Research Observer* 1(1): 111–29.

———. 1987. *Pricing Policy in the Social Sectors.* Baltimore, Md.: Johns Hopkins University Press.

Jimenez, Emmanuel, and Marlaine Lockheed. 1995. *Public and Private Secondary Education in Developing Countries: A Comparative Study.* World Bank Discussion Paper 309. Washington, D.C.

Jimenez, Emmanuel, and Vicente Paqueo. 1996. "Do Local Contributions Affect the Efficiency of Public Primary Schools?" *Economics of Education Review* 15(4): 377–86.

Jimenez, Emmanuel, and Yasuyuki Sawada. 1998. "Do Community-Managed Schools Work? An Evaluation of El Salvador's Educo Program." Impact Evaluation of Education Reforms Paper 8. World Bank, Development Research Group, Washington, D.C.

Jodha, Nerpat S. 1986. "Common Property Resources and the

Rural Poor in Dry Regions of India." *Economic and Political Weekly* 21(27): 1169–81.

Johansen, Frida. 1993. *Poverty Reduction in East Asia: The Silent Revolution.* World Bank Discussion Paper 203. Washington, D.C.

Johnson, Chalmers A. 1982. *MITI and the Japanese Miracle: The Growth of Industrial Policy, 1925–1975.* Stanford, Calif.: Stanford University Press.

Johnson, Simon, Daniel Kaufmann, and Pablo Zoido-Lobaton. 1998. "Regulatory Discretion and the Unofficial Economy." *American Economic Review* 88(2): 387–92.

Joint Commonwealth Secretariat–World Bank Task Force on the Small States. 2000. "Small States: Meeting Challenges in the Global Economy." Washington, D.C.

Jones, Patricia. 1998. "Skill Formation and Inequality in Poor Countries: How Much Do Ethnic Neighborhoods Matter?" *Journal of African Economies* 7(1): 62–90.

Jorgensen, Steen Lau, and Julie van Domelen. 1999. "Helping the Poor Manage Risk Better: The Role of Social Funds." Paper presented at Inter-American Development Bank Conference on Social Protection and Poverty, 4–5 February, Washington, D.C.

Joseph, Richard. 1999. *State, Conflict and Democracy in Africa.* Boulder, Colo.: Lynne Rienner.

Joshi, A., and Mick Moore. Forthcoming. "Rights, Institutions and Poverty." In Alison L. Booth and Paul Mosley, eds., *The New Poverty Strategies: What Have They Achieved?* London: Macmillan.

Joshi, Heather, Elizabeth Cooksey, Richard Wiggins, Andrew McCulloch, Georgia Verropoulou, and Lynda Clarke. 1999. "Diverse Family Living Situations and Child Development: Multilevel Analysis Comparing Longitudinal Evidence from Britain and the United States." *International Journal of Law, Policy and the Family* 13(3): 292–314.

Kabeer, Naila, and Subrahmanian Ramya. 1996. "Institutions, Relations and Outcomes: Framework and Tools for Gender-Aware Planning." Discussion Paper 357. Institute of Development Studies, Sussex University, Brighton.

Kähkönen, Satu, and Louis Pouliquen. 1999. "Institutions and Rural Infrastructure Delivery." World Bank, Department of Regional Economic and Social Policy, Washington, D.C.

Kakwani, Nanak. 1993. "Performance in Living Standards: An International Comparison." *Journal of Development Economics* 41: 307–36.

———. 1999. "Poverty and Inequality during the Economic Crisis in Thailand." National Economic and Social Development Board /Asian Development Bank. *Indicators of Well-Being and Policy Analysis* 3(1).

Kakwani, Nanak, and Jaroenjit Pothong. 1998. "Impact of Economic Crisis on the Standard of Living in Thailand." National Economic and Social Development Board /Asian Development Bank. *Indicators of Well-Being and Policy Analysis* 2(4).

Kakwani, Nanak, and Nicholas M. Prescott. 1999. "Impact of Economic Crisis on Poverty and Inequality in Korea." World Bank, East Asia and Pacific Region, Human Development Sector Unit, Washington, D.C.

Kalton, Graham. 1983. *Compensating for Missing Survey Data.* Ann Arbor: University of Michigan Press.

Kanbur, Ravi. 1986. "Structural Adjustment, Macroeconomic Adjustment and Poverty: A Methodology for Analysis." CEPR Discussion Paper 132. Centre for Economic Policy Research, London.

———. Forthcoming. "Income Distribution and Development." In Anthony B. Atkinson and François Bourguignon, eds., *Handbook of Income Distribution.* New York: North Holland-Elsevier.

Kanbur, Ravi, and Nora Lustig. 1999. "Why Is Inequality Back on the Agenda?" Department of Agricultural, Resource, and Managerial Economics Working Paper 99-14. Cornell University, Ithaca, N.Y.

Kanbur, Ravi, and Lyn Squire. 1999. "The Evolution of Thinking about Poverty: Exploring the Interactions." Department of Agricultural, Resource, and Managerial Economics Paper 99-24. Cornell University, Ithaca, N.Y.

Kanbur, Ravi, and Todd Sandler, with Kevin M. Morrison. 1999. *The Future of Development Assistance: Common Pools and International Public Goods.* Policy Essay 25. Washington, D.C.: Overseas Development Council.

Katakura, Yoko, and Alexander Bakalian. 1998. "PROSANEAR: People, Poverty and Pipes." United Nations Development Programme–World Bank Water and Sanitation Program, Washington, D.C.

Katz, Travis, and Jennifer Sara. 1998. "Rural Water Supply: Global Study." United Nations Development Programme–World Bank Water and Sanitation Program, Washington, D.C.

Kaufmann, Daniel, and Shang-jin Wei. 1999. "Does 'Grease Money' Speed Up the Wheels of Commerce?" NBER Working Paper 7093. National Bureau of Economic Research, Cambridge, Mass.

Kaufmann, Daniel, Aart Kraay, and Pablo Zoido-Lobaton. 1999. "Governance Matters." Policy Research Working Paper 2196. World Bank, Washington, D.C.

Kaufmann, Daniel, Pablo Zoido-Lobaton, and Young Lee. 2000. "Governance and Anticorruption: Empirical Diagnostic Study for Ecuador." World Bank, Washington, D.C.

Kaul, Inge, Isabelle Grunberg, and Marc Stern. 1999a. "Defining Global Public Goods." In Inge Kaul, Isabelle Grunberg, and Marc Stern, eds., *Global Public Goods: International Cooperation in the 21st Century.* New York: Oxford University Press.

———, eds. 1999b. *Global Public Goods: International Cooperation in the 21st Century.* New York: Oxford University Press.

Kawachi, Ichiro, and Lisa Berkman. 2000. "Social Cohesion, Social Capital and Health." In Lisa Berkman and Ichiro Kawachi, eds., *Social Epidemiology.* New York: Oxford University Press.

Kayani, Rogati, and Andrew Dymond. 1997. *Options for Rural Telecommunications Development.* World Bank Technical Paper 359. Washington, D.C.

KDP (Kecamatan Development Project) Secretariat. 1999. "Kecamatan Development Project: First Annual Report." Government of Indonesia, National Coordination Team, Jakarta.

Kelley, Allen C., and Robert M. Schmidt. 1994. *Population and*

Income Change: Recent Evidence. World Bank Discussion Paper 249. Washington, D.C.

Kemal, A.R. 1994. "Structural Adjustment, Employment, Income Distribution and Poverty." *Pakistan Development Review* 33: 901–11.

Kennedy, Bruce, Ichiro Kawachi, Roberta Glass, and Deborah Prothrow-Stith. 1998. "Income Distribution, Socioeconomic Status, and Self-Rated Health in the United States: Multilevel Analysis." *British Medical Journal* 317: 917–21.

Kenny, Charles. 1999. "Access to Telecommunications and Informatics Is of Great Benefit to the Poor, and This Has to Mean Public Access." Box for *World Development Report 2000/2001.* World Bank, Washington, D.C.

Kessides, Christine. 1997. "World Bank Experience with the Provision of Infrastructure Services for the Urban Poor: Preliminary Identification and Review of Best Practices." World Bank, Urban Development Division, Washington, D.C.

Khan, Naila, and Maureen Durkin. 1995. "Framework: Prevalence." In P. Zinkin and H. McConachie, eds., *Disabled Children and Developing Countries.* Cambridge: Cambridge University Press.

Khandker, Shahidur R. 1998. *Fighting Poverty with Microcredit: Experience in Bangladesh.* New York: Oxford University Press.

Khandker, Shahidur R., Baqui Khalily, and Zahed Khan, eds. 1996. *Credit Programs for the Poor: Household and Intrahousehold Impacts and Program Sustainability.* Washington, D.C.: World Bank and Bangladesh Institute of Development Studies.

Kiguel, Miguel. 1999. "The Argentine Currency Board." Documento de Trabajo 152. Universidad del CEMA, Buenos Aires.

KIHASA (Korea Institute for Health and Social Affairs) and UNDP (United Nations Development Programme). 1998. *Korea: Human Development Report 1998.* Seoul.

Killick, Tony. 1997. "Principals, Agents, and the Failings of Conditionality." *Journal of International Development* 9(4): 483–95.

Killick, Tony, with Rumani Gunatilaka and Ann Marr. 1998. *Aid and the Political Economy of Policy Change.* London: Overseas Development Institute.

Kim, Elim. 1991. *A Study of the Family Law and Its Reform Movement.* Seoul: Korean Women's Development Institute.

Kim, Jooseop, Harold Alderman, and Peter Orazem. 1998. "Can Private Schools Subsidies Increase Schooling for the Poor? The Quetta Urban Fellowship Program." Impact Evaluation of Education Reforms Paper 11. World Bank, Development Research Group, Washington, D.C.

Kim, Kwangkee, and Philip Moody. 1992. "More Resources, Better Health? A Cross-National Perspective." *Social Science and Medicine* 34(8): 837–42.

King, Elizabeth, and Peter Orazem. 1999. "Evaluating Education Reforms: Four Cases in Developing Countries." World Bank, Development Research Group, Washington, D.C.

King, Elizabeth, and Berk Ozler. 1998. "What's Decentralization Got to Do with Learning? The Case of Nicaragua's School Autonomy Reform." Impact Evaluation of Education Reforms Paper 9. World Bank, Development Research Group, Washington, D.C.

Kinsey, Bill, Kees Burger, and Jan W. Gunning. 1998. "Coping with Drought in Zimbabwe: Survey Evidence on Responses of Rural Households to Risk." *World Development* 26(1): 89–110.

Klasen, Stephan. 1994. " 'Missing Women' Reconsidered." *World Development* 22(7): 1061–71.

———. 1999. "Does Gender Inequality Reduce Growth and Development? Evidence from Cross-Country Regressions." Policy Research Report on Gender and Development Working Paper Series, no. 7. World Bank, Washington, D.C.

Klees, Rita, Joana Godinho, and Mercy Lawson Doe. 1999. "Health, Sanitation, and Hygiene in Rural Water Supply and Sanitation Projects and Other World Bank–Financed Projects." World Bank, Europe and Central Asia Regional Studies Program, Washington, D.C.

Klitgaard, Robert. 1990. *Tropical Gangsters.* New York: Basic Books.

———. 1997. "Cleaning Up and Invigorating the Civil Service." Report prepared for Operations Evaluation Department. World Bank, Washington, D.C.

Klugman, Jeni, and Jeanine Braithwaite. 1998. "Poverty in Russia during the Transition: An Overview." *World Bank Research Observer* 3(1): 37–58.

Knack, Stephen, and Philip Keefer. 1995. "Institutions and Economic Performance: Cross-Country Tests Using Alternative Institutional Measures." *Economics and Politics* 7: 207–27.

———. 1997. "Does Social Capital Have an Economic Payoff? A Cross-Country Investigation." *Quarterly Journal of Economics* 112: 1251–88.

Knack, Stephen, and Nick Manning. 2000. "Policy Volatility and Poverty." World Bank, Poverty Reduction and Economic Management Network, Washington, D.C.

Kochar, Anjini. 1995. "Explaining Household Vulnerability to Idiosyncratic Income Shocks." *American Economic Association Papers and Proceedings* 85(2): 159–64.

———. 1999. "Smoothing Consumption by Smoothing Income: Hours-of-Work Responses to Idiosyncratic Agricultural Shocks in Rural India." *Review of Economics and Statistics* 81(1): 50–61.

Kohli, Atul. 1987. *The State and Poverty in India: The Politics of Reform.* New York: Cambridge University Press.

Kormendi, Roger, and Philip McGuire. 1985. "Macroeconomic Determinants of Growth: Cross-Country Evidence." *Journal of Monetary Economics* 16(2): 141–63.

Kornai, János. 2000. "Ten Years after 'the Road to a Free Economy': The Author's Self-Evaluation." Paper presented at World Bank Annual Conference on Development Economics, 18–20 April, Washington, D.C.

Kozel, Valerie, and Barbara Parker. 2000. "Integrated Approaches to Poverty Assessment in India." In Michael Bamberger, ed., *Integrating Quantitative and Qualitative Research in Development Projects.* Washington, D.C.: World Bank.

Kreimer, Alcira. 1999. "Learning Lessons from the Earthquake in Turkey." Box for *World Development Report 2000/2001.* World Bank, Washington, D.C.

Kreimer, Alcira, and Edward Echeverria. 1991. "Case Study: Housing Reconstruction in Mexico City." In Alcira Kreimer and Mohan Munasinghe, eds., *Managing Natural Disaster and the Environment: Selected Materials from the Colloquium on the Environment and Natural Disaster Management.* Washington, D.C.: World Bank.

Kreimer, Alcira, Edward Echeverria, and Martha Preece. 1991. "Case Study: Reconstruction after North China's Earthquake." In Alcira Kreimer and Mohan Munasinghe, eds., *Managing Natural Disaster and the Environment: Selected Materials from the Colloquium on the Environment and Natural Disaster Management.* Washington, D.C.: World Bank.

Kreimer, Alcira, Margaret Arnold, Christopher Barham, Paul Freeman, Roy Gilbert, Frederick Krimgold, Rodney Lester, John D. Pollner, and Tom Vogt. 1999. *Managing Disaster Risk in Mexico: Market Incentives for Mitigation Investment.* Washington, D.C.: World Bank.

Kremer, Michael. 1999. "Purchase Pre-commitments for New Vaccines: Rationale and a Proposed Design." Harvard University, Department of Economics, Cambridge, Mass.; and Brookings Institution, Washington, D.C.

Krishna, Anirudh, Norman Uphoff, and Milton Esman, eds. 1997. *Reasons for Hope: Instructive Experiences in Rural Development.* West Hartford, Conn.: Kumarian.

Krueger, Alan B., and Michael Lindahl. 1999. "Education for Growth in Sweden and the World." *Swedish Economic Policy Review* 6(2): 289–339.

Krueger, Anne O. 1993. "East Asia: Lessons for Growth Theory." Paper presented at Fourth Annual East Asian Seminar on Economics, National Bureau of Economic Research, 17–19 June, San Francisco.

Krugman, Paul. 1998. "Saving Asia: It's Time to Get Radical." *Fortune* 138: 75–80.

Kruse, Sten-Erik, Timo Kyllönen, Satu Ojanperä, Roger C. Riddell, and Jean Vielajus. 1997. "Searching for Impact and Methods: NGO Evaluation Synthesis Study." Report prepared for Organisation for Economic Co-operation and Development, Development Assistance Committee Expert Group on Evaluation, Paris.

Kull, Steven, I.M. Destler, and Clay Ramsay. 1997. "The Foreign Policy Gap: How Policymakers Misread the Public." University of Maryland, Center for International and Security Studies, College Park.

Kunreuther, Howard. 1999. "Incentives for Mitigation Investments and More Effective Risk Management: The Need for Public-Private Partnerships." University of Pennsylvania, Operations and Information Department, Philadelphia.

Kurtz, Marcus. 1999. "The Political Economy of Pro-poor Policies in Chile and Mexico." Background paper for *World Development Report 2000/2001.* World Bank, Washington, D.C.

Lachaud, Jean-Pierre. 1999. "Pauvreté ménage et genre en Afrique sub-Saharienne: Nouvelles dimensions analytiques." Université Montesquieu-Bordeaux IV, Centre d'Economie du Développement, Bordeaux.

Lago, Ricardo. 1991. "The Illusion of Pursuing Redistribution through Macropolicy: Peru's Heterodox Experience, 1985–1990." In Rudiger Dornbusch and Sebastian Edwards, eds., *Macroeconomics of Populism.* Chicago: University of Chicago Press.

Lal, Deepak, I. Natarajan, and Rakesh Mohan. 2000. "Economic Reforms and Poverty Alleviation: A Tale of Two Sur-

veys." University of California at Los Angeles, Department of Economics.

Lamontagne, Jacques. 1999. "National Minority Education in China: A Nationwide Survey across Counties." In Gerard A. Postiglione, ed., *China's National Minority Education: Culture, Schooling and Development.* London: Falmer.

Lampietti, Julian, Anthony Kolb, Sumila Gulyani, and Vahram Avenessian. 2000. "Pricing Services to Protect the Poor: Lessons from Armenia." World Bank, Europe and Central Asia Region, Washington, D.C.

Lanjouw, Jean Olson. 1997. "Demystifying Poverty Lines." Series on Poverty Reduction. United Nations Development Programme, New York.

Lanjouw, Peter, and Martin Ravallion. 1999. "Benefit Incidence and the Timing of Program Capture." *World Bank Economic Review* 13(2): 257–74.

Lanjouw, Peter, and Nicholas Stern. 1991. "Poverty in Palanpur." *World Bank Economic Review* 5(1): 23–56.

Larrain, Felipe, and Andres Velasco. 1999. "Exchange Rate Policy for Emerging Markets: One Size Does Not Fit All." Harvard University, Department of Economics, Cambridge, Mass.

Lavy, Victor, and Jean-Marc Germain. 1994. *Quality and Cost in Health Care Choice in Developing Countries.* Living Standards Measurement Study Working Paper 105. Washington, D.C.: World Bank.

Lavy, Victor, John Strauss, Duncan Thomas, and Philippe de Vreyer. 1996. "Quality of Care, Survival and Health Outcomes in Ghana." *Journal of Health Economics* 15: 333–57.

Leamer, Edward E., and Peter K. Schott. 1999. "Natural Resources as a Source of Latin American Income Inequality." Background paper for *World Development Report 2000/2001.* World Bank, Washington, D.C.

Legovini, Arianna, César Bouillón, and Nora Lustig. 1999. "Can Education Explain Income Inequality Changes in Mexico?" Inter-American Development Bank, Washington, D.C.

Lembuya, Peter. 1992. *Amboseli National Park, the Surrounding Group Ranches and Community Conservation.* Nairobi: African Wildlife Foundation.

Lensink, Robert, and Howard White. 1998. "Does the Revival of International Private Capital Flows Mean the End of Aid? An Analysis of Developing Countries' Access to Private Capital." *World Development* 26: 1221–34.

Leonard, David. 1987. "Political Realities of African Management." *World Development* 15: 899–910.

Lepkowski, James, Graham Kalton, and Daniel Kazprsyk. 1989. "Weighting Adjustments for Partial Non-response in the 1984 SIPP Panel." Paper presented at section on survey methods research, meeting of American Statistical Association.

Levav, Itzhak. 1999. "The Indivisible Face of Disaster." In World Bank, *Investing in Prevention: A Special Report on Disaster Risk Management.* Washington, D.C.

Levine, Ross. 1997. "Financial Development and Economic Growth: Views and an Agenda." *Journal of Economic Literature* 35(2): 688–726.

Levine, Ross, and David Renelt. 1992. "A Sensitivity Analysis of Cross-Country Regressions." *American Economic Review* 84(4): 942–63.

Levison, Deborah, Richard Anker, Shahid Ashraf, and Sandya Barge. Forthcoming. "Is Child Labor Really Necessary in India's Carpet Industry?" In Richard Anker and others, eds., *Economics of Child Labor in Selected Industries of India*. New Delhi: Hindustan.

Levy, Hernan. 1996. "Morocco Impact Evaluation Report: Socio-Economic Influence of Rural Roads—A Study of Rural Roads Financed under the World Bank's Fourth Highway Project." World Bank, Operations Evaluation Department, Washington, D.C.

Levy, Margaret. 1996. "Social and Unsocial Capital: A Review Essay on Robert Putnam's *Making Democracy Work*." *Politics and Society* 24(1): 45–55.

Lewis, Maureen. 2000. "Informal Health Payments in Eastern Europe and Central Asia: Issues, Trends, and Policy Implications." World Bank, Europe and Central Asia Region, Washington, D.C.

Lewis, Maureen, Gunnar S. Eskeland, and Ximena Traa-Valerezo. Forthcoming. "Challenging El Salvador's Rural Health Care Strategy." Policy Research Working Paper 2164. World Bank, Washington, D.C.

Li, Guo, Diane Steele, and Paul Glewwe. 1999. "Distribution of Government Education Expenditures in Developing Countries." World Bank, Development Research Group, Washington, D.C.

Li, Hongyi, and Heng-fu Zou. 1998. "Income Inequality Is Not Harmful for Growth: Theory and Evidence." *Review of Development Economics* 2(3): 318–34.

Li, Hongyi, Lyn Squire, and Heng-fu Zou. 1998. "Explaining International Inequality and Intertemporal Variations in Income Inequality." *Economic Journal* 108: 26–43.

Liang, Xiaoyan. 1996. "Bangladesh Female Secondary School Assistance Project." World Bank, Human Development Department, Washington, D.C.

Lim, Young-Jae, and Robert Townsend. 1998. "General Equilibrium Models of Financial Systems: Theory and Measurement in Village Economies." *Review of Economic Dynamics* 1: 59–118.

Lin, Justin Yifu. 1995. "Commentary: Food Policy in China—In Retrospect and Prospect." *IFPRI Report* 17(3). International Food Policy Research Institute, Washington, D.C.

Lindauer, David. 1999. "Labor Market Reform and the Poor." Background paper for *World Development Report 2000/2001*. World Bank, Washington, D.C.; Wellesley College, Wellesley, Mass.; and Harvard Institute for International Development, Cambridge, Mass.

Lindauer, David, and Barbara Nunberg, eds. 1996. *Rehabilitating Government: Pay and Employment Reform in Africa*. Aldershot: Avebury.

Lipton, Michael. 1977. *Why Poor People Stay Poor: Urban Bias in World Development*. Canberra: Australian National University Press.

———. 1996. *Defining and Measuring Poverty: Conceptual Issues*. New York: United Nations Development Programme.

———. 1998. *Successes in Anti-Poverty*. Geneva: International Labour Office.

Lipton, Michael, and Martin Ravallion. 1995. "Poverty and Pol-

icy." In Jere R. Behrman and T.N. Srinivasan, eds., *Handbook of Development Economics*. Vol. 3. Amsterdam: North Holland.

Little, Roderick. 1988. "Missing-Data Adjustments in Large Surveys." *Journal of Business and Economic Statistics* 6(3): 287–96.

Litvack, Jennie, and Carol Bodart. 1993. "User Fees Plus Quality Equals Improved Access to Health Care: Results of a Field Experiment in Cameroon." *Social Science and Medicine* 37(3): 369–83.

Litvack, Jennie, and Dennis A. Rondinelli, eds. 1999. *Market Reform in Vietnam: Building Institutions for Development*. Westport, Conn.: Quorum Books.

Litvack, Jennie, and Jessica Seddon, eds. 1999. "Decentralization Briefing Notes." World Bank, Poverty Reduction and Economic Management Network, Washington, D.C.

Liu, Yuanli, William C. Hsiao, and Karen Eggleston. 1999. "Equity in Health and Health Care: The Chinese Experience." *Social Science and Medicine* 49: 1349–56.

Livi-Bacci, Massimo. 1997. "Population, Constraint, and Adaptation: A Historical Outlook." In Robert Dorfman and Peter Rogers, eds., *Science with a Human Face: Festschrift in Honour of Roger Randall Revelle*. Cambridge, Mass.: Harvard University Press.

Llavador, Humberto G., and John E. Roemer. 2000. "An Equal-Opportunity Approach to the Allocation of International Aid." Yale University, Department of Political Science, New Haven, Conn.

Lockheed, Marlaine, and Qinghua Zhao. 1993. "The Empty Opportunity: Local Control of Secondary Schools and Student Achievement in the Philippines." Policy Research Working Paper 825. World Bank, Washington, D.C.

Lockheed, Marlaine, Dean T. Jamison, and Lawrence Lau. 1980. "Farmer Education and Farm Efficiency: A Survey." *Economic Development and Cultural Change* 29: 37–134.

Lokshin, Michael, and Martin Ravallion. 2000a. "Short-Lived Shocks with Long-Lived Impacts? Household Income Dynamics in a Transition Economy." World Bank, Development Research Group, Washington, D.C.

———. 2000b. "Welfare Impact of Russia's 1998 Financial Crisis and the Response of the Public Safety Net." World Bank, Development Research Group, Washington, D.C.

Londoño, Juan Luis, and Miguel Székely. 1997. *Persistent Poverty and Excess Inequality: Latin America, 1970–1995*. Washington, D.C.: Inter-American Development Bank.

Lopez, Ramon, and Carla della Maggiora. Forthcoming. "Rural Poverty in Peru: Stylized Facts and Analytics for Policy." In Ramon Lopez and Alberto Valdes, eds., *Rural Poverty in Latin America: Analytics, New Empirical Evidence and Policy*. Washington, D.C.: World Bank.

Lopez, Ramon, and Alberto Valdes. Forthcoming. "Fighting Rural Poverty in Latin America: New Evidence and Policy." In Ramon Lopez and Alberto Valdes, eds., *Rural Poverty in Latin America: Analytics, New Empirical Evidence and Policy*. Washington, D.C.: World Bank.

Lopez, Ramon, T. Thomas, and Vinod Thomas. 1998. "Economic Growth and the Sustainability of Natural Resources." University of Maryland, Department of Agricultural and Resource Economics, College Park.

Lora, Eduardo, and Felipe Barrera. 1997. *Una década de reformas estructurales en América Latina: el crecimiento, la productividad y la inversión, ya no son como antes.* Inter-American Development Bank, Office of the Chief Economist, Washington, D.C.

Loury, Glenn C. 2000. "Social Exclusion and Ethnic Groups: The Challenge to Economics." Discussion Paper Series, no. 106. Boston University, Institute for Economic Development.

Lovei, Laszlo, Eugene Gurenko, Michael Haney, Philip O'Keefe, and Maria Shkaratan. 2000. "Maintaining Utility Services for the Poor: Policies and Practices in Central and Eastern Europe and the Former Soviet Union." World Bank, Europe and Central Asia Region, Washington, D.C.

Lowell, Peggy A., and Charles H. Wood. 1998. "Skin Color, Racial Identity and Life Chances in Brazil." *Latin American Perspectives* 25(3): 90–109.

Luckham, Robin. 1999. "Complex Political Emergencies and the State: Failure and the Fate of the State." *Third World Quarterly* 20(1): 27–50.

Lund, Frances, and Smita Srinivas. 1999a. "Learning from Experience: A Framework for Social Protection for Workers in the Informal Economy." Background paper for *World Development Report 2000/2001.* World Bank, Washington, D.C.

———. 1999b. "Learning from Experience: A Gendered Approach to Social Protection for Workers in the Informal Economy." Background paper for workshop on social protection for women in the informal sector, International Labour Organization, 6–8 December, Geneva.

Lundberg, Mattias, and Lyn Squire. 2000. "Inequality and Growth: Lessons for Policy." World Bank, Global Development Network, Washington, D.C.

Lundberg, Shelley, Robert A. Pollak, and Terence J. Wales. 1997. "Do Husbands and Wives Pool Their Resources? Evidence from the United Kingdom Child Benefit." *Journal of Human Resources* 32(3): 463–80.

Lustig, Nora. 1988. "From Structuralism to Neostructuralism: The Search for a Heterodox Paradigm." In Patricio Meller, ed., *The Latin American Development Debate.* Boulder, Colo.: Westview.

———. 1997. "The Safety Nets Which Are Not Safety Nets: Social Investment Funds in Latin America." Paper presented at Harvard Institute for International Development and United Nations Development Programme conference on governance, poverty eradication, and social policy, November, Cambridge, Mass.

———. 1998. *Mexico: The Remaking of an Economy.* 2d ed. Washington, D.C.: Brookings Institution.

———. Forthcoming. "Crises and the Poor: Socially Responsible Macroeconomics." *Economia, Journal of the Latin American and Caribbean Economic Association* 1(1).

———, ed. 1995. *Coping with Austerity: Poverty and Inequality in Latin America.* Washington, D.C.: Brookings Institution.

———, ed. Forthcoming. *Shielding the Poor: Social Protection in the Developing World.* Washington, D.C.: Brookings Institution.

Lustig, Nora, and Darryl McLeod. 1997. "Minimum Wages and Poverty in Developing Countries: Some Empirical Evidence." In Sebastian Edwards and Nora Lustig, eds., *Labor Markets in*

Latin America. Washington, D.C.: Brookings Institution.

Lustig, Nora, and Miguel Székely. 1998. *Economic Trends, Poverty and Inequality in Mexico.* Washington, D.C.: Inter-American Development Bank.

Maddison, Angus. 1987. "Growth and the Slowdown in Advanced Capitalist Economies: Techniques of Quantitative Assessment." *Journal of Economic Literature* 25(2): 649–98.

———. 1995. "Monitoring the World Economy, 1820–92." Organisation for Economic Co-operation and Development, Development Centre, Paris.

Magalhaes, Antonio, and Michael H. Glantz. 1992. *Socioeconomic Impacts of Climate Variations and Policy Responses in Brazil.* Brasilia: Fundaçao Grupo Esquel Brasil.

Mahar, J. Michael, ed. 1972. *The Untouchables in Contemporary India.* Tucson: University of Arizona Press.

Maizels, Alfred, and Machiko K. Nissanke. 1984. "Motivations for Aid to Developing Countries." *World Development* 12: 879–900.

Mallick, Ross. 1998. *Development, Ethnicity and Human Rights in South Asia.* New Delhi: Sage.

Malmberg Calvo, Christina. 1998. *Options for Managing and Financing Rural Transport Infrastructure.* World Bank Technical Paper 411. Washington, D.C.

Malthus, Thomas. 1985 [1798]. *An Essay on the Principle of Population.* London: Penguin Classics.

Maluccio, John, Lawrence Haddad, and Julian May. 1999. "Social Capital and Income Generation in South Africa, 1993–98." International Food Policy Research Institute, Washington, D.C.

Mankiw, N. Gregory, David Romer, and David N. Weil. 1992. "A Contribution to the Empirics of Economic Growth." *Quarterly Journal of Economics* 107(2): 407–37.

Manning, Daniel S. 1999. "The Role of Legal Services Organizations in Attacking Poverty." Background paper for *World Development Report 2000/2001.* World Bank, Washington, D.C.

Manor, James. 1999. *The Political Economy of Democratic Decentralization.* Directions in Development Series. Washington, D.C.: World Bank.

Marchés Tropicaux et Méditerranéens. 1995. "Une évaluation de la crise des transports en Afrique sub-saharienne." 2612: 2629–31.

Marr, Ana. 1999. "The Poor and Their Money: What Have We Learned?" ODI Poverty Briefing 4. Overseas Development Institute, London.

Marshall, Adriana. 1998. "State Intervention, the Labor Market, and Inequality in Argentina." In Albert Berry, ed., *Poverty, Economic Reform and Income Distribution in Latin America.* London: Lynne Rienner.

Martin, Will, and Keith E. Maskus. 2000. "Core Labor Standards and Competitiveness: Implications for Global Trade Policy." World Bank, Development Research Group, Washington, D.C.; and University of Colorado, Boulder.

Maskus, Keith E. 1997. "Should Core Labor Standards Be Imposed through International Trade Policy?" Policy Research Working Paper 1817. World Bank, Washington, D.C.

———. 1999. "Comments on Core Labor Standards and

International Trade Policy." Paper presented at World Bank symposium, 20 January, Washington, D.C.

———. 2000. "Regulatory Standards in the WTO: Comparing Intellectual Property Rights with Competition Policy, Environmental Protection, and Core Labor Standards." Working Paper 00-1. Institute for International Economics, Washington, D.C.

Massey, Douglas, and Karin Espinosa. 1997. "What's Driving Mexico-U.S. Migration? A Theoretical, Empirical, and Policy Analysis." *American Journal of Sociology* 102(4): 939–99.

Matin, Imran, David Hulme, and Stuart Rutherford. 1999. "Financial Services for the Poor and Poorest: Deepening Understanding to Improve Provision." Finance and Development Research Program Working Paper 9. University of Manchester, Institute for Development Policy and Management.

Mauro, Paolo. 1995. "Corruption and Growth." *Quarterly Journal of Economics* 110(3): 681–712.

———. 1998. "Corruption and the Composition of Government Expenditure." *Journal of Public Economics* 69: 263–79.

Maveneke, Taparandava N. 1998. "Local Participation as an Instrument for Natural Resources Management under the Communal Areas Management Programme for Indigenous Resources (CAMPFIRE) in Zimbabwe." Paper presented at international workshop on community-based natural resources management, World Bank, 10–14 May, Washington, D.C.

Mc Clymont, Mary, and Stephen Golub, eds. 2000. *Many Roads to Justice: The Law-Related Work of Ford Foundation Grantees around the World.* Washington, D.C.: Ford Foundation.

McCulloch, Andrew, and Heather Joshi. 1999. "Child Development and Family Resources: An Exploration of Evidence from the Second Generation of the 1958 British Birth Cohort." Working Paper 99-115. University of Essex, Institute for Social and Economic Research.

McDonald, Calvin, Christian Schiller, and Kenichi Ueda. 1999. "Income Distribution, Informal Safety Nets, and Social Expenditures in Uganda." IMF Working Paper 99/163. International Monetary Fund, Washington, D.C.

McGee, Rosemary. 1999. "Meeting the International Development Targets: What Are the Prospects and Key Challenges? Uganda Country Study." Christian Aid, London.

McGuire, Paul B., John Conroy, and Thapa Ganesh. 1998. *Getting the Framework Right: Policy and Regulation for Microfinance in Asia.* Brisbane: Foundation for Development Cooperation.

McKernan, Signe-Mary. 1996. "The Impact of Micro-Credit Programs on Self-Employment Profits: Do Non-credit Program Aspects Matter?" Brown University, Providence, R.I.

Meade, Donald C., and Carl Liedholm. 1998. "The Dynamics of Micro and Small Enterprises in Developing Countries." *World Development* 26(1): 61–74.

Mearns, Robin. 1999. "Access to Land in Rural India." Policy Research Working Paper 2123. World Bank, Washington, D.C.

Meerman, Jacob. 1997. *Reforming Agriculture: The World Bank Goes to Market.* Washington, D.C.: World Bank, Operations Evaluation Department.

———. 1999. "Slow Roads to Equality: A Study of Four Hard-Core Minorities—Issues from the Literature Review."

Background paper for *World Development Report 2000/2001.* World Bank, Washington, D.C.

Meier, Gerald M., and Dudley Seers, eds. 1984. *Pioneers in Development.* New York: Oxford University Press.

Mejía, J. Antonio, and Rob Vos. 1997. "Poverty in Latin America and the Caribbean: An Inventory, 1980–95." Working Paper Series, no. I-4. Inter-American Development Bank, Washington, D.C.

Mellor, John W. 1999. "Pro-poor Growth: The Relation between Growth in Agriculture and Poverty Reduction." Abt Associates, Bethesda, Md.

Menard, Claude, and George Clarke. 2000. "Reforming Water Supply in Abidjan, Côte d'Ivoire: A Mild Reform in a Turbulent Environment." World Bank, Development Research Group, Washington, D.C.

Michalopoulos, Constantine. 1999. "Developing Countries' Participation in the World Trade Organization." *World Economy* 22(1): 117–44.

Milanovic, Branko. 1998. *Income, Inequality, and Poverty during the Transition from Planned to Market Economy.* New York: Oxford University Press.

———. 1999. "True World Income Distribution, 1988 and 1993." Policy Research Working Paper 2244. World Bank, Washington, D.C.

MIMAP (Micro Impacts of Macroeconomic Adjustment Policies). 1999a. "After the Crisis: A Look at the Elementary and Secondary Enrolment in the Philippines." *MIMAP Indicators* 6(2). [www.pins.ph.net/mimap/v620699c.htm].

———. 1999b. "An Analysis of the Social Impact of the Financial Crisis in the Philippines." *MIMAP Research Results* 6(1). [www.pins.ph.net/mimap/v610399a.htm].

———. 1999c. "National Statistics Office (NSO) in MIMAP Database." [www.pins.ph.net/mimap/eindune.htm].

Mingat, Alain, and Jee-Peng Tan. 1998. "The Mechanics of Progress in Education: Evidence from Cross-Country Data." Policy Research Working Paper 2015. World Bank, Washington, D.C.

Ministerio de Economía de Argentina. 1998. *Informe económico* 28. Buenos Aires.

Minot, Nicholas W. 1998. "Generating Disaggregated Poverty Maps: An Application to Vietnam." MSSD Discussion Paper 25. International Food Policy Research Institute, Washington, D.C.

MNA Live Database. "Human Development Indicators: Country at a Glance." World Bank, Washington, D.C.

Moctezuma, Esteban. 1999. Keynote address by Mexican Minister of Social Development, Inter-American Development Bank Conference on Social Protection and Poverty, February, Washington, D.C.

Molinas, Jose R. 1998. "The Impact of Inequality, Gender, External Assistance and Social Capital on Local-Level Cooperation." *World Development* 26(3): 413–31.

Monnet, Jean. 1988. *Memoires.* Paris: Fayard.

Moock, Peter. 1994. "Education and Agricultural Productivity." *International Encyclopedia of Education* 1. Oxford: Pergamon.

Moomaw, William, and Mark Tullis. 1999. "Population, Affluence or Technology? An Empirical Look at National Carbon Dioxide Production." In Barbara Sundberg Baudot and William Moomaw, eds., *People and Their Planet.* New York: St. Martin's.

Moore, Mick, and James Putzel. 1999. "Politics and Poverty." Background paper for *World Development Report 2000/2001.* Sussex University, Brighton; London School of Economics and Political Science, Development Studies Institute; and World Bank, Washington, D.C.

Moore, Mick, Jennifer Leavy, Peter P. Houtzager, and Howard White. 1999. "Polity Qualities: How Governance Affects Poverty." Background paper for *World Development Report 2000/2001.* World Bank, Washington, D.C.

Morduch, Jonathan. 1990. "Risk, Production, and Saving: Theory and Evidence from Indian Households." Harvard University, Department of Economics, Cambridge, Mass.

———. 1999a. "Between the Market and State: Can Informal Insurance Patch the Safety Net?" *World Bank Research Observer* 14(2): 187–207.

———. 1999b. "Does Microfinance Really Help the Poor? Evidence from Flagship Programs in Bangladesh." Princeton University, Department of Economics, Princeton, N.J.

———. 1999c. "The Microfinance Promise." *Journal of Economic Literature* 37(4): 1569–614.

———. 1999d. "The Role of Subsidies in Microfinance: Evidence from the Grameen Bank." *Journal of Development Economics* 60(1): 229–48.

Morley, Samuel A. 1994. *Poverty and Inequality in Latin America: Past Evidence and Future Prospects.* Policy Essay 13. Washington, D.C.: Overseas Development Council.

———. 1999. "Impact of Reforms on Equity in Latin America." Background paper for *World Development Report 2000/2001.* World Bank, Washington, D.C.

Morley, Samuel, and Carola Alvarez. 1992. "Recession and the Growth of Poverty in Argentina." Working Paper 92-W02. Vanderbilt University, Nashville, Tenn.

Morris, David. 1979. *Measuring the Conditions of the World's Poor: The Physical Quality of Life Index.* Oxford: Pergamon.

Morris, Saul, Oscar Neidecker-Gonzales, Calogero Carletto, Marcial Munguia, and Quentin Wodon. 2000. "Impact of Hurricane Mitch in the Poorest Communities of Honduras." International Food Policy Research Institute, Washington, D.C.

Morrison, Andrew, and Maria Beatriz Orlando. 1999. "Social and Economic Costs of Domestic Violence: Chile and Nicaragua." In Andrew Morrison and Maria Loreto Biehl, eds., *Too Close to Home: Domestic Violence in the Americas.* Washington, D.C.: Inter-American Development Bank.

Moser, Caroline. 1998. "The Asset Vulnerability Framework: Reassessing Urban Poverty Reduction Strategies." *World Development* 26(1): 1–19.

Mosley, Paul, and Marion J. Eeckhout. 2000. "From Project Aid to Programme Assistance." In Finn Tarp, ed., *Foreign Aid and Development: Lessons Learnt and Directions for the Future.* London: Routledge.

Mosley, Paul, Jane Harrigan, and John Toye. 1995. *Aid and Power.* London: Routledge.

Mukherjee, M., and G.S. Chatterjee. 1974. "On the Validity of NSS Estimates of Consumption Expenditure." In T.N. Srinivasan and P.K. Bardhan, eds., *Poverty and Income Distribution in India.* Calcutta: Indian Statistical Institute.

Murthi, Mamta, Anne-Catherine Guio, and Jean Drèze. 1995. "Mortality, Fertility and Gender Bias in India: A District-Level Analysis." Development Economic Research Discussion Paper 61. London School of Economics and Political Science.

Murty, Mamta. 1994. "Management of Common Property Resources: Limits to Voluntary Collective Action." *Environmental and Resource Economics* 4(6).

Musgrove, Philip. 1996. *Public and Private Roles in Health: Theory and Financing Patterns.* World Bank Discussion Paper 339. Washington, D.C.

Mwabu, Germano, Martha Ainsworth, and Andrew Nyamete. 1993. "Quality of Medical Care and Choice of Medical Treatment in Kenya: An Empirical Analysis." Africa Technical Department Technical Paper 9. World Bank, Washington, D.C.

Narayan, Deepa. 1998. "Participatory Rural Development." In Ernst Lutz, ed., *Agriculture and the Environment.* Washington, D.C.: World Bank.

———. 1999. "Bonds and Bridges: Social Capital and Poverty." Policy Research Working Paper 2167. World Bank, Washington, D.C.

Narayan, Deepa, and David Nyamwaya. 1996. "Learning from the Poor: A Participatory Poverty Assessment in Kenya." Environment Department Paper 034. Participation Series. World Bank, Washington, D.C.

Narayan, Deepa, and Lant Pritchett. 1999. "Cents and Sociability: Household Income and Social Capital in Rural Tanzania." *Economic Development and Cultural Change* 47(4): 871–97.

Narayan, Deepa, and Talat Shah. 1999. "Gender Inequity, Poverty and Social Capital." World Bank, Poverty Reduction and Economic Management Network, Washington, D.C.

Narayan, Deepa, Robert Chambers, Meera K. Shah, and Patti Petesch. 1999. "Global Synthesis: Consultations with the Poor." Paper presented at Global Synthesis Workshop, World Bank, Poverty Group, 22–23 September, Washington, D.C.

———. 2000. *Voices of the Poor: Crying Out for Change.* New York: Oxford University Press.

Narayan, Deepa, with Raj Patel, Kai Schafft, Anne Rademacher, and Sarah Koch-Schulte. 2000. *Voices of the Poor: Can Anyone Hear Us?* New York: Oxford University Press.

National Intelligence Council. 2000. "The Global Infectious Disease Threat and Its Implications for the United States." National Intelligence Estimate 99-17D. Washington, D.C.

Nelson, Joan. 1999. *Reforming Health and Education: The World Bank, the Inter-American Development Bank, and Complex Institutional Change.* Policy Essay 26. Washington, D.C.: Overseas Development Council.

Nepal, Department of Roads. 1997. "Environmental Management Guidelines." Geo-Environment Unit, Kathmandu.

Newman, John, Steen Jorgensen, and Menno Pradhan. 1991. *Workers' Benefits from Bolivia's Emergency Social Fund.* Living Standards Measurement Study Working Paper 77. Washington, D.C.: World Bank.

Ng, Francis, and Sandy Yeats. 1996. "Open Economies Work Better! Did Africa's Protectionist Policies Cause Its Marginalization in World Trade?" Policy Research Working Paper 1636. World Bank, Washington, D.C.

Nigerian Economic Society. 1997. *Poverty Alleviation in Nigeria. Selected Papers for the 1997 Annual Conference.* University of Ibadan.

Niles, Kimberly J. 1999. "Economic Adjustment and Targeted Social Spending: The Role of Political Institutions (Indonesia, Mexico, and Ghana)." Background paper for *World Development Report 2000/2001.* U.K. Department for International Development, London; and World Bank, Washington, D.C.

Nolan, Brian, and Vincent Turbat. 1995. *Cost Recovery in Public Health Services in Sub-Saharan Africa.* Economic Development Institute Technical Materials. Washington, D.C.: World Bank.

North, Douglass. 1990. *Institutions, Institutional Change, and Economic Performance.* New York: Cambridge University Press.

———. 1994. "Economic Performance through Time." *American Economic Review* 84(3): 359–68.

Norton, Seth. 1998. "Poverty, Property Rights and Human Well-Being: A Cross-National Study." *Cato Journal* 18(2): 233–450.

Nyonator, Frank, and Joseph Kutzin. 1999. "Health for Some? The Effects of User Fees in the Volta Region of Ghana." *Health Policy and Planning* 14(4): 329–41.

Oates, Wallace E. 1999. "An Essay on Fiscal Federalism." *Journal of Economic Literature* 37: 1120–49.

Ocampo, Jose Antonio, and Lance Taylor. 1998. "Trade Liberalization in Developing Economies: Modest Benefits but Problems with Productivity Growth, Macro Prices, and Income Distribution." Center for Economic Policy Analysis Working Paper 8. New School for Social Research, New York.

Odaka, Konosuke, and Juro Teranishi. 1998. *Markets and Government: In Search of Better Coordination.* Tokyo: Maruzen.

OECD (Organisation for Economic Co-operation and Development). 1996. *Trade, Employment, and Labor Standards: A Study of Core Workers' Rights and International Trade.* Paris.

———. 1999. *DAC Scoping Study of Donor Poverty Reduction Policies and Practices.* London: Overseas Development Institute.

OECD (Organisation for Economic Co-operation and Development), DAC (Development Assistance Committee). 1996. *Shaping the 21st Century: The Contribution of Development Co-operation.* Paris.

———. 1997. *DAC Guidelines on Conflict, Peace, and Development Cooperation.* Paris.

———. 1999. *Development Cooperation: Efforts and Policies of the Members of the Development Assistance Committee—1998 Report.* Paris.

———. 2000. "Development Cooperation: 1999 Report." *DAC Journal 2000* 1(1).

Ohiorhenuan, John. 1998. "Capacity Building Implications of Enhanced African Participation in Global Rules-Making and Arrangements." Paper prepared for the collaborative research project Africa and the World Trading System, African Economic Research Consortium, Nairobi.

Okrasa, Wlodzimierz. 1999. "Who Avoids and Who Escapes from Poverty during the Transition? Evidence from Polish Panel Data, 1993–96." Policy Research Working Paper 2218. World Bank, Washington, D.C.

Olinto, Pedro, Benjamin Davis, and Klaus Deininger. 1999. "Did the Poor Benefit from Land Market Liberalization in Mexico? Panel-Data Evidence of the Impact of the *Ejido* Reforms." World Bank, Latin America and the Caribbean Region and Development Research Group; and International Food Policy Research Institute, Washington, D.C.

Olson, Mancur. 1969. "The Principle of 'Fiscal Equivalence': The Division of Responsibilities among Different Levels of Government." *American Economic Review Papers and Proceedings* 59: 479–87.

———. 1982. *The Rise and Decline of Nations: Economic Growth, Stagflation, and Social Rigidities.* New Haven, Conn.: Yale University Press.

Olsson, Jonathan. 2000. "Mitigation Is the Cornerstone of Emergency Management in the United States." Box for *World Development Report 2000/2001.* World Bank, Washington, D.C.

"Openness, Macroeconomic Crisis and Poverty." 1999. Rapporteur's report of a dialogue and consultation on *World Development Report 2000/2001,* World Bank Institute and Institute of Strategic and International Studies Malaysia, May, Kuala Lumpur.

Osiptel (Organismo Supervisor de Inversión Privada en Telecomunicaciones). 1996. *La Apertura del mercado de las telecomunicaciones en el Peru.* Lima.

Ostrom, Elinor. 1997. "Investing in Capital, Institutions, and Incentives." In Christopher Clague, ed., *Institutions and Economic Development: Growth and Governance in Less-Developed and Post-Socialist Countries.* Baltimore, Md.: Johns Hopkins University Press.

———. Forthcoming. "The Puzzle of Counterproductive Property Rights Reforms: A Conceptual Analysis." In Alain de Janvry, Gustavo Gordillo, Jean-Philippe Platteau, and Elisabeth Sadoulet, eds., *Access to Land, Rural Poverty and Public Action.* New York: Oxford University Press.

Ostrom, Elinor, L. Schroeder, and S. Wynne. 1993. *Institutional Incentives and Sustainable Development: Infrastructure Policies in Perspective.* Boulder, Colo.: Westview.

Over, Mead. 1998. "The Effects of Societal Variables on Urban Rates of HIV Infection in Developing Countries: An Exploratory Analysis." In Martha Ainsworth, Lieve Fransen, and Mead Over, eds., *Confronting AIDS: Evidence from the Developing World.* Luxembourg: European Commission.

Owen, Daniel, and Julie van Domelen. 1998. "Getting an Earful: A Review of Beneficiary Assessments of Social Funds." Social Protection Discussion Paper 9816. World Bank, Washington, D.C.

Owens, Trudy. 2000. "The Determinants of Income Growth in Rural Households and the Role of Aid: A Case Study of Zimbabwe." Ph.D. diss. Oxford University.

Oxfam International. 1999. *Education Now: Break the Cycle of Poverty.* Oxford.

Oxford Analytica. 1998a. "Central America: Hurricane Impact." 10 November. [www.oxfam.com/index.html].

———. 1998b. "Indonesia: Ethnic-Chinese Plight." 15 July. [www.oxfam.com/index.html].

———. 1999. "Indonesia: New Management." 25 October. [www.oxfam.com/index.html].

Pack, Howard. 1999. "Poverty-Reducing Policy Reform." Paper presented at *World Development Report 2000/2001* Summer Workshop, World Bank, July, Washington, D.C.

Paerregaard, Karsten. 1998. "Alleviating Poverty in Latin America: Can Local Organizations Be of Any Help?" Working Paper 9810. Center for Development Research, Copenhagen.

PAHO (Pan American Health Organization). 1998. *Health in the Americas 1998.* Washington, D.C.

Palacios, Robert, and Montserrat Pallares-Miralles. 1999. "International Patterns of Pension Provision." Discussion paper. World Bank, Social Protection Department, Washington, D.C.

Palley, Thomas. 1999. "The Economic Case for International Labor Standards: Theory and Some Evidence." American Federation of Labor and Congress of Industrial Organizations (AFL-CIO), Washington, D.C.

Pande, Rohini. 1999. "Minority Representation and Policy Choices: The Significance of Legislator Identity." London School of Economics and Political Science.

Papageorgiou, Demetris, Armeane Choksi, and Michael Michaely. 1995. "Liberalizing Foreign Trade in Developing Countries: The Lessons of Experience." World Bank, Washington, D.C.

Park, Kyung Ae. 1990. "Women and Revolution in China: The Sources of Constraints on Women's Liberation." *Korea and World Affairs* 14(4).

Parker, Andrew, and Rodrigo Serrano. Forthcoming. *Promoting Good Local Governance through Social Funds and Decentralization.* Washington, D.C.: World Bank.

Parker, Edith A., Amy J. Schulz, Barbara A. Israel, and Rose Hollis. 1998. "Detroit's East Side Village Health Worker Partnership: Community-Based Lay Health Advisor Intervention in an Urban Area." *Health Education and Behaviour* 25(1): 24–45.

Parker, Roland, Randall Riopelle, and William Steel. 1995. *Small Enterprises Adjusting to Liberalization in Five African Countries.* World Bank Discussion Paper 271. Washington, D.C.

Parthasarthy, Gupta. 1991. "Lease Market, Poverty Alleviation and Policy Options." *Economic and Political Weekly* 26(13): A31–38.

Patrinos, Harry Anthony, and David Ariasingam. 1997. *Decentralization of Education: Demand-Side Financing.* Directions in Development Series. Washington, D.C.: World Bank.

Patten, Richard, and Jay Rosengard. 1991. *Progress with Profits: The Development of Rural Banking in Indonesia.* San Francisco: ICS Press.

Paugam, Serge, ed. 1996. *L'Exclusion l'etat des savoirs.* Paris: Editions La Découverte.

Paul, Samuel. 1998. "Making Voice Work: The Report Card on Bangalore's Public Services." Policy Research Working Paper 1921. World Bank, Washington, D.C.

Paul, Samuel, and M. Shan. 1997. "Corruption in Public Service Delivery." In Sanjivi Guhan and S. Paul, eds., *Corruption in India: Agenda for Action.* New Delhi: New Delhi Press.

Pawasuthipaisit, Anan, Sombat Sakuntasathien, and Robert M. Townsend. 1999. "Report to the Ford Foundation: Impact of the Thai Crisis." Background paper for *World Development Report 2000/2001.* World Bank, Washington, D.C.

Paxton, Julia, and Carlos Cuevas. 1996. *A Worldwide Inventory of Microfinance Institutions.* Sustainable Banking with the Poor Project. Washington, D.C.: World Bank.

Pearce, David, and others. 1996. "The Social Costs of Climate Change." In James Bruce, Hoesung Lee, and Erik Haites, eds., *Climate Change 1995: Economic and Social Dimensions of Climate Change—Contribution of Working Group III to the Second Assessment Report of the Intergovernmental Panel on Climate Change.* New York: Cambridge University Press.

Pencavel, John. 1997. "The Legal Framework for Collective Bargaining in Developing Countries." In Sebastian Edwards and Nora Lustig, eds., *Labor Markets in Latin America.* Washington, D.C.: Brookings Institution.

Perotti, Roberto. 1992. "Income Distribution: Politics and Growth." *American Economic Review* 82: 311–16.

———. 1993. "Political Equilibrium, Income Distribution, and Growth." *Review of Economic Studies* 60: 755–76.

———. 1996a. "Growth, Income Distribution, and Democracy: What the Data Say." *Journal of Economic Growth* 1: 149–87.

———. 1996b. "Redistribution and Non-consumption Smoothing in an Open Economy." *Review of Economic Studies* 63: 411–33.

Perry, Guillermo, and Daniel Lederman. 1999. *Adjustments after Speculative Attacks in Latin America and Asia: A Tale of Two Regions?* Washington, D.C.: World Bank.

Persley, Gabrielle J., and John J. Doyle. 1999. "Biotechnology for Developing-Country Agriculture: Problems and Opportunities—Overview." Focus 2, Brief 1. International Food Policy Research Institute, Washington, D.C.

Persson, Torsten, and Guido Tabellini. 1994. "Is Inequality Harmful for Growth?" *American Economic Review* 84: 600–21.

Pessino, Carola. 1997. "Argentina: The Labor Market during the Economic Transition." In Sebastian Edwards and Nora Lustig, eds., *Labor Markets in Latin America.* Washington, D.C.: Brookings Institution.

Pfaff, Alexander S.P. 1996. "What Drives Deforestation in the Brazilian Amazon? Evidence from Satellite and Socioeconomic Data." Columbia University, Department of Economics, New York.

Phipps, Shelley A., and Peter S. Burton. 1998. "What's Mine Is Yours? The Influence of Male and Female Incomes on Patterns of Household Expenditure." *Economica* 65: 599–613.

Piketty, Thomas. 1998. "Self-Fulfilling Beliefs about Social Status." *Journal of Public Economics* 70: 115–32.

———. Forthcoming. "Theories of Persistent Inequality and Intergenerational Mobility." In Anthony B. Atkinson and François Bourguignon, eds., *Handbook of Income Distribution.* New York: North Holland-Elsevier.

Pinstrup-Andersen, Per, Rajul Pandya-Lorch, and Mark Rosengrant. 1997. "The World Food Situation: Recent Developments, Emerging Issues, and Long-Term Prospects." Food Policy Report. International Food Policy Research Institute, Washington, D.C.

Pitt, Mark, and Shahidur Khandker. 1998. "The Impact of

Group-Based Credit Programs on Poor Households in Bangladesh: Does the Gender of Participants Matter?" *Journal of Political Economy* 106: 958–96.

Platteau, Jean-Philippe, and Jean Marie Baland. Forthcoming. "Impartible Inheritance versus Equal Division: A Comparative Perspective Centered on Europe and Sub-Saharan Africa." In Alain de Janvry, Gustavo Gordillo, Jean-Philippe Platteau, and Elisabeth Sadoulet, eds., *Access to Land, Rural Poverty and Public Action.* New York: Oxford University Press.

Polanyi, Karl. 1957. *The Great Transformation.* Boston: Beacon.

Poppele, Jessica, Sudarno Sumarto, and Lant Pritchett. 1999. "Social Impacts of the Indonesian Crisis: New Data and Policy Implications." SMERU Report. Social Monitoring and Early Response Unit, Jakarta.

Porter, Gareth, Raymond Clémençon, Waafas Ofosu-Amaah, and Michael Philips. 1998. *Study of GEF's Overall Performance.* Washington, D.C.: Global Environment Facility.

Portes, Alejandro. 1995. *The Economic Sociology of Immigration: Essays on Networks, Ethnicity and Entrepreneurship.* New York: Russell Sage Foundation.

———. 1998. "Social Capital: Its Origins and Applications in Contemporary Sociology." *Annual Review of Sociology* 24: 1–24.

Portes, Alejandro, and Patricia Landolt. 1996. "The Downside of Social Capital." *American Prospect* 26: 18–21, 94.

Portes, Alejandro, and Julia Sensenbrenner. 1993. "Embeddedness and Immigration: Notes on the Social Determinants of Economic Action." *American Journal of Sociology* 98(6): 1320–50.

Posner, Daniel. 1999. "Ethnic Fractionalization: How (Not) to Measure It? What Does (and Doesn't) It Explain?" Paper presented at annual meeting of American Political Science Association, Atlanta.

Posner, Richard. 1997. "Social Norms and the Law: An Economic Approach." *American Economic Review* 87(2): 365–69.

Postel, Sandra. 1999. "Water, Food and Population." In Barbara Sundberg Baudot and William R. Moomaw, eds., *People and Their Planet.* New York: St. Martin's.

Pottebaum, David A. 1999. *Economic and Social Implications of War and Conflict.* Cornell University, Agricultural Economics Department, Ithaca, N.Y.

Pouliquen, Louis Y. 1999a. "Infrastructure and Poverty." Background paper for *World Development Report 2000/2001.* World Bank, Washington, D.C.

———. 1999b. "Rural Infrastructure from a World Bank Perspective: A Knowledge Management Framework." World Bank, Environmentally and Socially Sustainable Development Network, Washington, D.C.

Pradhan, Sanjay. 1996. "Public-Private Partnerships for Service Provision." Background paper for *World Development Report 1997.* World Bank, Washington, D.C.

Prakash, S. 1997. "Poverty and Environment Linkages in Mountains and Uplands: Reflections on the 'Poverty Trap'." Collaborative Research in the Economics of the Environment and Development Working Paper Series, no. 12. International Institute for Environment and Development, Environmental Economics Programme, London; Institute for Environmental Studies, Amsterdam; and Vrije Universiteit, Amsterdam.

Prasad, Kameshwar, Paolo Belli, and Monica Das Gupta. 1999. "Links between Poverty, Exclusion, and Health." Background paper for *World Development Report 2000/2001.* World Bank, Washington, D.C.

Preker, Alexander. 2000. "Partnership: Private Sector Role in Poverty and Health." Box for *World Development Report 2000/2001.* World Bank, Washington, D.C.

Preker, Alexander, and Richard Feachem. 1996. *Market Mechanisms and the Health Sector in Central and Eastern Europe.* World Bank Technical Paper 293. Washington, D.C.

Prennushi, Giovanna. 1999. "Nepal: Poverty at the Turn of the Twenty-First Century." South Asia Region Internal Discussion Paper 174. World Bank, Washington, D.C.

Prescott, Nicholas, and Menno Pradhan. 1999. "Coping with Catastrophic Health Shocks." Paper presented at Inter-American Development Bank conference on social protection and poverty, 4–5 February, Washington, D.C.

Preston, Samuel H., and Michael R. Haines. 1991. *Fatal Years: Child Mortality in Late-Nineteenth-Century America.* Princeton, N.J.: Princeton University Press.

Primo Braga, Carlos A., Carsten Fink, and Claudia Paz Sepulveda. 2000. *Intellectual Property Rights and Economic Development.* World Bank Discussion Paper 412. Washington, D.C.

Prince of Wales Business Leaders Forum. 1998. *Building Competitiveness and Communities.* London.

Pritchett, Lant. 1996a. "Mind Your P's and Q's: The Cost of Public Investment Is Not the Value of Public Capital." Policy Research Working Paper 1660. World Bank, Washington, D.C.

———. 1996b. "Where Has All the Education Gone?" Policy Research Working Paper 1581. World Bank, Washington, D.C.

———. 1997. "Divergence, Big Time." *Journal of Economic Perspectives* 11: 3–17.

Pritchett, Lant, and Lawrence Summers. 1994. "Desired Fertility and the Impact of Population Policies." *Population and Development Review* 20(1): 1–55.

———. 1996. "Wealthier Is Healthier." *Journal of Human Resources* 31(4): 841–68.

PROBE Team. 1999. *Public Report on Basic Education in India.* New Delhi: Oxford University Press.

Prunier, Gerard. 1997. *The Rwanda Crisis: History of a Genocide.* New York: Columbia University Press.

Przeworski, Adam, and Fernando Limongi. 1993. "Political Regimes and Economic Growth." *Journal of Economic Perspectives* 7: 51–69.

Psacharopoulos, George, and Harry Anthony Patrinos. 1994. *Indigenous People and Poverty in Latin America: An Empirical Analysis.* Washington, D.C.: World Bank.

Pulley, Robert V. 1989. *Making the Poor Creditworthy: A Case Study of the Integrated Rural Development Program of India.* World Bank Discussion Paper 58. Washington, D.C.

Putnam, Robert. 2000. *Bowling Alone: The Collapse and Revival of American Community.* New York: Simon and Schuster.

Putnam, Robert, with Robert Leonardi and Raffaella Nanetti. 1993. *Making Democracy Work: Civic Traditions in Modern Italy.* Princeton, N.J.: Princeton University Press.

Putzel, James. 1997. "Accounting for the 'Dark Side' of Social Capital: Reading Robert Putnam on Democracy." *Journal of International Development* 9(7): 939–49.

Qian, Yingyi, and Barry R. Weingast. 1996. "China's Transition to Markets: Market-Preserving Federalism, Chinese Style." *Journal of Policy Reform* 2: 149–85.

Quah, Danny. 1997. "Empirics of Growth and Distribution: Stratification, Polarization, and Convergence Clubs." Centre for Economic Performance Discussion Paper 324. London School of Economics and Political Science.

———. 1999. "6 x 10⁹: Some Dynamics of Global Inequality and Growth." Background paper for *World Development Report 2000/2001*. London School of Economics and Political Science, Suntory and Toyota International Centres for Economics and Related Disciplines; and World Bank, Washington, D.C.

Quisumbing, Agnes R. 1994. "Improving Women's Agricultural Productivity as Farmers and Workers." Education and Social Policy Department Discussion Paper 37. World Bank, Washington, D.C.

———. 1996. "Male-Female Differences in Agricultural Productivity: Methodological Issues and Empirical Evidence." *World Development* 24: 1579–95.

Quisumbing, Agnes R., and John A. Maluccio. 1999. "Intrahousehold Allocation and Gender Relations: New Empirical Evidence." Background paper for forthcoming World Bank Policy Research Report *EnGendering Development*. World Bank, Washington, D.C.

Ramamurti, R. 1999. "Why Haven't Developing Countries Privatized Deeper and Faster?" *World Development* 27: 137–56.

Ramey, Garey, and Valerie A. Ramey. 1995. "Cross-Country Evidence on the Link between Volatility and Growth." *American Economic Review* 85(5): 1138–51.

Ranis, Gustav. 1979. "Appropriate Technology in a Dual Economy: Reflection on Philippine and Taiwanese Experience." In Edward A. Robinson, ed., *Appropriate Technologies for Third World Development.* New York: St. Martin's.

Ranis, Gustav, and Frances Stewart. 1994. "Decentralization in Indonesia." *Bulletin of Indonesian Economic Studies* 30(3): 41–72.

Rao, J. Mohan. 1999. "Equity in a Global Public Goods Framework." In Inge Kaul, Isabelle Grunberg, and Marc Stern, eds., *Global Public Goods: International Cooperation in the 21st Century.* New York: Oxford University Press.

Rao, Vijayendra. 1998a. "Domestic Violence and Intra-household Resource Allocation in Rural India: An Exercise in Participatory Econometrics." In Maithreyi Krishnaraj, Ratna M. Sudarshan, and Abusaleh Shariff, eds., *Gender, Population and Development.* New York: Oxford University Press.

———. 1998b. "Wife-Abuse, Its Causes and Its Impact on Intra-household Resource Allocation in Rural Karnataka: A Participatory Econometric Analysis." In Maithreyi Krishnaraj, Ratna M. Sudarshan, and Abusaleh Shariff, eds., *Gender, Population and Development.* New York: Oxford University Press.

Rauch, James, and Peter Evans. 1999. "Bureaucratic Structure and Bureaucratic Performance in Developing Countries." Working Paper 99-06. University of California at San Diego, Department of Economics.

Rauch, James, and Vitor Trindade. 1999. "Ethnic Chinese Networks in International Trade." NBER Working Paper 7189. National Bureau of Economic Research, Cambridge, Mass.

Ravallion, Martin. 1988. "Expected Poverty under Risk-Induced Welfare Variability." *Economic Journal* 98: 1171–82.

———. 1991. "Reaching the Rural Poor through Public Employment: Arguments, Evidence and Lessons from South Asia." *World Bank Research Observer* 6(2): 153–76.

———. 1992. *Poverty Comparisons: A Guide to Concepts and Methods.* Living Standards Measurement Study Working Paper 88. Washington, D.C.: World Bank.

———. 1993. *Poverty Comparisons: Fundamentals of Pure and Applied Economics.* Chur, Switzerland: Harwood Academic.

———. 1997a. "Can High-Inequality Developing Countries Escape Absolute Poverty?" *Economics Letters* 56(1): 51–57.

———. 1997b. "Good and Bad Growth: The Human Development Reports." *World Development* 25: 631–38.

———. 1998. "Does Aggregation Hide the Harmful Effects of Inequality on Growth?" *Economics Letters* 61(1): 73–77.

———. 1999a. "Appraising Workfare." *World Bank Research Observer* 14(1): 31–48.

———. 1999b. " Is More Targeting Consistent with Less Spending?" *International Tax and Public Finance* 6(3): 411–19.

———. 1999c. "On Protecting the Poor from Fiscal Contractions." World Bank, Development Research Group, Washington, D.C.; and Université des Sciences Sociales, ARQADE, Toulouse.

———. 2000a. "How Long Before Most of the Poor Live in Urban Areas?" World Bank, Development Research Group, Washington, D.C.

———. 2000b. "Inequality Convergence." World Bank, Development Research Group, Washington, D.C.

———. Forthcoming. "Monitoring Targeting Performance When Decentralized Allocations to the Poor Are Unobserved." *World Bank Economic Review.*

Ravallion, Martin, and Shubham Chaudhuri. 1997. "Risk and Insurance in Village India: A Comment." *Econometrica* 65: 171–84.

Ravallion, Martin, and Shaohua Chen. 1997. "What Can New Survey Data Tell Us about Recent Changes in Distribution and Poverty?" *World Bank Economic Review* 11(2): 357–82.

Ravallion, Martin, and Gaurav Datt. 1996. "How Important to India's Poor Is the Sectoral Composition of Economic Growth?" *World Bank Economic Review* 10(1): 1–25.

———. 1999. "When Is Growth Pro-Poor? Evidence from the Diverse Experiences of India's States." Policy Research Working Paper 2263. World Bank, Washington, D.C.

Ravallion, Martin, and Binayak Sen. 1994. "The Impacts on Rural Poverty of Land-Based Targeting: Further Results for Bangladesh." *World Development* 22(6): 823–38.

Ravallion, Martin, and Dominique van de Walle. 1991. "Urban-Rural Cost-of-Living Differentials in a Developing Economy." *Journal of Urban Economics* 29(1): 113–27.

Ravallion, Martin, and Quentin Wodon. 1999. "Poor Areas, or Only Poor People?" *Journal of Regional Science* 39: 689–711.

————. 2000. "Does Child Labor Displace Schooling? Evidence on Behavioral Responses to an Enrollment Subsidy." *Economic Journal* 110: 158–75.

————. Forthcoming. "Banking on the Poor? Branch Placement and Nonfarm Rural Development in Bangladesh." *Review of Development Economics.*

Rawlings, Laura, Lynne Sherburne-Benz, and Julie van Domelen. Forthcoming. "Evaluating Social Fund Performance across Countries." World Bank, Human Development Network, Washington, D.C.

Reardon, Thomas. 1997. "Using Evidence of Household Income Diversification to Inform Study of the Rural Nonfarm Labor Market in Africa." *World Development* 25(5): 735–47.

Reardon, Thomas, and J. Edward Taylor. 1996. "Agroclimatic Shock, Income Inequality, and Poverty: Evidence from Burkina Faso." *World Development* 24(5): 901–14.

Reardon, Thomas, Christopher Delgado, and Peter Matlon. 1992. "Determinants and Effects of Income Diversification amongst Farm Households in Burkina Faso." *Journal of Development Studies* 28(2): 264–96.

Reardon, Thomas, J. Edward Taylor, Kostas Stamoulis, Peter Lanjouw, and Arsenio Balisacan. Forthcoming. "Effects of Non-farm Employment on Rural Income Inequality in Developing Countries: An Investment Perspective." *Journal of Agricultural Economics.*

Reinikka, Ritva, and Jakob Svensson. 1999. "Confronting Competition: Investment Response and Constraints in Uganda." Policy Research Working Paper 2242. World Bank, Washington, D.C.

Remenyi, Joe. 1991. *Where Credit Is Due: Income-Generating Programmes for the Poor in Developing Countries.* London: Intermediate Technologies.

Ren, X.S. 1996. "Regional Variation in Infant Survival in China." *Social Biology* 43(1–2): 1–19.

Renner, Michael. 1994. "Budgeting for Disarmament: The Costs of War and Peace." Worldwatch Paper 122. Worldwatch Institute, Washington, D.C.

Reno, William. 1998. *Warlord Politics and African States.* Boulder, Colo.: Lynne Rienner.

Revenga, Ana. 1997. "Employment and Wage Effects of Trade Liberalization: The Case of Mexican Manufacturing." *Journal of Labor Economics* 15(3): 20–43.

Reyes, Cecilia, and Anne Bernadette E. Mandap. 1999. "The Social Impact of the Regional Financial Crisis in the Philippines." Micro Impact of Macroeconomic and Adjustment Policies Research Paper Series, no. 41. Policy and Development Foundation, Manila.

Rhyne, Elisabeth, and Sharon Holt. 1994. *Women in Finance and Enterprise Development.* Washington, D.C.: World Bank.

Riddell, Roger C., and Mark Robinson, with John de Coninck, Ann Muir, and Sarah White. 1995. *Non-governmental Organizations and Rural Poverty Alleviation.* New York: Oxford University Press.

Rios-Rull, Jose Victor. 1994. "Population Changes and Capital Accumulation: The Aging of the Baby Boom." University of Pennsylvania, Department of Economics, Philadelphia.

Robbins, Donald J. 1995. "Should Educational Spending Be Re-distributed from Higher to Primary Education in LDCs? A Note with Application to Chile." *Revista de Analisis Economico* 10(1): 37–51.

————. 1996. "Evidence on Trade and Wages in the Developing World." Technical Paper 119. Organisation for Economic Co-operation and Development, Paris.

Robinson, James A. 1996. "When Is a State Predatory?" University of Southern California, Department of Economics, Los Angeles.

Robinson, Peter. 1993. "Economic Effects of the 1992 Drought on the Manufacturing Sector in Zimbabwe." Overseas Development Institute, London.

Robinson, Richard, and David Stiedl. 2000. "Decentralisation of Road Administration: Review of Experience." U.K. Department for International Development, London.

Rodgers, Gerry. 1979. "Income and Inequality as Determinants of Mortality: An International Cross-Section Analysis." *Population Studies* 33: 343–51.

Rodgers, Gerry, Charles G. Gore, and Jose B. Figueiredo. 1995. *Social Exclusion: Rhetoric, Reality, Responses.* Geneva: International Institute for Labor Studies.

Rodriguez, Francisco. 1999. "Inequality, Economic Growth and Economic Performance." Background paper for *World Development Report 2000/2001.* World Bank, Washington, D.C.

Rodriguez, Francisco, and Dani Rodrik. 1999. "Trade Policy and Economic Growth: A Skeptic's Guide to the Cross-National Evidence." University of Maryland, Department of Economics, College Park.

Rodrik, Dani. 1996. "Labor Standards in International Trade: Do They Matter and What Do We Do about Them?" In Robert Z. Lawrence, Dani Rodrik, and John Whalley, eds., *Emerging Agenda for Global Trade: High Stakes for Developing Countries.* Policy Essay 20. Washington, D.C.: Overseas Development Council.

————. 1997. "Trade Policy and Economic Performance in Sub-Saharan Africa." Harvard University, John F. Kennedy School of Government, Cambridge, Mass.

————. 1998. "Where Did All the Growth Go? External Shocks, Social Conflicts, and Growth Collapses." NBER Working Paper 6350. National Bureau of Economic Research, Cambridge, Mass.

————. 1999a. "Institutions for High-Quality Growth: What They Are and How to Acquire Them." Paper presented at International Monetary Fund conference on second-generation reforms, 8–9 November, Washington, D.C.

————. 1999b. *The New Global Economy and the Developing Countries: Making Openness Work.* Policy Essay 24. Washington, D.C.: Overseas Development Council.

————. 1999c. "Why Is There So Much Economic Insecurity in Latin America?" NBER Working Paper 6350. National Bureau of Economic Research, Cambridge, Mass.

————. 2000. "Institutions for High-Quality Growth: What They Are and How to Acquire Them." NBER Working Paper 7540. National Bureau of Economic Research, Cambridge, Mass.

Roemer, John E. 1996. *Theories of Distributive Justice.* Cambridge, Mass.: Harvard University Press.

———. 1998. *Equality of Opportunity.* Cambridge, Mass.: Harvard University Press.

Roger, Neil. 1999. "Recent Trends in Private Participation in Infrastructure." Viewpoint 196. World Bank, Finance, Private Sector, and Infrastructure Network, Washington, D.C.

Ros, Jaime. 2000. *Development Theory and the Economics of Growth.* Ann Arbor: University of Michigan Press.

Rose, Elaina. 1999. "Consumption Smoothing and Excess Female Mortality in Rural India." *Review of Economics and Statistics* 81(1): 41–49.

Rose, Richard. 1995. "Russia as an Hour-Glass Society: A Constitution without Citizens." *European Constitutional Review* 4(3): 34–42.

———. 1999. "Getting Things Done in Anti-modern Society: Social Capital Networks in Russia." Social Capital Initiative Working Paper 6. World Bank, Social Development Department, Washington, D.C.

Rose-Ackerman, Susan. 1997. "Corruption and Development." In Boris Pleskovic and Joseph E. Stiglitz, eds., *Annual World Bank Conference on Development Economics 1997.* Washington, D.C.: World Bank.

Rosen, George. 1993. *A History of Public Health.* Baltimore, Md.: Johns Hopkins University Press.

Rosenzweig, Mark. 1998. "Social Learning and Economic Growth: Empirical Evidence." Background paper for *World Development Report 1998/99.* World Bank, Washington, D.C.

Rosenzweig, Mark, and Hans Binswanger. 1993. "Wealth, Weather Risk and the Composition and Profitability of Agricultural Investment." *Economic Journal* 103: 56–78.

Rowntree, Benjamin Seebohm. 1901. *Poverty: A Study of Town Life.* London: Macmillan.

Royaume du Maroc, Ministère de la Prévision Economique et du Plan, Direction de la Statistique. 1999. "Enquête nationale sur les niveaux de vie des ménages 1998/99: Rapport de synthèse."

Rozelle, Scott. 1996. "Stagnation without Equity: Patterns of Growth and Inequality in China's Rural Economy." *China Journal* 3: 63–91.

Rubin, Donald B. 1987. *Multiple Imputation for Nonresponse in Surveys.* New York: John Wiley & Sons.

Rubio, Mauricio. 1997. "Perverse Social Capital: Some Evidence from Colombia." *Journal of Economic Issues* 31(3): 805–16.

Rugalema, Gabriel. 1999. "Adult Mortality as Entitlement Failure: AIDS and the Crisis of Rural Livelihoods in a Tanzanian Village." Ph.D. diss. Institute of Social Studies, The Hague.

Ruprah, Inder. 1999. "Towards Fiscal Prudence, Transparency and Accountability in Peru: A Proposal." Inter-American Development Bank, Division 5 Regional Operations Department, Washington, D.C.

Ruprah, Inder, and Luis Marcano. 1998. "Poverty Alleviation in Venezuela: Who to Target and How Not to Adjust in a Crisis." Inter-American Development Bank, Division 5 Regional Operations Department, Washington, D.C.

———. 1999. "Digging a Hole: Income Inequality in Venezuela." Inter-American Development Bank, Division 5 Regional Operations Department, Washington, D.C.

Rutkowski, Michal. 1999. "Russia's Social Protection Malaise." Social Protection Discussion Paper 9909. World Bank, Washington, D.C.

Sable, Charles, Dara O'Rourke, and Archon Fung. 2000. "Ratcheting Labor Standards: Regulation for Continuous Improvement in the Global Workplace." World Bank, Human Development Network, Washington, D.C.

Sachs, Jeffrey. 1999. "Sachs on Development: Helping the World's Poorest." *Economist,* 14–20 August, pp. 17–20.

———. 2000. "Science, the Global Division of Labor, and International Public Policy." Keynote address at Annual World Bank Conference on Development Economics, 18–20 April, Washington, D.C.

Sachs, Jeffrey, and Andrew Warner. 1995. "Economic Reform and the Process of Global Integration." *Brookings Papers on Economic Activity* 1: 1–117.

Sachs, Jeffrey, Michael Kremer, and Amar Hamoudi. 1999. "The Case for a Vaccine Purchase Fund." Center for International Development Policy Paper 1. Harvard University, Cambridge, Mass.

Sachs, Jeffrey, Kwesi Botchwey, Maciej Cuchra, and Sara Sievers. 1999. "Implementing Debt Relief for the Highly Indebted Poor Countries." Center for International Development Policy Paper 2. Harvard University, Cambridge, Mass.

Sadoulet, Elisabeth, Rinku Murgai, and Alain de Janvry. Forthcoming. "Access to Land via Land Rental Markets." In Alain de Janvry, Gustavo Gordillo, Jean-Philippe Platteau, and Elisabeth Sadoulet, eds., *Access to Land, Rural Poverty and Public Action.* New York: Oxford University Press.

Sah, Raaj K. 1991. "Fallibility in Human Organizations and Political Systems." *Journal of Economic Perspectives* 5(2): 67–88.

Sahn, David E., and David C. Stifel. 1999. "Poverty Comparisons over Time and across Countries in Africa." Working Paper 95. Cornell University, Food and Nutrition Policy Program, Ithaca, N.Y.

Sahn, David E., Paul A. Dorosh, and Stephen D. Younger. 1997. *Structural Adjustment Reconsidered.* New York: Cambridge University Press.

Sahn, David E., David C. Stifel, and Stephen D. Younger. 1999. "Inter-temporal Changes in Welfare: Preliminary Results from Nine African Countries." Cornell University, Departments of Economics and Nutritional Science, Ithaca, N.Y.

Saito, Katrine, and Daphne Spurling. 1992. *Developing Agricultural Extension for Women Farmers.* World Bank Discussion Paper 156. Washington, D.C.

Saito, Katrine, Hailu Mekonen, and Daphne Spurling. 1994. *Raising the Productivity of Women Farmers in Sub-Saharan Africa.* World Bank Discussion Paper 230. Washington, D.C.

Sakurai, Takeshi. 1997. *Crop Production under Drought Risk and Estimation of Demand for Formal Drought Insurance in the Sahel.* Tokyo: Ministry of Agriculture, National Research Institute of Agricultural Economics, Forestry and Fisheries.

Salmen, Lawrence F. 1995. "Participatory Poverty Assessment: Incorporating Poor People's Perspectives into Poverty Assessment Work." World Bank, Environment Department, Washington, D.C.

Sampson, Robert, Jeffrey Morenhoff, and Felton Earls. 1999.

"Beyond Social Capital: Spatial Dynamics of Collective Efficacy for Children." *American Sociological Review* 64(5): 633–60.

Sánchez, Susana. 2000. "Nicaragua Financial Markets." Background paper for *Nicaragua Poverty Assessment 2000.* World Bank, Latin America and the Caribbean Region, Washington, D.C.

Sandler, Todd. 1997. *Global Challenges: An Approach to Environmental, Political, and Economic Problems.* New York: Cambridge University Press.

———. 1998. "Global and Regional Public Goods: A Prognosis for Collective Action." *Fiscal Studies* 19(3): 221–47.

———. 1999. "Intergenerational Public Goods: Strategies, Efficiency, and Institutions." In Inge Kaul, Isabelle Grunberg, and Marc Stern, eds., *Global Public Goods: International Cooperation in the 21st Century.* New York: Oxford University Press.

Sara, Jennifer, and Travis Katz. 1997. "Making Rural Water Sustainable: Report on the Impact of Project Rules." United Nations Development Programme and World Bank Water and Sanitation Program, Washington, D.C.

Sarris, Alexander. 1994. "Household Welfare during Crisis and Adjustment in Ghana." *Journal of African Economies* 2(2): 195–237.

Satterthwaite, David. 2000. "Urban Upgrading and Water and Sanitation Services in Low-Income Areas." Box for *World Development Report 2000/2001.* World Bank, Washington, D.C.

Sauma, Pablo. 1997. "Costa Rica: A Public Approach." In Elaine Zuckerman and Emanuel de Kadt, eds., *The Public-Private Mix in Social Services: Health Care and Education in Chile, Costa Rica and Venezuela.* Washington, D.C.: Inter-American Development Bank.

Saunders, Robert J., Jeremy J. Warford, and Bjorn Wellenius. 1983. *Telecommunications and Economic Development.* Baltimore, Md.: Johns Hopkins University Press.

Savedoff, William, and Pablo Spiller. 1999. "Spilled Water: Institutional Commitment in the Provision of Water Services." Inter-American Development Bank, Washington, D.C.

Sawadogo, Kimseyinga. 1997. "La pauvrete au Burkina Faso: Une analyse critique des politiques et des strategies d'intervention locales." Working Paper 57. European Centre for Development Policy Management, Maastricht.

Scandizzo, Pasquale L. 1998. "Growth, Trade, and Agriculture: An Investigative Survey." FAO Economic and Social Development Paper 143. Food and Agriculture Organization of the United Nations, Rome.

Schalick, Lisa, Wilbur Hadden, Elsie Pamuk, Vicente Navarro, and Gregory Pappas. 2000. "The Widening Gap in Death Rates among Income Groups in the United States from 1967 to 1986." *International Journal of Health Services* 30(1): 13–26.

Schiavo-Campo, Salvatore, Giulio de Tommaso, and Amitabha Mukherjee. 1997a. "An International Statistical Survey of Government Employment and Wages." Policy Research Working Paper 1806. World Bank, Washington, D.C.

———. 1997b. "Government Employment and Pay: A Global and Regional Perspective." Policy Research Working Paper 1771. World Bank, Washington, D.C.

Schick, Allen. 1998. "Why Most Developing Countries Should Not Try New Zealand's Reforms." *World Bank Research Observer* 13(1): 123–31.

Schieber, George, ed. 1997. *Innovations in Health Care Financing: Proceedings of a World Bank Conference, March 10–11, 1997.* World Bank Discussion Paper 365. Washington, D.C.

Schieber, George, and Akiko Maeda. 1997. "A Curmudgeon's Guide to Financing Health Care in Developing Countries." In George Schieber, ed., *Innovations in Health Care Financing: Proceedings of a World Bank Conference, March 10–11, 1997.* World Bank Discussion Paper 365. Washington, D.C.

Schiff, Maurice. 1998. "Ethnic Diversity and Economic Reform in Sub-Saharan Africa." *Journal of African Economies* 7(2): 348–62.

Schilderman, Theo. 1993. "Disasters and Development: A Case Study from Peru." *Journal of International Development* 5: 415–23.

Schneider, Robert R. 1995. *Government and the Economy on the Amazon Frontier.* World Bank Environment Paper 11. Washington, D.C.

Schofield, Roger, David Reher, and Alain Bideau. 1991. *The Decline of Mortality in Europe.* Oxford: Clarendon.

Schraeder, Peter J., Steven Hook, and Bruce Taylor. 1998. "Clarifying the Foreign Aid Puzzle: A Comparison of American, Japanese, French, and Swedish Aid Flows." *World Politics* 50(2): 294–320.

Schuler, Margaret, and Sakuntala Kadirgamar-Rajasingham, eds. 1992. *Legal Literacy: A Tool for Women's Empowerment.* Washington, D.C.: OEF International, Women, Law, and Development.

Schultz, T. Paul. 1994. "Human Capital, Family Planning, and Their Effects on Population Growth." *American Economic Review* 84(2): 255–60.

———. 1999. "Preliminary Evidence of the Impact of Progresa on School Enrollment from 1997 and 1998." International Food Policy Research Institute, Washington, D.C.

Scoones, Ian. 1995. "Investigating Difference: Applications of Wealth Ranking and Household Survey Approaches among Farming Households in Southern Zimbabwe." *Development and Change* 26(1): 67–88.

Search, Leila. 1999. "Tanzania: Report on a Village Immersion." Box for *World Development Report 2000/2001.* World Bank, Washington, D.C.

Sebello Mendoza, Meyra, and Mark W. Rosegrant. 1995. *Pricing Behavior in Philippine Corn Markets: Implications for Market Efficiency.* Washington, D.C.: International Food Policy Research Institute.

Sebstad, Jennefer, and Monique Cohen. 1999. "Microfinance, Risk Management and Poverty." Background paper for *World Development Report 2000/2001.* U.S. Agency for International Development and World Bank, Washington, D.C.

Secretaría de Programación Económica y Regional. 1998. *Caracterización y evolución del gasto público social.* Buenos Aires: Ministerio de Economía y Obras y Servicios.

Sell, Susan. 1996. "North-South Environmental Bargaining: Ozone, Climate Change, and Biodiversity." *Global Governance* 2: 97–118.

Sen, Amartya. 1984. "Poor, Relatively Speaking." In Amartya Sen, ed., *Resources, Values and Development.* New York: Basil Blackwell.

———. 1992. "Missing Women." *British Medical Journal* 304(6827): 587–88.

———. 1993. "Capability and Well-Being." In Martha Nussbaum and Amartya Sen, eds., *The Quality of Life.* Oxford: Clarendon.

———. 1997a. "Development Thinking at the Beginning of the 21st Century." New Series, DERP-2. London School of Economics and Political Science.

———. 1997b. *Inequality Reexamined.* Cambridge, Mass.: Harvard University Press.

———. 1997c. *On Economic Inequality.* Oxford: Clarendon.

———. 1999. *Development as Freedom.* New York: Knopf.

Sen, Amartya, and Jean Dréze. 1989. *Hunger and Public Action.* Oxford: Clarendon.

Serageldin, Ismail, and Christiaan Grootaert. 2000. "Defining Social Capital: An Integrating View." In Partha Dasgupta and Ismail Serageldin, eds., *Social Capital: A Multifaceted Perspective.* Washington, D.C.: World Bank.

Serieux, John E. 1999. "Reducing the Debt of the Poorest: Challenges and Opportunities." North-South Institute, Ottawa.

SEWA (Self-Employed Women's Association). 1997. *Liberalizing for the Poor.* Ahmedabad.

Seymour, Frances J., and Navroz K. Dubash, with Jake Brunner, François Ekoko, Colin Filer, Hariadi Kartodihardjo, and John Mugabe. 2000. *The Right Conditions: The World Bank, Structural Adjustment, and Forest Policy Reform.* Washington, D.C.: World Resources Institute.

Shah, Anwar. 1999. "Balance, Accountability and Responsiveness: Lessons about Decentralization." Policy Research Working Paper 2021. World Bank, Washington, D.C.

Shah, Shekhar. 1999. "Coping with Natural Disasters: The 1998 Floods in Bangladesh." Paper presented at *World Development Report 2000/2001* Summer Workshop, World Bank, July, Washington, D.C.

Sharma, Naresh, and Jean Drèze. 1996. "Sharecropping in a North Indian Village." *Journal of Development Studies* 27(2): 277–92.

Shaw, R. Paul, and Martha Ainsworth, eds. 1995. *Financing Health Services through User Fees and Insurance: Case Studies from Sub-Saharan Africa.* World Bank Discussion Paper 294. Washington, D.C.

Shkolnikov, Vladimir, Giovanni Andrea Cornia, David A. Leon, and France Mesle. 1998. "Causes of the Russian Mortality Crisis: Evidence and Interpretations." *World Development* 26(11): 1995–2011.

Siegel, Paul, and Jeffrey Alwang. 1999. "An Asset-Based Approach to Social Risk Management: A Conceptual Framework." Social Protection Discussion Paper 9926. World Bank, Washington, D.C.

Silver, Hilary. 1994. "Social Exclusion and Social Solidarity: Three Paradigms." *International Labour Review* 133(5–6): 531–78.

Sindzingre, Alice. 2000. "A Comparative Analysis of African and East Asian Corruption." In Arnold J. Heidenheimer and Michael Johnston, eds., *Political Corruption.* London: Transaction.

———. Forthcoming. "Dimensions economiques des reformes de l'etat en Afrique sub-saharienne." In Comi Toulabor and Dominique Darbon, eds., *Reforme de l'etat: Reconstruction institutionnelle et modes de regulation.* Paris: Karthala.

Singerman, Diane. 1995. *Avenues of Participation: Family, Politics, and Networks in Urban Quarters of Cairo.* Princeton, N.J.: Princeton University Press.

Singh, Balmiki Prasad. 1999. "Democracy, Ecology and Culture: The Indian Experience." Sardar Patel Memorial Lecture, 31 October, New Delhi.

Sinha, Saurabh, and Michael Lipton. 1999. "Damaging Fluctuations, Risk and Poverty: A Review." Background paper for *World Development Report 2000/2001.* Sussex University, Poverty Research Unit, Brighton; and World Bank, Washington, D.C.

Skocpol, Theda. 1992. *Protecting Soldiers and Mothers: The Political Origins of Social Policy in the United States.* Cambridge, Mass.: Harvard University Press.

Skoufias, Emmanuel, Benjamin Davis, and Jere R. Behrman. 1999. "An Evaluation of the Selection of Beneficiary Households in the Education, Health, and Nutrition Program (Progresa) of Mexico." International Food Policy Research Institute, Washington, D.C.

Smale, Melinda, and Paul Heisey. 1994. "Maize Research in Malawi Revisited: An Emerging Success Story?" *Journal of International Development* 6(6): 689–706.

Snodgrass, Donald R., and Richard H. Patten. 1989. "Reform of Rural Credit in Indonesia: Inducing Bureaucracies to Behave Competitively." Development Discussion Paper 315. Harvard Institute for International Development, Cambridge, Mass.

Solo, Tova Maria. 1998a. "Competition in Water and Sanitation: The Role of Small-Scale Entrepreneurs." Viewpoint 165. World Bank, Finance, Private Sector, and Infrastructure Network, Washington, D.C.

———. 1998b. "Keeping Paraguay's *Aguateros* on Stream." *Wall Street Journal,* 27 November.

———. 1999. "West African Businesses Pioneer Water and Sanitation Services to the Poor." Box for *World Development Report 2000/2001.* World Bank, Washington, D.C.

Solow, Robert. 1956. "A Contribution to the Theory of Economic Growth." *Quarterly Journal of Economics* 70: 65–94.

Soobader, Mah-Jabeen, and Felicia LeClere. 1999. "Aggregation and the Measurement of Income Inequality: Effects on Morbidity." *Social Science and Medicine* 48: 733–44.

Spohr, Chris. 2000. "Essays on Household and the Workforce in Taiwan." Massachusetts Institute of Technology, Department of Economics, Cambridge, Mass.

Srinivas, Mysore. 1987. "The Dominant Caste in Rampura." In Mysore Srinivas, ed., *The Dominant Caste and Other Essays.* New Delhi: Oxford University Press.

Srinivasan, T.N. 2000. "Growth, Poverty Reduction, and Inequality." Paper presented at Annual World Bank Conference on Development Economics in Europe, World Bank, 26–28 June, Paris.

Srinivasan, T.N., and Pranab K. Bardhan. 1974. *Poverty and In-*

come Distribution in India. Calcutta: Statistical Publishing Society.

Steele, Claude M. 1999. "Thin Ice: 'Stereotype Threat' and Black College Students." *Atlantic Monthly* 284(2): 44–54.

Stein, Ernesto. 1999. "Fiscal Discipline and Social Protection: Are They Compatible?" Inter-American Development Bank, Research Department, Washington, D.C.

Stein, Howard. 1999. "The Development of the Developmental State in Africa: A Theoretical Enquiry." Paper presented at African Studies Association meeting, 11–14 November, University of Pennsylvania, Philadelphia.

Steward, Fred. 1978. *Technology and Underdevelopment*. London: Macmillan.

Stewart, Frances. 1995. "The Social Impacts of Globalization and Marketization." In Üner Kirdar and Leonard Silk, eds., *People: From Impoverishment to Empowerment*. New York: New York University Press.

Stewart, Frances, Frank P. Humphreys, and Nick Lea. 1997. "Civil Conflict in Developing Countries over the Last Quarter of a Century: An Empirical Overview of Economic and Social Consequences." *Oxford Development Studies* 25(1): 11–41.

Stiglitz, Joseph E. 1998a. "Gender and Development: The Role of the State." Paper presented at gender and development workshop, 2 April, World Bank, Washington, D.C.

———. 1998b. "The Role of International Financial Institutions in the Current Global Economy." Address to Chicago Council on Foreign Relations, February, Chicago.

———. 1998c. "Towards a New Paradigm for Development: Strategies, Policies, and Processes." Prebisch Lecture at United Nations Conference on Trade and Development, October, Geneva.

———. 1999. "Quis Custodiet Ipsos Custodes? Corporate Governance Failure in the Transition." Keynote address at Annual World Bank Conference on Development Economics in Europe, World Bank, 21–23 June, Paris.

Stiglitz, Joseph E., and Hirofumi Uzawa. 1969. *Readings in the Modern Theory of Economic Growth*. Cambridge, Mass.: MIT Press.

Stock, Elisabeth, and Jan de Veen. 1996. *Expanding Labor-Based Methods for Road Works in Africa*. World Bank Technical Paper 347. Washington, D.C.

Strauss, John, and Duncan Thomas. 1998. "Health, Nutrition, and Economic Development." *Journal of Economic Literature* 36: 766–817.

Streeten, Paul. 1984. "Basic Needs: Some Unsettled Questions." *World Development* 12: 973–82.

Streeten, Paul, Shahid J. Burki, Mahbub ul Haq, Norman Hicks, and Frances Stewart. 1981. *First Things First: Meeting Basic Human Needs in the Developing Countries*. Oxford: Oxford University Press.

Subbarao, Kalanidhi. 1997. "Public Works as an Anti-poverty Program: An Overview of Cross-Country Experience." *American Journal of Agricultural Economics* 79: 678–83.

———. 1998. "Namibia's Social Safety Net: Issues and Options for Reform." Policy Research Working Paper 1996. World Bank, Washington, D.C.

Subbarao, Kalanidhi, Aniruddha Bonnerjee, Jeanine Braithwaite, Soniya Carvalho, Kene Ezemenari, Carol Graham, and Alan Thompson. 1997. *Safety Net Programs and Poverty Reduction: Lessons from Cross-Country Experience*. Directions in Development Series. Washington, D.C.: World Bank.

Summers, Lawrence H. 1992. "Investing in All the People." *Pakistan Development Review* 31: 367–93.

———. 1993. "Foreword." In Elizabeth M. King and M. Anne Hill, eds., *Women's Education in Developing Countries: Barriers, Benefits, and Policies*. Baltimore, Md.: Johns Hopkins University Press.

Summers, Robert, and Alan Heston. 1991. "The Penn World Table (Mark 5): An Expanded Set of International Comparisons, 1950–1988." *Quarterly Journal of Economics* 106(2): 327–68.

Suryahadi, Asep, Sudarno Sumarto, Yusuf Suharso, and Lant Pritchett. 1999. "The Evolution of Poverty during the Crisis in Indonesia, 1996 to 1999." World Bank, Washington, D.C.; and Social Monitoring and Early Response Unit, Jakarta.

Swamy, Anand V., Steve Knack, Young Lee, and Omar Azfar. 1999. "Gender and Corruption." University of Maryland, Center on Institutional Reform and the Informal Sector, College Park.

Sweden, Ministry for Foreign Affairs. 1999. "Making Partnerships Work on the Ground." Report of a workshop, 30–31 August, Ulvsunda Castle, Stockholm.

Székely, Miguel, Nora Lustig, Jose Antonio Mejia, and Martin Cumpa. Forthcoming. *How Many Poor People in Latin America Are There Really?* Washington, D.C.: Inter-American Development Bank.

Szreter, Simon. 1997. "Economic Growth, Disruption, Deprivation, Disease and Death: On the Importance of the Politics of Public Health." *Population and Development Review* 23(4): 693–728.

———. Forthcoming. "Social Capital, the Economy and Education in Historical Perspective." In Stephen Baron, John Field, and Tom Schuller, eds., *Social Capital: Critical Perspectives*. Oxford: Oxford University Press.

Tacoli, Cecilia. 1998. "Rural-Urban Interactions: A Guide to the Literature." *Environment and Urbanization* 10(1): 147–66.

Tanzi, Vito. 1998. "Fundamental Determinants of Inequality and the Role of Government." IMF Working Paper 98/178. International Monetary Fund, Washington, D.C.

———. 1999. "The Quality of the Public Sector." Paper presented at International Monetary Fund conference on second-generation reforms, 8–9 November, Washington, D.C.

Tanzi, Vito, and Hamid Davoodi. 1997. "Corruption, Public Investment, and Growth." IMF Working Paper 97/139. International Monetary Fund, Washington, D.C.

Temple, Jonathan. 1998. "Initial Conditions, Social Capital, and Growth in Africa." *Journal of African Economics* 73(3): 309–47.

———. 1999. "The New Growth Evidence." *Journal of Economic Literature* 37: 112–56.

Temple, Jonathan, and Paul A. Johnson. 1998. "Social Capability and Economic Growth." *Quarterly Journal of Economics* 113(3): 965–90.

Tendler, Judith. 1993. *New Lessons from Old Projects: The Work-*

ings of Rural Development in Northeast Brazil. Operations Evaluation Study. Washington, D.C.: World Bank.

———. 1997. *Good Governance in the Tropics.* Baltimore, Md.: Johns Hopkins University Press.

Tendler, Judith, and Sara Freedheim. 1994. "Trust in a Rent-Seeking World: Health and Government Transformed in Northeast Brazil." *World Development* 22(12): 1771–91.

Teranish, Juro. 1996. "Sectoral Resource Transfer, Conflict and Macro-Stability in Economic Development: A Comparative Analysis." In Masahiko Aoki, Hyung-Ki Kim, and Masahiro Okuno-Fujiwara, eds., *The Role of Government in East Asian Economic Development: Comparative Institutional Analysis.* New York: Oxford University Press.

Ter-Minassian, Teresa. 1997. *Fiscal Federalism in Theory and Practice.* Washington, D.C.: International Monetary Fund.

TGNP (Tanzania Gender Networking Programme). 1999. *Budgeting with a Gender Focus.* Dar es Salaam.

Thomas, Duncan. 1990. "Intrahousehold Resource Allocation: An Inferential Approach." *Journal of Human Resources* 25: 635–64.

———. 1997. "Incomes, Expenditures, and Health Outcomes: Evidence on Intrahousehold Resource Allocation." In Lawrence Haddad, John Hoddinott, and Harold Alderman, eds., *Intrahousehold Resource Allocation in Developing Countries: Models, Methods, and Policy.* Baltimore, Md.: Johns Hopkins University Press.

———. 1999. "Economic Crisis and Poverty: Evidence from Indonesia." University of California at Los Angeles, Department of Economics.

Thomas, Duncan, Victor Lavy, and John Strauss. 1996. "Public Policy and Anthropometric Outcomes in the Côte d'Ivoire." *Journal of Public Economics* 61: 155–92.

Thomas, Vinod, and Yan Wang. 1998. "Missing Lessons of East Asia: Openness, Education, and the Environment." Paper presented at Annual Bank Conference on Development in Latin America and the Caribbean, World Bank, June, Montevideo.

Thorbecke, Erik. 1985. "The Social Accounting Matrix and Consistency-Type Planning Models." In Graham Pyatt and Jeffrey I. Round, eds., *Social Accounting Matrices: A Basis for Planning.* Washington, D.C.: World Bank.

———. 1991. "Adjustment, Growth and Income Distribution in Indonesia." *World Development* 19(11): 1595–614.

———. 2000. "The Evolution of the Development Doctrine and the Role of Foreign Aid, 1950–2000." In Finn Tarp, ed., *Foreign Aid and Development: Lessons Learnt and Directions for the Future.* London: Routledge.

Thorbecke, Erik, and Hong-Sang Jung. 1996. "A Multiplier Decomposition Method to Analyze Poverty Alleviation." *Journal of Development Economics* 48: 279–300.

Timmer, C. Peter. 1997. "How Well Do the Poor Connect to the Growth Process?" Consulting Assistance on Economic Reform Discussion Paper 178. Harvard Institute for International Development, Cambridge, Mass.

Timmer, Marcel P., and Adam Szirmai. 1997. "Growth and Divergence in Manufacturing Performance in South and East Asia." Research Memorandum Gd-37. University of Groningen, Groningen Growth and Development Centre.

Tomich, Thomas P., and Meine van Noodwijk, eds. 1998.

Alternatives to Slash-and-Burn in Indonesia: Summary Report and Synthesis of Phase II. Bogor: International Centre for Research in Agroforestry.

Tommasi, Mariano. 1999. "On High Inflation and the Allocation of Resources." *Journal of Monetary Economics* 44: 401–21.

Tommasi, Mariano, and Andrés Velasco. 1996. "Where Are We in the Political Economy of Reform?" *Journal of Policy Reform* 1(2): 187–238.

Tommasi, Mariano, and Federico Weischelbaum. 1999. "A Principal-Agent Building Block for the Study of Decentralization and Integration." Harvard University, Cambridge, Mass.

Townsend, Peter. 1979. *Poverty in the United Kingdom: A Survey of Household Resources and Standards of Living.* London: Allen Lane.

———. 1985. "Sociological Approach to the Measurement of Poverty: A Rejoinder to Professor Amartya Sen." *Oxford Economic Papers* 37: 659–68.

Townsend, Robert. 1994. "Risk and Insurance in Village India." *Econometrica* 62(3): 539–91.

———. 1995. "Consumption Insurance: An Evaluation of Risk-Bearing Systems in Low-Income Economies." *Journal of Economic Perspectives* 9: 83–102.

Treisman, Daniel. 1998. "The Causes of Corruption: A Cross-National Study." University of California at Los Angeles, Department of Political Science.

Tsui, Kay Yuen. 1995. "Multidimensional Generalizations of the Relative and Absolute Indices: The Atkinson-Kolm-Sen Approach." *Journal of Economic Theory* 67: 251–65.

———. 1997. "Multidimensional Poverty Indices." Chinese University of Hong Kong, Department of Economics.

Tuck, Laura, and Kathy Lindert. 1996. *From Universal Food Subsidies to a Self-Targeted Program: A Case Study in Tunisian Reform.* World Bank Discussion Paper 351. Washington, D.C.

Tummala, Krishna K. 1999. "Policy of Preference: Lessons from India, the United States, and South Africa." *Public Administration Review* 59(6): 495–509.

Turok, Ben. 1999. "South Africa: From Exclusion to Integration." Background paper for *World Development Report 2000/2001.* World Bank, Washington, D.C.

Turton, David, ed. 1997. *War and Ethnicity: Global Connections and Local Violence.* Rochester, N.Y.: University of Rochester Press.

Tzannatos, Zafiris. 1998. "Child Labor and School Enrollment in Thailand in the 1990s." Social Protection Paper 9818. World Bank, Washington, D.C.

Uberoi, Patricia. 1999. "Gender and State Policies in India, 1950–2000." World Bank, Washington, D.C.

Uddin, Sharif. 1999. "The 'Village Phone': Bringing Universal Service to Rural Areas in Bangladesh." Paper presented at National Telephone Cooperative Association's First International Conference on Rural Telecommunications, November, Washington, D.C.

Udry, Christopher. 1991. "Credit Markets in Northern Nigeria: Credit as Insurance in a Rural Economy." *World Bank Economic Review* 4(3): 251–71.

———. 1996. "Gender, Agricultural Production, and the Theory of the Household." *Journal of Political Economy* 104(5): 1010–46.

———. 1999. "Poverty, Risk and Households." Paper presented at *World Development Report 2000/2001* Summer Workshop, World Bank, July, Washington, D.C.

Udry, Christopher, John Hoddinott, Harold Alderman, and Lawrence Haddad. 1995. "Gender Differentials in Farm Productivity: Implications for Household Efficiency and Agricultural Policy." *Food Policy* 20(5): 407–23.

UN (United Nations). 1998. *Poverty Reduction Strategies: A Review.* New York.

UNAIDS (Joint United Nations Programme on HIV/AIDS). 1998. *AIDS Epidemic Update.* Geneva.

———. 2000. *Report on the Global HIV/AIDS Epidemic.* Geneva.

UNDP (United Nations Development Programme). 1995. *Human Development Report 1995.* New York: Oxford University Press.

———. 1996. *Human Development Report 1996.* New York: Oxford University Press.

———. 1997. *Human Development Report 1997.* New York: Oxford University Press.

———. 1998. *Overcoming Human Poverty.* New York: United Nations.

———. 1999a. *Human Development Report 1999.* New York: Oxford University Press.

———. 1999b. *United Nations Development Projects Programming Manual.* New York: United Nations.

UNESCO (United Nations Educational, Scientific, and Cultural Organization). *Database.* [unescostat.unesco.org/en/stats/stats0.htm].

UNFPA (United Nations Population Fund) and Australian National University. 1998. "South East Asian Populations in Crisis: Challenges to the Implementation of the ICPD Programme of Action." UNFPA, New York.

Unger, Danny. 1998. *Building Social Capital in Thailand: Fibers, Finance, and Infrastructure.* New York: Cambridge University Press.

UNICEF (United Nations Children's Fund). 1994. *Children at Work.* East Asia and Pacific Regional Office. Bangkok.

UNICEF (United Nations Children's Fund) and Oxfam International. 1999. "Debt Relief and Poverty Reduction: Meeting the Challenge." Paper presented at Heavily Indebted Poor Countries Review Seminar, United Nations Commission for Africa, July, Addis Ababa. [www.worldbank.org/hipc].

United Kingdom, Secretary of State for International Development. 1997. *Eliminating World Poverty: A Challenge for the 21st Century.* White Paper on International Development. London: Her Majesty's Stationery Office.

Uphoff, Norman. 1992. *Learning from Gal Oya: Possibilities for Participatory Development and Post-Newtonian Social Science.* Ithaca, N.Y.: Cornell University Press.

———. 1993. "Grassroots Organizations and NGOs in Rural Development: Opportunities with Diminishing States and Expanding Markets." *World Development* 21(4): 607–22.

———. 1998. "Community-Based Natural Resources Management: Connecting Micro and Macro Processes, and People with Their Environments." Plenary presentation at International Workshop on Community-Based Natural Resources Management, World Bank, 10–14 May, Washington, D.C.

USAID (U.S. Agency for International Development), OFDA (Office of U.S. Foreign Disaster Assistance). 1999. *International Disaster Database.* Washington, D.C.

U.S. Census Bureau. 1999. *Poverty in the United States 1998.* Washington, D.C.: U.S. Department of Commerce.

Uvin, Peter. 1995. "Fighting Hunger at the Grassroots: Paths to Scaling Up." *World Development* 23: 927–39.

Valdes, Alberto. 1994. "Agricultural Reforms in Chile and New Zealand: A Review." *Journal of Agricultural Economics* 45(2): 189–201.

———. 1999. "A Rural Poverty Profile of the Region." In Ramon Lopez and Alberto Valdes, eds., *Rural Poverty in Latin America: Analytics, New Empirical Evidence and Policy.* Washington, D.C.: World Bank.

van de Walle, Dominique. 1995. "Toward a Synthesis." In Dominique van de Walle and Kimberly Nead, eds., *Public Spending and the Poor: Theory and Evidence.* Baltimore, Md.: Johns Hopkins University Press.

———. 1996. *Infrastructure and Poverty in Vietnam.* Living Standards Measurement Study Working Paper 121. Washington, D.C.: World Bank.

———. 2000a. "Are Returns to Investment Lower for the Poor? Human and Physical Capital Interactions in Rural Vietnam." World Bank, Development Research Group, Washington, D.C.; and University of Toulouse, Department of Economics.

———. 2000b. "Choosing Pro-poor Rural Road Investments." World Bank, Development Research Group, Washington, D.C.

———. 2000c. "Human Capital and Labor Market Constraints in Developing Countries: A Case Study of Irrigation in Vietnam." World Bank, Development Research Group, Washington, D.C.

van de Walle, Dominique, and Dileni Gunewardena. 2000. "Sources of Ethnic Inequality in Viet Nam." Policy Research Working Paper 2297. World Bank, Washington, D.C.

van de Walle, Dominique, and Kimberly Nead, eds. 1995. *Public Spending and the Poor: Theory and Evidence.* Baltimore, Md.: Johns Hopkins University Press.

van de Walle, Nicolas. Forthcoming. *The Politics of Permanent Crisis: Managing African Economies, 1979–1999.* New York: Cambridge University Press.

van de Walle, Nicolas, and Timothy Johnston. 1996. *Improving Aid to Africa.* Policy Essay 21. Washington, D.C.: Overseas Development Council.

van der Gaag, Jacques. 1995. *Private and Public Initiatives Working Together for Health and Education.* Directions in Development Series. Washington, D.C.: World Bank.

van Dijk, Meine Pieter, and Roberta Rabellotti. 1997. *Enterprise Clusters and Networks in Developing Countries.* London: Frank Cass.

van Domelen, Julie, and Daniel Owen. 1998. "Getting an Earful: A Review of Beneficiary Assessments of Social Funds." Social Protection Discussion Paper 9816. World Bank, Washington, D.C.

van Doorslaer, Eddy, and Adam Wagstaff. 1997. "Income-Related Inequalities in Health: Some International Comparisons." *Journal of Health Economics* 16: 93–112.

van Ginneken, Wouter, ed. 1999. *Social Security for the Excluded Majority.* Geneva: International Labour Office.

van Nieuwkoop, Martien, and Jorge E. Uquillas. 2000. "Defining Ethnodevelopment in Operational Terms: Lessons from the Ecuador Indigenous and Afro-Ecuadoran Peoples Development Project." Sustainable Development Working Paper 6. World Bank, Latin America and the Caribbean Region, Washington, D.C.

van Rijckeghem, Caroline, and Beatrice Weder. 1997. "Corruption and the Rate of Temptation: Do Low Wages in Civil Service Cause Corruption?" IMF Working Paper 97/73. International Monetary Fund, Washington, D.C.

van Rooy, Alison, ed. 1998. *Civil Society and the Aid Industry.* London: Earthscan.

van Trotsenburg, Axel, and Alan MacArthur. 1999. "The HIPC Initiative: Delivering Debt Relief to Poor Countries." [www.worldbank.org/hipc/related-papers/related-papers.html].

Varian, Hall R. 1990. "Monitoring Agents with Other Agents." *Journal of Institutional and Theoretical Economics* 146: 153–74.

Varma, Keshav. 1999. "City of Ahmedabad Slum Networking Project." Self-Employed Women's Association, Ahmedabad.

Varshney, Ashutosh. 1999a. "Democracy and Poverty." Background paper for *World Development Report 2000/2001.* World Bank, Washington, D.C.

———. 1999b. "Mass Politics or Elite Politics? India's Economic Reforms in Comparative Perspective." In Jeffrey Sachs, Ashutosh Varshney, and Nirupam Bajpai, eds., *India in the Era of Economic Reforms.* New Delhi: Oxford University Press.

———. 2000. *Ethnic Conflict and Civic Life: Hindus and Muslims in India.* New Haven, Conn.: Yale University Press.

Vatsa, Krishna. 1999. "Community Participation in Postdisaster Reconstruction: Lessons Learned from the Maharashtra Emergency Earthquake Rehabilitation Program." Box for *World Development Report 2000/2001.* World Bank, Washington, D.C.

Vélez, Carlos Eduardo, Adriana Kugler, and César Bouillón. 1999. "A Microeconomic Decomposition of the Inequality U-turn in Urban Colombia: Labor Market Forces and Beyond." Inter-American Development Bank, Poverty and Inequality Advisory Unit, Washington, D.C.

Vella, Venanzio. 1997. "Health and Nutritional Aspects of Well-Being." In Jeni Klugman, ed., *Poverty in Russia: Public Policy and Private Responses.* Washington, D.C.: World Bank.

Venkataraman, Arjunamurthy, and Julia Falconer. 1999. "Rejuvenating India's Decimated Forests through Joint Action: Lessons from Andhra Pradesh." Project Brief. World Bank, Rural Development Department, Washington, D.C.

Vietnam, General Statistics Office. 1998. *Vietnam Living Standards Survey 1998.* Hanoi.

Villagran, Eduardo. 2000. "Key Drivers of Improved Access: Off-Grid Service." In Energy Sector Management Assistance Programme, *Energy and Development Report 2000: Energy Services for the World's Poor.* Washington, D.C.: World Bank.

Visaria, Pravin. 2000. "Poverty in India during 1994–98: Alternative Estimates." Institute of Economic Growth, Dehli.

von Pischke, J.D., Dale W. Adams, and Gordon Donald, eds. 1984. *Rural Financial Markets in Developing Countries: Their Use and Abuse.* Baltimore, Md.: Johns Hopkins University Press.

Vos, Rob, Margarita Velasco, and Edgar de Labastida. 1999. "Economic and Social Effects of El Niño in Ecuador, 1997–1998." Inter-American Development Bank, Washington, D.C.

Waddington, Catriona, and K.A. Enyimayew. 1989. "Price to Pay: The Impact of User Charges in Asante-Akim District, Ghana." *International Journal of Health Planning and Management* 4(1): 17–47.

———. 1990. "A Price to Pay, Part 2: The Impact of User Charges in the Volta Region of Ghana." *International Journal of Health Planning and Management* 5(4): 287–312.

Wade, Robert. 1985. "The Market for Public Office: Why the Indian State Is Not Better at Development." *World Development* 13(April): 467–97.

———. 1987. *Village Republics: Economic Conditions for Collective Action in South India.* New York: Cambridge University Press.

———. 1991. *Governing the Market: Economic Theory and the Role of Government in East Asian Industrialization.* Princeton, N.J.: Princeton University Press.

———. 1992. "How to Make Street-Level Bureaucracies Work Better: India and Korea." *International Development Studies Bulletin* 23: 51–54.

Wagstaff, Adam. 1999. *Inequalities in Child Mortality in the Developing World: How Large Are They? How Can They Be Reduced?* Washington, D.C.: World Bank, Human Development Network.

———. 2000. "Socioeconomic Inequalities in Child Mortality: Comparisons across Nine Developing Countries." *Bulletin of the World Health Organization* 78(1).

———. Forthcoming a. *If the Health of the Poor Matters More: Child Survival Inequalities in Nine Developing Countries.* Washington, D.C.: World Bank, Human Development Network.

———. Forthcoming b. *Inequalities in Child Health.* Washington, D.C.: World Bank, Human Development Network.

Wagstaff, Adam, and Eddy van Doorslaer. 2000. "Income Inequality and Health: What Does the Literature Tell Us?" *Annual Review of Public Health* 21: 543–67.

Wagstaff, Adam, and Naoko Watanabe. 2000. "Socioeconomic Inequalities in Child Malnutrition in the Developing World." World Bank, Health, Nutrition, and Population Team, Washington, D.C.

Waldmann, Robert. 1992. "Income Distribution and Infant Mortality." *Quarterly Journal of Economics* 107: 1283–302.

Walker, Ian, Rafael del Cid, Fidel Ordonez, and Florencia Rodriguez. 1999. "Ex-post Evaluation of the Honduran Social Investment Fund." World Bank, Washington, D.C.

Walker, Ian, Margarita Velasquez, Francisco Ordonez, and Florencia Rodriguez. 1997. "Regulation, Organization and Incentives: The Political Economy of Potable Water Services in Honduras." Working Paper R-314. Inter-American Development Bank, Washington, D.C.

Walker, Thomas, and James Ryan. 1990. *Village and Household Economies in India's Semi-arid Tropics.* Baltimore, Md.: Johns Hopkins University Press.

Wallsten, Scott J. 1999. "An Empirical Analysis of Competition,

Privatization, and Regulation in Africa and Latin America." Policy Research Working Paper 2136. World Bank, Washington, D.C.

Walt, Gill, Enrico Pavignani, Lucy Gilson, and Kent Buse. 1999. "Managing External Resources in the Health Sector: Are There Lessons for SWAps?" *Health Policy and Planning* 14(3): 273–84.

Ward-Batts, Jennifer. 1998. "Modeling Family Expenditures to Test Income Pooling." Paper presented at 1998 Population Association of America Meetings, 2–4 April, Chicago.

Waterbury, John. 1973. "Endemic and Planned Corruption in a Monarchical Regime." *World Politics* 25(4): 533–55.

Webb, Michael, and David Ehrhardt. 1998. "Improving Water Services through Competition." World Bank, Finance, Private Sector, and Infrastructure Network, Washington, D.C.

Weber, Eugene J. 1976. *Peasants into Frenchmen: The Modernization of Rural France, 1870–1914.* Stanford, Calif.: Stanford University Press.

Wei, Shang-Jin. 1999a. *Corruption and Poverty: New Evidence.* Washington, D.C.: World Bank.

———. 1999b. "Corruption in Economic Development: Beneficial Grease, Minor Annoyance, or Major Obstacle?" Policy Research Working Paper 2048. World Bank, Washington, D.C.

Weidenbaum, Murray, and Samuel Hughes. 1996. *The Bamboo Network: How Expatriate Chinese Entrepreneurs Are Creating a New Economic Superpower in Asia.* New York: Free Press.

Weiner, David. 1999. "At Seattle, Start the Trade and Labor Dialogue." ODC Viewpoint. Overseas Development Council, Washington, D.C.

Weiner, Myron. 1991. *The Child and the State in India: Child Labor and Education Policy in Comparative Perspective.* Princeton, N.J.: Princeton University Press.

Wellenius, Bjorn. 1997. "Extending Telecommunications Service to Rural Areas: The Chilean Experience." Viewpoint 105. World Bank, Finance, Private Sector, and Infrastructure Network, Washington, D.C.

Whang, In-Joun. 1981. *Management of Rural Change in Korea.* Seoul: National University Press.

White, Judy. 1997. "Evaluation Synthesis of Rural Water and Sanitation Projects." Evaluation Report EV596. U.K. Department for International Development, London.

Whitehead, Laurence, and George Gray-Molina. 1999. "The Long-Term Politics of Pro-poor Policies." Background paper for *World Development Report 2000/2001.* World Bank, Washington, D.C.

Whittington, Dale, Donald T. Lauria, and Xinming Mu. 1989. "Paying for Urban Services: A Study of Water Vending and Willingness to Pay for Water in Onitsha, Nigeria." Report INU40. World Bank, Infrastructure and Urban Development Department, Washington, D.C.

WHO (World Health Organization). 1980. *International Classification of Impairments, Disabilities and Handicaps.* Geneva.

———. 1998. *TB: A Crossroad—WHO Report on the Global Tuberculosis Epidemic 1998.* Geneva.

———. 1999a. *Removing Obstacles to Healthy Development: WHO Report on Infectious Diseases.* Geneva.

———. 1999b. *World Health Report 1999: Making a Difference.* Geneva.

Wilkinson, Richard. 1996. *Unhealthy Societies: The Afflictions of Inequality.* London: Routledge.

Williamson, John. 1990. *Latin American Adjustment: How Much Has Happened?* Washington, D.C.: Institute for International Economics.

———. 1993. "Democracy and the 'Washington Consensus'." *World Development* 21: 1329–36.

Wilson, William Julius. 1996. *When Work Disappears: The World of the New Urban Poor.* New York: Knopf.

Winters, L. Alan. 1999. "Trade, Trade Policy, and Poverty: What Are the Links?" Background paper for *World Development Report 2000/2001.* Sussex University, Economics Department, Brighton; and World Bank, Washington, D.C.

Wodon, Quentin. 1997. "Food Energy Intake and Cost of Basic Needs: Measuring Poverty in Bangladesh." *Journal of Development Studies* 34: 66–101.

———. 1999. "Growth, Inequality, and Poverty: A Regional Panel for Bangladesh." Policy Research Working Paper 2072. World Bank, Washington, D.C.

———. 2000a. "Extreme Poverty and Human Rights: Essays on Joseph Wresinski." Background paper for *World Development Report 2000/2001.* World Bank, Washington, D.C.

———. 2000b. "Income Mobility and Risk during the Business Cycle." World Bank, Poverty Reduction and Economic Management Network, Washington, D.C.

———. 2000c. "Public Works Employment and Workfare Programs: Optimizing the Timing of Benefits for Poverty Reduction." World Bank, Poverty Reduction and Economic Management Network, Washington, D.C.

———. Forthcoming. "Micro Determinants of Consumption, Poverty, Growth, and Inequality in Bangladesh." *Applied Economics.*

Wodon, Quentin, and Norman Hicks. 1999. "Protecting the Poor during Crisis through Public Spending? Framework and Application to Argentina and Mexico." World Bank, Poverty Reduction and Economic Management Network, Washington, D.C.

Wodon, Quentin, and Mari Minowa. 2000. "Training for the Urban Unemployed: A Reevaluation of Mexico's Probecat." World Bank, Poverty Reduction and Economic Management Network, Washington, D.C.

Wodon, Quentin, Norman Hicks, Bernadette Ryan, and Gabriel Gonzalez. 2000. "Are Governments Pro-poor but Short-Sighted? Targeted and Social Spending for the Poor during Booms and Busts." World Bank, Poverty Reduction and Economic Management Network and Latin America and the Caribbean Region, Washington, D.C.

Wodon, Quentin, Robert Ayres, Matias Barenstein, Kihoon Lee, Pia Peeters, Corinne Siaens, and Shlomo Yitzhaki. 2000. *Poverty and Policy in Latin America and the Caribbean.* World Bank Technical Paper 467. Washington, D.C.

Wolf, Margery. 1985. *Revolution Postponed: Women in Contemporary China.* Stanford, Calif.: Stanford University Press.

Wolfensohn, James D. 1999. "A Proposal for a Comprehensive Development Framework: A Discussion Draft." World Bank, Office of the President, Washington, D.C.

Woo-Cumings, Meredith, ed. 1999. *The Developmental State.* Ithaca, N.Y.: Cornell University Press.

Woods, Ngaire. 1999. "Good Governance in International Organizations." *Global Governance* 5: 39–61.

Woolcock, Michael. 1998. "Social Capital and Economic Development: Toward a Theoretical Synthesis and Policy Framework." *Theory and Society* 27(2): 151–208.

———. 1999. "Learning from Failures in Microfinance." *American Journal of Economics and Sociology* 58(1): 17–42.

———. 2000. "Managing Risk, Shocks, and Opportunities in Developing Economies: The Role of Social Capital." In Gustav Ranis, ed., *Dimensions of Development.* New Haven, Conn.: Yale Center Press.

———. Forthcoming. *Using Social Capital: Getting the Social Relations Right in the Theory and Practice of Economic Development.* Princeton, N.J.: Princeton University Press.

Woolcock, Michael, and Deepa Narayan. Forthcoming. "Social Capital: Implications for Development Theory, Research and Policy." *World Bank Research Observer.*

Woolcock, Michael, Lant Pritchett, and Jonathan Isham. 1999. "The Social Foundations of Poor Economic Growth in Resource-Rich Countries." Paper prepared for United Nations University–World Institute for Development Economics Research project on natural resources and economic growth, Helsinki.

World Bank. 1980. *World Development Report 1980.* New York: Oxford University Press.

———. 1989. "Nepal Hill Community Forestry." South Asia Region, Washington, D.C.

———. 1990. *World Development Report 1990: Poverty.* New York: Oxford University Press.

———. 1991a. *Jordan: Public Expenditure Review.* Washington, D.C.

———. 1991b. "A Symposium Issue on the Analysis of Poverty and Adjustment." *World Bank Economic Review* 5(2): 177–393.

———. 1991c. *World Development Report 1991: The Challenge of Development.* New York: Oxford University Press.

———. 1992a. "Effective Implementation: Key to Development Impact." Report of Portfolio Management Task Force. Washington, D.C.

———. 1992b. *World Development Report 1992: Development and the Environment.* New York: Oxford University Press.

———. 1993a. "Area Development Projects." Lessons and Practices 3. Operations Evaluation Department, Washington, D.C.

———. 1993b. *The East Asian Miracle: Economic Growth and Public Policy.* Policy Research Report. New York: Oxford University Press.

———. 1993c. *Uganda: Social Sectors.* Country Study. Washington, D.C.

———. 1993d. *World Development Report 1993: Investing in Health.* New York: Oxford University Press.

———. 1994a. *Adjustment in Africa: Reforms, Results, and the Road Ahead.* New York: Oxford University Press.

———. 1994b. *Averting the Old Age Crisis.* Policy Research Report. New York: Oxford University Press.

———. 1994c. "Hashemite Kingdom of Jordan: Poverty Assessment." Vol. 1. Report 12675-JO. Washington, D.C.

———. 1994d. "Republic of Turkey—Second Health Project: Essential Health Services and Management Development in Eastern and Southeastern Anatolia." Staff Appraisal Report 12765-TU. Washington, D.C.

———. 1994e. *World Development Report 1994: Infrastructure for Development.* New York: Oxford University Press.

———. 1995a. "Argentina: Argentina's Poor—A Profile." Sector Report 13318. Washington, D.C.

———. 1995b. *Priorities and Strategies for Education: A World Bank Review.* Washington, D.C.

———. 1995c. *World Development Report 1995: Workers in an Integrating World.* New York: Oxford University Press.

———. 1996a. "Access to Education and Health Care in Uganda." Eastern Africa Department and Poverty and Social Policy Department, Washington, D.C.

———. 1996b. "Democratic and Popular Participation in the Public Field: The Experience of the Participative Budget in Porto Alegre (1989–1995)." Economic Development Institute, Washington, D.C.

———. 1996c. *Mexico: Rural Poverty.* Washington, D.C.

———. 1996d. *Poverty Reduction and the World Bank: Progress and Challenges in the 1990s.* Washington, D.C.

———. 1996e. "Technical Assistance." Lessons and Practices 7. Operations Evaluation Department, Washington, D.C.

———. 1996f. *World Development Report 1996: From Plan to Market.* New York: Oxford University Press.

———. 1997a. *Can the Environment Wait? Priorities for East Asia.* Washington, D.C.

———. 1997b. *China 2020: Sharing Rising Incomes.* Washington, D.C.

———. 1997c. *Clear Water, Blue Skies: China's Environment in the New Century.* Washington, D.C.

———. 1997d. *Confronting AIDS: Public Priorities in a Global Epidemic.* Policy Research Report. New York: Oxford University Press.

———. 1997e. *Expanding the Measure of Wealth: Indicators of Environmentally Sustainable Development.* Environmentally and Socially Sustainable Development Studies and Monographs Series, no. 17. Washington, D.C.

———. 1997f. "Health, Nutrition and Population." Sector Strategy Paper. Human Development Network, Washington, D.C.

———. 1997g. *India: Achievements and Challenges in Reducing Poverty.* Country Study. Washington, D.C.

———. 1997h. "India: Andhra Pradesh Hazard Mitigation and Emergency Cyclone Recovery Project." Memorandum and Recommendation of the President P7100. Washington, D.C.

———. 1997i. "Romania Poverty and Social Policy Report." Europe and Central Asia Region, Washington, D.C.

———. 1997j. *Rural Development: From Vision to Action—A Sector Strategy.* Environmentally and Socially Sustainable Development Studies and Monographs Series, no. 12. Washington, D.C.

————. 1997k. "Social Funds Portfolio Review." Social Funds Thematic Group, Washington, D.C.

————. 1997l. *World Development Report 1997: The State in a Changing World.* New York: Oxford University Press.

————. 1998a. "Africa Region Findings: Listening to Farmers—Participatory Assessment of Policy Reform in Zambia's Agricultural Sector." Report 105. Africa Region, Washington, D.C.

————. 1998b. *Assessing Aid: What Works, What Doesn't, and Why.* Policy Research Report. New York: Oxford University Press.

————. 1998c. "Bangladesh Emergency Flood Recovery Project." Report P7264. South Asia Region, Washington, D.C.

————. 1998d. *Bangladesh: From Counting the Poor to Making the Poor Count.* Country Study. Washington, D.C.

————. 1998e. "Cambodia Poverty Assessment." East Asia and Pacific Region, Poverty Reduction and Economic Management Unit and Human Development Sector Unit, Washington, D.C.

————. 1998f. *East Asia: The Road to Recovery.* Washington, D.C.

————. 1998g. *El Salvador Rural Development Study.* Country Study. Washington, D.C.

————. 1998h. *Ethiopia: Social Sector Report.* Country Study. Washington, D.C.

————. 1998i. *Global Economic Prospects and the Developing Countries 1998/1999.* Washington, D.C.

————. 1998j. "Honduras: Hurricane Emergency Project." Memorandum and Recommendation of the President P7280. Washington, D.C.

————. 1998k. *The Impact of Public Expenditure Reviews: An Evaluation.* Washington, D.C.

————. 1998l. "Indonesia: Education in Indonesia, from Crisis to Recovery." Education Sector Unit Report 18651-IND. East Asia and Pacific Region, Washington, D.C.

————. 1998m. "Nicaragua Basic Education Project." Staff Appraisal Report. Latin America and the Caribbean Region, Human and Social Development Group, Washington, D.C.

————. 1998n. "Pakistan Public Expenditure Review: Reform Issues and Options." Poverty Reduction and Economic Management Report 18432. East Asia and Pacific Region, Washington, D.C.

————. 1998o. "Philippines Local Government Units Urban Water and Sanitation Project." Project Appraisal and Supervision Document. East Asia and Pacific Region, Washington, D.C.

————. 1998p. "Philippines Social Expenditure Priorities." Sector Report 18562-PH. East Asia and Pacific Region, Washington, D.C.

————. 1998q. "Post-conflict Reconstruction: The Role of the World Bank." Environmentally and Socially Sustainable Development Network, Washington, D.C.

————. 1998r. "Rapid Social Assessments, January–April 1998." In *Social Impact of the East Asian Financial Crisis.* Washington, D.C.

————. 1998s. "Recent Experience with Involuntary Resettlement: Overview." Report 17538. Operations Evaluation Department, Washington, D.C.

————. 1998t. "Reducing Poverty in India: Options for More Effective Public Services." Report 17881-IN. Washington, D.C.

————. 1998u. "Road Sector Investment Program—Zambia." Africa Technical Department, Washington, D.C.

————. 1998v. "Rwanda Poverty Note: Rebuilding an Equitable Society—Poverty and Poverty Reduction after the Genocide." World Development Sources Report 17792-RW. Washington, D.C.

————. 1998w. "Security, Poverty Reduction and Sustainable Development Challenges for the New Millennium." Social Development Department, Washington, D.C.

————. 1998x. *Social Impact of the East Asian Financial Crisis.* Washington, D.C.

————. 1998y. "Thailand Economic Monitor." Departmental Working Paper 18936. Thailand Resident Unit, Bangkok.

————. 1998z. "The World Bank and Climate Change: East Asia." Global Environment Unit, Washington, D.C.

————. 1998aa. *World Development Report 1998/99: Knowledge for Development.* New York: Oxford University Press.

————. 1999a. "Access to Justice: The English Experience with Small Claims." PREM Note 40. Poverty Reduction and Economic Management Network, Legal Institutions Thematic Group, Washington, D.C.

————. 1999b. "Africa Region." Community Action Program Working Group Notes. Africa Region, Washington, D.C.

————. 1999c. "Argentina: The Flood Rehabilitation Project." Implementation Completion Report 18769. Washington, D.C.

————. 1999d. "Bolivia: Implementing the Comprehensive Development Framework." Report 19326-BO. Bolivia, Paraguay, and Peru Country Management Unit, Washington, D.C.

————. 1999e. "Brazil: Rio Flood Reconstruction and Prevention Project." Performance Audit Report 19497. Washington, D.C.

————. 1999f. "Cities without Slums: Action Plan for Moving Slum Upgrading to Scale." Urban Development Division, Washington, D.C.

————. 1999g. "Coping with the Crisis in Education and Health." In *Thailand Social Monitor* 2. Washington, D.C.

————. 1999h. "Country Assessments and IDA Allocations." Washington, D.C. [www.worldbank.org/ida/idalloc.htm].

————. 1999i. *Global Development Finance 1999.* Washington, D.C.

————. 1999j. *Global Economic Prospects and the Developing Countries 2000.* Washington, D.C.

————. 1999k. *Greening Industry: New Roles for Communities, Markets, and Governments.* Policy Research Report. New York: Oxford University Press.

————. 1999l. "Honduras: Country Assistance Strategy." Report 19893-HO. Latin America and the Caribbean Region, Washington, D.C.

————. 1999m. *Intensifying Action against HIV/AIDS in Africa: Responding to a Development Crisis.* Washington, D.C.

————. 1999n. "Managing the Social Dimensions of Crises: Good Practices in Social Policy." Human Development Network, Washington, D.C.

————. 1999o. "Moldova: Poverty Assessment Technical Papers." Report 19846. Europe and Central Asia Region, Washington, D.C.

———. 1999p. *Peru: Improving Health Care for the Poor.* Country Study. Washington, D.C.

———. 1999q. "Poverty Alleviation in Jordan in the 1990s: Lessons for the Future." Report 19869-JO. Middle East and North Africa Region, Washington, D.C.

———. 1999r. "Poverty and Policy in Latin America and the Caribbean." Latin America and the Caribbean Region, Office of the Chief Economist, Regional Studies Program, Washington, D.C.

———. 1999s. *Poverty and Social Development in Peru, 1994–1997.* Washington D.C.

———. 1999t. "Poverty Trends and the Voices of the Poor." Poverty Reduction and Economic Management Network, Washington, D.C.

———. 1999u. "Progress Report to the World Bank's Executive Board." Washington, D.C.

———. 1999v. "Public Expenditure Reviews: Progress and Potential." PREM Note 20. Poverty Reduction and Economic Management Network, Public Expenditure Thematic Group, Washington, D.C.

———. 1999w. "Republic of Korea: Establishing a New Foundation for Sustained Growth." Washington, D.C.

———. 1999x. "A Review of World Bank Participatory Poverty Assessments." Poverty Reduction and Economic Management Network, Washington, D.C.

———. 1999y. "A Strategic View of Urban and Local Government Issues: Implications for the Bank." Transportation, Water, and Urban Development Department, Washington, D.C.

———. 1999z. "Sub-national Database of the World's Largest Countries." Sub-national Regional Economics Thematic Group, Washington, D.C.

———. 1999aa. "Turkey: Economic Reforms, Living Standards and Social Welfare Study." Europe and Central Asia Region, Washington, D.C.

———. 1999bb. "Vietnam—Development Report 2000: Attacking Poverty." Country Economic Memorandum. Washington, D.C.

———. 1999cc. *World Development Indicators 1999.* Washington, D.C.

———. 1999dd. *World Development Report 1999/2000: Entering the 21st Century.* New York: Oxford University Press.

———. 1999ee. "Zambia: Road Sector Investment Program Supervision Reports." Africa Region, Washington, D.C.

———. 2000a. "Accelerating an AIDS Vaccine for Developing Countries: Recommendations for the World Bank." AIDS Vaccine Task Force, Washington, D.C.

———. 2000b. *Can Africa Claim the 21st Century?* Washington, D.C.

———. 2000c. "China: Overcoming Rural Poverty." East Asia and Pacific Region, Washington, D.C.

———. 2000d. "East Asia and the Pacific Quarterly Brief." Washington, D.C.

———. 2000e. *East Asia: Recovery and Beyond.* Washington, D.C.

———. 2000f. "Ecuador: Crisis, Poverty and Social Services." Washington, D.C.

———. 2000g. *Global Development Finance 2000.* Washington, D.C.

———. 2000h. "Health, Nutrition, Population, and Poverty Country Information Sheets." Health, Nutrition, and Population Department, Washington, D.C.

———. 2000i. "India—Policies to Reduce Poverty and Accelerate Sustainable Development." Sector Report. South Asia Region, Washington, D.C.

———. 2000j. "Kingdom of Morocco: Poverty Update." Human Development Group, Washington, D.C. Draft. 28 June.

———. 2000k. "Maintaining Utility Services for the Poor." Washington, D.C.

———. 2000l. *Making Transition Work for Everyone: Poverty and Inequality in Europe and Central Asia.* Europe and Central Asia Region, Washington, D.C.

———. 2000m. "Nicaragua: Rainfall Risk Management." Project Appraisal Document. Washington, D.C.

———. 2000n. "A Note on Economic Reforms and Performance in Sub-Saharan Africa." Africa Region, Office of the Chief Economist, Washington, D.C.

———. 2000o. "Philippines Poverty Assessment." East Asia and Pacific Region, Washington, D.C.

———. 2000p. *The Quality of Growth.* New York: Oxford University Press.

———. 2000q. "Social Protection Sector Strategy: From Safety Net to Trampoline." Human Development Network, Social Protection Team, Washington, D.C.

———. 2000r. "Water, Sanitation and Poverty." Poverty Reduction Strategy Paper. Washington, D.C.

———. 2000s. *World Development Indicators 2000.* Washington, D.C.

———. Forthcoming a. *EnGendering Development.* Policy Research Report. New York: Oxford University Press.

———. Forthcoming b. *Poverty Reduction Strategy Sourcebook.* Washington, D.C.

———. Forthcoming c. *Sourcebook on Community-Driven Development in the Africa Region.* Washington, D.C.

World Bank and IMF (International Monetary Fund). 2000a. "Progress Report on Poverty Reduction Strategy Papers." Paper prepared for meeting of Joint Ministerial Committee of the Boards of Governors of the Bank and the Fund on the Transfer of Real Resources to Developing Countries (Development Committee), World Bank and International Monetary Fund, 31 March, Washington, D.C.

———. 2000b. "Trade, Development, and Poverty Reduction." Issues paper prepared for meeting of Joint Ministerial Committee of the Boards of Governors of the Bank and the Fund on the Transfer of Real Resources to Developing Countries (Development Committee), World Bank and International Monetary Fund, 31 March, Washington, D.C.

World Bank Partnerships Group. 1998a. "Partnership for Development: From Vision to Action." Briefing to Board of Executive Directors, September, Washington, D.C.

———. 1998b. "Partnership for Development: Proposed Actions for the World Bank." Discussion paper. Washington, D.C.

World Faiths Development Dialogue. 1999. "A Different Perspective on Poverty and Development." Comment on *World Development Report 2000/2001.* London.

———. 2000. "A New Direction for World Development? Comment on the First Full Version of the *World Development Report 2000/2001.*" Occasional Paper 3. London.

Wuyts, Marc. 1996. "Foreign Aid, Structural Adjustment, and Public Management: The Mozambican Experience." *Development and Change* 27(4): 717–49.

Yao, Shujie. 1999. "Economic Growth, Income Inequality and Poverty in China under Economic Reforms." *Journal of Development Studies* 35(6): 104–30.

Yaqub, Shahin. 1999. "How Equitable Is Public Spending on Health and Education?" Background paper for *World Development Report 2000/2001.* Sussex University, Poverty Research Unit, Brighton; and World Bank, Development Research Group, Washington, D.C.

Yaron, Jacob. 1992. *Successful Rural Finance Institutions.* World Bank Discussion Paper 150. Washington, D.C.

Yaron, Jacob, McDonald Benjamin Jr., and Stephanie Charitonenko. 1998. "Promoting Efficient Rural Financial Intermediation." *World Bank Research Observer* 13(2): 147–70.

Yaron, Jacob, McDonald Benjamin Jr., and Gerda Piprek. 1997. *Rural Finance: Issues, Design and Best Practices.* Environmentally and Socially Sustainable Development Studies and Monographs Series, no. 14. Washington, D.C.: World Bank.

Yepes, Guillermo. 1999. "Do Cross-Subsidies Help the Poor to Benefit from Water and Wastewater Services? Lessons from Guayaquil." Water Supply and Sanitation Program Working Paper. United Nations Development Programme and World Bank, Washington, D.C.

Yost, Carol. 1999. "Gender and Law: Challenges and Opportunities for Development." Remarks at World Bank seminar on Gender and Law, June, Washington, D.C.

Young, Alwyn. 1995. "The Tyranny of Numbers: Confronting the Statistical Realities of East Asian Growth." *Quarterly Journal of Economics* 110(3): 641–80.

Younger, Stephen. 1996. "Labor Market Consequences of Retrenchment for Civil Servants in Ghana." In David E. Sahn, ed., *Economic Reform and the Poor in Africa.* Oxford: Clarendon.

Zaman, Hassan. 1999. "Assessing the Impact of Microcredit on Poverty and Vulnerability in Bangladesh." Policy Research Working Paper 2145. World Bank, Washington, D.C.

Zeller, Manfred. 1999. "The Role of Microfinance for Income and Consumption Smoothing." Paper presented at Inter-American Development Bank conference on social protection and poverty, 4–5 February, Washington, D.C.

Zeng Yi, Tu Ping, Gu Baochang, Xu Yi, Li Bohua, and Li Yongping. 1993. "Causes and Implications of the Recent Increase in the Reported Sex Ratio at Birth in China." *Population and Development Review* 19(2): 283–302.

Zimmerman, Frederic, and Michael R. Carter. 1999. "Asset Smoothing, Consumption Smoothing and the Reproduction of Inequality under Risk and Subsistence Constraints." Department of Agricultural and Applied Economics Staff Paper 402. University of Wisconsin, Madison.

Ausgewählte Kennzahlen der Weltentwicklung

Vorwort zu den Ausgewählten Kennzahlen der Weltentwicklung

Die Ausgewählten Kennzahlen der Weltentwicklung liefern eine Reihe von Kerndaten aus den Entwicklungsdatenbanken der Weltbank. In den 21 Tabellen werden, der Tradition entsprechend, vergleichende sozioökonomische Daten von mehr als 130 Volkswirtschaften für das letzte Jahr, für das Angaben verfügbar sind, sowie für ein früheres Jahr dargestellt. Eine Zusatztabelle enthält grundlegende Kennzahlen für 74 weitere Länder mit unzureichenden Daten oder mit einer Bevölkerung von weniger als 1,5 Millionen Menschen.

Die hier aufgeführten Kennzahlen sind eine Auswahl aus mehr als 500 Kennzahlen, die in den *World Development Indicators 2000* der Weltbank enthalten sind. Die jährlich veröffentlichten *World Development Indicators* bieten einen umfassenden Überblick über den Entwicklungsprozeß. Das erste Kapitel informiert über Zukunftsaussichten von Entwicklungsländern sowie über dort bereits erzielte soziale und wirtschaftliche Fortschritte, gemessen an sieben weltweit angestrebten Entwicklungszielen. In den fünf Hauptabschnitten zeigt sich der Einfluß zahlreicher verschiedener Faktoren: Entwicklung des Humankapitals, Umweltverträglichkeit, gesamtwirt-

schaftliche Entwicklung, Entwicklung des privaten Sektors sowie die globalen Verflechtungen, die Einfluß auf das außenwirtschaftliche Umfeld für die Entwicklung haben. Eine gesondert veröffentlichte CD-ROM-Datenbank ermöglicht den Zugriff auf über 1.000 Datentabellen und 500 Zeitreihen für 223 Länder und Regionen.

Aufbau der Ausgewählten Kennzahlen der Weltentwicklung

Die Tabellen 1–2, *Weltüberblick*, bieten eine Übersicht über zentrale Fragen der Entwicklung: Wie reich oder arm sind die Menschen im jeweiligen Land? Wie hoch ist ihr Wohlfahrtsniveau, dargestellt am Beispiel der Unterernährungs- und Sterblichkeitsrate bei Kindern? Wie hoch ist die Lebenserwartung Neugeborener? Wie hoch ist die Analphabetenquote bei Erwachsenen?

Die Tabellen 3–7, *Bevölkerung*, stellen den Fortschritt in der gesellschaftlichen Entwicklung während des vergangenen Jahrzehnts dar. Sie enthalten Angaben über das Bevölkerungswachstum, die Teilnahme am Arbeitsprozeß und die Einkommensverteilung. Es werden ebenfalls Zahlen zum Wohlergehen wie zum Beispiel zu Gesundheitszustand, Armutsquoten, Schulbesuch und -leistung sowie geschlechtsspezifische Unterschiede bei den Ausbildungsmöglichkeiten aufgeführt.

Die Tabellen 8–10, *Umwelt*, zeigen wichtige Kennzahlen zu Bodennutzung und landwirtschaftlicher Produktionsleistung, Wasserressourcen, Energieverbrauch und Kohlendioxidemissionen.

Die Tabellen 11–15, *Wirtschaft*, liefern Informationen über die Struktur und das Wachstum der Volkswirtschaften der Welt, einschließlich Statistiken über Staatsfinanzen und Zusammenfassung der Zahlungsbilanzen.

Die Tabellen 16–19, *Staaten und Märkte*, beleuchten die Rolle des öffentlichen und des privaten Sektors bei der Schaffung der für das Wirtschaftswachstum notwendigen Infrastruktur. Diese Tabellen liefern Informationen über private Investitionen, Aktienmärkte und wirtschaftliche Aktivitäten des Staates (einschließlich Militärausgaben) sowie über die Bereiche Informationstechnologie und Forschung und Entwicklung.

Die Tabellen 20–21, *Globale Verflechtungen*, enthalten Informationen über Handel und Finanzflüsse, einschließlich Hilfszahlungen und Darlehen an Entwicklungsländer.

Da die Hauptaufgabe der Weltbank darin besteht, vor allem Mitgliedsländern mit niedrigem und mittlerem Einkommen Kredite zu gewähren und sie in politischen Angelegenheiten zu beraten, konzentrieren sich die in den Tabellen behandelten Probleme hauptsächlich auf diese Länder. Soweit verfügbar, werden zu Vergleichszwecken auch Informationen über Länder mit hohem Einkommen geliefert. Weitere Informationen über die Länder mit hohem Einkommen können bei Bedarf nationalen statistischen Veröffentlichungen oder Veröffentlichungen der Organisation für wirtschaftliche Zusammenarbeit und Entwicklung (OECD) sowie der Europäischen Union entnommen werden.

Länderklassifizierung

Wie im gesamten Bericht ist das zur Klassifizierung der Länder und zur allgemeinen Unterscheidung der jeweiligen Stufe der wirtschaftlichen Entwicklung herangezogene Hauptkriterium das BSP pro Kopf. Die Länder werden in drei Einkommenskategorien eingeteilt. Die in dieser Ausgabe verwendete Klassifizierung wurde aktualisiert, um die derzeit gültigen Operationsrichtlinien der Weltbank widerzuspiegeln. Die Abgrenzungslinien

des BSP pro Kopf wurden wie folgt festgelegt: Länder mit niedrigem Einkommen: bis 755 US-Dollar im Jahr 1999; mit mittlerem Einkommen: 756 bis 9.265 US-Dollar; mit hohem Einkommen: ab 9.266 US-Dollar. Bei 2.995 US-Dollar wurde für Länder mit mittlerem Einkommen eine weitere Unterteilung in eine untere und eine obere Kategorie vorgenommen. Die Länder werden außerdem nach Regionen klassifiziert. Die Tabelle zur Länderklassifizierung am Ende dieser Ausgabe enthält eine Auflistung der Länder jeder Gruppe (einschließlich derjenigen mit einer Bevölkerung von unter 1,5 Millionen).

Von Zeit zu Zeit wird die Klassifizierung eines Landes aufgrund von Änderungen der oben erwähnten Abgrenzungslinien oder des ermittelten BSP pro Kopf revidiert. Im Falle solcher Änderungen werden die auf den entsprechenden Klassifizierungen basierenden Summen für den letzten Zeitabschnitt neu berechnet, damit die Zeitreihe konsistent bleibt. Zwischen 1999 und 2000 wurden mehrere große Länder neu klassifiziert, was zu erheblichen Änderungen der Aggregaten für Einkommen und Regionen geführt hat. So haben Überprüfungen der Schätzungen des BSP pro Kopf von China zum Beispiel dazu geführt, daß China nun nicht mehr als Land mit niedrigem Einkommen, sondern als Land mit mittlerem Einkommen, untere Kategorie klassifiziert ist. Folgende Änderungen werden ebenfalls aus den Tabellen ersichtlich: Die Türkei, zuvor ein Land mit mittlerem Einkommen, obere Kategorie, ist nun ein Land mit mittlerem Einkommen, untere Kategorie; Georgien, die Ukraine und Usbekistan, zuvor Länder mit mittlerem Einkommen, untere Kategorie, sind nun Länder mit niedrigem Einkommen; Dominica und Südafrika, zuvor Länder mit mittlerem Einkommen, untere Kategorie, sind nun Länder mit mittlerem Einkommen, obere Kategorie; und Honduras, zuvor ein Land mit niedrigem Einkommen, ist nun ein Land mit mittlerem Einkommen, untere Kategorie.

Datenquellen und Verfahrensweisen

Die hier aufgeführten sozioökonomischen und umweltbezogenen Daten stammen aus unterschiedlichen Quellen: der Primärdatensammlung der Weltbank, statistischen Publikationen der Mitgliedsländer, von Forschungsinstituten sowie internationalen Organisationen wie dem Internationalen Währungsfonds (IWF), der Organisation für wirtschaftliche Zusammenarbeit und Entwicklung (OECD) und den Vereinten Nationen und ihren Sonderorganisationen. (Im Verzeichnis der Datenquellen im Anschluß an die Technischen Anmerkungen sind die Quellen vollständig aufgeführt.) Die meisten der von den einzelnen Ländern und internationalen Organisationen bereitgestellten Statistiken wurden zwar im Hinblick auf Erhebungsgesamtheit, Definition und Klassifizierung nach internationalem Standard erstellt, jedoch sind Unterschiede hinsichtlich der Aktualität und Verläßlichkeit, die sich aus den unterschiedlichen zur Sammlung und Aufbereitung der Basisdaten eingesetzten Möglichkeiten und Ressourcen ergeben, unvermeidlich. Bei einigen Themen erfordern konkurrierende Datenquellen eine Überprüfung durch den Weltbank-Stab, um sicherzustellen, daß lediglich die zuverlässigsten aller verfügbaren Daten aufgeführt werden. In einigen Fällen, wenn etwa die verfügbaren Daten zu mangelhaft erscheinen, um verläßliche Angaben über Niveaus und Trends zu liefern, oder wenn sich die Daten nicht an internationalen Standards orientieren, werden keine Angaben gemacht.

Die aufgeführten Daten stimmen im allgemeinen mit denen in den *World Development Indicators 2000* überein. Die Daten wurden jedoch überarbeitet und aktualisiert, sobald neue Informationen verfügbar wurden. Die Unterschiede können auch auf der Überarbeitung historischer Zeitreihen und auf Änderungen in den Verfahrensweisen beruhen. Daher können in verschiedenen Ausgaben von Weltbankpublikationen Daten unterschiedlicher Jahrgänge veröffentlicht werden. Der Leser sollte sich bei der Zusammenstellung von Datenreihen nicht auf verschiedene Veröffentlichungen oder verschiedene Ausgaben derselben Veröffentlichung stützen. Konsistente Zeitreihen sind auf der CD-ROM *World Development Indicators 2000* enthalten.

Alle Dollarangaben beziehen sich auf US-Dollar zu derzeit gültigen Preisen, soweit nicht anders angegeben. Die verschiedenen Verfahren zur Umrechnung von Werten in der jeweiligen Landeswährung in US-Dollar werden in den Technischen Anmerkungen erläutert.

Zusammenfassende Kennzahlen

Die zusammenfassenden Kennzahlen am Ende jeder Tabelle sind entweder für Ländergruppen errechnete Aggregate (mit *t* gekennzeichnet, wenn die Aggregate Schätzungen für nicht vorhandene Daten und für nichtberichtende Länder einschließen, oder mit *s*, wenn es sich um einfache Summen handelt), gewichtete

Durchschnitte (*w*) oder Mittelwerte (*m*). Daten für Länder, die in den Haupttabellen nicht aufgeführt sind (siehe Auflistung dieser Länder in Tabelle 1a), wurden in den zusammenfassenden Kennzahlen berücksichtigt, sofern diese Daten verfügbar waren. Andernfalls wurde angenommen, daß sie dem Trend der berichtenden Länder folgen. Diese Vorgehensweise führt zu einer konsistenteren Gesamtkenngröße, da der Kreis der erfaßten Länder für jeden angegebenen Zeitraum einheitlich ist. Wenn aufgrund fehlender Informationen jedoch ein Drittel oder mehr des Gruppenschätzwerts nicht belegt ist, wird die Gruppenkennzahl als nicht verfügbar ausgewiesen. Der Abschnitt zu den statistische Methoden in den Technischen Anmerkungen enthält weitere Informationen über die Aggregationsmethoden. Die zur Erstellung der Aggregate verwendeten Werte sind in den technischen Anmerkungen zu den einzelnen Tabellen aufgeführt.

Terminologie und Erhebungsgesamtheit der Länder

Der Begriff *Land* ist nicht unbedingt gleichbedeutend mit einem politisch unabhängigen Gebiet, sondern kann sich auf jedes Gebiet beziehen, für welches die Behörden gesonderte soziale oder ökonomische Statistiken vorlegen. Die Daten werden für Volkswirtschaften auf dem Stand von 1999 aufgeführt. Historische Daten wurden überarbeitet, um damit die gegenwärtigen politischen Verhältnisse widerzuspiegeln. Ausnahmen werden jeweils in den Tabellen angemerkt.

Am 1. Juli 1997 hat China wieder die Staatshoheit über Hongkong übernommen. Am 20. Dezember 1999 hat China wieder die Staatshoheit über Macao übernommen. Sofern nichts anderes angegeben ist, enthalten die Daten zu China keine Daten zu Hongkong, Taiwan oder Macao. Daten zur Demokratischen Republik Kongo (in den Tabellen unter Kongo, Dem. Rep. aufgeführt) beziehen sich auf das ehemalige Zaire. Der Deutlichkeit halber wird in dieser Ausgabe ebenfalls der offizielle Name der Republik Kongo (in den Tabellen unter Kongo, Rep. aufgeführt) verwendet. Für die Slowakische Republik und die Tschechische Republik, die sich aus der ehemaligen Tschechoslowakei gebildet haben, werden, soweit dies möglich ist, separate Daten angegeben. Seit dem 25. Oktober 1999 ist die Übergangsverwaltung der Vereinten Nationen für Ost-Timor (UNTAET) verantwortlich für die Verwaltung von Ost-Timor. Daten zu Indonesien schließen Ost-

Timor mit ein. Für Eritrea werden, soweit möglich, separate Angaben gemacht; vor 1992 sind sie jedoch in den meisten Fällen in den Daten für Äthiopien enthalten. Die Angaben für Deutschland beziehen sich auf das wiedervereinigte Deutschland, sofern nichts anderes angegeben ist. Daten für Jordanien beziehen sich, soweit nicht anders angegeben, ausschließlich auf das heutige Staatsgebiet (ehem. Emirat Transjordanien). Im Jahre 1991 wurde die Sowjetunion offiziell in fünfzehn Staaten aufgeteilt: Armenien, Aserbaidschan, Estland, Georgien, Kasachstan, Kirgisistan, Lettland, Litauen, Moldawien, Russische Föderation, Tadschikistan, Turkmenistan, Ukraine, Usbekistan und Weißrußland. Soweit möglich, werden Daten für die einzelnen Länder angegeben. Daten für die Republik Jemen beziehen sich erst ab 1990 auf den gleichnamigen Staat in seiner derzeitigen Form, Angaben für frühere Jahre beziehen sich auf die aggregierten Daten zu der ehemaligen Demokratischen Volksrepublik Jemen und der Arabischen Republik Jemen, sofern nichts anderes angegeben ist. Im Dezember 1999 wurde der offizielle Name Venezuelas in República Bolivariana de Venezuela (in den Tabellen unter Venezuela, RB aufgeführt) geändert. Soweit möglich, werden Daten für die Länder, die sich aus dem ehemaligen Jugoslawien gebildet haben, separat aufgeführt: Bosnien-Herzegowina, Kroatien, die Ehemalige Jugoslawische Republik Mazedonien, Slowenien und die Bundesrepublik Jugoslawien. Sämtliche in den Tabellen gemachten Angaben zur Bundesrepublik Jugoslawien beziehen sich auf die Bundesrepublik Jugoslawien (Serbien/Montenegro), sofern nichts anderes angegeben ist.

Technische Anmerkungen

Da die Qualität von Daten und Vergleiche zwischen verschiedenen Ländern häufig problematisch sind, wird dem Leser empfohlen, die Technischen Anmerkungen, die Tabelle zur Klassifizierung der Länder sowie die Fußnoten zu den Tabellen zu Rate zu ziehen. Eine umfassendere Dokumentation findet sich in den *World Development Indicators 2000*. Im Abschnitt über die Datenquellen im Anschluß an die Technischen Anmerkungen sind Quellen aufgeführt, die umfassendere Definitionen und Beschreibungen der angewandten Konzepte enthalten.

Weitere Informationen zu den Ausgewählten Kennzahlen der Weltentwicklung und zu anderen statistischen Veröffentlichungen der Weltbank sind unter folgender Anschrift erhältlich:

Information Center, Development Data Group
The World Bank
1818 H Street, N.W.
Washington, D.C. 20433
Hotline: +1 (800) 590 19 06 oder +1 (202) 473 78 24
Fax: +1 (202) 522 1498
E-Mail: info@worldbank.org
Internet: www.worldbank.org/wdi

Publikationen der Weltbank können per E-Mail unter books@worldbank.org, schriftlich bei World Bank Publications unter obiger Adresse oder telefonisch unter +1 (202) 473 11 55 bestellt werden.

Die Welt nach Einkommen

Diese Karte zeigt eine Übersicht der Länder der Welt, klassifiziert nach dem von der Weltbank geschätzten BSP pro Kopf für das Jahr 1999. Aus Platzgründen nicht aufgeführt sind: Französisch-Polynesien (hohes Einkommen), Amerikanisch-Samoa (mittleres Einkommen, obere Kategorie), Fidschi, Kiribati, Samoa und Tonga (mittleres Einkommen, untere Kategorie) sowie Tuvalu (keine Daten verfügbar).

Niedriges Einkommen 755 US-Dollar oder weniger

Mittleres Einkommen, untere Kategorie 756 bis 2.995 US-Dollar

Mittleres Einkommen, obere Kategorie 2.996 bis 9.265 US-Dollar

Hohes Einkommen 9.266 US-Dollar oder mehr

Keine Daten verfügbar

IBRD 30988
JULY 2000

Tabelle 1.   Größe des Landes

Land	Bevölkerung in Mio. 1999	Oberfläche in Tsd. km² 1999	Bevölkerungsdichte in Einw. pro km² 1999	Bruttosozialprodukt (BSP) in Mrd. $ 1999[b]	Rang 1999	Durchschnittl. jährl. Wachstumsrate (%) 1998–99	BSP pro Kopf in $ 1999[b]	Rang 1999	Durchschnittl. jährl. Wachstumsrate (%) 1998–99	BSP bei KKP[a] in Mrd. $ 1999	Pro Kopf in $ 1999	Rang 1999
Albania	3	29	123	2.9	134	1.0	870	136	−0.1	9.8	2,892	137
Algeria	30	2,382	13	46.5	52	2.8	1,550	115	1.3	142.3 [c]	4,753 [c]	101
Angola	12	1,247	10	2.7	136	−35.5	220	194	−37.4	7.8 [c]	632 [c]	199
Argentina	37	2,780	13	277.9	17	−2.9	7,600	55	−4.1	414.1	11,324	56
Armenia	4	30	135	1.9	151	2.7	490	158	2.3	8.4	2,210	150
Australia	19	7,741	2	380.8	15	3.8	20,050	26	2.5	426.4	22,448	20
Austria	8	84	98	210.0	21	2.3	25,970	12	2.2	192.5	23,808	15
Azerbaijan	8	87	92	4.4	116	6.9	550	152	6.0	18.5	2,322	146
Bangladesh	128	144	981	47.0	50	5.0	370	167	3.3	188.3	1,475	168
Belarus	10	208	49	26.8	61	3.4	2,630	92	3.7	66.5	6,518	79
Belgium	10	33	312	250.6	19	1.9	24,510	16	1.7	247.4	24,200	13
Benin	6	113	55	2.3	141	5.1	380	165	2.2	5.4	886	189
Bolivia	8	1,099	8	8.2	92	2.2	1,010	132	−0.2	17.8	2,193	151
Botswana	2	582	3	5.1	108	4.7	3,240	84	3.0	9.6	6,032	84
Brazil	168	8,547	20	742.8	8	−2.0	4,420	70	−3.2	1,061.7	6,317	81
Bulgaria	8	111	74	11.3	81	3.0	1,380	121	3.5	40.4	4,914	99
Burkina Faso	11	274	40	2.6	138	5.2	240	190	2.7	9.9 [c]	898 [c]	187
Burundi	7	28	260	0.8	174	−0.5	120	204	−2.5	3.7 [c]	553 [c]	204
Cambodia	12	181	67	3.0	133	4.5	260	186	2.2	15.1 [c]	1,286 [c]	176
Cameroon	15	475	32	8.5	90	5.0	580	150	2.2	21.2	1,444	169
Canada	31	9,971	3	591.4	9	3.8	19,320	29	2.8	726.1	23,725	16
Central African Republic	4	623	6	1.0	168	3.7	290	181	1.9	4.0 [c]	1,131 [c]	180
Chad	7	1,284	6	1.6	156	−1.5	200	196	−4.1	6.1 [c]	816 [c]	190
Chile	15	757	20	71.1	43	−1.4	4,740	67	−2.0	125.7	8,370	68
China	1,250	9,597 [d]	134	980.2	7	7.2	780	140	6.3	4,112.2	3,291	128
Hong Kong, China	7	1	6,946	161.7 [e]	24	2.9	23,520 [e]	20	0.1	144.0	20,939	26
Colombia	42	1,139	40	93.6	37	−1.9	2,250	99	−3.6	237.2 [c]	5,709 [c]	88
Congo, Dem. Rep.	50	2,345	22	..	..	..	.. [f]			..	..	
Congo, Rep.	3	342	8	1.9	150	7.7	670	147	4.8	2.6	897	188
Costa Rica	4	51	70	9.8	85	1.5	2,740	89	−0.3	20.7 [c]	5,770 [c]	87
Côte d'Ivoire	15	322	46	10.4	84	2.8	710	146	1.1	22.8	1,546	163
Croatia	4	57	80	20.4	62	−0.3	4,580	69	0.5	30.9	6,915	78
Czech Republic	10	79	133	52.0	48	−0.5	5,060	65	−0.3	126.3	12,289	52
Denmark	5	43	125	170.3	23	1.3	32,030	7	1.0	129.1	24,280	12
Dominican Republic	8	49	174	16.1	74	8.1	1,910	103	6.2	39.1 [c]	4,653 [c]	103
Ecuador	12	284	45	16.2	72	−12.5	1,310	124	−14.2	32.3	2,605	141
Egypt, Arab Rep.	62	1,001	63	87.5	38	5.7	1,400	120	4.0	206.2	3,303	127
El Salvador	6	21	299	11.8	79	2.1	1,900	104	−0.1	25.1 [c]	4,048 [c]	114
Eritrea	4	118	40	0.8	176	3.7	200	196	0.8	4.0 [c]	1,012 [c]	183
Estonia	1	45	34	5.0	110	1.9	3,480	80	2.4	11.3	7,826	74
Ethiopia	63	1,104	63	6.6	100	7.4	100	206	4.8	37.6 [c]	599 [c]	200
Finland	5	338	17	122.9	30	3.7	23,780	19	3.5	109.6	21,209	25
France	59	552	107	1,427.2 [g]	4	2.4	23,480 [g]	21	2.0	1,293.8	21,897	24
Georgia	5	70	78	3.4	128	4.0	620	149	3.8	19.7	3,606	122
Germany	82	357	235	2,079.2	3	1.2	25,350	13	1.2	1,837.8	22,404	21
Ghana	19	239	83	7.4	96	4.8	390	164	2.1	34.0 [c]	1,793 [c]	157
Greece	11	132	82	124.0	29	3.3	11,770	45	3.1	153.8	14,595	50
Guatemala	11	109	102	18.4	69	3.2	1,660	110	0.5	39.0 [c]	3,517 [c]	125
Guinea	7	246	29	3.7	124	3.2	510	155	0.9	12.8	1,761	158
Haiti	8	28	283	3.6	125	3.1	460	161	1.0	11.0 [c]	1,407 [c]	170
Honduras	6	112	57	4.8	112	−1.3	760	141	−3.9	14.3 [c]	2,254 [c]	148
Hungary	10	93	109	46.8	51	5.3	4,650	68	5.8	105.5	10,479	60
India	998	3,288	336	442.2	11	6.9	450	162	4.9	2,144.1 [c]	2,149 [c]	153
Indonesia	207	1,905	114	119.5	32	1.9	580	150	0.3	505.0	2,439	143
Iran, Islamic Rep.	63	1,633	39	110.5	33	2.1	1,760	107	0.5	325.2	5,163	95
Ireland	4	70	54	71.4	42	8.6	19,160	30	8.0	71.5	19,180	34
Israel	6	21	296	..	..	..	.. [h]			..	..	
Italy	58	301	196	1,136.0	6	1.0	19,710	28	0.9	1,196.3	20,751	29
Jamaica	3	11	240	6.0	103	0.1	2,330	97	−0.7	8.5	3,276	129
Japan	127	378	336	4,078.9	2	1.0	32,230	6	0.8	3,042.9	24,041	14
Jordan	5	89	53	7.0	97	0.8	1,500	119	−2.0	16.6	3,542	124
Kazakhstan	15	2,717	6	18.9	68	0.6	1,230	125	1.6	68.0	4,408	106
Kenya	29	580	52	10.6	83	0.5	360	170	0.1	28.7	975	185
Korea, Rep.	47	99	475	397.9	13	11.0	8,490	51	10.1	685.7	14,637	49
Kuwait	2	18	108	..	..	..	.. [h]			..	..	
Kyrgyz Republic	5	199	25	1.4	159	2.6	300	180	1.7	10.5	2,223	149
Lao PDR	5	237	22	1.4	160	4.0	280	184	1.5	8.8	1,726	161
Latvia	2	65	39	6.0	104	0.5	2,470	94	1.3	14.4	5,938	85
Lebanon	4	10	418	15.8	75	1.0	3,700	76	−0.4	17.6	4,129	113
Lesotho	2	30	69	1.2	164	−0.8	550	152	−3.0	4.3	2,058	155
Lithuania	4	65	57	9.7	86	−4.1	2,620	93	−4.0	22.5	6,093	83
Macedonia, FYR	2	26	79	3.4	127	2.9	1,690	109	2.3	8.8	4,339	108
Madagascar	15	587	26	3.7	123	5.5	250	187	2.3	11.5	766	192
Malawi	11	118	115	2.0	146	6.9	190	199	4.4	6.3	581	203
Malaysia	23	330	69	77.3	41	4.3	3,400	82	1.9	180.8	7,963	72

WELTÜBERBLICK

Land	Bevölkerung in Mio. 1999	Oberfläche in Tsd. km² 1999	Bevölkerungsdichte in Einw. pro km² 1999	Bruttosozialprodukt (BSP) in Mrd. $ 1999[b]	Rang 1999	Durchschnittl. jährl. Wachstumsrate (%) 1998–99	BSP pro Kopf in $ 1999[b]	Rang 1999	Durchschnittl. jährl. Wachstumsrate (%) 1998–99	BSP bei KKP[a] in Mrd. $ 1999	Pro Kopf in $ 1999	Rang 1999
Mali	11	1,240	9	2.6	137	5.8	240	190	2.7	7.6	693	196
Mauritania	3	1,026	3	1.0	169	4.8	380	165	2.0	4.0 [c]	1,522 [c]	164
Mexico	97	1,958	51	428.8	12	4.1	4,400	71	2.4	752.0	7,719	75
Moldova	4	34	130	1.6	155	16.5	370	167	17.0	10.1	2,358	144
Mongolia	3	1,567	2	0.9	171	2.7	350	171	1.2	3.9	1,496	166
Morocco	28	447	63	33.8	57	0.6	1,200	126	−1.0	90.1	3,190	131
Mozambique	17	802	22	3.9	119	8.6	230	193	6.6	13.8 [c]	797 [c]	191
Myanmar	45	677	68	..	..	..	.. [f]	..	..	..	..	..
Namibia	2	824	2	3.2	130	3.0	1,890	105	0.6	9.1 [c]	5,369 [c]	92
Nepal	23	147	164	5.1	109	4.6	220	194	2.2	28.5	1,219	177
Netherlands	16	41	466	384.3	14	3.0	24,320	18	2.3	364.3	23,052	17
New Zealand	4	271	14	52.7	47	2.7	13,780	41	1.9	63.3	16,566	42
Nicaragua	5	130	41	2.1	143	8.0	430	163	5.3	10.6 [c]	2,154 [c]	152
Niger	10	1,267	8	2.0	147	2.3	190	199	−1.1	7.6 [c]	727 [c]	194
Nigeria	124	924	136	37.9	54	3.0	310	179	0.5	92.2	744	193
Norway	4	324	15	146.4	27	0.6	32,880	5	0.1	118.1	26,522	8
Pakistan	135	796	175	64.0	44	3.6	470	160	1.2	236.8	1,757	159
Panama	3	76	38	8.6	89	1.7	3,070	87	0.1	14.1	5,016	98
Papua New Guinea	5	463	10	3.7	122	3.8	800	138	1.6	10.6 [c]	2,263 [c]	147
Paraguay	5	407	13	8.5	91	−1.5	1,580	113	−4.1	22.5 [c]	4,193 [c]	111
Peru	25	1,285	20	60.3	45	3.4	2,390	95	1.7	110.7	4,387	107
Philippines	77	300	258	78.0	40	3.6	1,020	131	1.4	292.9	3,815	118
Poland	39	323	127	153.1	25	3.4	3,960	73	3.3	305.5	7,894	73
Portugal	10	92	109	105.9	34	3.1	10,600	47	2.9	151.3	15,147	45
Romania	22	238	97	34.2	56	−3.0	1,520	117	−2.8	126.8	5,647	89
Russian Federation	147	17,075	9	332.5	16	1.3	2,270	98	1.6	928.8	6,339	80
Rwanda	8	26	337	2.1	145	7.5	250	187	4.8	..	..	..
Saudi Arabia	21	2,150	10	..	..	..	.. [i]	59	..	..	..	..
Senegal	9	197	48	4.7	113	5.1	510	155	2.3	12.4	1,341	173
Sierra Leone	5	72	69	0.7	179	−8.1	130	203	−9.8	2.0	414	206
Singapore	3	1	5,283	95.4	36	5.6	29,610	9	3.6	87.1	27,024	7
Slovak Republic	5	49	112	19.4	66	1.0	3,590	78	0.9	52.9	9,811	64
Slovenia	2	20	98	19.6	64	3.5	9,890	49	3.5	29.8	15,062	47
South Africa	42	1,221	34	133.2	28	0.8	3,160	86	−0.9	350.2 [c]	8,318 [c]	69
Spain	39	506	79	551.6	10	3.7	14,000	40	3.6	659.3	16,730	41
Sri Lanka	19	66	294	15.7	76	3.8	820	137	2.7	58.0	3,056	136
Sweden	9	450	22	221.8	20	3.9	25,040	15	3.8	184.4	20,824	28
Switzerland	7	41	180	273.1	18	1.4	38,350	3	1.2	195.7	27,486	6
Syrian Arab Republic	16	185	85	15.2	77	−1.5	970	134	−3.9	43.2	2,761	139
Tajikistan	6	143	44	1.8	153	3.7	290	181	2.0	6.1	981	184
Tanzania	33	945	37	8.0 [j]	94	5.6	240 [j]	190	3.1	15.7	478	205
Thailand	62	513	121	121.0	31	4.9	1,960	102	4.1	345.4	5,599	90
Togo	5	57	84	1.5	157	2.1	320	176	−0.3	6.1 [c]	1,346 [c]	172
Tunisia	9	164	61	19.9	63	6.2	2,100	101	4.9	51.8	5,478	91
Turkey	64	775	84	186.3	22	−6.4	2,900	88	−7.8	394.1	6,126	82
Turkmenistan	5	488	10	3.2	132	14.9	660	148	13.5	14.8	3,099	134
Uganda	21	241	108	6.8	99	7.7	320	176	4.8	24.4 [c]	1,136 [c]	179
Ukraine	50	604	86	37.5	55	−1.2	750	143	−0.4	156.8	3,142	133
United Kingdom	59	245	245	1,338.1	5	1.7	22,640	22	1.6	1,234.4	20,883	27
United States	273	9,364	30	8,351.0	1	4.1	30,600	8	3.1	8,350.1	30,600	4
Uruguay	3	177	19	19.5	65	−3.4	5,900	63	−4.1	27.4	8,280	70
Uzbekistan	25	447	59	17.6	70	3.9	720	145	1.5	51.5	2,092	154
Venezuela, RB	24	912	27	87.0	39	−6.8	3,670	77	−8.6	124.9	5,268	94
Vietnam	78	332	238	28.2	60	4.2	370	167	2.9	136.1	1,755	160
Yemen, Rep.	17	528	32	5.9	105	−1.3	350	171	−3.9	11.7	688	197
Zambia	10	753	13	3.2	131	2.6	320	176	0.4	6.8	686	198
Zimbabwe	12	391	31	6.1	102	0.0	520	154	−1.8	29.4	2,470	142
Welt gesamt	**5,975 s**	**133,572 s**	**46 w**	**29,232.1 t**		**2.7 w**	**4,890 w**		**1.3 w**	**38,804.9 t**	**6,490 w**	
Niedriges Einkommen	2,417	34,227	73	987.6		4.4	410		2.5	4,315.1	1,790	
Mittleres Einkommen	2,667	67,258	40	5,323.2		2.6	2,000		1.5	13,022.0	4,880	
Mittl. Eink., untere Kat.	2,094	44,751	48	2,512.5		3.3	1,200		2.3	8,298.2	3,960	
Mittl. Eink., obere Kat.	573	22,507	26	2,810.7		2.0	4,900		0.7	4,769.2	8,320	
Niedr. und mittl. Eink.	5,084	101,487	51	6,310.8		2.9	1,240		1.4	17,323.9	3,410	
Ostasien u. Pazifik	1,837	16,385	115	1,832.6		7.2	1,000		6.0	6,423.8	3,500	
Europa u. Zentralasien	475	24,209	20	1,022.2		0.0	2,150		−0.1	2,654.1	5,580	
Lateinamerika u. Karibik	509	20,461	25	1,954.9		−0.9	3,840		−2.4	3,197.1	6,280	
Naher Osten u. Nordafrika	291	11,024	26	599.3		..	2,060		..	1,337.5	4,600	
Südasien	1,329	5,140	278	581.1		6.2	440		4.2	2,695.0	2,030	
Afrika südlich der Sahara	642	24,267	27	320.6		2.0	500		−0.3	929.3	1,450	
Hohes Einkommen	891	32,087	29	22,921.3		2.6	25,730		2.1	21,763.4	24,430	

Anmerkung: Zur Vergleichbarkeit der Daten und der Erhebungsgesamtheit vgl. Technische Anmerkungen. Kursiv gedruckte Zahlen gelten für andere als die angegebenen Jahre. Die Rangfolge basiert auf 206 Volkswirtschaften, einschließlich der 74 in Tabelle 1a aufgeführten. Vgl. Technische Anmerkungen.

a. Kaufkraftparität; vgl. Technische Anmerkungen. b. Vorläufige von der Weltbank unter Anwendung ihres Atlas-Verfahrens durchgeführte Schätzung. c. Die Schätzung basiert auf Regressionsrechnungen; andere Werte wurden anhand von Referenzschätzungen des neuesten Internationalen Vergleichsprogramms extrapoliert. d. Einschließlich Taiwan, China. e. Daten zum BSP beziehen sich auf das BIP. f. Geschätzt als Länder mit niedrigem Einkommen (bis 755 US-Dollar). g. Schätzungen des BSP und BIP pro Kopf schließen die französischen Übersee-Departments Französisch-Guyana, Guadeloupe, Martinique und Réunion ein. h. Geschätzt als Länder mit hohem Einkommen (ab 9.266 US-Dollar). i. Geschätzt als Länder mit mittlerem Einkommen, obere Kategorie (2.996 – 9.265 US-Dollar). j. Daten beziehen sich ausschließlich auf das Festland Tansanias.

Tabelle 2.   Lebensqualität

Land	Anstieg des privaten Pro-Kopf-Verbrauchs Durchschnittl. jährl. Wachstumsrate (%), 1980–98	Berichtigt um Verteilung	Verbreitung von Unterernährung bei Kindern in % der Kinder unter 5 Jahren 1992–98a	Sterblichkeitsrate unter 5 Jahren pro 1.000 1980	1998	Lebenserwartung zum Zeitpunkt der Geburt in Jahren 1998 Männlich	Weiblich	Analphabetenquote bei Erwachsenen in % der Einwohner ab 15 Jahren 1998 Männlich	Weiblich	Städtische Bevölkerung in % der Gesamtbev. 1980	1999	Zugang zu sanitären Einrichtungen in städt. Geb. in % der städt. Bev. mit Zugang 1990–96a
Albania	..	..	8	57	31	69	75	9	24	34	41	97
Algeria	−2.3	−1.5	13	139	40	69	72	24	46	44	60	..
Angola	−9.5	..	..	261	204	45	48	..	..	21	34	34
Argentina	..	..	2	38	22	70	77	3	3	83	90	80
Armenia	..	..	3	..	18	71	78	1	3	66	70	..
Australia	1.7	1.1	0	13	6	76	82	..	..	86	85	..
Austria	2.0	1.5	..	17	6	75	81	..	..	65	65	100
Azerbaijan	..	..	10	..	21	68	75	..	..	53	57	67
Bangladesh	2.1	1.4	56	211	96	58	59	49	71	14	24	77
Belarus	−2.7	−2.1	..	..	14	63	74	0	1	57	71	..
Belgium	1.6	1.2	..	15	6	75	81	..	..	95	97	100
Benin	−0.4	..	29	214	140	52	55	46	77	27	42	54
Bolivia	0.1	0.1	8	170	78	60	64	9	22	46	62	77
Botswana	3.0	..	..	94	105	45	47	27	22	15	50	91
Brazil	0.7	0.3	6	80	40	63	71	16	16	66	81	74
Bulgaria	−0.8	−0.5	..	25	15	67	75	1	2	61	69	100
Burkina Faso	0.4	0.2	33	..	210	43	45	68	87	9	18	78
Burundi	−0.9	−0.6	..	193	196	41	44	45	63	4	9	60
Cambodia	..	..	..	330	143	52	55	43	80	12	16	..
Cameroon	−2.0	..	22	173	150	53	56	20	33	31	48	73
Canada	1.4	0.9	..	13	7	76	82	..	..	76	77	..
Central African Republic	−0.8	−0.3	23	..	162	43	46	43	68	35	41	..
Chad	..	..	39	235	172	47	50	51	69	19	23	74
Chile	4.0	1.7	1	35	12	72	78	4	5	81	85	82
China	7.2	4.3	16	65	36	68	72	9	25	20	32	58
Hong Kong, China	4.8	..	..	..	..	76	82	4	11	92	100	..
Colombia	1.2	0.5	8	58	28	67	73	9	9	64	73	76
Congo, Dem. Rep.	−4.5	..	34	210	141	49	52	29	53	29	30	23
Congo, Rep.	0.2	..	..	125	143	46	51	14	29	41	62	15
Costa Rica	0.8	0.4	5	29	15	74	79	5	5	43	48	100
Côte d'Ivoire	−2.2	−1.4	24	170	143	46	47	47	64	35	46	59
Croatia	..	..	1	23	10	69	77	1	3	50	57	71
Czech Republic	..	..	1	19	6	71	78	..	..	75	75	..
Denmark	1.8	1.4	..	10	..	73	78	..	..	84	85	100
Dominican Republic	0.0	0.0	6	92	47	69	73	17	17	51	64	76
Ecuador	−0.2	−0.1	..	101	37	68	73	8	11	47	64	87
Egypt, Arab Rep.	2.0	1.4	12	175	59	65	68	35	58	44	45	20
El Salvador	3.0	1.4	11	120	36	67	72	19	25	42	46	78
Eritrea	..	..	44	..	90	49	52	34	62	14	18	12
Estonia	−1.0	−0.7	..	25	12	64	75	..	..	70	69	..
Ethiopia	−0.4	−0.3	48	213	173	42	44	58	70	11	17	..
Finland	1.4	1.1	..	9	5	74	81	..	..	60	67	100
France	1.6	1.1	..	13	5	75	82	..	..	73	75	100
Georgia	..	..	..	..	20	69	77	..	..	52	60	..
Germany	..	..	..	16	6	74	80	..	..	83	87	..
Ghana	0.2	0.2	27	157	96	58	62	22	40	31	38	53
Greece	1.9	1.3	..	23	8	75	81	2	5	58	60	100
Guatemala	0.2	0.1	27	..	52	61	67	25	40	37	39	91
Guinea	1.0	0.6	..	299	184	46	47	..	..	19	32	..
Haiti	..	..	28	200	116	51	56	50	54	24	35	42
Honduras	−0.1	−0.1	25	103	46	67	72	27	27	35	52	81
Hungary	−0.1	−0.1	..	26	12	66	75	1	1	57	64	100
India	2.7	1.7	..	177	83	62	64	33	57	23	28	46
Indonesia	4.6	2.9	34	125	52	64	67	9	20	22	40	73
Iran, Islamic Rep.	0.5	..	16	126	33	70	72	18	33	50	61	89
Ireland	2.9	1.9	..	14	7	73	79	..	..	55	59	100
Israel	3.3	2.1	..	19	8	76	80	2	6	89	91	100
Italy	2.1	1.6	..	17	6	75	82	1	2	67	67	100
Jamaica	1.3	0.8	10	39	24	73	77	18	10	47	56	89
Japan	2.8	2.1	..	11	5	77	84	..	..	76	79	..
Jordan	−1.5	−1.0	5	..	31	69	73	6	17	60	74	..
Kazakhstan	..	..	8	..	29	59	70	..	..	54	56	..
Kenya	0.4	0.2	23	115	124	50	52	12	27	16	32	69
Korea, Rep.	6.5	4.4	..	27	11	69	76	1	4	57	81	100
Kuwait	..	..	2	35	13	74	80	17	22	90	97	100
Kyrgyz Republic	..	..	11	..	41	63	71	..	..	38	34	87
Lao PDR	..	..	40	200	..	52	55	38	70	13	23	70
Latvia	..	..	..	26	19	64	76	0	0	68	69	90
Lebanon	..	..	3	..	30	68	72	9	21	74	89	100
Lesotho	0.8	0.4	16	168	144	54	57	29	7	13	27	..
Lithuania	..	..	..	24	12	67	77	0	1	61	68	..
Macedonia, FYR	..	..	..	69	18	70	75	..	..	54	62	68
Madagascar	−2.2	−1.2	40	216	146	56	59	28	42	18	29	50
Malawi	0.8	..	30	265	229	42	42	27	56	9	24	70
Malaysia	2.9	1.5	20	42	12	70	75	9	18	42	57	100

WELTÜBERBLICK

Land	Anstieg des privaten Pro-Kopf-Verbrauchs Durchschnittl. jährl. Wachstumsrate (%), 1980–98	Berichtigt um Verteilung	Verbreitung von Unterernährung bei Kindern in % der Kinder unter 5 Jahren 1992–98[a]	Sterblichkeitsrate unter 5 Jahren pro 1.000 1980	1998	Lebenserwartung zum Zeitpunkt der Geburt in Jahren 1998 Männlich	Weiblich	Analphabetenquote bei Erwachsenen in % der Einwohner ab 15 Jahren 1998 Männlich	Weiblich	Städtische Bevölkerung in % der Gesamtbev. 1980	1999	Zugang zu sanitären Einrichtungen in städt. Geb. in % der städt. Bev. mit Zugang 1990–96[a]
Mali	−1.0	−0.5	27	..	218	49	52	54	69	19	29	58
Mauritania	0.8	0.5	23	175	140	52	55	48	69	27	56	44
Mexico	0.2	0.1	..	74	35	69	75	7	11	66	74	81
Moldova	..	..	..	..	22	63	70	1	2	40	46	96
Mongolia	..	..	9	..	60	65	68	28	49	52	63	
Morocco	1.9	1.2	10	152	61	65	69	40	66	41	55	69
Mozambique	−1.0	−0.6	26	..	213	44	47	42	73	13	39	53
Myanmar	..	..	43	134	118	58	62	11	21	24	27	42
Namibia	−1.4	..	26	114	112	54	55	18	20	23	30	77
Nepal	2.0	1.3	57	180	107	58	58	43	78	7	12	34
Netherlands	1.6	1.1	..	11	7	75	81	..	..	88	89	100
New Zealand	0.8	0.4	..	16	7	75	80	..	..	83	86	..
Nicaragua	−2.2	−1.1	12	143	42	66	71	34	31	50	56	34
Niger	−2.2	−1.1	50	317	250	44	48	78	93	13	20	71
Nigeria	−4.2	−2.1	39	196	119	52	55	30	48	27	43	61
Norway	1.6	1.2	..	11	6	76	81	..	..	71	75	100
Pakistan	2.0	1.4	38	161	120	61	63	42	71	28	36	53
Panama	2.4	1.2	6	36	25	72	76	8	9	50	56	99
Papua New Guinea	−0.6	−0.3	30	..	76	57	59	29	45	13	17	82
Paraguay	1.7	0.7	..	61	27	68	72	6	9	42	55	20
Peru	−0.4	−0.2	8	126	47	66	71	6	16	65	72	62
Philippines	0.8	0.4	30	81	40	67	71	5	5	38	58	88
Poland	..	..	..	..	11	69	77	0	0	58	65	100
Portugal	3.1	2.0	..	31	8	72	79	6	11	29	63	100
Romania	0.4	0.3	6	36	25	66	73	1	3	49	56	81
Russian Federation	..	..	3	..	20	61	73	0	1	70	77	..
Rwanda	−1.0	−0.7	29	..	205	40	42	29	43	5	6	..
Saudi Arabia	..	..	..	85	26	70	74	17	36	66	85	100
Senegal	−0.6	−0.4	22	..	121	51	54	55	74	36	47	83
Sierra Leone	−3.1	−1.2	..	336	283	36	39	..	..	24	36	17
Singapore	4.8	..	..	13	6	75	79	4	12	100	100	100
Slovak Republic	−2.1	−1.7	..	23	10	69	77	..	..	52	57	..
Slovenia	..	..	..	18	7	71	79	0	0	48	50	100
South Africa	−0.1	0.0	9	91	83	61	66	15	16	48	52	79
Spain	2.2	1.5	..	16	7	75	82	2	4	73	77	100
Sri Lanka	2.9	1.9	38	48	18	71	76	6	12	22	23	33
Sweden	0.7	0.5	..	9	5	77	82	..	..	83	83	100
Switzerland	0.5	0.3	..	11	5	76	82	..	..	57	68	100
Syrian Arab Republic	0.9	..	13	73	32	67	72	13	42	47	54	77
Tajikistan	..	..	..	..	33	66	71	1	1	34	28	83
Tanzania	0.0	0.0	31	176	136	46	48	17	36	15	32	97
Thailand	5.1	3.0	..	58	33	70	75	3	7	17	21	98
Togo	−0.1	..	25	188	144	47	50	28	62	23	33	57
Tunisia	1.1	0.7	9	100	32	70	74	21	42	52	65	100
Turkey	2.6	1.5	10	133	42	67	72	7	25	44	74	99
Turkmenistan	..	..	..	..	44	63	70	..	..	47	45	70
Uganda	1.9	1.2	26	180	170	42	41	24	46	9	14	75
Ukraine	..	..	..	..	17	62	73	0	1	62	68	70
United Kingdom	2.6	1.6	..	14	7	75	80	..	..	89	89	100
United States	1.9	1.1	1	15	..	74	80	..	..	74	77	..
Uruguay	2.6	1.5	4	42	19	70	78	3	2	85	91	56
Uzbekistan	5.5	3.7	19	..	29	66	73	7	17	41	37	46
Venezuela, RB	−0.8	−0.4	5	42	25	70	76	7	9	79	87	64
Vietnam	..	..	40	105	42	66	71	5	9	19	20	43
Yemen, Rep.	..	..	46	198	96	55	56	34	77	19	24	40
Zambia	−3.6	−1.8	24	149	192	43	43	16	31	40	40	40
Zimbabwe	0.4	0.2	16	108	125	50	52	8	17	22	35	99
Welt gesamt	**1.3 w**		**30 w**	**123 w**	**75 w**	**65 w**	**69 w**	**18 w**	**32 w**	**40 w**	**46 w**	**.. w**
Niedriges Einkommen	1.4		..	177	107	59	61	30	49	24	31	56
Mittleres Einkommen	2.2		14	79	38	67	72	10	20	38	50	
Mittl. Eink., untere Kat.	3.6		15	83	39	67	72	10	*23*	31	43	59
Mittl. Eink., obere Kat.	1.5		..	66	35	67	74	9	11	64	76	
Niedr. und mittl. Eink.	1.9		..	135	79	63	67	18	33	32	41	
Ostasien u. Pazifik	5.6		22	82	43	67	71	9	22	22	34	61
Europa u. Zentralasien	..		8	..	26	65	74	2	5	59	67	..
Lateinamerika u. Karibik	0.6		8	78	38	67	73	11	13	65	75	..
Naher Osten u. Nordafrika	..		15	136	55	66	69	26	48	48	58	
Südasien	2.6		51	180	89	62	63	35	59	22	28	46
Afrika südlich der Sahara	−1.2		33	188	151	49	52	32	49	23	34	..
Hohes Einkommen	2.2		..	*15*	6	75	81	..	..	*75*	77	..

Anmerkung: Zur Vergleichbarkeit der Daten und der Erhebungsgesamtheit vgl. Technische Anmerkungen. Kursiv gedruckte Zahlen gelten für andere als die angegebenen Jahre.
a. Die Daten gelten für das letzte verfügbare Jahr.

Tabelle 3.   Bevölkerung und Erwerbstätige

| | Bevölkerung | | | | | | Erwerbstätige | | | | | | | |
| | Gesamtzahl in Mio. | | Durchschnittl. jährl. Wachstumsrate (%) | | Altersgruppe 15–64 in Mio. | | Gesamtzahl in Mio. | | Durchschnittl. jährl. Wachstumsrate (%) | | Frauen in % der Erwerbstätigen | | Kinder 10–14 Jahre in % dieser Altersgr. | |
Land	1980	1999	1980–90	1990–99	1980	1999	1980	1999	1980–90	1990–99	1980	1999	1980	1999
Albania	2.7	3.4	2.1	0.3	2	2	1	2	2.7	0.8	39	41	4	1
Algeria	18.7	30.5	2.9	2.2	9	18	5	10	3.7	4.0	21	27	7	1
Angola	7.0	12.4	2.7	3.2	4	6	3	6	2.3	3.0	47	46	30	26
Argentina	28.1	36.6	1.5	1.3	17	23	11	15	1.5	1.9	28	33	8	3
Armenia	3.1	3.8	1.4	0.8	2	3	1	2	1.6	1.3	48	48	0	0
Australia	14.7	19.0	1.5	1.2	10	13	7	10	2.3	1.4	37	43	0	0
Austria	7.6	8.1	0.2	0.5	5	6	3	4	0.4	0.7	41	40	0	0
Azerbaijan	6.2	8.0	1.5	1.2	4	5	3	4	1.0	1.7	48	44	0	0
Bangladesh	86.7	127.7	2.4	1.6	44	74	41	66	2.2	3.0	42	42	35	29
Belarus	9.6	10.2	0.6	–0.1	6	7	5	5	0.4	–0.1	50	49	0	0
Belgium	9.8	10.2	0.1	0.3	6	7	4	4	0.1	0.8	34	41	0	0
Benin	3.5	6.1	3.1	2.8	2	3	2	3	2.5	2.8	47	48	30	27
Bolivia	5.4	8.1	2.0	2.4	3	5	2	3	2.6	2.6	33	38	19	13
Botswana	0.9	1.6	3.4	2.4	0	1	0	1	3.4	2.4	50	45	26	15
Brazil	121.7	168.1	2.0	1.4	70	110	47	79	3.2	2.2	28	35	19	15
Bulgaria	8.9	8.2	–0.2	–0.7	6	6	5	4	–0.4	–0.7	45	48	0	0
Burkina Faso	7.0	11.0	2.4	2.4	3	6	4	5	1.9	1.9	48	47	71	47
Burundi	4.1	6.7	2.8	2.2	2	3	2	4	2.6	2.2	50	49	50	49
Cambodia	6.8	11.8	2.9	2.8	4	6	4	6	2.6	2.8	55	52	27	24
Cameroon	8.7	14.7	2.8	2.7	5	8	4	6	2.3	3.0	37	38	34	24
Canada	24.6	30.6	1.2	1.1	17	21	12	17	1.8	1.3	40	46	0	0
Central African Republic	2.3	3.5	2.4	2.1	1	2	..	..	..	..	..	..	..	..
Chad	4.5	7.5	2.5	2.9	2	3	2	4	2.1	2.9	43	45	42	37
Chile	11.1	15.0	1.6	1.5	7	10	4	6	2.7	2.4	26	33	0	0
China	981.2	1,249.7	1.5	1.1	586	844	540	750	2.2	1.3	43	45	30	9
Hong Kong, China	5.0	6.9	1.2	2.1	3	5	2	4	1.6	2.5	34	37	6	0
Colombia	28.4	41.5	2.1	1.9	16	26	9	18	4.0	2.7	26	38	12	6
Congo, Dem. Rep.	27.0	49.8	3.2	3.2	14	25	12	20	2.8	2.9	45	43	33	29
Congo, Rep.	1.7	2.9	2.9	2.8	1	1	1	1	2.9	2.5	42	43	27	26
Costa Rica	2.3	3.6	2.7	2.0	1	2	1	1	3.5	2.6	21	31	10	5
Côte d'Ivoire	8.2	14.7	3.5	2.6	4	8	3	6	3.0	3.2	32	33	28	19
Croatia	4.6	4.5	0.4	–0.8	3	3	2	2	0.4	–0.8	40	44	0	0
Czech Republic	10.2	10.3	0.1	–0.1	6	7	5	6	0.3	0.5	47	47	0	0
Denmark	5.1	5.3	0.0	0.4	3	4	3	3	0.8	0.0	44	46	0	0
Dominican Republic	5.7	8.4	2.2	1.9	3	5	2	4	3.0	2.9	25	30	25	14
Ecuador	8.0	12.4	2.5	2.1	4	8	3	5	3.4	3.3	20	28	9	5
Egypt, Arab Rep.	40.9	62.4	2.5	1.9	23	38	14	24	2.5	2.9	27	30	18	10
El Salvador	4.6	6.2	1.1	2.1	2	4	2	3	2.2	3.5	27	36	17	14
Eritrea	2.4	4.0	2.8	2.7	..	2	1	2	2.6	2.7	47	47	44	39
Estonia	1.5	1.4	0.6	–0.9	1	1	1	1	0.4	–0.7	51	49	0	0
Ethiopia	37.7	62.8	3.1	2.8	20	32	17	27	3.1	1.8	42	41	46	42
Finland	4.8	5.2	0.4	0.4	3	3	2	3	0.8	0.0	47	48	0	0
France	53.9	59.1	0.5	0.5	34	39	24	27	0.5	0.7	40	45	0	0
Georgia	5.1	5.5	0.7	0.0	3	4	3	3	0.5	0.0	49	47	0	0
Germany	78.3	82.0	0.1	0.4	52	56	38	41	0.6	0.4	40	42	0	0
Ghana	10.7	18.9	3.3	2.7	6	10	5	9	3.3	2.7	51	51	16	13
Greece	9.6	10.5	0.5	0.4	6	7	4	5	1.0	0.9	28	38	5	0
Guatemala	6.8	11.1	2.5	2.6	3	6	2	4	2.8	3.2	22	28	19	15
Guinea	4.5	7.2	2.5	2.6	2	4	2	3	2.1	2.1	47	47	41	32
Haiti	5.4	7.8	1.9	2.1	3	4	3	3	1.5	1.8	45	43	33	24
Honduras	3.6	6.3	3.1	2.9	2	3	1	2	3.1	3.8	25	31	14	8
Hungary	10.7	10.1	–0.3	–0.3	7	7	5	5	–0.8	0.1	43	45	0	0
X India	687.3	997.5	2.1	1.8	394	609	302	439	1.7	2.3	34	32	21	13
Indonesia	148.3	207.0	1.8	1.7	83	133	58	99	3.0	2.6	35	41	13	9
Iran, Islamic Rep.	39.1	63.0	3.3	1.6	20	38	12	20	3.0	2.4	20	27	14	3
Ireland	3.4	3.7	0.3	0.7	2	2	1	2	0.3	2.1	28	34	1	0
Israel	3.9	6.1	1.8	3.0	2	4	1	3	2.4	4.1	34	41	0	0
Italy	56.4	57.6	0.1	0.2	36	39	23	26	0.8	0.7	33	38	2	0
Jamaica	2.1	2.6	1.2	0.9	1	2	1	1	2.0	1.5	46	46	0	0
Japan	116.8	126.6	0.6	0.3	79	87	57	68	1.2	0.7	38	41	0	0
Jordan	2.2	4.7	3.7	4.4	1	3	1	1	4.9	5.2	15	24	4	0
Kazakhstan	14.9	15.4	0.9	–0.6	9	10	7	8	0.9	–0.2	48	47	0	0
Kenya	16.6	30.0	3.5	2.7	8	16	8	15	3.7	3.3	46	46	45	40
Korea, Rep.	38.1	46.8	1.2	1.0	24	33	16	24	2.3	2.1	39	41	0	0
Kuwait	1.4	1.9	4.4	–1.1	1	1	0	1	5.9	–1.6	13	31	0	0
Kyrgyz Republic	3.6	4.7	1.9	0.8	2	3	2	2	1.4	1.4	48	47	0	0
Lao PDR	3.2	5.1	2.3	2.6	2	3	..	..	..	..	..	..	31	26
Latvia	2.5	2.4	0.5	–1.0	2	2	1	1	0.3	–1.0	51	50	0	0
Lebanon	3.0	4.3	1.9	1.8	2	3	1	1	2.9	3.1	23	29	5	0
Lesotho	1.3	2.1	2.5	2.2	1	1	1	1	2.0	2.5	38	37	28	21
Lithuania	3.4	3.7	0.9	–0.1	2	2	2	2	0.7	–0.1	50	48	0	0
Macedonia, FYR	1.9	2.0	0.1	0.7	1	1	1	1	0.5	1.2	36	42	1	0
Madagascar	8.9	15.1	2.7	2.9	5	8	4	7	2.3	2.9	45	45	40	35
Malawi	6.2	10.8	3.2	2.6	3	6	3	5	3.0	2.4	51	49	45	33
Malaysia	13.8	22.7	2.8	2.5	8	14	5	9	3.1	3.0	34	38	8	3

BEVÖLKERUNG

Land	Bevölkerung Gesamtzahl in Mio. 1980	1999	Durchschnittl. jährl. Wachstumsrate (%) 1980–90	1990–99	Altersgruppe 15–64 in Mio. 1980	1999	Erwerbstätige Gesamtzahl in Mio. 1980	1999	Durchschnittl. jährl. Wachstumsrate (%) 1980–90	1990–99	Frauen in % der Erwerbstätigen 1980	1999	Kinder 10–14 Jahre in % dieser Altersgr. 1980	1999
Mali	6.6	10.9	2.5	2.8	3	5	3	5	2.3	2.6	47	46	61	52
Mauritania	1.6	2.6	2.7	2.8	1	1	1	1	2.0	3.0	45	44	30	23
Mexico	67.6	97.4	2.1	1.8	35	60	22	40	3.2	2.9	27	33	9	6
Moldova	4.0	4.3	0.9	-0.2	3	3	2	2	0.3	0.0	50	49	3	0
Mongolia	1.7	2.6	2.9	1.9	1	2	1	1	2.9	2.8	46	47	4	2
Morocco	19.4	28.2	2.2	1.8	10	18	7	11	2.4	2.7	34	35	21	3
Mozambique	12.1	17.3	1.6	2.2	6	9	7	9	1.2	2.0	49	48	39	33
Myanmar	33.8	45.0	1.8	1.2	19	30	17	24	1.8	1.6	44	43	28	24
Namibia	1.0	1.7	2.7	2.6	1	1	0	1	2.5	2.3	40	41	34	19
Nepal	14.5	23.4	2.6	2.4	8	13	7	11	2.2	2.4	39	40	56	43
Netherlands	14.2	15.8	0.6	0.6	9	11	6	7	1.9	0.9	32	40	0	0
New Zealand	3.1	3.8	1.0	1.2	2	2	1	2	2.3	1.6	34	45	0	0
Nicaragua	2.9	4.9	2.7	2.8	1	3	1	2	3.3	4.0	28	35	19	13
Niger	5.6	10.5	3.2	3.4	3	5	3	5	3.0	2.9	45	44	48	44
Nigeria	71.1	123.9	3.0	2.8	36	66	29	50	2.8	2.8	36	36	29	25
Norway	4.1	4.5	0.4	0.5	3	3	2	2	0.8	1.0	41	46	0	0
Pakistan	82.7	134.8	2.7	2.5	44	74	29	50	2.9	2.8	23	28	23	16
Panama	2.0	2.8	2.1	1.8	1	2	1	1	3.2	2.6	30	35	6	3
Papua New Guinea	3.1	4.7	2.2	2.3	2	3	2	2	2.2	2.3	42	42	28	18
Paraguay	3.1	5.4	3.0	2.7	2	3	1	2	2.8	3.3	27	30	15	7
Peru	17.3	25.2	2.2	1.7	9	15	5	9	3.1	2.7	24	31	4	2
Philippines	48.3	76.8	2.6	2.3	27	46	19	32	2.8	2.8	35	38	14	6
Poland	35.6	38.7	0.7	0.2	23	26	19	20	0.1	0.6	45	46	0	0
Portugal	9.8	10.0	0.1	0.1	6	7	5	5	0.5	0.5	39	44	8	1
Romania	22.2	22.5	0.4	-0.4	14	15	11	11	-0.2	0.1	46	44	0	0
Russian Federation	139.0	146.5	0.6	-0.1	95	101	76	78	0.1	0.1	49	49	0	0
Rwanda	5.2	8.3	3.0	2.0	3	4	3	4	3.2	2.4	49	49	43	41
Saudi Arabia	9.4	21.4	5.2	3.4	5	12	3	7	6.5	3.1	8	15	5	0
Senegal	5.5	9.3	2.8	2.6	3	5	3	4	2.6	2.6	42	43	43	29
Sierra Leone	3.2	4.9	2.1	2.4	2	3	1	2	1.6	2.4	36	37	19	15
Singapore	2.3	3.2	1.7	1.9	2	2	1	2	2.7	1.7	35	39	2	0
Slovak Republic	5.0	5.4	0.6	0.2	3	4	2	3	0.8	0.9	45	48	0	0
Slovenia	1.9	2.0	0.5	-0.1	1	1	1	1	0.3	0.3	46	46	0	0
South Africa	27.6	42.1	2.4	2.0	16	26	10	17	2.7	2.3	35	38	1	0
Spain	37.4	39.4	0.4	0.2	23	27	14	17	1.4	0.9	28	37	0	0
Sri Lanka	14.7	19.0	1.4	1.2	9	13	5	8	2.2	2.0	27	36	4	2
Sweden	8.3	8.9	0.3	0.4	5	6	4	5	0.9	0.4	44	48	0	0
Switzerland	6.3	7.1	0.6	0.7	4	5	3	4	1.6	0.9	37	40	0	0
Syrian Arab Republic	8.7	15.7	3.3	2.8	4	9	2	5	3.3	4.0	24	27	14	4
Tajikistan	4.0	6.2	2.9	1.8	2	3	2	2	2.1	2.7	47	45	0	0
Tanzania	18.6	32.9	3.2	2.9	9	17	9	17	3.3	2.6	50	49	43	38
Thailand	46.7	61.7	1.7	1.2	26	42	24	37	2.7	1.7	47	46	25	14
Togo	2.6	4.6	2.9	2.9	1	2	1	2	2.5	2.7	39	40	36	28
Tunisia	6.4	9.5	2.4	1.6	3	6	2	4	2.7	2.8	29	31	6	0
Turkey	44.5	64.4	2.3	1.5	25	43	19	31	2.6	2.8	36	37	21	9
Turkmenistan	2.9	4.8	2.5	2.9	2	3	1	2	2.5	3.5	47	46	0	0
Uganda	12.8	21.5	2.4	3.0	6	11	7	11	2.2	2.6	48	48	49	44
Ukraine	50.0	49.9	0.4	-0.4	33	34	27	25	-0.2	-0.2	50	49	0	0
United Kingdom	56.3	59.1	0.2	0.3	36	39	27	30	0.6	0.3	39	44	0	0
United States	227.2	272.9	0.9	1.0	151	179	109	139	1.3	1.2	41	46	0	0
Uruguay	2.9	3.3	0.6	0.7	2	2	1	2	1.6	1.2	31	42	4	1
Uzbekistan	16.0	24.5	2.5	2.0	9	14	6	10	2.3	2.8	48	47	0	0
Venezuela, RB	15.1	23.7	2.6	2.2	8	15	5	9	3.4	3.0	27	34	4	0
Vietnam	53.7	77.5	2.1	1.8	28	48	26	40	2.7	1.8	48	49	22	7
Yemen, Rep.	8.5	17.0	3.3	4.0	4	8	2	5	3.6	4.7	33	28	26	19
Zambia	5.7	9.9	3.0	2.7	3	5	2	4	2.8	2.9	45	45	19	16
Zimbabwe	7.0	11.9	3.3	2.2	3	7	3	5	3.5	2.2	44	44	37	28
Welt gesamt	4,430.2 s	5,974.7 s	1.7 w	1.0 w	2,595 s	3,761 s	2,035 s	2,892 s	1.9 w	1.7 w	39 w	41 w	20 w	12 w
Niedriges Einkommen	1,612.9	2,417.0	2.3	2.0	890	1,417	709	1,085	2.1	2.4	38	38	24	19
Mittleres Einkommen	2,027.9	2,666.8	1.7	1.2	1,199	1,748	970	1,374	2.1	1.5	40	42	21	7
Mittl. Eink., untere Kat.	1,607.9	2,093.7	1.6	1.1	955	1,379	805	1,121	2.0	1.4	42	43	24	7
Mittl. Eink., obere Kat.	419.9	573.1	1.8	1.4	245	369	165	253	2.4	2.1	33	36	9	6
Niedr. und mittl. Eink.	3,641.0	5,083.8	1.9	1.6	2,090	3,166	1,679	2,459	2.1	1.9	39	40	23	13
Ostasien u. Pazifik	1,397.8	1,836.9	1.6	1.3	820	1,220	719	1,038	2.3	1.5	43	45	26	9
Europa u. Zentralasien	425.8	475.3	0.9	0.2	274	318	214	238	0.5	0.6	47	46	3	1
Lateinamerika u. Karibik	360.3	509.2	2.0	1.7	201	319	130	219	3.0	2.5	28	35	13	9
Naher Osten u. Nordafrika	174.0	290.9	3.1	2.2	91	171	54	97	3.1	3.1	24	27	14	5
Südasien	902.6	1,329.3	2.2	1.9	508	797	392	585	1.8	2.5	34	33	23	16
Afrika südlich der Sahara	380.5	642.3	2.9	2.6	195	340	170	282	2.7	2.6	42	42	35	30
Hohes Einkommen	789.1	890.9	0.6	0.6	505	596	357	433	1.1	0.9	38	43	0	0

Anmerkung: Zur Vergleichbarkeit der Daten und der Erhebungsgesamtheit vgl. Technische Anmerkungen. Kursiv gedruckte Zahlen gelten für andere als die angegebenen Jahre.

Tabelle 4. Armut

Land	Nationale Armutsgrenzen								Internationale Armutsgrenzen				
	Erhebungs-jahr	Bevölkerung unterhalb der Armutsgrenze (%)			Erhebungs-jahr	Bevölkerung unterhalb der Armutsgrenze (%)			Erhebungs-jahr	Bev. mit weniger als 1 $ pro Tag in %	Armuts-lücke bei 1 $ pro Tag in %	Bev. mit weniger als 2 $ pro Tag in %	Armuts-lücke bei 2 $ pro Tag in %
		Städt.	Ländl.	Landesw.		Städt.	Ländl.	Landesw.					
Albania	..	..	..	..		..	..	..		..	..	..	..
Algeria	1988	16.6	7.3	12.2	1995	30.3	14.7	22.6	1995	<2	<0.5	15.1	3.6
Angola		..	..	..		..	..	..		..	..	..	..
Argentina	1991	..	..	25.5	1993	..	..	17.6		..	..	..	..
Armenia		..	..	..		..	..	..		..	..	..	..
Australia		..	..	..		..	..	..		..	..	..	..
Austria		..	..	..		..	..	..		..	..	..	..
Azerbaijan	1995	..	..	68.1		..	..	..		..	..	..	..
Bangladesh	1991–92	46.0	23.3	42.7	1995–96	39.8	14.3	35.6	1996	29.1	5.9	77.8	31.8
Belarus	1995	..	..	22.5		..	..	..	1998	<2	<0.5	<2	0.1
Belgium		..	..	..		..	..	..		..	..	..	..
Benin	1995	..	..	33.0		..	..	..		..	..	..	..
Bolivia	1993	..	29.3	..	1995	79.1	..	..	1990	11.3	2.2	38.6	13.5
Botswana		..	..	..		..	..	..	1985–86	33.3	12.5	61.4	30.7
Brazil	1990	32.6	13.1	17.4		..	..	..	1997	5.1	1.3	17.4	6.3
Bulgaria		..	..	..		..	..	..	1995	<2	<0.5	7.8	1.6
Burkina Faso		..	..	..		..	..	..	1994	61.2	25.5	85.8	50.9
Burundi	1990	..	..	36.2		..	..	..		..	..	..	..
Cambodia	1993–94	43.1	24.8	39.0	1997	40.1	21.1	36.1		..	..	..	..
Cameroon	1984	32.4	44.4	40.0		..	..	..		..	..	..	..
Canada		..	..	..		..	..	..		..	..	..	..
Central African Republic		..	..	..		..	..	..	1993	66.6	38.1	84.0	58.4
Chad	1995–96	67.0	63.0	64.0		..	..	..		..	..	..	..
Chile	1992	..	..	21.6	1994	..	..	20.5	1994	4.2	0.7	20.3	5.9
China	1996	7.9	<2	6.0	1998	4.6	<2	4.6	1998	18.5	4.2	53.7	21.0
Hong Kong, China		..	..	..		..	..	..		..	..	..	..
Colombia	1991	29.0	7.8	16.9	1992	31.2	8.0	17.7	1996	11.0	3.2	28.7	11.6
Congo, Dem. Rep.		..	..	..		..	..	..		..	..	..	..
Congo, Rep.		..	..	..		..	..	..		..	..	..	..
Costa Rica		..	..	..		..	..	..	1996	9.6	3.2	26.3	10.1
Côte d'Ivoire		..	..	..		..	..	..	1995	12.3	2.4	49.4	16.8
Croatia		..	..	..		..	..	..		..	..	..	..
Czech Republic		..	..	..		..	..	..	1993	<2	<0.5	<2	<0.5
Denmark		..	..	..		..	..	..		..	..	..	..
Dominican Republic	1989	27.4	23.3	24.5	1992	29.8	10.9	20.6	1996	3.2	0.7	16.0	5.0
Ecuador	1994	47.0	25.0	35.0		..	..	..	1995	20.2	5.8	52.3	21.2
Egypt, Arab Rep.	1995–96	23.3	22.5	22.9		..	..	..	1995	3.1	0.3	52.7	11.4
El Salvador	1992	55.7	43.1	48.3		..	..	..	1996	25.3	10.4	51.9	24.7
Eritrea		..	..	..		..	..	..		..	..	..	..
Estonia	1995	14.7	6.8	8.9		..	..	..	1995	4.9	1.2	17.7	6.0
Ethiopia		..	..	..		..	..	..	1995	31.3	8.0	76.4	32.9
Finland		..	..	..		..	..	..		..	..	..	..
France		..	..	..		..	..	..		..	..	..	..
Georgia	1997	9.9	12.1	11.1		..	..	..		..	..	..	..
Germany		..	..	..		..	..	..		..	..	..	..
Ghana	1992	34.3	26.7	31.4		..	..	..		..	..	..	..
Greece		..	..	..		..	..	..		..	..	..	..
Guatemala	1989	71.9	33.7	57.9		..	..	..	1989	39.8	19.8	64.3	36.6
Guinea	1994	..	..	40.0		..	..	..		..	..	..	..
Haiti	1987	..	..	65.0	1995	66.0	..	..		..	..	..	..
Honduras	1992	46.0	56.0	50.0	1993	51.0	57.0	53.0	1996	40.5	17.5	68.8	36.9
Hungary	1989	..	..	1.6	1993	..	..	8.6	1993	<2	<0.5	4.0	0.9
India	1992	43.5	33.7	40.9	1994	36.7	30.5	35.0	1997	44.2	12.0	86.2	41.4
Indonesia	1996	12.3	9.7	11.3	1998	22.0	17.8	20.3	1999	15.2	2.5	66.1	22.6
Iran, Islamic Rep.		..	..	..		..	..	..		..	..	..	..
Ireland		..	..	..		..	..	..		..	..	..	..
Israel		..	..	..		..	..	..		..	..	..	..
Italy		..	..	..		..	..	..		..	..	..	..
Jamaica	1992	..	..	34.2		..	..	..	1996	3.2	0.7	25.2	6.9
Japan		..	..	..		..	..	..		..	..	..	..
Jordan	1991	..	..	15.0	1997	..	..	11.7	1997	<2	<0.5	7.4	1.4
Kazakhstan	1996	39.0	30.0	34.6		..	..	..	1996	1.5	0.3	15.3	3.9
Kenya	1992	46.4	29.3	42.0		..	..	..	1994	26.5	9.0	62.3	27.5
Korea, Rep.		..	..	..		..	..	..	1993	<2	<0.5	<2	<0.5
Kuwait		..	..	..		..	..	..		..	..	..	..
Kyrgyz Republic	1993	48.1	28.7	40.0	1997	64.5	28.5	51.0		..	..	..	..
Lao PDR	1993	53.0	24.0	46.1		..	..	..		..	..	..	..
Latvia		..	..	..		..	..	..	1998	<2	<0.5	8.3	2.0
Lebanon		..	..	..		..	..	..		..	..	..	..
Lesotho	1993	53.9	27.8	49.2		..	..	..	1993	43.1	20.3	65.7	38.1
Lithuania		..	..	..		..	..	..	1996	<2	<0.5	7.8	2.0
Macedonia, FYR		..	..	..		..	..	..		..	..	..	..
Madagascar	1993–94	77.0	47.0	70.0		..	..	..	1993	60.2	24.5	88.8	51.3
Malawi	1990–91	..	..	54.0		..	..	..		..	..	..	..
Malaysia	1989	..	..	15.5		..	..	..		..	..	..	..

BEVÖLKERUNG

Land	Nationale Armutsgrenzen								Internationale Armutsgrenzen				
	Erhebungs-jahr	Bevölkerung unterhalb der Armutsgrenze (%)			Erhebungs-jahr	Bevölkerung unterhalb der Armutsgrenze (%)			Erhebungs-jahr	Bev. mit weniger als 1 $ pro Tag in %	Armuts-lücke bei 1 $ pro Tag in %	Bev. mit weniger als 2 $ pro Tag in %	Armuts-lücke bei 2 $ pro Tag in %
		Städt.	Ländl.	Landesw.		Städt.	Ländl.	Landesw.					
Mali		..	..	..		..	..	..	1994	72.8	37.4	90.6	60.5
Mauritania	1989–90	..	..	57.0		..	..	..	1995	3.8	1.0	22.1	6.6
Mexico	1988	..	..	10.1		..	..	..	1995	17.9	6.1	42.5	18.1
Moldova	1997	26.7	..	23.3		..	..	..	1992	7.3	1.3	31.9	10.2
Mongolia	1995	33.1	38.5	36.3		..	..	..	1995	13.9	3.1	50.0	17.5
Morocco	1990–91	18.0	7.6	13.1	1998–99	27.2	12.0	19.0	1990–91	<2	<0.5	7.5	1.3
Mozambique		..	..	..		..	..	..	1996	37.9	12.0	78.4	36.8
Myanmar		..	..	..		..	..	..					
Namibia		..	..	..		..	..	..	1993	34.9	14.0	55.8	30.4
Nepal	1995–96	44.0	23.0	42.0		..	..	..	1995	37.7	9.7	82.5	37.5
Netherlands		..	..	..		..	..	..					
New Zealand		..	..	..		..	..	..		..	..	..	..
Nicaragua	1993	76.1	31.9	50.3		..	..	..		..	..	..	..
Niger	1989–93	66.0	52.0	63.0		..	..	..	1995	61.4	33.9	85.3	54.8
Nigeria	1985	49.5	31.7	43.0	1992–93	36.4	30.4	34.1	1997	70.2	34.9	90.8	59.0
Norway		..	..	..		..	..	..					
✗ Pakistan	1991	36.9	28.0	34.0		..	..	..	1996	31.0	6.2	84.7	35.0
Panama	1997	64.9	15.3	37.3		..	..	..	1997	10.3	3.2	25.1	10.2
Papua New Guinea		..	..	..		..	..	..					
Paraguay	1991	28.5	19.7	21.8		..	..	..	1995	19.4	8.3	38.5	18.8
Peru	1994	67.0	46.1	53.5	1997	64.7	40.4	49.0	1996	15.5	5.4	41.4	17.1
Philippines	1994	53.1	28.0	40.6	1997	51.2	22.5	40.6		..	..	..	..
Poland	1993	..	..	23.8		..	..	..	1993	5.4	4.3	10.5	6.0
Portugal		..	..	..		..	..	..	1994	<2	<0.5	<2	<0.5
Romania	1994	27.9	20.4	21.5		..	..	..	1994	2.8	0.8	27.5	6.9
Russian Federation	1994	..	..	30.9		..	..	..	1998	7.1	1.4	25.1	8.7
Rwanda	1993	..	..	51.2		..	..	..	1983–85	35.7	7.7	84.6	36.7
Saudi Arabia		..	..	..		..	..	..					
Senegal		..	..	..		..	..	..	1995	26.3	7.0	67.8	28.2
Sierra Leone	1989	76.0	53.0	68.0		..	..	..	1989	57.0	39.5	74.5	51.8
Singapore		..	..	..		..	..	..					
Slovak Republic		..	..	..		..	..	..	1992	<2	<0.5	<2	<0.5
Slovenia		..	..	..		..	..	..	1993	<2	<0.5	<2	<0.5
South Africa		..	..	..		..	..	..	1993	11.5	1.8	35.8	13.4
Spain		..	..	..		..	..	..					
Sri Lanka	1985–86	45.5	26.8	40.6	1990–91	38.1	28.4	35.3	1995	6.6	1.0	45.4	13.5
Sweden		..	..	..		..	..	..		..	..	..	..
Switzerland		..	..	..		..	..	..		..	..	..	..
Syrian Arab Republic		..	..	..		..	..	..					
Tajikistan		..	..	..		..	..	..					
Tanzania	1991	..	..	51.1		..	..	..	1993	19.9	4.8	59.7	23.0
Thailand	1990	..	..	18.0	1992	15.5	10.2	13.1	1998	<2	<0.5	28.2	7.1
Togo	1987–89	..	..	32.3		..	..	..					
Tunisia	1985	29.2	12.0	19.9	1990	21.6	8.9	14.1	1990	<2	<0.5	11.6	2.9
Turkey		..	..	..		..	..	..	1994	2.4	0.5	18.0	5.0
Turkmenistan		..	..	..		..	..	..	1993	20.9	5.7	59.0	23.3
Uganda	1993	..	..	55.0		..	..	..	1992	36.7	11.4	77.2	35.8
Ukraine	1995	..	..	31.7		..	..	..	1996	<2	<0.5	23.7	4.4
United Kingdom		..	..	..		..	..	..		..	..	..	..
United States		..	..	..		..	..	..		..	..	..	..
Uruguay		..	..	..		..	..	..	1989	<2	<0.5	6.6	1.9
Uzbekistan		..	..	..		..	..	..	1993	3.3	0.5	26.5	7.3
Venezuela, RB	1989	..	..	31.3		..	..	..	1996	14.7	5.6	36.4	15.7
Vietnam	1993	57.2	25.9	50.9		..	..	..					
Yemen, Rep.	1992	19.2	18.6	19.1		..	..	..	1998	5.1	0.9	35.5	10.1
Zambia	1991	88.0	46.0	68.0	1993	..	..	86.0	1996	72.6	37.7	91.7	61.2
Zimbabwe	1990–91	31.0	10.0	25.5		..	..	..	1990–91	36.0	9.6	64.2	29.4

Anmerkung: Zur Vergleichbarkeit der Daten und der Erhebungsgesamtheit vgl. Technische Anmerkungen. Kursiv gedruckte Zahlen gelten für andere als die angegebenen Jahre.

Tabelle 5. Verteilung von Einkommen oder Verbrauch

Land	Erhebungsjahr	Gini-Index	Prozentualer Anteil am Einkommen oder Verbrauch						
			Unterste 10%-Gr.	Unterste 20%-Gr.	Zweite 20%-Gr.	Dritte 20%-Gr.	Vierte 20%-Gr.	Oberste 20%-Gr.	Oberste 10%-Gr.
Albania		..	..	..	..	..	..	..	..
Algeria	1995[a,b]	35.3	2.8	7.0	11.6	16.1	22.7	42.6	26.8
Angola		..	..	..	..	..	..	..	..
Argentina		..	..	..	..	..	..	..	..
Armenia		..	..	..	..	..	..	..	..
Australia	1994[c,d]	35.2	2.0	5.9	12.0	17.2	23.6	41.3	25.4
Austria	1987[c,d]	23.1	4.4	10.4	14.8	18.5	22.9	33.3	19.3
Azerbaijan		..	..	..	..	..	..	..	..
Bangladesh	1995–96[a,b]	33.6	3.9	8.7	12.0	15.7	20.8	42.8	28.6
Belarus	1998[a,b]	21.7	5.1	11.4	15.2	18.2	21.9	33.3	20.0
Belgium	1992[c,d]	25.0	3.7	9.5	14.6	18.4	23.0	34.5	20.2
Benin		..	..	..	..	..	..	..	..
Bolivia	1990[c,d]	42.0	2.3	5.6	9.7	14.5	22.0	48.2	31.7
Botswana		..	..	..	..	..	..	..	..
Brazil	1996[c,d]	60.0	0.9	2.5	5.5	10.0	18.3	63.8	47.6
Bulgaria	1995[a,b]	28.3	3.4	8.5	13.8	17.9	22.7	37.0	22.5
Burkina Faso	1994[a,b]	48.2	2.2	5.5	8.7	12.0	18.7	55.0	39.5
Burundi	1992[a,b]	33.3	3.4	7.9	12.1	16.3	22.1	41.6	26.6
Cambodia	1997[a,b]	40.4	2.9	6.9	10.7	14.7	20.1	47.6	33.8
Cameroon		..	..	..	..	..	..	..	..
Canada	1994[c,d]	31.5	2.8	7.5	12.9	17.2	23.0	39.3	23.8
Central African Republic	1993[a,b]	61.3	0.7	2.0	4.9	9.6	18.5	65.0	47.7
Chad		..	..	..	..	..	..	..	..
Chile	1994[c,d]	56.5	1.4	3.5	6.6	10.9	18.1	61.0	46.1
China	1998[c,d]	40.3	2.4	5.9	10.2	15.1	22.2	46.6	30.4
Hong Kong, China		..	..	..	..	..	..	..	..
Colombia	1996[c,d]	57.1	1.1	3.0	6.6	11.1	18.4	60.9	46.1
Congo, Dem. Rep.		..	..	..	..	..	..	..	..
Congo, Rep.		..	..	..	..	..	..	..	..
Costa Rica	1996[c,d]	47.0	1.3	4.0	8.8	13.7	21.7	51.8	34.7
Côte d'Ivoire	1995[a,b]	36.7	3.1	7.1	11.2	15.6	21.9	44.3	28.8
Croatia	1998[a,b]	26.8	4.0	9.3	13.8	17.8	22.9	36.2	21.6
Czech Republic	1996[c,d]	25.4	4.3	10.3	14.5	17.7	21.7	35.9	22.4
Denmark	1992[c,d]	24.7	3.6	9.6	14.9	18.3	22.7	34.5	20.5
Dominican Republic	1996[c,d]	48.7	1.7	4.3	8.3	13.1	20.6	53.7	37.8
Ecuador	1995[a,b]	43.7	2.2	5.4	9.4	14.2	21.3	49.7	33.8
Egypt, Arab Rep.	1995[a,b]	28.9	4.4	9.8	13.2	16.6	21.4	39.0	25.0
El Salvador	1996[c,d]	52.3	1.2	3.4	7.5	12.5	20.2	56.5	40.5
Eritrea		..	..	..	..	..	..	..	..
Estonia	1995[c,d]	35.4	2.2	6.2	12.0	17.0	23.1	41.8	26.2
Ethiopia	1995[a,b]	40.0	3.0	7.1	10.9	14.5	19.8	47.7	33.7
Finland	1991[c,d]	25.6	4.2	10.0	14.2	17.6	22.3	35.8	21.6
France	1995[c,d]	32.7	2.8	7.2	12.6	17.2	22.8	40.2	25.1
Georgia		..	..	..	..	..	..	..	..
Germany	1994[c,d]	30.0	3.3	8.2	13.2	17.5	22.7	38.5	23.7
Ghana	1997[a,b]	32.7	3.6	8.4	12.2	15.8	21.9	41.7	26.1
Greece	1993[c,d]	32.7	3.0	7.5	12.4	16.9	22.8	40.3	25.3
Guatemala	1989[c,d]	59.6	0.6	2.1	5.8	10.5	18.6	63.0	46.6
Guinea	1994[a,b]	40.3	2.6	6.4	10.4	14.8	21.2	47.2	32.0
Haiti		..	..	..	..	..	..	..	..
Honduras	1996[c,d]	53.7	1.2	3.4	7.1	11.7	19.7	58.0	42.1
Hungary	1996[c,d]	30.8	3.9	8.8	12.5	16.6	22.3	39.9	24.8
India	1997[a,b]	37.8	3.5	8.1	11.6	15.0	19.3	46.1	33.5
Indonesia	1996[c,d]	36.5	3.6	8.0	11.3	15.1	20.8	44.9	30.3
Iran, Islamic Rep.		..	..	..	..	..	..	..	..
Ireland	1987[c,d]	35.9	2.5	6.7	11.6	16.4	22.4	42.9	27.4
Israel	1992[c,d]	35.5	2.8	6.9	11.4	16.3	22.9	42.5	26.9
Italy	1995[c,d]	27.3	3.5	8.7	14.0	18.1	22.9	36.3	21.8
Jamaica	1996[a,b]	36.4	2.9	7.0	11.5	15.8	21.8	43.9	28.9
Japan	1993[c,d]	24.9	4.8	10.6	14.2	17.6	22.0	35.7	21.7
Jordan	1997[a,b]	36.4	3.3	7.6	11.4	15.5	21.1	44.4	29.8
Kazakhstan	1996[a,b]	35.4	2.7	6.7	11.5	16.4	23.1	42.3	26.3
Kenya	1994[a,b]	44.5	1.8	5.0	9.7	14.2	20.9	50.2	34.9
Korea, Rep.	1993[a,b]	31.6	2.9	7.5	12.9	17.4	22.9	39.3	24.3
Kuwait		..	..	..	..	..	..	..	..
Kyrgyz Republic	1997[c,d]	40.5	2.7	6.3	10.2	14.7	21.4	47.4	31.7
Lao PDR	1992[a,b]	30.4	4.2	9.6	12.9	16.3	21.0	40.2	26.4
Latvia	1998[c,d]	32.4	2.9	7.6	12.9	17.1	22.1	40.3	25.9
Lebanon		..	..	..	..	..	..	..	..
Lesotho	1986–87[a,b]	56.0	0.9	2.8	6.5	11.2	19.4	60.1	43.4
Lithuania	1996[a,b]	32.4	3.1	7.8	12.6	16.8	22.4	40.3	25.6
Macedonia, FYR		..	..	..	..	..	..	..	..
Madagascar	1993[a,b]	46.0	1.9	5.1	9.4	13.3	20.1	52.1	36.7
Malawi		..	..	..	..	..	..	..	..
Malaysia	1995[c,d]	48.5	1.8	4.5	8.3	13.0	20.4	53.8	37.9

BEVÖLKERUNG

Land	Erhebungsjahr	Gini-Index	Prozentualer Anteil am Einkommen oder Verbrauch						
			Unterste 10%-Gr.	Unterste 20%-Gr.	Zweite 20%-Gr.	Dritte 20%-Gr.	Vierte 20%-Gr.	Oberste 20%-Gr.	Oberste 10%-Gr.
Mali	1994[a,b]	50.5	1.8	4.6	8.0	11.9	19.3	56.2	40.4
Mauritania	1995[a,b]	38.9	2.3	6.2	10.8	15.4	22.0	45.6	29.9
Mexico	1995[c,d]	53.7	1.4	3.6	7.2	11.8	19.2	58.2	42.8
Moldova	1992[c,d]	34.4	2.7	6.9	11.9	16.7	23.1	41.5	25.8
Mongolia	1995[a,b]	33.2	2.9	7.3	12.2	16.6	23.0	40.9	24.5
Morocco	1998–99[a,b]	39.5	2.6	6.5	10.6	14.8	21.3	46.6	30.9
Mozambique	1996–97[a,b]	39.6	2.5	6.5	10.8	15.1	21.1	46.5	31.7
Myanmar		..	..	..	..	..	..	..	..
Namibia		..	..	..	..	..	..	..	..
Nepal	1995–96[a,b]	36.7	3.2	7.6	11.5	15.1	21.0	44.8	29.8
Netherlands	1994[c,d]	32.6	2.8	7.3	12.7	17.2	22.8	40.1	25.1
New Zealand	1991[c,d]	43.9	0.3	2.7	10.0	16.3	24.1	46.9	29.8
Nicaragua	1993[a,b]	50.3	1.6	4.2	8.0	12.6	20.0	55.2	39.8
Niger	1995[a,b]	50.5	0.8	2.6	7.1	13.9	23.1	53.3	35.4
Nigeria	1996–97[a,b]	50.6	1.6	4.4	8.2	12.5	19.3	55.7	40.8
Norway	1995[c,d]	25.8	4.1	9.7	14.3	17.9	22.2	35.8	21.8
Pakistan	1996–97[a,b]	31.2	4.1	9.5	12.9	16.0	20.5	41.1	27.6
Panama	1997[a,b]	48.5	1.2	3.6	8.1	13.6	21.9	52.8	35.7
Papua New Guinea	1996[a,b]	50.9	1.7	4.5	7.9	11.9	19.2	56.5	40.5
Paraguay	1995[d]	59.1	0.7	2.3	5.9	10.7	18.7	62.4	46.6
Peru	1996[c,d]	46.2	1.6	4.4	9.1	14.1	21.3	51.2	35.4
Philippines	1997[a,b]	46.2	2.3	5.4	8.8	13.2	20.3	52.3	36.6
Poland	1996[c,d]	32.9	3.0	7.7	12.6	16.7	22.1	40.9	26.3
Portugal	1994–95[c,d]	35.6	3.1	7.3	11.6	15.9	21.8	43.4	28.4
Romania	1994[c,d]	28.2	3.7	8.9	13.6	17.6	22.6	37.3	22.7
Russian Federation	1998[a,b]	48.7	1.7	4.4	8.6	13.3	20.1	53.7	38.7
Rwanda	1983–85[a,b]	28.9	4.2	9.7	13.2	16.5	21.6	39.1	24.2
Saudi Arabia		..	..	..	..	..	..	..	..
Senegal	1995[a,b]	41.3	2.6	6.4	10.3	14.5	20.6	48.2	33.5
Sierra Leone	1989[a,b]	62.9	0.5	1.1	2.0	9.8	23.7	63.4	43.6
Singapore		..	..	..	..	..	..	..	..
Slovak Republic	1992[c,d]	19.5	5.1	11.9	15.8	18.8	22.2	31.4	18.2
Slovenia	1995[c,d]	26.8	3.2	8.4	14.3	18.5	23.4	35.4	20.7
South Africa	1993–94[a,b]	59.3	1.1	2.9	5.5	9.2	17.7	64.8	45.9
Spain	1990[c,d]	32.5	2.8	7.5	12.6	17.0	22.6	40.3	25.2
Sri Lanka	1995[a,b]	34.4	3.5	8.0	11.8	15.8	21.5	42.8	28.0
Sweden	1992[c,d]	25.0	3.7	9.6	14.5	18.1	23.2	34.5	20.1
Switzerland	1992[c,d]	33.1	2.6	6.9	12.7	17.3	22.9	40.3	25.2
Syrian Arab Republic		..	..	..	..	..	..	..	..
Tajikistan		..	..	..	..	..	..	..	..
Tanzania	1993[a,b]	38.2	2.8	6.8	11.0	15.1	21.6	45.5	30.1
Thailand	1998[a,b]	41.4	2.8	6.4	9.8	14.2	21.2	48.4	32.4
Togo		..	..	..	..	..	..	..	..
Tunisia	1990[a,b]	40.2	2.3	5.9	10.4	15.3	22.1	46.3	30.7
Turkey	1994[a,b]	41.5	2.3	5.8	10.2	14.8	21.6	47.7	32.3
Turkmenistan	1998[a,b]	40.8	2.6	6.1	10.2	14.7	21.5	47.5	31.7
Uganda	1992–93[a,b]	39.2	2.6	6.6	10.9	15.2	21.3	46.1	31.2
Ukraine	1996[a,b]	32.5	3.9	8.6	12.0	16.2	22.0	41.2	26.4
United Kingdom	1991[c,d]	36.1	2.6	6.6	11.5	16.3	22.7	43.0	27.3
United States	1997[c,d]	40.8	1.8	5.2	10.5	15.6	22.4	46.4	30.5
Uruguay	1989[c,d]	42.3	2.1	5.4	10.0	14.8	21.5	48.3	32.7
Uzbekistan	1993[c,d]	33.3	3.1	7.4	12.0	16.7	23.0	40.9	25.2
Venezuela, RB	1996[c,d]	48.8	1.3	3.7	8.4	13.6	21.2	53.1	37.0
Vietnam	1998[a,b]	36.1	3.6	8.0	11.4	15.2	20.9	44.5	29.9
Yemen, Rep.	1992[a,b]	39.5	2.3	6.1	10.9	15.3	21.6	46.1	30.8
Zambia	1996[a,b]	49.8	1.6	4.2	8.2	12.8	20.1	54.8	39.2
Zimbabwe	1990–91[a,b]	56.8	1.8	4.0	6.3	10.0	17.4	62.3	46.9

Anmerkung: Zur Vergleichbarkeit der Daten und der Erhebungsgesamtheit vgl. Technische Anmerkungen. Kursiv gedruckte Zahlen gelten für andere als die angegebenen Jahre.
a. Die Angaben beziehen sind auf Anteile am Verbrauch nach Bevölkerungs-Prozentgruppen. b. Die Angaben sind nach Pro-Kopf-Verbrauch geordnet. c. Die Angaben beziehen sich auf Anteile am Einkommen nach Bevölkerungs-Prozentgruppen. d. Die Angaben sind nach Pro-Kopf-Einkommen geordnet.

Tabelle 6. Bildungswesen

| Land | Öffentliche Ausgaben für Bildung in % vom BSP | | Netto-Schulbesuchsquote[a] in % der relevanten Altersgruppe | | | | Schulbesuchsquote bis zur 5. Klasse | | | | Vorauss. Schulbesuch in Jahren | | | |
| | | | Grundschulen | | Weiterf. Schulen | | Männlich | | Weiblich | | Männlich | | Weiblich | |
	1980	1997	1980	1997	1980	1997	1980	1996	1980	1996	1980	1997	1980	1997
Albania	..	3.1	..	..	..	..	..	81	..	83	..	..	..	..
Algeria	7.8	5.1	82	96	43	69	90	94	85	95	10	12	7	10
Angola	..	..	83	35	81	31	..	..	..	..	8	9	7	7
Argentina	2.7	3.5	97	100	59	77	..	..	..	..	..	..	..	..
Armenia	..	2.0	..	..	..	..	..	..	..	..	..	..	..	..
Australia	5.5	5.4	100	100	81	96	..	..	..	..	12	17	12	17
Austria	5.5	5.4	100	100	91	97	..	..	..	..	11	15	11	14
Azerbaijan	..	3.0	..	..	..	..	..	..	..	..	..	..	..	..
Bangladesh	1.1	2.2	60	75	18	22	18	..	26	..	5	..	3	..
Belarus	..	5.9	..	85	..	..	..	..	..	..	..	..	..	..
Belgium	6.0	3.1	100	100	96	100	..	..	..	..	14	17	13	17
Benin	..	3.2	53	68	25	28	59	64	62	57	..	..	..	..
Bolivia	4.4	4.9	79	97	34	40	..	..	..	..	..	..	..	..
Botswana	6.0	8.6	76	80	40	89	80	87	84	93	7	12	8	12
Brazil	3.6	5.1	80	97	46	66	..	..	..	..	..	..	..	..
Bulgaria	4.5	3.2	98	98	75	78	..	93	..	90	11	12	11	12
Burkina Faso	2.2	1.5	15	32	5	13	77	74	74	77	2	3	1	2
Burundi	3.4	4.0	20	36	8	17	100	..	96	..	3	5	2	4
Cambodia	..	2.9	100	100	15	39	..	51	..	46	..	..	..	..
Cameroon	3.8	..	71	62	40	40	70	..	70	..	8	..	6	..
Canada	6.9	6.9	100	100	84	95	..	..	..	..	15	17	15	17
Central African Republic	..	..	57	46	27	19	63	..	50	..	..	..	..	..
Chad	..	1.7	26	48	13	18	..	62	..	53	..	..	..	..
Chile	4.6	3.6	93	90	70	85	94	100	97	100	..	13	..	13
China	2.5	2.3	84	100	63	70	..	93	..	94	..	..	..	..
Hong Kong, China	2.4	2.9	98	91	67	69	98	..	99	..	12	12	11	12
Colombia	1.9	4.1	73	89	60	76	36	70	39	76	..	..	..	..
Congo, Dem. Rep.	2.6	..	71	58	44	37	56	..	59	..	..	7	..	4
Congo, Rep.	7.0	6.1	97	78	98	84	81	40	83	78	..	..	..	..
Costa Rica	7.8	5.4	89	89	39	40	77	86	82	89	10	..	10	..
Côte d'Ivoire	7.2	5.0	55	58	39	34	86	77	79	71	..	..	..	..
Croatia	..	5.3	100	100	80	72	..	98	..	98	..	11	..	12
Czech Republic	..	5.1	95	100	93	100	..	..	..	..	..	13	..	13
Denmark	6.7	8.1	96	100	89	95	99	100	99	99	14	15	13	15
Dominican Republic	2.2	2.3	99	91	50	79	..	..	..	..	..	11	..	11
Ecuador	5.6	3.5	92	100	66	51	..	84	..	86	..	..	..	..
Egypt, Arab Rep.	5.7	4.8	72	95	43	75	92	..	88	..	..	12	..	10
El Salvador	3.9	2.5	70	89	23	36	46	76	48	77	..	10	..	10
Eritrea	..	1.8	..	29	..	38	..	73	..	67	..	5	..	4
Estonia	..	7.2	100	100	100	86	..	96	..	97	..	12	..	13
Ethiopia	3.1	4.0	28	35	19	25	50	51	51	50	..	..	..	..
Finland	5.3	7.5	100	100	87	95	..	100	..	100	..	15	..	17
France	5.0	6.0	100	100	94	99	..	..	..	..	..	15	..	16
Georgia	..	5.2	93	89	97	76	..	..	..	..	..	11	..	11
Germany	..	4.8	100	100	82	95	..	..	..	..	..	16	..	16
Ghana	3.1	4.2	..	..	..	..	..	..	..	..	..	..	..	..
Greece	2.0	3.1	100	100	75	91	99	..	98	..	13	14	12	14
Guatemala	1.8	1.7	59	74	28	35	..	52	..	47	..	..	..	..
Guinea	..	1.9	30	46	20	15	59	85	41	68	..	..	..	..
Haiti	1.5	..	..	..	..	..	33	..	34	..	..	..	..	..
Honduras	3.2	3.6	79	88	44	36	..	..	..	..	..	..	..	..
Hungary	4.7	4.6	95	98	71	97	96	..	97	..	..	13	..	13
India	3.0	3.2	65	77	41	60	..	62	..	55	..	..	..	..
Indonesia	1.7	1.4	89	99	42	56	..	88	..	88	..	10	..	10
Iran, Islamic Rep.	7.5	4.0	72	90	50	81	..	92	..	89	..	12	..	11
Ireland	6.3	6.0	100	100	90	100	..	99	..	100	11	14	12	14
Israel	8.2	7.6	..	..	..	..	..	..	..	..	..	..	..	..
Italy	..	4.9	100	100	70	95	99	98	99	99	..	..	..	..
Jamaica	7.0	7.4	98	96	71	70	91	..	91	..	..	11	..	11
Japan	5.8	3.6	100	100	93	100	100	100	100	100	14	..	13	..
Jordan	6.6	6.8	73	68	53	41	100	..	..	98	12	..	12	..
Kazakhstan	..	4.4	..	..	..	..	..	..	..	..	..	..	..	..
Kenya	6.8	6.5	91	65	55	61	60	..	62	..	..	..	..	..
Korea, Rep.	3.7	3.7	100	100	76	100	94	98	94	99	12	15	11	14
Kuwait	2.4	5.0	85	65	81	63	..	..	..	..	12	9	12	9
Kyrgyz Republic	..	5.3	100	100	100	78	..	..	..	..	..	..	..	..
Lao PDR	..	2.1	72	73	53	63	..	57	..	54	..	..	..	..
Latvia	3.3	6.3	100	100	90	81	..	..	..	..	..	12	..	13
Lebanon	..	2.5	..	76	..	..	..	..	..	..	..	..	..	..
Lesotho	5.1	8.4	67	69	69	73	50	72	68	87	7	9	10	10
Lithuania	..	5.4	..	..	..	81	..	..	..	..	..	..	..	..
Macedonia, FYR	..	5.1	..	95	..	56	..	95	..	95	..	11	..	11
Madagascar	4.4	1.9	..	61	..	..	..	49	..	33	..	..	..	..
Malawi	3.4	5.4	43	99	39	73	48	..	40	..	..	..	..	..
Malaysia	6.0	4.9	92	100	48	64	97	98	97	100	..	..	..	..

BEVÖLKERUNG

Land	Öffentliche Ausgaben für Bildung in % vom BSP		Netto-Schulbesuchsquote[a] in % der relevanten Altersgruppe				Schulbesuchsquote bis zur 5. Klasse				Vorauss. Schulbesuch in Jahren			
			Grundschulen		Weiterf. Schulen		Männlich		Weiblich		Männlich		Weiblich	
	1980	1997	1980	1997	1980	1997	1980	1996	1980	1996	1980	1997	1980	1997
Mali	3.7	2.2	20	38	10	18	48	92	42	70	..	..	..	..
Mauritania	..	5.1	..	57	..	..	..	61	..	68	..	..	..	..
Mexico	4.7	4.9	98	100	67	66	..	85	..	86	..	..	..	..
Moldova	3.4	10.6	..	..	..	..	..	..	..	..	..	7	..	9
Mongolia	..	5.7	100	85	89	56	..	..	..	..	..	..	..	..
Morocco	6.1	5.0	62	77	36	38	79	76	78	74	8	..	5	..
Mozambique	3.1	..	35	40	40	22	..	52	..	39	5	4	4	3
Myanmar	1.7	1.2	71	99	38	54	..	..	..	..	..	..	..	..
Namibia	1.5	9.1	86	91	67	81	..	76	..	82	..	..	..	..
Nepal	1.8	3.2	66	78	26	55	..	..	..	..	..	..	..	..
Netherlands	7.7	5.1	100	100	93	100	94	..	98	..	13	16	13	16
New Zealand	5.8	7.3	100	100	85	93	97	..	97	..	14	16	13	17
Nicaragua	3.4	3.9	71	79	51	51	40	52	47	57	..	9	..	9
Niger	3.2	2.3	22	24	7	9	74	72	72	74	..	3	..	2
Nigeria	6.4	0.7	..	..	..	..	..	..	..	..	..	..	..	..
Norway	6.5	7.4	99	100	84	98	100	100	100	100	13	15	13	16
Pakistan	2.1	2.7	..	..	..	..	..	..	..	..	..	..	..	..
Panama	4.9	5.1	89	90	65	71	74	..	79	..	11	..	12	..
Papua New Guinea	..	..	..	..	..	..	..	..	..	..	..	..	..	..
Paraguay	1.5	4.0	91	96	37	61	59	77	58	80	..	10	..	10
Peru	3.1	2.9	87	94	80	84	78	..	74	..	11	..	10	..
Philippines	1.7	3.4	95	100	72	78	68	..	73	..	11	..	11	..
Poland	..	7.5	99	99	73	87	..	..	..	..	12	13	12	13
Portugal	3.8	5.8	99	100	45	90	..	..	..	..	..	14	..	15
Romania	3.3	3.6	91	100	100	76	..	..	..	..	..	12	..	12
Russian Federation	3.5	3.5	92	100	98	88	..	..	..	..	..	..	..	..
Rwanda	2.7	..	59	..	..	..	69	..	74	..	..	..	..	..
Saudi Arabia	4.1	7.5	49	60	37	59	82	87	86	92	7	10	5	9
Senegal	..	3.7	37	60	19	20	89	89	82	85	..	..	..	..
Sierra Leone	3.5	..	..	..	..	..	..	..	..	..	..	..	..	..
Singapore	2.8	3.0	100	91	66	76	100	..	100	..	..	..	..	..
Slovak Republic	..	5.0	..	..	..	..	..	..	..	..	..	..	..	..
Slovenia	..	5.7	..	95	..	..	..	..	..	..	..	..	..	..
South Africa	..	7.9	68	100	62	95	..	72	..	79	..	14	..	14
Spain	2.3	5.0	100	100	79	92	95	..	94	..	13	..	13	..
Sri Lanka	2.7	3.4	96	100	59	76	92	..	91	..	..	..	..	..
Sweden	9.0	8.3	100	100	83	100	98	97	99	97	12	14	13	15
Switzerland	4.7	5.4	100	100	80	84	..	..	..	..	13	15	12	14
Syrian Arab Republic	4.6	3.1	90	95	48	42	93	93	88	94	11	10	8	9
Tajikistan	..	2.2	..	..	..	..	..	..	..	..	..	..	..	..
Tanzania	..	..	68	48	..	..	89	78	90	84	10	..	7	..
Thailand	3.4	4.8	92	88	25	48	..	79	45	..	..	..	..	..
Togo	5.6	4.5	79	82	65	58	59	79	45	60	10	..	7	..
Tunisia	5.4	7.7	83	100	40	74	89	90	84	92	10	..	7	..
Turkey	2.2	2.2	81	100	42	58	..	93	..	96	..	11	..	9
Turkmenistan	..	..	..	..	..	..	..	..	..	..	..	..	..	..
Uganda	1.3	2.6	..	..	..	..	82	..	73	..	..	..	..	..
Ukraine	5.6	7.3	..	..	..	..	..	..	..	..	..	..	..	..
United Kingdom	5.6	5.3	100	100	88	92	..	..	..	..	13	16	13	17
United States	6.7	5.4	90	100	94	96	..	..	..	..	14	16	15	16
Uruguay	2.3	3.3	87	94	70	84	..	97	..	99	..	..	..	..
Uzbekistan	..	7.7	..	..	..	..	..	..	..	..	..	..	..	..
Venezuela, RB	4.4	5.2	83	83	24	49	..	86	..	92	..	10	..	11
Vietnam	..	3.0	96	100	47	55	..	..	..	..	..	..	..	..
Yemen, Rep.	..	7.0	..	..	..	..	..	..	..	..	..	8	..	7
Zambia	4.5	2.2	77	72	35	42	88	..	82	..	..	..	..	..
Zimbabwe	5.3	..	72	93	20	59	82	78	76	79	..	..	..	..
Welt gesamt	**3.9 m**	**4.8 m**	**81 w**	**90 w**	**60 w**	**68 w**	**.. w**	**.. w**	**.. w**	**.. w**				
Niedriges Einkommen	3.4	3.3	66	76	38	51	..	..	..	..				
Mittleres Einkommen	3.8	4.8	86	97	63	71								
Mittl. Eink., untere Kat.	3.5	4.8	85	98	64	70	..	92	..	92				
Mittl. Eink., obere Kat.	4.0	5.0	88	96	59	75								
Niedr. u. mittl. Eink.	3.5	4.1	78	89	53	63	..	..	..	..				
Ostasien u. Pazifik	2.5	2.9	86	99	59	67	..	93	..	93				
Europa u. Zentralasien	..	5.1	92	100	84	81								
Lateinamerika u. Karibik	3.8	3.6	85	94	55	66								
Naher Osten u. Nordafrika	5.0	5.2	74	87	46	66	88	..	84	..				
Südasien	2.0	3.1	64	77	38	55	..	62	..	55				
Afrika südlich der Sahara	3.8	4.1	..	..	..	..								
Hohes Einkommen	5.6	5.4	97	100	87	96	..	..	..	..				

Anmerkung: Zur Vergleichbarkeit der Daten und der Erhebungsgesamtheit vgl. Technische Anmerkungen. Kursiv gedruckte Zahlen gelten für andere als die angegebenen Jahre.
a. UNESCO-Schätzungen und Prognosen aus dem Jahr 1999.

Tabelle 7. Gesundheitswesen

Land	Öffentliche Ausgaben für das Gesundheitswesen in % des BSP 1990–98[a]	Zugang zu sauberem Trinkwasser in % der Bev. mit Zugang 1982–85[a]	Zugang zu sauberem Trinkwasser 1990–96[a]	Zugang zu sanit. Einricht. in % der Bev. mit Zugang 1982–85[a]	Zugang zu sanit. Einricht. 1990–96[a]	Säuglingssterblichkeitsrate pro 1.000 Lebendgeburten 1980	1998	Empfängnisverhütungsrate in % der Frauen zw. 15 und 49 Jahren 1990–98[a]	Gesamtanzahl der Geburten in Geburten pro Frau 1980	1998	Müttersterblichkeitsrate je 100.000 Lebendgeburten 1990–98[a]
Albania	2.7	92	76	..	58	47	25	..	3.6	2.5	..
Algeria	3.3	..	..	..	..	98	35	51	6.7	3.5	..
Angola	3.9	28	32	18	16	154	124	..	6.9	6.7	..
Argentina	4.0	55	65	69	75	35	19	..	3.3	2.6	38 [b]
Armenia	3.1	..	..	..	..	26	15	..	2.3	1.3	35 [b]
Australia	5.5	99	99	99	86	11	5	..	1.9	1.8	..
Austria	6.0	99	..	..	100	14	5	..	1.6	1.3	..
Azerbaijan	1.2	..	..	..	36	30	17	..	3.2	2.0	37 [b]
Bangladesh	1.6	40	84	4	35	132	73	49	6.1	3.1	440 [c]
Belarus	4.9	..	..	..	..	16	11	..	2.0	1.3	22 [d]
Belgium	6.8	98	..	..	100	12	6	..	1.7	1.6	..
Benin	1.6	14	50	10	20	116	87	16	7.0	5.7	500 [c]
Bolivia	1.1	53	55	36	41	118	60	49	5.5	4.1	390 [c]
Botswana	2.7	..	70	36	55	71	62	..	6.1	4.2	330 [d]
Brazil	3.4	75	72	24	67	70	33	77	3.9	2.3	160 [c]
Bulgaria	3.2	85	..	..	99	20	14	..	2.0	1.1	15 [d]
Burkina Faso	1.2	35	..	9	18	121	104	12	7.5	6.7	..
Burundi	0.6	23	52	..	51	122	118	..	6.8	6.2	..
Cambodia	0.6	..	13	..	..	201	102	..	4.7	4.5	..
Cameroon	1.0	36	41	36	40	103	77	19	6.4	5.0	430 [c]
Canada	6.4	100	99	85	95	10	5	..	1.7	1.6	..
Central African Republic	1.9	..	19	19	46	117	98	14	5.8	4.8	1,100 [c]
Chad	2.4	..	24	14	21	123	99	4	6.9	6.4	830 [c]
Chile	2.4	86	85	67	..	32	10	..	2.8	2.2	23 [b]
China	2.0	..	90	..	21	42	31	85	2.5	1.9	65 [c]
Hong Kong, China	2.1	..	..	..	..	11	3	..	2.0	1.1	..
Colombia	4.9	..	78	68	83	41	23	72	3.9	2.7	80 [b]
Congo, Dem. Rep.	1.2	..	27	..	9	112	90	..	6.6	6.3	..
Congo, Rep.	1.8	..	47	..	9	89	90	..	6.3	6.0	..
Costa Rica	6.9	..	92	95	97	19	13	..	3.6	2.6	29 [c]
Côte d'Ivoire	1.4	20	72	17	54	108	88	11	7.4	5.0	600 [c]
Croatia	8.1	..	63	67	61	21	8	..	..	1.5	12 [b]
Czech Republic	6.4	100	..	..	..	16	5	69	2.1	1.2	9 [d]
Denmark	6.7	100	..	..	100	8	5	..	1.5	1.8	10 [d]
Dominican Republic	1.6	49	71	66	78	76	40	64	4.2	2.9	..
Ecuador	2.5	58	70	57	64	74	32	57	5.0	2.9	160 [c]
Egypt, Arab Rep.	1.8	90	64	..	11	120	49	48	5.1	3.2	170 [c]
El Salvador	2.6	51	55	62	68	84	31	60	4.9	3.3	..
Eritrea	2.9	..	7	..	..	..	61	8	..	5.7	1,000 [c]
Estonia	5.1	..	..	..	..	17	9	..	2.0	1.2	50 [d]
Ethiopia	1.7	..	27	..	8	155	107	4	6.6	6.4	..
Finland	5.7	95	98	100	100	8	4	..	1.6	1.8	6 [d]
France	7.1	98	100	..	96	10	5	71	1.9	1.8	10 [d]
Georgia	0.7	..	..	..	..	25	15	..	2.3	1.3	70 [b]
Germany	8.3	..	..	..	..	12	5	..	1.4	1.4	8 [d]
Ghana	1.8	..	56	26	42	94	65	20	6.5	4.8	..
Greece	5.3	85	..	..	96	18	6	..	2.2	1.3	1 [d]
Guatemala	1.5	58	67	54	67	84	42	32	6.3	4.4	190 [c]
Guinea	1.2	20	62	12	14	185	118	2	6.1	5.4	..
Haiti	1.3	..	28	19	24	123	71	18	5.9	4.3	..
Honduras	2.7	50	65	32	65	70	36	50	6.5	4.2	220 [d]
Hungary	4.1	87	..	..	94	23	10	73	1.9	1.3	15 [d]
India	0.6	54	81	8	16	115	70	41	5.0	3.2	410 [c]
Indonesia	0.6	39	62	30	51	90	43	57	4.3	2.7	450 [c]
Iran, Islamic Rep.	1.7	71	83	65	67	87	26	73	6.7	2.7	37 [c]
Ireland	4.9	97	..	..	100	11	6	60	3.2	1.9	6 [d]
Israel	7.0	100	99	..	100	16	6	..	3.2	2.7	5 [d]
Italy	5.3	99	..	..	100	15	5	..	1.6	1.2	7 [d]
Jamaica	2.3	96	70	91	74	33	21	65	3.7	2.6	..
Japan	5.9	99	96	99	100	8	4	..	1.8	1.4	8 [d]
Jordan	3.7	89	89	91	95	41	27	50	6.8	4.1	41 [b]
Kazakhstan	2.1	..	..	..	..	33	22	59	2.9	2.0	70 [e]
Kenya	2.2	27	53	44	77	75	76	39	7.8	4.6	590 [c]
Korea, Rep.	2.5	83	83	100	100	26	9	..	2.6	1.6	20 [d]
Kuwait	2.9	100	100	100	100	27	12	..	5.3	2.8	5 [d]
Kyrgyz Republic	2.7	..	81	..	..	43	26	60	4.1	2.8	65 [b]
Lao PDR	1.2	..	39	..	24	127	96	25	6.7	5.5	650 [b]
Latvia	4.0	..	..	..	..	20	15	..	2.0	1.1	45 [d]
Lebanon	3.0	92	100	75	100	48	27	..	4.0	2.4	100 [c]
Lesotho	3.7	18	52	12	38	119	93	23	5.5	4.6	..
Lithuania	7.2	..	..	..	..	20	9	..	2.0	1.4	18 [d]
Macedonia, FYR	7.8	..	..	..	..	54	16	..	2.5	1.8	11 [b]
Madagascar	1.1	31	29	..	15	119	92	19	6.6	5.7	490 [c]
Malawi	2.8	32	45	60	53	169	134	22	7.6	6.4	620 [c]
Malaysia	1.3	71	89	75	94	30	8	..	4.2	3.1	39 [b]

BEVÖLKERUNG

Land	Öffentliche Ausgaben für das Gesundheitswesen in % des BSP 1990–98ᵃ	Zugang zu sauberem Trinkwasser in % der Bev. mit Zugang 1982–85ᵃ	Zugang zu sauberem Trinkwasser in % der Bev. mit Zugang 1990–96ᵃ	Zugang zu sanit. Einricht. in % der Bev. mit Zugang 1982–85ᵃ	Zugang zu sanit. Einricht. in % der Bev. mit Zugang 1990–96ᵃ	Säuglings-sterblichkeitsrate pro 1.000 Lebendgeburten 1980	Säuglings-sterblichkeitsrate pro 1.000 Lebendgeburten 1998	Empfängnis-verhütungsrate in % der Frauen zw. 15 und 49 Jahren 1990–98ᵃ	Gesamtanzahl der Geburten in Geburten pro Frau 1980	Gesamtanzahl der Geburten in Geburten pro Frau 1998	Müttersterb-lichkeitsrate je 100.000 Lebendgeburten 1990–98ᵃ
Mali	2.0	..	37	21	31	184	117	7	7.1	6.5	580 ᶜ
Mauritania	1.8	37	64	..	32	120	90	..	6.3	5.4	..
Mexico	2.8	82	83	57	66	51	30	65	4.7	2.8	48 ᶜ
Moldova	4.8	..	56	..	50	35	18	74	2.4	1.7	42 ᵈ
Mongolia	4.3	..	..	..	..	82	50	..	5.3	2.5	150 ᵈ
Morocco	1.3	32	52	50	40	99	49	59	5.4	3.0	230 ᶜ
Mozambique	2.1	9	32	10	21	145	134	6	6.5	5.2	..
Myanmar	0.2	27	38	24	41	109	78	..	4.9	3.1	230 ᶜ
Namibia	3.8	..	57	..	34	90	67	29	5.9	4.8	230 ᶜ
Nepal	1.3	24	44	1	6	132	77	29	6.1	4.4	540 ᶜ
Netherlands	6.1	100	100	..	100	9	5	75	1.6	1.6	7 ᵈ
New Zealand	5.9	100	..	88	..	13	5	..	2.0	1.9	15 ᵈ
Nicaragua	4.4	50	81	27	31	84	36	60	6.3	3.7	150 ᵇ
Niger	1.3	37	53	9	15	135	118	8	7.4	7.3	590 ᶜ
Nigeria	0.2	36	39	..	36	99	76	6	6.9	5.3	..
Norway	6.2	99	100	..	100	8	4	..	1.7	1.8	6 ᵈ
Pakistan	0.9	38	60	16	30	127	91	24	7.0	4.9	..
Panama	6.0	82	84	81	90	32	21	..	3.7	2.6	85 ᵈ
Papua New Guinea	2.6	..	28	..	22	78	59	26	5.8	4.2	..
Paraguay	2.6	23	39	49	32	50	24	59	5.2	3.9	190 ᶜ
Peru	2.2	53	80	48	44	81	40	64	4.5	3.1	270 ᶜ
Philippines	1.7	65	83	57	77	52	32	47	4.8	3.6	170 ᶜ
Poland	4.2	82	..	..	100	26	10	..	2.3	1.4	8 ᵈ
Portugal	4.7	66	82	..	100	24	8	..	2.2	1.5	8 ᵈ
Romania	2.9	71	62	..	44	29	21	57	2.4	1.3	41 ᵈ
Russian Federation	4.5	..	..	..	..	22	17	34	1.9	1.2	50 ᵇ
Rwanda	2.1	..	..	..	..	128	123	21	8.3	6.1	..
Saudi Arabia	6.4	91	93	86	86	65	20	..	7.3	5.7	..
Senegal	2.6	44	50	..	58	117	69	13	6.8	5.5	560 ᶜ
Sierra Leone	1.7	24	34	13	11	190	169	..	6.5	6.0	..
Singapore	1.1	100	100	85	100	12	4	..	1.7	1.5	6 ᵈ
Slovak Republic	5.2	..	..	46	51	21	9	..	2.3	1.4	9 ᵈ
Slovenia	6.8	..	98	80	98	15	5	..	2.1	1.2	11 ᵈ
South Africa	3.2	..	70	..	46	67	51	69	4.6	2.8	..
Spain	5.6	99	..	..	100	12	5	..	2.2	1.2	6 ᵈ
Sri Lanka	1.4	37	46	..	52	34	16	..	3.5	2.1	60 ᵈ
Sweden	7.2	100	..	..	100	7	4	..	1.7	1.5	5 ᵈ
Switzerland	7.1	100	100	..	100	9	4	..	1.5	1.5	5 ᵈ
Syrian Arab Republic	..	71	85	45	56	56	28	40	7.4	3.9	..
Tajikistan	6.6	..	69	..	62	58	23	..	5.6	3.4	65 ᵇ
Tanzania	1.3	52	49	..	86	108	85	18	6.7	5.4	530 ᶜ
Thailand	1.7	66	89	47	96	49	29	72	3.5	1.9	44 ᶜ
Togo	1.1	35	63	14	26	100	78	24	6.8	5.1	480 ᶜ
Tunisia	3.0	89	99	52	96	69	28	60	5.2	2.2	70 ᵇ
Turkey	2.9	69	..	..	94	109	38	..	4.3	2.4	..
Turkmenistan	3.5	..	60	..	60	54	33	..	4.9	2.9	110 ᵇ
Uganda	1.8	16	34	13	57	116	101	15	7.2	6.5	510 ᶜ
Ukraine	4.1	..	55	..	49	17	14	..	2.0	1.3	25 ᵇ
United Kingdom	5.9	100	100	..	100	12	6	..	1.9	1.7	7 ᵈ
United States	6.5	..	..	98	..	13	7	76	1.8	2.0	8 ᵇ
Uruguay	1.9	83	89	59	61	37	16	..	2.7	2.4	21 ᵇ
Uzbekistan	3.3	..	57	..	18	47	22	56	4.8	2.8	21 ᵇ
Venezuela, RB	3.0	84	79	45	58	36	21	..	4.2	2.9	65 ᶜ
Vietnam	0.4	..	36	..	21	57	34	75	5.0	2.3	160 ᶜ
Yemen, Rep.	2.1	..	39	..	19	141	82	21	7.9	6.3	350 ᶜ
Zambia	2.3	48	43	47	23	90	114	26	7.0	5.5	650 ᶜ
Zimbabwe	3.1	52	77	26	66	80	73	48	6.4	3.7	400 ᵈ
Welt gesamt	**2.5 w**	**.. w**	**.. w**	**.. w**	**.. w**	**80 w**	**54 w**	**49 w**	**3.7 w**	**2.7 w**	
Niedriges Einkommen	1.3	..	..	..	24	97	68	24	4.3	3.1	
Mittleres Einkommen	3.1	..	..	..	..	60	31	53	3.7	2.5	
Mittl. Eink., untere Kat.	3.0	..	..	..	..	62	35	53	3.7	2.5	
Mittl. Eink., obere Kat.	3.3	77	..	51	..	57	26	65	3.7	2.4	
Niedr. u. mittl. Eink.	1.9	..	..	..	29	87	59	48	4.1	2.9	
Ostasien u. Pazifik	1.7	..	84	..	29	55	35	52	3.0	2.1	
Europa u. Zentralasien	4.0	..	..	..	..	41	22	67	2.5	1.6	
Lateinamerika u. Karibik	3.3	72	..	46	..	61	31	59	4.1	2.7	
Naher Osten u. Nordafrika	2.4	68	..	..	..	95	45	55	6.2	3.5	
Südasien	0.8	52	77	7	16	119	75	49	5.3	3.4	
Afrika südlich der Sahara	1.5	..	..	..	..	115	92	21	6.6	5.4	
Hohes Einkommen	6.2	..	..	..	..	12	6	75	1.8	1.7	

Anmerkung: Zur Vergleichbarkeit der Daten und der Erhebungsgesamtheit vgl. Technische Anmerkungen. Kursiv gedruckte Zahlen gelten für andere als die angegebenen Jahre.
a. Die Daten gelten für das letzte verfügbare Jahr. b. Offizielle Schätzung. c. Schätzung basiert auf Erhebungsdaten. d. Schätzung der Weltgesundheitsorganisation (WHO) und Eurostat.
e. Schätzung der UNICEF.

Tabelle 8. Bodennutzung und landwirtschaftliche Produktivität

Land	Land mit Dauerkulturen in % der Landfläche		Bewässertes Land in % der Kulturfläche		Bebautes Land Hektar pro Kopf		Landwirtschaftliche Maschinen in Traktoren pro Tausend landwirtsch. Arbeiter		Landwirtschaftliche Produktivität Landw. Wertschöpfung pro landwirtsch. Arbeiter in $ von 1995		Nahrungsmittelproduktionsindex 1989–91 = 100	
	1980	1997	1979–81	1995–97	1979–81	1995–97	1979–81	1995–97	1979–81	1996–98	1979–81	1996–98
Albania	4.3	4.6	53.0	48.4	0.22	0.18	15	11	1,219	1,841	..	..
Algeria	0.3	0.2	3.4	6.9	0.37	0.26	27	41	1,411	1,943	67.6	129.4
Angola	0.4	0.4	2.2	2.1	0.41	0.27	4	3	..	123	91.9	130.0
Argentina	0.8	0.8	5.8	6.3	0.89	0.71	132	190	7,375	9,597	92.0	125.9
Armenia	..	2.3	..	51.5	..	0.13	..	68	..	4,886	..	76.8
Australia	0.0	0.0	3.5	5.1	2.97	2.75	751	700	20,880	30,904	91.3	130.4
Austria	1.2	1.0	0.2	0.3	0.20	0.17	945	1,567	9,761	16,070	92.2	102.3
Azerbaijan	..	3.0	..	74.9	..	0.21	..	33	..	776	..	60.6
Bangladesh	2.0	2.5	17.1	43.4	0.10	0.06	0	0	212	276	79.2	110.8
Belarus	..	0.7	..	1.8	..	0.60	..	124	..	3,666	..	65.9
Belgium[a]	0.4	0.5	1.7	3.8	0.08	0.07	917	1,156	18,192	34,929	88.5	113.0
Benin	0.8	1.4	0.3	0.8	0.39	0.26	0	0	311	534	63.5	140.6
Bolivia	0.2	0.2	6.6	4.1	0.35	0.23	4	4	..	..	70.9	134.1
Botswana	0.0	0.0	0.5	0.3	0.44	0.23	9	20	630	666	87.2	98.7
Brazil	1.2	1.4	3.3	4.8	0.32	0.33	31	57	2,047	4,081	69.5	125.7
Bulgaria	3.2	1.8	28.3	18.0	0.43	0.51	66	63	2,754	5,135	105.5	67.8
Burkina Faso	0.1	0.2	0.4	0.7	0.39	0.33	0	0	134	161	62.1	127.8
Burundi	10.1	12.9	0.7	1.3	0.22	0.12	0	0	177	141	80.3	95.8
Cambodia	0.4	0.6	5.8	7.1	0.29	0.34	0	0	..	408	48.9	130.6
Cameroon	2.2	2.6	0.2	0.3	0.68	0.44	0	0	866	1,054	83.0	120.2
Canada	0.0	0.0	1.3	1.6	1.86	1.53	824	1,642	..	..	79.8	117.7
Central African Republic	0.1	0.1	..	..	0.81	0.58	0	0	377	440	79.7	127.9
Chad	0.0	0.0	0.2	0.6	0.70	0.47	0	0	155	217	90.8	139.1
Chile	0.3	0.4	31.1	54.3	0.34	0.14	43	49	3,174	5,039	71.5	129.6
China	0.4 [b]	1.2 [b]	45.1	37.7	0.10	0.10	2	1	161	307	60.9	153.5
Hong Kong, China	1.0	1.0	37.5	30.2	0.00	0.00	0	0	..	..	97.4	25.9
Colombia	1.4	2.4	7.7	23.7	0.13	0.05	8	6	3,034	3,448	76.0	109.7
Congo, Dem. Rep.	0.4	0.5	0.1	0.1	0.25	0.15	0	0	270	285	71.7	95.9
Congo, Rep.	0.1	0.1	0.6	0.5	0.08	0.05	2	1	385	492	81.1	112.1
Costa Rica	4.4	5.5	12.1	24.7	0.12	0.07	22	22	3,160	4,409	73.0	128.6
Côte d'Ivoire	7.2	13.8	1.0	1.0	0.24	0.21	1	1	1,074	1,011	70.8	128.5
Croatia	..	2.2	..	0.2	..	0.27	..	14	..	8,521	..	59.4
Czech Republic	..	3.1	..	0.7	..	0.30	..	164	..	4,677	..	79.7
Denmark	0.3	0.2	14.5	20.5	0.52	0.44	973	1,116	21,321	..	83.2	103.0
Dominican Republic	7.2	9.9	11.7	17.2	0.19	0.13	3	4	1,839	2,599	85.2	105.4
Ecuador	3.3	5.2	19.4	8.1	0.20	0.13	6	7	1,206	1,795	77.4	143.6
Egypt, Arab Rep.	0.2	0.5	100.0	99.8	0.06	0.05	4	11	721	1,189	68.0	139.7
El Salvador	11.7	12.1	13.7	14.5	0.12	0.10	5	5	1,925	1,679	90.8	111.3
Eritrea	..	0.0	..	7.0	..	0.11	..	0	..	..	..	114.6
Estonia	..	0.4	..	0.3	..	0.77	..	495	..	3,519	..	47.0
Ethiopia	..	0.6	..	1.8	..	0.17	..	0	..	..	..	123.7
Finland	..	0.0	..	3.0	0.50	0.42	721	1,147	16,995	28,231	93.5	90.7
France	2.5	2.1	4.6	8.5	0.32	0.31	737	1,236	14,956	36,889	93.8	105.4
Georgia	..	4.1	..	43.3	..	0.14	..	29	..	2,120	..	85.2
Germany	1.4	0.7	3.7	3.9	0.15	0.14	624	991	..	22,759	91.2	92.3
Ghana	7.5	7.5	0.2	0.2	0.18	0.16	1	1	670	542	68.7	144.1
Greece	7.9	8.5	24.2	34.5	0.30	0.27	120	277	8,804	..	91.2	99.0
Guatemala	4.4	5.0	5.0	6.6	0.19	0.13	3	2	2,143	2,075	69.7	124.1
Guinea	1.8	2.4	7.9	6.4	0.16	0.13	0	0	..	271	96.3	137.4
Haiti	12.5	12.7	7.9	9.9	0.10	0.08	0	0	578	396	101.3	94.4
Honduras	1.8	3.1	4.1	3.6	0.44	0.29	5	7	694	1,018	88.2	113.0
Hungary	3.3	2.5	3.6	4.2	0.47	0.47	59	156	3,390	4,771	90.8	76.3
India	1.8	2.7	22.8	32.4	0.24	0.17	2	6	275	406	68.1	119.9
Indonesia	4.4	7.2	16.2	15.5	0.12	0.09	0	1	610	749	62.8	120.4
Iran, Islamic Rep.	0.5	1.0	35.5	37.7	0.36	0.29	17	40	2,570	4,089	61.1	144.7
Ireland	0.0	0.0	..	..	0.33	0.37	606	978	..	..	83.3	106.2
Israel	4.3	4.2	49.3	45.5	0.08	0.06	294	322	..	..	85.4	107.0
Italy	10.0	9.0	19.3	24.9	0.17	0.14	370	913	9,993	20,031	101.4	101.2
Jamaica	9.7	9.2	13.4	12.0	0.06	0.07	9	11	894	1,291	86.0	120.1
Japan	1.6	1.0	62.6	62.8	0.04	0.03	209	637	15,698	31,094	94.0	95.2
Jordan	0.4	1.5	11.0	19.5	0.14	0.06	48	34	1,176	1,431	57.3	152.5
Kazakhstan	..	0.1	..	7.2	..	1.95	..	91	..	1,450	..	57.2
Kenya	0.8	0.9	0.9	1.5	0.23	0.14	1	1	262	228	67.7	104.9
Korea, Rep.	1.4	2.0	59.6	60.6	0.05	0.04	1	41	3,800	11,657	77.6	122.2
Kuwait	..	0.1	..	75.4	0.00	0.00	3	14	..	..	93.2	161.2
Kyrgyz Republic	..	0.4	..	77.3	..	0.29	..	39	..	..	..	102.0
Lao PDR	0.1	0.2	15.4	18.6	0.21	0.17	0	0	..	548	70.8	126.7
Latvia	..	0.5	..	1.1	..	0.70	..	312	..	2,505	..	48.1
Lebanon	8.9	12.5	28.3	36.0	0.07	0.04	28	100	..	27,409	59.2	138.2
Lesotho	..	..	..	..	0.22	0.16	6	6	723	533	90.0	111.1
Lithuania	..	0.9	..	0.3	..	0.79	..	263	..	3,245	..	69.2
Macedonia, FYR	..	1.9	..	8.7	..	0.31	..	381	..	2,215	..	97.0
Madagascar	0.9	0.9	21.5	35.0	0.28	0.19	1	1	197	186	84.4	108.7
Malawi	0.9	1.3	1.3	1.6	0.20	0.16	0	0	102	138	91.1	109.7
Malaysia	11.6	17.6	6.7	4.5	0.07	0.09	4	23	3,275	6,061	55.4	125.2

UMWELT

Land	Land mit Dauerkulturen in % der Landfläche		Bewässertes Land in % der Kulturfläche		Bebautes Land Hektar pro Kopf		Landwirtschaftliche Maschinen in Traktoren pro Tausend landwirtsch. Arbeiter		Landwirtschaftliche Produktivität Landw. Wertschöpfung pro landwirtsch. Arbeiter in $ von 1995		Nahrungsmittel-produktionsindex 1989–91 = 100	
	1980	1997	1979–81	1995–97	1979–81	1995–97	1979–81	1995–97	1979–81	1996–98	1979–81	1996–98
Mali	0.0	0.0	2.9	2.1	0.31	0.42	0	1	241	271	77.9	114.5
Mauritania	0.0	0.0	22.8	9.7	0.14	0.21	1	1	285	433	86.5	104.7
Mexico	0.8	1.1	20.3	22.8	0.34	0.27	16	20	1,882	2,164	83.8	120.2
Moldova	..	12.1	..	14.1	..	0.41	..	85	..	1,474	..	53.2
Mongolia	..	0.0	..	6.4	0.71	0.53	32	21	932	1,151	88.1	88.5
Morocco	1.1	1.9	15.2	13.1	0.38	0.33	7	10	1,146	1,836	55.9	107.2
Mozambique	0.3	0.3	2.1	3.4	0.24	0.18	1	1	..	127	100.1	130.9
Myanmar	0.7	0.9	10.4	15.4	0.28	0.22	1	0	..	..	87.7	138.1
Namibia	0.0	0.0	0.6	0.9	0.64	0.52	10	11	862	1,233	107.4	123.5
Nepal	0.2	0.5	22.5	38.2	0.16	0.13	0	0	162	189	65.9	117.2
Netherlands	0.9	1.0	58.5	61.0	0.06	0.06	561	631	21,663	..	86.5	99.0
New Zealand	3.7	6.4	5.2	8.7	0.80	0.42	619	437	..	..	90.7	124.6
Nicaragua	1.5	2.4	6.0	3.2	0.39	0.54	6	7	1,620	1,821	117.0	122.7
Niger	0.0	0.0	0.7	1.3	0.62	0.53	0	0	222	195	101.4	127.8
Nigeria	2.8	2.8	0.7	0.7	0.39	0.25	1	2	414	624	57.9	142.5
Norway	..	..	..	..	0.20	0.22	824	1,276	17,044	32,600	92.1	100.9
Pakistan	0.4	0.7	72.7	80.8	0.24	0.17	5	13	394	626	66.4	136.2
Panama	1.6	2.1	5.0	4.9	0.22	0.19	27	20	2,122	2,512	85.6	99.0
Papua New Guinea	1.1	1.3	..	..	0.01	0.01	1	1	716	798	86.2	107.8
Paraguay	0.3	0.2	3.4	2.9	0.52	0.44	14	25	2,618	3,448	60.6	120.0
Peru	0.3	0.4	32.8	42.0	0.19	0.15	5	3	1,348	1,663	77.3	140.5
Philippines	14.8	14.8	14.0	16.3	0.09	0.07	1	1	1,347	1,352	86.0	125.8
Poland	1.1	1.2	0.7	0.7	0.41	0.37	112	281	..	1,751	87.9	88.2
Portugal	7.8	8.2	20.1	21.8	0.25	0.22	72	208	..	..	71.9	97.0
Romania	2.9	2.6	21.9	31.3	0.44	0.41	39	84	..	3,101	112.8	95.9
Russian Federation	..	0.1	..	4.0	..	0.86	..	106	..	2,476	89.7	64.4
Rwanda	10.3	12.2	0.4	0.3	0.15	0.12	0	0	371	249	89.7	79.1
Saudi Arabia	0.0	0.1	28.9	42.3	0.20	0.19	2	12	2,167	10,742	26.7	78.8
Senegal	0.0	0.2	2.6	3.1	0.42	0.26	0	0	341	320	74.2	100.4
Sierra Leone	0.7	0.8	4.1	5.3	0.14	0.11	0	0	368	411	84.5	99.5
Singapore	9.8	..	..	..	0.00	0.00	3	18	13,937	41,673	154.3	31.8
Slovak Republic	..	2.6	..	12.5	..	0.28	..	92	..	3,378	..	74.7
Slovenia	..	2.7	..	0.7	..	0.12	..	3,082	..	26,517	..	100.3
South Africa	0.7	0.8	8.4	7.9	0.45	0.38	94	68	2,899	3,958	92.6	100.8
Spain	9.9	9.7	14.8	18.1	0.42	0.38	200	546	..	13,499	82.1	110.1
Sri Lanka	15.9	15.8	28.3	30.7	0.06	0.05	4	2	649	726	98.3	109.1
Sweden	..	..	..	..	0.36	0.32	715	958	..	..	100.1	100.8
Switzerland	0.5	0.6	6.2	5.8	0.06	0.06	494	627	..	..	95.8	95.8
Syrian Arab Republic	2.5	4.1	9.6	20.5	0.60	0.33	29	66	..	..	94.2	148.7
Tajikistan	..	0.9	..	79.7	..	0.13	..	38	..	396	..	59.0
Tanzania	1.0	1.0	3.8	3.8	0.12	0.10	1	1	..	174	76.9	100.0
Thailand	3.5	6.6	16.4	23.9	0.35	0.28	1	7	634	932	80.4	112.6
Togo	6.6	6.6	0.3	0.3	0.76	0.49	0	0	345	539	77.0	135.9
Tunisia	9.7	12.9	4.9	7.6	0.51	0.32	30	39	1,743	2,959	67.6	121.4
Turkey	4.1	3.4	9.6	14.7	0.57	0.42	38	58	1,860	1,858	75.8	111.3
Turkmenistan	..	0.1	..	..	..	0.35	0	82	..	..	..	101.7
Uganda	8.0	8.8	0.1	0.1	0.32	0.26	0	1	..	345	70.4	107.1
Ukraine	..	1.7	..	7.4	..	0.65	..	89	..	1,454	..	52.3
United Kingdom	0.3	0.2	2.0	1.7	0.12	0.10	726	883	..	..	92.0	99.7
United States	0.2	0.2	10.8	12.0	0.83	0.67	1,230	1,484	..	39,001	94.5	117.9
Uruguay	0.3	0.3	5.4	10.7	0.48	0.39	171	173	6,821	9,826	86.9	130.8
Uzbekistan	..	0.9	..	88.3	..	0.19	..	59	..	2,113	..	109.8
Venezuela, RB	0.9	1.0	3.6	5.7	0.19	0.12	50	59	4,041	5,036	80.3	114.4
Vietnam	1.9	4.7	24.1	31.0	0.11	0.08	1	4	..	230	63.8	140.5
Yemen, Rep.	0.2	0.2	19.9	31.3	0.16	0.09	3	2	..	338	75.0	120.7
Zambia	0.0	0.0	0.4	0.9	0.89	0.57	3	2	328	209	74.0	104.5
Zimbabwe	0.3	0.3	3.1	4.7	0.36	0.27	7	7	307	347	81.9	101.9
Welt gesamt	**0.9 w**	**1.0 w**	**17.8 w**	**19.2 w**	**0.24 w**	**0.24 w**	**18 w**	**20 w**	**.. w**	**.. w**	**75.7 w**	**130.3 w**
Niedriges Einkommen	1.0	1.4	19.9	25.5	0.22	0.19	..	..	..	..	71.3	124.3
Mittleres Einkommen	1.0	1.0	23.9	19.4	0.18	0.23	..	..	..	..	71.8	143.8
Mittl. Eink., untere Kat.	1.1	0.9	32.1	22.3	0.14	0.21	..	..	..	..	69.8	151.1
Mittl. Eink., obere Kat.	1.0	1.2	10.1	11.4	0.32	0.29	..	..	..	..	79.1	118.5
Niedr. u. mittl. Eink.	1.0	1.2	21.9	21.9	0.20	0.21	4	8	..	568	71.6	134.7
Ostasien u. Pazifik	1.5	2.6	37.0	36.3	0.11	0.11	2	2	..	..	67.0	152.1
Europa u. Zentralasien	3.2	0.4	11.6	10.4	0.14	0.60	..	101	..	2,186	..	..
Lateinamerika u. Karibik	1.1	1.3	11.6	13.5	0.32	0.28	25	35	..	..	80.4	123.9
Naher Osten u. Nordafrika	0.4	0.7	25.8	35.5	0.29	0.21	12	25	..	..	70.1	138.0
Südasien	1.5	2.1	28.7	39.7	0.23	0.16	2	5	265	356	70.4	122.1
Afrika südlich der Sahara	0.7	0.9	4.0	4.2	0.32	0.25	3	2	418	379	78.8	124.3
Hohes Einkommen	0.5	0.5	9.8	11.2	0.46	0.41	520	906	..	..	93.1	107.5

Anmerkung: Zur Vergleichbarkeit der Daten und der Erhebungsgesamtheit vgl. Technische Anmerkungen. Kursiv gedruckte Zahlen gelten für andere als die angegebenen Jahre.
a. Einschließlich Luxemburg. b. Einschließlich Taiwan, China.

Tabelle 9. Wasserverbrauch, Entwaldung und Schutzgebiete

Land	Süßwasser-ressourcen in m³ pro Kopf 1998	Jährliche Süßwasserentnahmen					Zugang zu sauberem Trinkwasser in % der Bevölkerung mit Zugang 1996ᶜ		Jährliche Entwaldung 1990–95		Staatliche Schutzgebiete 1996	
		in Mrd. m³ᵃ	in % der ges. Ressourcenᵃ	in % für die Landwirtsch.ᵇ	in % für die Industrieᵇ	in % für priv. Haushalteᵇ	Städtisch	Ländlich	in km²	durchschn. jährl. Veränd. in %	in Tsd. km²	in % der ges. Landfläche
Albania	12,758 ᵈ	1.4	3.3 ᵈ	71	0	29	97	70	0	0.0	0.8	2.9
Algeria	485 ᵈ	4.5	31.5 ᵈ	60 ᵉ	15 ᵉ	25 ᵉ	..	..	234	1.2	58.9	2.5
Angola	15,783	0.5	0.3	76 ᵉ	10 ᵉ	14 ᵉ	69	15	2,370	1.0	81.8	6.6
Argentina	27,865 ᵈ	28.6	2.8 ᵈ	75	9	16	71	24	894	0.3	46.6	1.7
Armenia	2,767 ᵈ	2.9	27.9 ᵈ	66	4	30	..	..	−84	−2.7	2.1	7.4
Australia	18,772	15.1	4.3	33	2	65	..	..	−170	0.0	563.9	7.3
Austria	10,399 ᵈ	2.2	2.7 ᵈ	9	60	31	..	..	0	0.0	23.4	28.3
Azerbaijan	3,831 ᵈ	16.5	54.6 ᵈ	70	25	5	..	..	0	0.0	4.8	5.5
Bangladesh	9,636 ᵈ	14.6	1.2 ᵈ	86	2	12	47	85	88	0.8	1.0	0.8
Belarus	5,665 ᵈ	2.7	4.7 ᵈ	35	43	22	..	..	−688	−1.0	8.6	4.1
Belgium	1,228 ᵈ	9.0	72.2 ᵈ	4	85	11	..	..	..	..	0.8	..
Benin	4,337 ᵈ	0.2	0.6 ᵈ	67 ᵉ	10 ᵉ	23 ᵉ	41	53	596	1.2	7.8	7.1
Bolivia	38,625	1.4	0.4	48	20	32	..	..	5,814	1.2	156.0	14.4
Botswana	9,413 ᵈ	0.1	0.7 ᵈ	48 ᵉ	20 ᵉ	32 ᵉ	100	53	708	0.5	105.0	18.5
Brazil	42,459 ᵈ	54.9	0.5 ᵈ	61	18	21	..	..	25,544	0.5	355.5	4.2
Bulgaria	24,663 ᵈ	13.9	6.8 ᵈ	22	76	3	..	..	−6	0.0	4.9	4.4
Burkina Faso	1,671	0.4	2.2	81 ᵉ	0 ᵉ	19 ᵉ	..	..	320	0.7	28.6	10.5
Burundi	561	0.1	2.8	64 ᵉ	0 ᵉ	36 ᵉ	..	..	14	0.4	1.4	5.5
Cambodia	41,407	0.5	0.1	94	1	5	20	12	1,638	1.6	28.6	16.2
Cameroon	18,737	0.4	0.1	35 ᵉ	19 ᵉ	46 ᵉ	71	24	1,292	0.6	21.0	4.5
Canada	92,142	45.1	1.6	9	80	11	..	..	−1,764	−0.1	921.0	10.0
Central African Republic	41,250	0.1	0.0	73 ᵉ	6 ᵉ	21 ᵉ	..	..	1,282	0.4	51.1	8.2
Chad	5,904 ᵈ	0.2	0.4 ᵈ	82 ᵉ	2 ᵉ	16 ᵉ	48	17	942	0.8	114.9	9.1
Chile	32,007	21.4	3.6	84	11	5	..	..	292	0.4	141.3	18.9
China	2,285	525.5	18.6	77	18	5	93	89	866	0.1	598.1	6.4
Hong Kong, China	..	..	..	..	..	..	..	..	..	..	0.4	40.4
Colombia	26,722	8.9	0.5	37	4	59	88	48	2,622	0.5	93.6	9.0
Congo, Dem. Rep.	21,134	0.4	0.0	23 ᵉ	16 ᵉ	61 ᵉ	..	..	..	..	101.9	4.5
Congo, Rep.	298,963 ᵈ	0.0	0.0 ᵈ	11 ᵉ	27 ᵉ	62 ᵉ	50	8	416	0.2	15.4	4.5
Costa Rica	27,425	5.8	1.4	80	7	13	..	..	414	3.0	7.0	13.7
Côte d'Ivoire	5,362	0.7	0.9	67 ᵉ	11 ᵉ	22 ᵉ	59	81	308	0.6	19.9	6.3
Croatia	15,863	0.1	0.1	..	50	50	75	41	0	0.0	3.7	6.6
Czech Republic	1,554	2.5	15.8	2	57	41	..	..	−2	0.0	12.2	15.8
Denmark	2,460 ᵈ	0.9	9.2 ᵈ	43	27	30	..	..	0	0.0	13.7	32.3
Dominican Republic	2,467	8.3	14.9	89	1	11	74	67	264	1.6	12.2	25.2
Ecuador	26,305	17.0	1.8	82	6	12	82	55	1,890	1.6	119.3	43.1
Egypt, Arab Rep.	949 ᵈ	55.1	94.5 ᵈ	86 ᵉ	8 ᵉ	6 ᵉ	82	50	0	0.0	7.9	0.8
El Salvador	3,197	0.7	5.3	46	20	34	78	37	38	3.3	0.1	0.5
Eritrea	2,269	..	..	..	..	..	..	..	0	0.0	5.0	5.0
Estonia	8,829	0.2	1.3 ᵈ	5	39	56	..	..	−196	−1.0	5.1	12.1
Ethiopia	1,795	2.2	2.0	86 ᵉ	3 ᵉ	11 ᵉ	90	20	624	0.5	55.2	5.5
Finland	21,347	2.4	2.2 ᵈ	3	85	12	100	85	166	0.1	18.2	6.0
France	3,246 ᵈ	40.6	21.3 ᵈ	12	73	15	100	100	−1,608	−1.1	58.8	10.7
Georgia	11,632 ᵈ	3.5	5.5 ᵈ	59	20	21	..	..	0	0.0	1.9	2.7
Germany	2,169 ᵈ	46.3	26.0 ᵈ	0	86	14	..	..	0	0.0	94.2	27.0
Ghana	2,882 ᵈ	0.3 ᶠ	0.6 ᵈ	52 ᵉ	13 ᵉ	35 ᵉ	70	49	1,172	1.3	11.0	4.8
Greece	6,562 ᵈ	7.0	10.2 ᵈ	81	3	16	..	..	−1,408	−2.3	3.1	2.4
Guatemala	11,030	1.2	0.6	74	17	9	97	48	824	2.0	18.2	16.8
Guinea	31,910	0.7	0.3	87 ᵉ	3 ᵉ	10 ᵉ	61	62	748	1.1	1.6	0.7
Haiti	1,468	1.0	0.4	94	1	5	37	23	8	3.4	0.1	0.4
Honduras	9,258	1.5	2.7	91	5	4	81	53	1,022	2.3	11.1	9.9
Hungary	11,865 ᵈ	6.3	5.2 ᵈ	36	55	9	..	..	−88	−0.5	6.3	6.8
India	1,947 ᵈ	500.0	26.2 ᵈ	92	3	5	85	79	−72	0.0	142.9	4.8
Indonesia	12,625	74.3	0.7	93	1	6	78	54	10,844	1.0	192.3	10.6
Iran, Islamic Rep.	1,339	70.0	85.8	92	2	6	..	..	284	1.7	83.0	5.1
Ireland	14,035 ᵈ	1.2	2.3 ᵈ	10	74	16	..	..	−140	−2.7	0.6	0.9
Israel	184 ᵈ	1.7	155.5 ᵈ	64 ᵉ	7 ᵉ	29 ᵉ	100	95	0	0.0	3.1	15.0
Italy	2,909 ᵈ	57.5	34.4 ᵈ	45	37	18	..	..	−58	−0.1	21.5	7.3
Jamaica	3,250	0.9	3.9	77	7	15	92	48	158	7.2	0.0	0.0
Japan	3,402	91.4	21.3	64	17	19	..	..	132	0.1	25.5	6.8
Jordan	198 ᵈ	1.0	51.1 ᵈ	75	3	22	..	..	12	2.5	3.0	3.4
Kazakhstan	7,029 ᵈ	33.7	30.7 ᵈ	81	17	2	..	..	−1,928	−1.9	73.4	2.7
Kenya	1,031 ᵈ	2.1	6.8 ᵈ	76 ᵉ	4 ᵉ	20 ᵉ	67	49	34	0.3	35.0	6.1
Korea, Rep.	1,501	23.7	34.0	63	11	26	93	77	130	0.2	6.8	6.9
Kuwait	0	0.5	2,700.0	60	2	37	100	100	0	0.0	0.3	1.7
Kyrgyz Republic	10,049	10.1	94.9	94	3	3	93	42	0	0.0	6.9	3.6
Lao PDR	56,638	1.0	0.4	82	10	8	40	39	..	..	0.0	0.0
Latvia	14,455 ᵈ	0.3	0.8 ᵈ	13	32	55	92	..	−250	−0.9	7.8	12.6
Lebanon	1,140	1.3	26.9	68	4	28	100	100	52	7.8	0.0	0.0
Lesotho	2,527	0.1	1.0	56 ᵉ	22 ᵉ	22 ᵉ	14	64	0	0.0	0.1	0.3
Lithuania	6,724 ᵈ	0.3	1.0 ᵈ	3	16	81	..	..	−112	−0.6	6.5	10.0
Macedonia, FYR	3,483	..	..	..	..	..	..	..	2	0.0	1.8	7.1
Madagascar	23,094	19.7	5.8	99 ᵉ	0 ᵉ	1 ᵉ	83	10	1,300	0.8	11.2	1.9
Malawi	1,775 ᵈ	0.9	5.0 ᵈ	86 ᵉ	3 ᵉ	10 ᵉ	52	44	546	1.6	10.6	11.3
Malaysia	21,046	12.7	2.1	76	13	11	100	86	4,002	2.4	14.8	4.5

UMWELT

Land	Süßwasserressourcen in m³ pro Kopf 1998	Jährliche Süßwasserentnahmen in Mrd. m³ᵃ	in % der ges. Ressourcenᵃ	in % für die Landwirtsch.ᵇ	in % für die Industrieᵇ	in % für priv. Haushalteᵇ	Zugang zu sauberem Trinkwasser in % der Bevölkerung mit Zugang 1996ᶜ Städtisch	Ländlich	Jährliche Entwaldung 1990–95 in km²	durchschn. jährl. Veränd. in %	Staatliche Schutzgebiete 1996 in Tsd. km²	in % der ges. Landfläche
Mali	9,438	1.4	1.4	97 ᵉ	1 ᵉ	2 ᵉ	36	38	1,138	1.0	45.3	3.7
Mauritania	4,508 ᵈ	16.3	143.0 ᵈ	92	2	6	87	41	0	0.0	17.5	1.7
Mexico	4,779	77.8	17.0	78	5	17	91	62	5,080	0.9	71.0	3.7
Moldova	2,722	3.0	25.3 ᵈ	26	65	9	98	18	0	0.0	0.4	1.2
Mongolia	9,677	0.4	2.2	53	27	20	..	..	0	0.0	161.3	10.3
Morocco	1,080	11.1	36.8	92 ᵉ	3 ᵉ	5 ᵉ	98	14	118	0.3	3.2	0.7
Mozambique	12,746 ᵈ	0.6	0.3 ᵈ	89	2 ᵉ	9 ᵉ	17	40	1,162	0.7	47.8	6.1
Myanmar	23,515	4.0	0.4	90	3	7	36	39	3,874	1.4	1.7	0.3
Namibia	27,373 ᵈ	0.3	0.5 ᵈ	68 ᵉ	3 ᵉ	29 ᵉ	..	..	420	0.3	106.2	12.9
Nepal	9,199	29.0	13.8	99	0	1	..	..	548	1.1	11.1	7.8
Netherlands	5,797 ᵈ	7.8	8.6	34	61	5	100	100	0	0.0	2.4	7.1
New Zealand	86,053	2.0	100.0	44	10	46	..	..	−434	−0.6	63.3	23.6
Nicaragua	37,467	1.3	0.5	84	2	14	81	27	1,508	2.5	9.0	7.4
Niger	3,204 ᵈ	0.5	1.5 ᵈ	82 ᵉ	2 ᵉ	16 ᵉ	46	55	0	0.0	96.9	7.6
Nigeria	2,318 ᵈ	4.0	1.4 ᵈ	54 ᵉ	15 ᵉ	31 ᵉ	63	26	1,214	0.9	30.2	3.3
Norway	88,673 ᵈ	2.0	0.5 ᵈ	8	72	20	100	100	−180	−0.2	93.7	30.5
Pakistan	1,938 ᵈ	155.6	61.0 ᵈ	97	2	2	77	52	550	2.9	37.2	4.8
Panama	52,961	1.6	0.9	70	2	28	99	73	636	2.1	14.2	19.1
Papua New Guinea	177,940	0.1	0.0	49	22	29	84	17	1,332	0.4	0.1	0.0
Paraguay	61,750	0.4	0.1 ᵈ	78	7	15	70	6	3,266	2.6	14.0	3.5
Peru	1,641	19.0	15.3	86	7	7	..	..	2,168	0.3	34.6	2.7
Philippines	4,393	55.4	9.1	88	4	8	91	81	2,624	3.5	14.5	4.9
Poland	1,629	12.1	19.2 ᵈ	11	76	13	..	..	−120	−0.1	29.1	9.6
Portugal	7,223 ᵈ	7.3	10.1 ᵈ	48	37	15	..	..	−240	−0.9	5.9	6.4
Romania	9,222 ᵈ	26.0	12.5 ᵈ	59	33	8	69	10	12	0.0	10.7	4.6
Russian Federation	30,619 ᵈ	77.1	1.7 ᵈ	20	62	19	..	..	0	0.0	516.7	3.1
Rwanda	798	0.8	12.2	94 ᵉ	1 ᵉ	5 ᵉ	..	44	4	0.2	3.6	14.6
Saudi Arabia	116	17.0	708.3	90	1	9	..	..	18	0.8	49.6	2.3
Senegal	4,359 ᵈ	1.5	3.8 ᵈ	92 ᵉ	3 ᵉ	5 ᵉ	82	28	496	0.7	21.8	11.3
Sierra Leone	32,957	0.4	0.2	89 ᵉ	4 ᵉ	7 ᵉ	58	21	426	3.0	0.8	1.1
Singapore	193	0.2	31.7	4	51	45	100	..	0	0.0	0.0	0.0
Slovak Republic	15,396	1.4	1.7	..	..	..	..	..	−24	−0.1	10.5	21.8
Slovenia	9,334	0.5	2.7	..	50	50	100	97	0	0.0	1.1	5.5
South Africa	1,208 ᵈ	13.3	26.6 ᵈ	72 ᵉ	11 ᵉ	17 ᵉ	..	..	150	0.2	65.8	5.4
Spain	2,847 ᵈ	35.5	31.7 ᵈ	62	26	12	..	..	0	0.0	42.2	8.4
Sri Lanka	2,329	9.8	14.6	96	2	2	..	..	202	1.1	8.6	13.3
Sweden	20,109 ᵈ	2.7	1.5 ᵈ	9	55	36	..	..	24	0.0	36.2	8.8
Switzerland	7,458 ᵈ	2.6	4.9 ᵈ	0	58	42	100	100	0	0.0	7.1	18.0
Syrian Arab Republic	2,926	14.4	32.2	94	2	4	92	78	52	2.2	0.0	0.0
Tajikistan	13,017	11.9	14.9	92	4	4	86	32	0	0.0	5.9	4.2
Tanzania	2,770 ᵈ	1.2	1.3 ᵈ	89 ᵉ	2 ᵉ	9 ᵉ	65	45	3,226	1.0	138.2	15.6
Thailand	6,698 ᵈ	33.1	8.1 ᵈ	91	4	5	94	88	3,294	2.6	70.7	13.8
Togo	2,692 ᵈ	0.1	0.8 ᵈ	25 ᵉ	13 ᵉ	62 ᵉ	..	..	186	1.4	4.3	7.9
Tunisia	439 ᵈ	2.8	69.0 ᵈ	86 ᵉ	2 ᵉ	13 ᵉ	..	..	30	0.5	0.4	0.3
Turkey	3,213 ᵈ	35.5	17.4 ᵈ	73 ᵉ	11 ᵉ	16 ᵉ	..	..	0	0.0	10.7	1.4
Turkmenistan	9,644 ᵈ	23.8	52.3 ᵈ	98	1	1	80	5	0	0.0	19.8	4.2
Uganda	3,158 ᵈ	0.2	0.3 ᵈ	60	8	32	47	32	592	0.9	19.1	9.6
Ukraine	2,776 ᵈ	26.0 ᶠ	18.6 ᵈ	30	52	18	77	12	−54	−0.1	9.0	1.6
United Kingdom	2,489	9.3	6.4	3	77	20	100	100	−128	−0.5	50.6	20.9
United States	9,168 ᵈ	447.7	18.1 ᵈ	27 ᵉ	65 ᵉ	8 ᵉ	..	..	−5,886	−0.3	1,226.7	13.4
Uruguay	37,971 ᵈ	4.2	0.5 ᵈ	91	3	6	99	..	4	0.0	0.5	0.3
Uzbekistan	5,476 ᵈ	58.1	63.4 ᵈ	94	2	4	72	46	−2,260	−2.7	8.2	2.0
Venezuela, RB	57,821 ᵈ	4.1	0.3 ᵈ	46	10	44	..	..	5,034	1.1	319.8	36.3
Vietnam	11,647	54.3	6.1	86	10	4	53	32	1,352	1.4	9.9	3.0
Yemen, Rep.	254	2.9	71.5	92	1	7	74	14	0	0.0	0.0	0.0
Zambia	12,001 ᵈ	1.7	1.5 ᵈ	77 ᵉ	7 ᵉ	16 ᵉ	64	27	2,644	0.8	63.6	8.6
Zimbabwe	1,711 ᵈ	1.2	6.1 ᵈ	79 ᵉ	7 ᵉ	14 ᵉ	99	64	500	0.6	30.7	7.9
Welt gesamt	**8,354 w**	..	..	**70 w**	**22 w**	**8 w**	.. w		.. w **101,724 s**	**0.3 w**	**8,543.5 s**	**6.6 w**
Niedriges Einkommen	5,538	..	..	87	8	5	..	..	45,130	0.7	1,852.4	5.6
Mittleres Einkommen	9,333	..	..	74	13	12	..	..	68,288	0.3	3,396.9	5.1
Mittl. Eink., untere Kat.	6,227	..	..	75	15	10	90	84	25,214	0.2	2,095.5	4.8
Mittl. Eink., obere Kat.	..	..	..	73	10	17	..	..	43,074	0.5	1,301.4	5.9
Niedr. u. mittl. Eink.	8,114	..	..	82	10	7	..	..	113,418	0.4	5,249.3	5.3
Ostasien u. Pazifik	..	..	..	80	14	6	89	82	29,956	0.8	1,102.2	6.9
Europa u. Zentralasien	14,341	..	..	63	26	11	..	..	−5,798	−0.1	768.0	3.2
Lateinamerika u. Karibik	27,393	..	..	74	9	18	..	..	57,766	0.6	1,456.3	7.3
Naher Osten u. Nordafrika	1,045	..	..	89	4	6	..	..	800	0.9	242.1	2.2
Südasien	4,088	..	..	93	2	4	83	75	1,316	0.2	213.0	4.5
Afrika südlich der Sahara	8,441	..	..	87	4	9	..	..	29,378	0.7	1,467.7	6.2
Hohes Einkommen	..	..	..	30	59	11	..	..	−11,694	−0.2	3,294.2	10.8

Anmerkung: Zur Vergleichbarkeit der Daten und der Erhebungsgesamtheit vgl. Technische Anmerkungen. Kursiv gedruckte Zahlen gelten für andere als die angegebenen Jahre. a. Daten beziehen sich, sofern nicht anders angegeben, auf ein Jahr zwischen 1980 und 1998. b. Prozentsätze wurden, soweit nicht anders angegeben, für 1987 geschätzt. c. Daten beziehen sich auf das letzte verfügbare Jahr im Zeitraum von 1990 bis 1996. d. Die Gesamtsumme der Wasserressourcen schließt aus anderen Ländern zufließende Flüsse ein. e. Daten beziehen sich sich auf ein anderes Jahr als 1987 (vgl. Angaben in der Tabelle zu den Primärdaten in den *World Development Indicators 2000*). f. Daten beziehen sich auf ein Jahr vor 1980 (vgl. Angaben in der Tabelle zu den Primärdaten in den *World Development Indicators 2000*).

Tabelle 10. Energieverbrauch und Emissionen

Land	Gewerblicher Energieverbrauch in Tsd. Tonnen Öl-Gleichwert 1990	1997	Pro Kopf in kg Öl-Gleichwert 1990	1997	Durchschn. jährl. Anstieg in % 1990–97	BIP pro Einheit des Energieverbr. in $ bei KKP pro kg Öl-Gleichwert 1990	1997	Nettoenergieimporte[a] in % des kommerziellen Energieverbrauchs 1990	1997	Kohlendioxidemissionen Gesamt in Mio. Tonnen 1990	1996	Pro Kopf in Tonnen 1990	1996
Albania	2,567	1,048	782	317	−10.4	3.4	8.5	8	13	8.4	1.9	2.6	0.6
Algeria	23,959	26,497	958	912	−1.8	4.7	5.3	−332	−374	80.4	94.3	3.2	3.3
Angola	5,617	6,848	609	587	−0.7	3.1	2.6	−414	−505	4.6	5.1	0.5	0.5
Argentina	43,313	61,710	1,332	1,730	3.7	5.6	6.9	−9	−30	109.7	129.9	3.4	3.7
Armenia	7,941	1,804	2,240	476	−23.2	1.5	4.3	98	70	3.7	3.7	1.0	1.0
Australia	87,155	101,626	5,107	5,484	1.3	3.2	4.0	−80	−96	266.0	306.6	15.6	16.7
Austria	25,699	27,761	3,326	3,439	0.2	5.5	6.7	67	71	57.4	59.3	7.4	7.4
Azerbaijan	22,841	11,987	3,191	1,529	−10.7	1.5	1.3	11	−17	47.1	30.0	6.4	3.9
Bangladesh	20,936	24,327	190	197	1.0	5.0	6.8	10	10	15.4	23.0	0.1	0.2
Belarus	43,050	25,142	4,196	2,449	−9.3	1.6	2.4	91	87	94.3	61.7	9.1	6.0
Belgium	48,426	57,125	4,858	5,611	1.7	3.8	4.1	74	77	97.4	106.0	9.8	10.4
Benin	1,678	2,182	354	377	1.0	1.9	2.3	−6	13	0.6	0.7	0.1	0.1
Bolivia	2,896	4,254	441	548	2.5	4.0	4.1	−69	−40	5.5	10.1	0.8	1.3
Botswana	..	..	..	..	..	..	..	..	..	2.2	2.1	1.7	1.4
Brazil	136,131	172,030	920	1,051	2.0	5.8	6.5	27	30	202.6	273.4	1.4	1.7
Bulgaria	27,126	20,616	3,111	2,480	−1.2	1.7	1.9	64	52	75.3	55.3	8.6	6.6
Burkina Faso	..	..	..	..	..	..	..	..	..	1.0	1.0	0.1	0.1
Burundi	..	..	..	..	..	..	..	..	..	0.2	0.2	0.0	0.0
Cambodia	..	..	..	..	..	..	..	..	..	0.5	0.5	0.0	0.0
Cameroon	5,058	5,756	441	413	−0.8	3.5	3.6	−149	−95	1.5	3.5	0.1	0.3
Canada	209,712	237,983	7,546	7,930	1.0	2.6	3.0	−31	−52	409.6	409.4	14.7	13.8
Central African Republic	..	..	..	..	..	..	..	..	..	0.2	0.2	0.1	0.1
Chad	..	..	..	..	..	..	..	..	..	0.1	0.1	0.0	0.0
Chile	13,876	23,012	1,059	1,574	5.7	4.5	5.7	46	65	36.3	48.8	2.8	3.4
China	866,666	1,113,050	763	907	2.9	1.8	3.3	−3	1	2,401.7	3,363.5	2.1	2.8
Hong Kong, China	10,455	14,121	1,833	2,172	2.2	8.7	10.6	100	100	26.2	23.1	4.6	3.7
Colombia	26,762	30,481	765	761	0.7	7.4	8.2	−80	−122	55.9	65.3	1.6	1.7
Congo, Dem. Rep.	11,858	14,539	317	311	−0.2	4.5	2.7	−1	1	4.1	2.3	0.1	0.1
Congo, Rep.	1,117	1,242	503	459	−1.5	2.0	2.2	−706	−990	2.0	5.0	0.9	1.9
Costa Rica	2,025	2,663	676	769	2.0	6.8	7.7	49	57	2.9	4.7	1.0	1.4
Côte d'Ivoire	4,596	5,597	395	394	−0.2	3.5	4.0	26	12	9.9	13.1	0.9	0.9
Croatia	..	7,650	..	1,687	9.6	..	4.0	..	48	..	17.5	..	3.9
Czech Republic	45,020	40,576	4,344	3,938	−0.1	2.8	3.3	13	22	141.7	126.7	13.7	12.3
Denmark	18,282	21,107	3,557	3,994	1.8	5.0	6.0	45	4	50.7	56.6	9.9	10.7
Dominican Republic	3,973	5,453	559	673	2.5	5.6	6.6	74	74	9.4	12.9	1.3	1.6
Ecuador	6,558	8,513	639	713	1.9	4.1	4.6	−150	−168	16.6	24.5	1.6	2.1
Egypt, Arab Rep.	31,895	39,581	608	656	0.8	3.9	4.7	−72	−47	75.4	97.9	1.4	1.7
El Salvador	2,695	4,095	527	691	3.9	5.5	5.9	30	35	2.6	4.0	0.5	0.7
Eritrea	..	..	..	..	..	..	..	..	..	..	..	..	..
Estonia	10,163	5,556	6,469	3,811	−7.4	1.2	2.0	47	32	21.4	16.4	13.8	11.2
Ethiopia	15,208	17,131	297	287	−0.3	1.6	2.1	7	5	3.0	3.4	0.1	0.1
Finland	28,813	33,075	5,779	6,435	1.5	3.0	3.2	59	54	51.1	59.2	10.2	11.5
France	227,600	247,534	4,012	4,224	0.6	4.3	5.0	51	48	353.2	361.8	6.2	6.2
Georgia	10,590	2,295	1,940	423	−24.2	4.3	7.9	87	70	15.2	3.0	2.8	0.5
Germany	355,732	347,272	4,478	4,231	−0.6	4.3	5.2	48	60	889.2	861.2	11.1	10.5
Ghana	5,233	6,896	352	383	1.7	4.0	4.5	16	15	3.5	4.0	0.2	0.2
Greece	22,056	25,556	2,171	2,435	1.6	5.1	5.7	60	62	72.2	80.6	7.1	7.7
Guatemala	4,377	5,633	500	536	0.9	5.5	6.5	24	21	5.1	6.8	0.6	0.7
Guinea	..	..	..	..	..	..	..	..	..	1.0	1.1	0.2	0.2
Haiti	1,585	1,779	245	237	0.2	6.5	5.9	21	27	1.0	1.1	0.2	0.1
Honduras	2,442	3,182	501	532	0.8	4.1	4.7	31	37	2.6	4.0	0.5	0.7
Hungary	28,463	25,311	2,746	2,492	−1.0	3.3	4.0	50	50	64.1	59.5	6.2	5.8
India	359,846	461,032	424	479	1.9	3.3	4.2	7	12	675.3	997.4	0.8	1.1
Indonesia	98,846	138,779	555	693	3.1	3.4	4.5	−69	−60	165.2	245.1	0.9	1.2
Iran, Islamic Rep.	72,342	108,289	1,330	1,777	3.7	2.9	3.0	−151	−108	212.4	266.7	3.9	4.4
Ireland	10,463	12,491	2,984	3,412	2.0	3.8	6.0	68	77	29.8	34.9	8.5	9.6
Israel	11,923	17,591	2,559	3,014	2.9	5.1	5.8	96	97	34.6	52.3	7.4	9.2
Italy	153,316	163,315	2,703	2,839	0.5	6.3	7.3	84	82	398.9	403.2	7.0	7.0
Jamaica	3,037	3,963	1,264	1,552	3.6	2.5	2.2	85	85	8.0	10.1	3.3	4.0
Japan	438,797	514,898	3,552	4,084	2.2	5.4	6.0	83	79	1,070.7	1,167.7	8.7	9.3
Jordan	3,445	4,795	1,087	1,081	0.3	2.1	3.3	97	96	..	..	..	..
Kazakhstan	106,028	38,418	6,486	2,439	−11.6	1.0	1.8	15	−69	292.7	173.8	17.7	10.9
Kenya	12,479	14,138	530	494	−1.2	1.8	2.0	18	18	5.8	6.8	0.2	0.2
Korea, Rep.	91,402	176,351	2,132	3,834	8.9	4.0	3.9	76	86	241.2	408.1	5.6	9.0
Kuwait	13,132	16,165	6,180	8,936	12.9	..	..	−409	−618	..	..	..	..
Kyrgyz Republic	1,875	2,793	427	603	−4.5	8.3	3.8	−27	50	11.8	6.1	2.6	1.3
Lao PDR	..	..	..	..	..	..	..	..	..	0.2	0.3	0.1	0.1
Latvia	3,274	4,460	1,226	1,806	−1.1	6.6	3.1	88	63	13.1	9.3	5.0	3.7
Lebanon	2,297	5,244	632	1,265	10.3	3.2	3.3	94	96	9.1	14.2	2.5	3.5
Lesotho	..	..	..	..	..	..	..	..	..	..	..	..	..
Lithuania	17,224	8,806	4,628	2,376	−10.2	..	2.6	72	55	21.4	13.8	5.7	3.7
Macedonia, FYR	..	..	..	..	..	..	..	..	..	..	12.7	..	6.4
Madagascar	..	..	..	..	..	..	..	..	..	0.9	1.2	0.1	0.1
Malawi	..	..	..	..	..	..	..	..	..	0.6	0.7	0.1	0.1
Malaysia	23,974	48,473	1,317	2,237	6.4	4.0	4.0	−104	−53	55.3	119.1	3.0	5.6

UMWELT

Land	Gewerblicher Energieverbrauch in Tsd. Tonnen Öl-Gleichwert		Pro Kopf in kg Öl-Gleichwert		Durchschn. jährl. Anstieg in %	BIP pro Einheit des Energieverbr. in $ bei KKP pro kg Öl-Gleichwert		Nettoenergieimporte[a] in % des kommerziellen Energieverbrauchs		Kohlendioxidemissionen Gesamt in Mio. Tonnen		Pro Kopf in Tonnen	
	1990	1997	1990	1997	1990–97	1990	1997	1990	1997	1990	1996	1990	1996
Mali	..	..	..	..		..	..	..	..	0.4	0.5	0.0	0.0
Mauritania										2.6	2.9	1.3	1.2
Mexico	124,187	141,520	1,492	1,501	–0.3	4.2	5.1	–57	–58	295.0	348.1	3.5	3.8
Moldova	9,959	4,436	2,283	1,029	–11.2	2.0	2.1	100	98	21.8	12.1	5.0	2.8
Mongolia	..	..	..	..		..	..	..	..	10.0	8.9	4.5	3.6
Morocco	6,745	9,275	281	340	2.9	9.9	9.5	89	88	23.5	27.9	1.0	1.0
Mozambique	7,318	7,664	517	461	–1.7	1.0	1.6	6	9	1.0	1.0	0.1	0.1
Myanmar	10,787	13,009	266	296	1.6	..	..	–1	6	4.1	7.3	0.1	0.2
Namibia	..	..	..	..		..	..	..	..				
Nepal	5,834	7,160	311	321	0.6	2.8	3.7	3	8	0.6	1.6	0.0	0.1
Netherlands	66,593	74,910	4,454	4,800	1.1	3.8	4.6	10	13	138.9	155.2	9.3	10.0
New Zealand	14,157	16,679	4,120	4,435	0.9	3.4	4.0	14	15	23.6	29.8	6.9	8.0
Nicaragua	2,174	2,573	568	551	–0.8	2.8	3.9	31	41	2.6	2.9	0.7	0.6
Niger	..	..	..	..		..	..	..	..	1.0	1.1	0.1	0.1
Nigeria	70,905	88,652	737	753	0.2	1.0	1.1	–112	–115	88.7	83.3	0.9	0.7
Norway	21,456	24,226	5,059	5,501	1.0	3.6	4.8	–460	–778	47.7	67.0	11.2	15.3
Pakistan	43,238	56,818	400	442	1.7	3.3	3.9	21	26	67.9	94.3	0.6	0.8
Panama	1,535	2,328	640	856	4.0	5.8	6.1	61	65	3.1	6.7	1.3	2.5
Papua New Guinea	..	..	..	..		..	..	..	..	2.4	2.4	0.6	0.5
Paraguay	3,097	4,191	734	824	2.1	5.3	5.5	–48	–66	2.3	3.7	0.5	0.7
Peru	11,549	15,127	535	621	2.4	5.3	7.3	–6	19	22.2	26.2	1.0	1.1
Philippines	28,294	38,251	452	520	2.3	6.8	7.2	44	57	44.3	63.2	0.7	0.9
Poland	100,114	105,155	2,626	2,721	0.8	2.1	2.7	1	4	347.6	356.8	9.1	9.2
Portugal	16,419	20,400	1,659	2,051	2.9	6.6	7.1	87	89	42.3	47.9	4.3	4.8
Romania	61,117	44,135	2,634	1,957	–2.6	2.3	3.2	35	30	155.1	119.3	6.7	5.3
Russian Federation	906,433	591,982	6,112	4,019	–6.2	1.6	1.7	–40	–57	1,954.4	1,579.5	13.1	10.7
Rwanda	..	..	..	..		..	..	..	..	0.5	0.5	0.1	0.1
Saudi Arabia	63,275	98,449	4,004	4,906	1.7	2.5	2.1	–483	–395	177.1	267.8	11.2	13.8
Senegal	2,213	2,770	302	315	0.5	3.8	4.1	38	40	2.9	3.1	0.4	0.4
Sierra Leone	..	..	..	..		..	..	..	..	0.3	0.4	0.1	0.1
Singapore	13,357	26,878	4,938	8,661	8.4	2.8	2.9	..	100	41.9	65.8	15.5	21.6
Slovak Republic	21,363	17,216	4,044	3,198	–2.7	2.1	3.0	75	73	43.0	39.6	8.1	7.4
Slovenia	5,250	..	2,627	..	3.6	..	4.4	..	55	..	13.0	..	6.5
South Africa	91,229	107,220	2,592	2,636	0.3	3.1	3.3	–26	–33	291.1	292.7	8.3	7.3
Spain	90,552	107,328	2,332	2,729	2.0	5.3	5.9	62	71	211.7	232.5	5.5	5.9
Sri Lanka	5,476	7,159	322	386	2.4	6.2	7.6	23	39	3.9	7.1	0.2	0.4
Sweden	47,747	51,934	5,579	5,869	1.0	3.1	3.5	38	36	48.5	54.1	5.7	6.1
Switzerland	24,998	26,218	3,724	3,699	–0.3	6.2	6.9	61	58	42.7	44.2	6.4	6.3
Syrian Arab Republic	11,928	14,642	984	983	–0.3	2.4	3.0	–89	–124	35.8	44.3	3.0	3.1
Tajikistan	3,268	3,384	616	562	–8.0	4.0	1.6	43	63	21.3	5.8	3.8	1.0
Tanzania	12,529	14,258	492	455	–1.1	0.9	1.0	6	5	2.3	2.4	0.1	0.1
Thailand	43,706	79,963	786	1,319	8.5	4.9	4.7	39	42	95.7	205.4	1.7	3.4
Togo	..	..	..	..		..	..	..	..	0.7	0.8	0.2	0.2
Tunisia	5,683	6,805	697	738	1.1	5.5	7.2	–7	2	13.3	16.2	1.6	1.8
Turkey	52,498	71,273	935	1,142	2.9	5.0	5.7	51	61	143.8	178.3	2.6	2.9
Turkmenistan	18,923	12,181	5,159	2,615	–6.7	1.1	1.0	–293	–54	34.2	34.2	8.5	7.4
Uganda	..	..	..	..		..	..	..	..	0.8	1.0	0.1	0.1
Ukraine	252,631	150,059	4,868	2,960	–7.5	1.3	1.1	46	46	631.1	397.3	12.1	7.8
United Kingdom	213,090	227,977	3,702	3,863	0.7	4.4	5.3	2	–18	563.3	557.0	9.8	9.5
United States	1,925,680	2,162,190	7,720	8,076	0.8	2.9	3.6	14	22	4,824.0	5,301.0	19.3	20.0
Uruguay	2,233	2,883	719	883	2.2	8.2	9.7	48	62	3.9	5.6	1.3	1.7
Uzbekistan	43,697	42,553	2,130	1,798	–3.1	1.1	1.1	12	–15	106.5	95.0	5.0	4.1
Venezuela, RB	40,851	57,530	2,095	2,526	1.3	2.4	2.4	–221	–255	113.6	144.5	5.8	6.5
Vietnam	24,451	39,306	369	521	4.9	2.7	3.2	–1	–11	22.5	37.6	0.3	0.5
Yemen, Rep.	2,665	3,355	224	208	–1.8	3.0	3.5	–267	–469	..	..	..	..
Zambia	5,220	5,987	671	634	–1.0	1.1	1.2	8	7	2.4	2.4	0.3	0.3
Zimbabwe	8,934	9,926	917	866	–1.2	2.6	3.1	9	18	16.6	18.4	1.7	1.6
Welt gesamt	**8,608,414 t**	**9,431,190 t**	**1,705 w**	**1,692 w**	**0.0 w**	**.. w**	**.. w**	**.. w**	**.. w**	**16,183.1 t**	**22,690.1 t**	**3.3 w**	**4.0 w**
Niedriges Einkommen	1,122,683	1,194,696	607	563	–1.2	..	..	–17	–9	1,376.8	2,433.8	0.7	1.1
Mittleres Einkommen	3,297,830	3,523,253	1,397	1,368	–0.2	..	..	–28	–33	5,772.8	9,524.1	2.7	3.7
Mittl. Eink., untere Kat.	2,426,917	2,384,856	1,302	1,178	–1.2	..	..	–18	–20	3,721.6	6,734.6	2.2	3.3
Mittl. Eink., obere Kat.	870,913	1,138,397	1,753	2,068	2.2	..	..	–63	–65	2,051.2	2,789.6	4.3	5.1
Niedr. u. mittl. Eink.	4,420,513	4,717,949	1,049	1,005	–0.6	..	..	–26	–28	7,150.8	11,959.5	1.8	2.5
Ostasien u. Pazifik	1,188,126	1,647,182	743	942	3.8	..	..	..	..	3,289.6	4,717.5	2.0	2.7
Europa u. Zentralasien	1,799,838	1,240,586	3,966	2,690	–5.6	1.8	2.2	–5	–13	924.8	3,448.9	9.1	7.3
Lateinamerika u. Karibik	457,439	575,389	1,057	1,181	1.4	..	..	–31	–35	966.4	1,207.5	2.2	2.5
Naher Osten u. Nordafrika	266,687	374,375	1,134	1,354	2.1	3.3	3.3	–266	–225	737.6	987.2	3.3	3.9
Südasien	435,330	556,496	394	443	1.9	..	..	9	15	765.9	1,125.1	0.7	0.9
Afrika südlich der Sahara	273,093	323,921	705	695	–0.2	..	..	..	..	465.3	471.7	0.9	0.8
Hohes Einkommen	4,187,901	4,713,241	4,996	5,369	1.1	..	..	23	24	9,033.5	10,732.1	11.9	12.3

Anmerkung: Zur Vergleichbarkeit der Daten und der Erhebungsgesamtheit vgl. Technische Anmerkungen. Kursiv gedruckte Zahlen gelten für andere als die angegebenen Jahre.
a. Bei einem negativen Wert handelt es sich bei dem Land um einen Netto-Exporteur.

Tabelle 11. Wirtschaftswachstum

	Durchschnittliche jährliche Wachstumsrate in %												
	Brutto-inlandsprodukt		impliziter BIP-Deflator		Wertschöpfung Landwirtschaft		Wertschöpfung Industrie		Wertschöpfung Dienstleistungen		Ausfuhr von Waren und Dienstleistungen		Bruttoinlands-investitionen
Land	1980–90	1990–99	1980–90	1990–99	1980–90	1990–99	1980–90	1990–99	1980–90	1990–99	1980–90	1990–99	1990–99
Albania	1.5	2.3	−0.4	51.5	1.9	6.2	2.1	−4.6	−0.4	5.0	..	13.6	22.4
Algeria	2.7	1.6	8.1	19.0	4.6	3.0	2.3	−0.1	3.6	3.1	4.1	2.2	0.2
Angola	3.4	0.8	5.9	813.8	0.5	−3.1	6.4	4.2	1.8	−3.4	2.2	8.2	12.9
Argentina	−0.7	4.9	391.1	6.2	0.7	3.1	−1.3	4.8	0.0	4.8	3.8	8.7	9.1
Armenia	..	−3.1	..	269.5	..	−0.3	..	−9.0	..	−6.2	..	−21.5	−29.5
Australia	3.4	3.8	7.3	1.6	3.3	1.1	2.9	2.5	3.8	4.4	6.9	7.9	6.1
Austria	2.2	2.0	3.3	2.3	1.1	−0.7	1.9	1.3	2.5	2.2	4.9	4.5	2.9
Azerbaijan	..	−9.0	..	249.5	..	−0.5	..	9.3	..	−0.7	..	12.6	14.7
Bangladesh	4.3	4.8	9.5	3.9	2.7	2.3	4.9	3.9	5.2	6.3	7.7	13.2	7.0
Belarus	..	−4.3	..	449.9	..	−5.4	..	−5.6	..	−2.4	..	−11.1	−10.0
Belgium	1.9	1.7	4.4	2.2	2.0	1.7	2.2	1.1	1.9	1.4	4.3	4.2	0.3
Benin	2.5	4.7	1.7	9.4	5.1	5.3	3.4	3.8	0.7	4.4	−2.4	1.9	5.3
Bolivia	−0.2	4.2	327.2	9.4	..	..	..	..	..	..	1.0	4.9	10.1
Botswana	10.3	4.3	13.6	10.0	3.3	0.3	10.2	2.8	11.7	6.3	10.6	2.5	−1.3
Brazil	2.7	2.9	284.0	264.3	2.8	3.0	2.0	3.2	3.3	2.7	7.5	4.9	3.1
Bulgaria	3.4	−2.7	1.8	111.8	−2.1	0.3	5.2	−4.4	4.5	−2.3	−3.5	0.3	−0.9
Burkina Faso	3.6	3.8	3.3	6.2	3.1	3.5	3.8	3.9	4.6	3.5	−0.4	0.4	4.8
Burundi	4.4	−2.9	4.4	11.7	3.1	−2.0	4.5	−6.7	5.6	−2.5	3.4	2.4	−12.4
Cambodia	..	4.8	..	28.7	..	2.1	..	9.6	..	6.9	..	..	..
Cameroon	3.4	1.3	5.6	5.5	2.2	5.3	5.9	−2.0	2.1	0.1	5.9	2.7	0.0
Canada	3.3	2.3	4.5	1.3	1.2	1.1	3.1	2.2	3.6	1.9	6.3	8.8	2.6
Central African Republic	1.4	1.8	7.9	4.9	1.6	3.7	1.4	0.4	1.0	−0.7	−1.2	6.7	−1.7
Chad	6.1	2.3	1.4	7.6	2.3	4.9	8.1	2.2	6.7	0.8	6.5	5.0	4.4
Chile	4.2	7.2	20.7	8.6	5.9	1.3	3.5	6.3	2.9	7.5	6.9	9.7	11.4
China	10.1	10.7	5.9	8.2	5.9	4.3	11.1	14.4	13.5	9.2	19.3	13.0	12.8
Hong Kong, China	6.9	3.9	7.7	5.2	..	..	..	..	..	..	14.4	8.4	6.3
Colombia	3.6	3.3	24.8	20.5	2.9	−2.6	5.0	2.3	3.1	6.3	7.5	5.2	7.5
Congo, Dem. Rep.	1.6	−5.1	62.9	1,423.1	2.5	2.9	0.9	−11.7	1.3	−15.2	9.6	−5.5	−3.5
Congo, Rep.	3.3	0.9	0.5	7.1	3.4	1.7	5.2	−0.2	2.1	1.5	5.1	4.3	4.7
Costa Rica	3.0	4.1	23.6	16.8	3.1	2.5	2.8	3.7	3.1	4.9	6.1	9.7	3.4
Côte d'Ivoire	0.7	3.7	2.8	6.8	0.3	1.8	4.4	5.9	−0.3	3.9	1.9	4.7	17.6
Croatia	..	−0.4	..	131.2	..	−3.3	..	−4.8	..	1.4	..	..	..
Czech Republic	1.7	0.9	2.6	13.7	..	2.6	..	−0.1	..	1.1	..	9.0	6.3
Denmark	2.3	2.8	5.6	1.7	3.1	1.7	2.9	1.9	2.3	1.5	4.3	3.8	4.8
Dominican Republic	3.1	5.7	21.6	9.8	0.4	3.8	3.6	6.8	3.5	5.7	4.5	7.5	7.4
Ecuador	2.0	2.2	36.4	33.7	4.4	2.0	1.2	2.7	1.7	1.9	5.4	4.4	1.1
Egypt, Arab Rep.	5.4	4.4	13.7	9.1	2.7	3.1	5.2	4.7	6.6	4.3	5.2	3.1	6.7
El Salvador	0.2	4.9	16.3	8.1	−1.1	0.9	0.1	5.6	0.7	5.6	−3.4	11.7	7.2
Eritrea	..	5.2	..	9.7	..	..	..	..	..	..	..	0.5	..
Estonia	2.2	−1.3	2.3	62.7	..	−3.4	..	−4.5	..	1.4	..	10.2	−1.8
Ethiopia[a]	1.1	4.8	4.6	7.4	0.2	2.5	0.4	6.3	3.1	6.7	2.4	9.3	13.4
Finland	3.3	2.5	6.8	1.8	−0.2	0.2	3.3	2.1	3.7	0.1	2.2	9.6	−3.2
France	2.3	1.7	6.0	1.5	2.0	0.5	1.1	0.6	3.0	1.7	3.7	4.9	−1.6
Georgia	0.4	−10.3	1.9	513.0	..	2.5	..	3.4	..	15.4	..	9.8	51.2
Germany[b]	2.2	1.5	..	2.0	1.7	0.5	1.2	0.5	2.9	1.8	..	4.1	0.5
Ghana	3.0	4.3	42.1	27.2	1.0	3.4	3.3	4.8	5.7	5.0	2.5	10.8	4.2
Greece	1.8	1.9	18.0	10.1	−0.1	2.0	1.3	−0.5	2.7	1.8	7.2	3.3	1.3
Guatemala	0.8	4.2	14.6	10.7	1.2	2.7	−0.2	4.1	0.9	4.9	−1.8	6.4	5.0
Guinea	..	4.2	..	6.2	..	4.5	..	4.5	..	3.2	..	4.7	2.4
Haiti	−0.2	−1.7	7.5	23.3	−0.1	−4.3	−1.7	−1.0	0.9	−0.3	1.2	2.4	1.7
Honduras	2.7	3.2	5.7	19.8	2.7	1.8	3.3	3.6	2.5	3.7	1.1	2.0	6.0
Hungary	1.3	1.0	8.9	20.7	1.7	−3.2	0.2	2.4	2.1	0.6	3.6	8.2	8.4
India	5.8	6.1	8.0	8.6	3.1	3.8	7.0	6.7	6.9	7.7	5.9	11.3	7.4
Indonesia	6.1	4.7	8.5	14.4	3.4	2.6	6.9	7.8	7.0	5.4	2.9	9.2	5.1
Iran, Islamic Rep.	1.7	3.4	14.4	26.7	4.5	3.8	3.3	3.7	−1.0	5.8	6.9	0.2	1.4
Ireland	3.2	7.9	6.6	2.0	..	..	..	..	..	..	9.0	13.3	4.8
Israel	3.5	5.1	101.1	10.6	..	..	..	..	..	..	5.5	9.1	5.5
Italy	2.4	1.2	10.0	4.1	0.1	1.1	2.0	0.9	2.8	1.2	4.1	7.2	−1.0
Jamaica	2.0	0.1	18.6	25.8	0.6	2.3	2.4	−0.6	1.8	0.3	5.4	0.1	3.9
Japan	4.0	1.4	1.7	0.1	1.3	−1.3	4.2	1.1	3.9	2.3	4.5	5.1	1.1
Jordan	2.5	4.8	4.3	3.2	6.8	−4.6	1.7	6.2	2.0	5.5	5.9	7.4	3.4
Kazakhstan	..	−5.9	..	255.7	..	−12.2	..	−8.0	..	1.2	..	4.3	−11.7
Kenya	4.2	2.2	9.1	14.8	3.3	1.4	3.9	1.9	4.9	3.3	4.4	0.4	4.9
Korea, Rep.	9.4	5.7	6.1	5.8	2.8	2.1	12.0	6.2	8.9	5.8	12.0	15.6	1.6
Kuwait	1.3	..	−2.8	..	14.7	..	1.0	..	2.1	..	−2.3	..	..
Kyrgyz Republic	..	−7.4	..	157.3	..	−1.5	..	−15.3	..	−8.2	..	6.7	12.6
Lao PDR	3.7	6.4	37.6	22.9	3.5	4.6	6.1	11.8	3.3	7.4	..	..	..
Latvia	3.7	−4.8	−0.2	58.8	2.8	−7.6	4.6	−10.0	3.4	1.7	..	0.7	−4.4
Lebanon	..	7.7	..	24.0	..	..	..	..	..	..	..	15.6	18.4
Lesotho	4.6	4.4	12.1	9.6	2.8	2.0	5.5	6.3	4.0	5.2	4.9	11.3	2.3
Lithuania	..	−3.9	..	90.4	..	−1.5	..	−9.9	..	−0.4	..	2.9	8.8
Macedonia, FYR	..	1.9	..	13.5	..	3.1	..	−2.1	..	−2.6	..	1.2	6.7
Madagascar	1.1	1.7	17.1	20.6	2.5	1.5	0.9	1.9	0.3	1.9	−1.7	3.6	0.9
Malawi	2.5	4.0	14.6	33.5	2.0	9.0	2.9	1.7	3.6	0.7	..	4.9	−7.5
Malaysia	5.3	6.3	1.7	5.0	3.8	1.1	7.2	9.4	4.2	7.6	10.9	11.0	6.2

WIRTSCHAFT

Durchschnittliche jährliche Wachstumsrate in %

Land	Brutto-inlandsprodukt		impliziter BIP-Deflator		Wertschöpfung Landwirtschaft		Wertschöpfung Industrie		Wertschöpfung Dienstleistungen		Ausfuhr von Waren und Dienstleistungen		Bruttoinlands-investitionen
	1980–90	1990–99	1980–90	1990–99	1980–90	1990–99	1980–90	1990–99	1980–90	1990–99	1980–90	1990–99	1990–99
Mali	0.8	3.6	4.5	8.5	3.3	2.8	4.3	6.4	1.9	2.7	4.8	9.6	-0.8
Mauritania	1.8	4.1	8.4	6.1	1.7	5.2	4.9	2.8	0.4	4.8	2.1	1.6	6.8
Mexico	1.1	2.7	71.5	19.3	0.8	1.3	1.1	3.6	1.4	2.4	7.0	14.3	3.9
Moldova	3.0	-11.5	..	142.5	..	-6.2	..	-11.8	..	-14.8	..	4.8	-20.0
Mongolia	5.4	0.7	-1.6	66.5	1.4	2.9	6.6	-1.8	5.9	0.8	..	..	..
Morocco	4.2	2.3	7.1	3.2	6.7	0.0	3.0	3.1	4.2	2.5	5.7	3.0	1.5
Mozambique	-0.1	6.3	38.3	36.4	6.6	5.2	-4.5	9.9	9.1	5.5	-6.8	13.4	13.1
Myanmar	0.6	6.3	12.2	25.9	0.5	4.9	0.5	10.1	0.8	6.6	1.9	7.5	14.7
Namibia	1.3	3.4	13.7	9.8	1.9	3.8	-0.6	2.5	2.3	3.4	0.7	4.3	2.5
Nepal	4.6	4.8	11.1	8.6	4.0	2.3	8.7	7.0	3.9	6.0	3.9	14.3	5.7
Netherlands	2.3	2.7	1.6	2.1	3.4	3.7	1.6	1.2	2.6	2.3	4.5	4.8	1.5
New Zealand	1.7	2.9	10.8	1.5	3.8	2.6	1.1	3.5	1.8	3.4	4.0	5.4	8.1
Nicaragua	-1.9	3.2	422.3	38.8	-2.2	5.4	-2.3	4.1	-1.5	1.1	-3.9	10.3	12.6
Niger	-0.1	2.5	1.9	6.4	1.7	3.3	-1.7	1.9	-0.7	1.9	-2.9	1.7	5.4
Nigeria	1.6	2.4	16.7	34.8	3.3	2.9	-1.1	1.7	3.7	3.1	-0.3	2.5	5.8
Norway	2.8	3.7	5.6	1.8	-0.2	4.1	3.3	5.5	2.7	3.2	5.2	6.1	5.1
Pakistan	6.3	4.0	6.7	10.7	4.3	4.3	7.3	4.9	6.8	4.6	8.4	2.7	2.1
Panama	0.5	4.2	1.9	2.0	2.5	1.7	-1.3	5.5	0.7	4.2	-0.9	0.0	12.1
Papua New Guinea	1.9	4.0	5.3	7.8	1.8	2.3	1.9	6.9	2.0	2.8	3.3	9.5	6.8
Paraguay	2.5	2.4	24.4	13.7	3.6	2.8	0.3	2.8	3.1	2.0	12.2	5.1	1.5
Peru	-0.3	5.4	231.3	28.7	2.7	5.8	-0.9	6.7	-0.7	4.0	-1.6	9.0	9.0
Philippines	1.0	3.2	14.9	8.4	1.0	1.5	-0.9	3.4	2.8	3.9	3.5	9.6	4.1
Poland	2.2	4.7	53.5	24.5	-0.4	0.0	0.3	6.3	2.8	3.8	6.6	10.8	11.9
Portugal	3.1	2.5	18.0	5.3	..	-0.4	..	0.7	..	2.2	8.7	5.6	3.5
Romania	0.5	-1.2	2.5	105.5	..	-0.5	..	-1.6	..	-1.0	..	6.1	-11.8
Russian Federation	..	-6.1	..	189.6	..	-6.3	..	-9.8	..	-1.8	..	2.3	-13.3
Rwanda	2.2	-1.5	4.0	16.3	0.5	-3.9	2.5	2.0	5.5	-1.2	3.4	-6.0	2.1
Saudi Arabia	0.0	1.6	-4.9	1.4	13.4	0.7	-2.3	1.5	1.3	2.0	..	..	..
Senegal	3.1	3.2	6.5	5.2	2.8	1.6	4.3	4.6	2.8	3.4	3.7	2.6	3.1
Sierra Leone	1.2	-4.8	62.8	31.2	3.1	1.6	1.7	-7.1	-2.7	-5.3	0.2	-12.2	-10.3
Singapore	6.7	8.0	1.9	1.6	-6.2	0.4	5.3	7.9	7.6	8.0	..	12.0	8.5
Slovak Republic	2.0	1.9	1.8	10.8	1.6	-0.2	2.0	-4.9	0.8	8.0	..	-0.5	4.6
Slovenia	..	2.4	..	23.5	..	-0.1	..	2.0	..	3.8	1.9	5.3	10.2
South Africa	1.0	1.9	15.5	10.2	2.9	..	0.7	0.9	2.4	2.4	5.7	10.9	3.0
Spain	3.0	2.2	9.3	4.0	..	-2.5	..	..	..	..	..	..	-0.5
Sri Lanka	4.0	5.3	11.0	9.7	2.2	1.5	4.6	7.4	4.7	5.6	4.9	8.4	6.2
Sweden	2.3	1.5	7.4	2.1	1.5	..	2.8	..	2.2	..	4.3	8.3	-2.2
Switzerland	2.0	0.5	3.4	1.5	..	..	..	..	..	..	3.5	2.2	-0.4
Syrian Arab Republic	1.5	5.7	15.3	8.7	-0.6	..	6.6	..	0.1	..	7.3	4.7	7.9
Tajikistan	..	-9.8	..	300.0	..	-12.2	..	-17.2	..	-10.7	..	..	..
Tanzania[c]	..	3.1	..	23.2	..	3.6	..	2.6	..	2.5	..	9.5	-1.7
Thailand	7.6	4.7	3.9	4.6	3.9	2.7	9.8	6.7	7.3	5.5	14.1	9.4	-2.9
Togo	1.7	2.5	4.8	8.3	5.6	4.5	1.1	2.9	-0.3	0.5	0.1	1.5	11.6
Tunisia	3.3	4.6	7.4	4.7	2.8	2.1	3.1	4.5	3.5	5.3	5.6	5.1	3.4
Turkey	5.4	4.1	45.2	77.9	1.3	1.6	7.8	4.8	4.4	4.3	..	11.9	4.6
Turkmenistan	..	-3.5	..	622.8	..	..	..	..	..	..	..	..	..
Uganda	2.9	7.2	113.8	13.7	2.1	3.7	5.0	12.7	2.8	8.1	1.8	16.3	9.9
Ukraine	..	-10.8	..	440.0	..	-5.8	..	-15.5	..	-3.1	..	-3.6	-24.8
United Kingdom	3.2	2.2	5.7	2.9	..	..	..	..	..	..	3.9	6.0	1.8
United States	3.0	3.4	4.2	1.8	..	2.5	..	4.9	..	2.1	4.7	9.3	7.0
Uruguay	0.4	3.7	61.3	36.0	0.0	4.3	-0.2	1.7	0.8	4.5	4.3	7.0	8.9
Uzbekistan	..	-2.0	..	356.7	..	-1.0	..	-5.1	..	-1.1	..	..	..
Venezuela, RB	1.1	1.7	19.3	47.6	3.0	0.7	1.6	2.6	0.5	0.8	2.8	5.6	2.9
Vietnam	4.6	8.1	210.8	16.8	4.3	4.9	..	13.0	..	8.6	..	27.7	25.5
Yemen, Rep.	..	3.0	..	26.0	..	5.0	..	7.8	..	-1.8	..	10.2	7.7
Zambia	1.0	1.0	42.2	56.9	3.6	-4.4	0.8	-4.3	-1.5	10.6	-3.4	1.8	11.3
Zimbabwe	3.6	2.4	11.6	23.8	3.1	4.3	3.2	-1.2	3.1	3.6	4.3	11.0	-0.7
Welt gesamt	**3.2 w**	**2.5 w**			**2.7 w**	**1.6 w**	**.. w**	**3.0 w**	**.. w**	**2.5 w**	**5.2 w**	**6.9 w**	**2.9 w**
Niedriges Einkommen	4.4	2.4			3.0	2.5	5.4	1.1	5.7	4.7	3.3	5.3	-1.4
Mittleres Einkommen	3.2	3.5			3.5	2.0	3.6	4.4	3.5	3.6	7.3	8.8	4.0
Mittl. Eink., untere Kat.	4.0	3.4			4.0	2.0	6.1	5.2	5.3	3.7	7.6	6.7	3.5
Mittl. Eink., obere Kat.	2.5	3.6			2.8	1.9	2.3	3.9	2.8	3.6	7.0	10.8	4.4
Niedr. u. mittl. Eink.	3.4	3.3			3.4	2.2	3.8	3.9	3.8	3.7	6.6	8.2	3.0
Ostasien u. Pazifik	8.0	7.4			4.4	3.4	9.5	9.8	8.7	6.6	11.1	12.6	7.0
Europa u. Zentralasien	2.4	-2.7			..	-3.0	..	-3.5	..	0.5	..	4.4	-7.0
Lateinamerika u. Karibik	1.7	3.4			2.2	2.0	1.3	3.6	1.8	3.4	5.4	8.7	4.9
Naher Osten u. Nordafrika	2.0	3.0			5.5	2.5	0.3	2.1	2.2	3.5	..	..	6.8
Südasien	5.7	5.7			3.2	3.7	6.8	6.3	6.6	7.0	6.5	9.6	3.6
Afrika südlich der Sahara	1.7	2.4			2.5	2.5	1.2	1.5	2.4	2.5	2.4	4.4	3.6
Hohes Einkommen	3.1	2.4			..	0.8	..	2.6	..	2.2	5.0	6.5	2.6

Anmerkung: Zur Vergleichbarkeit der Daten und der Erhebungsgesamtheit vgl. Technische Anmerkungen. Kursiv gedruckte Zahlen gelten für andere als die angegebenen Jahre. a. Daten aus Jahren vor 1992 schließen Eritrea ein. b. Daten aus Jahren vor 1990 beziehen sich auf die Bundesrepublik Deutschland vor der Wiedervereinigung. c. Daten beziehen sich ausschließlich auf das Festland Tansanias.

Tabelle 12. Struktur der Produktion

Land	Bruttoinlandsprodukt in Mio. $		Landwirtschaft		Industrie		Verarb. Industrie		Dienstleistungssektor	
	1990	1999	1990	1999	1990	1999	1990	1999	1990	1999
Albania	2,102	3,058	37	54	47	25	..	..	16	21
Algeria	61,902	47,015	14	13	45	54	12	11	41	33
Angola	10,260	5,861	18	7	41	70	5	63	41	23
Argentina	141,352	281,942	8	6	36	32	27	22	56	61
Armenia	4,124	1,911	17	33	52	32	33	22	31	35
Australia	297,204	389,691	3	..	29	..	15	..	67	..
Austria	159,499	208,949	3	..	32	..	23	..	65	..
Azerbaijan	9,837	4,457	..	19	..	43	..	6	..	38
Bangladesh	29,855	45,779	28	21	24	27	15	17	48	52
Belarus	34,911	25,693	24	13	47	46	39	39	29	40
Belgium	196,134	245,706	2	1	30	28	21	18	68	71
Benin	1,845	2,402	36	38	13	14	8	8	51	48
Bolivia	4,868	8,516	15	16	30	31	17	17	54	54
Botswana	3,766	5,996	5	4	56	45	5	5	39	51
Brazil	464,989	760,345	8	9	39	29	25	23	53	62
Bulgaria	20,726	12,103	18	18	51	27	..	20	31	55
Burkina Faso	2,765	2,643	32	32	22	27	16	21	45	41
Burundi	1,132	701	56	52	19	17	13	9	25	30
Cambodia	1,115	3,117	56	51	11	15	5	6	33	35
Cameroon	11,152	8,781	25	44	29	20	15	11	46	36
Canada	572,673	612,049	3	..	33	..	18	..	64	..
Central African Republic	1,488	1,053	48	55	20	20	11	9	33	25
Chad	1,739	1,574	29	38	18	14	14	11	53	48
Chile	30,307	71,092	8	8	39	33	19	16	53	59
China	354,644	991,203	27	17	42	50	33	24	31	33
Hong Kong, China	74,784	158,611	0	0	25	15	18	6	74	85
Colombia	46,907	88,596	19	14	31	24	15	12	51	61
Congo, Dem. Rep.	9,348	6,964	30	58	28	17	11	..	42	25
Congo, Rep.	2,799	2,273	13	10	41	48	8	6	46	42
Costa Rica	5,713	11,076	16	14	24	22	19	17	60	64
Côte d'Ivoire	10,796	11,223	32	24	23	24	21	20	44	52
Croatia	13,370	21,752	10	9	34	32	28	21	56	59
Czech Republic	34,880	56,379	8	4	45	39	..	..	48	57
Denmark	133,361	174,363	4	..	27	..	18	..	69	..
Dominican Republic	7,074	17,125	13	11	31	35	18	16	55	54
Ecuador	10,686	18,712	13	12	38	33	19	22	49	55
Egypt, Arab Rep.	43,130	92,413	19	17	29	33	24	27	52	50
El Salvador	4,807	12,229	17	10	26	28	22	22	57	61
Eritrea	437	670	29	16	19	27	13	14	52	57
Estonia	6,760	5,101	17	6	50	27	42	16	34	66
Ethiopia[a]	6,842	6,534	49	49	13	7	8	..	38	44
Finland	134,806	126,130	6	..	35	..	23	..	58	..
France	1,195,438	1,410,262	3	2	29	26	21	19	67	72
Georgia	12	4,192	32	22	33	13	24	12	35	65
Germany	1,719,510	2,081,202	1	1	..	..	29	24	34	36
Ghana	5,886	7,606	45	36	17	25	10	9	38	39
Greece	82,914	123,934	11	..	22	..	13	..	67	..
Guatemala	7,650	18,016	26	23	20	19	15	13	54	58
Guinea	2,818	3,693	24	23	33	36	5	4	43	41
Haiti	2,981	3,871	33	30	22	20	16	7	45	50
Honduras	3,049	5,342	22	18	26	30	16	18	51	52
Hungary	33,056	48,355	15	6	39	34	23	25	46	60
India	322,737	459,765	31	28	27	25	17	16	42	46
Indonesia	114,426	140,964	19	20	39	45	21	25	41	35
Iran, Islamic Rep.	120,404	101,073	24	..	29	..	12	..	48	..
Ireland	45,527	84,861	8	..	..	..	..	..	53	..
Israel	52,490	99,068	..	..	..	..	..	..	..	..
Italy	1,093,947	1,149,958	3	3	33	31	22	20	63	67
Jamaica	4,239	6,134	6	8	43	33	20	15	50	59
Japan	2,970,043	4,395,083	3	2	41	37	28	24	56	61
Jordan	4,020	7,616	8	2	28	27	15	15	64	71
Kazakhstan	40,304	15,594	27	10	45	30	9	23	29	60
Kenya	8,533	10,603	29	27	19	17	12	11	52	56
Korea, Rep.	252,622	406,940	9	5	43	44	29	32	48	51
Kuwait	18,428	29,572	1	..	52	..	12	..	47	..
Kyrgyz Republic	..	1,629	35	44	36	22	28	19	29	35
Lao PDR	865	1,373	61	53	15	22	10	17	24	25
Latvia	12,490	6,664	22	5	46	33	34	22	32	63
Lebanon	2,838	17,229	..	12	..	27	..	17	..	61
Lesotho	622	874	23	18	34	38	..	..	43	44
Lithuania	13,264	10,454	27	10	31	33	21	19	42	57
Macedonia, FYR	2,635	3,445	14	11	32	28	..	..	54	60
Madagascar	3,081	3,733	32	30	14	14	12	11	53	56
Malawi	1,803	1,820	45	38	29	18	19	14	26	45
Malaysia	42,775	74,634	19	14	40	44	26	35	41	43

WIRTSCHAFT

| Land | Bruttoinlandsprodukt in Mio. $ | | Wertschöpfung in % des BIP | | | | | | | |
| | | | Landwirtschaft | | Industrie | | Verarb. Industrie | | Dienstleistungssektor | |
	1990	1999	1990	1999	1990	1999	1990	1999	1990	1999
Mali	2,421	2,714	46	47	16	17	9	4	39	37
Mauritania	1,020	959	30	25	29	29	10	10	42	46
Mexico	262,710	474,951	7	5	26	27	19	21	67	68
Moldova	10,583	1,092	43	21	33	24	..	18	24	55
Mongolia	..	905	15	33	41	28	..	..	44	40
Morocco	25,821	35,238	18	17	32	32	18	17	50	51
Mozambique	2,512	4,169	37	32	18	24	10	13	44	44
Myanmar	..	..	57	53	11	9	8	6	32	38
Namibia	2,340	3,075	12	13	38	33	14	15	50	55
Nepal	3,628	4,904	52	41	16	22	6	9	32	37
Netherlands	283,672	384,766	4	..	29	..	19	..	67	..
New Zealand	43,103	53,622	7	..	26	..	18	..	67	..
Nicaragua	1,009	2,302	31	26	21	21	17	14	48	53
Niger	2,481	2,067	35	40	16	17	7	6	49	43
Nigeria	28,472	43,286	33	41	41	62	6	5	26	-3
Norway	115,453	145,449	3	2	31	32	12	11	66	66
Pakistan	40,010	59,880	26	26	25	25	17	17	49	49
Panama	5,313	9,606	10	8	16	18	10	9	73	74
Papua New Guinea	3,221	3,571	29	21	30	15	9	8	41	64
Paraguay	5,265	8,065	28	26	25	22	17	16	47	52
Peru	32,802	57,318	7	8	38	39	27	24	55	54
Philippines	44,331	75,350	22	17	34	31	25	21	44	52
Poland	61,197	154,146	8	4	48	33	..	20	44	63
Portugal	69,132	107,716	6	..	37	..	27	..	57	..
Romania	38,299	33,750	20	16	50	40	..	30	30	44
Russian Federation	579,068	375,345	17	7	48	34	..	..	35	58
Rwanda	2,584	1,956	33	46	25	20	19	12	42	34
Saudi Arabia	104,670	128,892	6	7	50	48	8	10	43	45
Senegal	5,698	4,791	20	18	19	25	13	17	61	57
Sierra Leone	897	669	47	44	20	24	4	4	33	32
Singapore	36,638	84,945	0	0	35	36	27	26	65	64
Slovak Republic	15,485	19,307	7	4	59	32	..	23	33	64
Slovenia	12,673	20,653	6	4	46	39	35	28	49	57
South Africa	111,997	131,127	5	4	40	32	24	19	55	64
Spain	491,938	562,245	5	..	35	..	23	..	60	..
Sri Lanka	8,032	15,707	26	21	26	28	15	17	48	51
Sweden	229,756	226,388	3	..	34	..	22	..	63	..
Switzerland	228,415	260,299	..	..	..	..	..	..	48	..
Syrian Arab Republic	12,309	19,380	29	..	24	..	..	..	39	..
Tajikistan	4,857	1,778	27	6	34	30	..	..	39	65
Tanzania[b]	4,220	8,777	48	48	16	14	9	7	36	38
Thailand	85,345	123,887	12	13	37	40	27	32	50	49
Togo	1,628	1,506	34	43	23	21	10	9	44	36
Tunisia	12,291	21,188	16	13	30	28	17	18	54	59
Turkey	150,721	188,374	18	18	30	26	20	16	52	56
Turkmenistan	6,333	2,708	32	25	30	42	..	29	38	34
Uganda	4,304	6,349	57	44	11	18	6	9	32	38
Ukraine	91,327	42,415	26	14	45	34	36	29	30	51
United Kingdom	975,512	1,373,612	2	..	35	..	23	..	63	..
United States	5,554,100	8,708,870	2	2	28	26	19	18	70	72
Uruguay	8,355	20,211	11	9	32	29	26	19	57	62
Uzbekistan	23,673	16,844	33	31	33	27	..	13	34	42
Venezuela, RB	48,593	103,918	5	5	50	24	20	12	44	71
Vietnam	6,472	28,567	37	26	23	33	19	..	40	42
Yemen, Rep.	4,660	6,769	27	17	30	49	10	11	43	34
Zambia	3,288	3,325	18	17	45	26	32	11	37	57
Zimbabwe	8,784	5,716	16	19	33	24	23	17	50	56
Welt gesamt	**21,390,644 t**	**30,211,993 t**	6 w	4 w	34 w	32 w	22 w	21 w	60 w	61 w
Niedriges Einkommen	889,723	1,067,242	29	27	31	30	18	18	41	43
Mittleres Einkommen	3,525,450	5,488,604	13	10	39	36	25	23	47	55
Mittl. Eink., untere Kat.	1,820,097	2,575,942	21	15	39	40	26	23	40	46
Mittl. Eink., obere Kat.	1,722,041	2,918,403	8	7	39	32	24	24	53	61
Niedr. u. mittl. Eink.	4,413,061	6,557,913	16	12	38	35	23	22	46	54
Ostasien u. Pazifik	925,765	1,888,729	20	13	40	46	29	28	40	41
Europa u. Zentralasien	1,240,214	1,093,237	17	10	43	32	..	..	40	58
Lateinamerika u. Karibik	1,146,895	2,055,025	9	8	36	29	23	21	56	63
Naher Osten u. Nordafrika	402,799	590,253	15	..	38	..	13	..	47	..
Südasien	410,341	595,915	30	28	26	25	17	16	44	47
Afrika südlich der Sahara	297,397	332,744	18	18	34	32	17	17	48	50
Hohes Einkommen	16,967,888	23,662,676	3	2	33	30	22	21	64	64

Anmerkung: Zur Vergleichbarkeit der Daten und der Erhebungsgesamtheit vgl. Technische Anmerkungen. Kursiv gedruckte Zahlen gelten für andere als die angegebenen Jahre.
a. Daten aus Jahren vor 1992 schließen Eritrea ein. b. Daten beziehen sich ausschließlich auf das Festland Tansanias.

Tabelle 13. Struktur der Nachfrage

	Prozentsatz des BIP											
	Privater Verbrauch		Allgemeiner Staatsverbrauch		Bruttoinlands-investitionen		Bruttoinlands-ersparnis		Ausfuhr von Waren und Dienstleistungen		Ressourcen-saldo	
Land	1990	1999	1990	1999	1990	1999	1990	1999	1990	1999	1990	1999
Albania	61	96	19	10	29	16	21	−7	15	9	−8	−23
Algeria	56	59	16	11	29	27	27	30	23	26	−2	3
Angola	36	14	34	38	12	23	30	48	39	84	18	25
Argentina	77	73	3	11	14	18	20	16	10	10	6	−1
Armenia	46	103	18	11	47	19	36	−14	35	19	−11	−33
Australia	61	62	17	17	21	22	21	21	17	21	0	−1
Austria	56	56	19	19	24	25	25	25	40	42	1	−1
Azerbaijan	..	84	..	11	..	34	..	5	..	29	..	−29
Bangladesh	85	80	4	6	19	20	11	14	6	14	−7	−6
Belarus	45	60	26	19	27	26	29	20	46	62	2	−6
Belgium	64	63	14	14	20	18	22	22	68	73	2	5
Benin	84	82	11	11	14	18	5	8	22	21	−9	−10
Bolivia	77	73	12	16	13	18	11	11	23	15	−1	−7
Botswana	39	58	24	28	32	20	37	14	55	28	5	−6
Brazil	59	64	19	16	20	21	21	20	8	10	1	−1
Bulgaria	60	76	18	12	26	16	22	12	33	38	−4	−4
Burkina Faso	77	77	15	13	21	27	8	10	13	12	−13	−17
Burundi	95	85	11	14	15	10	−5	1	8	9	−20	−9
Cambodia	91	86	7	9	8	15	2	5	6	34	−7	−10
Cameroon	67	71	13	10	18	19	21	19	20	24	3	0
Canada	57	59	23	20	21	20	21	21	26	41	0	2
Central African Republic	86	81	15	12	12	14	−1	7	15	17	−13	−7
Chad	97	89	10	11	7	18	−6	0	13	17	−15	−18
Chile	62	68	10	9	25	24	28	23	35	27	3	0
China	50	50	12	8	35	40	38	42	18	22	3	2
Hong Kong, China	57	60	7	10	27	25	36	30	134	132	8	4
Colombia	65	69	11	12	20	17	25	19	20	18	4	2
Congo, Dem. Rep.	79	83	12	8	9	8	9	9	30	24	0	2
Congo, Rep.	62	45	14	10	16	26	24	45	54	79	8	19
Costa Rica	61	51	18	17	27	28	21	32	35	73	−7	4
Côte d'Ivoire	72	65	17	10	7	19	11	25	32	44	5	6
Croatia	74	60	24	26	10	23	2	14	78	40	−8	−9
Czech Republic	49	52	23	19	25	30	28	29	45	60	3	−1
Denmark	49	51	26	25	20	21	25	24	36	36	5	3
Dominican Republic	80	73	5	10	25	26	15	16	34	32	−10	−10
Ecuador	69	70	9	10	17	15	23	20	33	58	5	5
Egypt, Arab Rep.	73	77	11	9	29	23	16	14	20	15	−13	−8
El Salvador	89	87	10	11	14	16	1	2	19	25	−13	−14
Eritrea	98	72	33	48	5	45	−31	−20	20	17	−37	−65
Estonia	62	64	16	19	30	28	22	17	60	83	−8	−11
Ethiopia[a]	74	80	19	15	12	19	7	4	8	14	−5	−14
Finland	53	53	21	21	28	17	26	26	23	40	−2	9
France	60	60	18	19	22	17	22	21	23	27	0	4
Georgia	65	98	10	8	31	7	25	−6	40	17	−6	−13
Germany	57	58	20	19	23	21	23	23	25	27	0	2
Ghana	85	85	9	11	14	22	5	4	17	32	−9	−18
Greece	73	73	15	15	23	20	11	12	17	16	−11	−8
Guatemala	84	88	7	6	14	16	10	6	21	18	−4	−10
Guinea	70	76	12	7	18	18	18	17	31	23	0	−1
Haiti	93	100	8	7	12	11	−1	−7	16	11	−13	−18
Honduras	66	79	14	13	23	26	20	9	36	42	−3	−17
Hungary	61	57	11	15	25	30	28	28	31	55	3	−3
India	67	69	11	11	25	24	22	20	7	11	−3	−3
Indonesia	58	70	9	6	31	14	33	24	26	54	2	10
Iran, Islamic Rep.	62	65	11	19	29	16	27	16	22	14	−2	0
Ireland	58	49	15	13	21	20	27	37	59	80	6	18
Israel	56	60	30	30	25	20	14	10	35	36	−11	−10
Italy	61	62	18	16	21	18	21	22	20	27	0	4
Jamaica	62	60	14	21	28	32	24	19	52	52	−4	−13
Japan	58	60	9	10	32	29	33	30	11	11	1	1
Jordan	74	65	25	29	32	27	1	6	62	49	−31	−21
Kazakhstan	52	68	18	17	32	15	30	15	74	43	−1	0
Kenya	67	77	19	16	20	15	14	7	26	25	−5	−8
Korea, Rep.	53	56	10	10	38	27	37	34	29	42	−1	7
Kuwait	57	50	39	27	18	12	4	22	45	47	−13	10
Kyrgyz Republic	71	93	25	17	24	10	4	−11	29	37	−20	−21
Lao PDR	..	71	..	5	..	25	..	24	11	4	−13	−1
Latvia	53	68	9	22	40	20	39	10	48	44	−1	−10
Lebanon	140	98	25	15	18	28	−64	−13	18	11	−82	−40
Lesotho	137	115	14	20	53	47	−51	−35	17	27	−104	−82
Lithuania	57	63	19	25	33	24	24	12	52	47	−9	−12
Macedonia, FYR	68	75	17	18	14	23	15	7	48	41	1	−16
Madagascar	86	88	8	8	17	12	6	5	17	25	−11	−8
Malawi	75	80	16	12	20	15	10	7	25	30	−10	−8
Malaysia	50	46	14	8	34	32	36	45	76	124	2	13

WIRTSCHAFT

Land	Privater Verbrauch 1990	Privater Verbrauch 1999	Allgemeiner Staatsverbrauch 1990	Allgemeiner Staatsverbrauch 1999	Bruttoinlandsinvestitionen 1990	Bruttoinlandsinvestitionen 1999	Bruttoinlandsersparnis 1990	Bruttoinlandsersparnis 1999	Ausfuhr von Waren und Dienstleistungen 1990	Ausfuhr von Waren und Dienstleistungen 1999	Ressourcensaldo 1990	Ressourcensaldo 1999
Mali	80	80	14	12	23	20	6	8	17	22	−17	−12
Mauritania	69	73	26	15	20	22	5	12	46	39	−15	−10
Mexico	70	70	8	7	23	24	22	23	19	31	−1	−1
Moldova	63	92	14	12	25	18	23	−4	49	49	−2	−21
Mongolia	57	63	30	18	34	26	13	20	21	50	−21	−6
Morocco	69	67	15	15	25	23	16	18	19	29	−10	−5
Mozambique	101	79	12	10	16	35	−12	11	8	13	−28	−24
Myanmar	89	89	..b	..b	13	12	11	11	3	1	−2	−1
Namibia	51	64	31	26	34	20	18	9	52	53	−16	−11
Nepal	83	80	9	10	18	19	8	11	11	22	−11	−9
Netherlands	59	59	15	14	22	20	27	27	54	56	5	7
New Zealand	63	63	17	15	19	21	20	21	28	29	1	1
Nicaragua	59	85	43	14	19	37	−2	1	25	37	−21	−36
Niger	84	83	15	13	8	10	1	4	15	15	−7	−6
Nigeria	56	88	15	12	15	11	29	0	43	17	15	−11
Norway	49	48	21	20	23	25	30	32	41	41	7	7
Pakistan	74	78	15	11	19	15	11	11	16	15	−8	−4
Panama	60	59	18	16	17	34	21	25	38	34	5	−9
Papua New Guinea	59	48	25	15	24	36	16	37	41	66	−8	1
Paraguay	78	73	5	10	22	19	16	17	23	41	−6	−2
Peru	70	65	8	15	21	22	22	20	12	14	0	−2
Philippines	72	68	10	16	24	21	18	16	28	56	−6	−5
Poland	50	74	19	9	25	28	32	18	28	20	7	−10
Portugal	63	64	16	19	29	26	21	17	34	31	−7	−9
Romania	66	81	13	9	30	15	21	10	17	29	−9	−5
Russian Federation	49	57	21	14	30	14	30	29	18	48	0	15
Rwanda	84	89	10	13	15	14	6	−1	6	6	−8	−16
Saudi Arabia	40	41	31	32	20	21	30	26	46	36	10	5
Senegal	76	76	15	10	14	21	9	14	25	34	−5	−7
Sierra Leone	82	93	10	13	9	5	8	−2	24	14	−1	−8
Singapore	46	39	10	10	37	33	44	52	202	..	7	19
Slovak Republic	54	50	22	22	33	39	24	28	27	64	−9	−11
Slovenia	55	56	19	21	17	25	26	24	84	57	9	−1
South Africa	63	63	20	19	12	16	18	18	24	25	6	3
Spain	62	62	16	16	25	21	22	22	17	28	−3	1
Sri Lanka	76	71	10	10	22	25	14	19	30	36	−8	−6
Sweden	51	53	27	26	21	14	22	21	30	44	0	7
Switzerland	57	61	14	14	28	20	29	25	36	40	1	4
Syrian Arab Republic	70	70	14	11	15	29	16	18	28	29	0	−11
Tajikistan	65	..	21	..	23	..	14	..	..	..	−10	..
Tanzania^c	84	72	17	13	23	18	−1	14	12	20	−23	−4
Thailand	57	57	9	11	41	21	34	32	34	57	−8	12
Togo	71	83	14	12	27	14	15	6	33	32	−12	−8
Tunisia	58	63	16	12	32	28	25	24	44	42	−7	−3
Turkey	69	68	11	11	24	24	20	21	13	26	−4	−3
Turkmenistan	49	..	23	..	40	..	28	..	..	..	−13	..
Uganda	92	84	8	10	13	17	1	6	7	11	−12	−12
Ukraine	57	56	17	26	27	21	26	18	28	40	−1	−3
United Kingdom	63	64	21	20	19	16	17	15	24	29	−3	0
United States	67	68	18	15	17	19	15	17	10	12	−1	−1
Uruguay	69	78	14	9	11	14	17	13	26	19	6	−1
Uzbekistan	61	59	25	22	32	19	13	19	29	22	−19	0
Venezuela, RB	62	77	8	6	10	15	29	17	39	21	19	3
Vietnam	86	71	8	8	13	29	6	21	26	44	−7	−7
Yemen, Rep.	73	72	18	15	15	21	9	13	15	37	−6	−8
Zambia	64	85	19	10	17	17	17	6	36	29	−1	−11
Zimbabwe	63	69	19	16	17	18	17	15	23	46	0	−2
Welt gesamt	**61 w**	**62 w**	**15 w**	**15 w**	**24 w**	**22 w**	**23 w**	**23 w**	**19 w**	**22 w**	**0 w**	**0 w**
Niedriges Einkommen	66	70	12	11	24	20	21	19	17	27	−3	−1
Mittleres Einkommen	59	62	14	12	26	24	27	26	21	28	1	1
Mittl. Eink., untere Kat.	57	59	13	11	31	27	30	30	21	32	−1	3
Mittl. Eink., obere Kat.	60	65	15	12	23	22	25	23	21	25	2	0
Niedr. u. mittl. Eink.	60	63	14	12	26	24	26	25	21	26	0	1
Ostasien u. Pazifik	54	53	11	10	35	33	35	37	26	39	0	5
Europa u. Zentralasien	55	64	18	12	28	20	26	23	23	38	−1	4
Lateinamerika u. Karibik	65	68	13	13	19	21	22	20	14	16	2	−1
Naher Osten u. Nordafrika	58	60	20	21	24	22	22	19	33	25	−2	−3
Südasien	69	71	11	10	23	22	19	19	9	12	−4	−4
Afrika südlich der Sahara	66	69	18	16	15	17	16	14	27	27	2	−2
Hohes Einkommen	62	62	16	15	23	21	23	22	19	22	0	1

Anmerkung: Zur Vergleichbarkeit der Daten und der Erhebungsgesamtheit vgl. Technische Anmerkungen. Kursiv gedruckte Zahlen gelten für andere als die angegebenen Jahre.
a. Daten aus Jahren vor 1992 schließen Eritrea ein. b. Zahlen zum allgemeinen Staatsverbrauch sind nicht separat verfügbar; sie sind im privaten Verbrauch enthalten. c. Daten beziehen sich ausschließlich auf das Festland Tansanias.

Tabelle 14.   Staatsfinanzen

Land	Laufende Steuereinnahmen 1990	1998	Laufende nicht-steuerl. Einnahmen 1990	1998	Laufende Ausgaben 1990	1998	Kapital-ausgaben 1990	1998	Gesamt-defizit/-überschuß[a] 1990	1998	Waren und Dienstleistungen 1990	1998	Sozial-ausgaben[c] 1990	1998
Albania	..	14.8	..	4.5	..	25.1	..	4.7	..	−8.5	..	16.5	..	28.8
Algeria	..	30.7	..	1.5	..	21.5	..	7.7	..	2.9	..	..	..	..
Angola	..	..	..	..	..	..	..	..	..	..	..	..	..	..
Argentina	9.4	12.4	1.0	1.2	10.1	14.1	0.5	1.2	−0.4	−1.5	29.7	21.4	57.1	63.6
Armenia	..	..	..	..	..	..	..	..	..	..	..	..	..	..
Australia	23.8	22.9	2.1	1.6	22.2	23.3	2.1	1.3	2.1	2.9	27.4	30.6	50.7	66.3
Austria	31.4	34.8	3.0	2.5	34.8	37.9	3.3	2.6	−4.5	−2.7	24.5	22.6	68.4	68.2
Azerbaijan	..	18.2	..	1.1	..	19.8	..	5.3	..	−3.9	..	34.6	..	37.6
Bangladesh	..	..	..	..	..	..	..	..	..	..	..	..	..	..
Belarus	30.6	28.7	0.5	2.1	31.7	27.5	5.9	4.7	−5.1	−0.9	36.2	25.4	57.2	43.7
Belgium	41.5	43.3	1.5	0.7	45.8	44.4	2.3	2.2	−5.6	−2.0	18.4	19.1	..	..
Benin	..	..	..	..	..	..	..	..	..	..	..	..	..	..
Bolivia	8.4	15.1	5.2	2.4	13.9	18.5	2.5	3.4	−1.7	−2.3	63.2	40.0	38.1	51.2
Botswana	27.7	14.7	23.4	29.5	26.5	28.5	7.3	6.8	11.3	8.4	41.4	46.8	33.9	42.7
Brazil	19.0	..	3.7	..	46.1	..	0.7	..	−5.8	..	14.7	..	33.0	..
Bulgaria	34.5	27.0	12.6	6.9	53.5	30.5	1.6	3.0	−8.2	2.8	33.5	32.9	30.3	45.0
Burkina Faso	10.1	..	0.8	..	11.6	..	..	3.4	−1.3	..	60.3	..	26.5	..
Burundi	16.3	12.7	1.9	1.0	14.2	17.3	11.8	3.7	−3.3	−5.5	33.0	55.2	22.3	23.0
Cambodia	..	..	..	..	..	..	..	..	..	..	..	..	..	..
Cameroon	10.8	..	4.3	..	14.7	..	5.5	..	−5.9	..	51.0	..	30.1	..
Canada	18.3	..	2.7	..	25.3	..	0.5	..	−4.9	..	21.3	..	47.7	..
Central African Republic	..	..	..	..	..	..	..	..	..	..	..	..	..	..
Chad	6.1	..	0.5	..	9.5	..	12.3	..	−4.7	..	41.4	..	..	..
Chile	16.3	18.4	4.3	3.6	18.1	18.0	2.3	3.6	0.8	0.4	28.5	28.0	63.9	71.3
China	4.0	5.7	2.4	0.2	..	..	..	..	−1.9	−1.5	..	..	2.5	2.5
Hong Kong, China	..	..	..	..	..	..	..	..	..	..	..	..	..	..
Colombia	8.8	10.1	2.1	1.4	7.7	12.8	2.2	3.2	3.4	−4.7	25.1	20.4	32.1	45.2
Congo, Dem. Rep.	9.4	4.3	0.7	1.0	15.7	9.9	3.1	0.5	−6.5	−0.8	72.6	94.5	6.1	0.5
Congo, Rep.	14.7	6.6	7.8	22.8	34.8	33.9	0.8	4.1	−14.1	−8.6	54.4	49.7	..	..
Costa Rica	19.7	23.1	3.3	3.2	22.7	27.2	2.9	2.9	−3.1	−3.8	55.4	47.1	58.7	59.6
Côte d'Ivoire	19.9	21.0	2.1	0.6	24.5	17.1	0.0	7.1	−2.9	−1.3	68.8	44.0	38.0	..
Croatia	31.9	43.3	1.1	2.1	36.4	40.8	1.2	4.8	−4.6	0.6	53.9	48.7	63.8	63.5
Czech Republic	..	31.6	..	1.1	..	32.0	..	3.0	..	−1.6	..	14.3	..	67.1
Denmark	32.3	..	5.5	..	37.7	..	1.3	..	−0.7	..	20.3	..	50.5	..
Dominican Republic	10.8	15.5	1.2	1.4	6.5	11.6	5.1	4.3	0.6	0.4	38.9	43.3	44.0	44.2
Ecuador	17.8	..	0.4	..	11.9	..	2.6	..	3.7	..	41.5	..	32.1	..
Egypt, Arab Rep.	16.7	16.6	6.2	9.7	23.0	23.3	4.8	7.4	−5.7	−2.0	37.2	40.9	32.1	23.6
El Salvador	..	..	..	..	..	..	..	..	..	..	..	..	..	..
Eritrea	..	..	..	..	..	..	..	..	..	..	..	..	..	..
Estonia	25.6	29.9	0.6	1.8	21.9	30.1	1.8	2.8	0.4	−0.1	22.3	42.9	48.7	55.5
Ethiopia[d]	12.2	..	5.1	..	24.6	..	4.4	..	−9.8	..	75.3	..	21.6	..
Finland	28.3	28.1	2.8	3.9	28.7	34.2	2.1	1.1	0.2	−2.5	19.6	19.0	60.8	55.3
France	37.6	39.2	2.8	2.6	40.0	44.6	2.5	2.0	−2.1	−3.5	25.7	23.6	68.2	..
Georgia	..	4.6	..	1.0	..	8.2	..	0.4	..	−2.5	..	45.5	..	26.1
Germany	27.0	26.6	1.4	5.1	28.2	31.6	1.9	1.4	−2.2	−0.9	32.0	31.8	65.0	69.8
Ghana	11.4	..	1.0	..	10.7	..	2.5	..	0.2	..	48.2	..	46.4	..
Greece	26.0	20.6	2.3	2.4	48.9	28.4	4.1	4.3	−23.2	−8.4	31.5	29.3	32.1	35.0
Guatemala	..	..	..	..	..	..	..	..	..	..	..	..	..	..
Guinea	11.5	10.0	4.6	0.4	10.8	10.0	12.1	5.6	−3.3	−4.1	36.7	34.0	..	..
Haiti	..	..	..	..	..	..	..	..	..	..	..	..	..	..
Honduras	..	..	..	..	..	..	..	..	..	..	..	..	..	..
Hungary	44.7	31.4	8.2	4.2	50.2	39.4	1.9	4.0	0.8	−6.1	26.5	16.0	46.5	46.6
India	9.9	8.6	2.4	3.0	14.2	12.8	1.8	1.6	−7.5	−5.2	19.2	20.1	8.1	9.2
Indonesia	17.8	15.6	1.0	1.2	10.4	12.2	8.0	5.7	0.4	−2.4	22.9	18.9	13.2	26.2
Iran, Islamic Rep.	7.2	11.2	10.8	15.3	15.0	17.7	4.9	8.8	−1.8	0.3	53.0	54.5	49.3	41.8
Ireland	32.8	31.6	2.4	1.6	36.3	32.2	2.8	3.2	−2.1	−0.4	18.8	18.1	55.3	58.8
Israel	33.7	35.8	5.7	6.4	47.3	45.1	3.0	3.0	−5.3	−1.2	37.4	33.2	39.2	57.6
Italy	37.3	38.6	1.2	2.9	43.8	42.2	4.0	2.4	−10.3	−3.3	16.5	19.2	..	..
Jamaica	..	..	..	..	..	..	..	..	..	..	..	..	..	..
Japan	13.7	..	0.8	..	13.7	..	2.0	..	−1.6	..	13.6	..	52.0	..
Jordan	18.6	19.8	7.5	6.7	30.1	28.3	5.8	5.7	−3.5	−3.3	54.5	62.6	36.6	44.6
Kazakhstan	..	..	..	..	..	..	..	..	..	..	..	..	..	..
Kenya	20.2	23.5	2.2	3.7	22.0	25.6	5.5	3.4	−3.8	−0.9	49.7	44.5	28.5	29.6
Korea, Rep.	15.9	17.3	1.7	2.7	13.8	13.7	2.4	3.8	−0.7	−1.3	30.1	21.6	27.8	27.8
Kuwait	1.5	1.5	..	..	45.1	44.0	10.2	6.6	..	..	..	..	..	..
Kyrgyz Republic	..	..	..	..	..	..	..	..	..	..	..	..	..	..
Lao PDR	..	..	..	..	..	..	..	..	..	..	..	..	..	..
Latvia	..	28.0	..	3.8	..	30.6	..	2.5	..	0.1	..	29.8	..	58.4
Lebanon	..	12.7	..	4.3	..	26.0	..	6.1	..	−15.1	..	29.7	..	19.4
Lesotho	34.7	34.9	4.3	9.8	28.3	40.6	22.8	9.7	−1.0	−3.7	39.2	75.6	34.3	35.7
Lithuania	29.3	25.4	2.6	1.3	23.1	27.2	5.9	3.1	1.4	−0.4	11.7	54.5	..	60.1
Macedonia, FYR	..	..	..	..	..	..	..	..	..	..	..	..	..	..
Madagascar	9.4	8.5	2.1	0.2	9.1	10.5	6.9	6.8	−0.9	−1.3	35.3	24.6	22.4	16.5
Malawi	18.0	..	2.7	..	20.2	..	6.4	..	−1.7	..	54.6	..	22.4	..
Malaysia	19.6	18.9	7.5	4.1	23.3	15.2	7.3	4.5	−2.1	2.9	42.6	40.5	35.6	42.5

WIRTSCHAFT

| | Prozentsatz des BIP | | | | | | | | | | Prozentsatz der gesamten Ausgaben[b] | | | |
| Land | Laufende Steuereinnahmen | | Laufende nicht- steuerl. Einnahmen | | Laufende Ausgaben | | Kapital- ausgaben | | Gesamt- defizit/-überschuß[a] | | Waren und Dienstleistungen | | Sozial- ausgaben[c] | |
	1990	1998	1990	1998	1990	1998	1990	1998	1990	1998	1990	1998	1990	1998
Mali	..	..	..	..	..	..	..	..	..	..	..	..	..	..
Mauritania	..	..	..	..	..	..	..	..	..	..	..	..	..	..
Mexico	13.7	13.0	1.6	1.7	15.5	14.3	2.5	1.9	−2.5	−1.1	24.7	23.5	30.6	48.1
Moldova	..	..	..	..	..	..	..	..	..	..	..	..	..	..
Mongolia	15.6	13.5	2.7	6.0	18.7	19.8	2.9	3.2	−6.0	−10.8	24.2	23.6	24.7	25.4
Morocco	22.9	..	3.5	..	20.8	..	8.0	..	−2.2	..	47.9	..	27.0	..
Mozambique	..	..	..	..	..	..	..	..	..	..	..	..	..	..
Myanmar	6.2	4.5	4.3	3.3	11.4	4.3	4.6	4.5	−5.1	−0.9	..	..	35.7	15.5
Namibia	27.4	..	4.0	..	28.4	..	5.1	..	−1.2	..	71.7	..	..	..
Nepal	7.0	8.8	1.4	1.8	..	..	..	..	−6.8	−4.7	..	..	24.4	28.9
Netherlands	42.8	42.7	4.2	3.0	48.6	46.0	3.0	1.7	−4.5	−1.7	15.2	15.4	64.6	63.9
New Zealand	36.3	32.1	6.2	2.1	43.1	32.5	0.9	0.9	4.0	0.5	22.1	50.9	69.2	71.0
Nicaragua	29.3	..	4.3	..	68.9	..	3.1	..	−35.6	..	42.6	..	36.2	..
Niger	..	..	..	..	..	..	..	..	..	..	..	..	..	..
Nigeria	..	..	..	..	..	..	..	..	..	..	..	..	..	..
Norway	32.3	34.1	10.2	9.1	39.2	34.1	2.1	1.6	0.5	0.7	18.8	17.3	44.0	42.1
Pakistan	13.3	12.6	5.8	3.3	19.8	18.8	2.6	2.5	−5.4	−6.3	38.7	46.5	..	..
Panama	17.7	18.4	7.9	7.0	23.3	25.0	0.4	2.0	3.0	0.2	67.3	54.9	66.7	65.2
Papua New Guinea	20.1	..	5.2	..	31.0	..	3.7	..	−3.5	..	58.7	..	30.4	..
Paraguay	9.2	..	3.1	..	7.8	..	1.6	..	2.9	..	54.2	..	31.5	..
Peru	9.4	13.7	0.6	2.3	15.1	13.8	1.3	2.6	−6.4	−0.2	30.0	41.0	..	..
Philippines	14.1	17.0	2.1	2.0	16.5	16.3	3.1	2.2	−3.5	0.1	42.4	51.1	22.5	26.5
Poland	..	32.8	..	2.9	..	35.7	..	2.0	..	−1.0	..	25.2	..	69.6
Portugal	28.4	32.1	4.0	3.6	34.3	35.6	4.5	5.2	−4.6	−2.1	38.0	39.5	..	..
Romania	30.9	24.4	3.5	2.1	27.9	29.1	5.9	2.9	0.9	−3.9	25.6	30.1	42.9	49.0
Russian Federation	..	..	..	..	..	..	..	..	..	..	..	..	..	..
Rwanda	9.5	..	1.3	..	12.7	..	6.3	..	−5.3	..	52.9	..	..	..
Saudi Arabia	..	..	..	..	..	..	..	..	..	..	..	..	..	..
Senegal	..	..	..	..	..	..	..	..	..	..	..	..	..	..
Sierra Leone	3.9	9.9	0.2	0.3	5.8	13.0	0.5	4.2	−1.8	−5.8	76.2	39.0	25.8	..
Singapore	15.4	16.2	11.5	8.4	16.4	11.8	5.1	5.1	10.8	11.8	49.8	36.7	32.2	23.2
Slovak Republic	..	..	..	..	..	..	..	..	..	..	..	..	..	..
Slovenia	..	..	..	..	..	..	..	..	..	..	..	..	..	..
South Africa	24.3	24.5	2.0	1.7	27.0	28.4	3.1	1.2	−4.1	−2.9	51.9	26.6	..	..
Spain	28.8	28.1	1.6	2.0	30.6	34.2	3.2	1.9	−3.2	−5.5	18.7	15.9	50.6	48.3
Sri Lanka	19.0	14.5	2.0	2.7	22.3	19.7	6.1	5.3	−7.8	−8.0	30.2	37.1	27.5	30.0
Sweden	38.4	35.8	5.8	4.5	39.8	41.7	1.0	1.1	1.0	−1.6	13.7	14.5	61.8	53.2
Switzerland	19.4	22.0	1.4	1.7	22.1	27.0	1.2	1.0	−0.9	−1.3	29.9	29.1	66.4	72.9
Syrian Arab Republic	16.7	16.4	5.1	7.8	16.0	15.5	5.8	9.1	0.3	−0.2	..	..	12.6	16.4
Tajikistan	..	..	..	..	..	..	..	..	..	..	..	..	..	..
Tanzania	..	..	..	..	..	..	..	..	..	..	..	..	..	..
Thailand	17.1	14.4	1.5	1.8	11.5	11.7	2.6	6.7	4.6	−3.4	59.2	51.2	32.2	38.3
Togo	..	..	..	..	..	..	..	..	..	..	..	..	..	..
Tunisia	24.0	24.8	6.7	4.8	27.0	25.9	7.6	6.7	−5.4	−3.1	31.7	37.9	36.9	46.6
Turkey	11.6	19.1	2.1	2.8	15.1	26.5	2.3	3.4	−3.0	−8.4	52.0	32.8	26.3	25.7
Turkmenistan	..	..	..	..	..	..	..	..	..	..	..	..	..	..
Uganda	..	..	..	..	..	..	..	..	..	..	..	..	..	..
Ukraine	..	..	..	..	..	..	..	..	..	..	..	..	..	..
United Kingdom	33.3	36.3	3.2	2.0	34.2	36.3	3.8	1.5	0.6	0.6	31.1	28.3	52.8	57.5
United States	18.0	20.4	1.5	1.4	21.7	20.4	1.8	0.6	−3.9	0.9	27.4	21.9	43.4	53.8
Uruguay	25.2	30.0	1.3	2.3	24.0	31.6	1.9	1.7	0.4	−0.8	34.6	31.7	61.6	75.8
Uzbekistan	..	..	..	..	..	..	..	..	..	..	..	..	..	..
Venezuela, RB	18.4	12.8	5.3	4.6	17.4	16.0	3.3	3.8	0.0	−2.8	27.2	23.9	..	..
Vietnam	..	15.8	..	2.4	..	14.3	..	5.8	..	−1.1	..	..	..	30.5
Yemen, Rep.	11.2	13.7	8.3	23.1	22.8	31.2	9.6	6.8	−9.1	−2.3	61.9	43.5	21.9	22.4
Zambia	..	..	..	..	..	..	..	..	..	..	..	..	..	..
Zimbabwe	21.7	26.4	2.4	3.0	24.5	33.6	2.8	2.1	−5.3	−5.0	51.2	48.5	..	55.3

Anmerkung: Zur Vergleichbarkeit der Daten und der Erhebungsgesamtheit vgl. Technische Anmerkungen. Kursiv gedruckte Zahlen gelten für andere als die angegebenen Jahre.
a. Einschließlich Zuschüsse. b. Gesamtausgaben einschließlich Kreditaufnahmen abzüglich Rückzahlungen. c. Angaben beziehen sich auf Bildungs- und Gesundheitswesen, Sozialversicherung, Wohlfahrt, Wohnungswesen und Gemeindeeinrichtungen. d. Daten aus Jahren vor 1992 schließen Eritrea ein.

Tabelle 15. Zahlungsbilanz, Leistungsbilanz und Währungsreserven

Mio. $

	Waren und Dienstleistungen				Nettoeinkommen		Saldo der laufenden Übertragungen		Leistungs- bilanzsaldo		Bruttowährungs- reserven	
	Exporte		Importe									
Land	1990	1998	1990	1998	1990	1998	1990	1998	1990	1998	1990	1999
Albania	354	295	485	941	−2	77	15	504	−118	−65	..	369
Algeria	13,462	10,809	10,106	9,119	−2,268	−2,332	333	..	1,420	..	2,703	4,526
Angola	3,992	3,879	3,385	4,546	−765	−1,317	−77	208	−236	−1,776	..	496
Argentina	14,800	31,125	6,846	38,573	−4,400	−7,335	998	509	4,552	−14,274	6,222	26,252
Armenia	..	360	..	988	..	60	..	177	..	−390	1	319
Australia	49,843	72,027	53,056	78,487	−13,158	−11,474	358	−107	−16,013	−18,042	19,319	21,212
Austria	63,694	95,173	61,580	96,641	−942	−1,227	−6	−1,914	1,166	−4,609	17,228	15,120
Azerbaijan	392	1,010	348	2,425	0	−13	106	64	150	−1,364	0	673
Bangladesh	1,903	5,879	4,156	8,049	−122	−100	802	2,017	−1,574	−253	660	1,604
Belarus	3,661	7,957	3,557	8,964	−1	−78	79	140	182	−945	..	299
Belgium[a]	138,605	191,640	135,098	180,988	2,316	5,936	−2,197	−4,420	3,627	12,168	23,789	10,937
Benin	364	545	454	771	−25	−17	139	86	24	−157	69	400
Bolivia	977	1,358	1,086	2,201	−249	−162	159	330	−199	−675	511	917
Botswana	2,005	2,316	1,987	2,506	−106	120	69	240	−19	170	3,385	6,299
Brazil	35,170	58,767	28,184	74,415	−11,608	−19,617	799	1,436	−3,823	−33,829	9,200	34,796
Bulgaria	6,950	5,981	8,027	5,989	−758	−284	125	230	−1,710	−62	670	3,083
Burkina Faso	349	399	758	783	0	−36	332	187	−77	−233	305	295
Burundi	89	72	318	172	−15	−12	174	59	−69	−53	112	48
Cambodia	314	815	507	1,286	−21	−50	120	297	−93	−224	..	393
Cameroon	2,251	2,306	1,931	2,176	−478	−469	−39	105	−196	−235	37	4
Canada	149,538	248,161	149,118	240,290	−19,388	−19,618	−796	534	−19,764	−11,213	23,530	28,126
Central African Republic	220	149	410	255	−22	−20	123	69	−89	−57	123	136
Chad	271	326	488	581	−21	−3	192	179	−46	−132	132	95
Chile	10,221	18,953	9,166	21,583	−1,737	−1,972	198	463	−485	−4,139	6,784	14,407
China*	57,374	207,584	46,706	165,894	1,055	−16,644	274	4,279	11,997	29,325	34,476	157,728
Hong Kong, China	100,413	208,519	94,084	207,729	0	904	..	..	6,329	−4,987	24,656	96,236
Colombia	8,679	13,516	6,858	17,531	−2,305	−1,725	1,026	447	542	−5,293	4,453	7,644
Congo, Dem. Rep.	2,557	1,446	2,497	1,385	−770	−752	−27	33	−738	−658	261	..
Congo, Rep.	1,488	1,493	1,282	1,539	−460	−168	3	−20	−251	−252	10	39
Costa Rica	1,963	6,876	2,346	6,974	−233	−468	192	105	−424	−460	525	1,460
Côte d'Ivoire	3,172	5,022	3,120	4,095	−988	−695	−164	−438	−1,100	−207	21	632
Croatia	..	8,569	..	10,663	..	−164	..	708	..	−1,551	167	3,025
Czech Republic	..	33,908	..	34,713	..	−994	..	408	..	−1,392	..	12,806
Denmark	48,902	62,766	41,415	59,501	−5,708	−3,791	−408	−1,481	1,372	−2,007	11,226	22,287
Dominican Republic	1,832	7,482	2,233	8,917	−249	−887	371	1,986	−280	−336	69	689
Ecuador	3,262	5,007	2,365	6,409	−1,364	−1,543	107	776	−360	−2,169	1,009	1,642
Egypt, Arab Rep.	9,151	13,502	13,710	21,807	−912	1,140	4,836	4,403	−634	−2,762	3,620	14,484
El Salvador	973	2,741	1,624	4,266	−132	−66	631	1,507	−152	−84	595	2,004
Eritrea	88	109	278	597	0	4	171	249	−19	−234	..	..
Estonia	664	4,170	711	4,715	−13	−81	97	148	36	−478	198	853
Ethiopia[b]	672	1,037	1,069	1,815	−67	−91	220	349	−244	−520	55	459
Finland	31,180	50,153	33,456	38,705	−3,735	−3,083	−952	−994	−6,962	7,371	10,415	8,207
France	285,389	387,123	283,238	342,244	−3,896	4,380	−8,199	−9,097	−9,944	40,161	68,291	39,701
Georgia	..	720	..	1,437	..	117	..	211	..	−389	..	132
Germany	474,713	623,416	423,497	587,353	20,832	−9,203	−23,745	−30,303	48,303	−3,443	104,547	61,039
Ghana	983	1,989	1,506	2,887	−111	−136	411	684	−223	−350	309	454
Greece	13,018	14,863	19,564	25,601	−1,709	−1,632	4,718	7,510	−3,537	−4,860	4,721	18,122
Guatemala	1,568	3,487	1,812	5,047	−196	−184	227	705	−213	−1,039	362	1,189
Guinea	829	804	953	962	−149	−81	70	121	−203	−119	80	122
Haiti	318	479	515	1,021	−18	−12	193	516	−22	−38	10	83
Honduras	1,032	2,387	1,127	2,736	−237	−176	280	367	−51	−158	47	1,258
Hungary	12,035	25,657	11,017	27,101	−1,427	−1,878	787	1,018	379	−2,304	1,185	10,954
India	23,028	47,419	31,485	59,138	−1,757	−3,546	2,069	10,280	−8,145	−4,984	5,637	32,667
Indonesia	29,295	54,850	27,511	43,903	−5,190	−8,189	418	379	−2,988	4,096	8,657	26,445
Iran, Islamic Rep.	19,741	14,297	22,292	16,189	378	−502	2,500	497	327	−1,897	..	..
Ireland	26,786	71,749	24,576	61,713	−4,955	−10,718	2,384	1,488	−361	806	5,362	5,346
Israel	17,276	32,021	20,228	36,022	−1,975	−2,984	5,088	6,143	161	−842	6,598	22,605
Italy	219,971	310,121	218,573	270,320	−14,712	−12,318	−3,164	−7,485	−16,479	19,998	88,595	22,425
Jamaica	2,217	3,383	2,390	3,970	−430	−304	291	635	−312	−255	168	555
Japan	323,692	436,456	297,306	363,488	22,492	56,570	−4,800	−8,842	44,078	120,696	87,828	286,916
Jordan	2,511	3,636	3,754	5,200	−215	−138	1,046	1,712	−411	9	1,139	2,629
Kazakhstan	5,758	6,735	5,862	7,716	−175	−298	168	78	−111	−1,201	..	1,479
Kenya	2,228	2,851	2,705	3,695	−418	−173	368	654	−527	−363	236	792
Korea, Rep.	73,295	156,701	76,360	114,446	−87	−5,049	1,149	3,352	−2,003	40,558	14,916	73,987
Kuwait	8,268	11,376	7,169	13,197	7,738	5,867	−4,951	−1,520	3,886	2,527	2,929	4,824
Kyrgyz Republic	285	598	400	936	0	−76	..	50	..	−365	..	230
Lao PDR	102	487	212	602	−1	−35	56	74	−55	−77	8	101
Latvia	1,090	3,120	997	3,947	2	53	96	125	191	−650	..	840
Lebanon	511	1,817	2,836	8,717	622	323	1,818	2,689	115	−3,888	4,210	7,776
Lesotho	100	247	754	918	433	234	286	157	65	−280	72	500
Lithuania	..	5,071	..	6,348	..	−255	..	235	..	−1,298	107	1,195
Macedonia, FYR	..	1,449	..	2,019	..	−45	..	327	..	−288	..	430
Madagascar	471	829	809	1,128	−161	−78	234	88	−265	−289	92	171
Malawi	443	563	549	1,076	−80	−97	99	..	−86	..	142	251
Malaysia	32,665	71,900	31,765	60,200	−1,872	0	102	−1,094	−870	−4,792	10,659	30,588
* Taiwan, China	74,175	126,946	67,015	124,031	4,361	2,049	−601	−1,527	10,920	3,437	77,653	106,200

WIRTSCHAFT

Mio. $

Land	Waren und Dienstleistungen Exporte 1990	1998	Importe 1990	1998	Nettoeinkommen 1990	1998	Saldo der laufenden Übertragungen 1990	1998	Leistungsbilanzsaldo 1990	1998	Bruttowährungsreserven 1990	1999
Mali	420	637	830	899	−37	−45	225	*126*	−221	−178	198	350
Mauritania	471	393	520	471	−46	−32	86	187	−10	77	59	224
Mexico	48,805	129,523	51,915	138,441	−8,316	−13,056	3,975	6,014	−7,451	−15,960	10,217	31,782
Moldova	..	765	..	1,228	..	33	..	83	..	−347	*0*	186
Mongolia	493	540	1,096	671	−44	0	..	7	56	−640	−75	23	136
Morocco	6,239	9,970	7,783	11,358	−988	−1,101	2,336	2,345	−196	−144	2,338	5,689
Mozambique	229	531	996	1,132	−97	−141	448	313	−415	−429	232	654
Myanmar	641	1,634	1,182	2,789	−61	38	77	515	−526	−602	410	265
Namibia	1,220	1,605	1,584	1,908	37	61	354	403	28	162	*50*	305
Nepal	379	1,108	761	1,646	71	13	60	103	−251	−421	354	843
Netherlands	160,447	224,762	147,652	200,897	−631	8,905	−2,943	−7,185	9,221	25,585	34,401	10,098
New Zealand	11,683	16,017	11,699	15,859	−1,576	−3,093	138	338	−1,453	−2,596	4,129	4,455
Nicaragua	392	761	682	1,656	−217	−151	202	..	−305	..	166	510
Niger	533	332	728	479	−54	−24	14	−22	−236	−192	226	39
Nigeria	14,550	9,855	6,909	13,377	−2,738	−2,291	85	1,570	4,988	−4,244	4,129	*6,485*
Norway	47,078	54,768	38,911	54,440	−2,700	−898	−1,476	−1,591	3,992	−2,161	15,788	20,400
Pakistan	6,217	10,017	9,351	12,819	−966	−2,330	2,748	3,430	−1,352	−1,702	1,046	1,511
Panama	4,438	8,023	4,193	8,869	−255	−525	219	159	209	−1,212	344	823
Papua New Guinea	1,381	2,091	1,509	1,872	−103	−259	156	87	−76	47	427	205
Paraguay	1,609	3,893	2,094	4,277	260	61	55	58	−171	−265	675	987
Peru	4,120	7,488	4,086	10,494	−1,733	−1,484	316	..	−1,384	..	1,891	8,730
Philippines	11,430	36,973	13,967	39,631	−872	3,510	714	435	−2,695	1,287	2,036	13,230
Poland	19,037	43,387	15,095	52,007	−3,386	−1,178	2,511	2,897	3,067	−6,901	4,674	24,535
Portugal	21,554	34,621	27,146	45,323	−96	−579	5,507	4,031	−181	−7,250	20,579	8,427
Romania	6,380	9,519	9,901	12,798	161	−392	106	753	−3,254	−2,918	1,374	2,690
Russian Federation	*53,883*	87,734	*48,915*	74,078	−4,500	−12,000	..	−415	468	1,241	44	8,457
Rwanda	145	112	359	482	−17	−8	145	236	−86	−143	44	174
Saudi Arabia	47,445	43,551	43,939	44,417	7,979	2,768	−15,637	−15,053	−4,152	−13,150	13,437	16,997
Senegal	1,453	1,319	1,840	1,627	−129	−37	153	264	−363	−81	22	404
Sierra Leone	210	75	215	161	−71	−15	7	..	−69	..	5	39
Singapore	67,489	128,706	64,953	113,698	1,006	3,783	−421	−1,177	3,122	17,614	27,748	76,843
Slovak Republic	..	13,012	..	15,346	..	−158	..	366	..	−2,126	..	3,371
Slovenia	*7,900*	11,143	*6,930*	11,405	−38	146	*46*	112	*978*	−4	*112*	3,168
South Africa	27,119	34,526	21,017	32,687	−4,096	−3,029	60	−746	2,065	−1,936	2,583	6,353
Spain	83,595	161,294	100,870	160,165	−3,533	−7,513	2,799	3,249	−18,009	−3,135	57,238	33,115
Sri Lanka	2,293	5,648	2,965	6,661	−167	−178	541	903	−298	−288	447	1,636
Sweden	70,560	103,130	70,490	89,268	−4,473	−5,785	−1,936	−3,438	−6,339	4,639	20,324	15,019
Switzerland	96,926	120,542	96,402	108,277	8,746	16,018	−2,329	−3,736	6,941	24,547	61,284	36,321
Syrian Arab Republic	5,030	4,930	2,955	4,788	−401	−606	88	523	1,762	59	..	..
Tajikistan	..	604	..	731	..	−38	..	57	..	−107	..	..
Tanzania	538	1,144	1,474	2,353	−185	−139	562	560	−559	−788	193	775
Thailand	29,229	65,903	35,870	48,704	−853	−3,566	213	414	−7,281	14,048	14,258	34,063
Togo	663	693	847	823	−32	7	132	..	−84	..	358	122
Tunisia	5,203	8,482	6,039	9,131	−455	−857	828	831	−463	−675	867	2,262
Turkey	21,042	54,541	25,652	55,412	−2,508	−2,985	4,493	5,727	−2,625	1,871	7,626	23,340
Turkmenistan	*1,238*	614	*857*	1,608	*0*	33	*66*	27	*447*	−934	..	1,513
Uganda	246	634	676	1,871	−77	−9	78	539	−429	−706	44	763
Ukraine	..	17,621	..	18,828	..	−871	..	782	..	−1,296	*469*	1,046
United Kingdom	238,568	372,594	263,985	386,529	−818	23,589	−7,624	−10,754	−33,859	−1,100	43,146	29,834
United States	536,058	933,906	615,992	1,098,181	28,431	−12,209	−27,821	−44,075	−79,324	−220,559	173,094	60,500
Uruguay	2,158	4,225	1,659	4,507	−321	−185	8	67	186	−400	1,446	*2,587*
Uzbekistan	..	3,148	..	3,182	..	−61	..	43	..	−52	..	..
Venezuela, RB	18,806	19,021	9,451	19,870	−774	−1,559	−302	−154	8,279	−2,562	12,733	12,277
Vietnam	1,913	11,974	1,901	13,507	−412	−689	49	951	−351	−1,271	*429*	*2,002*
Yemen, Rep.	1,490	1,708	2,170	2,771	−454	−422	1,872	1,256	739	−228	441	*1,010*
Zambia	1,360	1,057	1,897	1,140	−437	−485	380	..	−594	..	201	45
Zimbabwe	2,012	2,535	2,001	2,742	−263	−346	112	..	−140	..	295	268
Welt gesamt	**4,251,942 t**	**6,766,816 t**	**4,257,615 t**	**6,696,346 t**								
Niedriges Einkommen	130,884	209,252	148,102	243,846								
Mittleres Einkommen	699,711	1,374,233	666,224	1,356,708								
Mittl. Eink., untere Kat.	289,307	634,614	302,617	610,185								
Mittl. Eink., obere Kat.	409,317	739,691	365,852	746,047								
Niedr. und mittl. Eink.	829,625	1,583,740	814,842	1,603,017								
Ostasien u. Pazifik	239,776	614,457	240,892	497,263								
Europa u. Zentralasien	*188,731*	340,843	*187,584*	363,280								
Lateinamerika u. Karibik	169,084	335,772	146,919	393,251								
Naher Osten u. Nordafrika	134,093	131,866	134,828	154,797								
Südasien	34,113	70,684	49,041	89,001								
Afrika südlich der Sahara	80,330	89,935	74,324	104,277								
Hohes Einkommen	3,418,264	5,183,326	3,430,033	5,096,364								

Anmerkung: Zur Vergleichbarkeit der Daten und der Erhebungsgesamtheit vgl. Technische Anmerkungen. Kursiv gedruckte Zahlen gelten für andere als die angegebenen Jahre.
a. Einschließlich Luxemburg. b. Daten aus den Jahren vor 1992 schließen Eritrea ein.

Tabelle 16. Finanzierung durch den privaten Sektor

Land	Private Investitionen in % des Brutto-anlagevermögens		Börsen-kapitalisierung in Mio. $		Börsennotierte inländische Unternehmen		Zinsspanne (Kreditzins minus Einlagenzins) in Prozentpunkten		Vom Bankensektor vergebene inländische Kredite % des BIP	
	1990	1997	1990	1999	1990	1999	1990	1999	1990	1999
Albania	..	..	..	..	..	..	*2.1*	8.7	..	*47.2*
Algeria	..	..	..	..	..	..	..	2.5	74.7	*45.8*
Angola	..	..	..	..	..	..	..	7.5	..	−10.4
Argentina	67.4	92.6	3,268	83,887	179	129	..	3.0	32.4	34.8
Armenia	..	..	..	25	..	95	..	11.5	*58.7*	*10.8*
Australia	74.2	*80.1*	107,611	427,683	1,089	1,217	4.5	2.9	103.5	93.7
Austria	..	..	11,476	33,025	97	97	..	3.4	123.0	*132.1*
Azerbaijan	..	..	..	4	..	2	..	..	*57.2*	10.6
Bangladesh	50.1	67.2	321	865	134	211	4.0	5.4	24.1	33.4
Belarus	..	..	..	..	..	..	..	27.2	..	*37.4*
Belgium	..	..	65,449	184,942	182	172	6.9	4.3	70.9	*147.9*
Benin	44.8	59.5	..	..	..	..	9.0	..	22.4	6.6
Bolivia	39.3	59.7	..	116	..	18	18.0	23.1	30.7	66.2
Botswana	..	..	*261*	1,052	*9*	15	1.8	5.2	−46.4	−69.7
Brazil	76.7	80.6	16,354	227,962	581	478	..	..	89.8	50.5
Bulgaria	3.6	42.2	..	706	..	860	*8.9*	9.6	*0.1*	0.0
Burkina Faso	..	..	..	..	..	..	9.0	..	13.7	13.2
Burundi	..	..	..	..	..	..	..	..	23.2	30.7
Cambodia	86.0	73.9	..	..	..	..	..	10.2	..	7.4
Cameroon	..	..	..	..	..	..	11.0	17.0	31.2	17.7
Canada	86.3	88.5	241,920	800,914	1,144	3,767	1.3	1.5	85.8	100.9
Central African Republic	..	..	..	..	..	..	11.0	17.0	12.9	11.7
Chad	..	54.1	..	..	..	..	11.0	17.0	11.5	12.0
Chile	79.5	80.8	13,645	68,228	215	285	8.6	4.1	73.0	68.8
China	33.8	47.5	*2,028*	330,703	*14*	950	0.7	3.6	90.0	130.4
Hong Kong, China	..	..	83,397	609,090	284	695	3.3	4.0	156.3	141.1
Colombia	61.5	55.9	1,416	11,590	80	145	8.8	9.1	30.8	40.5
Congo, Dem. Rep.	..	..	..	..	..	..	..	..	25.3	..
Congo, Rep.	..	..	..	..	..	..	11.0	17.0	29.1	19.7
Costa Rica	78.9	73.2	*475*	2,303	*82*	22	11.4	11.4	29.9	38.3
Côte d'Ivoire	57.9	70.2	549	1,514	23	38	9.0	..	44.5	25.9
Croatia	..	..	..	2,584	*2*	59	*499.3*	10.6	..	*48.4*
Czech Republic	..	..	..	11,796	..	164	..	4.2	..	65.1
Denmark	..	..	39,063	105,293	258	233	6.2	4.7	63.0	57.1
Dominican Republic	73.1	82.9	..	141	..	6	*15.2*	9.0	31.5	37.0
Ecuador	78.3	82.9	*69*	415	*65*	28	−6.0	15.1	17.2	87.0
Egypt, Arab Rep.	62.3	68.6	1,765	32,838	573	1,032	7.0	3.7	106.8	96.3
El Salvador	81.5	77.3	..	2,141	..	40	3.2	4.7	32.0	44.4
Eritrea	..	..	..	..	..	..	..	..	..	..
Estonia	..	..	..	1,789	..	25	..	4.5	*65.0*	34.9
Ethiopia	..	..	..	..	..	..	3.6	4.2	50.4	51.3
Finland	..	..	22,721	349,409	73	147	4.1	3.5	84.3	*57.5*
France	..	..	314,384	1,475,457	578	968	6.1	3.7	106.1	*103.1*
Georgia	..	..	..	..	..	..	..	18.8	..	13.1
Germany	..	..	355,073	1,432,190	413	933	4.5	6.4	*108.5*	*146.9*
Ghana	..	..	*76*	916	*13*	22	..	..	13.2	36.8
Greece	49.8	..	15,228	204,213	145	281	8.1	6.3	73.3	*65.4*
Guatemala	79.9	79.8	..	215	..	5	5.1	11.6	17.4	17.1
Guinea	..	..	..	..	..	..	0.2	..	5.4	*6.8*
Haiti	..	..	..	..	..	..	..	15.5	32.9	24.1
Honduras	..	..	*40*	*458*	*26*	71	8.3	10.2	40.9	28.5
Hungary	..	..	*505*	16,317	*21*	66	4.1	3.1	105.5	52.2
India	56.7	70.1	38,567	184,605	2,435	5,863	..	..	50.6	44.9
Indonesia	67.5	77.2	8,081	64,087	125	277	3.3	1.9	45.5	61.1
Iran, Islamic Rep.	53.6	55.5	*34,282*	21,830	97	295	..	..	62.1	49.4
Ireland	..	..	..	42,458	..	84	5.0	3.2	57.3	*100.0*
Israel	..	..	3,324	63,820	216	644	12.0	5.0	106.2	*85.3*
Italy	..	..	148,766	728,273	220	241	7.3	4.0	90.1	*93.5*
Jamaica	..	..	911	2,530	44	46	6.6	*16.0*	34.8	49.1
Japan	79.4	*70.9*	2,917,679	4,546,937	2,071	2,470	3.4	2.0	266.8	142.4
Jordan	..	..	2,001	5,827	105	152	2.2	3.2	110.0	90.1
Kazakhstan	..	..	..	2,260	..	17	..	..	..	11.1
Kenya	41.8	56.0	453	1,409	54	57	5.1	12.8	52.9	50.1
Korea, Rep.	79.9	*73.4*	110,594	308,534	669	725	0.0	1.4	57.2	85.2
Kuwait	..	..	..	18,814	..	76	*0.4*	2.8	*217.6*	*116.8*
Kyrgyz Republic	..	..	..	..	..	..	..	25.3	..	*20.0*
Lao PDR	..	..	..	..	..	..	2.5	18.6	5.1	10.7
Latvia	..	..	..	391	..	70	..	9.2	..	18.8
Lebanon	..	..	..	1,921	..	13	23.1	7.0	132.6	*134.9*
Lesotho	..	..	..	..	..	..	7.4	11.6	27.4	−0.2
Lithuania	..	..	..	1,138	..	54	..	8.1	..	*13.1*
Macedonia, FYR	..	..	..	8	..	2	..	9.1	..	*19.0*
Madagascar	46.5	46.9	..	..	..	..	5.3	*19.0*	26.2	*15.8*
Malawi	51.8	27.7	..	..	..	..	8.9	20.4	17.8	7.3
Malaysia	64.5	72.8	48,611	145,445	282	757	1.3	3.2	77.9	160.5

STAATEN UND MÄRKTE

Land	Private Investitionen in % des Bruttoanlagevermögens		Börsen-kapitalisierung in Mio. $		Börsennotierte inländische Unternehmen		Zinsspanne (Kreditzins minus Einlagenzins) in Prozentpunkten		Vom Bankensektor vergebene inländische Kredite % des BIP	
	1990	1997	1990	1999	1990	1999	1990	1999	1990	1999
Mali	..	..	..	..	..	..	9.0	..	13.7	16.1
Mauritania	46.2	49.4	..	..	..	..	5.0	..	54.7	0.3
Mexico	76.0	81.4	32,725	154,044	199	188	..	16.3	36.6	29.1
Moldova	..	..	..	38	..	58	..	8.0	62.8	30.8
Mongolia	..	..	..	32	..	418	..	17.9	68.5	11.6
Morocco	68.3	67.9	966	13,695	71	55	0.5	6.2	43.0	83.8
Mozambique	..	..	..	..	..	..	..	11.8	15.6	6.2
Myanmar	..	..	..	..	..	..	2.1	5.1	32.8	29.1
Namibia	61.7	62.2	21	691	3	14	10.6	7.7	20.4	53.7
Nepal	..	..	..	418	..	108	2.5	4.0	28.9	41.4
Netherlands	87.3	86.9	119,825	695,209	260	344	8.4	0.7	107.4	131.5
New Zealand	74.7	86.8	8,835	28,352	171	114	4.4	3.9	81.6	121.3
Nicaragua	54.7	62.0	..	..	..	..	12.5	11.9	206.6	144.8
Niger	..	..	..	..	..	..	9.0	..	16.2	9.2
Nigeria	..	..	1,372	2,940	131	194	5.5	13.1	23.7	15.4
Norway	65.8	..	26,130	63,696	112	195	4.6	2.8	67.4	60.8
Pakistan	51.7	58.3	2,850	6,965	487	765	..	..	50.9	47.0
Panama	86.9	84.0	226	3,584	13	31	3.6	3.1	52.7	93.6
Papua New Guinea	79.7	79.9	..	..	..	..	6.9	3.4	35.8	31.0
Paraguay	86.7	67.0	..	423	..	55	8.1	10.5	14.9	27.1
Peru	83.1	84.5	812	13,392	294	242	2,335.0	14.5	16.2	24.9
Philippines	81.8	80.1	5,927	48,105	153	226	4.6	3.6	23.2	64.1
Poland	41.2	53.4	144	29,577	9	221	462.5	6.3	18.8	36.5
Portugal	..	..	9,201	66,488	181	125	7.8	2.8	71.8	107.9
Romania	9.8	35.4	..	873	..	5,825	..	..	79.7	18.8
Russian Federation	..	..	244	72,205	13	207	..	26.0	..	35.0
Rwanda	..	..	..	..	..	..	6.3	..	17.1	13.2
Saudi Arabia	..	..	48,213	60,440	59	73	..	..	14.4	46.6
Senegal	..	..	..	..	..	..	9.0	..	33.8	22.8
Sierra Leone	..	..	..	..	..	..	12.0	17.3	26.3	50.1
Singapore	..	..	34,308	198,407	150	355	2.7	4.1	62.2	83.7
Slovak Republic	..	..	..	723	..	845	..	6.7	..	67.5
Slovenia	..	..	..	2,180	24	28	142.0	5.1	36.8	40.1
South Africa	65.6	72.7	137,540	262,478	732	668	2.1	5.8	97.8	73.4
Spain	..	..	111,404	431,668	427	718	5.4	2.1	110.8	114.4
Sri Lanka	..	..	917	1,584	175	239	−6.4	−4.8	43.1	31.9
Sweden	79.9	79.7	97,929	373,278	258	277	6.8	3.9	145.5	122.1
Switzerland	..	..	160,044	693,127	182	239	−0.9	2.7	179.0	184.1
Syrian Arab Republic	..	..	..	..	..	..	..	..	56.6	28.9
Tajikistan	..	..	..	..	..	..	..	..	..	..
Tanzania	..	..	..	181	..	4	..	22.1	39.2	13.9
Thailand	84.8	65.9	23,896	58,365	214	392	2.2	4.3	91.1	126.0
Togo	..	..	..	..	..	..	9.0	..	21.3	22.2
Tunisia	50.5	50.8	533	2,706	13	44	..	..	62.5	69.2
Turkey	68.2	77.6	19,065	112,716	110	285	..	..	25.9	36.6
Turkmenistan	..	..	..	..	..	..	..	..	..	26.6
Uganda	..	..	..	..	..	..	7.4	12.8	17.8	7.6
Ukraine	..	..	..	1,121	..	125	..	34.3	83.2	24.3
United Kingdom	83.6	87.0	848,866	2,933,280	1,701	1,945	2.2	2.7	123.0	129.1
United States	84.9	85.8	3,059,434	16,635,114	6,599	7,651	..	..	114.7	170.1
Uruguay	71.5	72.0	..	168	36	17	76.6	39.0	60.1	43.2
Uzbekistan	..	..	..	119	..	4	..	..	..	..
Venezuela, RB	34.8	43.6	8,361	7,471	76	87	7.7	10.8	37.4	16.5
Vietnam	..	..	..	..	..	..	..	5.3	15.9	21.9
Yemen, Rep.	..	..	..	..	..	..	..	..	62.8	32.2
Zambia	..	..	..	291	..	8	9.5	20.1	67.8	63.5
Zimbabwe	..	..	2,395	2,514	57	70	2.9	16.9	41.7	32.8
Welt gesamt	**78.1 w**	**76.0 w**	**9,398,391 s**	**36,030,808 s**	**25,424 s**	**49,640 s**			**125.1 w**	**136.4 w**
Niedriges Einkommen	48.1	56.5	54,588	268,082	3,446	8,332			43.7	42.7
Mittleres Einkommen	72.2	74.8	430,570	2,159,249	4,914	16,560			62.1	80.2
Mittl. Eink., untere Kat.	..	..	58,226	751,775	1,833	11,451			63.4	92.5
Mittl. Eink., obere Kat.	73.8	77.9	372,344	1,407,474	3,081	5,109			60.2	60.3
Niedr. u. mittl. Eink.	64.5	66.9	485,158	2,427,331	8,360	24,892			58.4	72.2
Ostasien u. Pazifik	63.3	56.9	197,109	955,379	1,443	3,754			71.0	112.5
Europa u. Zentralasien	..	..	19,065	265,207	110	9,000			..	33.5
Lateinamerika u. Karibik	74.3	79.8	78,470	584,985	1,748	1,938			58.7	27.6
Naher Osten u. Nordafrika	..	..	5,265	151,562	817	1,863			54.3	72.2
Südasien	55.9	68.9	42,655	194,475	3,231	7,199			48.3	44.1
Afrika südlich der Sahara	..	..	142,594	275,723	1,011	1,138			55.6	43.2
Hohes Einkommen	81.9	79.2	8,913,233	33,603,476	17,064	24,748			140.1	139.0

Anmerkung: Zur Vergleichbarkeit der Daten und der Erhebungsgesamtheit vgl. Technische Anmerkungen. Kursiv gedruckte Zahlen gelten für andere als die angegebenen Jahre.

Tabelle 17.   Rolle des Staates in der Volkswirtschaft

Land	Subventionen und andere laufende Übertragungen in % der Gesamtausgaben		Wertschöpfung durch staatl. Unternehmen in % des BIP		Militärausgaben in % des BSP		Zusammengefaßte ICRG-Risikoeinschätz.[a]	Institutional Investor-Bonitätseinschätz.[a]	Spitzensteuersatz[b]		
									Einzelperson		Unternehmen
									in %	auf Einkommen über (in $)	in %
	1990	1997	1985–90	1990–97	1992	1997	März 2000	März 2000	1999	1999	1999
Albania	..	45	..	..	4.7	1.4	62.5	12.6	..	..	..
Algeria	27	26	..	..	1.8	3.9	56.8	27.7	..	..	..
Angola	..	..	..	..	24.2	20.5	45.0	12.6	..	..	..
Argentina	57	58	2.7	1.3	1.9	1.2	71.0	43.0	35	200,000	35
Armenia	..	..	..	..	3.5	3.5	57.5				
Australia	56	61	..	..	2.5	2.2	83.5	78.3	47	30,579	36
Austria	57	62	..	..	1.0	0.9	82.0	89.4	50	59,590	34
Azerbaijan	28	44	..	..	2.9	1.9	59.3		40	3,704	30
Bangladesh	..	..	2.3	2.5	1.3	1.4	62.3	25.5	..	..	..
Belarus	46	54	..	..	1.9	1.7	59.3	12.7	..	..	..
Belgium	56	60	2.8	..	1.8	1.5	80.3	85.6	55	69,993	39
Benin	..	..	..	..	1.3	1.3		17.3	..	..	..
Bolivia	16	40	13.4	11.4	2.2	1.9	68.3	31.1	13	..	25
Botswana	25	31	5.6	5.5	4.4	5.1	83.5	57.0	30	17,960	15
Brazil	39	..	7.7	7.4	1.1	1.8	64.8	38.5	28	17,881	15
Bulgaria	52	37	..	..	3.3	3.0	70.8	32.5	40	9,403	27
Burkina Faso	11	..	..	..	2.4	2.8	62.8	19.2	..	..	..
Burundi	10	11	7.3	..	2.7	6.1		9.6	..	..	..
Cambodia	..	..	..	..	4.9	4.1	..	..	20	39,915	20
Cameroon	13	13	18.0	8.5	1.6	3.0	60.5	18.0	60	13,321	39
Canada	56	62	..	..	2.0	1.3	85.5	85.1	29	38,604	38
Central African Republic	..	..	4.1	..	2.0	3.9	..	..	..	..	..
Chad	3	..	..	..	4.0	2.7	..	12.4	..	..	..
Chile	51	52	14.4	8.3	2.5	3.9	74.5	62.6	45	6,526	15
China	..	..	..	..	2.8	2.2	72.3	56.6	45	12,079	30
Hong Kong, China	..	..	..	..	..	..	79.3	60.8	17	13,583	16
Colombia	42	40	7.0	..	2.4	3.7	57.0	42.6	35	32,221	35
Congo, Dem. Rep.	4	1	..	..	3.0	5.0	45.3	8.0	..	..	..
Congo, Rep.	20	5	15.1	..	5.7	4.1	50.5	7.1	50	14,210	45
Costa Rica	20	23	8.1	..	1.4	0.6	76.5	42.7	25	14,185	30
Côte d'Ivoire	30	9	..	..	1.5	1.1	55.3	25.2	10	4,263	35
Croatia	42	38	..	..	7.7	6.3	69.8	41.8	35	5,556	..
Czech Republic	64	74	..	..	2.7	1.9	76.3	59.1	40	36,979	35
Denmark	61	64	..	..	2.0	1.7	86.0	86.3	59	..	32
Dominican Republic	13	23	..	..	0.9	1.1	71.8	31.9	25	14,309	25
Ecuador	16	..	10.2	..	3.5	4.0	49.8	19.1	0	..	0
Egypt, Arab Rep.	26	15	..	..	3.7	2.8	70.5	45.4	32	14,706	40
El Salvador	..	..	1.8	..	2.1	0.9	76.0	38.3	..	..	..
Eritrea	..	..	..	..	..	7.8			..	..	..
Estonia	73	47	..	..	0.5	1.5	74.3	49.4	26	..	26
Ethiopia	9	..	..	..	3.7	1.9	57.5	15.9	..	..	..
Finland	70	67	..	..	2.2	1.7	88.8	85.6	38	61,164	28
France	63	65	11.2	..	3.4	3.0	80.3	91.7	..	..	33
Georgia	..	28	..	..	2.4	1.4	..	11.1	..	..	..
Germany	58	58	..	..	2.1	1.6	83.3	92.9	53	66,690	30
Ghana	20	..	8.5	..	0.8	0.7	57.8	31.0	35	7,102	35
Greece	41	22	11.5	..	4.4	4.6	75.8	62.5	45	56,271	35
Guatemala	..	..	1.9	2.0	1.5	1.4	69.8	31.0	25	26,740	28
Guinea	4	..	..	..	1.4	1.5	59.8	14.4	..	..	..
Haiti	..	..	..	..	1.5		56.3	10.1	..	..	..
Honduras	..	..	5.5	..	1.4	1.3	63.0	19.3	..	..	..
Hungary	64	48	..	..	2.1	1.9	74.3	59.2	40	4,566	18
India	43	40	13.4	13.4	2.5	2.8	64.3	45.3	30	3,538	35
Indonesia	21	36	14.5	..	1.4	2.3	50.3	28.3	30	6,623	30
Iran, Islamic Rep.	22	14	..	..	3.0	3.0	66.3	29.2	54	174,171	54
Ireland	55	60	..	..	1.4	1.2	86.0	84.8	46	14,799	32
Israel	37	48	..	..	11.7	9.7	69.8	57.6	50	57,789	36
Italy	54	58	..	..	2.1	2.0	79.5	82.0	46	81,665	37
Jamaica	..	..	..	..	1.0	0.9	68.8	29.5	25	2,712	33
Japan	54	..	..	..	1.0	1.0	82.0	86.9	50	259,291	35
Jordan	11	9	..	..	8.8	9.0	70.8	38.6	..	..	..
Kazakhstan	..	..	..	..	2.9	1.3	64.8	30.2	30	..	30
Kenya	10	18	11.6	..	3.0	2.1	56.8	26.6	33	382	33
Korea, Rep.	46	49	10.3	..	3.7	3.4	80.0	58.8	40	66,236	28
Kuwait	20	20	..	..	77.0	7.5	80.5	59.8	0	..	0
Kyrgyz Republic	..	..	..	..	0.7	1.6	..	17.6	..	..	30
Lao PDR	..	..	..	..	9.8	3.4	..	..	40	1,064	..
Latvia	59	61	..	..	1.6	0.9	72.3	43.4	25	..	25
Lebanon	18	12	..	..	4.0	3.0	58.5	35.0	..	..	..
Lesotho	5	9	..	..	3.6	2.5	..	26.9	..	..	..
Lithuania	67	41	..	..	0.7	0.8	71.3	40.8	33	..	29
Macedonia, FYR	..	..	..	..	2.2	2.5	..	..	..	..	..
Madagascar	9	8	..	..	1.1	1.5	62.5	..	..	..	..
Malawi	8	..	4.3	..	1.1	1.0	61.3	19.5	38	948	38
Malaysia	16	24	..	..	3.2	2.2	75.3	54.9	30	39,474	28

STAATEN UND MÄRKTE

Land	Subventionen und andere laufende Übertragungen in % der Gesamtausgaben		Wertschöpfung durch staatl. Unternehmen in % des BIP		Militärausgaben in % des BSP		Zusammengefaßte ICRG-Risikoeinschätz.[a]	Institutional Investor-Bonitätseinschätz.[a]	Spitzensteuersatz[b] Einzelperson		Unter-nehmen
									in %	auf Einkommen über (in $)	in %
	1990	1997	1985–90	1990–97	1992	1997	März 2000	März 2000	1999	1999	1999
Mali	..	..	..	..	2.3	1.7	66.3	17.2	..	..	..
Mauritania	..	..	..	..	3.5	2.3					
Mexico	17	51	6.7	4.9	0.5	1.1	70.5	49.8	40	200,000	35
Moldova	..	..	..	..	0.5	1.0	53.3	16.0	..	..	..
Mongolia	56	44	..	..	2.6	1.9	64.0		..	..	..
Morocco	8	12	16.8	..	4.5	4.3	72.8	45.6	44	6,445	35
Mozambique	..	..	..	..	7.6	2.8	56.3	19.2	20	792	35
Myanmar	..	..	..	..	8.3	7.6	58.8	16.9	30	..	30
Namibia	10	..	..	..	2.2	2.7	78.3	39.7	40	16,129	40
Nepal	..	..	..	..	1.0	0.8	..	26.8	..	..	..
Netherlands	70	72	..	..	2.5	1.9	87.0	92.1	60	56,075	35
New Zealand	64	38	..	..	1.6	1.3	80.3	75.5	33	18,134	33
Nicaragua	14	25	..	..	3.1	1.5	50.3	13.4	30	18,083	30
Niger	..	..	5.1	..	1.3	1.1	62.8	14.6	..	..	..
Nigeria	..	..	..	..	2.6	1.4	53.3	18.3	25	1,395	28
Norway	69	70	..	..	3.1	2.1	89.3	89.5	..	..	..
Pakistan	20	8	..	..	7.4	5.7	54.3	18.8	..	..	..
Panama	26	27	7.6	7.3	1.3	1.4	74.0	42.7	30	200,000	30
Papua New Guinea	18	..	..	..	1.5	1.3	62.5	30.9	47	48,251	25
Paraguay	19	..	4.8	4.6	1.8	1.3	63.8	31.7	0	..	30
Peru	24	36	6.4	5.1	1.8	2.1	66.8	38.8	30	47,985	30
Philippines	7	18	2.3	2.2	1.9	1.5	70.8	46.7	33	12,773	33
Poland	61	62	..	..	2.3	2.3	76.0	58.5	40	15,192	34
Portugal	33	38	15.1	..	2.7	2.4	80.8	79.7	40	36,478	34
Romania	57	50	..	..	3.3	2.4	62.5	27.5	45	4,080	38
Russian Federation	49	..	..	..	8.0	5.8	54.8	19.6	35	6,036	35
Rwanda	16	..	..	..	4.4	4.4	..	..	..	..	..
Saudi Arabia	..	..	..	..	26.8	14.5	73.0	55.1	0	..	45
Senegal	..	..	6.9	..	2.8	1.6	62.5	23.2	50	22,469	35
Sierra Leone	1	24	..	..	3.2	5.9	37.5	7.1	..	..	..
Singapore	12	8	..	..	5.2	5.7	89.0	80.4	28	240,964	26
Slovak Republic	..	..	..	..	2.2	2.1	72.3	42.9	42	29,258	40
Slovenia	..	..	..	..	2.1	1.7	79.8	63.1	..	..	..
South Africa	23	49	14.9	..	3.2	1.8	70.5	45.2	45	20,391	30
Spain	63	66	..	..	1.6	1.5	75.8	80.4	40	77,139	35
Sri Lanka	23	20	..	..	3.8	5.1	60.3	35.4	35	4,405	35
Sweden	72	71	..	..	2.6	2.5	83.8	83.9	..	..	28
Switzerland	61	64	..	..	1.8	1.4	88.3	93.8	..	..	45
Syrian Arab Republic	..	..	..	..	9.7	5.6	71.0	23.2	..	..	..
Tajikistan	..	..	..	..	0.3	1.7	..	12.9	..	..	..
Tanzania	..	..	9.0	..	2.2	1.3	59.0	19.1	35	12,335	30
Thailand	9	7	..	..	2.6	2.3	74.8	48.8	37	108,430	30
Togo	..	..	..	..	2.9	2.0	60.0	17.4	..	..	..
Tunisia	35	29	..	..	2.4	2.0	73.5	49.7	..	..	..
Turkey	16	29	6.5	5.0	3.8	4.0	54.5	39.0	40	159,898	30
Turkmenistan	..	..	..	..	..	4.6	..	17.1	..	..	..
Uganda	..	..	..	..	2.4	4.2	63.0	22.9	30	3,578	30
Ukraine	..	..	..	..	1.9	3.7	58.3	18.1	40	5,953	30
United Kingdom	52	58	3.6	2.8	3.8	2.7	85.3	91.1	40	46,589	31
United States	50	60	..	..	4.8	3.3	80.0	92.9	40	283,150	35
Uruguay	50	62	5.0	..	2.3	1.4	73.3	49.1	..	..	30
Uzbekistan	..	..	..	..	2.7	2.5	..	18.0	45	2,400	33
Venezuela, RB	37	48	22.3	..	2.6	2.2	64.0	34.9	34	78,500	34
Vietnam	..	..	..	..	3.4	2.8	67.3	29.1	..	..	32
Yemen, Rep.	6	35	..	..	9.4	8.1	62.5	..	..	..	..
Zambia	..	..	32.2	..	3.3	1.1	58.8	15.1	30	742	35
Zimbabwe	18	26	8.6	9.2	3.8	3.8	56.0	24.1	50	20,455	35
Welt gesamt	**23 m**	**37 m**			**3.2 w**	**2.5 w**	**68.7 m**	**32.5 m**			
Niedriges Einkommen	..	..			2.7	2.9	57.8	17.4			
Mittleres Einkommen	23	40			4.0	2.9	70.5	39.0			
Mittl. Eink., untere Kat.	18	26			4.2	3.2	67.6	31.7			
Mittl. Eink., obere Kat.	32	48			3.8	2.8	73.3	49.3			
Niedr. u. mittl. Eink.	..	..			3.8	2.9	62.9	27.7			
Ostasien u. Pazifik	19	..			2.9	2.5	67.3	38.8			
Europa u. Zentralasien	..	46			5.2	4.0	63.7	27.5			
Lateinamerika u. Karibik	24	31			1.4	1.8	68.6	36.6			
Naher Osten u. Nordafrika	11	14			14.4	7.0	70.5	36.8			
Südasien	23	20			3.1	3.1	61.3	26.1			
Afrika südlich der Sahara	10	..			3.1	2.3	58.9	18.7			
Hohes Einkommen	56	60			3.1	2.4	82.0	84.3			

Anmerkung: Zur Vergleichbarkeit der Daten und der Erhebungsgesamtheit vgl. Technische Anmerkungen. Kursiv gedruckte Zahlen gelten für andere als die angegebenen Jahre.
a. Dieses urheberrechtlich geschützte Material wurde mit Genehmigung der folgenden Unternehmen, die Daten zur Verfügung gestellt haben, nachgedruckt: PRS Group, 6320 Fly Road, Suite 102, P.O. Box 248, East Syracuse, N.Y. 13057 sowie Institutional Investor, Inc., 488 Madison Avenue, New York, N.Y. 10022. b. Diese Daten stammen aus *Individual Taxes: Worldwide Summaries 1999–2000* und *Corporate Taxes: Worldwide Summaries 1999–2000* von PricewaterhouseCoopers, Copyright 1999 PricewaterhouseCoopers, mit Genehmigung von John Wiley & Sons, Inc.

Tabelle 18. Energie und Verkehr

Land	Elektrische Energie Verbrauch pro Kopf in Kilowattstunden		Übertragungs- und Verteilungsverluste in % der Gesamterz.		Befest. Straßen in % aller Straßen		Auf der Straße transportierte Güter in Mio. Tonnen-km		Auf der Schiene transportierte Güter in Tonnen-km pro Mio. $ des BIP (KKP)		Beförderte Flugpassagiere in Tsd.
	1990	1997	1990	1997	1990	1998	1990	1998	1990	1998	1998
Albania	810	851	18	53	..	30.0	1,195	1,830	67,204	2,029	21
Algeria	449	566	14	15	67.0	68.9	14,000	..	23,449	..	3,382
Angola	60	64	25	28	25.0	25.0	..	..	..	..	553
Argentina	1,123	1,634	17	17	28.5	29.5	..	..	31,570	..	8,447
Armenia	2,545	1,141	16	21	99.2	100.0	..	213	419,134	53,150	365
Australia	7,572	8,307	7	6	35.0	38.7	..	..	76,786	..	30,186
Austria	5,587	6,051	6	6	100.0	100.0	13,300	15,700	86,340	79,889	5,872
Azerbaijan	2,584	1,631	13	23	..	92.3	..	706	..	..	669
Bangladesh	43	76	34	15	7.2	9.5	..	..	6,543	5,148	1,153
Belarus	3,700	2,607	11	15	95.8	95.6	..	9,747	1,094,182	469,369	226
Belgium	5,817	7,055	5	5	81.2	80.7	25,000	36,000	45,390	32,071	8,748
Benin	37	43	214	76	20.0	20.0	..	..	..	..	91
Bolivia	271	391	15	11	4.3	5.5	..	..	47,053	..	2,116
Botswana	..	..	..	..	32.0	23.5	..	..	..	..	124
Brazil	1,425	1,743	14	17	9.7	9.3	..	..	51,486	31,663	28,091
Bulgaria	4,046	3,203	11	14	91.6	92.0	13,823	307	303,350	154,935	828
Burkina Faso	..	..	..	..	16.6	16.0	..	..	..	..	102
Burundi	..	..	..	..	..	..	..	..	..	..	12
Cambodia	..	..	..	..	7.5	7.5	..	1,200	..	78,146	..
Cameroon	204	181	13	20	10.5	12.5	..	..	37,699	37,719	278
Canada	14,972	15,829	7	4	35.0	35.3	54,700	72,240	411,103	440,137	24,653
Central African Republic	..	..	..	..	..	2.7	144	60	..	..	91
Chad	..	..	..	..	0.8	0.8	..	..	..	..	98
Chile	1,178	2,011	11	9	13.8	13.8	..	..	23,140	7,959	5,150
China	471	714	7	8	..	..	..	..	667,164	304,775	53,234
Hong Kong, China	4,178	4,959	11	14	100.0	100.0	..	..	..	..	12,254
Colombia	751	885	21	22	11.9	12.0	6,227	..	2,113	1,945	9,290
Congo, Dem. Rep.	122	120	13	3	..	..	..	..	32,460	..	..
Congo, Rep.	254	197	0	1	9.7	9.7	..	..	189,871	..	241
Costa Rica	1,111	1,353	8	8	15.3	21.0	2,243	3,070	..	..	1,170
Côte d'Ivoire	158	181	18	16	8.7	9.7	..	..	15,674	19,827	162
Croatia	2,765	2,429	18	19	..	..	..	..	201,699	60,241	828
Czech Republic	4,649	4,817	7	8	100.0	100.0	..	33,912	..	143,684	1,601
Denmark	5,650	6,027	6	5	100.0	100.0	13,700	14,700	18,759	12,268	5,947
Dominican Republic	437	620	25	28	44.7	49.4	..	..	..	..	34
Ecuador	467	611	23	23	13.4	16.8	2,638	3,753	..	..	1,919
Egypt, Arab Rep.	697	803	12	12	72.0	78.1	31,400	31,500	21,444	20,062	3,895
El Salvador	358	537	16	13	14.4	19.8	..	..	..	..	1,694
Eritrea	..	..	..	..	19.4	21.8	..	..	..	..	..
Estonia	4,332	3,466	7	16	51.8	22.1	..	3,791	354,541	519,698	297
Ethiopia	21	21	1	1	15.0	15.0	..	..	2,120	..	790
Finland	11,822	13,689	5	4	61.0	64.0	26,300	25,400	97,605	92,017	6,771
France	5,321	6,060	7	6	..	100.0	190,500	237,200	51,687	43,309	42,232
Georgia	2,711	1,142	18	16	93.8	93.5	..	98	272,478	146,315	110
Germany	5,729	5,626	4	4	99.0	99.1	182,800	301,800	..	..	49,280
Ghana	301	276	1	0	19.6	24.1	..	..	6,191	..	210
Greece	2,802	3,493	8	9	91.7	91.8	78,900	96,200	5,763	2,196	6,403
Guatemala	242	404	16	13	24.9	27.6	..	..	..	..	506
Guinea	..	..	..	..	15.2	16.5	..	..	..	..	36
Haiti	61	42	31	43	21.9	24.3	..	..	..	..	..
Honduras	365	411	20	24	21.1	20.3	..	..	..	..	..
Hungary	3,048	2,840	14	13	50.4	43.4	1,836	14	177,696	74,713	1,749
India	254	363	18	18	47.3	45.7	..	..	199,742	137,082	16,521
Indonesia	156	329	15	12	46.0	46.3	..	..	9,570	9,125	12,614
Iran, Islamic Rep.	829	1,163	19	22	..	50.0	..	..	44,931	46,269	9,200
Ireland	3,385	4,559	9	8	94.0	94.1	5,100	5,500	14,784	4,875	10,401
Israel	3,902	5,069	5	9	100.0	100.0	..	..	16,931	9,605	3,699
Italy	3,784	4,315	8	7	100.0	100.0	177,900	207,200	20,143	18,885	27,463
Jamaica	686	2,170	18	11	64.0	70.7	..	..	..	..	1,454
Japan	6,125	7,241	4	4	69.2	74.9	274,444	306,263	11,356	7,854	101,701
Jordan	959	1,196	8	10	100.0	100.0	..	..	102,326	40,974	1,187
Kazakhstan	5,905	2,595	9	15	55.1	86.5	..	4,637	3,964,805	1,498,375	566
Kenya	115	127	16	17	12.8	13.9	..	..	80,740	41,917	1,138
Korea, Rep.	2,202	4,847	5	4	71.5	74.5	31,841	74,504	37,095	20,362	27,109
Kuwait	6,875	12,886	9	..	72.9	80.6	..	..	..	..	2,241
Kyrgyz Republic	1,900	1,372	8	34	90.0	91.1	..	350	..	..	620
Lao PDR	..	..	..	..	24.0	13.8	120	..	..	..	124
Latvia	3,281	1,758	18	29	13.4	38.6	..	4,108	854,603	788,435	229
Lebanon	369	1,930	7	13	95.0	95.0	..	..	..	..	716
Lesotho	..	..	..	..	18.0	17.9	..	..	..	..	28
Lithuania	3,228	1,818	5	11	81.8	91.0	..	5,611	..	346,800	259
Macedonia, FYR	..	..	..	..	58.9	63.8	1,708	1,210	62,004	47,137	489
Madagascar	..	..	..	..	15.4	11.6	..	..	..	..	601
Malawi	..	..	..	..	22.0	19.0	..	..	15,207	11,185	158
Malaysia	1,096	2,352	10	9	70.0	75.1	..	..	15,555	7,339	13,654

STAATEN UND MÄRKTE

Land	Elektrische Energie Verbrauch pro Kopf in Kilowattstunden 1990	1997	Übertragungs- und Verteilungsverluste in % der Gesamterz. 1990	1997	Befest. Straßen in % aller Straßen 1990	1998	Auf der Straße transportierte Güter in Mio. Tonnen-km 1990	1998	Auf der Schiene transportierte Güter in Tonnen-km pro Mio. $ des BIP (KKP) 1990	1998	Beförderte Flugpassagiere in Tsd. 1998
Mali	..	..	..	..	10.9	*12.1*	..	..	53,612	*34,053*	91
Mauritania	..	..	..	..	11.0	*11.3*					250
Mexico	1,204	1,459	12	14	35.1	*29.7*	108,884	*154,083*	68,768	62,102	17,717
Moldova	2,279	1,217	8	27	87.1	*87.3*		*780*			118
Mongolia	..	..	..	..	10.2	3.4	1,871	123	1,351,705	*653,947*	240
Morocco	340	423	9	4	49.1	*52.3*	2,638	*2,086*	67,356	*49,613*	3,012
Mozambique	35	47	16	31	16.8	*18.7*		*110*			201
Myanmar	43	57	26	35	10.9	*12.2*					333
Namibia	..	..	..	..	10.8	*8.3*			285,327	*129,941*	214
Nepal	28	39	29	28	37.5	*41.5*					754
Netherlands	4,917	5,736	4	4	88.0	90.0	31,800	*45,000*	12,187	*9,938*	18,676
New Zealand	8,087	8,380	11	11	57.0	*58.1*			49,742	*51,977*	8,655
Nicaragua	284	286	18	26	10.5	*10.1*					51
Niger	..	..	..	..	29.0	*7.9*					91
Nigeria	77	84	38	32	30.0	*30.9*			3,359	*4,834*	313
Norway	22,824	23,499	6	8	69.0	74.5	7,940	*11,838*	41,763	*26,278*	14,292
Pakistan	267	333	21	24	54.0	57.0	352	90,268			5,414
Panama	883	1,152	24	22	32.0	28.1					860
Papua New Guinea	..	..	..	..	3.2	*3.5*					1,110
Paraguay	470	759	0	2	8.5	*9.5*					222
Peru	491	607	18	16	9.9	12.9			8,138	*4,757*	2,775
Philippines	336	432	13	17		19.8			65	4	6,732
Poland	2,525	2,451	8	12	61.6	65.6	49,800	69,543	395,542	209,664	2,213
Portugal	2,379	3,206	11	10			12,200	*13,500*	13,550	13,975	7,023
Romania	2,337	1,704	9	12	*51.0*	67.6	13,800	15,785	345,140	146,252	908
Russian Federation	5,821	3,981	8	10	74.2	..			1,726,768	*1,042,132*	15,224
Rwanda	..	..	..	..	9.0	*9.1*					11,816
Saudi Arabia	3,181	4,085	9	8	40.6	*30.1*			4,324	*3,843*	121
Senegal	94	107	14	17	27.2	*29.3*			61,227	*35,183*	0
Sierra Leone	..	..	..	..	10.6	*8.0*					13,331
Singapore	4,792	7,944	3	4	97.1	97.3				*224,788*	107
Slovak Republic	4,432	4,243	8	9	98.7	99.0	4,180	4,750		92,945	460
Slovenia	4,875	4,955	6	5	72.0	90.6	3,440	325	120,357	283,262	6,480
South Africa	3,676	3,800	6	8	29.8	11.8			362,402	*283,262*	6,480
Spain	3,239	3,899	9	9	74.0	99.0	10,900	*16,500*	22,227	17,569	31,594
Sri Lanka	153	227	17	17	*32.0*	95.0	19	*30*	5,077	*2,035*	1,213
Sweden	14,061	14,042	6	7	71.0	77.5	26,500	*33,100*	122,858	*99,690*	11,878
Switzerland	6,997	6,885	6	6			10,400	13,250			14,299
Syrian Arab Republic	683	776	26	..	*72.0*	23.1			41,508	*26,484*	685
Tajikistan	3,346	2,177	9	12	71.6	82.7					592
Tanzania	51	54	20	14	37.0	*4.2*			77,249	71,671	220
Thailand	690	1,360	11	9	55.3	97.5			15,903	8,835	15,015
Togo	..	..	..	..	21.2	*31.6*					91
Tunisia	532	709	11	11	76.1	*78.9*			52,684	*42,976*	1,859
Turkey	801	1,275	12	18		28.0		152,210	30,183	20,310	9,949
Turkmenistan	2,293	934	8	11	73.5	*81.2*					521
Uganda	..	..	..	..					13,470	4,990	100
Ukraine	4,308	2,449	7	16	93.7	96.5		18,266	1,476,624	987,824	1,066
United Kingdom	4,768	5,241	8	7	100.0	100.0	133,000	*152,500*	17,203		61,940
United States	10,558	11,822	9	6	58.2	*58.8*	1,073,100	*1,534,430*	358,829	213,751	588,171
Uruguay	1,220	1,710	14	19	74.0	*90.0*			11,124	*6,290*	557
Uzbekistan	2,383	1,645	9	9	79.0	*87.3*				317,391	1,560
Venezuela, RB	2,307	2,488	18	21	35.6	*33.6*				354	3,737
Vietnam	94	203	24	18	23.5	25.1			*18,124*	11,367	2,304
Yemen, Rep.	108	93	12	26	9.1	*8.1*					765
Zambia	503	563	11	11	16.6	..			81,810	57,858	49
Zimbabwe	933	919	6	13	16.6	*47.4*			215,462	*140,231*	789
Welt gesamt	**1,928 w**	**2,053 w**	**8 w**	**8 w**	**39.0 m**	***43.1 m***					**1,466,869 s**
Niedriges Einkommen	373	357	13	17	17.4	*18.8*					53,586
Mittleres Einkommen	1,243	1,340	9	11	50.5	*49.7*					292,223
Mittl. Eink., untere Kat.	1,061	1,042	9	11	50.5	*43.7*					153,612
Mittl. Eink., obere Kat.	1,926	2,434	10	12	50.4	*47.1*					138,611
Niedr. u. mittl. Eink.	860	896	10	12	28.8	*29.5*					345,809
Ostasien u. Pazifik	465	771	8	8	23.5	*17.4*					133,490
Europa u. Zentralasien	3,853	2,693	8	12	74.2	86.5					41,165
Lateinamerika u. Karibik	1,131	1,402	14	16	21.9	*26.0*					89,378
Naher Osten u. Nordafrika	920	1,159	13	13	67.0	*50.2*					40,144
Südasien	228	324	19	18	37.5	57.0					25,390
Afrika südlich der Sahara	446	446	9	10	16.6	*15.0*					16,242
Hohes Einkommen	7,294	8,238	7	6	86.3	93.9					1,121,061

Anmerkung: Zur Vergleichbarkeit der Daten und der Erhebungsgesamtheit vgl. Technische Anmerkungen. Kursiv gedruckte Zahlen gelten für andere als die angegebenen Jahre.

Tabelle 19. Kommunikation, Information und Wissenschaft und Technologie

| Land | Pro 1.000 Einwohner | | | | | | Internet-Hostrechner[b] pro 10.000 Einwohner Januar 2000 | Wissenschaftler u. Ingenieure in F&E pro Mio. Einwohner 1987–97[d] | Hochtechnologie-Exporte in % der Fertigungsexporte 1998 | Angemeldete Patente[c] 1997 | |
	Tageszeitungen 1996	Radios 1997	Fernsehgeräte[a] 1998	Telefonhauptleitungen[a] 1998	Mobiltelefone[a] 1998	Personal-Computer[a] 1998				Inländer	Ausländer
Albania	36	217	109	31	1	..	0.24	..	1	..	26,005
Algeria	38	241	105	53	1	4.2	0.01	..	1	34	206
Angola	11	54	14	6	1	0.8	0.00	..	..	..	..
Argentina	123	681	289	203	78	44.3	38.48	660	5	824	5,035
Armenia	23	224	218	157	2	4.2	2.11	1,485	5	63	25,059
Australia	293	1,376	639	512	286	411.6	567.30	3,357	11	8,937	39,274
Austria	296	753	516	491	282	233.4	338.73	1,627	12	2,681	108,543
Azerbaijan	27	23	254	89	8	..	0.16	2,791	..	..	24,308
Bangladesh	9	50	6	3	1	..	0.00	52	0	70	156
Belarus	174	296	314	241	1	..	0.89	2,248	4	755	25,280
Belgium	160	793	510	500	173	286.0	313.44	2,272	8	1,687	84,958
Benin	2	108	10	7	1	0.9	0.04	176	..	..	..
Bolivia	55	675	116	69	27	7.5	1.14	172	8	17	106
Botswana	27	156	20	65	15	25.5	13.90	..	..	1	92
Brazil	40	444	316	121	47	30.1	26.22	168	9	36	31,947
Bulgaria	257	543	398	329	15	..	14.50	1,747	4	400	27,600
Burkina Faso	1	33	9	4	0	0.7	0.19	17	..	..	..
Burundi	3	71	4	3	0	..	0.00	33	..	1	4
Cambodia	2	127	123	2	6	0.9	0.13	..	..	..	..
Cameroon	7	163	32	5	0	..	0.00	..	2	..	..
Canada	159	1,077	715	634	176	330.0	540.17	2,719	15	4,192	50,254
Central African Republic	2	83	5	3	0	..	0.02	56	0	..	..
Chad	0	242	1	1	0	..	0.01	..	..	..	..
Chile	98	354	232	205	65	48.2	26.42	445	4	189	1,771
China	..	333	272	70	19	8.9	0.57	454	15	12,786	48,596
Hong Kong, China	792	684	431	558	475	254.2	162.82	..	21	26	2,359
Colombia	46	581	217	173	49	27.9	9.59	..	9	87	1,172
Congo, Dem. Rep.	3	375	135	0	0	..	0.00	..	..	2	27
Congo, Rep.	8	124	12	8	1	..	0.01	..	..	..	..
Costa Rica	94	271	387	172	28	39.1	20.47	532	13	..	..
Côte d'Ivoire	17	164	70	12	6	3.6	0.42	..	..	..	..
Croatia	115	336	272	348	41	111.6	31.65	1,916	8	273	439
Czech Republic	254	803	447	364	94	97.3	109.78	1,222	8	601	29,976
Denmark	309	1,141	585	660	364	377.4	631.80	3,259	18	2,658	106,403
Dominican Republic	52	178	95	93	31	..	7.89	..	1	..	..
Ecuador	70	419	293	78	25	18.5	1.52	146	4	8	302
Egypt, Arab Rep.	40	324	122	60	1	9.1	0.73	459	0	504	706
El Salvador	48	464	675	80	18	..	1.54	20	8	3	64
Eritrea	..	91	14	7	0	..	0.01	..	..	..	..
Estonia	174	693	480	343	170	34.4	206.81	2,017	9	18	26,626
Ethiopia	1	195	5	3	0	..	0.01	..	..	4[e]	..
Finland	455	1,496	640	554	572	349.2	1,218.42	2,799	22	4,061	105,376
France	218	937	601	570	188	207.8	131.47	2,659	23	18,669	93,962
Georgia	..	555	473	115	11	..	1.71	..	..	265	26,561
Germany	311	948	580	567	170	304.7	207.62	2,831	14	62,052	113,543
Ghana	14	238	99	8	1	1.6	0.06	..	..	..	34,103
Greece	153	477	466	522	194	51.9	73.84	773	7	53	82,390
Guatemala	33	79	126	41	10	8.3	1.56	104	7	4	131
Guinea	..	47	41	5	3	2.6	0.00	..	..	3	6
Haiti	3	55	5	8	0	..	0.00	..	4	..	..
Honduras	55	386	90	38	5	7.6	0.18	..	1	10	126
Hungary	186	689	437	336	105	58.9	113.38	1,099	21	774	29,331
India	..	121	69	22	1	2.7	0.23	149	5	10,155[e]	..
Indonesia	24	156	136	27	5	8.2	1.00	182	10	..	4,517
Iran, Islamic Rep.	28	265	157	112	6	31.9	0.09	560	..	418[e]	..
Ireland	150	699	403	435	257	271.7	159.17	2,319	45	946	82,484
Israel	290	520	318	471	359	217.2	225.10	..	20	1,796	28,548
Italy	104	878	486	451	355	173.4	114.42	1,318	8	2,574	88,836
Jamaica	62	480	182	166	22	39.4	1.40	..	0	..	..
Japan	578	955	707	503	374	237.2	208.06	4,909	26	351,487	66,487
Jordan	58	287	52	86	12	8.7	1.27	94	..	..	..
Kazakhstan	..	384	231	104	2	..	2.45	..	9	1,171	24,998
Kenya	9	104	21	9	0	2.5	0.20	..	4	25	49,935
Korea, Rep.	393	1,033	346	433	302	156.8	60.03	2,193	27	92,798	37,184
Kuwait	374	660	491	236	138	104.9	20.50	230	0	..	..
Kyrgyz Republic	15	112	45	76	0	..	5.02	584	16	152	24,951
Lao PDR	4	143	4	6	1	1.1	0.00	..	..	..	..
Latvia	247	710	492	302	68	..	57.33	1,049	4	163	26,860
Lebanon	107	906	352	194	157	39.2	10.93	..	..	..	..
Lesotho	8	49	25	10	5	..	0.23	..	..	..	49,483
Lithuania	93	513	459	300	72	54.0	34.40	2,028	3	125	26,673
Macedonia, FYR	21	200	250	199	15	..	7.20	1,335	1	66	26,087
Madagascar	5	192	21	3	1	1.3	0.22	12	1	..	26,174
Malawi	3	249	2	3	1	..	0.00	..	..	2	49,932
Malaysia	158	420	166	198	99	58.6	25.43	93	54	179	6,272

STAATEN UND MÄRKTE

| Land | Pro 1.000 Einwohner | | | | | | Internet-Hostrechner[b] pro 10.000 Einwohner Januar 2000 | Wissenschaftler u. Ingenieure in F&E pro Mio. Einwohner 1987–97[d] | Hochtechnologie-Exporte in % der Fertigungsexporte 1998 | Angemeldete Patente[c] 1997 | |
	Tageszeitungen 1996	Radios 1997	Fernsehgeräte[a] 1998	Telefonhauptleitungen[a] 1998	Mobiltelefone[a] 1998	Personal-Computer[a] 1998				Inländer	Ausländer
Mali	1	54	*12*	3	0	*0.7*	0.01	..	..	..	..
Mauritania	0	151	91	6	0	*5.5*	0.22	..	..	..	..
Mexico	97	325	261	104	35	47.0	40.88	214	19	429	35,503
Moldova	60	740	297	150	2	6.4	2.97	330	7	295	25,030
Mongolia	27	151	*63*	37	*1*	5.4	0.19	910	*1*	186	26,197
Morocco	26	241	160	54	4	*2.5*	0.33	..	*0*	*90*	*237*
Mozambique	3	40	*5*	4	0	*1.6*	0.09	..	6	..	..
Myanmar	10	95	*7*	5	0		0.00	..	..	..	..
Namibia	19	144	*37*	69	12	*18.6*	11.74	..	..	..	..
Nepal	11	38	*6*	8	0		0.12	..	..	..	..
Netherlands	306	978	*543*	593	213	317.6	517.03	2,219	30	5,227	85,402
New Zealand	216	990	*508*	479	203	282.1	703.33	1,663	..	1,735	33,402
Nicaragua	30	285	*190*	31	4	7.8	2.04	..	4	..	..
Niger	0	69	*27*	2	0	*0.2*	0.03	..	..	..	..
Nigeria	24	223	*66*	4	0	*5.7*	0.01	15	..	..	..
Norway	588	915	*579*	660	474	373.4	899.48	3,664	16	1,518	30,489
Pakistan	*23*	98	88	19	1	3.9	0.34	72	0	*16*	*782*
Panama	62	299	*187*	151	29	27.1	4.33	..	0	*31*	*142*
Papua New Guinea	15	97	*24*	11	*1*		0.70	..	..	..	..
Paraguay	43	182	*101*	55	41	9.6	3.02	..	2	..	..
Peru	0	273	*144*	67	30	18.1	3.60	233	3	48	756
Philippines	79	159	*108*	37	22	15.1	1.58	157	71	125	3,440
Poland	113	523	413	228	50	43.9	47.26	1,358	3	2,401	30,137
Portugal	75	304	542	413	309	81.3	90.67	1,182	4	92	106,595
Romania	*300*	319	*233*	162	29	10.2	11.02	1,387	2	1,709	27,346
Russian Federation	105	418	420	197	5	40.6	14.69	3,587	12	15,277	32,943
Rwanda	*0*	102	*0*	2	1		0.30	35	..	..	..
Saudi Arabia	57	321	*262*	143	31	49.6	1.28	..	*1*	57	1,001
Senegal	5	142	*41*	16	2	*11.4*	0.32	3	..	..	..
Sierra Leone	4	253	13	4	0		0.15	..	..	..	9,506
Singapore	360	822	348	562	346	458.4	452.25	2,318	59	8,188	29,467
Slovak Republic	185	580	*402*	286	87	65.1	47.96	1,866	3	234	27,973
Slovenia	199	406	356	375	84	250.9	103.71	2,251	4	285	27,162
South Africa	32	317	*125*	115	56	47.4	39.17	1,031	9	..	..
Spain	100	333	*506*	414	179	144.8	105.36	1,305	7	2,856	110,911
Sri Lanka	29	209	*92*	28	9	*4.1*	0.63	191	..	81	26,322
Sweden	445	932	*531*	674	464	361.4	670.83	3,826	20	7,893	107,107
Switzerland	337	1,000	*535*	675	235	421.8	429.01	3,006	16	5,814	107,038
Syrian Arab Republic	20	278	*70*	95	0	*1.7*	0.00	30	..	23	24,742
Tajikistan	20	142	*285*	37	0		0.35	666	..		
Tanzania	4	279	*21*	4	1	*1.6*	0.06	..	*0*	..	..
Thailand	63	232	*236*	84	32	21.6	6.46	103	*31*	238	5,205
Togo	4	218	18	7	2	6.8	0.26	98	..	..	..
Tunisia	31	223	198	81	4	14.7	0.10	125	2	*46*	*128*
Turkey	111	180	*286*	254	53	23.2	13.92	291	2	233	27,985
Turkmenistan	..	276	201	82	1		0.92	..	..	52	24,584
Uganda	2	128	*27*	3	1	*1.5*	0.06	21	..	..	49,760
Ukraine	54	884	*490*	191	2	13.8	5.39	2,171	..	4,692	28,036
United Kingdom	329	1,436	645	557	252	263.0	321.39	2,448	28	26,591	121,618
United States	215	2,146	847	661	256	458.6	1,939.97	3,676	33	125,808	110,884
Uruguay	293	607	*241*	250	60	91.2	76.09	..	2	32	370
Uzbekistan	3	465	*275*	65	1		0.08	1,763	..	817	26,490
Venezuela, RB	206	468	185	117	87	43.0	5.91	209	3	201	2,323
Vietnam	4	107	*47*	26	2	6.4	0.02	..	..	30	27,410
Yemen, Rep.	15	64	*29*	13	1	*1.2*	0.02	..	..	..	96
Zambia	12	121	137	9	1		0.53	..	..	..	..
Zimbabwe	19	93	*30*	17	4	*9.0*	1.71	..	2	3	21,966
Welt gesamt	**.. w**	**418 w**	**247 w**	**146 w**	**55 w**	**70.6 w**	**120.02 w**	**.. w**	**22 w**	**798,007 s**	**3,602,785 s**
Niedriges Einkommen	..	157	*76*	23	2	*3.2*	0.37	..	..	16,764	680,497
Mittleres Einkommen	..	359	*257*	109	31	22.9	9.96	668	18	133,150	784,961
Mittl. Eink., untere Kat.	..	322	*250*	90	18	13.6	2.83	763	15	34,272	445,265
Mittl. Eink., obere Kat.	89	493	*285*	176	76	53.1	35.88	660	20	98,878	339,696
Niedr. u. mittl. Eink.	..	263	*172*	69	17	15.6	5.40	..	17	149,914	1,465,458
Ostasien u. Pazifik	..	302	*228*	70	25	14.1	2.69	492	28	106,342	184,288
Europa u. Zentralasien	102	442	*353*	200	23	34.6	18.87	2,534	8	31,081	685,716
Lateinamerika u. Karibik	71	420	*255*	123	45	33.9	22.33	..	12	1,708	175,004
Naher Osten u. Nordafrika	33	274	*135*	81	8	*9.9*	0.55	..	*1*	509	1,207
Südasien	..	112	*61*	19	1	2.9	0.22	137	4	10,236	26,322
Afrika südlich der Sahara	12	198	*52*	14	5	*7.5*	2.73	..	..	38	392,921
Hohes Einkommen	286	1,286	661	567	265	311.2	777.22	3,166	33	648,093	2,137,327

Anmerkung: Zur Vergleichbarkeit der Daten und der Erhebungsgesamtheit vgl. Technische Anmerkungen. Kursiv gedruckte Zahlen gelten für andere als die angegebenen Jahre.
a. Daten stammen aus dem *World Telecommunication Development Report 1999* der Internationalen Fernmeldeunion (ITU). Bei Verwendung der Daten durch Dritte bitte die ITU als Quelle angeben. b. Daten stammen vom Internet Software Consortium (www.isc.org). c. Weitere im Jahr 1997 angemeldete Patente schließen diejenigen ein, die unter der Schirmherrschaft der African Intellectual Property Organization (31 von Inländern, 26.057 von Ausländern), der African Regional Industrial Property Organization (7 von Inländern, 25.724 von Ausländern), dem Europäischen Patentamt (44.604 von Inländern, 53.339 von Ausländern) und der Eurasischen Patentorganisation (258 von Inländern, 26.207 von Ausländern) angemeldet wurden. Die Originaldaten wurden von der Weltorganisation für geistiges Eigentum (WIPO) zur Verfügung gestellt. Das Internationale Büro der WIPO übernimmt keine Haftung oder Verantwortung für eine korrekte Übernahme dieser Daten. d. Die Daten gelten für das letzte verfügbare Jahr. e. Gesamtsumme gilt für In- und Ausländer.

Tabelle 20. Weltweiter Handel

Land	Warenexporte in Mio. $		Warenexporte Fertig. i. % d. Gesamts.		Exporte von gewerbl. Dienstleistungen in Mio. $		Warenimporte in Mio. $		Warenimporte Fertig. i. % d. Gesamts.		Importe von gewerbl. Dienstleistungen in Mio. $	
	1990	1998	1990	1998	1990	1998	1990	1998	1990	1998	1990	1998
Albania	230	210	..	68	32	83	380	840	..	67	29	119
Algeria	11,330	10,300	3	*3*	479	..	9,715	9,320	68	*62*	1,155	..
Angola	3,910	2,880	0	..	65	*226*	1,578	2,120	..	..	1,288	*1,738*
Argentina	12,353	26,441	29	35	2,264	4,494	4,076	31,404	78	89	2,876	8,714
Armenia	..	225	..	54	..	118	..	895	..	39	..	175
Australia	39,752	55,900	16	29	9,833	15,809	42,032	64,630	80	87	13,388	16,928
Austria	41,265	62,584	88	83	22,755	31,817	49,146	68,028	81	84	14,104	30,035
Azerbaijan	..	605	..	13	..	320	..	1,075	..	75	..	692
Bangladesh	1,671	3,831	77	91	296	252	3,598	6,974	56	69	554	1,180
Belarus	..	7,015	..	76	..	935	..	8,510	..	57	..	444
Belgium[a]	117,703	178,811	77	78	24,690	36,076	119,702	166,798	68	78	24,298	34,104
Benin	288	420	..	..	109	*102*	265	671	..	..	113	*170*
Bolivia	926	1,103	5	30	133	238	687	1,983	85	86	291	423
Botswana	1,784	1,948	..	..	183	241	1,946	2,387	..	..	371	517
Brazil	31,414	51,120	52	55	3,706	7,083	22,524	60,730	56	76	6,733	15,743
Bulgaria	5,030	4,300	..	*61*	837	1,766	5,100	4,980	*49*	*50*	600	1,398
Burkina Faso	152	315	..	..	34	..	536	750	..	..	196	..
Burundi	75	65	..	..	7	3	231	158	..	..	59	*33*
Cambodia	86	320	..	..	*50*	99	164	680	..	..	*64*	185
Cameroon	2,002	1,870	9	*8*	369	..	1,400	1,520	78	*67*	1,018	..
Canada	127,629	214,710	59	66	18,350	30,281	123,244	206,066	81	85	27,479	35,249
Central African Republic	120	160	..	*43*	17	..	154	280	..	*61*	166	..
Chad	188	270	..	..	23	..	285	255	..	..	223	..
Chile	8,372	14,830	11	17	1,786	4,030	7,678	18,779	75	81	1,903	4,077
China*	62,091	183,809	72	87	5,748	24,040	53,345	140,237	80	81	4,113	28,775
Hong Kong, China	82,390[b]	174,863[b]	95	95	18,128	34,523	84,725[b]	186,759[b]	85	89	11,018	22,788
Colombia	6,766	10,852	25	32	1,548	1,999	5,590	14,635	77	79	1,683	3,462
Congo, Dem. Rep.	999	600	..	..	127	..	887	322	..	..	689	..
Congo, Rep.	981	1,250	..	..	65	*45*	621	470	..	..	748	*553*
Costa Rica	1,448	5,511	27	56	583	1,315	1,990	6,230	66	86	540	1,168
Côte d'Ivoire	3,072	4,575	..	..	385	451	2,097	2,991	..	56	1,375	1,314
Croatia	..	4,541	..	76	..	3,964	..	8,384	..	75	..	1,889
Czech Republic	*12,170*	26,350	..	88	..	7,366	*12,880*	28,790	..	82	..	5,665
Denmark	36,870	48,173	60	65	12,731	14,830	33,333	46,086	73	77	10,106	15,460
Dominican Republic	735	795	*78*	8	1,086	2,421	2,062	4,716	..	..	435	1,300
Ecuador	2,714	4,203	2	10	508	757	1,861	5,576	84	76	601	1,178
Egypt, Arab Rep.	2,585	3,130	42	44	4,813	7,832	9,216	16,166	56	59	3,327	5,886
El Salvador	582	1,263	38	47	301	277	1,263	3,112	63	68	296	539
Eritrea	..	..	..	..	..	..	..	..	..	..	..	..
Estonia	..	3,240	..	*66*	..	1,476	..	4,785	..	*71*	..	814
Ethiopia	..	561	..	..	261	348	1,081	1,450	..	..	348	405
Finland	26,571	43,145	83	86	4,562	6,703	27,001	32,338	76	77	7,432	7,679
France	216,588	305,362	77	80	66,274	84,627	234,436	289,421	74	80	50,455	65,420
Georgia	..	190	..	..	..	278	..	1,055	..	..	..	335
Germany	421,100	542,812	*88*	86	51,605	78,903	355,686	470,656	*74*	73	79,214	125,039
Ghana	897	1,700	*8*	..	79	162	1,205	1,850	*70*	..	226	433
Greece	8,105	10,765	54	54	6,514	*9,224*	19,777	28,754	70	73	2,756	*4,196*
Guatemala	1,163	2,582	24	33	313	581	1,649	4,651	69	77	363	759
Guinea	671	800	..	..	91	66	723	1,090	..	..	243	274
Haiti	160	175	85	*84*	43	178	332	797	..	..	71	370
Honduras	831	1,575	9	17	121	361	935	2,500	71	74	213	396
Hungary	10,000	22,995	63	82	2,677	4,870	10,340	25,705	70	84	2,264	3,941
India	17,975	33,626	71	*74*	4,609	11,067	23,642	42,742	51	*55*	5,943	14,192
Indonesia	25,675	48,847	35	45	2,488	4,340	21,837	27,337	77	69	5,898	11,744
Iran, Islamic Rep.	16,870	13,100	..	..	343	902	15,716	12,500	..	..	3,703	2,392
Ireland	23,743	64,380	70	84	3,286	6,586	20,669	44,526	76	81	5,145	20,005
Israel	12,080	22,993	87	92	4,546	8,980	16,793	29,342	77	82	4,825	9,626
Italy	170,304	242,348	88	89	48,579	66,621	181,968	215,576	64	72	46,602	62,887
Jamaica	1,135	1,312	69	*70*	976	1,727	1,859	2,997	61	*65*	667	1,233
Japan	287,581	387,927	96	94	41,384	61,795	235,368	280,484	44	58	84,281	110,705
Jordan	1,064	1,800	51	*42*	1,430	1,810	2,600	3,836	51	*58*	1,118	1,588
Kazakhstan	..	5,340	..	23	..	897	..	4,240	..	70	..	1,128
Kenya	1,031	2,008	29	24	774	638	2,125	3,197	66	64	598	603
Korea, Rep.	65,016	132,313	94	91	9,155	23,843	69,844	93,282	63	61	10,050	23,523
Kuwait	7,042	9,554	6	*14*	1,054	1,496	3,972	8,619	79	*81*	2,805	4,243
Kyrgyz Republic	..	515	..	*38*	..	58	..	840	..	*48*	..	177
Lao PDR	78	370	..	..	11	116	201	553	..	..	25	92
Latvia	..	1,810	..	58	*290*	1,035	..	3,190	..	74	*120*	717
Lebanon	494	662	..	..	..	..	2,529	7,070	..	..	..	..
Lesotho	59	194	..	..	34	46	672	863	..	..	48	50
Lithuania	..	3,710	..	61	..	1,096	..	5,795	..	69	..	816
Macedonia, FYR	..	..	..	72	..	130	..	..	..	47	..	297
Madagascar	319	243	14	*28*	129	264	571	514	69	*61*	172	326
Malawi	417	528	5	..	37	..	581	637	78	..	268	..
Malaysia	29,416	73,305	54	79	3,769	11,296	29,258	58,326	82	85	5,394	13,230
* Taiwan, China	67,142	110,518	93	*93*	6,937	16,660	54,831	104,946	69	*73*	13,923	23,240

GLOBALE VERFLECHTUNGEN

Land	Warenexporte in Mio. $		Fertig. i. % d. Gesamts.		Exporte von gewerbl. Dienstleistungen in Mio. $		Warenimporte in Mio. $		Fertig. i. % d. Gesamts.		Importe von gewerbl. Dienstleistungen in Mio. $	
	1990	1998	1990	1998	1990	1998	1990	1998	1990	1998	1990	1998
Mali	359	556	2	..	71	*62*	619	750	53	..	352	*324*
Mauritania	469	448	..	..	14	24	387	319	..	..	126	130
Mexico	40,711	117,500	43	85	7,222	11,937	43,548	130,811	75	85	10,063	12,621
Moldova	..	635	..	25	..	117	..	1,025	..	57	..	191
Mongolia	660	370	..	10	48	75	924	472	..	*65*	155	142
Morocco	4,265	7,266	52	*49*	1,871	2,558	6,800	10,276	61	*58*	940	1,414
Mozambique	126	210	..	*17*	103	286	878	910	..	*62*	206	396
Myanmar	325	1,065	*10*	..	93	529	270	2,666	*81*	..	72	429
Namibia	1,085	1,460	..	..	106	315	1,163	1,680	..	..	341	449
Nepal	210	474	83	90	166	433	686	1,245	67	42	159	189
Netherlands	131,775	201,001	59	70	29,621	51,706	126,098	187,357	71	77	28,995	46,506
New Zealand	9,488	12,071	23	32	2,415	3,651	9,501	12,495	81	81	3,251	4,508
Nicaragua	330	573	8	8	34	151	638	1,492	59	69	73	264
Niger	282	298	..	..	22	..	388	377	..	..	209	..
Nigeria	13,670	9,729	*1*	2	965	884	5,627	10,002	*67*	75	1,901	4,054
Norway	34,047	39,645	33	30	12,452	13,953	27,231	36,193	82	83	12,247	15,211
Pakistan	5,589	8,594	79	84	1,240	*1,473*	7,546	9,415	54	55	1,897	*2,468*
Panama	340	784	21	17	907	1,563	1,539	3,350	70	78	666	1,129
Papua New Guinea	1,144	1,772	10	..	198	318	1,193	1,232	73	..	393	794
Paraguay	959	1,021	10	*15*	404	469	1,352	3,200	77	*69*	361	535
Peru	3,230	5,735	18	24	715	1,653	3,470	9,840	61	73	1,071	2,191
Philippines	8,068	29,414	38	90	2,897	7,465	13,041	31,496	53	80	1,721	10,087
Poland	14,320	28,230	59	77	3,200	10,890	11,570	47,055	63	80	2,847	6,559
Portugal	16,417	24,177	80	87	5,054	8,512	25,263	36,912	71	77	3,772	6,708
Romania	4,960	8,300	73	81	610	1,192	7,600	11,835	39	73	787	1,838
Russian Federation	..	74,200	..	28	..	12,937	..	59,100	..	44	..	16,127
Rwanda	110	60	..	..	31	31	288	285	..	..	96	115
Saudi Arabia	44,417	39,775	7	88	3,031	*4,421*	24,069	30,013	81	78	12,694	8,678
Senegal	761	965	23	..	356	329	1,219	1,407	51	..	368	*389*
Sierra Leone	138	7	..	..	45	..	149	95	..	..	67	..
Singapore	52,752 [b]	109,895 [b]	72	86	12,719	18,243	60,899 [b]	101,496 [b]	73	84	8,575	17,884
Slovak Republic	..	10,775	..	84	..	2,275	..	13,005	..	77	..	2,272
Slovenia	..	9,048	..	90	..	2,045	..	10,110	..	80	..	1,520
South Africa	23,549	26,362	22	54	3,442	5,109	18,399	29,242	77	70	4,096	5,278
Spain	55,642	109,037	75	78	27,649	48,729	87,715	132,789	71	76	15,197	27,495
Sri Lanka	1,983	4,735	54	..	425	888	2,685	5,917	65	..	620	1,325
Sweden	57,540	84,705	83	82	13,453	17,675	54,264	68,177	79	81	16,959	21,620
Switzerland	63,784	78,876	94	93	18,232	25,795	69,681	80,094	84	85	11,086	15,273
Syrian Arab Republic	4,212	2,890	36	*10*	740	1,551	2,400	3,895	62	*69*	702	1,297
Tajikistan	..	600	..	..	..	..	..	770	..	..	..	..
Tanzania	415	676	..	*10*	131	534	1,027	1,453	..	*66*	288	885
Thailand	23,070	54,456	63	74	6,292	13,074	33,379	42,971	75	78	6,160	11,874
Togo	268	230	9	..	114	..	581	623	67	..	217	..
Tunisia	3,526	5,750	69	82	1,575	2,662	5,542	8,338	72	79	682	1,153
Turkey	12,959	26,974	68	77	7,882	23,161	22,302	45,921	61	76	2,794	9,441
Turkmenistan	..	920	..	..	..	*269*	..	980	..	81	..	*669*
Uganda	147	501	..	..	*21*	165	213	1,414	..	..	195	693
Ukraine	..	12,635	..	..	..	3,922	..	14,675	..	..	..	2,545
United Kingdom	185,172	272,832	79	85	53,172	99,097	222,977	315,145	75	82	44,608	78,219
United States	393,592	682,497	74	82	132,184	239,957	516,987	942,645	73	81	97,940	165,827
Uruguay	1,693	2,769	39	39	460	1,382	1,343	3,808	69	79	363	866
Uzbekistan	..	2,390	..	..	..	..	..	2,750	..	..	..	..
Venezuela, RB	17,497	17,193	10	19	1,121	1,297	7,335	15,727	77	82	2,390	4,824
Vietnam	2,404	9,361	..	..	182	*2,530*	2,752	11,494	..	..	126	*3,153*
Yemen, Rep.	692	1,496	*1*	..	82	166	1,571	2,167	*31*	..	493	510
Zambia	1,309	740	..	..	94	..	1,220	700	..	..	370	..
Zimbabwe	1,726	2,111	31	*32*	253	..	1,847	2,772	73	*77*	460	..
Welt gesamt	3,328,357 t	5,253,926 t	72 w	79 w	754,507 s	1,279,291 s	3,408,529 t	5,383,645 t	71 w	77 w	783,538 s	1,266,754 s
Niedriges Einkommen	110,592	165,177	*48*	52	16,955	31,453	118,035	177,252	*64*	63	30,934	57,435
Mittleres Einkommen	613,527	1,124,846	54	71	104,602	236,330	572,952	1,147,658	70	74	131,347	243,647
Mittl. Eink., untere Kat.	281,205	499,085	59	66	57,873	122,664	297,148	508,531	70	73	63,395	116,077
Mittl. Eink., obere Kat.	332,321	625,765	51	74	46,729	113,666	275,891	639,025	70	76	67,952	127,570
Niedr. u. mittl. Eink.	724,243	1,290,207	54	69	121,557	267,783	692,669	1,327,018	70	74	162,281	301,082
Ostasien u. Pazifik	220,817	537,290	68	81	31,420	88,106	230,492	413,466	73	75	34,539	104,151
Europa u. Zentralasien	140,625	248,210	..	57	31,466	79,758	143,083	300,176	..	67	37,865	59,067
Lateinamerika u. Karibik	141,932	272,768	34	49	26,660	49,114	120,241	336,683	69	80	33,386	64,007
Naher Osten u. Nordafrika	126,139	109,391	17	*19*	15,626	24,438	101,726	125,552	69	*69*	27,525	28,711
Südasien	27,790	51,606	71	77	6,838	12,970	39,339	67,217	54	*56*	9,317	19,272
Afrika südlich der Sahara	66,763	70,732	*20*	36	9,547	13,397	56,115	81,867	..	71	19,649	25,874
Hohes Einkommen	2,604,220	3,963,915	77	82	632,950	1,011,508	2,717,343	4,058,694	71	78	621,257	965,672

Anmerkung: Zur Vergleichbarkeit der Daten und der Erhebungsgesamtheit vgl. Technische Anmerkungen. Kursiv gedruckte Zahlen gelten für andere als die angegebenen Jahre.
a. Einschließlich Luxemburg. b. Einschließlich Re-Exporte.

Tabelle 21. Hilfs- und Finanzflüsse

| Land | Nettobetr. priv. Kapitalbew. in Mio. $ | | Ausländ. Direktinvestitionen in Mio. $ | | Auslandsverschuldung | | | Öffentliche Entwicklungshilfe | | | |
| | | | | | Gesamtsumme in Mio. $ | | Gegenwartswert in % des BSP | in $ pro Kopf | | in % des BSP | |
	1990	1998	1990	1998	1990	1998	1998	1990	1998	1990	1998
Albania	31	42	0	45	349	821	20	3	73	0.5	7.8
Algeria	−424	−1,321	0	5	27,877	30,665	66	10	13	0.4	0.9
Angola	235	40	−335	360	8,594	12,173	279	29	28	3.3	8.1
Argentina	−203	18,899	1,836	6,150	62,730	144,050	52	5	2	0.1	0.0
Armenia	0	232	0	232	0	800	29	1	36	0.1	7.1
Australia	..	..	7,465	6,165	..	..	..	..	..	..	..
Austria	..	..	653	6,034	..	..	..	..	..	..	..
Azerbaijan		1,081	..	1,023	..	693	13	1	11	0.1	2.2
Bangladesh	70	288	3	308	12,769	16,376	22	19	10	6.9	2.7
Belarus	..	122	..	149	..	1,120	4	18	3	0.5	0.1
Belgium											
Benin	1	34	1	34	1,292	1,647	46 a	57	35	14.8	9.2
Bolivia	3	860	27	872	4,275	6,078	59 a	83	79	11.8	7.5
Botswana	77	91	95	95	563	548	10	115	68	4.0	2.3
Brazil	562	54,385	989	31,913	119,877	232,004	29	1	2	0.0	0.0
Bulgaria	−42	498	4	401	10,890	9,907	78	2	28	0.1	1.9
Burkina Faso	0	0	0	0	834	1,399	32 a	37	37	12.0	15.5
Burundi	−5	2	1	1	907	1,119	72	48	12	23.6	8.8
Cambodia	0	118	0	121	1,854	2,210	62	5	29	3.7	11.9
Cameroon	−125	1	−113	50	6,679	9,829	98	39	30	4.2	5.0
Canada	..	..	7,581	16,515	..	..	..	..	..	..	..
Central African Republic	0	5	1	5	699	921	55	85	34	17.1	11.6
Chad	−1	16	0	16	524	1,091	38	55	23	18.1	10.0
Chile	2,098	9,252	590	4,638	19,227	36,302	50	8	7	0.4	0.1
China	8,107	42,676	3,487	43,751	55,301	154,599	15	2	2	0.6	0.3
Hong Kong, China	..	..	..	..	..	..	..	7	1	0.1	0.0
Colombia	345	3,630	500	3,038	17,222	33,263	32	3	4	0.2	0.2
Congo, Dem. Rep.	−24	1	−12	1	10,270	12,929	196	24	3	10.5	2.0
Congo, Rep.	−100	4	0	4	4,953	5,119	280	98	23	9.4	3.9
Costa Rica	23	800	163	559	3,756	3,971	37	76	8	4.2	0.3
Côte d'Ivoire	57	181	48	435	17,251	14,852	122 a	59	55	7.5	7.6
Croatia	..	1,666	..	873	..	8,297	31	..	9	..	0.2
Czech Republic	876	3,331	207	2,554	6,383	25,301	45	1	43	0.0	0.8
Denmark	..	..	1,132	6,373	..	..	..	..	..	..	..
Dominican Republic	130	771	133	691	4,372	4,451	28	14	15	1.5	0.8
Ecuador	183	584	126	831	12,109	15,140	75	16	14	1.6	0.9
Egypt, Arab Rep.	698	1,385	734	1,076	32,947	31,964	29	104	31	12.9	2.3
El Salvador	8	242	2	12	2,148	3,633	27	68	30	7.4	1.5
Eritrea	..	0	..	0	..	149	11	..	41	..	19.7
Estonia	104	714	82	581	58	782	13	10	62	0.3	1.8
Ethiopia	−45	6	12	4	8,634	10,352	135	20	11	15.0	10.0
Finland	..	..	812	12,029	..	..	..	..	..	..	..
France	..	..	13,183	27,998	..	..	..	..	..	..	..
Georgia	21	57	..	50	79	1,674	36	..	30	..	4.6
Germany	..	..	2,532	18,712	..	..	..	..	..	..	..
Ghana	−5	42	15	56	3,881	6,884	55 a	38	38	9.7	9.6
Greece	..	..	1,005	984	..	..	..	4	..	0.0	..
Guatemala	44	621	48	673	3,080	4,565	23	23	22	2.7	1.2
Guinea	−1	−9	18	1	2,476	3,546	69	51	51	11.0	9.8
Haiti	8	11	8	11	889	1,048	16	26	53	5.7	10.5
Honduras	77	193	44	84	3,724	5,002	64	92	52	16.2	6.3
Hungary	−308	4,683	0	1,936	21,277	28,580	64	6	21	0.2	0.5
India	1,873	6,151	162	2,635	83,717	98,232	20	2	2	0.4	0.4
Indonesia	3,235	−3,759	1,093	−356	69,872	150,875	169	10	6	1.6	1.5
Iran, Islamic Rep.	−392	588	−362	24	9,021	14,391	12	2	3	0.1	0.1
Ireland	..	..	627	2,920	..	..	..	..	..	..	..
Israel	..	..	129	1,850	..	..	..	294	179	2.7	0.9
Italy	..	..	6,411	2,635	..	..	..	..	..	..	..
Jamaica	92	586	138	369	4,671	3,995	61	113	7	7.1	0.3
Japan	..	..	1,777	3,268	..	..	..	..	..	..	..
Jordan	254	207	38	310	8,177	8,485	110	280	89	23.3	5.7
Kazakhstan	117	1,983	100	1,158	35	5,714	25	7	13	0.4	1.0
Kenya	122	−57	57	11	7,058	7,010	45	50	16	14.7	4.2
Korea, Rep.	1,056	7,644	788	5,415	34,986	139,097	43	1	−1	0.0	0.0
Kuwait	..	..	..	59	..	..	..	3	3	0.0	0.0
Kyrgyz Republic	..	108	..	109	4	1,148	53	1	46	..	13.8
Lao PDR	6	46	6	46	1,768	2,437	92	37	57	17.3	23.0
Latvia	43	366	29	357	65	756	12	1	40	0.0	1.6
Lebanon	12	1,740	6	200	1,779	6,725	41	71	56	7.5	1.5
Lesotho	17	281	17	265	396	692	42	82	32	13.8	5.7
Lithuania	−3	983	..	926	56	1,950	17	1	34	..	1.2
Macedonia, FYR	..	190	..	118	..	2,392	66	..	46	..	2.8
Madagascar	7	15	22	16	3,701	4,394	89	34	34	13.6	13.5
Malawi	2	24	0	1	1,558	2,444	77 a	59	41	28.6	24.4
Malaysia	769	8,295	2,333	5,000	15,328	44,773	69	26	9	1.1	0.3

GLOBALE VERFLECHTUNGEN

	Nettobetr. priv. Kapitalbew. in Mio. $		Ausländ. Direktinvestitionen in Mio. $		Auslandsverschuldung Gesamtsumme in Mio. $		Gegenwartswert in % des BSP	Öffentliche Entwicklungshilfe in $ pro Kopf		in % des BSP	
Land	1990	1998	1990	1998	1990	1998	1998	1990	1998	1990	1998
Mali	−8	17	−7	17	2,467	3,202	84 a	57	33	20.0	13.5
Mauritania	6	3	7	5	2,096	2,589	148	117	68	22.0	17.8
Mexico	8,253	23,188	2,634	10,238	104,431	159,959	39	2	0	0.1	0.0
Moldova	..	62	..	85	39	1,035	58	2	8	0.3	2.0
Mongolia	28	7	2	19	350	739	49	6	79	..	20.6
Morocco	341	965	165	322	24,458	20,687	54	44	19	4.2	1.5
Mozambique	35	209	9	213	4,653	8,208	74 a	71	61	42.4	28.2
Myanmar	153	153	161	70	4,695	5,680	..	4	1	..	..
Namibia	..	..	..	..	..	..	..	90	108	5.1	5.8
Nepal	−8	−1	6	12	1,640	2,646	31	23	18	11.5	8.3
Netherlands	..	..	12,352	33,346	..	..	..	..	..	..	..
New Zealand	..	..	1,735	2,657	..	..	..	..	..	..	..
Nicaragua	21	171	0	184	10,708	5,968	262 a	87	117	33.7	28.1
Niger	9	−23	−1	1	1,726	1,659	55 a	51	29	16.4	14.4
Nigeria	467	1,028	588	1,051	33,440	30,315	74	3	2	1.0	0.5
Norway	..	..	1,003	3,597	..	..	..	..	..	..	..
Pakistan	182	806	244	500	20,663	32,229	41	10	8	2.9	1.6
Panama	127	1,459	132	1,206	6,679	6,689	78	41	8	2.0	0.3
Papua New Guinea	204	230	155	110	2,594	2,692	69	107	78	13.3	10.4
Paraguay	67	236	76	256	2,104	2,305	25	13	15	1.1	0.9
Peru	59	2,724	41	1,930	20,067	32,397	55	19	20	1.3	0.8
Philippines	639	2,587	530	1,713	30,580	47,817	66	20	8	2.9	0.9
Poland	71	9,653	89	6,365	49,366	47,708	28	35	23	2.4	0.6
Portugal	..	..	2,610	1,783	..	..	..	..	..	..	..
Romania	4	1,826	0	2,031	1,140	9,513	23	10	16	0.6	0.9
Russian Federation	5,562	19,346	..	2,764	59,797	183,601	62	2	7	..	0.4
Rwanda	6	7	8	7	712	1,226	34	42	43	11.3	17.3
Saudi Arabia	..	..	..	..	..	..	..	3	1	0.0	0.0
Senegal	42	24	57	40	3,732	3,861	58	112	56	14.9	10.8
Sierra Leone	36	5	32	5	1,151	1,243	126	15	22	7.9	16.2
Singapore	..	..	5,575	7,218	..	..	..	−1	1	0.0	0.0
Slovak Republic	278	1,480	0	562	2,008	9,893	45	1	29	0.0	0.8
Slovenia	..	..	..	165	..	..	..	..	20	..	0.2
South Africa	..	783	..	550	..	24,712	18	..	12	..	0.4
Spain	..	..	13,984	11,392	..	..	..	..	..	..	..
Sri Lanka	54	325	43	193	5,863	8,526	41	43	26	9.3	3.2
Sweden	..	..	1,982	19,413	..	..	..	..	..	..	..
Switzerland	..	..	4,961	5,488	..	..	..	..	..	..	..
Syrian Arab Republic	18	76	71	80	17,068	22,435	136	56	10	5.9	1.0
Tajikistan	..	−3	..	18	10	1,070	49	2	17	0.4	5.9
Tanzania	4	157	0	172	6,438	7,603	71 b	46	31	29.3	12.5
Thailand	4,399	7,825	2,444	6,941	28,165	86,172	79	14	11	0.9	0.6
Togo	0	0	0	0	1,275	1,448	68	74	29	16.3	8.6
Tunisia	−122	694	76	650	7,691	11,078	56	48	16	3.3	0.8
Turkey	1,782	1,641	684	940	49,424	102,074	49	22	0	0.8	0.0
Turkmenistan	..	473	..	130	..	2,266	78	1	4	0.1	0.6
Uganda	16	198	0	200	2,583	3,935	35 a	41	23	15.8	7.0
Ukraine	369	2,087	..	743	551	12,718	30	6	8	0.3	0.9
United Kingdom	..	..	32,518	67,481	..	..	..	..	..	..	..
United States	..	..	48,954	193,373	..	..	..	..	..	..	..
Uruguay	−192	496	0	164	4,415	7,600	36	17	7	0.7	0.1
Uzbekistan	40	592	40	200	60	3,162	17	0	6	0.0	0.8
Venezuela, RB	−126	6,866	451	4,435	33,170	37,003	40	4	2	0.2	0.0
Vietnam	16	832	16	1,200	23,270	22,359	76	3	15	2.4	4.3
Yemen, Rep.	30	−210	−131	−210	6,345	4,138	56	34	19	8.8	5.5
Zambia	194	40	203	72	6,916	6,865	181	62	36	16.0	11.4
Zimbabwe	85	−217	−12	76	3,247	4,716	69	35	24	4.0	4.7
Welt gesamt	.. s	.. s	193,382 s	619,258 s	.. s	.. s		13 w	9 w	.. w	0.6 w
Niedriges Einkommen	6,648	12,231	2,201	10,674	418,922	579,545		9	7	2.6	1.3
Mittleres Einkommen	35,959	255,469	21,929	160,267	1,041,421 c	1,956,501 c		18	12	0.7	0.4
Mittl. Eink., untere Kat.	..	..	..	..	..	..		24	16	1.2	1.0
Mittl. Eink., obere Kat.	..	..	..	..	..	..		10	6	0.4	..
Niedr. u. mittl. Eink.	42,606	267,700	24,130	170,942	1,460,343 c	2,536,046 c		11	8	1.2	0.7
Ostasien u. Pazifik	18,720	67,249	11,135	64,162	274,071	667,522		4	4	..	0.5
Europa u. Zentralasien	7,649	53,342	1,051	24,350	220,428	480,539		13	14	0.6	0.6
Lateinamerika u. Karibik	12,412	126,854	8,188	69,323	475,867	786,019		11	9	0.4	0.2
Naher Osten u. Nordafrika	369	9,223	2,458	5,054	183,205	208,059		42	18	2.1	1.0
Südasien	2,174	7,581	464	3,659	129,899	163,775		5	4	1.5	0.9
Afrika südlich der Sahara	1,283	3,452	834	4,364	176,873	230,132		36	21	9.9	4.1
Hohes Einkommen	..	..	169,252	448,316	..	..		..	..	..	..

Anmerkung: Zur Vergleichbarkeit der Daten und der Erhebungsgesamtheit vgl. Technische Anmerkungen. Kursiv gedruckte Zahlen gelten für andere als die angegebenen Jahre.
a. Die Daten stammen aus Schuldentragbarkeitsanalysen, die im Rahmen der Entschuldungsinitiative zugunsten der ärmsten Entwicklungsländer (HIPC) durchgeführt wurden. Die Schätzungen des Gegenwartswerts für diese Länder gelten nur für öffentliche und öffentlich garantierte Schulden. b. Daten beziehen sich ausschließlich auf das Festland Tansanias.
c. Einschließlich Daten für Gibraltar, die in anderen Tabellen nicht enthalten sind.

Tabelle 1a.　Wichtige Kennzahlen für übrige Länder

Land	Bevölkerung in Tsd. 1999	Oberfläche in Tsd. km² 1999	Bevölkerungsdichte in Einw. pro km² 1999	Bruttosozialprodukt (BSP) in Mio. $ 1999[b]	BSP Durchschn. jährl. Wachstumsrate (%) 1998–99	BSP pro Kopf in $ 1999[b]	BSP pro Kopf Durchschn. jährl. Wachstumsrate (%) 1998–99	BSP bei KKP[a] in Mio. $ 1999	BSP bei KKP Pro Kopf (in $) 1999	Lebenserw. zum Zeitp. der Geburt in Jahren 1998	Analphabetenquote bei Erwachsenen in % der Bev. ab 15 Jahren 1998	Kohlendioxidemissionen in Tsd. Tonnen 1996
Afghanistan	25,869	652.1	40	..	..	..[c]	..	..	..	46	65	1,176
American Samoa	63	0.2	317	..	..	..[d]	..	..	..	..	..	282
Andorra	65	0.5	144	..	..	..[e]	..	..	..	..	..	..
Antigua and Barbuda	67	0.4	153	..	..	..[d]	..	..	..	75	..	322
Aruba	94	0.2	495	..	..	..[e]	..	..	..	..	..	1,517
Bahamas, The	298	13.9	30	..	..	..[e]	..	..	..	74	5	1,707
Bahrain	665	0.7	963	..	..	..[d]	..	..	..	73	14	10,578
Barbados	267	0.4	620	..	..	..[d]	..	..	..	76	..	835
Belize	247	23.0	11	673	4.7	2,730	1.1	1,109	4,492	75	7	355
Bermuda	64	0.1	1,280	..	..	..[e]	..	..	..	..	..	462
Bhutan	782	47.0	17	399	6.0	510	2.9	1,169[f]	1,496[f]	61	..	260
Bosnia and Herzegovina	3,881	51.1	76	..	6.1	..[g]	3.0	..	..	73	..	3,111
Brunei	322	5.8	61	..	..	..[e]	..	..	..	76	9	5,071
Cape Verde	429	4.0	106	569	8.3	1,330	5.1	1,499[f]	3,497[f]	68	27	121
Cayman Islands	36	0.3	138	..	..	..[e]	..	..	..	..	..	282
Channel Islands	149	0.3	480	..	..	..[e]	..	..	..	79	..	..
Comoros	544	2.2	244	189	−1.4	350	−3.8	740[f]	1,360[f]	60	42	55
Cuba	11,150	110.9	102	..	..	..[g]	..	..	..	76	4	31,170
Cyprus	760	9.3	82	9,086	4.2	11,960	3.3	13,977[f]	18,395[f]	78	3	5,379
Djibouti	648	23.2	28	511	..	790	..	..	..	50	38	366
Dominica	73	0.8	97	231	−0.1	3,170	−0.1	352	4,825	76	..	81
Equatorial Guinea	443	28.1	16	516	8.5	1,170	5.7	..	..	50	19	143
Faeroe Islands	44	1.4	31	..	..	..[e]	..	..	..	..	..	630
Fiji	801	18.3	44	1,771	7.8	2,210	6.4	3,634	4,536	73	8	762
French Polynesia	231	4.0	63	..	..	..[e]	..	..	..	72	..	561
Gabon	1,208	267.7	5	4,043	−3.9	3,350	−6.2	6,435	5,325	53	..	3,690
Gambia, The	1,251	11.3	125	430	5.2	340	2.2	1,867[f]	1,492[f]	53	65	216
Greenland	56	341.7	0	..	..	..[e]	..	..	..	68	..	509
Grenada	97	0.3	285	335	7.5	3,450	6.6	567	5,847	72	..	161
Guam	151	0.6	275	..	..	..[e]	..	..	..	77	..	4,078
Guinea-Bissau	1,185	36.1	42	195	4.9	160	2.8	705[f]	595[f]	44	63	231
Guyana	856	215.0	4	653	3.0	760	2.2	2,774[f]	3,242[f]	64	2	953
Iceland	277	103.0	3	8,109	6.0	29,280	4.9	7,280	26,283	79	..	2,195
Iraq	22,797	438.3	52	..	..	..[g]	..	..	..	59	46	91,387
Isle of Man	76	0.6	129	..	..	..[d]	..	..	..	..	..	..
Kiribati	88	0.7	121	81	−16.5	910	−18.7	282[f]	3,186[f]	61	..	22
Korea, Dem. Rep.	23,414	120.5	194	..	..	..[c]	..	..	..	63	..	254,326
Liberia	3,044	111.4	32	..	..	..[c]	..	..	..	47	49	326
Libya	5,419	1,759.5	3	..	..	..[d]	..	..	..	70	22	40,579
Liechtenstein	32	0.2	200	..	..	..[e]	..	..	..	..	..	..
Luxembourg	432	2.6	167	19,285	5.1	44,640	3.8	16,523	38,247	77	..	8,281
Macao, China	469	0.0	23,450	..	..	..[e]	..	..	..	78	..	1,407
Maldives	278	0.3	925	322	7.2	1,160	3.3	984[f]	3,545[f]	67	4	297
Malta	379	0.3	1,184	3,492	3.5	9,210	2.9	5,710[f]	15,066[f]	77	9	1,751
Marshall Islands	64	0.2	353	100	0.5	1,560	−2.6	..	..	..	..	..
Mauritius	1,170	2.0	576	4,203	4.9	3,590	4.0	10,123	8,652	71	16	1,744
Mayotte	128	0.4	341	..	..	..[d]	..	..	..	..	..	..
Micronesia, Fed. Sts.	116	0.7	165	210	0.3	1,810	−1.9	..	..	67	..	..
Monaco	32	0.0	16,410	..	..	..[e]	..	..	..	..	..	..
Netherlands Antilles	215	0.8	268	..	..	..[e]	..	..	..	76	4	6,430
New Caledonia	213	18.6	12	..	..	..[e]	..	..	..	73	..	1,751
Northern Mariana Islands	68	0.5	143	..	..	..[e]	..	..	..	..	..	..
Oman	2,348	212.5	11	..	..	..[d]	..	..	..	73	31	15,143
Palau	19	0.5	40	..	..	..[d]	..	..	..	71	..	245
Puerto Rico	3,890	9.0	439	..	..	..[d]	..	..	..	76	7	15,806
Qatar	757	11.0	69	..	..	..[e]	..	..	..	74	20	29,121
Samoa	170	2.8	60	181	1.0	1,060	0.5	666[f]	3,915[f]	69	20	132
São Tomé and Principe	145	1.0	151	40	5.2	270	2.9	193[f]	1,335[f]	64	..	77
Seychelles	80	0.5	177	520	−3.0	6,540	−4.1	826[f]	10,381[f]	72	..	169
Solomon Islands	429	28.9	15	320	−0.4	750	−3.4	836[f]	1,949[f]	71	..	161
Somalia	9,388	637.7	15	..	..	..[c]	..	..	..	48	..	15
St. Kitts and Nevis	41	0.4	114	262	2.1	6,420	2.0	401	9,801	70	..	103
St. Lucia	154	0.6	253	581	3.1	3,770	1.5	775	5,022	72	..	191
St. Vincent and the Grenadines	114	0.4	293	307	4.0	2,700	3.2	532	4,667	73	..	125
Sudan	28,993	2,505.8	12	9,435	6.0	330	3.6	37,641[f]	1,298[f]	55	44	3,473
Suriname	413	163.3	3	..	..	..[g]	..	..	..	70	..	2,099
Swaziland	1,018	17.4	59	1,379	2.0	1,360	−0.9	4,274	4,200	56	22	341
Tonga	100	0.8	138	172	2.2	1,720	1.2	427[f]	4,281[f]	71	..	117
Trinidad and Tobago	1,293	5.1	252	5,661	4.5	4,390	3.9	9,388	7,262	73	7	22,237
United Arab Emirates	2,815	83.6	34	..	..	..[e]	..	..	..	75	25	81,843
Vanuatu	189	12.2	16	221	−2.0	1,170	−5.2	525[f]	2,771[f]	65	..	62
Virgin Islands (U.S.)	120	0.3	352	..	..	..[e]	..	..	..	77	..	..
West Bank and Gaza	2,839	6.2	446	4,559	5.2	1,610	1.3	..	..	71	..	12,912
Yugoslavia, FR (Serb./Mont.)	10,616	102.2	104	..	..	..[g]	..	..	..	72	..	36,197

Anmerkung: Kursiv gedruckte Zahlen gelten für andere als die angegebenen Jahre.
a. Kaufkraftparität; vgl. Technische Anmerkungen. b. Mit Hilfe des Atlas-Verfahrens der Weltbank berechnet. c. Geschätzt als Länder mit niedrigem Einkommen (bis 755 US-Dollar).
d. Geschätzt als Länder mit mittlerem Einkommen, obere Kategorie (2.996–9.265 US-Dollar). e. Geschätzt als Länder mit hohem Einkommen (ab 9.266 US-Dollar). f. Die Schätzung basiert auf Regressionsrechnungen; andere Werte wurden anhand von Referenzschätzungen des neuesten Internationalen Vergleichsprogramms extrapoliert. g. Geschätzt als Länder mit mittlerem Einkommen, untere Kategorie (756–2.995 US-Dollar).

Technische Anmerkungen

In diesen technischen Anmerkungen werden die Quellen und Verfahrensweisen erläutert, die beim Zusammenstellen der 149 in den diesjährigen Ausgewählten Kennzahlen der Weltentwicklung enthaltenen Kennzahlen verwendet wurden. Die Anmerkungen zu den einzelnen Kennzahlen sind entsprechend der Reihenfolge ihres Erscheinens in den Tabellen angeordnet.

Datenquellen

Die Daten in den Ausgewählten Kennzahlen der Weltentwicklung entstammen den *World Development Indicators 2000*. Soweit möglich wurden jedoch geänderte Daten, die nach Einreichungsschluß dieser Ausgabe berichtet wurden, noch aufgenommen. Zudem wurden neu herausgegebene Schätzungen des BSP pro Kopf für 1999 in Tabelle 1 mit einbezogen.

Die Weltbank greift für die in den *World Development Indicators* enthaltenen Statistiken auf eine Vielzahl von Quellen zurück. Angaben über die Auslandsschulden werden der Weltbank direkt von den Mitgliedsentwicklungsländern durch das Schuldnerberichtsystem übermittelt. Andere Daten stammen hauptsächlich von der UNO und ihren Sonderorganisationen, vom Internationalen Währungsfonds (IWF) sowie aus Berichten der Länder an die Weltbank. Es werden ebenfalls Schätzungen des Weltbank-Stabes verwendet, um die Aktualität oder Konsistenz der Daten zu erhöhen. Für die meisten Länder erhält die Weltbank Schätzungen der Volkswirtschaftlichen Gesamtrechnungen von der Regierung des betreffenden Mitgliedslandes im Zuge von wirtschaftlichen Projekten. In einigen Fällen sind diese Daten vom Weltbankstab bereinigt worden, um sie mit internationalen Definitionen und Konzepten in Übereinstimmung zu bringen. Die meisten aus nationalen Quellen stammenden Daten zur Gesellschaftsstruktur wurden den üblichen Verwaltungsunterlagen des jeweiligen Landes, Sondererhebungen oder in regelmäßigen Abständen durchgeführten Volkszählungen entnommen. Die vorrangig verwendeten internationalen Quellen (sowie die in den Technischen Anmerkungen zitierten Quellen) werden im Abschnitt Datenquellen im Anschluß an die Technischen Anmerkungen aufgeführt.

Konsistenz und Verläßlichkeit der Daten

Trotz beträchtlicher Bemühungen zur Standardisierung der Daten kann keine vollständige Vergleichbarkeit garantiert werden, so daß die Kennzahlen vorsichtig interpretiert werden müssen. Zahlreiche Faktoren beeinträchtigen die Verfügbarkeit, Vergleichbarkeit und Verläßlichkeit der Daten: So sind in vielen Entwicklungsländern die statistischen Systeme noch immer unzureichend, statistische Methoden, Erhebungsgesamtheit, Verfahrensweisen und Definitionen weichen zum Teil erheblich voneinander ab. Darüber hinaus bringen Vergleiche zwischen einzelnen Ländern und Zeiträumen komplexe technische und konzeptionelle Probleme mit sich, die nicht eindeutig gelöst werden können. Aus diesen Gründen sollten Daten, obwohl sie aus den Quellen stammen, die für äußerst kompetent gehalten werden, nur so verstanden werden, daß sie Trends anzeigen und größere Unterschiede zwischen Volkswirtschaften darstellen, statt ein exaktes quantitatives Maß dieser Unterschiede zu bieten. Zudem revidieren die Statistikämter der jeweiligen Länder häufig ihre historischen Daten, insbesondere die der letzten Jahre. Daher können in verschiedenen Ausgaben von Weltbankpublikationen Daten unterschiedlicher Jahrgänge veröffentlicht werden. Der Leser sollte Daten nicht aus unterschiedlichen Ausgaben zusammenstellen. Daten aus konsistenten Zeitreihen können der CD-ROM *World Development Indicators 2000* entnommen werden.

Quoten und Wachstumsraten

Um die Vergleichbarkeit zu erleichtern, sind in den Tabellen gewöhnlich Quoten und Wachstumsraten anstelle der ihnen zugrundeliegenden Werte aufgeführt. Ursprüngliche Werte können der CD-ROM *World Development Indicators 2000* entnommen werden. Sofern nicht anders angegeben, wurden die Wachstumsraten mit Hilfe der Regressionsmethode der kleinsten Quadrate berechnet (siehe Abschnitt zu den statistischen Methoden). Da dieses Verfahren alle verfügbaren Werte innerhalb eines Zeitraums berücksichtigt, reflektieren die so ermittelten Wachstumsraten Entwicklungstrends, die nicht über Gebühr durch außergewöhnliche Werte beeinflußt werden. Um Inflationseffekte auszuschließen, werden bei der Berechnung der Wachstumsraten Wirtschaftskennzahlen zu konstanten Preisen verwendet. Kursiv gedruckte Daten beziehen sich auf ein Jahr oder einen Zeitraum, das bzw. der von dem in der Spaltenüberschrift angegebenen abweicht – bis zu zwei Jahren bei wirtschaftsbezogenen Kennzahlen und bis zu drei Jahren bei gesellschaftsbezogenen Kennzahlen, die weniger regelmäßig ermittelt werden und sich über einen kurzen Zeitraum hinweg auch weniger stark verändern.

Reihen konstanter Preise

Das Wachstum einer Volkswirtschaft wird an der Steigerung der Wertschöpfung durch die im jeweiligen Land tätigen Einzelpersonen und Unternehmen gemessen. Die Berechnung des realen Wachstums erfordert daher Schätzungen des BIP und seiner Komponenten zu konstanten Preisen. Die Weltbank sammelt Zeitreihen der Volkswirtschaftlichen Gesamtrechnung zu konstanten Preisen in der jeweiligen Landeswährung, die im ursprünglichen Ausgangsjahr berichtet wurden. Sie skaliert das BIP und die Wertschöpfung nach Entstehung auf ein gemeinsames Referenzjahr (hier 1995) neu, um so vergleichbare Zeitreihen der Daten zu konstanten Preisen zu erhalten. Durch dieses Verfahren entsteht eine Diskrepanz zwischen dem neu skalierten BIP und der Summe der neu skalierten Komponenten. Da eine Aufteilung der Diskrepanz zu Verzerrungen in der Wachstumsrate führen würde, wird sie nicht aufgeteilt.

Zusammenfassende Kennzahlen

Die zusammenfassenden Kennzahlen für Regionen und Einkommensgruppen, die am Ende der meisten Tabellen aufgeführt sind, werden durch einfache Addition errechnet, sofern es sich um Niveaugrößen handelt. Summen der Steigerungsraten und Quoten werden in der Regel als gewichtete Durchschnittswerte berechnet. Die zusammenfassenden Kennzahlen der gesellschaftsbezogenen Kennzahlen sind nach der Bevölkerung oder nach Untergruppen der Bevölkerung gewichtet. Davon ausgenommen ist die Säuglingssterblichkeitsrate, die nach der Geburtenzahl gewichtet ist. Weitere Informationen sind den Anmerkungen zu den jeweiligen Kennzahlen zu entnehmen.

Bei den zusammenfassenden Kennzahlen, die einen Zeitraum von mehreren Jahren abdecken, basieren die Berechnungen auf einer einheitlichen Gruppe von Ländern, so daß sich die Zusammensetzung der Gesamtsumme nicht im Laufe der Zeit verändert. Gruppenkennzahlen werden nur dann erstellt, wenn die für ein bestimmtes Jahr verfügbaren Daten mindestens für zwei Drittel der gesamten Gruppe gelten, und zwar bezogen auf die Zusammensetzung der Gruppe im Referenzjahr 1995. Solange dieses Kriterium erfüllt ist, wird angenommen, daß Länder, für die keine Daten zur Verfügung stehen, sich so verhalten wie diejenigen, die Schätzungen zur Verfügung stellen. Der Leser sollte beachten, daß die zusammenfassenden Kennzahlen Schätzungen repräsentativer Aggregate in dem jeweiligen Bereich darstellen und aus den Gruppenkennzahlen keine aussagekräftigen Schlüsse über die Entwicklung auf Landesebene abgeleitet werden können. Zudem kann der Gewichtungsprozeß zu

Diskrepanzen zwischen Summen der Untergruppen und den Gesamtsummen führen.

Tabelle 1. Größe des Landes

Bevölkerung basiert auf einer De-facto-Definition, nach der sämtliche Bewohner unabhängig von Rechtsstatus und Staatsangehörigkeit gezählt werden. Davon ausgenommen sind Flüchtlinge, die im asylgewährenden Land nicht fest ansässig sind. Diese werden allgemein als der Bevölkerung des Herkunftslandes zugehörig betrachtet. Die aufgeführten Kennzahlen sind Schätzungen, die jeweils zur Jahresmitte gemacht wurden (siehe Technische Anmerkung zu Tabelle 3).

Oberfläche ist die Gesamtfläche eines Landes einschließlich der Fläche von Binnen- und Küstengewässern.

Bevölkerungsdichte ist die Bevölkerung zur Jahresmitte dividiert durch die Landfläche. Die Landfläche ist die Gesamtfläche eines Landes mit Ausnahme der Fläche von Binnen- und Küstengewässern. Die Dichte wird anhand der aktuellsten verfügbaren Daten über die Landfläche ermittelt.

Bruttosozialprodukt (BSP), das umfassendste Maß für das Einkommen eines Landes mißt die gesamte Wertschöpfung von Inländern aus inländischen und ausländischen Quellen. Das BSP umfaßt das Bruttoinlandsprodukt (BIP) zzgl. Nettoübertragenes aus Haupteinkommen aus ausländischen Quellen. Die Umrechnung von der jeweiligen Landeswährung in US-Dollar zum jeweils geltenden Kurs erfolgt mit Hilfe der Atlas-Methode der Weltbank. Dabei werden Dreijahresdurchschnitte der Wechselkurse verwendet, um die Auswirkungen vorübergehender Wechselkursfluktuationen zu mildern. (Eine ausführlichere Beschreibung der Atlas-Methode liefert der Abschnitt zu den statistischen Methoden). **Durchschnittliche jährliche Wachstumsrate des BSP** wird aus dem BSP zu konstanten Preisen in Einheiten der Landeswährung errechnet.

Das **BSP pro Kopf** ist das durch die Bevölkerungszahl zur Jahresmitte dividierte BSP. Die Umrechnung in US-Dollar zum jeweils geltenden Kurs erfolgt nach der Atlas-Methode. Die Weltbank verwendet das BSP pro Kopf in US-Dollar, um die Länder für analytische Zwecke zu klassifizieren und die Kreditfähigkeit zu bestimmen. Die **durchschnittliche jährliche Wachstumsrate des BSP pro Kopf** wird aus dem BSP pro Kopf zu konstanten Preisen in Einheiten der Landeswährung errechnet.

Da Nominalwechselkurse Unterschiede in relativen Preisen auf internationaler Ebene nicht immer widerspiegeln, wird in Tabelle 1 auch das unter Anwendung der Wechselkurse der Kaufkraftparität (KKP) in internationale Dollar umgerechnete BSP angegeben. **BSP bei KKP** ist das zum KKP-Wechselkurs in internationale Dollar umgerechnete BSP. Bei Anwendung des KKP-Kurses hat ein Dollar die gleiche Kaufkraft bezogen auf das BSP des jeweiligen Landes wie der US-Dollar bezogen auf das BSP der Vereinigten Staaten. Die KKP-Wechselkurse ermöglichen einen standardisierten Vergleich des Realpreisniveaus verschiedener Länder, so wie konventionelle Preisindizes einen Vergleich des Realwertes über einen Zeitraum ermöglichen. Die hier verwendeten KKP-Konversionsfaktoren stammen aus der aktuellsten Reihe von Preisuntersuchungen des Internationalen Vergleichsprogramms, eines Gemeinschaftsprojekts der Weltbank und der regionalen Wirtschaftskommissionen der Vereinten Nationen. Diese 1996 vervollständigte Reihe von Untersuchungen umfaßt 118 Länder und basiert auf 1993 als Referenzjahr. Schätzungen für nicht in die Untersuchung einbezogene Länder stammen aus statistischen Modellen und basieren auf verfügbaren Daten.

Die Rangfolge basiert auf 206 Ländern, einschließlich der 74 Länder aus Tabelle 1a, über die nur wenige Daten zur Verfügung stehen oder die eine Bevölkerung von unter1,5 Millionen aufweisen. Für viele dieser 74 Länder wurden für das BSP und das BSP pro Kopf Bereichsschätzungen zur Bestimmung des Rangs verwendet, so zum Beispiel für Liechtenstein, das hinsichtlich des BSP pro Kopf den zweiten Rang einnimmt.

Tabelle 2. Lebensqualität

Anstieg des privaten Pro-Kopf-Verbrauchs ist die durchschnittliche jährliche Veränderungsrate des privaten Verbrauchs dividiert durch die Bevölkerung zur Jahresmitte. (Siehe Definition des privaten Verbrauchs in der Technischen Anmerkung zu Tabelle 13). Die um die Verteilung berichtigte Steigerungsrate ist 1 abzüglich des Gini-Index (siehe technische Anmerkung zu Tabelle 5), multipliziert mit der jährlichen Wachstumsrate des privaten Verbrauchs. Ein Anstieg des privaten Pro-Kopf-Verbrauchs ist in der Regel mit einer Abnahme der Armut verbunden, doch in Ländern, in denen Einkommen oder Verbrauch sehr ungleichmäßig verteilt sind, haben die Armen an diesem Anstieg möglicherweise nicht teil. Die durch einen Index wie den Gini-Index gemessene Beziehung zwischen der Armutsrückgangsrate und der Verteilung von Einkommen oder Verbrauch ist kompliziert. Doch Ravallion und Chen (1997) stellten fest, daß sich die Armutsrückgangsrate durchschnittlich proportional zu der um die Verteilung korrigierten Steigerungsrate des privaten Verbrauchs verhält.

Verbreitung von Unterernährung bei Kindern ist der Prozentsatz der Kinder unter fünf Jahren, deren Gewicht bezogen auf ihr Alter unter einer Standardabweichung von minus 2 vom Mittel der Referenzbevölkerung liegt. Als Basis hierfür dienen Kinder in den Vereinigten Staaten, von denen angenommen wird, daß sie gut ernährt sind. Gewicht bezogen auf das Alter ist eine Kennzahl, die sich zusammensetzt aus dem Gewicht bezogen auf die Größe (Magersucht) und der Größe bezogen auf das Alter (Minderwuchs). Die Schätzungen zur Unterernährung bei Kindern stammen von der Weltgesundheitsorganisation.

Sterblichkeitsrate unter fünf Jahren bezeichnet die Wahrscheinlichkeit, daß ein im jeweiligen Jahr geborenes Kind vor Vollendung des fünften Lebensjahres stirbt, falls das Kind den gegenwärtigen altersspezifischen Sterblichkeitsraten unterliegt. Die Wahrscheinlichkeit wird in Todesfällen pro 1.000 Kinder angegeben.

Lebenserwartung zum Zeitpunkt der Geburt bezeichnet die Anzahl der Jahre, die ein neugeborenes Kind leben würde, wenn die zum Zeitpunkt seiner Geburt geltenden Sterblichkeitsraten sein ganzes Leben lang unverändert blieben.

Altersspezifische Daten über die Sterblichkeit, wie zum Beispiel die Säuglings- und Kindersterblichkeitsrate sowie die Lebenserwartung zum Zeitpunkt der Geburt, sind wahrscheinlich die besten generellen Kennzahlen für den aktuellen Gesundheitszustand einer Gemeinschaft. Sie werden häufig auch als allgemeines Maß für das Wohlergehen einer Bevölkerung eines Landes oder seiner Lebensqualität bezeichnet. Die Hauptquellen für Daten zur Sterblichkeit sind Personenstandsregister sowie direkte oder indirekte Schätzungen, die auf Repräsentativerhebungen oder Volkszählungen basieren. Da Einwohnerverzeichnisse mit relativ vollständigen Personenstandsaufzeichnungen eher selten sind, müssen Schätzungen anhand von Repräsentativerhebungen oder unter Anwendung von indirekten Schätzverfahren auf Daten aus Registern, Volkszählungen oder Erhebungen durchgeführt werden. Indirekte Schätzungen stützen sich auf geschätzte versicherungsmathematische ("Lebens-") Tabellen, die unter Umständen auf die Bevölkerung des betreffenden Landes nicht zutreffen. Die Lebenserwartung bei der Geburt und die altersspezifischen Sterblichkeitsraten sind in der Regel Schätzungen, die auf den aktuellsten verfügbaren Daten aus Volkszählungen oder Erhebungen basieren. Siehe auch die Tabelle der Primärdaten in den *World Development Indicators 2000*.

Analphabetenquote bei Erwachsenen ist der Prozentsatz von Personen ab 15 Jahren, die eine kurze, einfache Aussage über ihren Alltag weder lesen (und verstehen) noch verständlich schreiben können. Die hier verwendete Definition basiert auf dem Begriff des „funktionalen" Beherrschens: die Fähigkeit einer Person, das Lesen und Schreiben im Kontext ihres sozialen Umfelds effektiv einzusetzen. Um das Analphabetentum auf der Basis dieser Definition zu messen, müssen unter kontrollierten Bedingungen Volkszählungen oder Repräsentativerhebungen durchgeführt werden. In der Praxis legen zahlreiche Länder ihren Schätzungen der Analphabetenquote bei Erwachsenen Eigenangaben oder die Anzahl der Schulabschlüsse zugrunde. Aufgrund dieser Unterschiede in den Methoden ist bei Vergleichen zwischen verschiedenen Ländern – und zwischen verschiedenen Zeitabschnitten innerhalb desselben Landes – Vorsicht geboten.

Städtische Bevölkerung ist der Teil der Bevölkerung, die im jeweiligen Land in einem als städtisch definierten Gebiet lebt.

Zugang zu sanitären Einrichtungen in städtischen Gebieten ist der Prozentsatz der städtischen Bevölkerung, die an die öffentliche Kanalisation angeschlossen ist oder Zugang zu Einrichtungen wie Grubentoiletten ohne Wasserspülung, Toiletten mit manueller Wasserspülung, Faulbehältern, Gemeinschaftstoiletten oder anderen derartigen Einrichtungen hat.

Tabelle 3. Bevölkerung und Erwerbstätige

Bevölkerung Gesamtzahl umfaßt sämtliche Bewohner unabhängig von Rechtsstatus oder Staatsangehörigkeit mit Ausnahme von Flüchtlingen, die im asylgewährenden Land nicht fest ansässig sind. Diese werden im allgemeinen als ein Teil der Bevölkerung des Herkunftslandes betrachtet. Die aufgeführten Kennzahlen sind Schätzungen, die zur Jahresmitte gemacht wurden. Schätzungen der Bevölkerungszahlen basieren in der Regel auf nationalen Erhebungen, während Schätzungen zwischen Volkszählungen auf demographischen Modellen basierende Interpolationen oder Extrapolationen sind. Fehler und zu niedrige Resultate kommen selbst in Ländern mit hohem Einkommen vor. In Entwicklungsländern können diese Fehler sehr ins Gewicht fallen, da die Verkehrs- und Kommunikationsinfrastruktur sowie die zur Durchführung einer vollständigen Volkszählung notwendigen Ressourcen beschränkt sind. Zudem wird die internationale Vergleichbarkeit von Bevölkerungskennzahlen durch unterschiedliche Vorstellungen, Definitionen, Datenerfassungs- und Schätzmethoden der statistischen Stellen der jeweiligen Länder und anderer Organisationen, die Bevölkerungsdaten zusammentragen, beeinträchtigt. Die Daten in Tabelle 3 wurden von Statistikämtern der jeweiligen Länder oder von der Abteilung für Bevölkerungsfragen der UNO zur Verfügung gestellt.

Durchschnittliche jährliche Wachstumsrate der Bevölkerung ist die exponentielle Veränderungsrate für den betreffenden Zeitraum (siehe Abschnitt zu den statistischen Methoden).

Altersgruppe 15–64 Jahre ist ein allgemein akzeptiertes Maß für die Anzahl der potentiell erwerbstätigen Personen. In zahlreichen Entwicklungsländern gehen jedoch viele Kinder unter 15 Jahren einer Voll- oder Teilzeitbeschäftigung nach. Und in einigen Ländern mit hohem Einkommen sind viele Arbeitnehmer länger als bis zum 65. Lebensjahr erwerbstätig.

Erwerbstätige Gesamtzahl umfaßt die nach der Definition der Internationalen Arbeitsorganisation (IAO) erwerbstätige Bevölkerung. Dies sind alle Personen, die ihre Arbeitskraft für die Produktion von Waren und Dienstleistungen in einem bestimmten Zeitraum zur Verfügung stellen, und schließt sowohl Beschäftigte als auch Arbeitslose ein. Obwohl die Verfahren in den verschiedenen Ländern differieren, gehören im allgemeinen Angehörige der Streitkräfte, Arbeitslose und Arbeitssuchende, die zum ersten Mal auf den Arbeitsmarkt drängen, zur Erwerbsbevölkerung dazu, nicht jedoch Hausfrauen und -männer, andere unbezahlte Pflegeleistende sowie Arbeiter auf dem inoffiziellen Arbeitsmarkt. Die IAO stellte die Daten über die Erwerbstätigen anhand von Volkszählungen oder Erhebungen zusammen. Trotz der Anstrengungen der IAO, die Verwendung internationaler Standards zu fördern, sind die Daten über die Erwerbstätigen aufgrund der Unterschiede, die zwischen Ländern und gelegentlich auch innerhalb eines Landes in den Definitionen und Methoden zur Erfassung, der Klassifizierung und Tabellarisierung bestehen, nicht vollständig vergleichbar. Die in Tabelle 3 aufgeführten Schätzungen zur Zahl der Erwerbstätigen wurden unter Anwendung der geschlechtsspezifischen Erwerbstätigenquoten der IAO-Datenbank auf die Schätzungen der Bevölkerungszahlen durch die Weltbank errechnet, um so eine Datenreihe zur Erwerbstätigkeit zu erstellen, die mit diesen Schätzungen konsistent ist. Diese Vorgehensweise führt in einigen Fällen zu Schätzungen, die leicht von den im *Yearbook of Labour Statistics* der IAO veröffentlichten Schätzungen abweichen.

Die **durchschnittliche jährliche Wachstumsrate der Erwerbsbevölkerung** wurde mit Hilfe der exponentiellen Endpunkt-Methode ermittelt (siehe Abschnitt zu den statistischen Methoden).

Frauen in % der Erwerbstätigen gibt den Anteil der Frauen an, die aktiv zur Erwerbsbevölkerung gehören. Die Schätzungen entstammen der Datenbank der IAO. Diese Schätzungen sind nicht international vergleichbar, da in vielen Ländern zahlreiche Frauen in landwirtschaftlichen Betrieben helfen oder in anderen Familienunternehmen ohne Entgelt tätig sind und die Kriterien zur Bestimmung, inwieweit solche Arbeiterinnen als Teil der Er-

werbsbevölkerung anzusehen sind, in den jeweiligen Ländern voneinander abweichen.

Erwerbstätige Kinder der Altersgruppe 10 bis 14 Jahre bezeichnet den Teil dieser Altersgruppe, der zur aktiven Erwerbsbevölkerung gehört. Es ist schwierig, zuverlässige Daten über Kinderarbeit zu erhalten. In vielen Ländern ist Kinderarbeit illegal oder wird von offizieller Seite als nicht existent betrachtet. Aus diesem Grund wird Kinderarbeit weder angegeben noch in Erhebungen eingeschlossen oder in offiziellen Daten aufgeführt. Es werden außerdem häufig zu niedrige Angaben gemacht, da Kinder, die zusammen mit ihren Familien in der Landwirtschaft oder in Haushalten arbeiten, nicht eingeschlossen sind.

Tabelle 4. Armut

Das **Erhebungsjahr** ist das Jahr, in dem die zugrunde liegenden Daten ermittelt wurden.

Ländliche Bevölkerung unterhalb der nationalen Armutsgrenze bezeichnet den Prozentsatz der ländlichen Bevölkerung, die unterhalb der von nationalen Behörden festgelegten ländlichen Armutsgrenze lebt. **Städtische Bevölkerung unterhalb der nationalen Armutsgrenze** bezeichnet den Prozentsatz der städtischen Bevölkerung, die unterhalb der von nationalen Behörden festgelegten städtischen Armutsgrenze lebt. **Gesamtbevölkerung unterhalb der Armutsgrenze** bezeichnet den Prozentsatz der Gesamtbevölkerung eines Landes, die unterhalb der nationalen Armutsgrenze lebt. Schätzungen der jeweiligen Länder basieren auf nach Bevölkerung gewichteten Schätzungen von Untergruppen, die aus Haushaltserhebungen stammen.

Bevölkerung mit weniger als 1 US-Dollar pro Tag und **Bevölkerung mit weniger als 2 US-Dollar pro Tag** gibt den Prozentsatz der Bevölkerung an, die auf dem jeweiligen Verbrauchs- oder Einkommensniveau zu an die Kaufkraftparität angepaßten Preisen des Jahres 1993 lebt.

Armutslücke bei 1 US-Dollar pro Tag und **Armutslücke bei 2 US-Dollar pro Tag**. Diese Größe spiegelt sowohl den Grad als auch die Verbreitung der Armut wider.

Internationale Vergleiche von Daten zur Armut bereiten sowohl begriffliche als auch praktische Probleme. Länder definieren Armut auf unterschiedliche Art und Weise, und konsistente Vergleiche zwischen einzelnen Ländern auf Basis ein und derselben Definition können Schwierigkeiten bereiten. Nationale Armutsgrenzen entsprechen in reichen Ländern oft einer höheren Kaufkraft, da großzügigere Standards verwendet werden als in armen Ländern.

Mit Hilfe von internationalen Armutsgrenzen wird versucht, den Realwert der Armutsgrenze zwischen den jeweiligen Ländern konstant zu halten. Der Standardwert von einem US-Dollar pro Tag zu den im Jahre 1985 geltenden internationalen Preisen, und unter Anwendung von KKP-Konversionsfaktoren der jeweiligen Landeswährung angepaßt, wurde für das Kapitel über Armut im *World Development Report 1990* ausgewählt, da er für die Armutsgrenzen in Ländern mit niedrigem Einkommen typisch ist. Für den diesjährigen Bericht wurde der Standardwert auf 1,08 US-Dollar pro Tag zu den im Jahre 1993 geltenden internationalen Preisen angepaßt. Die KKP-Konversionsfaktoren werden verwendet, weil sie die landestypischen Preise für Waren und Dienstleistungen, die nicht international gehandelt werden, berücksichtigen. Allerdings wurden diese Faktoren nicht für internationale Vergleiche der Armut entworfen, sondern für Vergleiche der Aggregate in den Volkswirtschaftlichen Gesamtrechnungen. Es kann daher nicht mit Sicherheit gesagt werden, daß eine internationale Armutsgrenze ein länderübergreifend allgemein gültiges Maß für die Bedürftigkeit ist.

Probleme können sowohl beim Vergleich der Angaben zur Armut innerhalb eines Landes als auch bei Vergleichen zwischen verschiedenen Ländern auftreten. Beispielsweise sind die Preise für Grundnahrungsmittel und die Lebenshaltungskosten im allgemeinen in städtischen Gebieten höher als in ländlichen. Also sollte der Nominalwert der städtischen Armutsgrenze oberhalb der ländlichen Armutsgrenze liegen. Doch die tatsächlich festgestellte Differenz zwischen städtischer und ländlicher Armutsgrenze spiegelt nicht immer die unterschiedliche Höhe der Lebenshaltungskosten wider. In einigen Ländern hat die allgemein verwendete städtische Armutsgrenze einen höheren Realwert – was bedeutet, daß sie armen Menschen ermöglicht, mehr Verbrauchsgüter zu kaufen – als die ländliche Armutsgrenze. In manchen Fällen war dieser Unterschied so groß, daß man hätte vermuten können, in städtischen Gebieten existiere mehr Armut als in ländlichen, obwohl sich genau das Gegenteil herausstellt, wenn lediglich bezüglich der Lebenshaltungskosten Bereinigungen durchgeführt werden.

Weitere Probleme ergeben sich bei der Messung des Lebensstandards der Haushalte. Eines besteht darin zu entscheiden, ob das Einkommen oder der Verbrauch als Indikator für Gesundheit und Wohlergehen verwendet werden soll. Das Einkommen ist generell leichter genau zu bestimmen, wohingegen der Verbrauch in näherem Zusammenhang zum Lebensstandard steht, als das Einkommen, welches möglicherweise Schwankungen unterliegt, auch wenn gleichzeitig der Lebensstandard auf demselben Niveau bleibt. Doch Daten über den Verbrauch sind nicht immer verfügbar, und in diesem Fall bleibt keine andere Wahl, als sich auf das Einkommen zu stützen. Es gibt allerdings noch weitere Probleme. Die für Haushaltserhebungen verwendeten Fragebögen können in hohem Maße voneinander abweichen, zum Beispiel was die Anzahl der aufgeführten Kategorien der Verbrauchsgüter anbelangt. Die Qualität der Erhebungen ist unterschiedlich, und nicht einmal annähernd gleiche Erhebungen sind unbedingt vergleichbar.

Vergleiche zwischen Ländern mit unterschiedlichem Entwicklungsstand sind wegen der Unterschiede in der relativen Bedeutung des Verbrauchs nichtmarktbestimmter Güter ebenfalls ein potentielles Problem. Der lokale Marktwert jeglichen Verbrauchs von Naturalien (einschließlich des insbesondere in unterentwickelten ruralen Ländern wichtigen Verbrauchs der Eigenproduktion eines Haushalts) sollte in die Berechnung der gesamten Verbrauchsausgaben einbezogen werden. Aus ähnlichen Gründen sollte auch das der Produktion von nichtmarktbestimmten Gütern zugeschriebene Einkommen in die Berechnung des Einkommens einfließen. Dies ist nicht immer der Fall, doch derartige Versäumnisse stellten in vor 1980 durchgeführten Erhebungen ein viel größeres Problem dar als heute. Heute schließen die meisten Daten aus Erhebungen Schätzungen des Verbrauchs selbstproduzierter Güter sowie des aus ihnen erzielten Einkommens ein. Die Schätzmethoden variieren dennoch: Für manche Erhebungen wird zum Beispiel der auf dem nächstgelegenen Markt zu erzielende Preis verwendet, während andere den durchschnittlichen Verkaufspreis ab Hof verwenden.

Soweit möglich wurde der Verbrauch als Indikator für die Entscheidung verwendet, wer arm ist. Die internationalen Kennzahlen zur Armut in Tabelle 4 basieren auf den neuesten Weltbank-Schätzungen des KKP bezüglich des Verbrauchs in Preisen von 1993. Wenn lediglich das Haushaltseinkommen verfügbar ist, wurde das Durchschnittseinkommen so angeglichen, daß es entweder mit einer auf einer Erhebung basierenden Schätzung des mittleren Verbrauchs (soweit verfügbar) oder einer Schätzung übereinstimmt, die auf aus der Volkswirtschaftlichen Gesamtrechnung stammenden Verbrauchsdaten basiert. Dieses Verfahren bereinigt jedoch nur den Durchschnitt; die Differenzen zwischen den Lorenzkurven (zur Einkommensverteilung) für Verbrauch und Einkommen können nicht ausgeglichen werden.

Empirische Lorenzkurven wurden nach Haushaltsgröße gewichtet und basieren somit auf Perzentilen der Bevölkerung und nicht der Haushalte. Die Kennzahlen zur Armut wurden in allen Fällen aus Primärdatenquellen (tabellarischen Aufstellungen oder Haushaltsdaten) errechnet und nicht aus existierenden Schätzungen. Auf tabellarischen Aufstellungen basierende Schätzungen müssen mit Hilfe einer Interpolationsmethode durchgeführt werden. Die gewählte Methode ist die der Lorenzkurven mit flexiblen Funktionsformen, die sich in der Vergangenheit bewährt hat.

Tabelle 5. Verteilung von Einkommen oder Verbrauch

Das **Erhebungsjahr** ist das Jahr, in dem die zugrunde liegenden Daten ermittelt wurden.

Der **Gini-Index** mißt, inwieweit die Verteilung des Einkommens (oder in einigen Fällen der Verbrauchsausgaben) auf Personen oder Haushalte in einer Volkswirtschaft von einer vollkommen gleichmäßigen Verteilung abweicht. Der Gini-Index mißt den Bereich zwischen der Lorenz-Kurve (erläutert in der Technischen Anmerkung zu Tabelle 4) und einer hypothetischen Linie absoluter Gleichverteilung, ausgedrückt als Prozentsatz der maximalen Fläche unterhalb der Linie. Nach dieser Definition bedeutet ein Gini-Index von Null somit vollkommene Gleichverteilung, ein Index von 100 hingegen vollkommene Ungleichverteilung.

Prozentualer Anteil am Einkommen oder Verbrauch bezeichnet den Anteil, der auf nach der Höhe des Einkommens oder des Verbrauchs geordnete 10-Prozent- oder 20-Prozent-Gruppen der Bevölkerung entfällt. Die Summe der prozentualen Anteile der 20-Prozent-Gruppen ergibt aufgrund von Rundungsdifferenzen unter Umständen nicht genau 100.

Daten zum Einkommen oder Verbrauch von Personen oder Haushalten stammen aus repräsentativen Haushaltserhebungen der jeweiligen Länder. Die Daten in der Tabelle beziehen sich auf verschiedene Jahre zwischen 1985 und 1999. Eine Fußnote am Erhebungsjahr gibt an, ob die Rangfolge auf dem Einkommen oder dem Verbrauch basiert. Die Verteilungen basieren auf

Perzentilen der Bevölkerung, nicht der Haushalte. Sofern die ursprünglichen Daten aus den Haushaltserhebungen verfügbar waren, wurden diese verwendet, um die Einkommens- oder Verbrauchsanteile in 20-Prozent-Gruppen direkt zu berechnen. Andernfalls sind die Anteile anhand der besten verfügbaren Gruppendaten geschätzt worden.

Die Kennzahlen zur Verteilung wurden um die Haushaltsgröße bereinigt, um so eine konsistentere Kennzahl für das Einkommen oder den Verbrauch pro Kopf zu erhalten. Die regionalen Unterschiede innerhalb der Länder wurden nicht bereinigt, da die dafür erforderlichen Daten im allgemeinen nicht verfügbar sind. Weitere Einzelheiten zu den Schätzverfahren für Länder mit niedrigem und mittlerem Einkommen sind Ravallion und Chen (1996) zu entnehmen.

Da zwischen den zugrunde liegenden Haushaltserhebungen sowohl im Hinblick auf die Durchführung als auch in bezug auf die Art der erhobenen Daten Unterschiede bestehen, sind die Kennzahlen zur Verteilung zwischen den Ländern nicht uneingeschränkt vergleichbar. Zwar verringern sich derartige Probleme im Zuge einer Verbesserung und der zunehmenden Standardisierung der Erhebungsverfahren, aber eine unbedingte Vergleichbarkeit ist noch nicht gegeben. Die Einkommensverteilung und die Gini-Indizes für Länder mit hohem Einkommen wurden direkt aus der Datenbank der *Luxembourg Income Study* errechnet, wobei die verwendete Schätzmethode mit der für Entwicklungsländer angewandten Methode übereinstimmt.

Es gibt mehrere wichtige Gründe dafür, daß die Kennzahlen nicht vergleichbar sind. Erstens können sich die Erhebungen in vielerlei Hinsicht voneinander unterscheiden, zum Beispiel in der Frage, ob sie das Einkommen oder die Verbrauchsausgaben als Indikator für den Lebensstandard verwenden. Das Einkommen ist gewöhnlich ungleichmäßiger verteilt als der Verbrauch. Des weiteren weichen die bei Erhebungen verwendeten Definitionen des Einkommensbegriffs üblicherweise stark von der ökonomischen Definition des Einkommens (die Höhe des maximalen Verbrauchs, die konsistent ist mit einer unveränderten Ertragsfähigkeit) ab. Der Verbrauch ist im allgemeinen, vor allem in Entwicklungsländern, ein sehr viel besserer Wohlfahrtsindikator. Zweitens unterscheiden sich die Haushalte hinsichtlich der Größe (Zahl der Mitglieder) und im Grad der Einkommensverteilung unter den Familienmitgliedern. Einzelne Personen unterscheiden sich im Alter und in den Bedürfnissen voneinander. Derartige Unterschiede zwischen verschiedenen Ländern können Vergleiche der Verteilung verfälschen.

Tabelle 6. Bildungswesen

Öffentliche Ausgaben für Bildung bezeichnet den Prozentsatz des BSP, der sich aus Ausgaben der öffentlichen Hand für öffentliche Schulen zuzüglich Zuschüsse an private Bildungseinrichtungen auf der Ebene der für Grundschulausbildung, der Ausbildung an weiterführenden Schulen sowie der Hochschulausbildung ergibt. Ausgaben für Konfessionsschulen, die in vielen Entwicklungsländern eine wichtige Rolle spielen, werden möglicherweise nicht berücksichtigt. Die Daten für einige Länder und einige Jahre beziehen sich nur auf die Ausgaben des Bildungsministeriums der Zentralregierung und schließen somit Bildungs-

ausgaben anderer Ministerien und Abteilungen der Zentralregierung sowie örtlicher Behörden und anderer Einrichtungen aus.

Netto-Schulbesuchsquote bezeichnet die Anzahl der Kinder im offiziellen Schulalter (definiert durch das jeweilige Bildungssystem), die eine Schule besuchen, und wird als Prozentsatz der Kinder im offiziellen Schulalter in der Bevölkerung angegeben. Die Daten zum Schulbesuch basieren auf jährlichen Erhebungen, die gewöhnlich zu Beginn eines jeden Schuljahres durchgeführt werden. Sie geben nicht die tatsächliche Teilnahme am Schulunterricht oder die Anzahl der während des jeweiligen Schuljahres abgemeldeten Schüler wieder. Probleme, die die Vergleiche der Schulbesuchsdaten zwischen verschiedenen Ländern betreffen, stammen aus versehentlichen oder beabsichtigten Falschangaben bezüglich des Alters und aus falschen Schätzungen der Bevölkerung im Schulalter. Aus Volkszählungen oder Personenstandsregistern, den primären Datenquellen zum Anteil der Bevölkerung im Schulalter, abgeleitete Daten zum Bevölkerungsaufbau hinsichtlich Alter stellen gewöhnlich zu niedrige Zahlen dar (insbesondere bezüglich der kleineren Kinder).

Schulbesuchsquote bis zur fünften Klasse bezeichnet den Anteil der Grundschüler der ersten Klasse, die tatsächlich die fünfte Klasse erreichen. Da keine Daten zur schulischen Laufbahn einzelner Schüler verfügbar sind, werden Gesamt-Schülerflüsse von einer Klasse in die nächste auf der Basis von Daten zu den durchschnittlichen Quoten der angemeldeten Kinder sowie der Wiederholungen nach Jahrgangsstufe für zwei aufeinanderfolgende Jahre ermittelt. Diese Methode rekonstruierter Altersgruppen geht von drei vereinfachenden Annahmen aus: Schüler, die die Schule verlassen haben, kehren nicht mehr an die Schule zurück; die Bestehens-, Wiederholungs- und Abbruchquote bleibt während der gesamten Zeit, in der die betreffende Gruppe die Schule besucht, konstant; und die o. g. Quoten gelten für alle Schüler eines Jahrgangs, ungeachtet dessen, ob sie vorher schon einmal eine Klasse wiederholt haben.

Voraussichtlicher Schulbesuch in Jahren ist die durchschnittliche Anzahl der Jahre formaler Schulbildung, die ein Kind voraussichtlich erhalten wird, einschließlich Hochschulbildung und wiederholter Schuljahre. Dieser Indikator kann ebenfalls als Indikator für die gesamten, in Schuljahren gemessenen, Bildungsressourcen interpretiert werden, die ein Kind im Zuge seiner Schullaufbahn benötigt.

Die Daten zum Bildungswesen wurden von der Organisation für Erziehung, Wissenschaft und Kultur der Vereinten Nationen (UNESCO) aus offiziellen Antworten auf Erhebungen und aus Berichten von Bildungsbehörden in jedem Land zusammengestellt. Da sich die Erhebungsgesamtheiten, Definitionen und Methoden der Datenerfassung zwischen verschiedenen Ländern sowie zwischen verschiedenen Zeiträumen innerhalb eines Landes unterscheiden, sollten die Daten über das Bildungswesen vorsichtig interpretiert werden.

Tabelle 7. Gesundheitswesen

Öffentliche Ausgaben für das Gesundheitswesen setzt sich aus regelmäßigen Ausgaben und Kapitalausgaben aus den Haushalten zentraler und lokaler Regierungen sowie aus ausländischen Krediten und Zuschüssen (einschließlich Spenden internationaler Institutionen und nichtstaatlicher Organisationen) und Geldern der sozialen (oder gesetzlichen) Krankenversicherung zusammen. Da nur wenige Entwicklungsländer über Aufzeichnungen im Gesundheitswesen verfügen, ist die Zusammenstellung von Schätzungen der öffentlichen Ausgaben für das Gesundheitswesen in solchen Ländern schwierig, in denen staatliche, regionale und örtliche Stellen an der Finanzierung der Gesundheitsfürsorge beteiligt sind. Die entsprechenden Daten werden nicht regelmäßig berichtet, und wenn sie berichtet werden, sind sie häufig von schlechter Qualität. Die Daten zu Ausgaben im Gesundheitswesen in Tabelle 7 entstammen der Bemühung, sämtliche Informationen betreffend der Ausgaben im Gesundheitswesen aus den Haushalten von Staatsregierungen und örtlichen Verwaltungen, Volkswirtschaftlichen Gesamtrechnungen, Haushaltserhebungen, Versicherungspublikationen, vorhandenen tabellarischen Aufzeichnungen und von internationalen Spendern zusammenzutragen.

Zugang zu sauberem Trinkwasser bezeichnet den prozentualen Anteil der Bevölkerung mit hinreichendem Zugang zu einer angemessenen Menge sauberen Wassers (einschließlich aufbereitetes Oberflächenwasser und unbehandeltes, unverseuchtes Wasser, wie solches aus Quellen, hygienisch einwandfreien Brunnen und geschützten Bohrlöchern). In städtischen Gebieten können dies öffentliche Brunnen oder Standrohre sein, welche nicht weiter als 200 Meter von der Wohnstätte entfernt sind. In ländlichen Gebieten bedeutet der Zugang zu Trinkwasser, daß Haushaltsmitglieder keinen unangemessen großen Teil des Tages mit der Wasserbeschaffung zubringen müssen. Eine „angemessene" Menge Wassers ist die Menge, die zur Deckung des Stoffwechsel-, Hygiene- und Haushaltsbedarfs benötigt wird: im Regelfall etwa 20 Liter pro Person und Tag.

Zugang zu sanitären Einrichtungen ist der prozentuale Anteil der Bevölkerung, die über Entsorgungseinrichtungen verfügen, die den Kontakt von Menschen, Tieren und Insekten mit Exkrementen effektiv verhindern. Geeignete Einrichtungen reichen von einfachen, aber geschützten Grubentoiletten ohne Wasserspülung bis hin zu Toiletten mit Wasserspülung und Anschluß an die Kanalisation. Um ihre Aufgabe zu erfüllen, müssen diese Einrichtungen fachgerecht konstruiert sein und richtig instandgehalten werden.

Säuglingssterblichkeitsrate ist die Anzahl der Kinder, die vor Vollendung des ersten Lebensjahres sterben, angegeben in Todesfällen pro 1.000 Lebendgeburten in einem bestimmten Jahr (siehe Erläuterung der altersspezifischen Sterblichkeitsraten in der Technischen Anmerkung zu Tabelle 2).

Die **Empfängnisverhütungsrate** ist der Prozentsatz der Frauen, die – oder deren Sexualpartner – irgendeine Form von Empfängnisverhütung praktizieren. Sie wird im allgemeinen nur für verheiratete Frauen im Alter von 15 bis 49 Jahren angegeben. Es werden alle Verhütungsmethoden berücksichtigt: wenig wirksame traditionelle sowie höchst effiziente moderne Methoden. Nicht verheiratete Frauen sind häufig von den Erhebungen ausgeschlossen, was zu einer Verfälschung der Schätzung führen kann. Die Daten stammen vorwiegend aus demographischen Erhebungen und Erhebungen im Bereich des Gesundheitswesens sowie aus Untersuchungen zur Verbreitung von Empfängnisverhütung.

Gesamtanzahl der Geburten gibt die Anzahl der Kinder an, die eine Frau zur Welt bringen würde, wenn sie bis zum Ende des gebärfähigen Alters leben und entsprechend den geltenden altersspezifischen Fruchtbarkeitsraten Kinder zur Welt bringen würde. Die Daten stammen aus Personenstandsregistern oder, falls diese nicht vorhanden sind, aus Volkszählungen oder Repräsentativerhebungen. Soweit die Volkszählungen oder Erhebungen relativ aktuellen Datums sind, werden die geschätzten Quoten als zuverlässig angesehen. Internationale Vergleiche werden wie andere demographische Daten durch die Unterschiede in der Datendefinition, der Zusammenstellung und der Schätzmethoden beeinflußt.

Müttersterblichkeitsrate ist die Zahl der Frauen, die während Schwangerschaft oder Geburt sterben, und zwar bezogen auf 100.000 Lebendgeburten. Haushaltserhebungen wie etwa die demographischen Erhebungen und Erhebungen im Bereich des Gesundheitswesens versuchen, die Müttersterblichkeit zu beziffern, indem sie die Teilnehmer nach dem Überleben ihrer Schwestern befragen. Der wichtigste Nachteil dieser Vorgehensweise liegt darin, daß sich die daraus resultierenden Schätzungen der Müttersterblichkeit auf einen Zeitraum von etwa 12 Jahren vor Durchführung der Erhebung beziehen, so daß sie weder für eine Aufzeichnung kürzlich stattgefundener Veränderungen noch für die Überwachung der Einflüsse von Interventionen geeignet sind. Zudem unterliegt die Messung der Müttersterblichkeit zahlreichen verschiedenen Fehlerquellen. Selbst in Ländern mit hohem Einkommen, die über Personenstandsregister verfügen, hatten Fehlklassifizierungen der Müttersterblichkeit nachweislich erheblich zu geringe Schätzungen zur Folge. Bei den Daten in der Tabelle handelt es sich um offizielle Schätzungen, die auf nationalen Erhebungen oder offiziellen kommunalen oder Krankenhausaufzeichnungen basieren. Einige stehen ausschließlich für Geburten in Krankenhäusern und anderen medizinischen Einrichtungen. In einigen Fällen werden kleinere private und ländliche Krankenhäuser nicht berücksichtigt, in anderen wiederum sind selbst einfache örtliche Einrichtungen eingeschlossen. Die Erhebungsgesamtheit ist daher nicht immer umfassend, und Vergleiche zwischen Ländern sollten nur mit äußerster Vorsicht vorgenommen werden.

Tabelle 8. Bodennutzung und landwirtschaftliche Produktivität

Land mit Dauerkulturen ist Land, auf welchem Kulturen für eine längere Zeit angebaut werden, die nicht nach jeder Ernte neu gepflanzt werden müssen, ausgenommen Bäume für Wälder oder zur Holzgewinnung. **Bewässertes Land** bezieht sich auf Gebiete, die bewußt bewässert werden. Dazu gehört auch durch kontrolliertes Überfluten bewässertes Land. Zum **bebauten Land** gehört Land, das gemäß der Definition der Organisation für Ernährung und Landwirtschaft (FAO) zeitweise bebaut ist (doppelt bebaute Gebiete werden nur einmal gezählt), temporäre Wiesen, die für die Heuproduktion oder als Weideland verwendet werden, Handelsgärtnereien und Gemüsegärten sowie zeitweise brachliegendes Land. Land, das aufgrund von Wanderfeldbau verlassen wurde, wird nicht dazugerechnet.

Die Vergleichbarkeit der Daten zur Bodennutzung in verschiedenen Ländern ist aufgrund der Unterschiede in den Definitionen, den statistischen Methoden und der Qualität der zusammengetragenen Daten eingeschränkt. Zum Beispiel definieren Länder die Bodennutzung möglicherweise unterschiedlich. Die FAO, die einen Großteil dieser Daten zusammenstellt, gleicht ihre Definitionen der unterschiedlichen Bodennutzungskategorien von Zeit zu Zeit an und überarbeitet hin und wieder frühere Daten. Da die Daten somit sowohl Veränderungen der Verfahren zur Daten-Berichterstattung als auch tatsächliche Veränderungen der Bodennutzung widerspiegeln, sollten Trends vorsichtig interpretiert werden.

Landwirtschaftliche Maschinen sind Rad- und Kettentraktoren (ausgenommen Gartentraktoren), die gegen Ende des angegebenen Kalenderjahres oder während des ersten Quartals des folgenden Jahres in der Landwirtschaft verwendet wurden. **Landwirtschaftliche Produktivität** bezieht sich auf die in konstanten US-Dollar von 1995 berechnete Wertschöpfung in der Landwirtschaft pro Landarbeiter. Die Wertschöpfung in der Landwirtschaft schließt die Wertschöpfung aus Fischerei- und Forstwirtschaft ein. Bei der Interpretation der Bodenproduktivität ist aus diesem Grund Vorsicht geboten. Um die alljährlichen Fluktuationen in der Landwirtschaft zu glätten, wurde ein Dreijahresdurchschnitt der Kennzahlen ermittelt.

Nahrungsmittelproduktionsindex bezieht sich auf als genießbar geltende und Nährstoffe enthaltende Erzeugnisse. Kaffee und Tee sind davon ausgenommen, da sie zwar genießbar sind, aber keinen Nährwert besitzen. Der Nahrungsmittelproduktionsindex wird von der FAO ermittelt, die Daten zu Ernteerträgen, bebauten Gebieten und Viehbeständen offiziellen und halboffiziellen Berichten entnimmt. Wenn keine Daten verfügbar sind, werden von der FAO Schätzungen durchgeführt. Der Index wird unter Anwendung der Laspeyres-Formel errechnet: die Produktionsmenge jedes Gutes wird nach den durchschnittlichen internationalen Preisen für das entsprechende Gut im Basiszeitraum gewichtet und für jedes Jahr aufaddiert. Der FAO-Index kann von Indizes aus anderen Quellen aufgrund von Unterschieden in Erhebungsgesamtheit, Gewichtung, Begriffen, Zeiträumen, Berechnungsmethoden und der Verwendung von internationalen Preisen abweichen.

Tabelle 9. Wasserverbrauch, Entwaldung und Schutzgebiete

Die **Süßwasserressourcen** beziehen sich auf nationale, erneuerbare Ressourcen und umfassen Flüsse und aus Niederschlägen innerhalb des Landes gebildetes Grundwasser sowie Flüsse, die aus anderen Ländern zufließen. Die Süßwasserressourcen pro Kopf werden mit Hilfe der Bevölkerungsschätzungen der Weltbank errechnet.

Die Daten zu Süßwasserressourcen basieren auf Schätzungen der Wasserabflüsse in Flüsse und der Wiederauffüllung von Grundwasserreserven. Da diese Schätzungen auf unterschiedlichen Quellen basieren und sich auf verschiedene Jahre beziehen, sollten Vergleiche zwischen verschiedenen Ländern vorsichtig interpretiert werden. Die Daten werden intermittierend erfaßt und können somit bedeutende Schwankungen in den gesamten

erneuerbaren Wasserressourcen von einem Jahr zum nächsten verschleiern. Ebenfalls unberücksichtigt bleiben bei diesen jährlichen Durchschnitten die großen saisonalen und im Verlaufe eines Jahres auftretenden Schwankungen in der Wasserverfügbarkeit innerhalb des jeweiligen Landes. Die Daten für kleine Länder und Länder in Dürre- oder Halbdürregebieten sind weniger zuverlässig als die Daten für größere Länder mit einer größeren Niederschlagsmenge.

Jährliche Süßwasserentnahmen bezieht sich auf die gesamten Wasserentnahmen, ohne Berücksichtigung der Verdunstungsverluste aus Speicherbecken. Die Entnahmen umfassen ebenfalls Wasser aus Entsalzungsanlagen in Ländern, in denen diese eine bedeutende Wasserquelle darstellen. Soweit nicht anders angegeben, betreffen die Daten zu Entnahmen einzelne Jahre zwischen 1980 und 1998. Vorsicht ist bei dem Vergleich von Daten über jährliche Süßwasserentnahmen geboten, da sie im Hinblick auf die Erfassungs- und Schätzmethoden voneinander abweichen können. Die Entnahmen können 100 Prozent der erneuerbaren Wassermenge übersteigen, wenn eine beträchtliche Menge Wassers aus nicht erneuerbaren Grundwasserträgern oder Entsalzungsanlagen stammt oder wiederverwendet wird. Die Wasserentnahmen für Landwirtschaft und Industrie umfassen sowohl die gesamten Entnahmen für Bewässerung, Viehzucht als auch für direkte industrielle Nutzung (einschließlich Entnahmen für die Kühlung von Wärmekraftwerken). Die Entnahmen für den privaten Verbrauch umfassen Trinkwasser, städtische Nutzung oder Bereitstellung sowie Verwendung für die Bereitstellung von Versorgungsdiensten, für gewerbliche Einrichtungen und private Haushalte. Die Daten über die sektoralen Wasserentnahmen wurden für die meisten Länder für 1987 bis 1995 geschätzt.

Zugang zu sauberem Trinkwasser bezeichnet den prozentualen Anteil der Bevölkerung mit hinreichendem Zugang zu einer angemessenen Menge sauberen Wassers (einschließlich aufbereitetes Oberflächenwasser und unbehandeltes, unverseuchtes Wasser, wie solches aus Quellen, hygienisch einwandfreien Brunnen und geschützten Bohrlöchern; siehe Tabelle 7). Informationen über den Zugang zu Trinkwasser werden zwar häufig verwendet, doch sie sind auch äußerst subjektiv, und Aussagen wie „angemessen" können in verschiedenen Ländern sehr unterschiedliche Bedeutungen haben. Selbst in Ländern mit hohem Einkommen ist aufbereitetes Wasser nicht immer trinkbar. Obwohl der Zugang zu sauberem Wasser häufig mit dem Anschluß an ein öffentliches Versorgungsnetz gleichgesetzt wird, werden die Unterschiede in Qualität und Kosten (allgemein definiert) für die Bereitstellung nach erfolgtem Anschluß nicht immer berücksichtigt. Aus diesem Grund sollten Vergleiche zwischen verschiedenen Ländern vorsichtig interpretiert werden. Veränderungen im Laufe der Zeit innerhalb von Ländern können die Folge von Veränderungen der Definitionen oder Bemessungen sein.

Jährliche Entwaldung bezieht sich auf die dauerhafte Umwandlung von Waldgebieten (Land mit natürlichem oder angepflanztem Baumbestand) in anders genutzte Flächen einschließlich Wanderfeldbau, permanenter landwirtschaftlicher Anbau, Viehwirtschaft, Siedlungen oder Entwicklung oder Ausbau der Infrastruktur. Entwaldete Gebiete umfassen weder abgeholzte

Gebiete, deren Aufforstung vorgesehen ist, noch Flächen, die durch Zusammentragen von Brennholz, sauren Regen oder Waldbrände geschädigt wurden. Negative Zahlen zeigen eine Vergrößerung des Waldbestandes an.

Die Schätzungen der Waldfläche stammen aus der FAO-Publikation *State of the World's Forests 1999*. Diese Publikation liefert Informationen zur Bewaldung ab dem Jahr 1995 und überarbeitete Schätzungen der Bewaldung im Jahre 1990. Daten zu den bewaldeten Flächen in Entwicklungsländern basieren auf Ländereinschätzungen, die zu verschiedenen Zeiten erstellt wurden und zu Berichtszwecken an die Standard-Referenzjahre 1990 und 1995 angepaßt werden mußten. Diese Anpassung wurde mit Hilfe eines Entwaldungsmodells vorgenommen, das speziell entworfen wurde, um Veränderungen in der Bewaldung im Laufe der Zeit mit bestimmten Hilfsvariablen zu verbinden, wie zum Beispiel Veränderungen in der Bevölkerungszahl und -dichte, ursprüngliche Bewaldung sowie die ökologische Zone, in welcher sich das beobachtete Waldgebiet befindet.

Staatliche Schutzgebiete sind ganz oder teilweise geschützte Gebiete mit einer Fläche von mindestens 1.000 Hektar, die zu Nationalparks, Naturdenkmälern, Natur-, Tier-, Landschafts-, Küsten- oder wissenschaftlichen Schutzgebieten mit eingeschränktem Zugang durch die Öffentlichkeit erklärt wurden. Die Kennzahl wird als Prozentsatz der Gesamtfläche berechnet. In kleinen Ländern, deren Schutzgebiete unter Umständen kleiner als 1.000 Hektar sind, führt dieser Grenzwert zu einer zu niedrigen Schätzung der Ausdehnung und Anzahl der Schutzgebiete. Von den Daten ausgenommen sind Gebiete, die nach örtlichem oder regionalem Gesetz geschützt sind.

Die Daten zu Schutzgebieten wurden vom World Conservation Monitoring Centre, einem Gemeinschaftsprojekt des Umweltprogramms der Vereinten Nationen, dem World Wide Fund for Nature und der World Conservation Union, aus einer Reihe von Quellen zusammengestellt. Aufgrund von Unterschieden in den Definitionen und der Berichterstattung ist ein Vergleich zwischen verschiedenen Ländern nur eingeschränkt möglich. Diese Probleme werden zudem dadurch verstärkt, daß sich die verfügbaren Daten auf verschiedene Zeiträume beziehen. Daß ein Gebiet zum Schutzgebiet erklärt wird, heißt nicht unbedingt, daß der Schutz auch wirklich durchgesetzt wird.

Tabelle 10. Energieverbrauch und Emissionen

Gewerblicher Energieverbrauch wird mit Hilfe des offensichtlichen Verbrauchs gemessen. Dieser umfaßt die inländische Produktion zuzüglich Importe und Bestandsveränderungen abzüglich Exporte und Kraftstoff für Schiffe und Flugzeuge, die für den internationalen Verkehr verwendet werden. Die Internationale Energie-Agentur (IEA) und die Statistikabteilung der Vereinten Nationen (UNSD) stellen Daten zur Energie zusammen. Die IEA-Daten zu Ländern, die nicht Mitglied der Organisation für wirtschaftliche Zusammenarbeit und Entwicklung (OECD) sind, basieren auf nationalen Daten zum Energieverbrauch, die so angepaßt wurden, daß sie mit den jährlich von den Regierungen der OECD-Mitgliedstaaten ausgefüllten Fragebögen über-

einstimmen. Die Daten der UNSD werden primär anhand von Fragebögen zusammengestellt, die an Regierungen verschickt und von diesen ausgefüllt werden, ergänzt durch Daten aus Veröffentlichungen offizieller Länderstatistiken und Daten von zwischenstaatlichen Organisationen. Wenn keine offiziellen Daten verfügbar sind, erstellt die UNSD auf Fach- und gewerblicher Literatur basierende Schätzungen. Die Vielfalt an Quellen beeinträchtigt die Vergleichbarkeit zwischen einzelnen Ländern.

Der gewerbliche Energieverbrauch bezieht sich auf die inländische Primärenergie vor deren Umwandlung in andere Energiequellen für die Endnutzung (wie Strom und raffinierte Erdölerzeugnisse), einschließlich aus erneuerbaren Brennstoffen und Abfall erzeugter Energie. Alle Arten gewerblicher Energie – Primärenergie und Primärelektrizität – werden in einen Öl-Gleichwert umgerechnet. Bei der Umrechnung von Kernenergie in einen Öl-Gleichwert wird ein fiktiver thermischer Wirkungsgrad von 33 Prozent unterstellt; für die durch Wasserkraft erzeugte Energie wird ein Wirkungsgrad von 100 Prozent angenommen.

BIP pro Einheit des Energieverbrauchs bezeichnet das KKP-BIP pro Kilogramm Öl-Gleichwert des gewerblichen Energieverbrauchs. Unter KKP-BIP ist das unter Verwendung der Kaufkraftparitäts-Kurse umgerechnete Bruttoinlandsprodukt zu verstehen. Ein internationaler Dollar hat die gleiche Kaufkraft wie ein US-Dollar in den Vereinigten Staaten von Amerika.

Nettoenergieimporte werden als Energieverbrauch abzüglich der Erzeugung berechnet, beides angegeben in Öl-Gleichwert. Ein negativer Wert zeigt an, daß das jeweilige Land ein Netto-Energieexporteur ist.

Kohlendioxidemissionen bezieht sich auf den Kohlendioxidausstoß bei der Verbrennung fossiler Brennstoffe sowie der Zementherstellung. Kohlendioxidemissionen durch Verbrennung fester, flüssiger oder gasiger Brennstoffe sowie durch Abfackeln von Gas sind eingeschlossen.

Das vom Energieministerium der Vereinigten Staaten finanzierte Carbon Dioxide Information Analysis Center (CDIAC) berechnet die jährlich vom Menschen verursachten Kohlendioxidemissionen. Diese Berechnungen basieren auf den Daten zur Verbrennung fossiler Brennstoffe der World-Energy-Datensammlung, welche von der Statistikabteilung der Vereinten Nationen geführt wird, sowie auf den Daten zur weltweiten Zementherstellung der Cement-Manufacturing-Datensammlung, die vom Bergbau-Ministerium der Vereinigten Staaten geführt wird. Das CDIAC berechnet jährlich die gesamte Zeitreihe von 1950 bis zum aktuellen Jahr neu, und nimmt seine neuesten Erkenntnisse und Korrekturen in die Datenbank auf. Die Schätzungen schließen Kraftstoffe für Schiffe und Flugzeuge im internationalen Verkehr aus, da die anteilige Zuordnung dieser Kraftstoffe unter den von diesem Verkehr profitierenden Ländern schwierig ist.

Tabelle 11. Wirtschaftswachstum

Bruttoinlandsprodukt ist die Bruttowertschöpfung zu Käuferpreisen aller inländischen Produzenten in dem jeweiligen Land zuzüglich Steuern und abzüglich Subventionen, die nicht im Produktwert enthalten sind. Bei der Berechnung werden keine

Abzüge für den Verbrauch von produzierten Gütern oder für Substanzverluste oder die Verringerung natürlicher Ressourcen vorgenommen. Die Wertschöpfung ist die Netto-Produktionsmenge eines Wirtschaftsbereichs, nach Aufaddierung aller Produktionsmengen und abzüglich aller Vorleistungen. Die Entstehung der Wertschöpfung wird durch die International Standard Industrial Classification (ISIC), Rev. 3, bestimmt.

Der **implizite BIP-Deflator** gibt die Preisänderungen in allen Endnachfragekategorien wie z. B. dem Staatsverbrauch, der Kapitalbildung und dem internationalen Handel, sowie der Hauptkomponente, dem privaten Endverbrauch, wider. Er wird als Verhältnis des BIP zu jeweils geltenden Preisen zum BIP zu konstanten Preisen errechnet. Der BIP-Deflator könnte auch explizit als Paasche-Preisindex berechnet werden, in welchem nach Produktionsmengen im aktuellen Zeitraum gewichtet wird.

Wertschöpfung Landwirtschaft entspricht den ISIC-Gruppen 1–5 und schließt Forst- und Fischereiwirtschaft mit ein. **Wertschöpfung Industrie** umfaßt die folgenden Sektoren: Bergbau (ISIC-Gruppen 10–14), verarbeitende Industrie (15–37), Bauwesen (45) sowie Strom-, Gas- und Wasserversorgung (40 und 41). **Wertschöpfung Dienstleistungen** entspricht den ISIC-Gruppen 50–99.

Ausfuhr von Waren und Dienstleistungen erfaßt den Wert aller Waren- und Dienstleistungsexporte in die übrige Welt. Mit einbezogen ist der Wert von Waren, Fracht, Versicherung, Reisen, Verkehr und sonstigen Dienstleistungen, wie zum Beispiel Kommunikations- und Finanzdienstleistungen. Faktor- und Vermögenseinkommen (früher Faktor-Dienstleistungen genannt), wie zum Beispiel Einkommen aus Kapitalerträgen, Zinsen, Arbeitseinkommen sowie Transferzahlungen, sind in dieser Summe nicht enthalten.

Bruttoinlandsinvestitionen umfassen die Ausgaben für die Erhöhung des Anlagevermögens in der Volkswirtschaft, zuzüglich des Nettowerts von Beständen. Zur Erhöhung des Anlagevermögens gehören die Aufwertung von Grund und Boden (durch Zäune, Gräben, Abflüsse usw.), der Kauf von Pflanzen, Maschinen und Ausrüstungsgegenständen sowie der Bau von Gebäuden, Straßen, Eisenbahnstrecken u. a., einschließlich Gewerbe- und Industriegebäude, Büros, Schulen, Krankenhäuser und privater Unterkünfte. Bestände sind Warenlager, die von den Unternehmen für den Fall vorübergehender oder unerwarteter Fluktuationen in Produktion oder Absatz unterhalten werden.

Die Wachstumsraten sind unter Verwendung von Angaben zu konstanten Preisen in der jeweiligen Landeswährung berechnete jährliche Mittel. Die Wachstumsraten für Regionen- und Einkommensgruppen wurden nach der Umrechnung der jeweiligen Währung in US-Dollar zum offiziellen mittleren Wechselkurs berechnet, der vom Internationalen Währungsfonds (IWF) für das betreffende Jahr angegeben wurde. Gelegentlich wurde ein anderer Konversionsfaktor verwendet, der von der Development Data Group der Weltbank festgelegt wurde. Alternative Umrechnungsfaktoren werden im Abschnitt zu den statistischen Methoden erläutert. Weitere Informationen zur Berechnung des BIP und seiner sektoralen Komponenten sind der Technischen Anmerkung zu Tabelle 12 zu entnehmen.

Tabelle 12. Struktur der Produktion

Bruttoinlandsprodukt ist die Summe der Wertschöpfungen aller Produzenten des jeweiligen Landes (die Technische Anmerkung zu Tabelle 11 enthält eine ausführlichere Definition des BIP sowie Definitionen der **Wertschöpfung** in **Landwirtschaft, Industrie, verarbeitender Industrie** und **Dienstleistungssektor**). Das System der Volkswirtschaftlichen Gesamtrechnungen (SNA) der Vereinten Nationen fordert seit 1968, daß die Schätzungen des BIP nach Entstehung zu Produzentenpreisen (einschließlich Steuern auf Produktionsfaktoren, aber ausschließlich indirekter Steuern auf die Produktionsmenge) bewertet werden. Einige Länder berichten diese Daten jedoch zu Basispreisen – also denjenigen Preisen, die beim Endverkauf gelten (einschließlich indirekter Steuern) –, was die Schätzungen der Verteilung der Produktionsmenge beeinträchtigen kann. Das in dieser Tabelle aufgeführte Gesamt-BIP ist zu Käuferpreisen berechnet worden. Die BIP-Komponenten sind entweder zu Basispreisen oder zu Produzentenpreisen berechnet worden.

Zu den Schwierigkeiten, die die Erfassung von Daten über die Volkswirtschaftlichen Gesamtrechnungen mit sich bringt, gehört das Ausmaß der nicht berichteten wirtschaftlichen Betätigung in der informellen oder sekundären Wirtschaft. In Entwicklungsländern wird ein erheblicher Teil der landwirtschaftlichen Produktionsmenge entweder nicht eingetauscht (weil er innerhalb des Haushalts verbraucht wird) oder nicht gegen Entgelt eingetauscht. Finanzielle Transaktionen werden möglicherweise ebenfalls nicht aufgezeichnet. Das führt dazu, daß die landwirtschaftliche Produktion häufig indirekt geschätzt werden muß, und zwar mit Hilfe einer Kombination verschiedener, auf Schätzungen von Aufwand, Erträgen und bebauten Gebieten basierender Methoden.

Die Produktionsleistung der Industrie sollte idealerweise durch regelmäßige Volkszählungen und Unternehmenserhebungen ermittelt werden. Doch da solche Erhebungen in den meisten Entwicklungsländern selten durchgeführt werden und die Ergebnisse schnell veralten, muß ein Großteil der Resultate extrapoliert werden. Auch die Wahl der Stichprobeneinheit, wobei es sich entweder um ein Unternehmen (bei welchem die Antworten möglicherweise auf Finanzunterlagen basieren) oder um einen Betrieb (bei welchem die Produktionseinheiten separat aufgezeichnet sein können) handeln kann, beeinflußt die Qualität der Daten. Zudem ist ein großer Teil der industriellen Produktion nicht in einer Unternehmensstruktur, sondern als nicht eingetragene oder vom Inhaber geführte Unternehmungen organisiert, die in den auf den formellen Sektor abzielenden Erhebungen nicht berücksichtigt werden. Auch in großen Industriezweigen, in denen regelmäßige Befragungen üblicher sind, läßt die Hinterziehung von Verbrauchs- und anderen Steuern die Schätzwerte der Wertschöpfung niedriger ausfallen. Derartige Probleme werden noch vergrößert, wenn Länder den Übergang von der Plan- zur Marktwirtschaft vollziehen, da neue Unternehmen gegründet werden und eine zunehmende Zahl der aufgebauten Firmen nicht berichten. Gemäß dem SNA sollte die Produktionsleistung alle derartigen nicht berichteten Aktivitäten sowie den Wert illegaler Aktivitäten und anderer nicht aufgezeichneter, informeller oder kleinangelegter Operationen einschließen. Daten zu derartigen Geschäftstätigkeiten müssen mit Hilfe anderer Methoden als den konventionellen Befragungen zusammengestellt werden.

In Branchen, in denen große Organisationen und Unternehmen dominieren, sind Daten zu Produktionsleistung, Beschäftigung und Löhnen gewöhnlich leicht verfügbar und relativ zuverlässig. Doch in der Dienstleistungsbranche ist es gelegentlich schwierig, die vielen Selbständigen und Ein-Mann-Betriebe auszumachen, für deren Inhaber es wenig Anreize gibt, auf Befragungen zu antworten, geschweige denn ihr gesamtes Einkommen anzugeben. Diese Probleme werden noch durch die vielen Arten von nicht erfaßten wirtschaftlichen Betätigungen, einschließlich der von Frauen und Kindern geleisteten Arbeit, die kaum oder gar nicht bezahlt wird, verstärkt. Die mit der Verwendung von Daten über die Volkswirtschaftliche Gesamtrechnung verbundenen Probleme werden bei Srinivasan (1994) und Heston (1994) ausführlicher behandelt.

Tabelle 13. Struktur der Nachfrage

Privater Verbrauch ist der Marktwert aller Waren und Dienstleistungen, einschließlich langlebiger Sachgüter (wie Autos, Waschmaschinen und Heimcomputer), die von privaten Haushalten und gemeinnützigen Institutionen gekauft oder als Sacheinkommen bezogen werden. Nicht eingeschlossen ist der Erwerb von Wohneigentum, eingeschlossen wiederum die kalkulatorische Miete für selbstgenutztes Wohneigentum. In der Praxis können sämtliche statistischen Diskrepanzen im Verhältnis von Ressourcennutzung zu Ressourcenangebot eingeschlossen sein.

Der private Verbrauch wird oft als Restsumme berechnet, indem alle anderen bekannten Ausgaben vom BIP subtrahiert werden. Die daraus resultierende Gesamtsumme kann recht große Diskrepanzen enthalten. Wenn der private Verbrauch separat berechnet wird, sind die Haushaltsbefragungen, auf denen ein Großteil der Schätzungen beruht, meist Einjahresstudien mit begrenzter Erhebungsgesamtheit. Die Schätzungen veralten daher schnell und müssen durch statistische Schätzverfahren, die auf Preisen und Mengen basieren, ergänzt werden. Das Problem wird noch dadurch vergrößert, daß in vielen Entwicklungsländern Bargeldausgaben im privaten Bereich und solche für Haushalte nicht scharf voneinander abzugrenzen sind.

Allgemeiner Staatsverbrauch erfaßt alle laufenden Ausgaben für den Erwerb von Waren und Dienstleistungen (einschließlich Löhne und Gehälter) auf allen Verwaltungsebenen, wobei die meisten staatlichen Unternehmen ausgeschlossen sind. Der größte Teil der Ausgaben für die nationale Verteidigung und Sicherheit sind im allgemeinen Staatsverbrauch enthalten, mit Ausnahme des Teils, der mittlerweile im SNA von 1993 als Investition betrachtet wird.

Bruttoinlandsinvestitionen umfassen die Ausgaben für die Erhöhung des Anlagevermögens in der Volkswirtschaft, zuzüglich des Nettowerts von Beständen. Anlagevermögen und Inventare werden in der Technischen Anmerkung zu Tabelle 11 genauer definiert. Gemäß SNA-Richtlinien von 1993 umfassen die Bruttoinlandsinvestitionen auch die Ausgaben für diejenigen Einrichtungen zur Landesverteidigung, die von der Öffentlich-

keit genutzt werden können, zum Beispiel Schulen und Krankenhäuser, sowie bestimmte Arten von Privatunterkünften für Familien. Alle anderen Verteidigungsausgaben werden als laufende Ausgaben betrachtet.

Daten zu den Investitionen werden anhand von direkten Unternehmensbefragungen und Verwaltungsunterlagen oder auf Basis der Warenflußmethode errechnet, bei der Daten zur Handels- und Bautätigkeit verwendet werden. Die Qualität der Daten zu den Anlageinvestitionen der öffentlichen Hand hängt von der Qualität der staatlichen Buchführungssysteme ab, die in Entwicklungsländern häufig mangelhaft ist. Die Messung von privaten Anlageinvestitionen – insbesondere der Kapitalausgaben der kleinen, nicht eingetragenen Unternehmen – ist in der Regel wenig verläßlich.

Schätzungen der Bestandsveränderungen sind selten vollständig, doch gewöhnlich beinhalten sie die wichtigsten Aktivitäten oder Waren. In einigen Ländern werden diese Schätzungen zusammen mit dem Aggregat des privaten Verbrauchs als zusammengesetzte Restsumme berechnet. Gemäß den Konventionen zu Volkswirtschaftlichen Gesamtrechnungen sollten Anpassungen für die Wertsteigerung von Beständen aufgrund von Preisveränderungen gemacht werden, was in der Praxis nicht immer geschieht. In Ländern mit hoher Inflation kann diese Tatsache ein bedeutender Faktor sein.

Bruttoinlandsersparnis bezeichnet die Differenz zwischen BIP und Gesamtverbrauch.

Ausfuhr von Waren und Dienstleistungen gibt den Wert aller Waren- und Dienstleistungsexporte (einschließlich Fracht, Beförderung, Reiseverkehr und andere Dienstleistungen wie Kommunikation, Versicherungen und Finanzdienstleistungen) in die übrige Welt an. Daten zu Im- und Exporten stammen aus Zollberichten und aus Zahlungsbilanzen, die von den Zentralbanken zur Verfügung gestellt wurden. Zwar liefern die Daten zu Im- und Exporten im Bezug auf Zahlungen relativ verläßliche Informationen über grenzüberschreitende Transaktionen, aber sie halten sich nicht immer strikt an die entsprechenden Definitionen der Zahlungsbilanz-Buchführung im Hinblick auf Bewertung und Zeitpunkt. Vor allem aber stimmen sie häufig nicht mit dem Kriterium des Eigentumswechsels überein. (In der traditionellen Zahlungsbilanz-Buchführung wird eine Transaktion als zum Zeitpunkt des Eigentumswechsels durchgeführt aufgezeichnet.) Dieses Problem gewinnt aufgrund der zunehmenden Globalisierung der Geschäftstätigkeit immer mehr an Bedeutung. Weder die Daten der Zollbehörden noch die der Zahlungsbilanz können die illegalen Transaktionen erfassen, die in vielen Ländern stattfinden. Waren, die von Reisenden in zwar legalem, jedoch nicht erfaßtem Pendelhandel ein- oder ausgeführt werden, beeinträchtigen die Handelsstatistiken zusätzlich.

Ressourcensaldo ist die Differenz zwischen dem Export und dem Import von Waren und Dienstleistungen.

Tabelle 14. Staatsfinanzen

Laufende Steuereinnahmen umfassen obligatorische, nichtrückzahlbare Einnahmen ohne Gegenleistung der jeweiligen Zentralregierung für öffentliche Zwecke. Sie schließen Zinseinnahmen auf rückständige Steuern sowie eingenommene Strafen für nicht oder verspätet entrichtete Steuern ein und werden um Rückerstattungen sowie um andere korrigierende Transaktionen bereinigt ausgewiesen.

Laufende nichtsteuerliche Einnahmen umfassen die Einnahmen, die nicht zu den nicht-rückzahlbaren Zahlungen ohne Gegenleistung für öffentliche Zwecke gehören, wie Bußgelder, Verwaltungsgebühren oder Einkommen aus staatlichen Unternehmen sowie freiwillige, unentgeltliche, nicht-rückzahlbare laufende Staatseinnahmen aus nichtstaatlichen Quellen. Nicht zu dieser Kategorie gehören Zuschüsse, Kreditaufnahmen, Rückzahlungen früher aufgenommener Kredite, Veräußerungen von Anlagekapital, Aktien, Land oder immateriellen Vermögenswerten, sowie Geschenke aus nichtstaatlichen Quellen für Kapitalzwecke. Die steuerlichen und die nicht-steuerlichen Einnahmen ergeben zusammen die laufenden Einnahmen des Staates.

Laufende Ausgaben umfassen alle Zahlungen mit Gegenleistung außer diejenigen für Anlagekapital oder für Waren und Dienstleistungen, die für die Erzeugung von Anlagekapital verwendet werden, sowie die unentgeltlichen Zahlungen, soweit diese den Empfängern nicht zum Erwerb von Anlagekapital dienen, die Empfänger nicht für Schaden an oder Zerstörung von Anlagekapital entschädigen oder ihr Anlagekapital vergrößern. Die laufenden Ausgaben schließen staatliche Kredite, Rückzahlungen an den Staat oder den staatlichen Erwerb von Aktien für öffentliche Aufgaben nicht ein.

Kapitalausgaben sind nichtmilitärische Ausgaben zum Erwerb von Anlagekapital, Grundstücken, immateriellen Vermögenswerten sowie strategische und Notbestände. Ebenfalls eingeschlossen sind Kapitalübertragungen ohne Gegenleistung, die zum Erwerb von Anlagekapital oder zur Vergrößerung des Kapitals der Empfänger dienen.

Gesamtdefizit/-überschuß ist definiert als laufende Einnahmen, Kapitalerträge und erhaltene offizielle Zuschüsse, abzüglich Gesamtausgaben und Nettokreditgewährung.

Ausgaben für Waren und Dienstleistungen umfassen alle Regierungszahlungen im Austausch gegen Waren und Dienstleistungen, einschließlich Löhne und Gehälter.

Sozialausgaben umfassen die Ausgaben für Gesundheits-, Bildungs- und Wohnungswesen, Sozialfürsorge, Sozialversicherung und kommunale Einrichtungen. Dazu gehören auch Ausgleichszahlungen für Einkommenseinbußen an Kranke und vorübergehend Arbeitsunfähige, Zahlungen an ältere Menschen, dauernd Arbeitsunfähige und Arbeitslose, Familien-, Mutterschafts- und Kindergeld sowie die Kosten für Sozialdienste, wie die Betreuung von Alten, Behinderten und Kindern. Viele Ausgaben im Zusammenhang mit dem Umweltschutz, wie zum Beispiel zur Eindämmung der Luftverschmutzung, für die Wasserversorgung oder die Abwasser- und Abfallbeseitigung, sind in dieser Kategorie enthalten und nicht voneinander abgrenzbar.

Die Daten zu staatlichen Einnahmen und Ausgaben werden vom IWF mit Hilfe von Fragebögen, die an die Mitgliedstaaten verteilt werden, sowie von der OECD zusammengestellt. Die Definition des Begriffs Staat schließt im allgemeinen Nichtbank-Unternehmen und Finanzinstitutionen der öffentlichen Hand (wie die Zentralbank) aus. Trotz der Anstrengungen des IWF, die Erfassung von Daten zu den Staatsfinanzen zu systematisieren und zu standardisieren, sind Statistiken über die Staatsfinan-

zen oft nicht vollständig, nicht aktuell und nicht vergleichbar. Ungeeignete statistische Erhebungen machen die Darstellung von Daten zu subnationalen Ebenen unmöglich, so daß länderübergreifende Vergleiche somit potentiell irreführende Ergebnisse liefern.

Die im *Government Finance Statistics Yearbook* des IWF aufgeführten gesamten Staatsausgaben sind als Maß für den allgemeinen Staatsverbrauch stärkeren Beschränkungen unterworfen, als die in den Volkswirtschaftlichen Gesamtrechnungen aufgeführten Daten, da die Verbrauchsausgaben der Staatsregierungen und Kommunalverwaltungen nicht enthalten sind. Gleichzeitig ist der IWF-Begriff der Staatsausgaben aber weiter gefaßt als die Definition der Volkswirtschaftlichen Gesamtrechnungen, da es die staatlichen Brutto-Inlandsinvestitionen und Transferzahlungen einschließt.

Die Finanzen der Zentralregierung können sich auf eines von zwei Buchführungssystemen beziehen: das konsolidierte oder das Haushaltssystem. In den meisten Ländern sind die Finanzdaten des Staates in einem Gesamtkonto konsolidiert worden, in anderen Ländern ist dagegen nur die Haushaltsrechnung des Staates verfügbar. Länder, die Haushaltsdaten berichten, werden in der Tabelle zur Dokumentation der Primärdaten in den *World Development Indicators 2000* aufgeführt. Da die Haushaltsrechnung nicht immer sämtliche Regierungsstellen einschließt, ergibt sie üblicherweise ein unvollständiges Bild der gesamten Tätigkeiten der Regierung. Ein Hauptproblem ist die Nichteinbeziehung der quasi-steuerlichen Operationen der Zentralbank. Verluste der Zentralbank, die aufgrund von Währungsoperationen und subventionierter Finanzierung entstanden sind, können zu beträchtlichen Quasi-Steuerdefiziten führen. Solche Defizite können auch das Resultat der Aktivitäten anderer Finanzmittler, zum Beispiel öffentlicher Institutionen für die Entwicklungsfinanzierung, sein. Auch die Eventualverbindlichkeiten der Regierungen für nicht finanzierte Renten- und Versicherungspläne sind nicht in den Daten enthalten.

Tabelle 15. Zahlungsbilanz, Leistungsbilanz und Währungsreserven

Exporte von Waren und Dienstleistungen und **Importe von Waren und Dienstleistungen** umfassen zusammen alle Transaktionen zwischen den Bewohnern eines Landes und der übrigen Welt, bei denen ein Eigentumswechsel von allgemeinen Waren, Gütern für Weiterverarbeitung und Reparaturen, nicht-monetärem Gold und Dienstleistungen stattfindet.

Nettoeinkommen bezieht sich auf die Entlohnung von Arbeitern für verrichtete Arbeit in einem Land, in dem sie nicht ansässig sind, die aber von einem Inländer bezahlt wird, sowie auf das Einkommen aus Investitionen (Zahlungen und Erträge aus Direktinvestitionen, Portfolio-Investitionen, anderen Investitionen sowie Erträge aus Währungsreserven). Einkommen aus der Verwendung immaterieller Vermögenswerte werden unter Geschäftsdienstleistungen geführt.

Saldo der laufenden Übertragungen umfaßt diejenigen Transaktionen, bei denen Bewohner eines Landes Waren, Dienstleistungen, Einkommen oder Finanzgüter ohne Gegenleistung entweder bereitstellen oder erhalten. Alle Übertragungen, die nicht als Kapitalübertragungen betrachtet werden, sind laufende Übertragungen.

Leistungsbilanzsaldo ist die Summe der Nettoexporte von Waren und Dienstleistungen und der Nettoübertragungen.

Bruttowährungsreserven setzen sich zusammen aus Goldbeständen, Sonderziehungsrechten, vom IWF verwalteten Reserven der IWF-Mitgliedstaaten und Beständen an Devisenreserven im Besitz der Währungsbehörden. Der Goldanteil dieser Reserven ist zum Londoner Goldpreis zum Jahresende bewertet; dieser belief sich 1990 auf 385,00 US-Dollar je Feinunze und 1999 auf 290,25 US-Dollar je Feinunze.

Die Zahlungsbilanz ist in zwei Arten von Konten unterteilt. Die Leistungsbilanz zeichnet Transaktionen mit Waren und Dienstleistungen, Einkommen und laufende Übertragungen auf. Das Kapital- und Finanzierungskonto umfaßt Kapitalübertragungen, den Erwerb oder Verkauf nicht-produzierter, nichtfinanzieller Vermögenswerte (zum Beispiel Patente) und Transaktionen von Finanzanlagen und Verbindlichkeiten. Die Bruttowährungsreserven werden einer dritten Kontenart zugewiesen: der Position internationale Investitionen, die den Bestand an Anlagen und Verbindlichkeiten aufzeichnet.

Die Zahlungsbilanz ist ein System doppelter Buchführung, das alle Zu- und Abflüsse von Waren und Dienstleistungen in einem Land und alle Übertragungen, die das Gegenstück der tatsächlichen Ressourcen oder der finanziellen Ansprüche ohne Gegenleistung an die übrige Welt oder von der übrigen Welt darstellen, zum Beispiel Spenden oder Zuschüsse, sowie alle Veränderungen der Ansprüche und Verbindlichkeiten der Einwohner gegenüber Nichteinwohnern aufzeichnen, die aus wirtschaftlichen Transaktionen entstehen. Alle Transaktionen werden zweimal aufgezeichnet, einmal als Haben- und einmal als Sollposten. Die Nettobilanz sollte im Prinzip Null sein, doch in der Praxis sind die Konten oft nicht ausgeglichen. In diesem Fall wird ein ausgleichender Posten im Kapital- und Finanzierungskonto eingeschlossen: Nettofehler und -auslassungen.

Da die Daten zur Zahlungsbilanz nicht aus einer einzigen Quelle stammen und somit nicht sichergestellt werden kann, daß die Daten vollständig konsistent sind, können in der Zahlungsbilanz Diskrepanzen auftreten. Die Quellen umfassen Zollangaben, monetäre Aufzeichnungen des Bankensystems, Aufzeichnungen über Auslandsschulden, von Unternehmen gelieferte Informationen, Erhebungen zur Schätzung der Dienstleistungs-Transaktionen und Devisenaufzeichnungen. Die Unterschiede in den Erfassungsmethoden – zum Beispiel bezüglich des Zeitpunkts der Transaktionen, der Definition von Wohnort und Eigentum und der verwendeten Wechselkurse – tragen zu den Nettofehlern und -auslassungen bei. Zudem werden Schmuggel und andere illegale oder quasi-legale Transaktionen oft nicht oder falsch erfaßt.

Die der Tabelle 15 zugrunde liegenden Begriffe und Definitionen basieren auf der fünften Ausgabe des *Balance of Payments Manual* des IWF. In dieser Ausgabe werden einige Übertragungen, die früher in der Leistungsbilanz enthalten waren, wie das Erlassen von Schulden, die Kapitalübertragung durch Migranten und Hilfszahlungen aus dem Ausland für den Erwerb von Kapitalgütern, neuerdings als Kapitalübertragungen definiert. Die Leistungsbilanz stellt jetzt also den Nettobetrag der laufenden

Übertragungen zusätzlich zu den Transaktionen mit Waren, Dienstleistungen (früher Nicht-Faktordienstleistungen) und Einkommen (früher Faktoreinkommen genannt) genauer dar. Viele Länder verwenden jedoch noch immer die Begriffe und Definitionen der vierten Ausgabe für ihr System der Datenerfassung. Soweit erforderlich, konvertiert der IWF die aus alten Systemen stammenden Daten, so daß sie mit der fünften Ausgabe übereinstimmen (siehe Tabelle zur Dokumentation der Primärdaten in *World Development Indicators 2000*). Werte in US-Dollar wurden zum Marktwechselkurs umgerechnet.

Tabelle 16. Finanzierung durch den privaten Sektor

Private Investitionen umfassen die Bruttoausgaben des privaten Sektors (einschließlich privater gemeinnütziger Stellen) zur Erhöhung seines inländischen Anlagevermögens. Wenn keine direkten Schätzungen des inländischen Bruttoanlagevermögens des privaten Sektors zur Verfügung stehen, werden solche Investitionen als Differenz zwischen den gesamten Inlandsinvestitionen und den konsolidierten Investitionen der öffentlichen Hand geschätzt. Die Abschreibung von Anlagen wird nicht berücksichtigt. Da private Investitionen häufig als Differenz zwischen zwei geschätzten Werten – dem inländischen Anlagevermögen und den konsolidierten Investitionen der öffentlichen Hand – geschätzt werden, können die privaten Investitionen leicht über- oder unterbewertet werden und im Laufe der Zeit Fehlern unterliegen.

Börsenkapitalisierung (wird auch als Marktwert bezeichnet) ist die Summe der Marktkapitalisierungen aller an den inländischen Börsen notierten Unternehmen, wobei sich die Marktkapitalisierung jedes Unternehmens aus seinem Aktienkurs zum Jahresende multipliziert mit der Anzahl der umlaufenden Aktien zusammensetzt. Die Marktkapitalisierung, die ein Maß für die Beurteilung der Börsenentwicklung eines Landes darstellt, ist aufgrund von begrifflichen und statistischen Schwächen wie zum Beispiel ungenauer Berichterstattung und unterschiedlichen Buchführungsstandards zwischen mehreren Ländern möglicherweise nicht vollständig vergleichbar.

Börsennotierte inländische Unternehmen gibt die Anzahl der inländischen Gesellschaften an, die zum Jahresende an den Börsen notiert sind, ausschließlich Investmentunternehmen, Investmentfonds und anderer kollektiver Anlageformen. Daten zur Börsenkapitalisierung und zu den notierten inländischen Unternehmen wurden dem *Emerging Stock Markets Factbook 2000* von Standard & Poor's entnommen.

Zinsspanne, auch als Vermittlungsspanne bezeichnet, ist die Differenz zwischen dem von Banken für kurz- und langfristige Darlehen an den privaten Sektor berechneten Zinssatz und dem Zinssatz, den die Banken inländischen Kunden für Sicht-, Termin oder Spareinlagen gewähren. Die Zinssätze sollten die Reaktionsfähigkeit der Finanzinstitute auf Wettbewerb und Preisanreize wiedergeben. Die Zinsspanne ist jedoch nicht immer ein zuverlässiges Maß für die Effizienz des Bankensystems, da Informationen über Zinssätze ungenau sind, Banken nicht alle leitenden Mitarbeiter überwachen oder die Regierung Einlagen- und Kreditzinsen festlegt.

Vom Bankensektor vergebene inländische Kredite umfassen Kredite an verschiedene Sektoren auf Bruttobasis, mit der Ausnahme der Kredite an die jeweilige Zentralregierung, die netto ausgewiesen sind. Der Bankensektor umfaßt Währungsbehörden, Buchgeldbanken und andere Kreditinstitute, für die Daten verfügbar sind (einschließlich Institutionen, die keine übertragbaren Einlagen akzeptieren, jedoch Verbindlichkeiten wie Termin- und Spareinlagen eingehen). Beispiele anderer Kreditinstitute sind zum Beispiel Spar- und Hypothekeninstitute sowie Bauspar- und Darlehenskassen.

Im allgemeinen erfassen die in Tabelle 16 angegebenen Kennzahlen keine Aktivitäten des informellen Sektors, der in Entwicklungsländern weiterhin eine wichtige Finanzierungsquelle darstellt.

Tabelle 17. Rolle des Staates in der Volkswirtschaft

Subventionen und andere laufende Übertragungen umfaßt alle nicht rückzahlbaren Leistungsbilanzübertragungen ohne Gegenleistung an private und Unternehmen der öffentlichen Hand sowie die der öffentlichen Hand entstehenden Kosten für die Deckung von Bargelddefiziten bei Verkauf von Waren und Dienstleistungen durch staatliche Unternehmen an die öffentliche Hand.

Wertschöpfung durch staatliche Unternehmen wird als Umsatz abzüglich der Kosten für Vorleistungen oder als Summe ihrer Betriebsüberschüsse (Saldo) und Lohnzahlungen geschätzt. Staatliche Unternehmen sind Wirtschaftseinheiten im Staatsbesitz oder unter staatlicher Kontrolle, die einen Großteil ihrer Einnahmen durch den Verkauf von Waren und Dienstleistungen erwirtschaften. Diese Definition umfaßt gewerbliche Unternehmen, die direkt von staatlichen Stellen geleitet werden, und Unternehmen, bei denen der Staat direkt oder indirekt über andere staatliche Unternehmen Mehrheitsaktionär ist. Außerdem umfaßt diese Definition Unternehmen, bei denen der Staat Minderheitsaktionär ist, sofern der Staat aufgrund der Verteilung der restlichen Anteile die faktische Kontrolle innehat. Aktivitäten des öffentlichen Sektors – zum Beispiel im Bereich der Bildung, der Gesundheitsfürsorge, des Straßenbaus und der -wartung –, die auf andere Art finanziert werden (normalerweise aus den Steuermitteln des Staates) werden dabei nicht berücksichtigt. Weil Finanzunternehmen anderer Natur sind, wurden sie im allgemeinen von den Daten ausgeschlossen.

Militärausgaben basieren für Mitgliedsstaaten des Nordatlantikpakts (NATO) auf der NATO-Definition, die Militärausgaben des Verteidigungsministeriums (einschließlich Rekrutierung, Ausbildung, Baumaßnahmen sowie Erwerb von militärischen Gegenständen und Ausrüstung) und anderer Ministerien umfaßt. Ausgaben des Verteidigungsministeriums, die ziviler Natur sind, sind ausgeschlossen. Militärische Hilfsleistungen sind bei den Ausgaben des Landes enthalten, welches diese Unterstützung gewährt. Der Kauf von militärischer Ausrüstung auf Kredit wird zu dem Zeitpunkt der Kreditgewährung, nicht zum Zeitpunkt der Rückzahlung erfaßt. Daten für Länder, die nicht Mitglied der NATO sind, umfassen im allgemeinen die Ausgaben des Verteidigungsministeriums. Ausgaben für die öf-

fentliche Ordnung und Sicherheit, die separat klassifiziert werden, sind nicht eingeschlossen.

Die Definitionen der Militärausgaben unterscheiden sich je nachdem, ob Ausgaben für zivile Verteidigung, Reserve- und Hilfskräfte, Polizei und paramilitärische Truppen, Truppen, die mehrere Zwecke erfüllen, wie zum Beispiel Militär- und Zivilpolizei, militärische Sachleistungen, Pensionen für Militärpersonal und Sozialversicherungszahlungen von einer Regierungsbehörde an eine andere berücksichtigt werden oder nicht. Offizielle Regierungsdaten können möglicherweise einige Militärausgaben unberücksichtigt lassen, die Finanzierung durch nicht im Budget erfaßte Konten oder durch die nicht aufgezeichnete Verwendung von Deviseneingängen verschleiern oder militärische Hilfsleistungen oder geheime Rüstungsimporte nicht einschließen. Laufende Aufwendungen werden eher berichtet als Investitionsaufwendungen. In einigen Fällen kann eine genauere Schätzung der Militärausgaben durch Addition des Werts der geschätzten Rüstungsimporte und der nominalen Militärausgaben erzielt werden. Diese Methode liefert jedoch möglicherweise zu hohe oder zu niedrige Angaben bezüglich der Ausgaben in einem bestimmten Jahr, da die Zahlungen für Rüstungsgüter nicht unbedingt mit den Lieferungen übereinstimmen.

Die Daten zu den Militärausgaben in Tabelle 17 stammen von der US-Behörde für Rüstungskontrolle. Das *Government Finance Statistics Yearbook* des IWF ist eine Hauptquelle für Daten zu Verteidigungsausgaben. Es verwendet eine konsistente Definition der Verteidigungsausgaben, die auf der UN-Klassifizierung der Funktionen des Staates sowie der NATO-Definition basiert. Der IWF überprüft Daten über Verteidigungsausgaben auf umfassende Konsistenz mit anderen makroökonomischen Daten, die ihm berichtet wurden, kann diese jedoch nicht immer auf ihre Genauigkeit und Vollständigkeit überprüfen. Außerdem wird die Erhebung von Länderdaten durch die verspätete oder ganz ausbleibende Übermittlung der Daten erschwert. Daher ergänzen die meisten Forscher die Daten des IWF durch Beurteilungen seitens Organisationen wie der US-Behörde für Rüstungskontrolle, dem Internationalen Stockholmer Institut für Friedensforschung und dem Internationalen Institut für strategische Studien. Diese Organisationen verlassen sich jedoch sehr stark auf die Berichte der Regierungen, auf vertrauliche Schätzungen seitens des Geheimdienstes von unterschiedlicher Qualität, auf Quellen, die sie nicht bekanntgeben wollen oder können, sowie auf die Publikationen der anderen Organisationen.

Die **Zusammengefaßte ICRG-Risikoeinschätzung** ist ein Gesamtindex für Investitionsrisiken, der dem *International Country Risk Guide* der PRS Group entnommen wurde. Der Index basiert auf 22 Risikokomponenten. Die PRS Group sammelt Informationen über jede dieser Komponenten, teilt sie in drei Hauptkategorien ein (politisch, finanziell und wirtschaftlich) und konvertiert die Informationen in einen einzelnen numerischen Risikobewertungsindex von 0 bis 100. Werte unter 50 weisen auf ein sehr hohes Risiko, solche über 80 auf ein sehr geringes Risiko hin. Die Einschätzungen werden monatlich aktualisiert.

Institutional-Investor-Bonitätseinschätzung von 0 bis 100 gibt die Wahrscheinlichkeit an, daß ein Land bei der Kreditrückzahlung in Verzug gerät. Ein hoher Wert bedeutet eine niedrige Verzugswahrscheinlichkeit. Die Institutional-Investor-Bonitätseinschätzung eines Landes basiert auf Informationen, die von den führenden internationalen Banken bereitgestellt werden. Die Antworten werden mit Hilfe einer Formel gewichtet, die den Antworten von Banken mit größerer weltweiter Exponierung und ausgefeilteren Länderanalysesystemen größere Bedeutung beimißt. Die Einschätzungen werden alle sechs Monate aktualisiert.

Risikoeinschätzungen können sehr subjektiv sein und externe Auffassungen wiedergeben, die nicht immer die tatsächliche Situation eines Landes erfassen. Diese subjektiven Auffassungen stellen jedoch genau die Realität dar, der sich Entscheidungsträger in einem Klima gegenüber sehen, das sie selbst für ausländische private Kapitalimporte schaffen. Die Länder, die von Rating-Agenturen im Bezug auf das Kreditrisiko nicht günstig eingeschätzt werden, ziehen normalerweise keine zu verzeichnenden privaten Kapitalflüsse an. Die hier dargestellten Risikoeinschätzungen werden von der Weltbank nicht unterstützt, werden aber aufgrund ihres analytischen Nutzens mit aufgenommen.

Spitzensteuersatz ist der höchste in der Steuertabelle aufgeführte Steuersatz, der auf das zu versteuernde Einkommen von Einzelpersonen und Unternehmen angewandt wird. Die Tabelle stellt außerdem die Einkommensgrenze dar, oberhalb welcher der Spitzensteuersatz für Einzelpersonen gilt.

Steuersysteme sind häufig sehr komplex, enthalten viele Ausnahmen, Freibeträge, Strafen und Anreize, die die Besteuerung und dadurch die Entscheidungen von Arbeitern, Führungskräften, Unternehmern, Investoren und Verbrauchern beeinflussen. Einen potentiell bedeutenden Einfluß auf sowohl inländische als auch internationale Investoren hat die Steuerprogression, die durch den Spitzensteuersatz auf das Einkommen von Einzelpersonen und Unternehmen wiedergegeben wird. Die Spitzensteuersätze für Einzelpersonen beziehen sich im allgemeinen auf Einkommen aus nichtselbständiger Arbeit. In einigen Ländern ist der Spitzensteuersatz auch der Grund- oder der Pauschalsteuersatz, und weitere Zuschläge und Abzüge finden möglicherweise Anwendung.

Tabelle 18. Energie und Verkehr

Elektrische Energie: Verbrauch pro Kopf mißt die Produktion von Kraftwerken und kombinierten Heiz- und Kraftwerken abzüglich der Übertragungs-, Verteilungs- und Transformationsverluste sowie des Eigenverbrauchs von Heiz- und Kraftwerken. **Elektrische Energie: Übertragungs- und Verteilungsverluste** beinhalten Verluste, die bei der Übertragung zwischen den Versorgungsquellen und den Verteilerpunkten und bei der Verteilung an die Verbraucher auftreten, einschließlich Diebstahl.

Daten zu Stromerzeugung und Stromverbrauch erhält die Internationale Energie-Agentur von den Energiebehörden der jeweiligen Länder und paßt diese entsprechend den internationalen Definitionen an. Zum Beispiel werden Anpassungen vorgenommen, um Einrichtungen mit einzubeziehen, die neben ihrer Haupttätigkeit selbst Strom erzeugen, der vollständig oder teilweise für den Eigenverbrauch bestimmt ist. In einigen Ländern

erzeugen Haushalte und Kleinunternehmen eine beträchtliche Menge an Strom selbst, da ihr Standort sehr abgelegen oder die öffentliche Stromversorgung nicht zuverlässig ist. In diesen Fällen geben Anpassungen die tatsächliche Menge erzeugter Energie möglicherweise nicht genau wieder.

Obwohl der Eigenverbrauch und die Übertragungsverluste von Kraftwerken abgezogen werden, schließt der Energieverbrauch den Verbrauch durch Hilfskraftwerke, Verluste in Transformatoren, die als integrale Bestandteile solcher Kraftwerke betrachtet werden, und von Pumpanlagen erzeugte elektrische Energie ein. Er berücksichtigt sämtliche aus den wichtigsten Energiequellen, zum Beispiel Kohle, Erdöl, Gas, Kernkraft, Wasserkraft, Erdwärme, Wind, Gezeiten, Wellen und erneuerbare Brennstoffe, erzeugte elektrische Energie, sofern entsprechende Daten verfügbar sind. Weder Erzeugungs- noch Verbrauchsdaten erfassen die Zuverlässigkeit der Versorgung, einschließlich der Häufigkeit von Ausfällen und Unterbrechungen sowie Überlastungsfaktoren.

Befestigte Straßen sind Straßen mit einem Belag aus Split (Makadam) oder Kohlenwasserstoffbinder oder Asphalt, Beton oder Kopfsteinpflaster, und zwar als Prozentsatz der gesamten Straßen eines Landes, gemessen in Länge. **Auf der Straße transportierte Güter** gibt das Gütervolumen, das mit Straßenfahrzeugen befördert wird, gemessen in Millionen Tonnen multipliziert mit den zurückgelegten Kilometern an. **Auf der Schiene transportierte Güter** gibt das Gewicht der beförderten Güter in Tonnen multipliziert mit den zurückgelegten Kilometern pro Millionen US-Dollar des BIP bei KKP an. **Beförderte Flugpassagiere** umfaßt Passagiere auf sowohl inländischen als auch internationalen Routen.

Die Daten für die meisten Bereiche des Verkehrswesens sind international nicht vergleichbar, da im Gegensatz zu demographischen Statistiken, nationalen Einkommens- und internationalen Handelsdaten das Zusammentragen von Daten zur Infrastruktur noch nicht „internationalisiert" ist. Daten zu Straßen werden von der International Road Federation (IRF), Daten zum Luftverkehr hingegen von der International Civil Aviation Organization gesammelt. Verkehrsverbände der jeweiligen Länder stellen die Hauptquelle der IRF-Daten dar. In Ländern, in denen es keine solchen Verbände gibt oder sie nicht auf die Bitten zur Datenweitergabe reagieren, wird Kontakt zu anderen Stellen aufgenommen, zum Beispiel zu Straßendirektionen, Verkehrsministerien, Ministerien für öffentliche Anlagen oder zentrale Statistikbüros. Daher sind die kompilierten Daten oft von unterschiedlicher Qualität.

Tabelle 19. Kommunikation, Information und Wissenschaft und Technologie

Tageszeitungen gibt die Anzahl der Exemplare von Zeitungen, die mindestens viermal pro Woche erscheinen, pro 1.000 Einwohner an. **Radios** gibt die geschätzte Anzahl der Rundfunkempfänger zum Empfang von öffentlichen Rundfunkübertragungen pro 1.000 Einwohner an. Daten zu diesen zwei Kennzahlen stammen aus statistischen Erhebungen, die von der UNESCO durchgeführt wurden. In einigen Ländern entsprechen Definitionen, Klassifizierungen und Bezifferungsmethoden nicht völlig den UNESCO-Standards. Einige Länder berichten zum Beispiel bezüglich der Auflage einer Zeitung die Anzahl der gedruckten statt der Anzahl der verteilten Exemplare. Außerdem erheben viele Länder Rundfunkgebühren zur Finanzierung des öffentlichen Rundfunks, weshalb zahlreiche Radiobesitzer den Besitz nicht melden. Aufgrund dieser und anderer Datenerfassungsprobleme weichen die Schätzungen der Anzahl der Zeitungen und Radios in der Zuverlässigkeit erheblich voneinander ab und sollten vorsichtig interpretiert werden.

Fernsehgeräte gibt die geschätzte Anzahl der genutzten Fernsehgeräte pro 1.000 Einwohner an. Die Daten zu Fernsehgeräten werden von der Internationalen Fernmeldeunion (ITU) durch jährliche Fragebögen erfaßt, welche an die Rundfunkbehörden und Branchenvereinigungen der jeweiligen Länder versendet werden. In einigen Ländern müssen Fernsehgeräte angemeldet werden. Da manche Haushalte nicht alle oder gar keines ihrer Geräte anmelden, kann die Anzahl der angemeldeten Geräte unter Umständen unterhalb der tatsächlichen Anzahl liegen.

Telefonhauptleitungen beinhaltet alle Telefonleitungen pro 1.000 Einwohner, die die Telekommunikationsgeräte eines Teilnehmers mit dem öffentlichen Fernsprechwählnetz verbinden. **Mobiltelefone** bezieht sich auf die Benutzer von tragbaren Telefonen pro 1.000 Einwohner, die Teilnehmer eines öffentlichen Mobilfunknetzes sind, welches Mobilfunktechnik verwendet und somit einen Zugang zum öffentlichen Fernsprechwählnetz bietet. Daten zu Telefonhauptleitungen und Mobiltelefonen werden von der ITU mit Hilfe von jährlichen Fragebögen erfaßt, die an Telekommunikationsbehörden und -unternehmen geschickt werden. Die Daten werden durch jährliche Berichte und statistische Jahrbücher der Telekommunikationsministerien und -behörden sowie der Netzbetreiber und Branchenverbände ergänzt.

Personal-Computer gibt die geschätzte Anzahl von unabhängigen Computern pro 1.000 Einwohner an, die für die Verwendung durch eine einzelne Person konzipiert sind. ITU-Schätzungen der Anzahl der Personal-Computer werden aus einem jährlichen Fragebogen gewonnen und durch andere Quellen vervollständigt. In vielen Ländern werden häufig Mainframe-Computer benutzt, an die jeweils Tausende von Benutzern angeschlossen werden. In diesen Fällen liegt die angegebene Zahl der Personal-Computer unter der Zahl der tatsächlich verwendeten Computer.

Internet-Hostrechner sind Computer, die direkt mit dem World Wide Web verbunden sind. Zahlreiche Computeranwender können so über einen einzigen Hostrechner auf das Internet zugreifen. Hostrechner werden basierend auf der Landesvorwahl des Hosts einem Land zugeteilt, was jedoch nicht unbedingt bedeutet, daß sich der Hostrechner tatsächlich in diesem Land befindet. Alle Hostrechner ohne Landesvorwahlidentifikation werden den Vereinigten Staaten zugewiesen. Das Internet Software Consortium änderte die in seiner im Juli 1998 begonnenen Untersuchung zu Internet-Domains verwendeten Verfahren. Die neue Erhebung gilt als zuverlässiger und soll das Problem zu niedriger Zahlen umgehen, das auftritt, wenn Organisationen die Möglichkeit zum Herunterladen auf ihre Domain-Daten beschränken. Einige Probleme bleiben bei der Zählung trotzdem bestehen, daher sollte die Anzahl der Internet-

Hostrechner in den jeweiligen Ländern als Näherungswert betrachtet werden.

Wissenschaftler und Ingenieure in Forschung und Entwicklung (F&E) gibt die Anzahl der Personen mit Ausbildung in irgendeinem Bereich der Wissenschaft an, die an professionellen Forschungs- und Entwicklungsaktivitäten beteiligt sind (einschließlich Verwaltung), pro 1.000.000 Einwohner. Die meisten dieser Berufe setzen ein abgeschlossenes Hochschulstudium voraus.

Die UNESCO sammelt die von den Mitgliedsstaaten übermittelten Daten zu den in wissenschaftlichen und technischen Bereichen tätigen Mitarbeitern und zu Ausgaben im Bereich der F&E. Diese Daten stammen vor allem aus den offiziellen Antworten auf UNESCO-Fragebögen und Sondererhebungen sowie aus offiziellen Berichten und Publikationen und wurden ergänzt durch Informationen anderer nationaler und internationaler Quellen. Die UNESCO gibt entweder die Anzahl der Wissenschaftler und Ingenieure oder die Anzahl der erwerbstätigen Personen, die eine Qualifikation als Wissenschaftler oder Ingenieur vorweisen können, an. Bestandsdaten stammen im allgemeinen aus Volkszählungen und sind weniger aktuell als Daten zur erwerbstätigen Bevölkerung. Die UNESCO ergänzt diese Daten durch Schätzungen der Anzahl qualifizierter Wissenschaftler und Ingenieure, indem sie die Zahl der Personen ermittelt, die über eine den Stufen 6 und 7 des ISCED (International Standard Classification of Education) entsprechende Qualifikation verfügen. Die Daten zu Wissenschaftlern und Ingenieuren, die in der Regel als Vollzeitmitarbeiter geführt werden, können die beträchtlichen Unterschiede in der Qualität der Ausbildung nicht berücksichtigen.

Hochtechnologie-Exporte sind F&E-intensive Produkte. Dazu gehören Hochtechnologie-Produkte in den Bereichen Raumfahrt, Computer, Pharmazeutika, wissenschaftliche und elektronische Geräte.

Die Methodologie zur Bestimmung der Hochtechnologie-Exporte eines Landes wurde von der OECD in Zusammenarbeit mit Eurostat (dem Amt für Statistik der Europäischen Gemeinschaften) entwickelt. Diese zur Unterscheidung von einem „sektoralen Ansatz" als „Produktansatz" bezeichnete Methode basiert auf der Berechnung der F&E-Intensität (F&E-Ausgaben dividiert durch Gesamtumsatz) für Gruppen von Produkten aus sechs Ländern (Deutschland, Italien, Japan, den Niederlanden, Schweden und den Vereinigten Staaten). Da Industriezweige, die wenige Hochtechnologie-Produkte herstellen, unter Umständen auch viele Produkte mit geringem technologischem Gehalt herstellen, eignet sich der Produktansatz besser für die Analyse des internationalen Handels als der sektorale Ansatz. Zur Erstellung einer Liste von Industrieerzeugnissen mit hohem technologischen Gehalt (Dienstleistungen sind nicht enthalten) wurde die F&E-Intensität für Produkte berechnet, die auf der dritten Ebene des Internationalen Warenverzeichnisses für den Außenhandel (SITC) Revision 3 eingestuft sind. Die endgültige Liste wurde anhand der vierten und fünften Ebene bestimmt. Auf dieser Ebene wurde die endgültige Auswahl aufgrund von Patentdaten und Expertenmeinungen getroffen, da keine F&E-Daten verfügbar waren. Diese Methodologie berücksichtigt nur die F&E-Dichte. Weitere Merkmale der Hochtechnologie sind ebenfalls von Bedeutung, zum Beispiel Know-how, wissenschaftliches und technisches Personal sowie durch Patente verkörperte Technologie. Bei Berücksichtigung dieser Merkmale würde die Liste anders zusammengesetzt sein (siehe Hatzichronoglou 1997).

Angemeldete Patente bezeichnet die Anzahl der von einer Regierungsbehörde ausgestellten Dokumente, die eine Erfindung beschreiben und eine rechtliche Situation schaffen, in der die patentierte Erfindung in der Regel nur durch den Patenteigentümer selbst oder mit dessen Genehmigung genutzt (hergestellt, verwendet, verkauft, importiert) werden darf. Der Schutz von Erfindungen ist zeitlich begrenzt (normalerweise 20 Jahre ab Datum der Patentanmeldung). Informationen über angemeldete Patente werden für das jeweilige Land nach Inländern und Ausländern getrennt aufgeschlüsselt. Daten zu Patenten stammen von der Weltorganisation für geistiges Eigentum (World Intellectual Property Organization, WIPO), nach deren Schätzung Ende 1996 ca. 3,8 Millionen Patente weltweit in Kraft waren.

Tabelle 20. Weltweiter Handel

Warenexporte bezeichnet den fob-Wert (frei an Bord) von Gütern, die in die übrige Welt geliefert wurden, in US-Dollar. **Warenimporte** bezeichnet den cif-Wert (Kosten, Versicherung, Fracht) von Gütern, die aus der übrigen Welt erworben wurden, in US-Dollar. **Fertigungsexporte und -importe** beziehen sich auf Wirtschaftsgüter der Abschnitte 5 (Chemikalien), 6 (grundlegende Fertigungsprodukte), 7 (Maschinen und Transportausrüstung) und 8 (sonstige gefertigte Güter) des Internationalen Warenverzeichnisses für den Außenhandel (SITC), ausgenommen Gruppe 68 (Nichteisenmetalle) und Gruppe 891 (Waffen und Munition). **Gewerbliche Dienstleistungen** umfassen den gesamten Handelsanteil an Dienstleistungen, einschließlich Beförderungs-, Kommunikations- und Geschäftsdienstleistungen. Ausgenommen sind Dienstleistungen der Regierung, definiert als Dienstleistungen, die innerhalb eines Regierungssektors erbracht werden, wie zum Beispiel Ausgaben für Botschaften und Konsulate, oder Dienstleistungen für regionale und internationale Organisationen.

Daten zu Warenexporten und -importen stammen aus Zollerklärungen und stimmen nicht immer vollständig mit den in der fünften Ausgabe des *Balance of Payments Manual* des IWF verwendeten Begriffen und Definitionen überein. Der Wert der Exporte wird als Preis der zur weiteren Beförderung bis zur Grenze des Ausfuhrlandes gelieferten Güter angegeben – dabei handelt es sich um den fob-Wert. Viele Länder sammeln und berichten Handelsdaten in US-Dollar. Wenn Länder die Daten in der jeweiligen Landeswährung angeben, wird zur Umrechnung der im angezeigten Zeitraum geltende durchschnittliche offizielle Wechselkurs verwendet. Der Wert der Importe wird meist als Preis der Waren beim Kauf durch den Importeur zzgl. Transport- und Versicherungskosten bis zur Grenze des Einfuhrlandes angegeben – dabei handelt es sich um den cif-Wert. Daten zu Warenimporten stammen aus denselben Quellen wie Daten zu Exporten. Im Prinzip sollten die Summen der weltweiten Exporte und Importe identisch sein, genauso wie die Summe der Exporte aus einem Land in die übrige Welt die Summe der Importe der übrigen Welt aus dem betreffenden Land betragen sollte. Unterschiede in der zeitlichen Zuordnung und den Definitionen führen jedoch bei den berichteten Werten auf allen Ebenen zu Diskrepanzen.

Die Daten in Tabelle 20 wurden von der Welthandelsorganisation (WTO) gesammelt. Die Daten über den Warenhandel stammen aus dem *International Financial Statistics Yearbook* des IWF. Sie wurden durch Daten der von der Statistischen Abteilung der Vereinten Nationen unterhaltenen Commodity Trade-Datenbank (COMTRADE) sowie durch Daten aus nationalen Publikationen aus Ländern, die dem IWF nicht Bericht erstatten, ergänzt. Daten über den Handel mit Fertigungsprodukten stammen aus der COMTRADE-Datenbank. Wenn keine Daten von der WTO verfügbar waren, stellte der Weltbank-Stab basierend auf den neuesten verfügbaren Informationen aus der COMTRADE-Datenbank Schätzungen über den Anteil der Fertigungsprodukte an. Die WTO berichtet die Daten zum Warenhandel, sofern diese verfügbar sind, basierend auf dem allgemeinen Handelssystem, das zum Zwecke der Wiederausfuhr importierte Güter einschließt. Zwei Länder mit einer beträchtlichen Anzahl von Wiederexporten sind Hongkong und Singapur. Zu diesen Ländern wird in der Tabelle eine entsprechende Anmerkung gemacht. Im Transit durch ein Land transportierte Güter sind nicht eingeschlossen. Daten über den Handel mit gewerblichen Dienstleistungen entstammen der Zahlungsbilanz-Datenbank des IWF und wurden durch nationale Publikationen aus Ländern, die dem IWF nicht Bericht erstatten, ergänzt.

Tabelle 21. Hilfs- und Finanzflüsse

Nettobetrag privater Kapitalbewegungen umfassen private Kredit- und Nichtkreditbewegungen. Private Kreditbewegungen umfassen die Kreditvergabe durch Geschäftsbanken, Anleihen und andere private Kredite. Private Nichtkreditbewegungen sind ausländische Direktinvestitionen und Portfolio-Investitionen. **Ausländische Direktinvestitionen** sind Nettozuflüsse von Investitionen zum Erwerb einer dauerhaften Beteiligung an der Geschäftsführung (10 Prozent oder mehr der stimmberechtigten Aktien) eines Unternehmens, das in einer anderen Volkswirtschaft tätig ist als der Investor. Sie sind die Summe aus Aktienkapitalbewegungen, Reinvestition der Gewinne und anderen langfristigen Kapitalbewegungen und den kurzfristigen Kapitalbewegungen, wie sie in der Zahlungsbilanz angegeben sind.

Die Daten über ausländische Direktinvestitionen basieren auf den vom IWF angegebenen Zahlungsbilanzdaten, die durch von der OECD und offiziellen nationalen Quellen angegebene Daten über den Nettobetrag der ausländischen Direktinvestitionen ergänzt werden. Die international anerkannte Definition der ausländischen Direktinvestitionen entspricht derjenigen, die in der fünften Ausgabe des *Balance of Payments Manual* des IWF beschrieben ist. Die OECD hat in Zusammenarbeit mit dem IWF, Eurostat und den Vereinten Nationen ebenfalls eine Definition veröffentlicht. Aufgrund der zahlreichen Quellen und Unterschiede in den Definitionen und Berichtsmethoden kann es für das jeweilige Land mehr als eine Schätzung der ausländischen Direktinvestitionen geben, und die Daten sind möglicherweise nicht länderübergreifend vergleichbar.

Daten zu den ausländischen Direktinvestitionen liefern kein vollständiges Bild der internationalen Investitionen in einer Volkswirtschaft. Zahlungsbilanzdaten über ausländische Direktinvestitionen schließen in den Gastvolkswirtschaften aufgebrachtes Kapital nicht mit ein, welches in einigen Entwicklungsländern zu einer wichtigen Finanzierungsquelle für Investitionsprojekte geworden ist. Es wird außerdem immer deutlicher, daß Daten zu ausländischen Direktinvestitionen nicht uneingeschränkt aussagekräftig sind, da sie nur grenzüberschreitende Investitionsflüsse erfassen, die eine Aktienbeteiligung einschließen, und grenzüberschreitende Nichtaktien-Transaktionen wie zum Beispiel Waren- und Dienstleistungsflüsse innerhalb von Unternehmen außer acht lassen. Eine detaillierte Erläuterung der Datenproblematik ist in den *World Debt Tables 1993-94* (Band 1, Kapitel 3) enthalten.

Auslandsverschuldung gesamt bezeichnet die Summe der Ausländern geschuldeten Beträge, die in Auslandswährung, Waren oder Dienstleistungen zurückzuzahlen sind. Sie ist damit die Summe der öffentlichen, öffentlich garantierten und privaten nichtgarantierten langfristigen Verbindlichkeiten, der Inanspruchnahme von IWF-Krediten und der kurzfristigen Verbindlichkeiten. Zu den kurzfristigen Verbindlichkeiten zählen alle Verbindlichkeiten mit einer ursprünglichen Fälligkeit von bis zu einem Jahr sowie Zinsrückstände auf langfristige Verbindlichkeiten. **Gegenwartswert der Auslandsverschuldung** ist die Summe aus den kurzfristigen Auslandsverbindlichkeiten und der diskontierten Summe der gesamten Schuldendienstzahlungen, die für eine öffentliche, öffentlich garantierte und private nichtgarantierte langfristige Auslandsverbindlichkeit über die Laufzeit der vorhandenen Darlehen fällig werden.

Daten zur Auslandsverschuldung von Ländern mit niedrigem oder mittlerem Einkommen werden durch das Schuldnerberichtssystem an die Weltbank weitergegeben. Der Weltbank-Stab berechnet die Verschuldung von Entwicklungsländern mit Hilfe von Darlehensberichten, die von den entsprechenden Ländern über langfristige öffentliche und öffentlich garantierte Kredite weitergegeben werden, sowie auf der Grundlage von Informationen über kurzfristige Verbindlichkeiten, die die Länder oder Kreditgeber durch das Berichtssystem der Bank für Internationalen Zahlungsausgleich und der OECD erhalten. Diese Daten werden durch Informationen über Darlehen und Kredite von wichtigen multilateralen Banken sowie durch Darlehenserklärungen von offiziellen Kreditauskunfteien in den wichtigsten Gläubigerländern und Schätzungen der Länderwirtschaftswissenschaftler der Weltbank sowie von Mitarbeitern des IWF ergänzt. Außerdem liefern einige Länder Daten über private, nichtgarantierte Verbindlichkeiten. 1996 meldeten 34 Länder ihre privaten, nichtgarantierten Verbindlichkeiten an die Weltbank. Es wurden Schätzungen für weitere 28 Länder erstellt, die bekanntermaßen eine beträchtliche private Verschuldung aufweisen.

Der Gegenwartswert der Auslandsverschuldung liefert ein Maß für die zukünftigen Schuldendienstverpflichtungen, welches mit Kennzahlen, wie zum Beispiel dem BSP, verglichen werden kann. Er wird durch Diskontierung des Schuldendienstes (Zins plus Tilgung) berechnet, der für eine langfristige Auslandsverbindlichkeit über die Laufzeit vorhandener Darlehen

anfällt. Bei den kurzfristigen Verbindlichkeiten wird der Nennwert berücksichtigt. Daten über Schulden werden in US-Dollar angegeben und zu den offiziellen Wechselkursen umgerechnet. Der auf die langfristigen Verbindlichkeiten angewandte Diskontsatz wird durch die Währung der Darlehensrückzahlung bestimmt und basiert auf den kommerziellen Referenzzinssätzen der OECD. Darlehen von der Internationalen Bank für Wiederaufbau und Entwicklung sowie Kredite von der Internationalen Entwicklungsorganisation werden mit Hilfe eines Bezugssatzes für Sonderziehungsrechte diskontiert, so wie es bei IWF-Obligationen der Fall ist. Wenn der Diskontsatz über dem Zinssatz eines Darlehens liegt, liegt der Gegenwartswert unterhalb der nominalen Summe der zukünftigen Schuldendienstverpflichtungen.

Öffentliche Entwicklungshilfe (Official Development Assistance, ODA) umfaßt Darlehensauszahlungen (Nettowert der Rückzahlung des Darlehensbetrags) und Zuschüsse zu Vorzugsbedingungen von offiziellen Stellen der Mitglieder des Entwicklungshilfeausschusses (Development Assistance Committee, DAC), von multilateralen Institutionen sowie von bestimmten arabischen Ländern zur Förderung der wirtschaftlichen Entwicklung und Wohlfahrt in den vom DAC als Entwicklungsländer bezeichneten Volkswirtschaften. Darlehen mit einem Zuschußanteil von mehr als 25 Prozent werden, wie auch die technische Zusammenarbeit und Unterstützung, zur ODA gezählt. Außerdem werden Hilfsflüsse (Nettowert der Rückzahlungen) von offiziellen Spendern an die Transformationsländer in Osteuropa und der ehemaligen Sowjetunion und an bestimmte Entwicklungsländer und Gebiete mit höherem Einkommen, die vom DAC bestimmt werden, berücksichtigt. Solche Flüsse werden manchmal als offizielle Hilfe bezeichnet und unter ähnlichen wie den für die ODA geltenden Bedingungen bereitgestellt. Daten über Hilfe als Anteil des BSP werden in US-Dollar berechnet und zu den offiziellen Wechselkursen umgerechnet.

Die Daten umfassen bilaterale Darlehen und Zuschüsse von DAC-Ländern, multilateralen Organisationen und bestimmten arabischen Ländern. Sie geben keine Hilfen wieder, die von Empfängerländern an andere Entwicklungsländer geleistet werden. Daher werden bestimmte Länder, die Nettospender sind (zum Beispiel Saudi-Arabien) in der Tabelle als Entwicklungshilfeempfänger aufgeführt.

Die Daten unterscheiden nicht zwischen verschiedenen Arten der Hilfe (Hilfsprogramme und -projekte oder Nahrungsmittelhilfe; Notfallunterstützung; friedenserhaltende Unterstützung oder technische Zusammenarbeit), die jeweils sehr unterschiedliche Auswirkungen auf die Wirtschaft haben. Ausgaben für technische Zusammenarbeit kommen dem Empfängerland nicht immer in dem Maße direkt zugute, wie sie Kosten außerhalb des Landes verursachen, zum Beispiel Gehälter und Nebenleistungen für technische Fachleute und die Gemeinkosten von Unternehmen, die technische Dienstleistungen liefern.

Da die Daten zum Thema Hilfe in Tabelle 21 auf Informationen von Spendern basieren, sind sie nicht mit den von den Empfängern in der Leistungsbilanz aufgeführten Informationen konsistent, die oft die gesamte oder einen Teil der technischen Unterstützung ausschließen – vor allem direkt vom Spender geleistete Zahlungen an im Ausland tätige Staatsbürger. Ebenso werden Warenhilfen nicht immer in die Handelsdaten oder die Zahlungsbilanz aufgenommen. Obwohl Schätzungen der ODA in Zahlungsbilanzstatistiken rein militärische Hilfsleistungen ausschließen sollen, ist diese Unterscheidung manchmal schwierig. Gewöhnlich wird die im Ursprungsland verwendete Definition verwendet.

Statistische Methoden

Dieser Abschnitt beschreibt die Berechnung der Wachstumsrate nach der Methode der kleinsten Quadrate, der exponentiellen Wachstumsrate (an den Endpunkten), des Gini-Index sowie das Atlas-Verfahren der Weltbank, das zur Berechnung des Konversionsfaktors angewendet wird, mit dessen Hilfe das BSP sowie das BSP pro Kopf in US-Dollar geschätzt wird.

Wachstumsrate nach der Methode der kleinsten Quadrate

Wachstumsraten nach der Methode der kleinsten Quadrate werden immer dann verwendet, wenn die Zeitreihe für eine zuverlässige Berechnung lang genug ist. Es werden keine Wachstumsraten berechnet, wenn mehr als die Hälfte der Daten im angegebenen Zeitraum fehlen.

Die Wachstumsrate nach der Methode der kleinsten Quadrate r wird durch Anpassung einer Regressionsgeraden an die logarithmischen Jahreswerte der Variablen innerhalb des Untersuchungszeitraums geschätzt. Die Regressionsgleichung hat die Form

$$\ln X_t = a + bt.$$

Sie entspricht der logarithmischen Umformung der Gleichung für die zusammengesetzte Wachstumsrate,

$$X_t = X_0 (1 + r)^t.$$

In dieser Gleichung bezeichnet X die Variable und t die Zeit; $a = \ln X_0$ sowie $b = \ln (1 + r)$ sind die zu schätzenden Parameter. Wenn b^* der nach der Methode der kleinsten Quadrate geschätzte Wert von b ist, dann erhält man die durchschnittliche jährliche Wachstumsrate r als [exp $(b^*) - 1$]; um diese als Prozentsatz auszudrücken, wird sie mit 100 multipliziert.

Die berechnete Wachstumsrate ist eine Durchschnittsrate, die für die Beobachtungen im jeweiligen Zeitraum repräsentativ ist. Sie entspricht nicht unbedingt der tatsächlichen Wachstumsrate zwischen zwei beliebigen Zeiträumen.

Exponentielle Wachstumsrate

Die Wachstumsrate zwischen zwei Zeitpunkten für bestimmte demographische Daten, insbesondere für Erwerbstätige und Bevölkerung, wird nach folgender Formel berechnet:

$$r = \ln (p_n /p_1)/n,$$

wobei p_n und p_1 der letzte und erste Beobachtungswert in dem betreffenden Zeitraum sind, n die Anzahl der Jahre im gleichen Zeitraum und ln der natürliche Logarithmus ist. Diese Wachstumsrate basiert auf einem Modell kontinuierlichen exponen-

tiellen Wachstums zwischen zwei Zeitpunkten. Zwischenwerte der Reihe werden nicht berücksichtigt. Die exponentielle Wachstumsrate stimmt außerdem nicht mit der in Einjahresabständen gemessenen, durch $(p_n - p_{n-1})/p_{n-1}$ ausgedrückten jährlichen Veränderungsrate überein.

Der Gini-Index

Der Gini-Index mißt, in welchem Maß die Verteilung des Einkommens (oder in einigen Fällen der Verbrauchsausgaben) unter Personen oder Haushalten innerhalb eines Landes von einer vollkommen gleichmäßigen Verteilung abweicht. Eine Lorenz-Kurve stellt die kumulierten Prozentwerte des gesamten erzielten Einkommens im Vergleich zum kumulierten Prozentwert an Empfängern dar, beginnend mit der ärmsten Person bzw. dem ärmsten Haushalt. Der Gini-Index mißt den Bereich zwischen der Lorenz-Kurve und einer hypothetischen Linie absoluter Gleichverteilung, ausgedrückt als Prozentsatz der maximalen Fläche unterhalb der Linie. Ein Gini-Index von Null bedeutet somit vollkommene Gleichverteilung, ein Index von 100 hingegen vollkommene Ungleichverteilung.

Die Weltbank setzt das numerische Analyseprogramm POVCAL ein, um die Werte des Gini-Index zu schätzen; vgl. Chen, Datt und Ravallion (1993).

Das Atlas-Verfahren der Weltbank

Für die Berechnung des BSP und des BSP pro Kopf in US-Dollar für bestimmte operationelle Zwecke verwendet die Weltbank einen synthetischen Wechselkurs, allgemein bekannt als Atlas-Konversionsfaktor. Zweck des Atlas-Konversionsfaktors ist die Reduzierung der Auswirkungen von Wechselkursschwankungen auf länderübergreifende Vergleiche des Volkseinkommens.

Der Atlas-Konversionsfaktor für ein beliebiges Jahr ist der Durchschnitt des effektiven Wechselkurses eines Landes (oder eines alternativen Umrechnungsfaktors) für das betreffende Jahr und den Wechselkursen der beiden vorhergehenden Jahre, bereinigt um die Differenzen zwischen den Inflationsraten des betreffenden Landes und der G-5-Staaten (Frankreich, Deutschland, Japan, Vereinigtes Königreich und Vereinigte Staaten von Amerika). Die Inflationsrate eines Landes wird durch die Veränderung des BSP-Deflators dargestellt.

Die Inflationsraten der G-5-Staaten, die für die internationale Inflation stehen, werden durch die Veränderung des SZR-Deflators dargestellt. (Sonderziehungsrechte oder SZR sind Rechnungseinheiten des IWF.) Der SZR-Deflator wird als gewichteter Durchschnitt der BIP-Deflatoren der G-5-Staaten in SZR berechnet, wobei das Gewicht dem Anteil der Währung jedes Landes an einer SZR-Einheit entspricht. Die Gewichte variieren innerhalb eines Zeitraum, da sich sowohl die Währungszusammensetzung der SZR als auch die relativen Wechselkurse jeder Währung ändern. Der SZR-Deflator wird zunächst in SZR berechnet und dann mit Hilfe des für die Umrechnung von SZR in Dollar geltenden Atlas-Konversionsfaktors in US-Dollar umgerechnet. Der Atlas-Konversionsfaktor wird auf das BSP des Landes angewandt. Das so ermittelte BSP in US-Dollar wird durch die Bevölkerungszahl des jeweiligen Landes zur Mitte des letzten der drei Jahre dividiert, um das BSP pro Kopf zu erhalten.

Wenn die offiziellen Wechselkurse für einen Zeitabschnitt als unrealistisch oder nicht repräsentativ betrachtet werden, wird in der Atlas-Formel eine alternative Schätzung des Wechselkurses verwendet (siehe unten).

Die folgenden Formeln beschreiben das Verfahren zur Berechnung des Umrechnungsfaktors für das Jahr t:

$$e_t^* = \frac{1}{3}\left[e_{t-2}\left(\frac{p_t}{p_{t-2}}\bigg/\frac{p_t^{S\$}}{p_{t-2}^{S\$}}\right) + e_{t-1}\left(\frac{p_t}{p_{t-1}}\bigg/\frac{p_t^{S\$}}{p_{t-1}^{S\$}}\right) + e_t\right]$$

sowie für die Berechnung des BSP pro Kopf in US-Dollar für das Jahr t:

$$Y_t^\$ = (Y_t/N_t)/e_t^*,$$

wobei et^* der Atlas-Konversionsfaktor (Landeswährung zu US-Dollar) für das Jahr t, et der jahresdurchschnittliche Wechselkurs (Landeswährung zu US-Dollar) für das Jahr t, pt der BSP-Deflator für das Jahr t, $ptS\$$ der SZR-Deflator in US-Dollar für das Jahr t, $Yt\$$ das Atlas-BSP in US-Dollar im Jahr t, Yt das aktuelle BSP (in Landeswährung) für das Jahr t und Nt die Bevölkerung zur Mitte des Jahres t ist.

Alternative Umrechnungsfaktoren

Die Weltbank überprüft systematisch die Eignung amtlicher Wechselkurse als Umrechnungsfaktoren. Ein alternativer Umrechnungsfaktor wird dann angewendet, wenn der amtliche Wechselkurs zu stark von dem Kurs abweicht, der den Inlandstransaktionen von Fremdwährungen und gehandelten Gütern tatsächlich zugrunde liegt; das ist nur bei wenigen Ländern der Fall (vgl. Tabelle zur Dokumentation der Primärdaten in *World Development Indicators 2000*). Alternative Umrechnungsfaktoren werden beim Atlas-Verfahren und an anderer Stelle in den Ausgewählten Kennzahlen der Weltentwicklung als Umrechnungsfaktoren für einzelne Jahre angewendet.

Datenquellen

Ahmad, Sultan. 1992. „Regression Estimates of Per Capita GDP Based on Purchasing Power Parities." Policy Research Working Paper 956. World Bank, International Economics Department, Washington, D.C.

—. 1994. „Improving Inter-Spatial and Inter-Temporal Comparability of National Accounts." *Journal of Development Economics* 4: 53-75.

Ball, Nicole. 1984. „Measuring Third World Security Expenditure: A Research Note." *World Development* 12(2): 157-64.

Chen, Shaohua, Gaurav Datt, and Martin Ravallion. 1993. „Is Poverty Increasing in the Developing World?" Policy Research Working Paper. World Bank, Washington, D.C.

Council of Europe. Verschiedene Jahre. *Recent Demographic Developments in Europe and North America*. Straßburg: Council of Europe Press.

Eurostat (Amt für Statistik der Europäischen Gemeinschaften). 1999. *EU Transport in Figures*. Luxemburg.

—. Verschiedene Jahre. *Demographic Statistics*. Luxemburg.

—. Verschiedene Jahre. *Statistical Yearbook*. Luxemburg.

FAO (Ernährungs- und Landwirtschaftsorganisation der Vereinten Nationen). 1999. *State of the World's Forests 1999*. Rom.

—. Verschiedene Jahre. *Production Yearbook*. FAO Statistics Series. Rom.

Hatzichronoglou, Thomas. 1997. „Revision of the High-Technology Sector and Product Classification." STI Working Paper 1997/2. Organisation for Economic Co-operation and Development (OECD) Directorate for Science, Technology, and Industry. Paris.

Heston, Alan. 1994. „A Brief Review of Some Problems in Using National Accounts Data in Level of Output Comparisons and Growth Studies." *Journal of Development Economics* 44: 29-52.

ICAO (Internationale Zivilluftfahrtorganisation). 1999. *Civil Aviation Statistics of the World: 1998*. ICAO Statistical Yearbook. 23rd ed. Montreal.

IEA (Internationale Energie-Agentur). Verschiedene Jahre. *Energy Balances of OECD Countries*. Paris.

—. Verschiedene Jahre. *Energy Statistics and Balances of Non-OECD Countries*. Paris.

—. Verschiedene Jahre. *Energy Statistics of OECD Countries*. Paris.

IFC (Internationale Finanz-Corporation). 1999. *Trends in Private Investment in Developing Countries 1999*. Washington, D.C.

ILO (Internationale Arbeitsorganisation). 1999. *Key Indicators of the Labour Market*. Genf.

—. Verschiedene Jahre. *Yearbook of Labour Statistics*. Genf.

IMF (Internationaler Währungsfonds). 1986. *A Manual on Government Finance Statistics*. Washington, D.C.

—. 1993. *Balance of Payments Manual*. 5th ed. Washington, D.C.

—. Verschiedene Jahre. *Direction of Trade Statistics Yearbook*. Washington, D.C.

—. Verschiedene Jahre. *Government Finance Statistics Yearbook*. Washington, D.C.

—. Verschiedene Jahre. *International Financial Statistics Yearbook*. Washington, D.C.

Institutional Investor. 2000. March. New York.

Internet Software Consortium. 2000. *Internet Domain Survey*. January. [www.isc.org].

IRF (Internationaler Straßenverband). 1999. *World Road Statistics 1999*. Genf.

ITU (Internationale Fernmeldeunion). 1999. *World Telecommunication Development Report 1999*. Genf.

OECD (Organisation für wirtschaftliche Zusammenarbeit und Entwicklung). Verschiedene Jahre. *Geographical Distribution of Financial Flows to Aid Recipients: Disbursements, Commitments, Country Indicators*. Paris.

—. Verschiedene Jahre. *National Accounts*. Vol. 1, *Main Aggregates*. Paris.

—. Verschiedene Jahre. *National Accounts*. Vol. 2, *Detailed Tables*. Paris.

OECD (Organisation für wirtschaftliche Zusammenarbeit und Entwicklung), DAC (Entwicklungshilfeausschuß). Verschiedene Jahre. *Development Co-operation*. Paris.

PricewaterhouseCoopers. 1999a. *Corporate Taxes: Worldwide Summaries 1999-2000*. New York.

—. 1999b. *Individual Taxes: Worldwide Summaries 1999-2000*. New York.

PRS Group. 2000. *International Country Risk Guide*. March. East Syracuse, N.Y.

Ravallion, Martin, and Shaohua Chen. 1996. „What Can New Survey Data Tell Us about the Recent Changes in Living Standards in Developing and Transitional Economies?" Policy Research Working Paper 1694. World Bank, Washington, D.C.

—. 1997. „Can High-Inequality Developing Countries Escape Absolute Poverty?" *Economic Letters* 56: 51-57.

Srinivasan, T.N. 1994. „Database for Development Analysis: An Overview." *Journal of Development Economics* 44(1): 3-28.

Standard & Poor's. 2000. *Emerging Stock Markets Factbook 2000*. New York.

UN (Vereinte Nationen). 1968. *A System of National Accounts: Studies and Methods*. Series F, no. 2, rev. 3. New York.

—. 1999a. *World Population Prospects: The 1998 Revision*. New York.

—. 1999b. *World Urbanization Prospects: The 1998 Revision*. New York.

—. Verschiedene Ausgaben. *Monthly Bulletin of Statistics*. Statistics Division. New York.

—. Verschiedene Jahre. *Energy Statistics Yearbook*. Statistics Division. New York.

—. Verschiedene Jahre. *National Income Accounts*. Statistics Division. New York.

—. Verschiedene Jahre. *Population and Vital Statistics Report*. Statistics Division. New York.

—. Verschiedene Jahre. *Statistical Yearbook*. Statistics Division. New York.

—. Verschiedene Jahre. *Update on the Nutrition Situation*. Administrative Committee on Coordination, Subcommittee on Nutrition. Genf.

UNCTAD (Welthandels- und Entwicklungskonferenz der Vereinten Nationen). Verschiedene Jahre. *Handbook of International Trade and Development Statistics*. Genf.

UNESCO (Organisation der Vereinten Nationen für Erziehung, Wissenschaft und Kultur). 1999a. *Statistical Yearbook*. Paris.

—. 1999b. *World Education Report*. Paris.

UNICEF (Weltkinderhilfswerk der Vereinten Nationen). Verschiedene Jahre. *The State of the World's Children*. New York: Oxford University Press.

UNIDO (Organisation der Vereinten Nationen für industrielle Entwicklung).Verschiedene Jahre. *International Yearbook of Industrial Statistics*. Wien.

U.S. Department of State, Bureau of Arms Control. 1999. *World Military Expenditures and Arms Transfers 1998*. Washington, D.C.

WHO (Weltgesundheitsorganisation). 1997. *Coverage of Maternity Care*. Genf.

—. Verschiedene Jahre. *World Health Report*. Genf.

—. Verschiedene Jahre. *World Health Statistics Annual*. Genf.

World Bank. 1993a. *Purchasing Power of Currencies: Comparing National Incomes Using ICP Data*. Washington, D.C.

—. 1993b. *World Debt Tables 1993-94*. Vol. 1. Washington, D.C.

—. 2000a. *Global Development Finance 2000*. Washington, D.C.

—. 2000b. *World Development Indicators 2000*. Washington, D.C.

World Intellectual Property Organization. 1999. *Industrial Property Statistics*. Publication A. Genf.

World Resources Institute, in collaboration with UNEP (Umweltprogramm der Vereinten Nationen) and UNDP (Entwicklungsprogramm der Vereinten Nationen). Verschiedene Jahre. *World Resources: A Guide to the Global Environment*. New York: Oxford University Press.

WTO (Welthandelsorganisation). Verschiedene Jahre. *Annual Report*. Genf.

Klassifizierung der Länder nach Einkommen und Region, 2000

Einkommens-gruppe	Untergruppe	Afrika südlich der Sahara		Asien		Europa und Zentralasien		Naher Osten und Nordafrika		Amerikanischer Kontinent
		Ost- und südliches Afrika	West-Afrika	Ostasien und Pazifik	Süd-Asien	Osteuropa und Zentralasien	Übriges Europa	Naher Osten	Nord-afrika	
Niedriges Einkommen		Angola Äthiopien Burundi Eritrea Kenia Komoren Kongo, Dem. Rep. Lesotho Madagaskar Malawi Mosambik Ruanda Sambia Simbabwe Somalia Sudan Tansania Uganda	Benin Burkina Faso Elfenbeinküste Gambia Ghana Guinea Guinea-Bissau Kamerun Kongo, Rep. Liberia Mali Mauretanien Niger Nigeria São Tomé und Principe Senegal Sierra Leone Togo Tschad Zentralafrikan. Republik	Indonesien Kambodscha Korea, Dem. Rep. Laos, Dem. Volksrep. Mongolei Myanmar Salomon-Inseln Vietnam	Afghanistan Bangladesch Bhutan Indien Nepal Pakistan	Armenien Aserbaidschan Georgien Kirgisistan Moldawien Tadschikistan Turkmenistan Ukraine Usbekistan		Jemen, Rep.		Haiti Nicaragua
Mittleres Einkommen	Untere Kategorie	Namibia Swasiland	Äquatorial-guinea Kap Verde	China Fidschi Kiribati Marshall-Inseln Mikronesien, Föd. Staat. Papua-Neuguinea Philippinen Samoa Thailand Tonga Vanuatu	Malediven Sri Lanka	Albanien Bosnien-Herzegowina Bulgarien Jugoslawien, Bd.-Rep.[b] Kasachstan Lettland Litauen Mazedonien, ehem. jugosl. Rep.[a] Rumänien Russische Föderation Weißrußland	Türkei	Iran, Islam. Rep. Irak Jordanien Syrien Westjordan-land und Gaza	Ägypten, Arab. Rep. Algerien Dschibuti Marokko Tunesien	Belize Bolivien Costa Rica Dominikanische Republik Ecuador El Salvador Guatemala Guayana Honduras Jamaika Kolumbien Kuba Paraguay Peru St. Vincent und Grenadinen Surinam
	Obere Kategorie	Botswana Mauritius Mayotte Seychellen Südafrika	Gabun	Amerik.-Samoa Korea, Rep. Malaysia Palau		Estland Kroatien Polen Slowakische Republik Tschechische Republik Ungarn	Insel Man	Bahrein Libanon Oman Saudi-Arabien	Libyen Malta	Antigua und Barbuda Argentinien Barbados Brasilien Chile Dominica Grenada Mexiko Panama Puerto Rico St. Kitts und Nevis St. Lucia Trinidad und Tobago Uruguay Venezuela, RB
Zwischen-summe:	157	25	23	23	8	26	2	10	7	33

Einkommensgruppe	Untergruppe	Afrika südlich der Sahara		Asien		Europa und Zentralasien		Naher Osten und Nordafrika		Amerikanischer Kontinent
		Ost- und südliches Afrika	Westafrika	Ostasien und Pazifik	SüdAsien	Osteuropa und Zentralasien	Übriges Europa	Naher Osten	Nordafrika	
Hohes Einkommen	OECD-Länder			Australien Japan Neuseeland			Belgien Dänemark Deutschland Finnland Frankreich Griechenland Irland Island Italien Luxemburg Niederlande Norwegen Österreich Portugal Schweden Schweiz Spanien Vereinigtes Königreich			Kanada Vereinigte Staaten
	Nicht-OECD-Länder			Brunei Französisch-Polynesien Guam Hongkong, China^d Macao, China^e Neu-Kaledonien Nördl. Marianen-Inseln Singapur Taiwan, China		Slowenien	Andorra Färöer Grönland Kanalinseln Liechtenstein Monaco Zypern	Israel Kuwait Katar Vereinigte Arab. Emirate		Aruba Bahamas Bermuda Jungferninseln (USA) Kaimaninseln Niederländ. Antillen
Gesamt:	157	25	23	35	8	27	27	14	7	41

a. Ehemalige Jugoslawische Republik Mazedonien. b. Bundesrepublik Jugoslawien (Serbien/Montenegro). c. Die französischen Übersee-Departments Französisch-Guyana, Guadeloupe, Martinique und Réunion sind in den Daten für Frankreich enthalten. d. Am 1. Juli 1997 übernahm China wieder die Staatshoheit über Hongkong. e. Am 20. Dezember 1999 übernahm China wieder die Staatshoheit über Macao. *Quelle:* Daten der Weltbank.

Für operationale und analytische Zwecke ist das Hauptkriterium der Weltbank für die Klassifizierung der Volkswirtschaften das Bruttosozialprodukt (BSP) pro Kopf. Jede Volkswirtschaft wird klassifiziert als Land mit niedrigem Einkommen, mittlerem Einkommen (unterteilt nach unterer und oberer Kategorie) oder hohem Einkommen. Andere analytische Gruppen, basierend auf geographischen Regionen und der Verschuldungshöhe, werden ebenfalls gebildet.

Länder mit niedrigem und mittlerem Einkommen werden gelegentlich als Entwicklungsländer bezeichnet. Die Verwendung dieser Bezeichnung ist zweckdienlich; sie soll aber nicht bedeuten, daß alle Länder in der Gruppe einen ähnlichen Entwicklungsprozeß durchlaufen oder daß andere Länder ein erwünschtes oder endgültiges Entwicklungsstadium erreicht haben. Ebensowenig spiegelt die Klassifizierung nach Einkommen nicht unbedingt den Entwicklungsstatus wider.

In dieser Tabelle werden sämtliche Mitgliedsländer der Weltbank sowie alle übrigen Länder mit einer Bevölkerungszahl von über 30.000 klassifiziert. Die Ländereinteilung erfolgt nach dem BSP pro Kopf von 1999, errechnet unter Anwendung des Atlas-Verfahrens der Weltbank. Die Gruppen sind: niedriges Einkommen (755 US-Dollar oder weniger), mittleres Einkommen, untere Kategorie (756 US-Dollar bis 2.995 US-Dollar), mittleres Einkommen, obere Kategorie (2.996 US-Dollar bis 9.265 US-Dollar) und hohes Einkommen (9.266 US-Dollar und mehr).

Frühere Ausgaben des
Weltentwicklungsberichtes
der Weltbank sind noch lieferbar:

- Weltentwicklungsbericht 1992
  Entwicklung und Umwelt
  ISBN: 0-8213-20-74-2, DM 45,00

- Weltentwicklungsbericht 1993
  Investitionen in die Gesundheit
  ISBN: 0-8213-2362-8, DM 45,00

- Weltentwicklungsbericht 1994
  Infrastruktur und Entwicklung
  ISBN: 0-8213-2536-1, DM 45,00

- Weltentwicklungsbericht 1995
  **Arbeitnehmer im weltweiten
  Integrationsprozess**
  ISBN: 0-8213-2894-8, DM 45,00

- Weltentwicklungsbericht 1996
  Vom Plan zum Markt
  ISBN: 0-8213-3266-X, DM 45,00

- Weltentwicklungsbericht 1997
  Der Staat in einer sich ändernden Welt
  ISBN: 0-8213-3772-6, DM 55,00

- Weltentwicklungsbericht 1998/1999
  Entwicklung durch Wissen
  ISBN: 3-933180-28-7, DM 78,00

- Weltentwicklungsbericht 1999/2000
  **Globalisierung und Lokalisierung.
  Neue Wege im entwicklungspolitischen
  Denken**
  ISBN: 3-933180-69-4, DM 78,00

Zu beziehen über:

UNO-Verlag
Vertriebs- und Verlagsgesellschaft mbH
Am Hofgarten 10

D-53113 Bonn

Telefon:	+49 (0) 228-9 49 02-0
Telefax:	+49 (0) 228-9 49 02-22
E-Mail:	unoverlag@aol.com
Internet:	http://www.uno-verlag.de